सम्पूर्ण कहानियाँ

2

सम्पूर्ण कहानियाँ

2

गौरा पन्त शिवानी

सम्पादक

मृणाल पाण्डे

राधाकृष्ण प्रकाशन

ISBN : 978-81-8361-571-6

गौरा पन्त शिवानी : सम्पूर्ण कहानियाँ-2

पहला संस्करण : 2013
दूसरा संस्करण : 2018

मूल्य : ₹ 1800 (दो भागों में)

प्रकाशक
राधाकृष्ण प्रकाशन प्राइवेट लिमिटेड
जी-17, जगतपुरी, दिल्ली-110 051

शाखाएँ : अशोक राजपथ, साइंस कॉलेज के सामने, पटना-800 006
पहली मंजिल, दरबारी बिल्डिंग, महात्मा गांधी मार्ग, इलाहाबाद-211 001
36 ए, शेक्सपियर सरणी, कोलकाता-700 017

वेबसाइट : www.radhakrishnaprakashan.com
ई-मेल : info@radhakrishnaprakashan.com

मुद्रक
बी.के. ऑफसेट
नवीन शाहदरा, दिल्ली-110 032

GAURA PANT SHIVANI : SAMPOORNA KAHANIYAN-2
Edited by Mrinal Pandey

अनुक्रम

सम्पूर्ण कहानियाँ

2

दंड

सिंह नर्सिंग होम में बड़ा-सा ताला लटक रहा था। लोकप्रिय डॉ. सिंह के अकस्मात् इस तरह अलोप हो जाने पर, उनके कई मरीजों की अवस्था और बिगड़ गई थी। अब क्या होगा? अपने हाथों का चमत्कार दिखा, उन्हें मृत्युंजयी औषधि पिलानेवाला मसीहा ऐसे अदृश्य क्यों हो गया? यह ठीक था कि कई दिनों से डॉ. सिंह ने अपने क्लीनिक में किसी भी नए मरीज़ को नहीं लिया था, फिर भी निराश मरीजों के असहाय आत्मीयों की एक लम्बी कतार, उनके सेक्रेटरी के चरणों पर सिर रखकर गिड़गिड़ाती रही थी। जैसे भी हो, एक बार डॉ. सिंह उनके मरीजों को देख-भर लें, पर सेक्रेटरी बेचारा क्या करता? डॉ. साहब अपनी सजी कोठी के सबसे ऊपर के कमरे में स्कॉच लेकर बन्द थे। किसकी मजाल थी कि द्वार खटखटा दे। बीच-बीच में उनका गूँगा नौकर बदलू, काली तेज़ कॉफी की ट्रे वहीं पहुँचाता रहता। 'साहब क्या कर रहे हैं?'...'कैसा मूड है?'–'बैठे हैं या लेटे हैं?'...किसी भी प्रश्न का उत्तर गूँगा नहीं दे पाता तो डॉक्टर सिंह का सेक्रेटरी सुशील रॉय झुंझला उठता। कैसी भी अटूट सम्पत्ति क्यों न हो, ऐसे भला कितने दिनों तक काम चलेगा? बँधे मरीज क्या उनके लिए बैठे रहेंगे? यही सब कहना चाहता था उनका युवा सेक्रेटरी डॉक्टर सुशील राय पर कठोर प्रभु का आदेश था कि सिवा गूँगे बदलू के उनके कमरे में कोई न आने पाए। न जाने कितने इष्ट-मित्र आ-आकर लौट गए। जब रँगे बालों और लम्बे नाखूनोंवाली विधानसभा की सदस्या रानी शिवसुन्दरी भी बड़ी देर तक व्यर्थ द्वार भड़भड़ाकर भुनभुनाती लौट गई, और शान्त स्वर में डॉक्टर सिंह को कहते सुशील ने सुन लिया, 'शिवी मुझे कुछ दिन क्षमा कर दो, मैं शरीर और मन दोनों से अस्वस्थ हूँ' तो वह समझ गया कि लौहद्वार अब किसी मिलनेवाले के लिए नहीं खुलेगा।

पर दूसरे दिन आधी रात में कुछ पलों तक द्वार खुला था। नर्सिंग होम के जिस वी.आई.पी. मरीज को दूसरे दिन छुट्टी मिलनेवाली थी, उसे अचानक दिल का दूसरा दौरा पड़ गया। डरते-डरते डॉक्टर रॉय ने द्वार खटखटाया। न खटखटाता और इसी बीच मरीज को कुछ हो जाता तो शायद सिंह नर्सिंग होम की नींव ही हिल जाती। मरीज किसी जनसंघी मन्त्री का साला था, एकदम टाइम बम, कब घातक रूप से फट पड़े, ठीक नहीं! देखभाल करने को साथ में निरन्तर बनी रहती उनकी समाज-सेविका साली। उसी ने डॉक्टर सुशील को एक प्रकार से कन्धा पकड़कर सीढ़ियों पर धकेल दिया था।

"जैसे भी हो, डॉक्टर सिंह को नीचे खींच ले आओ। नहीं आएँ तो उनके हक में ठीक नहीं होगा। मरीज को जब यहाँ लाए हैं, तब उनके जीवन की जिम्मेदारी भी वहन करनी होगी..."

डॉक्टर सुशील ने शायद घबराकर द्वार कुछ जोर से ही भड़भड़ा दिए थे, "सर, मन्त्रीजी के साले की हालत बहुत ख़राब है, एक बार चलकर देख लिया जाए..."

"भाड़ में जाए तुम्हारा मन्त्री का साला।" सौ दानव कंठ एकसाथ गरज उठे थे।

पर फिर कुछ सोचकर उन्होंने स्वयं ही द्वार खोल दिया।

प्रभु का स्याह चेहरा देखकर सुशील सहम गया था। लगता था, कई दिनों से कमरे में स्वेच्छा से बन्दी बने डॉक्टर सिंह ने शरीर पर मनमाना अत्याचार किया है। अव्यक्त व्यथा से चेहरा झुलसकर एकदम काला पड़ गया था। जिसे उसने दस वर्ष के साहचर्यकाल में एक बार भी बिना दाढ़ी बनाए नहीं देखा था, जिसका तीखा-सुडौल चिबुक, भरे कपोल सदा नवजात शिशु के नरम गालों-से ही दिखते, उन्हीं पर खुरदरी सफेद झाड़ी-सी दाढ़ी उग आई थी। जो व्यक्ति दिन में नित्य दो बार भड़कीले सूट बदलकर ही मरीजों की नाड़ी पकड़ता था, और जिसकी रोबीली पकड़ में आते ही नाड़ी स्वयं आश्वस्त हो ऐक्यूजर बनी, किसी अपराधी-से पक्के रोग दस्यु को पकड़ा, उसका पूरा इतिहास उगल देती थी, वही सुदर्शन व्यक्ति आज स्वयं कठघरे में खड़ा अभियुक्त-सा लग रहा था। केवल बनियान और पायजामा पहने ही वह मरीज देखने उतरने लगा तो सुशील के जी में आया उसे टोक दे, 'सर, ड्रेसिंग गाउन डाल लीजिए, वहाँ उनकी साली भी हैं।' वह जानता था कि स्वाभाविक मानसिक अवस्था होने पर ऐसी बेढंगी पोशाक में डॉक्टर सिंह शायद घर की जमादारनी के सम्मुख भी नहीं खड़े होते।

मरीज की अवस्था सचमुच ही शोचनीय थी। पर डॉक्टर सिंह उसे देखते ही एक बार फिर पुराने डॉक्टर सिंह हो गए। मरीज की शोचनीय अवस्था ही तो उन्हें पुलकित कर उठती थी। शत्रुपक्ष के साथ ली गई टक्कर तब ही आनन्द दे सकती है, जब दोनों ओर का पलड़ा समान हो। अपने कठिन शत्रु की दुर्बलता को उन्होंने इस बार भी पकड़ लिया। सिद्ध पहलवान की भाँति आत्मविश्वास का गंडा बाँधकर वह अखाड़े में कूदे, और पल-भर में शत्रु उनके चतुर दाँव-पेंच से उलटा पड़ा था।

"ऑक्सीजन प्लांट लाओ...फलाँ इंजैक्शन, फलाँ दवा..."

"आप यहाँ क्या कर रही हैं? जाइए बाहर।" उन्होंने हो-हल्ला मचाती मरीज की तेजस्वी साली को ऐसे डपट दिया, जैसे वह स्कूल की बच्ची हो। मरीज के कमरे में आत्मीय स्वजनों की भीड़ देखकर वह तुनकमिजाज डॉक्टर ऐसे ही भड़क जाता था। रात-भर वह मरीज की छाती पर अपने हाथों से ऐसे मालिश करता रहा, जैसे कोई स्नेही घोसी अपनी भैंस को रगड़-रगड़कर नहला रहा हो। पौ फटी तो मृत्यु-द्वार से प्रत्यावर्ती रोगी चैन की नींद सो रहा था। समाज-सेविका साली विधुर जीजा के धड़क रहे हृदय पर हाथ धर एक बार फिर आश्वस्त हो बैठ गई थी। इस अद्‌भुत डॉक्टर की कृपा से काल-कुठार इस बार उसके वैधव्य कल्पतरु के तने का स्पर्श भी नहीं कर पाया था। धन्यवाद देती, इससे पहले ही वह रूखा डॉक्टर धड़धड़ाता अपने कमरे में चला गया था और उसने कुंडी चढ़ा ली थी। विधि की भी कैसी विचित्र विडम्बना थी कि सहस्रों मुर्दों में ऐसी जान फूँक देनेवाला यह अनोखा जादूगर आठ दिन पूर्व हाथ बाँधे खड़ा देखता ही रह गया था और बलवती मृत्यु अपनी शत-सहस्र पराजयों का एक ही आघात में प्रतिशोध ले, उसे अँगूठा दिखाकर चली गई थी।

फ्रिज में धरे तरबूज के लुभावने रक्तिम अन्तस्तल में छिपी घातक कुटिल मृत्यु मुस्करा रही है, यह तब पिता-पुत्र क्या जानते थे? तरबूज की एक फाँक तो पिता ने भी खाई थी, फिर मृत्यु पुत्र को ही क्यों ले गई? पिता और पुत्र भी क्या ऐसे-वैसे थे? दोनों साथ-साथ खड़े

होते तो लगता कि दो जुड़वाँ भाई खड़े हैं। डॉक्टर सिंह पचास से कुछ ऊपर ही थे, पर चाहने पर अब भी सेहरा बाँध सकते थे। न एक बाल सफेद, न एक झुर्री। दिल्ली के उच्चतर तबके के नारी-समाज की प्रौढ़ सदस्याएँ लुक-छिपकर डॉक्टर सुशील से भेद लेने की चेष्टा करतीं, 'कौन-सा हेयर डाई यूज करते हैं डॉक्टर सिंह?' और जब हँसकर सुशील उनसे कहता कि डॉक्टर के व्यक्तित्व में किसी हेयर टॉनिक के विज्ञापन-से चमकते उनके सिर से लेकर स्त्रियों को भी लजानेवाले और गौर चरणयुगल तक सबकुछ विधाता प्रदत्त है, तो वे उसे अविश्वास से घूरकर चली जातीं! दोष उनका भी नहीं था। डॉक्टर सिंह की मोती-सी दन्त-पंक्ति देखकर तो तीन-चार वर्षों तक स्वयं सुशील को ही धोखा हो गया था। यहाँ बत्तीस वर्ष की आयु में ही सामने के तीन नकली दाँत बनवाने में उसके डेढ़ सौ लग गए थे, उस पर भी दिल्ली के प्रसिद्ध डेंटिस्ट ने ऐसा ठगा कि जीभ का स्पर्श पाते ही तीनों दाँत कागजी शटल कार्क-से उछलने लगते।

'आप ही का-सा डेंचर बनवाना चाहता था सर, डेंटिस्ट कौन था आपका?' उसने लड़कियों की भाँति लजाकर पूछा था। 'डेंचर?' डॉक्टर सिंह ठठाकर हँस पड़े थे, 'किसने कहा, मेरा डेंचर है? हिलाकर देखो।' वह फिर ज़ोर-ज़ोर से अपने दाँत हिलाने लगे थे, 'किसी डेंटिस्ट के बाप की हथौड़ी भी इन्हें नहीं हिला सकती—जानते हो इस डेंचर का रहस्य?' टेढ़े होंठों की हँसी हँसने पर वह कठोर व्यक्ति कितना मधुर लगने लगता था! चेहरे में अब भी न जाने कैसा नारी-सुलभ आकर्षण था!

'मेरे जीवन के पचास वर्षों में आरम्भ के बीस वर्ष छोड़ शेष तीस वर्षों में चीनी के एक कण ने भी मेरे दाँतों का स्पर्श नहीं किया है।' ठीक ही तो कह रहे थे वह। कृतज्ञ मरीजों के घर से आए न जाने कितने मिष्ठान्न-भरे टोकरे इधर-उधर पड़े रहते। कभी रानी शिवसुन्दरी अपनी कार में भरकर ले जाती, कभी नौकर-चाकर नाक-मुँह से ठूँसते।

'अरे बेटा, अन्धाधुन्ध के राज में गदहा पँजीरी खाए।' सुशील की माँ कहतीं, 'पत्नी होती तो ऐसा होता?'

मृत पत्नी का बड़ा-सा तैलचित्र उनके विजिटिंग रूम में टँगा रहता। कुछ दिनों पूर्व उनका एक प्रतिभाशाली मरीज अपनी समस्त कृतज्ञता डॉक्टर-पत्नी की एक विराट् ताम्र मूर्ति में ढालकर उन्हें उपहार दे गया था। कैसी तेजस्वी महिला रही होंगी वह! ताम्रतेज से घुल-मिल गया अद्वितीय गढ़न के चेहरे का गम्भीर तेज आँखों को बरबस बाँध लेता था। बालों की एक घनी लट को चतुर मूर्तिकार ने सुडौल वक्षस्थल पर शायद जान-बूझकर ही उतार दिया था। उस मूर्ति का वही अंग उसके लिए मृत्यु का सन्देश लेकर आया था। पच्चीस वर्ष की अल्पावस्था में ही डॉक्टर-पत्नी की अकाल मृत्यु का कारण बना था असाध्य ब्रेस्ट कैंसर।

फिर उन्होंने पिता के लाख कहने पर भी विवाह नहीं किया।

अपनी अधूरी डॉक्टरी पूरी कर वह कुछ दिनों विदेश में ही बसे रहे, फिर स्वदेश लौट आए। ताल्लुकेदारी बेचकर दिल्ली में ही उन्होंने अपना क्लिनिक खोल लिया था। पुत्र विदेश में ही पिता के पेशे की शिक्षा ग्रहण कर रहा था। पिछले ही वर्ष वह आश्चर्य-जनक रूप से छोटी अवस्था में एफ.आर.सी.एस. कर लौटा, और अनायास ही पिता की दक्षिण भुजा बन गया। पुत्र-प्रेम के लिए जिस अर्द्धांगिनी के विरह की कफनी उन्होंने स्वेच्छा से ही ओढ़ ली थी, उस त्याग का पुरस्कार दे दिया स्वयं पुत्र ने। पिता लाखों में एक सर्जन था तो पुत्र लाखों में एक चिकित्सक। पिता वामहस्त से भी कठिन ट्यूमर चीरकर ऐसे रख देता, जैसे सुगृहिणी

सधे हाथों से अचार का नींबू चीरती है, और पुत्र उसी अनुभव के अन्दाज से औषधि के मसाले भर देता। फिर वर्षों तक शरीर के पारदर्शी काँच के-से बोयाम में भरे उस स्वरचित प्रिजर्व को पिता-पुत्र बड़े गर्व से देखते। अब वर्षों तक उसके सड़ने-गलने का प्रश्न ही नहीं उठ सकता था।

पर कभी-कभी नाम की भी कैसी व्यर्थ मरीचिका बनकर रह जाती है! डॉक्टर सिंह के श्वसुर थे, रसिक कवि, अवध के सुप्रसिद्ध ताल्लुकेदार। उन्होंने नाती का नाम धरा था मृत्युंजय। पर मृत्यु को नहीं जीत सका बेचारा! मृत्यु ने ही उसे जीत लिया। उसके क्लिनिक में बैठते ही मरीजों की संख्या में समृद्ध गृहों की सुन्दरी किशोरियाँ ही स्वेच्छा से नकली रोगों का वरण कर डॉक्टर सिंह की पैनी छुरी पर गिरने बहुत बड़ी संख्या में आने लगीं तो डॉक्टर सिंह मुस्कराए थे। चंचल पतंगे सुदर्शन पुत्र के पौरुष दीप पर ही जलकर झुलसने जुट रहे हैं, वह समझ गए। कुछ बीमारी नहीं जुटती तो अपने टौंसिल ही सुजा लेतीं। पुत्र के आते ही किशोरी रोगिणियों की संख्या ऐसी बढ़ी कि उन्हें अपने क्लिनिक में नया विंग बढ़ाना पड़ा। रिश्तों का तो पूछना ही क्या था! पर पुत्र पिता से भी अधिक चतुर था।

विदेश की सुरा-सुन्दरियों ने क्या कभी उनके कार्तिकेय-से पुत्र को निरामिषभोजी रहने दिया होगा? अपने अनुभव की डायरी खोल वह अपने विदेश प्रवास के रंगीन पृष्ठों की स्मृति में घंटों तक डूब जाते। भारत के सुस्वादु छाया-ग्रास को विदेशी सिंहिकाएँ किस स्वाभाविकता से ग्रस लेती हैं, वे खूब जानते थे। इंडियन करी की ही भाँति इंडियन पुरुष को देखकर भी उनकी लार अनायास ही बड़े गँवारू ढंग से टपकने लगती है, इसका उन्हें स्वयं अनुभव था। पुत्र के चेहरे को देखकर वे सन्तुष्ट हो गए थे। वह चेहरा अनुभवहीन युवक का नहीं था। ऐसा न होता तो अब तक वह न खाए-पिए भिक्षुक की भाँति उनके क्लिनिक की विमान-परिचारिकाओं-सी सुन्दरी नर्सों के इंगित मात्र से परसे जाने को तत्पर थालों पर कब का टूट पड़ा होता! स्वयं विधुर पिता के मिलनेवालों में आकर्षक मिलनेवालियाँ ही अधिक संख्या में रहती हैं, यह संसारी पुत्र भी समझता था। माँ की आदमकद ताम्रमूर्ति की ओर कभी डॉक्टर सिंह आँख उठाकर भी नहीं देखते या शायद देख नहीं सकते, यह वह खूब समझता था, फिर नर्सिंग होम का नाम धरा था—'सुधा नर्सिंग होम'। कभी-कभी दिवंगता माँ के चित्र को एकान्त में देखता तो युवा मृत्युंजय के होंठ व्यंग्य से टेढ़े हो जाते। पिता का यह कैसा खोखला प्रदर्शन था। उसी मूर्ति के पास ब्रिज-टेबल पर क्या वह उस विधानसभा की धूर्त सदस्या के साथ पिता की ही-ही-ठी-ठी नहीं सुन चुका है?

'जिस पति को अपनी पत्नी से सच्चा प्रेम होगा, वह कम-से-कम अपनी कोठी, किसी कॉलेज या उद्यान-पार्क का नाम अपनी पत्नी के नाम पर कभी नहीं धरेगा सुशील!' उसने एक दिन अपने मित्र डॉक्टर सुशील से हँसकर कहा था, 'सच पूछो तो मुझे ताजमहल देखने की भी कभी इच्छा नहीं हुई। यह सब दिखावा भला क्यों? अरे, अपनी बीवी को चाहते हो तो सारी दुनिया में अपनी मुहब्बत का ढोल क्यों पीटते हो जी?' और सचमुच ही उसने ज़िद कर क्लीनिक से अपनी दिवंगता माँ का नाम हटा दिया था। पर पिता की समस्त दुर्बलताओं को जानने पर भी वह स्नेही पुत्र पिता से एक क्षण भी विलग नहीं हो पाता था। शॉयलॉक-सा क्रूर पिता, मरीज के प्राण जाने से पूर्व भी अपनी ऊँची फीस का बीमा करवा लेता है, यह मृत्युंजय से छिपा न था। पिता की आसव से आसक्ति, नारी-लोलुप चटोरी जिह्वा, कुछ भी उससे लुका-छिपा नहीं था, पर फिर भी स्वेच्छा से अनजान बना, वह डॉक्टर सिंह के समस्त

दुर्गुणों को काला परदा डालकर ढाँप देता। पुत्र के इसी क्षमाशील व्यक्तित्व को देखकर पिता ने सन्तोष की साँस ली थी, पर ठीक तीसरे महीने ही वर्षों से मित्र बना पुत्र अचानक शत्रु बनकर कलेजे में खंजर भोंक देगा, वह क्या जानते थे? पलक झपकते ही सबकुछ हो गया था। दो उल्टियाँ, दो-तीन दस्त और नैन-पुतलियाँ उलट गई थीं। केवल एक बार अरथी पर अबोध शिशु की भाँति पछाड़ खाकर डॉक्टर सिंह ने पूछा था, 'यह मुझे कैसा दंड दे दिया प्रभो?' कुछ ही क्षणों को वह लौहपुरुष टूट गया था, फिर भागकर उन्होंने कमरा बन्द कर लिया था।

अरथी कौन ले गया, किसने कन्धा दिया, किसने मुखाग्नि दी? उन्हें कुछ पता नहीं रहा।

कभी-कभी सुशील के जी में आता, उन्हें बाहों में बाँधकर कहे, 'सर, क्यों जी छोटा करते हैं, मैं अब आपका बेटा हूँ। वचन देता हूँ सर, जीवन-भर कुँआरा रहकर आपके पास बना रहूँगा। आपका पुत्र नहीं रहा तो दूसरों के पुत्र तो हैं। उन्हें असाध्य रोगों से मुक्त कर अपने पुत्र का अमर स्मारक बनाइए।' पर वह मन-ही-मन सब समझता था। सगे पुत्र का धुँधला टिमटिमाता तारा जब टूटकर गिरता है तब फिर नक्षत्रखचित व्योम भी उस क्षतिग्रस्त शून्य की पूर्ति नहीं कर सकता। फिर भी रात-भर जागकर उसने कई बार रटकर वे वाक्य कंठ में साधे थे, जो वह डॉक्टर सिंह से कहेगा, जैसे भी होगा, वह उन्हें आज क्लीनिक में खींच ही लाएगा। वह जाने के लिए तैयार हो ही रहा था कि गूँगा बदलू डॉक्टर सिंह का पत्र थमा गया :

'सुशील,

लम्बी छुट्टी पर जा रहा हूँ—शायद लौटूँ और शायद नहीं। सारा एकाउंट और क्लीनिक तुम्हें सौंप गया हूँ, जी में आए तो चलाना और जी में आए तो ताला डाल देना।

तुम्हारा

डॉ. सिंह'

बदलू की आँखों से अविरल अश्रुधारा बह रही थी—कहाँ गए? कब गए? एक प्रकार से उसे हिला-हिलाकर सुशील ने झिंझोड़कर रख दिया था, पर फलहीन ठूँठ वृक्ष-सा गूँगा बदलू हिलाए जाने पर भी फल कैसे गिरा सकता था? गूँगी जिह्वा को बड़ी चेष्टा से हिलाकर उसने कहा, 'पफ पफ'। फिर विवशता से शून्य में फैले दोनों हाथों के दुहत्थड़ माथे पर मार दिए। डॉक्टर सिंह, लूप लाइन की उसी गाड़ी में जाकर बैठ गए थे, जिसमें अट्ठाईस वर्ष पूर्व बैठे थे, यह कौन जान सकता था? वीरभूम का युगपुरुष करवट बदलकर शायद बेसुध पड़ा होगा। जहाँ से एक बार साँस रोककर भाग आए थे, वहीं अब फिर साँस रोककर भागे जा रहे थे। क्या खींच रहा था उन्हें?

राँगामाटी के बीच सर्पिणी-सी बल खाती कोपाय नदी या वर्षा से भीगी सन्थाल झोंपड़ियों की खस के भीगे पंखे-सी सुगन्ध या कच्ची सन्थाल ताड़ी की मादक स्मृति? जीवन के रस से छलकती गागर, जब रीती होकर ढुलक गई, तब इस ग्राम की स्मृति ने उन्हें क्यों पुकारा?

पिता के अंतरंग मित्र थे, वीरभूम के जमींदार सुधीर रंजन रॉय चौधरी। पूजा की छुट्टियों में उन्हीं सन्तानहीन जमींदार स्नेही दम्पति द्वय का अतिथि बनकर वह गोआलपाड़ा गया था। अपने विदेशी मित्रों के लिए बनाए गए अतिथिगृह को, स्नेही जमींदार साहब ने उसके लिए खोल दिया था—'एकान्त में तुम मन लगाकर परीक्षा की तैयारी कर सकते हो। यहाँ कोई व्याघात डालने नहीं आएगा।' उन्होंने कहा था, वह स्वयं नित्य ही व्याघात डालने पहुँच जाएँ तो भला कोई क्या कर सकता था?

मोटी-मोटी चिकित्सा विज्ञान की पुस्तकों में डूबा तरुण डॉक्टर जैसे ही खिड़की खोलकर बैठता, वैसे ही पास ही जमींदार साहब की पुत्री की स्मृति में बन रहे कन्या पाठशाला भवन का निर्माण कार्य आरम्भ हो जाता।

छत पीटती सन्थाल युवतियों की आकर्षक पदचाप का मृदु संगीत उसके अध्ययनशील चित्त को नीरस जीवविज्ञान की पुस्तकों से उत्कोच देकर, फुसला रहे किसी लम्पट व्यसनी मित्र की ही भाँति खींच ले जाता।

'राजा गेलो सरके-सरके
रानी गेलो काँची सरके
ओ राजार छाता पड़े गेलो जले
रानी हाँसिलो मने मने।'

(राजा पक्की सड़क पर चल रहा है, रानी कच्ची सड़क पर।–राजा का छाता पानी में गिर पड़ा और रानी मन-ही-मन हँसने लगी।)

कभी-कभी सरल सन्थाल भाव-व्यंजना सुनकर युवा डॉक्टर मन-ही-मन हँसने लगता। फिर देखता, पतली रज्जुसोपान के टेपोज पर किसी सर्कस सुन्दरी की सहज भंगिमा से चल रही कतारबद्ध सन्थाल किशोरियाँ खिलखिलाती गारा-सीमेंट ढो रही हैं। साँचे में ढले अंग, चिकना मोहक मरोड़ में बँधा पंखे के आकार का सन्थाली जूड़ा, काले कोबरा की-सी चिकनी काली खमकती नंगी पीठ, घुटनों तक बँधी धोती और चेहरे के काले रंग का विरोधाभास प्रस्तुत करता लाल जवा का फूल। कभी किसी सुडौल वक्षस्थल से अचानक ही उस युवा डॉक्टर की निर्दोष आँखें टकरा जातीं और वह सहमकर आँखें फेर लेता, पर जिन्हें देखकर वह लजाकर आँखें फेरता, उन्हें लजाने का न अवकाश था, न चिन्ता। शायद उसका चित्त पढ़-लिखकर सयाना हो गया था और उन अनपढ़, प्रकृति की निर्जन वनस्थली में जन्मी-पली वन-कन्याओं का चित्त था शिशु-सा निष्कपट, निर्दोष। अबोध शिशु को क्या कभी अपने नग्न अंगों की लज्जा डस सकती है? कभी-कभी ठेकेदार के कर्कश स्वर में, एक ही नाम की बार-बार आवृत्ति होती, 'अरी चाँदमनी, तू छोकरी अपने को समझती क्या है री? अपने इस रूप का इतना घमंड क्यों है री तुझे? अति-रूप से ही जनकसुता हरी गई थी, इतना याद रख छोकरी! तब से बस एक ही तसला गारा लाई है!'

अतिरूप से हरे जाने का भय दिखाकर डराई गई उस सुन्दरी जनकसुता को देखने का लोभ, एक दिन सिंह भी नहीं संवरण कर सका। तसला सिर पर धरे, ढीठ चाँदमनी जान-बूझकर ही अलस मन्थर गति से चली जा रही थी कि बूढ़ा ठेकेदार कर्कश स्वर में चीखा, 'तुमसे अब काम नहीं होने का। घाघू से आज ही कहना होगा कि तुझे अब बीरू को सौंप दे। एक लाठी धरेगा बीरू और यह कमर की लचक-पचक सब भूलकर रह जाएगी।' खिलखिलाकर चाँदमनी हँसी और चौंककर डॉक्टर की आँखें स्वयं उठ गईं। बाँस-वनों के झुरमुट से घिरे उस जंगल में सन्ध्या नित्य कुछ समय से पूर्व ही उतर आती थी। झुटपुटे अन्धकार के म्लान कैनवस पर तसलाधारिणी मुग्धा की वह साँवली-सलोनी छवि, सिंह को किसी कलाकार के बनाए काले लिनोकट-सी ही आकर्षक लगी। चटपट उसने खिड़की बन्द कर दी। अच्छा, तो वही थी घाघू की बेटी! एक दिन वह कुछ कह तो रहा था कि उसकी एक ही बेटी है, उसने सगाई भी कर दी है, पर ठेकेदार के यहाँ काम कर रही है, कुछ पैसे कमा लेगी तो ब्याह देगा।

घाघू माँझी, जमींदार साहब का सन्थाल भृत्य था और उन्होंने उसे मित्र-पुत्र की सेवा के लिए वहीं भेज दिया था। काले हब्शी-सा वह चुपचाप रहनेवाला भृत्य, परदेशी नवीन स्वामी की भाषा न समझने पर भी उसके एक-एक आदेश को ऐसे पूरा कर देता कि सिंह दंग रह जाता। ऐसे कदर्य-कुत्सित पिता की पुत्री ऐसी सुन्दर कैसे हो गई होगी! बड़ी देर तक पुस्तकें पढ़ता सिंह दूसरे दिन देर तक सोता रहा। अचानक तीखे अपरिचित नारी कंठ को सुन, वह हड़बड़ाकर उठ बैठा। देखा, उसकी खिड़की पर खड़ी सुन्दरी चाँदमनी ठेकेदार को अँगूठा दिखा रही है। वह जिस भाषा में हँस-हँसकर अपनी सखियों से जो कुछ कह रही थी, उसका एक शब्द भी सिंह के पल्ले नहीं पड़ा, पर अँगूठा प्रदर्शन की विजयी मुद्रा से वह जान गया कि वह अब ठेकेदार के यहाँ काम नहीं करेगी।

अचानक उसने खिड़की बन्द कर दी और उसकी ओर मुड़कर हँसने लगी। दूर से आकर्षक दीखनेवाली यह श्यामांगी निकट से देखने पर निश्चित रूप से सुन्दरी थी। मोती जैसे उजले दाँतों की मनोहारी पंक्ति को पहले सिंह देखता रहा, फिर अचानक उसे स्मरण हो आया कि वह केवल नाइटसूट का पायजामा ही पहनकर सो रहा था। उसका चेहरा लाल हो गया। कैसी बेहया लड़की थी यह, उसके नग्न शरीर को कैसी मुग्ध दृष्टि से देख रही थी! प्रकृति भी कैसी उल्टी गंगा बहा रही थी!

'कौन हो तुम? यहाँ कैसे चली आईं? घाघू-घाघू!' सिंह ने विवश स्वर में हाँक लगाई।

तभी उस वनकन्या ने मराल ग्रीवा को झटके से पीछे कर अपनी पहाड़ी झरने की-सी मीठी हँसी से कमरा गुँजा दिया।

'चैचाद्दिश कैनो रे बाबू?' (चिल्ला क्यों रहा है रे बाबू)—फिर अपने गूँगे पैंटोमाइम से उसने माथे पर हाथ धर, नकली खाँसी खाँस अपनी कलाई पकड़कर उसे समझा दिया कि घाघू बीमार है और अब वही काम करेगी।

अजीब मूर्ख है जंगली घाघू। अपनी इस सुन्दरी चंचल पुत्री को उसने परदेशी युवक के कमरे में भेज कैसे दिया!

फिर तो कुछ ही घंटों में चाँदमनी ने उसके कमरे की छत ही किसी प्रचंड गति के साइक्लोन की भाँति उड़ाकर धर दी थी। पहले महा उत्साह से उसके लाल जूते पर काला पालिश पोत आई। जब तक वह जूते की दुर्गति देख, छीनने लपका, नये लाल जूते का अर्द्धांग काला बन चुका था। फिर उसने स्टोव में न जाने कितने अनाड़ी पम्प भर डाले कि मिट्टी के तेल की फुहारें छोड़ता स्टोव क्रुद्ध सर्प-सा फुँफकारने लगा। भागकर झुँझलाए सिंह ने स्टोव बुझाया और हाथ हिला-हिलाकर उसे दूध का कटोरा, डबल रोटी दिखाकर समझाया कि वह चली जाए। खाने को यह सब है, वह खा लेगा। मुस्कराकर वह ऐसे बैठ गई, जैसे वह समझ गई हो। तब बैठ क्यों गई? हारकर वह अपने पलँग पर बैठ गया। बड़ी देर तक जब उसके जाने की आहट नहीं मिली तो उसने सहमकर चौके में झाँका। देखा, तो सुन्दरी चाँदमनी दूध के कटोरे में समूची डबलरोटी डुबो-डुबोकर खा रही थी। नवीन स्वामी को देखते ही निर्दोष हँसी से साँवला चेहरा उज्ज्वल हो उठा।

'तुई बोलेहीश खा।' (तूने कहा था—खा) उसने कहा।

हाय रे दुर्भाग्य! पता नहीं, ये कुछ-का-कुछ समझनेवाली पगली, कभी कुछ अनर्थ न कर बैठे। खा-पीकर चाँदमनी उसकी भोजन-व्यवस्था में जुट गई। न जाने कहाँ से वह आँचल में ढेर सारी 'शुकटी' (सुखाई गई छोटी मछलियाँ) ले आई थी, उन्हीं को तेल में चटपट भूँजकर

वह पल-भर में आतप चावल राँध लाई। मेज पर चावल की प्लेट लगाकर उसने गलाया गर्म गाय का घी, महा औदार्य से स्तूपाकार चावल पर बिखेर दिया। जितनी देर वह खाता रहा, वह स्वयं चौके के अन्तराल में छिप गई। शायद वह जान गई थी कि उसकी उपस्थिति संकोचशील अतिथि को पेट-भर खाने नहीं देगी। वह हाथ धोने उठा तो अपने पिता ही की भाँति चिलमची, जग, तौलिया लेकर उपस्थित हो गई। तसले में सीमेंट-गारा ढोनेवाली वह मजदूरनी कैसे यह सब सीख गई थी।

तीन ही दिनों में उस कर्मपरायण सुन्दरी-सेविका ने अपनी निःस्वार्थ सेवा से सिंह को ऐसा जीत लिया कि तीन दिन पूर्व जिसकी वन्य उपस्थिति युवा डॉक्टर को झुँझलाहट से बौखला देती थी, अब उसी के आने का समय होता, तो उसकी आँखें स्वयं ही दर्पण की ओर उठ जातीं। पहले दिन अपनी छाती और पीठ की नग्नता का स्मरण कर वह लज्जा से लाल पड़ गया था और नाइट कोट ढूँढने को छटपटा उठा था। अब स्वयं ही वह अपने पौरुष का दर्पण उस किशोरी की आँखों पर डाल, उसे चौंधिया देता और वह मुग्धा एकटक उसकी नंगी छाती को देखती रहती। अधूरा डॉक्टर, शायद नवीन प्रेमिका को प्रभावित करने के लिए ही उसके पिता की पसलियाँ ठोंक-पीट, एक छोटा-मोटा नुस्खा भी लिख आया था। चाँदमनी की बड़ी आँखें प्रशंसा में विस्फारित होकर और बड़ी हो गई थीं।

कभी-कभी प्रणयकेलि में डूबी याचिका को चूल्हे पर जलती मछली का ध्यान ही नहीं रहता। जलाँध पाकर वह मछली उतारने भागती तो युवा प्रेमी उसे फिर बाँहों में खींच लेता।

कैसी अद्भुत देहगन्ध थी उस वनकन्या की! नई बन रही इमारत की सोंधी गन्ध ही उसके शरीर में रिस गई थी, या कच्ची ताड़ी के रस की मादक सुगन्ध थी, उस मधुर श्वास-प्रश्वास में। कैसा सरल आत्मसमर्पण था उसका! एक बार तरुण डॉक्टर के संस्कारी चित्त के अधमरे विवेक ने विरोध में गर्दन उठाकर घोर आपत्ति भी की थी—यह तुम्हारा सरासर अन्याय है, क्या परिणाम से आँखें मूँद रहे हो? इस निर्दोष अनुभवहीन किशोरी के साथ की गई छलना, क्या तुम्हें जीवन-भर नहीं डसेगी?'—पर उद्दाम मुँहफट चौबीस वर्ष का यौवन, सोलह वर्ष का कैशोर्य, तालतमाल अरण्य से घिरा अतिथिगृह और डूबती सन्ध्या—सब मिल-जुलकर विवेक को मुँह, हाथ-पैर बाँध दूर कोने में पटक देते। क्रूर नियति दोनों को शतमुखी विनिपात की खाई में खींच ले गई।

चाँदमनी सचमुच ही चन्द्रपातमणि-सी ही तेजस्वी बनती जा रही थी। सातवें दिन घाघू स्वस्थ होकर लौट आया। चाँदमनी को कभी-कभी वह उसके पिता के सम्मुख ही हँसी-हँसी में छेड़ देता।

'क्यों घाघू कब कर रहे हो इसका ब्याह? बीरू तो कह रहा था, इसी बैसाख में वह इसे ब्याह ले जाएगा।'

बीरू माँझी का नाम सुनते ही वह भड़क उठती। घाघू कुछ कहता, इससे पहले ही वह कहती, 'बीरू मुखे आगुन' (बीरू के मुँह में आग)। सात दिन के लिए आए पाहुने को बीस दिन हो गए थे। चाँदमनी नित्य आधी रात को निर्भीक अभिसारिका बनी, उसकी खिड़की के नीचे खड़ी हो जाती। दो लम्बे-लम्बे हाथों की रस्सी उसे ऐसे ऊपर खींच लेती, जैसे वह कागज का फूल हो।

एक दिन दोनों हाथ उसे उठाने झुके तो वह नित्य की भाँति खड़ी नहीं थी। महुआ वृक्ष के नीचे बैठी उल्टी कर रही चाँदमनी थोड़ी ही देर में फिर हँसती खिड़की के नीचे खड़ी हो

गई। 'आज मौसी ने ढेर-सा रस पिला दिया, इसी से सिर चकरा गया।' उसने हँसी के फूल बिखेर दिए।

सिंह रात-भर नहीं सो पाया। क्या मौसी के पिलाए ताड़ी के रस से ही उसका माथा चकराया था? ईश्वर करे ऐसा ही हो। सारी रात वह यही मनाता रहा। दूसरे दिन उठते ही उसने अपना सामान बाँध लिया। चाँदमनी उस दिन अपनी मौसी के साथ शिउड़ी के मेले में रस बेचने जा रही थी। चाँदमनी से उसने अपने जाने की बात ही नहीं की और चुपचाप खिसक गया। चलने लगा तो उसने घाघू के हाथ में सौ-सौ के दो नोट धर दिए। कॉलेज फीस के लिए धरे दो सौ घाघू के हाथ में धर उस मूर्ख स्वार्थी युवक को लगा था कि वह संसार का सबसे उदार व्यक्ति है।

इतने रुपए! सरल घाघू की आँखें ही फट गई थीं। ऐसी टिप तो उसे जमींदार साहब के अतिथियों ने कभी नहीं दी। 'चाँदमनी के ब्याह में लगा देना।' उसने फिर बुजुर्गाना आवाज में कहा था, 'अब विवाह में देरी मत करना घाघू!'

फिर तीसरे ही महीने डॉक्टर सिंह ने पिता को अपने विवाह की स्वीकृति दे दी थी। इतने वर्षों तक अपने वैभव और प्रभुता के मद से अन्धा बना वह जान-बूझकर ही अतीत को सशक्त भुजाओं से पीछे ढकेलता रहा था, पर आज उन सशक्त भुजाओं की शक्ति चुककर रह गई थी। जिस सरला किशोरी को वह असहाय अवस्था में छोड़कर भाग आया था—जिसके निःस्वार्थ आत्मसमर्पण की सुध शायद ही कभी सुख के क्षणों में आई थी—उसी साँवले चेहरे पर जड़ी दो करुण आँखों का मूक उपालम्भ आज उसे अपने जीवन के चरम दुःख के क्षणों में पागल बना उठा। अपनी निरुपायता, आवारापन उसे धिक्कारने लगा और वह फिर उसी विस्मृत गाँव की ओर भागने लगा।

पहुँचा तो दिन डूब चुका था। पंसारी की छोटी-सी दुकान कालचक्र में विलुप्त होकर, वहाँ एक जगमगाता डिपार्टमेंटल स्टोर खड़ा था। जमींदार साहब का पता पूछना व्यर्थ था, वह सन्थाल ग्राम की ओर बढ़ गया। वही वेणुवन और एक कद की, परेड-सी करती झोंपड़ियाँ। अँधेरे ने बढ़कर परिचित हाथ कन्धे पर धर दिया। अचानक विलाप का करुण स्वर सुनकर वह ठिठक गया।

"आ बलाई चाँद रे—सोना!"

उसका सर्वांग सिहर उठा। धीरे-धीरे उसने चोर की भाँति बढ़कर खिड़की से झाँका। पहले उसके जी में आया, वह जोर से चीख पड़े। छोटे-से कमरे का संकुचित क्षेत्रफल घेरे, जो लम्बी लाश पड़ी थी, वह तो स्वयं ही मृत्युंजय का जीवित संस्करण था। क्या वही पिता को चमत्कृत करने एक बार फिर अरथी में बँधने लौट आया था? वही चेहरा, देह की वही सुगठित ललाम-श्यामल कान्ति। उसके चारों ओर घेरा-सा बनाए सन्थाल स्त्रियाँ घुटनों में सिर डाले, करुण सिसकियों का वैसा ही छन्दबद्ध संगीत प्रस्तुत कर रही थीं, जैसा छत पीटने में किया करती थीं। मृतक के सामने पछाड़ खाती माँ को पार्श्व में बैठे व्यक्ति ने बड़े यत्न से उठाया और डॉक्टर सिंह ने कच्ची मिट्टी की दीवार थाम ली। बूढ़े बीरू माँझी को घनी सफेद मूँछों के बीच भी उन्होंने पहचान लिया।

"मत रो चाँद, वह अब क्या तेरे रोने से लौटेगा?"

उन्मादिनी चाँदमनी एक बार फिर पछाड़ खाकर गिर पड़ी।

डॉक्टर सिंह मुड़े और तेज़ी से भागने लगे। कुछ पलों के लिए शायद वह सचमुच ही मानसिक सन्तुलन खो बैठे थे। उन्हें लग रहा था, उन्मत्त सन्थाल भीड़ उनका पीछा कर रही

है, मृत बलाई की लाश लेकर। उन्हें पकड़, वे अरथी उन्हीं के कन्धों पर टिका देंगे। हाँफते पसीने से लथपथ जब डॉक्टर सिंह बोलपुर पहुँचे तो सब पैसेंजर गाड़ियाँ जा चुकी थीं।

''पर मुझे तो अभी जाना है।'' उन्होंने फटे स्वर में कहा।

''अभी कोई गाड़ी नहीं जाएगी साहब।'' छोकरे स्टेशन मास्टर ने उस विक्षिप्त-से व्यक्ति के प्रश्न के उत्तर में कहा, ''एक मालगाड़ी यार्ड में अवश्य खड़ी है। आठवें दिन कलकत्ता पहुँचेगी, चाहें तो उसी में चले जाइए।'' पर उसके व्यंग्य को ग्रहण करने की अवस्था भी शायद उनकी नहीं रही थी।

''धन्यवाद, धन्यवाद।'' कहता वह नित्य एयरकंडीशन गाड़ी में यात्रा करनेवाला सुरुचि-समृद्ध स्वामी, चोरों की भाँति इधर-उधर देखता, सचमुच ही मालगाड़ी के डिब्बे में बैठ गया। सहयात्री थे बड़ी-बड़ी दाढ़ीवाले दो पछाँही बकरे और चार गायें।

सबने एकसाथ चौंककर, उस डरे-सहमे यात्री को देखा, फिर जुगाली करती बड़ी-बड़ी करुण आँखोंवाली गाय ने सींगों की स्वीकृति दे दी, जैसे सबकुछ जान गई हो।

अंजर-पंजर हिलाती मालगाड़ी चली।

बकरों के साथ-साथ वह भी धक्का खाकर गिरा, फिर तिकोनी खुली खिड़की पकड़कर बैठ गया। खिड़की के उसी छिद्र से वर्षों पूर्व के परिचित स्टेशन एक-एक कर हाथ मिला गए। मुस्करा, बोनपास, तालित और भेदिया— गीली घास और गोबर मिश्रित सुगन्ध, उसे संसार की सर्वश्रेष्ठ सुगन्ध लगने लगी। अपने दोनों परिष्कृत रुचि के नथुने भींचकर उसने आँखें मूँद लीं। पास खड़ा दढ़ियल पछाँही बकरा उसका घुटना चाटने लगा। शायद एक पशु ने दूसरे पशु को अब पहचान लिया था। हिलती मालगाड़ी के कम्पन से, टुनटुनाती गाय के गले की घंटियाँ बज रही थीं। डॉक्टर सिंह को लगा, वह किसी पवित्र देवस्थल में बैठे हैं और उसी मन्दिर की नन्हीं घंटियाँ बजने लगी हैं।

''मुझे यह दंड क्यों दिया प्रभो?'' पन्द्रह दिन पूर्व, जवान बेटे की अरथी पकड़, इस मूर्ख ने विधाता के न्यायालय में अपनी तर्कहीन नालिश की थी। जिसने जीवन-भर कभी जन्मदाता का स्मरण नहीं किया, उसी नास्तिक सन्तान के कमजोर मुकदमे का निर्णय देने शायद वह न्यायप्रिय न्यायाधीश उसे इतनी दूर ले आया था।

मृत्युदंड सुनकर, बहुत-से अभियुक्त चेहरे पर स्वयं ही रूमाल बाँध लेते हैं।

डॉक्टर सिंह ने अपने काँपते घुटनों में मुँह छिपा लिया।

मन का प्रहरी

आज तक मुझे अपनी अन्तःप्रेरणा पर बड़ा गर्व था, पर आज सचमुच ही मेरा दर्प अचानक हाथ से गिर गए दर्पण की भाँति, यथार्थ की धरा पर गिर, चूर-चूर होकर बिखर गया है।

बैंक के काउंटर पर मेरा उससे प्रथम परिचय हुआ था। हाथ का टोकन काउंटर पर अधैर्य से ठनकाती वह पूर्वपरिचित न होने पर भी काकदृष्टि से मेरी ओर देखकर ऐसे मुस्कराई थी, जैसे वर्षों से मुझे जानती हो। मैं चैक लिख ही रही थी कि पेन की स्याही चुक गई। झुंझलाकर मैं पेन को झटक रही थी कि उसने चट अपना पर्स खोल, अपनी कलम मेरी ओर बढ़ा दी। 'धन्यवाद' कह मैंने कनखियों से पेन की स्वामिनी के चौकोर पर्स की महीयसी काया देख ली थी। निश्चय ही ऐसी चमक किसी नकली अजगर की चमड़ी में नहीं हो सकती थी। कम-से-कम दो-ढाई सौ का तो होगा ही। पेन लौटाने लगी, तो उसकी अनामिका और कनिष्ठा में जगमगा रही पन्ने और हीरे की अँगूठियों और फिर उसके चेहरे पर मेरी दृष्टि पड़ी। उस सन्तनी-से चेहरे की शान्त भव्यता ने मुझे सचमुच ही प्रभावित कर दिया था। अवस्था ढल रही थी, किन्तु अस्तगामी सूर्य का अस्तप्राय तेज पूरे चेहरे को रँगकर अस्वाभाविक रूप से तेजस्वी बना रहा था। उन बड़ी-बड़ी स्निग्ध आँखों का तीव्र तेज अब भी किसी प्रणयी पुरुष को झुलसा सकता था। उस प्रौढ़ा के अंग-प्रत्यंग से यौवन की छलनामयी मादकता जैसे छलकी पड़ रही थी।

मैं अपना चैक भुनाकर लौटी, तो वह भी मेरे साथ थी। मैं उसके लुभावने स्मित का औपचारिक प्रतिदान अपने सामान्य से स्मित के रूप में देकर आगे बढ़ गई और रिक्शा बुलाने लगी। उसने फिर अपनी उसी मोहिनी हँसी के जाल में बाँधकर मुझे घेर लिया, 'रिक्शा क्यों बुला रही हैं? कहाँ जाएँगी? चलिए, मैं आपको छोड़ दूँ।' उसका यही सौजन्यपूर्ण शिष्टाचार मुझे चलते-चलते मैत्री का आह्वान दे गया।

उस शहर में हम दोनों दो वर्ष रहीं और इस बीच वह मेरे इतने निकट आ गई, जैसे मेरी बालसखी रही हो। मैं उसके बारे में सबकुछ जान चुकी थी और वह मेरे बारे में। हम दोनों के समाज, मित्रों के दायरे और किसी अंश में रुचि में भी धरती-आकाश का अन्तर था। जब भी मैं उससे मिलने जाती, उसके सुरुचिपूर्ण ढंग से सँवरे गोल कमरे में पसरे एक-आध लम्ब-तड़ंग गैरिक वसनधारी को देख उलटे पाँव लौटने लगती, तो वह भागकर मुझे बाँहों में घेरकर फुसफुसाती, 'अरी, इनकी चरणधूलि लिये बिना तुझे नहीं जाने दूँगी। कल ही तो स्टेट्स से लौटे हैं। आज मेरे यहाँ इनका गीता का प्रवचन है। आएगी तू?'

'नहीं।' मेरा रूखा उत्तर उसके गाल पर चाँटा-सा लगता।

पर वह हँसकर दूसरा गाल बढ़ा देती, 'एक-आध भंड साधू तूने देखे होंगे...तो क्या कोई पहुँचा सिद्ध हो ही नहीं सकता?'

मेरी तो यह दृढ़ धारणा थी कि किसी सिद्ध की जितनी ही पहुँचने की प्रसिद्धि होगी, वह उतना ही बड़ा ठग निकलेगा। पहुँचे सिद्ध किसी गृहस्थ के यहाँ धार्मिक प्रवचन कर अपनी ख्याति की गठरी नहीं बाँधते। किन्तु फिर भी रुचि एवं वयस के अन्तर को तोड़ती-फोड़ती हमारी मैत्री किसी वेगवती नदी की धारा की भाँति मार्ग के रोड़े-कंकड़ों को धो-पोंछकर बहा ले गई। वयस में छोटी होने पर भी जीवन का अनुभव मुझे अधिक था। मैं पत्नी थी, माँ थी। अपने गृहिणी और मातृत्व पद का अभिमान कभी-कभी मेरे कथन या व्यवहार में छलक उठता, तो वह सिमटकर सिकुड़ जाती। मेरी निधि थी सुखी गृहस्थी की। वह बेचारी अपने नीरस अध्यापन-कार्य-भार से मुक्ति पाकर लौटती तो कभी-कभी मुझे फोन कर पूछती, 'क्यों, क्या कर रही हो? बड़ी अच्छी पिक्चर लगी है...चलेगी क्या?' किन्तु मैं इनकार कर देती।

न उससे कोई रूठनेवाला था, न उसे मनानेवाला। अपनी तनख्वाह की मोटी रकम को वह मनमाने ढंग से खर्च कर सकती थी। मृत पिता ने नैरोबी में लाखों रुपया कमाया, किन्तु उनकी वही सम्पत्ति उसकी माँ की सौत बन गई। पिता हरसुखलाल पटेल के पास प्रायः एक विदेशी विमान परिचारिका छुट्टियाँ बिताने चली आती थी। विदेश की हवाई यात्रा में उससे उनका परिचय हुआ था। उसी परिचय ने प्रगाढ़ मैत्री और प्रणय का रूप ले लिया। उसका विवेकहीन चित्त, जब रस्सी तुड़ाकर भाग रहे हुडेल बछड़े-सा दौड़ रहा था, तब उनकी दृष्टि अचानक अपनी विवाह योग्य युवती पुत्री पर पड़ी। इसी समय पुत्री की सरला जननी ने आत्महत्या कर ली। फिर वह पढ़ने अपनी मौसी के पास बनारस चली आई थी।

"तुमने विवाह क्यों नहीं कर लिया, अनुराधा?" मैंने पूछा।

वह हँसकर बोली, "कौन करता मुझसे विवाह?"

"कैसी मूर्खता की बातें करती हो! आज भी यदि तुम साहस कर अपना स्वयंवर रचा लो, तो एकसाथ कई राजकुमार तुम्हारी वरमाला ग्रहण करने अपनी गरदन झुका देंगे!"

मोटे लेंस का अपना मर्दाना चश्मा उतारकर वह रख देती, तो मैं उसे देखती ही रह जाती। इस वयस में भी जो इतनी आकर्षक है, अपने यौवनकाल में कैसी रही होगी! क्या दुःसाहसी विवेकहीन अनंग उस महिमामयी तापसी के लुभावने अंगों को अछूता ही छोड़ गया होगा।

"मैं मान ही नहीं सकती अनु, कि कोई तुम्हारे प्रेम में चकरघिन्नी खाकर नहीं गिरा होगा?"

"क्या रोज-रोज एक ही प्रश्न पूछती हो? सच कहूँ, जब एक-एक कर पात्र जुटने लगे, तब मेरी रुचि ना-ना करती रही। कोई मुझे जँचता ही नहीं था। जब रुचि ने समझौता करने का निश्चय किया, तब कोई पात्र ही नहीं रहा।"

"ओह, इसका मतलब, कोई पात्र था अवश्य?" मैंने हँसकर कहा।

"सुनो, मेरे मौसा गम्भीर प्रकृति के व्यक्ति थे। न वह कहीं आते-जाते थे, न मौसी। फिर वहाँ कौन-सा पात्र जुटता!"

"झूठ मत बोलो अनु! तुम्हीं ने एक दिन कहा था ना कि तुम्हारे मौसा अंग्रेजी विभाग के अध्यक्ष थे और दिन-रात उनके छात्र उन्हें घेरे रहते थे? क्यों, उसी घेराव की भीड़ में तुम्हारा प्रशंसक भी था ना?"

उसके आकर्षक चेहरे पर भावावेश की रेखाएँ खिंच गईं, चिबुक पल-भर को काँपा, एक क्षण को वह हिचकिचाई, फिर बिना किसी संकोच के वह मुझे अपने विस्मृति यौवन-दुर्ग के

उस खँडहर में खींच ले गई, जहाँ न वैराग्य था न संयम; न संकोच, न चित्तवृत्ति-निरोध। आश्वस्त होकर उसने चाय का प्याला उठा लिया। फिर उसका संकोच जैसे उसकी जीवन-कथा के तीव्र प्रवाह के साथ बहता चला जा रहा था! कैसा निष्कपट आत्मनिवेदन था, किन्तु कितना निर्लज्ज! अनु के मौसा के यहाँ आनेवाले छात्रों में मधुकर का व्यक्तित्व एकदम अनोखा था। उसके श्यामवर्णी चेहरे का आकर्षण अद्भुत था। अनु रीझी थी उस मेधावी युवक की प्रतिभा पर और वह डूबता चला गया, उस अभिराम मुखाकृति के सौन्दर्य-चिन्तन में।

"मैंने पापा को भी लिख दिया था, मेरे लिए पात्र ढूँढ़ने का सिरदर्द अब उन्हें मोल नहीं लेना होगा। लिखना आवश्यक भी हो गया था। कब क्या हो बैठे, इसका कुछ ठिकाना था! वी हैड गान टू फार..."

मैंने चौंककर उसे देखा और फिर तो मुझे चौंकाकर ही हार नहीं मानी, सहमाकर ही छोड़ा।

बनारस के घाटों पर युगल प्रेमियों का वह दुःसाहसी जोड़ा आधी-आधी रात तक घूमता रहता। बजरे पर प्रेमी की गोदी में लेटी निःशंक अनु गुनगुनाती दूर-दूर तक निकल जाती। कभी-कभी घाट पर जल रही चिताओं की आँच जैसे निकट से आकर उन्हें छू जाती और बजरेवाले को बीच घाट में बजरा ले चलने का आदेश देता मधुकर सलोनी सहचरी के मदालस चेहरे पर झुक जाता...

मधुकर क्यों उस पर रीझा था, यह समझते मुझे देर न लगी।

इकलौती पुत्री का पत्र पाते ही उसके पापा आग-बबूला होकर स्वयं उपस्थित हो गए थे। अपने एक प्रवासी व्यवसायी मित्र सूमा सेठ के पुत्र से वह एक प्रकार से अनु का सम्बन्ध स्थिर कर चुके थे। बनारस पहुँचते ही उन्होंने अनु को भविष्य का भयावह चित्र खींचकर सहमाने की चेष्टा की थी, "मैं तुम्हें एक पैसा नहीं दूँगा! और तुम कह रही हो कि वह छोकरा अभी रिसर्च कर रहा है। तुम क्या घास-पात खाकर पढ़ाई पूरी करोगी?"

"नहीं पापा, आप मेरी पढ़ाई की चिन्ता न करें। हमने सब सोच लिया।"

उसका ठंडा स्वर पापा को और भी गरमा गया था, "खाक सोच लिया है! तुम गुजराती हो। एक-एक संस्कार तुम्हारे गुजराती हैं। गुड़ डली दाल बिना तुम एक गस्सा भी नहीं खा पातीं। मुझे याद है, उस बार फ्रांस में भी तुमने अपने सूप में चीनी की क्यूब डाल ली थी, और अब तुम्हें मिलेगी खट्टी साँबर और इडली!"

"मैं अपनी साँबर में चीनी डाल लूँगी पापा, और इडली तो एकदम हमारे गुजराती ढोकले से मिलती है!" मुस्कराकर पापा को गुदगुदाने की अनु की यह चेष्टा व्यर्थ हो गई थी।

"ठीक है, तुम्हें कुएँ में कूदना है, तो आँख पर पट्टी बाँधकर मैं तुम्हें नहीं कूदने दूँगा। मैं उससे कुछ प्रश्न तुम्हारी ही उपस्थिति में पूछूँगा। यदि मेरी परीक्षा में वह खरा उतरा, तो चाहे मद्रासी हो या हब्शी, मुझे उसे जामाता बनाने में कोई आपत्ति नहीं होगी। ऐंड इफ ही फेल्स, तो तुम्हारा पति वह भले ही बन जाए, इस जीवन में मेरा दामाद कभी नहीं बन सकता, नेवर!"

अनु मन-ही-मन मुस्कराती मधुकर को बुला लाई थी। कीमती कपड़े पहने, मुख में सिगार दाबे, उस रोबदार व्यवसायी को देखते ही मधुकर हतप्रभ-सा खड़ा रह गया था। चंचला लक्ष्मी के सम्मुख धीर-गम्भीर सरस्वती सकुचाकर रह गई थी। अनु के पिता के दृष्टि-निक्षेप में घोर तिरस्कार भरा था। भौंहें सिकुड़कर भयानक हो गई थीं। लग रहा था, आँखों-ही-आँखों में उन्होंने मधुकर के पूरे शरीर का एक्स-रे ले लिया है। कमीज़ के भीतर पहनी गई फटी बनियान, जूतों के भीतर यत्न से छिपाई गई जुराबों की फटी एड़ियाँ, घर पर धुला जीर्ण रूमाल और भीतर

की जेब में छिपी सस्ती कलम सबका चित्र जैसे उन पास-पास सटी दो क्रूर आँखों में उतर आया। गरजकर उन्होंने अपने प्रश्न का पहला हथगोला फेंका था, "तुम अनु से विवाह करना चाहते हो?"

"जी हाँ...!" मधुकर का स्वर कुछ काँप गया था।

"दस रुपए में यदि कहीं हाथी बिक रहा हो, तो क्या तुम खरीद लोगे?"

इस अजीब-से सवाल पर मधुकर सोच ही रहा था कि वह उत्तेजना से बँधी मुट्ठियाँ सामने धरी मेज पर पटकते फिर गरज उठे, "बोलते क्यों नहीं! हाथी को खरीद लेने पर उसे द्वार पर स्थायी रूप से बाँधकर खिला सकोगे?" मधुकर चुप था।

"क्या करते हैं तुम्हारे पिता?" कहकर, अब हँसकर उन्होंने दूसरा हथगोला फेंका और उनके इसी दूसरे प्रश्न ने नादान प्रेमी युगल के सुख-स्वप्नों की धज्जियाँ उड़ा दीं। यही तो नहीं कह सकता था वह। पिता के अभिशप्त जीवन-इतिहास को न उगलते ही बनता था, न निगलते।

प्रेमी की हिचकिचाहट देख अनु उतावली बनी स्वयं आगे बढ़ आई थी, "वह स्वतन्त्रता संग्राम में जेल गए थे। है ना मधुकर?"

"गए थे या अभी भी जेल में हैं, क्यों मधुकर?" पटेल ने हँसकर पूछा, तो मधुकर काँप उठा। उसे लगा, जैसे संसार की कोई भी शक्ति उसे उबार नहीं सकती। क्रोध से जलते हुए वह एक बार फिर गरजे थे, "क्यों कहाँ हैं तुम्हारे पिता?"

बम्बई की एक प्रसिद्ध अभिनेत्री की हत्या के अपराध में उसके पिता आजन्म कारावास का दंड भोग रहे थे। माँ ने बहुत पहले ही आत्महत्या कर ली थी। यह सब बात वह अनु से अदल-बदलकर कहता चला आया था; किन्तु अनु के पिता को छलना आसान नहीं था। भारत पहुँचने के पहले ही उनके विश्वासी गुप्तचरों का दस्ता स्वदेश पहुँच, सबकुछ पता लगा चुका था।

"सुन ले छोकरी!" उन्होंने अनु से कहा, "जो व्यक्ति ऐसा सफेद झूठ बोलकर विवाह जैसे पवित्र सम्बन्ध को कलंकित कर सकता है वह निश्चय ही किसी दिन अपने हत्यारे पिता से भी अधिक निर्मम हत्या कर सकता है।"

दोनों हाथों से मुँह ढाँपकर अनु वहीं बैठ गई थी। उसे यह दुःख नहीं था कि उसका प्रेमी एक अभिनेत्री के हत्यारे का बेटा है, पर उसका प्रेमी झूठा है, लबार है, इस कटु सत्य का कड़वा घूँट वह किसी प्रकार कंठ-तले नहीं उतार पा रही थी।

फिर पिता ने कहा, "चल, अब तुझे यहाँ नहीं पढ़ना होगा। हो चुकी तेरी पढ़ाई! एक हत्यारे के बेटे से मैं तेरा विवाह नहीं होने दूँगा। और अगर तूने नहीं माना तो तेरे विवाह के दिन ही मैं तुझे उपहार दूँगा अपनी निर्जीव देह का!" यह कहकर, अपने जेब से रिवाल्वर निकालकर उन्होंने अपनी चौड़ी छाती पर धर लिया था।

"नहीं पापा, नहीं...नहीं!" कह अनुराधा सिसकती अपने पिता से लिपट गई थी।

"फिर?" मैंने साँस रोककर पूछा।

"फिर क्या!" अनुराधा हँसकर उठ खड़ी हुई, "मैं पापा के साथ नैरोबी चली गई। वहाँ की अधूरी शिक्षा पूरी की हारवर्ड में। पापा की बहुत इच्छा थी कि मैं विवाह कर लूँ। अपने मित्र को वाक्‌दान तो वह बहुत पहले ही कर चुके थे, किन्तु मित्र-पुत्र ने पी-पिलाकर अपना लीवर इतना चौपट कर लिया था कि विवाह होने पर मेरा सौभाग्य कठिनता से साल-दो साल ही कट सकता था। उसे सिरोसिस हो चुका था। एक प्रकार से मेरे अवांछित कौमार्य का धक्का

ही पापा की आकस्मिक मृत्यु का कारण बना। वैसे उनकी मृत्यु मोटर-दुर्घटना में हुई थी। मृत्यु के एक दिन पूर्व वह मुझे यत्न से अपनी चल-अचल सम्पत्ति का लेखा-जोखा सौंप गए थे। फिर सब बेच-बाचकर मैं स्वदेश लौट आई। आज ईश्वर की कृपा से विश्वविद्यालय में ऊँचे पद पर हूँ। मोटर हैं, बंगला है, पुष्पवाटिका ऐसी है कि मेरा माली हर पुष्प-प्रतियोगिता में पुरस्कार प्राप्त करता चला आ रहा है।''

''और तुम्हारी हृदय-वाटिका?'' मैंने हँसकर पूछा। अंग्रेजी की उस प्राध्यापिका का अचानक उत्फुल्ल मुखमंडल पौरुषपूर्ण और मृदुता-विहीन हो उठा।

''मेरी हृदय-वाटिका में न अब कभी गुलाब झूमेगा, न चन्द्र-मल्लिका!'' एक लम्बी साँस खींचकर वह म्लान हँसी के साथ चलने को उठ खड़ी हुई, ''खिजाँ से उजड़े चमन की अब फस्ले-बहार ही बची रह गई है, बहन!''

उसके जाते ही मन न जाने कैसे उदास हो गया था उस दिन। कौन कह सकता था कि बाहर से ऐसी हँसमुख, आनन्दी दिखनेवाली रोबदार डॉक्टर पटेल के हृदय में ऐसी वेदना निहित है। फिर भी उसके हास्य में, नेत्रों में, शब्दों में कैसी शान्ति थी। उसकी कहानी सुनने के पश्चात् उसके प्रति मेरा लगाव और भी घनेरा हो उठा। मेरा मन मुझसे बार-बार कहता था—अपने चरित्र-बल से सारे संसार को शुद्ध कर सकती है यह प्रभावशाली नारी।

एक दिन मैं उसके यहाँ गई तो देखा, बाहर एक स्कूटर खड़ा है। पहले तो मैं झिझकी। सोचा, लौट चलूँ।—इसी समय अनु ने मुझे देख लिया।

''वाह—वाह! एकदम ठीक समय पर आई। मैंने बड़ी बढ़िया कॉफी बनाई है। मुझे भीतर खींचकर उसने अपनी स्पेशल झागदार कॉफी का प्याला थमा दिया। दूसरा प्याला दीवान पर बैठे दूसरे व्यक्ति को थमाने लगी, तो मैं अचकचा गई। मुझे देखकर उसने भी उठने की चेष्टा की, तो अनु ने हँसकर हाथ से ही उसे बैठ जाने का आदेश दिया। फिर मेरी ओर मुड़कर बोली, ''यह मेरा सबसे प्रतिभाशाली छात्र है...प्रियतम महन्ती। नाम इसका बड़ा ही विचित्र...सो ईम्बैरेसिंग!'' मेरी दृष्टि फिर उस कमनीय चेहरे की ओर उठ गई। स्फटिक-सा गौर ललाट, शरीर सुगठित, बाल लम्बे-लम्बे और सुनहले, जो उसके कन्धों पर गिरकर मुखाकृति को और भी आकर्षक बना रहे थे। स्पष्ट था कि उसने अभी जीवन के उन्नीस-बीस वसंत ही देखे थे।

कॉफी पीकर मैं चलने को उद्यत हुई, तो अनु ने रोक लिया, ''अरे, बैठो! थोड़े पीचेज तो चखती जाओ! कल ही भवाली से निर्मला बेन ने पार्सल भेजा है। जाओ महन्ती, फ्रिज में धरे हैं, ले आओ।''

निर्मला बेन अनु की एकमात्र आत्मीया थी। वर्षों पूर्व उसकी यह मौसेरी बहन भवाली रोग-मुक्ति के लिए आई थी और स्वस्थ होकर वहीं बंगला लेकर रहने लगी थी। महन्ती पीचेज लेने चला गया, तो अनु फुसफुसाकर कहने लगी, ''इसका बाप उड़िया था और माँ कश्मीरी। दोनों ने प्रेम-विवाह किया था, पर बनी नहीं। बाप कैनेडा चला गया है, माँ शिपनडेल की किसी फर्म में सेक्रेटरी थी। उसने वहीं के मैनेजर से विवाह कर पुत्र को त्याग दिया है। गजब का मेधावी छात्र है। मेरे सुदीर्घ अध्यापनकाल में ऐसा छात्र मुझे आज तक नहीं जुटा। थोड़ी-बहुत सहायता कर देती हूँ।''

महन्ती प्लेट-भर आड़ू लेकर आ गया। अनु ने प्लेट मेरी ओर बढ़ा दी।

''तुम भी तो लो न, अनु!'' मैंने कहा पर उसने प्लेट अपने प्रिय छात्र की ओर खिसका दी और हँसकर मुझसे कहने लगी, ''लव सांग पढ़ा है

न...डू आई डेयर टु ईट ऐ पीच...क्यों महन्ती?

आई ग्रो ओल्ड
आई ग्रो ओल्ड
आई शैल वियर द बॉटम्स ऑफ माइ ट्राउजर्स रोल्ड
शैल आई हार्ट माई हेयर बिहाइंड
डू आई डेयर टु ईट ए पीच!"

फिर वह ज़ोर से हँसकर कहने लगी, "देखो...देखो, कैसा शरमा रहा है बेचारा!"

बड़ी देर तक अनु की हँसी सुकुमार महन्ती के आड़ू-से ही लाल गालों की रक्तिम आभा को और रक्तिम बनाती रही। सचमुच किसी लजीली किशोरी का-सा ही निर्दोष चेहरा था लड़के का। कैसी कठोर-हृदय जननी रही होगी वह, जो ऐसे गन्धर्वकुमार-से सुन्दर पुत्र की मायाडोर स्वयं काटकर उड़न-छू हो गई। माँ नहीं थी तो क्या हुआ, भगवान ने उसे स्नेही अध्यापिका के रूप में दूसरी माँ दे दी थी, मैं सोचने लगी। फिर अनु क्या एक महन्ती से ऐसा लाड़ लड़ाती थी? सुना, विश्वविद्यालय में उसकी छात्र-मंडली ने उसका नाम धरा था जगद्धात्री। परीक्षा निकट आती, तो उसकी स्टडी छात्र-छात्राओं की भीड़ से भर जाती।

एक दिन मैं वहीं बैठी थी कि देखते-देखते छात्र-छात्राओं का एक जत्था भरभराकर भीतर घुस आया। मैं आश्चर्य से उन्हें देखती ही रह गई थी। हे भगवान, इनमें कौन उसके छात्र थे और कौन छात्राएँ? रंग-बिरंगे एक काट-छाँट के घंटानितम्बी पायजामे, शोख रंगों के खद्दर के ढीले कुरते और अस्त-व्यस्त केशराशि। न उन चेहरों पर लावण्य था, न तेज। बड़ी कठिनता से मैं दल की दस छात्राओं को बीन सकी थी और उन दस चेहरों में एक चेहरा भी ऐसा नहीं था, जिसे देखकर आँखें ठंडा सकें।

अनु पटेल को घेरकर बैठे, उस दल को देख उस दिन एक धक्का मुझे और लगा था। उसके छात्रों के चेहरों के हाव-भाव में एक स्त्रैण छटा आ गई थी और छात्राओं की किशोरोचित धमा-चौकड़ी मुझे बड़ी अस्वाभाविक लगी थी। कोई अनु से प्रश्न पूछ रहा था, कोई चटपट गैस पेपर बना रहा था। प्रश्न-शर-सन्धान में पटु उस द्रोणाचार्य की छत्रछाया में न जाने कितने अर्जुन अभ्यासरत बैठे चहकते रहते, पर उसका एकान्तप्रिय एकलव्य अँधेरे कोने के अरण्य में बैठा-बैठा पूरी विद्या सुनकर ही ग्रहण कर लेता। किन्तु जब गुरु-दक्षिणा देने का अवसर आया तो द्रोणाचार्य की ही भाँति एक कठोर याचना कर बैठी थी उसकी गुरु।

उस बार पहला आनन्ददायक समाचार सुना, प्रियतम महन्ती की आशातीत सफलता का। एम.ए. के सफल छात्रों में उसने सर्वप्रथम स्थान प्राप्त किया था। और फिर जब दूसरा समाचार सुना, तो सिर चकरा गया कि प्रियतम महन्ती अपनी गुरु अनु का ही प्रियतम बन गुरु सहित अलोप हो गया था! मैंने सुना, तो स्तब्ध रह गई। अनुराधा कुछ ही घंटों में अपनी गृहस्थी का डंडा-डेरा उखाड़, छात्र सहित दिल्ली उड़ गई और वहीं से दोनों विदेश चले गए हैं, यह उसका अन्तिम समाचार मुझे मिल पाया था। नौकरी तो वह केवल समय काटने के लिए करती थी। उसी के शब्दों में उसके पिता के भारी बैंक-बैलेंस के सूद से ही वह बिना हाथ-पैर हिलाए एक आई.ए.एस. की तनख्वाह घर बैठे खींच सकती थी। घृणा से मेरा अंग-अंग सिहर उठा था। छिः-छिः, मुँह काला करना ही था, तो क्या वही अनाथ, अबोध छोकरा रह गया था! समय पर विवाह हुआ होता, तो इतना बड़ा तो उसका पुत्र ही होता, बल्कि इससे भी चार-पाँच वर्ष बड़ा—मैं चालीस वर्ष की हूँ—उसने स्वयं मुझसे कभी कहा था। कोई स्त्री क्या कभी किसी दूसरी स्त्री

को अपनी ठीक वयस के कन्धे पर हाथ धरने देती है? कम-से-कम पैंतालीस की तो होगी ही। पूरे समाज की थुड़ी-थुड़ी ने उसकी भर्त्सना की। महीनों तक वह बेमेल विवाह पूरे शहर की चर्चा का विषय बन गया।

किन्तु समाज का सबसे बड़ा गुण है उसकी क्षमाशीलता। धीरे-धीरे वह बड़े-से-बड़े अपराध और अपराधी, दोनों को भूल जाता है। लोगों ने अब उस विषय की चर्चा ही बिसरा दी थी।

धीरे-धीरे दो वर्ष बीत गए। इस बीच मैं अपनी गृहस्थी में ऐसी उलझी रही कि अनु के विषय में सोचने का न अवकाश मिला, न इच्छा ही शेष रही। उस दिन भी मैं अकेली बैठी लिख रही थी। कई दिनों से कुछ लिखा नहीं था। लिखने को जैसे कुछ शेष ही नहीं रहा था। पानी के छींटे मार-मारकर बासी सब्ज़ी को ताजा बना, ऊँची हाँक लगानेवाले सब्जीवाले की ठगी को, जैसे सजग ग्राहक पकड़ लेता है, कुछ-कुछ वैसे ही बासी कथानक को कोई कथाकार लाख नई शैली, भाषा, शब्द-विन्यास के छींटे मार-मारकर टटका बना ले, सजग पाठक उसकी ठगी को पकड़ ही लेता है। कौन-सा कथानक दुहरा सकती थी मैं? कई बार अनु की प्रेमकथा लिखने बैठ-बैठकर लेखनी पटक चुकी थी। एकसाथ उसके दोनों प्रेमी दुष्ट प्रेतात्माओं की भाँति मुझे संत्रस्त कर देते। मधुकर की प्रेमकथा लिखती, तो लेखनी में स्वयं सरस्वती उतर आती, पर प्रियतम महन्ती के अवतरित होते ही जैसे मेरी कलम उर्दू की उलटी लिपि लिखने लगती। किन्तु तब ही कहानी का अन्त स्वयं साकार होकर मेरा द्वार खटखटाने लगा। वाक्‌देवी के वरदहस्त का स्पर्श पाकर मैं पुलकित हो उठी।

"कौन!" मैंने कागज-कलम खिसका द्वार खोला। एक पल को मैं खड़ी-की-खड़ी रह गई। पीली लुंगी पर गेरुआ कुरता, कंठ में सुमरनी, आधे से अधिक चेहरे को निगलता-सा आँखों पर लगा गोगो चश्मा, क्षीण कटि पर झूलती करधनी की नन्ही-नन्ही घंटियों को टुनटुनाता वह एक कदम आगे बढ़ा। यदि कन्धों तक झूलती वह सुनहरी अयाल न होती, तो मैं उसे न पहचान पाती। द्वार पर मेरी प्रौढ़ा सखी का तरुण प्रियतम खड़ा था।

"अरे, महन्ती! तुम आज कहाँ से आए?"

"मैं यहाँ आया था। सोचा, आपसे मिलता चलूँ। शायद आप उसका पता बता सकते।"

"किसका?"

"मेरी पत्नी का। मैंने अनु से दिल्ली में विवाह कर लिया था।" उसने चश्मा उतारकर नीचे धर दिया। मैंने देखा, उसका चेहरा दो-तीन वर्षों में ही आश्चर्यजनक रूप से वयस्क हो उठा था। क्या यह उसकी सहचरी के अस्वाभाविक साहचर्य की देन थी?

मैं चौंक उठी थी, "तुम उसके पति हो और पता पूछने मेरे पास आए हो?"

"पति था, पर अब नहीं हूँ।" वह अपनी दोनों लम्बी भुजाएँ नमस्कार की मुद्रा में बाँध, घुटनों के बीच दाबता झूला-सा झूलने लगा था।

"मैं जानती थी, मेरा मन बार-बार यही कहता था कि एक-न-एक दिन तुम निश्चय ही उसे छोड़कर भाग जाओगे। यदि पत्नी पति से चार-पाँच वर्ष भी बड़ी रही, तो दस वर्ष में वयस का यही सामान्य-सा अन्तराल दोनों के बीच बहुत बड़ी खाई बन जाता है, तुम तो अंग्रेजी साहित्य के छात्र थे, 'टवेल्वथ नाइट' नहीं पढ़ा था क्या?"

"नहीं!" उसका स्वर विद्रूप से विकृत हो गया, "झूठ कहा था आपके मन ने। मैंने उसे नहीं छोड़ा, उसने मुझे छोड़ दिया। मैं उसके बिना एक पल भी नहीं जी सकता...एक पल भी नहीं!" फिर उसी कुर्सी की बाँहों में सिर रखकर वह लड़कियों की भाँति सुबकने लगा।

मैं हतप्रभ-सी खड़ी रह गई। उसने बताया, विवाह का एक वर्ष पूरे कांटिनेन्ट के दौरे के परम आनन्द में कब कट गया, दोनों जान ही न पाए। आर्थिक कठिनाइयों में बीता कैशोर्य सहसा अनु के वैभव के साये में नई करवट ले बैठा। विदेश के विशुद्ध दुग्धपान ने रक्तहीन चेहरे को पौरुष के तेज से दीप्त कर दिया। स्पेन और सिसली के बम गोले-से सन्तरों का रस गौर कपोलों पर छलक आया। विदेशी सिगरेट के छल्लों की धूम्ररेखा आरक्त नयनों में सलोने अंजन की रेखा खींच गई। जिस चिबुक पर लाख-लाख बार किया गया ब्लेड-घर्षण एक नन्ही-सी दाढ़ी भी नहीं उगा पाया था, उसी चिबुक पर अब पौरुष के स्पष्ट हस्ताक्षर थे। लम्बी झुकी मूँछों ने उस आकर्षक चेहरे को किसी चीनी अफीमची के चेहरे-सा भावनाहीन बना डाला था। अनु ने उस लम्बी मधुयामिनी में अपने वर्षों के दबे सारे अरमान पूरे कर लिये थे। पानी की भाँति पैसा बहाती, वह प्रियतम महन्ती को भृंगकीट की भाँति छाती से चिपकाए देश-विदेश के आकाशों में उड़ती रही थी और इसी विश्वव्यापी हनीमून के बीच उसे अचानक मिल गया था उसका पुराना प्रेमी मधुकर। भाग्य उन्हें एक ही होटल के अगल-बगल के कमरों में खींच लाया था। अपनी दबंग जर्मन पत्नी के कठोर अनुशासन से अदालती मुक्ति पाकर वह मुक्ति पर्व मनाने निकला था। प्रियतम उसके विषय में सबकुछ जानता था। अपने एकान्त के बीच अपनी सहचरी के पुराने प्रणयी की घुसपैठ उसे बेहद अखरने लगी। एक दिन वह आधी रात को उठा, तो उसके डबलबेड का अर्धांग निःस्व था। वह उठकर बाहर जा ही रहा था कि द्वार खोलकर अनु आ गई।

"कहाँ गई थीं तुम?" वह गरजा।

"नींद नहीं आ रही थी, बरामदे में टहल रही थी।"

उसके ठंडे स्वर ने जलती आग की ज्वाला को न बुझाकर और भी भड़का दिया था, "बरामदे में टहल रही थी या बगल के कमरे में?" उसने लपककर उसके कटे बाल पकड़कर खींच लिये थे। उसने उस दिन अनु को इतना मारा कि उसकी एक आँख सूज गई, होंठ कट गया और मरोड़ी गई कलाई सूज गई। उसने बेरहमी से अनु को मारा था। अनु उसके पैरों से लिपटने लगी थी :

"मुझे क्षमा करो प्रियतम! मैं कसम खाती हूँ कि मैं अब कभी मधुकर का मुँह भी नहीं देखूँगी!" पर उसका मुँह वह अब चाहने पर भी नहीं देख सकती थी, वह तो कलह का आभास पाते ही भोर होने के पहले, अपना हिसाब चुकता कर, होटल का कमरा खाली कर गया था।

"फिर हम दोनों घर लौट आए। अनु को वहीं एक अच्छी नौकरी मिल गई थी। यह ठीक था कि उसने मुझे धन का कोई अभाव नहीं होने दिया। खाने-पीने की, रहने-घूमने की मुझे पूरी स्वतन्त्रता थी; किन्तु अनु बदल गई थी। मैं उसके कन्धे पर भी हाथ धरता, तो वह सिकुड़कर ऐसे सिमट जाती, जैसे उसके कन्धे पर प्रियतम महन्ती का हाथ नहीं, कोई लिजलिजी छिपकली गिर पड़ी हो। उसकी सम्पत्ति पर मेरा अधिकार था, पर उसके शरीर पर नहीं, यह वह कई बार बड़ी बेरुखी से स्पष्ट कर चुकी थी। किसी भी पति के लिए यह कितना बड़ा दंड है, आप समझ सकती हैं। जितना ही वह मुझसे कटती, उतना ही मैं उसे पाने को व्याकुल हो उठता। मैं पागलों की तरह इधर-उधर भटकने लगा। पेट की भूख और शरीर की भूख में कोई अन्तर नहीं है, मौसी! खाद्य-अखाद्य का अन्तर भूलकर मैं किसी कंगले भिक्षुक की भाँति जूठी पत्तलों पर टूटने लगा। उसी कंगली बिरादरी की पंगत में मुझे मेरे विदेशी इष्ट-मित्रों ने ऐसे अमृत बूटी चखाई कि मैं सब दुःख भूल गया। एक शुट लेता, तो न रहती अनु पटेल, न मधुकर। एक

दिन उस आनन्द-मूर्च्छा से इहलोक में लौटा, तो अनु नहीं थी। मेज पर धरे लिफाफे पर मेरी दृष्टि पड़ी और मैं सब समझ गया। इस पत्र के साथ वह तीन-चार माह का खर्चा छोड़ गई थी। उसने लिखा था :

"हम दोनों ने बहुत बड़ी भूल की थी, प्रियतम! संसार की कोई भी शक्ति हम दोनों के बीच वयस की इस दूरी को पाट नहीं सकती। तुम्हारे लड़कपन को मेरे प्रौढ़ अनुभव का धैर्य कभी नहीं जीत पाया। जैसे अत्याधुनिक शल्य-क्रिया में किए गए हृदयारोपण के अनेक प्रयास आज तक असफल ही रहे हैं, एक-न-एक दिन प्रकृति नवीन अंग को रिजेक्ट कर देती है, ऐसे ही तुम्हारे प्रेम को भी मेरा शरीर जिस झटके से दूर पटक चुका है, उसके बाद अब मैं नवीन प्रयोगों में समय, शक्ति और अपना धन गँवाना महामूर्खता समझती हूँ। तुम्हें विदेश के सबसे विकट रोग ने ग्रस लिया है। इतने बड़े संसार में तुम चेष्टा करने पर एक-न-एक दिन अपनी समवयसी सहचरी जुटा ही लोगे। मैं मधुकर के पास जा रही हूँ।

तुम्हारी

अनु पटेल"

"एक बार भी उसने यह नहीं सोचा कि मैं उसके बिना एक पल भी नहीं जी सकता।" वह फिर सुबकने लगा।

मैंने उसके सिसकियों से काँपते कन्धों पर हाथ रखते हुए कहा, "तुम घर जाओ महन्ती! यू आर नॉट सोबर!"

"घर?" उसने फटी-फटी आँखों से मुझे देखा, "मेरा घर अब है ही कहाँ? कहाँ जाने को कह रही हैं आप?"

"जहाँ तुम टिके हो।" मेरा स्वर बेहद रूखा था।

"जानती हैं, कहाँ टिका हूँ?" वह आँसू पोंछता हुआ उठा और मुस्कराकर बोला, "एक भग्न मन्दिर के गूढ़ मंडप में। वहाँ एक बाबाजी के पास खासी खुराक जुट गई थी। कल तो चला ही जाऊँगा।"

"कहाँ?" मैं फिर पूछ बैठी।

"गोआ। वही तो हम अभागों का स्वर्ग है! मेरा एक जर्मन मित्र वहाँ कुटिया बनाकर रहता है। उसी ने बुलाया है।"

फिर अपनी मेखला की नन्ही घंटियाँ टुनटुनाता वह औघड़ अवधूत जाने को उद्यत हुआ, तो मैं भी उठ गई। गोरे अश्रुसिक्त कपोलों की आर्द्रता अभी सूखी नहीं थी। पहले वह नम्रता से हाथ जोड़कर झुका, पर फिर न जाने क्या सोचा, चट से मेरी चरणधूलि माथे पर लगा ली और हँसकर बोला, "अच्छा मौसी, अब मैं चलूँ।"

मैं कुछ कहती, इसके पहले ही वह लम्बी-लम्बी डगें भरता फाटक से बाहर हो गया। मेरे मन के प्रहरी ने फिर मुझे हँसकर टोका, "रोकती क्यों नहीं? दो दिन का भूखा-प्यासा है, एक प्याला चाय तो पिला देती! कैसी बाल वैरागी की-सी निष्कपट हँसी है उसकी!" किन्तु अपने मन के इस छलिया प्रहरी से मेरा विश्वास अब उठ गया है। उस दिन अनु के लिए कहता था, यह सन्तनी है, किसी का अनिष्ट नहीं कर सकती। आज महन्ती को बाल वैरागी कह रहा है किन्तु मुझे यह प्रहरी लाख बहकाए, संसार के बड़े-से-बड़े वैरागी के वैराग्य को भी पहचानना अब मैंने सीख लिया है।

श्राप

आरम्भ में ही स्पष्ट कर दूँ—यह कहानी नहीं है। कल, मैंने उसे सपने में न देखा होता तो शायद मेरी लेखनी गतिशील भी न होती।

हठात् कल रात वह चुपचाप आकर, मेरे पायताने बैठ गई थी, उसी वधू वेश में, जिसमें उसे आज से दस वर्ष पूर्व, इसी फ्लैट में देखा था। न उसने कुछ कहा, न हिली, न डुली, फिर अपनी दोनों मेहँदी लगी गोरी हथेलियाँ, मेरे सामने फैलाकर वह फिक-से हँस दी। मैं हड़बड़ाकर उठ बैठी, सपना टूट गया, किन्तु सपने का आतंक नहीं गया।

दस वर्ष पूर्व भी मैं इसी फ्लैट में रहती थी। नीचे के फ्लैट की गृहस्वामिनी एक दिन अचानक मेरे पास एक छोटी-सी याचना लेकर उपस्थित हुईं। उनकी बड़ी बहन एवं भगिनीपति अपनी पुत्री का विवाह करने उनके फ्लैट में आ रहे थे। क्या मैं उन्हें कुछ दिनों के लिए, अपने दो कमरे दे सकूँगी? वैसे अपने एकाकी जीवन में, मुझे किसी प्रकार का व्याघात अच्छा नहीं लगता, किन्तु प्रतिवेशियों के प्रति सामाजिक कर्त्तव्यबोध ने, साथ-साथ किसी की भी कन्या के विवाह में यह सामान्य-सा सहयोग देने की बलवती इच्छा ने स्वयं मेरी सुविधा, असुविधा को पीछे ढकेल दिया। मैंने स्वीकृति दे दी। विवाह तिथि आसन्न थी, इसी से देखते ही देखते अतिथियों की भीड़ जुटने लगी। मुझे दो अत्यंत निरीह शान्त अतिथियों की मेजबानी निभानी थी, कन्या के सौम्य पिता एवं वृद्ध पितामह! बड़े संकोच से, दोनों ही ने कृतज्ञतापूर्वक मेरा आभार प्रदर्शन किया, "क्षमा कीजिएगा, आप ही को कष्ट देना पड़ा, पर हम आपको कोई भी कष्ट नहीं होने देंगे, केवल रात सोने के लिए आएँगे।" और सचमुच ही मुझे यह पता नहीं लगा कि मेरे यहाँ सर्वथा अपरिचित अतिथि आए हैं। उनके रहने से मुझे रंचमात्र भी असुविधा नहीं हुई। यही नहीं उनके जलपान, भोजन, चाय के साथ-साथ, मेरे लिए भी थाल लगकर आने लगा। शामियाना लग गया था, दरियों पर बीसियों दर्जन बच्चे नये-नये कपड़े पहन गुलाँठें खाने लगे थे। हलवाई ने चूल्हे का विधिवत् पूजन कर कड़ाही चढ़ा दी थी। मैली बनियान को छाती पर चढ़ा, उन्नत उदर खुजाता हृष्ट-पुष्ट हलवाई बमगोले-से बूँदी के लड्डू और ढाल-सी मठरियाँ बनाता, बड़े-से टोकरे में रख रहा था कि सहसा शोर मचा, "अशर्फी देवी जल गई!" मैंने भागकर बरामदे से झाँका कि देखूँ कौन जल गया। हलवाई बड़बड़ा रहा था, "सब हरामखोर हैं, अब देखिए भाई साहब, दो मिनट के लिए इन्हें कड़ाही सौंपकर सुर्ती-खैनी खाने गया कि जलाकर राख कर दी।" फिर उसने एक जली स्याह मठरी को निकालकर पास खड़े कारीगर को डाँटा, "अब खड़ा मुँह क्या ताक रहा है, जरा-सी राख ला तो, कोयलों पर डाल, आँच मन्दी करूँ।"

"कौन अशर्फी देवी जली कृष्णा?" मैं अपना कौतूहल रोक नहीं पाई और मैंने गृहस्वामिनी से पूछ लिया।

"अरे मट्ठी जल गई," उसने हँसकर कहा, "हमारे यहाँ लड़की की ससुराल को ऐसे सवा सौ लड्डू और इक्यावन मट्ठियाँ भेजी जाती हैं, हर मट्ठी पर घर की बड़ी-बूढ़ियों का नाम लिखा जाता है, अशर्फी देवी बिट्टी की होनेवाली ददिया सास हैं; उन्हीं की नाम लिखी मट्ठी जल गई।"

मुझे हँसी आ गई, अपने पीछे खड़े कन्या के पिता को मैं देख नहीं पाई थी।

"अब देखिए ना," वे खिसियाए स्वर में बोले, "कैसे बेकार के रिवाज हैं पर एक हम हैं कि इन्हें मनाए जा रहे हैं, पर मजबूरी है, न करें तो सोचेंगे हम पैसा बचा रहे हैं।" कन्या के पितामह सारा दिन ही सड़क पर टहलते रहते। मैंने एक दिन देखा, इधर-इधर देखकर उन्होंने एक ठेलेवाले को रोककर चार केले खरीदे और जल्दी-जल्दी खा गए। घर का आँगन तो मिष्टान्न-पकवानों की सुगंध से सुवासित हो रहा था। फिर ये बेचारे भूखे कैसे रह गए? कन्या के पिता को नीचे जाने में जरा भी विलम्ब होता तो नीचे से कर्कश स्वर में कन्या की माँ अधैर्य से पुकारने लगतीं, "सोते ही रहोगे क्या? अमीनाबाद से रजाई का बक्सा कौन लाएगा, मेरा बाप?"

मैं स्तब्ध रह गई थी, यह जानकर भी कि पति एक सर्वथा अपरिचित गृह का अतिथि है और मेजबान भी बरामदे में खड़ी है, ऐसी औद्धत्यपूर्ण-अशालीन भाषा का प्रयोग!

"असल में, अचानक ही विवाह तिथि निश्चित हुई, उस पर वर पक्ष का आग्रह था कि हम लखनऊ आकर ही विवाह करें, इसी से बेचारी कुछ घबड़ा गई है, उस पर हाईब्लड प्रेशर है, आप अन्यथा न लें।" कन्या के पिता ने पत्नी की अशिष्टता की कैफियत दी तो मैंने हँसकर कहा, "कन्या के विवाह में किस माँ का पारा नहीं चढ़ता? कौन पत्नी पति पर नहीं बरसती? मैंने भी तीन-तीन कन्यादान किए हैं।"

आश्वस्त होकर वे चले गए, किन्तु जिस दिशा को जाते, बेचारे पत्नी के शब्दबेधी वाणों से निरन्तर शरविद्ध होते रहते।

"हद है, सौ बार कह चुकी हूँ कि बैंक से रेजगारी लानी है, नये नोट लाने हैं, अरे आखिर कब नोट आएँगे और कब उनकी माला बनेगी! पर कोई सुने तब ना—न अभी तक हलवाई को बयाना दिया गया है, न सकोरे-पत्तलों का इन्तजाम हुआ है, आखिर आप कर क्या रहे थे अब तक?"

जितना ही कर्कश स्वर पत्नी का था, उतनी ही कोमल स्वर पति का था। गुनगुनाकर न जाने क्या कहते कि उत्तर सुन नहीं पाती। रवीन्द्रनाथ ने नारी के दो रूपों का वैशिष्ट्य बताया है 'जननी या प्रिया'। मेरी धारणा है कि पुरुष के भी दो ही रूप हैं—स्वामी या सेवक। बेचारे मेरे अतिथि दूसरी श्रेणी में आते थे। लगता था उनका अपना कोई अस्तित्व ही नहीं है। उस दबंग स्वर की गरीयसी स्वामिनी को देखने का कौतूहल ही मुझे वहाँ खींच ले गया। उनके दीर्घांगी मेद-बहुल शरीर को देखकर मुझे लगा कि उस व्यक्तित्व के चौखटे में, वह रोबीला कंठ-स्वर एकदम ठीक ही बिठाया है विधाता ने।

"आपने बड़ी कृपा की," कन्या की माँ ने बड़े आदर से मुझे बिठाया, "वहाँ तो हमारी इत्ती बड़ी कोठी है कि सौ मेहमान भी आ जाएँ तो पता न लगे, पर लड़केवालों की जिद थी कि हम यहीं आकर शादी करें। अरी दिव्या, क्या कर रही है, यहाँ आकर देख कौन आया है।" फिर मेरी ओर देख वे हँसकर बोलीं, "अजी आपकी किताबों के पीछे तो यह दीवानी है। एक कहानी नहीं छोड़ती।" बेचारी! तब क्या वह जानती थी कि एक दिन उसे भी मेरी कहानी नहीं छोड़ेगी!

एक गोरी दुबली-पतली किशोरी, लज्जावनता मेरे सम्मुख खड़ी थी। चेहरे पर वही अद्भुत लुनाई आ गई थी, जो विवाह-तिथि निश्चित होने पर साधारण नैन-नक्शवाले चेहरे को भी असाधारण बना देती है। जिसने भी उसका नाम रक्खा था वह निश्चय ही साहित्य-रसिक रहा होगा। मेरा अनुमान ठीक था।

"एक बार सुमित्रानन्दन पन्तजी हमारे यहाँ आए थे, तब यह तीन साल की ही थी, हम इसे टुँइया कहकर पुकारते थे, बोले, "यह भी भला कोई नाम है, दिव्या कहकर पुकारो', बस तभी से यह दिव्या हो गई।"

"यह तो अभी बहुत छोटी है, आप अभी से इसकी शादी किए दे रही हैं।" मैंने कहा।

"अजी छोटी काहे की, अठारहवें में पड़ेगी, देखने की है बजरबौनी। इसकी उमर में तो हमारी दो बेटियाँ हो गई थीं।"

उसी दिन दिव्या के पिता ने मुझे बताया कि उनकी भी इच्छा अभी दिव्या का विवाह करने की नहीं थी, पर लड़का अच्छा मिल गया, उनकी इस साली ने ही रिश्ता पक्का किया था।

"आप तो जानती हैं, हम लोगों में अच्छे लड़के के लिए अच्छी-खासी रकम देनी पड़ती है। दुर्भाग्य से हम कान्यकुब्ज ब्राह्मण हैं, हमारे यहाँ एक प्रकार से रेट बँधे हैं, आई.ए.एस. लड़का है तो सवा लाख, आई.पी.एस. तो एक लाख, इंजीनियर है तो अस्सी हजार और फिर साधारण नौकरीवाले के लिए भी कम-से-कम बीस हजार, उस पर दहेज अलग, डॉक्टर लड़के तो कन्धे पर हाथ नहीं धरने देते। यानी जैसा दाम खर्च कर सको वैसी ही चीज लो। कभी-कभी तो सोचता हूँ बहनजी, बिहार में जो कन्या के पिता, सुपात्रों का अपहरण कर जबरन दामाद बना रहे हैं उसमें भी उनकी मजबूरी ही रहती होगी..."

"तो आपको इस रिश्ते में भी रकम भरनी होगी?" मैंने पूछा।

"और नहीं तो क्या? पर ये लोग शरीफ हैं, इन्हें लड़की पसन्द है, कहा है कुछ नहीं माँगेंगे, हम अपनी बिटिया को जो देना चाहें दे दें।" बड़े गर्वजन्य सन्तोष से उनका शान्त चेहरा दमक उठा। बेचारे शायद इस कटु सत्य से अनभिज्ञ थे कि मुँह से कुछ न माँगनेवाले ही कभी-कभी मुँह खोलकर सब कुछ माँगनेवालों से भी अधिक खतरनाक होते हैं!

लड़का चार्टर्ड एकाउटैंट था। अपनी दो-दो कोठियाँ थीं, बड़ा भाई पुलिस का ऊँचा अफसर था, छोटा डॉक्टर। जैसे-जैसे विवाह-तिथि निकट आ रही थी, छोटे-से फ्लैट में रौनक की गहमागहमी बढ़ती जा रही थी। कभी ठेलों से सोफासेट, पलँगों का जोड़ा उतारा जा रहा था, कभी स्टील की अलमारी और फ्रिज। उधर घरातियों के बीसियों नखरे, कोई ठंडाई की फरमाइश कर रहा था, कोई लस्सी की, आँगन में पड़े कुर्सियों के स्तूप का शिखर, मेरे फ्लैट की सरहद से सट गया था। बच्चों की चें-चें, पें-पें, स्त्रियों का कलरव, सन्ध्या होते ही और घनीभूत हो उठता। उधर कन्या के ताऊ-ताई बुलन्दशहर से अचानक उस समय आ टपके थे जब उनके आने की आशा त्याग दी गई थी। कभी-कभी नीचे चल रहे दो बहनों के वार्तालाप का स्वर बड़े दुःसाहस से मेरे कमरे की दीवालों को भेदकर चला आता। स्पष्ट था कि कन्या की जननी एवं ताई के सम्बन्ध बहुत सुविधाजनक नहीं थे।

"अरी आज तक कोई जिठानी देवरानी का सुख देख सुखी हुई जो हमारी महारानी होगी?" कन्या की माँ एक दिन कह रही थी, "बोलेंगी तो लगेगा शहद घोल रही हैं, पर बस चले तो हमारा कलेजा निकाल चबाय डारे।"

मैं सोचती हूँ नारी स्वभाव की जितनी अभिज्ञता विवाहादि अनुष्ठानों में बटोरी जा सकती है उतनी शायद जीवन-भर इधर-उधर विभिन्न गृहों के अन्तरंग कक्षों में झाँक-झूँककर नहीं बटोरी जा सकती। मैं देख रही थी कि जहाँ आमोद-प्रमोद, खिलाने-पिलाने, नाचने-गाने की भूमिका सँजोई जाती, झट से मुँह लटकाकर कन्या की ताई छत की मुँडेर पकड़ ऐसे खड़ी हो जाती जैसे वह किसी अपरिचित परिवार की भूल से न्योती गई अतिथि हो। कोई भी देखकर बता सकता था कि गृह की वह साज-सज्जा, बृहत् सुनियोजित आयोजन, बिजली की जगमगाहट कन्या के चढ़ावे में आनेवाले गहनों का सुना-सुनाया लेखा-जोखा ताई की छाती पर बीसियों विषधरों को लोटा रहा है। उधर कन्या की माँ कमर में आँचल खोंसे विवाह के कर्मक्षेत्र में अकेली डटी थी। कभी पति पर चिंघाड़तीं, कभी हलवाइयों पर और सन्ध्या होते ही ढोलक लेकर बैठ जातीं, यही नहीं, एक बार नाचने को कहा गया तो चट घुँघरू बाँध ऐसा थिरकीं कि क्या कोई बाईजी नाचेगी :

कहना तो मेरा मान ले,
मेरे शहज़ादे।

विवाह का एक ही दिन रह गया था, अचानक मेरे लिए नीचे से बुलौआ आ गया, मैं जल्दी नीचे चली आऊँ, वरपक्ष के अतिथि दहेज सामग्री का अवलोकन करने आ रहे हैं। यह भी उनके यहाँ की एक विशिष्ट अनिवार्यता थी। देखकर, यदि कुछ फेरबदल करना हो तो कन्या के पिता को वही करना होगा।

मैं नीचे गई और करीने से सजे विभिन्न उपकरणों को देखती ही रह गई। कौन-सी ऐसी वस्तु थी जो बेचारे निरीह पिता ने नहीं जुटाई थी। साड़ियों का स्तूप, टेलीविजन, फ्रिज, इस्तरी, बर्त्तन, रेशमी रजाइयाँ, लट्ठे-मलमल के थान, गैस का चूल्हा, सिलिंडर, बिजली के पंखे, आदि। इतने ही में अचानक स्त्रियों की भीड़ में भगदड़ मच गई। 'आ गए, आ गए' कहती कन्या की माँ सिर पर आँचल खींच, द्वारपाल की मुद्रा में सतर्क खड़ी हो गई। कहाँ गई वह तेजस्वी मुखमुद्रा और थानेदार का-सा वह रौबीला कंठस्वर!

"वह है नीली कमीजवाला।"

"अरे नहीं वह तो छोटा भाई है।"

"तब कौन?"

"अजी वह है चेचकरू दागवाला..."

"हाय राम, यह तो दो बच्चों का बाप लग रहा है?" विभिन्न फुसफुसाहटों के सूत्र से मैंने भी दूल्हे को पहचान लिया। तब क्या सचमुच इसी अन्धे के हाथ बटेर लगी थी? कहाँ दिव्या और कहाँ यह! किसी मांसहीन कंकाल को ही जैसे किसी ने पहना-ओढ़ा के भेज दिया था। हाथ में छड़ी लिये, पगड़ी बाँधे ससुर, ऐसे चले आ रहे थे जैसे कोई राजप्रमुख प्रजा के बीच से गुजर रहा हो।

"देखिए समधीजी," साड़ियों के स्तूप की ओर वर के पिता ने छड़ी घुमाई, हमारे घर की रुचि जरा सोफियानी है, वे ये सब तड़क-भड़क की बनारसी कभी नहीं पहनेंगी—ये सब हटाकर कांजीवरम् और चंदेरी गढ़वाल रखवा दें। यही फरमाइश मेरी लड़कियों ने भी की है।" छड़ी से उन्होंने साड़ियों को ऐसे उथल-पुथल दिया जैसे कोई स्वास्थ्य निरीक्षक, सड़क की पटरी पर सड़ी-गली सब्जी या खुले-कटे तरबूज का ठेला उलट देता है। मुझे बहुत बुरा लगा, यह भी कोई तरीका है। कन्या पक्ष के इतने अतिथियों के सामने कन्या के पिता का ऐसा अपमान! अलग

ले जाकर भी तो कह सकते थे। कन्या के पिता अन्त तक हाथ जोड़े, ऐसी व्यर्थ कृतज्ञ मुस्कानें बिखेरते रहे जैसे कह रहे हों, आपकी जूती मेरा सिर! चलते-चलते सहसा वर के पिता मुड़े, "हमने तो आपसे कह ही दिया है, हम कुछ नहीं लेंगे। द्वाराचार में हमारा और हमारे अतिथियों का स्वागत ठीकठाक रहे, बस इसी का ध्यान रखिएगा।"

बस, इसी आदेश के गूढ़ार्थ को बेचारा कन्या का पिता ग्रहण नहीं कर पाया। स्वागत तो अच्छा ही किया, अतिथियों के कंठ में अजगर-से पृथुल फूलों के हार भी पड़े। गुलाबजल का छिड़काव भी हुआ। वर के लिए कहीं से मर्सिडीज भी माँगकर फूलों से भरपूर सजाई गई। आमिश, निरामिष व्यंजन, विदेशी सुरा के क्रेट के क्रेट, क्या नहीं किया बेचारे ने। लड़की विदा होने लगी तो माँ और मौसी को रोते-रोते गश आ गया, पर पिता हाथ बाँधे समधी के सामने ऐसे खड़े हो गए जैसे दीनहीन चोबदार हों। एक ही रात में उनका दमकता चेहरा स्याह पड़ गया था। "आप लोगों के स्वागत में कोई त्रुटि हुई तो क्षमा करें"—उन्होंने धीमे स्वर में कहा। समधी की आँखों से अभी तक रात की खुमारी नहीं उतरी थी। काले चेहरे पर आरक्त आँखें, इंजन के अग्नि स्तूप-सी चमक रही थीं। एक ही आनन को, दशानन की अहंकारी मुद्रा में हिलाते वे बोले, "क्या त्रुटि रह गई है, यह भला हम अपने मुँह से क्या कहें, हम तो आपके मेहमान हैं। पर हाँ, यह जो 500 आपने द्वाराचार में रखे हैं, यह लीजिए, इन्हें आप हमारी ओर से नाई, धोबी, महरी और सालियों को बाँट दें।"

अपमान से कन्या के पिता का चेहरा स्याह पड़ गया। मैं वहीं खड़ी थी, एक क्षण को उस निरीह व्यक्ति का अपमान स्वयं मेरा अपमान बन गया। जी में आया, नोटों की गड्डी, जिसे वर के पिता बरबस उनके हाथों में ठूँस रहे थे, छीनकर उन्हीं के मुँह पर दे मारूँ! पर मुझे किसी के व्यक्तिगत कर्मक्षेत्र में कूदने का अधिकार ही क्या था!

रात को वे नित्य की भाँति, चुपचाप अपने कमरे का ताला खोल रहे थे कि मैं टेलीफोन की घंटी सुनने आई, उन्होंने निरीह दृष्टि से मुझे देखा और सिर झुका दिया जैसे दोपहर की उस भद्दी घटना का समग्र उत्तरदायित्व उन्हीं का हो।

"चलिए सबकुछ निर्विघ्न सम्पन्न हो गया—आपको बधाई भी नहीं दे पाई।"

वे एक पल को चुप खड़े रहे फिर रुँधे गले से बोले, "आप तो सब सुन ही रही थीं। कैसे विचित्र लोग हैं, पहले स्वयं कहा कि कुछ नहीं लेंगे, केवल कन्या के हाथ पीले कर, उन्हें सौंप दें। अब चलते-चलते पैंतरा बदल लिया। मुँह खोलकर कहते तो हम उनकी वह माँग भी पूरी कर देते। अब दिव्या की चिन्ता लगी रहेगी—बहुत भोली है।

"आज पिताजी ने वह सब नाटक देखा तो नाराज होकर कानपुर लौट गए, बोले—कसाई को गाय थमाना हमने नहीं सीखा—तुम और बहू ही यह लेन-देन निभाते रहो, हम चले।"

"आप चिन्ता न करें, सब ठीक हो जाएगा, ऐसी सुन्दर लड़की है आपकी, गुण-रूप देखकर अपनी सब माँगें भूल जाएँगे।"

अब कभी-कभी सोचती हूँ, नारी होकर भी मैं उन्हें एक नारी के प्रति हो रहे अन्याय का विरोध करने को क्यों नहीं उकसा पाई। क्यों नहीं कह सकी कि जो सगाई में ही ऐसे नीच लोलुप स्वभाव का परिचय दे गया, उसे क्यों अपनी कन्या सौंप रहे हैं आप? अभी क्या बिगड़ा है, तोड़ दीजिए यह सगाई।

विवाह हुआ था और बड़ी धूम से हुआ था, इसी से थकान उतारने में भी कन्या पक्ष को तीन-चार दिन लगे, फिर अचानक एक दिन कन्या के पिता मुझसे विदा लेने आए। उसी दिन,

साली के यहाँ से डेरा-डंडा उखाड़ वह प्रवासी परिवार चला गया। मैं उन्हें पहुँचाने बाहर तक जाकर लौट रही थी कि देखा, उनकी दीवार पर, दो दुबली-पतली हल्दी सनी हथेलियों की छाप बनी है।

"हमारे यहाँ ससुराल जाने से पहले लड़की यही छाप मायके की दीवाल पर लगा जाती है," दिव्या की मौसी ने कहा। मन न जाने कैसा हो गया—क्या पुत्री का यह स्मृति-चिह्न सदा अम्लान रह पाएगा?

धीरे-धीरे, प्रत्येक वर्ष की पुताई के साथ-साथ वह छाप धुँधली पड़ती-पड़ती, रेखा मात्र रह गई थी। दिव्या के मौसा की बदली हुई, वहाँ दूसरा परिवार आ गया, उन्होंने दीवाल पर डिस्टैम्पर करवाया और पूरे फ्लैट का नक्शा ही बदल दिया।

एक दिन दिव्या की मौसी मिल गई, "दिव्या कैसी है?" मैंने पूछा, उस मासूम चेहरे को मैं भूल नहीं पाई थी।

"वह अब कहाँ है!" एक लम्बा साँस खींचकर उन्होंने कहा।

"क्या?"

"विवाह के चार ही महीने बाद गैस पर खाना बना रही थी, नायलॉन की साड़ी पहने थी, आँचल में आग लगी—मिनटों में ही झुलस गई, दूसरे ही दिन खतम हो गई।" भारी मन से मैं घर लौटी, दीवार देखते ही वे धूमिल हथेलियाँ जैसे वह खोलकर मेरे सामने खड़ी हो गई।

पर क्या सचमुच ही उसका आँचल अनजाने में आग पकड़ बैठा था। उसकी विदा के क्षण, उसके ससुर का उग्र कंठस्वर, फिर कानों में गूँज उठा, 'क्या त्रुटि रह गई है, यह भला हम क्या बताएँ' उसी त्रुटि को बताने तो कहीं उस दशानन ने उस फूल-सी सुकुमार लड़की की हल्दी लगी हथेलियों की छाप सदा-सदा के लिए मायके की दीवार से नहीं मिटा दी? पर ऐसा कुछ हुआ होता तो उसकी मौसी कुछ तो बताती। पर जो मौसी नहीं कह पाई वह स्वयं उसकी माँ आकर बता गई। किसी वकील की राय लेने लखनऊ आई थी, मुझसे मिलने भी चली आई। मुझे देखते ही रोने लगीं, "आपके ऑटोग्राफ लेगी, कहती रही, शादी के भभ्भड़ में सब भूल गई। मार डाला कसाइयों ने, मैं भी नहीं छोड़ूँगी। मेरी कोख बलबला रही है बहन। खबर पाते ही मैं अस्पताल भागी, लड़की तड़प रही थी। बहन ने कहा, 'जीजी, तुम मत जाओ, देखा नहीं जा रहा है।' पर मैंने उसे धकेल दिया। ओफ, मेरी सोने की छड़ी जलकर कोयला बन गई थी। थोड़ा-थोड़ा होश था। मैंने पूछा, 'बेटी, कैसे हुआ यह?' बोली—'अम्मा हुआ नहीं, किया गया,' बस, आँखें पलट दीं।

"न वहाँ उस बयान का साक्षी था, न नर्स, न डॉक्टर—हाँ, एक साक्षी थी, स्वयं मेरी सगी बहन, वह मुकर गई।

"मैंने चीख-चीखकर कहा, 'मेरी बेटी जली नहीं, उसे जलाया गया है, मुझसे स्वयं कह रही है।'

"पर मेरी ही सगी बहन ने मेरा मुँह दाब दिया, 'क्या कह रही हो जीजी! दिव्या खाना बनाने में जली है, उसे किसी ने नहीं जलाया।'

"'तू झूठी है, तेरे पति भी पुलिस के अफसर हैं और दिव्या का जेठ भी, तुम्हारी बिरादरी हमेशा अपने पेशेवर को ही बचाती है। तूने ही यह रिश्ता इन कसाइयों से पक्का किया था।' पर बहन, मेरी सगी बहन ही मुझसे नाराज होकर घर चली गई—तब से दर-दर भटक रही हूँ,

कहीं तो न्याय की भीख मिलेगी। हत्यारा अभी भी मूँछों पर ताव देता घूम रहा है, सुना है दूसरी जगह रिश्ते की बात चल रही है।''

मैं स्तब्ध थी। वह आँखें पोंछती उठ गईं, ''इसी से मैं आपके पास आई हूँ—कृष्णा के यहाँ नहीं गई, फोन किया तो बोली, 'जीजी, तुमने पुलिस केस किया तो हम तुम्हारी मदद नहीं कर पाएँगे, जो हुआ उसे भूल जाओ।' भूल जाऊँ? दस महीने जिसे गर्भ में रखा, पाला-पोसा, जिस अनजान खूँटे से बाँधा वहीं गाय-सी जो बँध गई, उसे भूल जाऊँ? मैंने भी श्राप दिया है बहन, जैसे उस कसाई ने मेरी बेटी को जलाया है वैसे ही वह भी तिल-तिलकर जले!'' उनकी आँखों से जैसे आग की लपटें निकल रही थीं।

सच्चे हृदय से निकली बद्दुआ कभी व्यर्थ नहीं जाती। वर्षों पूर्व ऐसे ही श्राप को फलीभूत होते मैंने स्वयं देखा है अल्मोड़ा के ही एक ऐसे सच्चे ब्राह्मण के श्राप ने क्या तत्कालीन जेलर को रात बीतते-न-बीतते चुटकियों में निष्प्राण नहीं कर दिया था? कुमाऊँ केसरी बद्रीदत्तजी तब स्वतन्त्रता संग्राम में जेल में बंदी थे, क्रूर जेलर के अमानुषिक अत्याचार से क्रुद्ध पांडेयजी ने नहा-धोकर हाथ में जल लेकर कहा था, ''अरे दुष्ट, ले मैं कुमाऊँ का ब्राह्मण तुझे श्राप देता हूँ, जैसे तू हमें मार रहा है, भगवान तुझे मारे।'' और भोर होते ही दिल के दौरे ने उस हृष्ट-पुष्ट जेलर को जेल से ही नहीं संसार से हटा दिया था। फिर तो जहाँ पांडेयजी जल हाथ में लेते, सुना है कि बड़े-से-बड़े अफसर भी उनके चरण पकड़ लेते थे। किन्तु अब कहाँ हैं वैसे सच्चे ब्राह्मण और कहाँ है वह ब्रह्मतेज। इतने वर्ष बीत गए, फिर दिव्या की माँ मुझे कभी नहीं मिली, पता नहीं उनके दग्ध हृदय से निकला वह श्राप, फलीभूत हुआ या नहीं किन्तु मेरे फ्लैट की निचली दीवार से, हल्दी लगी उन हथेलियों की छाप अब एकदम ही विलीन हो चुकी है।

लिखूँ...?

यह प्रश्न पिछले दो वर्षों से मुझे विचलित कर रहा है। कई बार कलम उठा चुकी थी किन्तु उतनी ही बार हारकर रख दी। कभी चित्त बहुरूपिया बन, उदार दलीलें देता, कभी स्वयं कलम थाम लेता। आज तक स्मृति-गह्वर से न जाने कितने कंकाल खींच पाठकों को थमा चुकी हूँ, किन्तु इस कथानक का उलझा सूत सुलझाने बैठती हूँ तो वही धूसर स्मृति किसी अशरीरी-प्रेमछाया-सी मुझे सहमाने लगती है। छिः-छिः यही मैत्री निभा रही है तू? मेरे जिस पलायन के कलंक को मेरे आत्मीय स्वजन भूल चुके हैं, जिस रहस्य के गड़े मुर्दे की कब्र को, लापरवाही से उग आए झाड़-झंखाड़ ने एकदम ही अदृश्य कर दिया है उसी मुर्दे को उखाड़ रही है तू? भूल गई है क्या कि मेरी एक विवाहिता पुत्री और है; भले ही आज वह सुदूर अफ्रीका के किसी गहन वन-अरण्य में अपने वैज्ञानिक पति के साथ किसी दुरूह शोधकार्य में ऐसी खो गई है कि शायद ही कभी भारत लौटे। पर यदि कभी लौट आई तो? ऐसा तो है नहीं कि उसके पास भारत की पत्र-पत्रिकाएँ पहुँचती ही न हों! फिर तू मेरा नाम भी तो नहीं बदल रही है। कैसे बदलू प्रिया! वह नाम ही तो तेरे व्यक्तित्व की व्याख्या कर सकता है। विधाता का दिया वह नाम मैं कैसे बदलूँ!

फिर क्या तुम्हारा कलंक उजागर कर रही हूँ—मैं तो केवल यह सिद्ध करना चाह रही हूँ प्रिया, कि तेरे पलायन का कलंक कलंक नहीं था, विवशता थी! प्रिया दामले, अपने पितृकुल का ऐसा जगमगाता दीपक थी, जिसकी देहरी पर पैर रखते ही पितृकुल का बाहर-भीतर दोनों उजागर हो गया था।

उसके पिता चार भाइयों में सबसे बड़े थे। दुर्भाग्य से तीन चाचाओं में से दो निःसन्तान थे। तीसरे ने विवाह ही नहीं किया। इसी से बड़े लाड़-प्यार में पली प्रिया बचपन से ही अबाध्य बन उठी थी। दस-बारह वर्षों तक उसे लड़कों के ही कपड़े पहनाए गए, वैसे ही छोकरा-कट बालों में वह एकदम लड़का लगती थी।

जब वह मेरी सहपाठिन बनकर होस्टल में आई तो मैं ही नहीं सब ही छात्र-छात्राएँ उसके छरहरे, सुन्दर, तेजस्वी व्यक्तित्व से सहम गए थे। लगता था, मधुमास में जन्मी किसी कलिका-सी उस किशोरी को सौकुमार्य, चापल्य, मार्दव में मंडित करने से विधाता ने, उन वनस्पतिजन्य रंगों का प्रयोग किया था जिनका प्रयोग इन दिनों आश्रम के कलागुरु नन्दलाल बोस कर रहे थे, पलाश, हरिद्रा, गुलबनफ्सा, हरीतिकी।

विधाता की उस प्रतिभा-प्रसूत सृष्टि को देख सचमुच यही लगता था कि मोनालिसा के विश्वविख्यात चित्र की रहस्यमय मुस्कान को समझने की भाँति प्रिया के दृढ़ता से भिंचे क्यूपिड अधरों की मुस्कान समझने के लिए भी शायद अनन्तकाल तक व्यर्थ प्रयास चलते रहेंगे।

आश्रमगुरु रवीन्द्रनाथ ने शायद ठीक ही कहा था कि नारी-सौन्दर्य का अर्धभाग प्रकृति की देन है, किन्तु उसका शेष सौन्दर्य केवल काव्य है, प्रेमी और कवि की उर्वर कल्पना का परिणाम! मैं जानती हूँ, यहाँ मेरे पाठक, शंका की नंगी संगीन लिये एक बार फिर मेरे सामने खड़े हो जाएँगे—ऐसी भी क्या कल्पना जो सदा की भाँति सुन्दर नायिका को कल्पना के तुरंग पर आरूढ़ कर मानव पकड़ से दूर हवा में उड़ाकर रख दे!

किन्तु मेरा आपसे अनुरोध है, मुझे उस दिव्य व्यक्तित्व की वर्णना जी भरकर कर लेने दें। मैं आपको विश्वास दिलाती हूँ, मेरी स्मृति कल्पना को रंचमात्र भी प्रश्रय नहीं दे रही है।

'सुष्ठु उनत्ति आर्द्र यति मनः' यह तान्त्रिक साहित्य में भले ही त्रिपुरसुन्दरी या योगिनी के लिए प्रयुक्त हुआ हो, प्रिया भी वैसे ही मन को आर्द्र करने में समर्थ थी। उसका वही तेज देख पहले हम सब सहम गए थे, किसी ने भी उसकी ओर मैत्री का हाथ नहीं बढ़ाया। अपने साथ वह बड़े-बड़े दो सूटकेस भरकर विचित्र परिधान लाई थी। राजस्थानी लहँगे, कच्छी-चूनर, जामनगरी छायल, चूड़ीदार कुर्ते, अँगरखे और लेडी हेमिल्टन रेशम की सलवार-कमीजें। उससे कई बार स्पष्ट कह दिया गया था कि आश्रम की कक्षा में वह केवल सूती साड़ी की पहनकर प्रवेश पा सकेगी।

"ठीक है।" उसने अपनी सुराहीदार ग्रीवा को और तानकर कहा था, "होस्टल में तो जो जी में आए, वह पहन सकती हूँ।" और वह फिर वही करती थी। रात को आश्रम-भोजनालय में जाती तो उसके आते ही हंगामा मच जाता।

"ओई जे नामछेन आकाश थेके उर्वशी!" (देखो-देखो, उर्वशी आकाश से उतर रही है) वह न दाएँ देखती न बाएँ, अपने साथ लाया गया बगुले के पंख-सा स्वच्छ नेपकिन गोद में धर, बंगाल का 'घंट', 'शुप्तो', 'चच्चड़ी' का गस्सा मुँह में धरते ही नाक चढ़ा पानी का एक घूँट पीकर उठ जाती। एक दिन मैंने ही उसे टोक दिया, "तुम तो रोज भूखी ही उठ जाती हो, खाती क्यों नहीं?"

"ऐसा खाना मेरे घर के कुत्तों को भी नहीं दिया जाता, कैसे चुपचाप खा लेती हो तुम लोग?"

आश्रम के एक-एक नियम को वह जिस दुःसाहस से रौंदे जा रही थी, उसे देख हम काँपे जा रहे थे कि अब इसकी पेशी निश्चय ही हमारी कठोर फ्रेंच दीदी के सामने होगी और वे निश्चित रूप से इस नकचढ़ी के अहंकार का भूत एक पल में झाड़कर रख देंगी। किन्तु, कुछ भी नहीं हुआ, पता यही लगा कि उसके पिता लार्ड सिन्हा, विधान रॉय एवं नीलरतन सरकार के अभिन्न मित्र हैं एवं उन्हीं के प्रभाव से प्रिया आश्रम में स्वच्छन्द विचरण कर सकती है। ऐसा नहीं था कि उसे कभी गुरुजनों की फटकार मिलती ही नहीं थी, किन्तु जब कभी मिलती, वही निषेध उसे और उद्धत बना देता।

सचमुच अद्‌भुत लड़की थी वह! आकाश को भी लाँघ जाने का उसका अदम्य उत्साह, बाधाओं से जूझने को उसका सदा गर्वोन्नत सिर, कठोर कशाघात को सहकर भी किसी को कुछ न समझनेवाली मुद्रा, आज उसके रँगीले-रसीले भावों की कटु-तिक्त-मधुर स्मृतियाँ मुझे विह्वल कर रही हैं। उसे लड़कियों में उठना-बैठना अच्छा नहीं लगता था।

इसमें कोई सन्देह नहीं कि काम मन का मूल है किन्तु प्रिया में वह काम शायद कुंठित होकर ही तीव्रतर हो उठा था। उसके लिए सुनर्य का ही महत्त्व था, नारी का नहीं। एक तो उसके शरीर की गढ़न भी ऐसी थी कि लगता था कि खजुराहो की भित्ति की ही कोई मूर्ति जीवन्त

हो उठी है। उसके पृथुल नितम्ब, मांसल अंग-प्रत्यंग, वर्तुल वक्षःस्थल, तिर्यक् दृष्टि, सब ही विलास एवं उद्दाम काम के प्रबल संकेत देते थे—शायद यही कारण था कि छात्र-मंडली उसके इर्द-गिर्द भौंरे-सी मँडराती रहती। लड़कियों में उसकी एकमात्र मित्र मैं ही थी। यद्यपि आश्रम की ही छात्रा मेरी बड़ी बहन मुझे कई बार कठोर चेतावनी दे चुकी थीं कि उस बेहया अहंकारी लड़की से मैं गज-भर की दूरी ही बरतूँ!

"खुद तो बदनाम है ही, तुझे भी ले डूबेगी, खबरदार जो मैंने तुझे उसके साथ घूमते-फिरते देखा!" किन्तु मुझे हमेशा यही लगता था कि लोग उसे गलत समझते हैं। वह अहंकारी नहीं थी, वह तो उसका चेहरा ही विधाता ने ऐसा बनाया था कि उसकी सरल दृष्टि भी अहंकारदीप्त लगती। गणित में उसे स्वयं सरस्वती का वरदान प्राप्त था—कठिन-से-कठिन सवाल भी वह चुटकियों में हल कर देती, स्मरण-शक्ति ऐसी अद्भुत थी कि एक बार किसी पाठ पर आँखें फेरती और दूसरे ही क्षण विराम-अर्द्धविराम सहित पूरा पाठ दनादन उगल देती। उसका बंगला उच्चारण एकदम त्रुटिहीन था, साहित्य सभाओं में वह रवीन्द्रनाथ, जीवनानन्द दास, विष्णु दे की कविताओं की आवृत्ति करती तो लोग आश्चर्य से मन्त्रमुग्ध हो साँस रोके उसे देखते रहते।

"की मेये रे बाबा! एई तो बांगालीर थेकेओ बेशी बांगाली।" (क्या लड़की है रे बाबा, यह तो बंगाली से भी अधिक बंगाली है)। उसकी यही आश्रमव्यापी ख्याति लड़कियों को जला-भुना देती। एक बार होस्टल की छात्राओं ने उसकी शिकायत कर दी कि वह आधी रात को कमरा बन्द कर सिगरेट पीती है। मैं तो काँप गई कि तलाशी लिये जाने पर मेरी वह दबंग सखी अब अवश्य ही पकड़ी जाएगी, क्योंकि मैं जानती थी कि सूटकेस में रेशमी साड़ियों की तहों के बीच वह थल्ले के थल्ले सिगरेट के पैकेट छिपाकर रखती है! यह 1936 की बात है, आज शायद लड़कियों के छात्रावास में, उनके सूटकेस में चरस-गाँजे के बीड़े भी पकड़े जाने पर उन्हें उदार जमाना मुक्त कर दे पर तब किसी छात्रा के सिगरेट पीने का सन्देह भी उसके लिए चुल्लू-भर पानी में डूब मरनेवाली बात होती थी। मैंने उसे एक दिन टोका भी था, "छिः-छिः, प्रिया, तुम सिगरेट पीती हो?"

"क्यों, क्या बुराई है इसमें? स्त्रियाँ तम्बाकू, जर्दा खा सकती हैं तो सिगरेट क्यों नहीं पी सकतीं भला? और फिर मुझे पकड़नेवाला आज तक पैदा नहीं हुआ—तू क्यों घबड़ाती है?"

सच, गजब की लड़की थी वह! जब बिना किसी पूर्वसूचना के एक दिन उसके दोनों सूटकेस जब्त कर लिये गए तो उसके चेहरे पर शिकन भी नहीं उभरी। सब लड़कियों की उपस्थिति में ही, जितनी ही बार उसकी एक-एक साड़ी झटकी जा रही थी, उतनी ही बार मेरा धड़कता कलेजा मुँह को आ रहा था किन्तु एक वह थी बन्दी कि वहीं पर बैठी गहन आत्मविश्वास से मुस्कराती चली जा रही थी जैसे कह रही हो—क्यों, मिला कुछ? रात-ही-रात में क्या सब पैकेट फूँक डाले थे छोकरी ने?

मैंने बाहर निकलते ही एकान्त में उससे पूछा, "कहाँ गए सब पैकेट?"

"सब पी गई हूँ! मेरी तलाशी लेने चले थे, बड़े-बड़े डूब गए, गदहा पूछे कित्ता पानी!"

इसी बीच पिता की बीमारी का तार पा मैं बँगलौर गई, लौटी तो पता लगा प्रिया अचानक आश्रम छोड़कर चली गई है। वह कहाँ गई, क्यों गई, किसी को कुछ पता नहीं था। लड़कियाँ मुझसे पूछतीं, "क्यों, तुम्हारी अन्तरंग सखी थी—तुमसे भी कुछ नहीं कह गई? किसी प्रेम का चक्कर था क्या?"

मैं क्या कहती, कुछ कहती भी तो क्या कोई विश्वास करता कि मुझसे कुछ कहे बिना ही वह चली गई है? स्वयं मैंने उसे उसकी उस सनकी बेरुखी के लिए क्षमा नहीं किया।

फिर वर्षों बाद, वह मुझे अचानक एक दिन स्टेशन पर मिल गई। आश्रम छोड़े वर्षों बीत गए थे, मेरा विवाह हो चुका था, छात्र-जीवन की स्मृतियाँ बहुत पीछे छूट चुकी थीं। ट्रेन आने में विलम्ब था। मैं रेलवे बुक स्टाल पर खड़ी पत्रिकाएँ उलट रही थी कि अचानक किसी ने मेरे कन्धे पर हाथ रखा। मैं चौंककर मुड़ी तो वह मुझसे लिपट गई, वह भी उसी ट्रेन से जा रही थी, फिर तो अपने वातानुकूलित डिब्बे में ही वह मुझे जबरन खींच ले गई।

"तू चिन्ता मत कर, मेरे छोटे चाचा अब रेलवे बोर्ड के चेयरमैन हैं, सब मुझे जानते हैं। अभी मिनटों में तेरा टिकट कनवर्ट करवा लेंगे।"

उसके एकान्त कक्ष में कितना कुछ कहने को था और कितना सुनने को! एक-एक कर कितनी ही रस-भरी स्मृतियाँ, वर्षों से किसी जंग लगे बक्से में से निकल रही भव्य बनारसी साड़ियों की नेपथलीनी गन्ध से हमें विभोर कर गईं।

"तू अचानक ऐसे चली क्यों गई थी प्रिया?" मैंने पूछा।

"बहुत पुरानी बात हो गई, छोड़ भी, बस मन उचट गया था हमारा, अब यह बता कि तेरी शादी कब हुई? क्या करते हैं तेरे पति?"

पर मैं तो उसके प्रश्न का उत्तर देना भूल एकटक उसे ही देख रही थी। वही प्रिया थी, वही रंग, वही रूप, वही कद-काठी किन्तु कहीं न जाने कुछ अटपटा लग रहा था—उसकी मायावी हँसी, उसका कंठस्वर या उसकी कुटिल चितवन!

"चल पहले कुछ खा लिया जाए।" उसने अपना ठाठदार नाश्तादान टोकरी से निकाला, स्वच्छ नेपकिन, काँटे-छुरी, चम्मच खनकते ही मेरी सुप्त क्षुधा भी जाग्रत हो गई। क्या आला दस्तरख्वान सजा दिया था पट्ठी ने। इन मौलिक लटकों में तो वह हमेशा बेजोड़ थी।

"याद है, ये मावे के पेड़े तुझे होस्टल में भी बेहद पसन्द थे—अभी भी वह हलवाई जिन्दा है और जैसे-जैसे बुढ़ा रहा है अभागा वैसे-वैसे और उम्दा पेड़े बनाता जा रहा है। खाकर देख।"

"तेरी शादी हो गई, प्रिया?" पेड़ा मुँह में रखते ही मेरे भीतर कहीं उफनती प्रच्छन्न जिज्ञासा जिह्वाग्र पर आ गई। मैं मन-ही-मन सोच रही थी कि तब क्या इस सनकी लड़की की शादी नहीं हुई? यह तो अभी भी मुझे मायके की दूकान के ही पेड़े खिला रही है। मेरे प्रश्न को अनसुना कर वह फिर चहकने लगी, "यह ले एक पेड़ा और खा—है ना बढ़िया?"

मैं अपना कौतूहल रोक नहीं पा रही थी।

"तेरी शादी हो गई प्रिया?" मैंने फिर पूछ दिया।

"हाँ," वह हँसी, "देखती नहीं यह कढ़ा हुआ सालू?" अपना फलबरी दुपट्टा उसने मेरे सामने झंडी-सा फहरा दिया—पर यह तो प्रिया की परिचित उन्मुक्त हँसी नहीं थी।

तब, क्या वह अब तक कुँआरी ही थी या अकाल वैधव्य ने उसे ऐसी श्रीहीन बना दिया था, न कंठ में मंगलसूत्र था, न अँगुली में अँगूठी, न ललाट पर मद्रासी कंकु की उसकी वह बिंदी जिसके नीचे वह हमेशा एक नन्हा-सा काला गोल बिन्दु सँवार लिया करती थी। उसका वह मौलिक सज्जा प्रयोग फिर आश्रम में फैशन बनकर ही चल निकला था। जिसे देखो, ललाट पर दो-दो बिन्दियाँ।

मेरा गन्तव्य स्टेशन आने को ही था, मुझे तो दूसरे ही स्टेशन पर उतरना था पर वह कहाँ जा रही थी? "अपना पता नहीं देगी? कभी चिट्ठी तो लिख देना, मेरा पता भी लिख ले।"

"अरे छोड़, जब मिलना होगा, ऐसे ही भगवान हमें मिला देगा—और एक बात बता दूँ—संसार के अधिकांश पते झूठे होते हैं।"

क्या सचमुच ही बौरा गई थी लड़की या किसी पागलखाने से रोग मुक्त होकर लौट रही थी? ऐसी गहन मैत्री थी हमारी और न अपना पता देने का उत्साह, न मेरा पता लेने की व्यग्रता।

"मैं अगले स्टेशन पर उतर जाऊँगी," मैंने कहा और साड़ी की भाँज ठीक करने उठने लगी।

उसने मेरा हाथ पकड़कर बिठा लिया, "नाराज हो गई? तब सुन, मेरा विवाह हो गया, तेरी ही तरह मेरी भी एक प्यारी-सी बच्ची है, सुदर्शन पति है, बड़ा-सा प्रासाद है, दो कार हैं, यहाँ तक कि मेरे लखपती व्यवसायी पति का अपना चार्टर्ड प्लेन भी है। पर मैं यह सब हमेशा के लिए छोड़कर भारत चली आई हूँ।"

"क्या कहती हो प्रिया? क्या तुम्हारे पति..." मेरे अधूरे प्रश्न को उसने स्वयं पूरा कर दिया, "क्या मेरे पति बदचलन हैं, शराबी हैं? यही पूछना चाह रही है ना? वहीं विदेश में ही जन्मे, वहीं बस गए। किशोर पटवर्धन को कोई भी लत नहीं है, वह मुझे बेहद चाहता है—और मैंने ही उसे छोड़ा है, उसने नहीं।"

ट्रेन की गति धीमी हो रही थी, दूर से ही आसन्न बड़े स्टेशन की बत्तियाँ जुगनू-सी चमकने लगी थीं।

मैंने अधीर होकर उसे झकझोर दिया, "कैसी मूर्ख है तू—कहती है तेरे एक बच्ची भी है, वह बड़ी होगी, विवाह होगा, तब क्या उसे माँ का अभाव नहीं खलेगा? फिर उसके निर्दोष पिता को तू अकारण ही छोड़कर चली आई!"

"अकारण नहीं," वह हँसी किन्तु कैसी विचित्र हँसी थी वह! "बहुत कारण हैं, मैं उसके विवाह तक बनी रहती तो उसकी लज्जा उसके लिए घातक बन सकती थी।"

स्टेशन आ गया था, मैं विदा लेकर उतर गई। वह देर तक खिड़की से हाथ हिलाती रही और एक बार वह हिलता हाथ वर्षों के लिए किसी शून्य में विलीन हो गया।

ठीक दस वर्ष बाद वह फिर मिल गई। आज कई बार सोचती हूँ—न मिली होती तो शायद अच्छा ही होता।

नैनीताल जाड़ों में प्रायः ही मसान-घाट-सा वीरान हो जाता है। कहते हैं, 25 दिसम्बर को वहाँ अवश्य हिमपात होता है। मैं दस वर्षों तक वहाँ रही और कभी भी ऐसा नहीं हुआ कि बड़े दिन पर बर्फ न गिरी हो, जब नहीं भी रही, तब भी उस ऐतिहासिक हिमपात का समाचार सुन लेती।

उस दिन भी 25 दिसम्बर का हिमपात होकर उदार क्षणिक धूप से गलकर पिघल गया था। कई दिनों की अनवरत वर्षा के बाद, पहली बार निरभ्र आकाश चमका था, ताल लबालब छलक रहा था। नैनादेवी के मन्दिर की क्षुद्र घंटियों के साथ गिरजे के गुरु-गम्भीर घंटे की गर्जना पखावज की-सी जुगलबन्दी कर रही थी। ठंडी सड़क निःस्तब्ध सन्नाटे से घिरी एकाएक अँधेरी सुरंग-सी लग रही थी। न जाने किस सनक में मैं उस सन्नाटे में पाजाण देवी के दर्शन को निकल गई थी। ताल की गार पर खड़े विलोवृक्ष मणिपुरी नर्तकियों की-सी अलस मादक लास्यपूर्ण मुद्रा में झूम रहे थे।

आकाश फिर धूसर मेघखंडों से घिरने लगा था, मैंने ठंडी बयार से सिहर, शाल कसकर लबादे-सा लपेट लिया और चाल तेज कर दी—नैनीताल की वर्षा, बिना किसी पूर्वसूचना के

आ गए अतिथि की भाँति, कभी भी आकर सहमा देती है। कहीं ऐसा न हो कि तीव्र वर्षा का वेग मुझे बीच ही में दबोच ले और मैं अपने घर तक की कठिन चढ़ाई भी न चढ़ पाऊँ। उन दिनों अवस्था भी ऐसी थी कि तेज चल पाना भी मेरे लिए कठिन हो रहा था।

सहसा किसी ने मेरे कन्धे को अपने मजबूत पंजे से जकड़ लिया। मैं घबड़ाकर खड़ी ही रह गई। जनशून्य ठंडी सड़क पर दूर-दूर तक कोई नहीं था। कुछ ही दिन पूर्व, उसी ठंडी सड़क पर डिग्री कॉलेज की एक छात्रा की क्षत-विक्षत लाश मिलने का समाचार पूरे नैनीताल को स्तब्ध कर गया था।

उन दिनों का नैनीताल आज का नैनीताल नहीं था, वहाँ तब हत्या तो दूर, सामान्य-सी चोरी या ताला तोड़ने की घटना ने भी कभी सरल नागरिकों को भयत्रस्त नहीं किया था। कुछ दिनों तक वहाँ की धर्मभीरु गृहिणियों ने भी ठंडी सड़क पर जाना छोड़ दिया, पहले उस सड़क पर उन्हें केवल शेर, भालू का ही भय सहमाता था, पर अब तो मानव का ही भय उनके लिए नरभक्षी पशु बना जा रहा था।

"पहचाना नहीं?" इस बार कन्धे से हाथ हटा वह दीर्घांगी छाया मेरे सम्मुख खड़ी हो गई। "प्रिया!" उसे बाँहों में भरने में मेरे दोनों उत्साही हाथ जैसे किसी ने सहसा अदृश्य खड्ग से काटकर धरा पर डाल दिए। यह कैसा विचित्र वेश था उसका, ढीला इकबर्रा पायजामा, रेशमी कुर्ता और खुले बटनों से झाँकती लोमश छाती, अधरों पर जर्दे-पान की लाली, सहसा उसकी आँखों में लाल डोरे बनकर उतर आई थी। कहाँ गई वह लम्बी वेणी, वह वर्त्तुल वक्ष, वह दुहरी बिन्दी?

मेरे सम्मुख प्रिया का ही अविहूत नक्शा था, वही कद, वही काठी, किन्तु नहीं—वह प्रिया नहीं थी।

तब क्या वह उसका जुड़वाँ भाई था? पर प्रिया तो अकेली ही थी, न भाई, न बहन, चाचा निःसन्तान थे, मामा थे ही नहीं और मौसी कुँआरी थी।

"कौन हो तुम?"

वह बड़ी बेहयायी से हँसा, "क्यों भाई, अभी तुम्हीं ने तो प्रिया कहकर पुकारा था ना। अब पूछती हो मैं कौन हूँ?"

"नहीं, तुम प्रिया नहीं हो!" मैं जाने को उद्यत हुई।

"रुको," उसने कहा और इससे पहले कि मैं दामन बचाकर छिटकती, उसने दोनों हाथ फैलाकर, मेरा मार्ग अवरुद्ध कर दिया।

"तुमने ठीक ही पहचाना, मैं प्रिया ही हूँ।"

"क्या बक रहे हो, छोड़ो मेरा रास्ता।"

"नहीं," फिर वह हमारी मैत्री के न जाने कितने प्रकरण एक ही साँस में सुना गया—"याद है, जब तू और मैं एक्सकर्शन दल को घिस्सा दे कचौड़ी गली में कचौड़ी खाने सटक गए थे, और इक्के में लौट, राजघाट के पिछवाड़े के रास्ते, चुपचाप आकर अपने-अपने बिस्तर में घुस गए थे? याद है, जब तुझे मैंने चुटकियों में उनचासवाँ थियोरम याद करवा दिया था जो तुझे याद ही नहीं होता था? याद है, जब प्रभात मुखर्जी ने अपनी क्लास में हम दोनों को कक्षा में बात करने पर पीरियड-भर खड़ी रखा था? याद है, तुझे रात को नींद में चलने की आदत थी और हम दोनों एक-दूसरे की चोटियाँ बाँध लेते थे कि तू चलने लगे तो मैं जाग जाऊँ? तू हमेशा मेरे पास आकर सो जाती थी—याद है..."

"बस चुप करो..." कह तो दिया पर मैं उसे स्तब्ध खड़ी देखती रह गई। कौन था यह अद्भुत सिद्ध जो मेरी और प्रिया की मैत्री के इन संस्मरणों की अभिज्ञता से मुझे सहमा रहा था। कहीं ऐसा तो नहीं कि प्रिया मर-खप गई हो और यह उसका दुष्ट प्रेत हो!

"अभी भी तू नींद में चलती है क्या? पर सुन..." उसने बड़े स्नेह से मेरा हाथ थाम लिया, "अब तू डरकर मेरे बिस्तर में घुस भी आई तो मैं तेरी चोटी अपनी चोटी से नहीं बाँध पाऊँगी, देख ना इधर," वह अपने कटे केश पर हाथ फेर बड़ी दुष्टता से मुस्कराया।

मेरा चेहरा लाल पड़ गया।

सहसा मेरे गर्भस्थ शिशु की धड़कनें मेरी धड़कनों से मिलकर धड़क उठीं—धक्, धक्!

अधेरा और घनीभूत हो गया। कुहरा धीरे-धीरे ताल के ऊपर शामियाने-सा टँग गया था। मन्दिर की आरती की गूँज कभी धीमी और कभी प्रखर होकर अयांरपाटा के पहाड़ों से टकरा रही थी।

सुर-मुनि-मोहिनि सौम्या तू शोभाऽऽधारा
विवसन विकट स्वरूपा, प्रलयमयी धारा
जग जननी जय-जय माँ,
जग जननी जय-जय!

"तूने उस दिन ट्रेन में पूछा था ना, मैंने क्यों घर-बार छोड़ा? तो सुन, नीला के जन्म के बाद ही मेरा शरीर मेरे लिए पहेली बनने लगा। मेरे कन्धे स्वयमेव चौड़े हो गए, मेरी अँगुलियाँ मोटी होती चली गईं, मेरे पंजों में लोहे की जकड़न आ गई, मेरी आवाज भारी होने लगी और मेरा दर्पण ही मुझे छलने लगा। पहले मुझे पुरुषों का साहचर्य प्रिय लगता था। अब किसी भी सुन्दरी युवती या किशोरी को देख मैं पागल हो उठती। पति-स्पर्श भी मुझे असह्य लगने लगा। बेचारा किशोर आश्चर्य से मुझे देखता। एक दिन उसने कहा, 'क्या हो गया है तुम्हें प्रिया? क्या तुम मुझसे नाराज हो?'

"मैं उससे कैसे कहती कि किशोर, मैं अब प्रिया नहीं रही—धीरे-धीरे अप्रिय बन रही हूँ।

"फिर एक दिन मैं साहस कर एक अज्ञात चिकित्सक के पास गई, अपने पी.पी. के पास जाती तो एक-न-एक दिन किशोर जान लेता। रुपया मेरे लिए हाथ का मैल था, मैं किसी भी विशेषज्ञ की ऊँची-से-ऊँची फीस दे सकती थी।

"डॉक्टर ने मेरे सन्देह की पुष्टि की, मैं धीरे-धीरे नारी का चोला छोड़ रही थी, एक सामान्य-सा ऑपरेशन ही मुझे पुरुष बना देगा, किन्तु मेरा पौरुष क्या मेरा ही सर्वनाश नहीं कर देगा, मेरी निर्दोष बच्ची, मेरा देवतुल्य पति? वे क्या मेरे पौरुष को स्वीकार कर पाएँगे? क्या स्वयं मेरी लज्जा उनकी भी लज्जा नहीं बन जाएगी?

"सौभाग्य से उन्हीं दिनों किशोर अपने व्यवसाय के सिलसिले में नाइजीरिया जा रहा था, उन दिनों वैसे हममें बोलचाल लगभग बन्द ही थी। मैंने अपना बेडरूम अलग कर लिया था। और उस बे-बात की सजा को बेचारा किशोर झेल नहीं पा रहा था।

"उसका मेरा ज्वाइंट एकाउन्ट था, उसी में से पर्याप्त धन-राशि निकाल मैं नीता को अपनी एक मित्र के यहाँ यह कहकर छोड़ आई कि मैं अपनी बीमार माँ को देखने भारत जा रही हूँ। लौटते ही किशोर समझ गया होगा कि मैं अब कभी लौटूँगी नहीं क्योंकि मेरी माँ तो मेरे विवाह से पहले ही गुजर चुकी थी। फिर उस अज्ञात विशेषज्ञ के अज्ञात क्लिनिक में मैं स्वयं ही प्रिया का पिंडदान कर आई। वहाँ से सीधी भारत...

"मुझे अपने घर चलने को नहीं कहोगी?" उसका भर्राया कंठस्वर मुझे भय से कँपा गया, इसी सखी का यही आह्वान सुन शायद मैं उसे कभी हाथ पकड़कर घर खींच लाती, पर उस दिन उसका वह अनुरोध सुन मैं सिहर उठी। मैं बिना कुछ कहे तेजी से बढ़ने लगी कि उसने मुझे बाँहों में भींच लिया।

मैं नहीं जानती उस दिन किस दैवी शक्ति ने मेरे अंग-प्रत्यंग में वह स्फूर्ति, वह साहस भर दिया—मैंने एक झटके से उस लौह बाहुपाश से अपने को छुड़ा उसे एक धक्का दिया। वह उस आकस्मिक आघात के लिए शायद प्रस्तुत नहीं था। कटे पेड़-सा वह नीचे गिरा और मैं हवा के वेग से भागी। कभी कॉलेज की रिले रेस में, मैं एक कदम आगे बढ़ा अपनी इसी सखी की प्रलम्ब भुजा की प्रतीक्षा में खड़ी सहसा ऐसे ही भागने लगती थी। नहीं जानती अपनी उस अवस्था में भी मैं उस दिन कैसे तेजी से भाग पाई।

मैं घर पहुँची तो मेरे चिन्तातुर पति हाथ में टार्च लिये मुझे ढूँढ़ने ही निकल रहे थे।

"कहाँ रह गई थीं तुम? इतनी बार समझाया है, इस कब्रिस्तान की पगडंडी से मत आया करो, फिर वहीं से आ रही हो। रात-भर अब डरती रहोगी।"

मैं प्रायः ही उस पगडंडी से आती थी और कभी-कभी रात को उन्हीं कब्रों के सपने देख बुरी तरह चीख पड़ती थी। दिन में जिस कब्रिस्तान में बैठना मुझे अच्छा लगता था, रात को वही भयावह लगने लगता। 1855 की उन कब्रों पर खुदे कई नाम मुझे कंठस्थ हो गए थे। अधिकांश कब्रों पर संगमरमरी पत्थर की बनी फरिश्तों की खंडित मूर्तियों के साये में मैंने न जाने कितनी कहानियाँ लिखीं, किन्तु उस दिन जिस अनूठे कथानक को मुट्ठी में बाँध मैं उसी कब्रिस्तान की पगडंडी के औदार्य से चटपट घर पहुँची, उसे क्या आज तक लिपिबद्ध कर पाई? वह कथानक केवल मेरे और मेरे पति तक ही सीमित पुष्प-सा बिखरकर धरा में मिल जाता। पर दो वर्ष पूर्व, लन्दन के आब्जर्वर में मैं मृत्यु-सूचनाएँ पढ़ रही थी। पूरा अखबार चाटकर जब कुछ भी पढ़ने को नहीं रह जाता था तो मैं इसी स्तम्भ की जुगाली करती थी। अनचीन्हे उन मृत्युपथ के यायावरों के नाम, व्याधि, जन्म-मृत्यु के अन्तराल से उनकी वयस का शरसन्धान मुझे बड़ा अच्छा लगता। कभी दुख होता कि हाय, ऐसी अकाल मृत्यु हुई। कभी दीर्घ जीवन की अवधि देख आश्चर्य होता। साथ में रहता उनकी सन्तान, पत्नी, जनक-जननी का नाम और कभी कोई सुन्दर-सी कविता। उसी में वह नाम अचानक दिख गया था।

"मिस्टर प्रिय दामले,
मृत्यु, धैर्य से भोगी गई लंग कैंसर की दीर्घ व्याधि से—
जन्म : 17 नवम्बर, 1921, मृत्यु : 5 अप्रैल, 1983,
दयालु परम पिता की बाँहों में
दाई विल बी डन।
मारग्रेट दामले के परमप्रिय पति
टोनी और नेली के स्नेहशील पिता
कृपया फ्यूनरल में पुष्प न लाएँ, चैरिटी चेक इस पते पर भेजें..."

कैंसर सोसायटी का नाम-पता देकर, उस चर्च का भी पता, समय दिया गया था जहाँ सर्विस होगी। ट्यूब स्टेशन मेरे घर के पास ही था, चाहती तो बड़े आराम से जा सकती थी। न्यूकासल था ही कितनी दूर! निश्चय ही वह प्रिया ही थी। उस जन्मतिथि को मैं कैसे भूल सकती थी, जिस तिथि को मैंने वर्षों तक उसे उपहार भेजे थे!

पर जाकर करती भी क्या—वहाँ पहुँचकर क्या मैं मारग्रेट दामले से कह पाती कि उसका परम प्रिय पति कभी किसी की उतनी ही प्राणप्रिया पत्नी थी? क्या टोनी-नेली से कह पाती कि उसका स्नेही पिता किसी की उतनी ही स्नेहशीला जननी भी थी?

विधाता ने उससे निकृष्ट कोटि का परिहास किया था, अब वह स्वयं वहीं जाकर उससे निबटेगी।

प्रिया ने क्या आज तक कभी किसी से हार मानी थी?

मेरा भाई

बैंगलूर तब आज का बैंगलूर नहीं था। शहर के एक प्रमुख चौराहे से मुड़ती सँकरी गली जिस नई बन रही बस्ती में पहुँचते ही विलीन हो जाती थी, उस बस्ती का तब नाम था 'शेषाद्रिपुरम्'। नाम आज भी वही है पर कलेवर बदल गया है। उस सड़क का नाम था थर्ड क्रास रोड। कुछ मकान बन रहे थे, कुछ बन चुके थे। आज की उस गृहसंकुल बस्ती में, अपने चालीस वर्ष पूर्व के उस मकान को ढूँढ़ने के लिए मुझे घंटों भटकना पड़ा था।

निराश होकर लौट ही रही थी कि एक सुदर्शन नवनिर्मित देवालय की घंटाध्वनि सुन ठिठक गई। वर्षों की जंग लगी स्मृतियों की अर्गला सहसा स्वयं खुल गई। इसी मन्दिर की तो तब नींव पड़ी थी और मैंने ही उस देवभूमि में भजन गाया था। नींव डालनेवाली थीं हमारी प्रतिवेशिनी गिरिजा बाई। तेजी से कदम रखती मैं मन्दिर के गर्भगृह में खड़ी हुई तो दीवार पर टँगे गिरिजा बाई के आदमकम तैलचित्र पर दृष्टि गई। रेशमी नीली साड़ी, चौड़ा सुनहला किनारा, कंठ में पड़ा मंगलसूत्र, बड़ी-सी कँकरेजी बिन्दी, नाक के दोनों ओर चमकती हीरे की लौंग और कानों में दगदगाते हीरे के कर्णफूल।

पूरा मन्दिर, अगरबत्ती की धूम्ररेखा से सुवासित था। सूर्यास्त हो चुका था। आरती के लिए धृत ज्योति बना रहे पुजारी की नंगी पीठ देख मुझे एक क्षण को लगा, गिरिजाबाई के पति रामस्वामी ही बैठे हैं। वे भी तो ऐसे ही नारायण स्वामी के भजन गाते घृत ज्योति बनाया करते थे और हमसे कहा करते थे, "देखो माँ, इसे कहते हैं त्रिपुरी ज्योति, पहले तीनों ओर से बत्तियाँ बनाओ, फिर उन्हें एक कर दो।"

"सुनिए।" मैंने कहा। पुजारी चौंककर मुड़ा, मैंने देखा, वह तो कोई बीस-बाईस वर्ष का तरुण पुजारी था।

उसने आश्चर्य से मुझे देखा।

"यहाँ कहीं गिरिजा बाई रहती थीं। यह मन्दिर उन्हीं का बनवाया हुआ है ना?"

उसने सिर हिलाकर कन्नड़ में कुछ कहा, मूर्ति के सम्मुख झुके एक भक्त ने, शायद हिन्दी में पूछा गया मेरा प्रश्न और कन्नड़ में दिया गया उत्तर सुन लिया था।

"वह तो बहुत साल हुआ मर गया जी।" उसने कहा।

"उनके पति?"

"वह तो और भी पहले मर गया, आप बहुत साल बाद बँगलूर आया क्या?"

"जी हाँ, चालीस साल बाद। गिरिजा बाई हमारी पड़ोसी थीं। सुबय्या को भी आप जानते होंगे, गिरिजा बाई का अनाथ भतीजा, जो उनके साथ रहता था, वह कहाँ है?"

"सुबय्या को पूछता क्या?" फिर वह व्यक्ति, पुजारी की ओर मुड़ रहस्यमय ढंग से कन्नड़ में कुछ कहने लगा।

"आप उसे नहीं जानते क्या?" मैंने कुछ अधैर्य से पूछा।

"अम्मा, बैंगलूर में सुबय्या को कौन नहीं जानता? कितना मर्डर, रेप, बैंक रौबरी किया उसने, कर्नाटक गवरमेन्ट दस हजार रुपया का इनाम बोला है उसको पकड़ने का।"

रेप, मर्डर और बैंक रौबरी! वह दुबली-पतली टाँगों और स्याह चेहरेवाला रिकेटी छोकरा!

पर फिर मैं बिना कुछ पूछे चुपचाप बाहर निकल आई।

एक बार फिर मैंने उन साथ-साथ जुड़े चार मकानों को देखा। नया-नया पेन्ट, चमकती लाल छत, हरा पेन्ट किया जाफरीदार बरामदा और खिड़कियों के नए चमचमाते शीशे, जिन्हें हम प्रत्येक रविवार को अखबार की भीगी लुगदी रगड़-रगड़कर साफ करते थे, जिससे उनकी शुभ्र पारदर्शिता भेद गोल कमरे में धरा हमारा रोजवुड का नया-नया फर्नीचर, राहचलते राहगीरों को भी क्षण-भर ठिठकने को बाध्य कर दे! द्वार पर चढ़ी थी प्रिमरोज की बेल, जिसके नन्हे-नन्हे पीले गुलाबों की सुगन्ध सन्ध्या होते ही अगरबत्ती की अवसन्न धूम्ररेखा-सी पूरे परिवेश को सुवासित कर देती। वह बेल हमें सुबय्या ने ही लाकर दी थी। कहता था, वह सर मिर्जा इस्माइल के माली से बड़ी चिरौरी कर हमारे लिए माँग लाया है। आज हमारे उसी मकान की खिड़कियों में बदसूरत टीन ठुके थे, प्रिमरोज की बेल न जाने किस अरण्य में विलीन हो गई थी, गेट टूटकर किसी बूढ़े जर्जर दाँत-सा नीचे लटक रहा था—काल की कुटिल गति क्या मनुष्य और वनस्पति, पेड़-पौधे, इमारत, झोंपड़ी किसी को नहीं छोड़ती?

इसी परिवेश में मेरे कैशोर्य की कितनी सुनहली स्मृतियाँ दबी पड़ी थीं। तब इस मन्दिर की मूर्तियाँ गिरिजा बाई के गृह में प्रतिष्ठित थीं। लाल मोजेइक फर्श, अगरबत्ती और बेले-मोंगरे की खुशबू के बीच स्थापित वैंकटेश की दिव्य मूर्ति के सम्मुख तब भी अखंड घृत ज्योति जलती थी। स्वयं गिरिजा बाई का तेजोमय व्यक्तित्व भी उस पूजन-गृह से मेल खाता था। गिरिजा बाई और रामस्वामी निःसन्तान थे। कुछ वर्ष पूर्व वे गाँव से अपने दूर के किसी रिश्तेदार के अनाथ पुत्र को ले आए थे। गिरिजा बाई उसे ठूँस-ठूँसकर खिलाती रहतीं, फिर भी उसकी ठूँठ-सी देह पर रत्ती-भर मांस की परत भी नहीं चढ़ी थी। उस पर रंग था आबनूसी स्याह, अँधेरे में कोई देख ले तो 'भूत-भूत' कह चिल्ला पड़े। उस पर एक आँख भैंगी थी, कभी-कभी लगता, पुतली है ही नहीं। ललाट के बीचोंबीच आँख के आकार का बड़े से घाव का निशान था। "यही है मेरे शिव सुबय्या का तीसरा नेत्र।" गुस्सा आने पर गिरिजा बाई कहतीं, "इसी से तो अभागे की सब पढ़ी-रटी विद्या बह जाती है, दिमाग में कुछ टिकता नहीं।" सचमुच ही बेचारा लगातार तीन वर्षों से ही क्लास में अटका पड़ा था।

"अरी तुम अच्छे-अच्छे स्कूलों में पढ़ती हो।" गिरिजा बाई कहतीं, "छुट्टियों में घर आती हो तो इसे भी पढ़ा दिया करो, शायद तुम्हारी सोहबत ही इसे सुधार दे!" दूसरे ही दिन से सुबय्या सुबह होते-न-होते अपनी कापी-किताब ले, हमसे पढ़ने आ जाता। नंगे बदन, ऊँची बँधी धोती, ललाट पर भस्म का प्रगाढ़ प्रलेप, सतर बँधी शिखा और काले स्याह चेहरे पर विद्युत वह्नि-सी चमकती सफेद दन्त-पंक्ति। माँ कभी-कभी बौखला जातीं, "सुबह-ही-सुबह इस कलूटे कनुवे का मुँह देख लिया है, न जाने दिन कैसा बीतेगा।"

"वह काना नहीं है, भैंगा है माँ।" मैं अपने शिष्य का पक्ष लेती।

मुझे उस पर बेहद तरस आता था। अनाथ लड़का, बुआ के यहाँ आश्रित नौकर की-सी ही जिन्दगी तो जी रहा था।

"अरे सुबय्या, पानी भरा? कमरा झाड़ा? पूजा के बर्तन साफ किए? चल जल्दी काफी

बना ला।'' असंख्य आदेशों की गोली दागतीं बुआ जब काफी पीकर शान्त होतीं, तो वह हमसे पढ़ने भाग आता।

मेरे दोनों भाई उसे छेड़ते रहते, ''क्यों रे भड़भूँजे, तुझे तो पसीना भी काला आता होगा, क्यों?''

''अरे भुतनी के, कल बनियान पहनकर आना, तेरी नंगी काली पीठ आँखों में चुभती है।''

वह बेचारा हिन्दी समझता ही कहाँ था, पर फिर धीरे-धीरे वह हिन्दी भी सीख गया। जितने दिन हम गर्मी की छुट्टियों में घर रहते, वह दिन-रात हमारे यहाँ ही पड़ा रहता।

''क्यों रे सुबय्या, तुझे हमारे यहाँ इतना अच्छा क्यों लगता है रे?'' एक दिन मैंने पूछ दिया।

''बताऊँ?'' उसने अपनी बड़ी-बड़ी डरी-सहमी आँखें उठाकर, लजाकर सहसा झुका लीं।

''बता ना।'' मेरी बड़ी बहन ने कहा।

''आप लोग सब इतना सफेद हैं ना, इसी से।'' बेचारा, अपने काले रंग के लिए वह विधाता को कभी क्षमा नहीं कर पाया। शायद वही कुंठा उसे एक दिन विधाता की सृष्टि का संहार करने को उकसा गई।

रक्षाबन्धन के दिन वह स्वयं ही एक सजीली राखी लेकर उपस्थित हो जाता।

''हमको आप राखी बाँधेगा ना, इसी से हम लाया।''

''तू क्यों लाया, भाई थोड़े ही ना राखी लाता है, बहन उसे बाँधती है, फिर पहाड़ में यानी हमारे देश में राखी दामाद और भानजे को बाँधी जाती है, हमारे यहाँ भाई-बहन का त्यौहार है भाई दूज, उस दिन आना, हम तुझे पूड़ी-पकवान खिलाकर तिलक करेंगे और तू हमें रुपया देगा।''

''ऐसा क्या!'' उसका मुँह लटक गया।

''अच्छा चल, मैं तुझे राखी बाँध दूँगी। पर अगली बार तू राखी मत लाना, भाई थोड़े ही ना राखी लाता है, बहन उसे बाँधती है।'' मैंने उसे तिलक लगाकर राखी बाँधी और मुँह में लड्डू भर दिया।

''आज से तू हमारा भाई बन गया सुबय्या।''

''भाई?'' उसकी आँखों में उल्लास की सहस्र किरणें फूट उठीं।

''हाँ, भाई।''

''सच?''

''सच।''

और फिर तीन वर्षों तक मेरा वह भाई, मेरे सगे भाइयों से भी पहले, भाई दूज के पकवान खाने पहुँच जाता। रक्षाबन्धन के दिन भी वह स्वयं राखी लेकर आ जाता।

सुबह अखबार लेने, हममें से कोई भी द्वार खोलता तो देखता, नंगे बदन, ललाट पर भस्म पोते, मेरा राखीबन्द भाई, देहरी पर स्वामिभक्त श्वान-सा बैठा है।

''अरी जा, तेरा कलूटा कनुआ आ गया है तुझसे राखी बँधवाने। जब भी सुबह-सुबह इसकी मनहूस सूरत देखी है, कुछ-न-कुछ बुरी खबर जरूर सुनने को मिली है।'' माँ भुनभुनातीं।

''छिः, माँ। कनुआ क्यों कहती हो उसे। वह काना नहीं, भैंगा है।'' मैं कहती।

''जो भी है, है तो मनहूस। जा बाँध राखी और दफा कर।''

मेरी माँ को उसका आना फूटी आँखों नहीं भाता था।

देखती नहीं, कैसे टगर-टगर चोरों की तरह ताकता है। आए दिन बेचारी गिरिजा बाई चिल्लाती रहती हैं, पूजा का चढ़ावा गायब हो गया। रामस्वामी की जेब से पैसा चला गया। आखिर इसके सिवा वहाँ है ही कौन जो लेगा। देख, इसे बहुत मुँह मत लगा, मुझे इसकी कौए की-सी टेढ़ी नजर अच्छी नहीं लगती।''

मेरे होस्टल जाने के दिन आते तो वह उदास हो जाता, मुँह से कुछ नहीं कहता, पर जाने के दिन एक मोंगरे का गजरा लेकर स्टेशन पर अवश्य उपस्थित रहता।

''ले आ गया तेरा भाई।'' मेरी बहन कहतीं।

''पिछली बार स्टेशन आया तो ट्रेन सात घंटे लेट पहुँची थी।''

मैं ट्रेन से गर्दन निकाल, उसके दुबले काले हाथ में हिलते पांडुवर्णी जीर्ण रूमाल को तब तक देखती रहती, जब तक वह आँखों से ओझल नहीं हो जाता। शायद तीन वर्षों तक वह निरन्तर मुझसे राखी बँधवाने आता रहा, फिर उसी वर्ष मेरे पिता का देहान्त हुआ और दक्षिण हमसे छूट गया। हम जब बैंगलूर से पहाड़ लौटे तो वह अपनी बुआ के साथ श्रीरंगपट्टनम् की यात्रा पर गया था, और फिर वह सहसा जैसे किसी शून्य अन्तरिक्ष से सहसा धूमकेतू-सा प्रकट हो गया, वह भी ठीक रक्षाबन्धन के दिन।

इटारसी से कुछ आगे बढ़ते ही ट्रेन ने गति द्विगुणित कर दी थी, अन्धकार गहन हो चला था, भोपाल पहुँचते-पहुँचते दस बज जाएगा, सोच मैंने लपककर बत्ती बुझा दी। पढ़ते-पढ़ते ऊब गई थी, कूपे में और कोई नहीं था, एक धूमिल नीली बत्ती जल रही थी। सहसा खटाक से द्वार खुल गया। मैं हड़बड़ाकर उठ बैठी। मैंने तो चिटकनी चढ़ाई थी, यह कैसे खुल गया। मैं बत्ती जलाती, इससे पूर्व ही मैंने देखा, एक मुड़े तार को भीतर डाल, सधे कौशल से चिटखनी खोलनेवाला एक दीर्घदेही व्यक्ति मेरे सिरहाने खड़ा है खाकी वर्दी, सिर पर धरी तिरछी बैरा कैप, जिसने यवनिका की भाँति उसका पूरा चेहरा ढाँप लिया था।

''खबरदार जो चिल्लाई, यहीं खतम कर दूँगा, लाओ बटुआ, घड़ी, चेन, कंगन, कान के टाप्स भी खोलकर दे दो, नहीं तो मुझे खींचने पड़ेंगे। बेकार में खून बहाना मुझे अच्छा नहीं लगता।''

मैंने एक-एक कर सब चीजें उसे थमा दीं। ऐसी परिस्थिति में, व्यर्थ का दुःसाहस प्रदर्शन मुझे महँगा बैठेगा, यह मैं समझ गई, क्योंकि उसके हाथ में एक लम्बा लपलपाता छुरा था। मेरी ओर बिना पीठ किए ही फिर उसने ऊपर के बर्थ पर धरा मेरा सूटकेस इस सहज भंगिमा से उठा लिया, जैसे उसी का हो और गन्तव्य स्टेशन आने पर वह अपना ही सामान लिए उतर रहा हो।

''सुनो।'' मैंने न जाने कैसे साहस जुटाकर कहा।

''तुम सब ले जा सकते हो, पर सूटकेस में मेरा पासपोर्ट है, मुझे परसों रात की फ्लाइट से सांघातिक रूप से बीमार किसी को देखने लन्दन जाना है, तुम यह ले जाओगे तो मैं इतनी जल्दी दूसरा पासपोर्ट नहीं बना पाऊँगी।'' मैं सहसा अपनी रुलाई नहीं रोक पाई।

''बस-बस, रोना नहीं, मुझे औरतों की रुलाई से बड़ी घबड़ाहट होती है। लाओ चाबी—पासपोर्ट निकाल दूँ।''

सूटकेस खोल, उसने ऊपर ही धरा पासपोर्ट निकाला, बिना खोले ही थमा जाता तो

अच्छा था, पर न जाने क्या सोच उसने पासपोर्ट खोला, बड़ी देर तक देखता रहा, फिर सूटकेस खुला ही छोड़ उसने बत्ती जला दी।

मैंने अब तक उसका चेहरा देखा भी नहीं था। बत्ती जली तो मैंने अचकचाकर उसे देखा और उसने मुझे। हम दोनों कितने ही बदल गए हों, राखी के क्षीण सूत्र ने ही शायद एकसाथ हम दोनों को किसी फिल्मी फ्लैश बैक की तत्परता से एक बार फिर शेषाद्रिपुरम् की उस नई बस्ती में खड़ा कर दिया।

''सुबय्या, तुम सुबय्या हो ना?''

उसने टोपी उतारकर बर्थ पर शायद इसीलिए पटकी कि मैं उसका चेहरा ठीक से देख, उसे पहचान लूँ। ललाट के बीचोंबीच, उसका तीसरा नेत्र, उसकी दुष्कीर्ति की भाँति जैसे और फैल गया था।

''यही तो है मेरे शिव सुबय्या का तीसरा नेत्र, इसी से तो अभागे की सारी पढ़ी-पढ़ाई विद्या बहकर निकल जाती है, दिमाग में कुछ टिकता नहीं;'' जैसे गिरिजा बाई, कमर पर हाथ धरे उसे कोस रही थीं।

''आज इतने बरस में तुमसे मिला, वह भी ठीक रक्षाबन्धन के दिन। तुम पासपोर्ट नहीं माँगता तो हमसे आज कितना बड़ा पाप हो जाता।''

''इससे भी बड़ा पाप नहीं कर चुके क्या? सुना है, बहुत नाम कमा चुके हो। दस हजार का इनाम है तुम्हारे सिर का।'' मेरा स्वर शायद कुछ अधिक ही तीखा हो गया था।

वह खिसिया गया, ''माँ कहाँ है? बड़े भाई कहाँ हैं? तुम्हारा हजबैंड किधर है?'' जिन सबकी कुशल वह पूछ रहा था, वे सब एक-एक कर सांसारिक कुशल-क्षेम की परिधि से बहुत दूर जा चुके थे। फिर सकपकाकर उसने पूछा, ''तुम शादी तो बनाया ना?'' मैं चुप रही।

सहसा वह चौकन्ना होकर सतर हो गया। गाड़ी की गति कुछ धीमी हो रही थी। किसी आसन्नप्राय स्टेशन की बत्तियाँ, सुदूर अरण्य में जुगनू-सी चमकने लगी थीं।

''मैं चलूँ, राखी नहीं बाँधेगा?'' सहसा उसका स्वर कोमल धैवत पर उतर आया।

''नहीं।''

''कोई बात नहीं, मैं तुमको हमेशा रक्षाबन्धन पर एक रुपया देता था, याद है ना?''

''उसे भी शायद बुआ के मन्दिर से चुराकर लाते होगे।'' मैंने तीखे स्वर में कहा।

''ठीक पकड़ा तुम।'' उसने बेहयायी से हँसकर बटुआ खोला, ''लो,'' न जाने कितने नोट निकाल उसने मेरी ओर बढ़ा दिए।

''मैं तुम्हारा रुपया अब लेना तो दूर, छूना भी नहीं चाहती।''

''ओह, हम समझ गया। कोई बात नहीं, तुम राखी नहीं बाँधा, पर हमको लगता तुम राखी बाँध दिया।'' और वह टोपी पहन तीर-सा निकल गया।

मैं कुछ देर तक उठ ही नहीं पाई, जब बड़ी चेष्टा से खुला सूटकेस बन्द करने उठी तो मेरे दोनों पैर काँप रहे थे। वह लेकर चला जाता तो? मूर्ख की भाँति पूरे पाँच हजार कैश लेकर जा रही थी, ट्रेवलर्स चेक बनाने का समय ही कहाँ मिला था? उस पर पासपोर्ट, कुल देवताओं की पोटली, चार तोले के कंगन, घड़ी, हीरे की अँगूठी! कैसा बचाया वर्षों पूर्व बाँधी गई राखी की डोर ने! पर तब ही देखा, चलते-चलते मेरा वह हतभागा भाई, मुझे मात दे ही गया था। अपना वालेट, वह मेरे सूटकेस में वैसे ही धर गया था। सौ-सौ पाउंडों की मोटी गड्डी, डालर,

दीनार और फ्रैंक से भरा बटुआ, बकरा खाए अजदहे के पेट-सा फूला था। न जाने किस विदेशी यात्री की जेब कतर वह उसे तिड़ी कर लाया था। निखालिस इंगलिश लेदर के बटुए पर लिखा था 'मेड इन ग्रेट ब्रिटेन' किन्तु उसमें न नाम-धाम है, न अता-पता! अब कहाँ ढूँढूँ इसके स्वामी को और किसे लौटाऊँ?

सोचती हूँ, कभी फिर तिरुपति गई तो वहाँ के दानपात्र में ही इसे डाल आऊँगी।

सुना है, वहाँ संसार-भर के महापातकी, अपनी पाप की कमाई उँड़ेल जाते हैं और उनका समस्त कलुष धुल जाता है।

राखी तो उसे नहीं बाँध पाई पर इतना तो कर ही सकती हूँ। जिसे अब मैं नहीं ढूँढ़ पाऊँगी, मेरे उस राखीबन्द भाई को शायद दयालु वैंकटेश्वर स्वयं एक दिन मुश्कें बाँध अपने दरबार में बुला भेजें और वह अभागा उनके चरणों में गिरकर कह सके :

"पापोहं पाप कर्मोहं
पापात्मा पाप संभवम्
त्राहि मां मुंडरीकाक्षं सर्वपापहरो हरिः।"

अपराजिता

आरती ने अपना चेहरा दर्पण में देखा और फिर सिहरकर दोनों हाथों से अपना मुँह ढाँप लिया। दर्पण में, अपने साँवले, साधारण चेहरे के साथ, उसे उसी प्रतिबिम्ब की प्रेतछाया फिर त्रस्त कर गई थी, जिसने उसे कई रातों से सोने नहीं दिया था। यह अदर्शी प्रतिबिम्ब, उसे बार-बार अँगूठा दिखाकर कह रहा था, 'क्या खाकर मेरी बराबरी करोगी, आरती सक्सेना! प्रतिभा को तो मनुष्य अपने परिश्रम से भी सँवार सकता है, किन्तु कितना ही परिश्रम क्यों न कर ले, विधाता के दिए कुत्सित चेहरे को वह क्या सँवार सकता है? देख लिया है ना मेरा चेहरा? मेरे यौवन, मेरे सौन्दर्य के सम्मुख अब क्या तुम्हारी अफसरी टिक सकती है?

आरती की सूजी आँखों की पलकें, अभी भी अश्रुसिक्त थीं—क्या कहेगी वह अब अपने मित्रों से? फिर मित्र भी क्या उसके साधारण स्तर के थे? वह कुछ भी न कहें, तब भी उसके उदास चेहरे की एक-एक रेखा को वे खुली पुस्तक-सा ही बाँच लेने में समर्थ थे। आरती की असाधारण प्रतिभा के स्तर के मित्र जुटना भी सहज नहीं था। अपने गहन अध्ययन, अनुपम शौर्य एवं असाधारण योग्यता के ही कारण आज वह सचिवालय की उस ऊँची कुर्सी पर आसीन थी। इसी से, उन्नत नासिका या कर्णचुम्बी आयत नयनों के अभाव में भी, उसका साधारण चेहरा एक अनोखी ही आभा से बुद्धिदीप्त रहता। वैसे देखा जाता, तो वह देखने में साधारण ही नहीं, साधारण के स्तर से भी बहुत नीचे ही उतरती थी। संकुचित ललाट, जुड़ी घनी भौंहें, और तीखे तेवर उसे और भी उग्र बनाकर देखनेवाले को सहमा देते। उसका एकमात्र दर्शनीय अवयव, उसकी शरबती आँखें थीं, जो परिवेश के साथ कदम मिलातीं, बिजली की गति से, अपना रूप बदलती रहती थीं। जहाँ प्रणयी पति को देखते ही उन बड़ी मद-भरी आँखों में रस का सागर छलकने लगता वहीं पर कलुआ जैसे कुख्यात तस्कर को कभी उन्हीं तरल आँखों के सहसा ज्वालामुखी बन उठे अग्निगर्भा तेज ने पक्षाघात का-सा झटका दे दिया था। जब, आरती ने उस छोटे-से पिछड़े इलाके में, अपने आबकारी विभाग की कलक्टरी का पदभार पहली बार सँभाला था, वह रूखी मर्दानी अफसर जितनी ही कर्मठ, योग्य थी, उतनी ही ईमानदार और प्रतिभा-सम्पन्न थी। एक तस्कर ने तो, उसे पकड़े जाने पर, पचास हजार के उत्कोच का प्रलोभन भी दिखाया था, किन्तु शायद वह रुपये के लिए, निरीह सम्पन्न महाजनों के प्राण हरनेवाला हृदयहीन डकैत नहीं जानता था कि रुपये के मोह ने आरती सक्सेना को कभी उसकी कर्तव्यनिष्ठा से नहीं डिगाया। चाहती, तो वह उसी क्षण, पल-पल दुगुनी घोषित की जा रही उत्कोचराशि को ग्रहण कर, जीवन-भर अपने रूपवान कृशकाय सहचर के साथ, चैन की बंसी बजा सकती थी। फिर तो, रात-आधी रात को, किसी की सुदूरस्थित ग्राम में तस्करों के अड्डे का सन्धान पाते ही, वह गुर्राती भूखी नरभक्षिणी-सी ही, शिकार की खोज में निकलने लगी।

एक तो उसका जिला नेपाल की सरहद से सटा था, उस पर सीमान्त का गहन अरण्य उनका प्रिय अड्डा था। चार ही महीनों में उसने तीन छापे मारकर लाखों की हशीश, अफीम बरामद कर ली थी। एक दिन, वह ऐसे ही थकानप्रद दौरे से, जीप धड़धड़ाती अपने बंगले में पहुँची ही थी कि तहसील का एक धूर्त नापित उसे सूचना दे गया था—'कलुआ हमारे ही गाँव के ठाकुरों की बरात में आया है सरकार, पूरे साठ-सत्तर हजार का माल लिये है।'

कलुआ के आतंक ने उन दिनों समीपस्थ प्रत्येक ग्राम को थर्राकर रख दिया था। वह एक कुख्यात तस्कर ही नहीं, एक नृशंस डकैत भी था। दिन-दहाड़े, समृद्ध ग्रामीणों के यहाँ अपनी बहुमूल्य पोटलियाँ छिपा, वह प्रतिवेशी ग्रामों की समृद्धि को, किसी गर्त में छिपाए हड्डी के टुकड़े की भाँति सूँघता, चोर कुत्ते-सा ही पहुँच जाता और बल्लम-भाले, देशी बारूद के धमाके से, पूरे ग्राम को आतंकित कर, सम्पन्न श्रीमन्त को भी पथ का भिखारी बना जाता। कहा जाता था कि उसके अचूक निशाने की कीर्ति से ही सहमकर, कोई भी पुलिस की टुकड़ी उससे आज तक मोर्चा नहीं ले पाई थी। उसी अचूक निशाने के स्वामी को, अपने अचूक निशाने से पराजित कर, दुःसाहसी आरती सक्सेना ने, अपने पूरे जिले को अपनी खाकी ट्यूनिक की जेब में डाल लिया था। वह जब भी छापा मारने निकलती, हमेशा मर्दानी वर्दी का ही परिधान धारण किए रहती, साड़ी के छहगजी जंजाल में, अपनी प्रशासकीय योग्यता को उलझाना उसे पसन्द नहीं था, इसीलिए उसने अपने ऐसे शत्रुसन्धानी दौरों के लिए एकसाथ कई खाकी वर्दियाँ सिला ली थीं। पौरुष को वह अपने अर्जित पौरुष से ही, आज तक पराजित करती चली आई थी। वह इस बात का पूरा-पूरा ध्यान रखती थी कि किसी नन्ही-सी तुरपन से भी, नारी की ललित-ललाम छटा न छिटक पाए! दूर से देखने पर तो, किसी भी अपरिचित को, उसे देख किसी रोबदार, गठीले पुरुष का भी भ्रम हो सकता था। एक बार तो, उसके एक मित्र की नन्ही पुत्री ने कह दिया, 'हाय बुआ, आप अगर वो आठ आनेवाली नकली मूँछें लगा लें तो और भी अच्छी लगेंगी।'

कलुआ के अड्डे पर छापा मारने भी वह अपनी उसी मर्दानी वर्दी में निकल पड़ी थी। फिर जिस छल-बल से, वह साक्षात् चामुण्डा का रूप धारण कर, उस चिक्षुर से मोर्चा लेने, अपने गणों सहित, उस ग्राम में पहुँची और छिपकर, पेड़ के पत्तों से एकाकार हो गई, वह घटना पूरे शहर में एक दन्तकथा बन गई थी। विदेशी ठर्रे और बनैले सुअर के तामसी अपच से उन्मत्त कलुआ, बरातियों का मनोरंजन, उसी की गुणगाथा से कर रहा था—'अजी, यहाँ कैसे-कैसे अफसरों को थूक चटा दिया, यह तीन कौड़ी की मेहरारू क्या खाकर कलुआ से जूझेगी! सूई उछालकर भी, अपने निशाने से उड़ा सकता है कलुआ! किसकी छाती में हैं इतने बाल जो इस छाती को बन्दूक के धमाके से दागे!'

वह बड़े गर्व से, अपनी लोमश छाती का प्रदर्शन कर ही रहा था कि पत्तों के गहन अन्तराल से सन्नाती गोली उसकी कनपटी का स्पर्श करती एक पल को, उसकी बोलती बन्द कर गई। फिर तो, कलुआ का वीभत्स चेहरा और भी वीभत्स हो उठा था। देखते-ही-देखते विवाह का मंडप खाली हो गया, कच्ची मिट्टी के बने घरों के द्वार पटापट बन्द हो गए, पर उस भगदड़ के बीच भी, कलुआ अपनी वनकेसरी की-सी गर्जना से दिशाएँ गुँजाने लगा था, 'मर्द है तो सामने आकर लड़, जनखों की तरह छिपकर गोली क्यों चलाता है?'

वह अब बन्दूक ताने, दाँत पीसता शत्रु के शरसन्धान की दिशा को ढूँढ़ने लगा था। मर्द न होकर भी वह जवाँमर्द के ही साहस से पेड़ से कूद गई थी। आमने-सामने की टक्कर में पहली बार, उस अचूक निशानेबाज का निशाना आरती के कन्धों को छूता व्यर्थ निकल गया

था। उसका एक कारण और भी था, जिसने सर्वदा पुरुष-प्रतिद्वंद्वी की ही आग उगलती आँखें देखी थीं, वह एक क्षण को उस अन्धकार में किसी वन्य-पशु की-सी जलती उन आँखों के अस्वाभाविक तेज से, सहसा चौकन्ना हो गया था। फिर उत्तेजना, क्रोध और पेड़ से लगाई गई ऊँची छलाँग ने आरती का ढीला बँधा जूड़ा खोलकर कन्धों पर बिखेर दिया था।

खुले केश, तमतमाया चेहरा और आरक्त चक्षुओं की उस ज्वलन्त दृष्टि ने कलुआ का सन्तुलन छीन लिया। उसके मोटे होंठों से भद्दी अश्लील गाली आधी ही निकली थी कि आरती की कुमुक ने उसे घेरकर जकड़ लिया। आरती को प्रशस्ति तो प्रचुर मिली ही थी, साथ ही उसके अनुपम शौर्य-प्रदर्शन ने उसे उसी दिन से, पुरुष सहकर्मियों की बिरादरी में बिना किसी रोक-टोक के प्रवेश की अनुमति दे दी थी। उसकी स्वयं की महिमा के साथ-साथ फिर निरन्तर उसके पद की गरिमा भी बढ़ती ही चली गई थी। कुछ अंशों में, आरती की योग्यता को उसके सुखी दाम्पत्य जीवन ने ही घिस-माँजकर और भी परिष्कृत कर दिया था; उसके निकटतम मित्रों को भी कभी-कभी आश्चर्य होता कि एकदम ही अनमोल जोड़ी होने पर भी, दोनों में स्वाभाविक खटपट तो दूर, सामान्य-सी बहस भी कभी नहीं होती थी। लगता था, दोनों ने ही बड़ी समझदारी से कुछ ऐसा समझौता कर लिया था कि उनके जीवन में एक दर्शनीय मशीनी तत्परता आ गई थी। दिन-भर दोनों समानान्तर रेखाओं-से विलग रहते और सन्ध्या होते ही वे दो रेखाएँ एक-दूसरे का अस्तित्व मिटा एकाकार हो जातीं। न दोनों के स्वभाव में कोई साम्य था; न चेहरे-मोहरे और शरीर की बनावट में ही!

आरती हृष्ट-पुष्ट ऊँची महिला थी, उसके मदाक्रान्त प्रौढ़त्व ने, समय से कुछ पूर्व ही किसी बिनबुलाए अवांछित अतिथि की भाँति टपककर, उसके यौवन को दुःसाहस से पीछे ढकेल दिया था, जीवन के तैंतीस वसन्तों में ही कनपटी के बालों से सफेदी झाँकने लगी थी, सचिवालय के कठिन कार्यभार ने, चेहरे को सिकोड़ दिया था, पुरुषों के निरन्तर साहचर्य से, उठने-बैठने, हँसने-बोलने में पुरुषोचित गरिमा आ गई थी। अराल अँगुलियों को, यत्न से किया गया मैनीक्योर भी, अब नहीं सँवार पाता था, दिन-भर कलम पकड़ने से, अँगुलियों में गाँठें उभर आई थीं। फिर भी, उसकी सज्जा, वाणी, हँसी में कहीं भी शैथिल्य नहीं रहता। वहीं पर उसके पति रामभजन सक्सेना के नाम में ही किसी अर्दली के-से नाम की खनक नहीं थी, पूरे व्यक्तित्व में ही सदैव, किसी दीवार के ढह पड़ने का-सा खतरा बना रहता। आरती प्राणान्तक चेष्टा से ही अपने उस निपट गँवार पति को एक सुसंस्कृत नागरिक बना पाई थी।

पितृगृह की समृद्धि में पालिता आरती, ब्याहकर ससुराल आई तो उसका यही सुदर्शन सहचर, मुँह में दतौन दबा, लोटा लेकर दिशा-जंगल जाया करता था। नाम का तो ग्रेजुएट था, किन्तु सभ्य शिष्टाचार की वर्णमाला से, उसका सामान्य-सा भी परिचय नहीं था। अंग्रेजी बोलना तो दूर, पढ़ने में भी वह बुरी तरह हकलाता था। उसी देहाती भजन का कायाकल्प कर दिया था– आरती ने। शरीर अभी भी कृश था, किन्तु उसकी वही कृशता उसके सुकुमार चेहरे को और भी कमनीय बना देती थी, वह ऐसा चेहरा था, जिसे कभी पारसी थिएटर कम्पनियाँ सजा-धजाकर, नारी रूप में अवतरित कर, लाखों दर्शकों के हृदय विजित किया करती थीं। आरती के लिए वह भोला पति एक मोहक शिशु-सा ही था, जिसे तरह-तरह के उपहारों से लादकर भी, उसे कभी पूर्ण सन्तोष नहीं होता था और वह भी, पत्नी-प्रदत्त प्रत्येक अलभ्य दामी उपहार के हाथ में आते ही, अबोध शिशु-सा ही किलक उठता। कहीं भी कोई अच्छा कपड़ा देखती, आरती चट से भजन के लिए खरीद लेती, चौक की न जाने किन-किन सँकरी गलियों

में घूम, वह उसके लिए चिकन के जालीदार कुर्ते बनवाती, कहीं से कारचोबी के नागरा बनवा लाती और कहीं से कोल्हापुरी चप्पलें।

पत्नी की कलात्मक सुरुचि बेजोड़ थी और उसी का संस्पर्श, उसके मोम की डली-से पति को भी लग गया था। कान्वेंट शिक्षिता आरती की त्रुटिहीन उच्चारण ही भजन की जिह्म पर नहीं उतरा, उसके अदब, कायदे, नम्रता, शिष्टाचार की छाया भी, उसे निरन्तर अपने आरक्षण में घेरे, साथ-साथ चलने लगी थी। आरती की दृष्टि में, उसके पति का सबसे बड़ा आकर्षण था नारीमात्र के प्रति उसकी उदासीनता। उसकी मित्र-पत्नियाँ, मिलनेवालियों में एक-से-एक आकर्षक मुखरा-चपला उर्वशियाँ थीं, किन्तु मजाल थी कि कभी भजन उनसे हँसी-चुहल तो कर ले! नारी-रूप की प्रेरणाशक्ति उसके भोले महादेव का कभी स्पर्श भी नहीं कर पाती थी। उसका संसार, उसका प्रणय-निवेदन केवल अपनी रोबदार पत्नी तक ही सीमित था, वही उसकी एकमात्र उपास्य थी और वह उसका एकमात्र उपासक!

जब तक सास जीवित रहीं, आरती की त्रुटिहीन सेवा के बावजूद, उससे असन्तुष्ट ही रहीं, 'हम तो उसी दिन जान गई थीं, जब बचुआ उन्हें ब्याह के लाए थे। अजी, कुछ जनानी लकार हो तो गोद भी भरे!' वैसे बचुआ, उसे अपने मन से ब्याहकर नहीं लाए थे, उनके दूरदर्शी पिता ने ही उन्हें वह उपहार भेंट किया था। आकण्ठ कर्ज में डूबे, मुंशीजी का वह अकर्मण्य मन्दबुद्धि पुत्र, कई असफलताओं के पश्चात, ग्रेजुएट बन पाया था, फिर पिता के ही एक मित्र ने, उसके लिए वनस्पति घी फैक्टरी में एक छोटी-मोटी नौकरी भी ढूँढ़ दी थी। जब कर्जदारों ने मुंशीजी के द्वार खटखटाकर कुंडी का लगभग उन्मूलन ही कर दिया था और गिरवी पड़े मकान की कुर्की का भय, उन्हें बुरी तरह त्रस्त कर रहा था, तभी यह रिश्ता आया था।

पहले तो वह चौंके, फिर उनका विवेक जाग्रत हो गया। रिश्ता उन्हें मंजूर था, पर तगड़े तिलक के अतिरिक्त, अपने सुदर्शन पुत्र की अन्तिम नीलामी बोली में, वह चाहते थे कि समधी उनका पूरा कर्ज उतार बंधक पड़ा पुश्तैनी मकान भी छुड़ा दें। आरती के पिता, अवकाशप्राप्त जिलाशीध थे, किन्तु अवकाशप्राप्ति-पूर्व नौकरी ने, उन्हें जिन-जिन जिलों का सम्राट बनाया, वहाँ-वहाँ से उन्होंने महमूद गजनवी की-सी ही हृदयहीनता से, लूट-पाटकर यथेष्ट समृद्धि बटोरी थी। फिर आरती उनकी एकमात्र सन्तान थी। यह विधाता का सरासर अन्याय था कि पुत्री के चेहरे को वह सामान्य-सा लावण्य भी नहीं प्रदान कर सके, नहीं तो आज पढ़ी-लिखी पुत्री को, उन्हें ऐसे बहाना पड़ता! सुदर्शन जामाता के कमनीय चेहरे पर रीझकर ही उन्होंने यह रिश्ता भेजा था। बुड्ढा डाइबिटिक था और बुढ़िया को दिल का पुराना रोग था, आखिर सास-ससुर कितने दिन जिएँगे? ईश्वर ने चाहा तो कुछ ही दिनों में बेटी का मैदान साफ हो जाएगा और वे भजन को गृह-जामाता बना, अपने गृह का स्थायी सदस्य बना लेंगे। किन्तु जब उनकी काल्पनिक योजना साकार हुई तो उनके भजन को स्थायी सदस्य बनाने के सपने मिट्टी में मिल गए। माता-पिता को एकसाथ ही ट्रेन-दुर्घटना में खोकर आरती विक्षिप्त-सी हो गई थी। किन्तु कठिन-से-कठिन परिस्थितियों से भी उसने आज तक कभी हार नहीं मानी थी। ससुराल का बेढंगा मकान बेच, उसने पिता की कोठी को किराए पर उठा दिया, फिर पति की नाममात्र की नौकरी छुड़वा, उसे साथ लेकर वह अपनी नौकरी सँभालने चल दी।

भजन का वास्तविक कायाकल्प, उसके इसी निरंकुश राज्यकाल से आरम्भ हुआ था। उसकी अप्रतिम खिसियायी हँसी को, बरबस धारण कराए गए मौनव्रत ने मिटा दिया, अकारण की गुनगुनाहट, और बीच-बीच में कन्धे उचकाने के बद-अभ्यास को भी, रोबदार पत्नी की

कनखियों की मार ने, सदा के लिए मुक्ति दिला दी। यही नहीं, रात-रात पढ़ाकर, आरती ने उसे न जाने कब एम.ए. की परीक्षा भी ठेल-ठालकर उत्तीर्ण करा दी। फिर तो अपनी मित्र-मंडली में वह अपने पति का परिचय पठन-पाठन प्रेमी विद्वान के रूप में देने लगी, 'इन्हें क्या कभी अपनी रिसर्च से फुर्सत मिलती है? जब देखो तब मोटी-मोटी किताबें लिए किसी कोने में बैठे रहते हैं!' वास्तविकता एकदम उसके कथन के विपरीत होती। बेचारा भजन कोने में स्वेच्छा से नहीं बैठता था, उसे बैठा दिया जाता था, जिससे आरती की बौद्धिक गोष्ठी के बीच, वह कहीं अपना कोई सस्ता-सा चुटकुला न सुना बैठे। एक-दो बार वह आरती को, उसके मित्रों के सम्मुख ऐसे चुटकुले सुनाकर, बुरी तरह अपदस्थ कर चुका था। आरती एक लोकप्रिय वरिष्ठ अफसर थी। आए दिन उसके यहाँ गोष्ठी जमती, उसकी मौलिक परिहासप्रियता, आनन्दी स्वभाव, उदार मेजबानी उसकी गोष्ठियों को और भी मधुर बना देती।

उसके दिए गए सहभोजों की शहर में विशेष ख्याति थी, जब भी उसके यहाँ पार्टी होती, वह रुपया पानी की भाँति बहा देती। भजन, ऐसे अवसरों पर, अपनी पूरी सामर्थ्य से जुट जाता। न जाने किन-किन मंडियों में घूम-घूमकर पसेरियों में सब्जी खरीदता, फिर स्वस्थ बकरे की एक-एक रान की जाँच-परख कर बोटियाँ कटवाता। यहाँ तक कि मसाला पीसने में भी उसे नौकर पर विश्वास नहीं होता! आरती दफ्तर से लौटती तो देखती– कच्छा-बनियान पहने वह सिल-बट्टे से जूझता, पसीना-पसीना हो रहा है। 'भजन, दिस इज टू मच! तुम इन हरामखोर पड़ोसियों को नहीं जानते! कहीं जान गए तो मेरी ही बदनामी करेंगे,' वह कहती।

'किसे क्या पता कि हमने मसाले पीसे हैं,' वह बड़े भोलेपन से हँसकर फिर मसाला पीसने लगता।

'बहादुर ने तो देख लिया है, घर का भेदी, हर नौकर विभीषण होता है भजन। किसी ने कभी फुसलाया तो चट से उगल आएगा कि मेमसाहब साहब से मसाले भी पिसवाती हैं।'

कभी-कभी आरती रुआँसी हो जाती। पर भजन को किसी के कहने-सुनने की चिन्ता नहीं रहती। जब आरती ड्राइंग रूम की और अपनी सज्जा में व्यस्त रहती, वह रायते के लिए दही मथ रहा होता। घर का नेपाली नौकर बहादुर ही उसका एकमात्र मित्र था, उसे भी यह मसाला पीसनेवाला, मेम साहब के ब्लाउज पेटी-कोट में स्त्री करनेवाला साहब बहुत पसन्द था। न उसे कभी डाँटता, न डपटता। आरती को कभी-कभी मीटिंग से लौटने में बड़ी देर हो जाती तो देखती, स्वामी और भृत्य दोनों परमानन्द से रेडियो लगाकर फिल्मी गाने सुन रहे हैं।

'कितनी भाग्यवान हो तुम आरती!' उसकी मित्र सीमा चक्रवर्ती कहती थी, 'तुम्हारे पति की जगह कहीं मेरा हरेन्द्र होता तो ऐसी दावत के बाद मेरी खैर नहीं रहती। तुम तो जानती ही हो, वह एलाइड में है और मैं आई.ए.एस. हूँ। इस काम्प्लेक्स से वह कभी मुक्त नहीं हो पाता। कई दावतें ऐसी होती हैं, जहाँ केवल मुझे ही निमन्त्रित किया जाता है। बस, फिर यह समझ लो कि पूरा महीना-भर वह दावत मेरे सिर से निकलती रहती है...।'

आरती गर्व से मुस्करा देती, किन्तु सहसा एक ही रात में वह उसकी सहज स्वाभाविक गर्वोन्मत्त मुस्कराहट सूखे अधरों पर ही सूखकर विलुप्त हो गई थी। आज पहली बार जीवनोदधि की उद्धत आनन्दी तरंगों के बीच एक अदृश्य चट्टान की भयावह उपस्थिति उसे त्रस्त कर गई थी। कुछ ही क्षणों में उसका जीवनपोत, उससे टकराकर चूर-चूर हो जाएगा। दिन-भर की क्लान्ति के पश्चात् कभी-कभी जब भजन अपने लजीले प्रणय-निवेदन के साथ, डरते-डरते उसे बाँहों में खींचने की चेष्टा करता तो वह इस बुरी तरह से डपट देती कि बेचारा सहमकर पत्थर

बन जाता, आज उन्हीं बाँहों के विस्तृत घेरों में स्वयं ही सिमटकर खो जाने को उसका आर्त्त हृदय व्याकुल हो रहा था। विवाह से पूर्व, डाइटिंग के चक्कर में जब वह ग्रास-भर खाना खाकर ही उठ जाती थी, तो उसकी माँ उसे टोकती थी, 'बेटी, ऐसे ही खाना कम करोगी तो एक दिन आँतें सिकुड़ जाएँगी और भूख एकदम ही मर जाएगी।' यही शायद भजन की अभूख का कारण भी था। उस क्षुधार्त्त भिक्षुक को उसने ही तो तीव्र भर्त्सना से न जाने कितनी बार द्वार से भूखा ही लौटा दिया था। पर तब वह क्या जानती थी कि उसके शिशु-से सरल पति को उस मायावी गुरु का चक्कर बाँध रहा है? कुछ महीनों से वह पति की विचित्र गतिविधि को देख शंकित अवश्य हुई थी, पर फिर अफसरों का शत्रु मार्च का महीना सिर पर चढ़ आया था, न जाने कितने बिल, कितनी फाइलें और चिड़ियाघर के बन्द पिंजरे में गुर्राते बब्बर शेर की-सी गर्जना में उसके सचिव कलेजा बीच-बीच में अलग ही धड़का रहे थे, क्या करती बेचारी। थकी-माँदी आती और भजन से थोड़ा इधर-उधर की बातें कर सो जाती। अचानक एक दिन आरती की नींद टूटी तो देखा पार्श्व के पलँग से भजन गायब है।

उसने सोचा, शायद बाथरूम गया है, वह फिर नींद में डूब गई। थोड़ी देर बाद अपने कद्दावर एल्सेशियन का भौंकना सुन, वह चौंककर उठ बैठी। पलँग अभी भी खाली था। जिस कोने की ओर मुँह किए जैकी भौंक रहा था, उधर ही उसकी दृष्टि स्वयं मुड़ गई। न जाने कब से उसके पार्श्व से उतर, भजन चटाई बिछा शीर्षासन की मुद्रा में मूर्ति-सा स्थिर उल्टा लटका था! उसकी सतर देह काठ-सी तनी थी, सिर के बालों ने लम्बोतरे चेहरे को पूरी तरह ढँक लिया था। जैकी स्वामी की परिचित देहगन्ध से भी आश्वस्त नहीं हो पा रहा था।

'चुप कर जैकी।' आरती ने उसे झपटा, फिर अपनी झुँझलाहट को यथासाध्य संयत कर, उसने उल्टे लटके भजन के कान के पास मुँह सटाकर पुकारा—'भजन, भजन डार्लिंग!'

पर भजन डार्लिंग ने तो जैसे परमपद पा लिया था, संसार में होकर भी वह संसार में नहीं था। आरती का साहसी कलेजा भी बुरी तरह धड़क उठा। दिल्ली, मसूरी, मद्रास की वह अपनी सारी अफसरी कवायद भूल-बिसरकर रह गई। बड़ी देर बाद वह सीधा होकर बैठा, तो आरती सहमकर स्वयं ही पीछे हट गई। यह तो उसका पति नहीं था! चेहरे पर की दिव्य मुसकान और अर्धोन्मीलित दृष्टि न जाने किस अदृश्य शान्ति के सागर में डुबकियाँ लगा रही थी।

'यह सब क्या कर रहे हो भजन, इतनी ठंड में नंगे बदन?' वह चिन्तातुर-व्यग्र होकर पति को बरबस पार्श्व में खींच लाई और कम्बल उढ़ा दिया, 'यू हैव ए वेरी वीक चेस्ट भजन! याद नहीं पिछली बार इन्हीं दिनों तुम्हें ब्रांको-न्यूमोनिया हो गया था? इस बार कुछ हो गया तो मैं कुछ कर भी नहीं पाऊँगी। तुम्हें पता है ना, मुझे एक सेमिनार में नैनीताल जाना है!'

भजन ने कोई उत्तर नहीं दिया। बड़ी देर तक पति का हाथ मुट्ठी में कसकर दाबे-दाबे ही, आरती फिर गहरी नींद में डूब गई। जब उठी तो उसका पार्श्व पर्यंक फिर सूना था। उसने ड्रेसिंग गाउन डाला, सब कमरे देखे, बाथरूम देखा; फिर बहादुर की पेशी की।

'क्यों बहादुर, साहब कहीं गए हैं क्या?'

उस एक प्रश्न को पूछने में, उस आत्मसम्मानी प्रखर नारी की कितनी ही सूखी सिसकियाँ कंठ-प्राचीर से टकरा-टकराकर, उसका कलेजा निचोड़ गई थीं! उसका पति, आज तक उससे बिना पूछे, कभी बाथरूम तक नहीं गया था, यह हरामखोर बहादुर भी जानता था। फिर उसी से, आज पति के पलायन की कैफियत माँगने में वह धरती में धँस गई थी।

'जी, साब तो आजकल रोज दुपहर में गुरुजी के पास जाता है। आज जल्दी चला गया...!' उसका चपटा चेहरा स्वामी की कीर्ति से उद्भासित हो, और भी चपटा लगने लगा था।

'गुरुजी? कौन गुरुजी?'

'नागा बाबा है हजोर, तन पर बस्तर नहीं! साब हमको भी एक दिन ले गया था। कहता था–बहादुर, हम भजनानन्द बन गया तो तुमको भी साथ ले जाएगा!'

आरती को लगा, वह बेहोश होकर उसी मूर्ख के सामने कहीं कोई दृश्य उपस्थित न कर बैठे।

'ठीक है, तुम नाश्ता तैयार करो–साहब के आने पर ही मैं चाय पियूँगी।'

और न जाने कब तक वह अवश कुर्सी में ही बैठी रही थी। जिसे उसने किसी जंगली भेड़िये की माँद से छुड़ाए 'बुल्फ बाय' की ही भाँति, अपने बुद्धि-नैपुण्य से, सुसंस्कृत समाज का सम्मानित सदस्य बना लिया था, वह उसके किस अयत्न से प्रताड़ित होकर, सहसा अनुशासन का बन्धन तोड़ गया था? जब वह लौटा, तो उसके नग्न तन पर, देहाती लाल अँगोछे का ह्रस्व परिधान देख, आरती का चेहरा तमतमा उठा। कहीं उसकी सुरुचिपूर्ण मित्रों की बिरादरी उसे देख लेती, तो वह कहाँ मुँह छिपाती फिरती? किन्तु उस अद्भुत अनुशासनप्रिय नारी को, विधाता ने, हाथ में आई शक्ति का दुरुपयोग करना नहीं सिखाया था। हृदय क्रोध की उत्तुंग तरंगों से उद्वेलित होने पर भी, वह जिह्वा को संयम के अंकुश से साधने में समर्थ थी। वह जानती थी कि व्यर्थ की चिल-गोहार मचाकर, वह अपने नौकर की, इधर-उधर बातें लगाने की प्रवृत्ति को ही प्रश्रय देगी। आज तक उसका विवाहाकाश दाम्पत्य-जीवन की कटुता से कभी म्लान नहीं हुआ।

'आओ, भजन,' उसने अपने मधुर स्मित से अपने निगरगंड सहचर का आह्वान किया, 'मैं कब से चाय लेकर बैठी हूँ!'

नित्य की भाँति, उस दिन भी आरती की मेज दर्पण-सी चमक रही थी। चाँदी का टी-सेट, दो प्लेटों में पाँच अंडे, कुरकुरे टोस्ट, पौरिज और चाँदी की तश्तरी में मेवे।

कृपण पिता की अटूट धनराशि की, आरती के नित्यप्रति के भोजों में ऐसी ही तृतीय गति होती थी।

'तुम खा लो! बहादुर से कहो मेरे लिए एक गिलास दूध ले आए। मैं आज से अंडा नहीं खाऊँगा!'

स्वर की अस्वाभाविक दृढ़ता ने आरती के कलेजे में खंजर-सा धँसा दिया।

ऐसा दुःसाहस? जिसने इतने वर्षों से कभी धेला भी कमाकर नहीं दिया, वह आज कह रहा है कि यह नहीं खाएगा! वह नहीं खाएगा! उसके टुकड़ों पर पलनेवाले देहाती, लंठ-गँवार की ऐसी स्पर्धा? किसने उसके इस नम्र अश्व को ऐसा अबाध्य बना दिया कि वह लगाम मुँह में ले ही नहीं रहा था?

फिर भी, आरती बिना कुछ कहे, चुपचाप नाश्ता करती रही। दूध पीकर वह बिना उससे कुछ बोले ही जाने लगा, तो पल-भर के लिए ठिठका, 'आरती, आज मैं रात तक लौटूँगा, स्वामीजी के यहाँ बनारस से उनके गुरुभाई आ रहे हैं, तुम खाना खा लेना...!'

स्तब्ध आरती, हाथ-पर-हाथ धरे बैठी ही रही थी, उसकी अफसरी, विद्या, वैभव व्यर्थ होकर उसे विद्रूप का अँगूठा दिखा रहे थे। वह फिर उस दिन भूखी ही दफ्तर चली गई थी। जीवन में पहली बार, उसे अपनी निरीह विवशता पर दया आ रही थी। खटाखट मशीनी गति से फाइलों

को निबटाने में आज तक उसकी अपूर्व ख्याति थी, किन्तु आज मेज पर फाइलों का अम्बार लगा था और उसकी शक्ति ही चुक गई थी; आज तक वह अपने अनुभवी पिता की ही सीख पर चलती आई थी, 'बेटी, फाइलों को हमेशा घोड़े समझकर ही खटाखट दौड़ाती रहना। बहुत दिनों तक अस्तबल में बँधा घोड़ा, खुलने पर, कभी-कभी मालिक को भी गिरा देता है।'

पर आज उसकी कलम अचल होकर बार-बार बिदक रही थी। क्या, वह स्वयं अपने इस दुर्भाग्य के लिए उत्तरदायिनी नहीं थी? अफसरी की अकड़ में तनी, वह भूल गई थी कि वह एक पत्नी भी है। एक म्यान की दो तलवारें ही आज परस्पर टकरा गई थीं। इसमें कोई सन्देह नहीं कि वह एक कुशल अफसर की ख्याति का सर्वोच्च सम्मान पा चुकी थी। कैसे-कैसे खूँखार नरव्याघ्र से सचिवों से उसने आज तक डटकर ही मोर्चा लिया था! विधानसभा के प्रश्न हों, या शासन-सम्बन्धी कोई नया सुझाव–बिना उसकी सम्मति के आज तक उसके किसी भी सचिव ने कोई महत्त्वपूर्ण निर्णय नहीं लिया था। हाथ में कलम थामते ही उसका कुत्सित चेहरा एक अनोखी आभा से उद्भासित हो उठता। उलझी से उलझी फाइल के झाड़-झंखाड़ को भी वह कलम से ऐसे उखाड़कर सुलझा देती कि लगता कोई अनुभवकुशल माली जंगल बनी बंजर भूमि को खुरपी से गोड़-गाड़ सुघड़ बना गया है। वास्तव में, उस नारी की सृष्टि विधाता ने दफ्तर की कुर्सी के लिए ही की थी। उसकी गोदी के लिए यदि शिशु किलकता भी तो वह किलक कभी स्वाभाविक नहीं लग सकती थी। दिन-भर की थकी-माँदी घर लौटती तो भजन उसका हँसकर स्वागत करने द्वार पर खड़ा रहता। सन्ध्या होते ही वह उसे बगल में बिठाकर अपनी मित्रमंडली से मिलने पहुँच जाती। वहाँ कभी-कभी भजन के निरीह पौरुष को लेकर उसके मित्र परिहास की चुटकियाँ भी लेते, किन्तु स्वयं आरती के शब्दों में उसका बौद्धिक पति, उनके तुच्छ हास-परिहास में कभी भाग नहीं ले सकता था, इसी से बेचारे के हाथ में जबर्दस्ती किसी जटिल पुस्तक का गरिष्ठ चिखौना ठूँस उसे अलग बिठा दिया जाता।

आज अपने उसी निरीह पति की अनुशासनहीनता उसे डंक देने लगी थी। फिर उसके नाजुक चेहरे, भोली हँसी से भी अधिक आकर्षक थी उसकी निस्वार्थ सेवा-भावना। पूरी गृहस्थी का भार स्वेच्छा से ढोने के दास्य भाव की वह इतनी आदी हो चुकी थी कि उसके बिना उसके जीवन का एक-एक पल व्यर्थ हो उठा था।

एक दिन जब वह दफ्तर से लौटी तो भजन घर पर नहीं था। संकोचवश वह बहादुर से कुछ नहीं पूछ पाई, पर जब रात तक भी वह न लौटा तब वह शंकित होने लगी। बहादुर से कुछ पूछती भी कैसे? यह उसके लिए कितनी लज्जा की बात होगी कि घर के नौकर से वह यह पूछे कि साहब कहाँ गए हैं। और कोई साहब होता, तो शायद पत्नी को पूछने में संकोच नहीं होता, किन्तु बहादुर तो जानता था कि उसके साहब की दिनचर्या की एक-एक पलघटिका भी मेमसाहब के आँचल की गाँठ में अब तक बँधी रही है। वह उदास बैठी चाय पी रही थी कि सिर झुकाए बहादुर स्वयं ही आकर उसके सामने खड़ा हो गया।

'मेम साब,' उसने काँपते कंठ से उसे सम्बोधित कर फिर अपना सिर झुका लिया।

'क्या बात है?' स्वर में अभी भी अनुशासन की कड़क थी।

'साहब चला गया, मेम साहब, अब कभी नहीं आएगा।'

'क्या?' उत्तेजित होकर आरती कुर्सी से उठ गई थी।

'हाँ, मेम साहब, साहब को गुरुजी ने दीच्छा दे दिया है। आज हमसे बोला, 'बहादुर, अब हम जा रहा है, कभी नहीं लौटेगा...!' '

भजन के इस दुसाहसी पलायन ने आरती की चेतना ही हर ली थी। न जाने कब तक, वह मूर्ति-सी अडिग उसी कुर्सी पर बैठी रही थी। 'मेम साहब,' बहादुर के सहमे स्वर ने उसे एक बार फिर चौंका दिया।

'क्या है, बहादुर?' उसने अपने उद्वेलित हृदय की उमड़ती तरंगों को अपने संयत, कठोर स्वर से दबा दिया।

'मेम साहब, घर से तार आया है, माँ बहुत बीमार है...आज की गाड़ी से ही जाना होगा...!'

'ठीक है, तुम जा सकते हो।'

बहादुर आश्चर्य से अपनी उस सनकी मालकिन को देखता ही रह गया था। पहले क्या कभी उसने एक दिन की भी छुट्टी ऐसे दे दी थी? छुट्टी का नाम लेते ही तो वह भड़क उठती थी! किन्तु आज वह बहादुर की छुट्टी के समाचार से प्रसन्न ही हुई थी। वही तो भजन के पलायन का एकमात्र साक्षी था। वह चला गया, तो अपने दुर्भाग्य-प्रकरण को अपने ही तक सीमित रख सकती थी। भाड़ में जाए भजन! गोबर का कीड़ा गोबर में सड़-सड़कर मरना चाहे तो दोष उसका नहीं था। अपने एकान्त को उसे अब अपनी बहुचर्चित गरिमा के साथ ही स्वीकार करना होगा। बहादुर को घर भेज, वह दफ्तर चली गई। जब लौटी तब सूना घर उसे एक बार फिर काट खाने को दौड़ा। नहीं, ऐसे हथियार डालकर काम नहीं चलेगा। उसे एक और अवसर अपने उस मूर्ख-अकर्मण्य पति को देना ही होगा। डूबती मूँडी को, बाल पकड़कर एक बार खींचकर देखेगी, और फिर भी यदि वह डूबना चाहे तो डूबे।

सारी रात वह बेचैन करवटें बदलती रही, फिर पौ फटने से पहले ही वह नहा-धोकर तैयार हो गई। पति के निठल्ले गुरु का पता लगाने में उसे कोई कठिनाई नहीं हो सकती थी। शहर से दूर जिस अरण्य में उस रमते जोगी का आश्रम था, उसका पूरा नक्शा वह बहादुर से पूछ-पाछकर अपनी डायरी में उतार चुकी थी। पड़ोस के फ्लैटों की पूरी कतार जब गहरी नींद में डूबी थी, आरती सक्सेना अपने फ्लैट में ताला लगा, कार निकालकर अकेली ही अपने मूर्ख पति को ढूँढ़ने निकल पड़ी। किन्तु दुर्भाग्य उसके साथ शायद कदम-से-कदम मिलाकर चल रहा था। लोहे-लक्कड़ से भरे एक ट्रक की टक्कर के पश्चात, उसे चालक की भद्दी गाली और उड़ती जटिल दाढ़ी की ही झलक दिखी। फिर ललाट से बहती अपनी ही रक्तधारा को देख वह चीख मारकर बेहोश हो गई थी।

जब होश आया तो वह अस्पताल में थी। उसके असंख्य मित्रों की चिन्तातुर दृष्टि उसे सहसा फिर दुर्बल बना गई। वह जीवित रह गई—इससे बड़ा दुर्भाग्य और क्या हो सकता था? निश्चय ही उसके अन्तरंग मित्र भजन को ढूँढ़ते रहे होंगे। क्या कहेगी अब वह उनसे? पत्नी की ऐसी दुख-भरी अवस्था में, उसे खबर करने के लिए उससे पता माँगेंगे, तो क्या वह उन्हें उस अरण्य का पता दे पाएगी? क्लान्त-अवसन्न पलकों को, उसने अकारण ही मूँद लिया। चोट उतनी गहरी नहीं थी, ललाट पर सामान्य-सा घाव था, बायें पैर की हड्डी में छोटी-सी दरार आ गई थी, यह सचमुच ही दैवी कृपा थी कि उस जहाज-से विशाल ट्रक की टक्कर भी, न उसकी नाजुक कार का बाल बाँका कर पाई थी, न स्वयं उसका ही।

उसके मित्रों ने ही कार की मरम्मत करा दी और पन्द्रह दिनों में वह स्वस्थ होकर घर लौट आई। इसी बीच मित्र उससे बार-बार भजन का पता पूछते रहते, 'एक पत्र तो उन्हें लिखना ही चाहिए, तार आप भले ही न दें! आप पर इतनी बड़ी विपत्ति आई है! न नौकर है, न कोई आत्मीय! हमारा भी तो कुछ कर्त्तव्य है! भजन आएगा तो क्या कहेगा?'

'नही-नहीं!' आरती बड़े ही चातुर्य से उन्हें समझा-बुझाकर शान्त कर देती, 'आप लोग भजन को नहीं जानते! एक तो र्‌यूमैटिक हार्ट का मरीज रह चुका है, मुझे कभी छींक भी आ जाती थी, तो पगला जाता था। इतने दिनों बाद तो बेचारे को एकान्त अध्ययन का अवसर जुटा है, मैं उसका पता नहीं दे सकती, और फिर, अब तो मैं एकदम ठीक हूँ!'

कभी-कभी उसका अद्‌भुत अभिनय स्वयं उसे ही अभिभूत कर देता। कौन कह सकता था कि एक महीने से, उसकी एक-एक निद्राहीन रात्रि, शून्य वातावरण में सिसकते ही गुजर गई है! उसकी भूख, प्यास, नींद सब कुछ, उसका नवीन संन्यासी अपने साथ ही हर ले गया था। दिन तो दफ्तर में कट जाता, सन्ध्या को वह द्वार बन्द कर भजन के एक-एक कपड़े को घंटों तक सहलाती, सूँघती, सिसकती रहती। मित्रों को वह कब तक अपनी व्यर्थ कैफियत से फुसला सकती थी? एक दिन आधी रात को उसने अपना निर्णय ले ही लिया। एक प्रयास को तो विधाता ने व्यर्थ कर दिया था, अब वह एक बार अपने दुर्भाग्य से फिर जूझेगी! जीवन में, आज तक उसने क्या कभी हार मानी थी? रात-भर बैठकर उसने पति के गुरु से अपने वार्तालाप की भूमिका तैयार की—क्या-क्या कहना होगा, कैसे कहना होगा, सबकुछ उसने अपनी डायरी में नोट किया और जब दफ्तर जाने लगी, तो पति-सन्धान के लिए निकाली गई अपनी साड़ी भी मैंचिंग ब्लाउज, पर्स के साथ पलंग पर सजा गई। एक जरूरी मीटिंग के चक्रव्यूह से, जब वह निकली तो सन्ध्या हो गई थी। घर लौट स्वयं चाय बनाने, मुँह-हाथ धोने में प्रगल्भा सन्ध्या और प्रगाढ़ हो गई थी। तेजी में कार ड्राइव करने पर भी गंतव्य स्थान तक पहुँचने में उसे पैंतालीस मिनट लग गए थे। गाड़ी उस गहन अरण्य में जा नहीं सकती थी। पास ही अरहर के खेत के साये में गाड़ी लॉक कर, वह उतरी तो कलेजा धड़क रहा था। क्या पता, भजन के गुरु अपने शिष्य के साथ डेरा-डंडा उखाड़ किसी और अरण्य में चले गए हों! जोगी और साँप का क्या कोई घर होता है! वह हमेशा अपनी टार्च साथ रखती थी, किन्तु उस दिन पहली बार, मानसिक अशान्ति ने उसे ऐसा विभ्रान्त कर दिया था कि वह टार्च साथ रखना भी भूल गई थी। बड़े-बड़े काशगुच्छ, बार-बार उसे उलझा रहे थे। उधर एक कँटीली झाड़ी बौराए कुत्ते-सी उसकी साड़ी की सुनहरी जरी में उलझ गई। उसे छुड़ाने लगी तो गोखरू काँटों का गुच्छे-का-गुच्छा पूरी हथेली की खाल उधेड़कर रह गया। विवशता और खीझ के आँसू उसकी आँखों में छलक आए। आज भजन ऐसी मूर्खता नहीं करता और इस भंड स्वामी के चक्कर में नहीं पड़ता तो प्रदेश की वह वरिष्ठ अफसर उन अभागे जंगली काँटों में ऐसे उलझती!

हाथ के काँटे निकाल, वह फिर आगे बढ़ी। दूर-दूर तक फैले गहन अन्धकार के निःसीम शून्य-सागर के बीच, वह तुच्छ तरुणी-सी ही डगमगाती खड़ी थी कि बड़ी दूर टिमटिमाती एक बत्ती के क्षीण आलोक ने, उसे आश्वस्त किया। निश्चय ही, यह उस मूर्ख के आश्रम की बत्ती होगी!

उसका अनुमान ठीक ही था। एक लम्बी-सँकरी निष्पत्र यूक्लिप्टस वृक्षों की परिधि पार कर, वह आश्रम के द्वार तक पहुँची और ठिठककर खड़ी रह गई।

अश्वत्थ के मोटे तने के पीछे दुबकने में उसने फिर विलम्ब नहीं किया। इतने दिनों बाद उस प्राणप्रिय चेहरे को अचानक देख, वह क्षण-भर को अपना मानसिक सन्तुलन ही जैसे खो बैठी थी! फूस की छाई झोंपड़ी के गोबर से लिपे प्रांगण में धधकती धूनी की रक्तिम लपटों में ताम्रवर्णी बने, उस चेहरे को एकदम ही अपरिचित बना दिया था। एक ही महीने में उस

सुदर्शन चेहरे की कैसी गत बन गई थी! जिन बालों को वह स्वयं शहर के सबसे महँगे सैलून में जाकर, अपने निर्देशन में कटवाती-छँटवाती थी उनकी रूखी लटों पर राख उड़ रही थी। शरीर पर कपड़े का चीथड़ा भी नहीं था। हाथ में पकड़ी चिलम के संकीर्ण मुख में, वह धूनी से अंगारे रखता फूँकता जा रहा था। नग्न औघड़ शरीर पर ही नहीं, सुचिक्कन कपोलों पर भी राख की मोटी तह थी। जिन रेशमी जुल्फों को विदेशों से आयात की गई क्रीम से सँवारती थी, उन पर जैसे मुट्ठी-भर राख अभी-अभी बिखेरी गई थी। लगता था वह कच्ची मिट्टी के ढेर में किसी नादान गदहे की भाँति लोट-पोटकर उठ बैठा है। धधकती चिलम को होंठों से लगा, दम खींचते ही फिर वह बुरी तरह खाँसने लगा था।

'देख रहा है, बेटा केवलानन्द! महीना-भर हो गया, पर यह रहा बौड़म-का-बौड़म! अभी तक सप्तमी का दम लगाना भी नहीं सीख पाया! पहला कश खींचते ही, ससुरा खाँसते-खाँसते औंधिया जाता है। लौंडिया है रे क्या? ही-ही-ही-ही...!' गुरु की उस वीभत्स अश्लील हँसी को सुनते ही, आरती भय से ठंडी पड़ गई।

बाप-रे-बाप! जैसी भयंकर हँसी थी वैसा ही भयानक चेहरा भी! नग्न-दिगम्बर, सारे बदन में राख का प्रलेप, ऊँची उठी उलझी जटाओं के उत्तुंग उभार को फिर गुरु ने 'बम! 'बम' कर खोल, लम्बी लटों की यवनिका अपने नग्न स्कन्धों पर बिखेर दी। भजन के हाथ से चिलम छीन वह फिर अपनी लाल अंगारे-सी आँखें ललाट पर चढ़ा ज़ोर-ज़ोर से कश खींचने लगा। 'ले रे भजनन्द, ऐसे कश खींच, समझा?'

अनेक दुर्द्धर्ष सचिवों से मोर्चा लेनेवाली, अपनी अद्‌भुत प्रतिभा से पुरुष सहकर्मियों को सदैव पराजित करनेवाली अपराजिता आरती, गुरु की गर्जना सुन जिस पीपल के नीचे खड़ी थी, उसी के निरीह पत्ते-सी ठक्-ठक् काँपने लगी।

'रामदासी!' गुरु ने हाँक लगाई, 'बाहर आ और इस छोकरे को जरा चिलम पीना सिखा! आए हैं ससुर वैरागी बनने, कलेजा है पिद्दी का!'

रामदासी आकर भजन के पीछे हँसती खड़ी हो गई। गेरुआ ऊँची बँधी धोती का फेंटा, उसके सुडौल वक्षस्थल का महाऔदार्य से प्रदर्शन करता, उसकी भव्य ग्रीवा से लिपटा था। वन्यमृगी के-से चपल-आयत नयनों से परिहास की असंख्य किरणें फूट रही थीं। उन्नत नासिका के नीचे, होंठों की गढ़न ही शायद ऐसी थी कि लगता था—निरन्तर किसी का उपहास करती, उसे अपदस्थ कर रही हो! नाम-मात्र को धारण किए गए संक्षिप्त परिधान के लिए उस श्यामल चेहरे पर किसी भी प्रकार का अप्रतिभ भाव नहीं था। सहज सिद्ध अधिकार से उसने फिर वहीं बन्द अधरों की रहस्यमयी मुस्कान के साथ, गुरु के हाथों से चिलम ली और बड़ी ही स्वाभाविक अन्तरंगता से भजन के पास बैठकर, उसे चिलम पकड़ना सिखाने लगी।

उस रससिक्त शिक्षा के बीच, फिर उस गुरु के उस दूसरे संड-मुसंड नंग-धड़ंग चेले केवलानन्द ने क्या कहा, वह सुन नहीं पाई; पर लावण्यमयी रामदासी वैराग्य की नींवें ढहाती चिलम सहित भजन के कन्धों पर ढुलक गई।

आरती का आहत नारीत्व सहसा चोट खाई नागिन-सा ही फन उठाकर फुफकार उठा। वह तेजी से बढ़ती धूनी की रक्तिम धूम्ररेखा को चीरती बिना किसी की ओर देखे, भजन के सामने तनकर खड़ी हो गई।

'भजन, चलो, घर!' उसे आज भी अपने अनुशासन पर दृढ़ विश्वास था। एक बार आँखें चार होने पर भजन अब भी उसके आदेश की अवहेलना नहीं कर सकता था।

पर पति की गाँजे के दम से आरक्त दृष्टि धूनी की धूम्ररेखा पर ही निबद्ध थी। उसने एक बार भी आँखें उठाकर आरती की ओर नहीं देखा। चिलम एक जलती लकड़ी से टिका, वह एक लम्बे चीमटे से आग को अकारण ही ऐसे उभाड़ने लगा, जैसे पास खड़ी जीवन सहचरी को उसने देखा ही न हो।

'भजन, घर चलो!' इस बार के अस्फुट आर्त-स्वर में केवल समर्पण था, अनुशासन नहीं!

'घर?' भजन का कंठ-स्वर भी गाँजे के दम ने बदल दिया था?

उसमें अब कोमलता नहीं, तीव्र षड्ज की तीखी खनक थी।

'मेरा कोई घर नहीं, हा-हा-हा-हा!' आरती का चेहरा सफेद पड़ गया था।

'क्या कहते हो, भजन, तुम्हारा कोई घर नहीं...?' इस बार शोकाकुला आरती की आँखों से अविरल अश्रुधारा बहने लगी। उसे अपनी विवशता इतनी असह्य कभी नहीं लगी थी। पहली बार उसे लगा कि उसके बाह्य आवरण के बीच उसकी ऊँची नौकरी, उसकी प्रतिभा, उसकी ख्याति के बीच—केवल पत्नीभाव की ही धारा निरन्तर बहती रही थी। उसी धारा में उसके जीवन की सार्थकता थी, जिसे वह आज तक एक क्षीण धारा ही समझती रही थी। वह आज उसके विवेक, संयम, लज्जा, बाह्याडम्बर के रोड़े-पत्थरों को ठेलती, फूटकर बाहर निकल पड़ी थी। संसार का कोई भी समर्थ बाँध अब उसके वेग को अवरुद्ध नहीं कर सकता था।

उसी क्षण, रामदासी चिलम उठाने झुकी, दूर से देखने पर वह जितनी आकर्षक लगी थी, नैकट्य से उसके प्रस्फुटित यौवन का आकर्षण आरती को उतना ही घातक लगा। निश्चय ही यही दुराचारिणी उसके निर्बुद्धि पति के विनिपात की मूल उत्सभूमि थी। क्रोध से आरती की नासिका का अग्रभाग फड़क उठा। तमतमाया चेहरा फिर कठोर हो गया, क्षण-भर पूर्व क्या इसी मायाविनी के पाश में बँधने भजन, सिद्धार्थ बना अपने सुसज्जित वातानुकूलित भवन, सुशिक्षिता अफसर पत्नी के सुदीर्घ-सुखद साहचर्य को भुला इस बीहड़ अरण्य में भटक गया था!

उस अपरिचिता, स्वयंवृत्त सौत के प्रति उसे घृणा ही अधिक हुई थी, क्रोध कम।

'तुम यहाँ क्या करती हो?' उसने उस रोबीले स्वर में पूछा, जिसमें वह कभी-कभी अपने चपरासी-फर्राशों को सचिवालय की बेंचों पर ऊँघने के लिए डपटती थी।

किन्तु, उस प्रश्न की कड़क पद्मपत्र पर पड़े जल-बिन्दु-सी ही व्यर्थ ढलक गई! जिससे प्रश्न पूछा गया था, उसकी निर्भीक दृष्टि में, किसी को कुछ न समझनेवाले दर्प की झलक ही उभर आई थी।

आरती के प्रश्न का उत्तर दिए बिना ही वह अबाध्य छोकरी चिलम की राख वहीं झाड़ती रही।

इस बार आरती बौखलाकर, पत्थर की मूर्ति-से जड़ बैठे, उस औघड़ गुरु पर बरस पड़ी, 'तुम जैसे भंड स्वामियों को मैं खूब जानती हूँ। एक बार आजमगढ़ में, ऐसे ही आश्रम में मैंने छापा मारकर सेरों अफीम बरामद की थी। जवान छोकरियों को अपने इस आश्रम में बटोर, तुम कैसी दीक्षा दे रहे हो, इस छोकरी को देखते ही समझ गई हूँ...।'

अब तक, निर्लिप्त-विरोध भाव से अडिग बैठी अवधूत की राख से ढकी पलकें सहसा खुल गईं। दहकते अंगारे-सी दृष्टि में यदि जलाने की शक्ति होती, तो आरती सक्सेना उसी क्षण भस्म होकर राख हो जाती।

'माई!' क्रोधी गुरु की आँखें ललाट पर चढ़ गईं। लम्बा चिमटा उसने जोर-जोर से जमीन

पर ऐसे पटका जैसे क्रुद्ध, अविवेकी भीड़ को डराने, कोई पुलिस-अधिकारी हवा में गोली चला रहा हो।

'जानती है तू, किससे बातें कर रही है?'

'हाँ, हाँ, जानती हूँ!' उत्तेजित आरती बुरी तरह हाँफने लगी थी, 'एक ऐसे धूर्त चोट्टे से, जो लोगों की सुखी गृहस्थी उजाड़, योग में नहीं भोग में लिप्त है!'

'निकल जा यहाँ से!' भजन का गुरु अब अपनी पूरी वीभत्स नग्नता का निर्लज्ज प्रदर्शन करता, चिमटे सहित खड़ा हो गया। किन्तु तेजस्विनी निर्भीक आरती भी सिंहनी-सी ही तनी खड़ी थी।

'ठीक है, भजन!' उसने नग्न गुरु की ओर दृष्टिपात किए बिना ही, अपने पति को लक्ष्य कर अपना अन्तिम अग्निवाण चलाया, 'तुम शायद भूल गए हो कि कानून की दृष्टि में तो तुम अभी भी मेरे पति हो। तुम्हें जाना ही है तो कायदे से, कानून को सन्तुष्ट कर ही जा सकोगे, समझे? और उस क्रिया में तुम्हारे इस ढोंगी-पाखंडी गुरु और तुम्हारी इस संगिनी को किस आश्रम की हवा खानी होगी, वह शायद मुझे बताना नहीं पड़ेगा!'

इतना कहकर वह फिर तेजी से पलटकर निकल गई थी। घर लौटते ही उसकी गर्वोक्ति उसे स्वयं ही व्यर्थ लगने लगी। कानून की शरण में जाने का अर्थ था—अपने गन्दे कपड़ों की मलिन पोटली सबके सामने खोलना। काश, वह माँ होती तो उसके जीवन की रिक्तता आज इतनी असह्य नहीं होती। विवाहित जीवन की अनेक स्मृतियों के दंश उसे सहसा पागल बना गए! विधाता उसे यह किन पूर्वकृत पापों का दंड दे गया था?

एक बात वह खूब समझ गई थी, गुरु और नवीन वैराग्य-सहचरी की उपस्थिति में, उसके भोले पति का प्रत्यावर्तन असम्भव था। पर जैसे भी हो, एक बार उसे एकान्त में ही घेरना होगा। बहुत सम्भव था कि उसकी दी गई धमकी से त्रस्त हो गुरु महाराज, रात-ही-रात में चेले-चेलियों सहित कहीं चल दें।

यही उधेड़बुन रात के तीन बजे आरती को फिर उसी अरण्य में खींच ले गई।

नक्षत्र-खचित व्योम के नीचे, वह उसी अश्वत्थ से लिपटी, व्यर्थ अभिसारिका बनी खड़ी रही। कुटिया के मुँदे द्वार जब खुले, तो वह एक पल को थरथराकर वहीं बैठ गई। ओह, भजन ही था? यह अलमस्त चाल, लम्बे-गोरे हाथ में लोटा और मुख में दतौन!

वर्षों पूर्व के देहाती 'हनीमून' की स्मृति एक बार फिर आरती को बौरा गई। जब वह नयी-नयी ब्याह कर आई तो भजन ऐसे ही तो दिशा-जंगल जाया करता था! आरती ने अपने को और भी पीछे दुबका लिया, भजन लोटा लिये उसी अलमस्त चाल से नदी की ओर बढ़ता गया। पीछे-पीछे दबे पाँव रखती जीवन-सहचरी भी चली आ रही थी—यह उसने नहीं देखा। कार के पास पहुँचकर वह एक क्षण को ठिठककर खड़ा रह गया! तभी आरती ने बिजली की तड़प से, उसके हाथ से लोटा छीन, दूर पटका और हाथ खींचकर उसे कार में बिठा, हवा की गति से कार भगा दी!

निर्वाण

मैंने कभी स्वप्न में भी नहीं सोचा था कि चार इंच की ह्रस्व कंचुकी-धारिणी आधुनिका मनोरमा चोपड़ा को ऐसी आकस्मिक निर्वाण-प्राप्ति हो जाएगी।

मनोरमा से मेरा परिचय कई वर्ष पूर्व आकाशवाणी केन्द्र में हुआ था। किन्तु तब तक की मन्नू और आज की मन्नू में धरती-आकाश का अन्तर था। तब वह अपनी मधुर और कुछ-कुछ तोतली वाणी में अपनी महिला श्रोताओं को, फालसे का शरबत या आम का मुरब्बा बनाने की विधि बताती और कभी सोहर-बन्ने को सरल लोकगीतों के टेप बजा उनका मनोरंजन किया करती थी। किन्तु अब उसके श्रोता कम थे, दर्शक अधिक। टेलीविजन की वह अब एक अत्यन्त लोकप्रिय तारिका थी। पता नहीं किस अमरबूटी शतावरी का सेवन कर उसने अपने यौवन को मुट्ठी में बन्दी बनाकर रख दिया था। धीरे-धीरे उस आकर्षक व्यक्तित्व से मेरा परिचय घनिष्ठ होता हुआ प्रगाढ़ मैत्री में बदल गया था।

एक दिन मैंने उससे पूछ भी लिया, "मन्नू, इन पन्द्रह वर्षों में तू क्या कोई योग-साधना करती रही है? एक छटाँक मांस भी तो नहीं चढ़ा तेरे शरीर पर।"

"यह सब मेरे गुरुदेव की कृपा है, बहन।" उसका चेहरा एक अलौकिक दर्प से दीप्त हो उठा था।

"गुरु?" मैंने उसे आश्चर्य से देखा। विधाता-प्रदत्त नैन-नक्श को भी, उसने जैसे बड़े दुस्साहस से किसी अदृश्य स्पर्श से मिटा दिया था। पेंसिल से अंकित दो धनुषाकार भँवें, लिपस्टिक के कलात्मक प्रहार से सपाट अधरों को दिया गया बंकिम उभार, कपोलों पर 'ब्लश-आन' की लालिमा और निर्लज्ज धड़ल्लेपन से खुली सोफिया लौरेन की-सी मेकलाइन। उसकी संध्याएँ रोज ही पाँच-सितारे के किसी होटल में बीतती थीं, पति की फर्म की ऊँची नौकरी जिसे आए दिन गगनचारिणी बना देश-विदेश के गगनांगनों में उड़ाती-फिरती थी, क्या उसका भी कोई गुरु हो सकता था।

मनोरमा चोपड़ा, कैसी आधुनिका क्यों न हो, उसके एक ही गुण पर मुग्ध हो, मैंने कभी निःसंशय चित्त से उसकी ओर मैत्री का हाथ बढ़ाया था। वह एक आदर्श पत्नी, पुत्रवधू और जननी थी। उसका सुखी पारिवारिक जीवन किसी भी सम्पन्न श्रीमन्त की पत्नी का हृदय ईर्ष्या से उद्वेलित कर सकता था। पति के आफिस जाने से पूर्व और लौटने के पश्चात, वह जिस निष्ठा से उसकी सेवा में जुटी रहती, उसे देखना भी स्वयं अपने-आपमें एक आनन्दपूर्ण अनुभूति थी। उसके उस व्यवहार में कहीं भी, किसी को प्रभावित करने की बनावटी फुर्ती का आडम्बर नहीं रहता। वह स्वयं पति के जूतों में पालिश करती, उनके कपड़े निकाल पलँग पर धरती, कमीज की बाँहों में 'स्टड' जड़ती, फिर उसी फुर्ती से, शून्य में फैली उसकी बाँहों को दिशा-निर्देश देती, कोट लेकर उसके पीछे खड़ी हो जाती।

एक दिन ऐसे ही समय में काम से, उनके घर में बिना द्वार खटकाए ही धड़धड़ाती हुई मैं भीतर चली गई और अप्रस्तुत होकर द्वार पर ही ठिठककर रह गई। मैंने सोचा था, वक्त के पाबन्द चोपड़ा साहब दफ्तर चले गए होंगे और मन्नू अकेली ही होगी।

"आइए-आइए, संकोच क्यों कर रही हैं? मन्नू मेरी पत्नी ही नहीं, मेरी बैले भी है। माम की 'ट्रेजर' पढ़ी है आपने? मेरी 'ट्रेजर' है मन्नू।" चोपड़ा साहब ने हँसकर कहा, तो मन्नू मेरी ओर बढ़ आई, "देख रही हो ना। अब बुढ़ापे में वसन्त जाग रहा है इनके। दस साल का बेटा भी अपने हाथ से टाई बाँधकर स्कूल चला जाता है, पर बाप की टाई का फन्दा अब भी मुझे ही ठीक करना पड़ता है।"

ईश्वर ने, उसे मुँहमाँगे दो स्वस्थ-सुन्दर बच्चे दिए थे, जिन्हें वह खिलौना-सा सजा-धजा स्कूल भेजने पर ही काम पर निकलती थी। सास पहले-पहले उससे असन्तुष्ट रहती थी। पुत्र ने स्वयं अपनी पसन्द से ही उस विजातीय लड़की से प्रेम-विवाह किया था। वह बंगाली थी और चोपड़ा साहब थे ठेठ पंजाबी, किन्तु मक्का की रोटी और सरसों के साग को, मन्नू ने उसी स्वाभाविक सरलता से ग्रहण कर लिया था, जैसे जनमते ही कभी अपने देश की चच्चड़ी और घंट को किया था।

उसका पंजाबी बोलने का लहजा जितना ही त्रुटिहीन था, उतनी ही त्रुटिहीन उसकी वेशभूषा भी थी। जहाँ तक मुझे याद है, मैंने कभी उसे 'ताँत' या 'डूरे घनेरवाली' साड़ियों में नहीं देखा। चटकीले-भड़कीले रंगों की शिफान, क्रेप नाइलॉन की पारदर्शी साड़ियों के चयन में वह पंजाबी जीवंत रुचि का ही परिचय अधिक देती। कभी-कभी अपनी पृथुल वेणी को ऐलोकेशी जूड़े में सँवार वह एक-आध गुलाब खोंस लेती, तो चोपड़ा साहब हँसकर उसे छेड़ने लगते, "देखो न, आज इन्हें अपने 'सोनार बांगला' की याद हो आई है, पर कुछ भी कहो, मन्नू, जूड़ा अब तुम्हें सूट नहीं करता।"

फिर एक दिन वह स्वेच्छा से ही जूड़े का भी आमूल विध्वंस कर आई। अब उसके कटे केशगुच्छ रेशमी गुच्छे-से कन्धे तक झूलते उसके व्यक्तित्व को और आकर्षक बना गए थे। कोई भी उसे देखकर नहीं कह सकता था कि वह बंगाली है। सास की सेवा में तो वह किसी भी आज्ञाकारिणी पुत्रवधू को पराजित कर सकती थी।

"मैं तुझे भी एक दिन अपने गुरुदेव के दर्शन कराऊँगी।" उसने एक दिन मुझसे कहा, तो मैंने हँसकर हाथ जोड़ दिए थे, "माफ करना, मन्नू, मेरी इन स्वामियों में कोई श्रद्धा नहीं है।" मैं एकदम ही एग्नोस्टिक हूँ, ऐसी बात नहीं है, ईश्वर में मेरा दृढ़ विश्वास है, किन्तु किसी साधु-सा पहुँचे सिद्ध का अन्धानुगमन, मेरी प्रकृति के विरुद्ध है, किसी लब्धप्रतिष्ठ स्वामी का सान्निध्य, मेरे या अन्य किसी के जीवन में, मांगलिक परिवर्तन संघटित कर सकता है, या किसी गुरु का भृकुटि-विलास अप्रसन्न होने पर किसी का अनिष्ट कर सकता है, यह सहसा मान लेने को मेरा चित्त प्रस्तुत नहीं होता।"

कुमायूँ आदिकाल से उन्नत कोटि के ऐसे साधकों की पदधूलि से धन्य रहा है, जिन्हें प्राच्य-पाश्चात्य सभी देशों ने कभी मान्यता दी थी। मैं अब भी अवसर पाते ही वर्षों पूर्व समाधिस्थ हुए एक ऐसे ही साधक की प्रस्तरमूर्ति के दर्शन करने जाती हूँ। और जब भी दर्शन कर लौटती हूँ, लगता है, अपार्थिव रूप से ही उनके वरदहस्त का शीतल स्पर्श मुझे फूल-सा हल्का बना गया है। किन्तु इस फरेबी युग में ऐसे किसी सिद्ध का अस्तित्व मेरे सन्देही मन को शंकित ही अधिक करता है, इसी से जब कभी मन्नू ने मुझे अपने गुरुदेव के दर्शन के

लिए आमन्त्रित किया, मैं एक-न-एक बहाना बना उसे घिस्सा देती रही थी। मुझे जैसे भय होता था कि उनके समक्ष उपस्थित होने पर कहीं उनके व्यक्तित्व के सम्मोहक प्रभाव में आकर, मेरी विचारधारा परिवर्तित न हो जाए, किन्तु उस दिन मन्नू के निवास-स्थान की एकदम विपरीत दिशा में जाने पर भी, न जाने कौन-सी शक्ति मुझे उसी ओर खींच ले गई। उनकी दर्शनीय कोठी की छटा मुझे सर्वदा ही नित्य नवीन लगती थी। कभी जयपुर के कारीगरों से बनवाया गया संगमरमरी कुंड, कभी किसी जादुई स्पर्श से उसी के बीच स्थापित की गई शिवमूर्ति, उनकी भव्य जटाओं के मध्य से निकलती फव्वारे की जलराशि, उनके आशुतोष दिव्य स्मित को भिगोती मुझे आश्चर्यचकित कर देती थी।

उधर दूसरे में, अपनी इटली-यात्रा के दौरान खरीदकर लाई गई वीनस की खंडित मूर्ति स्थापित कर चोपड़ा साहब ने अपनी सर्वथा मौलिक रुचि का मुझे विधिवत् परिचय भी दे दिया था, "देख रही है ना? एक ओर स्फुरणमौलि कल्लोलिनी गंगा, दूसरी ओर वीनस की भुवनमोहिनी सुन्दरता। प्राच्य-प्रतीचि का यह मिलन, कैसा लगा आपको? हम किपलिंग की उक्ति में विश्वास नहीं करते थे 'ईस्ट इज ईस्ट एंड वेस्ट इज़ वेस्ट'।"

सचमुच ही चोपड़ा साहब का मौलिक प्रयोग गोल की सज्जा को एक अनोखी भव्यता से मंडित कर गया था। जहाँ शिपनडेल का एकदम ही विदेशी रुचि का फर्नीचर था, वहीं बीचोंबीच झूलता था काठियावाड़ी 'हिचका'! काकटेल पार्टी भी होती, तो अलभ्य आसवों का वह बहुचर्चित सम्मिश्रण, मुरादाबादी गंगा-जमनी काम की कलात्मक सुराही से, बेल्जियन कट गिलास के जाम में ढाल, देशी-विदेशी अतिथियों को परिवेशित किया जाता। उस दिन भारी दक्षिणा देकर चोपड़ा साहब एक-से-एक चुस्त सुन्दरी किशोरियों को न जाने किस रत्नगर्भा खान से बटोर लाते। मैं कई बार उनकी इन दावतों की कर्णकटु आलोचना भी सुन चुकी थी–अतिथियों को आसव का ही नहीं, सौन्दर्य का भी मादक घूँट पिला-पिलाकर ही तो इस अल्प अवधि में वे इस विख्यात फर्म के जनरल मैनेजर के पद पर आरूढ़ हो गए हैं।

लोग कहते, तो मुझे बड़ा दुख होता। यह ठीक था कि उनके अतिथि साधारण तबके के नहीं होते थे। मन्त्री, उनके आत्मीय सचिव, उद्योगपति, राजदूत एक-से-एक राजसी अतिथि निमन्त्रण बड़ी ललक से ही स्वीकार किया करते थे। वह आकर्षण साकी का था, जाम का या उदार मेजबान की मैत्री का, यह मैं कभी समझ नहीं पाई।

उस दिन मैं पहुँची, तो बरसाती से लेकर बाहर तक रंग-बिरंगी कारों की कतार देख ठिठककर खड़ी रह गई। तभी, न जाने किस काम से मन्नू निकली और मुझे देखते ही भागकर मुझसे लिपट गई, "ओह, तू स्वयं आ गई, मैं जानती थी, एक दिन ऐसा ही होगा।" भाव-विभोर होकर, वह मुझे हाथ पकड़कर भीतर खींच ले गई।

पहले मैं समझ ही नहीं पाई, पर कमरे में पैर रखते ही सब स्पष्ट हो गया। जहाँ दीवान, सोफा, रेशमी गद्दियों, रा सिल्क के पर्दों के बीच अपूर्व नग्न मूर्तियों का जमघट रहता था वहाँ सबकुछ तिरोहित हो, फर्श पर दूधिया चाँदनी बिछी थी। एक ओर था छोटा-सा कुशासन और बीच में धरी उसके गुरुदेव की बड़ी-सी तस्वीर के सामने अगरबत्तियों के गुच्छे का गुच्छा जलता पूरे कमरे को अपनी लच्छेदार धूम्ररेखा से सुवासित कर रहा था। कमरे में तिल धरने की भी जगह नहीं थी। एक-से-एक समृद्ध अतिथि, सहमी मुद्रा में नतमस्तक बैठे, गुरुदेव की प्रतीक्षा कर रहे थे। कौन कह सकता था कि ये वे परिचित चेहरे हैं, जिन्हें मैं कुछ दिन पूर्व एक सुख्यात होटल में दिए गए विवाह भोज में, इस्तांबूल की नग्नप्राय कैबरे नर्तकी की चिकनी देह पर

निर्लज्जता से आँखों-आँखों में लार टपकाते देख चुकी थी! कमरे में तानपूरे और तबले की जोड़ियों के बीच बैठी आकाशवाणी की कई परिचित नायिकाओं को मैं पहचान, स्मित का अभिवादन दे रही थी कि दूसरी ओर बैठी अपनी साहित्यिक बिरादरी के व्यंग्यात्मक स्मित से सहम गई। उस तिर्यक् स्मित में किसी बादशाह के हरम में, सहसा अनधिकार प्रवेश पा गई किसी सौत के प्रति प्रदर्शित कई जोड़ा प्रतिष्ठित आँखों की अवज्ञामिश्रित सौतिया डाह की-सी ही दहन थी। सहमकर मैंने आँखें फेर लीं और सकपकाकर बैठ गई।

सहसा गुरुदेव का पदार्पण हुआ। स्कंध स्पर्श करते रेशमी घुँघराले बाल, स्थूलकाय प्रसन्नवदन उस दिव्यपुरुष को देखते ही जैसे सबको एकसाथ बिजली का-सा झटका लगा और सब खड़े हो गए। संकेत से ही उन्होंने सबको बैठने का आदेश दिया, फिर अपनी गूढ़ दृष्टि, मेरी ओर निबद्ध कर बोले :

"अवश्यंभावी अवश्य होता है, लड़की, क्यों? अपने पति के विषय में अब भी सोच रही है क्या?"

मुझे पसीना आ गया। कैसे जान गया था यह प्रज्ञाचक्षु? मेरे पति को उस दिन हरारत हो आई थी। और वैसी ही अवस्था में उन्हें दौरे में बाहर जाना पड़ा था। मैं सचमुच उस क्षण यही सोच रही थी। क्या यह उनका परिचित ज्ञान था या विचार-स्थानांतरण? मैंने लज्जा और परिताप से सिर झुका दिया।

"यह यहाँ नहीं आना चाहती थी।" स्वामीजी का दिव्य स्मित मेरी नंगी पीठ पर फिर तड़ातड़ चाबुक-सी मारने लगा, "किन्तु इसे यहाँ आना पड़ा, सोच रही थी पति को बुखार ही में दौरे में जाना पड़ा है, पता नहीं कैसे हैं।"

वे फिर हँसे, "चिन्ता मत कर, सब मंगल होगा, मेरे लिए यह सब जल-सा सुगम है।"

उन्होंने अब अपनी दृष्टि को कमरे में बिखरी भीड़ पर घुमाकर कहा, "इसे जानने के दो मार्ग—समीकरण अर्थात जागतिक शक्तियों के संघट्ट का स्वरूपज्ञान और दूसरा तीव्र दृष्टि, जिसे तुम लोग शायद दिव्य-दृष्टि कहने पर अधिक स्पष्ट रूप से समझ लोगे..."

कमरे की भीड़ को आतुरता की लहर चंचल कर गई। आधुनिक जीवन के अनेक संशयों से क्षुब्ध कितने ही व्याकुल चित्त, एकसाथ अनेक प्रश्न पूछने को लालायित हो और निकट खिसक आए। उधर द्वार के पास ही बैठी तीन-चार सुन्दरी किशोरियाँ एकसाथ हवा के झोंके की तीव्रता से बाहर निकल गईं।

क्या पता, स्वामीजी के दिव्य-चक्षु, पढ़ाई के साथ-साथ चल रही उनकी दूसरी आजीविका का उद्गम स्रोत भी सबके सामने खुली पुस्तक-सा बाँच कर, उन्हें अपदस्थ कर दें।

"शान्त हो, शान्त हो, मैं यहाँ योग-प्रदर्शन करने नहीं आया हूँ...तुम लोग नवीन सभ्यता की सन्तान हो, प्रत्येक शंका का समाधान चाहते हो, क्यों, है न?" स्वामीजी की झकझक करती दन्तपंक्ति देख, मैं अवाक् रह गई। चेहरे की-सी ही चमक उजले दाँतों की भी थी, "मैंने इसी से तुम्हारी शंका का एक छोटा-सा समाधान प्रस्तुत किया था, मन्नू, अब कीर्तन आरम्भ करो।" और फिर कमरा कीर्तन की मधुर स्वर-लहरों से गूँज उठा था।

इस घटना के पश्चात मेरे न चाहने पर भी मेरी विचारधारा में एक आमूल परिवर्तन संघटित हो गया। अनेक तर्क-वितर्कों से भी मैं अपने अशान्त चित्त को शान्त नहीं कर पाई थी। गुरुदेव तो उसी रात की फ्लाइट से शिकागो चले गए, किन्तु मुझे ऐसा अनुभव होने लगा जैसे मेरी समग्र सत्ता सचेत होकर मुझे अद्‌भुत पुकार से झकझोरकर कह रही है, 'आँखें खोल, मूर्ख

मैं हूँ, मैं हूँ!' यह पुकार शुद्ध बोधात्मक थी। उधर जब कभी मन्नू मिलती, गुरुदेव के अनेक चमत्कारों की कहानियाँ सुना, मुझे और भी अशान्त बना देती।

"जानती है, क्या कहते हैं गुरुदेव? कहते हैं, 'मन्नू, साधना तुझे नहीं करनी होगी, तेरे लिए जो करणीय है, मैं करूँगा। शक्ति, अनुभूति ये सब बाह्य वस्तुएँ हैं, इनमें तेरी आसक्ति रही तो कभी भी तुझे निर्वाण की प्राप्ति नहीं होगी। साधना का तब तक कोई महत्त्व नहीं होता जब तक गुरु अनुगत न हो। धीरे-धीरे तेरे सब कार्य स्वतः सिद्ध होंगे, पगली।' "

यह सुनाते, मन्नू का चेहरा शिशु-सा सरल बन जाता और मैं ईर्ष्या से उसे देखती रहती।

कैसा सहज, सरल विश्वास था उसका, न मेरे विवेकी चित्त जैसी व्यर्थ की दलीलें, न कोई संशय, कब और कैसे उन्होंने मेडिकल इंस्टीट्यूट से असाध्य करार दिए गए किस कैंसरग्रस्त रोगी को, केवल अपनी धूनी की चुटकी-भर भस्म से ठीक कर दिया; कब, किस लक्षाधिपति विदेशी चेले के अशान्त चित्त की खोई शान्ति लौटा दी; सुनने में अब मुझे भी आनन्द आने लगा। किन्तु साथ-ही-साथ मन्नू के सुखी दाम्पत्य जीवन में क्रमशः गहरी बनी जा रही दरार को भी अब मैं स्पष्ट रूप से देख रही थी। जब कभी उनकी कोठी में गुरुनाम संकीर्तन होता, मैं देखती, चोपड़ा साहब घर में उपस्थित रहने पर भी पत्नी की प्रार्थनासभा में अनुपस्थित ही रहते। यही नहीं, एक-दो बार मेरे ही सामने इसी प्रसंग को लेकर दोनों बड़ी बुरी तरह उलझ पड़े थे और मैं अप्रस्तुत होकर बाहर खिसक आई थी। फिर मुझे अपने पति की बीमारी के कारण सुदीर्घ अवधि तक पहाड़ पर रहना पड़ा, जब लौटी, तो मनोरमा चोपड़ा निर्वाण प्राप्त कर चुकी थी।

मैंने आते ही फोन किया, तो किसी ने नहीं उठाया। दूसरे दिन मैंने फिर फोन किया, प्रातःकाल तो वह केवल अपने परिवार के लिए सुरक्षित रखती थी, निश्चय ही घर पर होगी। बड़ी देर तक फोन की घंटी किर्र-किर्र कर बजती रही। अन्त में जब निराश होकर मैं रखने ही जा रही थी कि उनकी नन्ही बेटी बुलबुल ने फोन उठाया, "हैलो!"

नन्हें स्वर को फोन पर ही दुलारकर मैंने पूछा, "मम्मी को फोन देना तो, बेटी।"

"मम्मी तो है नहीं।" स्वर की अस्वाभाविक उदासी ने मुझे चौंका दिया।

"कहाँ गई?"

उसने इस बार बिना कुछ कहे ही फोन नीचे रख दिया।

ऐसा तो वह पहले कभी नहीं करती थी। मन्नू ने नम्रता और शिष्टाचार की घूँटी तो अपने बच्चों की जन्मघुट्टी ही में घोलकर पिलाई थी। उसी दिन फिर मैं स्वयं ही उसकी कोठी पर पहुँच गई थी। स्वार्थ कुछ मेरा भी था। मेरी एक मौसेरी बहन कैंसर के क्रूर पंजे में दबी, भयावह यन्त्रणा में छटपटा रही थी। क्या पता, उसके चमत्कारी गुरु की चुटकी-सी भभूत उसे भी नवजीवन प्रदान कर दे? गुरुदेव का पता लेने ही मैं उस दिन वहाँ पहुँची थी। घंटी बजाई, तो चोपड़ा साहब ने ही द्वार खोला। मैं उन्हें आश्चर्य से देखती ही रह गई। जिस दर्शनीय व्यक्ति की साज-सज्जा देखकर कभी भूख भागती थी, वह मेरे सम्मुख किसी निगरगंड फकीर-सा ही खड़ा था। मैला-सा सिलवट पड़ा, नाइटसूट, ड्रेसिंग गाउन की उधड़ी तुरपन एक ओर लटकी थी, बढ़ी दाढ़ी चेहरे को रुग्ण बना जैसे उनकी वयस के दस साल और बढ़ा गई थी।

"यह क्या, चोपड़ा साहब, बीमार थे क्या? मन्नू कहाँ है?" मैंने पूछा।

किसी परमहंस की-सी हँसी से उनका चेहरा सहसा करुण हो गया, विद्रूप और व्यंग्य की ऐसी वीभत्स झुर्रियाँ मैंने आज तक किसी चेहरे पर फिर नहीं देखीं।

"मन्नू? शी हैज गोन, गोन विद द विंड...(वह चली गई हवा के साथ उड़ गई...)," और फिर हाथ का बुझा सिगार, हाथ में ही लिये वे अपनी भूल-भूलैया-सी कोठी के, न जाने किस कमरे में जाकर खो गए।

भीतर जा, माताजी से सबकुछ सुन मैं स्तब्ध होकर घर लौट आई थी। मन्नू ने इधर अपनी सुखी गृहस्थी की लक्ष्मण-रेखा स्वेच्छा से ही लाँघ कपटी रावण का हाथ पकड़ लिया था। पहले भी कई बार उसकी पति से इन्हीं गुरु को लेकर झड़प हो चुकी थी। आए दिन उनके साथ धार्मिक गोष्ठियों में भाग लेने, देश-विदेश की खाक छानती मन्नू पति, पुत्र, पुत्री सबको भुला बैठी थी।

"खोती नूँ कुछ खिला दिया सी गुरु दे बच्चे ने।" माताजी के आँसू उनके अनुभव की झुर्रियों पर टपकते, एक पल को उन्हें विह्वल कर गए। फिर उन्होंने मन्नू के दुर्भाग्य का पूरा प्रकरण मुझे सुना दिया।

एक दिन, पुत्र को तीव्र ज्वर में छोड़ वह अपने गुरु के साथ तिरुपति जाने लगी, तो उसके पति ने उसे उसके गुरुदेव के सम्मुख ही डपट दिया था, 'संजय को तेज बुखार है, बेबे का भी ब्लडप्रेशर कल से बहुत बढ़ गया है, ऐसे में तुम नहीं जा सकतीं, मन्नू!' मन ही मन क्रोध से जला-भुना जा रहा था, पर स्वर था एकदम शान्त, निरुद्वेग।

पर उस मत्थासाड़ी के सिर पर तो गुरु का जादू चढ़कर बोल रहा था, 'नहीं, मैं जा रही हूँ, गुरु मेरे साथ हैं, संजय का कोई अनिष्ट नहीं हो सकता, मैं उसे भभूत लगा जाऊँगी।'

'मन्नू!' इस बार पति का पौरुष, उसके कंठस्वर में तीव्र होकर गूँज उठा था।

'तुम बिल्कुल नहीं जाओगी, अगर गईं, तो फिर दरवाजे तुम्हारे लिए लाख खटखटाने पर भी कभी नहीं खुलेंगे, सोच लो।'

माता जी ने लपककर द्वार की ओर बढ़ रही बहू को बाँहों में भर लिया था, 'मत जा, बेटी, अरे इसका गुस्सा बड़ा बेढब है। मैंने तो, इसे गर्भ में रखा है। मन्नू, जो कहेगा, वह करके रहेगा। महाराज, आप ही समझाइए इसे। विह्वल-सी होकर, बहू को छोड़ माताजी हाथ बाँधे अब तक प्रस्तर मूर्ति-से खड़े स्वामीजी के सम्मुख दुहरी हो गई थीं। किन्तु, कैसा आश्चर्य था कि एक सुखी-सम्पन्न परिवार की नींव में जान-बूझकर ही डाइनामाइट सुलगाता, वह संसार-त्यागी, रहस्यमय, स्वामी चुपचाप खड़ा था।

'मम्मी, मम्मी!' बुखार में पड़ा संजय तभी कमरे से उसे जोर-जोर से पुकारने लगा।

'कसाई भी होता तो शायद पसीज जाता, बेटी।' माताजी दुपट्टे से आँखें पोंछती कहती जा रही थीं, 'पर वह अभागी नहीं पसीजी। मैंने रोकर हाथ पकड़ लिया, पर उसने झटका देकर छुड़ा लिया और तेजी से बाहर निकल गई, बाहर स्वामी की कार खड़ी थी। दोनों कब बैठे और कब गए, फिर हम जान भी नहीं पाए। शायद उसी के साथ-साथ, हम पर भी कुछ मूठ चला गया था अभागा।"

फिर उसका वह सर्वनाशी पत्र एक दिन किसी घातक भूकम्पी धक्के के आकस्मिक प्रहार से उसकी गृहस्थी के बचे-खुचे खँडहर को भी भरभराकर भूमिसात कर गया। "आप लोग मेरा मोह छोड़ दें, मैंने गुरु-कृपा से अपने जीवन का लक्ष्य पा लिया है।"

उसके बाद मुझे महीनों तक उसका कोई समाचार नहीं मिला। फिर एक दिन एकसाथ ही देश के प्रमुख समाचारपत्रों ने उसके गुरुदेव की धज्जियाँ उड़ाकर रख दीं। कभी इन्हीं अखबारों में, उनके भक्त पत्रकारों ने उनकी प्रशंसा में कलम तोड़कर रख दी थी। आज वही

लेखनी विमुख होकर उसके लिए आग उगल रही थी। उसकी तस्करी की कहानियाँ, भोली-भाली युवतियों को ही नहीं, अनेक सुशिक्षिता आधुनिकाओं को भी अपने सम्मोहन-पाश में बाँधने का रंगीन विवरण, कई विदेशी चेले-चपाटों की लूटपाट, उन्हें पथ का भिखारी बना देने का लेखा पढ़कर भी मुझे सबकुछ अधूरा-सा ही लगा था, क्योंकि उनकी जिस शिष्या ने, उन्हें दीक्षा की सबसे गहरी दक्षिणा दी थी, उस अभागिनी का नाम मुझे कहीं ढूँढ़ने पर भी नहीं मिला।

सौत

मुझे, जब उस बार एक मीटिंग में भाग लेने बम्बई जाना पड़ा तब मेरे सम्मुख मुख्य समस्या आई थी आवास की। कहाँ रहूँगी वहाँ? तब ही अचानक याद आया कि नीरा भी तो वहीं रहती थी। नीरा मेरे दूर सम्पर्क की चचेरी ननद थी। पहले उसे यों अचानक अपने आगमन की सूचना देने में संकोच भी हुआ था। जनसंकुल बम्बई का जीवन कितना कठिन है एवं वहाँ के संकुचित-सीमित आवास में आतिथ्य निभाने में मेजबान के प्राण कैसे कंठगत हो जाते हैं, यह सब जानकर भी मुझे नीरा को लिखना ही पड़ा था, क्योंकि किसी होटल में रहने का साहस अन्त तक मैं सँजो नहीं पाई।

नीरा का फ्लैट छोटा होने पर भी बड़ा सुन्दर था, बत्तीस-बत्तीस फ्लैटों के गुलदस्ते, रात को दूर से देखने पर, किसी बन्दरगाह पर खड़े सुन्दर जहाजों-से ही लगते थे। नीरा को बम्बई का जीवन बहुत पसन्द था, तीन वर्षों के बम्बई-प्रवास ने उसका कायाकल्प कर दिया था। वैसे भी, वह पिथौरागढ़ के उस अनजाने ग्राम से बम्बई आई थी, जहाँ उसके विवाह तक, कुमाऊँ मोटर यूनियन की बस भी नहीं पहुँच पाई थी, उन दिनों मोटर-रोड का निर्माण-कार्य चल ही रहा था। मुझे आज भी याद है, लग्न का समय बीता जा रहा था और उसकी बारात नहीं पहुँची थी। बड़ी देर बाद, उसकी बारात के थके-माँदे बराती बिना किसी बैंड-बाजे के ऐसे चले आए थे जैसे कोई मातमी जुलूस हो। पहाड़ी लद्दू घोड़े में बैठा, उसका सजीला दूल्हा भी वर्षा की बौछार में भीग-भाग, एकदम ही अनाकर्षक लग रहा था। उधर नीरा आकर्षक न होने पर भी कामदार लहँगे-दुपट्टे में बड़ी प्यारी लग रही थी। नए गहने, कपड़े और नवीन जीवनसाथी का उल्लास उसके गदबदे गोल-मटोल चेहरे पर लज्जा का अंगराग बिखेर, उसकी उजली हँसी को और भी उजली बना गया था। किन्तु आज की नीरा की न तो वेशभूषा में न वाणी में, वह पहाड़ी ढीलमढाल लटका था, न आतिथ्य में। उसके मुँह से 'मैंने बोला,' 'तुमको होना क्या?' आदि विभिन्न प्रदेशी उच्चारण सुन, मैंने उसे टोका भी था, "यह कैसे बोलने लगी हो, नीरा, क्या हो गया है तुम्हारी हिन्दी को?"

"क्या करूँ भाभी, मेरी पड़ोसिन हैदराबाद की है ना, इसी से बोली में उसकी छाप लग गई है। आज तुमसे मिलाऊँगी, बहुत ही प्यारी लड़की है।" नीरा की प्रतिवेशिनी राज्यम बम्बई के एक प्रसिद्ध होटल में रिसेप्शनिस्ट थी। उसके पति मद्रास में ही किसी दवाओं की विदेशी फर्म में काम करते थे। दोनों का वेतन खासा-अच्छा था। उस पर उनकी एकमात्र पुत्री ननिहाल में पल रही थी। राज्यम स्वयं ऊटी के कान्वेन्ट से पढ़ी थी, इसी से अंग्रेजी का उच्चारण, उठने-बैठने का सलीका, सबकुछ खाँटी मेमसाहबी था। वेशभूषा में भारतीय संस्कृति का लवलेश भी नहीं था। टखनियों तक झूल रही मैक्सी। बायाँ भाग, किसी समृद्ध थिएटर के रेशमी पर्दे

की भाँति, बीचोंबीच, उन्मुक्त औदार्य से खुली परतों को समेट लेती, किन्तु उस कौशल में भी, उसकी सधी पूर्वाभ्यास से की गई उदासीनता, मैंने कनखियों ही में पकड़ ली थी। गुलाबी रेशम की खुली भाँज के बीच, रह-रहकर उसकी गुलाबी रेशमी जंघा की क्षणिक छटा, बिजली-सी कौंध जाती। किन्तु उसके चेहरे पर, वही स्वाभाविक सौम्य स्मित खेलता रहता, जैसा उन सर्कस सुन्दरियों के चेहरे पर रहता है, जो बालिश्त-भर की रेशमी कोपीन पहने ट्रैपीज़ के झूलों पर ऐसी ही उदासीनता से, सर्र से निकल जाती हैं। उसकी मैक्सी का गला भी इसी औदार्य से खुला, किसी उत्तुंग पर्वतश्रेणी पर फिसल रहे पहाड़ी झरने के वेग से ही, झरझराता नीचे उतर गया था। पतली ग्रीवा में थी सुवर्णमंडित रुद्राक्ष की माला, गेरुए रंग की शाट सिल्क की मैक्सी और कंठ की रुद्राक्ष कंठी से मेल खाता ही, उसका केशविन्यास भी था। संसारत्यागी अवधूत के से उस जटाजूट में भी एक रुद्राक्ष की माला लपेटी गई थी, हाथ में वैसा ही मेल खाता रुद्राक्ष का कंकण था। बाद में नीरा ने बताया था कि वह जूड़े की लेटेस्ट स्टाइल है, 'फारीदाबा हेयर स्टाइल है, भाभी,' उसने बड़े गर्व से अपनी शृंगारपटु सहेली की उपस्थिति में ही फिर उसका प्रशस्तिपत्र पढ़ दिया था, 'पर हम-तुम पर थोड़े ही ना अच्छी लग सकती है, यह तो राज्यम ही है कि कैसी ही बनकर क्यों न निकल पड़े, लोग मुड़-मुड़कर देखते रहते हैं।'

बात ठीक ही कही थी नीरा ने। लड़की वास्तव में व्यक्तित्वसम्पन्ना थी, कुर्गी थी, इसी से रंग था एकदम चिट्टा सुर्ख, उस पर कुछ 'ब्लेशऔन' की महिमा थी, कुछ 'प्लग कलर्ड' लिपस्टिक की। उसे देखकर, मुझे वाजिदअली शाह की जोगिया बेगम, सिकन्दर महल का स्मरण हो आया। वयस होगी कोई तेईस-चौबीस के लगभग, किन्तु व्यवहार अल्हड़ षोडशी का था। होटल की रिसेप्शनिस्ट थी, इसी से छल्लेदार बातें बनाने में पारंगत थी। मेरा परिचय पाते ही, वह मेरे पास अपना मोढ़ा खिसका लाई, 'सो यू आर ए राइटर—हाउ वेरी-वेरी इंटरेस्टिंग, क्या लिखती हैं आप, उपन्यास, कहानी या नाटक?'—जी में तो आया कह दूँ, तुम्हें देखकर तो अभी एक नाटक ही लिखने को मन कर रहा है, पर तब क्या जानती थी कि एक दिन उसे ही नायिका बनाकर लेखनी स्वयं ही मुखरा बन उठेगी। रात का खाना राज्यम नित्य नीरा के साथ ही खाती थी। मैं नीरा का व्यवहार, फुर्ती और पाक-कौशल देखकर मुग्ध हो गई थी। एक बालिश्त के, अपने उस गुफा-से सँकरे चौके में उसने इतनी चीजें कब बना दीं, और कैसे? न उसके पास कोई नौकर था न महरी, फिर भी मैं जितनी देर मीटिंग में रही, उसने न जाने क्या-क्या बना लिया था। पूड़ी-कचौड़ी, तीन तरह की सूखी, रसेदार सब्जियाँ, ठेठ पहाड़ी रायता और मीठी चटनी। बम्बई में भी उसने उत्तराखंड के स्वादिष्ट पकवानों की महिमा को पूर्ण रूप से साकार कर दिया, तो मैं अवाक् रह गई। कुमाऊँ के पकवान देखने में जितने ही आडम्बरहीन और अनाकर्षक होते हैं, खाने में उतने ही सुस्वादु और मौलिक। उन सरल पकवानों की भूमिका कितनी दुरूह होती है, यह मैं जानती थी। "अरी, ऐसे कुरकुरे सिंगल तो पहाड़ की बड़ी-बूढ़ियाँ भी नहीं बना पाती होंगी और यह करड़ी ककड़ी कहाँ मिल गई तुझे?" पहाड़ी करड़ी ककड़ी के पीले गंडे-से कलेवर को मैंने ठीक ही पहचाना था।

"बाबूजी अल्मोड़े से लाए थे, ठीक उसी दिन मुझे तुम्हारा तार मिला तो मैंने उठाकर फ्रिज में रख दी, सोचा तुम आओगी तो ठेठ पहाड़ी दावत करूँगी, ये रायता राज्यम को भी बहुत पसन्द है, क्यों है ना, राज्यम?"

पर उसकी भोजनप्रिया प्रतिवेशिनी को उत्तर देने का अवकाश ही कहाँ था? रायते का डोंगा, लगभग साफ कर, वह अब किसी क्षुधाकातर भिक्षु की भाँति कचौड़ियों के अम्बार पर

टूटी। मुझे अपनी लोलुपता को रँगे हाथों पकड़ लिया गया देख, वह बड़ी ही मोहक हँसी से घायल कर कहने लगी, "क्या गजब का खाना बनाती हो नीरा, इसी से आज इतना खा रही हूँ, अपने होटल का खाना तो एकदम चरी-भूसा है इसके सामने!" पर, मैंने प्रायः ही देखा है कि डाइटिंग के चक्कर में बँधी ये छरहरी आधुनिकाएँ दावतों में, स्वेच्छा से ही जिह्वा पर लगे संयम अंकुश को दूर पटक, भूखे कंगलों की भाँति खाने पर टूट पड़ती हैं।

"क्यों, तुम्हारे सुख्यात होटलों में तो सुना, चित्र-जगत के सितारों का नित्य मेला ही जुटा रहता है और वहाँ उनके नाम कई कमरे स्थायी रूप से आरक्षित रहते हैं," मेरा स्वर, शायद कुछ अधिक व्यंग्यात्मक हो उठा था। "अजी, उनकी बात छोड़िए," वह अब दो कचौड़ियों को रोल कर आलूदम के एक भीम आलू से पेट फुला, बड़ी नजाकत से कुतरती कहने लगी, "वे क्या वहाँ खाना खाने आते हैं?" फिर वह कुटिल रहस्यमयी कनखियों से मेरे ननदोई को देखकर मुस्कराई, वह मुझे अच्छा नहीं लगा। अपने कहानी-उपन्यासों में, ऐसी असंख्य प्रेमासिक्त कुटिल कनखियों का वर्णन करते-करते अब किसी भी स्वयं-दूती नारी के अन्तर्मन के छायाचित्र को मैं, न चाहने पर भी किसी एक्स-रे प्लेट में उभरे, भग्न अस्थिकोटर-सा स्पष्ट देख लेती हूँ। उस दिन दावत लगभग तीन घंटे चली थी। इस बीच उस चपला सुन्दरी प्रतिवेशिनी की उपस्थिति ने, मुझे अपनी सरल ननद के अदृष्ट के प्रति आशंकित ही किया था। खाने के बाद अचानक याद आया कि मीठी खीर के पश्चात वह अत्यन्त अनिवार्य भारतीय मुखशुद्धि का प्रबन्ध करना भूल गई थी।

"हाय राम, मैं तो भूल ही गई थी कि आप पान खाती हैं—वैसे तो चौपाटी दूर नहीं है पर..."

"अरे, क्या पर पर करता," उसकी मेखलाधारिणी कैबरे नर्तकी-सी प्रतिवेशिनी हँसती उठ गई, "हम अभी लाएगा—चलो तो, महेश, निकालो अपना स्कूटर..."

मैं स्तब्ध रह गई। इतनी रात को, क्या यह लड़की अपनी इस अधखुली मैक्सी में, महेश की कमर में हाथ डाल, मेरे लिए पान लेने जाएगी। "नहीं-नहीं मुझे पान की कोई ऐसी आदत नहीं है," मैंने कहा, पर मेरी भोली ननद के चेहरे पर, अपनी सखी के प्रति कृतज्ञता की सहस्र किरणें फूट रही थीं।

"प्लीज, राज्यम, पुड़ा-भर लेती आना, फ्रिज में रख दूँगी।"

और फिर मेरी भयत्रस्त आँखों के सामने वह अपनी सखी के सहचर की कमर में हाथ डाले हवा-सी निकल गई। बड़ी देर बाद दोनों पान लेकर लौटे तो मैंने कठोर दृष्टि से महेश को घूरा। उसे मैं क्या आज से जानती थी? फटे कोट की बाँह से नाक पोंछता महेश प्रायः ही तो हमारे यहाँ कभी पिता के लिए शिवपुराण माँगने आता और कभी विष्णुपुराण। उसके पिता गोविन्दवल्लभ पांडे हमारे कुल-पुरोहित थे और मेरा ही नहीं, मेरे सब भाई-बहनों का षष्ठी-पूजन उन्होंने किया था। मैं देख रही थी कि महेश मेरी आँखों से आँखें नहीं मिला पा रहा है। जब नीरा की प्रतिवेशिनी विदा हुई तब वह मेरा बिस्तर लगाने मेरे कमरे में आई। "भाभी, कैसी लगी मेरी सहेली? है ना गजब की लड़की? इसके होटल में कोई भी वी.आई.पी. अतिथि आएँ, इसकी ड्यूटी न हो तब भी इसे ही बुलाया जाता है।"

"मैं समझ सकती हूँ, तुम्हारी सखी के व्यक्तित्व की सृष्टि ही विधाता ने पुरुषों का आतिथ्य निभाने के लिए की है," मैंने कहा।

पर भोली नीरा ने मेरे उत्तर के व्यंग्य को, एक कान से सुन, दूसरे से निकाल दिया।

वह फिर उसी उत्साह से कहने लगी, "है तो मद्रासी, पर रंग हम-तुमसे भी गोरा है। उस पर कपड़े पहनने में तो इसका जवाब नहीं है, भाभी, चाहे कुछ भी न पहने तब भी हीरे-सी दमकती है।"

"वह तो देख ही लिया," मेरा रूखा स्वर फिर उस चिकने घड़े पर तेल-सा ढरक गया।

"अच्छी लगी ना तुम्हें?"

"नहीं," न चाहने पर भी मेरे हृदय की बात होंठों पर फिसल गई।

"क्यों?" चादर की सिलवटें ठीक करते उसके दोनों हाथ रुक गए।

"इसलिए कि मुझे स्कूल-कॉलेज न जानेवाले लड़के और ससुराल न जानेवाली लड़कियाँ जरा भी अच्छी नहीं लगतीं..." मैंने हँसकर कहा।

"तो क्या हो गया, उसके पति तो यहाँ आते रहते हैं, फिर बेचारी करे भी क्या! सास बेहद तेज है।"

मैं तीन दिन तक नीरा की अतिथि बनी रही, और उन दिनों की संक्षिप्त अवधि में ही, उसकी उस चतुरा प्रतिवेशिनी का व्यवहार मुझे स्तब्ध कर गया। नित्य-प्रायः वह महेश के ऑफिस जाने तक नीरा के यहाँ ही डटी रहती, मैं अपने कमरे से ही देखती, वह महेश के कमरे में बैठी खिलखिला रही है और मेरी मूर्खा ननद चौके में भाड़ झोंक रही है। चाय-नाश्ता वहीं से लेकर वह होटल जाती और पाँच बजे लौटती, फिर अपना ताला खोलने से पहले वह नीरा की ही घंटी बजाती। रात को भी उसका खाना नीरा के यहाँ ही रहता। बड़ी रात तक ताश चलता, गिलासों की खनक से ही मैं जान जाती कि ताशों के जोर-जोर से पटके जाने और असंस्कारी कहकहों के पीछे किसी गहरे जलपान का बहुत बड़ा योगदान है। स्कूटर की घर्र-घर्र सुन, मैंने खिड़की से झाँका था, महाराज पृथ्वीराज की मुद्रा में महेश पीठ पीछे लिपटी संयुक्ता को लेकर शायद मेरे ही लिए पान लेने जा रहा था। जी में आया, उसी क्षण अपनी उस सांसारिक बुद्धिहीना ननद को कमरे में बुलाकर झापड़ कस दूँ। पर तीन दिन के लिए जिस स्नेही ननद के गृह में अतिथि बनकर आई थी उसके निर्मल चित्त में सन्देह का व्यर्थ बीजारोपण कर मुझे मिलता भी क्या? हो सकता था वह सन्देह मेरी आवश्यकता से अधिक, संस्कारग्रस्त देहाती चित्त की, कल्पना-मात्र हो! क्या पता? आधुनिक पतिव्रता की मान्यताएँ, अब हमारी मान्यताओं से भिन्न हों, वह पति को ऐसी स्वतन्त्रता स्वेच्छा से ही दे देती हों। फिर भी चलते-चलते मैंने उसे सावधान कर ही दिया था, "देखो नीरा, तुम बहुत भोली हो, फ्लैट का जीवन निश्चय ही कुछ अंशों में मनुष्य के जीवन को अनुभवों से समृद्ध करता है, किन्तु इसके लिए तुम फ्लैटवासियों को अपनी एक बहुमूल्य धरोहर खोनी भी पड़ती है, वह है तुम लोगों की प्राइवेसी! किसी भी परिवार के सुख के लिए इस प्राइवेसी का अक्षुण्ण रहना अनिवार्य होता है। यहाँ तो तुम्हारी एक छींक, खाँसी या डकार तक पर तुम्हारा अधिकार नहीं रहता, उसी क्षण वह दूसरे परिवार की छींक-खाँसी बन जाती है। तुम्हारी सखी से तुम्हारी ऐसी मैत्री देखकर बड़ा आनन्द आया, किन्तु एक अंग्रेजी की कहावत सुनी है?—अन्तरंगता घृणा की जननी होती है, इसे मत भूलना, नीरा!"

"हाय भाभी, तुम्हें क्या लगता है कि मैं किसी से लड़ूँगी?"

मैं फिर कह ही क्या सकती थी?

मैं जब रात की गाड़ी से चलने लगी तब नीरा की प्रतिवेशिनी फिर मेरे लिए स्कूटर भगाती पान ले आई थी। मैंने पुड़ा बटुए में डाल लिया और जैसे ही स्टेशन पीछे छूटा, मैंने

बँधा पुड़ा खिड़की से बाहर फेंक दिया। फिर एक वर्ष तक मुझे नीरा की कोई खबर नहीं मिली।

पिछली बार एक शादी में पहाड़ गई तब उसकी माँ मिल गई। कभी उनकी गाई घोड़ी-बन्ना के बिना कोई भी विवाह-उत्सव सम्पन्न नहीं होता था। उस दिन एक निर्जन कोने में ऐसी बैठी थीं कि पहले मैं उन्हें देख भी नहीं पाई। नन्हे-से घूँघट की यवनिका में उनका उतरा, कुम्हलाया चेहरा देख मैं स्तब्ध रह गई। क्या हो गया था मेरी इस आनन्दी सास को? अभी दो वर्ष पूर्व नीरा के भाई की शादी में उन्होंने मेरे ससुर के सूट-बूट में लैस हो, कभी गोरे साहब और कभी पहाड़ की सरल ब्राह्मणी का अपूर्व अभिनय कर हमें हँसा-हँसाकर मार दिया था। किसी अनुभवी वैट्रोवयुलिस्ट की गुड़िया की भाँति वह कभी मोटी मर्दानी आवाज़ में गोरे साहब का प्रणय निवेदन करतीं, फिर तत्काल कंठ का पैंतरा बदल जनानी, काँपती आवाज़ में थरथराकर गातीं, 'हाथ जोडूँ गोरा जी, मैं तो बीबी बामणी।'

मैंने उन्हें देखते ही हँसकर ढोलक उनकी ओर लुढ़का दी, "लो चाची, ये क्या मुँह लटकाए बैठी हो? हो जाए एक कड़कती-सी घोड़ी!"

दुर्बल हाथों से ढोलक को मेरी ही ओर वापसी ढलान में लुढ़का उन्होंने अपनी डबडबाई आँखें फेर लीं। मेरी देवरानी ने मुझे चिकोटी काटी, "क्या कर रही हो, दीदी, आज पहली बार तो औरतों में आकर बैठी हैं, नहीं तो अम्माजी ने तो पलँग ही पकड़ ली थी।"

"क्यों?" मैंने फुसफुसाकर पूछा।

"सुना नहीं तुमने? अभागा महेश नाक कटाकर अपनी पड़ोसिन के साथ, नौकरी छोड़-छाड़, मद्रास भाग गया है। नीरा का तार पाकर बाबूजी उसे यहाँ लिवा लाए। पर लाने से क्या होता है? दिन-रात कमरे में गुमसुम पड़ी रहती है। कई डॉक्टरों को दिखा चुके हैं। कहते हैं दिमाग का मर्ज है, किसी दिमाग के डॉक्टर को दिखाइए। हृदय पर कोई भारी आघात लगा है।"

इससे बड़ा आघात किसी भी नारी को और लग भी क्या सकता था? मैं उस आनन्द-उत्सव के बीच सिर लटकाए बैठी चाची के उस वेदनाविधुर चेहरे की ओर दूसरी बार आँख उठाकर नहीं देख पाई। चलने लगी तो देवरानी चाँदी की तश्तरी में पान ले आई, "लो भाभी, मैं तो भूल ही गई थी कि तुम पान खाती हो।" ठीक एक वर्ष पहले ये ही शब्द नीरा ने भी कहे थे।

"नहीं, मैं अब पान नहीं खाती," कह मैंने तश्तरी खिसका दी और उठ गई। वैसे तो नीरा की सौत मेरे लिए पान लेने न जाती, तब भी होनी होकर ही रहती, पर मुझे बार-बार यही लगता है कि वह पृथ्वीराज-संयुक्ता की जोड़ी यदि आधी-आधी रात को मेरे लिए पान लेने न जाती तो शायद नीरा का उतना बड़ा सर्वनाश भी नहीं होता।

तीन कन्या

विभाजन से पूर्व, शिलांग जाने के लिए सबसे सुगम यात्रा, स्टीमर से हबीगंज पार कर रेलमार्ग से सम्पूर्ण की जाती थी। मुझे भी शिलांग इसी पथ से जाना था। ब्रह्मपुत्र के समुद्र जैसे वक्ष को चीरती, मछली की दुर्गन्ध से बसाती स्टीमर घाट पर लगते ही मैंने सामने खड़ी अनीता की मामी को पहचान लिया था। मुझे हबीगंज में रहने की असुविधा होगी, यह जानकर मेरी सहपाठिन अनीता ने अपनी मामी को पत्र लिख दिया था।

"तुम्हें स्टीमर से लिवा ले जाएँगी। मामी को कैसे पहचानोगी, पूछती हो?"

वह जोर से हँसी, 'शंख-सा रंग, लम्बा कद, माथे से भी बड़ा जूड़ा और गोद में मोम की गुड़िया-सी बेबी।' अनीता के वर्णन में कहीं भी अतिशयोक्ति दोष नहीं था। गोद में बेबी तो नहीं थी, पर साथ में दो दुबली-पतली रिकेटी साँवली लड़कियाँ थीं। इतनी सुन्दरी मामी की ऐसी घिनौनी जुड़वाँ पुत्रियाँ कैसे हो गई होंगी? मैं सोच रही थी, कुछ बच्चे ऐसे भी होते हैं, जिन्हें चेष्टा करने पर भी दुहराया नहीं जाता। दोनों लड़कियाँ ऐसी ही थीं। मुझे लेने मामी अपनी विक्टोरिया गाड़ी लाई थीं, गाड़ी का कलेवर जीर्ण-शीर्ण हो गया था। किन्तु खिड़कियों पर रेशमी झालर के परदे लगे थे और कोचवान की ठसकेदार मूँछें और भड़कीली वेशभूषा देखकर स्वामिनी का रोब मुझ पर यथेष्ट छाने लगा था।

विक्टोरिया गाड़ी चली, तो मामी ने परदा खोल दिया, 'लो देखो, यह मेरा हबीगंज! एक नर्सरी राइम में तुमने भी तो पढ़ा होगा, एक टेढ़ा शहर था, जहाँ का बूढ़ा, उसकी लाठी, यहाँ तक कि माइलस्टोन भी टेढ़ा था। ऐसा ही टेढ़ा शहर है यह।'

सचमुच मैं दंग रह गई थी। हर मकान की छत टेढ़ी; खिड़की टेढ़ी, द्वार टेढ़े, यहाँ तक कि पेड़ों के तने भी मुझे अजीब भुतहे-से टेढ़े-मेढ़े लग रहे थे। 'सुना, बहुत पहले भूकम्प के भयानक भृकुटि-विलास ने अभागे हबीगंज की सृष्टि लय कर दी थी।' मामी बोलीं, 'अभी भी छठे-छमाहे भूकम्प होता रहता है, इसी से हर मकान की नींव, देख रही हो ना, जमीन से कितनी ऊँची है। यह लो, यह आ गया हमारा बंकिम महल—तीनों मीनारें टेढ़ी होकर लद गईं। चौथी टूटी, तो फिर बनाई ही नहीं—आओ शुनद्दो।' मामी ने बाहर से ही पुकारा, 'नीतार हिन्दुस्तानी ऐसे छे (अजी सुनते हो, नीता की हिन्दुस्तानी सहेली आ गई है) पर यह तो हम बंगालियों से भी अच्छी बंगला बोलती है। वह हँसकर मुझे अपने पति के कमरे में खींच ले गई। जहाज से छप-छप लेटे, सवा गज की हुक्के की ज़रीदार नली गुड़गुड़ाते मामा बाबू उठ बैठे, 'ऐशो माँ, ऐशो।'

'यह है मेरा टेढ़ा बूढ़ा—देयर वॉज ए क्रूकेड मैन।' कहती मामी हँसती-हँसती दुहरी हो गईं। सचमुच ही उनका बूढ़ा टेढ़ा था। पक्षाघात से उसके दोनों पैर दो विभिन्न दिशाओं को

मुड़े-तुड़े थे। बड़ी-बड़ी आँखें, बैल की-सी भावनाहीन, फटी-फटी बाहर को निकली और डरावनी लगती थीं। नाक सुडौल और खड्ग की धार-सी तीखी थी। मूँछें और दाढ़ी बुन्देलखंडी रजवाड़ों की सज्जा से बीच में विभक्त कर कान तक उठाकर चिपकाई लगती थीं। क्षण-भर को मुझे लगा था, बूढ़ा नकली दाढ़ी-मूँछें लगाकर किसी सस्ती नौटंकी में अभिनय कर लौटा है। अप्सरा-सी सुन्दरी मामी और डाकू के-से भयानक चेहरेवाला वह बूढ़ा! रात-भर मुझे वहीं रहना था। न जाने कैसे अनजान भय की सिहरन मेरी रीढ़ की हड्डी से सरसराती नीचे-ऊपर उतरने लगी। 'तोमाके देख मेये भय पेयेछे गो' (तुम्हें देखकर लड़की डर गई है, जी), मामी ने हँसकर अपने पति से कहा। बूढ़ा बड़ी देर तक हो-हो कर हँसता रहा और हँसने से उसकी रामढोल-सी तोंद थुलथुल करती हिलती ही रही थी।

मामी का महल वास्तव में दर्शनीय था, दर्जनों नौकरानियाँ थीं। कोई मछली काट रही है, कोई कमरे पोंछ रही है। कोई उनकी दो काली मरघिन्नी लड़कियों को घुमा रही है। मामी ने बड़े यत्न से मुझे दो दिन रखा। तीसरे दिन मैंने जाने की जिद की, तो तुनक गईं, 'वाह-वाह, पहली बार ननिहाल आई हो, ऐसे कैसे जाओगी!' ढाका की फूलदार साड़ी, नूतन गुड़ के सन्देश, घर के नारियल का तेल और भी न जाने क्या-क्या उपहार साथ में रखकर बड़े स्नेह से मामी ने विदा दी थी। गोदी की छोटी लड़की बेबी को साथ लेकर वह मुझे पहुँचाने स्टेशन भी आई थीं, 'इसी मार्ग से लौटोगी, समझीं। कहीं गोहाटी होकर मत चली जाना।' उन्होंने कहा था। पर मुझे फिर गोहाटी से होकर ही जाना पड़ा। मामी से एक कृतज्ञता-पत्र की विदा लेकर मैं लौट आई थी।

अचानक बीस वर्ष बाद उनसे ऐसे फिर मिलना होगा, सोच ही कौन सकता था? मेरे बंगले के सामने का चौराहा, शायद प्रयाग का सबसे मुखर चौराहा है। एक सड़क सीधी संगम को चली जाती है। माघ मेले की इन्द्रधनुषी भीड़ का संगम पहले इसी चौराहे पर होता है। काकरेजी कछोटा कसे पैंजना झमकातीं बुन्देल ललनाएँ, नाक की दाईं-बाईं ओर हीरे की लौंगों के नन्हें सर्चलाइट जगमगाती दक्षिणी तीर्थयात्रियों से भरे ताँगों का जुलूस दिन डूबने तक सड़क की रंगीनी बनाए रखता है। मेडिकल कॉलेज को जाती कतारबद्ध श्वेताम्बरी नर्सों को देखकर कभी-कभी दंग रह जाती हूँ। एक-सा ठप्पा, एक-सी हँसी और एक-से जूड़े। लगता है, एक ही नमूना पेटेंट करा दर्जनों परिचारिकाएँ बनवा ली गई हैं। कभी-कभी इमली को ताककर फेंका गया ढेला, गलत निशाने पर बैठता है और देखते-देखते ही उद्दण्ड स्कूली बालकों की वानर सेना मेरी खिड़की का शीशा चूर-चूर कर देती है। ऐसे ही एक ढेले का शब्द सुनकर मैं बाहर निकली तो देखा, ढेला खिड़की पर नहीं, रिक्शा पर जाती एक महिला के माथे पर लग गया है। रिक्शावाला एक से एक चुनी गालियाँ देता दहाड़ रहा है और आसपास छोटी-मोटी भीड़ जमने लगी है।

महिला बेहद घबराई लग रही थी और उनका छोटा-सा रूमाल खून से रँग गया था। मुझे न जाने क्यों उस सम्भ्रान्त महिला की अपदस्थता देखकर तरस आ गया।

"आइए ना, भीतर घाव धोकर डेटोल लगाने से ठीक रहेगा। पास ही अस्पताल भी है, न हो तो ड्रेसिंग करवा लीजिएगा।" मैंने कहा।

भीड़ हट गई। महिला ने बड़ी कृतज्ञता से रूमाल हटाया और मैंने पहचान लिया। कुछ चेहरे ऐसे होते हैं, जो बीस क्या, चालीस वर्ष तक भी इजिप्शियन ममी की भाँति सुरक्षित रहते हैं। मामी का चेहरा भी शायद ऐसा ही था। चिकने चेहरे पर वयस की झुर्रियाँ नहीं पड़ी थीं। स्वस्थ दाँतों की मुस्कान अभी भी उतनी ही स्निग्ध थी। मैंने उन्हें पहचान लिया था, पर मुझे

यह देखकर बड़ा आनन्द आ रहा था कि उन्होंने मुझे अब तक नहीं पहचाना था। मैंने बड़े यत्न से आरामकुर्सी में लिटा दिया और घाव धोने लगी।

"इतना बदमाश है ये लेरका लोग, इस्कूल जाएगा नहीं, खाली फाकी देगा और बदमाशी करेगा!" उन्होंने कहा, तो मुझे हँसी आई।

"मामी! पहचाना नहीं क्या? देयर वाज ए क्रूकेड मैन..."

मामी ने मुझे गौर से देखा, "ओ माँ, यही तो सोच रही थी मैं। कहाँ देखा है इस लड़की को!" मामी मुझसे लिपट गईं।

"अब मेरा टेढ़ा बूढ़ा कहाँ रह गया, बेटी! रह गया है यह निगोड़ा टेढ़ा कपाल।"

"आप यहाँ कब आईं, मामी?" मैंने पूछा। फिर तो मामी ने मुझे कई समाचार दे दिए।

अनीता एक सरदार से विवाह कर नाईजीरिया चली गई थी। मामा बाबू की मृत्यु के पश्चात अपने बंकिम महल और साथ सैकड़ों बीघा जमीन बेच-बाच मामी प्रयाग में बस गई थीं। लड़कियाँ यहीं पढ़-लिखकर बड़ी हुईं। बंगाल में उनका गुजारा नहीं हो सकता! "पूड़ी-पराँठा खाना सीख गई हैं, अब क्या बंगाल की झाल मछली और पालकर का घंट खा पाएँगी? सोचा, एक से एक अच्छे बंगाली परिवार यू.पी. में बिखरे पड़े हैं, कहीं-न-कहीं ठिकाने लगा दूँगी, पर कहाँ?"

"अब तो तीनों पढ़ चुकी होंगी?" मैंने पूछा।

"तुमसे क्या छिपाऊँ, बड़ी सोना रीना पच्चीसवें में है, बेबी को इसी चैत में बाईसवाँ लगेगा। बेबी की चिन्ता नहीं है, उसकी तो सगाई हो गई है।"

"तब बेबी की शादी चट से कर क्यों नहीं देतीं, मामी?"

"आहा, मेये आबार की बोले! (देखो, लड़की क्या कहती है!) सबसे छोटी की कर दूँ तो दुनिया यही कहेगी कि खरा माल तो बिक गया, खोटा रह गया। हिन्दू गृहस्थ के यहाँ जो रीति चली आई है, वही तो होगी। तुम कल अवश्य आना, बेटी! तीनों बहनों को देखोगी, तो पहचान ही नहीं पाओगी।"

अपने पार्क रोड के बंगले का पूरा नक्शा खींचकर मामी ने मुझे थमाया। दूसरे दिन सुबह ही मैं चल दी। इलाहाबाद की पार्क रोड मुझे किसी सुन्दरी किशोरी विधवा-सी लगती है। सुन्दर-सजे बंगले, उद्यानों में झूमते ऊदे-नीले पुष्पगुच्छ, मेडिकल कॉलेज के नये चित्र से सजे चंडीगढ़ी सज्जा के बंगले, पर सब बेजान और मुर्दा। कभी घंटे टनटनाता एक-आध फायर ब्रिगेड उस सड़क से निकल जाता है, तब लगता है, उस निष्प्राण सड़क की निःस्पन्द नाड़ी फड़कने लगी है, पर फिर वही मनहूसी छा जाती है। उस दिन एक गन्दा बुर्का ओढ़े एक मुस्लिम महिला सड़क से लगी जीर्ण मजार पर बेले का गजरा चढ़ा, लोबान जला रही थी। उसी लोबान का मीठा धुआँ पूरी सड़क पर फैल गया था। उस मीठी घुटन में मामी के बंगले का नम्बर ढूँढ़ रही थी कि अपनी तीनों तन्वी कन्याओं के साथ मामी मुझे दिख गईं। लोहे के भारी जंगलों पर बड़े-बड़े अक्षरों में कुत्ते से सावधान रहने की चेतावनी टँगी थी। कतारबद्ध गमलों में स्थल-पद्म और कठाल चंपा देखकर लगा, जैसे जोड़ासाँको के ही आसपास कहीं पहुँच गई हूँ।

"वाह मामी, आप तो बंगाल की स्वर्गीय सुषमा को यू.पी. में खींच लाईं।" मैंने कहा।

"माँ के गुलाब देखिएगा, मामी, तीन वर्षों से लगातार इनाम जीत रही हैं।" सोना बोली।

मामी के गुलाब वास्तव में सवा लाख के थे। ऐसे हृष्ट-पुष्ट गुलाब मैंने बहुत कम देखे थे; किन्तु उनके गुलाब से भी सुन्दर उनकी तीसरी कन्या बेबी थी, इसमें कोई सन्देह नहीं। या तो दो साँवली बहनों के बीच में खड़ी रहने से या गुलाबी, पीले गुलाबों की मद्धिम आभा से बेबी का रंग गहरा गुलाबी लग रहा था। ऐसा रंग बंगाली लड़कियों में देखने को कम मिलता है। आँखें बहुत बड़ी नहीं थीं, किन्तु प्रत्यंचा-सी भवों के बीच लापरवाही से खींची गई तिलकनुमा काजल की बिन्दी बड़ी प्यारी लग रही थी। नाक बहुत पतली होने के कारण अधरपुट खुल-खुल जाते थे। लम्बे बालों का ढीला जूड़ा बार-बार खुलकर उसके कन्धों पर ढुलका जा रहा था और मामी की वह जूड़ा बाँधनेवाली अनूठी कन्या उतनी ही गाँठों में मेरा मन बाँधती जा रही थी। सोना और रीना भी शायद बहन के साथ नहीं देखी जातीं, जो यथेष्ट रूप से आकर्षक थीं। दोनों जुड़वाँ होने पर भी पहचानी जा सकती थीं। सोना की आँखें बड़ी थीं, रीना की साधारण। सोना की नाक रीना की अपेक्षा अधिक तीखी थी, किन्तु रंग दोनों का जुड़वाँ था। अपने रंग को पाउडर की मरीचिका से छिपाने का कोई प्रयास नहीं किया गया था, न केश-विन्यास में ही किसी प्रकार का आडम्बर था, इसी से दोनों बहनों की सादगी मुझे और भी अच्छी लगी।

"वाह, कितना बढ़िया मकान है, मामी, आपका!" मैंने कहा, "इलाहाबाद में तो मकानों की बड़ी तंगी है।"

"आर बोलो केनो माँ!" मामी बोलीं, "हमने इस मरे मकान के लिए क्या कम कष्ट उठाया है! वह तो मकान-मालिक का लड़का हमारे प्रतुल के साथ पढ़ा है। प्रतुल से हमारी बेबी की सगाई हुई है, बताया तो था शायद तुम्हें। बड़ा अच्छा लड़का है, बेटी। दो साल पहले आई.पी.एस. में आया था। आजकल सहारनपुर में एस.पी. है।"

"कब है शादी?" मैं प्रश्न पूछते ही खिसिया गई। मामी तो अपनी विवशता पहले ही बता चुकी थीं। सोना, रीना और बेबी मेरी चाय की तैयारी करने भीतर चली गई थीं। मामी फिर वही उत्तर दुहराने लगीं, "यही तो दिन-रात प्रतुल भी पूछता है। चार वर्ष पहले सगाई हो गई थी। अब तो कभी-कभी लड़का बुरी तरह झुँझलाने भी लगा है। कोई और होता, तो धत्ता बता देती, पर हाथ में आए रत्न को कैसे गँवा दूँ? इसी से दुधारू गाय की लात भी सहती रहती हूँ। सोना-रीना के लिए दिन-रात एक कर लड़के ढूँढ़ रही हूँ।"

"विवाह कर क्यों नहीं देतीं, मामी, आजकल यह सब कौन मानता है? मेरी ही छोटी ननद..." मैं बात पूरी भी नहीं कर पाई थी कि मामी की तीनों कन्याएँ खान-पान का बहुत-सा सामान लेकर आ गईं। बड़ी देर तक गपशप में घर लौटना भी भूल गई। फिर तो प्रायः ही तीनों बहनें मेरे यहाँ आ जातीं।

सोना नागपुर में डॉक्टर थी, रीना चंडीगढ़ में पढ़ रही थी, बेबी की सगाई हो चुकी थी, इसी से वह माँ के पास रह घर का काम सीख रही थी; पर मुझे उसे देखकर लगता था, चार वर्षों में उसने घर का आवश्यकता से अधिक काम सीख लिया था और वह अपनी दो कुँआरी बहनों और विधवा माँ के सहवास में बुरी तरह ऊबने लगी थी।

इसी बीच मेरे पति को विज्ञान परिषद् के एक जलसे में तीन महीने के लिए वियना जाना पड़ा। उस बीहड़ बंगले में रहने का मुझे साहस नहीं हुआ। सामने भयावने कम्पनी बाग के अहाते में ही आये दिन राहगीरों को छुरा मारने की घटनाएँ अखबार में छपती रहतीं। मैंने मामी की शरण ली।

"क्या अपने सुन्दर बंगले के दो कमरे सबलेट करने की कृपा करेंगी?"

"ओ माँ, सबलेट ना और कुछ! तू अपनी ननिहाल जाती तो वहाँ भी किराया देती क्या?"

उसी दिन मैं अपना सामान ले आई। मेरा अपना चूल्हा फिर मामी के यहाँ जल ही कहाँ पाया। नित्य ही मुझे मामी की रसोई में जीमने का निमन्त्रण रहा। कल सोना जा रही है, उसे चन्द्रपूली बहुत पसन्द हैं। रीना के साथ मछली के कटलेट बनाकर रखे जा रहे हैं। बिना मांस-मछली के बेबी के गले के नीचे गस्सा नहीं उतरता। पति के विदेश-गमन से प्रोषिता पत्नियों की कलाइयों के कंगनों का, विरह-दुख से बाँहों के अनन्त बन जाने का वर्णन प्राचीन कवियों ने किया है, पर यहाँ तो मामी की स्निग्ध स्नेह छाया में खा-खाकर मेरी कलाइयाँ ही बाँहें बनी जा रही थीं। मामी के कार्य करने की पटुता एवं क्षमता भी देखते ही बनती थी! उनका हर कार्य इतना सुघड़ और स्वच्छ होता था कि जी में आता, उनकी प्रौढ़, लम्बी अँगुलियाँ चूम लूँ। जिस उम्र में स्त्रियाँ अकारण ही चिड़चिड़ाने लगती हैं, वही उम्र थी मामी की, पर जब देखो तब उनका चेहरा ताजे फूल-सा खिला रहता। दोनों लड़कियाँ नौकरी पर चली गई थीं, अकेली बेबी माँ के पास बनी थी। उस लड़की की एकान्तप्रियता एवं अनोखा अस्वाभाविक गाम्भीर्य मुझे कभी-कभी भ्रम में डाल देता। लड़की का स्वभाव ही ऐसा है या माँ के कठोर अनुशासन से सधे अवांछित कौमार्य ने उसे इतना उदासीन बना दिया है। लगता था, टुकड़े-टुकड़े कर देने पर भी लड़की के हृदय की बात कभी भी कोई नहीं जान पाएगा। न उसे पहनने-ओढ़ने का शौक था, न घूमने का। न उसे पढ़ने में रुचि थी, न गाने-बजाने में। कभी-कभी कॉसस्टिच की कढ़ाई लेकर बैठ जाती, तो दिन-भर में एक गद्दी काढ़कर पूरी कर देती, कभी दो दिन में स्वेटर तैयार कर लेती, कभी पट्टियाँ बुन-बुनकर उधेड़ती रहती, कभी सनक सवार होती तो पूरे घर की सफाई कर डालती। उसे भी अपनी माँ की भाँति सफाई का खब्त था। मुझे उस सुन्दरी लड़की की इसी आदत को देखकर कभी-कभी उसके भविष्य के लिए बड़ी चिन्ता होती। मेरी कुछ ऐसी धारणा है कि जो नारी सफाई के पीछे मरी-मिटी जाती है, उसका वैवाहिक जीवन उतना सुखी नहीं हो पाता। जिसका सारा समय यही सोचने में बीत जाता है कि उसकी पलँगों पर बिछे पलँगपोशों की समानान्तर रेखाओं का माप, कितने इंच और कितने सेंटीमीटर की परिधि में बँधा रहना चाहिए; मेज पर सजी पुस्तकों की जिल्दों का रंग कैसे मैच किया जाए कि सुन्दर लगे या बक्स में साड़ियों की तह कैसे पिरामिड के स्तूपाकार गड्ढों में सजाई जाए; उसके पास अपनी गृहस्थी की मुख्य समस्याओं के मनन के लिए कभी-कभी बहुत कम समय रह जाता है। उस नारी का पति कभी तौलिये की लुंगी बाँधे कमरों में इधर-उधर नहीं घूम पाता। बिस्तर की सिलवट बिगाड़ने का दुस्साहस करने पर गृहस्थी में तूफान खड़ा हो जाता है। उस गृह के बच्चे सजे-सँवरे गुलदस्तों में बँधे-कटे पुष्प-गुच्छों की ही भाँति सुन्दर, पर निर्जीव लगते हैं। अपने गृह को आवश्यकता से अधिक सज्जा प्रदान करने में कभी-कभी ऐसी कलात्मक रुचि की नारी के हृदय का अन्तरंग-कक्ष बिना झाड़ा ही रह जाता है और उसमें प्रयत्न की मकड़ी अपना ताना-बाना बुन लेती है। सज्जा या ऑर्डर पुरुष का गुण है। इधर-उधर चीज फेंकने, रुचि से कपड़े न पहनने, दाढ़ी बढ़ा, बीमार मजनूँ की सूरत लिए इधर-उधर घूमनेवाला पुरुष जिस लापरवाही से अपने व्यक्तित्व की अवहेलना करता है, उसी लापरवाही से कभी अपने परिवार की भी अवहेलना कर सकता है। स्त्री की जितनी ही अस्त-व्यस्त गृहस्थी होगी, उतना ही सुलझा उसका पारिवारिक जीवन रहेगा। इसी से मामी के कैक्टस की एक सौ अट्ठाईस किस्में, इटैलियन ब्रोकेड से मढ़ा सोफा और बगदाद कालीन देखकर मुझे लगता, जिस दिन मामी और उनकी तीन कन्याएँ अपने इस बनावटी आडम्बर की केंचुली से बाहर

निकलकर खड़ी होंगी, उसी दिन उन तीनों को एकसाथ राजपुत्र से सुपात्र जुट जाएँगे। जिस गृहस्वामिनी के कालीन पर ही पैर रखने में भय होता था, उसकी पुत्रियों का हाथ कोई भला पकड़ेगा ही किस दुस्साहस से!

एक दिन मैं बरामदे में बैठी अखबार देख रही थी कि मामी दौड़ती आईं, "आज प्रतुल आ रहा है, मार्ग में शायद एक रात यहाँ भी रुकेगा। तुम्हें अगर आपत्ति न हो, तो तुम्हारे ही कमरे को उसके लिए खाली कर दूँ, एक उसी कमरे में एटैच्ड बाथ है।"

मैंने स्वयं ही अपनी सूक्ष्म गृहस्थी बटोरकर मामी और बेबी के कमरे में डेरा डाल लिया और बड़ी उत्सुकता से प्रतुल की प्रतीक्षा में बैठ गई। मामी और बेबी ने स्टेशन चलने के लिए बड़ा आग्रह भी किया, पर मैं टाल गई। उस परिवार से मेरी कितनी ही अन्तरंग घनिष्ठता क्यों न हो, उस भावी जामाता से तो मेरा किसी प्रकार का परिचय नहीं था, बल्कि मैं यदि बेबी की माँ होती, तो लड़की को अकेली ही स्टेशन भेज देती। जब माँ-बेटी प्रतुल के साथ लौटीं, तो मैं छत पर खड़ी थी। पहले तो मुझे लगा, वह प्रतुल नहीं, बंगला चलचित्र का लोकप्रिय नायक सौमित्र चटर्जी ही चला आ रहा है। उसे लेकर मामी ऊपर आईं तो मैं ही उसके लिए चाय बना लाई। मैं देख रही थी, लड़के की आँखें एक सेकंड के लिए भी बेबी को नहीं छोड़ रही थीं।

"यह तुम्हारा गुसलखाना है, बेटा!" मामी बड़े स्नेह से बोलीं, "वैसे तुम तो कई बार पहले भी आ चुके हो।"

"जी हाँ, पर जिस रूप में आना चाहता हूँ, उस रूप में तो अभी कहाँ आ पाया हूँ।" कह वह आनन्दी युवक एक लाड़भीनी दृष्टि से अपनी वाग्दत्ता की ओर देखकर मुस्कराया।

"मैं नहा-धोकर आता हूँ। बेबी, तुम तैयार हो ज़ाओ। आप खाने के लिए कोई तैयारी मत कीजिएगा, माँ! हम दोनों आज 'क्वालिटी' में खाएँगे। ठीक है न बेबी?" उसने कुरते के बटन खोलते-खोलते कहा और तौलिया पकड़कर उठ गया।

"हाँ मैं तो तैयार ही हूँ।" बेबी उस दिन जितनी सुन्दर लग रही थी, उतनी पहले कभी भी नहीं लगी।

बेबी उठकर बाहर जाने लगी, तो मैं उठ गई। अचानक आँधी की भाँति मामी ने आकर उसका हाथ पकड़ा और फुसफुसाने लगीं, 'बोका मेये (मूर्ख लड़की)! इतनी देर से, तुम अकेली उसके साथ 'क्वालिटी' जाओगी? जरा भी अक्ल नहीं है छोकरी को। लोग देखेंगे, तो क्या कहेंगे!"

बेबी का खिला चेहरा अचानक सूखकर लटक गया।

"हद करती हैं, मामी!" मैंने उस सरल लड़की का पक्ष लिया, "कौन क्या कहेगा? सभी को पता है कि दोनों इंगेज्ड हैं। आजकल कौन ऐसा दामाद है, जो विवाह से पहले ससुराल नहीं हो आता?"

नहा-धोकर गुनगुनाता प्रतुल बाहर आ गया, "ऐ बेबी, एक गिलास पानी तो ले आओ, गला सूख गया है।" उसके पानी से भीगे बालों की लटें छल्ले-सी बनाती ललाट पर फैल गई थीं। स्पष्ट था कि वह माता-पुत्री के तनाव से अनभिज्ञ था।

"वाह, आप तो अभी से बेचारी लड़की पर हुकूमत चलाने लगे।" मैंने परिहास कर मामी को हँसाने की चेष्टा की, पर मामी नहीं हँसीं।

"दोष, क्या मेरा है? देखिए ना, चार साल से ललाट पर मेरा रिजर्वेशन स्लिप लटकाए यह बेहया लड़की घूम रही है।"

बेबी पानी लेकर लौटी, किन्तु जिस समझ-बूझ से पानी मँगाकर प्रतुल कमरे में चला गया था, वह प्रयोजन सिद्ध नहीं हो पाया। प्यासे की प्यास बहुत गहरी थी। जलवाहिका के साथ-साथ मामी भी कमरे में जम गईं और देश की बिगड़ती खाद्यान्न स्थिति का लेखा-जोखा देतीं, भावी जामाता को बोर करने लगीं। मैं अपने कमरे से सब सुन रही थी। मामी उन दोनों को एक क्षण भी एकान्त का सुअवसर देने के मूड में नहीं थीं। मुझे मन-ही-मन मामी की अल्पबुद्धि पर क्षोभ हो रहा था। जामाता कितना बढ़ गया है, इसका उन्हें कोई ध्यान ही नहीं था। मैं तो उन्हें पहले भी कई बार समझा चुकी थी। लम्बी सगाइयाँ विदेशियों को शोभा देती हैं, हम भारतीयों को नहीं। उनकी सगाई संयम की दुहाई नहीं माँगती, आदर्श के घेरे में नहीं बाँधी जाती, इसी से उस सगाई को सुगमता से निभाया जा सकता है, पर संस्कार-रज्जुबद्धा मामी की समझ में कुछ नहीं आया था। हुआ वही, जो मुझे भय था। रात के आठ बजे, नौ, दस, ग्यारह, सब एक-एक कर बजते रहे, पर मामी बेबी के पीछे निरन्तर छाया-सी घूम रही थीं। प्रतुल का कंठ-स्वर क्रमशः ऊँचा होता जा रहा था, “यह आपकी सरासर ज्यादती है। बेबी मेरी वाग्दत्ता पत्नी है। मैं इसे जब चाहूँ, घुमाने ले जा सकता हूँ। सच पूछिए तो मैं इस लम्बी सगाई से ऊब गया हूँ। पता नहीं, कब आपकी गुणवन्ती कन्याओं का विवाह हो और कब मेरे इस नीरस क्यू का अन्त हो। जितनी बार भी आया हूँ, आपने यही असहयोग आन्दोलन किया है। आज इस बात का फैसला करके रहूँगा।”

मामी ने उत्तर में पता नहीं क्या गुनगुन की कि लड़के का पारा एकदम ही चढ़ गया, “तो जाइए, अपनी तीन कन्याओं का ढोल गले से बाँध घूमती रहिए, मैं जा रहा हूँ। समझ लीजिए, फिर कभी नहीं आऊँगा। एक बार फिर पूछता हूँ, बेबी, चलोगी मेरे साथ घूमने?”

मैं अपने कमरे से चीख-चीखकर उत्तर देना चाह रही थी, ‘हाँ, चलेगी, प्रतुल, अवश्य चलेगी।’ बड़े प्रयत्न से मैंने अपने को रोका। बेबी का उत्तर कतिपय विवश सिसकियों में आया, पर मामी का कठोर कंठ-स्वर अचानक कर्कश होकर गूँज उठा, “नहीं, नहीं, सौ बार नहीं! क्या समझा है, रायबहादुर बनर्जी परिवार की कुँआरी लड़की रात, आधी रात चौकबाजार में घूमती फिरेगी?”

कितना नासमझ मूर्ख युवक है वह, मैं सोचने लगी। ऐसे अवसरों पर छल-बल से भी तो काम लिया जा सकता है। यदि वह यहाँ पहले आ चुका है तो अवश्य जान ही गया होगा कि मामी के कमरे का द्वार रात-भर खुला रहता है, यही उनकी एकमात्र दुर्बलता है। बन्द दरवाजे के भीतर उन्हें नींद नहीं आती। बेबी की खाट एकदम द्वार से सटी लगी है और एक बार नींद आने पर मामी के कानों में नगाड़े पीटकर भी कोई उन्हें नहीं जगा सकता। इतनी भी बुद्धि नहीं है, तो लड़की को लेकर भाग क्यों नहीं जाता।

“ठीक है, मैं जा रहा हूँ।” प्रतुल शायद सचमुच ही चला गया, क्योंकि बेबी की सिसकियाँ मेरे कमरे के निकट आती गईं। मामी उसे निश्चय ही घसीटकर ला रही थीं, क्योंकि बीच-बीच में ‘बोकामेये’ (पागल लड़की) का स्वर आ रहा था।

अचानक भद्द-सी आवाज हुई और कटे पेड़-सी बेबी मेरे पार्श्व के पलँग पर आ गिरी।

मेरी समझ में नहीं आया, उसे आश्वासन दूँ, या नींद का बहाना बनाकर लेटी रहूँ। नींद का बहाना बनाने में ही मुझे लाभ दिखा।

प्रतुल सचमुच ही लौटकर नहीं आया। बेबी कई दिनों तक अपने कमरे में सिसकती

रही। मुझे उस मूर्ख लड़की की अकर्मण्यता पर बड़ा दुख होता, पर बचपन से ही माँ के कठोर अनुशासन ने उसकी रीढ़ की हड्डी तोड़कर रख दी थी।

"कोई बात नहीं।" मामी कहतीं, "बंगाल की धरणी क्या योग्य युवकों से एकदम रीती हो गई है? इसी वर्ष दो लड़के आई.पी.एस. में आए हैं। एक का तो पिता भी डी.आई.जी. है। बरीशाल में उसकी ननिहाल है। वहीं मेरी बड़दी हैं। आज ही लिखती हूँ। ऐसे-ऐसे बीसियों प्रतुल तेरी जूतियाँ चाटेंगे...।"

पर बेबी को जैसे जूतियाँ चटवाने की कोई आकांक्षा नहीं थी।

इसी बीच मैं अपने बंगले में लौट आई थी। पति और बच्चों के साथ जब पहाड़ यात्रा से लौटी, तो मामी से मिलने गई। बेबी की दोनों बहनें छुट्टियों में फिर आई हुई थीं, और तीन कन्याओं की उपस्थिति ने बहुत हद तक पिछली उदासी झाड़-पोंछ दी थी। फिर एक-से रंगों के कार्डिगन बुने जाने लगे थे। फिर से तीन दिन के तीन-तीन शो सिनेमा देखे जा रहे थे। किन्तु तीन जोड़ा आँखों में एक जोड़ा आँखों की उदासी अभी भी पूर्ववत् थी।

"कल हम लोग सब माघ मेला जाएँगे, अमावस का नहान है। वहाँ एक सौ नब्बे वर्ष के एक बाबाजी आए हैं, सबके प्रश्नों के उत्तर देते हैं। आप भी चलिए ना, बड़ा आनन्द आएगा।" सोना बोली।

"माँ को हम प्रश्न नहीं पूछने देंगी।" मँझली रीना सबसे मुखर और हठीली थी। मैं जानती हूँ, यह क्या पूछेंगी।"

"क्या?" मैंने हँसकर पूछा।

"वही निरर्थक प्रश्न—हम तीनों का विवाह कब होगा?...सिली!" कहकर वह हँसने लगी।

"पर आपको चलना होगा, माशी!"

"आपको चलना ही होगा।" बेबी ने कहा, तो मैं उसकी करुण याचना-पूर्ण दृष्टि का निमन्त्रण टाल नहीं सकी। कभी मैंने उसका पक्ष लिया था, शायद उस कृतज्ञता को भूल नहीं पाई थी बेचारी।

मामी ने एक बड़ा-सा बजरा किराए पर ले लिया था। अन्य यात्रियों से भरी नावों की अपेक्षा हमारा हल्का-फुल्का बजरा सर्राटे से तैरा जा रहा था।

तीन कन्याएँ, एक-दूसरे से माथे सटाए, एक-से रंगों के तीन कार्डिगन, मशीन की तेजी से खटाखट बुनती जा रही थीं। अचानक गीत गाती ग्रामीण स्त्रियों से भरी एक नाव हमारे पास से गुजर गई। "देख रीना, वह नीली साड़ीवाली ग्राम्या कितनी सुन्दर लग रही है!" सोना ने कहा और 'देखूँ, दीदी' कहती दोनों बहनें आगे की ओर झुक गईं। नाव तिरछी हो गई। मैंने भी उत्सुकतावश नीली साड़ीवाली को देखने के लिए दृष्टि फेरी।

मैंने जिसे देखा, उसे शायद तीन कन्याएँ नहीं देख पाईं।

एक सरकारी पुलिस की नाव में, तीन-चार लाल पगड़ीधारी रोबदार थानेदार खड़े थे, जैसे लखनऊ के बने मिट्टी के खिलौने हों। स्वयं नाव खेता, कन्धे में कैमरा लटकाए, पार्श्व में अपनी अग्निवर्ण सुन्दरी असमी पत्नी को लिए, प्रतुल मुस्कराता खड़ा था। मैं मामी से सुन चुकी थी कि उसने एक असमी बरुआ लड़की से विवाह कर लिया है।

"कहिए, कैसी हैं, आप सब? खूब भेंट हुई!" वह अपनी नाव को तेजी से खेता एकदम इतने निकट ले आया कि उस रोबदार सरकारी नाव की टक्कर खाकर हमारा जीर्ण-शीर्ण बजरा डगमगा गया। लग रहा था, उसने जान-बूझकर ही ऐसा किया है, क्योंकि उसकी दुष्टतापूर्ण

आँखें प्रतिशोध की चिनगारियाँ बरसा रही थीं। वह केवल बनियान और पैण्ट पहने नाव चला रहा था, नीली जर्सी गले से बँधी झूल रही थी। नंगी-चौड़ी ताम्रवर्णी छाती दर्पण-सी चमक रही थी।

मामी प्रस्तर प्रतिमा-सी चुपचाप बैठी थीं। सोना और रीना को जैसे साँप सूँघ गया था। दोनों के हाथ की बुनाई गोदी में गिर गई थी। अकेली बेबी मन्त्रमुग्ध दृष्टि से अपने खोए उस रत्न को निहार रही थी, जिसे उसने अयत्न और अवज्ञा से गँवा दिया था। न उस दृष्टि में द्वेष था, न घृणा, न प्रतिशोध था, न करुणा। था केवल प्रेम, अबाध, निश्छल प्रेम।

"जानती हैं, मिसेज बनर्जी!" उसने मामी की ओर देखकर कहा, तो तीनों बहनें चौंक पड़ीं। आज तक उसने मामी को कभी इस विदेशी सम्बोधन से नहीं डँसा था।

"मेरी इस पत्नी को विवाह से पूर्व, मेरे साथ रात, आधी रात घूमने में कभी कोई आपत्ति नहीं रही।" वह हँसा और धीमे अंग्रेजी चलचित्र के नायक के स्वर में फुसफुसाया, "गुड बाई एंड गुड लक, तीन कन्या!" हमारी नाव को फिर एक क्रूर टक्कर से डगमगाता वह तीर-सा निकल गया।

मामी का चेहरा क्रोध और अपमान से क्रमशः लाल से सफेद पड़ता जा रहा था, किन्तु उन्होंने एक शब्द भी नहीं कहा। मैं सोच रही थी कि खानदान और ब्रीडिंग का खरा सोना ऐसे ही अवसरों पर कसौटी को नहीं छलता। दोनों बहनें गोद की बुनाई को उठा, सींक से नीचे गिर गए फन्दों को पिरोने लगी थीं। अकेली बेबी अभी भी अचल बुनाई थामे, लहरें काटती तीर-सी भागी जाती, उसी नाव को एकटक देख रही थी, जिसके पीछे खड़े तीन थानेदारों के झब्बेदार रेशमी साफों की झालरों के बीच से दिखती, प्रतुल के गले से बँधी, उसी की बुनी नीली जर्सी की निर्जीव बाँहें धीरे-धीरे ओझल होती जा रही थीं।

मुझे लगा, यह त्रिवेणी-तट नहीं ब्रह्मपुत्र का विस्तृत वक्ष है, जिसके तट से दिखती हबीगंज की टेढ़ी-मेढ़ी बस्ती के बीच, तीन टेढ़ी और चौथी टूटी मीनार लिये अभिशप्त बनर्जी परिवार का बंकिम महल चुपचाप खड़ा है।

'चार मीनारों में जो चौथी मीनार भूकम्प के धक्के से टूटकर बिखर गई थी, वह फिर कभी नहीं बनाई गई।' मामी ने कहा था। सोचती हूँ, आज भाग्य का भूकम्प, जो फिर वही क्रम दुहरा रहा है, उसका अन्त भी क्या वैसा ही रहेगा?

चन्नी

ट्रेन पूरी रफ्तार से चली आ रही थी। नीचे की बर्थ पर एक बुजुर्ग-से नवाब साहब लेटे 'स्टेट्समैन' पढ़ रहे थे। पास ही उनका नाम लिखा सूटकेस धरा था, जिस पर नवाबजादा शौकत अली का नाम, उन्हीं की जवानी की तरह धुँधला पड़ गया था। दूसरी बर्थ पर एक सिन्धी नया जोड़ा, कबूतर की-सी गुटर-गूँ में मस्त था। बार-बार लड़की-सी दिखती नई दुल्हन अपने जवान पति को ऊपर की बर्थ पर जाने के लिए ठेल रही थी और वह दुगुने जोश से उससे छेड़खानियाँ किए जा रहा था। ऊपर की बर्थ पर लेटी, मैं मन ही मन सोच रही थी कि ये नये-नये ताजे जोड़े, अपने आसपास की भीड़ से कितने बेखबर रहते हैं। मेरे लिए यह कोई नई चीज नहीं थी। नैनीताल की ठंडी सड़क पर दिन-दहाड़े ऐसे बीसियों जोड़े एक-दूसरे से लिपटे-लिपटाए घूमते रहते हैं, पर मैं देख रही थी कि बुजुर्ग नवाबजादा शौकत अली को उस जोड़े ने बेहद परेशान कर दिया था। बेचारे बार-बार खाँसते-खँखारते अपनी उपस्थिति का आभास दे रहे थे। जब लखीमपुर में वह रसीला जोड़ा उतर गया, तो उन्होंने चैन की साँस ली और करवट बदलकर सो गए।

गर्मी बेहद थी। पंखा चल रहा था, पर ट्रेन के अधिकांश पंखों की भाँति यात्रियों को छोड़कर, डिब्बे की हर दिशा को हवा भेज रहा था। मैंने कई बार उसे घुमा-फिराकर मनाने की कोशिश की, पर हार मानकर चुपचाप लेट जाना पड़ा। मैं सोच ही रही थी कि नीचे की बर्थ पर अपना बिस्तर बिछा लूँ। इतने में ही बहुत सारा सामान लेकर दो-तीन कुली धँस आए। भूरे-भूरे बालोंवाले एक लड़के ने बड़ी फुर्ती से निचली बर्थ पर होल्डाल फैला दिया और एक पिस्तई रंग के बुर्के की सर्र-सर्र के साथ एक महिला उस बर्थ पर जम गई।

"जमील, लो, इन कुलियों को पैसे दे देना और बचे तुम रख लेना।" एक पाँच का नोट उन्होंने उस भूरे बालोंवाले लड़के को थमाया ही था कि गाड़ी चल पड़ी और वह चट से उतर गया।

नवाबजादा हल्के-हल्के खर्राटे ले रहे थे। डिब्बे की बत्तियाँ पहले से ही बुझी थीं। उस महिला ने अपना रेशमी बुर्का उतारकर खूँटी पर टाँग दिया। महिला मेरे नीचेवाली बर्थ पर थी, इसी से चेहरा न दिखा, लेकिन गाड़ी स्टेशन छोड़ रही थी। स्टेशन की बत्तियों के अस्पष्ट-से धुँधलके में भी, बुर्का टाँगनेवाली की लम्बी-लम्बी अँगुलियाँ मुझे स्पष्ट दीख गईं। कुछ बुर्के की रेशमी खसखस और कुछ अँगुली में पड़ी हीरे की अँगूठी की दमक ने मेरा ध्यान आकर्षित किया। कैसी लम्बी-लम्बी सुडौल अँगुलियाँ थीं! और दूसरे ही क्षण मुझे एक अजब घुटन ने व्याकुल कर दिया। ऐसी ही लम्बी और सिरे से टेपरिंग अँगुलियाँ मैंने कहाँ देखी हैं—कहाँ देखी हैं? ठीक-ठीक याद न कर सकने की विचित्र झुंझलाहट ने मुझे ऐसा व्याकुल कर दिया कि याद

न आने पर शायद नीचे कूदकर उस अपरिचिता महिला की अँगुलियाँ फिर देख डालती, पर तभी अचानक याद आया—अँगुलियाँ जिन हाथों में मैंने देखी थीं, वे जल-भुनकर कब के राख हो चुके थे। उनके फिर दीख जाने का कोई प्रश्न ही नहीं उठ सकता था।

आज से दस वर्ष पहले मेरे पति ही तो उन अँगुलियों का अस्तित्व गंगा में बहा आए थे। हाँ-हाँ, चन्नी की अँगुलियाँ ऐसी ही थीं। मैं उससे कहती, 'चन्नी, तेरी अँगुलियाँ तो चम्पे की कलियाँ हैं।'

'चल हट!' वह कहती, 'ताई तो कहती है, ऐसी लम्बी-लम्बी अँगुलियाँ चुड़ैल की होती हैं।'

ताई की नजर में तो वह हमेशा चुड़ैल ही रही। चन्नी मेरे मँझले मामा की इकलौती लड़की थी। जन्मते ही उसने जननी को डँसा और पिता को तो गर्भ से ही डँस चुकी थी। अनाथ चन्नी को बड़े मामाजी ने ही पाला। मेरी ननिहाल में तीन अल्सेशियन भी पलते थे। अभागिनी चन्नी को भी उसी स्तर से पाला जाता था। घर-भर की उतरनें वह पहनती, फिर भी कुन्दकली-सी चटकती रहती। घर-भर की बासी जूठन उदरस्थ करने पर भी उसके स्वास्थ्य ने कभी हार नहीं मानी।

मेरे ननिहाल की सब लड़कियाँ गोरी-चिट्ठी थीं, पर चन्नी थी साँवली। उसे अपने कृष्णवर्ण का कोई दुख नहीं था। वह जानती थी कि विधाता ने उसकी शोख आँखों और मोती-सी दन्त-पंक्ति में लावण्य का ऐसा अपरिमित कोष भर दिया था, जिसे अपने गौरवर्ण की महिमा से भी उसकी चचेरी बहनें तुच्छ सिद्ध नहीं कर सकती थीं। एक से एक महँगे विदेशी शैम्पू से अपने सुनहरे बालों को धोकर, उसकी गोरी-गोरी मेम-सी बहनें कान्वेंट स्कूलों में पढ़ने जातीं और वह केवल रीठे से ही समृद्ध अपनी एड़ी तक लहराती चोटी पीठ पर डालकर 'जगततारिणी' स्कूल में पढ़ती। उसकी अध्यापिकाओं का कहना था कि ऐसी तेज लड़की उनके स्कूल में आज तक नहीं आई।

एक बार अपने स्कूल की खेल की टीम के साथ वह रूस भी घूम आई, तो चाची-ताइयों के दिल पर छुरियाँ चल गईं। बड़े मामाजी ने ही जिद करके उसे भेज भी दिया, नहीं तो बेचारी जा भी ना पाती। विदेश से लौटने के बाद चन्नी की बोटी-बोटी फड़कने लगी। शोख पहले से ही थी, अब वह ढीठ भी हो गई। जब छोटी थी, तभी पास-पड़ोस से शिकायतें आने लगी थीं—चन्नी ने किसी की चूड़ियाँ मसक दीं, किसी की गुड़िया कुएँ में डाल दी, कहीं से कच्ची इमलियाँ चुरा लाई, तो कहीं से कच्चे अमरूद। जवान हुई तो, कयामत ही आ गई। उसकी किताबों से एक-आध प्रेम-पत्र का गिरकर बड़ी मामा जी के हाथ में पड़ जाना तो नित्य की घटना थी, तिस पर मुहल्ले भर के छोकरों की भ्रमरावलि उसके इर्द-गिर्द मँडराने लगी। होने को तो बड़े मामाजी की लड़की सरला उससे कहीं सुन्दर थी, किन्तु बड़ी-बड़ी आँखों की चंचल पुतलियाँ घुमाना, खिलखिलाकर हँसी के मँजीरे बजाना—यह सब उसे कहाँ आता! अपनी सामान्य-सी साड़ी के आँचल-सिगनल से, चन्नी मुहल्ले-भर के युवकों के हृदइंजनों को रोक सकती थी, तभी तो बड़ी मामीजी अम्मा से कहतीं, 'बीवी, छोरी बंगाल का जादू जाने है। किसी तरह छोरी के हाथ पीले करूँ, तो छुट्टी मिले। सुन तो रही हो शास्त्रीजी की बिटिया भी मुसलमान साइकिलवाले के साथ भाग गई।'

शास्त्रीजी की बिटिया साइकिलवाले के साथ न भागी होती तो शायद चन्नी के विवाह की इतनी जल्दी न मचती। उसी दिन से मेरे दोनों मामा उसके लिए दाएँ-बाएँ वर ढूँढ़ने लगे। किन्तु इसी बीच एक सुयोग्य पात्र ने उसे स्वयं ढूँढ़ लिया। चन्नी अपने मामा के यहाँ अलीगढ़ गई हुई थी, वहीं की नुमाइश में उसे चटखारे ले-लेकर चाट खाते योगेन जीजा ने देख लिया।

'अब चाट खानेवाले भी दो तरह के होते हैं।' चन्नी ने मुझसे हँस-हँसकर कहा था। आज भी उसकी हिरनी की-सी आँखों की काली भँवर पुतलियाँ मेरे स्मृति-पटल पर खिंच जाती हैं। 'एक तो प्लेट में चाट धरकर चम्मच से ऐसे चुगते हैं, जैसे मोती हों, न मिर्च की सिसकारियाँ, न हा-हा, हू-हू, न अँगुलियाँ चाटना, न आँखों में पानी; और एक चाट खानेवाले होते हैं हम सरीखे, आँखें लाल, होंठ लाल, यानी—दृगन बीच डोरे लाल, डोरे लाल झलकें— बस, तेरे जीजा ने हमें देखा और पसन्द कर लिया!'

काश, जीजा उस पर रीझे ही रहते!

ननिहाल की वह विष-वल्लरी मुझे प्राणों से प्रिय थी। उसकी कुख्याति सुनकर भी मुझे कभी घृणा नहीं हुई। एक दिन बड़ी मामी ने मुझे निराले में खींचकर समझाया भी था, 'देख बिट्टो, उस छोकरी के पीछे-पीछे मत फिरै। वह जहर की बुझी है, जहर की! अपनी नानी पै गई है, रंडी!' चन्नी के नाना ने वेश्या से विवाह किया था। हो सकता है, चन्नी में अपनी रूपजीवा नानी के ही संस्कार आए हों। मँझले मामा ने घर-भर की अवहेलना करके ही मामी से विवाह किया था, इसी से वर्जित कुल की स्मृतिचिन्ह चन्नी सबकी आँखों की किरकिरी थी। मैं छुट्टियों में ननिहाल जाती, तो वह मुझसे लिपट जाती। हाथ नचा-नचा, पुतलियाँ घुमा, ऐसे-ऐसे रंगीन किस्से लेकर बैठ जाती कि जी में आता सुनते ही रहो। प्रेम-पत्रों का उसके पास एक बड़ा-सा पुलिन्दा रहता, जिसे वह पिछवाड़े के बरामदे में मुझे ले जाकर पढ़-पढ़कर सुनाती।

'सरला से मत कहना, बड़ी चुगलखोर है, चट ताई से कह देगी।' वह कहती और सँकरे पिछवाड़े में, पास के पागलखाने से आती दुर्गन्ध के दुःसह भार को वहन कर भी मैं उसके प्रेम-पत्रों के रस-भंडार का रसास्वादन करती। एक उम्र ऐसी होती है, जब ऐसे प्रेमपत्रों का लड़कियों के मनोरंजन के लिए विशेष महत्त्व होता है। हमारी शायद वही उम्र थी। मैं सोलह की थी और चन्नी सत्रह की। उसी साल चन्नी का विवाह भी हो गया। मुझे आज भी उसके विवाह की एक-एक घटना कंठस्थ है। भारी जामदानी लहँगे में चन्नी की मुट्ठी-भर की कमर दुहरी हुई जा रही थी, उसकी नाक छिदी नहीं थी, इसी से उसकी ससुराल से स्प्रिंगवाली बड़ी-सी नथ आयी थी जिसका स्प्रिंग या तो ढीला हो जाता था या घूँघट की उमस से घुटकर चन्नी स्वयं ढीला कर सबके सामने घूँघट पलटकर कह उठती थी, 'देखो ताई, यह नथ हमसे नहीं सँभलती।'

आँखें दिखाती, दाँत पीसती बड़ी मामी दुगुना घूँघट खींच देती और उसकी फुसफुसाहट तीखी होकर शायद उसी दिन योगेन जीजा के कानों में पड़ गई, 'अरी, आज के दिन तो हमारी लाज-शरम रख ले!'

योगेन जीजा शायद जान गए थे कि बिगड़ी घोड़ी को लगाम और चाबुक की शान में नहीं साधा तो, वह उन्हें भी अनाड़ी सवार की तरह मिट्टी में लिटा देगी। सिर से पैर तक गहनों से लदी चन्नी विदा हुई, तो मेरी दोनों मामियों ने निश्चिन्त साँस लेकर कहा था, 'चलो भई, हमने तो अब गंगा नहा ली।' फिर कई साल तक मुझे चन्नी की खबर ही नहीं मिली। मेरे विवाह पर भी योगेन जीजा ने उसे नहीं भेजा। सरला तो कहती थी कि उसके प्रेमपत्रों के पुलिन्दे के बारे में किसी ने योगेन जीजा को बतला दिया। क्या पता, बतानेवाली स्वयं सरला ही हो?

फिर सरला के ब्याह में बड़े मामा उसे स्वयं जाकर लिवा लाए। मुझे लगता है, उस अभागिनी को बड़े मामा बहुत चाहते थे, इसी से मामी के बहुत बुरा-भला कहने पर भी वे उसे लिवाने चले ही गए और कैसा आश्चर्य कि जीजा ने चटपट भेज भी दिया। तीन अदद मरियल-सी बच्चियों को लेकर वह ताँगे से उतरी, तो मैं अवसन्न रह गई। यह वही चन्नी थी,

जो छूने से भी मैली होती थी। न आँखों में वह शोखी थी, न चेहरे पर रौनक। मुझे देखते ही सिर झुका लिया, जैसे अपनी गन्दी बदशक्ल लड़कियों के लिए माफी माँग रही हो। तीनों बच्चियों ने माँ का रंग और बाप का नक्शा पाया था। तीनों ही के चेहरे पर योगेन जीजा की सुग्गे की नाक का मनहूस साया था। उनके जिन अंगों को ढँकने के लिए उनके धारीदार कच्छों की सृष्टि हुई थी, उन्हें खुला छोड़कर, वे उनके घुटनों तक बड़े ही फूहड़ ढंग से लटक आए थे। नाक बह रही थी, जिन्हें पोंछने की चन्नी को कोई चिन्ता नहीं थी। विवाह के पश्चात सुघड़ से सुघड़ नारी भी कितनी बदल जाती है! यह वही चन्नी थी, जिसके प्रेमपत्रों के प्रतिभाशाली लेखक, उसके मनोहर व्यक्तित्व की बलैयाँ लेते, उसका आदेश पाते ही किसी भी मेल ट्रेन के धड़धड़ाते पहियों के नीचे लेट जाने को तत्पर रहते थे।

'हाय राम! चन्नी, तुझे यह क्या हो गया? बारात आने को है, कम से कम आज तो साड़ी बदल ले।' मैंने उसे खींच-खाँचकर अपनी एक साड़ी पहना दी, बालों को सँवारकर जूड़ा बनाया, बिन्दी लगाने लगी तो वह दोनों हाथों से मुँह ढँककर सिसक पड़ी।

'अरे भई, हमारी कमीज कहाँ डाल दी, हद हो तुम!' योगेन जीजा की चिड़चिड़ी आवाज सुनते ही वह भीगी बिल्ली-सी दुबक गई। मैं समझ गई कि हृदयहीन पति के कठोर शासन ने ही उसकी मुख-श्री छीन ली है। बारात विदा होते ही जीजाजी उसे लेकर चले गए। उन्हें किसी मीटिंग में दिल्ली जाना था।

'योगेन जीजा, चन्नी को यहीं छोड़ जाइए ना, हमें भी तो दिल्ली जाना है, हमारे साथ चली जाएगी।' मैंने कहा और चन्नी का चेहरा फक पड़ गया, जैसे मेरे दुस्साहस से योगेन जीजा सबके सामने उसका अपमान न कर बैठें।

'नहीं, यहाँ कैसे छोड़ दें? होटल का खाना हमसे नहीं खाया जाता।'

वह गई, तो मारे भय के मुझसे ठीक से मिली भी नहीं। एक सहमी-सी हँसी के पीछे उसके दोनों होंठ बरबस रोकी गई रुलाई के भार से काँप रहे थे। मैं मोड़ पर अचानक ओझल हो गए उसके ताँगे को देख रही थी कि न जाने कहाँ से बड़ी मामी आ गईं। उनकी पुत्री को ससुराल से बहुत ही साधारण-सा चढ़ावा आया था। उसी की भड़ास उन्होंने चन्नी के मत्थे निकाली। 'क्या सुख है चन्नी को? जमींदार से जाकर सुना, योगेन तालों में बन्द करके धरै है! लच्छन जो वैसे ठहरे। इससे तो अपनी सरला अच्छे घर गई। ऐसा भी क्या गहना, जिससे गर्दन टूटे! चन्नी तो राह पर आ गई। दामाद करी न मिलता, तो आज 'शमी मंजिल' में होती!'

सामने 'शमी मंजिल' के गुम्बद दीख रहे थे। सबसे ऊँची मंजिल पर बने आधे चाँद पर नये मालिक ने काला रंग पोत दिया था। जिस छत की मुँडेर पर बिगोनिया के गमले महकते थे, वहाँ पर कई जोड़ी कच्छे और मैली-सी पाण्डुजीर्ण सलवारें सूख रही थीं। चन्नी की शादी के साल ही 'शमी मंजिल' ने उजड़कर पहले से ही उसकी मौत का मातम मना लिया था। आबिद चचा पाकिस्तान भाग गए और अब उनकी 'शमी मंजिल' किसी सरदार को क्लेम में मिल गई थी।

सरदारजी के सत्रह बच्चे थे, जो उनकी छत की हर मुँडेर पर लंगूरों की तरह चढ़े रहते थे। उनकी छत से मिली एक सँकरी-सी मुँडेर मामाजी के दीवानखाने की छत पर उतरती थी और कभी वही मुँडेर, डूबते सूरज की छाया में 'शमी मंजिल' और 'तुलसी कुटीर' की प्रेमपुण्य सलिला का संगम थी। इरफान अहमद चन्नी के पीछे दीवाना था। उसकी सारी चिट्ठियाँ हिना और खस से तर आती थीं। उन्हें सूँघ-सूँघकर किताबों से ढूँढ़ निकालना सरला के लिए बड़ा

आसान होता। इसी से इरफान उन्हें मुँडेर की एक खपरैल के नीचे छिपा जाता। बड़े मामाजी से आबिद चचा की पुरानी मित्रता थी, इसी से मुस्लिम परिवार से मिलने-जुलने पर हम पर भी कोई रोटटोक नहीं थी। इरफान भाई अलीगढ़ युनिवर्सिटी से घर आते, तो बड़ी मामी चौकन्नी होकर चन्नी के पैरों में बेड़ियाँ डाल देतीं। पर चन्नी उन कैदियों में से थी, जो बेड़ियों को काटने का साधन जेलखाने की ऊँची दीवारों में भी जुटा ही लेते हैं। बात शायद बहुत बढ़ जाती, पर बीच ही में हिन्दुस्तान और पाकिस्तान ने एक-दूसरे की ओर बड़ी बेरुखी से पीठ फेर ली।

जब मेरे पति की बदली दिल्ली हो गई तो मैं खुशी से उछल पड़ी। चन्नी वहीं थी। अब मैं उसकी उदासी को दूर कर लूँगी और वह फिर पहाड़ी मैना-सी चहकने लगेगी। किन्तु चहकती कैसे? मैना के गले में सुना, एक काँटा उग आता है और वह चहकना बन्द कर एक दिन गर्दन डाल देती है। चन्नी के गले में भी ऐसा ही काँटा उग आया था। मेरे और उसके मकान के बीच कुल तीन मकानों का फासला था और काम निबटाते ही मैं उसके पास पहुँच जाती। पर धीरे-धीरे मुझे लगने लगा कि जो चन्नी मुझे देखकर कली-सी खिल उठती थी, अब मुरझाकर बिखर जाती है।

योगेन जीजा के ऑफिस से लौटने से पहले ही मुझे किसी प्रकार विदा देने को वह छटपटाने लगती। मेरे यहाँ आती भी तो सहमी-सहमी निगाहों से इधर-उधर देखती, बार-बार चौंक पड़ती और कभी अपनी बड़ी-बड़ी आँखें मेरे चेहरे पर गड़ाए मुझे देखती रहती। मैं पूछती भी तो किससे? घर के भेदी प्रायः नौकर या बच्चे ही होते हैं। नौकर जीजाजी रखते ही नहीं थे, और चन्नी की तीनों बच्चियाँ वज्रमूर्खा थीं। इसी बीच मैं बाबूजी की बीमारी का तार पाकर मायके चली गई। वहीं मुझे एक दिन अपने पति की चिट्ठी मिली कि चन्नी किसी के साथ भाग गई।

मैं स्तब्ध थी, मन-ही-मन। मैं जानती थी कि चन्नी कभी भाग नहीं सकती। भागने की भी तो आखिर एक उम्र होती है। चौंतीस वर्ष की पढ़ी-लिखी तीन बच्चियों की माँ चन्नी भला किसके साथ भाग सकती थी! 'किसके साथ भागी, यह पता नहीं।' मेरे पति ने लिखा था, 'लेकिन योगेन का कहना है कि वह किसी प्रेमी के साथ ही भागी है।'

चन्नी क्या ऐसी नासमझ थी? योगेन जीजा के निर्मम व्यवहार और शक्की स्वभाव से ही ऊबकर वह किसी ताल-बावड़ी में कूद गई होगी। बेचारी ने पति का विश्वास पाने के लिए कितनी चेष्टा की थी। मैं नित्य बड़ी आशा से अखबार देखती। शायद किसी युवती की लाश मिलने का समाचार हो। इसी बीच मेरे पति का एक पत्र आया कि चन्नी के किसी सरदार के यहाँ छिपने का समाचार मिला था। वहाँ पुलिस की सहायता से योगेन जीजा ने छापा मारा, तो सरदार फरार हो चुका था और दरवाजा तोड़ने तक चन्नी ने अपने शरीर पर मिट्टी का तेल छिड़ककर लाग लगा ली।

पड़ोसियों ने बतलाया कि वह सरदार कुछ ही दिन पहले दस साल की सजा भुगतकर लौटा था और एक दिन वह सुन्दर साँवली बंगालिन-सी लड़की उसके साथ आकर रहने लगी थी। दिन-भर वह कमरे में बन्द रहती और रात को सरदार के साथ घूमने निकलती। दरवाजा तोड़ने तक वह खत्म हो चुकी थी। बाद में योगेन जीजा और मेरे पति ही उसकी मिट्टी ठिकाने लगा आए थे।

आज ट्रेन में किसी अपरिचिता की लम्बी अँगुलियाँ देखकर अभागिनी चन्नी की स्मृति फिर ताजी हो उठी थी। एक बार बर्थ से झाँककर देखने की चेष्टा की तो देखा, वह अपरिचिता, मुस्लिम महिला करवट बदले सो रही थी। नवाब साहब के खर्राटों और ट्रेन के झकोरों के बीच

मुझे भी नींद ने दबोच लिया। काफी देर बाद किसी स्टेशन पर गाड़ी रुकी। फिर चली और फिर न जाने कितने स्टेशनों पर रुकती-चलती बढ़ती चली गई। मैं गहरी नींद में पड़ी ही रही। जब उठी तो हलका गुलाबी उजाला होने लगा था। नीचे झाँककर देखा तो बर्थ खाली थी। लम्बी अँगुलियों वाली मुस्लिम महिला न जाने किस स्टेशन पर उतर चुकी थी। हाथ में गडुवा लिये नवाब साहब बाथरूम में घुस गए, तो मैं भी बिस्तर से उतरकर नीचे की बर्थ पर आ गई। एक छोटा-सा रूमाल, शायद वह महिला भूल गई थीं, बड़ा प्यारा-सा लेस लगा केम्ब्रिक का रूमाल था, जिसे देखकर फ्लौबेयर की किसी फ्रेंच नायिका का स्मरण हो आया और न जाने क्या सोचकर मैंने उसे उठा लिया। स्पर्श और भी प्यारा लगा। नाक से लगाया तो मुझे साँप सूँघ गया। कैसी परिचित मीठी खुशबू थी! वही जानी-पहचानी मीठी खुशबू, जो इरफान अहमद के हिना के तर खतों से आया करती थी। लखनऊ आने तक वह रूमाल मेरी मुट्ठी में ही धरा रहा। वह रूमाल नहीं, जैसे शादी के पसीने से तर चन्नी का हाथ मेरे हाथ में बन्द था।

घर पहुँचते ही मैंने अपने पति से पूछा, "क्यों, उस दिन आप भी जीजाजी के साथ मरघट तक गए थे न?" मेरे पति मुझे ऐसे देखने लगे जैसे मेरा दिमाग फिर गया हो। चन्नी को मरे दस साल हो चुके थे।

"हद करती हो तुम भी! आज अचानक क्या याद आई?"

"नहीं, ऐसे ही पूछा।" मैंने कुछ खिसियाकर कहा, "आप कहते थे न, उसने अपने को जला डाला था, फिर मरघट तक क्या ले गए होंगे, यही सोच रही थी।"

"इस बुरी तरह जली थी कि पहचान में ही नहीं आती थी। वे तो दोनों हाथ बच गए थे, बस।"

"हाय, राम! क्या दोनों हाथ देखकर ही आप लोगों ने उसे पहचान लिया था?" मेरा कलेजा बुरी तरह धड़के जा रहा था।

"नहीं, अँगुलियाँ देखकर। योगेन कहता था कि वैसी लम्बी-लम्बी अँगुलियाँ और किसी की नहीं हो सकतीं, फिर बाएँ हाथ पर गुदना भी तो था।"

मुझे याद आया। उसके बाएँ हाथ पर गुदा फूलों का एक नीला गमला! किन्तु क्या उस गमले पर उसका कापीराइट था? "क्या वैसा ही गमला किसी और के हाथों पर नहीं गुद सकता था?"

"योगेन जीजा ने कहा था कि वैसी अँगुलियाँ और किसी की नहीं हो सकतीं।"

जब ट्रेन में मुझे लम्बी-लम्बी अँगुलियाँ दिखीं...यही तो मैं भी जोर-जोर से कहना चाह रही हूँ, कि वैसी अँगुलियाँ और किसी की नहीं हो सकतीं, पर कैसे कहूँ? मेरी बात मानेगा ही कौन? मेरे पास सबूत है परिचित खुशबू से तर छोटे से केम्ब्रिक के रूमाल का। संसार ऐसी भावुक कमजोर दलील पर विश्वास नहीं करता। फिर उस खुशबू ही को भला कब तक सहेज पाऊँगी? हिना और खस की खुशबू अब चन्नी के रहस्यमय अस्तित्व की भाँति धीरे-धीरे उड़ती जा रही है। जिस दिन वह बिल्कुल ही उड़ जाएगी, उस दिन शायद मैं भी मान लूँगी कि चन्नी सचमुच ही मर गई।

धुआँ

रामगढ़ के सीमान्त पर बसे छोटे-से नैक ग्राम में, जिस दिन रजुला का जन्म हुआ, दिशाएँ पहाड़ी दमुवे की चोट और तुतुरी की ध्वनि से आनन्द-विभोर हो उठीं। ग्राम आज भी जीवित है, पर उसके मकानों के कक्षगवाक्ष, किसी जर्जर वृद्ध की जीर्ण दन्तपंक्ति की ही भाँति, टूटकर बिखर पड़ने को तत्पर हैं। जो अब दूर से, लासा के दलाईलामा के विचित्र महल-सा दिखता है, किसी समय कुमाऊँ का प्रसिद्ध सौन्दर्यतीर्थ था। छोटे काठ के यही खँडहर, कभी तबले की झनक और घुँघरुओं की रुनक से गूँज उठते थे। हिरणी के-से शत-शत नयन-कटाक्ष, दूर-दूर से तरुण, किशोर, विगलित पौरुष के क्षत्रिय, ब्राह्मण, शूद्र सबको एक अनोखी भावनात्मक एकता की डोर से बाँधकर खींच लाते थे। प्रेम के कुछ अमूल्य क्षणों का मुँहमाँगा दाम देकर, उच्च कुलगोत्र का अस्तित्व मिटा, न जाने कितने पन्त, पांडे और जोशी यहाँ विवेक-भ्रष्ट हुए।

सेब की नशीली खुशबू में डूबा रामगढ़ तब और भी मादक था, वहाँ की हवा के हर झोंके में सेब की मीठी खुशबू रहती पर तब रामगढ़, आज की भाँति अपने सेबों के लिए प्रसिद्ध नहीं था, रामगढ़ का मुख्य आकर्षण था नैक ग्राम। वहाँ की देवांगना-सी सुन्दरी उर्वशियाँ शरीर को ऐसी लगन और भक्ति से बेचती थीं, जैसे सामान्य-सी त्रुटि भी उनके जीवन को कलंकित कर देगी। प्रेम के आदान-प्रदान में कहीं भी वारांगना का विलास नहीं रहता, वाणी में, कटाक्षमय अभ्यर्थना में, यहाँ तक कि उनके संगीत के नैवेद्य में भी कहीं पर उनके कलुषित पेशे की छाप नहीं रहती। कभी किसी मनचले ग्राहक को, उनसे ठुमरी या गजल-दादरा सुनाने का आग्रह करने का साहस नहीं होता। सुन्दर ललाट पर पड़ा हल्के-से घूँघट का घेरा, आनत आनन पर भी अपनी पवित्र छाया डाल देता। भजन, कीर्तन और परी चाँचरियों के पहाड़ी पूजागीत सुना, हाथ में मिट्टी का जला प्रदीप लेकर, सिर झुकाए अलस-पगों से, किसी सौम्य उच्च कुलवधू की भाँति ही वे उर्वशियाँ ग्राहकों के पीछे-पीछे अपने कक्षों में चली जातीं।

पुत्री का जन्म उस बस्ती में सर्वदा बड़े उल्लास से मनाया जाता। इसी से जब उनमें सबसे सुन्दरी मोतिया, अलस होकर नींबू और दाड़िम चाटने लगी तो अनुभवी सखियों ने घेर लिया—

"हाय, राम कसम, लड़की होगी, इसी से तो खट्टा माँग रही है, अभी से!" धना बोली।

"और क्या!" पिरमा चहकी, "लड़का निगोड़ा ऐसा पीला चटक रंग थोड़े ही ना रहने देता।"

मोतिया पान के पत्ते-सी फेरी जाने लगी, बत्तीस सुन्दरियों के हृदय प्रतीक्षा में धड़कने लगे, उनके वंश की पल्लवित लता अब सूखती जा रही थी, पन्द्रह वर्ष पहले चन्द्रा के निगोड़ा पूत

ही जन्मा था। रजुला का जन्म हुआ तो सखियाँ नाच उठीं। रँगीली बस्ती के तीन-चार पुरुषों को नैनीताल भेजकर, गुरखा बैंड मँगवाया गया, तीन-तीन हलवाइयों ने कड़ाह चढ़ा दिए, एक ओर ब्राह्मणों के लिए दही में गुँधे आटे के पकवान उतरने लगे, दूसरी ओर बड़े-बड़े हंडों में क्षत्रियों के लिए समूचे बकरे भूने जाने लगे। लाल रुँवाली के पिछौड़ों से अपने रूप की बिजलियाँ गिराती, रजुला की बत्तीस मौसियाँ निमन्त्रित अतिथिगणों के हृदयों पर छुरियाँ चलाने लगीं। पंडितजी ने, शंख को मुँह में लगाकर, तीन बार नवजात कन्या के कान में नाम फूँक दिया—'रजुला-राजेश्वरी-राधिका' और स्वयं लाल पड़कर रह गए।

"यह काम असल में कन्या के पिता को करना था," कहकर वे खिसियानी हँसी हँसने लगे।

"हो न हो, इसमें तुम्हारे ही-से किसी ब्राह्मण का रक्त है पंडित ज्यू, मिला लो रंग," साथ ही खिलखिल करती दो-तीन मौसियों ने पंडितजी को घेर लिया, "क्या बात कही तुमने भी!"

पंडितजी स्वयं भी हँसने लगे—गहरी दक्षिणा, रसीली चुटकियों और मछली-सी लम्बी आँखों के कटाक्षों ने उन्हें रससागर में गले तक डुबो दिया था। "माया तो देखो भगवान् की, कल कुंडली बनाई, तो बस देखता रह गया, रत्नांजलि योग है इसका पिरमा, हाथों से रतन उलीचे तो फिर भी हथेली रत्नों से भरी रहे!" उन्होंने काल्पनिक रत्नों की ढेरी में हथेली की अँजुली भरकर निकाली और हवा में बिखेर दी। "ऐसे, समझी? बाप रे रत्नांजलि योग," वे स्वयं ही अविश्वास से बुदबुदाने लगे।

"वह योग तो हम सबका है यार पंडित ज्यू", रसीली पिरमा चहकी और खिलखिलाकर हँसी के मंजीरे बन गए।

बत्तीस मातृत्व-वंचिता नारियों के अभिशप्त दग्ध हृदयों का मलहम बन गई रजुला। सन्ध्या को सब अपने शृंगार-कक्षों में चली जातीं तो सयानी देवकी रजुला को गोद में नचाती—

आजा मेरी चम्पाकली
सोजा मेरी चम्पावती

ऐसे ही देवी ने मोतिया को नचाया था, ऐसी ही थी भीमू, लछमी, परु और न जाने कितनी रूपसियों का स्पर्श अभी भी उसकी गोद में सिंचकर रह गया था और सब एक-एक कर ताल में पकड़ी मछलियों की ही भाँति, उसकी हथेली से फिसलकर फिर ताल ही में जा गिरी थीं। स्वयं वह भी प्रभु के भजन को घर से निकल गई थी! जोगिया कपड़े रँग के, सिर मूँड, वह एक नैपाली बाबा के दल में बद्रीनाथ की यात्रा को निकल गई थी, पति लाम में मारा गया और क्रूर सास ने उसकी कोमल पीठ, गर्म लोहे की सलाखों से दाग-दागकर रख दी थी, इसी से घर-द्वार की माया-ममता छोड़, वह अलख कहकर निकल पड़ी थी। पन्द्रह वर्ष की बालिका वैराग्य के भूलभुलैये में भटककर, न जाने कब विलास की नगरी में जा गिरी। अब तो उसने सातों नरक देख लिए थे, उसकी पहली पुत्री, बाईस वर्ष में ही भीषण रोग से सड़-सड़कर मर गई थी, तब उसने कसम खाई थी कि वह अब मनुष्यमात्र से माया-ममता नहीं करेगी, पर इकहत्तर वर्ष में फिर बन्धन में पड़ गई। मोतिया भी उसी की पुत्री थी। मोतिया, जैसे-जैसे गतयौवना होती जा रही थी, वैसे ही उसका भाव भी चढ़ता ही जा रहा था।

"शहद जितना पुराना हो उतना ही मीठा भी होता है मोतुली, तू हमारे कुल का खरा शहद है," देवकी ममत्व से उसे निहारकर कहती। नन्दादेवी का डोला उठता तो मोतिया की ही पुकार

होती। वही डोले के आगे-आगे नाचती। मखमली लहँगा, बढ़िया लाल गोट लगा अतलसी पिछौड़ा और हाथ में इत्र की खुशबू से तर लाल रेशमी रूमाल लेकर वह नाचती और कुमाऊँ के रँगीले जवानों के दिल नाच उठते। मजाल है, किसी कुमाऊँनी लखपती के नौशे की डोली बिना मोतिया के नाच के उठ जाए! सिर से पैर तक सोने से लदी मोतिया जिधर कदम उठाती, फूल खिल जाते। मोतिया की रजुला जब आठ साल की हुई तो बड़े आनन-फानन से उसकी संगीत की बारहखड़ी आरम्भ की गई। एक बकरा काटकर, उस्ताद बुन्दू ने उसकी नागफनी के फूल-सी लाल जिह्वा पर सरस्वती बनाई। कुछ दिन बाद, उस्ताद ने भैरवी की एक छोटी-सी बन्दिश रजुला के गले पर उतारी तो उसने खिलखिलाकर इस बारीकी से दुहरा दी, कि बुन्दू मियाँ दंग रह गए, और रजुला के पैर छूकर लौट गए, "वाह उस्ताद, आज से तू गुरु और मैं चेला, मोतिया बेटी इस हीरे को गुदड़ी में मत छिपा। देख लेना एक दिन इसके सामने बड़े-बड़े उस्ताद पानी भरेंगे। देस भेज इसे, वरना इसकी विद्या गले ही में सूखकर रह जाएगी।"

'हे राम, देस! जहाँ लू की लपटें आदमी को जल-भुनकर रख देती हैं और ऐसी फूल-सी बिटिया...' बत्तीसों मौसियों के हृदय भर आए। पर बुन्दू मियाँ कभी ऐसी-वैसी बातें नहीं करते थे। कैसी-कैसी विद्या उनके गले में भरी थी।

जब वे ही रजुला से हार मान गए तो देश ही तो भेजना पड़ेगा। बुन्दू मियाँ की बुआ की लड़की लखनऊ में रहती थी। सुना, रियासतों में ही शादी-ब्याह के मुजरों का बयाना लेती थी। "ग्रामोफून के डबल रिकार्डों में उनका गाया मेघ, पचास-पचास रुपयों में बिकता है," बुन्दू मियाँ बोले, "अब तुम क्या समझो मेघ! तुमने बहुत हुआ तो गा दिया सीधे-सादे ठेके पर कोई भजन या काफी की होली, अरे बड़े-बड़े उस्तादों का गाना सुनोगी तो पसीना आ जाएगा। तबलेवाला है कि सम पै आता ही नहीं और मुरकियों के गोरख-धन्धों में तबलची को फँसाकर छोड़ दिया कि लो बेटा चरो। आखिर तबलेवाला हारा, गिड़गिड़ाया और गानेवालियों ने तान आलाप की रस्सी छोड़ी, सम पै आई और तबलेवाले की जान बची, समझी, ये है गायकी।" बुन्दू संगीत का ऐसा विकट चित्र खींच देते कि बत्तीस जोड़ी सरल पहाड़ी आँखें फटी-फटी ही रह जातीं।

"तब तो मैं जरूर रजुला को देस भेजूँगी," मोतिया ने दिल पक्का कर लिया, "उस्ताद ज्यू, जैसे भी हो तुम इसे लखनऊ पहुँचा आओ, छोकरी नाम तो कमाएगी।" उसने बुन्दू मियाँ के पैर पकड़ लिए।

बुन्दू मियाँ रजुला को लखनऊ पहुँचा आए। बुन्दू मियाँ की बहन बेनजीर ने रजुला को पहले ही दिन से शासन की जंजीरों में जकड़कर रख दिया। जंगली बुलबुल को सोने के पिंजड़े में चैन कहाँ? कहाँ पहाड़ी आलूबुखारे, आड़ और सेब के पेड़ों पर अठखेलियाँ और कहाँ तीव्र और कोमल स्वरों की उलझन और रियाज! बत्तीस मौसियों के लाड़ और देवकी के दुलार के लिए बेचारी तरस-तरसकर रह गई। कठोर साम्राज्ञी-सी बेनजीर की एक भृकुटी उठती और वह नन्हा-सा सिर झुका लेती।

"मुझे मेरी माँ के पास क्या कभी नहीं जाने दोगी?" एक दिन बड़े साहस से नन्हीं रजुला ने पूछ ही लिया। प्रश्न के साथ-साथ उसकी कटोरी-सी आँखें छलक आईं।

"पगली लड़की, हमारे माँ-बाप कोई नहीं होते, समझी? तेरा पेशा तेरी माँ, और तेरा हुनर तेरा बाप है। खबरदार जो आज से मैंने तेरी आँखों में आँसू देखे।"

रजुला ने सहमकर आँखें पोंछ लीं।

चन्दन का उबटन लगाकर तीन-तीन नौकरानियाँ उसे नहलातीं। बादाम पीसकर, गाय के घी में तर-बतर हलुवा बनाकर उसे खिलाया जाता और वह रियाज करने बैठती। हिंडोले पर बेनजीर उसके एक-एक स्वर और आलाप का लेखा रखती, जौनपुरी, कान्हड़ा, मालगुंजी, शहाना, ललित, परज जैसी विकट राग-रागिनियों की विषम सीढ़ियाँ पार कर, वह संगीत के जिस नन्दनवन में पहुँची, वहाँ क्षणभर को बत्तीस मौसियों के लाड़-भीने चेहरे स्वयं ही अस्पष्ट हो गए, वह धीरे-धीरे सबको भूलने लगी। अब वह सोलह वर्ष की थी, कई बार उसके घर से माँ ने चिट्ठियाँ भेजीं, पर उसे घर जाने की अनुमति नहीं मिली। तंग चूड़ीदार का दिलपसन्द रेशम, उसकी पतली किशोर टाँगों की पिंडलियों को स्पष्ट कर देता, रेशमी कुर्ते के हीरे के बटन जगमगाकर देखनेवाले की दृष्टि बरबस उस सलोने चेहरे पर जड़ देते। किशोरी बनाते-बनाते जैसे विधाता ने उसे फिर बचपन लौटा दिया था। छरहरे शरीर पर उभार और गोलाई नाममात्र को थी, जैसे नवतारुण्य स्पर्शमात्र कर लौट गया हो। आँखें बड़ी नहीं थीं, किन्तु काले भँवरे-सी पुतलियाँ, चंचल तितलियों-सी थिरकती रहतीं, गालों की दोनों हड्डियों ने बड़े ही मोहक ढंग से उठकर चेहरे को कुछ-कुछ मंगोल-सा बना दिया था। नाक भी छोटे-से चेहरे के ही अनुरूप थी, एकदम छोटी-सी। बादाम रोगन और बटेर का शोरबा भी छरहरे शरीर को अधिक पुष्ट नहीं कर सका था, किन्तु उस सुन्दरी बालिका का सौन्दर्य ही उसके उड़नछू व्यक्तित्व में था। लगता था, यह मानवी नहीं, स्वर्ग की कोई स्वप्न-सुन्दरी अप्सरा है, हाथ लगाते ही उड़ जाएगी। बेनजीर, इसी से उसे बड़े यत्न से रुई की फाँकों में सहेजकर रखती थी, वह उसका कोहनूर हीरा थी, जिसे न जाने कब कोई दबोच ले। रजुला भी उसका आदर करती थी—किन्तु स्नेह? भयंकर प्रतिहिंसा की ज्वाला की भभक थी उसके हृदय में, बस चलता तो छुरा ही भोंक देती।

बेनजीर की हवेली के बगल में सटी एक और हवेली थी, सेठ दादूमल की। ठीक रजुला के कमरे के सामने ही, छोटे सेठ का कमरा था। बहुत वर्षों तक सेठजी मारवाड़ में रहने के पश्चात् हाल ही में पुत्र का विवाह कर हवेली में लौट आए थे। एक दिन रजुला ने देखा छोटे सेठ के कमरे का नीला पर्दा ऊपर उठा है और एक काली भुजंग-सी औरत, अपनी मोटी कदलीस्तम्भ-सी जंघा पर, एक साँवले युवक का माथा रखकर, उसके कान में तेल डाल रही है। युवती इतनी काली और मोटी थी कि रजुला को जोर से हँसी आ गई। हड़बड़ाकर युवक उठ बैठा, हँसी का अशिष्ट स्वर आवश्यकता से कुछ अधिक ही स्पष्ट हो गया होगा, इसी से उसने लपककर खिड़की जोर से बन्द कर दी। सेठ दादूमल का बेटा है यह, रजुला सोचने लगी। सेठजी बेनजीर के खास मिलनेवालों में थे। कोई कहता था कि हवेली भी उन्होंने बेनजीर को भेंट दी थी। उनका पुत्र माँ की मृत्यु हो जाने से ननिहाल ही में पलकर बड़ा हुआ था, इसी से पहले कभी उसे देखा हो—ऐसी याद रजुला को नहीं थी। 'हाय हाय, यही थी सेठ कक्का की बहू'—वह सोचने लगी और बेचारे छोटे सेठ पर उसे तरस आ गया। सुना, वह किसी बहुत बड़े व्यवसायी की इकलौती पुत्री थी और उन्होंने एक करोड़ रुपए का मुलम्मा चढ़ाकर यह अनुपम रत्न, छोटे सेठ को गलग्रह रूप में दान किया था।

रजुला को उस दिन सपने में भी छोटा सेठ ही दिखता रहा। कैसा सजीला जवान था, फिनले की मिही धोती ही बाँधे था, ऊपर का गठीला बदन नंगा था और गले में थी एक सोने की चैन। और कोई ऐसे सोने का लॉकेट पहन लेता तो जनखा लगता, पर कैसा फब रहा था!

सोलह वर्ष में पहली बार पुरुष के रहस्यमय शरीर की इस अपूर्व गठन ने रजुला को स्तब्ध कर दिया। हाय-हाय, छाती पर कैसे भालू के-से बाल थे, जी में आ रहा था वह अपनी चिकनी हथेली से एक बार उस पुष्ट वक्षस्थल को सहला ले। कलाई कैसी चौड़ी थी, जैसे शेर का पंजा हो।

फिर तो रोज ही छोटा सेठ उसे दिखने लगा। जान-बूझकर ही वह खिड़की के पास खड़ी होकर चोटी गूँथती, कभी सन्तरे की रसीली फाँक को चूस-चूसकर अपने रसीले अधरों की लुनाई को और स्पष्ट कर देती। पुरुष को तड़पा-तड़पाकर अपनी ओर खींचने की ही तो उसे शिक्षा दी गई थी। जैसे काली कसौटी पर सोने की लीक और भी अधिक स्पष्ट होकर दमक उठती है, बदसूरत नई सेठानी को नित्य देखती, छोटे सेठ की तरुण कलापारखी आँखों की कसौटी में रजुला सोने की लीक-सी ही दमक उठी। वह सन्तरा चूस-चूसकर, नन्हें-से ओंठ फुला-फुला एक फाँक छोटे सेठ की ओर बढ़ाकर, दुष्टता से आँखों ही आँखों में पूछती—'खाओगे?' वह दीन याचक-सा दोनों हाथ साधकर, फाँक पकड़ने खड़ा हो जाता तो वह चट से फाँक अपने मुँह में डाल, उसे ठेंगा दिखाकर खिड़की बन्द कर देती। छोटा सेठ खखारता, खाँसता, गुनगुनाता और उसकी हर खखार, खाँसी और गुनगुनाहट में उसके प्रणयी चित्त की व्याकुलता स्पष्ट हो उठती; जैसे कह रही हो—'खिड़की खोलो, वरना मैं मर जाऊँगा।'

आईने में अपने हर नैन-नक्श को सँवारकर धीरे-धीरे खिड़की का मुँदा पट खोलकर रजुला मुस्कराती और बादलों में छिपी स्वयं चन्द्रिका ही मुस्करा उठती। प्रणय का यह निर्दोष आदान-प्रदान छोटी सेठानी और बेनजीर की जासूसी दृष्टियों से बचकर ही चलता। जिस किशोरी के लावण्य को बेनजीर के यूनानी नुस्खे भी पुष्ट नहीं बना सके थे, उसे छोटे सेठ की मुग्ध दृष्टि ने ही जादू की छड़ी-सी फेरकर अनुपम बना दिया। गालों पर और ललाई आ गई, आँखों में रस का सागर हिलोरें लेने लगा, जाने-अनजाने कटाक्ष चलने लगे और रसीले अधर किसी के निर्मम स्पर्श तले कुचलकर अपना अस्तित्व खो बैठने को व्याकुल हो उठे।

एक बार शहर में बहुत बड़ी सर्कस कम्पनी आई थी। बेनजीर ने अपने दल के लिए भी टिकट खरीदे, पर्दे तानकर फिटन जोत दी गई। बिना पर्दे के बेनजीर की हवेली का परिन्दा भी हवा में नहीं चहक सकता! तब चौक की कोठेवालियों की आँखों में भी ऐसी सौम्यता थी, जो अब दुर्भाग्य से उच्च कुल की वनिताओं की दृष्टि में भी नहीं रही है। उनकी वेशभूषा की शालीनता, बड़े-बड़े घर की बहू-बेटियों की शृंगार-शालीनता को मात करती थी। मजाल है कि कुर्ते का गला जरा-सा भी नियत सीमा को लाँघ जाए! गर्दन की हड्डियाँ तक परदे में दुबकी रहतीं। ऐसे ही शालीन लिबास में, बेनजीर ने रजुला को सजा दिया। उसकी छोटी-छोटी असंख्य गढ़वाली चोटियाँ कर, उसकी न्यारी ही छवि रचा दी। वह पहाड़ी हिरनी थी, पहाड़ी दिखने में ही उसका सौन्दर्य सार्थक हो उठेगा। चूड़ीदार के बदले, उसने आज सोलहगजी मग्जीदार ऊँचा लहँगा पहना था, जिसकी काली मग्जी से पाजेब छमकाते उसकी लाल-लाल एड़ियोंवाले सफेद पैर दो पालतू कबूतर-से ही ठुमक रहे थे। कानों में बड़े-बड़े कटावदार झुमके थे और गले में भी पहाड़ी कुन्दनिया चम्पाकली। इस शृंगार के पीछे भी बेनजीर की शतरंजी चाल थी। आज वह वलीअहद, ताल्लुकेदार और मनचले रईसजादों की भीड़ के बीच रजुला के रूप की चिनगारी छोड़कर तमाशा देखेगी। कौन होगा वह माई का लाल, जो मुँहमाँगे दाम देकर इस अनमोल हीरे को खरीद सकेगा!

वह रजुला को लेकर सर्कस के तम्बू में पहुँची कि साइकिल चलाता भालू, चरखा चलाता शेर और नंगी जाँघों के दर्पण चमकाती सर्कस-सुन्दरियाँ फीकी पड़ गईं। सबकी आँखें रजुला पर गड़ गईं।

रजुला ने पहले कभी सर्कस का खेल नहीं देखा था, इसी से खेल शुरू हुआ तो वह जोकर के सस्ते मजाक देखकर, पेट पकड़-पकड़कर हँसती-हँसती दुहरी हो गई। कभी शेर की दहाड़ सुनकर, भय से काँपती बेनजीर की गद्दीदार ऊँची छाती पर जा गिरती और शेर को मार गिराने को, कितने ही तरुण कुँवरों की भुजाएँ फड़कने लगतीं।

सेठ दादूमल का बेटा भी अपनी भोंड़ी भुजंगिनी को लेकर तमाशा देखने आया था, पर उसकी दृष्टि सर्कस के शेर-भालुओं पर नहीं थी, वह तो रजुला को ही मुग्ध होकर देख रहा था। रजुला ने भी देखा और मुस्कराकर गर्दन फेर ली। छोटा सेठ तड़प गया, कहाँ लाल बहीखातों के बीच उसका शुष्क जीवन और कहाँ यह सौन्दर्य की रसवन्ती धारा! वह घर लौटा तो रजुला की खिड़की बन्द थी। मन मारकर लौट गया और जब उसकी सेठानी अपनी पृथुल तोंद हिलाती, खर्राटे भरने लगी तो वह फिर ऊपर चला आया। रजुला के कमरे में नीली बत्ती जल रही थी, खिड़की खुली थी, एक-एक कर अपने पटाम्बर उतारती वह गुनगुना रही थी। छोटे सेठ का दिल धौंकनी-सा चलने लगा। कैसी गोल-गोल बाँहें थीं, शंख-सी ग्रीवा पर पड़ी लाल-लाल मूँगे की माला किस बाँके अन्दाज से उठ-उठकर गिर रही थी, उसने ओढ़नी भी उतार दी। छोटा सेठ सौन्दर्य-सुषमा की इस अनोखी पिटारी को आँखों ही आँखों में पी रहा था। वह थोड़ा और बढ़ा और पर्दा हटाकर निर्लज्ज प्रणय-विभोर याचक की दीनता से खड़ा हो गया। रजुला भी पलटी, उसका चेहरा कानों तक लाल पड़ गया—ऐसी मुग्ध दृष्टि से उसका यह पहला परिचय था। आज ठेंगा दिखाकर वह खिड़की बन्द नहीं कर सकी...

"बड़े बदतमीज हैं जी आप।" कृत्रिम क्रोध से गर्दन टेढ़ी कर उसने कहा, "क्या नाम है आपका?"

"क्यों, क्या थाने में रपट लिखवानी है? तो यह भी लिखवा देना कि इसे फाँसी के तख्ते पर झूलना भी मंजूर है, पर यह इस खिड़की को नहीं छोड़ सकता।" आधा धड़ ही उसने खिड़की से इस तरह लापरवाही से नीचे को लटका दिया कि रजुला अपनी हथेली को ओठों पर लगाकर हल्के स्वर में चीख उठी, "हाय-हाय, करते क्या हैं? गिर जाइएगा तो?"

"आपकी बला से—यहाँ सारी-सारी रात खिड़की से लटक-लटककर काट दी है।" सचमुच ही उसने दुर्दमनीय साहस से उचककर खिड़की की मुँडेर पर आसन जमा लिया और दोनों लम्बी-लम्बी टाँगें बाहर को झुला दीं। रजुला की खिड़की और उसकी खिड़की के बीच कोई दो-एक गज का फासला था, किन्तु बीच में थी भयानक खाई, कोई गिरे तो चुनकर भी हड्डियाँ न मिलें। रजुला की खिड़की पर बाहर को निकली एक चौड़ी-सी सीमेंट की पाटी-सी बनी थी। उसने बड़े शौक से ही उसे अपने पालतू कबूतरों के लिए बनवाया था। वह उसी पर झुक गई। "क्या नाम है जी आपका छोटे सेठ?" हँसकर रजुला ने अपने पेशे का प्रथम कटाक्ष फेंका।

"लालचन्द, और तुम्हारा?"

"हाय-हाय, जैसे जानते ही नहीं।"

"मैं तुम्हारा एक ही नाम जानता हूँ और वह है रज्जी, तुम्हारी अम्मी तुम्हें पुकारती जो रहती है, कभी आओ ना हमारे यहाँ!"

"आपके यहाँ!" रजुला जोर से हँसी, "सेठानी मुझे झाड़ू मारकर भगा देगी, आप ही आइए न!" रात्रि के अस्पष्ट आलोक में उसका यह मीठा आह्वान लालचन्द को पागल कर बैठा, "सच कहती हो? आ जाऊँ? लगा दूँ छलाँग?"

"आए हैं बड़ी छलाँग लगानेवाले, पैर फिसला तो सड़क पर चित्त ही नजर आएँगे।" रजुला ने अविश्वास से अपने होंठ फुला-फुलाकर कहा। वह इतना कहकर सँभली भी न थी कि छोटा सेठ सचमुच ही बन्दर की-सी फुर्ती से उसकी बित्तेभर की मुँडेर पर कूदा और लड़खड़ाकर उसी पर गिर पड़ा।

रजुला के मुँह पर हवाइयाँ उड़ने लगीं—'हाय-हाय, अगर यह गिर जाता तो', वह सोच-सोचकर काँप गई। उसका सफेद चेहरा देखकर लालचन्द ठठाकर हँस पड़ा, "कहो, लगाई न सर्कसी छलाँग?"

"हाय-हाय, कितनी जोर से हँस गए आप, अम्मी ने सुन लिया तो मेरी बोटी-बोटी कुत्तों से नुचवा देंगी। इतनी रात को मेरे कमरे में आदमी!" उसकी आँखों में बेबसी के आँसू छलक उठे।

"लो, कहो तो अभी चल दूँ?" वह साहसी उद्दंड युवक फिर छलाँग लगाने को हुआ तो लपककर रजुला ने दोनों हाथ पकड़कर रोक लिया। एक-दूसरे का स्पर्श पाकर दोनों क्षणभर को अवश पड़ गए। रजुला ने आँखें मूँद लीं। यह उसके जीवन का एकदम ही नया अनुभव था। लालचन्द ने उसे बढ़कर बाँहों में भर लिया, "जानती हो रज्जी, मैं कब से तुम्हारे लिए दीवाना हूँ? जब तुम गाती थीं, मैं इसी खिड़की पर कान लगाए सुनता था, तुम चोटी गूँथती थीं और मैं छिप-छिपकर तुम्हें देखता था, तुम अपनी शरबती आँखों में सुरमा डालती थीं और मैं..."

"बस कीजिए, उफ", काँप-काँपकर रजुला उसकी बाँहों में खोई जा रही थी, गलती जा रही थी, जैसे गर्म आँच में धरी मक्खन की बट्टी हो।

"नहीं-नहीं, आज नहीं—यह सब नहीं," वह उसके लौहपाश में नहीं-नहीं कहती सिमटती जा रही थी। एकाएक स्वयं ही लालचन्द ने बन्धन ढीला छोड़ दिया, "अच्छा रज्जी, कोई बात नहीं, पर याद रखना मैं फिर कल आऊँगा।" दोनों हाथों से उसका मुँह थामकर लालचन्द झुका, अधर स्पर्श करने का उसे साहस ही नहीं हुआ। हे भगवान्, यह तो उसकी तिजोरी के ऊपर टँगी स्वयं साक्षात् लक्ष्मीजी का-सा चमकता रूप था। हाथीदाँत-से शुभ्र ललाट को चूमकर वह उचककर खिड़की की मुँडेर पर चढ़ गया।

"हाय-हाय, ऐसे मत कूदिए," विकल-सी होकर रजुला पीछे-पीछे चली आई। बड़ी ममता से, बड़े दुलार से निहारकर, लालचन्द ने एक ही छलाँग में दूरी पार कर ली। पलक मारते ही वह अपने कमरे में खड़ा मुस्करा रहा था।

इसी सधी छलाँग ने रात, आधी रात, वर्षा, तूफान, ओले सबको जीत लिया। लालचन्द का साहस दिन दुगुना और रात चौगुना बढ़ने लगा। तीन महीने बीत गए, छोटी सेठानी मायके चली गई थी। अब पूरी आजादी थी। दोनों अभी प्रेम से चहकते उन कबूतरों के जोड़े-से थे जिन्हें बन्धन का कोई भय नहीं था, भूत और भविष्य के काले बादलों से उनके निर्द्वन्द्व जीवन का आकाश अभी तनिक भी नहीं घिरा था। खिड़की के पास दोनों बाँहें फैलाए रजुला खिलखिलाकर कभी सहसा पीछे हट जाती और भरभराकर लालचन्द पलँग पर ही औंधा गिर

पड़ता। कभी सूने कमरे में उसे न पाकर वह व्याकुल होकर इधर-उधर देखता और वह पलँग के नीचे से पालतू बिल्ली की तरह, मखमली पंजे टेकती मुस्कराती निकल आती।

"कभी तेरी अम्मी पकड़ ले तो?" वह अपनी गोदी में लेटी रजुला के सलोने चेहरे से अपना चेहरा सटाकर पूछता।

"तो क्या, कह दूँगी, यह चोर-उचक्का मुझे छुरा दिखाकर कह रहा था—खबरदार जो शोर मचाया, बता तेरी अम्मी चाभी कहाँ रखती हैं।"

"हाँ, यही तो कहेगी तू, आखिर है तो..." कहकर वह दुष्टता से मुस्करा उठता। पेशे का अस्पष्ट उल्लेख भी उसे कुम्हला देता। वह उदास हो जाती और लाख मानमनव्वलों में पूरी रात ही बीत जाती। कभी मुल्ला की अजान से ही दोनों अचकचाकर जगते और क्षणभर में छलाँग लगाकर वह लौट जाता।

"कल तेरी अम्मी भी तो मलीहाबाद जा रही है, मैं सात ही बजे आ जाऊँगा रज्जी," उसने कहा।

पर वह कल कभी नहीं आई, लालचन्द के रसीले चुम्बनों के स्पर्श से धुले, रजुला के अधर अभी सूखे भी नहीं थे कि तीन महीने में पहली बार बाँका लालचन्द अपनी सर्कसी छलाँग न जाने कैसे भूल गया। उसकी सधी छलाँग खिड़की तक पहुँचकर ही फिसल गई। धमाके के साथ, वह चौमंजिले से एकदम पथरीली सड़क पर पड़ा और एक हृदयभेदी चीत्कार से गलियाँ गूँज गईं। पागलों की तरह रजुला शायद स्वयं भी खिड़की से कूद जाती पर न जाने कब बन्द द्वार भड़भड़ाकर, चिटकनी सटका स्वयं अम्मी उसे पकड़कर खड़ी हो गई।

"पागल लड़की, मैं जानती थी कि तेरे पास कोई आता है, तेरे बदन से मर्द के पसीने की बू को मैंने सूँघ लिया था। ठीक हुआ अल्लाह ने बेहया को सजा दी, आज ही मैं छिपकर उसे पकड़ने को थी, पर अल्लाताला ने खुद ही चोर पकड़ लिया।"

तिलमिलाकर, क्रुद्ध सिंहनी-सी रजुला, बेनजीर पर टूट पड़ी। पर बेनजीर ने एक ही चाँटे से उसे जमीन पर गिरा दिया। सेठ की हवेली से आते विलाप के स्वर, उसके कलेजे पर छुरियाँ चलाने लगे—कानों में अँगुली डाले वह तड़पती रही। द्वार पर ताला डालकर उसे रोटी-पानी दे दिया जाता। पाँचवें दिन वह बड़े साहस से खिड़की के पास खड़ी हो गई, उसके बुझे दिल की ही भाँति सेठ के कमरे में भी काला अँधेरा था। नित्य की भाँति घुटनों तक धोती समेटे, छलाँग लगाने को तत्पर, हँसी के मोती बिखेरता उसका छैला, छोटा सेठ अब कहीं नहीं था। इसी मुँडेर पर उसके युगल चरणों की छाप, अभी भी धूल पर उभरी पड़ी थी। आँसुओं से अन्धी आँखों ने उसी अस्पष्ट छाप को ढूँढ़ निकाला और वह उसे चूम-चूमकर पागल हो गई। 'छोटे सेठ', वह पागलों की भाँति बड़बड़ाती, चक्कर काटती द्वार पर पहुँची। रोटी रखकर, पठान दरबान शायद अफीम की पिनक में ताला-साँकल भूल गया था। रजुला ने द्वार खोला और दबे पैरों सीढ़ियाँ लाँघकर, बदहवास भागने लगी। सुबह बेनजीर ने खुला द्वार देखा तो धक रह गई। रजुला भाग गई थी, बाल नोचती, बौखलाती, बेनजीर अपनी नगाड़े-सी छातियों पर दुहत्तड़ चलाती चीख-चीखकर रोती रही पर रजुला नहीं लौटी। बेनजीर का कोहनूर हीरा खो गया।

जिस कुमाऊँ की वनस्थली ने उसे एक दिन नियति के आदेश से दूर पटक दिया था, वही उसे बड़ी ममता से फिर पुकार उठी। रजुला ने वही पुकार सुन ली थी। ओठों पर पपोटे जम

गए थे, एड़ियाँ छिल गई थीं, बालों में धूल की तहें जम-जमकर जटाओं-सी लगने लगी थीं। बत्तीस मौसियों का प्रासाद एकदम ही उजड़ गया था, बाहर एक बूढ़ा-सा चौकीदार ऊँघ रहा था। "सुनो जी, वहाँ जो नैक्याणियाँ रहती थीं वह क्या कहीं चली गईं?" डर-डरकर उसने पूछा।

चौंककर बूढ़ा नींद से जग गया, "न जाने कहाँ से आ जाती हैं सालियाँ। एकादशी की सुबह-सुबह उन्हीं हरामजादियों का पता पूछना था, सती सीता, लक्ष्मी, पार्वती थीं बड़ी! मर गईं सब! और पूछना है कुछ?" सहमकर रजुला पीछे हट गई, बूढ़े के ललाट पर बने वैष्णवी त्रिपुण्ड को देखकर उसे अपनी अपवित्रता और अल्पज्ञता का भास हुआ, "माफ करना महाराज, मुझे बस यही पूछना था–जब मर ही गईं तो और क्या पूछूँ!" वह मुड़ गई।

"देख छोकरी, सुबह-सुबह झूठ नहीं बोलूँगा। सब तो नहीं मरीं, तीन बच गई थीं, एक तो देबुली, पिरमा और धनिया। तीनों गागर में नेपाली बाबा के आश्रम में हैं। बड़ा बाबा बनता है साला, जनम पातरों की सोहबत में गुजारी–बुढ़ापे में फिर हरामियों को बटोर लिया। तीन तो हैं चौथी आज पहुँच जाएगी।" घृणा से उसकी ओर थूककर बूढ़ा पीठ फेरकर माला जपने लगा।

कँटीली पगडंडियाँ पार कर वह पहुँच ही गई। वह जानती थी नेपाली बाबा ही उसके नाना हैं, क्या उसे स्वीकार नहीं करेंगे। उनके चरणों में पड़ी ईश्वर-भजन में ही वह भी जीवन काट लेगी। धूनी के धुएँ को चीरकर वह गुफा में जा पहुँची। उसके चेहरे को देखकर ही उसे सबने पहचान लिया। मोतिया का ठप्पा ही तो था, उसके चेहरे पर। बूढ़ी देबा ने उसे टटोल-टटोलकर ही देखा, उसकी आँखें जाती रही थीं, प्रेमा के सौन्दर्य को समय भी नहीं छीन सका था और धना मौसी को अभी भी रजुला के बचपन की एक-एक घटना याद थी। बाबा गोरखपन्थी थे, इसी से सबको कनफड़ा बालियाँ पहनाकर दीक्षा दे दी थी। जिन कानों में बेनजीर के पन्ना, पुखराज और नीलम झूलते थे, उन्हीं में सींग के बड़े-बड़े कनफड़ा बाले लटकाकर, रजुला ने भी एक दिन जिद कर दीक्षा ले ली। कभी वह धूनी रचाती, कभी प्रसादी बनाती और कभी देवा आमा की बात से लुंजपुंज देह पर, डोलू की जड़ी गरम कर सेंक करती। कभी-कभी नेपाल, गढ़वाल और तिब्बत से आए गोरखपन्थी साधुओं के अखाड़े आ जुटते, दल से गुफा भर जाती और भंडारे की धूम के बाद झाँझ, खड़ताल और मँजीरे के साथ स्वर-लय-विहीन गाने चलते। बड़े अनुनय से नेपाली बाबा एक दिन बोले, "तू गा ना मेरी लली, एक-आध सुना दे ना, तूने तो लखनऊ के उस्तादों से गाना सीखा है।"

निष्प्रभ आँखों में बिसरी स्मृतियों का सागर उमड़ उठा। कभी किसी ने उसके कितने गाने छिप-छिपकर सुने थे। फिर कितने गाने उसने सुना-सुनाकर रात ही बिता दी थी, पर उस मनहूस रात को जब उसने–'चले जइयो बेदरदा मैं रोय मरी जाऊँ', सुनने की फरमाइश की थी तो उस करमजली ने कहा था–"उँह, आज नहीं कल सुनिएगा, मैं कहीं भागी थोड़े ही जा रही हूँ।" भाग तो वे ही गए थे। अब वह किसके लिए गाएगी?

"क्यों बेटी, नहीं सुनाएगी?" नेपाली बाबा का आग्रह कंठ में छलक उठा।

पर स्वर-लय नटिनी तो वहाँ होकर भी नहीं थी। वह तो धूनी को एकटक देखती, न जाने किस अतीत के चिन्तन में डूबी थी। बाबा का आदेश सुनकर चौंकी, "मुझे गाना नहीं आता बाबा", कहकर उसने उठकर धूनी में लकड़ियाँ लगाईं और आग फूँकने का उपक्रम करने लगी। "अरे राम-राम, बड़ा धुआँ है", बड़ी ममता से बाबा ने कहा, "तेरी

आँखों से तो पानी बहने लगा। अरी पिरमा, तू मार दे तो फूँक, इस बेचारी की तो आँखें ही लाल हो गईं।'' उदास हँसी हँसकर पिरमा उठी और आग फूँकने आई, पर वह तो रजुला की आँखों के पानी का इतिहास जानती थी, वह क्या लकड़ी के धुएँ का पानी था?

भोले बाबा से वह कैसे कहे कि इस धूनी को फूँक-फाँककर तो वह धुआँ मिटा देगी, पर जो उस छोकरी के हृदय में निरन्तर एक धूनी धधक रही है, उसका धुआँ भी क्या वह फूँक मारकर हटा सकेगी?

स्वप्न और सत्य

बहुत पहले, एक पुस्तक पढ़ी थी, 'द प्राफ़ेटिक ड्रीम्स'। उसे पढ़कर, तब अविश्वास हुआ था। कहीं ऐसा भी सम्भव है कि नींद में देखी गई घटना, जीवन में वास्तविकता बनकर घट जाए? किन्तु फिर एक दिन स्वयं ही ऐसा स्वप्न देख लिया, जो मेरे जीवन में अविस्मरणीय बन गया।

मैं तब बेंगलूर में थी। एक रात, आँख लगते ही मैंने वह विचित्र स्वप्न देखा था। मैं कहीं तेजी से जा रही हूँ—चारों ओर रेल की पटरियाँ ही पटरियाँ बिछी हुई हैं। उन्हें लाँघती हुई मैं एक जंगल में पहुँचती ही हूँ कि गरज-तरज के साथ वृष्टि आरम्भ हो जाती है। अचानक एक कृशकाया लम्बी-सी साँवली युवती मेरा मार्ग अवरुद्ध कर खड़ी हो जाती है। वह मुँह से कुछ नहीं कहती, किन्तु गोद में नवजात शिशु को लेकर मेरी ओर अग्रसर होती है।

आश्चर्य से मैं नीली बेंगलूरी साड़ी में लिपटे उस गौरवर्ण शिशु को देखती रहती हूँ। चमकती बिजली में मुझे उस युवती का चेहरा एकदम स्पष्ट दिखने लगता है। उसका घोर कृष्णवर्ण, रात्रि के गहन अन्धकार में घुल-मिल गया है। दोनों ओर छिदी नाक में तीन-तीन नगों की हीरे की दो लौंगें झलझला रही हैं।

लाँग-लगी दक्षिणी रेशमी साड़ी की चौड़ी ज़री, कमर पर कसी सोने की भारी करधनी और स्वयं उसके व्यक्तित्व की गरिमा उसके सम्भ्रान्त कुल का परिचय दे रही है। उसके दोनों होंठ काँप उठते हैं, किन्तु सहसा वाणी की विवशता, उसके काले कपोलों पर अश्रुधारा बनकर बिखर जाती है। फिर बिना कुछ कहे, वह रोते शिशु को मेरे पैरों के पास रखकर, तेजी से उसी अरण्य में विलीन हो जाती है।

मैं चौंककर जगी ही नहीं, स्वप्न की सम्भावना में ही पायताने पड़े उस शिशु को भी टटोलने लगी थी। और फिर, ठीक एक महीने बाद, वही स्वप्न मेरी आँखों पर उतर आया। किन्तु इस बार मेरी पलकें बन्द नहीं थीं, न मुझमें इतना साहस ही था कि पैरों के पास पड़े उस परित्यक्त शिशु को फिर टटोल लूँ...।

जीवन के कितने वसन्त आए और चले गए, किन्तु उस वसन्त को मैं आज तक न भूल पाई हूँ, और शायद कभी भूल भी नहीं पाऊँगी। प्रौढ़ मेघाच्छन्न आकाश को देखकर भी मैं घर से निकल पड़ी थी। नित्य की संगिनी, चचेरी बहन मुन्ना को भी उस दिन साथ नहीं लिया। एक तो उस भुवनमोहिनी को साथ लेकर चलने में बीसियों बन्दिशों का अंकुश सहना पड़ता था।

मेरी वह बहन अपूर्व सुन्दरी थी। साथ रहती, तो माँ प्रायः ऐसे जनशून्य मार्ग से जाने का आदेश दे देतीं कि गंतव्य स्थान पर पहुँचने में ही घंटों लग जाते। पुस्तकालय ठीक सात बजे बन्द हो जाता था, और उन दिनों बेंगलूर छावनी में उतरी मर्कटमुखी आस्ट्रेलियन सेना

की टुकड़ी के आतंक की भयावह कहानियाँ आए-दिन सुनने को मिलती थीं, किन्तु बेंगलूर के उस शान्त भव्य पुस्तकालय में बैठकर अलभ्य विदेशी पत्रिकाएँ पढ़ने का लोभ मैं संवरण नहीं कर पाई, और अकेली ही घर से चल पड़ी थी।

शेषाद्रिपुरम् से पुस्तकालय का एक शार्टकट मुझे विशेष रूप से प्रिय था। एक बड़ा-सा बंजर मैदान पार कर, आसपास बिछी रेल की पटरियों का रहस्यमय योग-वियोग उचक-उचककर लाँघते हुए, रेस-कोर्स तक की लम्बी दूरी पल-भर में कट जाती थी। मार्ग एकदम ही बीहड़ और सुनसान होने पर भी, रेसिडेंट के प्रासादोपम उत्तंग सौध की अबीरी छत दिखती रहती। उस विराट् अहाते को घेरे संगीनधारी गारद को देख मैं नित्य, निर्भय बढ़ी चली जाती थी।

पुस्तकालय पहुँच, पढ़ते-पढ़ते कब सन्ध्या घनीभूत हो गई, मैं जान भी नहीं पाई। हलकी बूँदाबाँदी भी होने लगी थी। मेरी प्रिय पगडंडी का आह्वान उस हलकी बूँदाबाँदी में और भी स-आग्रह हो उठा और बगल में पुस्तक दबाए मैं तेज कदमों से चलने लगी। कुछ दूर गई थी कि बूँदाबाँदी तेज झड़ी में बदल गई। अब तक इधर-उधर तिर रहे मेघखंडों ने बड़ी कुटिलता से पैंतरा बदल, एकाकार हो, पूरा आकाश घेर लिया था। घटाटोप अन्धकार, किसी दुर्मुख दैत्य की भाँति मुँह बाए, बड़ी तेजी से मेरी ओर बढ़ा चला आ रहा था। बार-बार चमक रही बिजली के औदार्य से ही मैं उस बीहड़ मार्ग से जूझती चली जा रही थी कि एकाएक एक सम्मिलित पगध्वनि सुनकर ठिठक गई।

ऊँचे स्वर की हँसी, और भारी बूटों की पगध्वनि सुनने में मैंने भूल नहीं की थी। निश्चय ही, वह शहर में लौट रही फौजी टुकड़ी होगी। खून जम जाना किसे कहते हैं, इसका अनुभव मुझे जीवन में पहली बार हुआ। सम्मुख फैला बियाबान अरण्य, बड़ी दूर टिमटिमा रही सिगनल की दम तोड़ती लाल-हरी बत्तियाँ, और क्रमशः निकट आ रहीं निर्मम विदेशी बूटों की पदध्वनि से घुली-मिली मदमत्त हँसी। बिजली अभी भी उसी औदार्य से चमकती चली जा रही थी, और साथ ही मदालस कंठों से निकली उस गीत की गूँज—'ही इज़ ए जॉली गुड फ़ैलो, ही इज़ ए जॉली गुड फ़ैलो, ही इज़ ए जॉली गुड फ़ैलो, एंड सो से ऑल ऑफ़ अस।'

गीत मेरे और भी निकट आ गया। बगल की पुस्तक छाती से चिपकाए, मैं एक नारंगी फूलों की छितरी झाड़ी के पीछे दुबक गई। यदि वह टुकड़ी उस झाड़ी के सामने से निकली और उसी क्षण कहीं बिजली चमकी, तो निश्चय ही वे मुझे देख लेंगे। पटापट, एकसाथ फौजी कदम रखते, वे झूमते-गाते चले आ रहे थे। झाड़ी के पीछे छिपी मैं थर-थर काँप रही थी। मुद्गर-सी, एक-सी टाँगों की कवायद करते वे कदम पलक झपकते ही कब आगे बढ़ गए, मैं जान भी नहीं पाई। इसी बीच, बिजली भी चमकी, कड़ाक-से कहीं दूर गिरी भी, पर उस झाड़ी ने अपने क्षीण कलेवर में मुझे किसी दुर्बल स्नेहवत्सला जननी के जीर्ण आँचल की ही भाँति ढाँपकर बचा लिया।

बिजली गिरते ही वर्षा का वेग तीव्रतर होता चला गया। मेरी साड़ी भीगकर शरीर से चिपक गई और भागना एक प्रकार से असम्भव हो उठा। भीगी साड़ी को घुटनों तक समेटे, मैं एक प्रकार से भागी चली जा रही थी कि किसी नन्हें कंठ की रुदन ने मुझे रोक दिया। इस वेगवती वर्षा में भला नवजात शिशु को लेकर कौन मूर्खा इस अरण्य में आ गई थी! "कौन?" मैंने पूछा। अँधेरे में हाथ को हाथ नहीं सूझ रहा था; पर फिर मुझे लगा, ठीक मेरे पैरों के ही पास कोई उस रोते शिशु को लिटा गया है।

"कौन?" मैंने फिर पूछा। इस बार उत्तर दिया, आकाश की विद्युतवह्नि ने। दोनों नन्हीं

मुट्ठियाँ कानों से सटाए, नीली रेशमी गठरी में लिपटा वह नग्न शिशु, फेफड़े फाड़कर चीख रहा था। बिजली फिर चमकी, और उस नन्हें अतिथि के विदेशी गौरवर्ण और नीलोत्पल-विलोचन-द्वय की झलक दिखाकर मुझे तृप्त कर गई। ओह, ऐसा ही तो शिशु उस सपने में भी मैंने देखा था! अविकल यही कांचन-सन्निभ वर्ण और नीली आँखें। तब क्या, वह फौजी टुकड़ी ही उसे यहाँ छोड़ने आई थी? या मेरे स्वप्न की वह उदास युवती जननी?

मैं वहीं बैठकर उसे गोद में उठाने लगी, तो छिपकली-सी फिसलती बाँह का स्पर्श मुझे सहमा गया। तब उस फिसलते मक्खनी स्पर्श को पहचानने की मेरी वय नहीं थी। कुछ वर्षों पश्चात, जब स्वयं माँ बनी, तब ही उस स्पर्श का रहस्य समझी। वह फिसलन पृथ्वी पर सद्यः अवतरित शिशु की फिसलन थी, किन्तु ऐसे गुलगोथने शिशु को कौन पाषाणी ऐसे छोड़ गई होगी?

जी में आया, उसे गोद में उठा लूँ और भागकर घर चली जाऊँ, किन्तु उसी क्षण एक और आशंका त्रस्त कर उठी। नारी जन्म की विवशता भुजंगिनी ने पहली बार मुझे डँसा। मैं इसे घर ले गई, तो घरवाले क्या मेरी संवेदनशीलता को प्रश्रय देंगे? बहुत पहले एक बार, मैं ऐसे ही एक सड़क पर पड़े देशी कुत्ते के पिल्ले को घर ले आई, तो कितनी फटकार पड़ी थी! "आँखें भी नहीं खुली हैं, कौन पालेगा इसे?" माँ ने कहा था। पर फिर भी मैंने रुई के फाहे से दूध पिला-पिलाकर उसे पाल लिया था।

किन्तु कुत्ते के पिल्ले को पालना कितना सहज है, मनुष्य के दुधमुँहे को पालना कितना कठिन! श्वानशिशु का कुल-गोत्र समाज नहीं माँगता, उसके जनक का परिचय उसके जीवन के लिए अनिवार्य नहीं होता; किन्तु मानव-शिशु के जनक का अभिमान उसके प्रत्येक श्वास के लिए अनिवार्य हो उठता है। और फिर कहीं किसी ने इस जंगल में, नीली साड़ी में लिपटे इस चीखते शिशु के साथ मुझे पकड़ लिया, तब?

मेरे स्वार्थ ने, मेरे उन मुट्ठी-भर सत्रह वर्षों के बावजूद मुझे सहसा चिन्तनशीला प्रौढ़ा बना दिया। मैं उठी और उसे वहीं छोड़ तेजी से आगे बढ़ गई। वर्षा में भीगते, बिजली की कड़क को चीरते, उस असहाय नग्न शिशु का हृदयद्रावी क्रन्दन, मेरी पीठ में सहस्र भाले भोंकता, मेरा पीछा करने लगा। गिरती-पड़ती, हाँफती घर पहुँची तो पूरे परिवार ने मेरी धज्जियाँ उड़ा दीं।

"मूर्ख लड़की! थोड़ी देर और होती, तो थाने में खबर देनी पड़ती। शहर में गोरों का कितना आतंक है, नहीं जानती क्या? ऐसी वर्षा में भला कोई घर से निकलता है?"

मैं कैसे कहती कि ऐसी वर्षा में मैं ही नहीं, एक और भी घर से निकला है। मैं तो दिन की भूली साँझ को घर लौट भी आई, पर वह शायद कभी नहीं लौट पाएगा। फिर कई दिनों तक मैंने स्थानीय समाचारपत्र की पंक्तियाँ चाटकर रख दी थीं; किन्तु मुझे बियाबान में पड़े, वर्षा में भीगते, किसी भी लावारिस शिशु का समाचार नहीं मिला।

मैंने कई बार अपने-आपको आश्वासन देने की व्यर्थ चेष्टा की है। क्या पता, अन्त तक स्वयं उस अभागी जननी का विवेक जाग्रत हो गया हो और वह उसे ले गई हो! बिल्ली भी तो कभी-कभी, अपने परित्यक्त बच्चे को फिर मुँह में दबाकर उठा ले जाती है या उसी पथ से जा रहे किसी सन्तानहीन दयालु पथिक का ही वह पुत्र बन गया हो!

किन्तु अन्तरात्मा को छलना क्या इतना सहज है? अभी भी जब स्वप्नद्रष्टा म्लानमुखी युवती की करुण आँखों का स्मरण हो आता है, तो मैं तिलमिला उठती हूँ। उस असहाय, काली बाँहों में पड़े उस गौरवर्ण शिशु को क्या मैं स्वप्न-रूप में आज तक स्वीकार कर पाई हूँ?

चार दिन की

बैंड-हाउस की रंगीन बहारें बीत चुकी थीं। दिसम्बर के अन्त में नैनीताल की वीरानी देखनेवाले को मुँह बाये काट खाने को दौड़ती है। दो दिन पहले ही अंग्रेज़ी स्कूलों में पढ़नेवाले बच्चों के कलरव से नैनी का प्राकृतिक क्रीड़ा-क्षेत्र 'फ्लैट' मधुमय हो रहा था, वही उस दिन भाँय-भाँय कर रहा था। मैं मन्दिर की ओर बढ़ रही थी कि सूने बैंड-हाउस की बेंच पर बैठे, उदास दृष्टि से छलछलाते ताल को निहारते जज साहब को देख ठिठक गई।

छः फुट लम्बी देह, कायदे से पहनी गई विदेशी वेशभूषा, चिरपरिचित काली बुनी वास्कट और दर्पण-से चमकते जूते। उन्हें दूर से देखकर भी कोई पहचान सकता था।

"आइए, आइए!" मुझे देखते ही सौम्य गौर मुखमंडल पर स्नेहसिक्त हास्य की असंख्य झुर्रिया खेल रही थीं।

"अरे, आप अभी यहीं हैं? मैं तो सोच रही थी, शायद रामपुर चले गए होंगे।"

"वाह, क्या बात सोची है आपने!" और उन्होंने मेरे दोनों हाथ पकड़कर अपने पास बैठा लिया, "यानी बच्चियों से बिना मिले ही चला जाता?" उन्होंने मुझे ऐसे फटकारा कि मैं खिसिया गई।

"इस बार तो ठंड है ही नहीं," मैंने कहा, "फिर नैनीताल की ठंड तो चार दिन की ही है, इस बार आप रामपुर मत जाइए।"

उन्होंने हँसकर कहा था :

'ये माना जिन्दगी है चार दिन की,
बहुत होते हैं यारो चार दिन भी!'

और आज उनकी मृत्यु के पश्चात्, उनके पुत्र हामिद, मुझे उनकी हस्तलिखित आत्मकथा थमा गए हैं। एक-एक पृष्ठ उलटती हूँ और उस दिन की उदास पंक्ति का रहस्य स्पष्ट हो उठता है।

रियासती कुचक्र, विलासिता के वातावरण में गुजरे राजसी बचपन की स्मृतियाँ, प्रेम, विच्छेद, होनहार पुत्र का उन्माद-ग्रस्त होना, नैनीताल के सुसज्जित ग्रैंड होटल के कक्ष का आर्थिक विवशतावश त्याग, भट्टजी के बंगले की सीलन-भरी कोठरियों में बिताए गए अन्तिम दिवस! ठीक ही कहा था उन्होंने—'बहुत होते हैं यारो चार दिन भी'।

मोरक्को जिल्द में बँधी उनकी जीवनी की इस पन्ना की-सी रत्नगर्भा भूमि में अगणित कथानकों के असंख्य हीरे ऐसे जगमगा उठते हैं कि मेरी आँखें चौंधिया जाती हैं। आश्चर्य होता है कि जिस क्रूर लेखनी ने न जाने कितनों को मृत्युदंड दिया होगा, वही ऐसे रससिक्त प्रकरणों की सृष्टि कैसे कर सकी होगी! अवध के रईस ताल्लुकेदारों के जीवन की झाँकियाँ, ऐंग्लो-इंडियन

समाज का सजीव विवरण, उच्चतर तबके के ब्रिटिश अधिकारियों के मार्मिक संस्मरण, दिल्ली दरबार, रामपुर के अनूठे नवाबी वातावरण का बेजोड़ वर्णन—सचमुच ही एक समूची रत्न-मंजूषा मेरे हाथ में है। अशर्फियों के लबालब अतीत के गर्भ में दबा मिट्टी और गर्द से धूमिल एक घड़ा जैसे मेरे हाथ लग गया है।

क्षण-भर को मैं आनन्दमग्ना हो हवा में उड़ने लगती हूँ। कितनी रंगीन कहानियाँ गढ़ी जा सकती हैं इस मूलधन से! पर दूसरे ही क्षण, एक विस्मृत रौबदार बुजुर्ग चेहरा मेरी स्मृतियों के अन्तराल से झाँकने लगता है। मैं सहम उठती हूँ—मुझे लगता है, मैं एक गुरुजन के अन्तरंग शयनकक्ष में, धृष्टतापूर्वक अनावश्यक ताक-झाँक करने की चेष्टा करने लगी हूँ।

साहबजादे अब्दुल वाहिद खान मेरे पिता के घनिष्ट मित्र थे। उनके परिवार ने मेरे पिता की मृत्यु के समय जिस स्नेहपूर्ण औदार्य का परिचय दिया था, वह कोई निकट आत्मीय भी शायद ही दे पाता। आज जब इंच-इंच की सीमा निर्धारित करने के लिए असंख्य लाशें बिछ जाती हैं, जब क्षणिक समझौते की राख में दबी, धार्मिक विद्वेष की चिनगारियाँ कभी भी लपलपाती लपटों की सृष्टि कर सकती हैं, हिन्दू-मुस्लिम एकता के ऐसे दृष्टान्त सम्भवतः मनगढ़ंत-से ही लग सकते हैं; पर एक समय ऐसा भी था, तब ताशकन्द के निरर्थक समझौते नहीं हुआ करते थे। अपूर्व मैत्री के उन समझौतों में रहते थे अदृश्य हस्ताक्षर, जिनके खोखले प्रदर्शन की किसी भी पक्ष को उत्सुकता नहीं रहती थी।

आज ऐसे ही एक हस्ताक्षर, मेरी स्मृतियों की नियोन बत्तियों के-से प्रकाश में कभी बुझने और कभी जगमगाने लगते हैं। एक ऐसे स्नेही व्यक्ति के हस्ताक्षर, जिन्होंने पिता की मैत्री को नब्बे वर्ष की अवस्था तक भी नहीं भुलाया, जो नैनीताल के सनकी मौसम की अवहेलना कर, प्रत्येक रविवार को मेरे बंगले की खड़ी चढ़ाई पार कर, हँसते हुए मेरे द्वार पर खड़े हो जाते, प्रत्येक ईद को बटुआ खोल एक नये पाँच के नोट की 'ईदी' थमाते और मेरे कन्धे का सहारा लेकर, धीरे-धीरे सीढ़ियाँ उतर जाते।

मैं जितनी बार उस वयभार से नमित एकाकी आकृति को धीरे-धीरे उतार उतरते देखती, मुझे लगता, स्वयं मेरे पिता भी एक अदृश्य साये के रूप में अपने मित्र के साथ जा रहे हैं। "मैं आपका एक स्केच लिखना चाहती हूँ," मैंने उनसे एक बार कहा, तो वे जैसे आकाश से गिर पड़े, "तौबा-तौबा, मेरा स्केच भी भला कोई लिखने की चीज़ है! वैसे भी एक बात गाँठ बाँध लो, किसी का स्केच हमेशा उसके मरने के बाद लिखना चाहिए।"

"भला क्यों?"

"क्योंकि मरने के बाद किसी भी इन्सान के लिए बहुत-सी मनगढ़न्त बातें लिखी जा सकती हैं।" और यह कहकर वे ठठाकर हँस पड़े थे।

आज वे नहीं रहे, मनगढ़न्त बातों का प्रश्न ही नहीं उठता, उनके हाथों से लिखी गई उनकी आत्मकथा मेरे सामने खुली पड़ी है, उन्हीं की अनूठी भाषा की कुंजी से पहले खोलती हूँ, उनके बचपन के कक्ष पर लटका एक जंग-लगा ताला :

"जलालुद्दीन ख़ान और सादुल्ला ख़ान को 1857 के गदर में, स्वतन्त्र होने के प्रयत्न में अपराधी घोषित कर, गोली से उड़ा दिया गया था, ये ही सादुल्ला ख़ान मेरे दादा थे। जलालुद्दीन ख़ान का विवाह, रामपुर के नवाब-परिवार में हुआ था। दादा को मृत्यु-दंड मिलने पर, कुदसिया बेगम हमारे अनाथ परिवार को लेकर मुरादाबाद आ गईं। रामपुर के नवाब के यहाँ उनका मायका था; पर तब हमारा परिवार राजनीतिक ग्रहण की छाया से ग्रस्त था। रामपुर के तत्कालीन

नवाब यूसुफ ख़ान को 'फ़रज़दे दिल पज़ीर दौलते इंगलीशिया' की पदवी मिली थी। ब्रिटिश सरकार की उन पर विशेष कृपा थी। फिर भला वे हमारे बागी खूँख्वार रोहिला पठान परिवार को शरण कैसे देते? हमारी दादी बी मैया बड़ी ही नीति-कुशल महिला थीं। रामपुर से उनके पास कई बार मायके का स्नेहपूर्ण दिखावटी बुलावा भी आया; पर वे मन ही मन समझ गई थीं कि उनकी अटूट सम्पत्ति कभी भी मनमुटाव का कारण बन सकती थी। इसलिए मुरादाबाद के हवेलीनुमा 'काठ दरवाज़े' में ही हमारा लालन-पालन होने लगा।"

अब देखिए 'काठ दरवाज़े' की एक सजीव झाँकी :

"काठ दरवाजे की मेहराबदार ड्योढ़ी को देखकर मुझे अपने आक्सफोर्ड कालेज के बुलन्द दरवाजे का स्मरण हो आता है। ड्योढ़ी पार करते ही एक बड़ा-सा दालान मिलता था, जिसमें तख्तों की एक लम्बी कतार-सी बिछी रहती थी। पहले थी मर्दाना बैठक और फिर आती थी ज़नाना महलसरा की ड्योढ़ी।

"इसी ड्योढ़ी पर तनकर बैठी पहरा देती थी बुआ परी चेहरा, जिसका झुर्रीदार चेहरा, सफेद बाल और लम्बा कद देखनेवाले को सहमा देते। बड़ी-बड़ी हाथी के कान-सी चपातियों को सालन से तर कर, वह एक ही निवाले में निगल जाती। जिस किसी को भी ज़नाना ड्योढ़ीसरा में कुछ कहलवाना होता, पहले बुआ परी चेहरा ही उसकी पेशी करती। असंख्य नौकरानियाँ हम बच्चों को गोदी में ऐसे उड़ाए फिरतीं कि हमारे पैर शायद ही कभी जमीन पर पड़ते। लड्डू, जलेबी और बालूशाहियों के नाश्ते का क्रम दिन-भर चलता। लाड़-दुलार का अंत नहीं रहता; किन्तु सुखी बचपन क्या ऐसा ही लाड़-दुलार चाहता है? न हमें इधर-उधर नंगे पैर भागने की आज़ादी थी, न हम उन्मुक्त स्वच्छन्द कुलाँचें ही भर सकते थे। बी मैया का सारा लाड़ मेरे सुन्दर भाईजान पर था और मुझसे उनका ध्यान हटता गया। इसी प्रकार प्रेम की भूखी मेरी मातृहीन शैशवावस्था का बिरवा सूखने लगा।

"मेरी माता की मृत्यु के पश्चात् मेरे पिता ने अपनी साली की पुत्री मुन्ना बेगम से विवाह किया। मेरी विमाता सात बहनें थीं और बी मैया उन्हें 'सात गाँठ' कहा करती थीं। दो-तीन ही वर्ष में मेरी विमाता की भी मृत्यु हो गई। उनकी मृत्यु के पश्चात्, पहली बार मुझे मेरे पिता का स्नेह मिला। कभी रात को अचानक उठकर वे हम दोनों भाइयों के बीच में आकर लेट जाते और हमें गुदगुदाकर बाँहों में भींच लेते। कभी-कभी हमारे आग्रह करने पर हमें नया रेलवे स्टेशन दिखलाने ले चलते। धुआँ छोड़ती रेलगाड़ी, रेल के आने की घंटियाँ, नई वर्दी में मूँछें ऐंठता स्टेशन मास्टर, सबकुछ हमें अनूठा लगता। बरेली-रामपुर-मुरादाबाद की नई-नई रेल लाइन बनी थी और रेलगाड़ी का उन दिनों वही महत्त्व था, जो आज एटम बम का है।

"कभी हम नवाब रामपुर की सवारी देखने छज्जे पर खड़े हैं। नवाब मुश्ताक अली ख़ाँ ईदगाह को जा रहे हैं। किमख्वाबी अचकन, टोपी की कलगी में पन्ने जड़े हैं, इधर-उधर मोती की लड़ियाँ झूल रही हैं। गहरी कत्थई रंग की गद्दी लगी है। उनका मुँह-लगा दारोगा चाँदी की मूँठ के मोरछल से मक्खियाँ उड़ाता, बीच-बीच में दायें-बायें मुट्ठी-भर मोहरों की बिखेर लुटा देता। जुलूस सफ़दर अली ख़ान के बाज़ार से गुज़र रहा है। आगे-आगे चल रहे हैं सजे ऊँट, लाल वर्दी में नवाब के मुख्य अंगरक्षक, चाँदी के रुपहले वस्त्रों में चोबदार और पीछे-पीछे दरबारियों की भीड़। नवाब के दाहिनी ओर, खूबसूरत अरबी घोड़े पर सवार रहते मेरे पिता के मामू जनरल अज़ीमुद्दीन ख़ान। ये वे दिन हैं, जब मोटरें नहीं थीं, हाथी पर सवार तब का नवाब अपनी रियाया के कितने पास था! उसकी प्रजा अपना हर्ष और विषाद, उल्लास और

पीड़ा सरलता से अपने शासक तक पहुँचा सकती थी। ऐसे ही अवसरों पर फ़रियादी अपना दुखड़ा नवाब को सुना सकते थे।"

रात का 'ख़ासा' भी बड़े ठाट-बाट से सम्पन्न होता था। यह अनूठा वर्णन भी सुनिए, उन्हीं के बेजोड़ शब्दों में :

"ख़ासे में स्वयं नवाब साहब, उनके परिवार के चुने सदस्य, मंत्री और मित्र रहते। चाँदी के पायों के पलँग पर स्वयं नवाब साहब बैठे रहते, पास ही में एक छोटी मेज़ पलँग से सटी धरी रहती। प्रत्येक निमन्त्रित सदस्य का स्थान पूर्व-निर्धारित रहता। मेरे मामू जनरल को प्रथम स्थान प्राप्त होता। वे नवाब साहब के दाईं ओर बैठते। खाना चाँदी के 'ख्वानों' अर्थात गोल थालों में सजकर आता। पहले आते दो तरह के सालन, सींक कवाब, पुलाव, फिर मीठे चावल और फिरनी। यह था नित्य का सीधा-सा खाना। जिस दिन किसी दावत का आयोजन होता, उस दिन का तो फिर कहना ही क्या! नित्य का 'ख़ासा' पहले नवाब साहब आरम्भ करते। कई आबदार एक कतार में लाल कपड़े से मुँह-बँधी चाँदी की सुराहियों को हाथ में थामे खड़े रहते। जितनी बार नवाब साहब पानी माँगते, उतनी ही बार मन्त्री खड़े होकर एक नई सुराही की सील मोहर तुड़वाते, हर बार नया घूँट नवाब के होंठों से लगता और उतनी ही बार हेड आबदार का गुरु-गम्भीर स्वर गूँज उठता--'बिस्मिल्लाहिर रहमाने रहीम।'

"खाना खत्म होता और नृत्य-गीत का आयोजन चलता। कई बीनकार सितारबाज़ हाथ बाँधे नवाब के आदेश के लिए खड़े रहते।"

ऐसे विलासिता और अमन-चैन के दिनों की स्मृति क्या सहज ही भुलाई जा सकती थी? फिर स्मृतियाँ भी क्या एक-दो थीं?

उनके सुखी जीवन में अचानक झंझावात की भाँति एक अनजान सुन्दरी ने प्रवेश किया। उनकी सरला पति-परायणा पत्नी कुलसुम मुस्लिम वातावरण में पली थी। पति के साथ क्लब जाने, बेडमिंटन खेलने आदि में उसे झिझक होना स्वाभाविक था। इसी झिझक को दूर करने, अंग्रेज़ी अदब-कायदे सिखाने के लिए ही उस अनजान युवती ने स्वयं मैत्री का हाथ बढ़ाया था। फिर धीरे-धीरे एक दिन उन्हीं हाथों ने कुलसुम को दूर ढकेल दिया।

"बेचारी कुलसुम, शायद उसने अपने इस जीवनसाथी पर बहुत विश्वास कर लिया था। मैं स्वयं ही नहीं जान पाया, कब हमारी गृहस्थी में सहसा वह आ गई। उस विलक्षण नारी का परिचय मैत्री में और फिर अचानक मैत्री से प्रेम में परिणत हो गया। कुलसुम सब जान गई। ऐसी बातें क्या छिपी रहती हैं? धीरे-धीरे वह मन ही मन घुलने लगी। एक दिन वह भी आया, जब वह बेबस-सी बिस्तर पर पड़ी थी। वह कुछ कहना चाहती थी; पर बार-बार उसकी निष्प्रभ आँखें डबडबा आतीं। मुझे करुणापूर्ण दृष्टि से उसने एक बार ऐसे निहारा, जैसे मुझे आँखों में मूँदकर ही रख लेगी और फिर उसकी गर्दन एक ओर ढुलक गई। घायल पशु की-सी उन दो आँखों की व्यथा को मैं क्या कभी भूल सकूँगा? और फिर भूलना भी तो कितना कुछ है—महिमामयी हवेली, 'काठ-दरवाज़े' की स्मृतियाँ, अंगूरी बाग का बहुरंगी वैभव और आज यह एकान्तवास। हाय रे कुचाली कालचक्र, यह तेरी कैसी बाज़ीगरी है।

आत्मकथा की यह अन्तिम पंक्ति पढ़ती हूँ, तो लगता है, आज भी एक लम्बी देह की छाया मेरे द्वार पर खड़ी अचानक मुस्कराकर कह रही है :

'ये माना ज़िन्दगी है चार दिन की,
बहुत होते हैं यारो चार दिन भी!'

कालू

आज से कोई तेईस वर्ष पूर्व शान्तिनिकेतन के उपासना-गृह के रंगीन हरे-लाल काँचों से आती माघी सूर्य की इन्द्रधनुषी किरणें रंग-रस का जाल बिन रही थीं। माघोत्सव की उपासना का सभापतित्व कर रहे थे स्वयं गुरुदेव और आश्रम का नवीन छात्र कालू पहली बार अपनी सुरीली कंठ-माधुरी से आश्रमवासियों को आत्मविभोर कर रहा था अपना वही गाना गाकर, जिसने उसे एक ही दिन में प्रसिद्ध कर दिया था :

'आमार हियार माँझे
लुकिये छिले
देखते आमी पायनी तो माय
देखते आमी पायनी...'

(तुम मेरे ही हृदय में छिपे थे, पर मैं तुम्हें देख नहीं सका–हाय, देख नहीं सका!)

'देख नहीं सका' पंक्ति गाकर वह अपनी ज्योतिहीन आँखों को आकाश की ओर उठा देता, तो लगता–वह लयबद्ध रवीन्द्र-संगीत की संगीत-मुखर व्याख्या भी कर रहा है। कैसी सुरीली आवाज़ थी! कैसी तड़प-भरी टीस! लगता था; लड़कपन बहुत पहले ही पीछे छूट जाने पर भी कंठ के मीठे-कच्चे स्वर को कैशोर्य की वह बदलती खनक नहीं स्पर्श कर पाई है।

वह अचानक कहाँ से आ गया, कोई भी नहीं जान पाया। कोई कहता–गलियों में इसका गाना सुनकर गुरुदेव अपने साथ ले आए। कोई कहता– गुरुदेव कहाँ लाए! स्वयं ही आश्रम का अता-पता पूछता चला आया है। कोई तो यहाँ तक कह देता–ट्रेन में बिना टिकट सफर करते, गाते, झोली फैलाते पकड़े गए थे हज़रत!

किसी को उस सरल छात्र के जादुई कंठ पर ईर्ष्या हो रही थी और किसी को उस बेचारे के इर्द-गिर्द जुटी रंगीन छात्राओं की भीड़ को देखकर उसके सहज सौभाग्य पर अकारण ही कुढ़न। वह कौन है, कहाँ से आया है? ये सब प्रश्न हमारे लिए वर्जित थे।

"एक अच्छा छात्र तुम लोगों के बीच आ गया है, क्या इसी से तुम्हें सन्तोष नहीं है?" हमारी फ्रेंच वार्डन ने हमें डपट दिया था। दूसरे दिन से नित्य ही एक न एक छात्र उसकी लाठी थामे उसे भोजनालय में पहुँचा जाता। उसी भोजनालय में आश्रम के सब छात्र एवं छात्राएँ एकसाथ भोजन करते थे। खाने के बाद वह प्रायः ही एक नीम के वृक्ष का सहारा लिये अपने साथी की प्रतीक्षा में खड़ा रहता। वहीं उससे मेरा प्रथम परिचय हुआ था। दुबला-पतला हँसमुख, वह भी ऐसा कि हँसी पहले दिखती और कालू बाद में।

"तुम बहुत अच्छा गाते हो कालू! क्या हिन्दी-भजन भी गा सकते हो?" मैंने उससे पूछा और उसने अपनी रिक्त दृष्टि मेरी ओर उठा दी। मैं चकित ठगी-सी उसे देखती ही रही।

कौन कहेगा कि वह नेत्रहीन है! अदम्य उत्साह और आनन्द की सहस्र किरणें उसकी आँखों से फूट निकलीं।

"भजन, कीर्तन, बाउल, रामप्रसादी, झूमर, माँ के गीत—क्या सुनिएगा, बोलिए? सबकुछ गा सकता हूँ मैं। एक यही गुण तो दिया है ठाकुर ने।" सहसा उसका कंठ-स्वर उदासी की मीड़ खींच गया। फिर तो कालू को देखते ही हमारी फरमाइशों का ढेर लग जाता।

उन दिनों वर्षामंगल के उत्सव का रिहर्सल स्वयं गुरुदेव की भतीजी इंदिरादेवी उत्तरायण में लिया करती थीं। वर्षामंगल तब एक विशिष्ट गीत के बिना हो ही नहीं सकता था और वह गीत था :

'मन मोर मेघेर संगी
उड़े चले दिक्-दिगंतेर पाने
निःसीम शून्ये
रिमिझिम रिमिझिम रिमिझिम।'

वर्षा के आवाहन की ऐसी मधुर-मीठी स्वरलिपि कि गाते ही लगने लगता, वर्षा की बूँदें रिमिझिम करके सचमुच ही आश्रम को जलसिक्त करने लगी हैं। इस गीत का अन्तरा केवल छात्रों का ही दल गाया करता था। तारसप्तक में जहाँ कुंडमुंडा रेड्डी के भीम मांसल कंठ की गर्जना गूँजती थी, वहाँ कालू हमारे दल में अपने मिश्री-घुले कंठ की मिठास घोलकर रख देता। चूँकि वह चौथे काले के स्वर में गाया करता था, जिसमें प्रायः लड़कियाँ गाया करती हैं, उसे हमारी ही पंक्ति में बैठना पड़ता था।

न जाने किस अमानवीय घ्राणशक्ति से मुझे सूँघता वह ठीक मेरे पास आकर बैठ जाता। मैं उसकी तीक्ष्ण बुद्धि, संगीत-स्वरों की अनोखी पकड़ एवं स्मरणशक्ति देखकर आश्चर्य से दंग रह जाती। हमें रवीन्द्र-संगीत की स्वरलिपि को कई बार प्रयास कर सीखना पड़ता।

इस पर इंदिरादेवी की संगीत-शिक्षा किसी साधारण गुरु की संगीत-शिक्षा नहीं थी। एक-एक मुरकी कम्पन को सुनार की-सी तुला में तौल-तौलकर हमारे कंठ में उतारतीं। 'नील अंजन घन पुंज छायाय' जैसी कठिन वर्णाक्षरी, बार-बार कापी में देखकर कंठ में खींचनी पड़ती। वहीं पर वह जन्मान्ध दुबला-पतला अपढ़ किशोर कविता और स्वरलिपि, दोनों को दाँतों तले पकड़कर ऐसा उठा लेता, जैसे करतल पर धरा बड़ा-सा कंकड़ हो।

एक बात और भी थी, हम लड़कियों को कंठस्वर (बंगला में जिसके लिए एक बोलता-सा शब्द है 'मेयेली गला') के बीच भी वह अपने अनोखे कंठस्वर का व्यक्तित्व एकदम अछूता रखता था और कभी-कभी तो छात्रों के परुष तार-स्वरों के बीच किसी दक्ष कथाकार की-सी 'ट्रिक एंडिंग' का-सा आनन्द दे उठता, अपने मीठे कंठ के 'दुगुन' से।

"ऐसा मैंने एक बार ढाका के कव्वालों को करते सुना है," वह कहता, "वे एक छोटे-से बालक को अपने साथ दुगुनी लय में गाने दिया करते थे और सुनने में अनोखा आनन्द आ जाता था।"

कालू को विधाता ने आँखें नहीं दी थीं; किन्तु उसकी जिस दिव्यदृष्टि का आभास मुझे एक दिन मिला, उसे देखकर मैं दंग रह गई। क्या सभी नेत्रहीनों का ऐसा तीसरा अदृश्य नेत्र विधाता स्वयं अपने हाथों से ही खोल देता होगा? आश्रम के किसी उत्सव की भीड़ से मैं तेज़ी से निकलकर श्रीभवन की ओर जा रही थी। सहसा कालू पर दृष्टि पड़ गई। एक

नीम के पेड़ का सहारा लिये, हाथ में लाठी थामे, वह चुपचाप अपनी पुतलीहीन आँखों से टुकुर-टुकुर देख रहा था।

मैंने सोचा, एक तो छात्रावास के नियमानुसार पहुँचने में मुझे वैसे ही देर हो रही है, कालू से बातों में उलझ पड़ी, तो उसकी लाठी थामकर शायद कलाभवन तक पहुँचाना भी पड़ेगा। स्पष्ट ही था कि उसकी लाठी थामनेवाला उसे धोखा दे गया है।

बिना एक शब्द बोले मैं सर्र से चुपचाप उसके पास से गुज़री ही कि वह हँसा—"वाह! खूब ठगकर भाग रही थीं गौरा दी! पता नहीं नीलमाधव कहाँ रह गया? कह गया था, नीम-तले खड़े रहना। कब से तो खड़ा हूँ। अभी न जाने क्या पैर के ऊपर से सर्र से निकल गया! सोचा, कहीं गोखरू मोशाय न हो..."

वह जोर से हँसा और मैं लज्जा से गड़ गई। कितनी स्वार्थी थी मैं! एक अन्धे विवश सखा की लाठी थामने में भी मुझे पहले अपना ही स्वार्थ सूझा। आश्रम के गोखरू और केवटे सर्प-महिमा को भला कौन नहीं जानता! मैं

उससे पूछना चाह रही थी—कालू, तुमने मुझे कैसे पहचान लिया? कौन-सी ऐसी शक्ति है तुम्हारे पास? पर मैं कुछ पूछ नहीं सकी। एक बार पहले कुछ ऐसी ही मूर्खता कर बैठी थी। "अच्छा, बताओ तो कालू, मैं कैसी हूँ? लम्बी या नाटी, गोरी या काली?" मैंने उससे एक दिन हँसी-हँसी में ही पूछ लिया था।

"तुम लम्बी हो, गोरी हो और जहाँ तक मैं सोचता हूँ, तुम्हारी आँखें भूरी हैं।"

उसने किसी दार्शनिक की-सी गम्भीरता से कहा, तो मैं जोर से हँस पड़ी थी। "ऊँह, किसी ने बतला दिया होगा!" मैंने कहा तो वह उदास हो गया।

"ईश्वर की कसम खाकर कहता हूँ, मुझे किसी ने नहीं बतलाया। मैं सबको देख सकता हूँ। उसने ऐसे स्वर में कहा कि मैंने अचकचाकर उसकी पुतलियों को गौर से देखा।

नहीं, विधाता ने उसके दुर्भाग्य के अन्धकारपूर्ण दुर्गम दुर्ग में आलोक की एक क्षीण किरण भी नहीं रहने दी थी। वह पूर्ण रूप से नेत्रहीन था। मैं उसकी लाठी थामे उसे लिये जा रही थी और वह कहता जा रहा था—"मैंने नीला आकाश देखा है, हरे शाल-वृक्ष देखे हैं। आश्रम की शालवीथिका देखी है। बोलपुर स्टेशन का धुआँ छोड़ता कलमुँहा इंजन देखा है।"

वह कहता जा रहा था कि उसका बिछुड़ा साथी अचानक मिल गया। उसे कालू की लाठी थमाकर मैं जाने लगी तो उसने फिर हाँक लगाई—"सुनती हो गौरा दी, सब झूठ है, एकदम झूठ है। मैंने कुछ नहीं देखा है। न नीला आकाश, न पेड़, न इंजन।" उसका उदासी में डूबता स्वर उसकी लाठी की ठक-ठक के साथ विलीन हो गया।

कालू का रंग बेहद काला था। शायद इसी से उसका नाम भी 'कालू' रख दिया गया था। रंग काला होने पर भी उसके नैन-नक्श तीखे थे और उसकी सदाबहार हँसी सबको मोह लेती थी। आश्रम की छात्राओं की उस पर विशेष कृपा थी। एक तो उसके मधुर कंठ का आकर्षण अद्‌भुत था, उस पर उसके नेत्रहीन कैशोर्य की विवशता छात्राओं को द्रवित कर मुग्ध कर देती।

अन्य छात्र कभी-कभी उसे व्यंग्य-बाणों से छेद देते, तो वह उदास हो जाता। "जानती हो, फलाँ छात्र क्या कह रहा था? कहता था, ओ हे कृष्ण काला, तुम्हारी तो पाँचों उँगलियाँ घी में हैं। यहाँ आँखें रहते भी कोई नहीं पूछता, और एक तुम हो कि जब देखो तब एक से एक सुन्दरी उर्वशी तुम्हारी लाठी थामने चली आ रही है!"

"कैसे नीच होते हैं कुछ लोग! हटाओ भी कालू", मैं कहती—"जरा सुना दो तो अतुलप्रसाद का वह नया गीत, जो तुम इस बार सीख लाए हो..."

नये गीत का प्रसंग छिड़ते ही वह सब वेदना भूल-भालकर रह जाता और किसी बच्चे की-सी अलमस्ती से लाठी को ठक-ठक बजाता, गाने लगता :

'यदि आमार दिवा-राती
केटे जाबे बिना साथी
सबे कैनो
बंधूर लागी
मिछे पथ पाने चावा
कत गान तो होलो गावा
आर मिछे कैनो गावा।'

(यदि मेरी दिवारात्रि बिना साथी के ही कटनेवाली है, तब क्यों मैं उस बन्धु का पथ देख रहा हूँ? कितने ही गीत तो गा चुका हूँ। अब भला व्यर्थ ही कब तक गाता रहूँ?)

देखते-देखते, उसके इर्द-गिर्द, भोजनालय के कर्मचारियों की भीड़ जुट जाती। पुरातन भृत्य हरिहर, नगेन, प्रभाकर, पुत्रशोक से जर्जरिता विधवा सरोजिनी दी, उनकी बालिका पुत्रवधू रानू—सब मन्त्रमुग्ध नाग-से झूमने लगते। उन ज्योतिहीन आँखों का कैसा करुण निवेदन था!

अन्त में, अश्रुधौत आँखों से मैं उस दिन का स्मरण करती हूँ, जब अपनी नौवर्षीय आश्रमकालीन शिक्षा के पश्चात् मुझे घर लौटना पड़ा था। कितने सारे स्नेही मित्र, गुरुजन विदा देने आए थे। प्रेम से खिलानेवाली सरोजिनी दी की वात्सल्य से डबडबाई आँखें, बूढ़ा रसोइया हरिहर, आश्रम के क्षीणकाय भुजंग दा, जिनकी लम्बी उँगलियाँ टाइपराइटर पर थिरकती हुईं हमारा मन मोह लेती थीं, कितने सहपाठी और अध्यापक और फिर उन सबके बीच खड़ा कालू। सुन्दर सजावट से लिखे गए अक्षरों के बीच, जैसे अस्तित्वहीन सेमीकोलन!

वही कालू, जिसे भीड़ की उदासी के बीच से खींच, मैंने कितनी ही बार लाठी थामकर, उसके गन्तव्य स्थान पर पहुँचा दिया था। वही कालू, जो कभी भी मुझे न देखने पर भी जान गया कि मैं गोरी हूँ, लम्बी हूँ, मेरी आँखें भूरी हैं।

"कालू, मैं आज ही जा रही हूँ।" मैं बस इतना ही कह पाई।

"जानता हूँ।" वह गम्भीर स्वर में बोला।

हद है! यह कालू भला यह कैसे जान गया?

कलकत्ते में जापानी जहाज ने बम गिरा दिया था और घंटे ही भर की हड़बौंग में हम यू.पी. की छात्राओं को घर चले जाने का आदेश मिला था।

"क्यों, तुमसे किसने कहा?" मैंने पूछा।

"इसने।" उसने हँसकर अपनी लाठी ठकठका दी।

"अच्छा कालू, ईश्वर ने चाहा तो पौषोत्सव में फिर मिलेंगे।" मैंने उसके दोनों हाथ अपने हाथों में थामकर विदा ली।

प्रत्येक वर्ष, आश्रम के पौष के मेले में प्राक्तन छात्र-छात्राओं का मेला जुटता था। मैं उसी मेले में मिलने का उसे व्यर्थ आश्वासन दे रही थी।

"नहीं, अब उतनी दूर से क्या तुम आ पाओगी? कोई बात नहीं, पौष के मेले में न सही, परलोक के मेले में तो मिलना होगा ही गौरा दी!"

वह हँसा; पर मुझे लगा, उसकी अश्रुसिक्त हँसी एक लम्बी सिसकी बनकर खो गई है।

समय हो गया था। मैं बस में बैठ गई। कालू उसी नीम के तने से सटा खड़ा मेरी बस की ओर देख रहा था, जहाँ मैं उससे पहली बार मिली थी।

कुछ वर्ष पूर्व, आश्रम के ही एक प्राक्तन छात्र ने बताया कि कालू नहीं रहा! क्या हुआ था, मैं कुछ पूछ नहीं सकी। ठीक ही कहा था उसने, सातवीं पौष के मेले में मैं उससे कभी नहीं मिल पाई; पर परलोक के जिस विराट् मेले में उसने मुझसे मिलने का वादा किया था, मैं जानती हूँ, वह उसे कभी नहीं भूलेगा। वहाँ कितनी ही भीड़ क्यों न हो, वह मुझे ढूँढ़ ही लेगा। उस दुबले-पतले नेत्रहीन किशोर को मैं ठगकर भागना भी चाहूँगी, तो वह हँसकर कहेगा—'वाह, गौरा दी, खूब ठगकर भाग रही थीं ना? मैं सबको देख सकता हूँ। तुम गोरी हो, लम्बी हो, तुम्हारी आँखें भूरी हैं। हैं ना गौरा दी?"

फिर मैं कैसी ही हृदयहीना क्यों न होऊँ, उसकी लाठी थामे बिना क्या रह पाऊँगी?

माई

मैंने उन्हें कभी माई कहकर नहीं पुकारा। मेरे लिए तो वह अन्त तक रुक्की मौसी ही रहीं। मेरी माँ के दूर के रिश्ते की ममेरी बहन।

मेरी माँ का मायका उप्राड़ा में था, उप्राड़ा के पन्त तब अपनी दो विशिष्टताओं के लिए प्रसिद्ध थे। एक तो खड्ग के धार-सी उद्धत नासिका, दूसरा उनका क्रोध। तब, इसलिए कह रही हूँ क्योंकि अब तो कुमाऊँ का सम्पूर्ण भूगोल ही बदल गया है। हृदयहीन पेड़ों के कटाव ने जहाँ कुमाऊँ की रत्नगर्भा वन सम्पदा के कोष को रिक्त कर दिया है, वहीं पर विभिन्न प्रदेशों की संस्कृति एवं अन्तर्जातीय विवाहों ने कुमाऊँ की सुदर्शन नस्ल को ही आपादमस्तक बदल दिया है। रुक्की मौसी के पिता पेशे से थानेदार थे—उस पर उप्राड़ा के पन्त, एकदम नीमचढ़ी गिलोय। उन दिनों की थानेदारी, आज के मन्त्रीपद से कुछ कम नहीं होती थी—लाल रेशमी झब्बेदार पगड़ी जिसका झब्बा उनकी गर्दन इधर-उधर फेरे जाने पर नृत्यरत मयूर के पंखों-सा ही फैल जाता, ठसकेदार वर्दी पर चमचमाते पीतल के बटन, जिन्हें रुक्की मौसी, पहाड़ी नींबू रगड़-रगड़कर नित्य चमकाती रहतीं, चक्की के पाट-सी चौड़ी छाती का अर्धांश घेरे कारतूसों की पेटी, हाथ में सर्पिणी की चिरी जिह्वा-सा लपलपाता हंटर। वे थाने से घर आते तो मौसी को साँप सूँघ जाता। उनकी घनी काली पुष्ट मूँछें पर्शियन बिल्ले-सी ही मखमली लगतीं। रुक्की मौसी की परिहास-रसिकता गजब की थी। वर्षों पूर्व थानेदार की वह पतिपरित्यक्ता दुहिता सदा के लिए पिता की आश्रिता बनकर सिसकती द्वार पर खड़ी हुई तो वयस थी मात्र चौदह वर्ष। अभागिनी का एकमात्र अपराध था उसका साँवला रंग, यद्यपि एकदम ही कृष्णवर्णी नहीं थीं रुक्की मौसी। उज्ज्वल श्यामश्री, गेहुएँ रंग की ही सीमा में आती थीं, किन्तु गोरी तो नहीं थीं। कुमाऊँ में कन्या के अंगदोष को भी चाहे अनदेखा कर दिया जाए, साँवले रंग को कभी मान्यता नहीं मिलती। फिर भी मौसी का साँवला चेहरा, उजली हँसी से सदा दगदगाता रहता। मजाक तो कभी-कभी ऐसा गरिष्ठ कर बैठतीं कि साधारण हाजमेवालियों को अपच हो जाता।

उन दिनों गुरखा गृहिणियों से सीखकर पहाड़ के घरों में भी रंग-बिरंगी चौकड़ियोंवाले होज बिने जाने लगे थे। मैंने सोचा, मैं भी अपने फुटबाल खिलाड़ी भाई के लिए एक जोड़ा बिन डालूँ। रुक्की मौसी ने इस कला में विशेष दक्षता हासिल की थी। मैंने उनसे कहा, "ऐ रुक्की मौसी, तुम तो इतने सुन्दर 'ऐर्गाइल' मौजे बिनती हो, पीला-लाल-खाकी ऊन तो है मेरे पास—थोड़ा काला ऊन दे सकोगी मुझे?"

मौसी ने गम्भीर होकर कहा, "दिन-भर सबर कर ले, रात को बाबू सोएँगे तो उनकी दोनों ओर की मूँछें थोड़ी-थोड़ी-सी कतरकर रख लूँगी तो कातने पर डेढ़ औंस बढ़िया पशमी काला ऊन निकल आएगा, रंग एकदम गारंटी फास्ट!" रंग साँवला होने पर भी, मौसी की देह की

गठन अनुपम थी। कभी भी मैंने उन्हें वे सब आन्तरिक नन्हें परिधान पहनते नहीं देखा, जिनकी बैसाखियाँ टेक, नारी अपने एक नूर के यौवन को भी सौ नूर का बना लेती है। पूरी बाँहों का अल्लमखल्लम ढीला सलूमा, सपाट काली कन्नी की वे इकलाइयाँ, जो तब दस रुपए जोड़ा आती थीं किन्तु मौसी के छन्दमय पदविन्यास में न जाने कैसी मोहिनी थी कि मेले में उनके साथ जाती तो उन्हें दूर से देखते ही मनचले पहचान लेते और सीटियाँ बजने लगतीं। उनके ईषत् मुकुलित अधरोष्ठ की मोहक भंगिमा, उनके महिमामय मुख की रेखाएँ, आँखों की निर्भीक चावनी, चिबुक की दृढ़ता, भृकुटि के अनोखे तनाव को निकट से देखते ही फिर वे धृष्ट सीटियाँ बजानेवालों के कंठ गह्वर ही में विलीन हो जातीं। उस निर्दोष चेहरे में न जाने क्या था कि लगता कोई देवमूर्ति किसी प्राचीन मन्दिर के गर्भगृह में खड़ी मानवता के उच्चतम शिखर से अपने मुग्ध मन्त्रों को निहार रही है। ऐसा ही अद्भुत व्यक्तित्व था मौसी का कि लगता था किसी प्रसिद्ध चित्रकार की कृति अपने में मानव-अस्तित्व की समस्त विडम्बना, विषाद, हर्ष, रहस्य एकसाथ प्रस्तुत कर रही है। मौसी नारी ही नहीं, नारीत्व का अनोखा सनातन नमूना थीं।

होली में मौसी के लिए विशेष रूप से कठोर नियम थे। सुबह से ही पुत्री के द्वार पर बड़ा-सा ताला लटका देता था थानेदार। उसके विधुर पिता को असमय के पत्नीवियोग ने बेहद शक्की बना दिया था।

"अरी इससे तो बाबू दूसरी शादी ही कर लेते। ये मत करो, वो मत करो, जोर से मत हँस, होली में बाहर न निकल। अब साल-भर के त्यौहार में भी इस करमजले कपाल में अबीर-गुलाल का टीका नहीं लगा तो कब लगेगा?" वे रुआँसी होकर कहतीं।

पर नियम तो नियम ही थे। थाल-भर गुझियाँ, ठंडाई के छलकते गिलास सजा-सजाकर मौसी ही बाहर भेजतीं और द्वार की दरार से देखती रहतीं। न जाने कितने रिश्ते के मनचले देवर, जीजा उसी दरार पर दृष्टि निबद्ध किए, लम्बी साँसें भरते, काली थानेदारी मूँछों का ही अबीरी अभिनन्दन कर लौट जाते। मौसी के वैधव्य का करुण इतिहास किसी से छिपा नहीं था। पुत्री के लिए थानेदार ने अपनी ही बिरादरी का ऊँचा अगला गबरू जवान, ठोक-पीटकर छाँटा था, तब यह नहीं देख पाए थे कि चन्दन के उस वृक्ष को भीतर ही भीतर अदृश्य घुनों ने चाटकर खोखला कर दिया है, हाथ लगते ही वह ढह जाएगा। विवाह के पच्चीसवें दिन ही आभूषण सज्जाविहीना रुक्की मौसी पितृद्वार पर सिसकती खड़ी थीं।

पहले कुछ क्षणों तक थानेदार सन्न खड़े ही रह गए—यह क्या, अकेली नंगी-बुच्ची लड़की को मायके भेज कैसे दिया!

"क्या बात है रुक्की," बड़े दुलार से उन्होंने पूछा। पिता की ऐसी मीठी पुचकार सुनने की वह अभ्यस्त नहीं थीं, आज तक क्या कभी किसी गाली बिना दुर्धर्ष जनक ने उसे ऐसे पुचकारकर कुछ पूछा था?

वह बुरी तरह सिसकने लगीं, "बाबू, मैं अब वहाँ कभी नहीं जाऊँगी, देखो मेरी पीठ"—और फिर पिता के सम्मुख वह अपनी सुचिक्कन पीठ उल्लंघ कर खड़ी हो गई थीं। लगता था, कसाई ने हंटर से लड़की की पीठ ही उधेड़कर रख दी थी।

एक क्षण को थानेदार पत्थर की मूरत बन गया—अपने जीवन में उसने भी तो न जाने कितने अपराधियों की पीठ हंटर से ऐसे ही छीलकर रख दी थी, क्या आज उसी का दंड विधाता

उसकी निरीह मातृहीना पुत्री की पीठ पर लिख गया था? फिर उन्होंने पिता को एक-एक बात बता दी थी। उनके शराबी नारी-लोलुप पति की एक नहीं अनेक रक्षिताएँ थीं, नववधू के समस्त आभूषण शराब के नशे में चूर उनका मदालस पति अपनी उन्हीं गोपिकाओं को बाँट आया था। क्रोध में दाँत पीसता थानेदार एक भयानक हुंकार कर उठा तो शरीर का समस्त रक्त उसकी आँखों में उतर आया था। "तू दरवाजा भीतर से बन्द कर ले, मैं जा रहा हूँ।"

"कहाँ जा रहे हो बाबू?" चिन्तातुरा रुक्की मौसी मन-ही-मन जान गई थीं कि उसके बाबू नवीन जामाता से हिसाब बराबर करने ही जा रहे हैं—पिता का क्रोध क्या वह नहीं जानती थीं?

दूसरे दिन भोर होने से कुछ पहले ही वे लौटे तो रुक्की मौसी से कहा, "जा बेटी, अपना मंगलसूत्र उतारकर बाहर पत्थर पर रख आ।"

रुक्की मौसी वहीं पर धम्म से बैठ गई थीं, "क्या कह रहे हो बाबू, क्या कर आए हो तुम?"

"वही कर आया हूँ चेली (बेटी) जो करना चाहिए था। जा पोथी (लाड़ो) आपुंण चर्‌यो भैर ढुंग में धर आ।" (जा बेटी, अपना मंगलसूत्र बाहर पत्थर पर धर आ)।

किसी भी कुमाउँनी सधवा के लिए इससे विकट गाली और क्या हो सकती थी!

"तू घबड़ा मत बेटी, तेरा बाप कभी कच्ची गोलियाँ नहीं खेलता—पच्चीस वर्ष की थानेदारी कर चुका हूँ, वह भी कुमाऊँ के सबसे बीहड़ अपराधी इलाके कत्यूर में। कल सुन लेना, थानेदार का दामाद दुर्गिया कुमाऊँ मोटर यूनियन की बस से कुचला गया, सिर अलग और धड़ अलग। अच्छा हुआ जो साला शराब के नशे में चूर था। जाँच होगी तो वही अपराधी सिद्ध होगा। ड्राइवर खीमसिंह बेदाग छूट जाएगा—वैसे भी मैंने ड्राइवर के बाल-बच्चों का पूरा इन्तजाम कर दिया था।"

"यह क्या किया तुमने बाबू—छिः-छिः—अपनी ही बेटी को विधवा बना दिया!" वह बिलख उठी थीं।

"ऐसी सधवा से विधवा भली—तुझे कैसी चिन्ता है बेटी—तेरा बाप जो जिन्दा है।"

सुबह होते ही खबर पा पूरा गाँव उटल आया था, "हाय राम, क्या सुख देखा बेचारी ने! बचपन में माँ को खोया, विवाह होते ही पति को। ऐसा दिन दुश्मन को भी न दिखाए भगवान। थानेदार ज्यू—ठाकुरों की बेटी होती तो दूसरा घर कर देते पर अभागिन है भी तो ब्राह्मण की बेटी।" असमय के वैधव्य ने मौसी के मासूम चेहरे को और भी कमनीय बना दिया था। पिता के गृह में अब उस पर किसी भी प्रकार की रोक-टोक नहीं रही। जहाँ चाहे घूमे, जैसे चाहे पहने-ओढ़े, पर मौसी ने स्वेच्छा से ही कठोर वैधव्य व्रत का ऐसा पालन आरम्भ किया कि गाँव की अनुभव प्राप्त वरिष्ठ विधवाएँ भी देखती ही रह गईं। न वह कहीं जातीं न हमजोलियों में उठती-बैठतीं। पहले कन्नीदार रंगीन साड़ियों से उनका बक्सा पटा था, एक-एक कर उन्होंने सब बाँट दीं, बिना किनारे की मर्दानी सफेद धोती, न हाथ में सोने की चूड़ियाँ, न गले में सोने की चेन, जिसके लॉकेट में मीनाकारी 'ॐ' गुँथवाकर, उसके पिता ने उसे कभी बड़े चाव से स्वयं पहना दिया था। लाख कहने पर भी उन्होंने फिर चप्पल नहीं पहनी, 'पहाड़' की विधवाएँ क्या कभी पैरों में कुछ पहनती हैं बाबू? उनके निर्दोष प्रश्न में भी, अपराधी पिता को कठोर श्लेष का पुट बुरी तरह आहत कर गया था। पहले पाँच मिनट में 'विष्णु-विष्णु' कह जो लड़की बड़े

अधैर्य से पूजा-पाठ से निवृत्त हो जाती थी अब घंटों पूजा में बिताने लगी। कंठ तो मधुर था ही, संस्कृत का उच्चारण भी त्रुटिहीन था। मैं एक दिन मिलने गई तो देखा, सद्यःस्नाता मौसी पीठ पर सघन केशराशि बिखेरे, आँखें मूँदे, विष्णु सहस्त्र नाम का पाठ कर रही हैं, "रामो विरामो विरजो मार्गो नेयो नयोऽनयः वीरः शक्तिमतां श्रेष्ठो धर्मो धर्मविदुत्तमः"

मैं चुपचाप उन्हें देखती रही, पिछली होली को अभी सात ही महीने तो हुए थे, मैं उनसे मिलने गई तो वह रोटी डाल रही थीं। "अरी कल क्यों नहीं आई?" उन्होंने बड़े उत्साह से कहा, "हम तो खैर हर साल की तरह इस बार भी कमरे में बन्द थे। पर होली गाने बाबू ने बागेश्वरवाले जीजा को बुलवाया था।

"आहा—क्या कंठ है उनका! ऐसी बढ़िया होली गाई कि बस—सुनेगी?"

और फिर चीमटे-से सम का आह्वान करती वह स्वयं गुनगुनाने लगी थीं—

"जाय पड़ूँ पी के अंक
चाहे कलंक लगे री"—

फिर कुटिल कनखी से मुझे बींध वह बोलीं, "पी ही नहीं रहे तो किसके अंक में गिरूँ, तू ही बता?"

आज वही अबीर-गुलाल से मदालस कंठस्वर अचानक कितना बदल गया था।

पूरे गाँव में रुक्की के वैधव्य व्रत की ही चर्चा थी। क्या उम्र थी उसकी, केवल पन्द्रह वर्ष, पर क्या गजब का संयम था, कैसी अपूर्व शुचिता थी। प्याज नहीं खातीं, टिमाटर, बैंगन, मसूर की दाल, जो-जो वस्तुएँ विधवा के लिए वर्जित हैं, वे ही दुर्भाग्य से कभी मौसी को प्रिय थीं पर मजाल कभी कोई वर्जित वस्तु जिह्वाग्र का स्पर्श करे या कोई एकादशी छूट जाए। मैं जितनी ही बार उन्हें देखती, लगता, वह साधारण मानवी के स्तर से निरन्तर ऊपर उठती, हम सबकी पकड़ से दूर होती जा रही हैं। वह दीप्ति, वह तेज, वह भावविह्वलता ही क्या सचमुच उन्हें हमसे दूर करती जा रही थी? क्या वैधव्य में भी नारी का रूप निखरता है, मन निर्मल होता है—और क्या विशुद्ध पति विरहित चित्त की वह निष्काम भावना एकता का सन्धान करती फिरती है? गाँव में कोई बीमार भर पड़ जाए, चाहे वह शूद्र हो या चांडाल—मौसी रात-दिन उसकी सेवा में एक कर देतीं। लगता था, काम, क्रोध, मद, लोभ जैसे तस्कर भी मौसी के पीछे-पीछे पालतू कुत्ते बने निरन्तर दुम हिला रहे हैं। मुझे विश्वास हो गया कि मनुष्य में ऐसी कोई महान शक्ति अवश्य वर्तमान रहती है जो दारुण आघात पाकर उसे जितेन्द्रिय बनने की प्रेरणा ही नहीं देती उसे जितेन्द्रिय बना भी देती है। जिस सहजता से उस बालिका के वैधव्य ने उसे विवेकशील प्रौढ़ा बना दिया था, उसे देख मैं अवाक् रह गई थी। जीवन के सोलह वसन्तों में ही उस बित्ते-भर की लड़की ने जैसे जीवन का महान सत्य उपलब्ध कर लिया था कि मनुष्य भोग से शाश्वत सुख प्राप्त नहीं कर सकता, त्याग में भी उसे चिरन्तन सुख मिल सकता है। किन्तु मुझे मौसी के भविष्य के प्रति एक आशंका रह-रहकर विचलित करती रहती। जो वास्तविकता है, उसे ऐसी दृढ़मनःशक्ति से दबाना क्या मौसी का अभिनय है? यदि वास्तव में वह सब अभिनय ही है, मात्र समाज को प्रभावित करने की चेष्टा है तो यह वास्तविकता कभी नग्न रूप में प्रकट होकर कुत्सित तो नहीं बन उठेगी? बँधे-बँधाए नियम-आचार की वाष्प जब तीव्र होकर भटकने लगेगी तो क्या मौसी के हृदयपात्र पर धरा संयम का ढकना हिल-हिलकर गिरने को तत्पर नहीं होगा? कहीं बेचारी मौसी अंतःकरण और बाह्य जगत को एक सूत्र में नहीं बाँध पाईं तो भयंकर तमोगुण के धुएँ में घुट-घुटकर मर नहीं

जाएँगी? उनकी यह परदुःखकातरता, अपार करुणा, कठिन आत्मदान उसे अन्त तक स्वयं ही खंडित नहीं कर देगा? सोलह वर्ष की उम्र भी कोई उम्र होती है? उस कच्ची वयस में ऐसा वैराग्य? अंत तक निर्वाह कर पाएँगी वह!

फिर वर्षों का एक ऐसा अन्तराल आया, जिसके गह्वर में मौसी का पूरा अतीत बह गया। रुक्की मौसी सोलह ही वर्षों में चारों धाम कर आई थीं फिर भी मन नहीं भरा—पूर्णकुम्भ का पुण्य लूटने गाँव की भीड़ गई तो वह जिद कर उनके साथ हो लीं। पूरा कल्प करेंगी वह! किन्तु उसी वर्ष मेले के जानलेवा भीड़ के रेले में कुमाऊँ के कई धर्मभीरु गाँव के गाँव विलीन हो गए और लाख ढूँढ़ने पर भी स्तूपीकृत लाशों के ढेर में मौसी की देह नहीं मिली।

मृत्यु जीवन का अपरिहार्य अंग है, फिर थानेदार तो नुची-रौंदी पानी में तैरती असंख्य लाशों के पंचनामा का साक्षी रहा था, फिर भी दुखिनी पुत्री की उस अस्वाभाविक अकाल मृत्यु का आघात नहीं सह पाया। एक दिन दिल का ऐसा विकट दौरा पड़ा कि पानी भी नहीं माँगा।

फिर तीन वर्ष बाद गाँव के लोगों के लिए मर-खप गई रुक्की मौसी सहसा एक दिन स्वयं प्रकट हो गईं। पहले लोगों ने नहीं पहचाना, आए दिन बागेश्वर-जागेश्वर से आई भैरवियाँ, धूनी जमाती रहती थीं, होगी कोई। फिर उनके बागेश्वरवाले विधुर जीजा ने ही उन्हें सबसे पहले पहचान लिया था, पहचानते भी कैसे नहीं? द्वार की दरारों से कभी जिसकी तीखी नाक, अधमुँदे द्वार से ही हाथ बढ़ाकर दिए जा रहे चाय के गिलास पर लगी अंगुलियाँ, कटावदार आँखों में छलक रहे दमित उल्लास की सुस्पष्ट रेखाएँ, सब ही कुछ तो उनके मन के कैमरे ने उतारकर अपने लेंस में अमिट बनाकर रख दिया था। एक बार डरते-डरते उन्होंने रुक्की मौसी के उग्रतेजी पिता से उसे अपना बना लेने का दुस्साहसी प्रस्ताव भी सुनाने की धृष्टता की थी।

"सुनते हो जमाई," थानेदार की मूँछें सेही के काँटों-सी ही सतर हो गई थीं, "पहाड़ का ब्राह्मण एक ही बार कन्यादान करता है—खबरदार जो ऐसे पाप की बात कभी जबान पर लाए।"

बेचारे, फिर लुकछिपकर ही अपनी सलोनी साली की छवि निहारकर ही अपनी अतृप्त क्षुधा का निवारण कर लेते। कभी नदी-घाट पर नहाती, कभी छत पर बड़ी-मुगौड़ी डाल रही रुक्की मौसी का एक-एक नैन-नक्श उन्हें कंठस्थ हो गया था। किन्तु आज तो उनकी वेशभूषा ही निराली थी—गेरुआ रंग की विचित्र मेखला, सिर पर उलझा जटाजूट, उस पर कुटिल भुजंगिनी-सी लिपटी रुद्राक्ष की माला, कंठ में रंगबिरंगी मूँग तुलसी की अनेक मालाएँ और कान फाड़कर लटके भैंसे के सींग के कुंडल। पहले 'अलख माई भिच्छा दे' कह वह परिचित गृहस्थों के द्वार पर खड़ी हुई थीं, पर कोई नहीं पहचान पाया—शरीर पहले से कुछ भर गया था, वह अपूर्व यौवन जो पहले नए-नए पकड़े गए कोबरा-सा ही देखनेवालों को उद्धत फन उठाकर डँसने दौड़ता था अब भाग्यविधाता ने किसी दक्ष सपेरे के कौशल से, कुंडली में लपेट, जैसे पुनः गेरुआ मेखला की टोकरी में बन्द कर दिया था।

उस आकारविहीन ढीली कफनी में एक नहीं पाँच रुक्की मौसियाँ समा सकती थीं, लुभावना उभार न जाने किस जादुई छड़ी से सपाट हो कहाँ खो गया था। ललाट पर भस्म का लेप, उसी के बीच सर्प के उद्धत फन-सा बना त्रिपुंड, आँखें और भी तरल होकर कानों तक फैल गई थीं, 'जय बाबा गोरखनाथ' बीच-बीच में क्रुद्ध नागिन की-सी मौसी की फूत्कार एक पतली

सीटी-सी बनकर खो जाती, कभी अकारण ही झूमने लगतीं मौसी, उलझा जटाजूट शिथिल हो कन्धों पर फैल जाता, स्तब्ध भीड़ सहमकर फुसफुसाने लगती, "सुना है, भीड़ ने जब रौंद दिया तो कनफटा जोगियों की जमात इन्हें कन्धे पर डाल अपने अखाड़े में उठा ले गई थी। वहीं गुरु महाराज ने दीच्छा दी। वहीं से सिद्धि पाकर हमारे लिए देवी बनकर लौटी हैं। देख नहीं रही हो, साच्छात अंबिका उतरी हैं माई पर—जै माता, जै जगदम्बा, जै माई।"

और उसी दिन से रुक्की मौसी माई बन गईं, सिद्धि माई। लोगों ने लाख समझाया, "माई, तुम्हारे पिता का खाली घर भाँय-भाँय कर रहा है, ऐसी ठंड है इस साल, अपने घर में ही धूनी रमाकर चिमटा गाढ़ दो माई।" पर माई ने एक नहीं सुनी। गला भी न जाने कैसे मोटा-मोटा हो गया था, "जाओ, भाग जाओ सब। कैसा घर? किसका घर? जोगी और साँप का भी कोई घर होता है?"

अपने ही घर के पास, देवदार के गगनचुम्बी वृक्ष के नीचे ही धूनी रमाकर जम गई थी माई और पूस-माघ की बर्फीली हवाओं से निरन्तर छः महीने टक्कर लेती रहीं। अन्न-जल कब का त्याग चुकी थीं, पहले कभी तुलसी की पत्ती चबा लेतीं, कभी आडू-सेब की, फिर वह भी त्याग दिया। अपर्णा बन गई थीं माई। किसी का बेटा असाध्य रोग से ग्रस्त हो मौत की घड़ियाँ गिन रहा था, डाक्टरों ने जवाब दे दिया, वैद्य ने सिर हिला दिया तो माँ-बाप डाँडी में लाद माई के थान ले आए—

"जय बाबा गोरखनाथ"—और लड़का दूसरे ही दिन कबड्डी खेलने लगा— माई की कृपा, एक हुंकारा और रोग-शोक दूर।

किसी की भैंस खो गई तो माई ने दिन, दिशा, नक्षत्र सब बता दिया। इस दिन, इस दिशा में, इस नक्षत्र में भैंस मिल जाएगी, जा भाग। धीरे-धीरे माई की ख्याति कई शहरों तक फैल गई। बम्बई का कोई सेठ हवाई टिकट लेकर ही आया और माई को सिर-आँखों पर बिठा अपने ल्युकोमाग्रस्त पौत्र को रोगमुक्ति दिलाने बम्बई ले गया। कुवैत के किसी लक्षाधिपति ने तो दीनारभरी पूरी थैली चरणों में उड़ेल दी, पर माई नहीं गई।

"क्या करूँ रे जाकर, तेरा बेटा तो वहाँ जा चुका है जहाँ का बुलौआ रोकने तू मुझे लिवाने आया है।"

लोगों की आँखें फटी की फटी रह गईं। एकदम ठीक कह रही थीं माई, सचमुच ही उस शेख को बुलाने उसके सेक्रेटरी दूसरे ही दिन आ गए थे। केबल आया है। आपका बेटा नहीं रहा।

दुर्भाग्य से मैं रुक्की मौसी से तब मिल पाई, जब वह स्वयं असाध्य रोग से ग्रसित हो, जीवन की अन्तिम घड़ियाँ गिन रही थीं। रीनल फेलियर है, कोई उम्मीद नहीं है बचने की। कहते हैं डायलसिस शायद कुछ दिन बढ़ा दे या फिर किडनी ट्रांसप्लांट—किन्तु कौन अपना संसारी गुर्दा उस पवित्र देवमन्दिर में स्थापित करने का दुस्साहस कर सकता था? मृत्यु और मौसी साँप-नेवले से ही जूझ रहे थे कि फिर भी उनके भक्त अपनी माई की पराजय स्वीकार करने को तत्पर नहीं थे। जिसने सैकड़ों को जीवनदान दिया, वह क्या चाहने पर अपने को रोगमुक्त कर मौत को अंगूठा नहीं दिखा सकती? अवश्य दिखा सकती है, पर माई हमारी महान है—सिद्ध औतार, वह इच्छा मृत्यु चाहती है। इसी से हमसे कह दिया है—तुम सब बाहर बैठो। खबरदार भीतर कोई न आने पाए, मुझे शान्ति चाहिए, तुम सब कीर्तन करती रहो।

मैं उसी रामधुन की स्वरलहरी से दामन बचा, पिछवाड़े की सुरंग से निःशंक होकर भीतर चली गई थी। वह सुरंग एक मैं, रुक्की मौसी और थानेदार ही तो जानते थे। मैं भीतर गई तो एक विचित्र-सी सुगन्ध से मेरे नथुने फड़क उठे। तब क्या यह वही दिव्य सुगन्ध थी–अगरु-केसर-चन्दन-तुलसीदल की वह सुगन्ध, जो दिव्य विभूतियों के शरीर से स्वतः स्फूर्त हो स्वयं उनके संत होने का प्रमाण दे जाती है? पर कैसी लग रही थीं रुक्की मौसी? आँखें बन्द थीं या खुलीं? दोनों दुबले सींक-से हाथ परस्पर कैंची बने छाती पर धरे थे–जटाएँ बिखरकर इधर-उधर फैल गई थीं। मैं और निकट गई। पहले अपने एकान्त के उस अप्रत्याशित व्याघात से मौसी की भृकुटि तन गईं। उन्होंने भक्तमंडली को स्पष्ट आदेश दिए थे कि कोई भीतर न आने पाए, फिर सहसा मुझे पहचानकर उन कोटरग्रस्त आँखों का आर्त्तविस्मय, उल्लास की रेखाएँ बन उस पीले चेहरे को उद्भासित कर गया, "अरी तू? देख मैं तुझे ही याद कर रही थी। एक काम कर देगी मेरा? देख जल्दी करना है, मेरे पास समय बहुत कम है, मुझे जाना है।" वह बालिका-सी अधीर हो उठी थीं।

"ऐसे में कहाँ जाना है तुम्हें मौसी। अब मैं आ गई हूँ, तुम्हें कहीं नहीं जाने दूँगी।" मैं उस झूला बन गई खटिया की पाटी पर बैठ गई।

"पगली" उस करुण हँसी में जैसे मौसी ने अपने प्राण निकालकर रख दिए थे। कंठस्वर जैसे मीलों दूर से आ रहा था, "जाना तो मुझे है ही, तू चाहने पर भी क्या मुझे रोक सकती है? पर यह काम तू ही कर सकती है।"

"बताओ क्या काम करना है मौसी!"

"ले," उन्होंने सिरहाने से दो रुपये मेरे हाथ में धर दिए, "कचहरी के पास लोहे के शेरवाली सड़क जानती है ना? और आगे बढ़ना"...फिर वह रुक गईं, जैसे बोल नहीं फूट रहा था।

"हाँ-हाँ, जानती हूँ" भला उस लोहे के शेर को अल्मोड़ा में तब कौन नहीं जानता था? उस आकारहीन, निर्जीव शेर की ख्याति, उसकी किस कलात्मकता के कारण हुई थी, यह मैं आज तक नहीं समझ पाई हूँ, निहायत बदसूरत उस शेर का चेहरा बिल्ली-सा ही लगता था, शरीर की काली-पीली धारियों को अल्मोड़ा की वर्षों की वर्षा के प्रहार ने एकदम रंगविहीन बना दिया था। फिर भी वह अल्मोड़ा के भूगोल का चलता-फिरता गाइड स्टोन था।

"वहीं से सीधी चली जाना। गरीबुल्ला की दुकान से थोड़े आगे एक मुसलमानी बिरयानी गोश्त की दुकान है, वहाँ से मेरे लिए एक प्याला सालन ले आ री चटपट।"

मुझे जैसे किसी ने तीखे ऊँचे पहाड़ से अंधी घाटी में धकेल दिया। कहती क्या है मौसी। वह गोश्त खाएगी। वह जिसने अपना कैशोर्य यौवन स्वेच्छा से शुचिता के अभेद्य दुर्ग में बन्दी बना अपनी सब इन्द्रियाँ विजित कर ली थीं, जिसने अन्न-जल त्याग केवल पत्ते चबाकर ही जिह्वा को पालतू बिल्ली बना लिया था, पवित्र, बेदाग सात्विकी सिद्धि माई, यह कैसी बचकानी अविवेकी फरमाइश कर रही थीं? कहीं दिमाग तो नहीं फिर गया था उनका?

"जा-जा, देर मत कर" फिर वे स्वयं ही कैफियत देने लगीं, "जीवनभर कभी गोश्त नहीं चखा, सुना है बहुत बढ़िया स्वाद होता है। बिना अतृप्त लालसा लिए ही चली गई तो एक बार फिर इस मनहूस पृथ्वी पर लौटना होगा–जा मेरी बच्ची–ले आ जल्दी।"

मैं फिर हवाई घोड़े पर बैठी चली जा रही थी, न जाने कितनी पगडंडियाँ फाँदीं–जारवनदेवी, मोतियाधारा, चम्पानौला फिर वही ऐतिहासिक लोहे के शेर तक पहुँचानेवाली, सात-सात गजी

सीढ़ियाँ--कंठ सूख गया, पैर काँपने लगे-- पर मैं उस दुकान पर पहुँच ही गई। जब उसी वेग से लौटी तो रामधुन के समवेती कंठस्वर को, देवदारी बयार और भी तीव्रता से दुहरा रही थी। फिर उसी सुरंग को टटोलती भीतर पहुँची। सन्ध्या निढाल होकर पूरे कमरे में प्रसवाक्लांत जननी-सी पसरी पड़ी थी। मौसी का पीला रुग्ण चेहरा भी उस रक्तिम आभा में लाल लग रहा था, 'ले आई?" लेटे-लेटे ही मौसी ने दिया सकोरा थामने दो हाथ बढ़ा दिए। मैंने बोटियों से भरा, अम्बरी लाल-लाल सालन मौसी को थमा दिया। "मुझे बिठा दे और दरवाजे की कुंडी चढ़ा दे, कोई आ न जाए--"वह बुरी तरह हाँफने लगी थीं। मैंने कुंडी चढ़ा दी, फिर सहारा देकर मौसी को बिठा दिया। बैठते ही वह मेरे हाथ से मिट्टी का सकोरा छीन भूखी शेरनी-सी उस पर टूट पड़ीं। 'आह-आह' करती वह जैसे हड्डियाँ चबाने लगीं कि मुझे भय हुआ कि हड्डियों के साथ-साथ मिट्टी का सकोरा भी न चबा डालें। फिर खाली सकोरा मुझे थमा, वह परमतृप्ति से अंगुलियाँ चाटती निढाल होकर पसर गईं।

"तू लाख बरस की हो। कलेजे में ठंडक पड़ गई। कभी चखा ही नहीं, सुना-भर था, आज जान गई। अब एक काम और कर। सामने पिटारा धरा है, उसमें ऊपर ही से मेरी शादी का बनारसी पिछौड़ा धरा है, मुझे ओढ़ा दे और सुन।" जैसे मौसी का दुःसाहसी प्रस्ताव पुराने बलाम-सा कंठ ही में अटक गया।

"क्या मौसी?''

"एकबिन्दी भी लगा दे, ईंगुर की डिबिया भी उसी पिटारे में है। आईना भी दे देना री।"

मैं काँपती मौसी के एक-एक आदेश का मन्त्रपूत माध्यम बनी पालन करती जा रही थी।

"इसमनहूस गेरुआ कफनी को उतारकर दूर पटक दे पहले।"

मैंने ही किया, यत्न से मौसी का शृंगार किया, कटोरी-सा घूँघट भी निकाला, ईंगुर की नन्ही बिन्दी लगाई। काँपते हाथों से आईना देख वह हँसीं। वह हँसी थी या वेग से दबाई गई सिसक।

"इतनी बुरी तो नहीं हूँ देखने में। सब इच्छाएँ पूरी हो गईं आज। बस एक ही इच्छा रह गई। उनके दीर्घ श्वास ने दर्पण को मलिन कर दिया।

मैं कहने पर भी नहीं कह पाई, "कौन-सी इच्छा रह गई मौसी, कह डालो ना।"

पर मैं तो नारी थी। समझ गई कि मौसी की कौन-सी इच्छा प्रेतछाया-सी उनके साथ ही जाएगी

"जायमडूँ पी के अंक चाहे कलंक लगै री।"

फिर उसी क्षण वह निर्वाक् होकर छत की बल्लियों को देखने लगीं। ऊर्ध्वश्वास सहसा कंठ में घरघने लगा। कैसी स्थिर दृष्टि से देख रही थीं छत को।

''मौसीमौसी?'' मैंने उनके कानों से सिर सटा दिया।

मौसी उसे पथराई दृष्टि से छत को ही देख रही थीं।

किसे देखरही थीं ऐसे? क्या वैतरणी के उस पार से नर-मांसभक्षी गिद्ध-चीलों की गोलाकार मँडराती पंक्तिको देख लिया था मौसी ने? या शोणित की तरंगों से तरंगायमान स्वयं वैतरणी ही उद्वेलित हो हें लीलने बढ़ी आ रही थी? या यमदूतों के पीछे-पीछे आ रहे कद्दावर मांसभक्षी कुत्तों की लपलती जीभ ही मौसी की मर्मान्तक पुतलियों को ऐसे विस्फारित कर रही थी?

मौसी निश्चेष्ट पड़ी थीं–न साँस का उतार-चढ़ाव, न कंठ की घरघराहट। मैं समझ गई। फिर मैंने यत्न से उनकी क्रमशः लकड़ी बनती जा रही देह से शृंगार उतारा, एक बार फिर वही गेरुआ मेखला पहना, रुद्राक्ष की मालाओं का भ्रामक जाल उस निष्प्राण छाती पर फैला दिया। अपने ही आँचल से बिन्दी का चिन्ह मिटाया। रामधुन, एक तीव्र बयार के साथ क्रमशः निकट आती जा रही थी–"जै माई, जै सिद्धि माई।" मैंने एक बार उस शान्त-स्निग्ध चेहरे को फिर से देखा–

कैसा अपूर्व सन्तोष था चेहरे पर। कैसी शान्ति।

भीड़ किसी दुःसाहसी, निर्भीक, दस्युदल-सी भीतर धँसी जा रही है, यह मैं समझ गई।

फिर मैं जैसे चुपचाप उस सुरंग से भीतर आई थी, वैसे ही चुपचाप बाहर निकल गई।

करिए छिमा

उस बर्फीले तूफान में हीरावती की विचित्र खोह में बन्दी हुआ श्रीधर भावनाओं के उफान में संयम के बन्धन को तोड़कर जैसे आदिम मानव हो उठा और अस्वस्थ मन एवं शरीर दोनों को वह पूर्ण विश्राम देना चाहता था। एक तो वह सर्वदा अपने प्रत्येक भाषण को बड़े परिश्रम से प्रस्तुत करता था, फिर इस भाषण में तो उसे अपने आगामी चुनाव के प्रतिद्वन्द्वी को धोबी-पछाड़ की पटखनी देनी थी। मेज़ पर धरी दुग्ध-धवल टोपी उसने सिर पर धर ली। जब तक वह अपने इस जादुई यन्त्र को सिर पर धर उसकी तीखी उस्तरे-सी धार पर हाथ न फेरता, वीणावरदंडमंडितकरा देवी सरस्वती उससे रूठी ही रहती। टोपी सिर पर धर वह दर्पण के सम्मुख खड़ा होकर मुस्कराया। प्रभावशाली प्रतिबिम्ब ने और भी अधिक आकर्षक स्मित का प्रत्युत्तर दिया।

प्रशस्त ललाट, तीखी नासिका, विलासी क्यूपिड अधर और चिकना-चुपड़ा चेहरा। श्रीधर को इस स्मित से सन्तोष नहीं हुआ। इस बार वह और भी आकर्षक ढंग से मुस्कराया। होंठ भींचकर प्रस्तुत किए गए उस संयमित स्मित का आकर्षण वास्तव में अनुपम था।

कौन कहेगा कि वह पचपन वर्ष का है? काले बालों को कौन-सी अमृत-बूटी पिलाता है वह? गत वर्ष यही प्रश्न, विदेश-यात्रा के बीच, उससे कई विदेशी गतयौवनाओं ने घुमा-फिराकर पूछा था।

वह नम्र मिष्टभाषी भारतीय अपने यौवन की मरीचिका की व्याख्या संक्षिप्त शब्दों में देता, "मेरे चिर यौवन का रहस्य है—स्वस्थ मन एवं स्वस्थ शरीर।" फिर वह मुस्कराकर अपने व्यक्तित्व का द्वार मखमली डिब्बा खोल जगमगाती दाड़िम-सी दन्तपंक्ति की रत्नराशि से भीड़ को मुग्ध कर देता।

"क्षमा कीजिए," यौवन को सदा गाँठ में बाँध कब्र तक ले जानेवाली विदेशी रमणियाँ उसे फिर से घेर लेतीं, "आपने यह डंचर कहाँ बनवाया? हमें भी बनवाना है।"

"आपको बड़ी दूर जाना पड़ेगा," कहकर वह हँसकर आकाश की ओर उँगली उठा देता, "सौभाग्य से हम अधिकांश भारतीयों का एकमात्र डैंटिस्ट अभी भी विधाता ही है।"

बड़ी देर तक विदेशी रमणियाँ उसे अविश्वास से घूरती रहतीं।

आज एक बार फिर अपनी उस स्वच्छ, बहुचर्चित दन्तपंक्ति को गर्व से निहार, वह हाथ बाँधे, दर्पण के सम्मुख अपने दूसरे दिन दिए जानेवाले भाषण की आवृत्ति करने लगा। यह उसका नित्य का नियम था। विधानसभा हो या सार्वजनिक जलसा, बिना दर्पण के सम्मुख किए गए एक पक्के रिहर्सल के वह कभी भी अखाड़े में नहीं कूदता था। इसी से आत्मविश्वास का कभी न छूटनेवाला पक्का रंग उसके गोल चेहरे को वार्निश की-सी चमक से चमकाए रखता।

वह अपने उन सहकर्मियों में से नहीं था, जो घर से भाषण का होमवर्क करके नहीं लाते, और ऐन भाषण के बीच विषय से इधर-उधर भटकते बगलें झाँकने लगते हैं। उनकी ओछी हरकतों से कभी-कभी उसका माथा लज्जा से झुककर रह जाता था। सेक्रेटरी ने उल्टा-सीधा, लच्छेदार भाषा में भाषण लिख दिया, और उन्होंने करकराती शेरवानी और कलफ की टोपी पहन, मर्सिया-सा पढ़ दिया। लच्छेदार भाषा ही तो सबकुछ नहीं होती। विषयवस्तु का भी तो कुछ स्थायी महत्त्व होता है, यह नहीं जानती थी उसकी मूर्ख बिरादरी। पर कौन समझाए उन्हें। उनके कानों में तालियों की गड़गड़ाहट और गले में फूलों की माला पड़ गई, तो गंगा नहा ली। पर श्रीधर जनता को पहचानने लगा था। और जो कुछ भी हो, आज की बुद्धिजीवी जनता को छला नहीं जा सकता। इससे वह अपने दिमाग के कोठे को ठसाठस भरकर रखता था। उसके शब्दों के चयन, वाणी के ओज और उतार-चढ़ाव में ध्रुपद-धमार के गायक की सीधी-आड़ी, दुगुन और चौगुन लयकारी रहती। जैसे लच्छेदार बातों के जाल में दर्शकों को उलझा, चतुर बाज़ीगर हाथ के कबूतर को सहसा हवा में फड़फड़ा अदृश्य कर देता है और उसी पल भीड़ को उलझन में डालने को चादर से ढका अपने पैर का अंगूठा ऐसे हिला देता है, जैसे वह ठीक कबूतर की मुंडी हिल रही हो।

"वह है, वह है। वहाँ छिपाया है।" दर्शक कहते हैं।

"अरे, यह? यह तो मेरे पैर का अंगूठा है भाई।"

चतुर बाजीगर चादर हटा नंगा अंगूठा हिला, अपने को उससे अधिक बुद्धिमान समझनेवाले दर्शक को एक ही लटके से खिसियाकर धर देता है। ऐसे छोटे-मोटे अनेक रसीले लटकों से वह ओजस्वी वक्ता अपनी मीठी वाणी के मोहपाश में कड़े-से-कड़े आलोचक को भी बाँधकर रख देता था। फिर भी उसके व्यक्तित्व का आकर्षण विधाता की देन भले ही हो, उसकी प्रतिभा देवदत्त नहीं थी। उसके पीछे अथक परिश्रम का एक लम्बा इतिहास था।

श्रीधर ने एक साधारण गृह में जन्म लिया था। पिता थे एक शिवमन्दिर के पुजारी और माता को उसके जन्म के मूल नक्षत्र ने उसी दिन डस लिया था। पहाड़ के लाल मोटे चावल को नमक के साथ निगल, वह मीलों के तीखे उतार-चढ़ाव पार कर पढ़ने जाता था। आठ ही वर्ष का था कि पिता का साया भी उठ गया। लोक-लाज के भय से, ताऊ ने उसे अपने पास बुला लिया। ताई के दुर्व्यवहार और पहाड़ी पगडंडियों के उतार-चढ़ाव ने उसे जीवन के उतार-चढ़ाव के दुरूह पाठ को समय से पूर्व ही रटाकर पटु कर दिया था। इसी से उच्च पदारूढ़ होते ही उसने अपनी समग्र शक्ति अपनी पिछड़ी जन्मभूमि के शिक्षा-सुधार की ओर लगा दी थी। यह उसी की अटूट निष्ठा का फल था कि आज उन दुर्गम शैलशिखरों पर, जहाँ पहले चिड़िया भी नहीं चहकती थी, इतिहास, भूगोल और गणित की व्याख्याएँ गूँजने लगी थीं। कहीं-कहीं पर तो उसने चलते-फिरते स्कूल भी खुलवा दिए थे। हिमपात होते ही खच्चरों पर लदा हेडमास्टर, अध्यापक और विद्यार्थियों सहित पूरे स्कूल का स्कूल घाटी में उतर आता। इसी से एक ही चुनाव की नहीं, अगले कई चुनावों की विजय-पताका एकसाथ सिलवा वह मूँछों में ताव देता निश्चिन्त बैठ सकता था। गर्म चूड़ीदार, पट्टू की शेरवानी और नुकीली सफेद टोपीधारी उस सौम्य सन्त के भाषण के बीच जनता जनार्दन को चूँ करने का भी साहस न होता। भाषण के एक-एक चुने वाक्य मोतियों की लड़ियों की तरह स्वयं गुँथते चले आते। यहाँ तक कि उसकी किस उक्ति पर तालियों की गगनभेदी गड़गड़ाहट गूँजेगी, यह भी उसे पहले से ज्ञात हो जाता, और वह स्वयं विराम-अर्धविराम लगाता रहता।

श्रोताओं को कब मातृभाषा की फुलझड़ी से गुदगुदाना होगा, कब अपनी अर्जित अन्तर्राष्ट्रीय ख्याति का प्रसंग कैसे छेड़ना होगा कि दर्पोक्ति न लगे, यह सब वह राजनीति का कुटिल खिलाड़ी भली भाँति समझता था। सहसा वह दर्पण के सम्मुख, किसी को कुछ न समझनेवाली नेपोलियन की गर्वीली मुद्रा में खड़ा हो गया। उसका गर्व मिथ्या नहीं था। जिन ग्रामों में कभी मिट्टी के तेल की बाती भी नहीं दपदपाई थी, वहीं आज उसके प्रयास से पहाड़ी की वेगवती अलकनन्दा को बाँध विद्युत प्रवाहिनी उज्ज्वलता बिखेर दी गई थी। पर इस टोपी के ताज ने क्या उसे बिना कुछ किए ही बादशाह बना दिया था? क्या पुलिस की निर्मम लाठियों ने उसकी पसलियों का चूरा बनाकर नहीं धर दिया था? दुर्दान्त गोरे सिपाहियों के बैटनों ने क्या उसकी दोनों कमान-सी घनी भृकुटियों के बीच लम्बा घाव स्वतन्त्रता के विजय-तिलक के रूप में सदा के लिए सजाकर नहीं रख दिया था? और फिर अल्मोड़ा जेल की चारदीवारी में स्वेच्छा से ही बन्दी बना दिया गया उसका यौवन, नैनी जेल की सड़ी गरमी और लू की अविस्मरणीय लपटों से झुलसा दिया गया जवानी का बाँकपन क्या सहज में भुलाया जा सकता था? पर क्या केवल देशप्रेम ने ही उसे सर्वस्व त्यागी बनने का आमन्त्रण दिया था? अचानक श्रीधर के उल्लास की ज्योति धीमी पड़ गई। क्यों भाग गया था वह गाँव छोड़कर? जान-बूझकर ही अंग्रेज़ कमिश्नर के बँगले के सम्मुख अनावश्यक धरना देकर क्यों हथकड़ियों को रक्षाबन्धन की भाँति ग्रहण करने को उसने ललककर कलाइयाँ बढ़ा दी थीं?

श्रीधर की सफेद टोपी पसीने से तर हो गई।

कल अपने ग्राम के आकाश पर सर्र-से निकलते अपने वायुयान की खिड़की से उसे अपने विस्मृत ताजमहल का गुम्बद दीख गया, और रात-भर वह सो नहीं पाया।

एक गहरा निःश्वास उसके होंठों को कँपाता निकल गया। सिर की टोपी उतार, पंखा-सा झलता, वह आरामकुर्सी पर लद गया।

इन पच्चीस वर्षों में भी क्या मुँह का कड़वा स्वाद नहीं गया? कुर्सी पर अधलेटा श्रीधर आँखें मूँदे स्वयं ही स्मृति के घाव को कुरेदने लगा।

तब यौवन का बाँकपन उसकी मूँछों पर नवागत अतिथि बनकर उतरा ही उतरा था। ताई के दुर्व्यवहार से ऊबकर, वह अपने ग्राम की सीमान्तवासिनी एक मिशनरी मेम के साथ रहने लगा था। लोग कहते थे कि बुढ़िया ने उसे अपने साथ गिरजाघर ले जाकर, पक्का किरिस्तान बना दिया है। किरिस्तान तो नहीं, पर विदेशी सन्तानहीना मेम के स्नेह और अनुशासन ने उसे आदमी अवश्य बना दिया था। मृत्यु से पूर्व उस निःस्वार्थ वृद्धा ने उसे विश्वविद्यालय की उच्चतम परीक्षा उत्तीर्ण करा दी थी। यह ठीक था कि बेचारी की क्षीण पूँजी श्रीधर की शिक्षा में ही चुककर रह गई थी, किन्तु अपनी अनमोल वसीयत के रूप में वह अपने सुदर्शन दत्तक पुत्र के नाम अपनी नम्रता, मिष्टभाषण एवं निष्कपट व्यवहार का कभी न शेष होनेवाला कुबेर का-सा कोष छोड़ गई थी। इसी वसीयत ने श्रीधर को ग्रामवासियों के हृदय के सर्वोच्च आसन पर बिठा दिया। केवल उसी के नहीं, दूर-दूर तक के ग्रामों में अनोखी सूझ-बूझ के उस न्यायप्रिय युवक की धाक जम गई। जहाँ पहले छोटी-मोटी ज़मीन-जायदाद और ज़र-ज़ेवर की समस्याएँ लेकर ग्रामवासी अल्मोड़ा की कचहरी-अदालत की धूल फाँकते थे, वहाँ चुटकियों में श्रीधर अपने विलक्षण कानूनी नश्तर से उनके विकट से विकट घाव चीरकर रख देता। सर्वसम्मति से वह ग्राम का नेता चुन लिया गया था। किन्तु चिन्ता एक ही बात की थी। उनका यह लोकप्रिय नेता एक नम्बर का भगोड़ा था। कई बार ग्रामवासियों ने उससे अनुरोध किया था कि वह स्थायी

रूप से ग्राम में न्यायाधीश का पद ग्रहण कर ले, किन्तु श्रीधर तो रमता जोगी था! आज कालीपार अघोरी बाबा के आश्रम में तो कल साबरमती। जब कभी वह ग्राम में आता, विविध प्रकार के मुकदमों की पोटलियाँ उसके प्रांगण में खुलने लगतीं। किसी ने किसी के खेत की तीन-चार सीढ़ियाँ रात-ही-रात में काटकर अपने खेत में मिला लीं, कोई एक लम्बे अर्से तक फौज में रहा, और उसका सगा भाई उसकी सुन्दर पत्नी को लेकर भाग गया।

प्रत्येक मुकदमे में वह दूध-का-दूध, पानी-का-पानी कर देता। लोग कहते थे कि शिवालय की कोठरी में एक लम्बे अर्से तक पार्थिव पूजन कर, उसने शिवजी से अनोखा वरदान प्राप्त किया है। उसका अद्वितीय फैसला पक्ष और विपक्ष दोनों दलों को सदा मान्य रहता।

एक बार ऐसे ही एक विचित्र मुकदमे में उसने अपने ग्राम की उस सैडी टाम्सन को पहली बार देखा, जिसके सौन्दर्य और दुश्चरित्रता की दिगन्तव्यापी दन्तकथाओं को वह कई दिनों से सुनता आ रहा था। ठीक जैसे मॉम की नायिका धृष्टा सैडी ही लहँगा-ओढ़नी पहनकर बैठ गई हो। उसके विरुद्ध मुकदमा दायर करने आई थी स्वयं उसकी जुड़वाँ बहन पिरभावती और पीछे-पीछे थी पूरे ग्राम की भीड़।

"न्याय करो लाल साहब!" विदेशी वृद्धा के दत्तक पुत्र श्रीधर को सब इसी नाम से पुकारते थे। "इसके ससुरालवालों से बैर मोल लेकर मैंने इस नागिन को अपनी आस्तीन में पाला और ठीक महीने-भर में ही इसने मुझे डस लिया।" और झोंटा पकड़ पिरू ने नागिन को खींचकर श्रीधर के पैरों के पास डाल, एक लात जमा दी।

संकोची श्रीधर हड़बड़ाकर खड़ा हो गया। पर क्षण-भर को उसके घुटनों से लगी वह लम्बी, छरहरी, चौड़े मर्दाने कन्धोंवाली क्षत्राणी, कपड़ों की धूल झाड़ती ऐसे खड़ी हो गई, जैसे पैर रपटने से गिर पड़ी हो। न उसके चेहरे पर लज्जा या खिसियाहट की एक रेखा खिंची, न उसने उस सार्वजनिक सभा में किए गए अपमान के विरुद्ध बड़ी बहन से कुछ कहा। सुन्दर अम्लान चेहरा क्षणिक लाली से रंजित हुआ। पर दूसरे ही क्षण वह धृष्टा किशोरी वहीं पर धरे टीले पर तिनका चबाती ऐसे बैठ गई, जैसे राजरानी हो। भुवाल संन्यासी के-से उस मुकदमे ने युवा न्यायाधीश को उलझन में डाल दिया। धनसिंह की पत्नी पिरू अपनी सुन्दरी जुड़वाँ बहन हिरू को एक माह पूर्व अपने साथ ले आई थी। उसका भगिनी-पति गैंग कुली था। कुछ ही माह पूर्व डायनामाइट ने चट्टान के साथ हिरू के सौभाग्य की भी धज्जियाँ उड़ा दी थीं। तब से नित्य पिरभावती अपनी अठारह वर्षीय बहन के दुर्भाग्य की कहानियाँ सुन-सुनकर व्याकुल हो जाती। आज सास ने अंगारे से उसे दाग दिया, आज देवर ने माथा फोड़ दिया आदि-आदि। फिर वह एक दिन उसे स्वयं ले आई। पर एक महीना भी नहीं बीता था कि हीरावती ने बहन की अनुपस्थिति में उसी के सौभाग्य-कोष पर डाका डाल दिया। रँगे हाथों पकड़ा था पिरभावती ने।

उधर पत्नी की दृष्टि में अपराधी धनसिंह अपने को दूध का धुला बता रहा था। "एक ही घड़ी में भगवान ने एक ही नक्शे की दो मूरतें रचकर रख दीं, तो आप ही न्याय करें, सरकार, दोष मेरा या विधाता का? मैंने ज़रूर इस छोकरी का हाथ पकड़कर इसे छाती से लगाया, पर यह भी तो चुपचाप छाती से लगी हँसती रही। एक-सी सूरत, एक-सी धोती और एक-सी हँसी। अब धनसिंह साला क्या कद्दू का चश्मा लगाए था!"

धनसिंह का यह कद्दू के चश्मावाला सस्ता मज़ाक जनता ने बेहद पसन्द किया और एक तुमुल हास्य-लहरी को रोकने के लिए स्वयं श्रीधर को खड़ा होना पड़ा था। "भाइयो,

आप सब जानते हैं कि पंचायत में मुझे हँसी-ठट्टा पसन्द नहीं है। धनसिंह ठाकुर को जो कुछ कहना हो, साफ-साफ कहें।''

''अब इससे ज़्यादा साफ-साफ और क्या कहूँ, अन्नदाता?'' धनसिंह ठाकुर अपनी रसिकता से बाज़ नहीं आता। ''धोती खोलकर नंगा हो जाऊँ? पंचों के सामने अब और क्या कहूँ? पर गंगा की सौं, यह छोकरी टुकुर-टुकुर मेरी ओर देखती हँसती रही। एक बार कहती कि 'मैं तेरी साली हूँ,' तो क्या मैं इसे छूता?''

टीले पर बैठी अब भी वह छोकरी टुकुर-टुकुर धनसिंह को देखती वैसे ही हँस रही थी। श्रीधर ने दोनों बहनों को देखा। सचमुच एक ही ठप्पे पर दो बहनों की सृष्टि की गई थी। अन्तर दोनों में उतना ही जितना एक जोड़ा ऐसी धोतियों में होता है, जिनमें से एक तो बिना धुली कोरी ही धरी हो और दूसरी धोबी की पछाड़ ने साफ कर दी हो।

''झूठ बोलता है बेशरम!'' पिरभावती ने घृणा से पति की ओर देखकर कहा, और सीना तानकर पंचों के बीच खड़ी हो गई।

''मेरी हालत देखो लाल साहब!'' उसका स्वर उत्तेजना से काँपने लगा, ''क्या मेरी घाघरी गले से नहीं बँधी है? और क्या इस फटफटी छोकरी का पेट पीठ से नहीं लग रहा है?''

उसकी किसी चतुर क्रिमिनल वकील की-सी इस दलील ने मुकदमे को जटिल बना दिया। अपनी गर्भावस्था के अन्तिम उभार का समुचित प्रदर्शन करने के बाद बैठकर वह प्यासी कुतिया-सी हाँफने लगी।

ठीक ही कह रही थी वह। दोनों के चेहरे भले ही एक-से हों, शरीर की गढ़न में किसी प्रकार की छलना के लिए गुंजाइश नहीं थी।

टीले पर बैठी इकहरे शरीर की सुन्दर स्वामिनी तिनका चबाती अब भी उतनी ही रहस्यमयी रही। पंचों की जूरी श्रीधर से विचार-विमर्श करने पास की गँधाती गोशाला के पिछवाड़े चली गई। अन्तिम फैसला देने से पूर्व इस विचित्र अदालत का यही नियम था।

पता नहीं क्या फैसला देगा लाल साहब! उसका फैसला सदा बेजोड़ होता है।

श्रीधर का गम्भीर कंठस्वर पहाड़ी मन्दिर के दमामे-सी चोट करता गूँज उठा था—''भाइयो, पंचों के मत से धनसिंह ठाकुर निर्दोष है।''

''धन्य हो लाल साहब।'' धनसिंह के पाँचों पांडवों-से भाई टोपियाँ उछालने लगे थे।

''हो सकता है,'' श्रीधर कहता जा रहा था, ''कि अँधेरे में ठाकुर अपनी साली का चेहरा ही देख पाए हों, शरीर नहीं। और दोनों बहनों के चेहरों में तिल-रत्ती का भी अन्तर नहीं है। यह तो आप स्वीकार करेंगे ही...।'' सैकड़ों आँखों का फोकस एकसाथ ही प्रमुख नायिका के चेहरे की ओर घूम गया। ''दोष निश्चय ही हीरावती देवी का है। क्या आप घबराहट से चीख नहीं पाईं?''

श्रीधर ने अपने इस सहृदय प्रश्न से अड़ियल घोड़ी की लगाम में ढील दी, कि शायद इस प्रश्न का सहारा पाकर कह दे कि हाँ, मैं घबरा गई थी। पर वह तो निरुत्तर, सिर नीचा किए, अपनी उसी रहस्यात्मक मुद्रा में मुस्कराती रही। उस उद्दंड किशोरी की इस चोरी और सीनाज़ोरी को देख, न्यायप्रिय श्रीधर का खून खौल गया। इससे पूर्व भी उसके पास, इस दूसरे ग्राम से आ टपकी, महामारी-सी मारक दुश्चरित्रा हीरावती के उन्मूलन के अनुरोध की प्रार्थना करते कई गुमनाम पत्र आ चुके थे।

''हीरावती देवी, आपको दस मिनट का समय और दिया जाता है। इस बीच भी आप

अपनी सफाई न दे सकीं, तो पंचों को अपना फैसला देना ही होगा।'' श्रीधर ने दृढ़ स्वर में कहा था।

हीरावती ने बड़ी उपेक्षापूर्ण दृष्टि से श्रीधर को देखा, फिर द्रोणागिरि के पीछे लाल आग के गोले-से डूबते सूर्य की ओर अपनी दृष्टि निबद्ध कर दी, जैसे अस्ताचलगामी सूर्य के साथ ही पंचों के निरर्थक प्रश्न को भी डुबो रही हो। दस मिनट तो क्या, दस वर्ष की अवधि दिए जाने पर भी शायद हीरावती उसी दार्शनिक मुद्रा में मुस्कराती रहती।

हारकर पंचों ने फैसला दे ही दिया, क्योंकि दोनों जुड़वाँ बहनों का रंग-रूप एक ही था, शरीर के आकार का अन्तर भी स्थायी नहीं था, गर्भ-भार से मुक्त होने पर पिरभावती फिर अपनी जुड़वाँ बहन का अविकल प्रतिरूप बन जाएगी, और ठाकुर धनसिंह की अपनी घातक भूल दोहराने की सम्भावना और अधिक बढ़ जाएगी। इसी से श्रीमती हीरावती को आदेश दिया कि वे बारह घंटे के भीतर ग्राम की सरहद खाली कर दें।

फैसला सुनते ही हीरावती मुस्कराकर श्रीधर की ओर मुँह फेरकर खड़ी हो गई। पहली बार उसने मुँह खोला, ''ठीक है, पंचो! मैं आज से कोढ़ी साहब के ओड़यार में रहूँगी। वह तो आपके गाँव की सरहद के बाहर है न?''

उसने एक बार फिर अपनी रससिक्त मुस्कान से ग्राम के मनचलों को तिलमिलाकर धर दिया। अचानक भीड़ स्तब्ध हो गई। कहती क्या है छोकरी? कोढ़ी साहब की गुफा में रहेगी? चारों तरफ से मीठे सेब, नाशपाती, अखरोट और मिहिल के वृक्षों से आच्छादित उस लम्बी रेल-टनेल-सी बनी अन्धकारपूर्ण प्राकृतिक गुहा में बहुत पहले एक विदेशी चित्रकार आकर रहने लगा था। अब ग्रामवासियों के कथनानुसार वह गुहा उसी साहब की प्रेतयोनि का स्थायी आवास बन गई थी। अपने बीभत्स महारोग को, अपनी ग्रीक देवता-सी सुन्दर देह में छिपाए वह विदेशी जब गुहा में रहने आया, तो उसके रोग का कोई भी बाह्य चिह्न देखने में नहीं आता था। ग्रामवासी उसे 'पादड़ी साहब' कहकर पुकारते थे। धीरे-धीरे किसी खन्दक में छिपे कुटिल शत्रु की भाँति, उसके रोग ने उस पर अचानक आक्रमण कर दिया, और वह निहत्था नहीं जूझ सका। पहले हाथ की अंगुलियाँ गईं, फिर पलकें। और एक ही वर्ष में वह बुरी तरह लँगड़ाने लगा। कुछ दिनों तक वह अपने ठूँठ-से हाथों से गुहा-भित्ति को अपनी अनूठी कला से विभूषित करता। पर एक दिन विवश तूलिका नीचे गिर पड़ी। साहब फिर भी सहज में पराजय स्वीकार करने को तत्पर नहीं हुआ। जो कलात्मक हाथ तूलिका को धन्य करते थे, उन्होंने कुदाली थाम ली। जलना, रामगढ़ और कुल्लू से सुनहरे सेब, नाशपातियों की पौध मँगवाकर कोढ़ी साहब ने अपने विकृत हाथों से फल और पुष्पों के भावी नन्दनवन की सृष्टि कर दी। यह ठीक था कि वह स्वयं फल खाने तक जीवित नहीं रहेगा, क्या मीठे कुएँ का पानी पीकर लोग कुआँ खोदनेवाले को स्मरण नहीं करेंगे?

इधर रोग अब छाती पर चढ़ बैठा था। एक दिन शायद उसकी मानसिक व्यथा शारीरिक व्यथा से भी अधिक असह्य हो उठी। एक ग्वाले के पुत्र को उसने कभी पढ़ाया था। वही पाव-भर दूध नित्य साहब के आले में धरे मग में उँड़ेलकर जाता था। एक दिन वह आया, तो मग नहीं था। खिड़की से झाँका और चीखकर भाग गया। गुहा-भित्ति की किसी अदृश्य खूँटी से टँगी साहब की निर्जीव देह झूल रही थी।

फिर किसी को भी उस ओर जाने का साहस नहीं हुआ। अल्मोड़ा के ही दो-तीन मिशनरी आकर उसी के बाग में उसे दफनाकर चले गए। तब से प्रति वर्ष सेब और नाशपाती के वैभव

से गदराए कोढ़ी साहब के बाग का व्यर्थ यौवन अनाघ्रात पुष्प की भाँति झर-झरकर मुरझा जाता। लोगों का कहना था कि गुहा की छत से झूलता कोढ़ी साहब सन्ध्या होते ही कूद जाता है और बड़ी चौकसी से अपने बाग की रखवाली करता है। उसी ओडयार में सुन्दरी हीरावती के रहने का अमानवीय संकल्प सुनकर उसकी बहन ने कहा, "बहुत देखे हैं ऐसे ओडयार में रहनेवाले!"

पर जब तीसरे दिन ही उस दुस्साहसिनी नारी को किसी ने साहब के बाग के सुनहरे सेब बेचने बाजार जाते देखा तो पूरा ग्राम दंग रह गया। कुछ ही घंटों में वह टोकरी-भर सेब बेच अपनी नई गृहस्थी बसाने के सामान से भरी पोटलियाँ लेकर मुस्कराती लौटी तो स्त्रियों में कानाफूसी होने लगी, "देखा, कितने बड़े बमगोले से सेब, आड़ू हैं! कोढ़ी साहब की हड्डियों की खाद डली है, इसी से!"

फिर तो हीरावती हर तीसरे दिन भरी-भरी टोकरियाँ सिर पर धर मटकती बाज़ार को जाती। कभी नाशपाती, कभी अखरोट और कभी किसी महादानव की उँगलियों-सी दैत्याकार भिंडियाँ। "लगता है कि कोढ़ी साहब के प्रेत को ही फाँस लिया है छिनाल ने, नहीं तो ये बेमौसमी भिंडियाँ आईं कहाँ से?" स्त्रियाँ कहतीं।

पर उसकी भिंडियाँ, चाहे वे इहलोक की रही हों या परलोक की, बिककर चुटकियों में टोकरी श्रृंगार-प्रसाधन की सामग्री से भर जाती थी। कभी टोकरी में धरा चौकोर दर्पण उसकी समवयस्काओं की आँखें चौंधिया जाता। कभी गौर मृणालदंड-से सुकुमार हाथों में चमचमाती लाल-हरी रेशमी चूड़ियाँ देखनेवालों का कलेजा भूँजकर रख देतीं। हीरावती भी जान-बूझकर ही अपनी उत्तरोत्तर बढ़ती समृद्धि का ईंधन ग्रामवधुओं की ईर्ष्याग्नि में झोंकती रहती। कोढ़ी साहब के बमगोले-से सेबों की लालिमा ने उसके मंगोल कपोलों को अपनी अनुपम तूलिका से रँग दिया। नित्य के फलाहार ने वनदेवी के सलोने चेहरे की चिकनाई पर नवनीत का प्रलेप कर, उसे नवजात शिशु के चेहरे-सा सुचिक्कन बना दिया। वह जिस पथ से फलों का निर्यात करने जाती, वहाँ पर जान-बूझकर ही ग्राम के मनचलों की टोलियाँ चक्कर लगाने लगीं। एक तो वह जब से उस भुतही गुहा में रहने लगी थी, उसका मूल्य तरुण वर्ग में बहुत बढ़ गया था। वह गिरिशिखर, शेर और भालुओं का कुख्यात अड्डा था। उस पर तीन मील की तीखी चढ़ाई नित्य पारकर चढ़ना-उतरना हँसी-खेल नहीं था। फिर दिन डूबे लौटने पर कोढ़ी साहब के प्रेत का सान्निध्य। "मसान साध रही है चुड़ैल," स्वयं उसकी बहन ही इधर-उधर कहती फिरती। पर गुहावासिनी, विचित्र कपालकुंडला को किसी की चिन्ता नहीं थी। श्रीधर के शिवालय की खिड़की से तुंग पर्वत की शुकनासिका-सी मुड़ी चोटी पर बनी हीरावती की लम्बी गुहा किसी मृत गैंडे की मटमैली देह-सी पड़ी स्पष्ट दीखती थी। कभी-कभी खद्योत-सा दीपक टिमटिमाता दिख जाता, और कभी गुहा की चिमनी पर मँडराती धूम-रेखा। 'क्या सचमुच ही मसान साध रही होगी हीरावती?' श्रीधर मन-ही-मन सोचता।

पगडंडियों से उतरती, उस अनुपम लावण्यमयी ग्राम्या को लोलुप दृष्टि से निहारते, वह ग्राम के कितने ही युवा, प्रौढ़, यहाँ तक कि वृद्धों के पोपले मुखों को भी लार टपकाते देख चुका था। यह ठीक था कि घास के बोझ को थामने में लचक गई कटि के मोहक भंगिमा-प्रदर्शन में स्वयं उस मायाविनी की कोई कुचेष्टा नहीं रहती थी। वह मोहक लचक तो प्रत्येक कुमाऊँनी घसियारिन को विधाता का देवदत्त वरदान है। जिस नृत्य-प्रवीणा की-सी स्वर-लय के साथ संगत देती चाल की शिक्षा आधुनिक युग की गगनचारिणी विमान-परिचारिकाओं को, माथे पर पुस्तक

धर, महीनों कड़े अनुशासन के चाबुक की मार से दी जाती है, उसे कुमायूँ की वह पर्वत-कन्या सहज स्वाभाविकता से घास का असह्य बोझ सिर पर धरते ही सीख लेती है।

ऐसे ही संगीत-मुखर चाल के घुँघरू बजाती हीरावती घास का गट्ठर सिर पर धरे उतरती तो आस-पास से सीटियाँ बजने लगतीं। कमर से कसकर बाँधा पिछौड़ा, कसी वास्कट के खुल-खुल जाते बटनों पर नीली-पीली मालाओं का उठता-गिरता जाल और भुजंगप्रयात के-से छन्द में बँधी मीठी पदचाप। 'अपने सात्त्विकी ग्राम से हीरावती की मनहूस छाया हटानी ही चाहिए मुझे।' नित्य श्रीधर अपना एक संकल्प दोहराता। पर अब तो हीरावती को उसका न्याय-दंड स्पर्श नहीं कर सकता था। वह तो सचमुच ही ग्राम की सरहद के बाहर थी। इधर भ्रष्टा हीरावती ने उसका सिरदर्द और बढ़ा दिया था। ग्राम के प्रवेश-द्वार में उसका शिवालय था और हीरावती नित्य वहाँ से उतरते हुए, अकारण ही खाँसती-खँखारती शिवालय का घंटा ज़ोर-ज़ोर से बजाने लगती।

"शम्भू, हरहर!" कहती हुई, वह कभी-कभी उसकी साँकल भी खड़खड़ा जाती, "उठो हो, जज साहब! तुम्हारी कचहरी का टाइम हो गया।"

उसकी ओछी हँसी का स्वर श्रीधर को ज़हर-सा लगता। पर झुँझलाकर वह खून का घूँट पी जाता। एक तो औरत ज़ात, ऊपर से ऐसी बेग़ैरत! कौन मुँह लगे। वह रजाई सिर तक खींचकर सोता रहता। एक दिन हीरावती समय से कुछ पूर्व आ धमकी। मन्दिर का घंटा शायद उसने जान-बूझकर ही नहीं बजाया। रात बीतने ही को थी कि खुसर-पुसर सुनकर श्रीधर जग गया। कार्तिक का महीना था। आए दिन शिव-मन्दिर में पार्थिव पूजन कर स्त्रियाँ शिवलिंग को दूध-दही से नहला जातीं। हो-न-हो, कुत्ता ही शिवलिंग को चाटने घुस आया होगा। श्रीधर ने लाठी उठाई और दबे पाँव जाकर खिड़की से झाँका। कल भी ठीक आधी रात को एक काली कुतिया दूधिया शिवलिंग को अपवित्र करने घुस आई थी।

'कल तो हाथ नहीं आई, आज कमर तोड़कर रख दूँगा,' सोचता श्रीधर झाँकने को बढ़ा। पर वहाँ तो कोई दूसरी ही छाया अपनी अपावन उपस्थिति से शिवालय को अपवित्र कर रही थी। शिवलिंग के सम्मुख घुटने टेके, आँखें मूँदे, भाव-विभोर होकर हीरावती मीठे करुण स्वर में गा रही थी—

नरेणा नरेणा,
मेरी कइया नी क़इया
करिया नी करिया,
करिये छिमा,
छिमा मेरे परभू।
नारायण, हे नारायण,
मेरा किया, ना किया,
कहा, अनकहा
सब करना छिमा,
छिमा मेरे प्रभु।

दोनों आँखों से आँसू की अविरल धारा बहाती, वह शिवलिंग का अभिषेक-सा कर रही थी। नित्य इन्हीं आँखों से हँसने, खिलखिलाने और चिढ़ानेवाली आनन्दी हीरावती आज किस दुःख से रो रही है? उस रहस्यमयी नारी के हृदय का भेद लेने को श्रीधर व्याकुल हो उठा।

वह धीमे पैरों से बढ़कर खिड़की के पास सट गया। ओह, ग्राम छोड़कर जा रही है हीरावती! पास ही टोकरी में उसके कपड़े, शृंगार-पिटारी, बर्तन-भाँडे धरे हैं। शायद जुड़वाँ बहन की ममता उसे रुला रही है, या ग्रामवासियों का निर्मम व्यवहार। पर वह स्वयं रूपवती हीरावती को रुला सकता है, यह बात वह वीतरागी संयमी युवक स्वप्न में भी नहीं सोच सका। वह तो चुपचाप स्वयं ही अपनी शंका का समाधान कर कोठरी में लौट आया और साँकल चढ़ाकर सो गया। तब तक किसी भी विकार ने उसके निष्कलुष चित्त को दग्ध नहीं किया था। हीरावती उसके लिए एक ऐसा सुन्दर जंगली गुलाब थी, जिसे हवा में झूमते देखना कला-पारखी चित्त को निश्चय ही रुचता था, किन्तु उसे तोड़कर कभी सूँघा भी जा सकता है, यह उसने कभी सोचा भी नहीं था।

दूसरे दिन, तीसरे दिन और कई दिनों तक हीरावती नहीं दीखी। ''निश्चय ही कोढ़ी साहब का प्रेत उसे अपने साथ कब्र में खींच ले गया है,'' ग्राम की स्त्रियाँ कहतीं तो श्रीधर को मन-ही-मन हँसी आती। वह तो हीरावती को माल-असबाब सहित जाती देख चुका था। चलो, अच्छा हुआ। फोड़ा फूट गया। उसे नश्तर नहीं लगाना पड़ा।

पर ठीक महीने-भर बाद ही हीरावती एक दिन अपने गिलट के आभूषणों की नकली चमक से अपने यौवन की असली चमक को द्विगुणित करती, ग्राम-भर की औरतों की छाती पर मूँग दलती, अलस पगों से पगडंडी की चढ़ाई चढ़ने लगी तो आँगन में खड़ी उसकी सौत बन गई बहन अपने क्रोध को नहीं रोक सकी।

''कहाँ से मुँह काला करके लौटी है अभागी? वहीं क्यों नहीं डूब मरी...?'' उसने चीखकर पूछा, तो कई स्त्रियों के झुंड खिड़कियों में झाँकने लगे। श्रीधर बाहर ही बैठा जनेऊ कात रहा था, नये आभूषणों में जगमगाती हीरावती धमककर पलटी, ''डूबने ही तो गई थी, दीदी!'' वह हँसी और उसके गालों के दो मनोहर गड्ढों पर फहराती स्मर-ध्वजा को श्रीधर ने पहली बार देखा। ''डूबने कहाँ दिया मुए परदेशियों ने? कहने लगे—'हीरावती, ऐसी हीरे की देह को डुबाता भला कौन है! इसे तो सजाया जाता है।' यह देखो दीदी, चन्द्रहार, हमेल, मूँगे की नेपाली माला, सब ले दीं परदेशियों ने।''

घृणा से थूककर, पिरभावती ने द्वार बन्द कर लिए, तो हीरावती अपनी निर्लज्ज हँसी की खनक से पगडंडी गुँजाती चली गई।

फिर कई दिनों तक हीरावती नीचे नहीं उतरी। लगता था कि हमदर्द परदेशियों ने उसके कई दिन तक नीचे न उतरने का प्रबन्ध कर दिया था। 'कौन जाने, बीमार ही पड़ गई हो' श्रीधर सोचता। फिर स्वयं ही झुँझला उठता। उसे क्या? मरे ससुरी हीरावती। पर झुँझलाने से क्या होता? रात को गिलट के आभूषणों में जगमगाती मेनका विश्वामित्र के स्वप्नों के रंगमंच पर उतर ही आती और ऐसा उत्पात मचाती कि श्रीधर शिवलिंग के सम्मुख औंधा होकर सुबकने लगता, ''कैसा दंड दे रहे हो, भोलानाथ? ऐसी नीच स्त्री को पाने को मैं स्वप्नों के शून्याकाश में भी बाँह क्यों फैलाता हूँ?''

उसके संयम-दुर्ग के किसी अरक्षित छिद्र से ही विकार का यह सर्प घुस आया था। अब इसको कुचलने का एक ही उपाय था। तड़के ही उठकर वह साबरमती चला जाएगा और बापू के पावन चरणों में अपने हृदय में छिपे कुटिल शत्रु को बाँधकर डाल देगा। तभी उसे शान्ति मिलेगी। पर हृदय में छिपा यह चतुर शत्रु क्या सहज ही पकड़ में आता है? अविवेक, विकार और मिथ्या दलीलों की पुष्ट शाखाओं पर विचरते, इस शाखामृग को मानवीय बन्धन

बड़ी कठिनता से जकड़ पाता है। रात ही को श्रीधर ने ग्राम त्याग दिया। पर जिस पगडंडी चढ़ उसे बस-स्टेशन पहुँचना था, उसे छोड़ उसने जिस दूसरी छद्मवेशिनी पगडंडी की उँगली पकड़ी, वह अन्तहीन बनती, उसे किसी गहन वन में खींच ले गई। दुरूह पगडंडी की पहेली न समझ पाने से झुँझलाया, क्लान्त श्रीधर एक झरने के पास बैठा सुस्ता ही रहा था कि किसी के कराहने की आवाज़ से चौंका। क्या उसी की भाँति कोई मार्ग भूल गया है? माघ का महीना था। ठंड से दाँत-से-दाँत बज रहे थे। सामान्य-सी बूँदाबाँदी अब गर्जन-तर्जनपूर्ण शिलावृष्टि के रूप में चट्टानों पर किसी कुशल तबला-वादक की दक्षता से त्रिताल के-से टुकड़े बजा रही थी। वह लपककर पेड़ों के झुरमुट को छाता बनाने को बढ़ा, तो कराह की ध्वनि स्पष्ट होकर उसके पैरों से टकरा गई।

"कौन?" अन्धकार के काले कम्बल ने उसका गला घोंट दिया।

"ओह, लाल साहब, तुम हो! बचा लिया शम्भो।... मैं हूँ हीरावती।"

जिन बेड़ियों का बन्धन काटने वह ग्राम छोड़कर भाग रहा था, उन्हीं के लौहपाश ने उसके दोनों पैरों को जकड़ लिया। हीरावती ऐसे सिसक रही थी, जैसे सिसकी के साथ ही प्राण निकल जाएँगे।

"घास काटकर लौट रही थी। मोच आ गई। बस, किसी तरह खींच-खाँचकर मेरी गुफा में पटक दो, लाल साहब! तुम्हारे गुण नहीं भूलूँगी।"

श्रीधर अजीब पशोपेश में पड़ गया। हीरावती को वह खूब पहचानता था। कहीं बहाना बनाकर वह छायाग्राहिणी सिंहिका उसे अपनी गुहा में अपनी लोक-प्रसिद्ध क्षुधा का ग्रास बनाने को तो नहीं खींच रही थी?

"देर मत करो, लाल साहब! हत्यारा आता ही होगा... देखते नहीं, बदबू आने लगी है।" उसने अधैर्य से कहा, तो श्रीधर भी चौंक उठा। वनराज की निकट आती, असह्य दुर्गन्ध को जन्म से ही वनों में रहनेवाला श्रीधर भी खूब पहचानता था। वह तड़पकर झुका और भीगी घास पर असहाय पड़ी हीरावती को उसने अपनी बलिष्ठ भुजाओं में उठा लिया।

"आह, धीरे पकड़ो, लाल साहब! पैर में ठेस लग रही है। हाय! मेरा हँसिया तो उठा लो।" हीरावती ने कराहकर कहा।

"भाड़ में जाए तेरा हँसिया। बोल, कहाँ है तेरी गुफा?" झुँझलाकर श्रीधर हाँफने लगा। हीरावती की गठी काठी का बोझ असामान्य रूप से भारी लगने लगा था।

सहमकर हीरावती 'इधर-उधर' करती, कई क्षीण-दुरूह पगडंडियों का प्रदर्शन करती गुफा तक पहुँच गई।

"बस, यहीं भीतर पटक दो मुझे। भगवान तुम्हें लाट-कमिश्नर बनाए, लाल साहब! तुम न मिलते तो अभागा आज मुझे खा ही डालता।"

गुहा में प्रवेश करते ही श्रीधर को लगा, जैसे वह किसी गर्म दहकती भट्टी के पास खड़ा हो गया—बाह्य और गुहा के तापमान में धरती-आकाश का अन्तर था। हीरावती को नीचे उतारकर, वह रूमाल से पसीना पोंछ ही रहा था कि अब तक पंगु बनी हीरावती छलाँग लगाकर भागी और पास ही धरी एक विराट शिला को लुढ़काकर उसने गुहा-द्वार बन्द कर लिया।

"बाप रे बाप," वह लँगड़ाती हुई चट्टान का सहारा लेकर खड़ी हो गई। "कभी-कभी तो बिल्ली के पंजे टेककर आता है हरामी। देखो," उसने श्रीधर को खींचकर दरार के पास खड़ा कर दिया। "देखो," वह हँसकर फुसफुसाई।

साथ-ही-साथ एक विकट गर्जना से वन के ओर-छोर गूँज उठे। साहसी श्रीधर को भी पसीना आ गया। गुहा-द्वार पर लुढ़काई चट्टान के पास दोनों खूनी पंजे टेके, ऋषि-मुनियों की जटाजूट-सी अपनी सुनहरी अयाल पीताभ स्कन्धों पर बिखराए कुमाऊँ के क्रूर नरभक्षी ने दूसरी गर्जना की।

"नित्य आकर ऐसे ही बैठ जाता है हरामी, कि कब मौका लगे और कब मुझे टप-से उठाकर मुँह में धर ले। एक-एक पंजा देखा? कितना चौड़ा है– तुमसे भी चौड़ा।"

बड़े लाड़ से हीरावती श्रीधर की हथेली पकड़ने को झुकी, तो वह झिड़ककर दूर हट गया, "छोड़ो, मुझे जाना है।"

"कहाँ?" हीरावती धृष्टता से मुस्कराने लगी, "बाहर पंजा टेके तुम्हारा दादाजी बैठा है और इस छोटी खिड़की से तुम्हारे पहाड़ी 'जतिया' के-से कंधे छिटक नहीं पाएँगे। बैठो, मैं आग जलाती हूँ, चाय पीकर सुस्ता लो। फिर जाना, मैं क्या तुम्हें बाँधकर रखूँगी?"

हारकर श्रीधर बैठ गया। बाहर शायद बर्फ गिरने लगी थी। एक अद्‌भुत शान्ति और सन्नाटे से घिरे, गिरि-शिखर स्तब्ध खड़े थे। चट्टान के बाहर अडिग भव्यता से विराजे, वन-केसरी कभी अधैर्य से गरजते, कभी-कभी धुनिये की भाँति अपने धनुष के-से कन्धे हिलाकर बर्फ की रुई-सी धुनकर फैला देते हैं।

हीरावती ने मशाल-सी जलनेवाली लकड़ी (छिलुक) को जलाकर चूल्हे के पास गाड़ दिया था। उसी तीव्र शिखा से आलोकित गुहा की चित्र-प्रदर्शनी देखकर श्रीधर स्तब्ध रह गया। क्या यह कोढ़ी साहब की एक ही दिव्य तूलिका का चमत्कार था? कहीं काँगड़ा-गढ़वाल शैली की कृष्णवधू, वर्षा-मुखरित रात्रि के अभेद्य अन्धकार की कुंडलियाँ कुचलती, अभिसार के पथ पर चली जा रही थी, कहीं एड़ियाँ टिकाए प्रियतम की प्रतीक्षा में द्वार पर खड़ी चौखट में मढ़ी सुप्रिया। कहीं गुजरात की सोलंकी मूर्तिकला को लज्जित करती, दोनों हाथों की चम्पक उँगलियों से नग्न वक्षस्थल ढाँपती अप्सरा और अजन्ता के भित्ति-चित्रों के गाम्भीर्य का जाल बुनती शैव द्वारपाल की अविकल प्रतिमूर्ति। खजुराहो और कोणार्क के शार्दूल, सुर-सुन्दरियाँ, शालभंजिकाएँ और अपूर्व सुन्दरी नाग-कन्याओं के जाल में भटकता, कला-पारखी मुग्ध श्रीधर पूरी गुहा की परिक्रमा करता, चट्टान के उसी द्वार पर पहुँच, हाथ में गर्म चाय का गिलास थामे खड़ी हीरावती से टकरा गया।

गर्म चाय ठंडे पैरों पर छलकी तो वह चौंका।

"लगता है, मेरे रनिवास महल ने लाल साहब को मोह लिया है! देखा न बगुला भगत साहब को? बड़ा पादरी बना फिरता था। पेट में ऐसी विद्या भरी न होती, तो अकेली गुफा में भला ऐसी-वैसी नंगी औरतों की फोटो उतारता? कहीं अपने ईसा की भी एक तस्वीर बनाई पादरी ने? लो, चाय पियो। देखूँ, चौकीदार गया या नहीं।" श्रीधर को गिलास थमा, उसने खिड़की से झाँका।

"गया हत्यारा। कितनी बर्फ गिर गई है। एकदम बदरी-केदारनाथ बन गया है। एक बार बर्फ गिरने पर यहाँ सात-आठ दिन तक नहीं गलती। चलो, अकेली से दुकेली भली।" वह चाय की चुसकियाँ लेती श्रीधर के पैरों के पास खिसक आई।

मूर्खा हीरावती! वह क्या सोचती है कि श्रीधर कभी बर्फीली पगडंडियों पर चला ही नहीं है? अभी देख लेगी, कि कैसे दोनों हाथ फैलाकर स्केट-सा करता, वह हवा के झोंके-सा निकल जाएगा। वह चट्टान हटाने को बढ़ा ही था कि बर्फीली हवा के एक तीव्र झोंके ने लकड़ी

की मशाल को झपट्टा मारकर बुझा दिया। घने अन्धकार में डूबा, वह इधर-उधर हाथ-पैर मारने लगा। जिधर बढ़ता, उधर ही दो सुकोमल बाँहों का बन्धन उसे जकड़ लेता। एक ही हीरावती के क्या खिलखिलाते-हँसते कई संस्करण बन गए थे? या गुहाभित्ति की सुर-सुन्दरियों, अप्सराओं और उल्का-नायिकाओं को कोढ़ी साहब के अदृश्य प्रेत ने जीवित कर धरा पर अवतरित कर दिया था! पर मीठा कंठ-स्वर तो एक ही कंठ का था, और उसे खूब पहचानता था श्रीधर। वह तो निश्चय ही इसी लोक की थी।

"मूर्ख मत बनो।" हीरावती कहने लगी, "कहाँ भाग रहे हो? ऐसी बर्फीली रात में तो चिड़ियाँ भी डालों पर अकड़ी मरी मिलती हैं। फिर तुम क्या सोचते हो कि मेरा चौकीदार चला गया होगा? तुम्हारी ही ताक में छिपा किसी खन्दक में बैठा होगा। ऐसी कंचन-सी देह उस हरामी के पेट में जाने दे, ऐसी मूर्ख नहीं है हीरावती।"

वह पालतू बिल्ली-सी उसके कन्धे से अपने सुकोमल कपोल घिसती और भी निकट खिसक आई। उसने कभी किसी भी स्त्री का स्पर्श तो दूर, उसकी छाया का भी स्पर्श नहीं किया था। वह इस घातक अनुभव से तिलमिला उठा। एक नरभक्षी बाहर था, तो दूसरी नरभक्षिणी भीतर। अचानक उसकी संयमित चेतना सुप्त अग्नि-सी जगकर फुफकार उठी।

"दूर हट, तूने मुझे समझा क्या है?" वह उत्तेजना, विवशता और क्रोध से बुरी तरह हाँफता, चट्टान उठाने को बढ़ा तो हीरावती दोनों हाथों को बाँधे, मार्ग अवरुद्ध कर खड़ी हो गई, "मैं भी देखती हूँ कि कौन माई का लाल हटा सकता है मुझे।"

जितनी बार श्रीधर उसकी दर्पपूर्ण चुनौती से जूझने को आगे बढ़ता, उतनी ही बार सतर्क खड़ी हीरावती की कांचन-सन्निभ देह की दुर्भेद्य प्राचीर उसे बिजली के सौ-सौ तारों से झनझना देती। पता नहीं कब तक दोनों रात्रि के सूचि-भेद्य अन्धकार में साँप-नेवले की भाँति आमने-सामने तने खड़े रहे। अन्त में जीत नेवले की ही हुई।

"आओ," पराजित योद्धा के दोनों हाथ पकड़कर हीरावती ने मृदुल कंठ से कहा, "तुमने क्या मुझे इतनी ओछी समझा है? हीरावती में लाख दुर्गुण हों, वह कभी झूठ नहीं बोलती। मेरे पास दो पुआल के गद्दे हैं। एक में तुम निश्चिन्त होकर सोते रहना। जो तुम्हें छुए, वह साली गोमांस खाए।" हीरावती ने न जाने किस ताक से पुआल का गद्दा उठाकर ज़मीन पर डाल दिया और उसे हाथ पकड़कर ऐसे ले चली, जैसे फूल-शय्या की ओर किसी सलज्ज बालिका नववधू को ले जा रही हो।

सचमुच ही झूठ नहीं बोलती थी हीरावती। दूसरे पुआल के गद्दे को खींचकर पटके जाने की शब्द-वेधी क्रिया से साँस रोककर लेटे श्रीधर ने अनुमान लगाया कि शत्रु पक्ष ने अपने दूसरे गद्दे का खेमा गाड़ने में व्यवधान रखा था, और उसमें उसकी कोई कुटिल चाल नहीं थी।

थोड़ी ही देर में हीरावती निष्पाप शिशु की-सी निद्रा में डूब गई। पर श्रीधर व्याकुल करवटें बदलता रहा। अब सोनेवाली स्वयं ही मार्ग से दूर हट गई तो दूसरी चिन्ता निद्रा-अपहरण करने लगी। यह दूसरा पुआल का गद्दा क्यों रखती थी हीरावती? क्या निशाचर अतिथियों के रात्रि-यापन की व्यवस्था का प्रश्न प्रायः ही इस गुहा-निवासिनी के सम्मुख आता होगा?

पर उसका माथा क्यों दुख रहा है भला? ग्राम में हीरावती को कौन नहीं जानता? यह कौन-सी दूध की धुली सती सावित्री है?

इसी उधेड़बुन में न जाने कब उसकी आँख लग गई। सुबह उठा, तो हीरावती ने शायद खिड़की का पत्थर हटा दिया था। सूर्य का क्षणिक मुट्ठी-भर उजाला गुहा में फैलता गुहाभित्ति

की अनूठी चित्रकला का नवीन रूप प्रस्तुत कर रहा था। वह मुग्ध दृष्टि से चित्र-प्रदर्शनी के वैविध्य को देख ही रहा था कि आँखें स्वयं ही हीरावती की ओर घूम गईं। उसे लगा कि झुककर आग फूँकती रूपवती हीरावती को वह आज पहली बार देख रहा है।

हीरावती को भी शायद उसकी मुग्ध दृष्टि गुदगुदा गई। मुस्कराकर उसने सिर उठाया तो झेंपकर श्रीधर ने सहमी दृष्टि ऐसे फेर ली, जैसे चोरी करते हुए रँगे हाथों पकड़ लिया गया हो।

"लो, गरम चाय पी लो," हीरावती ने उसे गिलास थमाया और अपना पुआल का एकमात्र गद्दा लपेटने लगी।

तो क्या अपने सब पहाड़ी थुल्ले-नम्दे उसे ओढ़ाकर वह रात-भर ठिठुरती रही?

"बहुत बर्फ गिर गई है। तीन-चार दिन तक सूरज नहीं निकलेगा।" हीरावती ने खिड़की से झाँककर कहा।

सूर्यदेवता से भी क्या हीरावती की साँठ-गाँठ थी? चार दिन तक निरन्तर बर्फ गिरती रही। चट्टान को भी बर्फ की मोटी तहों ने जम-जमकर अदृश्य कर दिया। भीमकाय मिहिल, मदार और देवदारु के वृक्ष हिम-भार से दातौन-से तड़ाक-तड़ाक टूटने लगे। बचपन में पढ़ी भूगोल की पुस्तक में चित्रित, अपनी इगलू-सी हिमाच्छादित गुहा में श्रीधर बन्दी शेर की भाँति चक्कर लगाता रहता।

"लाख सिर पटको, जज साहब," हीरावती हँसकर कहती है, "एक कदम भी बाहर नहीं निकाल सकते।"

वैसे हीरावती ने अपने रूखे पाहुने की अभ्यर्थना में कोई त्रुटि नहीं रहने दी थी। न जाने किन अदृश्य आलों से वह छोटी-मोटी पोटलियाँ निकालती रहती। दाख, अखरोट, जर्दालू, भुने काजू, खोये के पेड़े, सोहन हलुवा, भाड़ में भुँजी पहाड़ी गेठी और धानी नमक। वह सुरदुर्लभ खाद्य-सामग्री उसकी मेज़बान ने रुद्राक्ष की माला जपकर नहीं जुटाई होगी, यह खूब समझता था श्रीधर। ऐसी हराम की कमाई को वह भला हाथ कैसे लगाता? दो दिन उसने काली चाय के अधसेरी गिलास गटककर काट दिए। सूखा-सा मुँह लटकाए हीरावती भी भूखी ही सो जाती। पर तीसरे दिन हीरावती ने सोए हुए शत्रु पर ही आक्रमण कर दिया। श्रीधर के उठने से पहले ही उसने न जाने किन-किन खुशबूदार पहाड़ी गंध्रैणी और जम्बू के ऐसे मसालों से सब्जी छौंक दी कि श्रीधर अपने सारे संस्कार और नाज़-नखरे भुला-बिसराकर रह गया। पहाड़ी घट के पिसे गेहूँ की सोंधी-सोंधी मक्खन-चुपड़ी रोटी पर सब्जी धरकर, हीरावती ने अतिथि के दोनों पैर पकड़ लिए, "क्यों भूखे-प्यासे बैठे हो लाल साहब! मैं क्या डोमनी हूँ? फिर तुम तो गांधी बाबा के भक्त हो। वह तो मेहतरों के हाथ की भी छूत नहीं मानते।"

इस दलील ने श्रीधर को पराजित कर दिया। फिर तो पता नहीं एक के बाद एक वह कितनी रोटियाँ चट कर गया। शायद हीरावती के लिए कुछ बचा ही नहीं। खा-पीकर वह सोया, तो कुम्भकरणी नींद पूरी होने का नाम ही नहीं लेती थी।

गुहा के अन्धकार में रात्रि और दिवस के अन्तर का प्रश्न ही नहीं उठता था। पर उस दिन पता नहीं क्यों, हीरावती ने नित्य की मशाल भी नहीं जलाई थी। बर्फीली हवा के एक तीव्र झोंके से गहन निद्रामग्न श्रीधर अचानक हड़बड़ाकर उठ बैठा। हड्डियों को छेदनेवाली इस ठंडी हवा में ठिठुरती, हीरावती बिना कुछ ओढ़े पुआल के गद्दे पर बैठी होगी, यह ध्यान आते ही श्रीधर को अपने स्वार्थ पर स्वयं ही क्षोभ हो उठा।

"हीरावती, तुम्हारे पास क्या ओढ़ने को कुछ भी नहीं है?" उसने पूछा।

जो व्यक्ति तीन दिन से बिना एक शब्द बोले, उसे आँखों-ही-आँखों में अपने विकट क्रोध की ज्वाला से निरन्तर भूँज रहा था, उसका हमदर्दी में डूबा बदला गिरगिटी रंग देखकर, हीरावती चौंकी। पर जैसे तप्त दहकती मरुभूमि में वर्षा की पहली बूँद पड़ते ही सूखकर विलीन हो जाती है, ऐसा ही श्रीधर का सरस प्रश्न भी कंठ से निकलते ही सूखकर रह गया।

हीरावती ने कोई उत्तर नहीं दिया। पर अन्धकार में ठक-ठक काँपती मानिनी की व्यथा चार कंबलों से लदे सोनेवाले को छू गई। जिसकी रूपशिखा का स्वप्न कई दिनों तक उसकी नींद में डूबी पलकों को झुलसता रहा था, वही उसी अन्तहीन माघी विभावरी में उसकी जगी पलकों पर साकार होकर थिरकने लगा।

"हीरावती!" उसने थर्राए-भर्राए कंठ-स्वर से पुकारा। पुरुष-कंठ के इस भर्राए-थर्राए कंठ-स्वर के आह्वान को तो हीरावती खूब पहचानती थी। विमुग्ध, विस्फारित दृष्टि से अन्धकार को चीरती मुग्धा अभिसारिका ने एक क्षण का भी विलम्ब नहीं किया।

दूसरे दिन गुहा-वातायन की क्षीण कटि से पाँच दिन से रूठे सूर्य ने धरा पर गिरी बर्फ का प्रतिबिम्ब लेकर अपना दर्पण चमकाया और श्रीधर चौंककर जग गया। उसके कन्धे पर माथा धरे हीरावती ऐसी अन्तरंग धृष्टता से सो रही थी, जैसे वर्षों से उसी कन्धे पर सोती चली आ रही हो।

"भारद्वाज गोत्रोत्पन्न श्रीधर शर्मणस्य सकल ईप्सित कामना..." कुछ ही दिन पूर्व शिवालय में पार्थिव-पूजन के समय किया गया संकल्प श्रीधर को स्मरण हो आया। हड़बड़ाकर वह उठने लगा।

हीरावती जग गई। "क्या कर रहे हो? लेट जाओ न। ठंड लग रही है।" दोनों हाथों से उसे जकड़कर, उसने फिर अपने पार्श्व में सुला दिया।

पल-भर को निकला सूर्य फिर किसी मेघखंड में दुबक गया और तड़ातड़ ओलों के चाँटे मार-मारकर प्रकृति ने एक बार फिर श्रीधर के विवेक को दूर भगा दिया।

हीरावती अब उसे धागे में बँधी काठ की चरखी-सी घुमाती, किसी भी दिशा में उछालकर फिर अपनी ओर खींच सकती थी। वह अब संस्कारी, सुशिक्षित, भारद्वाज गोत्रोत्पन्न श्रीधर शर्मा नहीं था, वह तो अब सदियों के मलबे से निकला आदिकाल का गुहा-मानव था, जिसका न कोई गोत्र ही था, न कोई संस्कार। वह डाँसी पत्थरों को रगड़कर आग जलाना सीख गया था, जंगली सुखाए-भुँजे मांस को चिचोड़-चिचोड़कर खाने की क्रिया में वह अपनी गुहा-प्रेयसी के हाथ से अधिक चर्बीली बोटी को लपककर छीन, अपने असभ्य जंगली ठहाके से गुहा की दीवार गुँजा देता। कभी उसे बाँहों में भींच ऐसे रख देता था, जैसे कीमा ही बना देगा। इस युग का पहला बीटनिक शायद वही था। और हीरावती? उसी को मॉडल बनाकर क्या पादड़ी साहब ने गुहा-भित्तियाँ अलंकृत की थीं? बंकिम कटाक्ष; मन्दोदरी की लचक, सुडौल अंग का उभार यदि इंच-टेप से भी नापे जाते तो दीवार पर अंकित अपूर्व सुन्दरियों की काठी में ठीक बैठती।

"हीरावती!" एक दिन जान-बूझकर भी, वह एक मूर्खतापूर्ण प्रश्न कर बैठा। वह तो जानता था कि हीरावती कभी झूठ नहीं बोलती, "गाँववाले जो तेरे लिए कहते हैं, वह क्या सच है, हीरावती?"

हीरावती का चेहरा फक पड़ गया। इतने आमोद-प्रमोद के उत्सव के बीच जैसे उसे किसी ने झोंटा पकड़कर ज़मीन पर घसीट लिया हो।

वह एक शब्द नहीं बोली। रक्तहीन कपोलों पर टपकते आँसुओं ने ही श्रीधर के प्रश्न का उत्तर दे दिया।

बात सच न होती तो क्या मुखरा हीरावती चुप बैठी आँसू बहाती?

एक लम्बी साँस खींचकर वह उस दिन बिना खाए ही उठ गया। छिः-छिः, कैसी नीच औरत थी हीरावती! बर्फ न गिरी होती और मौसम साफ होता तो शायद वह गुफा में ही हीरावती के एक-दो प्रेमियों से टकरा जाता।

उस दिन भी हीरावती न जाने कब तक चूल्हे के पास भूखी बैठी काँपती रही। कभी खाँसता, कभी उसाँसें भरता, कभी अकारण ही कराहता श्रीधर करवटें बदलता रहा। पर अन्त में भूखा भिक्षु विवाह-भोज के छप्पन व्यंजनों की जूठन देख, एक बार फिर अपना विवेक, संस्कार, निष्ठा—सब भूल-भालकर, जूठी पत्तलों की ओर बढ़ गया।

"हीरावती!" उसके थर्राए-भर्राए कंठ-स्वर ने पुकारा।

और फिर हीरावती भला क्यों चूकती?

छठे दिन कड़ी धूप ने बर्फ पिघलाकर बहा दी थी। हीरावती टूटे वृक्षों की टहनियाँ बटोरने चली गई थी। खिड़की पर श्रीधर खड़ा हुआ ही था कि सुदूर घाटी से गूँजते शिवालय के घंटे की ध्वनि सुन, उसका रोम-रोम सिहर उठा। "पूर्वकृत पापों ने बहुत दंड दे दिया है, प्रभु।"

उसने अदृश्य शिवलिंग की ओर हाथ जोड़े, "मुझे क्षमा करो, और शक्ति दो।" कहता, वह बिना गुहा की ओर दृष्टिपात किए, तीर-सा निकल गया।

फिर उसने अपने ग्राम की देहरी आज तक नहीं लाँघी। शनि की दशा की भाँति उसके जीवन में आ गई हीरावती की क्रूर दृष्टि को उसने कवच-कीलकों से प्रभावहीन कर दिया। एक लम्बे अरसे तक वह देशप्रेम का अनोखा दुःसाहसी दीवाना बना फिरता रहा। न उसे ललमुँहे गोरों का भय था, न पुलिस की लाठी का।

एक बार हीरावती का समाचार उसे जेल ही में मिला था। उसी का परिचित एक साथी उसे जेल में मिलने आया था। "अपने गाँव की हीरावती भी तो इसी जेल में थी। आज ही बरेली ले गए हैं उसे।"

हीरावती! सहसा अल्मोड़ा जेल की काली चारदीवारी पर असंख्य सुर-सुन्दरियाँ और नाग-कन्याएँ अंकित हो गईं। 'हीरावती! वह क्या करने आई है यहाँ?' और फिर तो उसके जघन्य अपराध की विस्तृत वर्णना सुनकर श्रीधर स्तब्ध रह गया।

अलकनन्दा में अपने नवजात शिशु पुत्र की मूड़ी डुबोए, हीरावती को ग्राम के डाकिए ने देखा और जब तक वह भागकर पटवारी को बुलाकर लाया, नन्ही लाश को तीव्र लहरें अदृश्य कर चुकी थीं।

"ऐसी बेहया नंगी औरत है," उसका साथी कह रहा था, "हमारे गाँव की इज्जत मिट्टी में मिला दी। हाकिम ने पूछा, 'हीरावती देवी, क्या यह सच है कि तुम अपने बच्चे की मूड़ी नदी में डुबोए बैठी थीं।'

"सिर झुकाए, वैसे ही मुस्कराती रही हरामी, जैसे तुम्हारी अदालत में मुस्कराती रही थी।

" 'किसका था?' हाकिम ने पूछा तो बोली, 'सरकार, आप तो दिन-रात पहाड़ों का दौरा करते हैं। कई झरनों का पानी पीते होंगे। कभी आपको जुकाम भी हो जाता होगा। क्या आप बता सकते हैं कि किस झरने के पानी से आपको जुकाम हुआ है?'

"कटकर रह गए हम लोग, अब भुगत रही है, हत्यारिन!"

आज इतने वर्षों पश्चात् उसी हत्यारिन की स्मृति श्रीधर को विह्वल कर रही थी। क्या अब भी वहीं रह रही होगी? क्या सचमुच ही उन सुकुमार हाथों ने अलकनन्दा की तीव्र हिमशीतल लहरों में किसी नन्ही-सी देह को निर्ममता से बहा दिया होगा?

श्रीधर ने हाथ की घड़ी देखी। भाषण की एक भी आवृत्ति पूरी नहीं कर पाया था। न जाने किन-किन चिताओं के गड़े मुर्दे उखाड़ने में स्वयं ही सिर-दर्द मोल ले लिया। चिन्ताएँ भी क्या एकाध थीं? रुग्णा पत्नी का चिड़चिड़ा, विलासी स्वभाव उसे बुरी तरह उबा देता और वह वनबिलाव-सा अनावश्यक दौरों में जंगलों की खाक छानता फिरता। चारों पुत्रियों का विवाह कर चुका था, पर चारों जामाताओं की ठगी प्रथा को विलियम बैंटिक की ही भाँति जड़ से उखाड़ने के प्रयत्न में वह घर-भर से बैर मोल ले चुका था। उधर इकलौते पुत्र ने लड़कियों के-से बाल बढ़ा लिए थे और पुरखों की कुल-कीर्ति पर झाड़ू फेरकर रख दी थी। विद्यार्थियों की हड़ताल हुई तो काला झंडा लिए, उसके कुल-दीपक ने ही स्वयं पिता का पुतला जला, विद्यार्थी समाज में अपना विशिष्ट स्थान बना लिया था। जहाँ नेता का पद प्राप्त करने में पिता को सर्वस्व त्यागना पड़ा था, वहाँ पुत्र ने तीन ही दिन में सात बसें जला, असंख्य सरकारी इमारतों के बेंच तोड़, एक रेलगाड़ी उलट, नेता का सर्वोच्च पद अनायास ही प्राप्त कर लिया था। उसी अशान्ति से बचने श्रीधर, सिर मुँडाकर घर से भागा, तो ओले पड़ने लगे। अपनी जन्मभूमि के सूखा-ग्रस्त इलाके का हवाई दौरा करने निकला, और उस विस्मृत घाटी में खंखाड़-से ताजमहल के गुम्बद ने दबे नासूर को फिर उभार दिया।

"सॉरी, सर!" पी.ए. ने खिसियाए विवश स्वर में कहा, "आपसे मिलने एक पगली-सी औरत आई है। कहती है कि आप ही के गाँव की है। बस दर्शन करके चली जाएगी। मानती ही नहीं।"

पी.ए. अपना वाक्य पूरा भी नहीं कर पाया था कि पगली-सी औरत सिर पर मैली पोटली में गुड़ की भेली बाँधे सजे कक्ष के रेशमी पर्दे के पास फटे पैबन्द-सी चिपक गई।

'यह कैसे आ गई यहाँ? क्या मेरी इच्छाशक्ति इसे खींच लाई?' मन-ही-मन श्रीधर सोचने लगा। पर विरोधी पक्ष की दुधारी तलवारों से दिन-रात जूझनेवाला सेनानी चौकन्ना हो गया। उसका पी.ए. एक नम्बर का घाघ था। कहीं हीरावती के कलुषित अतीत का आंशिक विवरण भी सुन लिया होगा तो प्रेस रिपोर्टर की सतर्कता से मन की कलम सँभाल ली होगी पट्ठे ने। और दिन-रात अपने कई सहकर्मियों की चरित्रहत्या को क्या स्वयं दिन-दहाड़े नहीं देख चुका है?

"आओ, आओ, बहन हीरावती," उसने हँसकर कहा।

हीरावती चौंकी। अब तक वह मुग्ध दृष्टि से श्रीधर के विलासी कक्ष के भित्ति-चित्रों को ठीक वैसे ही देख रही थी जैसे पच्चीस वर्ष पूर्व श्रीधर ने उसकी गुहा-भित्ति को देखा था।

"बैठो, हीरावती!" क्लान्त स्वर में अब प्रणयी का घर्राया आह्वान नहीं था। यह तो एक थका-माँदा पथिक दूसरे पथिक को दो घड़ी साथ बैठकर सुस्ताने का स्नेहपूर्ण निमन्त्रण

दे रहा था। पर सकुची-सिमटी-सी हीरावती मखमली सोफे पर नहीं बैठी। वह सिर की पोटली बिना उतारे ही, श्रीधर के चरणों के पास ऐसे बैठ गई, जैसे गली के शरारती छोकरों के ढेले-पत्थरों से नित्य मारकर भगाई गई कुतिया को बहुत दिनों से बिछुड़े मालिक ने पुचकारकर बुला लिया हो, और वह डरती हुई, बड़े अविश्वास से आगे बढ़ रही हो।

"हीरावती, तुम चुप क्यों हो?" श्रीधर का गला भर्रा गया।

इतने वर्षों बाद भी इस अलौकिक नारी की उपस्थिति उसे झूमते, सम्मोहित नाग-सा झुमा रही थी।

कितना झटक गई थी हीरावती। फिर भी छरहरे बालों में चाँदी चमकने लगी थी। होंठों की मधुर लालिमा नीली पड़ गई थी। निमग्न नयनों की काली भँवर पुतलियों ने कितनी पीड़ा सही थी, उसका लेखा-जोखा लिखने में अनाड़ी विधाता ने स्याही आँखों के ही नीचे फैलाकर रख दी थी। फटी वास्कट पर झूलती असंख्य मालाओं के बचे-खुचे दो-तीन मोती, उसके विगत यौवन के बिखरे मोतियों की ही भाँति एक मैले-से काले पड़े डोरे में बँधे लटक रहे थे।

"कहाँ रहती हो अब?" श्रीधर ने दूसरा प्रश्न पूछा।

"वहीं साहब के ओडयार में।"

गला भी न जाने कैसा भारी-भारी हो गया था हीरावती का। जिसे विदेशी 'व्हिस्की वायस' कहते हैं, ऐसी ही बैठी आवाज़, क्या पीने भी लगी होगी अभागी?

"तुमने ऐसा क्यों किया हीरावती?" प्रश्न के कंठ से छूटते ही, श्रीधर को पसीना छूटने लगा। क्यों कर बैठा ऐसी मूर्खता? क्या वह नहीं जानता था कि हीरावती कभी झूठ नहीं बोलती?

"जनमते ही उसने आँखें खोलीं।" हीरावती ने मैली ओढ़नी से आँखें पोंछीं। "मैंने पहचान लिया। अदालत में मैं पहली बार झूठी बनी। तुम्हारी ही कंजी आँखें थीं। वही नाक। वैसे ही टेढ़े होंठ कर मुस्कराया भी था दुसमनिया। सोचा कि मैं तो बदनाम हूँ ही, तुम्हें कीचड़ में क्यों घसीटूँ? सारा गाँव तुम्हें पूजता था। बड़ा होता, सब पहचान लेते कि किसका बेटा है।"

श्रीधर पत्थर की मूरत बना बैठा रहा।

"चलूँ, लाल साहब। मोटर का टैम हो गया है। बाहर के साहब से कह आई थी कि बस दरसन करके चली जाऊँगी।"

और दर्शन करके ही चली गई हीरावती। वह क्या कभी झूठ बोलती थी? न एक शब्द उपालम्भ का, न लांछन का, न याचना का, न अधिकार का।

सिर पर मैली ओढ़नी से बँधी गुड़ की भेली धरे, वह चली गई।

किसने कहा है, इमर्सन ने या किसी और ने कि संसार की अदालत अभियुक्त को भले ही क्षमादान देकर मुक्त कर दे, स्वयं उसके अन्तःकरण की अदालत कभी क्षमा नहीं करती।

आज इसी अदालत में बेड़ियों से जकड़ा वर्षों का फरार अपराधी सिर झुकाए खड़ा था।

अचानक वह उठा। सिर की टोपी उतारकर दूर पटक दी। एक ग्रामीण की भेंट की गई मोटे ऊन की खुरदरी पंखी निकाल, उसने ओढ़नी की भाँति लपेट ली। अब कोई नहीं पहचान पाएगा उसे। पिछवाड़े की खिड़की से कूदकर वह सड़क पर निकल आया। इधर-उधर देखता, वह मन्दिर की ठंडी सड़क पर पहुँच गया। ताल की कगार स्पर्श करती ढलने को

तत्पर, ऊँचे-ऊँचे विलो वृक्षों की लम्बी कतार। सूनी सड़क पर ठंड से ठिठुरते एक-आध कुली। और पंखों में लिपटा किसी ग्रामीण-सा गँवारू बना स्वयं श्रीधर। बीच-बीच में ताल की हिम-शीतल हवा कानों में थप्पड़-से मार जाती और वह कछुए की तरह गर्दन सिकोड़ लेता। मन्दिर की सीढ़ियाँ चढ़कर वह सुस्ताने लगा।

निभृत मन्दिर के सम्मुख लगी छोटी-बड़ी घंटियों की कतार को छूते ही जलतरंग की मधुर खनक से देवालय गूँज उठा। वह मीठी खनकती घंटियाँ श्रीधर को अतीत की विस्मृत घाटी में अँगुली पकड़कर खींच ले गईं।

इसी गुहास्थित पाषाण देवी की स्निग्ध सिन्दूरी मूर्ति के सम्मुख नतमस्तक हो, उसने कितना कुछ माँगा है। पुत्रियों के लिए वर, कर्कश पत्नी से मुक्ति, कुपुत्र को सन्मति, चुनाव की जीत। पर न तो मोक्ष की आकांक्षा है, न वैभव की। पंखी में लिपटा, दीन-दरिद्र याचक आँखें मूँदे मूर्तिवत् खड़ा रहा। क्षण-भर को उसे लगा कि शरीर से उपस्थित न होने पर भी काला फटा लहँगा फटफटाती, सिर पर मैली पोटली में गुड़ की भेली धरे, डरी-सहमी उसकी आदर्शिनी गुहा-प्रेयसी उसके पास सटकर बैठी, करुण स्वर में गा रही है :

"कइया नी कइया, करिया नी करिया
करिए छिमा, छिमा मेरे परभू।"

जिलाधीश

जिलाधीश ने अपनी नाजुक कलाई की कोकाकोला रंग की चूड़ियों को देखा, फिर बाईं कलाई पर बँधी मर्दानी घड़ी को। बुद्धिप्रदीप्त आँखों पर धूप का फैन्टम चश्मा था, किन्तु सुचिक्कन ललाट पर थी तिलकाकार बिन्दी। उसकी सर्वथा नवीन 'स्किनहेड' सज्जा से चेहरा किसी उद्दंड किशोर का-सा ही लगने लगा था। कैसा अर्धनारीश्वर का-सा चोला रँग लिया था उसने। पहली बार 'श्री जिलाधीश महोदय' के नाम से सम्बोधित पत्र को पढ़कर वह भन्ना गई थी। बड़े रोबीले स्वर में उसने स्टेनो से पूछा था, ''क्या जिलाधीश का कोई स्त्रीलिंग है ही नहीं?''

प्रश्न पूछते ही छोकरे स्टेनो का सकपकाना और यत्न से दबाई जा रही हँसी को देखकर, उसे सहसा अपने प्रश्न की मूर्खता का भास हो गया था और बड़े चातुर्य से उसने प्रसंग बदल दिया। उसी दिन से, बिना तर्क-वितर्क के, उसने वह कर्णकटु संबोधन ग्रहण कर लिया था। वैसे यह पद, उसे कड़े संघर्ष के पश्चात् ही मिला था। जब वह इस परीक्षा में उत्तीर्ण हुई तो स्वयं उसे लगा था, जैसे वह अपनी बिरादरी से बहुत दूर छिटक गई है। उन दिनों विवाह-निमन्त्रणों या उत्सवों में जाना उसने एक प्रकार से छोड़ ही दिया था।

''एम.ए. कर लिया है ना तुम्हारी बिटिया ने, अब क्या कर रही है? क्या कहीं बात-वात पक्की हुई?''

नारी समाज की यही मीठी सहानुभूति उसे कड़वी लगने लगती। उसके रिश्ते की बात कहीं पक्की हुई हो या नहीं, उनके सिर में भला क्यों दर्द हो रहा था! वह बुरी तरह बौखला जाती। यही रिश्तेवाली बात तो उसकी दुखती रग थी। कौन-सा घर-वर ऐसा बचा था, जहाँ रिश्ते की बात नहीं चली? किन्तु किसी लड़के को उसका निम्न मध्यवर्गीय परिवार नहीं रुचता, तो कोई उसकी असाधारण प्रतिभा से सहम जाता। आज उसके लिए एक से एक समृद्ध गृहों से प्रस्ताव आने लगे थे, पर अब वह पाँच वर्ष पूर्व की सुमन नहीं थी। वह तो जैसे माँ के गर्भ से ही राजदंड लेकर जन्मी थी। सचमुच ही असाधारण थी वह लड़की। सचिवालय का वेदाध्ययन कर, अब वह जिस जिले की बागडोर सँभालने पहुँची थी, वह कुख्यात जिला एक नहीं, अनेक जिलाधीशों का सिरदर्द रह चुका था। दिन-दहाड़े निरीह राहगीरों को छुरा भौंकना, साइकिल सवारों की साइकिल-घड़ी लूटना, किसी किशोरी का अपहरण तो वहाँ के निवासियों के लिए दाल-भात था। अभी-अभी एक ऐसी ही अशोभनीय घटना ने उस मर्दानी जिलाधीश के वर्षों पूर्व लाल पड़ना भूल गए कपोलों को फिर से लाल कर दिया था। जिले के एक प्रसिद्ध आढ़ती का जवान बेटा दुकान बन्द कर दिन डूबे घर लौट रहा था। जिले के उसी कुख्यात गिरोह ने उसके नाड़े में बँधे बटुए को कस्टम के चतुर व्यापारियों के-से तृतीय नेत्र से देख लिया।

"मेरे बाप को भी पता नहीं था सरकार, कि तिजोरी खाली कर नाड़े के नेफे में घर ले जाता हूँ।" दोनों हाथों से नाड़ेहीन शिथिल पाज़ामे को समेटता वह मूर्ख उसके सम्मुख खड़ा होकर, लड़कियों की भाँति, हिचकियाँ ले-लेकर रोने लगा, और बेचारी सुमन अप्रस्तुत होकर बगलें झाँकने लगी थी।

वह अकेली भी होती तो शायद परिस्थिति ऐसी हास्यास्पद नहीं लगती। किन्तु उस दिन वह बरामदे में ही संयोजित एक महत्त्वपूर्ण गोष्ठी में उलझी थी। जिले की बढ़ती अनुशासनहीनता पर ही विचार-विमर्श चल रहा था। गोष्ठी में उस दिन सबसे अधिक बिदकनेवाला घोड़ा भी उपस्थित था। उसकी उपस्थिति में, उस आकस्मिक वज्रपात के लिए सुमन प्रस्तुत नहीं थी। सहृदया हाकिम को अपनी दुर्दशा का दुखड़ा सुनाकर छोटा सेठ चला गया, किन्तु गोष्ठी का वातावरण बोझिल हो उठा। जिले-भर में भला कौन नहीं जानता था कि गिरोह का मुखिया कौन है और वही मुखिया तो उस गोष्ठी में निडर बैठा दहाड़ रहा था। न उसे शासन का भय था, न ईश्वर का। क्या उसकी महत्त्वाकांक्षा ही किसी विकृत कुंठा का रूप ले चुकी थी? चेहरा कैसा बाँका था, किन्तु आचरण? ढालू ललाट पर चन्द्रबिन्दु-सा घाव का निशान उसके चिबुक पर पड़ते गढ़े से मेल खाता था। पतली मूँछों को वह निश्चय ही बड़े यत्न से सँवारा करता होगा। ज़मींदार पिता ने अपने इस पुत्र को बड़े यत्न से पढ़ाया था। विलास के वातावरण से उसे यथासम्भव दूर रखने की भी चेष्टा की थी, किन्तु स्वभाव से ही रसिक पुत्र को वे साध नहीं पाए। आज वह विरोधी दल का एक ऐसा निर्लज्ज नेता था, जो किसी भी महानेता को थरथर कँपा सकता था।

एक बार एक प्रतिष्ठित प्रसिद्ध समाज-सेविका का चीर उसने उसी के अभिनन्दन समारोह में दुःशासन बनकर खींच लिया, तो सुमन भी सहम गई थी। बात तथ्यहीन नहीं कही थी रणधीरसिंह ने, उजली रेशमी साड़ी और चन्दन के धवल तिलक की भव्यता क्या समाज-सेविका के कलुष को छिपा सकती थी? विदेशी दूध के डिब्बे लुके-छिपे ग्वालों को बेचकर कैसे उन्होंने मकान खड़ा कर लिया है, चरस के निर्यात में कैसे उनका पुत्र निरन्तर योगदान देता रहा है, सबकुछ उगलकर मिनटों में उत्सव पर झाड़ फेर गया था वह। जिले के प्रभुजातीय अफसरों की परमगोपनीय फाइलें वह बगल में दाबे फिरता था। एक सुमन ने ही उसे कभी कन्धे पर हाथ नहीं धरने दिया। उस लड़की का गाम्भीर्य, तटस्थता और असाधारण प्रतिभा देखकर रणधीरसिंह दंग रह गया था। न वह कहीं जाती थी, न किसी से उसकी मैत्री का क्षीण आभास ही वह पा सका था। यह सचमुच ही बड़े आश्चर्य की बात थी कि ऐसी आकर्षक लड़की का कोई पुरुष मित्र था ही नहीं। मीटिंग होती तो वह अपने मातहतों के बीच ऐसे तनकर कुर्सी पर बैठी रहती, जैसे कैबिनेट के मन्त्री-गणों से घिरी गरिमामयी प्रधानमन्त्री हो। कभी भी उसे लजाते, सकुचाते या झेंपते उसने नहीं देखा था। ऐसे गहरे आत्म-विश्वास की आज ऐसी पराजय देखकर रणधीरसिंह मन-ही-मन प्रसन्न हो उठा था। "अब देख लिया ना आपने?" वह कहने लगा, "आज महीना-भर भी नहीं हुआ, भीखू कोली की जवान बिटिया की इज्ज़त ही नहीं उतारी, लाश को कुएँ में डाल गए बदमाश, फिर चलती ट्रेन में गवाही देने जा रहे चन्द्रप्रकाश को गोली मार दी। क्या कर लिया आपने? आपके नपुंसक शासन की यही निर्वीर्यता तो अपराधी को उकसाती है। आप लोगों की यही शिथिल ब्यूरोक्रैसी तो आज देश की दुखती दाढ़ है। आवश्यकता है किसी ऐसे कठोर व्यक्ति की, जो इसे झटके से उखाड़कर फेंक दे। क्षमा करें मिस श्रीवास्तव, पर जब तक आप लोग कर्तव्यों की उपेक्षा कर, अधिकारों के पीछे

भागते फिरेंगे, अनुशासनहीनता का अन्त नहीं हो सकता। एक चतुर विदेशी उद्योगपति हैजर्ड आप लोगों को खुली पुस्तक-सा ही बाँच गया। जानती हैं, उसने क्या लिखा है?" वह फिर बड़ी ही अशिष्टता से सिगरेट फूँकता सुमन की ओर झुककर कहने लगा, "वह लिखता है कि लॉर्ड कर्जन के शासनकाल से आज तक की सरकारी फाइलों को देखकर मैं आश्चर्यचकित रह गया हूँ। तब और अब की शासकीय भाषा, मूल विषय की पकड़ एवं शासन की गतिविधि में एक आकर्षक साम्य है। इतनी बड़ी चोट कर गया फिरंगी, पर हम नहीं बदले। अब आप ही बताइए मिस श्रीवास्तव, ऐसी गोष्ठियाँ, सेमिनार क्या केवल खिलवाड़-मात्र नहीं बन गई हैं? एक-एक बिस्कुट कुतर, घूँट-भर कॉफी घुटक हम कद्दू में कौन-सा तीर मार देते हैं? मुझे आज्ञा दें, आज ज़रा बाहर जा रहा हूँ।" कोई कुछ कहता, इससे पूर्व ही अपना ऊँचा धड़ और ऊँचा तानता वह सर्र से निकल गया था, पर वह अपना उतरा चेहरा झुकाए चुपचाप बैठी रही।

"बड़ा उजड्ड है साहब यह।" अयोध्याप्रसादजी ने ही चुप्पी तोड़कर कहा, "किसी महिला के सम्मुख कैसे बोलना चाहिए, यह भी नहीं सीख सका। हम सबकी ओर से उस छोकरे को बकवास के लिए क्षमा करें मिस श्रीवास्तव।"

"क्षमा कैसी?" उन्हें विदा देती सुमन बड़ी स्वाभाविकता से मुस्करा उठी थी, "उसे भला कौन नहीं जानता?" ठीक ही तो कह रही थी वह। किन्तु विरोधी दल के उस बिना ताज़ के बादशाह को न्यौते बिना भी तो किसी सरकारी पंगत की कुशल नहीं थी। वह क्या इतना नगण्य था कि उसे वह न बुलाती? कौन-सा विधेयक संसद के समक्ष विचाराधीन है, एसेम्बली में पूछे गए किस नंगे प्रश्न की आतिशबाज़ी विरोधी को झुलसा सकती है, वह सब जानता था। फिर वह दल बदलने में शायद अपनी कमीज़ बदलने से भी कम समय लेता था, इसी से उसका मूल्य इधर अचानक बढ़ गया था। अपने ज़मींदार प्रासाद में वह एकदम अकेला रहता था। पास ही उसका विराट् फार्म था और कुछ लोगों का तो कहना था कि उसका वही फार्म जिले के दस्युदल का भिंड-मुरैना है। एक बार उसने जिले के उच्च अधिकारियों को सहभोज पर निमन्त्रित किया, तो सुमन उसके प्रासाद का वैभव देखकर चकरा गई थी। किसी रियासती महल-सा ही दरबार हॉल अपने आदमकद आईनों में अतिथियों को उनके शत-शत प्रतिबिम्ब दिखाकर सहमा गया। बहुत ऊँची दीवारों पर टँगी ज़मींदार वंश के पुरखों की सुनहले चौखटों में मढ़ी तसवीरें, बीच-बीच में लगे क्रूर आदमखोरों की तीखी तनी सुनहली मूँछें, बारहसिंगों के दर्जनों मुंड और उन सबके बीच जड़ा एक विराट् अरना भैंसे का महिषासुर-सा मुख! सुमन उन्हें बार-बार देखती जा रही थी कि वह हँस-हँसकर उसे एक-एक का इतिहास बतलाने लगा था, "यह मैंने फलाँ जंगल में मारा था, और यह फलाँ जंगल में। असल में शिकार ही मेरी एकमात्र हॉबी है। कभी चलिए ना आप?" सुमन ने हँसकर बात टाल दी थी। शिकार को, और वह भी उसके साथ! उस भोज के पश्चात उस उद्दंड युवक ने दो-तीन बार और भी सुमन की ओर मैत्री का हाथ बढ़ाया था, किन्तु पाँच वर्ष की नौकरी ने सुमन को बहुत कुछ सिखा दिया था। बचपन में पढ़ी 'कम इन टू माय पार्लर' कविता का अर्थ वह अब समझती थी, किन्तु इतने दिनों की तटस्थता से बना उसका गाम्भीर्य दुर्ग आज सहसा ढेर हो गया था। निश्चय ही आज गोष्ठी के सदस्य अपनी-अपनी पत्नियों से हँस-हँसकर बतला रहे होंगे कि बिना नाड़े का पाज़ामा हाथ में समेटे कैसे वह सेठ सुमन के बंगले में चला आया था। क्या वह मूर्ख आने से पहले, कहीं से एक नाड़ा नहीं जुटा पाया था? और भला पुलिस स्टेशन न जाकर, वहाँ आया

ही क्यों? अपमान की वेदना से स्याह पड़ गए चेहरे को उसने दर्पण में देखा और स्वयं ही आँखें डबडबा आईं।

कभी-कभी उसे लगता था, जैसे इतने बड़े संसार में वह एकदम अकेली है। मौसी की सीख, उसे ऐसे ही क्षणों में रुला जाती। आत्मीयों में अब एक वही तो रह गई थीं। पिछली बार आईं, तो कितनी गिड़गिड़ाई थीं, "सुमन, इस बार तेरे लिए हीरा लड़का ढूँढ़कर लाई हूँ। है दुहेजू, पर लाखों का बिज़नेस करता है। आरा के समृद्ध कायस्थ परिवार का इकलौता बेटा है।"

"क्या कहती हो मौसी, अब? बूढ़े तोते को राम-राम पढ़वाओगी क्या? जानती हो, मैं कितने साल की हूँ?"

"कौन कहता है, तू बूढ़ी है? कोई उन्नीस से ज़्यादा की बता दे तुझे तो अपनी नाक कटा लूँ?"

"अरे मौसी, मेरी कलक्टरी?" वह हँसती-हँसती जान-बूझकर उन्हें छेड़ने लगी थी।

"अरी भाड़ में जाए तेरी कलक्टरी! हम औरतों की ज़िन्दगी एक रेलगाड़ी है बिटिया! समय रहते ही जिसने रिजर्वेशन करवा लिया, वह तो आराम से पैर फैलाए यात्रा कर लेगी, और जो तुझ जैसी धींगड़ी ठीक गाड़ी छूटने पर पहुँची, उसे स्टेशन छोड़ती गाड़ी के किसी भी डिब्बे में घुसपैठ करनी होगी। सेकंड, थर्ड का जो भी डिब्बा हाथ लगे, हो सकता है, बैठने की भी जगह न मिले। खड़ी-खड़ी ही सफर कब तक करेगी सुमन?" मौसी ने बड़े लाड़ से उसकी पीठ पर हाथ फेरा था, "ऐ कैसी लड़की थी तू, छूने से भी मैली लगती थी। अब मुए मर्दों के साथ काम करते-करते क्या गत बना ली है अपनी! कुदरत से लड़ेगी तो मुँह की खाएगी, समझी?"

पर कहाँ समझी थी सुमन? केवल अपना व्यर्थ प्रतिशोध लेने ही तो उसने उन्हें ठुकरा दिया था, पर क्या बिगाड़ पाई उनका? पुरुष चाहे काना हो, लूला या लँगड़ा, अपने किसी क्षतिग्रस्त अंग के कारण कभी कुँआरा रह सकता है? उनमें से कौन आज तक कुँआरा बैठा होगा?

उस दिन सुमन, नित्य की भाँति, न घूमने ही गई, न चश्मा चढ़ाकर उसने नीरस फाइलों का ही अवलोकन किया। दूसरे दिन भी उसने छुट्टी ले ली। तीसरे दिन स्वयं उसे ही उसकी अकर्मण्यता उकसा गई। बहुत दिनों से एक तहसील का दौरा अधूरा पड़ा था, क्यों न उसे निबटा ले? कई बार उसे उस तहसील की कुव्यवस्था-सम्बन्धी गुमनाम पत्र आ चुके थे। नित्य वह सरकारी गाड़ी पर ही दौरे पर निकलती थी। साथ में रहती थी पूरी सरकारी कुमुक– स्टेनो, अर्दली और एक-आध मुसाहिब। उस तहसील का मार्ग बीहड़-दुर्गम होने पर भी सुमन को बेहद पसन्द था। आज वह अपनी गाड़ी लेकर अकेली ही जाएगी। अचानक पहुँचकर ही अकर्मण्य तहसीलदार को पुरुषोचित क्रोध से झकझोरना होगा। वह दौरे पर जा रही है, कल शाम तक लौटेगी, यह किसी और से न कहे, यह सब हिदायतें अपने नौकर को देकर वह चली तो प्रगल्भ सन्ध्या का अवसान भी नहीं हुआ था।

हलकी हवा से सुमन के कटे केश फहराने लगे और उसने गाड़ी रोककर स्कार्फ बाँध लिया। साड़ी वह बहुत कम पहनती थी। जीन्स या फिर बेलबॉटम। आज तंग काले जीन्स पर था गहरा नारंगी कुरता, कंठ में थी रुद्राक्ष की माला और चेहरे से भी बड़ा गोगो चश्मा। कौन कहेगा यह जिलाधीश्वरी है! लगता था, किसी व्यवसायी योगिराज की विदेशी चेली चली जा रही है। सुहावने

मार्ग की अनोखी बेलबूटाकारी को वह आँखों ही आँखों में पीती चली जा रही थी, गंगा की लहरों का सामीप्य, दूसरी ओर फैले लहलहाते हरे खेत और खेत के कुँओं पर बारी-बारी से एक-दूसरे पर लुढ़कती जल की फुहारें, बरसाती रहट में बँधी मिट्टी की हाँडियाँ। निगोड़े रणधीरसिंह का फार्म भी तो कहीं इसी मार्ग में पड़ता था और इन्हीं कुँओं से किसी एक में मिली थी भीखू कोली की जवान बेटी की लाश! अचानक एक धक्के के साथ सुमन की गाड़ी रुक गई। बार-बार चलाए जाने पर भी गाड़ी अचल खड़ी रही तो वह नीचे उतरी। ऐसा तो पहले कभी नहीं हुआ था, एक-दो बार परिक्रमा कर उसने अनाड़ी हाथों से गाड़ी के अंजर-पंजर ठकठका लिए, किन्तु नाड़ी हाथ में नहीं आई।

दिन डूबने लगा था। एक ओर था तीव्र धारा में बहती गंगा का चौड़ा पाट और दूसरी ओर थी गहन वन की हृदय-भेदी निःसीम शून्यता। एक ही उपाय था, गाड़ी वहीं छोड़कर पैदल ही अब उसे किसी बस्ती का सन्धान करना होगा। जेब की रिवाल्वर को हाथ से छूकर वह आश्वस्त हो चलने को मुड़ी ही थी कि उस अरण्य में घुँघरू-से खनके। वह जंगली खरही-सी ही चौकन्नी होकर सुनने लगी। निश्चय ही उसके कान बज रहे थे। इस जंगल में भला घुँघरू कैसे बज सकते थे। उसने फिर कदम उठाया ही था कि घुँघरू का स्वर स्पष्ट हो उठा। एक धीमी-सी रोशनी टिमटिमाई और उसने देखा, घुँघरू छमछमाता एक इक्का चला आ रहा है। अधलेटा गाड़ीवान बड़ी अलमस्ती से गाता चला आ रहा था। सुमन अब तक अकेली खड़ी होकर भयभीत नहीं हुई थी। इस मस्त गाड़ीवान के उल्लसित कंठ-स्वर से काँप उठी। गाड़ीवान ने सिर और गर्दन को शायद किसी कपड़े से लपेट लिया था। यही नहीं, होंठों को भी सौराष्ट्र के बहारवटियों के अन्दाज़ से लपेट, वह और भी भयावह बन गया था। गाड़ी को देखते ही उसने लगाम खींचकर इक्का रोक दिया। पहले शायद वह सुमन को देख नहीं पाया, फिर पहचानते ही उसने चेहरे पर बँधा कपड़ा खोल दिया।

"अरे बाप, यहाँ इतनी रात को क्या कर रही हैं? ड्राइवर नहीं है क्या?"

उस निर्जन वन में रणधीरसिंह को देखकर सुमन उतनी आश्वस्त नहीं हुई, जितना एक परिचित चेहरे को देखकर होना चाहिए था।

"नहीं, सत्रह ही मील तो जाना था। सोचा था, घंटे-भर में ही जाकर लौट भी आऊँगी, पर पता नहीं गाड़ी को क्या हो गया..." सुमन फिर झुक-झुककर इंजन को ऐसे देखने लगी, जैसे कह रही हो—मैं ठीक कर लूँगी, आप अपना रास्ता नापें।

"सुनिए," रणधीरसिंह ने गाड़ी पर झुकी सुमन को अपने कड़े स्वर से चौंका दिया, "मेरी हवेली पास ही है, आप गाड़ी यहीं छोड़ दें और मेरे साथ घर चलें। वहाँ से मैं आपको अपनी गाड़ी में छोड़ आऊँगा। चलिए, अब यहाँ रुकना ठीक नहीं है; पर ऐसी बीहड़ बस्ती में आप अकेली चली कैसे आईं?"

सुमन ने बड़ी ही अनिच्छा से पर्स निकाला। गाड़ी को लॉक किया और सिर झुकाए उसके साथ चलने लगी। कुछ दूर जाकर न जाने क्या सोचकर उसका रहस्यमय साथी रुक गया।

"ओफ, कैसा मूर्ख हूँ मैं।" उसने हँसकर कहा, "आप ज़रा रुकें मिस श्रीवास्तव, मैं इक्का ले आऊँ।"

एक अस्पष्ट संशय में उलझी सुमन खड़ी हो गई। अभी तो कह रहा था, "मेरी हवेली पास ही है।" फिर इक्का लाने की क्या सूझी? वह इक्का लेकर आया और उसके पास ही रुक गया।

"आइए, चढ़ पाएँगी क्या?" हँसकर उसने पूछा। शायद सुमन के शरीर से ही लग रही जीन्स के कठोर बन्धन को देखते ही वह समझ गया कि वह चढ़ नहीं पाएगी।

"रुकिए," कह वह धम्म से नीचे कूदा और लपककर उसे गोद में उठाकर इक्के पर बिठा दिया, फिर स्वयं एक छलाँग लगाकर उसने लगाम थाम ली।

पल-भर को सुमन को लगा कि पंख लगाकर इक्का हवा में तैरता चला जा रहा है। कई बार तो उसने होंठ काटकर चीख रोक ली।

"मैंने बड़े शौक से बनवाया है यह इक्का, मिस श्रीवास्तव!" अलमस्त चालक कहता जा रहा था, "नित्य अपने हाथ से पालिश करता हूँ और घोड़ा कलकत्ते के रेस कोर्स से अनफिट हो गया था, ज़रा-सी चोट खा गया था। मैं इसी से अब अपने रेस कोर्स में दौड़ाता हूँ। क्यों बेटा पवन, है ना? वहाँ इसका नाम था 'ऐरो'। जीतने पर, एक-से-एक सुन्दरी मेम साहब लोग इसे गलबहियों से घेरकर तस्वीरें उतरवाती थीं। इसी से बहुत दिनों बाद एक सुन्दरी मेम साहब पाकर कैसा भरपेट भागा जा रहा है। आदत से लाचार है रसिया! देखिए ना, आपकी फिएट भी इसके सामने हार गई।"

पवन सचमुच ही पवन बना चला जा रहा था। कई बार ऊबड़खाबड़ सड़क के कंकड़ों पर फिसलता इक्का ऐसे झनझना उठता, लगता, अभी-अभी सवारी समेत औंधा होकर लुढ़क जाएगा। वह बार-बार चालक की पीठ पर विवशता से लुढ़क जाती और कन्धे पकड़ लेती।

"कसकर मेरी पीठ पकड़ लीजिए मिस श्रीवास्तव, ये पवन है बड़े नक्शेबाज़! जब तक चाबुक मार-मारकर तेज़ न भगाए जाएँ, काबू में नहीं आते।" और वह तड़ातड़-तड़ातड़ चाबुक लपलपाता, इक्के की गति को और भी तीव्र कर देता। लगता था, उस भयावह यात्रा का कभी अन्त ही नहीं होगा। न कहीं एक बस्ती थी, न किसी दीये का प्रकाश। दो बजे रात को भला किस घर में दीया टिमटिमा सकता था! अचानक लगाम खींचकर चालक ने इक्का रोक दिया। सुमन भयत्रस्त दृष्टि से इधर-उधर देखने लगी। यह तो उससे भी गहन वन की गहराई में डूबने लगी थी। वह सोचती ही रही, उतरूँ या बैठी रहूँ! मुस्कराकर रणधीरसिंह उसके पास आकर खड़ा हो गया, "क्यों, उतरेंगी नहीं क्या?" बिना उसके उत्तर की प्रतीक्षा किए ही उसने एक बार फिर उसे कागज के फूल-सा ही फक से उठा लिया।

पर इस बार उसने उसे ज़मीन पर नहीं उतारा। पुरुष के पसीने की अजनबी गन्ध के अनभ्यस्त नथुनों का कौमार्य सहम उठा। यह उसी के मन का वहम था, या सचमुच ही वह दुःसाहसी मतवाला गाड़ीवान उसे अपने से चिपटाए चला जा रहा था! न चाहने पर भी कलेजे की धड़कन नन्हे उभार को छेदती दूसरे कलेजे पर बजने लगी, जैसे जेब-घड़ी हो। वह दोनों पैर छटपटाकर नीचे उतरने की चेष्टा करने लगी।

"आहा, क्यों नीचे उतरने की कोशिश कर रही हैं? यह रास्ता गोखरू काँटों से पटा पड़ा है और आपके पैरों में हैं चप्पल। एक भी गड़ गया तो महीनों खाट पर पड़ी रहेंगी। लीजिए, पहुँच गए हम।" उसने सुमन को नीचे उतार दिया और पसीना पोंछने लगा।

"बाप रे बाप, देखने में तो आप एकदम हलकी-फुलकी लगती थीं, पर वजन अच्छा-ख़ासा है, क्यों?" वह हँस-हँसकर कहने लगा।

सुमन की दोनों हथेलियाँ पसीने से तर थीं और गला बुरी तरह सूख गया था। कैसी बस्ती थी यह और कहाँ थी उसकी हवेली! अँधेरे में हाथ को हाथ नहीं सूझ रहा था। काँपते

हाथ को उसने जीन्स की जेब में डाला और उसे लगा, वह गिर पड़ेगी। जेब खाली थी। तब क्या किसी जेबकतरे की दक्षता से ही उसने रिवाल्वर पार कर ली थी?

"क्यों मिस श्रीवास्तव, क्या बात है, कुछ गिर गया क्या? देखूँ..." कहता वह अपना खुरदुरा कपोल एकदम सुमन के चेहरे के पास ले आया। सिहरकर वह पीछे हटी और छत्र-से छाए एक भीम वटवृक्ष की जटाओं में उलझकर रह गई।

उसने पहले उसकी नन्ही घड़ी टटोलकर उतार ली फिर वह हृदयहीन दस्यु उसके कंठ में पड़ी पतली चेन को जान-बूझकर ही बड़ी विलम्बित गति से ऐसे खोलने लगा, जैसे उसके कंठ में पुष्पहार पहना रहा हो। सुमन प्रस्तर मूर्ति-सी अचल खड़ी थी। घटनाओं का आकस्मिक तनाव कुहरे-सा ही उसकी चेतना पर छा गया। उसके शरीर से उठती मादक सुगन्ध से सहसा वह जंगली मुग्ध होकर झूम गया।

"वाह-वाह, क्या बढ़िया खुशबू लगाई है, कलक्टर साहिबा! इसी में तो एक-एक कर आपकी तहसीलें डूब रही हैं।"

"चुप करो!" क्रोध से सुमन की चेतना जाग्रत होकर फुफकार उठी। "सब ले चुके हो, अब कुछ नहीं है मेरे पास। इस बटुए में चालीस रुपये हैं, इन्हें भी लो और..." सहसा वह टूट पड़ी और बटुआ उसके मुँह पर ज़ोर से पटककर सिसकने लगी।

"झूठ बोल रही हैं आप, अभी बहुत कुछ है आपके पास। आप क्या सोचती हैं, तीन तोले की चेन और दो रत्ती की घड़ी लूटने के लिए ही आपको गोदी में इतनी दूर लेकर आया हूँ? ऐसा मूर्ख नहीं है रणधीरसिंह। बंगाल के जोतदारों का रक्त है मेरी शिराओं में मिस श्रीवास्तव! आप शायद नहीं जानतीं, मेरी माँ का मायका था मुर्शिदाबाद, सुन रही हैं?"

इस बार उसने सुमन को एक झटके से खींचकर छाती से लगा लिया। एक पल को सुमन बुत-सी खड़ी रही, फिर दूसरे ही क्षण उस तीक्ष्णनखा साहसी लड़की ने उसे नोच-नोचकर दूर धकेल दिया। न जाने कहाँ से इन दुबली-पतली बाँहों में किसी छिपी गुप्ती की-सी ही तीखी धार उभर आई थी! किन्तु शत्रु अजेय था। उसके लौहपाश से वह मुक्ति नहीं पा सकी। उस निर्जन वनस्थली में खड़े दैत्याकार वृक्षों से टकरा-टकराकर उसकी विवश सिसकियाँ उसी तक लौट आईं। आज तक पुरुषों के कन्धे से कन्धा मिलाकर प्रत्येक क्षेत्र में अपनी मौलिक प्रतिभा, साहस और सूझबूझ से वह धड़ाधड़ आगे बढ़ती चली गई थी। उस वीरांगना का गर्वोन्नत मस्तक आज पहली बार नारीत्व की सीमा-प्राचीर से टकराकर चूर-चूर हो गया था। वह यदि पुरुष होती, तो क्या उसके इतने दिनों की एकाग्र कौमार्य-साधना एक ही अभिशप्त रात्रि की करवट के साथ ऐसे व्यर्थ हो उठती? बहुत होता तो उसे लूट-पाटकर यह दस्यु उसके प्राण ही तो लेता, किन्तु उसे तो—वह प्राण न लेकर भी आज निष्प्राण छोड़ गया था। विषम परिस्थिति की वास्तविकता उसे एक बार फिर बौरा गई। नारंगी कुर्त्ते की बाँह फट-नुचकर कुहनी तक लटक आई थी। यत्न से सेट किए केश, जैसे किसी ने टीज कर पूरे चेहरे पर फैला दिए थे।

"सुमन!" अचानक उसकी धृष्ट पुकार सुनकर वह जैसे आकाश से गिरी। रेशमी पलकों के आँसू अभी सूखे भी नहीं थे।

"क्षमा करना, तुम्हें नाम लेकर ही पुकार रहा हूँ। तुम्हारे ओहदे का कोई महत्त्व नहीं रहा अब। है ना? जब तुम्हें पहली बार देखा, तभी मैंने प्रण कर लिया था, एक-न-एक दिन..." वह अपना मुँहजोर वाक्य पूरा भी नहीं कर पाया था कि सुमन ने अपना मृणाल-दंड-सा कोमल हाथ, वज्र बनाकर उसके गाल पर घुमा दिया। हवा में घूम गई किसी बेंत की पतली छड़ी-सी

ही सड़ाक से रणधीरसिंह पल-भर को तिलमिला गया, फिर उसने उसी हाथ को जबर्दस्ती खींचकर होंठों से लगा लिया।

"ऐसे तिलमिलाने से कुछ नहीं होगा सुमन! कौन जीता है और कौन हारा है, यह भी क्या अब मुझे ही बतलाना होगा? पर तुम्हें विश्वास दिलाता हूँ जिलाधीश्वरी, आज की यह मीठी स्मृति केवल हम दोनों की ही धरोहर रहेगी, साक्षी रहेगा यह उदार अश्वत्थ।" फिर वह छटपटाती सुमन को अपनी चौड़ी छाती से चिपटाए थोड़ी ही देर में तृप्त खर्राटे भरने लगा। चेष्टा करने पर भी सुमन फिर बन्धन-मुक्त नहीं हो पाई। एक करवट लेकर उसका भयावह सहचर पलटा, तो वह छिटककर उठ गई।

नवोदित सूर्य की पांडुवर्ण किरणों का जाल वनवनान्तर चीरता उस अरण्य को रँग गया। वटवृक्ष की मौन शाखा-प्रशाखाएँ पक्षी-रव से मुखरित हो उठीं।

"क्या बढ़िया नींद आई! मैं तो भूल ही गया था कि तुम भी मेरे साथ सोई हो।"

वह हँसा। ओह, उस कुटिल कामी की हँसी कैसी स्वच्छ और निर्दोष थी! "मैं तुम्हारे पास नहीं सोई थी।" क्रुद्ध स्वर में फुफकारती सुमन और दो कदम पीछे हट गई।

"ओह, तब क्या बरगद की जटा पकड़कर लटकी थीं अब तक?" वह फिर हँसकर सिगरेट सुलगाने लगा, "देखो ना, मेरा कुर्त्ता अभी भी तुम्हारे आँसुओं से भीगा है।" अपने मलमल़ के कुर्त्ते को उसने सामान्य रूप से उठाकर दिखाया, और खुले बटनों के बीच उस लोमश छाती को देखकर सुमन फिर काँप गई।

"लगता है, बहुत नाराज़ हो, क्यों? चलो-चलो, तुम्हारी तहसील तक पहुँचा दूँ। कह देंगे, रास्ते में कलक्टर साहिबा की गाड़ी खराब हो गई थी। वह तो अच्छा हुआ, फार्म से गल्ला ट्रक पर लदवाकर मैं लौट रहा था।" वह फिर बड़े उल्लसित स्वर में सीटी बजाने लगा। चलते-चलते वह अचानक मुड़ा, उसके पीछे सिर झुकाए किसी मन्त्रपूत डोरी में बँधी-सी सुमन चली जा रही थी।

"सुमन," खिलवाड़ कर रहे आनन्दी चेहरे की एक-एक रेखा सहसा बदल गई। पलटकर उसने सुमन के दोनों हाथ थामे, तो पकड़ में रात्रि की कठोरता नहीं थी, जैसे उसे फूल की छड़ी से छू रहा था वह।

"भीखू कोली की हत्या में मेरे दल का हाथ नहीं था। कहीं तुम यह मत सोचना कि मैं इन जंगलों में यही सब करता फिरता हूँ। तुम्हें विश्वास दिलाता हूँ सुमन, किसी नारी का स्पर्श भी मैंने आज तक नहीं किया था। मैंने तुम्हें जो घर पहुँचाने का आश्वासन दिया था, उसके पीछे किसी छल-कपट का पाखंड नहीं था; पर..."

वह टिटनेस की रोगिणी की ही भाँति ऐंठी सुमन के बिखरे बालों पर हाथ फेरकर एक क्षण चुप रह गया।

"तुम्हारी उदासीनता ने ही मुझे ढीठ बना दिया था। मीटिंग होती, तो तुम जान-बूझकर ही मुझे अपनी तटस्थता से पागल बना देतीं, किन्तु तुम्हारे खोखले अभिनय को मैंने पकड़ लिया था। कई बार तुम्हारी लुका-छिपी में मुग्ध दृष्टि का मूक आह्वान मैं पा चुका था। सच कहो सुमन!" उसने सुमन के दोनों कंधे पकड़ लिए और झुकी पलकों पर अपनी तीक्ष्ण दृष्टि निबद्ध कर दी। सुमन जैसे प्रखर सूर्य की किरणों के तेज के सम्मुख आँख नहीं उठा पा रही थी।

"कैसी विचित्र थी तुम्हारी सज्जा!" वह स्वयं ही बोलता चला जा रहा था। "कभी काँसे-सी चमकती अर्धनग्न पीठ का बड़े औदार्य से प्रदर्शन कर रहा तुम्हारा ब्लाउज़ और कभी किसी

छोकरे के-से ढीले कुर्ते की मेखला में लुका-छिपी खेलता और भी रहस्यमय बन गया तुम्हारा यौवन! क्या तुम जान-बूझकर स्वयं ही दुर्भाग्य को नहीं न्यौत गई थीं?''

सुमन के स्वाभाविक रूप से सफेद पड़ गए चेहरे को देखकर उसने एकाएक गिरगिटी रंग बदल लिया। सहमी सहचरी को अब उसने चिबुक उठाकर, गुदगुदाने की व्यर्थ चेष्टा की, ''कोई मनहूस-सी मेट्रनवाली साड़ी-वाड़ी पहनकर दफ्तर में बैठी होतीं तो शायद यह सब नहीं होता। मैंने ऐसी-ऐसी मर्दानी औरतें देखी हैं, जो अफसर बनते ही अपनी बलवती इच्छाशक्ति से मूँछें तक उगा लेती हैं। तुम्हारी कसम सुमन, एक ठुड्डी पर तो मैंने दाढ़ी भी देखी थी। छियालीस इंच सीना और ऐसी चौड़ी हथेली कि तमाचा मारे तो बत्तीसी बाहर! पर तुम तो केवल नाम की ही अफसरी हथिया सकी हो, क्यों?''

सुमन चुपचाप खड़ी रही।

''लेट अस पार्ट फ्रेंड्स।'' उसने फिर हँसकर अपना हाथ सुमन की ओर बढ़ा दिया, किन्तु उसके मैत्रीपूर्ण आह्वान को व्यर्थ कर सुमन अपने कुर्ते की ऊँची बाँह को यत्न से सँभालती आगे बढ़ गई। इक्के को उसके बँगले से पहले ही रोककर वह उसे उतार गया। बिना उसकी ओर एक बार भी देखे, वह तेजी से निकल गई।

बँगले पर पहुँची तो मानबहादुर अचानक लौट आई स्वामिनी को देखकर घबरा गया। माली की किशोरी सलोनी पुत्री को वह अपनी मेम साहब के कॉफी के मग में हँस-हँसकर झागदार कॉफी पिला रहा था।

हड़बड़ाकर मालिक नन्दिता उठ गई। सुमन ने कठोर दृष्टि से दोनों को देखा और कमरे में चली गई। जहाँ देखो, वहीं प्रकृति की यह हृदयहीन ठिठोली! कनपटी पर अभी भी शिराएँ जैसे पटापट हथौड़ियाँ चला रही थीं। गुसलखाने में घुसकर उसने पूरा शॉवर खोल दिया और घंटों नहाती रही। मान-बहादुर, सहमे स्वर में बन्द दरवाज़े से ही, दो बार चाय के लिए पूछकर लौट गया। नहाकर निकली, तो उसने यूडीकोलोन की आधी शीशी शरीर पर उलट ली, किन्तु अजेय पुरुष-परिमल शिकारी ग्रेहाउंड-सी ही उसका पीछा कर रही थी।

रात-भर का अस्वाभाविक तनाव किसी दुःस्वप्न के कुहरे की धुन्ध से उसे घेर गया। अलमारी में धरी एस्प्रिन खाने की उसे महीने में एक-आध ही दिन आवश्यकता पड़ती थी, वह भी एकमात्र एक गोली। आज तीन-तीन गोलियाँ घुटकने पर भी सिर दर्द से फटा जा रहा था और चेहरे की तमतमाहट। वह तो जैसे मज्जा में रिसकर रह गई थी। मानबहादुर डरते-डरते चाय की ट्रे लगा गया।

चाय पीकर उसने अपने अर्दली को बुलवा भेजा तो मानबहादुर सहमा। निश्चय ही अब मेम साहब उसे कान पकड़कर बँगले से बाहर करने अर्दली को बुलवा रही थीं। किन्तु सुमन ने ठंडे स्वर में उसे अर्दली के साथ जीप लेकर अपनी गाड़ी ले आने का आदेश दिया और कहा, ''आज मेरी तबीयत ठीक नहीं है बहादुर, मैं खाना नहीं खाऊँगी।''

जाने के पहले बहादुर बड़े सलीके से फाइलों का अम्बार उसकी मेज़ पर लगाकर धर गया था। दौरे से लौटने पर वह नित्य अपने बेड-रूम में ही दिन-भर का जमा हो गया काम निबटाया करती थी, पर आज उसे स्मृतिविभ्रम हो गया था? क्या वह कभी फाइलें भी देखती होगी?

रात-भर वह बेचैन करवटें बदलती रही। क्या पता वह दुःसाहसी उसे जीवन-भर ब्लैकमेल करता फिरे! जिले का एकमात्र समाचार-पत्र अपने चौंकानेवाले निम्न रुचि के समाचारों के लिए

अत्यन्त लोकप्रिय था। लोगों का कहना था कि रणधीरसिंह ही उस पत्र का संरक्षक है और उसी के माध्यम से जिला शासक-वर्ग पर जब चाहे तब पिच्च से थूक सकता है। क्या पता कल के प्रातःकालीन संस्करण में जिलाधीश के अपहरण का समाचार चूरन-चटनी के साथ परिवेशित हो। फिर गुणी सम्पादक क्या केवल अपहरण का ही समाचार छापकर सन्तुष्ट होगा? सारी रात वह कमरे में चहलकदमी करती रही। थककर चूर हो आरामकुर्सी पर बैठी तो पल-भर को आँखें लग गईं। एक झपकी भी पूरी नहीं हुई थी कि अरण्य का सहचर, अधूरी झपकी के बीच ही बड़े दुःसाहस से हँसता, बाँहें फैलाता, उसकी ओर बढ़ आया। एक दबी चीख के साथ वह उठ बैठी और फिर टहलने लगी।

दूसरे दिन नहा-धोकर ही वह फाइलों में जुट गई। उस दुःस्वप्न को एक दुःस्वप्न की ही व्यर्थता से ग्रहण करना होगा। किसी दुःसह दुःख में भी वह आज तक कभी देर तक मातम नहीं मना सकी थी। पहले उसने फाइलें निबटाईं, फिर आत्मीय स्वजनों को पत्र लिखे, नित्य पंख लगाकर उड़ जानेवाला समय भी आज उसे दुर्दिन के हितैषी मित्र की भाँति छोड़ ही नहीं रहा था। ग्राफ लेकर वह सलाइयाँ खटकाने बैठ गई। इस दुरूह नौरवीजियन नमूने की उलझन में डूबकर उसे फिर कुछ सोचने का अवकाश नहीं रहेगा। किन्तु कैसी भूल थी उसकी! पद-पद पर उसकी चेतना केवल एक ही व्यक्ति के इर्द-गिर्द चक्कर काट रही थी। पत्ता भी खड़कता तो वह भय-विस्फारित दृष्टि से इधर-उधर देखने लगती। क्या पता वह धड़धड़ाता सीधा कमरे में ही चला आए और उसे बाँहों में भर, फिर किसी अभेद्य अरण्य को चीरता दौड़ पड़े!

लज्जा, विवेक, सौजन्य तो वह शायद जन्मते ही घुट्टी में घोलकर पी गया था; पर वह नहीं आया। एक के बाद एक कर सात दिन बीत गए। भय से सहमी सुमन अपना अधूरा दौरा भी पूरा नहीं कर पाई। रात-रात-भर न सो पाने की कालिमा, लाख छिपाए जाने पर भी कुम्हलाए कपोलों पर फैलने लगी। दोनों सुकुमार कन्धों को किसी का अदृश्य हाथ रह-रहकर झकझोर उठता और वह कभी बैठी-बैठी ही चौंककर उठ जाती। सबसे दुःखदायी था स्वप्न में उस व्यक्ति का अनाधिकार प्रवेश! उस कालरात्रि के अवसान के पश्चात एक भी रात ऐसी नहीं बीती थी जब वह उसके स्वप्नलोक में मुस्कराता खड़ा न हो गया हो! और नित्य के उन दुःस्वप्नों की सबसे अविश्वसनीय घटना थी, स्वयं सुमन का स्वभाव के विपरीत निर्लज्ज आचरण। वह बाँहें फैलाता तो वह उनमें स्वेच्छा से सिमटने को व्याकुल हो उठती। वह उसका चिबुक स्पर्श करता, तो वह अपने जन्म-जन्मान्तर के तृषार्त अधरों की याचना स्पष्ट कर देती। यहाँ तक कि वह विदा माँगकर, जाने को तत्पर होता, तो वह घुटने टेककर, चेरी बन, अपनी दीन-हीन विनती चिरौरी से उसका मार्ग अवरुद्ध कर देती। हड़बड़ाकर, वह पसीने से तरबतर, बिस्तरे पर बैठी काँपती रहती। छिः-छिः, क्या हो गया था उसे! जिस व्यक्ति ने किसी गुहा मानव के-से ही अपने प्रणय-निवेदन से उसे झकझोर दिया था, उसका सर्वनाश करने में जो रंचमात्र भी नहीं झिझका था, उसी के प्रति उसकी छलनामयी अमूर्त चेतना पुष्प के किस परागकण में उसके प्रणय का कीट छिपा रह गया?

कई बार उसके जी में आया, वह लम्बी छुट्टी लेकर बम्बई चली जाए। वहाँ तो ऐसे अनेक मनोवैज्ञानिक मसीहा बसते हैं। क्या पता वे उसकी अन्तरात्मा की नाड़ी पकड़कर इस विचित्र रोग का निदान कर ही दें। पर उन पर भी तो उसकी आस्था नहीं थी। स्वयं उसकी चचेरी बहन, एक ऐसे ही प्रसिद्ध मनोवैज्ञानिक चिकित्सक की पत्नी थी और उसे महीने में

पन्द्रह दिन हिस्टीरिया के ऐसे दौरे पड़ते थे कि चिकित्सक जीजा उसे लुक-छिपकर प्रेतात्माओं के किसी प्रसिद्ध चिकित्सालय में झड़वा भी लाए थे।

अपने इस रोग पर उसे स्वयं ही विजय पानी होगी। रात-भर की उनींदी आँखों को अपनी ठंडी हथेलियों से ढककर वह एक दिन लॉन में बैठी थी कि उसकी अनिद्रा का कारण सशरीर उपस्थित हो गया। वह तटस्थ भी नहीं हो पाई थी कि वह स्वयं हँसता-हँसता बड़ी स्वाभाविकता से ऐसे कुर्सी खींचकर जम गया, जैसे बड़े आग्रह से न्यौता गया प्रिय पाहुना हो।

"कहिए मिस श्रीवास्तव, मैंने सुना, सात-आठ दिन से आपकी तबीयत ठीक नहीं है?"

सुमन का चेहरा तमतमा उठा, इससे किसने कह दिया? उसकी अनिद्रा का रहस्य तो केवल उसी तक सीमित था। मन की बात भाँप लेना राजनीति के उस चतुर खिलाड़ी के बाएँ हाथ का खेल था। उसने सुमन के चेहरे की तमतमाहट के बीच भी उसके मूक प्रश्न को पढ़ लिया।

"छोटी-सी जगह है यह," वह फिर दोनों हाथों को अलमस्ती से कुर्सी के पीछे डाल हँस-हँसकर झूला झूलने लगा, "किसके चौके में क्या पक रहा है, यह नथुने मींचते ही सूँघा जा सकता है। केमिस्ट के यहाँ टूथपेस्ट लेने गया, तो देखा, आपका चपरासी वेरामून लिए जा रहा है। आप ही बताइए, वेरामून कोई अपच की औषधि तो है नहीं।"

सुमन ने बड़ी रुखाई से मेज़ पर धरा अख़बार उठा लिया और पढ़ने का अभिनय करने लगी, पर उसके काँपते हाथों को देखनेवाले ने देख लिया था।

"क्यों चिन्ता करती हैं," उसने धीरे-से अख़बार खींच लिया, "जिले का सबसे सतर्क रिपोर्टर आपके चरणों का दास है। उसके रहते इसमें कोई भी ख़बर ऐसी नहीं छप सकती, जिससे आपकी यश-पताका कालिमा-रंजित हो। सुनिए, चाय-कॉफी कुछ नहीं पिलाएँगी क्या? आप जैसे बुद्धिमान अफसर तो हमें सिर-आँखों पर लिए फिरते हैं। आपके आतिथ्य में त्रुटि रही तो फिर शायद प्रेस रिपोर्टर उतना उदार न रहे।" सुमन ने उसकी धृष्ट याचना सुनकर भी अनसुनी कर दी। कोई कसाई भी होता, तो शायद गाय की-सी उन दो बेहद डरी-सहमी आँखों को देख, छुरी लिए स्वयं ही दो डग पीछे हट जाता। वधिक की तेज शिकार-टॉर्च की रोशनी से अन्धे बन गए शिकार ने सधे निशाने का ग्रास बनने को स्वयं ही घुटने टेक दिए थे। न वह उसे डाँटकर भगा सकी, न स्वयं ही वहाँ से उठ पाई।

"बहादुर, जल्दी चाय बनाकर ले आओ।" इस बार रणधीरसिंह ने ऐसे रोबीले स्वर में आदेश दिया, जैसे वह ही गृहस्वामी हो।

"आप तो ऐसे बैठी हैं, जैसे किसी ट्रांस की माध्यम हों। अच्छा, ईमान से बताइए तो ज़रा, क्या सपनों में मुझसे हँस-हँसकर लिपट नहीं जातीं आप? काश, वे सपने सच होते।" सुमन चौंककर उसे देखती ही रह गई। कहता क्या है यह? क्या सचमुच ही यह किसी अघोरी तान्त्रिक का सर्वदर्शी अन्तर्यामी चेला है? अनिद्रा का रहस्य तो मान लिया, इस दवा का सूत्र थामकर मिल गया; किन्तु उसके दुरूह स्वप्नों की पोटली किसने थमा दी थी इसे?

"तब से नित्य मैं ऐसे ही सपने देखता हूँ सुमन," वह एक लम्बी साँस खींचकर कहने लगा, "अब तुम न मुझसे दूर भागती हो, न मेरी बाँहों में छटपटाती हो। तुम्हारा वह मीठा आत्मसमर्पण क्या मेरे सपनों ही तक सीमित रहेगा?"

सुमन अब और कुछ नहीं सुन सकी। बहादुर चाय बनाकर रख गया था। उसके हाथ-पैर ऐसे अवश हो गए कि वह प्यालों में चाय भी नहीं डाल सकी।

यह कैसा विचित्र संयोग था भगवान! क्या क्रूर विधाता भी उन दोनों को स्वप्नों के माध्यम से छलने लगा था? रणधीरसिंह ने ही चाय बनाकर उसे प्याला थमाया और सम्मोहन-सी में बँधी वह चाय पी गई।

"मैं उतना नीच नहीं हूँ सुमन, जितना तुम समझती हो।" वह धीमे स्वर में कहता जा रहा था। "माँ को बचपन में ही खो दिया, पिता ने दूसरा विवाह कर लिया था। न मुझे माँ की ममता मिल पाई, न बाप का दुलार। मेरी कुंठा ने मुझे विद्रोही बना दिया। चाहो तो तुम ही अपने रूप, प्रतिभा और स्वभाव से मुझे..."

"क्षमा करें," उसके मोहक प्रस्ताव को बीच ही में काटकर वह उठ गई। "मुझे एक मीटिंग में जाना है। ठीक दस बजे पहुँचना था और दस बज गए हैं।"

"चलिए, चलिए," वह हँसता-हँसता उसी के साथ खड़ा हो गया। "आप शायद भूल गईं। मैं भी तो उसी की कार्यकारिणी का सदस्य हूँ।"

और फिर तो उस मीटिंग में रणधीरसिंह के प्रश्नों की बौछार ने सुमन को बौखला दिया। वह जो भी प्रस्ताव रखती, वह चट से उसी क्षण उसकी व्यर्थता सिद्ध कर उसे परास्त कर देता।

घर लौटते ही सुमन लम्बी छुट्टी पर जाने का निश्चय ले चुकी थी। यह ठीक था कि ऐसा निश्चय लेकर वह स्वयं अपने बंधुवर्ग के सम्मुख पराजय ग्रहण कर रही थी। जब आठ महीने पूर्व वह इस जिले का कार्य-भार ग्रहण करने आई थी, तो उसके अनेक सहकर्मियों के एकसाथ कई पत्र आए थे। वे कभी स्वयं उस जिले का कठिन शासन-भार सँभाल चुके थे। "यह जिला तो हमारे प्रदेश का 'प्रॉबलम चाइल्ड' है। देख लेना, साल-भर से पहले ही तुम्हें लम्बी छुट्टी पर जाना होगा।" एक मित्र ने लिखा तो गर्वीली सुमन ने तीर-सा उत्तर लिख भेजा था। "निश्चिन्त रहो, मुझे छुट्टी नहीं लेनी पड़ेगी।" किन्तु आज तो उसे स्वेच्छा से ही अपना बोरिया-बिस्तरा लपेटना पड़ा। यह भी सम्भव था कि इस छुट्टी के बीच उसका तबादला हो जाए, पर यदि नहीं हुआ, तब? इस 'तब' का सुमन के पास कोई उत्तर नहीं था। अब उसके लिए एक ही मार्ग खुला रह गया था कि वह मौसी का प्रस्ताव मानकर, उसी दुहेजू के गले में माला डाल दे।

उस दिन उसने नींद की गोलियाँ नहीं खाईं। क्या पता वही गोलियाँ उसे ऐसे ऊलजलूल सपने दिखा रही हों। रेडियो खोलकर वह चुपचाप बिस्तर पर लेट गई। किसी प्रसिद्ध सितारवादक का आलाप और झाला उसे थपकियाँ-सी देता रहा और कई दिनों बाद पहली बार वह गहरी नींद में डूब गई। नींद स्वाभाविक ही थी, किन्तु सपना था अस्वाभाविक। नित्य का दुःस्वप्न नींद में डूबी पलकों पर फिर उतर आया और सुमन हँसती-लजाती उन्हीं बाँहों में सिमट गई। आज उसी रात्रि का वह वनविहारी सहचर सजकर आया था। चेहरे पर लिपटा था बहारवटिया साफा, ढीला मलमल का कुर्ता और खुले बटनों से चौड़ी सिल-सी चमकती छाती। काँपते अधरों पर पतली मूँछों का स्पर्श पाकर सोनेवाली हड़बड़ाकर उठ बैठी। किन्तु यह क्या स्वप्न था? यदि स्वप्न ही था तो क्यों उन बाँहों के लौह कपाट मुँदकर रह गए थे? क्यों वह छटपटाने पर भी मुक्त नहीं हो पा रही थी?

"तुम...तुम कैसे आ गए यहाँ?" सुमन की दृष्टि अपनी मिनी पारदर्शी नाइटी पर पड़ी। वह क्रोध, लज्जा और भय से थर-थर काँप उठी।

“मूर्ख मत बनो, तुम्हीं ने तो मुझे बुलाया था।” वह बिखरे बालों को पीछे हटाता उसके कान के पास अपना चेहरा ले आया।

“मैंने?” पल-पल द्विगुणित हो रहे क्रोध के उफान से पतले होंठ काँप रहे थे।

“हाँ,” उसका स्वर और भी धीमा हो गया, “आज तो सोते ही आ गई थीं, बार-बार मेरा हाथ खींचकर कहती थीं, ‘चलो-चलो, मेरे साथ।’ फिर भला मैं कैसे नहीं आता?”

वह क्षुधातुर होंठ सुमन की नाइटी के पास ले आया तो वह कूदकर नीचे उतर आई।

कैसे आ गया यह परम दुःसाहसी? बाहर दो-दो संगीनधारी तनिक पदचाप का खटका सुनते ‘हॉल्ट-हॉल्ट’ कह नित्य बँगला गुँजा देते थे। आज क्या पूरी गारद ही अफीम खाकर सो गई थी? द्वार पर चिटखनी चढ़ी थी। तब क्या गुसलखाने का नल पकड़कर ही यह चतुर नट कमरे में घुस आया?

“सुमन, अपने को मत छलो। उस रात के बाद क्या अब तुम किसी दूसरे की बन सकती हो? आओ मेरे पास।”

ओफ, उसकी नंगी आँखें कहाँ आकर जड़ गई थीं! हड़बड़ाकर सुमन ने चादर लपेट ली। वह फिर हँसा। “इसी से तो कहता हूँ, साड़ी पहना करो सुमन!”

उस उद्दंड की धृष्ट आँखें यत्न से लपेटी गई चादर की जैसे धज्जियाँ उड़ा रही थीं।

“आओ, सुमन, आओ मेरे पास।” उस सजीले प्रणयी का यह कैसा अपूर्व आह्वान था! काश, यह कदर्य कुत्सित होता! काश, उसकी नाक भोंडी, चपटी और देह थुलथुली होती और काश, वह चीख-चिल्लाकर अपनी गारद को सचेत कर, कह पाती, ‘बन्द कर दो इस गुंडे को हवालात में!’ किन्तु गुंडे के घन-कुंचित केश सलोने चेहरे पर बिखर गए थे। ललाट के घाव से लेकर चिबुक के गढ़े तक पंचशर की तूलिका जादुई रंग की फुहारें छोड़ गई थी। एक छोटे-से जिले का जिलाधीश के सम्मुख, एक प्रणयोन्मत्त हृदय के मंडलाधीश बनने का प्रश्न था। जान-बूझकर ही क्या इस लुभावनी पदोन्नति के सुअवसर को हाथ से निकल जाने दे? इस बार बाँहें उसकी ओर बढ़ीं तो वह स्वयं सिर झुकाए पलंग की पाटी पर बैठ गई।

एक-एक कर फिर तो न जाने कितने दिन बीत गए। नित्य ही गारद की आँखों में धूल झोंकी जाने लगी। चपरासी को अब नींद की गोलियाँ लेने नहीं जाना पड़ता। जिलाधीश के सुशासन का अभयदान पाकर साइकिल-सवार बेधड़क रात-आधी रात इधर-उधर घूमने लगे। छोटे सेठ फिर नाड़े में अपना बैंक-बैलेंस लटकाकर घर आने लगे। किन्तु ऐसा उत्कट प्रेम क्या आज तक कभी छिपाए छिपा है? प्रखर सूर्य की किरणों की भाँति उस अभिनव प्रेम का प्रकाश अन्धों की भी आँखें चौंधियाने लगा। दोनों एकसाथ दो-तीन दिन के लिए बाहर भी घूम आए थे और लौटते ही सुमन मौसी को चिट्ठी लिखने बैठ गई थी। ऐसे महत्त्वपूर्ण पत्रों के पहले कई संस्करण बन-बनकर बिगड़ते हैं। ‘प्रिय मौसी’ लिख-लिखकर उसने तीन-चार पन्ने फाड़ दिए। चौथी बार उसने कलम को साधकर लिखा :

“प्रिय मौसी,

मैंने कल विवाह कर लिया है। चौंको मत मौसी, अभी किसी को पता नहीं है। तुम्हीं हमारी पहली ऐसी आत्मीया हो, जिसे हम यह शुभ समाचार दे रहे हैं। विवाह कचहरी में ही हुआ। किससे हुआ, वह कौन है, यह सब देखने पर ही जान लोगी। इतना तुम्हें विश्वास दिलाती हूँ, न रूप में ठगी गई हूँ, न गुण में। तुमने ठीक ही कहा था मौसी, कुदरत से लड़ेगी तो...”

वह अपना वाक्य पूरा नहीं लिख पाई थी कि उसे लगा, समस्त ब्रह्मांड उसे गोदी में लिए घूम रहा है। छोटी-बड़ी आँतें एकसाथ जैसे किसी नागरदोले में घूमी चली जा रही थीं। अधूरी चिट्ठी-कलम नीचे पटककर महिमामयी जिलाधीश ने दोनों हाथों से सिर थाम लिया और वहीं पर वमन करने लगी।

••

दो बहनें

उन दोनों को एकसाथ बिठा, देर तक देखने पर भी कोई उनके चेहरे-मोहरे में किसी प्रकार का साम्य नहीं पा सकता था।

बड़ी जया, पृथुलवदनी, लम्बी और साँवली थी। उसके सुडौल कन्धे, रोबीले गाम्भीर्य से भिंचे सरस अधर, घनी भौंहें और कुछ ढालू-सी बनावट का ललाट, उसे पहली बार देखनेवाले को सहमा देने की निश्चय ही अपूर्व क्षमता रखता था। उसका भव्य व्यक्तित्व किसी गृह के सिंहासन से दफ्तर की रोबदार कुर्सी पर ही अधिक सुन्दर लग सकता था। उसके कंठ-स्वर में दफ्तर में काम करनेवालियों की-सी पुरुष हुंकार अभी नहीं आई थी। उसमें अभी भी कोमल निषाद की ही मिठास थी। वह इतने धीमे स्वर में बोलती थी कि कभी-कभी उसके होंठों में बुदबुदाते स्वरों को सुनने कान ही सटाकर बैठना होता था। अपनी छोटी बहन की तुलना में वह सचमुच ही फीकी लगती थी; पर उसके चेहरे की भव्यता में सौन्दर्य का नहीं, आत्मबल का तेज था; बुद्धिप्रदीप्त तीखी दृष्टि का आकर्षण हृदय को बाँध लेता था। चेहरे के अनुपात से ही मेल खाते विराट् जूड़े को वह निर्ममता से कसकर एक जाली में बन्द करके रखती थी। गले में एक पतली सोने की हरे जेड-जड़ी चेन और हाथ में स्टील की घड़ी के अतिरिक्त कभी किसी ने उसे कोई आभूषण पहले नहीं देखा। सफेद ब्लाउज़ और मर्दानी कन्नी की साड़ी के श्वेताम्बरी कफ़न में लिपटे अपनी दीदी के अकाल मृत्यु प्राप्त यौवन को देखकर विजया के जी में आता, वह कभी उसे झकझोरकर रख दे। कौन-सी ऐसी बुढ़ा गई हैं? छब्बीसवाँ ही तो लगा इस दिसम्बर में, इस उम्र में तो आजकल की लड़कियों के दूध के दाँत टूटते हैं। पर वह जानती थी कि उसकी तापसी दीदी का यौवन, स्वयं उसी छोटी बहन के लिए किए गए मूर्खतापूर्ण त्याग के घातक कीटाणुओं से घुल-मिलकर दम तोड़ चुका था। अब उसमें जीवन के पुनःस्पन्दन की कोई आशा न थी।

वह कई बार आजमा चुकी थी—न दीदी को खाने में रुचि थी, न पहनने-ओढ़ने में। दोनों बाजार जातीं, परिचित दुकानदार नई-नई डिजाइन के साड़ियों के इन्द्रधनुषी गट्ठर धमाधम पटकने लगता।

आसपास खड़ी महिला-ग्राहिकाओं की आँखों में रस-उदधि हिलोरें लेने लगता।

"हाय, कितना प्यारा रंग है!"

"अडयार की क्या बढ़िया साड़ी है! किनारे का कंट्रास्ट देखो ज़रा, मैं तो आज ही इसे पहनकर यूनिवर्सिटी जाऊँगी।"

विजया अबीरी साड़ी को अपने मेल खाते गालों से लगा उसकी स्निग्धता में आकंठ डूब जाती और कनखियों से उदासीनता से दीदी को देखती, पर उन शान्त भावविहीन आँखों की पुतलियों में ऐसी स्थिरता छाई रहती जैसे काँच की बनी हों।

"हूँ, तेरा तो मन ही नहीं भरता विजी, कितनी साड़ियाँ तो पड़ी हैं!" छोटी बहन को एक सौम्य हँसी के उपालम्भ से छेदते बटुआ खोल वह बिल चुका देती और एक प्रकार से खींचती बाहर ले आती। साड़ी के काउंटर पर से विजया सहज में खिसकना ही नहीं चाहती थी। एक तो उसका रंग ऐसा था कि हलकी गहरी शेड की सस्ती-महँगी, कैसी ही साड़ी क्यों न हो, उसके यौवन दुर्ग पर समरध्वजा बनकर फहराने लगती। उस तनूदारी सुन्दरी ने अपनी लचीली देहयष्टि सँवारने में संयम का बहुत बड़ा मूल्य चुकाया था। घी, दूध, मलाई की चिकनाई का कुपथ्य उसने स्वयं अपने लिए वर्जित कर लिया था। अपने सुडौल अंग के किसी भी लुभावने उभार पर वह अतिरिक्त मज्जा की एक पतली परत भी नहीं चढ़ने देती थी। नित्य नियमपूर्वक अपने को तौलती थी और छटाँक-भर भी वजन बढ़ता तो भोजन लोलुप जिह्वा पर कठोर तोबड़ा कस देती। इसी से उसके चेहरे पर उसके चौबीस वर्षों के बावजूद, किशोरी की-सी लुनाई थी। उबले पालक, कच्चे टमाटर और हड्डियों के सूप ने त्वचा को एक प्रकार से पारदर्शी बना दिया था। आँखों में वन्यहरिणी का-सा भयत्रस्त भाव था, किन्तु मानव हृदय की गहरी जानकारी रखनेवाले अनुभवी जौहरी उन आँखों में एक बार ही झाँकने पर बड़ी सुगमता से जान सकते थे कि हीरा कली है। उसका भोलापन, नाटकीय सरलता और नारीसुलभ लज्जा का एक-एक पाठ वर्षों की लगन और अभ्यास की देन थी। वह जानती थी कि पुरुष को इन्हीं ब्रह्मास्त्रों से पराजित किया जाता है। पिता की मृत्यु के बाद इस मातृहीना छोटी बहन को सँभालने में कभी-कभी जया को दिन में भी तारे दिख गए थे। अपने लिए आए कई वांछनीय रिश्ते उसने केवल इसी छोटी बहन के लिए फेर दिए थे। "मैं चली जाऊँगी तो इसे कौन रखेगा, पापा?" वह कह देती और पापा चुप रह जाते। वह विश्वविद्यालय में मनोविज्ञान की प्राध्यापिका थी और अधिकांश मनोवैज्ञानिकों की भाँति मन-ही-मन मनोविज्ञान का जाल बुनते-बुनते, उसके सलोने चेहरे पर, समय से पूर्व उत्पन्न नवजात शिशु के शरीर की-सी झुर्रियाँ पड़ गई थीं। किसी भी स्त्री या पुरुष को देखते ही उसकी धमनियों में सुप्त युंग और फ्रायड के विचार जाग्रत हो उठते और वह उनकी ज्ञात या अज्ञात कुंठाओं के सहारे, अपनी मनोवैज्ञानिक भृगुसंहिता के पन्ने पलट, उनकी कुंडलियाँ खोजने लगती। कैसी कुटिल हँसी है, कैसी नीच मुद्रा है, कैसा कनखियों से काकदृष्टि के बाण मारता है आदि-आदि। उसके इसी तीक्ष्ण चुनाव के कारण उसी के जीवन में कभी कोई पुरुष नहीं आ पाया। यौवन के सुनहले वर्ष देखते-देखते उसकी फैली हथेली से सरकते गए। उसके पिता की गणना शहर के दबंग वकीलों में की जाती थी। तराई के खूनियों एवं पहाड़ी इलाकों के कुख्यात अपराधियों से उनका वर्षों का यजमानी सम्बन्ध चला आ रहा था। उनकी दबंग वकालती दलीलों का जिरहबख्तर कस वे एक से एक जघन्य अपराध करते निगरगंड हो घूमते रहते। इसी से लोग कहते, पाप की कमाई भी कहीं फलती है! इसी से भगवान ने एक पुत्र भी नहीं दिया पिंडदान करने को! ब्राह्मण का भला इससे बड़ा दुर्भाग्य और क्या हो सकता है! फिर उन धेंगड़ी-सी मातृहीना पुत्रियों का कुमाऊँ के किसी भी संस्कारबद्ध गृह में गुजारा नहीं हो सकता था। बड़ी के सौभ्य स्वभाव की सर्वत्र प्रशंसा थी। "लड़की तो लाखों में एक है, पर रंग ज़रा..." कह अधूरे वाक्य में ही ज़हर उगल परिचित स्त्रियाँ चुप रह जातीं।

साँवले रंग को क्षमादान देने में कुमाऊँ सदा से ही कृपण रहा है। "और छोटी? बाप रे बाप! दहकता अंगार है—रूप में भी, स्वभाव में भी।"

पर दोनों बहनों को अपने समाज की बेरुखी से कोई शिकायत नहीं थी।

जया पठन-पाठन, पूजन-अर्चन में डूबी रहती। विजया के यौवन का पर्याप्त मूलधन अभी उसकी सुन्दर मुट्ठी में बन्द था। आज तक कभी भी ऐसा नहीं हुआ कि राहचलतों ने उसे मुड़कर न देखा हो।

वह चाहे रेशमी साड़ी पहने या वल्कलवसना बनी घूमे, पुरुष की दृष्टि को वह अपने यौवन के चुम्बक से जब चाहे तब खींच सकती थी और सच पूछा जाए तो उसे इसमें आनन्द भी आता था।

पिता की मृत्यु के पश्चात दोनों बहनों ने अपनी पहाड़-यात्रा एक प्रकार से स्थायी रूप से स्थगित कर दी थी। अल्मोड़ा, रानीखेत और नैनीताल की विभिन्न नगरियों में उनकी तीन सर्वथा विभिन्न प्रकृति की बुआएँ ब्याही थीं।

बड़ी से दोनों की पिता के जीवनकाल में ही खटपट हो गई थी। उनके विचार में कुसुमी बुआ हद दर्जे की स्वार्थी और लम्पट महिला थीं। अपने भाई की सुखी गृहस्थी देखकर वे मन-ही-मन जलती-भुनती प्रत्येक जाड़ों में पधार जाती थीं, इसीलिए उनकी इस अनिवार्य यात्रा को बड़े यत्न से संयुक्त मोर्चाबन्दी कर दोनों ने बन्द कर दिया था।

मँझली बुआ की आर्थिक अवस्था भी बड़ी सुविधा की नहीं थी। उनके पति जंगलात के दफ्तर में क्लर्क थे। वकील साहब को इस बहन को भी हर माह कुछ-न-कुछ भेजना होता था, इसी से उन बुआ का पक्ष भी दुर्बल पड़ गया था। प्रत्येक जाड़ों में अपने आठों बच्चों सहित वे तीन महीने की सुदीर्घ छुट्टियाँ बिताने भाई के पास आ जातीं और दोनों मातृहीना भतीजियों पर खूब रोब जमातीं।

''हाय राम, ये कैसी फतोइयाँ पहनती हो तुम लोग! क्या लाज नहीं लगती?''

''क्यों री विजी, इन आठ घटमुटों के पूरी बाँह के स्वेटरों में कितनी ऊन लगेगी? तू तो दिन-रात बुनती रहती है?'' कभी पूछ लेतीं।

''चालीस पाउंड'', विजया उत्तर का चाँटा-सा मार, बड़ी अभद्रता से उठकर बाहर चल देती। इस बुआ को देखकर उसका तन-बदन जल जाता था, उस पर कोहनी से फटा पट्टू का बदबूदार कोट पहन उसके रसिक मँझले फूफा ठीक उसके कान के पास खड़े हो, दनादन हींग-मूली मिश्रित डकारें छोड़ने लगते। यही नहीं, कई बार उन जंगली फूफाजी का ताँगे के घोड़े का-सा हाज़मा, उसे उसकी ठसकेदार सुसंस्कृत सखियों के सामने बुरी तरह अपदस्थ कर देता। पिता की मृत्यु के पश्चात तेरहवीं के दिन ही विजया ने इस दक्ष-कन्या को भी पितृगृह से खदेड़ दिया। जया को अवश्य ही बहन के दुर्व्यवहार से बड़ी ग्लानि हुई थी, ''कभी यह हमारे साथ भी हो सकता है, विजी, आख़िर हैं तो पापा की बहन!'' उसने कहा था।

''चुप करो, दीदी, पापा का रिश्ता उनके साथ गया, और रही हमारी बात, तुम जानती हो, हमारे साथ यह कभी नहीं हो सकता। थैंक गॉड, हमारी बुआ बनने की कोई उम्मीद नहीं है।'' तीसरी और सबसे छोटी बुआ सहज में छोड़नेवाली जीव नहीं थीं। वे जब भी आतीं, कभी भतीजियों की मेम साहबी शिक्षा या रहन-सहन पर फब्तियाँ नहीं कसतीं, न कभी अपनी नीतिशतक ही खोलतीं।

वे जानती थीं कि भाई-भाभी के साथ अपने रक्त के सम्बन्ध में जीवन-पर्यन्त दृढ़ता कायम करने का मूल मन्त्र था, भतीजियों को वश में करना। बड़ों में मन-मुटाव का सूत्रपात प्रायः बच्चों को लेकर ही होता है, इसी से वे जब कभी आतीं, भतीजियों के लिए दो बहुमूल्य

साड़ियाँ अवश्य लातीं। मायके की यात्रा संक्षिप्त रहे, इसका विशेष ध्यान रखतीं और साथ में लाए सामान का वजन कभी भी संदिग्ध रूप से नहीं बढ़ने देतीं।

भाई की मृत्यु के पश्चात वे केवल एक बार आई थीं। बड़ी भतीजी के लिए उन्होंने एक-दो सुपात्र भाई के जीवन-काल में ही जुटा दिए थे, पर भाई ने लिख दिया था, "मैं अपनी बड़ी लड़की के वैरागी स्वभाव को जानता हूँ। वह एक बार ना कह चुकी है तो उसे ब्रह्मवाक्य समझो, चिन्ता तो मुझे छोटी की है। समय आने पर तुम लोग उसी का ख्याल करना, देख-सुनकर बड़े सुपात्र को सौंपना होगा उसे।"

अब समय आ गया था। वह अपनी शिक्षा पूरी कर आई.ए.एस. में बैठने की तैयारी कर रही थी। इसी से छोटी बुआ ने एक सुपात्र का सन्धान देकर जया को पत्र लिखा था :

"तुमने तो अपने पैरों में आप ही कुल्हाड़ी मार ली, ऐसा होनहार पात्र छाँटकर तुम्हें भेजा था, तुम मानीं नहीं। आज बम्बई में दो हज़ार रुपया पैदा कर रहा है।

"तीन साल में तीन बार जुड़वाँ बेटे जनकर मेरी देवरानी की उस चिबिल्ली-सी तीन कौड़ी की बहन तरुली ने उसे छः बेटों का बाप बना दिया है। इसे कहते हैं भाग्य! ख़ैर, अब विजी के लिए एक और हीरा भेज रही हूँ। सत्रह तारीख बुधवार को यहाँ से चल, बृहस्पति को तुमसे मिलने आएगा। मैंने तुम्हारे लिए एक पोटली में बड़ी-मुँगौड़ी और जम्बू भेजा है। असल में पोटली का तो बहाना है। मैं चाहती हूँ, वह विजया को और विजया उसे देख ले। उसे देखकर विजी और विजी को देखकर वह नाहीं कर दे, तो मैं तेरी टाँगों तले छिरक जाऊँगी!

"अब जमाना यही आ गया है मेरी चेलियो (पुत्रियो), लड़के के बाप का नहीं, स्वयं लड़के का टेंटुआ धर दबाना होता है। जानती नहीं—फलाँ पन्तजी की लड़की, फलाँ जोशीजी की कन्या आदि-आदि..." कर बुआ ने कम-से-कम आधी दर्जन ऐसी कुशल कन्याओं की सूची भेजी थी, जिन्होंने केवल प्रणय-अंकुश से ही एक-से-एक मत्त गयन्द-से पात्रों को वश में कर लिया था। पत्र पढ़कर जया ज़ोर से हँस पड़ी थी। कैसी मज़ेदार चिट्ठी लिखती हैं छोटी बुआ! पर विजया भड़क गई थी, "मारो गोली ससुर को, हम न उसे देखेंगे न अपने को दिखाएँगे। मान लो, हजरत ने देखकर कह दिया, हमें लड़की पसन्द नहीं, बस पूरे पहाड़ में ढिंढोरा पिट जाएगा। वहाँ तो ऐसी अफवाहें रुई के फाहों-सी दिन-रात एक पहाड़ से दूसरे पहाड़ तक उड़ती रहती हैं। बड़ी और छोटी बुआ शायद बताशे भी बाँट आएँगी। कल बृहस्पति है, हम सुबह ही कहीं चल देंगे, तुम निबट लेना, कह देना, ऐसी सस्ती हरकतें हमें पसन्द नहीं।"

"पागल हुई है क्या विजया? बुआ ने लिखा है, लड़का आई.ए.एस. है।" जया ने पत्र खोलकर दिखाया।

"हुआ करे," विजया ने बड़ी बेरुखी से कहा, "मैं अपने समाज के इन दम्भी परिन्दों की ऊँची उड़ान को खूब पहचानती हूँ, इसी से तो पर उगा रही हूँ कि एक दिन इन गगनचारियों को पछाड़ दूँ। लड़की सुन्दरी हो, फर्राटे से अंग्रेज़ी बोल सके, नाचे-गाए, गृहस्थी चलाने में न उदार हो न कृपण, न मुखरा हो न गम्भीर। अवसर पड़ने पर सास की भात पकाने की धोती भी धो सके और ससुर का लँगोट भी।"

"ओफ, चुप कर विजी, तुझे कल घर ही पर रहना होगा, हज़ार हो, वह हमारा अतिथि है। पापा घर आए अतिथि का कैसा सत्कार करते थे, क्या भूल गई है तू?"

"पापा को उन अतिथियों से ब्याह करने को तो नहीं कहा जाता था।" वह हाथ का बटुआ हिलाती चली गई तो जया का दिल डूब गया। पुरुषमात्र को देखते ही उसे कँपकँपी छूटने लगती थी, फिर जिस पात्री को देखने वह, उनकी बुआ को बीस एहसानों से लाद, जम्बू की बसाती पोटली का वाहक बनने का अनरोमांटिक प्रस्ताव स्वीकार कर चला आ रहा था, वही घर पर नहीं रहेगी! उस दुर्लभ पात्री को देखने का स्वयं उसका उत्साह भी कुछ कम नहीं रहा होगा, नहीं तो पहाड़ी जम्बू की तेज भभाके-भरी क्लोरोफार्म की पोटली साथ लाने में कोई भी सम्भ्रान्त विवाह योग्य आई.ए.एस. तरुण नाक-भौं अवश्य ही चढ़ाता।

और वह करमजली प्रायः अँगूठा ही दिखाकर यूनिवर्सिटी चली गई थी।

जब लौटी तो जया की लाख दलीलें भी उसे नहीं रोक सकीं। वह चली ही गई। उसके जाते ही फोन की घंटी खनकी और जया काँप गई।

"हो न हो, उसी का फोन होगा।" उसका अनुमान ठीक ही निकला।

"जी हाँ, मैं केशव बोल रहा हूँ। आपकी बुआजी ने कुछ सामान भेजा है, आपको क्या चार बजे सुविधा होगी?"

"जी हाँ, अवश्य!" वह कह तो गई, पर उसे लगा, कहने के साथ ही उसका धड़कता कलेजा भी टेलीफोन के आले से निकल उस व्यक्ति के कान में धँस गया है।

"आप हमारे बँगले को कैसे ढूँढ़ेंगे?" उसने बड़ी चेष्टा से पूछा।

"आप निश्चिन्त रहिए," वह अजनबी टेलीफोन में ही हँसा, "आपकी बुआजी ने पूरा नक्शा खींचकर साथ में दे दिया है, मैं ठीक चार बजे पहुँच जाऊँगा।"

जया यूनिवर्सिटी से लौटी तो तीन बज गए थे, विजया का कहीं पता नहीं था। बहुत पहले एक बार कुत्ते के नवजात पिल्ले की बन्द आँखें ज़बरदस्ती खोलने में पकड़ी गई विजया को उसने कसकर तमाचा मारा था, आज वैसा ही तमाचा जड़ देने को उसकी अंगुलियाँ कुलबुलाने लगीं। बेहया, स्वार्थी छोकरी! अब उसे ढूँढें भी तो कहाँ ढूँढें। मिस जुत्शी के यहाँ? डॉक्टर कुसुम के यहाँ या फिर रशिदा के यहाँ?

खाने-पीने की सामग्री वह साथ में ले आई थी, चाय का पानी चढ़ाकर उसने नत्थू को विजया के सन्धान में भेज दिया। घड़ी देखी, तो आधा घंटा बाकी था, क्यों न अपनी सान्ध्यकालीन पूजा से छुट्टी पा ले! हो सकता है, अतिथि को बिना उसकी बहन को देखे जाना मान्य न हो और वह रुक ही जाए!

सूर्यास्त से पहले ही मन्त्रजाप करने का उसके गुरुदेव का कठोर आदेश था।

कुशासन बिछा, जया गुरुदेव की आदमकद तसवीर के सामने पद्मासन लगा उनके ध्यान में डूब गई।

क्या भव्य रूप था! अलौकिक आभा से दीप्त गुरुदेव की भव्य मूर्ति, नग्न वक्षस्थल को चूमती श्वेत दाढ़ी और परमहंस मुस्कान। जैसे-जैसे वह गहन ध्यानमग्ना उनके ध्यान में डूबती जा रही थी, वैसे-वैसे स्वयं उसका चेहरा एक अनोखी शान्ति से दीप्त होता जा रहा था।

डूबते सूर्य की अन्तिम रश्मि ने उसकी पीठ पर फैले घुँघराले केशों को चूमा और श्वेत सिल्क की साड़ी और गेरुए ब्लाउज़ में उस लावण्यमयी तपस्विनी को देखकर केशव द्वार पर ही ठिठक गया।

कहीं किसी वनिता आश्रम में तो नहीं घुस आया वह!

धूप और लोबान की तीव्र सुगन्ध उसके कंठ में गह्वर बनकर अटक गई। जया की आँखें खुलीं और वह हड़बड़ाकर उठ गई।

"क्षमा कीजिएगा," वह नम्रता से दुहरा हो गया, "मैं शायद बँगला भूल गया हूँ।"

"नहीं," जया हँसी, "आप बँगला नहीं भूले हैं, आपके हाथ की पोटली के जम्बू ने ही आपका परिचय दे दिया है, आप केशव हैं ना? बुआजी की चिट्ठी हमें मिल गई थी, फिर जम्बू साथ में लेकर आनेवाले व्यक्ति के परिचय देने की कोई आवश्यकता नहीं रह जाती।" अपने बड़े साहस से कहे गए वक्तव्य पर उसे स्वयं ही आश्चर्य हो रहा था। आज तक किसी भी पुरुष के सम्मुख वह इतनी मुखरा नहीं बनी थी। लजीली हँसी से वह अपना कथन शेष कर ही पाई थी कि वह आनन्दी युवक हो-हो कर बड़े ज़ोर से हँस उठा।

जया उसे देखकर खिल गई, ठीक उसी की सुन्दरी बहन के लिए जोड़ा बनाकर भेजा था भगवान ने। कितना बचकाना चेहरा था! मोटे फ्रेम के चश्मे के नीचे उसकी गोल-गोल आँखों से अभी उसका कैशोर्य नहीं गया था।

"आप बैठिए, मैं अभी आई।" कह जया उसे गोल कमरे में बिठा चाय का पानी रखने चली गई।

घर में वह अकेली ही थी, नत्थू भी निगोड़ा नहीं लौटा था।

कभी किसी पुरुष से एकान्त सम्भाषण का उसे इसके पूर्व अनुभव नहीं था। जब भी कोई आता, छोटी बहन सर्वदा उसके साथ रहती।

आज मुँहजली उसे ऐसी विचित्र परिस्थिति में छोड़ गई थी। वह होती तो सब सँभाल लेती। जहाँ बड़ी बहन पुरुषों की उपस्थिति में पसीना-पसीना हो जाती, वहीं छोटी का सरस व्यक्तित्व, पुरुषों के बीच अपने स्वाभाविक रूप में उभर आता।

किसी भी पुरुष को देखते ही जया बेमतलब उलटा-सीधा काम करने लगती। कभी उसकी साड़ी का आँचल व्यर्थ ही कमरे की चीजों से उलझता उन्हें गिराता फिरता, कभी हाथ से चम्मच गिर जाता, कभी प्याले की चाय! कभी-कभी तो जाली में कसा जूड़ा ही अकारण उसकी पीठ पर बिखर जाता। छिः-छिः, क्या सोच रहा होगा वह युवक! उसे वह अकेला ही छोड़ आई थी। आँखों में छलके विवशता के आँसू पोंछ वह बड़े साहस से मुस्कराती भीतर गई।

हुआ वही, जो पुरुषों की उपस्थिति में उसके निरीह व्यक्तित्व द्वारा प्रायः हो बैठता था। पहले मेज़ पर धरे काँच के फूलदान को उसके लम्बे आँचल ने लपेटकर धम्म से नीचे गिरा दिया।

बड़े यत्न से सजाए गए पुष्पगुच्छ को ठीक नवागन्तुक के चरणों में चढ़ा ही पाई थी और काँपते होंठों में 'सॉरी' बुदबुदा रही थी कि, जन्म से ही पंगु एक छोटी मेज़ फूलदान उठाने को झुके उसके स्कन्धस्पर्श का बहाना बना, चारों खाने चित हो गई। साथ ही उस पर धरी टेलीफोन की मोटी डाइरेक्टरी, ऐश-ट्रे और खुली पड़ी स्याही-दवात भड़ाभड़-धड़ाधड़ करती ज़मीन पर बिखर गई।

यह सब अभागी विजया की करतूत थी। जाने से पहले उसी ने पेन में स्याही भरी थी और दवात खुली छोड़कर जानेवाली भी अवश्य वही रही होगी।

स्वभाव से ही भीरु और शान्त गाय की-सी बड़ी-बड़ी आँखें लज्जा, परिताप और ग्लानि से धुँधली हो गईं।

“हाय, क्या कर दिया मैंने! आपकी पैंट में भी स्याही के छींटे पड़ गए।”

“अरे, क्यों परेशान होती हैं?” वह हँसमुख युवक जेब से रूमाल निकाल, पैंट के छींटे छुड़ाने लगा। सामान्य से ही छींटे पड़े थे, “यह तो मेरी ट्रेवलिंग की पैंट है।” वह कहने लगा, पर सरला जया भी इतना जानती थी, ट्रेवलिंग की पैंट पहन कोई भी विवाहाकांक्षी तरुण अपनी भावी वधू को देखने नहीं जा सकता। अवश्य ही यह बेचारे का सबसे अच्छा सूट रहा होगा। जया स्याही की दवात खिड़की से फेंकने गई तो देखा, नत्थू सड़क से ही हाथों का सिगनल हिलाता बता रहा था—छोटी बीबी कहीं नहीं मिली!

अवश्य ही छोकरी पिक्चर देखने चली गई होगी। अब अकेली ही निबट लेगी। उसने चटपट चाय का सामान मेज़ पर लगा दिया और केशव को बुलाने आई। “पैंट का तो सत्यानाश कर ही दिया मैंने, आइए, थोड़ी चाय पिलाकर क्षमा माँग लूँ।” कहकर वह हँसी।

केशव उठकर उसके साथ-साथ चलता खाने के कमरे में गया, तो विभिन्न प्लेटों में खाद्य-सामग्री की सज्जा देखकर चकरा गया।

“बाप रे बाप, यह तो अच्छा-खासा भोज दे डाला आपने! क्या जम्बू की पोटली का भाड़ा दे रही हैं? मैंने तो सोचा था, आपसे आज ही एक बहुत बड़ी फरमाइश करूँगा।”

जया का कलेजा बुरी तरह धड़कता, बाहर निकलने को व्याकुल हो उठा। अवश्य ही वह अब कहेगा, ‘आपकी छोटी बहन का हाथ...’

पर नहीं-नहीं, ऐसे सुशील स्वभाव का खानदानी लड़का कभी ऐसी नंगी माँग से उसे अपदस्थ नहीं करेगा।

“क्या?” प्रश्न पूछते ही वह अपनी अस्वाभाविक धृष्टता से स्वयं लाल पड़ गई। “आपके कंठ के माधुर्य की इतनी प्रशंसा सुनी है बुआजी से, सोचा था, जी भरकर गाने सुनूँगा—संगीत मेरी भी दुर्बलता है।” वास्तविक हास्यास्पद स्थिति को समझते ही जया ठठाकर हँस पड़ी।

जो व्यक्ति बहुत कम हँसता है, उसकी स्वाभाविक हँसी का ठहाका कितना प्यारा लगता है। जिसने अस्वाभाविक कठोरता से अपने हृदय के सभी आनन्द-द्वारों पर संयम की अर्गला चढ़ा रखी हो, एक बार द्वार खोलने पर ताज़ी हवा का झोंका उसे ऐसा बेसुध कर देता है कि द्वार बन्द करने का उसे फिर ध्यान ही नहीं रहता। जया बड़ी देर तक हँसती रही, “हाय रे, भगवान, आप क्या मुझे अभी तक बुआ की बताई मेरी छोटी बहन विजया समझे बैठे हैं? गानेवाली, हँसनेवाली, बातूनी वह तो मेरी छोटी बहन है विजया!”

“और आप? आप क्या कभी नहीं हँसतीं?” वह धृष्ट युवक उसकी आँखों में आँखें डालकर पूछ बैठा, तो जया सहमकर पीछे हट गई, उसे जैसे किसी ने चाँटा मार दिया हो। और यह कैसा विद्युत-संचार होने लगा था उसके शरीर में!

कैसी आँखें हैं इसकी! क्या निकट से देखने पर सब पुरुषों की आँखों की पुतलियाँ ऐसी ही स्थिर लगती होंगी?

“मैं गर्म चाय ले आऊँ।” वह उत्तेजना और घबराहट में मेज़ की एक और प्लेट को धराशायी कर धड़ से निकल गई। केशव की नज़रों में कितनी फूहड़ बना दिया था उसने अपने को! अकेले मर्द के साथ ऐसे ही-ही, ठी-ठी क्या यूनिवर्सिटी की प्राध्यापिकाओं को शोभा देता है?

वह चाय लेकर लौटी तो केशव दोनों हाथों से मेज़ पर पियानो-सा बजाता अंगुलियाँ चला रहा था।

"मैं सोच रहा हूँ, सबसे अधिक खर्चा आपका क्रॉकरी का ही होगा—क्यों, है ना?" एक भृकुटि को ऊँचा उठा, होंठों को दाँतों से सामान्य रूप से दबा अपनी नटखट हँसी से प्रश्न को बड़ी दुष्टता से सँवारकर उसने पूछा।

"मैं समझी नहीं!" जया के प्रशस्त ललाट पर दिसम्बर के महीने में भी पसीना झलक उठा।

"जिस रेट से आप दाएँ-बाएँ प्याले, फूलदान, तश्तरियाँ दनदनाती चलती हैं, मानना होगा साहब, ऐसा अचूक निशाना बहुत कम देखने में आता है।"

एक बार फिर संयम की अर्गला शिथिल हो गई।

दोनों के सम्मिलित ठहाके से ठिठककर विजया कब द्वार पर आकर खड़ी ही रह गई, कोई नहीं देख पाया।

यह क्या उसकी दीदी ही हँस रही है? वही दीदी, जो उसके पुरुष मित्रों के बीच उसकी सामान्य हँसी को भी कभी क्षमा नहीं कर सकती थी?

"ओह, तो यही हैं वो हज़रत!"

"क्यों दीदी, कुछ चाय-वाय बची है, हमें भी दो!" बड़े स्वाभाविक ढंग से लम्बी-लम्बी डगें भरती वह मेज़ की ओर बढ़ आई और बड़े अधिकार से, खाली कुर्सी खींच, उस सुदर्शन युवक के ठीक सामने तनकर बैठ गई।

"नमस्कार!" वह हँसी, "किस बात पर हँस रहे थे आप दोनों? दीदी को ऐसे हँसते देख मैं तो प्रायः मूर्च्छित होकर गिर ही पड़ी थी।"

काजू की प्लेट को सामने खींच वह एक-एक काजू ऐसे अपने मुँह में डालने लगी, जैसे अजायबघर के भालू को मूँगफलियाँ खिला रही हो।

"कुछ नहीं, नत्थू तुझे ढूँढ़-ढूँढ़कर हार गया।...यही है मेरी छोटी बहन विजया।" बड़ी ही मधुर हँसी के साथ उसने अपनी छोटी बहन का परिचय दिया।

"इसी के गाने की प्रशंसा बुआजी ने आपसे की थी। तेरा गाना सुनने कब से रुके हैं बेचारे!"

छोटी बहन के पुष्ट व्यक्तित्व का सहारा पाते ही जया की वाक्धारा सहसा मुखरा-प्रखरा वेगवती नदी-सी बन बहने लगी।

"इस वर्ष आई.ए.एस. की तैयारी कर रही है।" उसने फिर उत्साहपूर्ण भूमिका बाँधी, पर उसकी बातों का सिलसिला बार-बार अनाड़ी हाथों से बनाए गए ताश के महल की भाँति टूटता जा रहा था।

छोटी बहन के आते की केशव आवश्यकता से अधिक गम्भीर हो गया था और हठीले जिद्दी अड़ियल घोड़े की भाँति एड़ी टिकाए खड़ा था। बड़ी बहन की रोचक बातों के चाबुक-प्रहार उसे डिगा भी नहीं पा रहे थे।

"चाय लेंगे और?" उसने पूछा।

"नहीं।" उसने प्याला खिसका दिया।

"विजी, चल, भीतर चलें, वहीं गोल कमरे में तेरा गाना सुनेंगे।" उसने छोटी बहन से कहा।

"नहीं, अब मुझे आज्ञा दीजिए, बड़ी देर हो गई है।" वह उठ गया।

जया का चेहरा सफेद पड़ गया। अचानक नाराज़ क्यों हो गया वह?

क्या उससे तश्तरी टूटकर गिर गई थी, इससे? या उसने पहले ही अपना परिचय बड़ी बहन के रूप में नहीं दिया था, इससे? या पैंट को स्याही के छींटों से रँग दिया था, इससे?

अभी तक तो वह इतना हँस-बोल रहा था! वह उठा तो दोनों बहनें उठ गईं। वह सचमुच ही नमस्कार के साथ विदा लेने लगा, तो विजया ने अपने अप्रत्याशित व्यवहार से जया को विस्मय-विमुग्ध कर दिया।

''सुनिए, आप तो अभी तीन-चार दिन रुकेंगे ही, कल दीदी का छब्बीसवाँ जन्मदिन है, आप खाना यहीं खाइए ना!'' निमन्त्रण के साथ ही वह अपनी मोहक हँसी हँसती, उत्तर के लिए उसके सामने खड़ी हो गई।

यही उसका ब्रह्मास्त्र था।

ऐसी धवल मुक्ता-सी हँसी का निमंत्रण भला संसार का कौन पुरुष टाल सकता!

उसने हँसकर निमन्त्रण स्वीकार कर लिया। उसके जाते ही जया ने विजया को बुरी तरह फटकार दिया, ''क्या पड़ी थी तुझे मेरे छब्बीसवें जन्मदिन का ढिंढोरा पीटने की? क्या सोचेगा वह, कौन-सी मेरी सत्रहवीं वर्षगाँठ थी। कोई और बहाना भी तो ढूँढ सकती थी! क्यों क्या बहुत पसंद आ गया तेरे...?''

बड़े लाड़ से छोटी बहन का चेहरा हाथों में भरकर उसने पूछा।

''बस, जैसे भी हो, दीदी, पटाओ बात, हमें बेहद पसन्द है। क्या बैल जैसे कंधे हैं! और कितना गंभीर है! बस, एक ही चिंता है...''

''क्या?'' हँसकर जया ने पूछा।

''बस, यही कि शादी हो गई और स्वेटर बुनना पड़ा तो 140 फंदे डालने पड़ेंगे। कैसी चौड़ी छाती है—एकदम चक्की का पाट!'' जया जोर से हँस पड़ी—चलो, एक चिन्ता दूर हुई। आख़िर अपने ही समाज और बिरादरी का सुपात्र पसन्द आ गया था विजी को।

उस रात छोटी बहन को चक्की के पाट और भूरी मूँछों के ही सपने दिखे, पर बड़ी की आँखों में नींद नहीं थी। वह कितनी ही योजनाएँ बना चुकी थी—किस कमरे में कन्यादान होगा...गहनों की चिंता नहीं, अकेले अम्मा के गहने बैंक से निकालने पर तीन कन्याएँ ब्याही जा सकती थीं।

पर विजी के जाते ही उसकी क्या दशा होगी—सुखद योजनाओं के बीच सम्भावित वियोग को वह भूल ही गई थी।

फिर न जाने कब उसकी आँखें लग गईं। सुबह उठी तो आँखें भारी और तकिया गीला था।

विजया ने उठते ही उस दिन कमर कस ली थी। पहले ऐनफ्रेंच का लेप किया, फिर ऑमन-क्रीम का प्रलेप किया, फिर चंदन थोपकर चिरौंजी का उबटन किया। सौन्दर्य-प्रसाधन के पाश्चात्य और पूर्वी विन्यास से छुट्टी पाकर उसने साड़ियाँ निकालीं।

आज एक भी साड़ी उसे नहीं भा रही थी। जितना परिचय उस व्यक्ति का पा चुकी थी, उससे लगता था, हल्की रंगीन साड़ी पहनना ठीक रहेगा। हल्के रंग की एक भी ढंग की साड़ी नहीं थी; हाँ, हल्के रंग की लिपस्टिक अवश्य थी। बस, फिर क्या था? मिन गया कोड़ा, अब क्या चाहिए, जीप लगाम और घोड़ा। चट से कार निकाल, उसी शेड से मैच करती साड़ी भी आ गई।

नित्य बुफों की जटाजुट में सधे बालों का सीधा जूड़ा बना, कानों में दो पुखराज पहन, वह जल्दी, धनिया और प्याज से बसाती दीदी के पास जाकर खड़ी हो गई।

"देखो दीदी, विल आई डू?"

"हाय, विजी, आज तो बेहद प्यारी लग रही है! ले जरा दही तो मथ डाल, मैं भी चटपट तैयार हो लूँ।"

उसने बहन की ओर मथानी बढ़ाई, "ओह ओ दीदी, जरा भी अकल नहीं है तुम्हें। हम यहाँ पचास रुपये का यूडीकोलोन छिड़ककर आए हैं और तुम कहती हो, कीचड़ मथो! हमसे नहीं होगा यह सब। आख़िर उस हरामखोर नत्थू को तुम इतना सिर पर चढ़ाकर क्यों रखती हो? जब देखो तब तुम चौके में और वह हजरत कन्हैया बने बीड़ी फूँक रहे हैं। ऐ नत्थू, चलो इधर! जाओ, तुम कपड़े बदलो दीदी।"

वह कपड़े बदलकर लौटी, तो केशव आ गया था और विजी उसे बाग दिखा रही थी। खिड़की से दोनों को कन्धे से कन्धा मिलाए गुलाब की झाड़ी के पास खड़ा देखा, तो जया का गला प्रसन्नता के गह्वर से भर आया। कैसी प्यारी जोड़ी थी! दोनों घूमकर लौटे तो वह खाना लगा चुकी थी।

खाने की मेज़ पर वह बड़े उत्साह से प्रत्येक स्वादिष्ट खाद्य सामग्री की सुगन्ध का श्रेय-किरीट, छोटी बहन के सिर पर ही बाँधती जा रही थी, "यह सब इसी ने बनाया है, सच पूछिए तो मुझे न तो खाना बनाने का शौक है न खाने का। यही दिन-रात नई-नई चीजें सीखती रहती है। कुकिंग क्लासेज भी ज्वाइन की है इसने।"

किन्तु इतने परिश्रम से प्रस्तुत किया गया छोटी बहन का सरस परिचय कुछ जम नहीं रहा था।

खानेवाला सरासर अरसिक अभद्रता का परिचय दे रहा था। न उसने प्रशंसा ही की, न कुछ बोला, मुस्कराना तो वह जैसे भूल ही गया था। पर विजया भी हार माननेवाली न थी। कुछ ही घंटों के परिचित उस अजनबी का उदासीन गाम्भीर्य, उसके मुग्ध हृदय को बजरबट्टू-सा घुमा रहा था। थोड़ी ही देर में लुभावना पाहुना विदा लेकर चला गया, तो विजया के संयम का बाँध टूट गया।

"देखा दीदी, और तुम कहती हो कि विवाह अपने ही समाज में करना चाहिए। देख लिया ना, अपने समाज का नमूना? सामान्य-सी भद्रता भी नहीं जानते हजरत, निकले हैं फॉरेन सर्विस में! वहाँ इन्होंने यह श्मशान-वैराग्य दिखाया, तो राजदूतों की पत्नियाँ भी अपनी नुकीली जूतियों की ठोकरों से उड़ा देंगी। खैर, मैं भी देख लूँगी, अभी पन्द्रह दिन की छुट्टियाँ बिताने पहाड़ जा रहे हैं। बुआ के मकान के सामने ही तो रहता है—इनका परिवार। हम भी परसों चल देंगे उसी गाड़ी से। फिर देखो, इस घमंडी ऊँट की नाक में नकेल डालकर खींचती यहाँ न ले आई, तो मेरा नाम विजया नहीं।"

जया ने हँसकर उसे आश्वासन दिया, "अभी तो दो दिन यहीं है, क्या पता कल आए! कुछ लोग स्वभाव से ही संकोची होते हैं, विजया! हो सकता है, बेचारा झेंप रहा हो!"

"कल कभी नहीं आएगा, मैं उससे पहले ही कह चुकी हूँ कि कल मुझे अपनी एक सहेली के यहाँ उसकी सगाई की दावत में जाना है, मैं दिन-भर बाहर रहूँगी।"

दूसरे दिन विजया चली गई, तो जया ने बहुत-सा काम बटोर लिया। एक ओर लम्बे गर्म कोट फैला वह विजया की निर्ममता से व्यवहृत साड़ियों को तहाकर लगा रही थी कि

सोचा, क्यों न नत्थू को बुला ले! धूप में कपड़े तो वह भी फैला सकता था। वह नत्थू को पुकारने जा रही थी कि उसे अचानक स्मरण आया, नत्थू तो छुट्टी लेकर सिनेमा देखने गया है। दोनों हाथों में दो लम्बे कोट लेकर वह स्वयं उठी ही थी कि सहम गई।

"अरे, आप?" उसने अचकचाकर कोट पलंग पर पटक दिए और आँचल ठीक करने लगी–सहसा उसका चेहरा आरक्त हो उठा। आँचल न जाने कब से भूमि पर लोट रहा था! सुबह सिर धोया था, इसी से रूखे बाल हवा में उड़ रहे थे। छिः-छिः, कैसी भुतनी-सी बनी थी वह!

पर आज यह कैसे आ गया?

"विजी तो आज अपनी सखी के यहाँ गई है, आप बैठिए।" क्षमा माँगने के स्वर में उसने कहा और बड़े चातुर्य से आँचल ठीक कर लिया।

"मैं जानता हूँ।" वह हँसा और ऐसी धृष्टता से उसकी ओर बढ़ आया कि उसके शरीर का रक्त जम गया।

"मैं छोटी बहन के लिए नहीं, बड़ी बहन के लिए आया हूँ।"

और फिर उसने बड़े अधिकारपूर्ण डगों से आगे बढ़, उसे बाँहों में ऐसे उठा लिया, जैसे कोई हठीला मुँह-लगा बालक, दूर ताक पर धरे रंगीन लुभावने खिलौने को उठा लेता है।

यह सब पलक मारते ही इतनी तेजी से हो गया कि छब्बीस वर्ष की वह स्वप्न-सुन्दरी किसी दहकती भट्टी के गर्त में भय, आश्चर्य और क्रोध की लपटों में झुलसती चेतना खो बैठी।

पर यह कैसा भय था, जिसने उसके ज्ञान-चक्षुओं की ज्योति छीन ली?

यह कैसा आश्चर्य था, जिसमें अनुभूति ही शेष रह गई थी, कौतूहल नहीं? यह कैसा निर्वीर्य क्रोध था, जो अपने सुगठित शरीर की शक्ति और दृढ़ संयम के रहते हुए भी उस दुःसाहसी, दुर्दमनीय युवक को वह एक चाँटा खींचकर प्रताड़ित नहीं कर सकी?

यह कैसा अनोखा समुद्र था, जिसमें आकंठ डूबकर भी प्रणय के ज्वार-भाटे की उर्मियों ने उसे जीवित ही चेतना के कछार पर पटक दिया था?

उसका उन्मत्त नवीन प्रेमी उसे पागलों की भाँति चूम रहा था–न जाने कैसे-कैसे अटपटे प्रणयालाप के कर्णप्रिय शब्द उसके कानों में मंजीरे-से बजा रहे थे। "मैंने तुम्हें पहले ही दिन देखकर पहचान लिया था। यही है वह, जिसे मैं इतने वर्षों से खोज रहा था। जानती हो, आज तक मैंने उनतालीस कन्याएँ नापसन्द की हैं पर इस ध्यानमग्ना तपस्विनी को मैंने चट से हृदय में मूँद लिया था। ओह, कैसी सुगन्ध है तुम्हारे शरीर की! रतिमंजरी में वर्णित कौन-सा रत्न है यह? शंखिनी या पद्मिनी?"

और उसका वह अद्भुत प्रेमी बड़बड़ाता एक बार फिर उसकी काँपती पलकों पर झुक गया।

"जया!" उसके कानों के पास ही अपना चेहरा सटाकर उसने जया को पुकारा, पर वह तो दोनों हाथों से मुँह ढाँपे पड़ी थी–हाय-हाय, यह क्या हो गया! वह विजया से क्या कहेगी?

"जया!" बड़े लाड़ से उसने जया के दोनों हाथ हटाकर, अपने हाथों में बाँध लिए, "इधर देखो जया!" उसने कहा, पर जया की आँखें नहीं उठीं।

वह हँसकर उठ गया और सीटी बजाता, आदमकद आईने में अपने बिखरे बालों को ऐसे सँवारने लगा, जैसे वर्षों से इसी आईने में अपने बाल सँवारता आया हो।

जैसे-जैसे जया की चेतना लौट रही थी, उसके हृदय की धड़कन बढ़ती जा रही थी। वह एकटक केशव को देख रही थी। किस आश्चर्यजनक स्वाभाविकता से उसने पूरे कमरे में अधिकार जमा लिया था, जैसे वह ही गृहस्वामी हो!

बाल सँवारकर वह फिर जया के पास कुर्सी खींचकर बैठ गया। उसने इस बार ऐसी खूबी से बाल सँवारे थे कि माँग का ही अस्तित्व मिट गया था और उसका चेहरा एकदम ही बचकाना लगने लगा था।

"देखो, जया, मुझे आज ही रात की गाड़ी से जाना है, मेरे एक ताऊजी की तबीयत अचानक खराब हो गई है। वहाँ पहुँचते ही तुम्हारी बुआजी से कह दूँगा, 'मुझे आपकी बड़ी भतीजी पसन्द है,' तुम्हारी सम्मति तो मिल ही गई है।" वह बड़ी दुष्टता से हँसता उठ गया और घड़ी देखकर बोला, "बाप रे बाप, गाड़ी का समय हो गया है, अब चलूँ!" मुर्दा-सी निश्चेष्ट पड़ी जया का बर्फ से भी शीतल ललाट चूमकर वह सर्राटे से निकल गया।

ऐसे आकस्मिक प्रणय-निवेदन का सर्वथा मौलिक आरम्भ और अन्त जया को बुरी तरह असन्तुलित कर गया था।

कैसा दहकता स्पर्श था उन अधरों का, जैसे किसी ने अंगारों से उसे दाग दिया हो! कैसी मजबूत पकड़ थी उन शेर के-से पंजों की, छटपटाने पर भी वह अपने को नहीं छुड़ा सकी थी। पर वह क्या सचमुच छटपटाई थी? मेज़ ही पर धरे भारी पेपरवेट को क्या वह खींचकर नहीं मार सकती थी? सिगरेट की किसी मदमस्त खुशबू से उसके नथुने भर गए थे, लग रहा था अभी भी वह तम्बाकू की मादक गन्ध उसमें लिपटी बसी है।

अपनी ही हथेली में अपनी साँस का भँफकारा छोड़, उसने सूँघकर आँखें मूँद लीं।

उसकी प्रत्येक साँस-निःश्वास में अपने अमिट हस्ताक्षर छोड़ गया था वह अजनबी। कहता था, जाते ही बुआजी से कह देगा, 'मुझे बड़ी बहन पसन्द है।'

क्या कहेंगी उसकी प्रौढ़ा सखियाँ—सबने एकसाथ ही कठिन कौमार्य-व्रतपालन का संकल्प लिया था। सबसे पहले तो विजया को यह ख़बर देनी होगी। 'विजी, तेरे मन के मीत ने तो मुझे छाँट लिया,' कैसे कह पाएगी वह?

संसार की कोई भी नारी कितनी ही उदारहृदया क्यों न हो, आज तक किसी पुरुष के उसे नापसन्द करने के अक्षम्य अपराध के लिए क्या क्षमा कर सकी है? फिर प्रतिद्वंद्विनी चाहे सौत हो या प्रेयसी रूप में स्वयं सगी बहन! उसे क्या कभी क्षमा कर पाती है? ठीक इस उधेड़बुन के बीच वह डूबती-उतराती जा रही थी कि आँधी की भाँति विजया ने कमरे में प्रवेश किया—हाथ का पर्स कुर्सी पर पटक वह जया के पास बढ़ आई।

"दीदी, जानती हो, मुझे रास्ते में कौन मिला? वही छोटी बुआ का कैंडीडेट। बस, गजब ढा रहा था, दीदी! ऐसी बढ़िया ट्वीड का कोट पहने था पट्ठा कि बस, हमें देखकर मुस्कराया और हमने भी वो हाथ मिलाया कि जोड़ अभी दुःख रहा है। तेजी से रिक्शा निकल गया, नहीं तो हम वहीं प्रपोज़ कर बैठते।"

दीदी ने बरबस होंठों को एक सेंटीमीटर के स्मित में फैलाया।

"दीदी!" छोटी बहन ने उसे अचानक ऐसे घूरा कि उसने आँखें झुका लीं, "तुम आज गजब लग रही हो, दीदी! क्या स्किन है तुम्हारा सचमुच! आई एन्वी यू। कोई नया स्किन-लोशन लगा रही हो क्या?"

आज तक जया के निष्कलुष चित्त ने छोटी बहन से कोई भी बात नहीं छिपाई थी, पर

आज उसके कुछ ही घंटों का नवीन प्रेमी उसे कपट का प्रथम पाठ पढ़ा गया था। अपने चमकते चन्द्र-बिम्ब की सुन्दरता के रहस्य की मंजूषा वह नहीं खोल सकी।

"हट पगली, मैं भला कब क्रीम, लोशन लगाती हूँ?"

यूनिवर्सिटी पहुँची, तो उसे एकसाथ कई सखियों ने प्रशंसा अर्घ्य से रस-प्लावित कर दिया, "वाह भई, क्या फब रही है यह भागलपुरी मर्दानी धोती तुम पर! हम पहनतीं, तो जोगन लगतीं। माघ मेले से खरीदी है, क्यों, है न?"

जया घर लौटी तो बड़ी देर तक एकान्त दर्पण-साधना में डूबी रही। क्या सचमुच उसके चेहरे में कोई बदलाव आ गया है?

जिस प्रतिबिम्ब ने मुस्कराकर उसका स्वागत किया, उसे तो वह सचमुच नहीं पहचानती थी।

उठते-बैठते, पढ़ते-पढ़ाते उसे एक ही चेहरा बार-बार दीख रहा था और उतनी ही बार उस मधुर स्मृति की एक-एक परत कपड़े के थान-सी खुलती जा रही थी।

उसके प्रेमप्रलाप को वह मन-ही-मन दुहराती लाल पड़ जाती और दीदी के उस अस्वाभाविक गिरगिटी रंग को देखकर विजया आश्चर्य में डूब जाती।

क्या हो गया था दीदी को!

"ऐ दीदी," एक दिन मुँहफट विजया ने खाने की मेज़ पर उससे पूछ लिया, "किसी के प्रेम-व्रेम के चक्कर में तो नहीं पड़ रही हो तुम?"

जया लाल पड़कर रह गई थी। एक बार प्राणों से प्रिय सहोदरा के सम्मुख वह सबकुछ कह देने को व्याकुल भी हो उठी थी, पर दूसरे ही क्षण उस अद्‌भुत संयमी युवती ने अपने चित्त को अंकुश से साध लिया।

सात दिन बीत गए थे, उसके जीवनाकाश की मलिन आभा को क्षणिक ज्योति से उज्ज्वल कर उसका धूमकेतू-सा रहस्यमयी प्रेमी न जाने कहाँ चला गया था! उसने कहा था, तार भेजेगा।

पर ऐसी बातें क्या तार में कही जाती हैं? पहले बुआ से कहेगा, फिर बुआ उसके परिवार से बातें करेंगी, तब कहीं कुमाऊँ के असह्य आईन-कानूनों के दुर्गम द्वारों के चक्कर लगाता वह लुभावना प्रस्ताव उसके पास पहुँचा पाएगा।

फिर तो बुआ का पत्र वह विजया को थमा देगी। किसी बात को लेकर जीवन-भर मातम मनाती फिरे, ऐसा स्वभाव विजया का नहीं था। इसी से उसे कोई चिन्ता नहीं थी। ख़बर पाते ही यूनिवर्सिटी का सहकर्मी वर्ग दावत के लिए उसके पीछे पड़ जाएगा। एक दावत सगाई की, दूसरी शादी की! ख़ैर देगी भाई दोनों दावतें, ऐसे अवसर क्या जीवन में बार-बार आते हैं! मिस कौल को तो वह तरंग आने पर अपनी रंगीन कोर्टशिप का आंशिक वर्णन भी शायद सुना देगी। बेचारी मिस कौल! इधर भजन-कीर्तन और तीर्थयात्रा के चक्कर में भुरता ही बन गया है बेचारी के स्वास्थ्य का। अपने विवाह का प्रबन्ध भी तो उसे स्वयं करना होगा, कौन बैठा है यहाँ करनेवाला? मरी विजया को तो सजने से ही फुर्सत नहीं रहेगी, फिर उसकी एक सौ आठ सखियाँ! उसे कहाँ फुर्सत होगी, किसी अच्छे केटरर को सौंप देगी। यह थोड़े ही न होगा कि कन्यादान के मंडवे से उठकर कन्या आ रही है, भंडार से रसद निकालने! उसे हँसी आ गई थी।

विवाह के बाद साग्रह छोटी बुआ को रोकना ही होगा। विजया अकेली कैसे रहेगी?

फिर तो वह उसे अपनी ससुराल उठा ले जाएगी।

छोटी बहन का सिर अभी भी दीदी के हवाई महल के छज्जे से नहीं टकराया था। पन्द्रह दिन बीत गए, पर बुआ की कोई चिट्ठी न आई। इन्हीं पन्द्रह दिनों में जया की बड़ी-बड़ी आँखें असाधारण रूप से और भी बड़ी होकर पूरे चेहरे पर फैल गई थीं। गुमसुम बनी दीदी को कभी विजया बुरी तरह झिड़क भी देती, ''बोर करती हो तुम दीदी, जब देखो तब मर्सिया पढ़ती हो, हम तो भई जा रहे हैं सिनेमा।''

और वह अकेली ही चल देती।

बहन के जाते ही जया अपने मन के चतुर राज-मिस्त्रियों को फिर काल्पनिक महल बनाने में जोत देती।

अब उसके प्रासाद के प्रांगण में गोल-गोल चेहरेवाले बच्चे भी खेलने लगे थे—कई बच्चों की किलकारियों में डूबती वह केशव की सामान्य रूप से परिचित चौड़ी छाती पर बार-बार अपना चेहरा छिपाकर अपना मूक व्यर्थ प्रश्न दुहराती थी, ''कब लिखोगे, कब?''

बड़ी लम्बी प्रतीक्षा के बाद बुआ की चिट्ठी आई :

''खूब हो मेरी बेटियाँ—बड़ी-मुँगोड़ी खा लीं, पर एक चिट्ठी नहीं डाली। बड़ियाँ तो खैर जाएँ भाड़ में, उसकी चिन्ता नहीं थी, पर साथ ही उन्हें ले जानेवाला भी भाड़ में चला गया। जब तुम दोनों की चिट्ठी नहीं आई और पता लगा कि केशव लौट आया है, तो कल मैं वहाँ गई। देखा, तो केशव की अम्मा के लड्डू फूट रहे थे। सुना, ट्रेन में ही कलकत्ते के एक लखपती प्रवासी से पहाड़ी परिचय हो गया। साथ में उनकी साँवली कन्या थी। लाखों की सम्पत्ति और इकलौती कन्या, दुर्गादत्तजी का पूत भला मौका कैसे चूकता! रंग सुना एकदम स्याह है, पर आजकल तो रुपयों का मुलम्मा चढ़ा मेढकी भी परी बनाई जा रही है। ट्रेन में ही सगाई हो गई। अठारह वर्ष की है, केशव है छब्बीस का। उसकी तो पूछो मत, मुझे देखा तो बत्तीसी दिखा जले पर नमक छिड़क दिया—'आपकी पोटली पहुँचा दी थी, बुआ!'

''जी में आया, एक झापड़ कस, डंडे से सिर को उत्तर से दक्षिण दिशा को मोड़ दूँ, पर हँसकर मैंने भी पूछ दिया—'भतीजियाँ मिली थीं?'

''बोला—'नहीं, नौकर को दे आया था, बड़ी जल्दी में था।'

''यही तो मेरा दुर्भाग्य था, बेटियो, तुम्हें देखता तो क्या यह रेल की सगाई हो पाती?''

''देखा दीदी, कमीने को?'' आवेश से काँपती विजया ने जया की ओर देखा, पर दूसरे ही क्षण वह स्तब्ध रह गई। दीदी के रक्तहीन चेहरे पर लिखी उस लिपि को उस तीक्ष्ण बुद्धि की स्वामिनी ने स्पष्ट पढ़ लिया, जिसे वह पिछले बीस दिनों से पढ़ने का असफल प्रयास कर रही थी।

पहले दीदी के बटुए में केशव का रूमाल मिला था, वही परिचित सुगन्ध और वही धारियाँ।

फिर दीदी के पलंग के नीचे दो-तीन सिगरेट के अधजले टुकड़े।

दूसरी बार देखने गई, तो टुकड़े गायब थे। कुछ दिन बाद दीदी की पूजा की पुस्तक में दबे वही टुकड़े उसे फिर दिख गए थे। केशव का नाम लेते ही दीदी के चेहरे की रंगत बदल जाती थी।

डाकिया समय पर न आता, तो वह मणिहारा सर्प-सी व्याकुल हो उठती। दीदी निश्चय ही बदल गई थी। और आज उसी परिवर्तन का कारण स्पष्ट हो गया।

बिना एक शब्द कहे विजया उठकर चुपचाप बाहर बरामदे में खड़ी हो गई। छब्बीस वर्ष तक, एक-दूसरे से, रक्त-मज्जा-मांस की डोर से बँधी, संयमी जुड़वाँ-सी बहनों को पल-भर में केशव ने किसी कुशल सर्जन की-सी शल्य-क्रिया से सदा के लिए विलग कर दिया।

कहते हैं, ऐसी शल्य-क्रिया से विलग हो गई दो बहनों में से एक ही जीवित रह पाती है।

पता नहीं, इन दोनों में से कौन जी पाएगी–

छोटी या बड़ी?

मसीहा

"तुम जाएगा!" ब्रदर वॉरसी ने कठोर स्वर में कहा।

"नहीं-नहीं।" उसने सुडौल गरदन दो-तीन बार झटकी और उसके शुभ्र ललाट पर काली लटों का जाल बिखर गया।

"तुम बिलकुल जाएगा...मदर पास। मदर बोत अच्छा प्यार करेगा। हमारा माफिक—इत्ता!" दोनों बाँहें फैलाकर ब्रदर ने भावी स्नेह की परिधि खींच दी और उनकी नीली आँखों में क्रोध और झुँझलाहट के स्थान पर परिहास झलक उठा। दोनों घुटनों में मुँह छिपाए बालिका पूर्ववत् गठरी-सी बनी बैठी रही। "पेरी, ऊपर देखो!" ब्रदर ने बड़े स्नेह से उसका माथा थपथपाया, पर क्रोध से तिलमिलाकर परी ने उनका हाथ दूर झटक दिया।

"ओह, गॉड!" कहकर ब्रदर ने एक लम्बी साँस खींची और उठकर वह भीतर चले गए। उनके पीछे उनका काले अलपाके का लबादा लहरें-सी उठाता परदे के पीछे छिप गया, कनखियों से देखकर, रूठी बालिका परी ने चेहरा उठाया। उसके गालों पर अभी भी आँसू सूखे नहीं थे। मिट्टी में अपनी अँगुलियों से रेखाएँ खींचती वह आप ही आप पहाड़ी में बड़बड़ाने लगी, जैसे उसका मृत पिता हुकुमसिंह कहीं पास में ही खड़ा हो : "मुझे छोड़-छाड़कर अपने तो भाग गए, अब यह फिरंगी साहब भी मुझे भगा रहा है! आया है बड़ा भगानेवाला! देख लूँगी, हाँ!" भीतर से कोने का परदा सरकाकर ब्रदर ने देखा, बेचारी सिसकती, आँखें पोंछती, धूल से खेल रही थी। कैसे संकट में पड़ गए थे वह। डूबती परी को जीवनदान देकर स्वयं ही अतल जल में डुबकियाँ लगाने लगे थे। पर इस तरह तो काम नहीं चलेगा। सख्ती से ही काम लेना होगा। उन्होंने रेवरेंड मदर सुपीरियर की चिट्ठी फिर उठा ली। कितना प्यारा खत था! अनाथ बालिका के लिए मदर की चिट्ठी दोनों बाँहें फैलाए स्वयं जननी का आह्वान थी।

"ब्रदर वॉरसी", उन्होंने लिखा था : "तुम लिखते हो कि दयालु प्रभु ने मेरे लिए एक नन्हीं, प्यारी सौगात भेजी है। उसका हमारे कन्वेन्ट में हार्दिक स्वागत है। तुम्हारे अदम्य साहस और अथक परिश्रम का पूरा ब्योरा फादर पॉल से सुन चुकी हूँ। नैनीताल के प्रलय की भयंकर घड़ी में तुमने अपनी जान संकट में डालकर बीसियों जान बचाईं। तुम लिखते हो कि अब तुम्हारे बँगले का अस्पताल खाली हो गया है, केवल एक अनाथ बालिका रह गयी है। उसे तुम कब तक भेज सकोगे, लिखना, जिससे मैं डाँडी-कुलियों का प्रबन्ध करके भेज सकूँ।"

ब्रदर ने चिट्ठी मोड़कर पेपरवेट से दाब दी। सामने ऊँचे देवदार की छाया में 'सेंट जॉन इन विल्डरनेस' का बुर्ज मटमैला लग रहा था, पर ऐसे ही उलझन के क्षणों में कैसी शान्ति मिलती थी सेंट जॉन के गिरजे को देखकर! भयंकर भूकम्प के बाद नैनीताल नई विधवा के उजड़े सुहाग-सा स्तब्ध पड़ा था। ब्रदर वॉरसी के अधिकांश मित्र और सहयोगी परिवार

सहित बँगलों में दब-दबकर चिरनिद्रा में सो गए थे। विक्टोरिया होटल का अस्तित्व पानी के बुदबुदे की भाँति विलीन हो गया था। सत्रह कुचली-दबी, अधमरी कायाओं को बटोरकर वह अपने बँगले में ले आए थे। जहाँ आसपास के नए बँगले भी प्रलय की चपेट में चटककर रह गए थे, उनके हलके कागज की-सी छत का लाल बँगला सेन्ट जॉन की वरद छाया में सिर उठाए खड़ा था—टूटना तो दूर, खिड़की का एक काँच भी नहीं तड़का था! यह सब प्रभु की कृपा थी। सत्रह रोगियों की दिन-रात सेवा कर वह केवल सात को ही बचा पाए थे। सब उस गोरे विदेशी से असीम कृतज्ञतापूर्वक विदा लेकर अपने-अपने आत्मीय जनों के पास चले गए थे। बच गई थी केवल एक भाग्यहीना बालिका—परी। नैनीताल के एक पहाड़ की पूरी बस्ती ही जादुई उड़नखटोले-सी उड़कर ताल में समा गई थी। उसी पहाड़ पर कर्नल विकी का बँगला था। बँगले के अहाते में उनका चौकीदार हुकुमसिंह भी रहता था। उसकी पत्नी बहुत पहले मर गई थी। एक ही लड़की थी—परी। गोरी-चिट्टी, लम्बी और बेहद दुबली। बड़ी-बड़ी आँखों ने फैलकर सारे चेहरे को घेर लिया था। सुघड़ नाक और रसीले अधरपुट का अस्तित्व ही खो गया था। हुकुमसिंह की दो भैंसें थीं। सब साहब लोगों को वही दूध देता था। ब्रदर के बँगले में दूध देने जाती थी परी! एक दिन बेटी के साथ हुकुमसिंह आया और सिर खुजाकर बोला, "साहब, दो सौ एडवान्स लेगा। लड़की का ब्याह है, सरकार, इसी परी का।"

"अबी शादी?" ब्रदर ने छोटी-सी परी को देखकर कहा था। "नेई...नेई, अबी बिलकुल बच्चा है।" और परी लजाकर बाप के पीछे छिप गई थी। हुकुमसिंह दो सौ रुपए ले गया, पर लौटाने का उसे समय नहीं मिला—दूसरे ही दिन उसकी योजना भूकम्प में दबकर रह गई। भयंकर गर्जना से नैनीताल काँप उठा था। ऊँचे-ऊँचे पहाड़ दानव-से लुढ़कते चले आ रहे थे। चारों ओर गर्द और धुएँ का गुब्बार था। चीखें और दिल दहलानेवाली भयंकर गर्जना! ब्रदर को कुरसी सहित किसी हवाई शक्ति ने उड़ाकर दूर पटक दिया। वह उठकर मल्लीताल की ओर भागे। ताल ने रंग बदल दिया था। सहस्रों बँगलों, पेड़ों और पहाड़ों का दलिया-सा पक रहा था। यह भूकम्प नहीं था, मानो ईश्वर की क्रुद्ध भृकुटी तनी थी। घुटने टेककर ब्रदर मृत व्यक्तियों की आत्माओं की शान्ति के लिए जब प्रार्थना कर रहे थे, तब उन्हें ताल में हाथ-पैर फेंकती एक गठरी-सी दिखी। भागकर वह कूदे। ताल के हिमशीतल जल की जिद्‌दी लहरों को पराजित कर गठरी को छीनकर किनारे लाए, तो देखा, वह हुकुमसिंह की सुन्दर पुत्री परी थी। काश, उस दिन डूबने दिया होता उसे!

ब्रदर ने अपना पूरा ड्राइंग रूम खाली कर उसे इन्फरमरी (शुश्रूषालय) बना दिया। उनके ड्राइंग रूम की तड़क-भड़क फारस के शाही दरबार से कुछ कम न थी—बड़े-बड़े मखमली परदे, लटकते झाड़-फानूस, मोटा ईरानी कालीन, शिपनडेल का फर्नीचर और ऊँचे-ऊँचे जापानी फूलदान। सर्वस्वत्यागी तरुण वैरागी बद्रर विलासी नहीं थे, किन्तु उनकी परिमार्जित रुचि को उनका वैराग्य जीत नहीं सका था। ब्रदर के पिता बहुत बड़े अर्ल थे। उनकी माता थीं बैरन की पुत्री। माता-पिता में अनबन रहती। पिता भागते शिकारी ग्रेहाउंडों के पीछे और माँ बन गई थीं बैलेरीना। अपनी सुडौल एड़ियों को नन्हें जूतों में बाँध-बाँधकर वह घंटों आईने के सम्मुख अपने ही सौन्दर्य पर मुग्ध होकर नाचतीं। शिशु वॉरसी को न माँ का स्नेह मिला, न पिता का अनुशासन। डब्बे के दूध और गवर्नेस के खरीदे स्नेह की छाया में होनहार बिरवा के चिकने पत्ते मुरझाकर रह गए। बचपन से ही वॉरसी को गाम्भीर्य ने घेर लिया। उनके

साथ के लड़के बॉक्सिंग करते लहूलुहान हो जाते और उनके क्रूर खिलवाड़ से सहमकर वॉरिसी की आँखों में आँसू उतर आते। छुट्टियों में अपने प्रसिद्ध पब्लिक स्कूल से वॉरिसी घर आए। पाउडर रंग से रँगे चेहरे का रंग ना मिट जाए, इसका विशेष ध्यान रख माँ ने अपने मृणाल-बाहुदंडों में उन्हें जकड़कर पूछा, ''बड़ा होकर क्या बनेगा मेरा बेटा?''

''मसीहा।'' किशोर स्वर में वज्र गाम्भीर्य था।

''ओह, माई गॉड!'' लेडी वॉरिसी के हाथ से नाच का पंखा गिर पड़ा था। जल्दी से क्रॉस बनाकर उन्होंने पुत्र के सामने घुटने टेक दिए थे मसीहा! क्या जाने सचमुच ही प्रभु ने उनके पापों का प्रायश्चित कराने पुत्र-रूप में जन्म लेकर उन्हें धन्य किया हो। दिन-रात अध्ययन में डूबकर वॉरिसी सांसारिक बन्धनों से दूर हट गए। अगम्य और तात्त्विक ग्रन्थों की ग्रन्थि ने उन्हें बाँधकर सामान्य मानव से ऊँचा उठा दिया। एक दिन अगाध वैभव को ठोकर मारकर वह भारत चले आए। वह उन सामान्य पर्यटकों की लालसा से नहीं खिंचे, जो भारत के 'ताज' को देखने की ललक लिये चले आते थे। वह वेद और वेदान्त के भारत की खोज में निकले थे—बुद्ध और महावीर के भारत के अनुसन्धान में। पश्चिम के वैरागी को ज्ञान के सन्तोष की कुंजी मिल गई थी, किन्तु त्याग और सेवा का सन्तोष नहीं मिला था। पहले वह वॉल्टेयर में मिशनरियों के साथ रहे, फिर चन्द्रनगर में और अन्त में नैनीताल आए। अठारहवीं शताब्दी का नैनीताल तब अंग्रेजों की नई खोज का एक मैला-सा हीरा था। 'सेंट जॉन इन विल्डरनेस' का गिरजा नई अंग्रेज़ बस्ती का प्रहरी-सा बना खड़ा था। वॉरिसी के शान्त और साहसी व्यक्तित्व की पादरी-समाज में बड़ी चर्चा थी, इसी कारण उनकी नियुक्ति की गई। एकान्त, निर्जन वनस्थली की गोद में बसा नैनीताल तब आज का नैनीताल नहीं था। शेरों की दहाड़ से दिनदहाड़े अयारपाटा गूँजता रहता था। भालुओं के आतंक से पाँच ही बजे लोगों की रात्रि आरम्भ हो जाती थी। देवदार और अयार के गहन वन में गर्वोन्नत बुर्जवाले सेंट जॉन का गिरजा था और उसी के अहाते में था ब्रदर का लाल बँगला। वॉरिसी के सद्गुणयुक्त पुरुषार्थ और विवेक के बीच उनकी अन्तिम मरीज—परी—उनका सिरदर्द बन गई। वह सरल बालिका किसी भी तरह अपने जीवनदाता को छोड़ने को तैयार नहीं थी। रात-रात जागकर साहब ने उसकी कितनी सेवा की थी! उधर वॉरिसी बीमारी में नितान्त बालिका-सी दिखती, बिस्तर से घुली-मिली परी को सहसा अनिंद्य रूपसी के रूप में देख स्तब्ध थे। उनकी कम्युनिटी के फादर उन्हें अच्छी तरह जानते थे, किन्तु फिर भी पन्द्रह-सोलह वर्ष की सुन्दर बालिका को अपने बँगले में रखना कहाँ की बुद्धिमानी थी!

इतने दिनों तक कार्यरत वॉरिसी को परी का रूप-माधुर्य अछूता ही छोड़ गया था। उन्हें इसका भान तब हुआ, जब उनके परम स्नेही फादर पॉल उनसे मिलने आए। वय-भार से नमित अस्सी वर्ष के बूढ़े पादरी न जाने कैसे बँगले के नीचे दबकर भी जीवित निकल आए थे। लाठी टेककर पॉल वॉरिसी से मिलने आए और उन्हें गले लगाकर बोले, ''मेरे खूबसूरत बेटे, मैं आज कितना खुशकिस्मत हूँ कि इस भयानक प्रलय के बाद भी तुम्हें सलामत देख रहा हूँ! अरे, यह कौन है?''

फादर ने देखा, हाथों में चाय की ट्रे लिये लजाती हुई परी वहाँ खड़ी थी।

''यही मेरी आखिरी वार्ड है, फादर,'' वॉरिसी ने कहा और फादर के झुर्रीदार आनन्दी चेहरे पर सुनहरी हँसी बिखर गई।

''मौत, मुर्दे, चीख और मातम के बाद इसके प्यारे चेहरे की खूबसूरती कितनी स्वर्गीय

लग रही है ब्रदर! अपनी खोई जवानी का अफसोस जिन्दगी में मुझे आज पहली बार हो रहा है," कहकर बूढ़े फादर ने जोर से ठहाका लगाते हुए ट्रे थाम ली और परी से पूछा, "नाम क्या?"

"परी," वह बोली।

"ओह, तुम एकदम फेयरी! बोत अच्छा, तुम बोत प्यारा!" फादर ने हँसकर कहा। अपने सौन्दर्य की प्रशंसा समझने के लिए नारी को कभी भाषा समझने की आवश्यकता नहीं होती। सब समझकर परी लजाकर बाहर भाग गई। तीन महीनों में पहली बार वॉरसी को लजाती, तीर-सी छिटक गई परी का सौन्दर्य सचमुच स्वर्गीय लगा।

"मैं इसे कल मदर के पास भेज रहा हूँ।" फादर से वॉरसी ने कहा, "मुझे तो समय नहीं मिलेगा, क्या आप कृपा कर इसे उनके पास पहुँचा देंगे?"

"क्यों नहीं...क्यों नहीं! ऐसी सुन्दर सौगात अस्सी वर्षों में पहली बार मिली है।" परिहास-रसिक बूढ़े पादरी ने वॉरसी की ओर देखकर एक आँख मींचकर कहा, "तुम बड़ी समझदारी का काम करते हो, ब्रदर। तुम्हारी नीली आँखें, चौड़े कन्धे और यह अनोखा व्यक्तित्व उड़ती चिड़ियों को भी अपनी जादुई डोर में बाँधने की शक्ति रखता है। तुम अपोलो हो, मेरे बेटे! मैं कल ही इसे ले जाऊँगा।" फिर अपनी रसिकता पर स्वयं ही हँसने लगे फादर पॉल।

फादर चले गए, पर वॉरसी की छाती पर भारी चट्टान-सी आ गिरी। परी उनके नाइट सूट का ढीला कोट और पाजामा पहनकर दबे पैरों उनके पैरों के पास आकर बैठ गई, किन्तु नित्य की भाँति ब्रदर उसके माथे को प्यार से थपथपा नहीं सके। दोनों के बीच सहसा एक अभेद्य भित्ति-सी तनकर खड़ी हो गई थी। कल तक जिस परी की कलाई के मैल को स्पंज से रगड़कर ब्रदर ने छुड़ा दिया था, वही कलाई उन्हें क्रुद्ध नागिन के फन-सी लग रही थी।

"पेरी, हम खाना माँगता," बड़े प्रयत्न से ब्रदर ने कहा और यन्त्रचालित-सी परी उठकर मेज पर डबल रोटी, चाकू, उबले अंडे और भुने आलू रख गई—यही साहब का खाना था। छौंकी-भुनी सब्जी के लिए परी तरसने लगी थी। कैसे बढ़िया पहाड़ी जम्बू से छौंके आलू बनाते थे उसके बाज्यू! छिः छिः! न जाने कैसा उबला खाना खाता है यह साहब! न मिर्च, न मसाला! न तेल, न छौंक! ठीक ऐसा ही उबला-उबला मन भी है साहब का, पर कितना सफेद रंग है। एकदम गोरा-चिट्टा, जैसे सफेद डाँसी का पत्थर हो। और आँखें कितनी नीली हैं और होंठ कितने लाल! बाप रे बाप, एकदम चटक बुरुंश के फूल-सा खूनी रंग!

अपनी ओर मुग्धा परी को एकटक देखती देख वॉरसी काँपकर रह गए। अनाथ विदेशी किशोरी के प्रति अनजाने मोह से फिरंगी पादरी का विरागी-चित्त व्याकुल हो उठा। बड़ी रात तक वह परी की सिसकियाँ सुन रहे थे। वह सिसकियों के बीच सो गई, पर वॉरसी नहीं सो पाए। कहाँ रह गया था छिद्र उनकी कठोर साधना के अन्धकारमय सुरक्षित कक्ष में? जहाँ आलोक की एक किरण का प्रवेश भी निषिद्ध था, वहाँ अब पूर्ण प्रकाश था। सुबह हुई और फादर पॉल डाँडी लेकर उसे लेने आ गए।

"नहीं...नहीं...नहीं!" परी ने जिद-भरे स्वर में कहा और दोनों हाथों से मुँह ढँककर रोने लगी।

"ओह, तुम रोता!" फादर का स्वर करुणा और स्नेह से भारी हो गया। "ये साब बहुत अच्छा, इस वास्ते रोता? परवा नेई, मदर बोत अच्छा—साहब से भी अच्छा।" हँसकर फादर ने बड़े प्यार से परी की ठोड़ी उठाई। "ऊपर देखो, इस माफिक चलो। साब को सलाम बोलो।"

हृदय के उमड़ते गुब्बार को पीकर वॉरसी ने आँसुओं से भीगे परी के मुरझाए गुलाब-से चेहरे को देखा। बिना कुछ कहे परी डाँडी में बैठ गई।

बहुत दिनों बाद वॉरसी अपने बँगले में अकेले थे। पूर्णिमा की चाँदनी में उनके लेख लगे परदे से दिखता हिमालय भव्य लग रहा था। सत्रह मील की दूरी और मदर के अनुशासन की कब्र में उन्होंने परी की स्मृति को सदा के लिए दबा दिया था। एक बार फिर वह अपनी साधना के दुर्गम मार्ग पर निर्भय चल देंगे। किसी के सलोने सुन्दर चेहरे की सरल मुसकान उनके हृदय को नहीं कँपा सकेगी। उनके नाइट कोट की लम्बी-लम्बी बाँहें झुलाती किसी चीनी बालक की-सी सुकुमार आकृति उनकी साधना में व्याघात नहीं डाल सकेगी। तीन दिन पूरे हो गए थे। बड़ी रात तक बाइबिल पढ़कर वह सो गए। मोमबत्ती के हलके प्रकाश में दीवार पर टँगी 'रोजरी' हवा में झूल रही थी। इतने में किसी ने द्वार खटखटाया।

"कौन?" ब्रदर उठ बैठे। शायद गिरजे का चौकीदार हीरासिंह होगा। उसके बेटे को गरदनतोड़ बुखार हो आया था। कहीं कुछ हो न गया हो बेचारे को!

"हीरा, हम आया।" वह ड्रेसिंग गाउन डालकर उठे। द्वार खोला, तो सन्न-से रह गए।

"पेरी! तुम! कैसे आया? ओह माई गॉड!"

ब्रदर ने काँपती क्षीण काया को थाम लिया। माघी पूर्णिमा से धुले नैनीताल पर कुहरे का कफन पड़ गया था। बर्फीली हवा में आकाश के तारे भी जमकर रह गए थे। जिसे अवहेलना और आदर से ब्रदर ने पैर में गड़े काँटे की भाँति बेरहमी से खींचकर फेंक दिया था, वही सत्रह मील की दुर्गम दूरी फाँदकर भूखी-प्यासी फिर उन्हीं बाँहों में भाग आई थी। दुर्बल बीमारी से उठा शरीर ज्वर की तीव्र दहन से सूखे पत्ते-सा काँप रहा था।

"पेरी...पेरी!" वॉरसी ने उसे अपने लबादे से लपेटकर बिस्तर पर लिटा दिया। "ओ पेरी, तुम क्यों भागा? ओह माई स्वीट! तुम क्यों भागा?" पागलों की तरह वह पेरी के गरम गालों पर झुक गए। फिर लपककर उन्होंने आलमारी से ब्रांडी निकालकर परी के हाथ-पैरों पर मली और किसी तरह दाँतों के बीच ब्रांडी उँड़ेल दी।

ब्रांडी गट-गट पीकर परी ने ज्वर से लाल आँखें खोल दीं। "नहीं...

नहीं...नहीं...!" उसने ज्वर की बेहोशी में ही माथा हिलाया और दोनों हाथों से वॉरसी को जकड़ लिया। "हम नहीं जाएगा!"

"तुम नेई जाएगा, पेरी! तुम इधर रहेगा," कहकर वॉरसी ने उसका माथा चूम लिया। परी जैसे इसी आश्वासन के लिए रुकी थी, वह फिर बेहोशी में डूब गई। गले और छाती की घरघराहट और टँगी-टँगी दृष्टि देखकर वॉरसी घबराकर जखमी शेर की भाँति चक्कर काटने लगे। कभी सिरहाने बैठते, कभी उठते, कभी घुटना टेककर प्रार्थना करते और कभी परी का मुरझाया अचेतन चेहरा एकटक देखते रहते। सबेरे ही मदर ने फादर पॉल को कन्वेन्ट से गरदनतोड़ बुखार में भाग गई परी को खोजने भेजा। फादर ने देखा, परी की मृत देह गोद में लिए, शून्य अन्तरिक्ष को निहारता उनका अपोलो स्तब्ध बैठा था।

'कन्वेन्ट में ही इसे गरदनतोड़ बुखार हो गया था। वहीं से कल रात बुखार की बेहोशी में भाग आई, अभागिनी!" फादर ने क्रॉस बनाकर परी के शान्त चेहरे पर चादर खींच दी।

उस दिन से वॉरसी सचमुच ही मसीहा बन गए। बत्तीस वर्षों का पिछला जीवन सहसा अन्धकारमय बन गया। बँगला छोड़कर उन्होंने उसी दिन अपना तबादला अल्मोड़ा के सीमान्त पर बसे कुष्ठाश्रम को करवा लिया। पीब से गले, कीमा बन गए कुष्ठ-रोगियों के वीभत्स

घावों को वह अपने हाथों से साफ कर दवा लगाते, उन्हें बाइबिल पढ़कर सुनाते। उनकी घिनौनी दुनिया का अभिशप्त जीवन ही अब उनका सांख्य, योग और दर्शन था। क्रिसमस में फादर पॉल अपनी जर्जर काया को लाठी पर टेकते अपने बिछुड़े मित्र से मिलने आए। वॉरसी एक गलित कुष्ठ रोगी की झड़ गई अँगुली के घाव को धो रहे थे। फादर पॉल को देखते ही जीवन की बन्द पुस्तक के पन्ने फरफरा उठे। वह लपके तो बूढ़े फादर ने उन्हें छाती से लगा लिया। सदा हँसने-हँसानेवाले बूढ़े फादर सुबक उठे : "मेरे खूबसूरत दोस्त, कभी मैंने तुमसे कहा था कि तुम अपोलो हो! ऐ मेरे खुदाबन्द, मुझे मेरी नादानी के लिए माफी दे! यह अपोलो नहीं, मसीहा है–एक बहुत ऊँचा और सच्चा मसीहा!"

मेरा बेटा

इलाहाबाद का मेडिकल कॉलेज कभी उस जिले की कुख्यात जेल थी, यह कहने की आवश्यकता नहीं है। अभी भी मनहूसियत का घेरा अस्पताल का पूरा अहाता घेरे रहता है। लॉन में हर रोज ही रखी किसी-न-किसी लाश पर सिर धुनते आत्मीय स्वजनों का जमघट देखनेवाले को सहमा देता है। पर पूरे महीने से उस अहाते में विवशता से बन्दिनी बनकर, मैं उस वातावरण की अभ्यस्त हो चुकी थी।

मेरे पति का ऑपरेशन हुआ था और मैं उनकी देखभाल के लिए वहीं रहती थी। एक ही कतार में, गमलों में सजे उन चार प्राइवेट वार्ड के चारों मरीजों के विभिन्न रोगों का भी मैं परिचय प्राप्त कर चुकी थी। नम्बर एक में टाइफाइड का एक सिन्धी मरीज स्वास्थ्य-लाभ कर रहा था। नम्बर दो में एक बंगाली दम्पति थे। पति को किसी अनाड़ी डॉक्टर ने एंटी-बायटिक की दुगुनी खुराक खिलाकर विक्षिप्त कर दिया था। कभी-कभी चीखता-चिल्लाता वह एकाउंट आफीसर आधी-आधी रात तक आडिट की काल्पनिक फाइलें खोल-खोलकर, सबकी नींद हराम कर देता। नम्बर तीन में अपने पति के साथ मैं थी और नम्बर चार में थे असाध्य कैंसर के मरीज एक बंगाली सज्जन मि. मित्रा। बार-बार ऑपरेशन किए जाने पर, उनके पेट की चमड़ी ऐसी छिद गई थी जैसे बार-बार मोची की सिलाई से छिद गया जीर्ण-शीर्ण जूता।

'डॉक्टर लोग घाव खुला ही छोड़ दिया है', मित्रा की पत्नी हर मिलनेवाले से जोर-जोर से कहतीं—'जब चमड़ी में थोड़ा ताकत आएगा तक सिलेगा।' फिर चादर उठाकर वह पति के सीजर के-से खुले घाव का प्रदर्शन करतीं तो मुझे मित्रा साहब पर बेहद तरस आता।

यह बिस्तर से घुल-मिल गया व्यक्ति कभी कैसा प्रसन्नचित्त चतुर सेल्समैन था। इलाहाबाद का शायद ही कोई ऐसा समृद्ध घर होगा जहाँ मित्रा के फर्नीचर की दुकान 'अलंकार' का बना एकाध पीस न हो। काठियावाड़ी कुर्सी हो, या पुराने जमींदारी गढ़न के नक्काशीदार पलंग, सोफा हो, या शिपनडेल—सबमें अपनी अनूठी कला का जादू फूँककर रख देता था मित्रा। कुछ ही दिन पहले वह दिल्ली के कई विदेशी राजदूतों के फर्नीचर का आर्डर लेकर बड़े उत्साह से लौटा ही था कि ऐसे रोग ने दबा लिया। उसकी दुकान एक प्रकार से टूटे-फूटे फर्नीचर का अस्पताल भी थी। कैसा ही टूटा-फूटा विकलांग सोफा क्यों न हो, मित्रा की किसी दक्ष सर्जन की-सी अँगुलियाँ पल भर में पूरी टेपेस्ट्री की केंचुली उतारकर उसे नया बनाकर रख देतीं। कैसा आश्चर्य था कि जो व्यक्ति टूटे-फूटे सोफे के असंख्य स्प्रिंग पल भर में नए बना देता था, आज स्वयं किसी कबाड़ी की दुकान में टूटे सोफा जैसा ही उपेक्षित पड़ा था। असाध्य व्याधि ने उसे बेहद चिड़चिड़ा बना दिया था।

जब भी मैं उसे देखने जाती, वह उस नन्हे मरीज के संगीतप्रेमी पिता की फाइल खोलकर

बैठ जाता, तो रातभर वंशी बजाकर उसे सोने नहीं देता था। 'सारी रात बंशी बाजाय, हांश पाताले ऐ सब की भालो लागे?' (सारी रात वंशी बजाता है! अस्पताल में यह सब क्या अच्छा लगता है?)

मैं उस नन्हे मरीज के वंशीवादक पिता को भी जानती थी। आकाशवाणी के उस कलाकार के पुत्र का ऑपरेशन हुआ था और अस्पताल की मनहूसी को भेदता उसकी दो गज लम्बी वंशी का मादक स्वर मुझे बड़ा मीठा लगता। पर न जाने मित्रा के रोग ने उसे कैसा औरंगजेब बना दिया था कि जैसे ही सन्ध्या को पीलू की करुण गूँज वंशी के छिद्रों से निकलकर अस्पताल की मनहूसी को भेदने की चेष्टा करती, चिड़चिड़ा मित्रा नर्स भेजकर आरोह ही में स्वरों का गला घोंटकर रख देता।

इसी बीच मेरे बगल का वार्ड खाली हो गया। आधी रात को चीख-चीखकर, आडिट की फाइल माँगनेवाला विक्षिप्त बंगाली एक दिन अचानक ही यहाँ फाइल न पाकर नालिश करने परलोक पहुँच गया था। उसी वार्ड के सामने क्षणिक धूप का एक चौकोर टुकड़ा नित्य घड़ी के काँटे के साथ ठीक ग्यारह बजे उतर आता था और चारों वार्डों की देखभाल करने वालियाँ गीले तौलिए, बनियान आदि सुखाने उसी धूप के टुकड़े के आह्वान से खिंची चली आतीं। धीरे-धीरे वही टुकड़ा पनघट पर जुटी पनिहारियों के-से कलकंठ से मुखरित हो उठता। छोकरे हाउस-सर्जन की उदासीनता, मुखरा नर्सों की निर्लज्ज ठिठोली, बार-बार दी गई धमकियों की अवहेलना कर बेडपेन के ढक्कन की खंजरी बजा आधी रात को बिरहा गानेवाले ढीठ जमादार छोकरे छेदी की धृष्टता--नाना विषयों पर घंटों चर्चा चलती, फिर किसी का मरीज अधैर्य से कराहता और हमारी रसगोष्ठी विसर्जित हो जाती।

उस दिन की सभा, समय से कुछ पूर्व ही विसर्जित हो गई थी क्योंकि तीन मरीज एक साथ ही कराह उठे थे। अकेली मैं ही धूप के उस टुकड़े में कुर्सी डाले अखबार पढ़ रही थी कि जूतों की चर्र-मर्र सुनकर चौंककर उठ गई।

खाली वार्ड की ओर एक स्ट्रेचर लाया जा रहा था। सिर से पैर तक लाल कम्बल से ढके स्ट्रेचर के साथ चार-पाँच फौजी अफसर सिर झुकाए चल रहे थे। उनके लटके गम्भीर चिन्तित चेहरे देखकर ही मैंने अनुमान लगा लिया कि स्ट्रेचर पर लाए जा रहे व्यक्ति की अवस्था गम्भीर है। मैं अखबार लेकर भीतर जाने ही लगी थी कि दो फौजी अफसर खटाक-से एड़ियाँ खटकाकर मेरे सम्मुख खड़े हो गए। 'क्षमा कीजिएगा, आपको एक कष्ट देना है!'

दोनों में वरिष्ठ लग रहे नाटे व्यक्ति ने बड़ी नम्रता से अंग्रेजी में कहा। उसका त्रुटिहीन उच्चारण वैसा ही था जैसा उच्च-पदस्थ फौजी अफसरों का प्रायः हुआ करता है। ठसकेदार वर्दी ने उसके टूटकर गिरते व्यक्तित्व को जैसे साध लिया था। 'मैं बमरौली में ऐरोड्रोम आफीसर हूँ और यह मेरे एक सहयोगी हैं। हमारे एक कर्मचारी को बहुत चोट आ गई है। बेचारा ट्रेनिंग के लिए बाहर से आया था। डॉक्टरों का कहना है कि बचने की उम्मीद बहुत कम है। मल्टिपल फ्रैक्चर है। जाहिल गाँववालों ने इसे आबकारी का इंस्पेक्टर समझा और पूरी अट्ठाईस हड्डियाँ, दतौन-सी तोड़-मरोड़कर इसे खेत में मरा समझकर पटक गए। आप चूँकि बगल के वार्ड में हैं', उस अफसर का कंठस्वर अनुनय करता किसी किशोरी के कलकंठ को भी मात देता और मधुर हो उठा--'विल इट बी टू मच, यदि हम आपसे हाथ जोड़कर यह प्रार्थना करें कि जब तक इस बेचारे परदेसी के घर से कोई नहीं आ जाता, आप इसका ध्यान रखें। वैसे हमारा एक अर्दली निरन्तर यहाँ बना रहेगा। बमरौली इतनी दूर न होता तो हम ही बने रहते लेकिन

देखिए न, मजबूरी है। आई कांट लीव ऐरोड्रोम। आप कृपा कर क्या एक बार चलकर उसे देख लेंगी?'

और मैं उस वाचाल व्यक्ति की जादुई बातों के लच्छे में उलझती उसके पीछे-पीछे हो ली। कमरे में पहुँचते ही मेरा माथा चकराकर घूम गया। पता नहीं, अब रोगियों को बेहोशी की कौन-सी निराली दवा दी जाने लगी है, जो मरीज के साथ-साथ उसकी देखभाल करनेवालों को भी चित कर देती है। पूरे कमरे में उसी औषधि का भभका भरा था। नाक पर रूमाल धरकर मैं पीछे हटी तो वह फौजी अफसर फुसफुसाकर कहने लगा–'देख रही हैं न, क्या गत बना दी है बेचारे की!' मैं भय से सिहर उठी।

नाक-मुँह में नली, सम्मुख रखा ऑक्सीजन प्लांट और पूरे चेहरे पर पट्टियों की पटरियाँ–ठीक जैसे कोई फिल्मी मरीज बेसुध पड़ा हो।

एक उल्टी लटकी शीशी से ग्लूकोज चढ़ा शरीर का रीता घड़ा भरा जा रहा था। 'तीन शीशी खून भी चढ़ाया जा चुका है, फिर भी डॉक्टरों को उम्मीद कम है', वह कहने लगा–'मेरा यह अर्दली यहीं रहेगा, फिर भी आप कभी-कभी आकर इसे देख लें। जहाँ तक है, परसों तक इसके घर से कोई-न-कोई आ ही जाएगा।'

इससे पहले कि मैं अपनी स्वीकृति देती, बातों का धनी वह चतुर फौजी अफसर मेरे निरीह कन्धों पर उस अनजान मुरदे की अर्थी टिकाकर चला गया।

कमरे में लौटी तो मन-ही-मन अपनी दुर्बलता पर भुनभुना उठी। कहीं आधी रात मर बैठा तो अभागा अर्दली क्या भागकर बमरौली जाएगा! वह तो मुझे ही उठाएगा। यह भी अच्छी रही! मान-न-मान, मैं तेरा मेहमान! फिर मैं क्या यहाँ हनीमून मनाने आई थी? दस-दस चिन्ताएँ अलग घुलाए जा रही थीं। पति का ऑपरेशन क्या हुआ, जैसे मैं ही मर गई थी। जबर्दस्ती माँ का दूध छुड़ाए गए शिशु को जैसे माँ के दूध की हुड़क बेहद चिड़चिड़ा बना देती है, वैसे ही उन्हें दफ्तर की हुड़क ने ऐसा चिड़चिड़ा बना दिया था कि शीतल जल का छींटा डालने पर भी गर्म तवे-सा ही छनछना उठते। घर से खिचड़ी बनाकर लाती तो झल्ला उठते–'यह कोई खिचड़ी है भला! दाल अलग, चावल अलग। फेंक दो इसे!'

बीमार पति, सर्कस के पिंजरे में बन्द बिदके भूखे शेर से भी अधिक खूँखार बन जाता है। चतुर रिंग-मास्टर की ही भाँति उसे पुचकारकर साधना होता है, यह मैं अब तक समझ गई थी। महीने भर की रिंग-मास्टरी से जरा कमर सीधी की थी तो विधाता ने एक और उपहार भेज दिया।

दिन भर मैं उसे देखने नहीं गई। भाड़ में जाए, आखिर मेरा कौन लगता है वह! कल सुबह न हो, एक बार मिसेज राठौर को फोन कर दूँगी। हॉस्पिटल कमेटी की 120 सदस्याओं में वे परम उत्साही सदस्या थीं। महीने में एक बार अस्पताल के मरीजों के नाम चन्दा इकट्ठा कर, उनका महिला-मंडल नित्य क्रीम कॉफी की चुस्कियाँ लेता रहता है। अब उनसे कहूँगी कि उतरो अखाड़े में। हर तीज-त्योहार पर कमेटी की सजी-धजी सदस्याएँ अस्पताल जाती थीं। मैंने ही एक बार उनके इस कार्यक्रम पर आपत्ति की थी।

'देखिए', मैंने कहा था–'अस्पताल में विवश पड़े मरीज की अपनी एक प्राइवेसी होती है। वह कभी नहीं चाहेगा कि आप उसके एकान्त में डाका डालें। फिर बीमारी क्या कोई प्रदर्शन की वस्तु है? हर हफ्ते आप लोग इसी धूमधाम से अस्पताल पहुँचीं तो मरीज एक दिन स्वयं ही आपको लाठी लेकर खदेड़ देंगे।'

हुआ भी यही। दल की सदस्य-सदस्याएँ पहले सप्ताह गुलदस्ते सजाकर आईं, दूसरे सप्ताह मरीजों के सिर हो गईं कि उनके आत्मीयों को पत्र लिखेंगी। बस, दुष्ट मरीजों ने भड़ककर मोर्चेबन्दी कर ली।

'आपको क्या तकलीफ है, भाई साहब?' कंठ में विश्व की समस्त करुणा उड़ेलकर सदस्याओं ने मरीजों से पूछा। बदले में 22 पलंगों से बेहूदी तानाकशी की आवाजें आने लगीं। इसके बाद वह कमेटी बिखर गई। फिर भी मिसेज राठौर परदेस में पड़े इस मृतप्राय व्यक्ति की देखभाल के लिए, एक समाज-सेविका जुटा ही देंगी, इसका मुझे पूर्ण विश्वास था।

मैंने अपने पति को सुबह की घटना सुनाई तो वह एकदम पिघल गए। एक तो अस्पताल में प्रत्येक रोगी की नस-नस में ग्लूकोज की बूँद के साथ विश्व-बन्धुत्व की भावना भी स्वयं ही प्रवेश कर जाती है। अस्पताल की नर्स, वार्ड-ब्यॉय, जमादार—सब मरीज को अपने ही सगे लगने लगते हैं। 'पता नहीं बेचारा कैसा है, जाओ, एक बार देख आओ।' अकेले कमरे में बेहोश पड़े उस अनजान व्यक्ति के लिए मेरा मन भी अचानक न जाने कैसा हो उठा—वह भी तो किसी का पुत्र होगा। तब मैं क्या जानती थी कि वह मेरा ही पुत्र निकलेगा!

कमरे में गई तो उसका अर्दली गायब था। मुझे आश्चर्य नहीं हुआ। प्रत्येक अनुभवी अर्दली से ऐसी ही आशा की जा सकती थी। मौत के झूले में झूलते स्वामी को अकेले छोड़ देना तो इस युग के अर्दली की कार्यपटुता एवं स्वामिभक्ति का ज्वलन्त उदाहरण था, फिर भला मुझे आश्चर्य क्यों होता!

कंठ से निकल रहे, घर्र-घर्र के अमानवीय स्वर को सुनकर, मैं भय से सिहर उठी। न वहाँ कोई नर्स थी, न डॉक्टर। ग्लूकोज की नली, शायद हाथ हिलने से निकल गई थी और हाथ सूजकर डबलरोटी बन गया था। दोनों होंठ साँस लेने की क्रिया में खुले ही रह जाते और मुझे लगता—वह जा रहा है। मैं भागकर डॉक्टर को बुला लाई।

वह एक नर्स के साथ था। वहाँ से खींचकर असमय ही लाया जाना, शायद उसे बेहद अखरा। 'खूब पिटे हैं हजरत! पर चिन्ता न करें, नाड़ी, हार्टबीट—सब ठीक है', उसने अपनी रसगोष्ठी से उठाकर लाए जाने की भड़ास निकाल दी—'आप इनकी कोई लगती हैं क्या?' उसने मेरी ओर मुड़कर ऐसे पूछा, जैसे उत्तर पहले ही जान गया हो। उस छोकरे डॉक्टर के होंठों के व्यंग्यात्मक मरोड़ पर उभरी, उसकी अनकही उक्ति को, मैंने पढ़ लिया। 'तो फिर आपको इसके लिए सिरदर्द क्यों हो रहा है भला?' शायद वह मन-ही-मन यही पूछ रहा था।

थोड़ी ही देर में खिसियाए-से अर्दली ने आकर कहा—'बहूजी, अब हम आ गए हैं, आप जाइए!' पर मैं उसकी ओर बढ़ती मृत्यु की एक-एक पदचाप स्पष्ट सुन रही थी, फिर उसे कैसे छोड़ देती? एक बार अपने पति से कहने को गई, फिर सारी रात मैं उस बेसुध परदेसी के सिरहाने बैठी खिलाड़ी बिल्ली जैसी मृत्यु का खिलवाड़ देखती रही। ठीक बिल्ली की ही भाँति वह चूहे-सा उसे दबोच लेती। एक-एक साँस के लिए वह छटपटाने लगता। मैं व्याकुल होकर बड़ी झिझक से उसकी नब्ज देखती और वह फिर स्वाभाविक रूप से साँस लेने लगता था। लगता, वह मृत्युपथ का अद्‌भुत यात्री, जाते-जाते न जाने किस मोह-बन्धन से बँधा खिंचकर लौट आया है।

दूसरे दिन उसकी बेहोशी कुछ-कुछ दूर हो गई थी, पर वह किसी को भी पहचान नहीं पा रहा था। एक लम्बी-सी कार में ऐरोड्रोम के बहुत से अफसर उसे देखने आए और बारी-बारी से मेरे सम्मुख कृतज्ञता से दुहरे हो गए। 'एक अनजान परदेसी के लिए आप रात-रात भर

जागती रहीं,' वही नाटा वाचाल अफसर कहने लगा—'ईश्वर निश्चय ही आपको इसका पुरस्कार देगा!'

बेचारा अफसर! वह क्या जानता था कि पुरस्कार-वितरण के लिए मेरा कृतज्ञ रोगी विधाता की प्रतीक्षा न कर स्वयं मुझे पुरस्कृत कर देगा!

तीसरे दिन नित्य की भाँति मैं फलों का रस लेकर उसके कमरे में गई तो वह होश में आ गया था। मुझे देखते ही उसके अर्दली ने उसके कानों के पास मुँह सटाकर कहा—'साहब, ये ही वह बहूजी हैं, जो रात-रात भर आपके सिरहाने बैठी रही हैं।'

शर्माजी के दोनों हाथ विवशता से प्लास्टर के जिरह-बख्तर में बँधे थे। फिर भी उन्होंने उन्हें नमस्कार में बाँधने की व्यर्थ चेष्टा की और बच्चों की भाँति सिसकने लगे।

ऐसे लम्बे-चौड़े अधेड़ पुरुष को मैं अबोध शिशु की भाँति बिलखते देख घबरा गई। 'रोते क्यों हैं, शर्माजी?' मैं कुर्सी खींचकर उसके सिरहाने बैठ गई। पट्टियों की चिलमन से झाँकती पीड़ित, पिटे शिशु की-सी आँखें देखकर मेरा भी गला भर आया। 'ईश्वर ने आपको नया जन्म दिया है,' मैंने बड़े यत्न से स्वर साधकर कहा।

'ईश्वर ने नहीं, तुम्हीं ने दिया है, अम्मा!' मैं उस अधेड़ व्यक्ति के मुँह से यह सम्बोधन सुनकर संकोच से गड़ गई।

'पहचान नहीं रही हो क्या, अम्मा? मैं हूँ तुम्हारा देबू! इलाहाबाद ही में तो अहीराने के पीछे हमारा पक्का मकान था। मैं जब ट्रक के नीचे दबा था तब बारह साल का भी नहीं हुआ था। तुमने मेरी लाश पर पछाड़ें खाकर मेरी अरथी ही तोड़ दी थी। भूल गई हो क्या?'

'बहूजी', अर्दली ने मेरे कान के पास आकर कहा—'दिमाग पर लाठी पड़ी है न, इसी से लगता है, साहब बहक गए हैं!'

शायद उस मृतप्राय व्यक्ति ने सुन लिया था, बोला—'नहीं!' वह फिर दृढ़ स्वर में कहने लगा—'तुम मेरी अम्मा हो!'

मैं अवाक् थी। परामनोवैज्ञानिकों की सोदाहरण पुष्ट दलीलें आज तक मुझे प्रभावित नहीं कर पाई थीं। मुझे यह सब निरा फ्राड ही लगता आया है, पर उस दिन उस घायल व्यक्ति के करुण चेहरे को देखकर मेरा मन जिस ममत्व से भर आया, उसकी कैफियत मैं स्वयं ही नहीं खोज पाई। लग रहा था, बिस्तर पर विवश, पंगु पड़ा वह निश्चय ही मेरा नन्हा बेटा है।

मैंने अपने कमरे में लौटकर अपने पति से हँसकर कहा—'लो, आज तक हमारा एक बेटा था, अब दो हो गए। कौन जानता था कि देनेवाला ऐसे अचानक ही सरकारी नौकरी में लगा रेडीमेड बेटा छप्पर फाड़कर दे देगा।'

हमने तो अपने उस नवीन पुत्र-जन्म को हँसी-हँसी में उड़ा दिया पर स्वयं पुत्र ने जन्मसिद्ध अधिकारपूर्ण आत्मीयता से अपना नाम हमारी वंश-वेलि में जोड़ ही दिया।

जितनी देर मैं उसके कमरे में रहती, वह एकटक पागलों की भाँति मुझे ऐसे घूरता रहता, जैसे भूली-बिसरी स्मृतियाँ सँजो रहा हो। बाल्यकाल की न जाने कितनी स्मृतियाँ, उन पीड़ा से निमग्न आँखों में तैरने लगतीं। कभी-कभी मुझे संकोच होता। धीरे-धीरे हमारे सब मिलनेवाले, उसके मिलनेवाले भी हो गए। सिर से पैर तक प्लास्टर में मढ़ा मेरा बेटा, अनायास ही सबकी दया का पात्र बन जाता। कोई फल ले आता, कोई दूध, कोई पत्रिका। मेरा पुत्र होने पर भी उसकी रुचि का स्तर निश्चय ही हमसे भिन्न था। जितनी पत्रिकाएँ मैं उसे देती, वह उलट-पुलटकर रख देता। टूटे हाथों में सधी उर्दू की सस्ती पत्रिकाओं से झाँकते अर्द्धनग्न

तारिकाओं के सस्ते चित्रों को, उसे आँखों ही आँखों से पीते देख मैंने उसे एक दिन रँगे हाथों पकड़ लिया। मुझे देखकर वह झेंप गया। 'मेरा अर्दली ननकू न जाने कहाँ से यह पत्रिका ले आया!' खिसियाए स्वर में उसने कैफियत दी।

उन दिनों देश की राजनीति गिरगिट जैसा रंग बदल रही थी। मेरे पति के वार्ड में शाम होते ही पत्रकार, शिक्षा विभाग के उच्च अधिकारी, ऊँचे वर्गों के इष्ट-मित्र आ जुटते और अन्तर्राष्ट्रीय स्तर के समाचारों पर बहस छिड़ जाती। लाठी टेककर मेरा अष्टावक्र पुत्र भी वहाँ पहुँच जाता और कभी-कभी अपने अनाड़ी प्रश्नों से मुझे रसातल को खींच ले जाता।

'क्यों जी, बिनौले का क्या भाव होगा आजकल?' सिक्के के अवमूल्यन पर चल रही बहस फिर वहीं ठप्प हो जाती।

मैंने ही एक बार जिद करके उसके घर का पता माँगा। 'शर्माजी, लगता है आपके विभाग ने आपके घर कुछ खबर नहीं की। लाइए, मैं ही एक चिट्ठी डाल दूँ!'

'नहीं जी,' वह कहने लगा—'आपकी बहू अब आकर क्या करेगी, जब सास ही ने बेटे को मौत के मुँह से खींच लिया!' उसके स्वर, आकृति या कहने की भंगिमा में कहीं भी बनावट का पुट नहीं रहता।

कभी-कभी तो मेरे पति भी कहने लगते—'लगता है, सचमुच ही यह तुम्हारा उस जन्म का बेटा है।'

सौभाग्य से मैंने शान्तिनिकेतन के रंगमंच पर एक से एक उत्कृष्ट अभिनेता और अभिनय देखे थे, पर उस जन्मजात कलाकार की अभिनयकला का मैं आज भी स्मरण करती हूँ तो श्रद्धा से सिर अपने आप झुक जाता है। मेरे पति स्वस्थ हो गए थे और हमें अचानक एक प्रातःकाल मुक्त कर दिया गया। अस्पताल का हिसाब चुकता कर हम दोनों शर्माजी से विदा लेने गए तो उन्होंने हमारे जाने की बात सुनते ही आँखों पर रूमाल रख लिया।

काश, उस दिन उनका वह बिलखना, सवा-सवा लाख की एक-एक सिसकी—यदि मैं टेप कर पाती तो 'मेरा बेटा' निश्चय ही संगीत नाटक अकादमी की पद्मश्री हथिया लेता। 'अम्मा, अब मुझे कौन देखेगा?' वह बिलखने लगा।

बड़ी कठिनता से हमने उसे ढाँढ़स बँधाया—'हम कौन दूर जा रहे हैं शर्माजी, यहीं दो कदम पर हमारा बँगला है। बारी-बारी से हम, बच्चे और नौकर आपको देखते रहेंगे।'

मुझे आज बड़ी प्रसन्नता होती है कि उस लम्पट के बार-बार आग्रह करने पर भी मैं कभी उसे बेटा कहकर न पुकार सकी। क्या पता, ईश्वर ही ने उस पवित्र सम्बोधन को दूषित होने से बचा लिया हो।

मैंने अपने आश्वासन को यथासम्भव निबाहा भी। थर्मस में रोज गर्म दलिया अब भी अस्पताल उसी तत्परता से जाता जैसे गृहस्वामी के लिए जाता था। मेरी पुत्रियों को वह फूटी आँखों नहीं सुहाता था, फिर भी बेचारी बारी-बारी से नित्य मेडिकल कॉलेज की एक परिक्रमा कर आतीं।

हमें घर आए एक हफ्ता हो गया था। बहुत दिनों बाद अस्पताल के घिनौने वातावरण से छुट्टी मिली थी, अतएव एक दिन बड़े उत्साह से मिल-जुलकर मुक्ति-पर्व मना रहे थे कि नौकर ने आकर कहा—'कोई मेहमान आए हैं।'

हम सबके चेहरे लटक गए। इतने दिनों बाद तो अपने घर की प्राइवेसी नसीब हुई थी कि मेहमान टपक पड़े। निश्चय ही अब माघ-मेले के पर्वी स्नान के लिए आ टपकी किसी

पर्वतीय महिला अतिथि दल की कठिन मेजबानी निभानी होगी। मैं बाहर गई, ताँगे की सवारियाँ देखीं तो प्राण में प्राण आए।

ताँगे से उतरती शुभ्रवसना प्रौढ़ा, शायद मेरे बँगले की भूल-भुलैया में भटककर उतर पड़ी थी क्योंकि चेहरा एकदम अनजान था। इससे पहले भी कुम्भ मेले के तीर्थयात्री भ्रमवश मेरे बँगले में उतर गए थे। 'क्षमा कीजिएगा, आपको शायद 47 नम्बर के बँगले में जाना है न?' मैं किसी परिचित अतिथि के चेहरे को न पाने के अपने उल्लास को रोक ही नहीं पा रही थी—'यह 47-ए है।'

'नहीं, बहन!' वह चन्दन की बिन्दीधारी, साँवली महिला मुझसे ऐसे लिपट गई जैसे वर्षों की बिछुड़ी मेरी बाल्यसखी हो। 'मुझे तो यहीं आना था। तुमने हमारे देबू को कैसे बचाया— सब अस्पताल से सुन आई हूँ। भाभी की अवस्था सुविधाजनक होती तो वह भी तुम्हारे चरणों की धूल लेने आती, बहना! वह तो पूरे महीनों से है', वह फुसफुसाई—'यह मेरे पिताजी हैं,' उसने बूढ़े का हाथ पकड़कर मेरे सामने खड़ा कर दिया और मेरा कलेजा धक-धक कर उठा। लगता था, बूढ़ा प्रयागराज में चार बाँसों की सवारी करने ही आया है। खाँसी के साथ वह बूढ़ा बरामदे की पहली सीढ़ी पर ही निढाल होकर लुढ़क गया।

मैं सहमी दृष्टि से ताँगे से उतरते सामान की अशेष पंक्ति को देख रही थी—फूलदार पेटी, दरी में बँधा बिस्तर, दो कनस्तर और एक नौकरानी। अतिथि के सामान को देखकर, गुणी-ज्ञानी संसारी अपने घर में, उसके रहने की अवधि को मन-ही-मन भाँपा करते हैं—यह तो संसार का नियम ही है। शायद उस बाल-विधवा ने अपने सामान को मेरी कनखियों के काँटे पर तुलता देख लिया। चटपट मेरा हाथ पकड़कर कहने लगी—'सोचा जब राधागोविन्द ने किरपा कर मौत के दरवाजे से भैया लौटाल दिया है तो क्यों न तीरथराज के संगम-तट पर लोट आऊँ।'

फिर तो बाप-बेटी पूरे हफ्ते भर संगमतट पर लोटते रहे। सन्ध्या होते ही शर्माजी की कीर्तनप्रेमी बहन कहती—'बहनी, पास-पड़ोस की बहनों को न्यौत लो तो कीरतन करके जिया जुड़ाय लें।' और वह कीर्तन फिर क्या कमरे तक ही सीमित रहता? पुत्री का कीर्तन समाप्त होता तो पिता की खाँसी का ध्रुपद-धमार चलता रहता।

सातवें दिन शर्माजी का परिवार विदा हुआ। दूसरे दिन मैं शिवमन्दिर में प्रसाद चढ़ाकर लौटी तो देखा गोल कमरे में शर्माजी बैठे हैं। 'अरे, वाह, आप क्या आज चलकर आए हैं?' मैंने पूछा—'उस अधमरे व्यक्ति को महीना भर पहले जिसने देखा था, वह क्या कभी विश्वास कर सकता था कि यह पैदल चलकर मेरे बँगले तक पहुँच पाएगा।' फिर मेरे 'हाँ-हाँ, क्या करते हैं' कहने तक उसने अपना खिचड़ी बालोंवाला माथा मेरे चरणों पर रख दिया।

'भाई, शर्माजी कल जा रहे हैं। मैंने इन्हें आज खाने को रोक लिया है।' मेरे पति ने कहा।

चलने का समय हुआ तो वह कुटिल व्यक्ति मेरे पति को एकान्त में खींच ले गया। शायद वह जानता था कि ऋण देने में पुरुष स्त्री से अधिक उदार होता है। इसके पहले कि मैं आँखों ही आँखों में उन्हें सावधान करती, वे फिसल चुके थे।

तीन सौ रुपए की राशि को चेक पर देख मैंने दीवार पकड़ ली। ठीक चलते समय बनावटी नाटकीय सिसकियों का तमंचा तानकर, रुपए वसूल करनेवाला वह व्यक्ति मेरे संसारी अनुभव के एक्सरे में नंगा खड़ा था। जब चलते-चलते चौथी बार वह मेरे पैरों की धूल लेने बढ़ा तो

मैं पीछे हट गई। शायद वह धूर्त भी समझ गया होगा कि मैं उसकी दाढ़ी का तिनका बीन चुकी हूँ।

उसके जाते ही मैंने अपने पति को खूब आड़े हाथों लिया। 'आप भी खूब हैं! न जान न पहचान, चट से 'सेल्फ' का चेक थमा दिया। अभी पिछले महीने आपका वह मुस्टंडा मित्र दो सौ डकार गया था, फिर भी सबक नहीं सीख पाए।'

मेरे पति मुझ पर ही बरस पड़े—'तुम्हारी यही आदत हमें नापसन्द है। कहाँ 'बेचारा शर्मा' करती-करती मरी जा रही थीं, और कहाँ आज उसी बेचारे ने रुपए माँग लिए तो चोर हो गया।' मैं कुछ खिसिया भी गई।

आठ दिन बीते, फिर दस, फिर बीस। एक महीना बीतकर जब दूसरा-तीसरा महीना भी बीत गया तब मेरा माथा ठनका। मैंने बमरौली हवाई अड्डे के उसी नाटे अफसर को फोन किया—'शर्माजी का पता दे सकेंगे क्या? मुझसे तीन सौ रुपए ले गए थे। शायद राह-खर्च के लिए उन्हें जरूरत थी।'

'क्या?' वह चौंके—'राह-खर्च कैसा? वह तो सिविल-ऐविएशन का कर्मचारी है, उसे फ्री एयर-पैसेज मिलता है। फिर चार सौ रुपए तो हमारे विभाग ने उसे दे दिए थे, आपने क्यों दिए?'

'वाह, यह भी खूब रही।' मैंने व्यंग्य से कहा—'आप ही ने तो कहा था कि मैं उसकी देखभाल करूँ।'

'देखभाल करने ही को तो कहा था', उसने अत्यन्त नम्र, शिष्ट स्वर में कहा। फिर भी व्यंग्य की हथौड़ी मेरे कानों में बज गई—'टी.ए., डी.ए. देने को तो नहीं कहा था। स्काउंड्रल कहीं का! आई एम सॉरी। मैं आज ही सफदरगंज को लिखूँगा। आखिर जाएगा कहाँ!'

पर मैं आश्वस्त नहीं हो पाई। लगता था, अचानक ही विराट विश्व की भीड़ में मिल गया मेरा बेटा फिर कहीं भटककर सदा के लिए खो गया है। कुछ दिनों बाद मैंने फिर फोन किया। इस बार नाटे अफसर की पत्नी ने फोन उठाया। 'ओह, आप ही को उल्लू बना गया वह। मेरे पति बता रहे थे। पर देखिए न, गलती आपकी भी थी। वह भला आदमी होता, तो क्या गाँववालों के हाथ पिटता। सरल गाँववाले कभी निर्दोष व्यक्ति को नहीं पीटते, बहन! क्यों, क्या कहती हो?'

और मैंने फोन रख दिया। कहती भी क्या?

पुत्र कुपुत्र भले ही हो, पर क्या माता कभी कुमाता हो सकती है।

उपहार

"वाह, खूब मिलीं आप! मेरी गाड़ी छूटने ही को है, भाग्य अच्छा था, जो आप पहले ही चौराहे पर मिल गईं...ऐ रिक्शावाले, चलो स्टेशन।"

वह कूदकर मेरे पार्श्व में बैठ गया, साथ ही उसके घिनौने शरीर से आते दुर्गन्ध के भभके से मेरा माथा चकरा गया।

मैं भय से थर-थर काँप रही थी, वही था, एकदम वही।

मेरा रिक्शाचालक कटरा के उस भीड़-भरे चौराहे पर मेरा रिक्शा रोक, अपनी बीड़ी लेने गया ही था कि यह आ गया।

बार-बार अपनी कलाई पर बँधी काल्पनिक घड़ी देखता वह बड़बड़ाता जा रहा था, "अजीब झक्की है मेरा यार, यह भला कोई जगह है रिक्शा खड़ी करने की, सात बीस पर तो देहरा छूट जाएगी।"

मैंने उसकी विवेकहीन, अमानवीय दृष्टि पहचान ली और दूसरे ही क्षण मैं कूदकर सड़क पर खड़ी हो गई। शायद इसी बीच कुछ राहगीर उस कौपीनधारी घिनौने पगले को, दोनों टाँग फैलाए, मेरी रिक्शा में बैठा देख चुके थे।

"हाँ-हाँ, कौन है ससुरा, धरो ससुर के दो हाथ, बेहूदा बड़ा पागल बना फिरता है, कल भी इसने यूनिवर्सिटी जाती दो लड़कियों को छेड़ा था।" देखते-ही-देखते मेरी रिक्शा में बड़े प्रभुत्व से आसन जमाए पगले को भीड़ ने घेर लिया। एक चन्दनधारी प्रौढ़ रसिक-से दिखनेवाले व्यक्ति, जो शायद संगम-स्नान से लौट रहे थे, भीड़ देख रसास्वादन करने इक्का रोककर गरजे, "बदमाश है ससुरा, पागल-वागल कुछ नहीं है। दिन-दहाड़े राह चलती बहू-बेटियों से छेड़खानी करनेवालों का तो मुँह काला करना चाहिए।"

"हाँ भाइयो, आप मेरा मुँह काला करें, मैंने काम ही ऐसा किया है।"

पागल अचानक उत्तेजित हो, रिक्शा की सीट पर खड़ा हो हाथ हिला-हिलाकर भाषण देने लगा। पास ही में सर्प-वृश्चिक-दंश की वनौषधियों का एक मैली चादर पर बाज़ार फैलाए एक सपेरा बैठा था। उसके इर्द-गिर्द जुटी भीड़ भी पगले का भाषण सुनने बढ़ आई। मुझे सहसा अपनी स्थिति की अल्पज्ञता का भास हुआ। शहर के बहुत-से लोग मेरे पति के परिचित थे, कहीं किसी ने देख लिया, तो बात का बतंगड़ बन जाएगा। मैं चुपचाप भीड़ के व्यूह से निकल आई, रिक्शावाला एक धक्का मार पगले को नीचे उतार मेरी ओर बढ़ आया। "जल्दी भीड़ से रिक्शा निकाल ले चलो।" मैंने बैठते ही कहा और वह तीव्र वेग से रिक्शा निकाल ले चला। मेरे धड़कते हृदय ने आश्वस्त होकर स्मृतियों के सिंह-द्वार की अर्गला खोल दी।

नलिनी क्या इतनी बड़ी दुर्घटना मुझसे छिपा गई या इस अभागे की दुर्दशा से वह अनभिज्ञ थी? तीन वर्ष पूर्व, नैनीताल में नलिनी का कान्वेंट की सधी लिखावट का पत्र देख मैं चौंक पड़ी थी। मोम्बासा से उसने एक सुनहरे छपे कागज में आठ-दस पंक्तियाँ ही लिखी थीं, पर मुझे लगा था, कई वर्ष पहले बिछुड़ गई मेरी प्रिय प्रतिवेशिनी अपनी बड़ी-बड़ी आँखें मटकाती मेरे सामने आकर बैठ गई है। बोलता, जीता-जागता सजीव पत्र लिखना बिरले ही जानते हैं। नलिनी का पत्र खुलते ही बोलने लगा था।

> "सुना, तुम्हारे पति अंग्रेज़ी स्कूलों के अफसर हैं। यहाँ शिक्षा की उतनी सुविधा नहीं है, इसी से अपने पुत्र को उसी सुशीतल नगरी में पढ़ने भेजना चाहती हूँ, जहाँ मैंने पढ़ा है। परसों पहुँच रही हूँ। जैसे भी हो, अपने पति से कहकर सेंट जोजेफ में एक सीट मेरे पुत्र को दिलवानी ही होगी। ('मेरा पुत्र' सुनकर चौंक गई क्या? जैसे कठोर शिलाखंड तोड़-फोड़कर तुम्हारे पहाड़ी मीठे झरने फूट निकलते हैं, ऐसे ही चालीस वर्ष के वज्र कठोर शिलाखंड को तोड़ता-फोड़ता एक बहुत मीठा झरना मेरे प्रांगण में भी आ गया है, नाम है प्रिंस।)
>
> तुमसे मिलने को उत्सुक तुम्हारी सखी
>
> —नलिनी कोठारी

मेरा माथा ठनका। एक तो 'हमारे प्रांगण' के बदले 'मेरा प्रांगण' और पत्र के अन्त में अपनी कौमार्यवस्था का नाम कोठारी, तब क्या वह नलिनी माथुर नहीं रही? मेरा अनुमान ठीक था।

मैं बस-स्टैंड के पास उसकी प्रतीक्षा कर रही थी कि एक शानदार टैक्सी मेरे पास ही आकर रुक गई।

सदा की रोबीली नलिनी और भी रोबदार हो गई थी, गालों पर सुर्खी थी, चेहरा भर जाने से बड़ी आँखें कुछ छोटी लग रही थीं और एक प्यारी नन्ही-सी दूसरी ठुड्डी भी निकल आई थी।

मैं दौड़कर उससे लिपट गई।

"हाय, तू तो ज़रा भी नहीं बदली, और यह है तेरा झरना? भगवान ने रघुनाथ को सामने धरकर ही बनाया है क्या इसे? एकदम अपने बाप पर गया है, और रघुनाथ, रघुनाथ नहीं आए क्या?" मैंने देखा, नलिनी फौजी अफसर की बेरुखी से सतर खड़ी है।

मैं सकपका गई, कहीं कुछ हो तो नहीं गया रघुनाथ को!

बड़ी कुशलता से मैंने बात पलट दी, "बहुत दूर रहते हैं हम लोग, तू रुक जा, मैं दो डाँडिया बुलवा दूँ, पैदल चलना तो बहुत खलेगा—"

"नहीं-नहीं, हम पैदल चलेंगे। तुम्हारे इस पहाड़ी स्ट्रेचर पर तो हमसे नहीं चढ़ा जाएगा।" वह अपनी साड़ी घुटनों तक समेट लम्बी डगें भरने को उद्यत हो गई।

उसका देवदूत-सा सुन्दर पुत्र बड़े अचरज से पहाड़ों को देख रहा था।

प्रिंस देखने में एकदम छोटा रघुनाथ लग रहा था, गोल मुँह और निर्दोष गठन। उसके पिता के इसी व्यक्तित्व पर रीझकर तो उसकी माँ ने लाखों की सम्पत्ति स्वेच्छा से ही ठुकरा दी थी। अनाथ नलिनी को उसकी लखपती बुआ ने ही पाला था, उनसे मैं कई बार मिल चुकी थी। स्पष्ट मूँछों और गलमुच्छों-वाली उसकी डरावनी मर्दानी बुआ, बुआ कम और फूफा ही अधिक लगती थीं। वे नलिनी को बड़े लाड़ से रखती थीं, पर उनके शासन का अंकुश कभी-कभी बड़ी क्रूरता से कोंचता था। डॉक्टरी पढ़, नलिनी बुआ के साथ अफ्रीका जाकर अपनी स्वतन्त्र

प्रैक्टिस आरम्भ कर देगी, साथ ही उनके सिल्क के कारोबार की देख-रेख में भी योगदान देगी, यही बुआ की पूर्वनिर्धारित योजना थी; पर इसी में दाल-भात में मूसरचन्द बन, टूटी कोहनी जुड़वाने सुदर्शन रघुनाथ मेडिकल कॉलेज में न जाने कहाँ से टपक पड़ा? टूटी हड्डी के साथ-साथ विभिन्न प्रान्तों के दो सर्वथा विरोधी स्वभाव के हृदय भी अनजाने में न जाने कब जुड़ गए? बुआ ने सुना, तो सिर पीट लिया। पहले अपनी मूँछें नोंची, फूफाजी से लड़ीं, फिर ताबड़तोड़ उड़कर भारत भाग आईं।

"तुम इस अधूरी पढ़ाईवाले जनखे-से छोकरे से ब्याह करोगी तो मैं तुम्हें अपनी सम्पत्ति का एक धेला भी नहीं दूँगी। यू.पी. के कायस्थ का काटा पानी भी नहीं माँगता। छोकरी, तू शूँ गाँडी थई छे?" (लड़की, क्या तू पागल हो गई है।)

पर नलिनी अपनी ज़िद पर अड़ी रही। निराश होकर बुआजी जहर उगलती अफ्रीका के घने जंगलों में जाकर उसके लिए सदा के लिए अदृश्य हो गईं।

जिस रघुनाथ के लिए उसने इतना बड़ा त्याग किया था, वही उसे छोड़ गया।

घर पहुँचते ही नलिनी ने मुझे यह समाचार दिया तो मैं स्तब्ध हो गई।

हम दोनों के परिवार तीन वर्ष तक एक ही बँगले के साझीदार बन बड़ा सुखद समय बिता चुके थे। रघुनाथ अपनी रिसर्च अधूरी छोड़, पत्नी के पास ही आकर रहने लगा था। नलिनी के अस्पताल से लौटते ही दोनों मस्त कबूतरों की गुटरगूँ का स्वर हमारे कानों तक पहुँचता रहता। मैं कभी-कभी अपने वैवाहिक जीवन के व्यापक अनुभव का उस ताजे जोड़े पर बड़ा रोब भी जमा देती। मैं उन दोनों से आठ वर्ष सीनियर थी। मेरी दो जोड़े बच्चियाँ स्कूल जाने लगी थीं और तीसरे की प्रतीक्षा थी।

"किसी दिन साला बेमौत मरेगा।" उन दोनों को हाथ में हाथ डाले घूमते देख एक दिन मेरे पति बोले।

"क्यों जी, तुम क्यों जले-भुने जा रहे हो? तुम्हें यह सब करने को नहीं मिला, इसी से ना!" मैंने हँसकर कहा। सच ही तो था। हमारे युग में 'हनीमून' तो ससुर-सास के साथ ही मनाया जाता था।

"देख लेना साल-भर हो गया, न तो इन्हें कभी लड़ते-भिड़ते देखा, न रूठते-मनाते; उस पर बीवी की कमाई खाता है, लानत है इस मर्द पर!"

सच, यह कहने में मुझे आज तनिक भी संकोच नहीं हो रहा है कि अतीत की वे रोमांचकारी कुश्तियाँ, जो हमने यौवन-काल के प्रारम्भ में लड़ी हैं, शायद हमारे दाम्पत्य दुर्ग को इतना ठोस बना गई हैं कि आज तक दुर्भाग्य का एक भी भूकम्पी धक्का उसकी सुदृढ़ प्राचीरों को नहीं डिगा सका। गृह-कलह के क्या-क्या मौलिक दाँवपेंच होते थे और कैसी-कैसी पछाड़ें! एक-दूसरे के माता-पिता, पितामह-पितामही, सबको काल्पनिक चरित्रहीनता के कीचड़-भरे गढ़हों में डुबोया जाता। पति के साथ छात्र-जीवन की सहचरियों के गड़े मुर्दे मैं ढूँढ़-ढूँढ़कर खड़े करती, उधर पल-भर में मेरे पति, मेरे एक सौ बीस काल्पनिक प्रेमियों की सिविल लिस्ट तैयार कर देते। कई प्लेटों का संहार होता, बीसियों बार थाली पटकी जाती, यदाकदा बच्चियों को भी पटका जाता, पर जैसे गर्जन-तर्जन-भरी शिलावृष्टि के पश्चात निर्मल धूप की मुस्कान से आकाश खिल उठता है, हमारी गृहस्थी धुलकर फिर उजली झकझक चमकने लगती। पर नलिनी की गृहस्थी अजीब थी। न वहाँ घटा घिरती थी, न बरसती थी। उन दोनों के भविष्य के लिए हम शंकित थे और हमारी शंका निर्मूल नहीं थी।

घर पहुँचते ही, नहा-धोकर प्रिंस, मेरे बच्चों से घुल-मिलकर खेलने लगा। मेरे पति दौरे पर गए हुए थे।

"नलिनी, तुम लेट जाओ, लम्बे सफर से थक गई होगी।" मैंने कहा।

"नहीं, तुमसे कुछ कहना है।" वह गम्भीर होकर अपनी अँगूठी को अँगुली में ही घुमाने लगी। स्पष्ट था कि जो कुछ उसे कहना है, उसे कहने में उसे बहुत सुविधा नहीं हो रही है।

"तुम रघुनाथ के लिए पूछ रही थीं ना।" उसने अपनी बड़ी-बड़ी आँखें मेरे चेहरे पर स्थिर कर दीं।

"रघुनाथ ने मुझे छोड़ दिया है।" उसने कहा और बड़ी तेजी से अँगूठी उतारने और चढ़ाने लगी।

मैं चुप रही।

वह फिर स्वयं ही कहने लगी, "तुम्हारे जाने के बाद ही हमें भी शाहजहाँपुर छोड़ना पड़ा। मुझे मध्यप्रदेश में एक बड़ी अच्छी नौकरी जुट गई थी; थी तो दौरे की नौकरी, पर सुविधाएँ अनेक थीं। सेठजी की कई चीनी की मिलें थीं और उन सब बस्तियों की डॉक्टरनी मैं ही थी। मेरी नई नौकरी के गरिष्ठ भोजन से रघु को दिन-रात अपच रहने लगा था। मैं अस्पताल से थककर लौटती तो देखती, पालतू बिल्ले-सा हाथ-पैर सिकोड़े सो रहा है। मुझे देखकर खिसियाकर उठ बैठता और भागकर कॉफी बना लाता।

"मैं कभी-कभी झल्लाकर कहती, 'इतने सारे नौकर हैं, बुलाते क्यों नहीं?'

" 'मैं जानता हूँ, तुम्हें कैसी कॉफी पसन्द है।' वह दो प्याले में सजाकर ऐसे चला आता, जैसे क्वालिटी का सीखा-सिखाया बैरा हो। मैं होंठों से हँसती, पर हृदय में बीसियों अतृप्त आकांक्षाओं की छुरियाँ घाव करने लगतीं, क्या मैंने ऐसे पति की कामना की थी, जो मेरे लिए ट्रे सजा, कन्धे पर झाड़न लटकाए मुझे सलामी दे? यह तो गुणी भृत्य के लक्षण हैं, गुणी पति के नहीं।

"मैं दिन-रात मनाती, कभी तो ईश्वर मेरे निर्वीर्य पति को पौरुष के मद से भर दे, कभी तो मेरा यह आलसी जलसर्प क्रोध की फूत्कार छोड़ सके।

"एक दिन सचमुच ही उसके पौरुष के विषधर ने मुझे डस लिया। मुझे प्रायः ही दौरे पर जाना पड़ता था। ऐसे ही एक दौरे में यात्रा का भद्रानक्षत्र मेरे भाग्य पर चढ़ गया। मुझे बम्बई जाना था, अस्पताल के लिए कुछ सामान खरीदना था। इसी से पर्याप्त रुपया पास में था। हर दौरे से घर सजाने की कुछ-न-कुछ सामग्री लाती रहती थी। उस बार एक फ्रिज लेने के लिए कुछ रुपया रख लिया था। अपने शरीर पर भी कुछ हीरे के आभूषण पड़े रहने दिए, यही मेरी सबसे बड़ी मूर्खता थी। कानों में बुआ के दिए हीरे के कर्णफूल थे, हाथ में उन्हीं की दी अँगूठी थी, गले में नीलम के पेंडेंट की चेन थी। सूटकेस में नई साड़ियों के अतिरिक्त सात हजार की नगदी थी। कूपे में मैं अकेली ही थी, पर यह कोई पहला अवसर तो था नहीं। बीसियों बार मैंने निर्जन कूपे में सैकड़ों मील नापे थे। खा-पीकर, द्वार-खिड़कियों पर चिटखनियाँ चढ़ाईं और लेट गई। साड़ी खोलकर पहले ही सिरहाने तहा दी थी, तुम तो मेरा यह अभ्यास जानती ही हो, छहगजी साड़ी का कफ़न लपेट मैं कभी सो नहीं पाती। पहले दिन एक कठिन प्रसव केस ने रात-भर नहीं सोने दिया था, इसी से ट्रेन के दो-तीन झकोलों से ही मुझे नींद आ गई।

''सहसा किसी ने मेरा कन्धा पकड़कर हिलाया, आँखें खुलीं और मेरा रक्त जम गया। एक लम्बा, काला खबीस मेरे सिरहाने खड़ा था।

'' 'उतार सब गहने और ला बटुआ इधर।' उसने हाथ का नंगा छुरा दर्पण-सा चमकाया।

''मैंने अँगूठी उतारकर, सिरहाने छिपाने की चेष्टा की, तो उसने कसकर मेरी कलाई मसक दी...।

'' 'औरत है न ससुरी! सिर के ऊपर तनी छुरी के नीचे भी गहने का लोभ नहीं छूटता, खबरदार जो नक्शे दिखाए!' वह गरजा और मैंने काँपकर उसकी ओर दृष्टि उठाई। असंख्य घावों के निशानों से बीभत्स चेहरा, एक आँख कानी थी और दूसरी काले इंजन की सर्चलाइट की भाँति मेरे चेहरे पर चमक रही थी।

''मैंने सब गहने उतार दिए। मेरी अँगुलियाँ, जो कठिन-से-कठिन शल्यक्रिया में संलग्न रहकर भी कभी नहीं काँपी, तेज हवा में काँपती इमली की पत्तियों-सी थरथरा रही थीं। उसने गहनों की पोटली बनाई, सूटकेस थामा, स्वयं चेन खींची और पेशेवर अन्दाज से गाड़ी के रुकने की प्रतीक्षा करने लगा। एक बीहड़ जंगल में जाकर गाड़ी रुकी, बड़े साहस से मैं उठी, क्यों न उसे पकड़कर ज़ोर से चीख पड़ँ! कोई-न-कोई सुन ही लेगा। वह कूदने को मुड़ा, मैंने लपककर उसकी तेल से चिकनी बाँह पकड़ ली। क्षण-भर को लगा, वह मुझे लेकर ही कूद पड़ेगा। वह मुड़ा, मेरे ब्लाउज की बाँह पकड़ उसने मुझे एक सशक्त धक्के से सीट पर गिरा दिया और स्वयं कूद गया।

''क्षण-भर को मैं अवश पड़ी रही, हाय मेरे गहने, मेरे रुपये, नई साड़ियाँ! मैं दोनों हाथों में मुँह छिपाकर बिलख उठी। 'यही डिब्बा है, माथुर, यहीं चेन खींची गई है।' मैं उठने की चेष्टा कर रही थी कि रेलवे कर्मचारियों और उत्सुक यात्रियों से मेरा डिब्बा भर गया। मुझे अपने विचित्र पेटीकोट परिधान का स्मरण हो आया, लैस के फटे ब्लाउज की आधी बाँह हवा में फड़फड़ा रही थी। मैं लज्जा से लाल पड़ गई, तेज प्रकाश में बीसियों पुरुष-चक्षुओं की उत्सुक दृष्टि मुझे गिद्धों की भाँति नोचने लगी।...

''पर मैंने अपने को तटस्थ कर लिया, जल्दी-जल्दी मुझे साड़ी लपेटती देख, एक-दो मनचले मुस्कराने लगे, तो मैंने खून का घूँट पी लिया। फिर एक लम्बी तहकीकात का क्रम चला। भरी सभा में, एकसाथ कई दुःशासन मेरी चीर खींचने निरर्थक ही बढ़ आए, पर मैंने रिपोर्ट लिखाते ही बड़ी रुखाई से पूरी भीड़ को झाड़-झूड़कर बाहर फेंक दिया। 'चोर क्या मेम साहब का सूटकेस और गहने ही लेकर उतर गया, तब तो मेरा यार काठ का उल्लू रहा होगा।' एक यात्री का अशिष्ट स्वर मेरे कानों तक आया, साथ ही एक राशिभूत ठहाका! मैंने भड़काकर द्वार बन्द कर दिए। अगले स्टेशन से ही मैं लौट गई; पर मेरे घर पहुँचने के पूर्व ही मेरी ट्रेन-डकैती का समाचार वहाँ पहुँच चुका था। किसी मनचले पत्रकार ने एक सम्भ्रान्त डॉक्टरनी की फर्स्ट क्लास में हुई ट्रेन-डकैती का लम्बा-चौड़ा विवरण देकर मेरी विवस्त्र अवस्था का भी उल्लेख कर दिया था। कहना व्यर्थ है, उसकी एक ही पंक्ति ने मुझे सहस्रों पाठकों के काल्पनिक रसचक्षुओं के सम्मुख कैबरे नर्तकी की मोहक भाव-भंगिमा में खड़ा कर दिया। कुछ कुंठाग्रस्त पुरुष ऐसे समाचारों की चूरन-चटनी चटखारे ले-लेकर चाटते हैं उन्हीं में से एक रघु भी था। कैसे मूर्ख होते हैं ये पत्रकार! क्या ये अपनी माँ-बहनों के फटे ब्याउज और पेटीकोट-परिधान का इसी नंगी भाषा में समाचार छाप सकते? यह लिखने की भला क्या आवश्यकता थी! पर तब तक अपने पति के कलुषित दुर्विचार की छाया भी मेरे चित्त पर नहीं पड़ी थी।...

''मैं लौटी तो उसने मुझे बड़ी व्यंग्यात्मक दृष्टि से सिर से पैर तक घूरा।

'' 'जानते हो, मेरा सबकुछ चला गया।' मेरा गला शायद कुछ काँप भी गया था। मेरे 'सबकुछ' से मेरा अभिप्राय मेरे आभूषण और नई साड़ियों से था। क्षण-भर को मैं मूर्खा यह भूल गई थी कि स्त्री का सबसे बहुमूल्य आभूषण है उसका शील और उसके खो जाने से ही उसका सबकुछ खो जाता है, अन्यथा संसार की कोई भी शक्ति उसका वैभव नहीं छीन सकती।

'' 'मैं जानता हूँ।' कह रघु बड़ी बेरुखी के द्वार भिड़ाकर चला गया। घूमघामकर वह बड़ी रात को लौटा तो मैं सो गई थी। सुबह उठी तो वह नहाने जा चुका था। नाश्ते की मेज पर मैं उसकी प्रतीक्षा कर रही थी कि वह आ गया और मेरी ओर देख बड़े लाड़ से मुस्कराया। मेरे हृदय पर पड़ी शिला जैसे उठ गई।

'' 'अच्छा बताओ तो,' मैंने हँसकर बड़े अधिकारपूर्ण स्नेहसिक्त स्वर में उससे कैफियत माँगी, 'कल भला तुम्हारा कैसा मूड था! सिर पर तनी छुरी के नीचे से मैं बचकर घर लौटी और तुमने मुँह फुला लिया। वह राक्षस मेरा गला घोंट देता, तब?'

''रघु के खिले चेहरे की बत्ती दप्-से बुझ गई। बस, उसी जलते-बुझते चेहरे के बीच मैंने अपने पति की आँखों में नाचते सन्देह और अविश्वास के मत्त दानव का नग्न नर्तन स्पष्ट देख लिया।

'' 'कसम खाकर कहो नलिनी, उसने तुम्हें नहीं छुआ?' उसने मेरे दोनों हाथ पकड़ लिए।

'' 'पागल हो गए हो क्या! देखते नहीं, कम्बख़्त नौकर घूर रहे हैं!' मैंने उसे अंग्रेज़ी में डपटा, उसने सहमकर हाथ छोड़ दिए; पर उसी दिन से हम दोनों के बीच बर्लिन की-सी अभेद्य दीवार खड़ी हो गई। कितना अविश्वास, कैसी नीच कल्पना—मैं घृणा से सिहर उठी।

''उधर अपने निरर्थक सन्देह के घातक कैंसर-कीटाणुओं से घुलता मेरा हतभागा पति। एक महीने तक रघु के महानाटकीय कथोपकथन मुझे निरन्तर डसते रहे। कभी चीखता, कभी गिड़गिड़ाता, कभी नौकरों के सामने ही नौटंकी छेड़ देता। इसी बीच विधाता क्रूर परिहास कर बैठा, मेरा अप्रत्याशित मातृत्व ही मेरे लिए अभिशाप बन गया। रघु सुनते ही खूँखार शेर की भाँति दहाड़ने लगा।, 'डाकू की सन्तान मेरे घर में नहीं पलेगी।' मैं क्रोध से बौखला गई। ढलती उम्र में मातृत्व का कैसा गहरा मूल्य चुकाना पड़ेगा, उसकी चिन्ता मुझे खाए जा रही थी, उस पर शक्की रघुनाथ का निर्वीर्य क्रोध मुझे पागल बना गया।

'' 'घर मेरा है, निकल जाओ बाहर, तुम कमीने पशु हो।' मैंने कहा।

''और वह सिर झुकाए चुपचाप चला गया।

''दूसरे दिन सुबह अस्पताल गई तो दाइयाँ, वार्ड बॉय, नर्स, सब मुझे ही घूरने लगे। मैं बौखलाती घर लौटी, पर घर में भी चैन कहाँ मिलता!...

''तीन दिन बीत गए थे, चौथे दिन मेरा माथा ठनका। स्पष्ट ही था कि रघुनाथ लौटकर नहीं आएगा। उधर मेरा शहर में रहना दूभर हो उठा था।

''बहुत उधेड़बुन के बाद मैंने बुआ को लम्बी चिट्ठी लिखी। उस पत्र में मैंने उन्हें सबकुछ लिख दिया। रघु से मैंने नाता तोड़ लिया था, क्या बुआ मुझे एक बार फिर आश्रय दे सकेंगी? इस बार तो उन्हें दो प्राणियों को आश्रय देना होगा।

''बुआ को मैं जानती थी, उन्हें निश्चय लेने में देर कभी नहीं लगती थी।

''मेरे पत्र के उत्तर में वे स्वयं आ गईं। दूसरे ही दिन बुआ स्वयं मेरा त्यागपत्र टाइप कर दे आईं और उसी रात हमने शहर छोड़ दिया।

''अफ्रीका पहुँचकर मैंने बुआ का कारोबार देखा, तो दंग रह गई। मोम्बासा के भारतीय प्रवासी व्यवसायियों में श्रीमती कोठारी का नाम प्रमुख था। बीसियों नौकर थे, राजसी प्रासाद था, पर मुझे सुख-शान्ति वहाँ भी नहीं मिली। कभी रघु की स्मृति में मैं पागल हो उठती, कभी प्रतिहिंसा की लपटें मेरे उद्विग्न चित्त और रुग्ण देह को झुलसा देतीं। दूसरे ही क्षण उसके साहचर्य की कामना मुझे विकल कर देती।...

''अब मैं दिन-रात एक ही प्रार्थना करती, 'हे भगवान, मेरी सन्तान अविकल उसी का रूप लेकर जन्मे, जिससे कभी मैं उसे देखकर कह सकूँ– 'मूर्ख, देख ले अपने पुत्र को!'

''सचमुच भगवान ने मेरी सुन ली। मेरे दस पौंड के शिशु का एक-एक नक्शा अपने पिता का था, यहाँ तक कि सिर के घुँघराले बाल भी रघु के-से ही लच्छेदार थे।

'' 'अब कभी देखेगा नासपीटा, तो सिर धुन-धुनकर रोएगा।' बुआ ने गर्व से कहा। उन्होंने नाम धरा, 'प्रिंस' । 'मेरी लाखों की सम्पत्ति का वारिस बनेगा मेरा प्रिंस।' वह बोलीं।

''बुआ का और था ही कौन?

''इसके जन्म के दूसरे ही महीने मैं फिर अपने क्लिनिक में बैठने लगी। मेरी ख्याति दूर-दूर तक फैल गई। समृद्ध भारतीय प्रवासी परिवार ऊँची फीस देकर मुझे घर पर ही बुलाते। प्रिंस सात वर्ष का हो गया था। पिछले साल बुआ गिरनार की तीर्थ-यात्रा पर भारत चलने लगीं, तो जिद कर मैं भी साथ हो ली। सात वर्ष से भारत नहीं गई थी, पर सच कहूँ तो भारत देखने से अधिक ललक एक अन्य व्यक्ति को देखने की थी। क्या पता कहीं मिल जाए! प्रिंस दिन-पर-दिन अपने पिता पर जा रहा था। वही हँसी, वही नाक, वही आँखें। ठीक अवसर आ गया था। मैं भारत आई, तीर्थों के मन्दिर, घाट, होटल, सिनेमा कहीं भी तो नहीं दिखा वह। निराश होकर लौट रही थी, फर्स्ट क्लास के कूपे में। मैं और बुआ लेटी थीं, प्रिंस पूरे डिब्बे में ऊधम मचा रहा था, सामने की पटरी पर एक और रेलगाड़ी को नियति ने शायद जान-बूझकर ही रोक दिया था।

''हमारी खिड़की के सामने, थर्ड क्लास के डिब्बे में, जानवरों की भाँति ठँसे गन्दे मुसाफिरों के बीच, रघु खिड़की की छड़ पकड़े बैठा था। महीनों से शायद दाढ़ी नहीं बनी थी, गाल भीतर को धँस गए थे और चेहरे पर थी बीभत्स मुस्कान, जैसे टिटनेस के मृत रोगी के चेहरे पर खिंच जाती है।

''प्रिंस ऊधमी बन्दर की भाँति, खिड़की की छड़ों को पकड़कर रुकी गाड़ी चलाने का प्रयास कर रहा था।

''रघु ने मेरी ओर देखा, फिर खिड़की से दोनों हाथ फैला दिए–अपने पुत्र को उसने निश्चय ही पहचान लिया था। क्या उसे ही खींचने के लिए वह हाथ फैला रहा था?

'' 'बुआ!' मैंने कहा। पीड़ा और भय से मेरा कंठ अवरुद्ध हो गया। मेरे कंठ के विचित्र स्वर से चौंककर बुआ ने देखा, फिर बिना चश्मे के वे कुछ नहीं देख पातीं और उनका चश्मा प्रिंस पहले ही स्टेशन पर तोड़ चुका था।

''अकस्मात वह गाड़ी खिसकी, डिब्बा खिसका और धीरे-धीरे विपरीत दिशा की ओर भागता दृष्टि से ओझल हो गया।

'' 'क्या कह रही थी बेबी?' बुआ ने पूछा।

''कुछ नहीं बुआ, उस डिब्बे में एक जंगली-सा आदमी प्रिंस को पकड़ने के लिए हाथ बढ़ा रहा था।' मैंने खिसियाए स्वर में हँसकर कहा।

“ ‘पगली, क्या उसके हाथ चार गज लम्बे हो जाते?’ बुआ अपनी विराट् छातियों में कछुए की-सी गर्दन की डुबकी मारकर फिर सो गईं।

“ ‘मम्मी, हम उसी ट्रेन में बैठेंगे, वह चलती है, यह नहीं चलती।’ प्रिंस सहसा रोने लगा। क्या अनदेखे अनजान जनक की ममत्व की डोर उसे खींच रही थी?

“...खींचा करे, मैं तो अब विधाता की सुप्रीम कोर्ट में अपने जीवन का सबसे बड़ा मुकदमा जीत चुकी हूँ।”

नलिनी मेरी ओर देखकर मुस्कराई, पर मैं नहीं मुस्करा सकी।

बहुत पहले लखना की रानी का ऐसा ही विचित्र कोर्ट-केस पढ़ा था, जिसकी गुत्थियाँ सुलझाने में सर तेज बहादुर सप्रू और मोतीलाल नेहरू जैसे दबंग अदालती वीरों को पसीना आ गया था, फिर भी फैसला असन्तोषजनक ही रहा था।

यहाँ विधाता ने क्षण-भर में दूध का दूध, पानी का पानी कर दिया था।

मेरे पास पुत्र को छोड़ नलिनी अफ्रीका लौट गई। प्रिंस बोर्डिंग में रहता था, पर मैं उसकी संरक्षिका थी। जब तक नैनीताल रही, हर छुट्टी में आता रहता, फिर हमारी बदली हो गई।

नलिनी के पत्र आते रहते हैं। अभी दस दिन पहले ही एक पत्र आया है–‘प्रिंस जाड़ों की छुट्टियों में अगले सप्ताह मोम्बासा पहुँच रहा है। अब के बुआ ने उसके जन्मदिन के लिए एक अनोखा उपहार रखा है, जानती हो क्या? एक जीता-जागता चिड़ियाघर। बुआ ने भारत से एक प्यारी-सी हथिनी मँगवाई है, मेरी एक रोगिणी के शिकारी पति ने खूँखार चीते का बच्चा ला दिया है, बुआ के खानसामा ने अजदहे का जोड़ा जुटा दिया है। प्रिंस घर आने पर इन सबसे खेलकर कितना खुश होगा!’ मेरी मूर्खा नलिनी, जी में आता है, तुम्हें झकझोरकर रख दूँ।

अफ्रीका के जंगल में घूम-घूम, जंगली चीते, हाथी और अजदहों को पालतू बना सकती हो, पर केवल तुम्हारी अवहेलना से वन्य-पशु बन गए मानव को क्षमा कर तुम पालतू नहीं बना सकतीं? इस उपहार के बिना तो तुम्हारा लखपती प्रिंस सदा पथ का भिखारी बना रहेगा। इसी सोच से विह्वल हो, मैं अपने सन्धानी चक्षु-अश्व, दारागंज, अतरसुइया की संकीर्ण बस्तियों में दूर-दूर तक भगा चुकी हूँ, पर आज तक अपनी सखी के प्रिंस के लिए मैं वह उपहार नहीं जुटा पाई, जो मैं अपनी ओर से उसके जन्मदिन पर देना चाहती हूँ।

उससे अधिक मूल्यवान् उपहार किसी भी पुत्र के लिए भला और क्या हो सकता है!

केया

एक पल को डॉक्टर टंडन स्तब्ध रह गईं। इतने वर्षों पश्चात् विधाता यह कैसी परीक्षा ले रहा था उसकी! उसने कनखियों से इधर-उधर देखा, फिर हाथ में मुड़ी-तुड़ी चिट्ठी को यत्न से खोलकर पढ़ने लगी। यह सचमुच ही ईश्वर की असीम अनुकम्पा थी कि उसे ऐसा एकान्त जुट गया था, नहीं तो इस समय तो उसके कमरे में छात्र-छात्राओं की बहुरंगी भीड़ उसे घेरकर मधुमक्खियों की भाँति गुनगुनाने लगती थी। ब्लैकबोर्ड पर उसी के हाथ का बना 'हम दो, हमारे दो' का चित्र अभी भी धुँधला नहीं पड़ा था, यह तो उसके पिछले दिन का पाठ था। नित्य इसी समय वह फिफ्थ ईयर की क्लास लेती थी, तब क्या आज फिर कोई हड़ताल चल रही थी? कुछ ही दूर पर एक ताड़-सी लम्बी नर्स एक स्टील के भगौने में ऑपरेशन के लिए औज़ार उबाल रही थी। सहानुभूतिपूर्ण तरल दृष्टि से उसे देखकर डॉक्टर नलिनी टंडन ने आँखें फेर लीं। बेचारी लड़की! भाग्य अच्छा होता तो क्या इस समय यहाँ भगौने में औज़ार उबालती? अपने घर के चौके में ऐसे ही दाल उबालती इसी नर्स की अस्वाभाविक लम्बाई क्या स्वयं ही आकर्षक नहीं बन जाती?

"आप बेकार आईं डॉक्टर," उसने एप्रिन से हाथ पोंछकर कहा, "आज हड़ताल हो गई है, मैं तो इमरजेंसी में थी, इसी से आना पड़ा, डॉ. मेनन का ऑपरेशन-डे है न आज!"

"ओह," आश्वस्त होकर डॉक्टर टंडन उठ गईं। अच्छा है, आज उसका ऑपरेशन-डे नहीं है, कहीं होता तो वह क्या करती? मन की जैसी अवस्था थी, उसमें किसी दूसरे की दुखती रग पर क्या वह नश्तर धर पाती? आज तो यह निगोड़ी चिट्ठी स्वयं नश्तर बनी पल-पल उसके कलेजे में धँसती चली जा रही थी। एक लम्बी साँस उसके रँगे होंठों को कँपाती शून्य में विलीन हो गई। चिट्ठी अभी भी उसकी मुट्ठी में बन्द थी। एक बार भी ठीक से वह उसे पढ़ नहीं पाई थी। पहले तो उसने पति की उपस्थिति में ही उसे खोल दिया था, फिर अचानक वह विस्मृत सम्बोधन उसे विषधर की भाँति डस गया था। इस नाम से उसे पुकारनेवाला तो एक ही व्यक्ति था। घबराकर उसने चिट्ठी उसी डाक से आई किसी मेडिकल फर्म की डायरी के बीच दबा दी थी। यह तो अच्छा था कि उसके शक्की पति का ध्यान उस समय अपने नाश्ते पर केन्द्रस्थ था।

"यह कैसी डबलरोटी आ रही है जी आजकल, एकदम खट्टी! और यह कमबख़्त कुबेर क्या स्क्रैम्बल बनाना अभी तक नहीं सीख पाया? इससे तो मैं ऐरोड्रोम में ही ब्रेकफास्ट ले लेता! ठीक भी तो है," वह बड़बड़ाता जा रहा था, "नौकर भी क्या करे, जब मालकिन को ही घर के मालिक की कोई चिन्ता नहीं है! हमारी डॉक्टरनी साहब को सड़ी बच्चेदानियाँ और ट्यूमर निकालने से इतनी भी फुर्सत नहीं मिल पाती कि महीने-भर के लिए बाहर जा

रहे मालिक के अंडे-टोस्ट की ओर देख लें। आज तो शायद तुम्हारा ऑपरेशन-डे नहीं था, इतना तो कर ही सकती थीं!"

किन्तु डॉक्टर नलिनी टंडन, बिना कोई कैफियत दिए, चुपचाप चाय पीती रही थी। कुर्सी ठेलता, प्लेट, काँटे, चम्मच झमाझम इधर-उधर पटकता, उसका बौना बदसूरत पति नेपकिन से मुँह पोंछकर उठ गया था। "मेरी ग्रे जरसी रख दी है न तुमने?" उसने चलते-चलते मुड़कर पूछा तो नलिनी को लगा, उसकी दाईं आँख जैसे और भी भैंगी लग रही है। विवाह के दिन पति की इसी भैंगी आँख को देखकर वह कितना रोई थी, पर फिर धीरे-धीरे श्वसुर-गृह के वैभव के बीच उसी पति का बौना कद, श्याम वर्ण और भैंगी आँख—सबकुछ जैसे कहीं विलीन हो गए थे। बीच-बीच में वह अपने छात्र-छात्राओं की फुसफुसाहट सुनती अवश्य थी। "डॉक्टर टंडन के पति को देखा है तुमने? एकदम रावण है। बेचारी डॉक्टर टंडन!"

नलिनी सबकुछ सुनकर भी अनसुनी कर देती। कई बार वह अपनी छात्रमंडली को आग्रहपूर्वक अपने दर्शनीय प्रासाद में आमन्त्रित कर अपने आतिथ्य के औदार्य से अभिभूत कर देती, जैसे उन्हें दिखा रही हो—पति देखने में रावण है तो क्या हुआ, देखतीं नहीं, मेरे लंकापति की सुवर्ण नगरी का वैभव कैसा है? किन्तु फिर भी शरारती छात्रमंडली बाज नहीं आती। दोनों साथ घूमने निकलते तो 'ब्यूटी एंड बीस्ट' की स्पष्ट फुसफुसाहट नलिनी को सहमाकर रख देती। विवाह के बीस वर्षों में वह अपने पति को सन्तान नहीं दे पाई थी, इसी से मातृत्ववंचिता उस नारी का सौन्दर्य शायद बीस से उन्नीस-भर भी नहीं हुआ था, अभी भी उस खरी खत्रानी के गौर उज्ज्वल वर्ण में कुंठा की एक रेखा तक नहीं उभरी थी। खाने की मेज़ पर क्रोधी पति की नित्य की चख-चख ने उसकी स्वाभाविक क्षुधा का गला कब का घोंटकर रख दिया था। एक दिन भी शायद वह ठीक से खाकर नहीं उठ पाई थी और उसी सीमित आहार ने छरहरे शरीर पर अनावश्यक मांस की परत भी नहीं चढ़ने दी थी। वह अब भी वैसी ही इकहरे शरीर की छरहरी बनी रह गई थी, जैसी बीस वर्ष पूर्व थी और आज उसी बीस वर्ष का बीता अतीत, फटाफट उल्टी लपेटी जा रही किसी फिल्म की भाँति स्वयं फड़फड़ाता उसे पीछे खींच रहा था। नर्स औज़ार लेकर चली गई तो उसने द्वार बन्द कर लिया और चिट्ठी खोलकर पढ़ने लगी। बंगाल की उस जटिल कलात्मक लिपि को पहचानने में उसने भूल नहीं की थी।

केया—

बड़े कष्ट से तुम्हारा पता जुटा पाया हूँ। सोचा था, जान-बूझकर कभी तुम्हारे मार्ग का काँटा नहीं बनूँगा, पर आज इस परदेश की मृत्यु-शय्या पर पड़े-पड़े जब भी आँखें बन्द करता हूँ, केवल तुम्हारी ही अश्रुपूर्ण विवर्ण आँखें दिखने लगती हैं। तुमने उस दिन जयपुरी चुनरी पहनी थी। पीली चूनर में बड़ी-बड़ी लाल बुँदकियाँ थीं। अपने बंगाल की लड़कियों को नित्य ताँत की साड़ियों में देखने की अभ्यस्त मेरी आँखें तुम्हारा वह रूप देखकर चौंधियाँ गई थीं। केवड़े के उस कुंज की सुगन्ध जैसे तुम्हारी उस पीली बाँधनी में रस-बसकर रह गई थी। उसी दिन मैंने तुम्हें यह नया नाम दिया था—'केया'। याद है न, केवड़ा को बँगला में 'केया' कहते हैं? कितना सुन्दर होता है केवड़े का लम्बा पुष्प! उसी पुष्प पर मैंने जेब से पेन निकालकर चंडीदास का पद लिखकर तुम्हें थमाया तो कर्ण-मूल तक फैल गई तुम्हारी कुँआरी पीड़ा का अबीरी रंग मुझे और उन्मत्त कर उठा था। केवड़े के स्निग्ध कलेवर पर लिखी गई वे पंक्तियाँ क्या मैं आज भी भूल सका हूँ?

सोनार कटोरी

कुच युग गिरी
कनक मन्दिर लागे

'मैं स्वयं डॉक्टर हूँ, इसी से छलनामय मृत्यु के आह्ववान को भी ठीक-ठीक पहचान सकता हूँ। वह लाख पंजे दबाती बिल्ली की-सी चाल में आए; पर वह आ रही है, यह मैं निश्चित रूप से जान चुका हूँ। इसी से आज चलते-चलते तारुण्य की विस्मृत सहचरी से अन्तिम बार हाथ मिलाने को मेरी दोनों बाँहें शून्य में फैली जा रही हैं। क्या एक बार मुझे देखने आ सकेगी?"

नीचे अपना स्पष्ट पता देकर उसने उसे चेतावनी भी दे दी थी--'इस दरिद्र रुग्णा डॉक्टर का दारिद्र्य, उसके भयानक रोग की दुर्गन्ध, तुम्हें कहीं देहरी से ही डसकर न लौटा दे, इसी से करबद्ध प्रार्थना है केया, यदि तुम्हारे पहुँचने तक मैं चेतना खो बैठा तो मेरी देहरी से ही मत लौट जाना।'

ओह, वह तो समझती थी कि हृदय का वह गहरा घाव कब का भर चुका है, पर आज चिट्ठी पढ़ते ही उसका कलेजा धड़कने लगा था, जैसे स्वयं देववर्मन उसके सम्मुख हँसता खड़ा हो गया हो। उसके किस रोग की दुर्गन्ध उसे डस सकती थी भला!

उसकी देह की कस्तूरी मृग की-सी सुगन्ध तो वह अब भी आँखें बन्द कर स्मृति के नथुने भींचते ही सूँघ सकती थी। उजला रंग, लड़कियों-सी लजीली हँसी और लम्बोतरा ऐसा चिकना-चुपड़ा चेहरा, जिसे देखकर लगता था, उस पर कभी दाढ़ी-मूँछ उगेंगी ही नहीं। नलिनी के प्रवासी नाना प्रत्येक छुट्टियों मे नलिनी को बड़े आग्रह से बुला भेजते और बंगाल की उस ननिहाल का आकर्षण नलिनी के लिए भी कुछ कम नहीं था। तीनों मामियों की वेशभूषा, साज-सज्जा और बोलचाल में उत्तर प्रदेश एवं बंगाल की संस्कृति का अद्भुत सम्मिश्रण रहता। सफेद सन-से बालों के बीच सिन्दूर की गाढ़ी रेखा खींचकर नानी झूम-झूमकर पढ़ती थीं काशीदासी रामायण। तीनों मामियों के आँचल में बँधे चाबी के गुच्छे, छटाँक-छटाँक-भर सिन्दूर की बिन्दी और हाथ की लोहे की चूड़ी के बीच खनकता शाँखा देखकर वह स्वयं भी प्रवासिनी बन उठती। छुट्टियाँ खत्म होने को होतीं तो वह रुआँसी हो उठती। बंगला उपन्यासों में पढ़ी ज़मींदारों की हवेली की रूपकथा ही जैसे उसके ननिहाल के रूप में साकार हो उठती थी। बड़ी-बड़ी हाँडियों भरे चमचम, रसगुल्ले, बटी से मशीनी गति से सब्जी काट रही मामियाँ, उधर नानी के चौके से आ रहा फ्राई बाग्दी चिंगडी की सोंधी सुगन्ध, काँसे की थालियों में परिपाटी से सजे बेंगुन भाजा और फूली-फूली बंगाल की लूचियों का अपूर्व आमन्त्रण पाकर वह बौरा-सी उठती। और फिर प्रत्येक ग्रीष्मावकाश में ननिहाल आने का एक और भी आकर्षण रहता। और वह आकर्षण था मृगांक देववर्मन—उसके छोटे मामा का सहपाठी। नलिनी के प्रगतिशील ननिहाल में उसके पितृगृह की-सी बन्दिश नहीं थी। वहाँ निरामिषभोजी पिता के चौके में प्याज-लहसुन की छौंक भी वर्जित थी। यहाँ बिना मांस-मछली के मामा गस्सा तक नहीं तोड़ते थे। आए दिन मँझले मामा अपनी संगीतरसिक मित्र-मंडली को निमन्त्रित करते रहते और वहीं नलिनी का प्रथम परिचय हुआ था, मृगांक देववर्मन से। फिर प्रत्येक छुट्टी में वही परिचय प्रगाढ़तर होता चला गया। बंगाल के न जाने कितने वेणुवन, घाट-पोखर, भग्न मन्दिरों के गूढ़ मंडप, वह छोटे मामा के इसी मित्र की साइकिल के पीछे बैठ-बैठकर घूम आई थी। इन्टर की परीक्षा देकर वह उस बार कुछ पहले ही ननिहाल आ गई थी। इस बीच दोनों के बीच नियमित व्यवहार भी चल चुका था। इसी से मृगांक को देखते ही नलिनी ने आँखें झुका लीं और उसी नतमुखी दृष्टि में स्वतःस्फूर्त आत्मसमर्पण की स्पष्ट झलक पढ़ने में मृगांक ने भूल नहीं की।

जीवन में पहली बार किसी रमणी की रमणीयता ने उसे मुग्ध किया था और शायद उस रमणीक व्यक्तित्व का आह्वान उसे अविवेक उदधि की जानलेवा गहराई में डुबाकर भी रख देता, पर इसी बीच नियति ने किसी पटु बधिक की-सी सधी निशानेबाजी से नलिनी को बींधकर दूर पटक दिया।

बंगप्रवासी ज़मींदारों की ऐयाशी, समृद्ध श्वसुर का अनुशासनहीन परिवार बंगालमिश्रित हिन्दी की बोलचाल, यह सब नलिनी के पिता को ज़रा भी नहीं सुहाता था, किन्तु मातृहीन पुत्री को वहाँ न जाने से वह कभी रोक नहीं पाते थे। पर इधर ननिहाल से लौटी पुत्री की गतिविधि में एक नया ही लटका देखकर उन्होंने कान खड़े कर लिए थे। उनसे बिना पूछे ही जब वह होस्टल से सीधी ननिहाल चल दी, तब वह बौखला गए। लड़-झगड़कर वह उस बार उसे साथ ही नहीं लिवा लाए, भाग्य से मिले समृद्ध कुल के एक मित्र-पुत्र के हाथ में अबाध्य सुन्दरी पुत्री का हाथ थमाकर उन्होंने गंगा नहा ली। नलिनी ने तो रो-धोकर घर ही सिर पर उठा लिया था। इतनी लगन से उसने बॉयलाजी लेकर इन्टर किया था कि डॉक्टरी पढ़ेगी, अब क्या खाक डॉक्टरी पढ़ सकती थी वह! उधर अपने कुत्सित बौने पुत्र के पार्श्व में उस लक्ष्मी-सी पुत्रवधू को प्रतिष्ठित कर राजकिशोर टंडन की बाँछें खिल गई थीं। रूप-रंग में सचमुच ही खत्रानी बहू मिली थी उन्हें। चलो, वंश का रूप-रंग सुधरेगा, उनके पिता ने तो केवल धन देखकर ही साँवली, साधारण नैन-नक्श की बहुओं से घर पाटकर रख दिया था, आज उन्होंने पिता की उसी भूल का प्रायश्चित कर लिया था; किन्तु इतना रो क्यों रही थी बेचारी? क्या उनके पुत्र की भैंगी आँख उसने देख ली थी या उसका बौना कद?

"क्यों रो रही है हमारी बहू, समधीजी?" उन्होंने बड़े लाड़ से उसकी झुकी सिसकियों से काँपती पीठ थपथपाकर पूछा था, "यकीन मानिए, हमारे घर की बहुएँ बेटियों की ही-सी आज़ादी से सिर उघाड़े फिरती हैं।"

"नहीं-नहीं, आप इसके रोने की चिन्ता न करें।" नलिनी के मध्यवर्गीय पिता समधी का अटूट वैभव देखकर वैसे ही चकरघिन्नियाँ खा रहे थे, नासमझ पुत्री का रोना देखकर उन्हें बेहद गुस्सा भी आ रहा था, "इसका रोना तो अपनी डॉक्टरी के लिए है। कहती थी, मैं डॉक्टरी पढ़ूँगी। मूर्ख कहीं की! रानी बनकर राज करने जा रही है, बीसियों डॉक्टरनियाँ तो अब इसके यहाँ पानी भरने आया करेंगी..." खोखली-सी हँसी हँसकर नलिनी के पिता ने उसकी पीठ सहलाई थी।

"ओह, तब तुम मत रोओ बेटी! मैं तुम्हें वचन देता हूँ कि तुम्हें डॉक्टरी पढ़ाऊँगा..." उसके श्वसुर ने उसके कन्धे पर हाथ रखकर कहा और उनका वही हाथ, फिर उनकी मृत्यु तक उसके कन्धे से नहीं उठा।

विधुर श्वसुर की पितृतुल्य ममता पाकर वह धन्य हो गई थी। जिस वर्ष उसने मेडिकल कॉलेज में प्रवेश किया, उसी वर्ष सम्भावित मातृत्व की बेड़ियाँ उसके पैरों में खनकने लगी थीं, किन्तु उस मूर्खा ने विधाता का अकृपण हाथ से दिया गया वह अपूर्व दान स्वयं ही लौटा दिया था। पूरे बीस दिन उसे क्लीनिक में रहना पड़ा था और फिर जब वर्षों पश्चात उसने स्वयं विधाता के सम्मुख आँचल फैलाया, तब उस विलक्षण सनकी दानी ने मुँह फेर लिया। फिर भी कभी श्वसुर ने उसे एक पल को भी यह अनुभव नहीं होने दिया कि उसकी सूनी गोद ने उसका मूल्य घटा दिया है। केवल मृत्यु के एक घंटे पूर्व वृद्ध श्वसुर का अब तक यत्न से लगाया गया मुखौटा पल-भर को खिसक गया था।

"बेटी, एक ही इच्छा मन में रह गई," और फिर उनका गला भर आया था। श्वसुर की कौन-सी इच्छा उनके संग चली जा रही है, यह नलिनी खूब समझ गई थी। आज उसने अपनी वह मूर्खता न की होती तो वह चार कन्धों पर हुलसते जा सकते थे। श्वसुर की मृत्यु ने उसे बुरी तरह झटक दिया था। क्रोधी विलासी पति का अस्तित्व उसे जीवन में पहली बार ग्रस्त कर उठा। उतने बड़े मकान के शेर के पिंजरे में अब उस आदमखोर के साथ उसे अकेले ही रहना था। उस सर्कस के अधसीखे क्रोधी सिंह को साधनेवाला अनुभवी रिंगमास्टर उसे हाथ का चाबुक थमाकर सदा के लिए अवकाश ग्रहण कर चुका था। इसी से उसने अब अपने को आकंठ अपनी नौकरी में डुबोकर रख दिया।

पति अपनी कम्पनी की नाना उदार सुविधाओं के बीच, देश-विदेश के सौन्दर्य-तीर्थों में, मनचाही गंगा नहा सकता था। यही नहीं, एक-से-एक सुदर्शन क्षीण कटि की गंगाजली के छलकते गंगाजल से उसका घर आए-दिन पवित्र होता रहता। कभी पति की कम्पनी की एक रिसेप्शनिस्ट आकर सात-आठ दिन बिता जाती, कभी एकाध विदेशी नकली दम्पति की मरीचिका के चमकते निर्मल सैकता को वह हाथ पर चल रही जूँ-सा पकड़ लेती, कभी पाकिस्तान की किसी तस्कर सुन्दरी का उससे परिचय कराकर वह कहता, "हाजी साहब की बेटी हैं जोहरा हसन। बाबूजी के प्रिय मित्र थे हाजी साहब। बड़ी धार्मिक हैं। इस छोटी उम्र में ही मक्का-मदीना जा रही हैं, आठ दिन हमारे पास ठहरेंगी..."

व्यंग्य से नलिनी के होंठ टेढ़े पड़ जाते। बौडी-स्टौकिंग में बँधे मुखर उभार को, तीखी एड़ियों पर साधती वह सिन्धुरागामिनी पूरे आठ दिनों तक उसकी छाती पर मूँग दलती रही थी। सबकुछ देखकर भी नलिनी ने देखे का अनदेखा कर दिया था। इतना वह जानती थी कि एक-न-एक ऐसी ही कोई विजातीय रहस्यमयी सुन्दरी उसके पति को ले डूबेगी। वह स्वयं पति की ओर से उदासीन हो गई थी। इसी से उसे अब निरन्तर विदेशी-प्रवासी पति के विरह का न भय था, न स्वदेशागमन के पश्चात मिलन का उल्लास। तीन वर्षों से, उन दोनों के शयनकक्ष भी एकदम दो सिरों पर थे। उसे कभी-कभी रात को भी मरीज़ देखने जाना पड़ता, और उसके जाने या आने का खटर-पटर सुनकर उसका पति बुरी तरह झल्लाने लगता था, "क्या रात, आधी रात को नींद ख़राब करती रहती हो! कल से अपना कमरा अलग कर लो, समझीं?"

किन्तु नलिनी फिर भी नहीं समझी, तब ही शायद परिस्थिति ने उसे दृष्टान्त सहित सबकुछ समझा दिया था। उस दिन उसका ऑपरेशन-डे तो था ही, उस पर इमरजेंसी की बेगार में भी पकड़ी गई थी। बड़ी रात को वह एक सिजेरियन, एक बीच और एक ट्यूबल प्रैगनेन्सी को निबटाकर घर लौटी तो देखा कि नित्य की प्रतीक्षारता पद्मा कहीं नहीं है। पद्मा मैथ्यूज चार वर्षों से छाया की भाँति दिन-रात उसके साथ रहती थी। मूडी मालकिन के जटिल व्यक्तित्व की एक-एक भाँज को वह खोल-खोलकर समझ चुकी थी। कब डॉक्टर टंडन बोलना पसन्द करती हैं, कब चुप रहना चाहती हैं, कब चाय लेंगी, कब कॉफी, यहाँ तक कि किस दिन कौन-सी साड़ी पहनना चाहेंगी और उसके साथ कौन-सा ब्लाउज़, कौन-सी चप्पल, पर्स, सब वह छाँट-छूँटकर पलँग पर लगा जाती। सरकारी वेतन के अतिरिक्त, उदार स्वामिनी के औदार्य से उसका बटुआ निरन्तर छलकता रहता। रूप न देकर भी उस केरल-कन्या की देह के सौन्दर्य को विधाता ने बड़ी लगन से सँवारा था। वह केवल अपनी अलस चाल से ही किसी भी मनचले पुरुष का दिल बाँधकर कील से जड़ सकती थी। धीरे-धीरे वह चतुरा स्वयंदूती जान गई कि

उदार गृहस्वामिनी की धन की तिजोरी की ही भाँति उसकी सौभाग्य-तिजोरी पर भी खुला ताला, बड़ी लापरवाही से लटका रहता है। एक की कुंजी का गुच्छा तो गुरुनितम्बिनी की कटि में झूलता ही था, अब दूसरी कुंजी की ओर वह स्वयं ही लपक गई। एक दिन आधी रात को नलिनी को मेडिकल कॉलेज जाना पड़ा। वह उस दिन जान-बूझकर ही पद्मा को घर छोड़ गई थी। पति का कदर्य रुचि का वह उस बार स्पष्ट प्रमाण लेने ही शायद उल्टे पैरों लौट आई थी। पद्मा नित्य उसके कमरे में ही सोती थी, किन्तु उस दिन पद्मा के पलँग पर एक सिगरेट-केस पड़ा था। उस सिगरेट-केस का सूत्र पकड़कर वह क्रोध और अविश्वास से काँपती सीधे पति के कमरे में चली गई थी। यही सिगरेट-केस उसकी अपनी पहली तनख्वाह की पति को दी गई पहली प्रेम-भेंट थी।

सामान्य रूप से भिड़ा द्वार हाथ का स्पर्श पाते ही स्वयं खुल गया। नलिनी का पति बेख़बर सो रहा था, उसकी काली-भुजंग-सी बाँह पर सिर धरकर लेटी थी पद्मा मैथ्यूज। नलिनी को अचानक कमरे में देखकर वह हड़बड़ाकर उठ गई। और फिर कुछ ऐसा हुआ, जिसके लिए नलिनी प्रस्तुत नहीं थी। पद्मा सिर झुकाए रोने लगी। नलिनी ने आज तक उसे कभी रोते नहीं देखा था। बड़ी-बड़ी आँसू की बूँदें उसके बंधनहीन वक्ष के लुभावने उभार को भिगोने लगीं।

"जाओ पद्मा, सो जाओ। अपने बिस्तर तुम गोल कमरे में लगा लो। मैं बेहद थकी हूँ। आज अकेली ही सोना चाहती हूँ," नलिनी का कंठ-स्वर कठोर न होकर भी गोलियाँ-सी दाग रहा था। आँखें पोंछती पद्मा बाहर चली गई। एक क्षण को नलिनी अपना मानसिक सन्तुलन खो बैठी। सोये पति को झकझोरने उसकी बाँह आगे बढ़ी, फिर उसने बाँह स्वयं ही पीछे खींच ली और तेजी से बाहर निकल आई।

दूसरे ही दिन अपने निष्कासन के लिए अपने को स्वयं ही प्रस्तुत कर पद्मा ने अपना बोरिया-बिस्तर लपेट लिया था, किन्तु नित्य की भाँति वह चाय की ट्रे लेकर नलिनी के कमरे में गई तो अपनी विलक्षण स्वामिनी को देखकर अवाक् रह गई। नित्य के ही सौम्य स्मित से नलिनी ने उसका स्वागत किया। न डाँट, न डपट, न सुन्दर चेहरे पर एक शिकन। फिर भी पद्मा सिर से पैर तक काँपकर रह गई थी। नलिनी ने एक शब्द भी नहीं कहा, किन्तु उन शान्त झील-सी आँखों की अदर्शी लपटों ने पद्मा को झुलसाकर रख दिया था। एक नारी दूसरी नारी को इससे बड़ी सज़ा और दे भी क्या सकती थी! नलिनी ने अपने पति से एक शब्द भी नहीं कहा। ठीक भी तो था, उसके पति की रुचि क्या एक ही पद्मा तक सीमित थी? चाहने पर भी वह क्या अपनी असंख्य सौतों से जूझ सकती थी? रो-धोकर, चीख-चिल्लाकर, सीन क्रिएट कर क्या लाभ? छलकते दूध के गिलास में मक्खी गिरती देख वह स्वयं यदि नहीं पी सकती तो उसे फेंक ही क्यों दे? जब कोई मक्खी निकालकर उस दूध को पीता चाहती है, तो उसका क्या बनता-बिगड़ता था?

पति से उसकी सामान्य बोलचाल और भी कम हो गई और फिर दाम्पत्य जीवन के उस घुटन-भरे वातावरण से विधाता ने उसे स्वयं ही क्षणिक मुक्ति दिला दी। पति को विदेश जाना पड़ा और भाग्य ने शायद विस्मृत उसके प्रेमी के आह्वान के साथ गुप्त मन्त्रणा कर बम्बई बुला लिया। अपनी उसी यात्रा के बीच, वह मार्ग के उस अपरिचित स्टेशन पर निश्चिन्त होकर उतर सकती थी। उतनी दूर न उसे आत्मीय स्वजनों की सन्धान दृष्टि का घेरा बाँध सकता था, न क्रोधी-शक्की पति का। और यदि कोई मिल भी गया, तो वह यह कहकर उसे घिस्सा दे सकती थी कि वह अपने ननिहाल के पूर्वपरिचित फैमिली डॉक्टर को देखने निकल पड़ी है।

अस्पताल से थकी-माँदी वह अपने कमरे में लौटी और द्वार बन्द कर अपनी धवल शय्या पर पसर गई। इसी एकान्त के लिए तो वह दिन-भर छटपटाती रही थी। बटुए से निकालकर उसने एक बार फिर पत्र पढ़ा, और आँखें मूँद लीं। अद्धी के कुर्ते की ढीली बाँहों के विस्तृत घेरे ने जैसे उसे फिर बाँध लिया। उसके कानों के पास मुँह सटाकर मीठी आवाज़ में गानेवाला उसका सुदर्शन प्रेमी क्या अब बदल गया होगा?

नियें गैछो हिया
की नामे डाकिया
नयने नयन दिया...

उन दिनों, सचिनदेव बर्मन के तरुण कंठ का यही गीत बंगाल के लक्ष-लक्ष तरुण-तरुणियों को मत्त कर देता था। कहते थे कि जब वह कहीं इसे गाते, मुग्ध स्त्रियाँ हाथ की शाँखा चूड़ियाँ निकाल-निकालकर उन पर निछावर कर देती थीं और जब उसी गीत को अविकल वैसे ही सुमधुर कंठ से दुहराकर उसके प्रणयी ने उसे बाँहों में घेर लिया, तो उसने बंगाल की सधवाओं की शाँखा से भी अधिक मूल्यवान वस्तु उस सुकंठी गायक पर निछावर कर दी थी। खजूर के एक-दूसरे से लिपटे दो मिथुन वृक्षों के पीछे डूब रहे सूर्य ने उस लोहितवर्णी सन्ध्या को किसी अनुभवी रंगमंच संचालक की दक्षता से ही, अबीरी बनाकर छोड़ दिया था, केवड़े के उस सुवासित झुरमुट के पास ही लाल मिट्टी की चट्टान पर बैठी, उस विजातीय भुवनमोहिनी षोडशी के देवदुर्लभ सौन्दर्य को देखकर मृगांक देववर्मन पागल हो गया था। ऐसा रंग क्या बंगाल में दीया लेकर खोजने पर भी कहीं मिल सकता था? न जाने कितनी देर तक दोनों एक-दूसरे की बाँहों में खोए, बिना एक शब्द बोले बैठे ही रह गए। फिर हड़बड़ाकर नलिनी ही पहले उठी थी।

"बाप रे बाप, नानी क्या कहेंगी! इतनी देर हो गई, वह भी इस केया वन में! यहाँ तो सुना है कि एक-एक पेड़ पर केउटे साँप लिपटे रहते हैं।"

उसने कहा था, "अपनी नानी से कहना नलिनी, आज एक भयानक केउटे साँप ने उनकी सुन्दरी नातिन को भी डस लिया है और उसका विष अब संसार का कोई ओझा नहीं उतार सकता। क्यों है न?"

उसे फिर खींचकर मृगांक ने उसी चट्टान पर बिठा दिया था और न जाने कब तक वह उन पीन भुजदंडों के बीच आँखें बन्द किए काँपती पड़ी रही थी। फिर स्वयं मृगांक ने ही उसे बड़े यत्न से बाँहों का सहारा देकर खड़ी कर दिया था, "चलो नलिनी, घर चलें।" उसने कहा तो नलिनी के पैर काँपने लगे थे। उसे लगा कि वह गिर पड़ेगी। कैसी नादानी कर बैठी थी वह! कहीं कुछ हो गया तब? नानी, तीनों मामियाँ, मामा उसका चेहरा देखकर ही क्या नहीं समझ जाएँगे? अंगारे-से दहकते गालों के उस गुलाबी रंग को क्या वह छुरी से छीलने पर भी छुटा पाएगी?

किन्तु घर पहुँची तो नानी, मामियाँ, मामा, सब अचानक सर्पदंश से हो गई प्रतिवेशी किशोर की आकस्मिक मृत्यु का समाचार पा, मोटर लेकर चले गए थे। बूढ़ा चौकीदार द्वार पर ऊँघ रहा था। "देखो नलिनी, ईश्वर कितना समझदार है! अब तुम्हीं बताओ, इतनी बड़ी कोठी में भला एक सुन्दरी कुँवारी लड़की को मैं अकेली छोड़कर कैसे जा सकता हूँ? आख़िर, मित्र परिवार के प्रति मेरा भी तो कुछ कर्तव्य है।" उसका धृष्ट दुस्साहसी प्रेमी एक बार फिर उसके काँपते अधरों पर झुक गया था।

परदुःखकातर मामा, नानी और मामियाँ आँचलों की चाबियों के गुच्छे खनकाती लौटीं तो उनके शोक-विह्वल चेहरों पर किसी प्रकार की जिज्ञासा नहीं उभरी, न किसी ने उससे यह पूछा कि वह कहाँ गई थी और न किसी को यह जानने की ही उत्सुकता थी कि वह इतनी देर में कहाँ से लौटी। उलटे नानी मृगांक को देखकर आश्वस्त ही हुई थीं। "ठीक किया बेटा, तुम रुक गए। बेचारी लड़की इतनी बड़ी कोठी में अकेली घबराती।" ननिहाल का यही अविवेकी औदार्य शायद उसे ले डूबता पर इसी बीच पिता उसे पंजे में दबोचकर उठा ले गए थे। ट्रेन की खिड़की से सिर बाहर निकाले, वह आँखें पोंछती, तेजी से पीछे छूटे जा रहे बंगाल के सुरम्य घाट, पोखर और ताड़ के वृक्षों को देखती रही थी। साड़ियों के बीच यत्न से सँजोई केवड़े की वह कोमल पत्ती ही उसके संक्षिप्त प्रेम-प्रकरण के फटे पृष्ठ फड़फड़ा रही थी। दोनों ओर आरी के दाँत-से नन्हे-नन्हे काँटों के बीच लिखी गई उन पंक्तियों को वह जितनी ही बार पढ़ती, उतनी ही बार उसकी आँखें आँसुओं से धुँधली हो जातीं।

समय के साथ-साथ जब वही कोमल पत्ती सूखकर खंजर-सी तीखी हो गई थी, हाथ में लेते ही उसकी कटारी-सी तीक्ष्ण धार चुभने लगी थी। नलिनी ने बम्बई-यात्रा के लिए सूटकेस निकाला तो साड़ियों के बीच उसे भी रख लिया। क्या पता, वह सचमुच ही मृत्यु शय्या पर हो! कम-से-कम इस सूखे पर्ण का प्रमाणपत्र दिखा तो सकेगी उसे—'देखा मृगांक, मैं भी तुम्हें नहीं भूली हूँ।'

चलने से पहले वह बड़ी देर तक अपना प्रतिबिम्ब देखती रही थी।

ओफ, इधर कैसा चेहरा हो गया था उसका! सूखकर एकदम काठ। पद्मा-कांड ने उसे इधर भीतर भी झकझोर दिया था। सौत तो आटे-चून की भी बुरी होती है, फिर यह जीती-जागती सौत, दिन-रात उसकी छाती पर मूँग दले जा रही थी। पतली नाक पर उसने पफ फेरा तो स्वयं आश्वस्त हो उठी। यह अब भी निःसन्देह उसका सर्वोत्तम नक्श था। किन्तु शरीर की लुनाई को भी क्या वह सँजोकर रख पाई थी? क्रोधी, कामी, हृदयहीन पति ने क्या उसके यौवन का मधुपात्र किसी वैम्पायर की भाँति सोख नहीं लिया था? उसके सौन्दर्य का अब एक ठूँठ-सा अवशिष्ट रह गया था। चेहरे की बची-खुची श्री उसके मरीज़ों ने हर ली थी और उसका भी जो शेष था, वह कुंठित मेट्रेन-नर्सों ने, लड़ती अस्पताल की ज़मादारनियों, छोकरे डॉक्टरों और अधूरी डॉक्टरनियों के नित्य नवीन प्रणय-प्रसंगों ने चाट-चूटकर रिक्त कर दिया था। वह होस्टल सुपरिन्टेंडेन्ट भी तो थी; किन्तु बनने-सँवरने पर अब भी डॉक्टर नलिनी टंडन, राह-चलते लोगों की दृष्टि को अनायास ही बाँध सकती थी। वह उन भाग्यवती गत-यौवनाओं में से थी, जिनका यौवन जाते-जाते भी उनका आँचल पकड़कर ठिठक जाता है।

आज उसका वही कालजयी सौन्दर्य उसे आश्वस्त कर उठा। ट्रेन चली तो उसने अपना हलका-फुलका सूटकेस किनारे खिसकाकर पैर फैला लिए। कानपुर तक वह अकेली ही रहेगी, यह जानकर उसे प्रसन्नता ही हुई। न जाने कितनी बार उसने बटुए से निकाल-निकालकर विस्मृत प्रेमी के पत्र को पढ़ डाला। कानपुर आया और अपनी रिजर्वेशन स्लिप ढूँढ़ती, उसकी सहयात्रिणी अपनी दो पुत्रियों और चुलबुले पुत्र को लेकर आँधी-सी उसके डिब्बे में घुस आई। साथ ही कनस्तर, विदेशी बिल्ले चिपके बदरंग अधेड़ सूटकेस, विराटकाय लम्बोदर होल्डाल से कमरा खचाखच भर गया। एक क्षण में नया झकाझक चमकता कम्पार्टमेन्ट अस्तबल बनाकर रख दिया था उस परिवार ने। नलिनी के मन की जैसी क्षत-विक्षत अवस्था थी, उसमें ऐसे बहुरूपी परिवार के लम्बे सान्निध्य की कल्पना उसे सहमा गई। वह स्वयं स्वभाव से ही सुघड़

थी, अव्यवस्था देखकर उसका तन-बदन सुलग उठता था, चाहे घर हो या अस्पताल, वह धूल की सामान्य परत या कागज का इधर-उधर बिखरा एक छोटा टुकड़ा भी नहीं देख सकती थी। किन्तु अचानक डिब्बे में घुस आई उस लापरवाह महिला को इधर-उधर फैले अपने सामान की कोई चिन्ता नहीं थी।

बच्चों को बैठाकर उसने उन्हें तीन केले थमा दिए और स्वयं नीचे उतरकर स्टेशन छोड़ने आई अपनी माँ को, धाराप्रवाह पंजाबी में डाँट-डपटकर समझाने लगी। गाड़ी वहाँ अब और कुछ ही मिनट रुकेगी—सुनकर, वह और भी तेजी से बोलने लगी थी। "ऐसे काम नहीं चलेगा बीबीजी, तुम जितना दबोगी, तीनों भाई तुम्हें उतना ही दबाएँगे, समझीं? तुम कोई भीख नहीं माँग रही हो, अपना हिस्सा माँग रही हो!"

माँ निःशब्द खड़ी रोती चली जा रही थी। बीच-बीच में, अपने रेशमी सूट की सलवटें ठीक करती, वह जालीदार दुपट्टे को आँखों पर रखकर, सुबकने लगती। गाड़ी ने सीटी दे दी थी, और पुरुष यात्री भी, धीमी गति से स्टेशन छोड़ रही गाड़ी पर चढ़ने लगे थे, पर वह मर्दानी औरत, अभी भी अपनी माँ को दुनियादारी की बारहखड़ी रटा रही थी।

"ममी, ममी, गाड़ी चल दी है, जल्दी चढ़ जाओ।" उसके तीनों बच्चे घोंसले से चोंच निकाले चिड़िया के बच्चों-से चहकने लगे; पर वह बड़े धैर्य से, माँ की पीठ सहलाकर, चलती गाड़ी में एक छलाँग लगाकर चढ़ गई। लगता था, उसे ऐसी चलती गाड़ी में चढ़ने का अभ्यास है।

"आप भी क्या बम्बई जा रही हैं, भैनजी?" उसने हँसकर पूछा।

डॉक्टर टंडन ने केवल सिर हिलाकर स्वीकृति दी, और चेहरे पर अख़बार का तम्बू तान लिया, किन्तु उस वाचाल महिला को चुप करना हँसी-खेल नहीं था। पल-भर में ही वह खोद-खोदकर डॉक्टर नलिनी टंडन की यात्रा के विषय में सब जान चुकी थी। नलिनी डॉक्टर है, बम्बई किसी फैमिली-प्लानिंग सेमिनार में भाग लेने जा रही है, यह जानकर वह बड़ी उत्सुकता से खिसककर, उसी बर्थ पर बैठ गई। "वाह, यह तो बड़ा अच्छा हुआ। भाग्य से आपका साथ मिल गया था। मैं सोच ही रही थी कि कभी कोई आप जैसी नरम डॉक्टरनी मिले तो राय लूँ। वैसे आम तौर पर डॉक्टरनियाँ ऐसी रूखी होती हैं कि कुछ पूछिए मत..."

नलिनी सिर झुकाए अख़बार पढ़ती रही, किन्तु उसकी उदासीनता ने उस महिला को हतोत्साहित नहीं किया, वह फिर धीमे स्वर में फुसफुसाई, "क्यों भैनजी, लूप के बारे में आपका क्या खयाल है? मैंने तो जब से लगाया है बराबर तकलीफ़ रहती है!" माँ की धीमे स्वर की फुसफुसाहट सुनकर उसके चुलबुले पुत्र की अकाल-परिपक्व आँखें चमकने लगीं, और वह भी अपनी सीट छोड़कर माँ से सटकर बैठ गया। स्वास्थ्य-सम्बन्धी प्रश्नोत्तरी अधूरी ही छोड़कर, वह महिला अपने पुत्र की फरमाइश पूरी करने को खाने की कनस्तरी खोलने लगी।

नलिनी का दिल डूब गया। लम्बी यात्रा में वर्षों के भूले-बिसरे रोमांस को आँखों में मूँदकर फिर से एक बार देखने के सारे सपने चूर-चूर हो गए। ऐसी सांघातिक क्षुधा से बुभुक्षित ऐसा स्वस्थ परिवार उसने पहले कभी नहीं देखा था।

"आप भी कुछ लीजिए न!" उसने एक प्लेट में साथ लाई गई नाश्ते की सामग्री सजाकर नलिनी की ओर बढ़ाई।

"नहीं जी, धन्यवाद। मुझे ज़रा भी भूख नहीं है।" नलिनी का स्वर कुछ रूखा ही था; किन्तु उसकी रुखाई इस बार भी उस महिला की तेल लगी और गैंडे की-सी खाल पर फिसलती धरा पर छिटक गई।

"जी, ट्रैवलिंग के दो ही तो मज़े हैं, खाना और सोना।" दो-दो उबले अंडे, दो पुष्ट पंजाबी पराँठों की स्वस्थ तहों को भींच उसने अपने खरगोश जैसे दाँत गड़ा, खींस निपोर दिए।

"ममी, नानीजी ने बिस्कुट भी तो रखे थे, और केक..." पुत्र ने मक्खन की आधी टिकिया मुँह में ऐसे ठूँस ली कि स्वर अवरुद्ध होकर आँखें बाहर को निकल आईं। नानीजी ने केक-बिस्कुट ही नहीं, लगता था, कानपुर की कोई छोटी-मोटी बेकरी ही आनन-फानन उस कनस्तरी में ठूँस दी थी। अंडे, पराँठे, रेवड़ी, गजक, बिस्कुट, केक भकोस, बकरा खाए अजगर-से ही बच्चे, इधर-उधर पसर गए तो वह अपनी चौड़ी हथेली में, सौंफ-सुपारी का मैत्रीपूर्ण प्रस्ताव लिए, फिर नलिनी की ओर बढ़ आई। इस बार नलिनी जैसे हार गई।

"आप क्या बम्बई घूमने जा रही हैं?" नलिनी ने पूछा, और उसी प्रश्न का प्रश्रय पाकर उसकी सहयात्रिणी ने उसे अपने पूरे क्रेडेंशियल थमा दिए। उसका नाम मिसेज कोचर है, वह स्वयं बम्बई के रिजर्व बैंक में काम करती है, कानपुर में उसका मायका है, भारत-विभाजन के उन्हीं शरणार्थियों में उसके मायके का परिवार भी भारत आया, जिनका सबकुछ वहीं रह गया था। "आँवले की चटनी से रोटियाँ खा-खाकर हमने दिन काटे जी, आज कानपुर में लाखों का बिजनेस है। पापाजी नहीं रहे, इसी से वही बिजनेस अब बीबीजी की दुश्मन बन गई है। भाइयों में दिन-रात झगड़ा चलता है, बीबीजी बेहद सीधी हैं और दोनों भाई इन्हीं की सिधाई का फायदा उठाकर पूरी जायदाद हड़पना चाह रहे थे। यही ख़बर पाकर, मैं कानपुर आई थी। मेरे पति तो इन बातों में कोई दिलचस्पी नहीं लेते।"

और फिर वह एक लम्बी साँस लेकर, कनखियों से नलिनी की ओर देखने लगी, जैसे उसकी उत्सुकता का सामान्य-सा आभास पाते ही वह, उसे अपनी सम्पूर्ण आत्मकथा थमा देगी; किन्तु नलिनी ने चश्मा उतारकर आँखें बन्द कर ली थीं। उसका अशान्त मन, स्वयं ही उसे स्मृति की किन-किन अन्धी सुरंगों में, अँगुली पकड़-पकड़कर घुमाने लगा था। उस कोमल गुदगुदे बर्थ पर लेटी वह जैसे 38 वर्ष की डॉक्टर नलिनी टंडन नहीं, 22 वर्ष पूर्व की षोडशी नलिनी बन गई थी, विपन्न स्मृति, तीव्र गति से घुरनियाँ खिलाती उसे नैहाटी, राजघाट, कृष्णानगर छोड़ती, बरहमपुर लिए जा रही थी, जहाँ ननिहाल की विक्टोरिया में गाड़ीवान नूरअली के पार्श्व में बैठे छोटे मामा, और छोटे मामा से सटकर बैठा मृगांक बार-बार हाथ नीचे लटकाकर उसकी हिलती वेणी खींच लेता था। आकन्द के झुरमुट, वेणुवन की लम्बी कतार, जिनको चीरती सुर-सुर करती बंगाल की दक्खिनी वातास, वंशी-सी बजाती उसकी लटों को छू जाती।

"क्यों री भानजी, हमारे लिए लखनऊ की रेवड़ी-गजक लाई है न, और संदीला के लड्डू?" कोचवान के पास बैठे मामा वहीं से चीखकर पूछते।

"हाँ, हाँ, सब लाई हूँ मामा?" नलिनी हँसकर कहती। लाल कागज में बँधी हंडियाँ, कम-से-कम एक दर्जन लानी पड़ती थीं उसे। लाल पथरीली सड़क पर खड़खड़ाती विक्टोरिया तेजी से भागने लगती तो वह खिड़की से हाथ बाहर निकाल, किनारे बैठे प्रणयी के अद्धी के कुर्ते का छोर पकड़कर खींच देती। वही सिगनल पाकर, तरुण प्रेमी की लम्बी अँगुलियाँ, कुर्ते का छोर थामे, सुर-सुन्दरी की नाजुक हथेली को थाम उसे मूक प्रणय-पगा आश्वासन दे उठतीं। चार मील की उस यात्रा के बीच, विभिन्न प्रान्तों के वे दोनों हाथ, एक-दूसरे से गुँथे चले जाते। और फिर एक दिन उसी विक्टोरिया में कठोर पिता के पार्श्व में सहमी नलिनी, गुमसुम बैठी स्टेशन चली जा रही थी। इस बार कोई भी उसे छोड़ने नहीं आया था। तीनों सालों, वृद्धा सास और ससुर से लड़-झगड़कर ही विधुर जामाता पुत्री को अपने साथ खींच ले गए थे। इसके बाद

वह कभी ननिहाल नहीं जा पाई। उसे लगता था, मँझली मामी ने ही उसके पिता को पत्र लिखकर चुगली खाई थी। बड़ी मामी, एकदम निरीह और भोली थीं, छोटी मामी उसकी समवयसिनी थी और मामी से अधिक उसकी सहेली थी। मँझली मामी को, उसका देववर्मन के साथ साइकिल पर बैठकर इधर-उधर घूमना, फूटी आँखों नहीं सुहाता था।

"पता नहीं, बुढ़ापे में माँ भी कैसी सठिया गई हैं।" वह मँझले मामा से एक दिन कह रही थीं—"दिन डूबे तुम्हारी लाडली भानजी, उसी मुए मृगांक की साइकिल पर बैठी इधर-उधर घूमती है। सुना, हरि बाबू के पोखर में तैरना भी सिखा रहा है राजनन्दिनी को। ठीक है भई, हमारा क्या, घर की कुँवारी लड़की तुम लोगों के पास आई है, कल कुछ हो गया तो तुम्हीं लोगों की नाक कटेगी।"

और शायद उन्हीं की दूरदर्शिता ने मामा की नाक बचा दी थी। वह तो बहुत बाद में कटी, जब फूँक-फूँक कदम रखनेवाली मँझली मामी की पुत्री चौधरी जिया उल हसन के बेटे उस्मान उलहसन के साथ ढाका भाग गई। और फिर देखते-ही-देखते नलिनी की ननिहाल की सुवर्ण लंका कैसे भस्म हो गई थी! अब तो शायद खाक भी नहीं बची थी। तीनों मामाओं को, नेत्रहीना नानी के सामने ही उनकी प्रासादोपम हवेली के खम्भे में बाँधकर, नक्सलपंथियों ने गोली से भून दिया था। उनका अपराध था, उनकी जोतदारी समृद्धि का अटूट वैभव। यही नहीं, उनकी छाती में लेखनी डुबा, उन दीवारों पर उन्हीं के रक्त से वे लिख गए थे

'आमरा विप्लव चाई,
लाल सेलाम...'

चलते-चलते उन्हीं में से एक दयालु हत्यारे ने नानी को भी गोली मार ठंडा कर दिया, तीनों मामियों का आज तक पता नहीं लग पाया था। ये सब समाचार उसे नूरअली कोचवान के बेटे अमीरअली ने ही दिए थे। वह लखनऊ के किसी होटल में काम करता था और बीच-बीच में नलिनी से मिलने चला आता था।

ननिहाल का वंश तो निर्मूल हो ही चुका था, पर देववर्मन? अमीरअली से उसने एक बार पूछा भी था, पर वह भी उसके विषय में कुछ नहीं बता पाया। तब कहाँ चला गया था वह? क्या इतने वर्षों में वह उसे एक पत्र भी नहीं लिख सका? निश्चय ही उसने विवाह कर लिया होगा। ऐसा सुदर्शन पुरुष क्या कभी कुँआरा रह सकता था! व्यंग्य से नलिनी के होंठ टेढ़े हो गए। गाड़ी किसी बड़े स्टेशन पर रुक गई थी—नासिक रोड। ओह, यही स्टेशन तो था वह! उसने पूरा नक्शा खींचकर ही तो भेजा था। फलाँ सड़क पर पपीते के पेड़ों से घिरा पीला बँगला, खपरैल की छत है, और आँगन में खड़े अधजले पीपल के विराट् वृक्ष की शाखा-प्रशाखाएँ दीवार तोड़कर एक ओर लटक आई हैं। बाहर एक बड़े-से बोर्ड पर ददुगजकेसरी का विज्ञापन है। नलिनी हड़बड़ाकर खिड़की से झाँकने लगी। क्या पता ऐसे ही स्टेशन टहलने चला आया हो, फिर दूसरे ही क्षण अपनी बचकानी काल्पनिक उड़ान पर उसे स्वयं हँसी आने लगी। कैसी मूर्खा थी वह! उसने लिखा था कि वह मृत्यु-शय्या पर पड़ा है, यहाँ कैसे चला आ सकता था?

"क्यों बहिनजी, चाय-शायवाला दिखा कोई? यहाँ का बटाटा बड़ा गर्म-गर्म बड़ा अच्छा लगता है, लोगी क्या?"

बिना उसके उत्तर की प्रतीक्षा किए उसकी सहयात्रिणी, देखते-ही-देखते धम्म से नीचे कूदकर पास ही की दुकान से दो हाथों में धुआँ छोड़ते गर्म बटाटे बड़े के दोने ले आई। "अरे, यह भी नहीं लेंगी? चखिए न!" नलिनी ने इस बार भी उसका निमन्त्रण स्वीकार नहीं किया,

किन्तु फिर भी उस आनन्दी महिला का चेहरा मलिन नहीं हुआ। जान-बूझकर ही नलिनी खिड़की थामे तब तक खड़ी रही, जब तक गाड़ी ने क्रमशः गति तीव्र कर, स्टेशन बहुत पीछे नहीं छोड़ दिया।

भीतर गई तो पत्ते चाट-चूटकर कोचर-परिवार, सुराही रिक्त करने में जुटा था। लम्बी यात्रा की थकान से अब उनके उत्फुल्ल चेहरे, कुछ-कुछ फीके पड़ने लगे थे। नासिक बहुत पीछे छूट गया था, पर नलिनी का कलेजा अब भी धड़क रहा था। मिसेज़ कोचर, एक बार फिर, उसका सिर चाटने बैठ गई थी। लम्बी यात्रा के बीच सहयात्री, एक-दूसरे के प्रति कितने उदार हो जाते हैं, इसका अनुभव पहली बार नलिनी को हुआ। और कहीं, ऐसी बकर-बकर करनेवाली महिला उसे मिलती, तो वह उसे 'स्नब' कर देती, किन्तु आज उसकी बकर-बकर भी उसे बुरी नहीं लग रही थी। चटपटे बड़े की मिर्च-मसाले की चुटकियों ने मिसेज कोचर की तीखी जिह्वा को और भी प्रगल्भा बना दिया था। कुछ ही देर में वह नलिनी को बता चुकी थी कि वह अपने वैवाहिक जीवन से असन्तुष्ट है।

"दिल्ली में भैनजी, मैंने इतनी बड़ी कोठी एल.आई.सी. से लोन लेकर, अपनी ही हिम्मत से खड़ी कर दी। ऐसे ही मैंने नौकरी के लिए भी ससुरालवालों से झगड़ा मोल लेकर कमर कसी थी। न कसती तो आज मेरे ये बच्चे, ऐसी फर्राटे की अंग्रेज़ी बोल सकते?" गर्व से उसने अपने तीनों बच्चों को एक बार देखकर चट दृष्टि फिरा नलिनी के सुन्दर गम्भीर चेहरे पर निबद्ध कर दी।

"जितनी बार नौकरी के लिए इनसे कहती, ये भड़क जाते। कहते—हमारे घर के मर्द औरतों की कमाई पर नहीं पलते; पर मैंने इनके घर की औरतों का पालन देख लिया था जी! मैंने एक दिन चुपचाप एप्लाई कर दिया। क्वालिफिकेशन भी तो मेरी ऐसी-वैसी नहीं थी। इकानामिक्स में एम.ए. में फर्स्ट क्लास ली थी, चट से इंटरव्यू के लिए बुला ली गई और पट से छाँटी भी गई, मैंने सोचा, अब ज़रूर हंगामा होगा। पर ये दफ्तर के लिए तैयार हुए तो बोले—'तुम भी तैयार हो जाओ, तुम्हें भी तुम्हारे दफ्तर छोड़ दूँगा।' मैंने तो ये देखा है भैनजी," वह अपना अनुभूत नुस्खा, नलिनी को थमाती, तक़िया ऊँचा करके बैठ गई, "मर्दों से किसी मनचाही बात के लिए लाख गिड़गिड़ाकर मिन्नतें कर लो, कभी सीधे मुँह से हाँ नहीं कहेंगे। अगर हिम्मत करके अपनी मनचाही कर लो, तो खुद ठंडे पड़ जाएँगे। अब दस साल से ठाठ से नौकरी कर रही हूँ, एक मकान बनवाकर दो हज़ार रुपये महीने पर किराये पर उठा दिया है; एक फ्लैट बम्बई में ले लिया है, बच्चे अच्छे अंग्रेज़ी स्कूलों में आला तालीम पा रहे हैं, अपना शौक अपने पैसों से पूरा करती हूँ। पर दुःख एक ही बात का है भैनजी, मर्द की जात ही मतलबी होती है; मतलब साधा और पीठ फेर ली। अब इतनी बड़ी कोठी बनवाने में मैंने कौन-कौन-से दुख नहीं झेले! फरेबी ठेकेदार ने झूठे दस्तखत का जाल बिछा, मेरी मिट्टी पलीद कराने में कोई कसर छोड़ी थी! दो हज़ार मज़दूरों का घेराव करा मेरे नारे लगवा दिए थे मुए ने—सुशीला देवी मुर्दाबाद! उधर उसी रात की गाड़ी से मेरा बम्बई का रिजर्वेशन हो चुका था, पर मैंने भी हिम्मत नहीं हारी। बच्चों का हाथ पकड़ा और पिछवाड़े के दरवाज़े में ताला मारकर, बाहर निकल गई। दो कदम पर एक विदेशी राजदूत की कोठी थी, वहीं घुस गई। भाग्य से वह राजदूत अपने लॉन में ही टहल रहा था। मुझे देखा तो चट से बढ़ आया। मेरे चेहरे पर हवाइयाँ उड़ रही थीं। मेरी कहानी सुनी तो बच्चों के साथ मुझे भीतर ले गया। वहीं से फोन कर मिनटों में पुलिस का घेरा डलवा दिया। यही नहीं, हमें अपने साथ डिनर खिलाकर, खुद स्टेशन पहुँचा गया। एक

हमारे हिन्दुस्तानी पड़ोसी भी थे, जिन्होंने नारे सुने तो खिड़कियाँ, दरवाज़े बन्द कर, दरारों से तमाशा देखने लगे। और एक यह अनजान विदेशी था, जिसने विपत्ति में हमारी बाँह थाम ली। पर परायों को क्या दोष दूँ भैनजी, यहाँ तो अपना सोना खोटा निकला। ऐसी-ऐसी मुसीबतें झेलती घर पहुँची तो देखा, मेरे पति आराम से चादर ताने सो रहे हैं। मैं बहुत कम रोती हूँ, पर उस दिन तो मैं इतना रोई कि मेरी हिचकियाँ बँध गईं।''

पति की उस अतीत की उदासीनता का स्मरण कर, सहसा उसकी आँखें गीली हो आईं। चश्मा उतारकर, वह काँच पोंछने लगी तो नलिनी ने देखा, अब तक मोटे लैंस में छिपी वे बड़ी-बड़ी आँखें सचमुच ही शरबती थीं और पलकें लम्बी-लम्बी थीं। निश्चय ही वह यौवनकाल में आकर्षक रही होगी। फिर वह चश्मा पोंछती हृदयहीन पति की और भी अन्तरंग परतें उधेड़ने लगी, ''मुझे तो लगता है भैनजी, जैसे-जैसे मर्द की उम्र बढ़ती है, उसकी शौकीनियाँ भी बढ़ने लगती हैं। कभी-कभी तो मैं तंग आ जाती हूँ। बच्चे सयाने हो गए हैं, फिर आप तो जानती हैं, बम्बई में फ्लैट क्या दो-तीन बेडरूम की सुविधा देते हैं? ले-देकर एक ही बेडरूम है।''

वह और भी मुखरा बनी शायद नलिनी को अपने वैवाहिक जीवन की प्रत्येक समस्या समझाने पर तुली जा रही थी कि उसका लड़का धम्म से नीचे कूद आया। ''मम्मी, हम सुबह छः बजेवाली बेड-टी लेंगे। आपने बैरे से कह दिया है न! और हमें अभी भी भूख लगी है...''

''जब देखो, तब मरे को भूख ही लगी रहती है, हाय, ये कोई वक़्त है भूख का! चल, सो जा ऊपर।''

पर उसके जिद्दी पुत्र ने स्वयं ही नानीजी की उदार कनस्तरी खोलकर बिस्कुट का पैकेट निकाला, और बन्दर जैसी फुर्ती से उचककर ऊपर चढ़ गया।

''देख रही हैं न? ये ही हाल लड़कियों का है। पता नहीं, कैसा ज़माना आ गया है! बोर्डिंग में हम भी रहीं भैनजी, पर मजाल है जो कभी वीनाजी के आँख के इशारे बिना उठी-बैठी हों! एक चवन्नी खरचने में भी कलेजा दरकता था और एक ये हैं! नित्य नये कपड़े, वह भी ऐसे फकीरों की कम्पनी से अल्लम-गल्लम। किसकी चोटी किसका तेल, एक तो मुई बम्बई के सब स्कूलों में कोएड की भीड़ है, इसी से बच्चे और बहक गए हैं। मैं इनकी उम्र की थी तो चोटी कूल्हों तक लटकती थी और इन्हें, देखिए, एकदम हरिद्वार की जोगिनें बनी फिर रही हैं, उधर लड़कों के बाल देखिए तो कन्धे तक अयाल लटकाए चले जा रहे हैं। आप तो डॉक्टर हैं, सच बताइए, आपको नहीं लगता कि आजकल लड़के जनाने और लड़कियाँ मर्दानी बनती जा रही हैं?''

इस बार नलिनी हँसी नहीं रोक पाई।

पर मिसेज़ कोचर को उसकी हँसी अच्छी नहीं लगी। ''आप हँस रही हैं, पर देख लीजिएगा, वह दिन भी दूर नहीं है, जब ये मुए लँडूरे, साड़ियाँ पहने कूल्हे मटकाते इधर-उधर डोलेंगे। मैं तो कहती हूँ, आज जिसके बच्चे नहीं हैं, वही सुखी है भैनजी!'' वह लम्बी साँस खींचकर कहने लगी, ''मेरी बीबीजी कहा करती थीं कि औलाद भी कभी-कभी माँ की 'हौलात' बन जाती है। मुझे लगता है, मैं भी बीबीजी की तरह अपनी औलाद की हवालात में बन्द होती जा रही हूँ।''

वह फिर शायद नलिनी की ओर से कोई हुंकारा न पाकर, अपनी पंजाबी सन्ध्या गुनगुनाती, पीठ फेरकर लेट गई। गाड़ी गहन अन्धकार को भेदती, धड़धड़ाती चली जा रही थी। गज-भर की दूरी पर लेटी मिसेज़ कोचर के पार्श्व-परिवर्तन को देखकर नलिनी समझ गई कि उसे नींद

नहीं आ रही है। स्वार्थी पति की अन्यायपूर्ण उदासीनता, जैसे दोनों को समान रूप से एकसाथ डंक दे रही थी। कैसा आश्चर्य था, कि जिसे कल तक नलिनी जानती भी नहीं थी, वही उसे अपने जीवन की परम अन्तरंग घटनाएँ किस विश्वास से सुनाती चली गई थी, किन्तु दोष क्या उसका था? एक तो लम्बी यात्रा का एकान्त सहयात्रियों को बड़ी सहजता से मैत्रीसूत्र में जकड़ लेता है, उस पर वे दोनों स्त्रियाँ थीं। सामान्य-सा परिचय भी एकान्त के साहचर्य में दो स्त्रियों को ऐसे घुल-मिला देता है, जैसे वे वर्षों की पूर्वपरिचित हों। अपने हृदय के अन्तरतम कक्ष की कुंजी फिर दूसरी को थमाने में नारी नहीं हिचकती, ऐसा निष्कपट आत्म-निवेदन, कभी किसी पुरुष के लिए सम्भव नहीं होता। पुरुष क्या स्वभाव से ही सजग शंकालु नहीं होता? गहन मैत्री या पतिव्रता पत्नी का एकनिष्ठ प्रेम भी क्या उसे पूर्ण रूप से कभी आश्वस्त कर सका है? जहाँ प्रिय वाक्य प्रदानमात्र से ही किसी नारी का विश्वास प्राप्त किया जा सकता है, वहाँ पुरुष-हृदय की गहराई सहज में ही नहीं नापी जा सकती।

नारी के इसी स्वभाव-दौर्बल्य का तो संसार आए दिन लाभ उठाता है। पास ही लेटी, करवटें बदलती सहयात्रिणी की व्यथा सहसा नलिनी की स्वयं व्यथा बन गई। उसने कनखियों से देखने की चेष्टा की। मरियल-सी रुग्ण ज्योत्स्ना, अँधेरे कमरे को आलोकित कर गई थी। मिसेज़ कोचर, दोनों हाथ छाती पर धरे गहरी नींद में डूब गई थी। लगता था, हृदय का व्यथापात्र, नलिनी के सम्मुख रिक्त कर, वह एकदम हलकी स्वप्नाकाश में विचरण करने लगी थी। काश, वह भी अपनी व्यथा हलकी कर पाती। किन्तु क्या ऐसा कर सकती थी वह? उसके स्वार्थी पति का अपराध क्या मिसेज़ कोचर के पति के अपराध से अधिक जघन्य नहीं था? पद्मा की कृतघ्नता किसी विष-बुझे भाले की फाल की भाँति, आमूल उसके विदीर्ण वक्ष पर धँसी, तिल-तिल उसे घुला रही थी। उसे निकालते ही फव्वारे-सी रक्तधार, उसी क्षण उसके प्राण ले सकती थी। इधर निरन्तर बढ़ा जा रहा उसका रक्तचाप, कभी भी अपने सम्भावित प्रहार से, उसे धराशायी कर सकता था। अत्यधिक क्रोध, विषाद या उल्लास का अनियम, किसी क्षण, उसे स्ट्रोक का उपहार दे, पंगु बनाकर छोड़ सकता था, इसी से जिह्वा और विवेक दोनों को वह संयम के चाबुक से साधती रहती थी। किन्तु धीरे-धीरे उसके हाथ का चाबुक जैसे नियति खिसकाती चली जा रही थी। क्या अन्त तक वह उस अनजान स्टेशन पर उतर पाएगी? सारी रात उसने करवटें बदलकर ही काट दी, सुबह के धुँधलके में पल-भर को झपकी पलकें फिर स्वयं ही खुल गईं।

"गुड मार्निंग डॉक्टर," उस सम्बोधन से नलिनी चौंककर उठ बैठी। मिसेज़ कोचर जगकर अपने बर्थ पर बैठी हँस रही थी। रात के उदास चेहरे का मालिन्य उसकी स्वच्छ उजली हँसी से धुल-पुँछ गया था। अच्छे जुलाब की तत्परता, जैसे बदहज़मी से धुँधले पड़े चेहरे की त्वचा को चिकनी बना देती है, ऐसे ही रात के कन्फेशन से मिसेज़ कोचर के प्रौढ़ चेहरे की त्वचा में एक कुँआरा निखार आ गया था।

"बस कुछ ही घंटों की बात है," वह कहने लगी, "गाड़ी राइट टाइम पर पहुँची तो हम एक घंटे में ही बी.टी. पहुँच जाएँगे। आपको कोई लेने आएगा क्या? नहीं तो हमारे साथ चलिए न, कोई कष्ट नहीं होने देंगे आपको!"

वह फिर हँसी, और नलिनी को पहली झलक में साधारण लगा वह चेहरा, सहसा असाधारण रूप से आकर्षक लगने लगा। "चलूँ, ब्रुश कर हाथ-मुँह धो लूँ। आप भी फारिग हो लीजिए भैनजी, नहीं तो ये कॉरीडोरवाले फर्स्ट क्लास के बाथरूम तो अब थर्ड क्लास से भी बदतर हो गए हैं। रेग्यूलर क्यू लगा रहता है।"

वह हाथ में साबुन-तौलिया ले, अपनी कोल्हापुरी चप्पल फटर-फटर करती चली गई। ट्रेन किसी लम्बी अँधेरी सुरंग से गुजर रही थी, पल-भर का वह घटाटोप अन्धकार नलिनी के तृप्त ललाट पर यूटीकोलोन की-सी ठंडी पट्टी रख गया। काश, यह गाड़ी आज उसके साथ सदा के लिए किसी ऐसी अन्धी सुरंग में खो जाती! किन्तु, सुरंग का क्षणस्थायी अन्धकार विलीन होते ही मिसेज़ कोचर की दोनों पुत्रियाँ नीचे उतरकर माँ की बर्थ पर बैठ गईं। नलिनी ने प्रकाश में पहली बार उन्हें ठीक से देखा।

दोनों ही अपनी माँ से कहीं भी नहीं मिलती थीं, न उन्हें मिसेज़ कोचर की तीखी नाक और बड़ी-बड़ी आँखें मिली थीं, न उज्ज्वल-परिछिन्न रंग। एक तो उनकी अटपटी वेशभूषा ने उन्हें और भी अनाकर्षक बना दिया था। सड़क पर फिरनेवाले आवारा छोकरों-से कर्त्तित केश, जिन्हें वे छोकरों की भाँति बार-बार गर्दन झटककर पीछे फेंक रही थीं; मुँहासों से असमय की खुरदरे पड़ गए कपोल, जैसे पैर रगड़नेवाला पथरीला झामाँ हो; श्यामल देहकान्ति को और भी श्यामल बना रही गहरे, नीले रंग की डेढ़-डेढ़ गज पायंचोंवाला हाथीपगा पाजामा और चटक पटियाला पिंक खद्दर का गुरू कुर्ता। गाय-भैंसों के कंठ में झूलनेवाली मनकों जैसी मालाएँ गले में हिलाती वे जगते ही 'स्काच एंड सोडा' की धुन को ले-लेकर बहस-बहस में भिड़ गई थीं।

"चल हट, यह लाइन ऐसे गाई जाती है..."

"हट, ऐसे है, आने दे ममी को, अभी पूछती हूँ रिकार्ड प्लेयर किस सूटकेस में है? बोल, कितने की शर्त?"

"गुड मार्निंग चिल्ड्रन!" हँसती हुई मिसेज़ कोचर पेटीकोट पर ही साड़ी लपेटकर आ गई और रोबीली माँ के अप्रत्याशित आगमन से तीनों अपनी शर्त भूल गए। "गुड मार्निंग ममी"— बच्चों की समवेत अभ्यर्थना से मिसेज़ कोचर का ताजा-धुला चेहरा और भी निखर आया। "थैंक्स गॉड, और कोई नहीं जगा था। हैड ए नाइस बाथ!" ब्लाउज़ के भीतर से छोटा बटुआ निकाल, उसने चाबी निकाली और अपनी जीर्ण फाइबर का सूटकेस बाहर खींच लिया। सूटकेस का जीर्ण कलेवर ही बता रहा था कि स्वामिनी की ही भाँति वह भी अपनी जीवन-यात्रा के दौरान अनेक टक्कर खा चुका है; किन्तु स्वामिनी की ही भाँति वह भी किसी समय सुन्दर रहा होगा।

शायद नलिनी की कौतूहलदीप्त दृष्टि को मिसेज़ कोचर ने भाँप लिया था। सूटकेस में लटके देश-विदेश के बिल्ले देखकर नलिनी शायद सोचने लगी थी वह भी इन्हीं नामी होटलों में रह चुकी है, इसी से स्वयं ही हँस-हँसकर मिसेज़ कोचर अपनी पोल खोलने लगी, "बम्बई में ही, आज से आठ साल पहले कुछ चालीस रुपये में खरीदा था भैनजी, और बराबर सर्विस दे रहा है, चाहे कितने ही कपड़े ठूँस लें। वहाँ सिन्धी, गुजराती व्यापारी आए-दिन विदेश यात्रा पर जाते रहते हैं, लौटे और नये-के-नये सूटकेस बेच, फिर दूसरे ले आए। कभी-कभी बड़ी अच्छी चीजें हाथ लग जाती हैं। अब देखिए न, यह फ्रैंच शिफौन अस्सी में मिल गई।"

एक साथ ही किसी कुशल जादूगर की फुर्ती से मिसेज़ कोचर ने किसी शून्य से निकल रहे रेशमी रंगीन रूमालों की भाँति पाँच-सात शिफौन की साड़ियाँ निकालकर नलिनी को चमत्कृत कर दिया।

गाड़ी बम्बई पहुँचने ही वाली थी। फुर्ती से स्वयं तैयार हो मिसेज़ कोचर ने देखते-ही-देखते अपने बच्चों को भी डाँट-डपटकर तैयार कर दिया।

"याद रखना लड़कियो, तुम्हें लेने तुम्हारे चाचा आएँगे।"

"हमारे चाचा, अगले महीने हमारे लिए मुसलमान चाची ला रहे हैं," मिसेज़ कोचर का पुत्र नलिनी के कान के पास फुसफुसाया, "बहुत स्मार्ट है हमारी होनेवाली चाची। विग लगाती और मिनी स्कर्ट पहनती है। एयर इंडिया में काम करती है।"

"ठीक ही कह रहा है यह।" एक लम्बी साँस खींचकर मिसेज़ कोचर नलिनी की बर्थ पर बैठ गई। "बहुत समझाया मैंने! ऐसा सुन्दर है रजिन्दर कि देखकर भूख भागती है। मैंने ही एक तरह से पाला है उसे। एक-से-एक सुन्दर पंजाबी लड़कियों से हमारा बम्बई समाज पटा पड़ा है, पर इस सिरफिरे को यही लड़की पसन्द आई। स्मार्ट ही स्मार्ट है बस, पर भई, यह भी कैसी स्मार्टनेस कि पेट-कमर नंगी कर, साड़ी कूल्हे पर टिका लो। हमने तो साफ-साफ कह दिया है भई, जब तक शादी नहीं होगी, शौक से हमारे साथ रहो, फिर अपनी नई बिरादरी में अपना तम्बू गाड़ना। हमें तो अपनी बेटियाँ अपने ही समाज में ब्याहनी हैं।"

"हाउ कैन यू से दैट ममी!" उसकी बड़ी लड़की शैतानी से माँ की ओर देखकर मुस्कराने लगी।

"मैं बताऊ, मैं बताऊँ," मिसेज़ कोचर का पुत्र उछल-उछलकर चीखने लगा, "इसका बॉयफ्रेंड भी मुसलमान है, यूसुफ! है न दीदी?"

"चल परे हट," मिसेज़ कोचर ने पुत्र को दूर धकेल दिया, "अब आप ही बताइए, भैनजी, कहीं मेरी लड़की की बारात आई और मेरी दौरानी नमाज पढ़ने बैठ गई तो मैं कौन-सा मुँह दिखाऊँगी समधियाने में!"

'हो-हो' कर हँसती, दुहरी होती उसकी दोनों पुत्रियाँ एक-दूसरी पर गिरी-पड़ी जा रही थीं कि 'बम्बई-बम्बई' कहता उसका पुत्र आनन्द से हाथताली देता नाचने लगा। स्टेशन पर उन्हें लेने उनका सजीला देवर उपस्थित था। नलिनी को लेने सेमिनार का बिल्ला लगाए एक रोबीली पारसी डॉक्टरनी आई थी। दो दिन की परिचिता मिसेज़ कोचर से नलिनी विदा लेने लगी तो उसने पल-भर को नलिनी के मुँदे हाथ पकड़कर एकान्त में खींच लिया। "मुझे गलत मत समझ बैठना बहना! आप भी ना जाने क्या सोच रही होंगी! रास्ते-भर अपने पति की निन्दा ही तो करती आई हूँ; पर यकीन मानिए, उसके अन्याय का कड़ा चाबुक भी मुझे कभी एक हिन्दू नारी के आदर्श से डिगा नहीं पाया। इतना मैं जानती हूँ बहन," फिर वह हँस-हँसकर कहने लगी, "कि हम स्त्रियों के लिए हमारा नाम ही सबकुछ है, इसी से हमें फूँक-फूँककर कदम रखना पड़ता है कि कभी किसी की अँगुली न उठे।"

नलिनी हतप्रभ-सी खड़ी ही रह गई थी। क्या यह दो दिन की परिचिता उसे अनजाने ही अपनी सीख दे रही थी? मिसेज़ कोचर का परिवार विदा लेकर टैक्सी पर सामान लदवाने लगा तो उसे लेने आई पारसी डॉक्टरनी ने कार का द्वार खोल दिया। किसी विदेशी सेंट की मदिर सुगन्ध ने नलिनी की चेतना को झकझोरकर जगा दिया। बम्बई की जनसंकुल सड़कों पर उनकी कार सर्राटे से भाग रही थी। सेमिनार से तो उसे कल छुट्टी मिल जाएगी, फिर क्या वह बम्बई घूमना चाहेगी? पारसी युवती ने बड़े उत्साह से पूछा, "मैं आपको पूरा बम्बई घुमा दूँगी। बम्बई का ओर-छोर मेरा जाना-पहचाना है।"

"नहीं," स्वयं अपना ही कंठ-स्वर नलिनी को अनजाना लग उठा, "मेरे एक मित्र मृत्युशय्या पर मेरी प्रतीक्षा कर रहे हैं, आई मस्ट गो टू हिम!"

"ओह, आई ऐम सो सॉरी," उस मेज़बान का स्वर अत्यन्त नम्र होता अवरोह में उतर

आया, "आपने रिजर्वेशन क्या करा लिया है डॉक्टर टंडन? यहाँ सहज में ही रिजर्वेशन मिलता नहीं।"

"देख लेंगे! खड़ी-खड़ी ही निकल जाऊँगी। खड़ी होने की जगह तो मिल ही जाएगी।"

जिस यात्रा में उसे जाना था, रिजर्वेशन-स्लिप भुलाकर जाना ही श्रेयस्कर था।

अन्ततः यह हुआ भी था। किसी मन्त्रपूत डोर से बँधी नलिनी उस अनजान स्टेशन पर उतर, हाथ के मुड़े-तुड़े पत्र की भौगोलिक व्याख्या दुहराती, ठीक पहुँच गई थी।

पीले जर्जर बँगले को देखकर उसके पैर सहसा अवश हो गए। अधमूँदे द्वारों की दरार से रेंगती मृत्यु की चिरपरिचित अटपटी गन्ध से उसके अनुभवी नथुने फड़क उठे। जब से वह इस गन्ध को पहचानने लगी थी, उसका डॉक्टरी पेशा, स्वयं उसके लिए एक बहुत बड़ा सिरदर्द बन गया था। जब उसने अचानक हाथ में आ गई, अपनी इस विधाता-प्रदत्त शक्ति का उल्लेख अपनी एक वरिष्ठ अधिकारिणी से किया, तब वह ठठाकर हँस पड़ी थी।

"संसार में आज तक कौन-सा ऐसा भाग्यशाली सर्जन जन्मा है नलिनी, जो निश्चित मृत्यु का ऐलान कर सका है? कभी दम तोड़ रहा मरीज़ भी इस दुनिया में लौटकर हमें हरा देता है, और कभी हमारे प्रयास से, मौत के मुँह से निकला मरीज़ फिर उसी मुँह में बन्द हो जाता है, यही तो विज्ञान की पराजय है।" डॉक्टर दारूवाला का गम्भीर चेहरा, उस दिन अपनी ताजी चोट का स्मरण कर और भी गम्भीर हो उठा था। दो ही दिन पूर्व, उसकी अनुपम शल्य-क्रिया को अँगूठा दिखाती मृत्यु, उनकी लगभग स्वस्थ हो उठी एक युवती मरीजा को अपने साथ खींच ले गई थी। डॉक्टर दारूवाला की मृत्युंजयी शल्य-क्रिया ने उन्हें अन्तर्राष्ट्रीय ख्याति का सेहरा स्वयं ही पहनाकर आकाश पर उठा दिया था। रोगिणी के पेट में बमगोले-सा मैलिंगनैंट ट्यूमर हो या पैर के बल अस्वाभाविक रूप से जन्मने को तत्पर कोई जिद्दी शिशु, स्वयं ही उनके रणचंडी के-से व्यक्तित्व के सम्मुख थरथराकर हथियार डाल देते। किसी भी घातक कैंसर-ग्रस्त दूषित अंग को काटना उनके लिए उतना ही सुगम था, जितना सेब की सड़ी-गली फाँक को काटकर दूर फेंक देना। फिर भी वह कभी-कभी मृत्यु की छलनामयी पदचाप को पहचानने में चूक जाती थीं। उनकी सहायिका बनी नलिनी, उन्हें कई बार ऐसे विषम क्षणों में चेतावनी दे चुकी थी।

"यह बचेगी नहीं डॉक्टर, आप इसके पति को बुला लीजिए।"

तीस वर्ष की स्वस्थ माँ, पोस्ट ऑपरेशन की गहन निद्रा में डूबी थी, नाड़ी की गति घड़ी के काँटे से ताल मिलाती ठीक चल रही थी, हृदय की धड़कन, रक्तचाप, उसे सौ फीसदी आश्वस्त कर रही थी। कहीं भी आसन्नप्राय मृत्यु की सामान्य-सी आहट भी नहीं थी। "क्या?" हुंकारती डॉक्टर दारूवाला की छोटी-छोटी आँखों से आग्नेय लपटें निकलने लगी थीं। उनके छोटे-छोटे कटे बाल, उनके गोलमोल चेहरे पर बिखर गए थे। उन्हीं की पढ़ाई छोकरी का ऐसा दुस्साहस कि उनकी अच्छी-खासी पेशेंट को ऐसी मूर्ख चेतावनी दे गई। अपनी एक ही गरज से पूरे अस्पताल के स्टाफ को अचेत कर सकती थीं डॉक्टर दारूवाला। किन्तु नलिनी न डरी, न सहमी। अपने उसी आत्मविश्वास से अपनी चेतावनी फिर दुहरा गई थी, "मैं ठीक कह रही हूँ, मृत्यु की

गन्ध को मैं इधर, एकदम ठीक पहचानने लगी हूँ, ओह, कैसे समझा दूँ

आपको..." और वह अचानक घबराकर रो पड़ी थी। यह कैसी विचित्र सिद्धि दे दी थी भगवान ने उसे! सिद्धि नहीं तो और क्या थी यह? एक-दो नहीं, अब तक पचासों केस में

वह अपनी इस अनुभूति शक्ति की पुष्टि कर चुकी थी। कई बार उसकी आश्चर्यजनक भविष्यवाणी डॉक्टर दारूवाला को भी प्रभावित कर चुकी थी। फिर भी, वह उसे हँसकर समझाने लगतीं, "यह सब फ्लूक है नलिनी, कभी भी इसे सीरियसली मत लेना, इट विल वी द एंड ऑफ गुड कैरियर! हमेशा याद रखो, हम चिकित्सक हैं, आसन्न मृत्यु को देखकर भी हमें उसकी उपस्थिति को अस्वीकार करना है, समझीं? तुम विज्ञान की छात्रा हो और ऐसी मूर्ख बातों में विश्वास करती हो? ऐसा क्या कभी सम्भव हो सकता है?"

"क्यों नहीं हो सकता?" तुनककर नलिनी, एक बार फिर उनकी मुँहलगी छात्रा बन उठी थी। "अभी आपने उस अद्भुत गणितज्ञ महिला का अपूर्व प्रदर्शन नहीं देखा था क्या? विज्ञान कौन-सी दलील से जीत सका है उसे? आप मानें चाहे न मानें, मृत्यु की एक अनोखी गन्ध पा लेती हूँ मैं, और फिर उस मरीज की नसों में मोटी-मोटी सुइयाँ घुसा, ब्लड चढ़ाने की उलटबाँसी करने को मेरा मन नहीं मानता। जब जा ही रही है तब शान्ति से ही क्यों न जाने दूँ बेचारी को? न हो तो एक मौर्फीन या पैथेडीन का इंजेक्शन...।

"ओह, मूर्ख लड़की–I am sure there is something wrong with you..." अधैर्य से डॉक्टर दारूवाला ने उसे कंधे से पकड़कर झकझोर दिया था।

किन्तु नलिनी अपनी उस विधाताप्रदत्त अमोघ शक्ति की सत्यता को कई बार परख चुकी थी। आज वही गन्ध उसे सहसा पीछे धकेलने लगी। तब क्या उसने सच ही लिखा था? कहीं ऐसा तो नहीं था कि मृत्यु उससे भी पहले वहाँ पहुँच गई हो। कैसी अमानवीय स्तब्धता थी! सूखा लॉन, बरामदे में पड़ी अधटूटी आरामकुर्सी का जर्जर बेंत, किसी कमोड की ही भाँति, नीचे लटक आया था। द्वार के अधमुंदे कपाट से नीचे लटका एक जीर्ण पर्दा रह-रहकर हवा में हिल रहा था। एकदम ठीक ही नक्शा खींचकर भेजा था उसने, ददुगजकेसरी का विज्ञापन, बिजली से दग्ध अश्वत्थ तरु और किसी पीलियाग्रस्त रोगी-सा ही पीला रुग्ण बंगला। आश्वस्त होकर वह पर्दा उठाने बढ़ी और फिर स्वयं ही ठिठक गई। ऐसे भीतर जाना क्या ठीक होगा? मृगांक की पत्नी, बच्चे, आत्मीय स्वजन उस अपरिचिता को देखकर दस सवाल पूछ सकते थे। मन-ही-मन उसने अपने भीरु चित्त को फिर दिलासा दिया, यदि वह पत्नी, आत्मीय स्वजनों की भीड़ से घिरा होता, तो क्या उसे ऐसा पत्र लिख पाता?

"मैं अन्दर आ सकती हूँ?" उसने खंखड़-से द्वार की साँकल हिलाकर पूछा। कैसा आश्चर्य था–जिस ठसकेदार डॉक्टरनी के कमरे में बाहर लम्बी क्यू में खड़ी रोगिणी, ऐसे सहमे कंठ से यही प्रश्न पूछती थी, वही डॉक्टरनी आज स्वयं दीन स्वर में वही प्रश्न पूछती स्वयं एक मरीज़ का द्वार खटखटा रही थी। कोई उत्तर नहीं आया, केवल पुरवाई के तेज झोंके ने पर्दा बड़े औदार्य से उठा दिया–वही परिचित-स्पष्ट मृत्यु-गन्ध फिर जैसे उसे हाथ पकड़कर भीतर खींच ले गई।

एक झूले-से पलँग पर, उसके प्रथम प्रेम का स्मारक स्तम्भ, खंड-खंड होकर पड़ा था। दीवार की ओर मुँह फेरकर निश्चल लेटे उस कंकाल के घने काले केश ही जैसे, उस सुन्दर व्यक्ति के एकमात्र अवशिष्ट रह गए थे। बँगले के उड़े पीले रंग से ही मेल खाता, रक्तशून्य पांडु ललाट देखते ही, नलिनी का कलेजा बैठ गया। धँसे कपोलों की पैनी हड्डियों पर मांस की नाममात्र की एक तह चिपकी रह गई थी, सींक-से दुबले हाथों को नमस्कार की-सी मुद्रा में बाँधे वह न जाने किस अदर्शी देवता का नमन करते-करते, गहरी नींद में डूब गया था–पर क्या वह नींद ही थी या और कुछ? वह और पास खिसक आई। स्वयं उसका अपना कलेजा कंठ में आकर ऐसे धड़कने लगा था कि उसे लगा, धक से उसके मुँह से निकल, उसके प्रेमी

की छाती पर ही गिर पड़ेगा। कितनी बड़ी भूल थी उसकी! अपने बहुरंगी जीवन के बीच, जिस प्रथम प्रेम की स्मृति को उसने बहुत नीचे गाड़कर संयम की भीम-शिला से दबा दिया था, वही आज किसी भूकम्पी धक्के में बाहर निकल उसे भी कँपा रही थी। "मृगांक! मृगांक!" वह अधैर्य से उसे पुकारती उसके क्लान्त चेहरे पर झुक गई।

"देखो, मैं आ गई हूँ, तुमने बुलाया था न? आँखें खोलो मृगांक, यह मैं हूँ केया..." क्या उसकी आँखों का भ्रम था यह? सचमुच ही किसी अबोध सुप्त शिशु की भाँति, नींद में मुस्कराने लगा था। "मृगांक!" अब उसका काँपता हाथ प्रेमी के ठंडे ललाट पर झुक गया।

"व्यर्थ ही में परेशान हो रही हैं आप, यह ऐसे टूटनेवाली नींद है..." नलिनी चौंककर मुड़ी। सुनहले फ्रेम का रिमलेस चश्मा पहने, एक अधेड़ व्यक्ति द्वार पर खड़ा था, "नमस्कार, मैं पटवर्धन हूँ, भालचन्द्र पटवर्धन, डॉक्टर वर्मन का मित्र हूँ मैं–बड़ा अच्छा किया आपने, जो आ गईं। कल ही शाम तो बेचारा कह रहा था कि आपको यदि उसका पत्र समय पर मिल गया तो आप अवश्य आएँगी, अरे बैठिए ना, खड़ी क्यों हैं?"

नलिनी खड़ी ही रही, वह बैठती भी कहाँ? कमरे में उस झूले-से पलँग के अलावा बैठने को कुछ और था ही क्या? "ओह," वह अजनबी फिर अपने प्रस्ताव पर स्वयं ही खिसियानी हँसी हँसता दूसरे कमरे से एक खंजड़सी फोल्डिंग कुर्सी ले आया।

"कब से ऐसी हालत है?" नलिनी ने यत्न से स्वर साधकर पूछा।

"यह पूछिए कि कब से नहीं है।" खोखली-सी हँसी हँस, वह सहसा बिस्तर पर असहाय पड़े मित्र को टकटकी बाँधकर देखता रहा, फिर एकदम ही उसके कंठ-स्वर ने पैंतरा बदल दिया। गम्भीर स्वर में वह अनर्गल बोलता ही चला गया :

"ऐसे भव्य व्यक्ति का ऐसा अन्त! राम-राम! हरि-हरि!" मित्र की निश्चल देह को बड़ी बेरहमी से एक ओर खिसकाकर उसने अपने बैठने की जगह बना ली और अपना चेहरा नलिनी के इतने पास ले आया कि वह सहम गई। क्रमशः घनीभूत हो रहा अन्धकार, मृत्युशय्या पर एकदम ही अजनबी-सा लग रहा मृगांक, और उसका वह विचित्र मित्र! कैसा अस्वाभाविक परिवेश बन गया था यह! बिस्तर पर पड़े हड्डियों के ढाँचे से जैसे कोई विशेष अन्तर नहीं था उसमें, था तो केवल इतना ही कि एक कंकाल बिस्तर पर निश्चेष्ट पड़ा था और दूसरा निरन्तर बोले जा रहा था। न आस-पास कहीं औषधियों की शीशियाँ थीं, न कोई परिचारिका– लगता था, सेवा-सुश्रूषा, देखभाल और औषधि के अभाव में बिस्तर पर पड़ा मृत्यु-पथ का वह यात्री, बड़ी तेज़ कदमों से अपने पथ पर बढ़ा चला जा रहा है–

"मैं इसे, पिछले दस वर्षों से जानता हूँ। इस अनजान शहर में अचानक आ गए इस डॉक्टर का मैं ही पहला मित्र था, मैंने ही इसे अपने यहाँ आश्रय दिया, मेरी माँ असाध्य रोग से चार वर्ष से बिस्तर पर पड़ी थी, इसी ने उसे जीवनदान दिया था, पर भाग्य की विडम्बना देखिए, इसे जीवनदान देनेवाला आज कोई नहीं है।"

"इनकी देखभाल करनेवाला क्या कोई नहीं है?" नलिनी को अपना ही स्वर अस्वाभाविक रूप से तीखा लगा। "आपके बारे में, यह मुझे सबकुछ बता चुका है..." सम्मुख बैठे उस व्यक्ति ने जैसे नलिनी का प्रश्न सुना ही नहीं था। "कुछ विचारहीन व्यक्तियों के कारण संसार में कभी-कभी कैसी दुर्घटनाएँ घट जाती हैं। वर्मन ने फिर विवाह नहीं किया। इस अनजान शहर में ही उसने अपना क्लीनिक खोला और साल बीतते-न-बीतते यह ऐसा प्रसिद्ध हो गया कि दूर-दूर से लोग इसे बुलाने लगे। इसके मरीज, अधिकतर ग्रामीण ही थे, शहर

के मरीज भी कुछ कम नहीं थे, किन्तु उन मरीजों ने आज इसे भुला दिया है। ग्रामीण कृतज्ञता ने ही इसे आज तक जीवित रखा है, कोई दूध दे जाता है और कोई फल।"

नलिनी को, उसका लम्बा निरर्थक प्रलाप, किसी सन्निपात-बाय में बहके रोगी की-सी बहकी आँय-बाँय-सा लग रहा था। निश्चेष्ट नाड़ी हाथ में लिये वह चुपचाप हाथ की घड़ी देख रही थी।

"सुनिए जी, आप लाख नाड़ी पकड़ें, इस रोग का निदान नहीं कर सकतीं। संक्षेप में आपको मैं ही बतला दूँ..." पहली बार नलिनी ने रोषपूर्ण दृष्टि से कटमटाकर उसकी ओर देखा–किसी पीनक में झूम रहे अफीमची की ही भाँति, वह आँखें बन्द किए बोले चला जा रहा था। पूरे चेहरे पर सफेद बालों की छोटी-छोटी फुनगियाँ उभरी थीं। लगता था, दो-तीन दिन से उसने दाढ़ी भी नहीं बनाई है। तेजी से बोलने में, बार-बार उसका ढीला डेंचर, मशीन के ढीले पड़ गए शटल-सा नीचे लटक आता और वह बिना किसी संकोच के, दोनों हाथों से, उसे जबड़ों में जमाकर फिर उसी रफ्तार से बोलने लगता :

"अभागे ने पैथेडीन ले-लेकर ही अपनी यह दुर्दशा कर ली है। यह बेहोशी इसकी स्वयं अपनी बनाई बेहोशी है। इस स्वयंसिद्ध यमराज से भला कोई इलाज करा सकता है! इसी से धीरे-धीरे मरीजों ने भी आना छोड़ दिया है। जब डॉक्टर ही को ऐसा असाध्य रोग लग गया, तब वह दूसरों का क्या खाक इलाज करेगा! अब तो बेहया, मरीजों से भी फीस के बदले पैथेडीन मँगवाने लगा था। डायबिटिक तो था ही, इधर किडनी भी एकदम घुल गई है। अच्छा हुआ, आप आ गईं, अब इसे आज ही लेकर चल दीजिए..."

"मैं?" आश्चर्य से अधिक क्रोध ही हुआ था नलिनी को। ऐसा विवेकहीन प्रस्ताव उसके सम्मुख रखने की धृष्टता ही कैसे कर सका था यह अजनबी!

"हाँ जी, आप! और क्या मैं?" उसके ठिठोली-भरे स्वर में सगे देवर का-सा लाड़ छलक आया। "केया-केया कर, क्या मेरे लिए बेचैन करवटें बदलता रहा है यह? ऐसा सिंसियर प्रेमी इस युग में दुर्लभ है–समझीं?" और वह जोर से हँसा। कमरा अब अँधेरे में गले तक डूब चुका था, पलँग पर अचेत पड़े मरीज़ का क्षीण श्वास-प्रश्वास और उसके सिरहाने बैठे उस प्रेम-से कंकाल का अस्वाभाविक अट्टहास नलिनी को सिर से पैर तक कँपा गया। कैसी मूर्खता कर बैठी थी वह!

"भालेया! भालेया! तुम फिर यहाँ भाग आए हो? चलो घर, हाय राम, अजीब आफत है, बुड्ढे को मौत भी नहीं आती।" धमाधम करती लाँग लगाई धोती का कछौटा सम्हालती, एक काली-भुजंग-सी आकृति ने सहसा प्रकट होकर, उस रंगमंच की रहस्यमय आभा को और भी प्रगाढ़ कर दिया। उसने शायद कुर्सी पर बैठी नलिनी को नहीं देखा। कर्कश स्वर में बड़बड़ाती, वह कुर्सी पर बैठे कंकाल को हाथ पकड़कर घसीटती ले जा रही थी। "हाय राम, इससे तो तू पागलखाने ही में अच्छा था, तेरे पीछे-पीछे ऐसे भागना तो नहीं पड़ता मुझे। हाय, ऐसी सुहागन से तो मैं विधवा ही भली थी!"

वह बड़बड़ाती, उसे साथ ले गई तो कमरा एकदम शान्त हो गया–पर क्या पता, दूसरे ही क्षण कोई ऐसी ही रहस्यमयी मृगांक को भी हाथ पकड़कर खींच ले जाए! एक बार नलिनी के जी में आया, वह जैसे चुपचाप आई थी, वैसे ही चुपचाप बाहर निकल जाए। सवेरे चार बजेवाली गाड़ी वह आराम से पकड़ सकती थी, किन्तु फिर प्रेमी के पत्र की अन्तिम पंक्ति की अनुनय-विनय ने उसके पैरों में बेड़ियाँ डाल दीं।

"कहीं देहरी से ही मत लौट जाना केया..." कैसे जा सकती थी वह?

हो सकता है, तथाकथित पागलखाने से छूटा मृगांक का मित्र ठीक ही कह रहा हो! यदि पैथेडीन का ही नशा होगा, तो वह मोहननिद्रा एक-दो घंटे में स्वयं ही भंग हो जाएगी।

गहन अन्धकार में डूबी वह प्रेमी का हाथ, हाथ में लिए मूर्ति-सी बैठी रही, सहसा वह हाथ काँपा, "कौन?"

बार-बार चेष्टा करने पर भी नलिनी का स्वर नहीं फूटा, अब तक यत्न से सँजोया उसका धैर्य, प्रेमी के क्षीण प्रश्न की एक ही फूँक से, ताश के पत्तों के घर-सा ढेर हो गया।

कुछ भी उत्तर न देकर उसने अपना माथा उन दुर्बल कन्धों पर टिका दिया। उसी सुवासित कबरी की बिसरी सुगन्ध ने उसका उत्तर स्वयं दे दिया। आज भी लक्ष्मीविलास की उस सुगन्ध को पहचानने में मृगांक ने भूल नहीं की।

न जाने कब तक वह उस दुर्बल बाहुबन्धन में निश्चेष्ट होकर पड़ी रही। मिलन के उन अमूल्य क्षणों की चुप्पी के बीच, वर्षों के उपालम्भ, कितने प्रश्न, कितने उत्तर, मुखर हो-होकर, स्वयं शान्त हो गए।

"यहीं एक मोमबत्ती पड़ी होगी..." मृगांक के कंठस्वर को उसका कठिन रोग शायद अछूता ही छोड़ गया था। उस मीठी खनक ने नलिनी को एक बार फिर निश्चेष्ट कर दिया। टटोलकर मृगांक ने ही मोमबत्ती जला दी थी, धृष्ट आलोक की चमक से चौंककर नलिनी की सुप्त चेतना एक झटके से जग गई। मोमबत्ती की काँपती लौ, भूतल पर फिसलती, उसके चिबुक, नासाग्र पर तूलिका-सी फेर गई। अपरिसीम विस्मय से मृगांक की निष्प्रभ आँखें विस्फारित हो गईं।

"केया, तुम आज भी वैसी ही हो—कैसा आश्चर्य है! वही सुगन्ध, वैसा ही जूड़ा और..." सहसा उसके पपड़ी पड़े होंठों पर फिर वही चिर-परिचित हँसी थिरक उठी, "केया के पत्ते पर तुम्हें दिया गया अपना कंप्लीमेन्ट मैं आज भी उसी गर्व से दुहरा सकता हूँ।"

चौथ की लजाती दुलहन-सी प्रौढ़ा नलिनी एक बार फिर उसी केया-कुंज की षोडशी भुवनेश्वरी बन उठी। उसके दोनों गाल वर्षों पश्चात अंगारे-से दहक उठे।

"जानती हो, तुम्हें मैंने क्यों बुलाया है?" अचानक उसके दोनों हाथ पकड़कर वह हाँफने लगा, "मेरी एकमात्र आत्मीया मेरी माँ काशीवास कर रही है--जीवन में मैंने उसे कभी सुख नहीं दिया, देख तो रही हो, मेरी क्या हालत है, इसी से चाहता हूँ, जाने से पहले उसी दुखियारी के पैरों में माथा रखकर एक बार माफी माँग लूँ। उसके क्षमादान के बिना मेरी आत्मा अशान्त रहेगी—तुम मुझे वहाँ पहुँचा दो केया—ले चलोगी ना?" वह बार-बार अधैर्य से पूछता, उसका हाथ खींचने लगा।

बहुत देर बाद फिर वह एकदम ही शिथिल पड़ गया, झुककर नलिनी ने नाड़ी थाम ली, उसी स्पर्श ने उसे एकाएक फिर मुखर बना दिया, "मेरा कोई नहीं है केया..." उसका स्वर एक पल को टूटकर सूखी सिसकी में बिखर गया...

"एकमात्र मित्र, साल-भर से पागल है, उसी की दया से आज सिर के ऊपर छत है, नहीं तो--शायद लावारिस की तरह सड़क पर दम तोड़ता—ले चलोगी मुझे?"

और रात-भर कभी बेहोशी, कभी प्रलाप, और कभी अचानक ही पथराकर पत्थर बनी जा रही उन आँखों की वेदना ने नलिनी को व्याकुल कर दिया। रात-भर की उसी उधेड़बुन के बीच, वह सहसा अपना अविवेकी निश्चय ले चुकी। जैसे भी हो, उसकी अन्तिम इच्छा उसे

पूर्ण करनी ही होगी, और फिर नियति उसकी अँगुली पकड़ ही उससे शायद सबकुछ कराती चली गई थी। एक रंग-उड़े सूटकेस में ही उसके कपड़े ठूँसने में उसे समय नहीं लगा। कपड़े थे ही क्या, तीन-चार फटी कमीजें, दो-तीन सूट और एक रिक्त बटुआ। किसी को बुलाकर घर की चाबी सौंपने का प्रश्न भी नहीं उठता था, क्योंकि पूरे घर की परिक्रमा कर भी वो किसी को नहीं ढूँढ़ पाई थी। अचेत प्रेमी को वहीं छोड़ वह, बड़ी दूर जाकर एक होटल के छोकरे की सहायता से सवारी जुटा पाई और उसे ही पाँच का एक नोट थमाकर उसने मृगांक को उठाकर गाड़ी में रखा। स्टेशन पहुँची तो सब उसे घूर-घूरकर देखने लगे। ठीक भी तो था, एक प्रकार से मुरदे को ही तो साथ लिए जा रही थी वह। यह भी नलिनी का सौभाग्य था कि उस डिब्बे का एकमात्र सहयात्री, तीसरे ही स्टेशन पर उतर गया। जाने से पहले उसने बड़ी ही करुणापूर्ण दृष्टि से नलिनी को देखा था। रोगी की जैसी सांघातिक अवस्था थी, उसे देखकर ही कोई कह सकता था कि मृत्यु ने उन स्थिर आँखों में अपना खेमा गाड़ दिया है।

उसके जाते ही नलिनी ने चिटखनी चढ़ा दी और मृगांक का शिथिल हाथ अपने हाथों में ले लिया। धीरे-धीरे उसकी चेतना स्वयं लौट रही थी, पर यह क्या निर्वाणकालीन दीपशिखा की चमक थी? बड़े यत्न से उसने मुस्कराने की चेष्टा की, किन्तु होंठ पीड़ा से टेढ़े पड़ गए। लग रहा था, भीतर-ही-भीतर उसका रोग-जीर्ण यकृत, उसकी आँतों को घातक मरोड़ दे रहा है। "क्या बात है मृगांक, कहीं दर्द है क्या?" चिन्तातुर नलिनी उसके पीले चेहरे पर झुक गई।

दुर्बल निस्तेज देह, सहसा थर-थर काँप उठी; किन्तु यह क्या रोग की कँपकँपी थी? उसका मुमूर्ष प्रेमी मृत्यु को सशक्त बाँहों से पीछे ढकेलता, उसे अपनी छाती पर खींचने लगा।

ओह, कैसा विचित्र है पुरुष का स्वभाव! चिता की सम्भावित लपटों को स्पष्ट देख लेने पर भी, नारी-संग की कामना। किन्तु अचानक प्रेमी का वह अस्वाभाविक ज्वारभाटा स्वयं शान्त हो गया।

विषम रोग की व्यथा से शरीर फिर धनुष-सा दुहरा हो गया, अधरों तक आया अधीर चुम्बन एक दीर्घ श्वास बनकर हवा में विलीन हो गया। बाँहें शिथिल होकर नीचे झूल गईं, वह फिर बेहोशी में डूब गया। उस बेहोशी को पहचानने में नलिनी ने भूल नहीं की। मधुमेह का वह घातक कोमा, अब उसे शायद ही किसी से विदा लेने की अनुमति देगा।

हाथ की घड़ी देखती, नाड़ी हाथ में लिए वह अपलक दृष्टि से उसे देखती रही थी। कभी भी वह जा सकता था, गाड़ी चाहे किसी स्टेशन पर रुके या न रुके, नाड़ी की गति बता रही थी कि उसका सिगनल डाउन हो चुका है। भय से काँपकर नलिनी पत्थर बन गई थी। कैसी भयानक मूर्खता कर बैठी थी वह! कहीं उसे ट्रेन ही में कुछ हो गया तो क्या कर लेगी वह?

हड़बड़ाकर उसने फिर नाड़ी देखी, रेल के डिब्बे की नीली मन्दी रोशनी में उसका चेहरा कितना शान्त, कितना भव्य लग रहा था! उसी शान्त, भव्य मुद्रा ने नलिनी को झकझोर दिया—यह शान्त, यह भव्यता क्या इस लोक की हो सकती थी? इस बार उसने स्पन्दनहीन नाड़ी को अपने होंठों से लगाकर, हाथ को निश्चेष्ट छाती पर रख दिया। आधी रात के धुँधलके में गाड़ी किसी अनजान स्टेशन पर खड़ी थी।

एक पल को नलिनी, उस सतर पड़ी देह को देखती रही, चलती ट्रेन में मृत देह को ले जाना अपराध है, यह वह कहीं पढ़ चुकी थी, तब क्या करे? भागकर क्या गार्ड को सूचित कर आए? किन्तु सूचित करने पर और जो कई प्रश्न एकसाथ उसे तीर से बेध देंगे।

वह उसका कौन था? मृत्यु कब हुई, कैसे हुई? कितनी मृत्यु देखी थीं इस डॉक्टरनी ने—पति की देह पर पछाड़ खाती पत्नियाँ, पत्नी की मृत देह पर पछाड़ें खाते, अस्पताल की मौर्चरी गुँजाते, बिलबिलाते पति, आत्मीय स्वजन, किन्तु कोई मृत्यु क्या उसे आज तक विचलित कर पाई थी? बिना विलाप के क्या मृत्यु अधूरी नहीं रहती? किन्तु उसकी आँखों के सम्मुख, उसके यौवन के प्रथम प्रणय का स्मारक ढहा पड़ा था, और उसकी आँखों में एक बूँद आँसू नहीं था।

गाड़ी अभी भी खड़ी-खड़ी, जैसे उसी की प्रतीक्षा कर रही थी। वह हाथ का सूटकेस लिए खड़ी हो गई। चादर खींचकर, उसने प्रेमी का मुँह ढाँप दिया। स्टेशन की चहल-पहल देखकर लग रहा था, वह कोई बड़ा जंक्शन है। नहीं-नहीं, अब और अधिक विलम्ब करना ठीक नहीं था। कब किस स्टेशन पर कोई परिचित चेहरा मिल जाए, क्या कोई ठिकाना था? पिछली बार, गुंटूर के अनजाने स्टेशन पर उसे, उसकी विधवा ननद मिल गई थी। वह एकदम बढ़ी, फिर न जाने क्या सोचकर उसने सूटकेस खोला। अब तक सूखी आँखें सहसा आँसुओं से धुँधली हो गईं। साड़ियों की तहों के बीच से उसने वह खंजर-सी सूखी पत्ती निकाली और प्राणहीन छाती पर रखकर बिना चेहरे की ओर आँखें उठाए ही मुड़ गई। उन खुली आँखों की ओर वह अब और नहीं देख पाएगी, किन्तु द्वार तक जाकर वह जैसे स्वयं अपने से ही हार गई। अधरों तक आकर शून्य में विलीन हो गए मरणासन्न प्रेमी के अधूरे चुम्बन का प्रतिदान दिए बिना ही वह लौट गई, तो क्या स्वयं उसी की अन्तरात्मा उसे जीवन-भर नहीं धिक्कारेगी? वह लौटी, हाथ का सूटकेस नीचे धर, उसने दोनों हाथों में वह हिमशीतल चेहरा भर लिया और क्षण-भर पूर्व मृत्यु-चुम्बित अधरों पर अपने काँपते अधर धर दिए। गाड़ी ने अँगड़ाई ली और गार्ड की तीखी सीटी से उसकी चेतना लौट गई। एक प्रकार से चलती गाड़ी से कूद पड़ी थी वह। देखते ही देखते गाड़ी के शैथिल्य ने गति तीव्र कर दी और उसके प्रेमी की निर्जीव देह लिए उसका डिब्बा भी आँखों से ओझल हो गया। काठ की जिस बेंच को पकड़कर उसने अपना सन्तुलन साधा था, अब भी उसी पर बैठी वह शून्य दृष्टि से सिगनल की लाल-हरी बत्तियों को देख रही थी। मिसेज़ कोचर के शब्द उसके कानों में गूँजते चले जा रहे थे—'हम स्त्रियों के लिए हमारा नाम ही सबकुछ है बहन, इसी से हमें फूँक-फूँककर कदम रखना पड़ता है कि किसी की अँगुली न उठे...'

'मृत्यु के कठिन क्षणों में भी,' नलिनी क्षणिक परिचय के बीच मिली उस सीख को नहीं भूली थी।

'अब किसी की अँगुली नहीं उठेगी नलिनी...' उसका संसारी चित्त स्वयं ही उसे दिलासा दे गया। एक क्षीण हँसी उसके मलिन चेहरे को उद्‌भासित कर गई।

अब तक उसने स्टेशन का नाम भी नहीं पढ़ा था, हाथ का सूटकेस थामे ही वह आँचल सम्हालती उठी तो खर्र से किसी काँटे की-सी खरोंच हाथ में लगी।

पल्ला खींचकर उसने देखा, प्रेमी को लौटाया गया स्मृति-चिह्न, विदा के उस क्षणिक स्पर्श के साथ ही शायद, आँचल की झालर में फँसकर, एक बार फिर उसी के पास लौट आया था।

चीलगाड़ी

काश, मैं अपने विदेशी अतिथिदल के साथ असम के उस गहन वन में आयोजित, नागा सहभोज में न गई होती! सुपारी के पेड़ और पानों के झुरमुट के बीच, एक विराट् अग्निस्तूप की लाल-लाल लपटें आकाश को चूम रही थीं। विचित्र परिधान में अंगों को मोड़ता-मरोड़ता एक नागा तरुण, हमारे स्वागत में अपनी रणसिंही को आकाश की ओर उठा-उठाकर फूँकने लगा था, "तू...तू...तू...तू!"

उस रणसिंही की मीठी स्वर-लहरी ने मुझे फिर बेचैन कर दिया।

एक बार मेरे जीवन में ऐसी ही रणसिंही और बजी थी, कानों को फाड़कर झूलते, भैंस के सींगों के काले कुंडल झुलाता अवधूत जोगी समरनाथ बाजी, अपने गाँजे से आरक्त नयन आकाश को उठा, टेढ़ी रणसिंही को बाँकी मुद्रा में साधे ऊर्ध्वमुखी फूँक दे उठा था, "तू... तू...तू...तू...!" आज उसी विस्मृत फूँक की स्वर-लहरी ने कुमायूँ के गगनांगन को पारकर, इस अपरिचित असम के आकाश को घेर लिया है। जिन स्मृतियों को मैंने अमानवीय दुःसाहस से कुचल दिया था, वे आज फिर जीवन्त हो उठी हैं।

लेडी ब्रैंडन को असम के मूँगा-रेशम का पूरा थान भेंट किया गया है। वे उसे बार-बार गालों से लगा, उसकी स्निग्धता में आकंठ डूबी जा रही है। विदेशी राजदूत की पत्नी के भारत-दर्शन यात्रादल में मुझे सम्मिलित कर, विशिष्ट सम्मान दिया गया है—यह मैं जानती हूँ। इस समय मुझे क्या-क्या कहना चाहिए, वह भी मुझे ज्ञात है। असम के इस मूँगा-रेशम की विशिष्टता, रणसिंही के स्वर-संगीत की व्याख्या, नागा मुखिया के गले में झूलती मुंड-माला की मौलिकता—इन नाना विषयों पर घंटों धारा-प्रवाह बोल सकती हूँ, किन्तु रणसिंही बीच-बीच में बजती जा रही है। तरुण वादक का नंगा शरीर आग की लपटों में ताम्रवर्णी लग रहा है, वह बार-बार मुझे ही देख रहा है, जैसे मुझे चुनौती दे रहा हो, "देखो न, भूले-बिसरे चेहरे बिसरना क्या इतना आसान है?"

बड़ी अम्मा, देबूलला, बाबूजी, कुन्दन और गैरिक वसनधारी स्वामी आत्मानन्द सब जैसे हाथ बाँधे मंडलाकार इस अग्निस्तूप की परिक्रमा करने लगे हैं। अल्मोड़ा के गिरजे के मीठे घंटे, देवदार के घनद्रुमों से टकराते बार-बार गूँज रहे हैं। मिशन स्कूल को जाती, हँसती-खिलखिलाती, सीटी बजाती ईसाई लड़कों की लम्बी कतार पूरी सड़क घेर रही है और समरनाथ बाजी की उसी करुण स्वर-लहरी के साथ नेपाली कुलियों के कन्धे पर हुमकती मेरी डोली, मायके की देहरी, कल्पनालोक में एक बार फिर लाँघ रही है। घूँघट की यवनिका के बीच बार-बार नथ के लटकन का दृष्टि-व्याघात पड़ रहा था, फिर भी मुझे चाची के गोल-गोल हाथ पर बँधा पीले-लाल सूत का कंकण स्पष्ट दीख रहा था। बाबूजी की तीखी नाक पर

रोली पर चिपकाए गए अक्षत बिखर गए थे, उन्हें कन्धे के लाल दुशाले से पोंछते, वे दाड़िम के पेड़ के नीचे खड़े एकटक मेरी डोली को देख रहे थे। शायद पहली बार उन्हें अपनी मातृहीना पुत्री पर दया आ रही थी। उन्हीं के पास खड़ा कुन्दन, अपने अल्लम-खल्लम कोट में बेहद दुबला लग रहा था। उदास, भयत्रस्त आँखों से, वह तेजी से ओझल होती डाँडी को देखकर एकाएक रो पड़ा था। मातृहीन भाई के उस रुदन की सिसकियाँ आज फिर जैसे किसी टेपरिकार्ड पर बजने लगी हैं।

मेरा कन्यादान चाची ने ही किया था, विमाता अपने सत्रह दिन के शिशु को लेकर मायके चली गई थी। सहसा किस बात को लेकर उनकी बाबूजी से ठन गई, कोई भी नहीं जान पाया। वैसे उन्हें मेरी अन्त्येष्टि क्रिया देखकर सन्तोष ही होता। सप्तपदी के समय, मेरे पति को खाँसी का ऐसा विकट दौरा पड़ गया था कि क्षण-भर को बाबूजी का चेहरा भी पीला पड़ गया। 'कल ही तो पी.पी. लगी है', वर पक्ष की फुसफुसाहट मेरे कानों में गर्म शीशा उड़ेल गई थी। पी.पी. किस जानलेवा राजरोग में लगता है, यह मैं भी जानती थी।

पी.पी. लगने की पीड़ा से कराहती मृत्युपथगामिनी रुग्णा माँ के चेहरे को क्या मैं भूल सकती थी।

विमाता के षड्यन्त्र ने ही मुझे दुर्भाग्य का द्वार खटकाने भेज दिया था, फिर वे स्वयं क्यों कन्नी काट गईं? संसार में ऐसे भी बहुत-से व्यक्ति मिलते हैं, जो बकरे की बलि नहीं देख सकते, किन्तु उसका मांस-मज्जा चिंचोड़कर खाने में उन्हें बड़ा आनन्द आता है। बाबूजी ने शायद पहले उस रिश्ते में कुछ आपत्ति की थी, पर मेरे श्वसुर मेरी विमाता के मामा लगते थे, इसी से बाबूजी की दाल गल नहीं पाई।

मेरे श्वसुर के वैभव का अन्त नहीं था। यह ठीक था कि मेरी दो विधवा जिठानियाँ और एक विधवा ननद, मेरी ससुराल की स्थायी सदस्याएँ थीं, किन्तु उस बीस कमरों के विराट् महल में तीन क्या तीस आश्रिताएँ भी रहतीं, तो भी मेरा उनसे टकराने का कोई प्रश्न ही नहीं उठता था। सास नहीं थी, मेरे पति की विधवा ताई ने ही उन्हें पाला था। मेरे श्वसुर की अनुपस्थिति में वे ही घर की देखभाल करती थीं। दिन डूबे मेरी बारात नैनीताल पहुँची थी। भारी जामदानी, लहँगे और दुहरे पिछौड़े के भार से दुहरी होती मैं, जिसके हाथ का सहारा लेकर उतरी, उसका गौर वर्ण देखकर, क्षण-भर को संशय में पड़ गई। मैंने तो सुना था, मेरे पति काले भुजंग हैं, श्वसुर कुल के उसी अपयशी काले रंग को मिटाने के लिए तो मेरा आह्वान हुआ था।

"आज तक कुल और समृद्धि देखकर बहुएँ लाया, जोसीजी!" मेरे श्वसुर ने बाबूजी से कहा था, "इसी से घर का नैन-नक्श चौपट हो गया। अब के सोचा, भाड़ में जाए समृद्धि, चाँद-सी बहू लाकर कुन्दन-से नाती-नतनियाँ जुटाऊँगा, चाहे बहू गाँव की ही क्यों न हो, पर हो लाखों में एक!" सचमुच ही अपनी दोनों जिठानियों और ननदों को देखकर मैं भय से स्तब्ध रह गई थी। क्या चेहरा था बड़ी जिठानी का, बालों से भरा संकुचित ललाट, अन्दर को धँसी क्रूर आँखें, बाहर को निकले विकराल गजदन्त और एकदम मुँड़ा सिर। दूसरी जिठानी भी उन्हीं की टक्कर की थीं, हरिद्वार से वे भी बड़ी के साथ हाल ही में सिर मुँड़ाकर लौटी थीं। वैधव्य से दोनों का चेहरा और भी भयानक लगने लगा था। बड़ी जिठानी के कोई भी सन्तान नहीं थी। दूसरी के एक राक्षसाकृति अपंग पुत्र था, उसे वे चौबीस घंटे गोदी में टाँगे रहतीं,

पन्द्रह वर्ष के उस विचित्र जीव की आँखें किसी भूखे वन्य पशु की-सी थीं। कभी-कभी वह आँख की पुतलियों को लट्टू-सा घुमाता, मेरी ओर देखकर ही-ही कर हँस देता और अपने हंडे-सा भीम मस्तक हिलाने लगता। मैं भय से काँप उठती। बड़ी ननद कलकत्ता के समृद्ध कुमाउँनी परिवार में ब्याही थीं, बंगाल के सुदीर्घ प्रवास ने उनके चेहरे की रही-सही कान्ति भी छीन ली थी। अपने दो काले बच्चों की और भी काली आया के साथ वे एक दिन मुझे घेरकर बैठी, ढोलक पर मेरे द्विरागमन के गाने से, मेरे मायके की दुर्गति-गाथा गाती मेरी दोनों जिठानियों को पुलकित कर रही थीं, "बन्नी की दादी को ले गया मुसल्ला, मुहल्ले में शोर मचा रे...!" मेरी दोनों जिठानियाँ, मेरी दादी के ही मुसल्ले के साथ भाग जाने से सन्तुष्ट नहीं थीं, वे तालियाँ बजाती मेरी अम्मा, चाची, नानी सबको बारी-बारी मुसल्लों के साथ भगाती, हँसी की लहर से कमरा गुँजा रही थीं कि सहसा वही सुपुरुष, हमारे बीच आकर खड़ा हो गया, जिसने मुझे बस से उतारा था।

"मैं आपका देवर हूँ, भाभीजी! देखता हूँ सुन्दरी भाभी को अशोक वाटिका की काली राक्षसियों ने घेर ही लिया। इनमें भी एक त्रिजटा है, भाभी, उन्हीं के चरण गहो, समझीं।"

आसपास के काले-श्रीहीन चेहरों के बीच, बड़ी अम्मा के हँसमुख चेहरे को मैंने पहली बार ठीक से देखा। उन उदार आँखों में न जाने क्या था कि मेरा माथा स्वयं नत हो गया।

"आग लगे, बज्जर पड़े इन देबूलला पर!" मेरी गजदन्ती जिठानी, बनावटी क्रोध के तेवर चढ़ाकर बोली, "जहाँ हम औरतों को बैठी देखा, वहीं घुस आए, हँसी-ठिठोली की भी तो एक उम्र होती है, लला, अब हमारी-तुम्हारी क्या वह उम्र रह गई है? पर चलो, घर में पहली बार सुन्दरी बहू आई है, तुम्हारे भी सात खून माफ करती हूँ।"

देबूलला बड़ी अम्मा के भतीजे थे, हाल ही में उनकी बदली भी नैनीताल को हो गई थी, इसी से अपनी बुआ के साथ रहने लगे थे। विवाह का भंडार उन्हीं के पास था और मेरी दोनों जिठानियाँ वक्त-बेवक्त उन्हीं से उलझी रहती थीं।

"ए हो, लला, चाबी दे दो, नारियल निकालने हैं।" बड़ी जिठानी, देबूलला के चौड़े कन्धे पकड़कर हिला देतीं।

"नहीं, बाबा," देबूलला पान की पीक मुख में गुलगुलाते, ठिठोली की रसपूर्ण पिचकारी छोड़ देते। "राम भजो, तुम विधवा भाभियों की नीयत बिगड़ते क्या देर लगती है! गई नारियल निकालने और चट से चार लड्डू मुँह में धर लिए।"

"हाय राम, मैं मर गई। सुनती है, मँझली, आज इनके लिए एकादशी के दिन हम अपना धरम भ्रष्ट करेंगी, अनाज के लड्डू चुराकर!"

बलखाती दोनों जिठानियाँ, देबूलला पर अकारण ही ढुलक पड़तीं। उन दोनों का मुग्धा किशोरियाँ का-सा सस्ता अभिनय देखकर मुझे कभी बड़ी झुँझलाहट होती, पर कहती किससे? पति अपने कमरे में बन्द रहते, मेरे श्वसुर प्रायः ही अपने ठेकों के प्रसंग में तिब्बत और ताकलाकोट की ओर उतर जाते। मुझे बड़ी अम्मा के कमरे में बैठकर, हलाहल छलकते ताल को देखना बड़ा अच्छा लगता। उस हवादार कमरे में, सर्वदा एक अद्भुत शान्त वातावरण छाया रहता। कमरे की दीवारें असंख्य देवी-देवताओं की तसवीरों से भरी रहतीं, उन्हीं के बीच टँगी रहती बड़े बाबू की एक आदमकद तस्वीर। बन्द गले के कोट, गोल टोपी और घनी मूँछोंवाले

उस रोबदार व्यक्ति का, एक-एक नक्शा मेरे पति से मिलता था। उनके जीवन-काल में घर की बहुएँ ठोंक-पीटकर बदसूरत ही छाँटी जाती थीं।

"सुन्दरी बहुओं पर कम विश्वास था उन्हें, वे आज होते तो तुम इस घर में न आ पातीं," मँझली जिठानी ने मुझसे हँसकर कहा था। पर फिर बड़ी अम्मा इस घर में कैसे आ गईं? क्या सुन्दरी बड़ी अम्मा पर भी बड़े बाबू ने विश्वास नहीं किया? बड़ी अम्मा का चिकना चेहरा, किसी विदेशी नन के निष्पाप चेहरे की ही भाँति सुन्दर था। मैंने उन्हें कभी झल्लाते नहीं देखा। उनके पास बैठना मुझे बड़ा अच्छा लगता था, पर बैठ ही कहाँ पाती थी। पल-भर में ही चिड़चिड़े पति चीखने लगते, "कहाँ गई हो? अंगूर का रस अब क्या खाक पिऊँगा? तुम क्या कर रही थीं बड़ी अम्मा के विधवाश्रम में? क्या तुम्हें भी उसकी सदस्या बनने का शौक चर्राया है?" और मैं उस निर्दयी व्यक्ति के निर्मम व्यंग्य से तिलमिला जाती। इधर नियमित रूप से पी.पी. लगने से उनकी तोंद निकल आई थी। कभी-कभी ठंडी हवा लगने के भय से वे कानों पर मोटा मफलर लपेट लेते तो मुझे लगता बड़ी अम्मा के कमरे में टँगे तैलचित्र से, बड़े बाबू उतर आए हैं। कभी-कभी उनके लाड़ का अन्त नहीं रहता। कहते, "चटपट तैयार हो जाओ, सिनेमा देखने चलेंगे।" लाल बेलोर की ज़रीदार वर्दी में, मेरे श्वसुर के झपानी कुली, मेरी डाँडी को हवा में उड़ा ले जाते, पीछे-पीछे अपने चेस्टनट घोड़े में, गरम कपड़ों के ज़िरहबख्तर में ऐंठे चले आते मेरे पति। सिनेमाघर में हमारे बॉक्स के सम्मुख मेरे पति के देशी-विदेशी मित्रों की भीड़ लग जाती। कितनी ही रानी-महारानियों से मुझे हाथ मिलाना पड़ता, सब मेरे पति को मुझ-सी रूपवती पत्नी पाने के लिए बधाइयाँ देते, तो मैं लज्जा से गड़ जाती। अंग्रेज़ी सिनेमा की उत्तेजना से कभी-कभी मेरे पति को वहीं खाँसी का विकट दौरा पड़ जाता और हमें लौटना पड़ता। उनकी इस गिरती हालत का समाचार सुनकर, बाबूजी भी भागते चले आए थे। उन्हें देखकर, क्षण-भर को बाबूजी के गौर मुखमंडल पर विषाद की झुर्रियाँ उभर आई थीं। पश्चात्ताप से उनका चेहरा कुछ क्षणों को विकृत हो उठा था, पर दूसरे ही क्षण उन्होंने अपने को संयत कर मुझे आश्वासन दिया था, "सब मंगल होगा छोटी, मैं जाते ही महाकाल के मन्दिर में दामाद के लिए मृत्युंजय का अमृतजाप करूँगा।" किन्तु बाबूजी का अमृतजाप भी उनकी मृत्यु को नहीं जीत पाया।

कहते हैं कि यक्ष्मा के रोगी को, अन्त समय तक ज्ञान बना रहता है। मेरे पति की मृत्यु भी बोलते-बोलते हुई थी, "मेरी घड़ी कहाँ है।" उन्होंने चीखकर पूछा था और उसी चीख के साथ उनकी आँख की पुतलियाँ अचल हो गई थीं। मैं भय से सहमी उनके सिरहाने खड़ी ही रह गई थी। अम्मा की दबी सिसकियाँ, दोनों जिठानियों का सटीक विलाप, सब सुनकर भी मैं नहीं रो पाई। उस कठोर, निर्मम व्यक्ति के साथ बिताए गए सात महीने की अवधि में मुझे एक भी ऐसा प्रणय-प्रसंग स्मरण नहीं आ रहा था, जिसका आधार लेकर मैं बिलख सकती।

घर के अन्य पुरुषों का आना असम्भव था, उन्हें ख़बर भेजने में ही तीन दिन लग जाते। फिर अलकनन्दा की जिस रस्सी के पुल से होकर डाक का हरकारा जाता था, वह भी कुछ दिनों से बन्द था। देबूलला ही कर्त्ता बने। कभी श्मशानघाट की यात्रा के लिए चाय-चीनी जुटा रहे थे, कभी अर्थी में बँधी मेरे पति की लम्बी देह की निरर्थक परिक्रमा कर रहे थे। मैं सोच रही थी, कितना स्वार्थी है मानव, श्मशानघाट की नीरस यात्रा के लिए भी चाय-चीनी जुटाना वह नहीं भूलता। घर में अनोखी निस्तब्धता छा गई थी। स्त्रियों के विलाप के स्वर

अवरोह में उतर चुके थे, देहरी पर प्रदीप जलाकर रख दिया गया था, जिससे दूसरे लोक को महाप्रस्थान कर गई आत्मा, मार्ग पर प्रकाश पाती रहे, किन्तु इस लोक में जिस अभागिनी के कक्ष का ज्योति-पुंज सदा के लिए बुझ गया था, उसके लिए प्रकाश की हिन्दू शास्त्र में कोई व्यवस्था नहीं थी। दसवें दिन, पीपल के वृक्ष के नीचे मृत पति को अंजलि देते, मैंने अपने हाथों को देखा, तो स्वयं काँप गई थी। बिना चूड़ियों के मेरे नंगे हाथ मूसल-से लग रहे थे। रंग-बिरंगे सूत की धज्जियों से सँवरा पीपल अपने घने पत्तों की छाँव से आधी पगडंडी घेरे था। पंडितजी की श्लोकावृत्ति के साथ पति की प्रेत-मुक्ति के लिए, दोनों हाथों में जल भरकर मुझे दक्षिण दिशा को छोड़ने का आदेश मिला, तो मैं भय से सहमी हाथ का पानी भी छोड़ना भूल गई थी।

बड़ी अम्मा प्रायः मेरे पास ही बैठी रहतीं। तेरहवीं के पश्चात, उन्होंने मेरा पक्ष लेकर पुत्र-शोक से जर्जरित मेरे श्वसुर के सम्मुख मेरी शिक्षा को पुनर्नवीभूत करने का प्रस्ताव रखा था। मुझे छोटी ननद के साथ कालेज जाने की अनुमति मिली तो मेरी दोनों जिठानियाँ कुढ़कर रह गई थीं। "पर लग गए हैं छोटी के, अब देखो कब उड़ती है," मँझली दिज्यू ने हँसकर कहा था। कैसी विचित्र भविष्यवाणी थी।

धीरे-धीरे मेरे पति की बरसी की तिथि भी आ गई। और मेरी दोनों जिठानियाँ, देबूलला को अपने कटाक्षों से रससिक्त कर फिर भंडारघर में चक्कर काटने लगीं। मुझे उन दोनों को देखकर उबकाई आने लगती। एक ओर तो उनके व्रत और कोरे अनुष्ठानों का अन्त नहीं रहता, दूसरी ओर रँगीले देवर के साथ उनका मर्यादाहीन आचरण देखकर मैं दंग रह जाती। दिन में जिस चादर को बिछाकर, भक्ति-भाव से सिर हिलाती और कृपालदत्त पंडितजी से शिवपुराण सुनतीं, रात को उसी चादर की चाँदनी बिछाकर देबूलला और उनके एक रसिक प्रवर मित्र को लेकर, ताश की ब्रिजलीला जमातीं। दोनों जिठानियाँ अंग्रेज़ी के नाम पर ए, बी भी नहीं पहचानती थीं, किन्तु आक्शन और काट्रैक्ट ब्रिज के अखाड़े के कुशल से कुशल खिलाड़ी को भी वे बुरी भाँति पछाड़ देती थीं।

देबूलला बार-बार मुझे भी आमन्त्रित करते रहते, पर मैं बड़ी अम्मा के पास बैठी रहती। कभी-कभी देबूलला के आग्रह से बड़ी दिज्यू बुरी तरह झुंझला उठतीं, "नहीं आती, तो बेकार क्यों खींच रहे हो--ताश खेलना क्या दिमागी लोगों का काम है? छोटी ठहरी कॉलेज की लड़की, वह क्यों खेलेगी! वह तो पढ़-लिखकर कलक्टर बनेगी, है न छोटी!"

बड़ी दिज्यू, न जाने आज तुम कहाँ हो! यदि पास होतीं, तो दिखा देती, कलक्टर ही नहीं कमिश्नर ने भी मेरे पाँव धोए हैं। ऐसे ही एक विदेशी अतिथिदल को घुमाने कश्मीर ले गई थी। वहाँ की स्वर्गीय झील में हमारी हाउसबोट 'स्वीट किस' नील-नीले फूलों से सजाई गई थी। ऐंठी-मरोड़ी मूँछों का स्वामी, एक अवकाशप्राप्त आई.सी.एस. कमिश्नर भी हमारे दल में था। नौकरी से अवकाश प्राप्त करने पर भी यह जीवन की मौज-मस्ती से अवकाश प्राप्त करने के मूड में एकदम ही नहीं था। कभी लड़खड़ाती किश्ती का बहाना ढूँढ़, अकारण ही मुझे बाँहों में सँभाल लेता, कभी ज़ोर-ज़ोर से इकबाल की कविता की आवृत्ति करने लगता और कभी मेरे पास झुककर पूछ बैठता, "बता सकती हैं, यहाँ हाउसबोट का चलन कब से हुआ?"

मेरे विदेशी पर्यटक भी, मेरी व्याख्या सुनने मेरे इर्द-गिर्द घेरा बनाकर खड़े हो जाते।

अपने धूप के चश्मे को साधकर मैं अपनी कंठनली का टेपरिकार्ड चालू कर देती कि किस प्रकार एक विदेशी ने कश्मीर की धरा पर प्रासाद बनाने की अनुमति माँगी थी, कश्मीर-नरेश का चतुर मस्तिष्क विदेशी की चाल को भाँप गया था।—छोटा-सा प्रासाद बनाकर वह चतुर विदेशी किसी दिन कश्मीर की धरा को अपने प्रासादों से भर देगा। रात-ही-रात में एक नये कानून की सृष्टि हुई थी, विदेशी प्रासाद अवश्य बना सकता है, पर उस धरा पर उसका अधिकार नहीं रहेगा। विदेशी ने फिर भी बौद्धिक शतरंज की बाजी जीत ली थी, एक चलता-फिरता प्रासाद जल में तैराकर। स्थल पर बने प्रासाद के अधिकार का प्रश्न उठ सकता था, जल पर तैरते प्रासाद पर कैसी आपत्ति?

मुसलमान कमिश्नर अपने चट किए गए प्रश्न का पट उत्तर पाकर खिल गया था। मेरी सलीमशाही जूतों में कीचड़ लग गया था, चट से अपना रेशमी रूमाल निकालकर पोंछते हुए उसने कहा था, "आपको एयर होस्टेस किसने बिना दिया, आई.ए.एस. में बैठी होतीं तो निश्चय ही कलक्टर बन जातीं।"

मैं कैसे कहती, कभी यह मेरी बड़ी दिज्यू ने भी कहा था।

प्रयाग के कुम्भ-स्नान के लिए जब मैं बड़ी अम्मा और जिठानियों के साथ त्रिवेणी तट पर गई थी, तब प्रयाग के पंडे की विलक्षण स्मरण-शक्ति देखकर दंग रह गई थी। कुमायूँ का कोई भी ऐसा व्यक्ति नहीं था, जिसकी वंशवेलि की जड़ उसके मस्तिष्क में न हो, फलाँ जो फलाँ के बेटे, बाईं गाल पर तिल, एक आँख कानी। धन्य था वह पंडा, किन्तु आज मैं उस पंडे को भी मात दे सकती हूँ। बड़ी नाव में हमें भरकर वह संगम में डुबकी लगाने ले गया था। हाथ पकड़कर दोनों जिठानियाँ मुझे गहरे जल में खींच ले गई थीं। मिट्टी-रेत से सनी वह पुरानी खंखड़ नाव और फूलों से सजा कश्मीर का वह शिकारा, अन्तर था। अन्तर नहीं था, पुरुष की लोलुप दृष्टि में। जल में डुबकियाँ लगाने पर पतली साड़ी से झाँकते मेरे देह-लावण्य में उस प्रौढ़ पंडे की भूखी दृष्टि और झील में तैरकर बाहर निकलने पर मुझे निगलती उस आई.सी.एस. प्रौढ़ कमिश्नर की भूखी दृष्टि में क्या कुछ अन्तर था? मेले की भीड़ को चीरती दोनों जिठानियों में मँझली के उत्साह का अन्त नहीं रहता। यह मानो उनके शुष्क जीवन की एक सुरम्य पिकनिक थी। भिखारियों की भीड़ की, शिव की बारात के सम्मुख वे ठगी-सी खड़ी रह जातीं। प्रत्येक अपंग, घिनौने भिखारी का इंटरव्यू लेते-लेते, कभी अपनी हृदयहीन हँसी से दिशाएँ गुँजा देतीं, "मर अभागे! नाक कहाँ गई रे तेरी! हाय-हाय छोटी, देख-देख, मुँह है ही नहीं... क्यों रे, खाना कैसे खाता है तू?" लकड़ी की गाड़ी में लुंजपुंज मांस के किसी लोथड़े से वह ऐसे बेतुके प्रश्न पूछतीं कि पंडा भी बड़बड़ाने लगता, "बहूजी, तीरथ करने आई हो या मेला देखने!"

"चुप रहो, पंडाजी, ऐसी चीजें क्या बार-बार मिलती हैं देखने को! बहुत हड़बड़ी मचाई, तो श्राप दे दूँगी, तुम्हारी भी ऐसी ही गति होगी अगले जनम में!" हो-हो कर रसिक पंडा मेरी जिठानी के कान के ही पास मुँह ले जाकर न जाने क्या कहता कि वह हँसती-हँसती दुहरी हो जातीं। स्पष्ट न सुन पाने पर भी पंडे के अस्पष्ट स्वर मैंने सुन लिए थे। उस अभागे नासिकाहीन भिखारी की दुरवस्था का किसी नासिका-लोलुप बीभत्स रोग से सम्बन्ध जोड़कर त्रिपुंडधारी पंडा अपने अश्लील परिहास से रसिकचित्त का परिचय दे रहा था और मेरी दोनों जिठानियाँ अपने रामनामी दुपट्टे मुँह में ठूँसे हँसती-हँसती दुहरी हो गई थीं।

कभी-कभी मुझे बड़ी अम्मा की तटस्थता पर झुँझलाहट हो आती। सबकुछ देखकर भी वे निरन्तर माला जपती रहतीं।

आए दिन हमारे यहाँ कीर्तन-सभा होती। मार्बल-मंडित गोल कमरे को गंगाजल से धोकर, बीच में यज्ञवेदी सजाई जाती। कर्मकांडी ब्राह्मणों की उदर-पूर्ति हेतु मेवे की खीर लबालब कड़ाही में छलकने लगती। उपासना-सभा का सभापतित्व ग्रहण करता, गैरिकवसनधारी सौम्याकृति का पाखंडी स्वामी आत्मानन्द। उसके गौर ललाट पर गोरोचन का टीका रोली से सँवरा रहता, दोनों बड़ी-बड़ी आँखों की रेशमी पलकों का सौन्दर्य, किसी भी सुन्दरी की पलकों से होड़ ले सकता था। निकट से देखने पर भी उसकी वयस की मरीचिका, चतुर-से-चतुर व्यक्ति को भी भटका सकती थी। उसके आने का समाचार, पूरे शहर में हवा की भाँति उड़कर फैल जाता और देखते-ही-देखते, हमारा दालान डाँडी और घोड़ों से भर जाता। भजन-कीर्तन और झाँझ-करताल के संगीत से ऊबकर मैं सीमान्त के कमरे में बन्द हो जाती। उस धूर्त स्वामी की मैं नस-नस पहचानती थी। मुझसे कहता था, ''राधिका!'' जयदेव के पद गुनगुनाता वह निर्लज्ज, कभी बड़ी अम्मा के सामने ही कहता, ''राधे, मेरे पैर दाब दे।''

बड़ी अम्मा मेरी चुप्पी का दूसरा ही अर्थ लगातीं, शायद उतने बड़े महात्मा के चरण छूने में मुझे संकोच हो रहा था।

''देख क्या रही है, बहू, दाब दे न पैर!'' बड़ी अम्मा का आदेश मैं कैसे टाल सकती थी? सिर झुकाए उसके चरण दाबने लगती, तो मुझे लगता असंख्य घिनौने कीड़े मेरी हथेलियों में कुलबुलाने लगे हैं। कभी-कभी सबकी दृष्टि बचाकर, वह मेरी हथेली अपने पैरों के बीच दबा लेता, उसकी भूखी आँखों की दुनाली से वासना की गोलियाँ दनदनाने लगतीं, दूसरे ही क्षण मेरी कठोर मुखमुद्रा देख, वह नट की फुर्ती से अपने को संयम की रस्सी पर साध लेता और ऊँचे स्वर में गीता के श्लोकों की आवृत्ति करने लगता। मेरे जी में आता, उसकी स्वर्ण-मंडित पादुका उसके सिर पर दे मारूँ, पर लोगों की दृष्टि में उस परमहंस बाबा की महिमा अपार थी, उसका चरणोदक शीशियों में भरकर विदेश तक भेजा जाता था। मैं कुछ कहती, तो वह लम्पट मुझे ही लपेट लेता। फिर एक बात और थी, उस तान्त्रिक की अघोरी दृष्टि में कुछ ऐसी सम्मोहिनी थी कि वह एक बार आँखें चार होने पर देखनेवाले को मनमानी उठक-बैठक करवा सकता था। मैं कभी भूलकर भी उसकी ओर नहीं देखती थी। उसने भाँति-भाँति की चेष्टाएँ कर ली थीं। कहता, ''राधे, देख तो मेरी आँख में शायद तिनका पड़ गया है, बड़ा गड़ रहा है।'' मैं बड़ी दिज्यू को भेज देती। कभी वह फिर पुकार लगाता, ''राधे, मेरी आँखों में चन्द्रोदय बूटी तू ही डाल दे, बड़ी और मँझली ठीक से नहीं डाल पातीं।'' मैं कोई-न-कोई बहाना बनाकर टाल जाती। उधर देबूलला का दुःसाहस दिन दूना, रात चौगुना बढ़ता जा रहा था। कई बार साहस बटोरकर बड़ी अम्मा से कहने भी गई, किन्तु लाल थैली में छिपे उनके हाथ माला फेरते रहते, आँखों में उनके अन्तर की शुचिता छलक उठती, पाठ करते-करते वे दर्शन के झटके से ही पूछतीं, ''कुछ काम है?''

उनकी भोले शिशु की-सी अम्लान हँसी देखकर मुझे कुछ कहने का साहस ही न होता और मैं चुपचाप लौट आती। देबूलला पर बड़ी अम्मा का अगाध स्नेह था, फिर एक लम्बे अरसे से वे मेरी जिठानियों के साथ रहते आए थे, कभी किसी को उनके विरुद्ध शिकायत नहीं रही थी, मेरे ही लिए वे एकाएक इतने बुरे कैसे हो गए? फिर मेरे पास सबूत ही क्या था? कहीं

बड़ी अम्मा भी मुझे गलत समझ बैठीं तो मेरा कहाँ ठिकाना रह जाएगा? जल में रहकर मगर से बैर नहीं हो सकता, फिर मगर क्या एक ही था?

मुक्ति का एक ही उपाय था। चन्द्रावती मसीह मेरे साथ पढ़ती थी। हम दोनों की मैत्री, विमाता की पैनी दृष्टि की लपटों से भी नहीं झुलस पाई थी। मिशन की नाना सुविधाओं की सीढ़ियाँ पार कर वह एक ऊँची नौकरी पा गई थी। दिल्ली में वह अपने मामा के साथ रहती थी; "मामा बहुत बड़े-बड़े लोगों को जानते हैं, मुझे अनायास ही हवाई जहाज़ में एयर होस्टेस बना देते," उसने लिखा था, "पर यह काला-कलूटा चेहरा निगोड़ा बैरी बन जाता है। तू यहाँ चली आ और तेरे परी-से चेहरे को देखते ही वे तुझे एयर होस्टेस बना लेंगे।"

कितना सुन्दर प्रस्ताव था! पृथ्वी के भूखे भेड़ियों की पहुँच से दूर उड़कर एकदम आकाश में! मेरी दोनों जिठानियाँ स्वामीजी के साथ, सुदीर्घ तीर्थयात्रा भ्रमण पर चली गई थीं। बड़ी अम्मा के दोनों हाथ रहते लाल थैली में और आँखों ने छल-प्रपंच को पकड़ना नहीं सीखा था।

मैं भाग गई, क्षण-भर को संस्कारों की बेड़ियों ने पैरों को जकड़ लिया, अन्तरात्मा धिक्कार उठी, 'छिः-छिः, जिस थाली में खाया, उसी में छेद कर रही है। जिस बड़ी अम्मा ने पढ़ाया, स्वतन्त्रता दी, उसी को छलकर भाग रही है।' फिर आँखों में तैरने लगती बाबूजी की कर्मनिष्ठ सतर पीठ, लोगों के व्यंग्यबाणों से छिदता मौसी का करुण चेहरा, पीलिया रोग से उठे रुग्ण मातृत्वहीन कुन्दन की सहमी-सहमी आँखें। कभी-कभी वह भागकर मुझसे मिलने चला आता था, अब किसके पास जाएगा...?

पर आँसुओं के साथ-साथ धुँधली आकृतियाँ धीरे-धीरे बह गईं—मैं अब पृथ्वी छोड़कर आकाश पर आ गई हूँ। दरिद्र भाई की व्यथा हृदय को अभी भी कचोटती है। जब अन्तिम बार वह मुझसे मिलने आया, तो मौसी के बेटे की उतरन का अधरंगा वही नीला ब्लेजर पहने था, जिसकी दोनों कुहनियों पर मैंने लाल पैबन्द लगा दिए थे। अब पैबन्द भी फटकर फड़फड़ाने लगे थे। उसकी आँखों की नीली पुतलियाँ, काँच की नीली गोलियों-सी चमक उठी थीं। हम दोनों भाई-बहनों की आँखें एक ही-सी थीं—गहरी नीली।

चार मील दूर गणनाथ के स्कूल का उतार वह अपने लोहे के पहिये को तार के चाबुक से भगाता मिनटों में पार कर लेता, किन्तु लौटने की चढ़ाई का मार्ग लोहे के निर्जीव अश्व और सजीव अश्वपति दोनों को क्लान्त कर देता।

दिन डूबते ही उसकी बालसुलभ उत्सुकता और बढ़ जाती, "दीदी, तुम क्या आसमान के सितारों में अम्मा का सितारा पहचान सकती हो?" वह लेटा-लेटा मुझसे पूछता। न जाने किसने उससे कह दिया कि मरने के बाद सब सितारे बनकर टिमटिमाने लगते हैं। "दीदी, तुम्हें कोई दस लाख रुपये दे, तो क्या तुम अकेली जागेश्वर के श्मशानघाट तक जा सकती हो?"

"हाँ," मैं उसके निरर्थक प्रश्न का निरर्थक उत्तर देती और वह मेरे पास सरक आता।

दस लाख रुपये के लोभ में, श्मशानघाट की यात्रा अकेली ही कर लेने की दुःसाहसिनी दीदी का दृढ़ संकल्प उसे विचलित कर देता।

कभी-कभी हमारे ग्राम के आकाश का वक्ष विदीर्ण कर धुआँ छोड़ता जेट विमान निकल

जाता, तो वह पगला-सा आता, "अरे, मदनिया-हिरुवा, देखो चीलगाड़ी! दीदी, चीलगाड़ी, आहा रे, चीलगाड़ी, ओ हो रे, चीलगाड़ी!"

अपनी पतली सींक-सी बाँहें आकाश की ओर नचाता वह गोल-गोल घूमने लगता, "चीलगाड़ी रे चीलगाड़ी।"

आज उसकी दीदी उसी चीलगाड़ी में न जाने कितने देश-विदेश घूम चुकी है। राजसी अतिथियों के वायुयान में मेरी उपस्थिति अनिवार्य हो उठी है। मेरी नीली आँखें, गोरा रंग कभी-कभी किसी विदेशी अतिथि को उलझन में डाल देते हैं। "एक्सक्यूज़ मी, क्या आप तुर्क हैं?" वह मुझसे पूछता है—मैं हँस देती हूँ। अपनी भुवनमोहिनी हँसी को मैंने अब पहचान लिया है। भारत के वेदान्त, दर्शन, संगीत से लेकर करी-पाउडर की भोजन-सामग्री, साड़ी पहनने की शिक्षा, सबका विस्तृत विवरण देकर मैं अतिथियों की आकाश-यात्रा को आश्चर्यजनक रूप से मनोरंजक बना देती हूँ। किन्तु अचानक हँसी-कहकहों और प्रश्नोत्तरों के बीच मैं उदासी में डूब जाती हूँ। क्या पता नीचे विराट् धरती पर वायुयान का शब्द सुन, नीले ब्लेजर के लाल पैबन्द फड़फड़ाता अपने लोहे के अश्व को तार के चाबुक से साधे कोई चीख-चीखकर अपने साथियों को पुकार रहा है, "अरे, मदनिया, हिरुवा, देखो चीलगाड़ी..."

सहसा मैं परिश्रम से मुखस्थ किया गया अपना वेदान्त-दर्शन और साड़ी-शिक्षा का पाठ भूल जाती हूँ, मुझे लगता है, आकाश के नीले ब्लेज़र में डूबते सूर्य की अरुणशिखा के दो फटे पैबन्द फड़फड़ा रहे हैं और दो दुबले सींक-से हाथ आकाश की ओर उठा-उठाकर कोई नाचता-घूमता गा रहा है, "आहा रे, चीलगाड़ी! ओहो रे, चीलगाड़ी!"

पिटी हुई गोट

दीवाली का दिन। चीना पीक की जानलेवा चढ़ाई को पार कर जुआरियों का दल दुर्गम-बीहड़ पर्वत के वक्ष पर दरी बिछाकर बिखर गया था। एक ओर एक बड़े-से हंडे से बेनीनाग की हरी पहाड़ी चाय के भभके उठ रहे थे, दूसरी ओर एक पेड़ के तने से सात बकरे लटकाकर आग की धूनी में भूने जा रहे थे। जलते पशम से निकलती भयानक दुर्गन्ध, सिगरेट व सिगार के धुएँ से मिलकर अजब खुमारी उठा रही थी। नैनीताल से चार मील दूर, एक बीहड़ पहाड़ी पर जमा यह अड्डा आवारा रसिकजनों का नहीं था। सात-आठ हज़ार से कम हस्ती का आदमी वहाँ प्रवेश भी नहीं पा सकता था। टेढ़ी खद्दर की टोपी को बाँकी अदा से लगाए तरुण नेता महिम भट्ट, मालदार कुन्दन सिंह, कुँवर लालबहादुर, सुन्दर जोशी आदि एक-से-एक गण्य-मान्य व्यक्ति, महालक्ष्मी का पूजन-प्रसादी ग्रहण कर अपने गुप्त अड्डे पर पहुँच जाते। छाती से ताश की गड्डी चिपकाकार। टेढ़ी आँखों से दूसरे खिलाड़ी के पत्तों की ग्रहस्थिति भाँपना, झूठी गीदड़-भभकियाँ देकर चालें चलना, उन सिद्धहस्त पारंगत खिलाड़ियों के बाएँ हाथ का खेल था। उस दायरे में प्रायः आठ-दस ही खिलाड़ी रहते, क्योंकि चीना पीक के उस बादशाही खेल ही चालें चलना हर किसी के लिए सम्भव भी नहीं होता। मिनटों में ही वहाँ एक हज़ार की चाल तिगुनी कर पत्ते खुलवाए जाते, कभी कत्थे और चीड़ के ठेके दाँव पर लगाए जाते और कभी अयारपाटा और अपर चीना-स्थित भव्य साहबी बँगले। नैनीताल के कई लखपति चीना पीक की उसी वीरानी से वीरान बनकर लौटे थे, फिर भी प्रत्येक महालया को उसी धूम और उसी गरज-तरज से फिर अड्डा जम जाता। "कल रात सुना, चीनियों ने हमारी तीन चौकियाँ और जीत लीं," लालशाह ने हाथ में सुरती मलकर, अपने मोटे लटके होंठों के भीतर भरकर कहा।

"अबे, हटा भी! कहाँ की मनहूस खबर ले आया! सारे पत्ते बिगाड़ दिए!" लालशाह को कुहनी से मारकर, विक्रम पालथी समेट, ओट में अपने पत्ते देखकर बोला, "ले, देखें चीनी एक हाथ हमारे साथ! दस-दस को इसी तरह पटक दूँगा!" पत्ते पटाख से ज़मीन पर फेंककर उसने कहा। पिछली बार वह अपनी शाहनी की, शुतुरमुर्ग के अंडों के आकार की नेपाली मूँगमाला यहीं हार गया था, इसी से साधारण पत्तों पर वह झूठी चाल नहीं चल रहा था।

"लो भई, एक चाल मेरी!" चुटकियाँ बजाते महिम भट्ट ने सौ का नोट फेंका और गिद्ध दृष्टि से एक ही पल में न जाने किस जादुई शक्ति से सबके अदृश्य पत्ते भाँप लिए। पत्तों की गरिमा उसके लाल आलूबुखारे-से गालों पर भी उभर आई, मन के उत्साह को वह किसी प्रकार भी नहीं दबा पा रहा था। कभी चुटकियाँ बजाता, कभी खद्दर की टोपी को तिरछी करता, कभी गुनगुनाता और कभी ज़ोर-ज़ोर से अंग्रेज़ी गानों की बेसुरी आवृत्ति ही किए जा रहा था। खेल

रंग पकड़ रहा था, फरफराते नोटों को एक बड़े-से पत्थर से दाब दिया गया। महिम भट्ट की चाल ऐसी-वैसी नहीं होती, यह सब जानते थे। वह शून्य में लटकनेवाला त्रिशंकु नहीं था। एक-एक सबने पत्ते डाल दिए। केवल एक व्यक्ति ही डटा रहा और वह था एक नौसिखिया खिलाड़ी, गुरुदास! कुछ खेल की जिद, कुछ चातुर्य से उकसाता खिलाड़ी महिम भट्ट उसे ले बैठे। पत्ते खुले, तो वह आठ हज़ार हार गया था। दोनों हाथ झाड़कर वह उठने लगा, तो लालशाह ने खींचकर बिठा दिया, "वाह-वाह! ऐसे नहीं उठ सकते मामू! खेल ठीक बारह बजे तक चलेगा।"

"अब है ही क्या जो खेलूँ!" गुरुदास ने फटे गबरून के कोट की दोनों जेबें उलट दीं।

"अमाँ, है क्यों नहीं? वह साली मेवे की दुकान का क्या अचार डालोगे? लग जाए दाँव पर," महिम भट्ट ने चुटकियाँ बजाकर कहा और पत्ते बँट गए। बारह बजने में पाँच मिनट थे, पर गुरुदास की घड़ी में सब घंटे बज चुके थे– वह कौड़ी-कौड़ी कर जोड़ी गई आठ हज़ार की पूँजी ही नहीं, बाप-दादों की धरोहर, अपनी प्यारी दुकान भी दाँव पर लगाकर हार चुका था। ठीक घड़ी के काँटे के साथ ही खेल समाप्त हुआ। एक-एक कर सब खिलाड़ी हाथों की धूल झाड़कर चले गए थे। कड़कड़ाती ठंड में पेड़ के एक ठूँठ तने पर अपनी कुबड़ी पीठ टिकाए, निष्प्राण-सा गुरुदास शून्य गगन को एकटक देख रहा था। अब वह क्या लेकर घर जाएगा? उसकी प्यारी-सी दुकान, जिसकी गद्दी पर वह छोटी-सी सग्गड़ में तीन-चार गोबर और कोयले के लड्डू धमकाकर, चेस्टनट-अखरोट और चेरी-स्ट्राबेरी को मोतियों के मोल बेचा करता था, अब उसकी कहाँ थी? महीने की रसद लाने के लिए पाँच का नोट भी तो नहीं रहा था जेब में। टप-टप कर उसके झुर्री पड़े गालों पर आँसू टपकने लगे, फटी बाँह से उसने आँखें पोंछी ही थीं कि किसी ने उसका हाथ पकड़कर बड़े स्नेह से कहा, "वाह दाज्यू! क्या इसी हौसले से खेलने आए थे? कैसे मर्द हो जी, चलो उठो, घर चलकर एक बाजी और रहेगी।"

गुरुदास ने मुड़कर देखा, उसका सर्वस्व हरण करनेवाला महिम भट्ट ही उसे खींचकर उठा रहा था।

"क्यों मरे साँप को मार रहे हो भट्टजी? अब है ही क्या, जो खेलूँगा!" बूढ़ा गुरुदास सचमुच ही सिसकने लगा।

"वाह जी वाह! है क्यों नहीं? असली हीरा तो अभी गाँठ ही में बँधा है। लो सिगार पीओ।"–कहकर महिम ने अपनी बर्मी चुरुट जलाकर, स्वयं गुरुदास के होंठों से लगा दिया।

बढ़िया तम्बाकू के विलासी धुएँ के खँखार में गुरुदास की चेतना सजग हो उठी, "कैसा हीरा, भट्टजी?"

महिम ने उसके कान के पास मुख ले जाकर कुछ फुसफुसाकर कहा और गुरुदास चोट खाए सर्प की तरह फुफकार उठा, "शर्म नहीं आती रे बामण! क्या तेरे खानदान में तेरी माँ-बहनों को ही दाँव पर लगाया जाता था?"

पर महिम भट्ट एक कुशल राजनीतिज्ञ था, कौटिल्य के अर्थशास्त्र के गहन अध्ययन ने उसकी बुद्धि को देशी उस्तरे की धार की भाँति पैना बना दिया था। मान-अपमान की मधुर-तिक्त घूँटों को नीलकंठ की ही भाँति कंठ में ग्रहण करते-करते वह एकदम भोलानाथ ही बन गया था। कड़ाके की ठंड में आहत गुरुदास की निर्वीर्य मानवता को वह कठपुतली की

भाँति नचाने लगा। "पांडवों ने द्रौपदी को दाँव पर लगाकर क्या अपनी महिमा खो दी थी? हो सकता है दाज्यू, तुम्हारी गृहलक्ष्मी के ग्रह तुम्हें एक बार फिर बादशाह बना दें।'

अपनी मीठी बातों के गोरखधन्धे में गुरुदास को बाँधता, महिम भट्ट जब अपने द्वार पर पहुँचा, तो बूढ़ा उसकी मुट्ठी में था। "देखो, इसी साँकल को जरा-सा झटका देना और मैं खोल दूँगा। निश्चिन्त रहना दाज्यू, किसी को कानों-कान खबर नहीं लगने दूँगा।"

बिना कुछ उत्तर दिए ही गुरुदास घर की ओर बढ़ गया। दिन-भर वह अपनी छोटी-सी दुकान में चेस्टनट, स्ट्रॉबेरी और अखरोट बेचता था। उसकी दुकानदारी सीजन तक ही सीमित थी, भारी-भारी बटुए लटकाए टूरिस्ट ही आकर उसके मेवे खरीदते। पहाड़ियों के लिए तो स्ट्रॉबेरी और अखरोट, चेस्टनट, घर की मुर्गी दाल बराबर थी। डंडी मारकर बड़ी ही सूक्ष्म बुद्धि से वह दस हजार जोड़ पाया था, दो हजार शादी में उठ गए थे। तिरसठ वर्ष की उम्र में उसने एक बार भी जुआ नहीं खेला था, किन्तु आज लाल के बहकावे में आ गया था। लाल उसका भानजा था। "हद है मामू! एक दाँव लगाकर तो देखो! क्या पता, एक ही चोट में बीस हजार बना लो! न हो तो एक हाथ खेलकर उठ जाना।"

"तू आज भीतर से कुंडी चढ़ाकर खा-पीकर सो रहना। मुझे भीमताल जाना है।" उसने पत्नी से कहा और गबरून के फटे कोट पर पंखी लपेटकर निकलने ही को था कि कुन्दन-लगी नथ के लटकन की लटक ने उसे रोक लिया। सुभग-नासिका भारी नथ के भार से और भी सुघड़ लग रही थी। अठारह वर्ष की सुन्दरी बहू को बिना कुछ कहे भला कैसे छोड़ आते। "अरी सुन तो," कहकर उन्होंने पत्नी को खींच छाती से लगाकर कहा "तू जो कहती थी न कि पिथौरागढ़ की मालदारिन की-सी सतलड़ तुझे गढ़वा दूँ! भगवान ने चाहा, तो कल ही सोना लेकर सुनार को दे दूँगा।" बिना कुछ कहे चन्दो पति से अपने को छुड़ाकर प्रसाद बनाने लगी। तीन वर्ष से वह प्रत्येक दीवाली पर पति का यही व्यर्थ आश्वासन सुनती आई थी। उधर बूढ़ा लहसुन भी खाने लगा था, ऐसी दुर्गन्ध आई कि उसका माथा चकरा गया।

रिश्ते में बहू लगने पर भी वह चन्दो की हमउम्र थी और दोनों में बड़ा प्रेम था। "मामाजी, आज खूब मन लगाकर लक्ष्मीजी को पूजना, मामाजी दस हजार लेकर जुआ खेलने गए हैं।" अपने सुन्दर चेहरे से नथ का कुन्दन खिसकाकर वह बोली।

जलते घी की सुगन्धि से कमरा भर गया। "हट, आई है बड़ी! उन बेचारों के पास दस हजार होते तो कार्तिक में मेरी यह गत होती?" फटे सलूके से उसने अपनी बताशे-सी सफेद कुहनी निकालकर दिखाई।

"तुम्हारी कसम मामी, ये भी तो गए हैं। इन्होंने अपनी आँखों से देखा।"

चन्दो कड़ाही में पूड़ी डालना भी भूल गई। कल ही उसने एक गरम सलूके के लिए कहा, तो गुरुदास की आँखों में आँसू आ गए थे, "चन्दो, तेरी कसम, जो इस सीजन में एक पैसा नफा मिला हो! न जाने कहाँ के भिखमंगे आकर नैनीताल में जुटने लगे हैं, अखरोट-चेस्टनट क्या खायेंगे? दो आने की मूँगफलियाँ ही लेकर टूँग लेते हैं। मेरा कोट देख!" कहकर उसने कोट की फटी खिड़की से कुरते की बाँह ही निकालकर दिखा दी थी। "तू कहती क्या है बहू! दस हज़ार उनके पास कहाँ से आएँगे?"

"लो, और सुनो!" लालबहू झुँझलाकर उठ गई, "तभी तो ये कहते हैं कि मामाजी ने पुण्य किये थे, जो मामी-जैसी सती लक्ष्मी मिली। मिलती कोई ऐसी-वैसी, तो जानते कै बीसी

सैकड़ा होते हैं। चलूँ भाई, मुझे क्या! तुमसे माया-पिरेम है, इसी से न चाहने पर भी मुँह से निकल ही जाता है।"

वह चली गई, तो चन्दो सोच में डूबी बैठी ही रह गई। सचमुच वह लक्ष्मी थी। सतयुग की सती, जिसका सुनहरा चित्र कलयुगी चौखटे में एकदम ही बेतुका लगता था। तीन वर्ष पहले उसके दरिद्र माता-पिता पिथौरागढ़ के अग्निकांड में भस्म हो गए थे। कभी उसने चावल चखे भी नहीं थे, मानिरा के माँड से गुजर करनेवाला उसका दरिद्र परिवार नष्ट हुआ तो बिरादरीवाले उस अनाथ सरल बालिका को नैनीताल के एक दूर के रिश्ते के ताऊ के मत्थे पटक गए। प्रायः ही वह गुरुदास की दुकान पर सब्जी लेने जाती। कद्दू, मूली और पहाड़ी बंडे के बीच खड़ी उस रूप की रानी पर साहजी बुरी तरह रीझ गए और एक अन्धे के हाथ बटेर लग गई। साठ वर्ष के साह ने सेहरा बाँधा, तो नैनीताल के उत्साही तरुण छात्रों ने काले झंडे लेकर जुलूस भी निकाला, पर जुलूस के पहले ही, पिछवाड़े से साहजी अपनी दुल्हन को लेकर घर पहुँच चुके थे।

वह साह ही तीसरी पत्नी थी, इसी से उसका जी करता था कि उसे भी चूल्हे के नीचे अपनी दस हज़ार की सम्पत्ति के साथ गाड़कर रख दे, पर धीरे-धीरे उस सौम्य सन्त बालिका के साधु आचरण ने उसके शक्की स्वभाव को जीत लिया। न वह पास-पड़ोस में उठती-बैठती, न कहीं जाती। गुरुदास दूकान पर जाता, तो वह अपने प्रकाशविहीन कमरे में पति के पूरी बाँह के जीर्ण स्वेटर को उधेड़कर आधी बाँह का बनाती, तो कभी आधी बाँह के पुराने बनियान से मोजे बनाती। गुरुदास नया ऊन तो दूर, सलाइयाँ भी लेकर नहीं देता था। एक बार उसने सलाइयों की फरमाइश की, जो चट से गुरुदास ने अपने पुराने छाते से ही मोड़-माड़कर विभिन्न आकार की चार जोड़ा सलाइयाँ बना दी थीं। किन्तु पड़ोसिनों और आत्मीय स्वजनों के उभारे जाने पर भी चन्दो ने कृपण पति के प्रति बगावत का झंडा नहीं खड़ा किया। उसे सचमुच ही पति के प्रति अनोखा लगाव था। उस लगाव में प्रेम कम, कृतज्ञता ही अधिक थी किन्तु बचपन से वह बूढ़ी दादी और पतिपरायण माता से पतिभक्ति का ही उपदेश सुनती आई थी, "पति से द्रोह करनेवाली स्त्री की ऐसी दशा होती है!" दादी ने अपढ़ भोली बालिका को 'कल्याण' में चील-कौओं से नोंची जानेवाली छटपटाती स्त्री का चित्र दिखाकर कहा था। फिर गुरुदास उसे बड़े ही प्यार से पुचकारकर बुलाता, बड़े से दोने में भरकर जलेबी लाने में वह कभी कंजूसी नहीं दिखाता था और जिसे जीवन के पन्द्रह वर्षों में मिठाई तो दूर, भरपेट अन्न भी न जुटा हो, उसके लिए नित्य जलेबी का दोना पकड़ानेवाला पति परमेश्वर नहीं, तो और क्या होता! गुरुदास चन्दो के अन्धकारमय जीवन का प्रथम प्रकाश था। वह अपनी खिड़की से नित्य नवीन साड़ियों में मटकती, सीजन की सुन्दरियों को देखती, तो कभी उसे डाह नहीं होती। गुरुदास दूकान से लौटता, सँकरी सीढ़ियों पर पति की फटीचर जूतियों की फत्त-फत्त सुनकर वह आश्वस्त होकर उठती, गरम राख से अंगारे निकालकर आग सुलगाती, चाय बनाकर पति को देती, अँगुलियाँ चाट-चाटकर चटखारे लेती, जलेबी का दोना साफ करती और फिर नित्य मन्दिर जाती। मन्दिर के रास्ते में उसे प्रायः ही डिग्री कॉलेज के मनचले लड़के 'वैजन्तीमाला' कहकर छेड़ भी देते, पर उनके फिल्मी गाने, सीटियाँ और हाय-हूय उसे छू भी नहीं सकते। वह सिर झुकाए मन्दिर जाती, नित्य देवी से आँखें मूँदकर एक ही वरदान माँगती, 'मेरा सौभाग्य अचल हो माँ!' शायद उसकी सरल, निष्कपट प्रार्थना ने बूढ़े गुरुदास के समग्र

रोगों से एकसाथ मोर्चा ले लिया था। इसी से बुढ़ापे में भी वह लहलहाने लगा था। पास-पड़ोस की स्त्रियों ने गुरुदास के कृपण स्वभाव की आलोचना को नित्य नवीन रूप देकर चन्दो को भड़काने की कई चेष्टाएँ कीं, पर वे विफल ही रहीं। रवि, सोम और बुध को चन्दो मौनव्रत धारण करती थी। मंगल, शनि को पहाड़ की स्त्रियाँ, मिलने-मिलाने कहीं नहीं जातीं। बृहस्पति को वे दल बाँधकर आतीं, पर गुरुदास का प्रसंग छिड़ते ही, चन्दो कोई-न-कोई बहाना बनाकर उठ जाती। आज लालबहू ने उसका चित्त खिन्न कर दिया था, जिस पति को देवता समझकर पूजती थी, क्या वही उसे धोखा दे गया?

उसका नियम था कि वह पति के आने तक सदा बैठी रहती। आज भी वह बैठी थी। पति की परिचित पदध्वनि सुनकर वह उसे असंख्य उपालम्भों से बींधने को व्याकुल हो उठी, पर सौम्यता और शील ने उसके चित्त पर काबू पा लिया। हँसकर वह पति का स्वागत करने बढ़ी, पर पति के सूखे चेहरे ने उसे पीछे धकेल दिया। हार तो नहीं गए?

"चन्दो!" गुरुदास का गला भर्रा गया। दस-ग्यारह दीये अभी भी टिमटिमा रहे थे, उन्हीं के अस्पष्ट आलोक में पति के कुम्हलाये चेहरे को देखकर चन्दो का हृदय असीम करुणा से भर आया। ममता तो अपने पाले कुत्ते पर भी हो आती है, फिर वह तो उसे ही पालनेवाला स्वामी था।

"तू जल्दी पंखी डालकर मेरे साथ चल।"

कहाँ चलने को कह रहे हैं इतनी रात?—बिना कुछ कहे ही चन्दो ने अपनी गूँगी दृष्टि पति की ओर उठाई।

"तुझसे झूठ नहीं बोलूँगा, चन्दो! आठ हज़ार और दूकान सबकुछ हार गया हूँ। महिम कहता है कि घर की लक्ष्मी को बगल में बिठाकर दाँव फेंकूँ, तो शायद जीत जाऊँ। चलेगी न?" वह गिड़गिड़ाने लगा।

सरल-निष्कपट चित्त के दर्पण में संसार की कलुषित-फरेबी चालें कितनी स्पष्ट होकर निखर आती हैं! चन्दो पलक मारते ही सब समझ गई। आधी रात को उसका पति उसे महिम भट्ट के यहाँ दाँव पर लगाने के लिए ही ले जा रहा था। दो ही दिन पहले वह मन्दिर के द्वार में महिम भट्ट से टकरा गई थी। कैसा सुदर्शन व्यक्ति, किन्तु कैसी कुख्याति थी उसकी! पास-पड़ोस में नित्य ही वह उसके दुर्दान्त कामी स्वभाव की बातें सुनती। वह युवती-विधवाओं के लिए व्याघ्र था, कितनी ही अल्हड़ किशोरियाँ उसके वैभव और व्यक्तित्व से रीझकर लट्टू-सी घूमने लगी थीं। फिर भी न जाने अन्यायी में कैसा जादू था कि एक बार देखने पर सहज ही में दृष्टि नहीं लौटी थी।

"चल-चल, चन्दो, देर मत कर," उसे अपनी फटी पंखी में लपेट द्वार पर ताला लगा, गुरुदास उसे निर्जन सड़क पर खींच ले गया।

महिम भट्ट के पिछवाड़े से होकर दोनों उसके गुप्त द्वार पर खड़े हो गए। लोहे की विराट साँकल पर लगी छोटी-सी घंटी को दबाते ही द्वार खुल गया।

"आइए भौजी, आइए-आइए! मेरे अहोभाग्य जो कुटिया को पवित्र तो किया!" महिम के काले ओवरकोट से उठती सुगन्धि की लपटों ने चन्दो को बाँध लिया! एक सँकरी गैलरी को पार कर तीनों महिम की कुटिया के दीवानखाने में पहुँचे, तो उसका वैभव देखकर चन्दो

दंग रह गई। छत से एक अजीब झाड़फानूस लटक रहा था, जिसकी नीलाभ रोशनी में फटी पंखी में लिपटी कृशकाया चन्दो बुत-सी खड़ी ही रह गई।

"बैठो-बैठो, भौजी, लो गरम कॉफी पियो!" पास ही धरे कीमती थरमस से कॉफी डालकर महिम ने कहा। चन्दो सकुचाकर पति की ओट में छिप गई।

"ओहो, दाज्यू, ऐसे हीरे को तो इस गुदड़ी में न छिपाया होता! ठीक ही तो कहते हैं कि गुदड़ियों में ही लाल छिपे होते हैं! लो भौजी, यह शाल ओढ़ो। यह पंखी तो तुम्हारा अपमान कर रही है!" अपना कीमती पश्मीना उसकी ओर बढ़ाकर महिम ने कहा। लज्जावनता चन्दो ने प्याला थामा, तो दोनों हाथों से पकड़कर ओढ़ी गई पंखी नीचे गिर पड़ी। नीचे क्या गिरी कि कृष्ण-मेघ को चीरकर धौत चन्द्रिका छिटक गई। सब भूल-भालकर महिम उसे ही देखता रहा। ऐसा रूप! क्या रंग था, क्या नक्श और बिना किसी बनावटी उतार-चढ़ाव के! चन्दन-सी देह का क्या अपूर्व गठन था! लज्जा, शील और भय से सारे शरीर का रक्त चन्दो के चेहरे पर चढ़कर सिन्दूर बिखेर उठा। नारी-सौन्दर्य का अनोखा जौहरी महिम उसके अंग-प्रत्यंग की सचाई को अपने अनुभव की कसौटी पर कस रहा था और खरे कुन्दन की हर लीक उसे पद-पद पर मत्त कर रही थी।

"अच्छा! अब देर कैसी भट्टजी? हो जाए आखिरी दाँव!" गुरुदास ने प्याले की चीनी को अँगुली से चाटकर कहा।

"क्यों नहीं, क्यों नहीं!" महिम ने चाँदी के पानदान से कस्तूरी बीड़ा दोनों की ओर बढ़ाकर कहा, "दाँव तो लगा रहे हो दाज्यू, पर क्या भाभी से पूछ लिया है?"

विजयी, मुँहफट, उद्दाम यौवन की चोट से गुरुदास की जर्जर काया काँप उठी।

"बुरा मान गए दाज्यू?" महिम ने बीड़े से गाल फुलाकर कहा, "हिसाब-किताब साफ रखना ही ठीक होता है। देखो भाभी, दाज्यू आज सबकुछ मुझसे हार गए हैं। तुम्हें ही दाँव पर लगाने का सौदा तय हुआ है। ज़रूरी नहीं है कि तुम्हें हार ही जाएँ। हो सकता है कि तुम्हारी शकुनिया देह की बाजी इन्हें खोए आठ हज़ार दिलाकर, एक बार फिर मेवे की दूकान पर बिठा दे। पर अगर हार गए, तो तुम आज ही की रात से मेरी रहोगी। तुम्हारे जीवन की प्रत्येक रात्रि पर मेरा अधिकार रहेगा। मैं इसका विशेष प्रबन्ध रखूँगा कि तुम्हारे पति की हार और मेरी जीत का भेद प्राण रहते हम तीनों को छोड़ और कोई भी नहीं जान पाएगा। तुम्हारी अटूट पति-भक्ति का बड़ा दबदबा है और इससे मुझे बड़ी मदद मिलेगी। तुम्हारे पति यदि हार गए, तो..."

बीच ही में महिम को रोककर गुरुदास क्रोध से काँपता खड़ा हो गया। गुस्सा आने पर बलगम का गोला घर-घर कर पुरानी जीप के इंजन की भाँति उसके गले में घरघराने लगता था। अवरुद्ध कंठ से दोनों मुट्ठियाँ भींचकर वह बोला, "मैं कभी हार नहीं सकता, कभी नहीं!"

"अच्छा, भगवान करे ऐसा ही हो दाज्यू! जल्दी क्या है? बैठो तो सही," मुस्कराकर महिम ने उसे हाथ पकड़कर बिठा दिया और ओवरकोट उतारकर पत्ते हाथ में ले लिये। गरम धारीदार नाइट ड्रेस में सुदर्शन, तेजस्वी, नरसिंह महिम भट्ट, पान और दोख्ते से अपने विलासी अधरों

की मुस्कान बिखेरता, गावतकिये के सहारे लेटा, पत्ते बाँटने लगा। दूसरी ओर गबरून के कोट की फटी कुहनियों से, लहसुन की गाँठ-सी हड्डियाँ निकाले, दोरंगी मफलर से अपनी लाल-गीली नाक को बार-बार पोंछता गुरुदास ज़ोर-ज़ोर से देवी कवच का पाठ कर रहा था—'रूपं देहि जयं देहि यशो देहि द्विषो जहि।' उन दोनों विवेकभ्रष्ट जुआरियों के बीच, काँपती-थरथराती चन्दो—कुमाऊँ की सरला पतिव्रता किशोरी, जिसके लिए पति की आज्ञा कानून की अमिट रेखा थी, जो पति की आदेशपूर्ण वाणी को ब्रह्मवाक्य समझकर ग्रहण करने को सदा तत्पर थी। पत्ते बँटे, चालें चली गईं, गुरुदास के बूढ़े चेहरे पर सहसा जवानी झलकने लगी। खुशी से झुककर बूढ़ा नाच-नाचकर, महिम के सामने ही चन्दो को पागलों की तरह चूमने लगा। वह बेचारी लज्जा से मुँह ढाँपकर पीछे हट गई।

"ठीक है, ठीक है दाज्यू! दिल के सब अरमान निकाल लो। फिर मत कहना कि मैंने मौका नहीं दिया!" अपने पत्तों को चूमकर महिम ने माथे से लगाकर कहा।

"अबे, जा हट! आया है बड़ा मौका देनेवाला! ऐसे पत्ते ब्राह्मणों के पास नहीं आया करते, वैश्य पर ही लक्ष्मीजी कृपालु होती हैं, हाँ!" गुरुदास ने फिर नाक पोंछकर कहा।

"क्यों नहीं, क्यों नहीं! पर मैं तो तुम्हें आगाह किये दे रहा हूँ। दाज्यू, ज़रा सँभल के आना, यहाँ भी कच्ची गोलियाँ नहीं खेली हैं।"

महिम ने चाल तिगुनी की। पत्तों को बार-बार चटखारे लेकर चूमता वह चन्दो की ओर देखकर ऐसी धृष्टता से मुस्करा रहा था, जैसे पत्तों को नहीं, उसे चूम रहा हो। गुरुदास ने देख लिया और गुस्से से भरभराकर वह पत्ते पकड़कर उठ गया। उसका शक्की स्वभाव अब तक खेल की लग्न में कुंडली मारे सर्प की तरह छिपा था, "देखो, हम ताश खेलने आए हैं, इशारेबाजी देखने नहीं।"

"वाह यार दाज्यू, कैसे खिलाड़ी हो! ट्रेल आने पर ही पत्ते चूमे जाते हैं।" महिम के स्वर में अहंकार था।

"किसे सुना रहे हो गुरु! यहाँ भी ट्रेल है।" बूढ़ा बुरी तरह हाँफने लगा।

"कोई बात नहीं। इसमें घबराहट कैसी! लाखों ट्रेलें देखी हैं शाहजी!"

द्यूत-क्रीड़ा के छिपे दानव ने दोनों को सहसा विवेक की चट्टान से बहुत नीचे पटक दिया। चन्दो बेचारी के लिए सबकुछ नया था। वह दोनों हाथ गोदी में धर, आँखें फाड़कर दोनों को देख रही थी। उसकी विस्फारित भोली दृष्टि देखकर महिम से नहीं रहा गया।

"तो लो दाज्यू, खोलो पत्ते!" उसने सौ का नोट फेंका और अपने पत्ते भी खोल दिए। तीन-तीन इक्कों की ट्रेल ने बूढ़े की छाती में तीन-तीन नंगी संगीनें घुसेड़ दीं। उसके हाथ से गिरी पान, हुकुम और ईंट की बेगमें जमीन पर सिर धुन उठीं।

"वाह-वाह! तीन-तीन बेगमें भी तुम्हारी चौथी बेगम को नहीं बचा सकीं!" महिम ने हँसकर कहा। गुरुदास कुछ देर पत्थर की तरह बैठा रहा, फिर अपने गन्दे रूमाल से आँख और नाक की जल-धारा पोंछता एक बार चन्दो की ओर देखकर बुरी तरह सिसकता, किसी पिटे बालक की भाँति गिरता-पड़ता बाहर निकल गया।

महिम ने कुंडी चढ़ा दी और बड़े प्यार से चन्दो की नुकीली ठुड्डी हाथ में लेकर बोला, "भाभी, आज से मैं जुआ नहीं खेलूँगा। जानती हो, क्यों? आज संसार की सबसे बड़ी सम्पत्ति जीत चुका हूँ।"

बड़ी देर बाद कार्तिक की ओस-भीनी रात्रि के अन्तिम प्रहर में काँपती चन्दो को उसके गृह के जीर्ण जीने तक पहुँचाकर महिम तीर की भाँति लौट गया। वह कमरे में पहुँची तो कमरा खाली था। गुरुदास तड़के ही उठकर, पाषाण देवी के मन्दिर में, नित्य माथा टेकने जाता था। वह चुपचाप फटी रजाई सिर तक खींचकर सो गई। कैसी नींद आई थी, बाप रे बाप! "मामी-मामी! उठो, गजब हो गया!" लालबहू का कंठ-स्वर सुन वह हड़बड़ाकर उठी।

"मामी, मामाजी ताल में कूद गये। मन्दिर के पुजारी ने देखा, काँटा डाला है, पर लाश नहीं मिली। नाश हो इन जुआरियों का! बेचारे को लूटपाट कर धर दिया!..." स्तब्ध चन्दो द्वार की चौखट पकड़े ही धम्म से बैठ गई। किसने उसका सिन्दूर पोंछा, किसने चूड़ियाँ तोड़ीं और कौन नोचकर मंगलसूत्र तोड़ गई, वह कुछ भी नहीं जान पाई। वह पागलों-सी बैठी ही थी।

"राम-राम!" बेचारा आठ हज़ार नकद और दूकान सबकुछ ही तो दाँव में हार गया! वही धक्का उसे ले गया।" पंडितजी कह रहे थे, "सोलह बरस से मेरा यजमान था। बड़ा नेक आदमी था।"

अब तक चुप बैठी चन्दो, दोनों घुटनों में माथा डालकर ज़ोर से रो पड़ी। एकाएक जैसे उसे रात की बिसरी बातें याद हो आईं। दूकान और आठ हज़ार का धक्का नहीं, उसके पति को जिस दूसरे ही दाँव की हार का धक्का ले गया था, उसे क्या कभी कोई जान पाएगा?

चिरस्वयंवरा

पत्र पढ़ते ही मुझे चक्कर-सा आ गया है। हे भगवान्, क्या समय से कुछ पूर्व ही सठिया गई हैं रजनी दी! मैंने एक बार फिर पत्र को अविश्वास से पढ़ा। नहीं, पत्र में परिहास का लवलेश भी नहीं था। फिर मैं क्या उन्हें नहीं जानती थी? जिनके रूखे अधरों पर हँसी तो दूर, जीवन-भर एक सेंटीमीटर की मुस्कान भी कभी नहीं खेली, वे क्या अपनी किसी प्राक्तन छात्रा से ऐसा मजाक कर सकती थीं! फिर मैं तो उनकी छात्रा ही नहीं, दूर के रिश्ते की मौसेरी बहन भी तो थी। इसी से उन्होंने लिखा था, "आत्मीय स्वजनों में एक तुम ही ऐसी हो जिसे मैं निश्चिन्त होकर अपने जीवन के इस महत्त्वपूर्ण मोड़ की साक्षी बनने बुला सकती हूँ। इसी पन्द्रह को मेरा विवाह है। उसी दिन सन्ध्या की मेल से हमारा रिजर्वेशन भी हो चुका है।"

ओह, तो हनीमून की योजना भी बना चुकी हैं रजनी दी! पर कहाँ जाएँगी? जिस वानप्रस्थी अवस्था में अपना विवाह रचा रही थीं, उसमें तो उन्हें अपना हनीमून बद्रीनाथ जाकर मनाना ही शोभा देगा।

जीवन में पहली बार ऐसे विचित्र विवाह का निमन्त्रण मिला था, इसी से समझ में नहीं आ रहा था कि जाऊँ या नहीं। रजनी दी से मेरे रक्त-मांस का रिश्ता दूर का होने पर भी, हृदय का रिश्ता अत्यन्त निकट का था। उनकी सौम्यता, शान्त स्वभाव, समय से कुछ पूर्व ही पक गये सफेद बालों की गरिमा, रुचि से पहनी गई साड़ी और उनका पांडित्य मुझे बचपन से ही प्रभावित करता आया था। मेरे कैशोर्य और यौवनावस्था की शायद ही कोई ऐसी समस्या रही होगी, जिसका उन्होंने अपनी स्निग्ध सुलझी हँसी मात्र से ही समाधान न कर दिया हो किन्तु आज वही अनुकरणीय व्यक्तित्व स्वयं मेरे सम्मुख एक दुरूह पहेली बनकर खड़ा था। ऐसा तुमने क्यों किया रजनी दी? लोग क्या कहेंगे? दूर-दूर तक, वटवृक्ष की जड़ों-सी फैली तुम्हारी छात्रमंडली, जिसकी दृष्टि में तुम्हारा अक्षत कौमार्य ही तुम्हारे सफेद बालों पर धरा जगमगाता बहुमूल्य राजमुकुट था, क्या कहेगी यह सुनकर? न जाने कितने ही अनकहे उपालम्भों की तरंगें, मेरे अशान्त चित्त की कगार पर, टकरा-टकराकर मुझे विचलित कर उठीं।

रजनी दी ने मुझे निमन्त्रण ही नहीं भेजा, शृंगार-प्रसाधन सामग्री की एक पूरी लिस्ट भी नत्थी कर दी थी, "यह सब सामान तुम्हें अमीनाबाद में मिल जाएगा, बड़ी लाटूश रोडवाली सड़क पर जरीदार जयपुरी नागरा की एक छोटी-सी दूकान है। बेहद प्यारी काम-दार जूतियाँ उसके शो-केस में सजी रहती हैं, उन्हीं में से छाँटकर एक जोड़ी लेती आना।"

मैंने लिस्ट देखी, जवा-आलता की शीशी, माँग में भरने का कलकतिया ईंगुर, काली सुनहली कामदार सोहाग की चूड़ियाँ, लाल नागरा और अबीरी रंग की बनारसी क्रेप सिल्क की साड़ी।

मेरे हाथ की लिस्ट सहसा मेरे कल्पनालोक में फड़-फड़ाकर पतंग-सी उड़ती, दर्पण के सम्मुख बैठी रजनी दी को सजाने लगी—सफेद बालों के ऊँचे जूड़े पर प्रयत्न से टिकाया गया अबीरी बनारसी आँचल, गठिया से टेढ़ी पड़ गई अँगुलियों पर जवा-आलता की नाखूनी धारी, लाल नागरा और सन-से सफेद बालों के बीच माँग पर बिखरी, कलकतिया ईंगुर की गाढ़ी रेखा। बर्फ से ढकी त्रिशूल की चोटी पर जैसे लाल-लाल बुरुंश बिखरे हो, व्यंग्य से स्वयं ही मेरे होंठ टेढ़े हो गए।

जब मेरा विवाह हुआ, तब ही अट्ठाईस वर्ष की रजनी दी, चालीस की लगने लगी थीं। प्राध्यापिका के शुष्क जीवन ने उन्हीं दिनों कपोलों की लालिमा को झाड़ लेकर बुहारना आरम्भ कर दिया था। पर फिर भी सुर्ख गालों की ललछौंही आभा सामान्य ही मलिन हो पाई थी। एकदम शौट सिल्क की-सी चिकनी त्वचा थी उनकी। इसी से लगता था कि गहरे लाल टूली रेशम को किसी फूहड़ गृहिणी ने धो-पटककर फीका बना दिया है। किन्तु इधर जब उन्हें देखा, तो मन खिन्न-सा हो गया। अब तो वह शौट सिल्क फीका ही नहीं पड़ा, बहुत दिनों से उपेक्षित, किसी पुराने बक्से में पड़े रेशम की-सी ही सिलवटें भी पड़ गई थीं उसमें। बिना इस्तिरी किए रेशम-से ही उस झुर्रियों-भरे रेशमी चेहरे को देखकर मैं मूर्खा की भाँति फक से कह भी बैठी थी, 'हाय रजनी दी, आप एकदम ही बुढ़ा गईं...'

'अब क्या मेरे रस्सी कूदने के दिन हैं री? अगले साल पूरे पचास की हो जाऊँगी...' उन्होंने हँसकर कहा, तो मैं खिसिया गई। कैसी मूर्ख थी मैं! स्त्री होकर भी आज तक इतनी-सी बात नहीं हृदयंगम कर सकी। संसार की कौन-सी स्त्री भला अपने बुढ़ापे का समाचार सुन प्रसन्न होती है? किन्तु दोष मेरा भी उतना नहीं था, इधर पच्चीस वर्षों में कालचक्र ने, आवश्यकता से कुछ अधिक ही निर्ममता से रजनी दी को असहाय, क्रिकेट गेंद-सा ही इधर-उधर फेंक, उनकी धज्जियाँ ही उड़ाकर रख दी थीं। उनकी बड़ी बहन खिल्लो दी तो उनसे सवा साल बड़ी थीं, पर न एक बाल सफेद, न एक झुर्री। चिकने चेहरे पर चमड़ी ऐसी तनी थी कि लगता था अभी-अभी कपोलों की हड्डियाँ बाहर निकल आएँगी। तीन-तीन बहुओं का वरण कर चुकी थीं, पर अभी भी चूनर ओढ़कर डोली में बैठ जाएँ तो चौथ की दुलहन लगें। काठी अखरोट पड़ाक-पड़ाक दाँतों में ऐसे पड़काती थीं जैसे मूँगफली हों। वहीं पर हमारी रजनी दी पिछली बार आईं तो भुट्टा खाने को तरस गईं। दाँत ऐसे हो गये थे कि तेज हवा का झोंका भी उन्हें इधर-उधर हिलाने लगा था।

जब पिछली बार वे लखनऊ आईं, तो मैंने ही जिद कर, अपने दाँत-विशेषज्ञ से उन्हें नया डेंचर बनवा दिया था। उसे लगाते ही रजनी दी का चेहरा एकदम ही बदल गया था। जिस स्निग्ध हँसी की शीतल छाया में मैं कभी अपने कार्यरत जीवन से ऊबकर पल-भर सुस्ताया करती थी; वह न जाने कहाँ विलीन हो गई। यही नहीं, उनका उच्चारण, चेहरे की गढ़न और कंठ-स्वर भी न जाने कैसा नकली-नकली-सा लगने लगा था। मुझे तो आज भी यही लगता है कि उस दिन यदि मैंने उन्हें वह नकली बत्तीसी न दिलवाई होती तो शायद आज उनका इतना बड़ा सर्वनाश भी नहीं होता। बार-बार वे दर्पण के सम्मुख जाकर अपने प्रतिबिम्ब को ऐसे निहारती रही थीं जैसे स्वयं ही अपने को न पहचान पा रही हों। शाम को मेरे साथ बाजार गईं तो शो-केस में लटकी एक गहरे बैंजनी रंग की कटकी साड़ी पर रीझ गईं। दूसरे दिन पहनकर मुझे दिखाने

आईं तो मैं प्रशंसा करना भी भूल गई। सदा श्वेत परिधान धारण करनेवाली रजनी दी की वह भड़कीली साड़ी मुझे असमय वसंतागमन-सी ही बेतुकी लगी थी।

फिर भुवाली जाते ही उनकी चिट्ठी आई कि मैं उन्हें दो तोले के वैसे ही जड़ाऊ कामदार झुमके बनवाकर शीघ्र भेज दूँ जैसे मैंने अपनी लड़की को विवाह में दिए थे। अपनी किसी छात्रा के विवाह में उन्हें देने थे। झुमके बनवाकर मैं भेज भी नहीं पाई थी कि भारी पोचमपल्ली साड़ियों का आर्डर आ गया—एक नारंगी, एक मैजेंटा। फिर तो उन्होंने दूल्हे को छोड़ सबकुछ ही मुझसे मँगवा लिया था। स्नेक-स्किन का पर्स, मैचिंग चप्पल, फाइबर के एक-से दो जुड़वाँ सूटकेस, मर्दाना नाइट सूट, रेडीमेट कमीजें, लेस लगी नाइटी और हर ऑर्डर के साथ, एक खिसियायी पंक्ति की कैफियत अवश्य रहती—'मेरी फलाँ छात्रा का विवाह है, फलाँ कलीग की पुत्री विदेश जा रही है,' आदि-आदि। तब मैं क्या जानती थी कि रजनी दी की सौभाग्यशाली छात्रा स्वयं रजनी दी है। फिर जब एक दिन उन्होंने बड़े ही दुस्साहस से एकसाथ आधे दर्जन चिकन के मर्दाने कुर्तों का ऑर्डर दे डाला, तब मेरा माथा ठनका। उनकी कौन-सी छात्रा भला अड़तालीस इंची चिकन के मर्दाने कुर्ते पहनकर विदेश जा सकती थी? और फिर तब ही उनके पत्र ने प्रखर रौद्र सूर्य की-सी तप्त किरणों से उस रहस्य-कुहेलिका को स्वयं सोख लिया था।

"डॉ. प्रद्युम्न मेहता को तुम नहीं जानतीं। गत वर्ष अचानक ही अपने अस्वस्थ फेफड़ों की हवा बदलने के लिए भुवाली चले आए थे। मेरे ही बँगले के पास ब्रूकॉजेट में रहने लगे थे। परिचय तो हमारा एक ही वर्ष का है, किन्तु हमें लगता है कि हमारा यह परिचय इस जन्म का नहीं, जन्म-जन्मान्तर का पुराना परिचय है। हमारी यही मैत्री, पन्द्रह को सुखद साहचर्य में परिणत होगी। तुम्हारी उपस्थिति अनिवार्य है। यह मेरा निमन्त्रण नहीं, आदेश है।

तुम्हारी रजनी दी"

मुझे लगा कि वर्षों पूर्व का अतीत मुझे फिर अपनी कक्षा में खींच ले गया है, जहाँ ब्लैकबोर्ड के सम्मुख प्रस्तरमूर्ति-सी खड़ी रजनी दी अपने प्रश्न का उत्तर न पा कठिन मुखमुद्रा बनाकर गरज रही हैं—'क्लास से बाहर चली जाओ मूर्ख लड़की, यह मेरा आदेश है।'

उनके आदेश को भला उनकी कौन छात्रा टाल सकती थी।

जल्दी-जल्दी भागकर, मैंने उनकी लिस्ट की सामग्री जुटाई। छोटे सूटकेस में एक-आध जोड़ी कपड़े धरे और पहाड़ की गाड़ी में बैठ गई। काठगोदाम में गाड़ी रुकी तो मैंने छोटे-से प्लेटफार्म पर दृष्टि कई बार इधर-उधर दौड़ाई। निश्चय ही रजनी दी अपनी पुरानी ऑस्टिन में मुझे लेने आई होंगी। किन्तु कहीं भी कोई नहीं दिखा तो मैं रोडवेज की बस में बैठ गई।

बेचारी रजनी दी, शायद अपने असमय के रोमांस में आकंठ डूबी पड़ी होंगी, इसी से मुझे लेने नहीं आईं। प्रौढ़ावस्था का प्रेम भी तो किसी वेगवती नदी के टूटे बाँध की भाँति उसकी धारा को और घातक बना देता है। मैंने बस में बैठते ही, पर्स खोलकर लिस्ट एक बार फिर देखी, कहीं कुछ भूल तो नहीं गई थी। 'कुछ लाना मत भूलना।' रजनी दी ने लिखा था, 'तुम तो जानती हो, इस भुवाली में सिवाय बाँस और कफ़न के मिलता ही क्या है!' ठीक ही लिखा था उन्होंने। बचपन में सुना था कि 'तू भुवाली जा' पहाड़ की सबसे भयानक गाली है। तब भुवाली नैनीताल और उसके आसपास के ग्रामों का एकमात्र श्मशान था, और फिर कुछ वर्ष पूर्व वहाँ का सैनेटोरियम ही क्या किसी महाश्मशान से कुछ कम भयावह था? धीरे-धीरे चढ़ाई पर हाँफती मेरी बस, भुवाली की गीली सड़कें पार कर रजनी दी के बँगले से कुछ दूर आकर

खड़ी हो गई। एक छोकरे-से पहाड़ी दोय्याल को सूटकेस थमाकर मैं चलने लगी। बँगले में पहुँची, तो कहीं भी कोई नहीं दिखा। सूटकेस बरामदे में रखवा, पैसे देकर मैंने कुली को विदा किया और उस अस्वाभाविक स्तब्धता से सहमकर इधर-उधर देखने लगी।

रजनी दी कभी नौकर नहीं रखतीं, यह मैं जानती थी। वे स्वयं स्वभाव से इतनी सुघड़ थीं कि कोई भी नौकर या नौकरानी उनमें परमार्जित रुचि के चौखटे में ठीक नहीं बैठ सकता था। उनका बँगला हमेशा झकझक, उजला चमकता रहता। चाय बनाकर लातीं, तो एकदम साहबी कायदे से ट्रे लगातीं। स्वच्छ प्याले, चमकती चम्मचें, बॉनेट बँधी गुड़िया-सी टीकोजी और ट्रैटिंग का लैस लगा ट्रे क्लॉथ। बहुत वर्षों तक ग्रोवर साहब की विधवा मेम के साथ बँगला लेकर रजनी दी रही थीं। इसी से उनके एक-एक साहबी संस्कार भी उन्होंने बड़ी स्वाभाविकता से घुटक लिए थे। केक बनातीं तो ऐसा हल्का जैसे कपास का फूल। उनकी रसोई की स्वच्छता में, वैसी ही अस्वाभाविकता का पुट अवश्य रहता, जैसा अधिकांश कुँआरी प्रौढ़ाओं की रसोई में रहता है, फिर भी पाककला में वे किसी भी अनुभवी पटु गृहिणी को चारों खाने चित कर सकती थीं। एक-दो बार नौकर रखकर वे देख चुकी थीं। 'उसी झाड़न से नाक पोंछते हैं और उसी से थाली। मुझसे तो भई, जान-बूझकर मक्खी नहीं निगली जाती,' वे कहती थीं।

बरामदा आज भी किसी राजभवन की बरसाती ही-सा दपदप उजला पड़ा था। इसी काठ के बरामदे में अपनी पुरानी खंजड़-सी मशीन पर रजनी दी ने मेरे न जाने कितने फ्रॉक सिले हैं और कितनी स्कर्ट! फिर इसी बरामदे में उन्होंने मुझे पहली बार साड़ी बाँधना सिखाया है। और इसी प्राचीन गमले की टाइगर लिली तोड़कर अपनी चोटी में लगाने पर उनकी दुबली हथेली का करारा चाँटा खाया है।

पूरे तीस वर्षों बाद आज मैं उसी बरामदे में उनकी सोहाग पिटारी लिये खड़ी थी। भीतर एकदम घुस जाना क्या उचित होगा? हो सकता है, उनका भावी सहचर भी भीतर ही बैठा हो!

"रजनी दी, भीतर आ जाऊँ?" मैंने डर-डरकर पूछा।

"कौन?" भीतर से उनका क्षीण कंठ-स्वर दूर किसी मसान घाट से गूँजता बड़ी मनहूसी से पूरे बरामदे में प्रतिध्वनित हो उठा।

"मैं हूँ रजनी दी, आ जाऊँ...?" मैंने एक कदम उठाकर देहरी पर धर दिया।

"अरे हाँ-हाँ, आ जाओ...पर क्या तुम्हें मेरा तार नहीं मिला?"

आरामकुर्सी में मुर्दे-सी पसरी रजनी दी को देखकर मैं उनके प्रश्न का उत्तर भी नहीं दे पाई।

वे क्या रजनी दी ही थीं? रँगे काले केश, किन्तु पिचके कपोल, नीचे लेट रहा आँचल और धँसी आँखें।

चतुरा रजनी दी शायद मेरे हृदय के भाव भाँप गई थीं। "बैठो," उन्होंने हाथ बढ़ाकर कुर्सी खींची, तो मुझे लगा कि बाँह किसी जीवित मानवी की नहीं, निष्प्राण शव से लटकी बाँह है। तब तक मैंने अपने को सँभाल लिया था। सूटकेस नीचे रख, मैंने हँसकर कुर्सी उनके और निकट खिसका ली, "मैं आपका सब सामान ले लाई हूँ, रजनी दी। पर यह तो बताइए, हमारे जीजा साहब हैं कौन?" मैंने बड़े ही स्वाभाविक स्वर में सामान्य रसिकता लाने की चेष्टा की।

"कोई नहीं।" मेरे सम्मुख बैठी पचास वर्ष की रजनी दी, जैसे मुख में तुलसीदल लिए, मृत्युशय्या पर दम तोड़ रही अस्सी वर्ष की जराजीर्ण वृद्धा दादी बन गई थीं। कुछ ही पलों में असंख्य झुर्रियों ने उनके करुण चेहरे को और भी दयनीय बना दिया था।

"कोई नहीं?" मैं बौखला गई और चाहने पर भी अपने स्वर की तिक्तता को नहीं छिपा पाई। "मैं अपनी गृहस्थी की बीसियों उलझनें छोड़, गिरती-पड़ती भागी आई और आप इतना बड़ा मजाक कर गईं?"

"मैंने न तब मजाक किया था बहन, न अब कर रही हूँ।" हँसने की चेष्टा में उनके होंठ काँपकर रह गए, "विवाह तब था, पर अब नहीं है।"

"मतलब?" मेरा क्रोध अब सचमुच ही मेरे व्यवहार को अभद्र बना रहा था।

रजनी दी फिर हँसीं, और इस बार उनके पोपले मुँह की दन्तहीन शिशु की-सी हँसी एकदम निष्प्राण थी। "सच कह रही हूँ, अनजाने में ठोकर खाकर गिर रही थी, तुम सबकी रजनी दी; विधाता ने बाँह पकड़कर उबार लिया। प्रेम ने मुझे अन्धी बना दिया था बच्ची।" वह अब उत्तेजित होकर बैठीं, तो टूटी टहनियों-से उनके झुके कन्धे शिथिल होकर बुरी तरह झुक गए--"प्रद्युम्न मुझसे बहुत छोटा था, फिर भी जब उसने एक दिन मुझसे कहा कि वह मुझसे प्रेम करता है तो पहले मुझे विश्वास नहीं हुआ, किन्तु फिर धीरे-धीरे उसकी मुग्ध दृष्टि, रसपगे सात-सात पृष्ठों के प्रेमपत्र और उसके अक्षत पौरुष की विजया का मद, मेरी रग-रग में व्याप गया। मेरा अनूठा प्रेमी मुझे एक बार फिर यौवन के उस विस्तृत प्रासाद में खींच ले गया जहाँ वर्षों तक रहने पर भी मैं अन्धी बनी उसके एक से एक मनोहर कक्ष, गवाक्ष आज तक नहीं देख पाई थी। 'कितनी सुन्दर है तुम्हारी दन्त-पंक्ति' वह कहा करता। 'तुम्हारा चेहरा न देखकर भी यदि तुम्हारे दाँत ही देखता, तब भी मैं तुम्हारे चरणों का दास बन जाता, रजनी।'...और मैं उस तृषार्त पथिक को अपने सौन्दर्य की खोखली मरीचिका में भटकने छोड़ देती। फिर वह मेरी काली केश-राशि की प्रशंसा के पुल बाँधकर रख देता, 'एकदम बंगाल की सुन्दरियों की-सी सुचिक्कन केशराशि है तुम्हारी।'...और मैं, अपने बालों की सुगन्धपूर्ण कालिमा का रहस्य अपने तक ही सीमित रख मुस्कराती रहती।

"ओफ, हम स्त्रियाँ! कभी-कभी स्थान-काल की महिमा भुलाकर, अपने ही हाथों से अपना कितना बड़ा सर्वनाश कर लेती हैं! मैं उसे ही नहीं, स्वयं अपने को भी छलने लगी। तुम तो जानती हो, मैं कभी झूठ नहीं बोलती थी। अपनी छात्राओं को मैंने अपने इसी सत्य भाषण के अनुशासन चाबुक से साधा था। वही चाबुक अब मेरे नवीन प्रेम ने मुझसे छीनकर दूर पटक दिया था। और फिर एक दिन हमने निश्चय किया कि हम दोनों एक-दूसरे के बिना नहीं रह सकते। विवाह की तिथि निश्चय कर, मैंने तुम्हें ही सबसे पहले लिखा था। लिखती भी और किसे? खिल्लो को लिखती, तो शायद वह हवाई जहाज से यहाँ आकर हम दोनों को गोली से उड़ा देती।"

सहसा रजनी दी का स्वर चुप्पी में डूब गया, जैसे कठिन मधुमेह का कोई रोगी फिर कोमा में डूब गया हो।

"फिर?" मैं अधैर्य से उन्हें अपने प्रश्न की सुइयाँ चुभोती फिर चैतन्यावस्था में खींचने लगी।

"उस दिन इतवार था..." रजनी दी ने अपनी दोनों पतली बाँहें गोद में धर ली थीं।

"...हमने भीमताल की झील में बोटिंग का प्रोग्राम बनाया। 'दिन भर तो वहाँ आजकल टूरिस्ट टूटे रहते हैं, सन्ध्या पाँच बजे तुम्हें लेने अपनी कार में आऊँगा।' वह कह गया था। मैंने दिन-भर लगकर केक बनाया, मफिन बनाए, उसे भी तुम्हारी तरह मेरे हाथ के बने मफिन बेहद पसन्द थे।" उन्होंने ऐसे स्वर में कहा, जैसे कोई शोकसंतप्त जननी अभी-अभी गुजरे अपने इकलौते बेटे की पसन्द का उल्लेख कर रही हो। "पिछली बार तुझसे जो गुलाबी अडयार मँगवाई थी, वह पहनी। बड़ा-सा जूड़ा बनाकर गुलाब लगाया।" रजनी दी अपने अभिसार की, श्रृंगार-साधना की विशद व्याख्या करने लगीं, तो मैं लज्जा से गड़ गई। किन्तु उनके सौम्य सन्तनी के-से चेहरे पर एक शिकन भी नहीं उभरी, जैसे कोई धर्मपरायणा विदेशिनी मृत्यु से पूर्व किसी पादरी के सम्मुख निष्कपट आत्मनिवेदन कर रही हो।

"...बिन्दी लगाने लगी तो सहसा मेरी श्वास, मेरी हथेली से टकराकर मुझे किसी दन्तमंजन के विज्ञापन की-सी चेतावनी दे उठी। ओफ, कितनी मूर्ख थी मैं! आज अपने जीवन की सबसे महत्त्वपूर्ण सन्ध्या की आगमनी में भी मैं अपने प्रति कितनी उदासीन रह गई थी। एक बार भी डेंचर नहीं साफ किया था मैंने! पाँच बजने में अभी पूरा पौन घंटा था। चटपट डेंचर उतारकर साफ करने लगी, तभी प्रद्युम्न की कार का हार्न बजा। मेरा अधीर प्रेमी पौन घंटा पूर्व ही आ गया था। हड़बड़ाकर मैं अधधुला डेंचर ही पोंछकर लगाने लगी थी कि वह हाथ से फिसलकर चकनाचूर हो गया। वही चूर नहीं हुआ बहन, मेरा सौभाग्य भी उसके साथ चकनाचूर हो गया। इससे पूर्व कि मैं कुछ सोचती, मेरा मुस्कराता सुदर्शन मंगेतर मेरे सम्मुख खड़ा था...

"तैयार हो न? गुड, चलो, जल्दी ही निकल पड़ें। बदली घिर रही है, कहीं झड़ी न लग जाए। भुवाली की झड़ी क्या चेरापूँजी से कुछ कम वेगवती होती है?

"...परिस्थिति की विषमता ने मेरी वाणी हर ली थी, किन्तु विवशता के आँसू, मैं चेष्टा करने पर भी नहीं रोक पाई। काँपते होंठों के बीच शायद उसने मेरी निरीह जिह्वा के दन्तहीन वैधव्य को देख लिया था। उसका चेहरा एकदम फक् पड़ गया। वह एक शब्द भी नहीं बोला, पर मैंने सोचा, बहुत छल चुकी हूँ, अब और नहीं छलूँगी...

"प्रद्युम्न! मैंने हँसकर कहा, 'जिस दन्तपंक्ति को देखकर तुम मुग्ध हुए थे, वह मरीचिका मात्र थी। मेरे बाल भी सफेद हैं, प्रद्युम्न। इसी अप्रैल में मैं पूरे पचास की हो जाऊँगी। मेरी अँगुलियाँ गठिया से टेढ़ी हैं। मेरी कमर में हमेशा दर्द रहता है। मेरी छात्राओं में से अधिकांश दादी-नानी बन चुकी

हैं...और...फिर' मैं रोने के बदले जोर-जोर से हँसने लगी। जितनी ही बार प्रद्युम्न के हतप्रभ चेहरे को देखती, उतनी ही बार एक नई हिस्टीरिकल हँसी का दौरा मुझे दुहरी कर देता। चेष्टा करने पर भी मैं अपनी हँसी नहीं रोक पा रही थी। जीवन में कितनी ही बार मैंने अपनी षोडशी छात्राओं को इसी हिस्टीरिया से चाँटे मार-मारकर मुक्त किया है, किन्तु उस दिन मैं स्वयं असहाय बनी हँसे जा रही थी। आँखों से आँसू बहने लगे, पेट में बल पड़ गये...और जब मैं उस पागलपन के दौरे से अधमरी होकर चैतन्य हुई, तो देखा, मैं कमरे में अकेली हूँ। वह जा चुका था।"

अपने विचित्र रोमांस की करुण कहानी सुना, रजनी दी एकदम निढाल होकर फिर आरामकुर्सी में पसर गईं।

उनकी आँखें बन्द थीं और ललाट पर पसीना झलकने लगा था।

"आखिरी बस कितने बजे जाती है रजनी दी?" मैंने डर-डरकर पूछा। न जाने कैसा भुतहा बँगला लगने लगा था वह मुझे। उनकी नित्य की सँवरी गृहस्थी में जैसे शत-सहस्र

मक्खियाँ भिनभिनाने लगी थीं। बिना लगा बिस्तर, पूरे कमरे में फैले फटे प्रेम-पत्र और आरामकुर्सी पर मुर्दा-सी पड़ी स्वयं गृहस्वामिनी! उलझी जटाएँ, धँसी आँखें और दन्तहीन मुख! क्या पता फिर उन्हें अपनी उन्मत्त हँसी का दौरा पड़ जाए?

"रजनी दी, सोचती हूँ आज ही चली जाऊँ...आखिरी बस क्या चली गई होगी?" मैंने पूछा और उन्होंने अपनी गँजेड़ी की-सी लाल-लाल आँखों से मुझे घूरा तो कलेजा हिम हो गया। निश्चय ही अब वे फिर हो-हो हँसने लगेंगी।

"पाँच बजे," उन्होंने क्लांत-स्वर में कहा, "पौने पाँच बजे चलने पर भी तुम बस पकड़ सकती हो। दो कदम पर तो बस स्टैंड है।"

मुझे लगा, जैसे वे कह रही हों–'इसी बस से चली जाओ तुम। मुझे अकेली छोड़ दो। एकदम अकेली रहना चाहती हूँ मैं।'

फिर उन्होंने बिना किसी संकोच के अपना पर्स खोला। एक शीशी निकालकर दो गोलियाँ खाईं और गुड़ीमुड़ी बने बिस्तर में अलसाई बिल्ली-सी घुटने मोड़कर लेट गईं।

"नींद की गोली खाए बिना इधर मुझे नींद ही नहीं आती। जा रही हो क्या?"

उनका अटपटा प्रश्न, उनकी अस्वाभाविक नींद में डूबने लगा था। मैं हाथ का सूटकेस लटकाए चली तो वे गहरी नींद में डूब चुकी थीं। फिर मैं उस निद्रामग्ना चिर स्वयंवरा की सोहाग पिटारी साथ लिये चुपचाप बाहर निकल आई।

मास्टरनी

छोटे कद के तिब्बती टट्टू से उतरने में लम्बे डॉक्टर को कोई विशेष असुविधा नहीं हुई। हिलती जीन पर बैठे उस लम्बे-चौड़े डॉक्टर की टाँगें, बिना घोड़े से उतरे ही जमीन छू रही थीं। लगाम को नाशपाती के विराट् पेड़ से उलझाकर, वह फुर्ती से उतरा और बाहर ही खड़े होकर, बड़े रोबीले स्वर में गरजा, "कोई है? कह दो, डॉक्टर साहब आए हैं।"

डॉक्टर, वास्तव में साहब कहलाने योग्य था। उसके जवान चेहरे पर अभी भी कैशोर्य की चिकनाई थी। लगता था निरन्तर बिना किसी आवश्यकता के ही ब्लेड का प्रयोग करने पर भी पौरुष ने उसका आमन्त्रण अभी स्वीकार नहीं किया था। उसकी भरी-भरी काठी के शरीर का आकर्षण निस्सन्देह उसके चतुर दर्जी ने खूब कसकर दाम लेने पर सँवारा होगा, क्योंकि हैरिसन ट्वीड का दामी कोट उसके कन्धों के साथ सिला लग रहा था। पतली मोहरी की हिपटाइट पैंट, बिना पेटी के ही, कमर में सटी होने पर भी बीच-बीच में शायद सरक रही थी। उसी को बड़ी अदा से कसता वह अब अधैर्य से पुकारे जा रहा था; "अरे भई, कोई है नहीं क्या?"

"ओह डॉक्टर साहब, आइए, आइए। अन्दर चले आइए। मैं आ रही हूँ।" एक गोरी, मोटी, अधेड़ औरत, आटा सने हाथों से नमस्कार की मुद्रा में दोहरी होती, पलक मारते ही सीढ़ियाँ उतर आई।

मकान, पहाड़ के अधिकांश देहाती मकानों की भाँति काठ का बना था, जिसके द्वार और झरोखों पर लकड़ी की नक्काशी में तिब्बती द्वारपालों की असंख्य मूर्तियाँ उभरी थीं। कमरे में मोटे-मोटे तिब्बती गलीचे और नम्दे बिछे थे। एक कोने में एक विराट् पलँग प्रायः आधा कमरा घेरे था। सामने की खिड़की से सटा एक लूम धरा था, जिस पर अधबुने गलीचे में; आधी बनी शेरनी की डेढ़ आँख विचित्र लग रही थी।

"बैठिए, बैठिए, बड़ी तकलीफ की आपने, मैं चाय लाती हूँ!" उस मोटी औरत की हँसी बच्चे-सी लुभावनी थी, और उसके स्वस्थ दाँतों की झलक किसी शिशुमुख में उभरी नई दूधिया दन्तपंक्ति-सी ही मनोहारी लग रही थी।

"देखिए, मैं चाय नहीं पिऊँगा। मरीज कहाँ है? मुझे अभी जल्दी लौट जाना है।" डॉक्टर का साहबी हुलिया निकट से देखने पर, वह बेचारी मोटी औरत सहसा सहम गई।

"क्या बताऊँ," उसने सिर झुका लिया। एक बार खाली पलँग की ओर देखा और फिर बिना डॉक्टर की ओर देखे ही कहने लगी, "अभी-अभी तो यहीं पड़ी थी। कितना समझाया छोकरी को, तीन दिन से बुखार है; तैरने मत जा, पर एक नहीं सुनी। अब आप दवा लिख दीजिए, मैं कागज ले आती हूँ।"

"नहीं," डॉक्टर का उत्तर बड़ा ही रूखा लग रहा था। "बिना मरीज को देखे मैं दवा नहीं दिया करता।" साथ ही वह हाथ का आला हिलाता, बाहर निकल गया और घोड़े की लगाम खोलने लगा।

"एक गिलास चाय तो पी लेते, इतनी दूर से आए हैं।" प्रौढ़ा की आँखों में याचक की-सी करुणा छलक उठी।

बिना कुछ उत्तर दिए ही डॉक्टर उचककर घोड़े पर बैठ गया। एड़ लगते ही घोड़ा ठुमकती दुलकी चाल से उतार उतरने लगा।

इस मास्टरनी की ऐसी की तैसी, वह मन-ही-मन कहने लगा। सेकेण्ड सैटरडे की छुट्टी खराब कर दी। सोचा था, देर तक सोकर छुट्टी मनाएगा, ससुरी ने सुबह ही चौकीदार भेजकर छुट्टी का दिन चौपट कर दिया। इन कुंठाग्रस्त अध्यापिकाओं को बीमार पड़ने के अलावा शायद कोई काम ही नहीं रहता। आपस में दोनों लड़ीं और पड़ गईं बीमार। कुछ नहीं हुआ तो दिल ही धड़का लिया। पिछले इतवार को गप्पू-से गालोंवाली, भूगोल की अध्यापिका मिस पांगती ने बुला भेजा था। उसने अपनी कोलाइटिस का परिचय हींग की तीन डकारों के साथ देकर, जीभ दिखाने को मुख खोला तो प्याज-लहसुन के क्लोरोफार्म से तरुण डॉक्टर का माथा चकरा गया। दूसरा इतवार खराब किया इतिहास की सीनियर अध्यापिका मिस रावत ने। उसकी सूखी सोंठ-सी देह का यौवन, दस वर्षों से सिन्धु घाटी की सभ्यता पढ़ाते-पढ़ाते, स्वयं कहीं उसी घाटी में समय से पूर्व ही दबकर रह गया था। उसे हिस्टीरिया के दौरे पड़ने पर; तन-बदन का होश नहीं रहता था। किसी भी पुरुष को देखते ही वह तीक्ष्णनखा, दौरा पड़ने पर, नोच-नोचकर भुरता बना देती थी। अब यह तीसरी मास्टरनी मिस सिंह। मन-ही-मन उसकी कल्पना कर डॉक्टर ने अपने को तैयार कर लिया था। सूखा पिचका चेहरा, हिस्टीरिकल फूहड़ हँसी और कुछ ऊँची बँधी धोती से झाँकते क्रेपसोल के मर्दाने जूते। पहाड़ की किसी भी अध्यापिका को वह दूर से ही पहचान सकता था।

बेचारा स्वयं, मेडिकल कॉलेज से, कैसी-कैसी उर्वशियों के सान्निध्य में सात वर्ष बिताकर निकला था। उसकी सहपाठिनी केरलवासिनी सलोनी

डॉ. मैथ्यू, जो उसे अपनी एड़ी चुम्बी चोटी के नागपाश में बाँधकर, एरनाकुलम् में जाना चाहती थी, लाल-लाल रँगे होंठ और तीखे नाखूनोंवाली डॉ. चड्ढा, जिसने उस बाँके हाउस सर्जन के जाने के दिन रो-रोकर आँखें सुजा ली थीं, एक भी उसकी पीठ पर हाथ नहीं धर पाई।

सुबोध अपने पिता के दबंग स्वभाव को जानता था। उसके पिता मध्यमवर्गीय एकाउन्टैन्ट थे। नौकरी सामान्य होने पर भी महत्त्वाकांक्षा गगन चूमती थी। उनके मकान मालिक कायस्थ थे और जब उन्होंने अपने आई.पी.एस. पुत्र को चालीस हज़ार के तिलक की बोली पर उठा दिया तो पहाड़ी जोशीजी ने भी कान खड़े कर लिये। चालीस हज़ार के साथ वर्माजी को मिली चकाचक फियट गाड़ी, रेडियो, सोफा और खाने की ऐसी विशाल मेज़ कि हाथी भी चारों खाने चित्त होकर लोट-पोट लगा सकता था। सुबोध का बड़ा भाई भी आई.पी.एस. में आ गया था। फिर क्या था। खरबूजे ने खरबूजे को देखकर रंग पकड़ लिया। बड़े लड़के का कुमाऊँ के सबसे समृद्ध परिवार में विवाह कर, जोशीजी ने एक रात में मूँछों का नक्शा बदल दिया। पहले की झाड़-झंखाड़ मूँछों में बाँकपन देकर अब वे छोटे पुत्र के लिए फियट-प्रसवा समधिन की खोज

में जुट गए। दूरदर्शी डॉक्टर पुत्र को उन्होंने उत्तराखंड जाने के लिए मिनटों में पटा लिया– ''आजकल इन नए-नए जिलों में जाना देश के लिए जेलयात्रा से भी अधिक फलदायक है।'' उन्होंने पुत्र की पीठ थपथपाई, ''एक बार चले जाओ, फिर तुम्हें हमारे समधी दिल्ली बुलवा लेंगे। देखते नहीं, उन्होंने अपने दोनों दामादों को तीन महीने के भीतर कैसे दिल्ली बुलवा लिया! उन्हीं की भानजी से तुम्हारी बातें चला रहा हूँ। अब के भी मैं फियट गाड़ी पर अड़ा हूँ, वर्माजी का कहना है कि अड़ा ही रहूँ तो काम बन जाएगा।''

पिता के मित्र वर्माजी की दृष्टि में विवाह-योग्य कन्या के कान-नाक हों या न हों, उसके दहेज में एक फियट गाड़ी का होना अनिवार्य था।

''हम पहाड़ी कभी शादी-ब्याह करना नहीं सीखेंगे,'' उसके पिता ने उससे चलते समय कहा था, ''हमारे यहाँ तो कन्या के पिता ने एक घड़ी, लाल दुशाला और नये जूते का जोड़ा रख दिया तो गंगा नहा ली। आखिर शोमैनशिप भी तो एक चीज़ होती है। अपने लिए तो कोई लेता नहीं, हमें तो बिटिया ब्याहनी है।''

उत्तराखंड के उस नये जिले का आकर्षण वास्तव में अद्भुत था। नया-नया बना अस्पताल, उसी के बँगले से सटा था। लाल छत के पुराने डाकबँगले को ही डॉक्टर का बँगला बना दिया गया था। डाकबँगला होने से ही शायद वह चारों ओर से खुला था, जिससे अल्मोड़ा और नैनीताल से दौरे पर आए लाट, कमिश्नर, उसी बरामदे में बैठे-बैठे ही प्रकृति का सजा-सजाया गुलदस्ता सूँघ सकें। सामने हिमाच्छादित चोटियों पर रंगीन मेघों का उत्तरीय क्षण-क्षण में रंग बदलता था। काली मिट्टी का एक भीम भूधर, डायनामाइट की चोटी से क्षत-विक्षत हो, किसी मृत दानव की भाँति बँगले का अहाता घेरे पड़ा था। उसी को काट-काटकर मोटर की नई सड़क बना दी गई थी। सामने गर्ब्यांग की घाटी फैली थी। उसका भोटिया नौकर जंगबहादुर उसके लिए खाना बनाकर, ढाँप-ढूँप चला जाता।

अस्पताल से लौटकर, वह बड़ी देर तक अपने बरामदे में बैठा, सुन्दरी भावी पत्नी के सपने देखता, जिसका काल्पनिक पल्लू उसके अदृश्य व्यक्तित्व का स्पर्श लेकर, उसके गालों पर फरफराकर उसे पुलकित कर देता। एक बार उसे उसने अपनी भाभी के साथ देखा था। लड़की असाधारण रूपसी न होने पर भी बेहद स्मार्ट थी। लखनऊ के लौरेटों में पढ़ने से, उसकी चाल-ढाल में कहीं भी पहाड़ी लटका नहीं था। रंग साँवला होने पर भी मुखश्री अपूर्व थी, वह चश्मा पहनती थी और कटे-सीधे बालों को घुँघराले बनाने के लिए प्रत्येक माह में एक बार दिल्ली जाती थी। फियट गाड़ी की पृष्ठभूमि में, नकली घुँघराले केशपाश फहराती आधुनिका भावी पत्नी उसे बड़ी प्यारी लगती।

उस दिन भी वह उसी का मीठा-सा सपना देख रहा था कि मास्टरनी के चौकीदार ने आकर सब गुड़-गोबर कर दिया, ''एक बार चलकर देख लीजिए सरकार, मिस सा'ब को बहुत बुखार है।'' मन-ही-मन उसकी मिस सा'ब को कोसता वह घोड़े पर जा बैठा था। मास्टरनी सरकारी नौकर थी, कहीं शिकायत कर दी तो असेम्बली के प्रश्न, उसकी नई-नई नौकरी के लिलार में कलंक थोप देंगे। पर इतनी दूर जाने पर जब वह सड़ियल मास्टरनी बड़ी अदा से तैरने चल दी तो वह क्रोध से बौखला गया। ठंडी हवा लगने से उसका क्रोध धीरे-धीरे शान्त हो गया था। अचानक नुकीले उतार पर उसका घोड़ा अड़ने लगा, उसकी गर्दन पर शेर की-सी अयाल बार-बार उसकी आँखों पर उतरकर, उसे अन्धा बना दे रही थी और पहाड़ी घोड़ा हिनहिनाकर

अड़ा जा रहा था। खीझकर सुबोध उतर गया और स्वयं लगाम खींचता आगे-आगे चलने लगा। एकाएक वह ठिठककर तिब्बत की घाटी की अपूर्व सौन्दर्य-सुषमा को मन्त्रमुग्ध हो देखने लगा। कहीं चारों ओर खड़ी नीली उद्री हरी पर्वत-प्राचीरें थीं, कहीं एकदम सपाट मैदान, कहीं नागफनी के झुरमुट, विषैले पहाड़ी काँटों की झाड़ियाँ और कहीं सर्पगन्धा के फन उठाए बल खाते पौधे। घोड़ा उसे फिर खींचने लगा। उसने देखा, बाईं ओर लतागुल्मों के तोरणद्वार से अस्पष्ट दीखती एक पान के पत्ते के आकार की हरी नीली झील थी। प्यासा घोड़ा उसे वहाँ ले जा रहा था। सुबोध ने गिरगिट के-से रंग बदलनेवाली अनेक पहाड़ी झीलें देखी थीं—नैनीताल की, भीमताल की, नौकुचिया ताल की, पर वह अनोखी झील उन सबसे सुन्दर थी। लगता था विधाता ने क्यूबिज्म की शैली अपनाकर, रंगों के दुःसाहसी प्रयोग से पूरी झील को रँग दिया था।

लगाम छुड़ाकर घोड़ा पानी पीने लगा। अचानक झील के अन्तिम छोर पर एक लम्बी चोटी क्रुद्ध नागिन-सी फूत्कार उठी। पानी से भीगी, वन-कन्या की तरल आँखें क्रोध और अविश्वास से दहकने लगीं। कौन था यह असभ्य अभद्र पुरुष, जो उसके एकान्त विहार में विघ्न डालने उपस्थित होकर उसे निस्संकोच घूरे जा रहा था! सचमुच सुबोध उसे बड़ी निर्लज्जता से घूर रहा था। दोष उसका नहीं था। नीली झील के काले पानी में, चन्दन-सा चेहरा और भी निखर आया था। कनपटी तक चिपकी भीगी लटों को एक हाथ से हटाती वह और गहरे पानी में उतर गई। आज तक वह उस अज्ञात झील की एकमात्र निरंकुश सम्राज्ञी थी। पतली गुलाबी साड़ी, जो उसके शरीर की गुलाबी कान्ति से घुल-मिलकर एकाकार हो गई थी, पानी में गुब्बारे-सी फूलकर, कमलिनी की पंखुड़ियों की भाँति उसके चारों ओर फैल जाती थी, और वह बार-बार उसे सँभालने के प्रयत्न में निरन्तर गहरे जल में उतरती जा रही थी। जल की लहरों के बीच, उसके अनावृत स्कन्ध दर्पण-से चमककर, डॉक्टर की आँखों को चौंधिया रहे थे। उसके कपड़े, हाथ की घड़ी, स्कूल का रजिस्टर किनारे पर पड़े थे। सुबोध का घोड़ा पानी पी चुका था।

"आप कृपा कर चले जाएँ, मुझे ठीक दस बजे स्कूल पहुँचना है," झील के उसी कोने से अनुशासनपूर्ण आदेश आया। ओह, तो यही थी मास्टरनी! उस सरल सुन्दरी देहाती मास्टरनी के सम्मुख अपने साहबी व्यक्तित्व का परिचय देना ही होगा।

"तो आइए न बाहर। आप ही को देखने तो गया था। अब जब आया ही हूँ तो यहीं नुस्खा लिख दूँ," वह सचमुच ही बड़ी धृष्टता से मुस्कराकर, दोनों टाँगें फैलाकर बैठ गया। प्रकृति की उस एकान्त वनस्थली के रंगमंच पर हल्की-फुल्की नौटंकी हो जाए तो क्या दोष था! पानी पीकर उसका घोड़ा मास्टरनी के रजिस्टर को सूँघने लगा।

"देखिए, मेरा घोड़ा आपका रजिस्टर सूँघकर यहीं बता देगा कि आज आपकी कितनी लड़कियाँ गैरहाज़िर हैं," वह अब हँसकर सीटी बजाने लगा। पर मास्टरनी नहीं हँसी, वह तीर-सी तैरती एकदम उसके पास आ गई। "आप जाएँगे या नहीं? मुझे ठीक दस बजे पहुँचना है।" स्वर में कहीं घबड़ाहट, क्रोध या खीझ का लवलेश भी नहीं था।

"नहीं," सुबोध पर भी न जाने कौन-सा भूत सवार था। असल में बहुत दिनों से रूखी अध्यापिकाओं का इलाज करते-करते वह ऊब गया था। देर तक मरुभूमि में भटकने पर, सरस जलधार किस क्लान्त पथिक को आकर्षित नहीं करती?

इतने ही में मास्टरनी गजब कर बैठी। एक छलाँग लगा, वह बिना किसी झिझक के झील से बाहर निकल आई। सुबोध, शायद उस पठानिन-सी लम्बी किशोरी की उस दुःसाहसी छलाँग के लिए प्रस्तुत नहीं था। चन्दन की काठी-सी देह की एक-एक लुभावनी रेखा, पारदर्शी

भीगी साड़ी की भाँज में स्पष्ट हो उठी और सहमकर सुबोध ने आँखें फेर लीं। लगता था संगमरमर की देवी की मूर्ति, जलाशय से निकलकर स्वयं किसी मन्दिर में प्रतिष्ठित होने जा रही थी।

उसने आँखें खोलीं तो मास्टरनी कपड़े पहनकर भीगी धोती निचोड़ फैला चुकी थी, और काँख में रजिस्टर दबाए, घड़ी का फीता बाँधती उतार उतरने लगी थी।

"बुरा मान गई क्या, मैं तो मजाक कर रहा था," खिसियाये सुबोध ने कैफियत दी, पर वह कुछ नहीं बोली। क्षण-भर में उसे पहाड़ी पगडंडियों के गोरखधन्धे में डुबा, वह न जाने किस अदृश्य मार्ग से उसे चकरघिन्नी दे गई।

इसके बाद चेष्टा करने पर सुबोध सन्धान नहीं पा सका। एक तो बुखार में शीतोष्ण पहाड़ी झील का नहाना, उस पर पैदल चलना। हो न हो, लड़की बीमार पड़ गई थी। अब देख लेगा वह! जब तक अपनी यूनानी नाक उसके चरणों में नहीं घिसेगी वह दवा नहीं लिखेगा। पर उसकी आशा व्यर्थ गई। मास्टरनी का चौकीदार उसे बुलाने नहीं आया।

एक दिन सुबह उठते ही उसके चकले-से चेहरेवाले नौकर ने सूचना दी, "चाय खतम हो गया और बाजार आज बन्द है। स्कूल का कोई मास्टरनी मर गया, इसी से दिन-भर हड़ताल होगा।"

सुबोध का मौत से दिन-रात समझौता करनेवाला पत्थर-सा डाक्टरी कलेजा भी धड़कने लगा। दिन-भर वह बिना खाए-पिए कमरे में पड़ा रहा। एक तो मास्टरनी ने उसकी दवा खाने से मृत्यु का वरण करना श्रेयस्कर समझा, यही उसकी नई डॉक्टरी पर कड़ी चोट थी, उस पर मन-ही-मन अपराध की भावना उसकी आत्मा कचोटने लगी। उसी ने तो बेचारी को यह जानते हुए भी कि बुखार है, देर तक पानी में रहने को बाध्य किया था। दो पेनिसिलिन लगा देता तो शायद बच जाती। पर मरे अभागी, उसका क्या!

वह उठकर घूमने ही जा रहा था कि रिटायर्ड मेजर नौटियाल आ गए, "अरे यार डाक्टर, कुछ ब्रैंडी-ब्रैंडी है तो निकालो। हमारी बहन की ननद थी यही मास्टरनी। आज सुबह-सुबह हार्ट फेल हो गया। पहले सोचा तुम्हें ले चलें, पर क्या करते! बुढ़िया बाल-विधवा थी। पाप कटा, पर ऐसी तगड़ी सतयुगी हड्डियाँ थीं कि अर्थी ने कन्धा तोड़ दिया।"

ओह, तो वह मास्टरनी नहीं मरी! डॉक्टर के जी में आया, मेजर को हवा में उछालकर नचा दे। ब्रैंडी पीकर मेजर गया तो सुबोध ने सोचा, क्यों न जाकर वह स्वयं ही मास्टरनी को देख आए। बीमार वह अवश्य ही थी क्योंकि पिछले एक सप्ताह से न वह स्कूल आती थी, न झील में तैरने।

जंगबहादुर छुट्टी लेकर गाँव गया था। डॉक्टर ने अपना घोड़ा निकाला और एड़ लगाकर भगा दिया। झील के पास पहुँचते ही घोड़ा हिनहिनाया, तो बड़ी आशा से धड़कते कलेजे को थामकर सुबोध बढ़ा। शून्य नीली झील में सूखे मरे पत्ते तैर रहे थे। शान्त झील की एक-एक लहर मुर्दा पड़ी थी। पानी पिलाकर उसने घोड़े की लगाम खींच ली। बीस मिनट में वह मास्टरनी के घर के पास पहुँचा तो उसका उत्साह सहसा ठंडा पड़ गया। बिना बुलाए जाना क्या उचित था? तो क्या इतनी दूर आकर लौट जाए? कभी लगाम कसती और कभी ढीली होती देखकर घोड़ा अधैर्य से हिनहिनाया, साथ ही मास्टरनी की माँ बाहर आ गई।

"अरे डॉक्टर सा'ब, आप!" आश्चर्य से अपने दोनों हाथ फैलाकर उसने माथे से लगा लिए–"हे भवानी मैया, तू सच्ची है, सुबह से मैं मना रही थी कि कोई माई का लाल मेरे डॉक्टर सा'ब को बुला दे तो मैं उसकी जूतियाँ चाट जाऊँ, पर देखो मैया खुद बुला लाई। आओ बेटा, छोकरी सात दिन से बाई ज्वर में पड़ी है।"

छोटे-से पहाड़ी द्वार से अपना लम्बा धड़ धनुष की प्रत्यंचा की भाँति मोड़ता डॉक्टर भीतर गया। जहाज-सा पलँग, उसे ओवरसियर पिता की मृत्यु के पश्चात् विरासत में मिला था। उसी पर मास्टरनी बिना हिले-डुले मुर्दा-सी पड़ी थी। उसकी लम्बी वेणी पलँग के नीचे लटक रही थी। ज्वर की तीव्रता से चेहरा ताम्रपात्र-सा दमक रहा था। आहट पाते ही वह उठ बैठी और बड़बड़ाने लगी, "मैं पूछती हूँ, जाते हो या नहीं! मुझे ठीक दस बजे स्कूल पहुँचना है।"

"यही हाल है बेटा, रात-भर उठ-उठकर बैठती रही। क्या करूँ मैं, हे भवानी!" मास्टरनी की माँ व्याकुल होकर, पलँग की परिक्रमा-सी करने लगी। "सो जा लली, मेरी बच्ची सो जा, देख डॉक्टर सा'ब आए हैं। अंग्रेज़ी दवा देंगे और बुखार उतर जाएगा।"

सचमुच ही शान्त होकर मास्टरनी चुपचाप लेट गई। सुबोध ने ज्वर नापा, पसलियाँ खटखटाईं, जीभ देखी। नहीं, सन्निपात नहीं था, बुरी तरह ठंड लग गई थी। थोड़ी-सी असावधानी से निमोनिया भी हो सकता था। मास्टरनी का स्वास्थ्य अनुपम था। उसकी रत्नगर्भा अपूर्व देहवल्लरी, कड़े से कड़े रोग को भी पटखनी दे सकती थी।

तीसरे ही दिन सुबोध की दवा ने उसे चंगा कर दिया। अभी भी वह बहुत दुर्बल थी। सहारा देकर माँ बिठाती और बड़े यत्न से सुबोध उसकी पुष्ट नग्न बाँह में इंजेक्शन चुभाता तो वह भय से आँखें मींचकर माँ की पीठ में मुँह छिपा लेती। कभी-कभी पीड़ा से उसकी आँखें छलक उठतीं तो सुबोध के जी में आता, अपनी बाँह में भी सुई घुपा ले।

धीरे-धीरे रोगमुक्त मास्टरनी हँसने भी लगी। हँसती मास्टरनी, झील में तैरती मास्टरनी से करोड़ गुना सुन्दरी थी। उसके मोती-से दाँत शायद उसे अपनी माँ से विरासत में मिले थे। उसकी लम्बी पलकें उभरे गालों पर रेशमी चिलमन-सी फैल जातीं। उसके गठे कुमाऊँनी राजपूती शरीर का एक-एक अंग साँचे में ढला था। उसने कभी कुमाऊँ की देहरी नहीं लाँघी थी, इसी से पहाड़ी हवा ने सेबों की लाली से उसके गाल सदा के लिए रँग दिए थे। उसकी चौड़ी हथेली का एक तमाचा, कड़े से कड़े पुरुष को भी दिन में तारे दिखा सकता था। सबसे मोहक थी उसकी भव्य चाल। एक-एक पैर को किसी नृत्यकुशला वारांगना की-सी मादक भंगिमा में उठाती वह डॉक्टर को मुग्ध कर देती।

सप्ताह में दो दिन उसे इंजेक्शन लगाने सुबोध आता तो वह बिना किसी झिझक के नंगी बाँह उसकी ओर बढ़ा देती। अन्तर इतना था, पहले दुर्बल रोगिणी का चित्त भय से काँपता था, अब स्वयं मसीहा बाँह थामते ही थरथरा जाता।

एक दिन उसकी माँ बाहर गई थी। सुबोध इंजेक्शन लगाने गया था। मास्टरनी ने अपनी हाथी दाँत-सी शुभ्र बाँह उसकी ओर बढ़ाई तो सुबोध ने इंजेक्शन मेज पर रख, झुककर बाँह को चूम लिया। दूसरे ही क्षण वह अपने दुःसाहस पर काँप गया। अगर कहीं लड़की ने हल्ला मचा दिया तो! सुना है, इस जंगली पहाड़ी इलाके के लोग बड़े खूँखार होते हैं। कोई भी उनकी बहू-बेटियों पर नजर डाले तो आँखें निकाल लेते हैं। पर उसने डरते-डरते आँखें उठाईं तो देखा मास्टरनी मुस्करा रही थी। फिर तो नित्य ही दोनों लुक-छिपकर मिलने लगे। प्रायः ही दोनों झील

के झुटपुटे साये में घंटों पड़े रहते। जंगबहादुर को लम्बी छुट्टी देकर डॉक्टर साहब ने घर भेज दिया था। पिछवाड़े की खिड़की से फाँदकर, मास्टरनी स्टोव पर एक से एक बढ़िया खाना बनाकर डॉक्टर को खिलाती। कभी-कभी दो पीरियड की एकसाथ छुट्टी पर वह समय से पूर्व ही आ जाती। डॉक्टर अस्पताल से लौटकर आता तो देखता उसके पलँग पर हाथ-पैर सिकोड़े बिल्ली-सी मास्टरनी सो रही है। वह उसकी सुडौल नाक पकड़कर दबा देता और कान के पास फुसफुसाता, "अरी खसिणी उठ।" इस सम्बोधन से मास्टरनी बौखला जाती। उठते ही रजिस्टर खिड़की से फेंक वह स्वयं कूदने का उपक्रम करती, कि उसके शुभ्र चरण चूम-चूमकर डॉक्टर उसे मनाता, "अच्छा माफ कर दे; अब कभी नहीं कहूँगा।" मास्टरनी बड़ी देर तक उसे क्षमा नहीं कर पाती। यह ठीक था कि पहाड़ की राजपूतनी को गर्वीले ब्राह्मण 'खसिणी' कहकर पुकार सकते थे, पर यह ब्राह्मण क्या अभी भी उसे ब्रह्मद्रोही समझता है, जब वह उसे अपना सबकुछ दे चुकी है? कभी-कभी वह उसकी लापरवाही से इधर-उधर फेंके गए कपड़ों को सँभालती, कभी उधड़े स्वेटर को ठीक-ठाक करती, कभी उसकी लावारिस चादरों में नाम लिखती। मास्टरनी का हर काम सुघड़ होता। चिट्ठियाँ लिखती तो लिफाफे की प्रत्येक भाँज कायदे से मुड़ी होती, खाना बनाती तो सब्जी के छिलकों तक को चौखट में चढ़ाकर रख देती। डॉक्टर उस अद्भुत नारी के प्रत्येक गुण को आश्चर्य से देखता रहा। विधाता ने कहीं तो कोई दोष रहने दिया होता।

तीन महीने की विवेकभ्रष्ट अवधि में युगल प्रेमी, बहते-बहते बहुत दूर निकल गए। प्रेम के ज्वार-भाटे में मास्टरनी राजेश्वरी, गले तक डूब चुकी थी, पर सुबोध को चिन्ता का घुन लगने लगा था। उसके पिता का पत्र आया था कि दशहरे को उसके टीके का मुहूर्त निकला था, छुट्टी लेकर उसे आना होगा। पिता के पत्र ने उसकी छाती में गोली-सी दाग दी। राजेश्वरी से विवाह की बात वह जबान पर नहीं ला सकता था। आज तक कुमाऊँ के इतिहास में किसी ब्राह्मण-पुत्र ने क्षत्रिय-कन्या से विवाह करने का दुस्साहस नहीं किया था। अपने चित्त की दुर्बलता पहचान लेना मनुष्य के लिए सबसे बड़ा अभिशाप है। रात-रातभर उसे वही अभिशाप दग्ध कर उठता। नित्य वह जी कड़ा कर, राजी से बात छेड़ने का संकल्प करता पर खिड़की से धम्म से कूद, कोने में रजिस्टर फेंक वह भागकर उसके गले में दोनों बाँहें डाल देती और उसके सारे संकल्प ढेर हो जाते।

झील में वह एक दिन मछली-सी तैर रही थी। कभी-कभी खिलवाड़ में, किनारे लेटे अपने प्रेमी के दोनों पैर पानी में खींचकर चूम लेती और स्वयं खिलखिलाकर दूर छिटक जाती। कभी कुशल तैराक-सी डुबकी में सिर इतनी देर तक छिपा देती कि सुबोध व्याकुल होकर पुकार उठता, "राजी, बाहर निकलो जल्दी, क्या मजाक हो रहा है यह!" हँसती जलपरी अपना कमलिनी-सा उत्फुल्ल हँसता चेहरा बाहर निकाल देती।

बड़े प्रयत्न से सुबोध ने प्रसंग छेड़ा, "राजी, कभी तुम्हारी बदली हो जाए, ताल भी न रहे और मैं भी न रहूँ, तब तुम क्या रह जाओगी?"

पानी में तैरती रसिकप्रिया ने अपना धड़ पानी से बाहर निकाल लिया। पानी की असंख्य कुंजर मणियाँ शुभ्र ललाट पर झलक उठीं, "क्यों? मैं रह जाऊँगी मास्टरनी!" फिर वह तैरना बन्द कर, भीगे ही कपड़ों में उसके पास आकर लेट गई। जीवन के कुछ अमूल्य क्षण ऐसे भी होते हैं जब मुखर से मुखर व्यक्ति को भी नियति गूँगा बना देती है। सुबोध कुछ नहीं कह पाया, पार्श्व में लेटी जलपरी को उसने बाँहों में भर लिया।

दूसरे दिन दशहरे का एक दिन और कम हो गया। मास्टरनी नित्य नियमानुसार आई। स्टोव जलाकर चाय का पानी चढ़ाया। सहसा सुबोध का चेहरा देखकर उसे साँप सूँघ गया। नारी को विधाता ने अलौकिक सूक्ष्म दृष्टि दी है। किसी भावी अनिष्ट को वह पशु की-सी तीव्र घ्राणशक्ति से सूँघकर स्वयं ही अनमनी हो जाती है।

''क्या बात है सुबोध,'' वह बड़े लाड़ से उसके पास सरक आई। सुबोध उस निष्पाप किशोरी को अब और नहीं छल सका। सबकुछ कह गया। पिता की महत्त्वाकांक्षा, भाभी की बहन और अन्त में स्वयं अपनी विवशता। क्षण-भर को मास्टरनी का चेहरा इतना पीला पड़ गया कि वह अज्ञात आशंका से काँप गया। कहीं कुछ उपद्रव तो नहीं हो गया, तब तो विवाह करना ही पड़ेगा। अब शायद वह उठकर अपनी चौड़ी राजपूत हथेली का करारा चाँटा उसके गाल पर धर देगी। पर नहीं, मास्टरनी कुछ नहीं बोली। वह धीरे से उठी, मेज पर धरा रजिस्टर काँख में दबाया और बिना उसकी ओर दृष्टिपात किए, द्वार खोलकर निकल गई। उसके सर्वहारा महान प्रेम का कितना सस्ता मूल्य आँका गया था, उसी व्यथा और लज्जा से वह स्तब्ध हो गई थी। उस गर्वीली राजपूतनी के अक्खड़ स्वभाव को सुबोध जानता था। वह जा रही थी और सुबोध खिड़की से देख रहा था। वह पहले उसे कभी दिन डूबे अकेले नहीं जाने देता था। उसी पगडंडी पर नरभक्षी शेर का आतंक था, पर आज उसे इस नरभक्षी से बड़ा नरभक्षी कौन मिल सकता था! गर्दन ऊँची किए मास्टरनी धीरे-धीरे पगडंडी से ओझल हो गई।

दूसरे ही दिन सुबह सुबोध सारा सामान बटोरकर चला गया। बड़ी धूम से टीका चढ़ा, उससे भी धूम से विवाह हुआ। समृद्ध श्वसुर ने पुत्री-जामाता को हनीमून के लिए कश्मीर भेज दिया। कभी-कभी हनीमून के मधुर स्वप्नाकाश पर तैरती जलपरी आ जाती तो वह व्याकुल हो उठता। लगता, पानी से भीगी देह-परिमल उसे उत्तराखंड की ओर खींच रही है, पर दूसरे क्षण पार्श्व में लेटी नई-नवेली उसे खींचकर लिटा देती।

लौटने तक उसकी नियुक्ति दिल्ली में हो चुकी थी। अब वह नई फियट में घूमता, नये फ्रिज का ठंडा पानी पीता और नई पत्नी के पीछे-पीछे हाथ बाँधे घूमता रहता।

विवाह को एक वर्ष हो चुका था। जलपरी अब बासी पड़ चुकी थी, पर अभी भी उसकी पत्नी कभी गुसलखाने से नहाकर निकलती तो उसके भीगे बालों को सूँघते ही उसके नथुने फड़कने लगते। इसी बीच उसे मामा के पुत्र के विवाह में नैनीताल जाना था। श्वसुर ने पुत्री को नहीं भेजा, पहाड़ के घोंसले-से मकानों में दिल्ली-निवासिनी उनकी लाड़ली का दम घुट जाएगा। झल्लाकर सुबोध अकेला ही चल दिया। लौटा तो बेहद भीड़ थी। एक तो जुलाई में नैनीताल से काठगोदाम को चलती प्रत्येक बस ठसाठस भरी जाती है, उस पर उन दिनों किसी फिल्म की शूटिंग चल रही थी। बड़ी कठिनता से लोअर का टिकट लेकर वह एक बुढ़िया की पोटलियों से टकराता, बैठ ही पाया था कि सामने की सीट पर दृष्टि पड़ी। अपनी परिचित मुद्रा में, गोद में हाथ पर हाथ धरे मास्टरनी बैठी थी। वही थी, इसमें कोई सन्देह नहीं था। उस चौड़ी पीठ और भव्य गर्दन की स्वामिनी और कोई हो ही नहीं सकती थी।

''अरे राजेश्वरी, तू कहाँ! ले, खूब भेंट हुई,'' एक मोटी-सी औरत भागती-भागती उसकी खिड़की के पास खड़ी हो गई, ''क्यों, क्या बदली हो गई?''

''हाँ मौसी,'' प्राणों से प्रिय चेहरा तिरछा हुआ, सुभग नासिका में वही बल पड़े जो उसके मुस्कराने पर पड़ा करते थे, ''पीलीभीत जा रही हूँ।''

"अरे, क्या बनकर गई? हेडमास्टरनी?"

"नहीं मौसी, मास्टरनी।"

"तेरी अम्मा?" वह औरत अभी भी हाँफ रही थी। एक हाथ आकाश की ओर उठा, बड़ी उदासी से राजी मुस्कराई, "वहाँ।"

"हे राम, क्या बीमार हुई? क्या उमर है तेरी, और एकदम अकेली," दयालु मौसी की सहानुभूति और मास्टरनी का उत्तर ड्राइवर के हॉर्न में डूब गया। वह बड़े अधैर्य से हॉर्न बजाता, उस बूढ़े यात्री को कोस रहा था जो ठीक बस छूटने के समय, उतरकर नाली पर बैठा, लघुशंका से निवृत्त होने लगा था।

"क्या बताएँ साहब," ड्राइवर कह रहा था, "इन बूढ़ों के मारे आफत है। घर से कुछ कर-धरके नहीं चलेंगे, जहाँ नाली देखी, बैठ गए। अब शायद बुड़्ज्यू दस दिन की एकसाथ करके उठेंगे...उठो हो गुरू।" साथ ही पूरी बस के यात्री ड्राइवर की रसिकता पर हो-हो कर हँस उठे। अकेली मास्टरनी नहीं हँसी, सिर झुकाए चुपचाप बैठी रही। सुबोध अब और नहीं देख सका, हाथ का सूटकेस उठाकर पिछवाड़े के द्वार की ओर बढ़ गया।

"अरे हजूर, कहाँ?" कंडक्टर ने आश्चर्य से पूछा।

"अचानक एक काम याद आ गया, कल जाएँगे। टिकट बेचकर पैसे तुम रख लेना," वह सूखी हँसी हँसकर उतर गया। बूढ़े के बस में बैठते ही बस चल दी।

बड़ी देर तक सुबोध ताल के पास खड़ा रहा। वैसी ही हरी-नीली झील थी, वे ही परिचित मेघखंड और झील में तैरती सूखी मरी पत्तियाँ; नहीं थी केवल जलपरी! क्षण-भर को उसके जीवन की मरुभूमि को अपनी आर्द्रता से छूकर वह तैरती-तैरती किसी अनन्त जलराशि में विलीन हो गई थी।

भूमि-सुता

उस रात को अनुराधा क्या कभी भूल सकती थी? उसी रात को उसके जीवन ने एक ऐसी करवट ली थी जिसका उसे पूर्वाभास भी नहीं था। कुछ ही घंटों पूर्व, जत्रियों से जगमगाते उसके लॉन में एक विराट पार्टी का आयोजन सम्पन्न हुआ था। अभी भी, अर्दलियों के मेज-कुर्सी खिसकाने की सर्रफर्र समाप्त नहीं हुई थी। पीने-पिलाने के लम्बे दौर के बाद क्लान्त, गहन निद्रानिमग्न पति की पलँग से लटकी शिथिल, पुष्ट बाँह को उसने धीरे-से उठाकर पलँग पर रखा ही था कि अचानक शोर सुनकर, खिड़की पर खड़ी हो गई। लगता है, आज ये अर्दली सोने नहीं देंगे। सोचा, नीचे जाकर डाँटना ही पड़ेगा तब ही चुप होंगे। गाउन डालकर नीचे उतरी तो देखा, शोर लॉन से सरककर सड़क पर चला गया है। नौकरों की भीड़ का घेरा न जाने क्या देखने, एक-दूसरे पर गिरा जा रहा था। तब, क्या कोई दुर्घटना घट गई थी? कहीं उन्हीं की पार्टी की किसी मदालस अतिथि की कार तो दुर्घटनाग्रस्त नहीं हो गई? वह तेजी से सड़क पर आ गई।

"क्या हो गया हीरा सिंह, आज सोने नहीं दोगे क्या?"

उसकी आवाज़ सुनते ही, उसका फौजी अर्दली भागता-भागता बड़े अदब से हाथ बाँधे खड़ा हो गया, "मेमसाहब, कूड़ेदान के पास कोई एक बच्ची डाल गया है।"

"क्या?"

"हाँ मेम साहब, चलकर देखिए। ऐसी ठंड में, पता नहीं कौन कसाई ऐसी फूल-सी बच्ची को मरने छोड़ गया है।"

अनुराधा एक पल को ठिठकी। क्या, उसका वहाँ जाना उचित होगा?

वह ब्रिगेडियर बालकृष्ण राव की पत्नी थी, वह जग गए तो? वह ब्रिगेडियर तो अपना ही नहीं, अपनी पत्नी का भी एक-एक कदम फौजी अनुशासन में बाँधकर चलता था।

पर, फिर कुछ कुतूहल और कुछ शायद उसकी नियति ही, उसे वहाँ खींच ले गई थी! उसे देखते ही भीड़ का घेरा स्वयं बड़े अदब से सिमट गया। कूड़ेदान के पास, एक चादर में लिपटी वह नवजात फूल-सी बालिका मरी बटेर की-सी गरदन डाले चुपचाप पड़ी थी। दोनों नन्हीं मुट्ठियाँ कानों से सटाए, जैसे अभी भी माँ के गर्भ में सो रही हो, कोलाहल से बेखबर।

"लगता है, मर गई है मेमसाहब," और फिर बिना उसकी पुष्टि की प्रतीक्षा किए अर्दली ने अधैर्य से उसे उठा लिया—"साँस चल रही है, अभी जिन्दा है। मैं इसे अपने क्वार्टर में ले जाऊँ मेमसाहब? मेरी बेटी के अभी पाँच दिन पहले बेटा हुआ है, उसका दूध पीकर, शायद यह जी जाए।"

अनुराधा ने कुछ नहीं कहा, पलटकर चली गई। पलँग पर लेटते ही उसकी आँखों से आँसू झरने लगे।

एक वह थी, विवाह के पन्द्रह वर्ष बीतने पर भी सन्तान का मुँह देखने को तरस रही थी। कितने अनुष्ठान, कितनी पूजा, कितने व्रत किए; कितने ज्योतिषी, नजूमियों के पास भटकी, कितने मन्दिरों में नाक रगड़ी, कितनी दरगाहों में मत्था टेका; गिरिजाघर, गुरुद्वारा कुछ भी तो नहीं छोड़ा, फिर भी गोद नहीं भरी। पति की प्रताड़ना की अवहेलना कर वह राजस्थान के उस बीहड़ इलाके में स्थित उस वरदायी मज़ार के दर्शन कर फल खा आई थी, जिसके विषय में उसने किसी पत्रिका में पढ़ा था कि यदि किसी भाग्यवती को वह फल मिल गया और उसने खा लिया तो फिर वंध्या बनी रहने का प्रश्न ही नहीं उठ सकता था। कहा जाता था कि एक बार एक जनखा वहाँ पहुँचा, उसके भाग्य से फल भी मिला, खाया भी। कुछ ही महीनों में दिव्य फल ने अपना प्रभाव दिखा दिया। गर्भ में शिशु की हलचल भी हुई किन्तु जन्म से पहले ही अजन्मे शिशु ने अपनी विचित्र जननी के प्राण ले लिए और साथ ही साथ अपने भी।

एक यह है हृदयहीन, जो ऐसी सुन्दर बच्ची को माघ की कड़कती ठंड में मरने छोड़ गया। यह कैसा अन्याय है विधाता का। मज़ार के पास पड़ी थी, इसी से सैयद बाबा ने शायद बचा लिया।

रात भर वह सो नहीं पाई। बार-बार जी में आ रहा था, बच्ची को क्वार्टर से उठा छाती से लगा ले। क्या पता, ईश्वर ने उसी के लिए यह दुर्लभ उपहार भेजा हो। पति जगे, तो रात का हैंगओवर अभी भी पलकों पर छाया था।

उसने ब्रिगेडियर को रात की घटना सुनाई तो वह भन्ना उठा, "हीरा सिंह को क्या पड़ी थी जो उसे यहाँ ले आया, वह भी हमारे सागरपेशे में। पुलिस खबर पाते ही आ धमकेगी। कहाँ है? बुलाओ उसे।"

"क्यों बुलाऊँ?" इस बार अनुराधा तनकर सामने खड़ी हो गई, "यह कहूँ कि जहाँ से लाया है वहीं पटक आ? हीरा सिंह ने वही किया जो हमें करना चाहिए था। आखिर पड़ी तो हमारी ही कोठी के सामने थी?"

"नहीं, उससे कहो अभी पुलिस थाने जाकर बच्ची को उन्हें सौंप आए..."

तब ही हीरा सिंह बच्ची को लेकर स्वामी के सम्मुख नतमस्तक खड़ा हो गया। वह साहब की गर्जना सुन, भागकर बच्ची को ले आया था।

"क्या करता सरकार, नहीं लाता तो यह वहीं दम तोड़ देती। कोई ले जाने को तैयार ही नहीं था।"

"वे सब थे बुद्धिमान, और तुम हो मूर्ख, हमेशा रहोगे पल्ले सिरे के बेवकूफ—अब जाओ, दफ़ा हो जाओ!" ब्रिगेडियर का चेहरा तमतमा उठा था।

"नहीं," अनुराधा ने बच्ची को हीरा सिंह की गोद से छीनकर छाती से लगा लिया, "यह कहीं नहीं जाएगी, यहीं रहेगी..."

"पागल हो गई हो क्या? सोचा है इसका परिणाम क्या होगा?" ब्रिगेडियर फिर धाराप्रवाह अंग्रेजी में पत्नी को डाँटने लगे।

"मैं पालूँगी इसे। आने दो पुलिस को, क्या कर लेगी हमारा? हम क्या इसे किसी से छीनकर लाए हैं या चुराकर? हाँ, इसका कोई रिश्तेदार लेने आया तो दे देंगे—पर तुम

क्या सोचते हो, जो इसे इस बेरहमी से सड़क पर मरने छोड़ गया है, वह इसे लेने आएगा?—देखो, गले पर निशान। लगता है, कसाई ने इसे मारने में कोई कसर नहीं छोड़ी...''

दो दिन तक ब्रिगेडियर ने अनुराधा को कितना समझाया, ''अनुराधा, न जाने किसके पाप की गठरी है। लोग दस बातें करेंगे, फिर कभी यह भी सोचा है कि बड़ी होगी तो समाज इसे स्वीकारेगा?''

पर वृश्चिक राशि और वृश्चिक लग्न में जन्मी अनुराधा जो एक बार ठान लेती थी, वह करके ही छोड़ती थी।

उन दिनों उसके मामा भी उसके पास आए हुए थे। उन्होंने इस मातृ-पितृविहीना भानजी को पाल-पोसकर बड़ा किया था, कन्यादान किया था, उन्होंने भी बहुत समझाया, ''अनुराधा बेटी, पराई सन्तान पालना बहुत सहज नहीं होता। जब यह विवाह योग्य होगी, तब भी क्या तुम ईमानदारी से कह पाओगी कि यह तुम्हारी बेटी है? कौन है इसकी माँ, पिता का कुलगोत्र क्या है ये प्रश्न तुम्हें बौखला देंगे। मैं तुमसे पहले भी कह चुका हूँ कि गोद ली गई सन्तान कभी-कभी माँ-बाप का गलग्रह बन जाती है...''

''तुम तो देख भी चुकी हो अनुराधा,'' ब्रिगेडियर ने कहा, ''कर्नल ग़नी की क्या दुर्दशा हुई—कश्मीर पोस्टिंग हुई तो एक गरीब सईस के खूबसूरत बेटे को गोद ले लिया—अपनी सन्तान थी नहीं, उसी पर मियाँ-बीवी ने ऐसा लाड़ लड़ाया कि पूछो मत। सबसे प्रख्यात पब्लिक स्कूल में भेजा, पर था तो सईस का बेटा, मसें भीगीं तो माँ-बाप को ही दुलत्ती झाड़ने लगा—कौन हैं मेरे माँ-बाप? क्यों खरीदा आपने मुझे? क्या हक था आपको? और फिर एक दिन, अपने उन्हीं माँ-बाप को ढूँढ़ने, बिना कुछ बतलाए चुपचाप घर से भाग गया। साथ में ले गया बाप का वॉलेट, माँ के गहने और बहुत कुछ।''

''सुनो अनुराधा,'' मामा ने फिर शान्त स्वर में समझाया, ''जिस दिन इसे पता लगेगा तुम इसकी सगी माँ नहीं हो--पता तो एक-न-एक दिन ज़रूर लगेगा, कब तक छिपाओगी, कुदरत से तुम नहीं जूझ पाओगी—उसी दिन यह तुम्हारी सामान्य-सी डाँट-फटकार भी नहीं सह पाएगी। बार-बार यही सोचेगी मेरी सगी माँ होती तो क्या ऐसे डाँटती। मैं जानता हूँ, तुम इसे प्राणों से भी अधिक चाहोगी। पर अनुराधा, जिस सुख से विधाता हमें वंचित कर दैवी दंड देता है उस दंड को हमारे स्वीकारने में ही हमारा हित है। विधाता ने तुम्हें ऐसा पति दिया है, वैभव दिया है। एक सन्तान ही तो नहीं दी—और फिर अब तुम दोनों की उम्र भी गोद लेने की नहीं रही।''

पर, अनुराधा अपनी जिद पर अड़ी रही। पुलिस के आई.जी. उसके पति के क्लब के मित्र थे, ड्रिंक्स और ब्रिज के साथी, उन्होंने गोट बिठा दी। न कोई अड़ंगा लगा, न पूछताछ ही हुई। एक दिन, विधिवत पंडित बुलाकर उसका नाम भी धर दिया गया—घटी पल तिथि विहीना जन्मी थी, इसी से पंडित ने ही सुझाव दिया—कुछ भी नाम धर दीजिए। ब्रिगेडियर भी बच्ची का सुन्दर चेहरा देखकर पिघल गए थे, उन्होंने नाम धरा गोमती, ''लखनऊ में जन्मी है।''

''नहीं,'' मामा ने कहा, ''नदी और नक्षत्र का नाम नहीं रखा जाता।''

''सीता,'' अनुराधा ने कहा, ''छोटा-सा नाम है—सुन्दर भी और पुकारने में छोटा।''

“नहीं,” मामा ने फिर विरोध किया, “यह नाम भी नहीं।”

“यह नाम भी नहीं? क्यों भला?”

“सीता क्या कभी सुखी रही? चौदह वर्ष का वनवास झेला, रावण ने हरण किया, पति ने त्याग दिया—रखना है तो पार्वती धर दे।”

“पार्वती जैसे बड़ी सुखी रहीं! नंगधड़ंग पति, पत्ते खाकर तपस्या की, मायके से धकेल दी गईं और बैल की सवारी मिली।”

अनुराधा ने बच्ची को मामा की गोद में डाल दिया, “देखो मामा, क्या रंग है—आँखें देखो, जैसे भगवान ने दो पन्ना जड़ दिए हैं—नाक एकदम यूनानी, मैं तो इसका नाम रखूँगी भूमि-सुता। धरती की बेटी है यह...”

और फिर सुता को देखने नित्य ही फौजी अफसरों की पत्नियाँ दल बाँधकर आने लगीं। जो देखता वही उसका भुवनमोहिनी रूप देखकर मुग्ध हो जाता।

“बड़ी होकर यह निश्चित ही मिस यूनिवर्स बनेगी मिसेज राव, क्या नैन-नक्श हैं और क्या कम्प्लेक्शन!” इसी बीच, ब्रिगेडियर की बदली कोहिमा को हो गई, फिर सिक्किम और फिर सुदूर चीन।

सुता स्कूल जाने लगी थी, तब ही एक और चमत्कार हुआ। पिता को एक से एक सुख साधन दिलाकर भी सुता को जैसे सन्तोष नहीं हुआ। एक दिन अनुराधा बिस्तर से उठी तो लगा वह गिर पड़ेगी। पलँग की पाटी न थामती तो शायद चकराकर गिर भी पड़ती। पेट की सारी आँतें गोलमोल घूमती मुँह को आ रही थीं—वह घबराकर फिर लेट गई, घर में अकेली थी। सुता स्कूल गई थी, पति दौरे पर। घर में एक चीनी नौकरानी थी, जो न उसकी भाषा समझती थी, न वह उसकी। पर दो-तीन दिन तक लगातार स्वामिनी की यह अवस्था देख वह समझ गई। वह स्वयं नौ बच्चों को जन्म दे चुकी थी।

हँसकर उसने अपने पेट के इर्दगिर्द दोनों हाथों का घेरा बना, उसे समझाया कि उसने उसकी बीमारी का सूत्र पकड़ लिया है। यही नहीं, काल्पनिक शिशु को दोनों हाथों में हलरा-दुलरा, स्थिति और स्पष्ट कर दी।

“तुम्हें क्या हुआ है ममी?” भोली सुता ने अपनी नन्हीं बाँहें माँ के गले में डालकर पूछा, “तुम बिस्तर से उठती ही नहीं?”

‘हे भगवान’ अनुराधा मन-ही-मन सोचती व्याकुल हो उठी—‘चालीस वर्ष की वयस में विधाता का यह अद्‌भुत दान वह अन्त तक ग्रहण कर पाएगी या उसी जनखे की तरह उसे भी जान से हाथ धोना पड़ेगा? इतने वर्षों से जिसके लिए वह तरस रही थी, वह आज अचानक विधाता उसे क्या सचमुच दे रहा है। क्या यह सम्भव था? एक बार बहुत पहले भी तो ऐसा ही हुआ था। विवाह के दूसरे ही वर्ष, ये ही लक्षण ब्रिगेडियर को कितना उत्साहित कर गए थे। डॉक्टरनी ने तो बधाई भी दे दी थी, पर एकाएक स्वयं ही तप्त धरणी से वे बादल स्वयं बिना बरसे ही चले गए थे! धीरे-धीरे वे सुखद लक्षण स्वयं लुप्त हो गए। क्या आज भी वैसा ही कुछ हो रहा है?’ चिन्तातुरा अनुराधा पति की प्रतीक्षा करती रही। जब बताया तो वह हो-होकर हँसने लगा—पागल हो गई हो क्या—यह तुम्हारे मेनोपौज का टाइम है, सुना है इसमें ऐसा होता है। किन्तु चीनी नौकरानी का निदान ठीक था। डॉक्टरनी ने पुष्टि की और पूछा, “पहली सन्तान कब हुई थी?”

“कभी नहीं!” ब्रिगेडियर ने कहा।

"तब कल आपके साथ जो वह प्यारी-सी बच्ची थी वह कौन थी?"

"हमारी गोद ली गई बेटी, पर डॉक्टर आर यू श्योर?" ब्रिगेडियर को अभी भी विश्वास नहीं हो रहा था।

"हंड्रेड परसेंट श्योर–टेस्ट में आ गया है–पर आपको बहुत सावधानी बरतनी होगी मिसेज राव। बेड रेस्ट, नो ड्राइविंग, नो स्मोकिंग, नो ड्रिंक्स, वाहन भी नहीं–इस उम्र में प्रसव, बहुत कठिन होता है मिसेज राव–सन्तान भी एकदम स्वस्थ एवं नॉर्मल हो, इसकी भी मैं पुष्टि नहीं कर सकती।"

पर प्रसव भी स्वाभाविक हुआ, न सिजेरियन, न फोर्सिप्स–बच्चा, पूरे आठ पौंड का गोलमटोल, गोरा-चिट्टा, मोम का पुतला। सुता तो भाई को पाकर बौरा गई थी, हर वक्त गोद में लेने की जिद करती।

"तू हमारी भाग्यलक्ष्मी है सुता," ब्रिगेडियर कहते, "तू ही तो पीठ पीछे भाई लाई है–देखो अनुराधा, सुता पर तुम्हें अब और ध्यान देना होगा–भाई के लिए उसके मन में कभी ईर्ष्या का अंकुर न उगने देना..." अनुराधा साँवली थी और ब्रिगेडियर था घोर कृष्णवर्णी, पर बेटा था एकदम बगुले का पंख...

"पता नहीं यह रंग कहाँ से ले आया पट्टा–कहाँ से पाया?" ब्रिगेडियर ने हँसकर कहा।

"सुता से, अपनी बहन का रंग पाया है इसने!" अनुराधा मुग्ध दृष्टि से पुत्र को देख रही थी।

ब्रिगेडियर ने उसी क्षण उसका नाम धर दिया था–"रजत...रजत राव– बड़ा होगा तो आर.आर. कहकर पुकारेंगे इसे–मुझसे भी बड़ा ओहदा हासिल करेगा–कटोरे पर कटोरा, बेटा बाप से भी गोरा, समझी?"

ठीक ही भविष्यवाणी की थी ब्रिगेडियर ने। बेटा सचमुच ही बाप से भी गोरा निकला। वर्षों बाद स्वदेश लौटे, तो ब्रिगेडियर राव जनरल राव बन चुके थे। अवकाशप्राप्ति सन्निकट थी, पर उन्हें अपने आसन्न वानप्रस्थी जीवन की कोई चिन्ता नहीं थी। बेटी सुता अहमदाबाद में एमबीए कर रही थी, बेटा विदेश सेवा में आ गया था। उनकी निरन्तर प्रवास यात्रा ने उन्हें रंचमात्र भी क्लान्त नहीं किया था। शरीर अभी भी पूर्ववत् सन्तुलित बना रह गया था, चीनी खाने की लालिमा कपोलों पर स्थायी रूप से रस-बस गई थी, उदर की परिधि एक सेंटीमीटर भी नहीं बढ़ी थी, अन्तर हुआ तो बालों में, कनपटी पर हल्की सफेदी उतर आई थी किन्तु मूँछें अभी भी काली थीं। राव ने शरीर की आकर्षक गरिमा बनाए रखने के लिए वैसा ही त्याग भी किया था। कड़ी कवायद, मीलों की जॉगिंग, जबान पर चीनी का दाना नहीं आने दिया। रात को केवल सूप और लंच में उबली सब्जी, समुद्री घास-पत्ते और फलों का रस। अनुराधा भी पति की सेहत के साथ कदम पर कदम मिलाकर चली थी, इसी से तन्वी देह में छटाँक भर मांस भी नहीं चढ़ने दिया। उस पर उसकी पहनने-ओढ़ने की रुचि सदा से बेजोड़ रही थी। जनरल बनने के बाद राव के चेहरे पर सामान्य-सा अहंकार अवश्य झलकने लगा था। आगे-पीछे एडीसी, तीन-चार गाड़ियाँ, अदब से दुहरी होती पूरी बटालियन। भला ऐसी प्रभुता किसे मदमस्त नहीं करती? वैभव बढ़ता गया; रिश्ते कमजोर पड़ते गए। नए मित्रों की संख्या बढ़ी, पुराने चेहरे स्मृति से विलुप्त हो गए, किन्तु एक मित्र को वे कभी नहीं भूले–कर्नल माथुर। पति-पत्नी दोनों जनरल को, अनुराधा को अब भी उतने ही प्रिय थे। उन्हीं ने जनरल की अनुपस्थिति में, ठीक अपनी कोठी के सामने उनकी शानदार कोठी बनवा दी थी। पुत्री की उन्हें कोई चिन्ता नहीं थी। वह पहले ही घोषणा

कर चुकी थी कि वह आजीवन कैरियर को ही पतिरूप में वरण करेगी—"मैं शादी नहीं करूँगी, पापा, आप दोनों धकेल भी देंगे तो भी इस घर से नहीं जाऊँगी।"

बेचारी सुता...तब क्या जानती थी कि एक दिन नियति उसे उसी बेरहमी से उसी चौराहे पर धकेल देगी जहाँ एक बार पटक गई थी।

पुत्र की भी उन्हें चिन्ता नहीं थी। ऊँचा-अगला गबरू जवान, रत्नजड़ित सिंहासनवाली नौकरी, उसके लिए भला रिश्ता क्यों ढूँढ़ें? ऐसे वांछनीय वर को तो रिश्ते स्वयं ढूँढ़ लेते हैं।

पर अनुराधा को पुत्र के प्रति पति की यह उदासीनता अखरती थी। कभी उससे सीधे मुँह बात नहीं करते। यह मत करो, वह मत करो, स्मोक मत करो, लड़कियों के साथ मत घूमो, आखिर बच्चा तो वह रहा नहीं।

बचपन में ही, बोर्डिंग में डालकर उसने बड़ी भूल की थी, यह एहसास उसे अब होने लगा था। माता-पिता से रजत का रिश्ता हमेशा के लिए, गरमी की छुट्टियोंवाला रिश्ता रह गया था, महज औपचारिकता का रिश्ता। न बेटा बाप से सीधे मुँह बात करता, न बाप बेटे से। उधर सुता कभी किसी शिकायत का मौका नहीं देती। कभी कॉफी बनाकर ला रही है, कभी उनके गोल्फ के दस्ताने-टोपी थमा रही है, कभी इस्तिरी किया रुमाल। यहाँ तक जनरल के जूतों में पॉलिश भी वह स्वयं करती, वह भी ऐसा कि मुँह देख लो।

"मैं हमेशा आदमी के जूते देखकर उसके व्यक्तित्व को जाँचता हूँ सुता। जिसके जूते धूल से सने, बिना पॉलिश किए होंगे उसका मन भी वैसा ही होगा, आलसी, धूल से सना, फूहड़।"

अवकाशप्राप्ति के पश्चात् दिन-रात जूते चमकानेवाले अर्दली तो रहे नहीं। इसी से छुट्टी में घर आती तो सुता ही वह काम करती। छुट्टियाँ खत्म होतीं, वह चली जाती तो जनरल का मूड उखड़ जाता। उसके जाने के तीसरे ही दिन, रजत छुट्टी में अचानक घर आ गया। एक तो जनरल का मूड वैसे ही उखड़ा था। अचानक उसे देख, गुर्रा पड़े, "क्यों, कैसे आ गए?"

"क्यों, आपको मेरा आना अच्छा नहीं लगा क्या? देखा ममी?"

अनुराधा ने हँसकर बात टालने का प्रयत्न किया, "तेरे पापा को सुता के जाने का बुरा लगा है, अब तू आ गया है, चल अच्छा किया।"

"पापा," वह जैसे लड़ने को ही एक दिन की छुट्टी लेकर आया था, "आपने और ममी ने मुझे बताया क्यों नहीं?"

"क्या नहीं बताया रजत?" माँ का कंठस्वर सदा की भाँति शान्त, अविचलित था पर पिता की आग्नेय दृष्टि उसे और भड़का गई।

"यही कि दीदी आपकी गोद ली हुई बेटी है, मेरी सगी बहन नहीं है।"

यहीं पर असहिष्णु राव एक भयंकर भूल कर बैठे, एक तो दो दिन से बढ़ा रक्तचाप कनपटी पर हथौड़े मार रहा था, उस पर बेटे का यह बेहूदा सवाल।

अपनी कुर्सी से एक झटके से उठे और खींचकर पुत्र के गाल पर ऐसा तमाचा मारा कि पाँचों अँगुलियों के हस्ताक्षर उभर आए...

अनुराधा हतप्रभ होकर दोनों को देखती रही। एक ही वर्ष पहले तो राव की बाइपास सर्जरी हुई थी।

"क्या कर रहे हैं आप? जवान बेटे पर ऐसे हाथ उठाया जाता है?"

"हाँ-हाँ, हज़ार बार उठाऊँगा। खबरदार जो कभी यह बात जबान पर लाए—या सुता से कुछ कहा। वह कुछ भी नहीं जानती..."

"ज़रूर नहीं जानती," रजत व्यंग्य से हँसा, "तब ही आपकी चमचागीरी कर दिन-रात मस्का लगा रही है, जूतों में पॉलिश, पाइप भरना, बिस्तर लगाना। आपको, ममी को खुश करके एक दिन आपकी पूरी जायदाद में बराबर का हिस्सा लेना चाहती है वह! मैं भी देखता हूँ कैसे लेगी वह!" और फिर वह तीर-सा निकल गया।

और ऐसे अनुराधा एक बार फिर निपूती बन गई। वह बेटा फिर बाप के रहते कभी नहीं लौटा। उस दिन से जनरल में आश्चर्यजनक परिवर्तन हो गया। मौत तो उसी दिन हो गई, केवल स्वयं अपनी निष्प्राण लाश ढोते रहे। न हँसते, न बोलते, न ठीक से खाते। अब तक कठिन प्रयत्न से, संयम से सुरक्षित उनका यौवन-दुर्ग अकस्मात् ढह गया। आठ ही दिन में आनन्दी चेहरे पर विषाद की झुर्रियाँ उभर आईं, आँखों के नीचे अनिद्रा की चानमारी के छिद्र उभर आए, डेंचर उतारकर उन्होंने स्वयं खिड़की से बाहर फेंक दिया। शेर बूढ़ा हो गया था पर अभी भी ऐंठ गई नहीं थी। दिन भर कमरे में पड़े रहते। अनुराधा ने उनके मित्र कर्नल माथुर को सब बताकर कहा, "अब आप ही समझाइए उन्हें। पता नहीं किस दुश्मन ने बता दिया रजत को।"

कर्नल के प्रयत्न से ही स्थिति में थोड़ा-बहुत सुधार हुआ, पर उस दिन के बाद घायल शेर बाहर नहीं निकला। रजत नहीं लौटा। एक पत्र से ही उसने माँ को सूचित किया था कि उसकी पहली पोस्टिंग मॉस्को में हुई है। पत्र में न पिता का नाम था, न दीदी का।

अनुराधा ने चिट्ठी फाड़कर फेंक दी थी, किन्तु ममता के बन्धन क्या इतनी सहजता से टूटते हैं? एक दिन राव ने स्वयं ही पूछ दिया, "उसकी कोई चिट्ठी आई क्या?"

"किसकी?" अनजान बनकर अनुराधा ने पूछा।

"और किसकी, उस हरामजादे की, तुम्हारे बेटे की।"

"हाँ, मॉस्को में पहली पोस्टिंग हुई है।"

उधर सुता की पढ़ाई पूरी हो चुकी थी, कई जगह इंटरव्यू देने में जुटी थी वह। घर आई, तो पापा को देख वहीं ठिठककर खड़ी रह गई है, "डेंचर क्या हुआ पापा? कैसे अजीब लग रहे हैं आप, एकदम बूढ़े।"

"बूढ़ा तो हो ही गया हूँ सुता। तुम्हारा बाप क्या हमेशा जवान रहेगा।"

"हाँ-हाँ, मेरा बाप हमेशा जवान था और रहेगा...मामा, पापा क्या बीमार थे? डेंचर टूट गया तो दूसरा क्यों नहीं बनवाया?"

अनुराधा की आँखों में आँसू आ गए। पति के जिस व्यक्तित्व पर उसे गर्व था, वही उसके देखते-देखते टुकड़ों में बिखर रहा था और वह कुछ नहीं कर पा रही थी।

कितनी सुन्दर लग रही थी सुता, जैसे खिला गुलाब। कमर तक झूल रही चोटी, छरहरा शरीर, झलकें मारता गौरवर्ण और हरी झील-सी आँखें।

"जानते हैं पापा, आपके लिए एक सरप्राइज लाई हूँ!" उसकी आँखों में उत्साह, उमंग की सहस्र तरंगें तिर रही थीं।

राव का कलेजा डूब गया—कहीं, किसी प्रेम-व्रेम का चक्कर तो नहीं? सम्भावित वियोग की आशंका राव को त्रस्त कर उठी। क्या वह भी उन्हें बुढ़ापे में अकेला छोड़ जाएगी? कैसे जिएँगे उसके बिना?

"क्या है सुता? बताती क्यों नहीं? क्या पापा के लिए ही सरप्राइज लाई है, मेरे लिए नहीं?" अनुराधा ने उसके दोनों हाथ थाम लिए, "कहीं स्वयंवर रचाकर तो नहीं आई?"

"नहीं ममा, मैंने आपसे कहा है ना, मैं कभी विवाह नहीं करूँगी। आप दोनों को छोड़कर कहीं नहीं जाऊँगी..."

"हमें घर-दामाद रखने में भी कोई आपत्ति नहीं होगी बेटी।" अनुराधा ने हँसकर कहा।

"ममा मुझे सिटी बैंक में नौकरी मिल गई है, इसी महीने ज्वॉइन करना है। अब आपको नहीं छोड़ूँगी...आप दोनों मेरे साथ रहेंगे। अरे, रजत की ट्रेनिंग भी खत्म हो गई होगी—कहाँ है वह? अब तो भूले-भटके भी चिट्‌ठी नहीं लिखता।"

एकाएक दोनों का चेहरा फक पड़ते देख, वह बुद्धिमती समझ गई कि कहीं कुछ गड़बड़ अवश्य हुई है। भाई को वह जानती थी। वह उद्धत, उद्‌दंड, अविवेकी लड़का कुछ भी कर सकता था।

"चल तू नहा-धोकर आ, फिर फुरसत से बातें करेंगे।"

रात को खाने की मेज पर पिता की अस्वाभाविक चुप्पी देख, वह समझ गई कि कहीं उन्होंने गहरी चोट खाई है। पर वह चुपचाप सिर झुकाए खाती रही। उसने न कुछ कहा, न पूछा।

पुत्री के आने पर, अनुराधा उसी के कमरे में सोती थी। पति को दूध, दवा देकर वह आई तो चेहरा एकदम उतरा था जैसे महीनों की बीमार हो। अनुराधा उसकी बगल की पलँग में लेटी थी। माँ के आते ही उठकर उसकी पलँग में लेट गई—दोनों हाथों से माँ के हाथ थाम, उसने पूछा, "ममा, क्या हुआ है—कुछ कहो ना, मेरा दम घुटा जा रहा है।"

इस बार, इतने दिनों से रोका गया अनुराधा का गह्वर सहस्र धाराओं में फूट चला—वह बच्ची की तरह सुबक उठी...

"ममा, प्लीज ऐसे मत रोओ, मैं कुछ नहीं पूछूँगी, फॉरगेट इट।"

"नहीं सुता, मैं आज तुझसे वह कहने आई हूँ जो बहुत-बहुत पहले कहना चाहिए था। अपना कलेजा मजबूत कर और याद रख बेटी, मैं और पापा, तुझे बहुत-बहुत प्यार करते हैं, हमें कभी गलत मत समझना।"

"कैसी पहेली बुझा रही हो मम्मी, आज तुम्हें अचानक यह हो क्या गया है?" सदा अविचलित गाम्भीर्य की साक्षात मूर्ति अनुराधा आज इतनी अशान्त, विचलित क्यों लग रही थी! शान्त झील की जलधारा में जैसे किसी ने ढेला मार दिया हो।

और फिर, अनुराधा एक साँस में सबकुछ कह गई थी—इस गृह में उसकी आगमनी से लेकर रजत का अविवेकी आरोप—कुछ भी नहीं छिपाया उसने।

एक पल को कमरे में स्तब्ध सन्नाटा छाया रहा। सुता पत्थर बनी चुपचाप बैठी रही, एक शब्द भी नहीं बोली। अस्पष्ट लैंपपोस्ट की रोशनी उसके चेहरे पर पड़ रही थी, कमरे की बत्ती बुझी थी। कागज-सा सफेद वह कमनीय चेहरा देख अनुराधा काँप उठी। वर्षों पूर्व की गई मामा की भविष्यवाणी क्या सच होती जा रही थी? "जहाँ उसे पता लगेगा अनुराधा, वह तुम्हारी सगी बेटी नहीं है, उसका विश्वास तुमसे उठ जाएगा—एक-न-एक दिन वह अवश्य पूछेगी—कौन थी मेरी माँ, कौन थे मेरे पिता, तब क्या उत्तर दोगी तुम?"

उसी क्षण, सुता ने संयत कंठ से पूछा, "मेरी माँ कौन थी, तुम जानती हो ममा? और मेरे पिता?"

इस बार भी अनुराधा झूठ नहीं बोल पाई–हाँ, वह जानती थी। पुलिस ने तीसरे ही दिन पता लगा लिया था। सौतेली माँ के दुर्व्यवहार से ऊबकर घर से भागी उसकी अभागिनी जननी किसी समृद्ध जमींदार ठाकुर की बेटी थी। संन्यास लेने स्वेच्छा से नहीं, भटककर पहुँची थी ब्रह्मकुमारियों के आश्रम में। वहाँ आते ही बीमार पड़ी, पता लगा दोनों फेफड़े क्षयग्रस्त हैं। तत्काल उसे इलाज के लिए ठाकुरगंज के टीबी अस्पताल में भेज दिया गया। पूरे छह महीने में स्वस्थ होकर लौटी, तो स्वास्थ्य एवं रूप देखकर हेड वैष्णवी दंग रह गई। कपोलों की लालिमा, बड़ी-बड़ी मदमस्त आँखों में उठती-गिरती आनन्द-उत्साह की सहस्र तरंगें। आज तक, जटिल रोग से पिचके क्षुधातुर उदर के अस्वाभाविक उभार का रहस्य जब उजागर हुआ तो बहुत देर हो चुकी थी। पूरे शहर में उस सर्वस्वत्यागिनी वैष्णवी दल की प्रचुर ख्याति थी। श्वेत वस्त्रों में लिपटी, बिना दाएँ-बाएँ नज़र उठाए वे कभी-कभार देवदर्शन को निकलतीं, तो लोग श्रद्धा से स्वयं नतमस्तक खड़े हो जाते। यह अभागिनी कहाँ से कालिख पोतने आ मरी! नहीं, उसे शरण देने का अर्थ ही था पाप को प्रश्रय देना। आधी रात को उसे बड़ी बेरहमी से बाहर निकाल दिया गया था। वह फिर कहाँ गई, कहाँ उसने अपनी अवांछित सन्तान को जन्म दिया, यह सब वैष्णवी ने पता लगा लिया था। वही बदचलन मुसलमान डॉ. इदरीस कुरेशी ने उसे ले जाकर निशातगंज की एक कोठरी में छिपा दिया था और स्वयं निगरगंड साँड-सा घूमने लगा था। स्पष्ट था कि उसी ने प्रसव कराया और फिर मासूम माँ का गला घोंट, लाश गोमती में फेंक दी थी। पोस्टमार्टम में गले में अँगुलियों के स्पष्ट निशान मिले थे। 'वह आत्महत्या नहीं निर्मम हत्या है', राव के मित्र पुलिस कमिश्नर मिश्रा ने कहा था, 'जिस धोबी ने सब देखा वह गवाही देने को तैयार नहीं है। न कोई गवाह है, न सबूत। डॉक्टर पकड़ा भी गया तो बड़ी आसानी से छूट जाएगा। बच्ची तुम्हारे पास ही रहे, इसी से अब हमने फाइल दाखिल दफ्तर कर दी है।'

"धीरे-धीरे सबूत भी जुट गया था," अनुराधा जैसे ट्रांस में बोलती जा रही थी, "लाश गोमती में बहा, वह तुझे लेकर मज़ार पर पहुँचा–तेरा गला घोंटने जा ही रहा था कि पेड़ के नीचे सोया मुजावर जग गया–कौन है रे? रोती बच्ची को वहीं पटक डॉक्टर भागा। चेहरा नकाब से ढका था, हड़बड़ी में नकाब गिर गई और मुजावर ने पहचान लिया–यह तो ठाकुरगंज का डॉक्टर कुरेशी है। वह भी तो उनका मरीज रह चुका था–जब तक उसने शोर मचाया, डॉक्टर तेजी से कार चलाकर गायब हो गया था। तुमने देखा, कौन रख गया है इसे? भीड़ में से किसी ने पूछा। नहीं जी, मैं देखता तो छोड़ देता उसे? बुद्धिमान मुजावर जानता था कि यह गवाही उसे महँगी पड़ेगी। पर, उसने अपने मित्र हीरा सिंह को बताया, और उसके पेट में क्या पानी भी कभी पच सकता था? तीसरे ही दिन मुजावर की लाश उसी पेड़ के नीचे मिली, जहाँ वह सोता था। तेरे पापा ने ही पुलिस को फोन किया पर डॉक्टर फरार हो गया था। कहते थे, दुबई भाग गया है।"

सुता निःशब्द बैठी थी। उसकी सुदीर्घ चुप्पी ने अनुराधा को भयत्रस्त कर दिया।

"नाराज हो गई सुता?"

वह फिर भी चुप रही।

"भैं सच कहती हूँ सुता, कई बार तुझे सबकुछ बताने की सोची पर फिर साहस नहीं

हुआ। तुझे भले ही गर्भ में न रखा हो, माना तुझे हमेशा अपने ही रक्तमांस का टुकड़ा," उसका गला रुँध गया।

"सो जाओ मम्मी, बहुत रात हो गई है," शान्त संयत स्वर में कहीं उत्तेजना नहीं थी, वह फिर चुपचाप अपनी पलँग पर लेट गई।

पर, उस रात न माँ की आँखों में नींद थी, न बेटी की।

सुबह होते ही वह फिर अपनी स्वाभाविक दिनचर्या में लौट आई, जैसे कुछ हुआ ही न हो। पापा के साथ, नित्य की भाँति घूमने गई, चाय बनाकर लाई, इधर-उधर की बातें करती रही। एक पल को भी उसने उस अवांछित प्रसंग को उभरने ही नहीं दिया। अपने व्यवहार से, स्नेहसिक्त हँसी से वह जैसे उन दोनों को यही विश्वास दिलाने की प्राणान्तक चेष्टा कर रही थी कि चाहे कुछ भी हो जाए वह उन्हीं की सगी बेटी है और हमेशा रहेगी।

"आज खाना मैं बनाऊँगी ममा, आप किचन में एकदम नहीं जाएँगी– चुपचाप पलँग पर लेटी रहिए–समझीं?" ब्रिगेडियर राव ने अखबार नीचे धर, तिर्यक दृष्टि से पुत्री को देखा– "अब मुझे तेरी माँ की कोई चिन्ता नहीं रही सुता। तू किचन ही नहीं, सबकुछ सँभाल लेगी– मैं नही भी रहा तो..."

"छिः पापा, सुबह ही सुबह कैसी मनहूस बातें कर रहे हैं..."

"इनका तो दिमाग ही फिर गया है। तू नहीं रहती है तो मुझे ऐसे ही डराते हैं–क्यों जी, पिछली बार तिरुपति में पद्मनाथन ने आपकी कुंडली देखकर कहा था ना कि दीर्घायु योग है आपका?"

राव ने हँसकर चाय की चुस्की ली, "देखो अनु, जब समय आता है तो यमराज किसी की कुंडली खोलकर नहीं देखते, चील का-सा झपट्टा मारकर ले जाते हैं। इसी से तो मैंने विल बनाकर रख दिया है, सबकुछ सुता का और रजत का, तुम्हें यूनिट से हर महीने पाँच हजार मिलते रहेंगे, फिर सुता तो है ही..." पति ने रजत का नाम नहीं लिया और यह बात, एक पल को अनुराधा के मन में काँटे-सी गड़ गई।

"फौजी अदब-कायदे की घुट्टी पी है। जिस दिन मौत चलने को कहेगी, एड़ियाँ खटका, सैल्यूट मारकर चल दूँगा।"

उसने यही किया था। दूसरे दिन सुता को जाना था। सुबह चाय की ट्रे लेकर गई तो देखा पापा गहरी नींद में सो रहे हैं। पर, इतनी देर तक तो पापा कभी सोते नहीं थे? वह गहरी नींद कितनी गहरी है, यह बहुत देर में समझ में आया–अनुराधा मूर्च्छित होकर पति की निष्प्राण देह पर लुढ़क पड़ी। एक सुता ही ने अपने शोक को बड़े साहस से पीछे धकेल दिया। वह भागकर माथुर आंटी को बुला लाई, देखते ही देखते लोकप्रिय राव के मित्रों से कमरा घिर गया। माथुर आंटी दो वर्ष पूर्व वैधव्य का यही महादुख भोग चुकी थीं, उन्हीं ने अनुराधा को मृत देह से विलग कर, पलँग पर लिटा दिया, फिर सुता से कहा, "तू माँ के पास बैठ, मैं रजत को फोन करती हूँ।"

"आइ हैव बैड न्यूज फॉर यू रजत–तुम्हारे पापा का आज सुबह, कार्डियक ऐरेस्ट से देहान्त हो गया–तुम पहली फ्लाइट से चले आओ–हम बॉडी रखे रहेंगे..."

एक क्षण की चुप्पी से माथुर आंटी घबरा गई थीं–क्या लाइन कट गई?

"हलो हलो, सुन रहे हो रजत?"

"हाँ आंटी सुन रहा हूँ, पर मैं अभी नहीं आ सकता आज। भारत के प्रधानमन्त्री आ रहे हैं—मेरा आना असम्भव है, आप विनोद भैया से अन्तिम संस्कार करवा दें।"

भला, प्रधानमन्त्री के सामने, जन्मदाता की क्या बिसात?

"क्या हुआ आंटी?"

"कुछ नहीं सुता। वह नहीं आ सकता, कहता है प्रधानमन्त्री आ रहे हैं।"

सुता का चेहरा फक पड़ गया। क्या कहेगी ममी से? वह तो पहले ही से बुत बनी बैठी हैं। यह आघात क्या सह पाएँगी? अनुराधा की आँखों में न आँसू थे, न चेहरे पर शिकन—वह निष्प्राण देह के सिरहाने स्वयं निष्प्राण बनी बैठी थी।

स्त्रियों की फुसफुसाहट, सुता के कानों में गरम लावा उड़ेल रही थी। "रजत कब आ रहा है? एक ही तो बेटा है, कन्धा देने तो ज़रूर आएगा..."

किन्तु, अभागा बाप पराये कन्धों पर ही गया, बेटे का स्कंध स्पर्श उसे नसीब नहीं हुआ।

सुता ने छुट्टी बढ़ा ली थी—माँ को अकेली छोड़ वह कैसे जा सकती थी? पर फिर अनुराधा ने ही उससे कहा, "तू चली जा सुता, तेरी नई-नई नौकरी है—माथुर आंटी तो हैं ना।"

जाने से पहले दिन, वह माँ के पलँग में ही सोई।

"ममी, मैं उसका पता लगाकर रहूँगी।"

"किसका?"

"उसी का, जिसने हमारे घर की सुख-शान्ति भंग की, जिसने पापा के प्राण लिए, रजत को मेरा शत्रु बना दिया।"

"पागल मत बन सुता," घबराकर अनुराधा बैठ गई, "वचन दे, तू ऐसा कुछ नहीं करेगी। वह बहुत खतरनाक आदमी है—उसे ईश्वर ही दंड देगा।"

"नहीं, दंड मैं दूँगी, और तुम्हें बता जाऊँगी कि मैंने कैसा दंड दिया—तब तक घर नहीं लौटूँगी ममी।"

ढूँढ़ तो उसने लिया ही, दंड भी ऐसा दिया कि परिवार सहित जीवन भर तड़पता रहेगा, पर माँ को बताने का अवकाश जुटा, तो माँ प्राण रहते भी निष्प्राण बन चुकी थी।

पहले गई थी दुबई, पर पता लगा वहाँ प्रचुर धन, ख्याति बटोर डॉ. कुरेशी बम्बई चले गए थे। उन्हीं के एक मित्र से बम्बई का पता लेने पहुँची, तो वे उसे घूरकर देखते रहे, "आप उनकी कौन हैं?"

"कोई नहीं," वह हँसी—"क्यों पूछ रहे हैं आप..."

"माफ कीजिएगा, पर आपका चेहरा, आपकी आँखें, उठने-बैठने का सलीका...कुरेशी का है—इसी से पूछ बैठा।"

"कभी-कभी ऐसा भी होता है," वह हँसी, और पता लेकर तीर-सी निकल गई।

बम्बई जाने से पहले उसने दुबई से घर को कई बार फोन लगाया। घंटी जाती रही पर किसी ने नहीं उठाया।

कहीं मम्मी बीमार तो नहीं हो गईं? जब से उसकी श्रीलंका में पोस्टिंग हुई, वह काम में ऐसी डूबी कि घर की खोज-खबर ही लेना भूल गई। दो-तीन चिट्ठियाँ भी लिखीं, पर न माथुर आंटी ने उत्तर दिया, न माँ ने।

दुबई से लौटी तो आते ही फिर जनक-संधान में जुट गई। सुना था, भिंडी बाज़ार में ही डॉक्टर कुरेशी की कोठी भी है और क्लीनिक भी। किसी माफिया सम्राट ने उन्हें कोठी ख़रीदकर उपहार में दी थी। किसी घृणित रोग से डॉक्टर ने उन्हें मुक्ति दिलाई थी और फीस के रूप में वह कोठी मिली थी। वहीं वे अपनी बेगम और बच्चों के साथ रहते थे।

कई गन्दी गली-गलियों को पार कर वह पहुँची तो संगमरमरी नेमप्लेट देखकर रुक गई–डॉ. इदरीस कुरेशी–गुप्त रोग विशेषज्ञ–यहाँ एड्स का यूनानी पद्धति से इलाज किया जाता है।

दो मुच्छेदार वर्दीधारी द्वारपाल उसे देखते ही चौकन्ने हो गए।

जब से दंगे हुए तब से उनकी सतर्क दृष्टि और पैनी हो गई थी, हिन्दुआनी लगती है–एक की स्पष्ट फुसफुसाहट उसने सुन ली।

"किससे मिलना है, वहीं रुको।" एक द्वारपाल गरजा।

"डॉ. कुरेशी से।"

"वे घर पर किसी मरीज को नहीं देखते। क्लीनिक में जाइए।"

"मैं मरीज नहीं हूँ–उनसे मिलना है।"

"क्या बात है, कौन है अब्दुल?" एक विचित्र मूर्ति द्वार घेरकर खड़ी हो गई।

शोख नीले रंग का सूट, रेशमी जालीदार दुपट्टा, सिर से पैर तक सोने की जगमगाहट, दबंग गृहस्वामिनी की मर्दानी आवाज़ बादल-सी कड़की, "कौन हो तुम? किससे मिलना है?"

सुता उस स्वर्णमंडिता मूर्ति को देख अवाक् खड़ी रह गई–गल्फ एयरवेज से उतरती सोने से झलमलाती ऐसी मूर्तियाँ तो वह दिन-रात देखती थी, पर इतने गहने? कुहनी तक ठँसी-फँसी सोने की चूड़ियाँ, इंजन के सर्चलाइट-सी चमकती, चौड़े नथुनों को और चौड़ा दिखाती हीरे की लौंग, कंठ में भैंस के गले की-सी मोटी दुहरी सोने की चेन, गुलबन्द, पान से लाल होंठ।

"बोलती क्यों नहीं, गूँगी हो क्या?"

"जी नहीं, गूँगी नहीं हूँ। डॉक्टर कुरेशी से मिलना है।"

"तो सुन लो जी, डॉक्टर साहब घर पर किसी से नहीं मिलते–ऐसे ही कल वह सोनागाछी की बंगालन यहाँ धरना दिए रही–नहीं मिले तो नहीं मिले–शक्ल-सूरत से तो शरीफजादी लगती हो, यह छुतही बीमारी कहाँ से ले आई।"

"नहीं, मैं उनसे मिले बिना नहीं जाऊँगी..."

"अजीब सिरफिरी छोकरी है..."

"क्या बात है आमना? कौन है?" डॉक्टर शोर-शराबा सुन, स्वयं निकल आया।

"आने दो–मैं देखता हूँ क्यों मिलना चाहती है हमसे..."

"आ जाओ बेटी।"

वह सम्बोधन सुता को एक पल को अवश बना गया।

डॉक्टर अपने दीवानखाने में एक जहाजनुमा सोफे में धँसकर बोला, "बैठो–कहो क्यों मिलना है हमसे?"

बुर्राक पाजामा, मलमल का कुर्ता, मुँह में सिगार, सामने दो बड़े-बड़े फूलदानों में महकता नरगिस का गुच्छा–एक नाव-से बने क्रिस्टल के पात्र में मोगरे के फूल, नन्हीं बत्तखों-से तैर रहे थे। सामने दीवार पर मक्का-मदीना की तस्वीर, कुरान की आयतें, पूरे कमरे में लोबान

के सुवासित छल्ले तैर रहे थे इसी से पहले चेहरा ठीक से नहीं दिखा, जब दिखा तो सिर चकरा गया—अब समझ में आया, दुबई में उनका मित्र उसे क्यों घूर-घूरकर देख रहा था।

कितना साम्य था बाप-बेटी के चेहरे में! वही रंग, वैसी ही तीखी नाक और एकदम वैसी ही हरी आँखें।

"जो कहना है बिना झिझक कह डालो—घबराओ नहीं, हमारे पास हर मर्ज की दवा है, हमने कइयों को नई जिन्दगी बख्शी है।"

"और कितनों की जिन्दगी छीनी है?" सुता ने तपाक से पूछ लिया।

डॉक्टर का चेहरा तमतमा उठा, "कौन हो तुम?"

"अपना चेहरा देखिए आईने में और फिर मेरा देखिए—फिर नहीं पूछेंगे कि मैं कौन हूँ।"

"यह क्या बदतमीजी है..."

"जी हाँ, मैं वही हूँ जिसकी मासूम भोली माँ का गला घोंट, आप गोमती में बहा आए थे। मैं वही हूँ जिसका गला घोंट आप सैयद बाबा की मज़ार पर पटक आए थे। मुजावर ने देख लिया तो आपने उस गवाह को भी साफ कर दिया।"

डॉक्टर का चेहरा सफेद पड़ गया, घुटने पर धरे दोनों हाथ बुरी तरह काँपने लगे।

"क्या चाहती हो तुम? पैसा? बोलो कितना चाहिए..."

"पैसा?" वह जोर से हँसी, परदे के पीछे छिपी डॉक्टर की मुटल्ली नौ बच्चों सहित सबकुछ सुन रही है। उसने देख लिया था।

"कुछ चीज़ें ऐसी भी होती हैं, डॉक्टर कुरेशी, जिन्हें पैसा भी नहीं खरीद सकता—जानते हैं आप?" वह उत्तेजित होकर खड़ी हो गई थी, "मैं इतनी दूर से यही कहने आई हूँ—सुन सकेंगे आप?"

"जो कहना है जल्दी कहो और दफा हो जाओ। मेरा वक्त बहुत कीमती है, मरीज इन्तजार कर रहे होंगे, नमाज़ भी पढ़नी है।"

"अच्छा तो आप नमाज़ भी पढ़ते हैं?"

दो जोड़ा हरी आँखें आपस में टकराईं—एक में थी घृणा, क्रोध और प्रतिहिंसा; दूसरे में था आतंक, केवल आतंक। कहीं पर्स में पिस्तौल छिपाकर तो नहीं लाई है छोकरी—बदला लेगी क्या?

"मैं यही कहने आई हूँ कि आपकी यह आलमगीर कोठी, गहनों से लदी आपकी बेगम, बेशुमार दौलत, सब यहीं धरी रह जाएगी। यहाँ तो यहाँ, क्रब में भी आप तड़पते रहेंगे। आप हत्यारे बूचड़ हैं डॉक्टर, अपने कुरेशी नाम को सार्थक किया है आपने।"

फिर वह हवा के झोंके-सी निकल गई थी—एक बार जाने से पहले, उसने मुड़कर देखा अवश्य था।

डॉ. का मुँह खुला था, जबड़े लटक गए थे, आँखों में था भयंकर आतंक। लग रहा था अदृश्य हथकड़ी बेड़ियों में कसा-बँधा जघन्य अपराधी हिल-डुल भी नहीं पा रहा है!

अपना बदला वह ले चुकी थी।

तड़पेगा अवश्य, फिर उसकी बेगम, उसके बच्चे भी तो सब सुन रहे थे।

उसे दृढ़ विश्वास हो गया कि जो अपने अतीत को भुला, केवल अपने समृद्ध वर्तमान

में जीता है उसे भविष्य कड़ा दंड अवश्य देता है। अब वह घर जा सकती थी। पर सामान सँजो ही रही थी कि माथुर आंटी की चिट्ठी मिली :

''कहाँ खो गई हो तुम सुता, रजत और तुम्हारी भाभी से तो मुझे कोई उम्मीद नहीं थी, पर तुम कैसे भूल गईं अपनी मम्मी को? अब भी उन्हें देखने नहीं आईं, तो जीवन भर पछताओगी सुता। वह अब इस दुनिया में रहकर भी नहीं है। ब्लडकाउंट तो लो था ही, अब स्मृतिभ्रष्ट भी हो गई है। उसे न कुछ याद है, न होश ही रहता है। मैं ही जबरदस्ती नहलाती हूँ, खिलाती हूँ। रजत को लिखा तो उसने उत्तर ही नहीं दिया, सुना है कैलिफोर्निया चला गया है।

''फिर, एक दिन दोनों बिना बताए आ गए। होटल में रुके, दो दिन बाद जाने लगे तो कटलरी, बोनचाइना फर्नीचर सब औने-पौने दाम में बेच गए। कहने लगे–सोचते हैं, मम्मी को कलकत्ता के चैशायर होम में रख आएँ, आप कब तक इन्हें सँभालेंगी?

''मैं भी अड़ गई, जीतेजी मैं अनुराधा को किसी पिंजरापोल में नहीं जाने दूँगी। दिन भर मैं देखती हूँ, रात की एक नर्स रख ली है। लगता है इसके प्राण तुझमें ही अटके हैं–तू आ जा सुता।''

सुता दूसरे ही दिन पहुँच गई थी। माथुर आंटी द्वार पर ही खड़ी थीं।

''अभी-अभी खिलाकर सुला आई हूँ–सुना है, यह बीमारी पहले विदेशों में ही होती थी, बुढ़ापे की बीमारी, न अच्छे-भलों में गिनती, न पागलों में।''

सुता जानती थी उस बीमारी का कारण क्या है। विदेशों में सन्तानों की उदासीनता से पीड़ित, निष्कासित, ओल्ड होम में डाल दिए गए बूढ़े माँ-बाप, क्या वह हाइडपार्क की बेंचों पर स्वयं शून्याकाश को निहारते नहीं देख चुकी है? सन्तानप्रदत्त वे ही अकृतज्ञ आघात उन्हें धीरे-धीरे विस्मृति के गर्भ में डुबो देते हैं। एड्स की भाँति, अब यह बीमारी भी भारत में रेंग आई है। रजत और उसकी पत्नी के दिए गए अदृश्य आघातों के नासूर क्या एक-आध थे?

निराश्रित होने का आतंक अनुराधा की निरीह आँखों में सदा के लिए जम गया था–कहाँ जाएगी वह?

कभी कमरे ही में लावारिस लाश-सी पड़ी रही तो?

कौन देगा उसे मुखाग्नि?

टूटी-सी कैंपकॉट में सिमटकर बित्ते भर की रह गई माँ को देख सुता ने बड़ी चेष्टा से रुलाई रोकी।

सामने के दो दाँत टूट गए थे, जिस गहन केशराशि को वेणी बनाने में उसकी अँगुलियाँ दुखने लगती थीं वह दूर्वादल के विरल गुच्छे-सी एक रबर बैंड में बँधी थी, कहाँ गया मम्मी का वह दबंग व्यक्तित्व?

''क्या पापा का डबलबेड भी बेच गए?''

''कहा ना मैंने, सुतली भी नहीं छोड़ी, उसका भी गोला बनाकर बेच गई तेरी भाभी, फ्रिज, वॉशिंग मशीन, तीन-तीन एसी...''

''लखनऊ की इस सड़ी गरमी में मम्मी कैसे रहेंगी यह भी नहीं सोचा?''

''क्या सोचते? मैंने क्या अनुराधा को यहाँ रहने दिया? अपने यहाँ उठा ले गई। फिर मुझे लगा, भले ही विस्मृत हो गई हो, कहीं तो इसके इस प्रिय बँगले के फर्श तले इसके अवचेतन में इसकी स्मृतियाँ दबी पड़ी होंगी–जा रही हैं तो यहीं से जाएँ।''

सुता ने उस संक्षिप्त अवधि में माँ की सेवा में अपने को मिटा दिया, रात की नर्स की छुट्टी कर दी, माथुर आंटी को जोर-जबरदस्ती कर घर आराम करने भेज दिया। ये अन्तिम क्षण सिर्फ माँ-बेटी के रहे। तीसरे दिन ब्रह्म मुहूर्त में मम्मी का हाथ स्वयं उससे विलग हो गया।

बड़ी देर तक वह उसकी छाती में मुँह छिपाए पड़ी रही। फिर माँ का हिमशीतल माथा चूम, उसने चादर से मुँह ढाँप दिया और माथुर आंटी को बुला लाई। उन्हीं की मदद से उसने फिर मुट्ठी भर की प्राणहीन देह को भूमि पर धरा।

उजाला होते ही प्रतिवेशी भागते आ गए—वह सन्त स्वभाव की सौम्य प्रतिवेदिनी सबको प्रिय थी।

''अन्तिम संस्कार मैं करूँगी आंटी!'' सुता का दृढ़ स्वर सुन, सब चौंक उठे।

''नहीं, यह तो बेटा करता है सुता।''

देखते ही देखते महाप्रस्थान की पूरी तैयारी हो गई।

दाग कौन बैठेगा? यह काम तो पुत्री नहीं कर सकती।

''विनोद आ गया है, वह अनुराधा को चाची कहता था, वही दाग बैठेगा,'' माथुर आंटी ने कहा। विनोद उनका भतीजा था। किसी तरह समझा-बुझाकर सुता को घाट जाने से रोक लिया गया।

तीसरे दिन एक गंडपात्र में अस्थियाँ चुनकर विनोद उसे थमा गया था, ''सुता, प्रयाग, बनारस या हरिद्वार में विसर्जित कर देना।''

पूरे दस दिन तक वह विनोद के साथ निशातगंज के घाट पर क्रिया करने बराबर खड़ी रही।

लखनऊ के उस घाट की तीखी सीढ़ियाँ उतरते ही जैसे उसकी श्वास अवरुद्ध हो जाती थी। एक ओर शिव का मन्दिर, सामने डोरियों से बँधा अश्वत्थ का अक्खड़ वृक्ष जिसकी परिक्रमा कर, मृत व्यक्ति से अन्तिम विदा ली जाती थी—आसपास बनी समाधियाँ और सामने बहती गोमती की धूमिल क्षीण जलधारा।

आज क्रिया का अन्तिम पर्व था—हाथ में जल लो, कुश और तिल—तुम्हारी चाची थी ना?

''नहीं, मेरी माँ थीं, मैं करूँगी,'' सुता विनोद को धकियाकर स्वयं बैठ गई—पंडितजी ने आश्चर्य से उसे देखा—पागल थी क्या यह लड़की?

''तुम कैसे करोगी, पिंड तो भैया ने दिया है ना?''

''आप कराइए पंडितजी—मैं करूँगी।''

''उनका कोई बेटा, सगा भतीजा, भानजा नहीं है क्या?''

''मैं ही उनका बेटा, भतीजा, भानजा हूँ—कहा न मैंने!'' वह झल्लाई तो पंडित सहम गया।

''हाथ में जल लो—कहो...गंगायां च जले मोक्षो/वाराणस्यां जलेस्थले/ अन्तरिक्षे, गंगासागर संगमे/ये मृता न पुनर्भवा! गंडपात्र को दोनों हाथों से विसर्जित करो।''

सुता ने पात्र को सिर से लगाकर जलधारा में विसर्जित कर दिया।

धीरे-धीरे हिलता-डुलता, कभी सीधा कभी टेढ़ा होता वह पात्र बहता गया। ''ये मृता न पुनर्भवा...''

''मम्मी जाओ, अब इस बेरहम दुनिया में मत लौटना,'' वह बुदबुदाने लगी।

''विनोद भैया, आप पंडितजी को घर ले जाकर दक्षिणा चुका दीजिए, मैं थोड़ी देर में आ जाऊँगी...''

सचमुच ही सिरफिरी लड़की है, सोचता विनोद चला गया।

वह बड़ी देर तक निःस्तब्ध घाट पर अकेली बैठी रही। पात्र अब आँखों से ओझल हो चुका था।

वर्षों पहले, इसी गोमती की उदार बाँहों ने उसकी एक जननी को आश्रय दिया था। आज उसकी दूसरी माँ को भी अपनी उन्हीं उदार बाँहों में ले लिया।

''बहनजी!'' वह चौंकी।

मन्दिर का अर्द्धनग्न पुजारी न जाने कब उसके पीछे आकर खड़ा हो गया था।

''अब आप घर जाइए—यह सड़क अब लखनऊ की बदनाम सड़क बन गई है, जब से रिंग रोड बनी है, दिन-रात राहजनी, चेन खींचना, गुंडागर्दी आम बात हो गई है...''

''कहें तो रिक्शा बुला दूँ?''

''नहीं, मैं चली जाऊँगी...'' वह उठ गई।

जीवन की सबसे बड़ी राहजनी तो वह देख चुकी थी जहाँ पिता पुत्री का गला घोंट सकता है, किसी भोली निर्दोष किशोरी का सर्वनाश कर अकारण उसकी जान ले सकता है, जहाँ सगा बेटा माँ को प्राण रहते भी निष्प्राण बना सकता है। इससे बड़ी राहजनी, भला देख भी क्या सकती है?

विनिपात

मैं उस दिन भी, आज ही की भाँति इसी तखत पर बैठकर लिख रही थी। बाहर, श्रावणी वर्षा का वेग, तीव्र से तीव्रतर होता जा रहा था, अब ऐसी वर्षा में, न किसी के सहसा, मिलने चले आने के व्याघात की आशंका थी, न निष्क्रिय टेलीफोन की घंटी खनखनाने की। ऐसे ही एकान्त की मुझे कामना थी, अब बैठकर, शान्ति से लिख पाऊँगी। पर सहसा मेरे द्वार की घंटी बजी—हे भगवान, ऐसी वर्षा से जूझने, इतनी रात को, कौन दुःसाहसी चला आया होगा?

"कौन?" मैंने पूछा, बिना पूछे द्वार खोलने में भी तो अब खतरा था। पहले कोई उत्तर नहीं आया। मैं मन-ही-मन आशंकित भी हुई, सबको पता है, मैं इस फ्लैट में अकेली रहती हूँ। आए दिन तो लखनऊ में ऐसी घटनाएँ घटती रहती हैं, ऐसे कितने ही, दुःसाहसी वीर, बड़ी आत्मीयता से घरों में घुस, लूटपाट कर अकेली गृहस्वामिनी का गला घोंट, सीना ताने चले जाते हैं, न अब पुलिस का भय रह गया है, न निर्वीर्य जनता का।

"कौन?" मैंने फिर पूछा।

"हम हैं बहनजी!" नारी-कंठ स्वर का आश्वासन पा मैंने द्वार खोल दिया।

"आप ही शिवानीजी हैं क्या?"

"जी हाँ।"

"हम आ जाएँ?"

"आइए।"

उजाले में मैंने पहली बार ठीक से देखा, विराट शरीर, गले में सोने की मोटी चेन, अँगूठों को छोड़ बाकी सब अँगुलियों में अँगूठियाँ। गहरे नीले रंग की तनचोईं साड़ी, दोनों होंठ पान से बैंचनी, लाल भला लगते भी कैसे? एकदम स्याह रंग, ललाट पर बड़ी-सी मखमली बिन्दी, माँग में कम-से-कम आधा पाव सिन्दूर की प्रगाढ़ रेखा—जैसे कोयले की कोठरी में आग लगी हो!

"हम आपकी बहुत पुरानी प्रशंसिका हैं, तब से आपकी कहानी-उपन्यास पढ़ रहे हैं, जब हमारी शादी भी नहीं हुई थी"—फिर अपनी बैंजनी हँसी से उन्होंने मुझे बींधकर कहा—"बहुत अच्छा लिखती हैं आप—"

मैं मन-ही-मन झुँझला रही थी, अपनी प्रशंसा का अर्घ्य समर्पित करने का, यही बेतुका समय जुटा था उन्हें?

"बात यह है बहनजी!" अब वे बड़े इत्मीनान से अपनी कदली जंघा पर हाथ धरे, मेरी ओर झुक आईं—

"हम आपके पास, बड़ी उम्मीद लेकर आई हैं।" मुझसे भला उनका क्या काम हो सकता था। और फिर मैंने तो उन्हें पहले कभी देखा भी नहीं था।

"आपने हमारे उनका नाम तो सुना ही होगा। आप ही लोगों ने उन्हें चुनकर, इस प्रदेश का मन्तरी बनाया था, बरसों आप लोगों की सेवा किए, अब संटर में चले गए हैं।" मैं अचरज से, उन्हें देखने लगी। हमारे चुने किन दुर्लभ रत्नों में से, किस रत्न की अर्धांगिनी थीं वे?

"अरे रिपुदमनवा" उन्होंने अधैर्य से अपने मर्दाने कंठ का नगाड़ा बजाया–और तत्काल एक बुन्देलखंडी पुष्ट मूँछों की, प्रभावशाली यवनिका फटकारता, रिपुदमनवा, जो सम्भवतः उनका अंगरक्षक था, हाथ में बन्दूक लिए दनदनाता आकर, स्वामिनी के पीछे खड़ा हो गया। मुझे उसने आग्नेय दृष्टि से देखा, शायद उसने सोचा होगा मुझ जैसी दो टके की महिला ने, उसकी दबंग स्वामिनी से, कोई अशिष्टता कर दी हो–"अरे इनको जरा मन्तरीजी का नाम तो बता–हम कैसे लें उनका नाम।" तत्काल, उसने राजसी चोबदार भंगिमा में, अपने प्रभु के नाम की उद्‌घोषणा कर दी–

"अब तू जा बाहर–"

"हाँ तो बहनजी–" उन्होंने बटेरी बटुआ खोला, पानबहार चूने और जर्दा के उदार सम्मिश्रण को, करतल पर धर पटापट पटका। फिर मेरी ओर खिसक आईं।

मैं डर गई, क्या अब मेरी गोद में बैठेंगी वे?

"हमारी एक ही बिटिया है, सरोज बाला, सर्रो, उसे भी कहानी लिखने का बड़ा शौक है। कई पत्रिकाओं में भेज चुकी है पर मरे संपादक छापते ही नहीं, लौटा-लौटा देते हैं।" मैं कुछ-कुछ समझ गई थी फिर भी अनजान बैठी रही।

"हाँ तो बहनजी, आप कहीं छपवा दें।" वैसे तो उसके पिताजी, यहाँ किसी भी अखबार से कहें, हाथों हाथ ले लेंगे पर हमारी सर्रो चाहती है, किसी बाहर की प्रतिष्ठित पत्रिका में छपे, जैसे धरमजुग, हिन्दुस्तान–"

"देखिए!" मेरा स्वर कुछ कठोर हो गया, "मैंने तो यह काम कभी किया नहीं है। फिर भला सम्पादक, मेरी क्यों सुनेंगे। और अब हिन्दी की बड़ी पत्रिकाएँ रह ही कहाँ गई हैं?"

"अरे जाइए बहनजी, हमें मत चराइए।" वे और निकट खिसकीं और एक बार फिर उन्होंने अपने बैंजनी स्मित का हथगोला, सीधे मेरे सीने पर मार दिया, "धरमजुग के इसी दीपावली विशेषांक में तो हमने आपकी कहानी पढ़ी हैं। हैं कैसे नहीं? हाँ, ये कहिए कि अब नाम छपता है। कहानी नहीं। "आप हमारे साथ रहें" उन्होंने विगलित स्वर में कहा–"बिट्टी की कहानी में, अपने सधे हाथों से कतरब्यौत कर सँवार दें। फिर देखें कैसे नहीं छपती।"

मैं हतप्रभ-सी उन्हें देखती रही। वे फिर चालू हो गईं, "गंगा किनारे हमारी बहुत बड़ी कोठी हैगी। पूरा गैस्टहाउस आपका, एक कार निरन्तर आपकी सेवा में खड़ी रहेगी। खाना-पीना सब हमारे साथ-साथ में, जितना कहें पाँच हज़ार, छह हज़ार, आपको बराबर मिलता रहेगा।" पैंतालीस वर्षों से भी अधिक हो गए हैं, कलम घिसते-घिसते, पर वाग्देवी के दरबार से ऐसा उदार प्रस्ताव, इतिपूर्व कभी नहीं मिला था!

"देखिए," अब विनम्रता, मुझे स्वयं दुर्वह लगने लगी थी, "मैंने न यह काम कभी किया है न कभी करूँगी। ऐसे बहुत पेशेवर आपको मिल जाएँगे जो ऐसा प्रेत-लेखन करते हैं। आप उन्हीं के पास जाइए।"

रिपुदमनवा वहाँ होता तो शायद अपनी स्टेनगन, मेरे सीने पर तान देता। पर स्वामिनी स्वमात्र भी विचलित नहीं हुईं। उनका कंठ भर्रा गया। ''सर्रो बहुत अच्छा लिखती है बहनजी, कई बार तो हम उसकी कहानी पढ़, रो-रो पड़े हैं। बस हिन्दी कमजोर है। दोष तो हमारा ही है, बचपन से ही अंग्रेजी स्कूलों में पढ़ी है। बस आप जरा हिन्दी सुधार देतीं। हम ये थोड़े ही कहती हैं, कि आप ही पूरी कहानी लिख दें।'' वे शायद स्वयं अपने पूर्व प्रस्ताव के खोखलेपन को भाँप, खिसिया गई थीं।

''मुझे क्षमा करें। मैं यह काम नहीं कर सकती। आपको हिन्दी सुधारने के लिए अनेक योग्य पंडित मिल जाएँगे।'' पर, वे भी गजब की अड़ियल थीं।

''तब आप ही को यह काम करना होगा। कोई ऐसा टीचर हमें ढूँढ़ दें। यह हमारा पता है। इसी में फून नम्बर भी लिखा है।''

उनके जाते ही, मुझे सहसा, महेश पन्त का निरीह वेदनाविधुर चेहरा याद हो आया। पिछले हफ्ते ही तो मुझसे मिलने आया था, मेरे पति के ननिहाल का दूर का रिश्तेदार। पहाड़ के अधिकांश उच्चशिक्षित मेधावी नवयुवकों की भाँति, केवल, अपनी ईमानदारी का गलग्रह लिये, इधर-उधर नौकरी की खोज में, बेकार भटक रहा था। उससे योग्य पंडित और कौन हो सकता था। हाईस्कूल से एम.ए. तक सदा सर्वप्रथम, धनाभाव के कारण ट्रेनिंग नहीं कर पाया, इसी से शिक्षण संस्थाओं ने कुत्ते-सा दुरदुरा दिया। अंग्रेजी बोल नहीं पाता था यद्यपि लिखता था विशुद्ध त्रुटिहीन अंग्रेजी, पर बोल नहीं पाता तो वही स्थिति हुई कि कंठ में यज्ञोपवीत का सूत तो पड़ गया पर गायत्री मन्त्र जपना नहीं आता। सो द्विज कहलाए भी कैसे?

जीर्णशीर्ण धोती, पांडुजीर्ण कुर्ता, हाथ में उतनी ही जीर्ण कपड़े की थैली– ''मुझे कहीं भी नौकरी दिलवा दीजिए। आपके गुण नहीं भूलूँगा, माँ अब पूर्णरूपेण पागल है। शुक्ल पक्ष में तो उसका उन्माद विकट हो उठता है। सारी-सारी रात, निर्वस्त्र गाँव भर में घूमती है। खेत, सब कारिंदों ने हथिया लिये हैं। पहाड़ के गाँवों में, ब्राह्मणों की बड़ी दुर्दशा है शिवानीजी–उनके बच्चों को स्कूल-कॉलेजों में, दाखिला नहीं मिलता, बेटों को नौकरी नहीं मिलती। न जाने कितने ब्राह्म परिवार, आज दाने-दाने को मोहताज हो गए हैं। मैं कोई भी काम करने को तैयार हूँ, खाना पका सकता हूँ, बाग-बगीचों की देखभाल-चौकीदारी–यह उस वंश का बेटा बोल रहा था जिसके पूर्वजों ने, सदैव ऊँचे आदर्शों का पालन किया था। जिन्होंने ऋग्वेद के दस सहस्र से अधिक मन्त्रों के पदपाठ, क्रमपाठ में जीवन बिताया था, कल्पसूत्र पाणिनी का व्याकरण, निरुक्त, छन्द, शिक्षा ज्योतिष के दुर्बोध ग्रन्थों के अध्ययन, मनन-चिन्तन से अपने ब्रह्मतेज को निरन्तर दीप्त किया था। उनका वंशज आज चौकीदारी करने को भी तैयार था। जिसके पूर्वजों के सम्मुख जरा दरिद्र जीवन एवं उच्च आदर्श रहा, वे कभी धन के लोभी नहीं रहे, न सत्ता के। क्या हुआ है कोई ब्राह्मण शासक–? उन्हीं पूर्वजों का त्याग, उनकी साधना की धारा, आज भी कुमाऊँ में सूखी नहीं है, उजड़ जाने पर भी दिल्ली दिल्ली ही है। इसी से शायद, आरक्षण का सबसे कड़ा विरोध कुमाऊँ में ही हो रहा है। संस्कारों की लौहशृंखला, सहज में नहीं टूटती।

''देखिए'' महेश कह रहा था, ''मैंने काव्यतीर्थ की परीक्षा भी उत्तीर्ण की है। संस्कृत में कविताएँ भी लिख लेता हूँ, पर कोई छापने को तैयार नहीं। कालिदास ने कहा भी है कि सुन्दर पौधा लगाने से ही तो काम पूरा नहीं होता। उसे कोई सींचेगा नहीं तो मुरझाएगा ही ना! जब देखता हूँ, घिसट-घिसटकर तृतीय श्रेणी में परीक्षा पास करनेवाले मेरे सहपाठी अपनी अनुसूचित

जाति का प्रवेशपत्र दिखा, ऊँचे-से-ऊँचे पदों पर आसीन हैं तो बुरा लगना तो स्वाभाविक है—आप ही बताएँ, हम कहाँ जाएँ?'' उसकी सौम्यता, सौजन्य एवं विद्वत्ता ने मुझे बहुत प्रभावित किया था, उस पर देखने में साक्षात रतिपति! उज्ज्वल गौरवर्ण, आजानुविलम्बित बाहु, सिल-सी छाती और निरीह निष्कपट कृष्ण स्मित, मुस्कराता तो दाँत भी नहीं दिखते।

''देखो,'' मैंने कहा, ''मेरे वश में होता तो तुम्हारी ऊँचे-से-ऊँचे पद के लिए सिफारिश करती, पर तुम शायद भूल रहे हो कि मैं भी तुम्हारी तरह ब्राह्मण हूँ। एक काम क्यों नहीं करते?''

''कहिए!''

''मेरी बहुत दिनों से इच्छा है किसी से पाणिनी का व्याकरण पढ़ूँ—तुमसे योग्य व्यक्ति मुझे कहाँ मिलेगा। जब तक नौकरी नहीं जुटती—मेरे साथ रहो, खाओ, पियो, घंटा भर पढ़ा दिया करो। जेब-खर्च के लिए पाँच सौ मैं दे दूँगी।''

''नहीं!'' उसका चेहरा अजीब हो गया।

''आपको मैं नहीं पढ़ा सकता।''

''क्यों?''

''आप बड़ी हैं, पूज्या हैं। आपका गुरु बनने की धृष्टता कभी नहीं कर सकता।''

''अच्छा!'' मैंने हँसकर कहा, ''अपना पता छोड़ जाओ, मैं पूरी चेष्टा करूँगी।'' आज उसी का उदास चेहरा मुझे सहसा याद हो आया। मैंने तत्काल उसे पत्र लिख दिया—''तुम्हारे लिए नौकरी ढूँढ़ ली है, फौरन चले जाओ।''

मैं जानती थी, एक-न-एक दिन उसका पांडित्य, सौजन्य और सर्वोपरि उसका लाख टके का व्यक्तित्व, मन्त्रीगृह के द्वार उसके लिए बड़े औदार्य से खोल देगा और अपने प्रभावशाली पद के प्रभाव से, गृहस्वामी उसके लिए नौकरी स्वयं ढूँढ़ देंगे।

वह अविलम्ब उपस्थित हो गया था। मैंने देखा बेचारे की थैली उसकी सीमित सम्पदा से पूरी भी नहीं भरी थी। एक जोड़ी जीर्ण कुर्ता-पाजामा तन पर था, एक जोड़ी थैली में। कागज में लिपटी साबुन की घिसी टिकिया, छोटा-सा कंघा, दाढ़ी बनाने का सामान और तीन-चार पुस्तकें—मैं ही उसके लिए गांधी आश्रम जाकर दो जोड़ी कपड़े, दरी, चादर, तकिया ले आई थी। उसका अधरंग शेविंग ब्रश, जिससे शायद उसके प्रपितामह ने भी दाढ़ी छीली थी, उसे फेंक, उसे नया किट लाकर दिया। तौलिया, पेस्ट-ब्रश।

''जी मैंने तो यह सब कभी नहीं किया, वज्रदन्ती मंजन स्वयं बनाता हूँ।''

''अब जहाँ जा रहे हो वहाँ यह सब नहीं चलेगा।''

फिर मैंने ही उसके सरल अतीत के पृष्ठ फाड़कर फेंक दिए और उसे कानपुर के लिए विदा किया।

जाने से पूर्व बड़ी श्रद्धा से मेरे पैर छूकर उसने कहा, ''मैंने आज तक, माँ और मामा के हाथ का बना खाना ही खाया है, उनसे कह दें, मैं स्वयंपाकी हूँ। मैं खुद बना लूँगा।''

''हाँ-हाँ, मैं कह दूँगी।''

मैंने उसके जाते ही उन्हें फोन कर दिया और उसके आने की सूचना दे दी थी, ''आप उसे स्वयं बस स्टैंड से ले लें। कभी पहाड़ के बाहर नहीं गया, बहुत सीधा लड़का है, खद्दर का बादामी कुर्ता पहने है। देखने में फिरंगियों-सा गोरा उजला है। एक बात और है, वह किसी

का छुआ नहीं खाता, मेहरबानी कर, उसके लिए रसद बर्तन, स्टोव आदि का प्रबन्ध कर दें। दो हज़ार वेतन लेगा लेकिन उसकी योग्यता तो दस हजार की है।"

"धन्यवाद बहनजी, आप निश्चिन्त रहें, हम पंडितजी को कोई कष्ट नहीं होने देंगे। आठ दिन तक मुझे उसकी फिर कोई खबर नहीं मिली, चलो मन लग गया होगा बेचारे का, किसी का तो उपकार कर चाहे 'नहीं कल्याणकृत कश्चित, दुर्गति तात गच्छति' मन-ही-मन मैं अपनी प्रिय पंक्ति दोहराने लगी, पर दुर्गति होने से क्या मैं बच पाई?

जब जाने लगा तो मैंने पूछा था—"महेश, तुम इतनी दूर रहोगे। तुम्हारी उन्मादिनी माँ की देखभाल कौन करेगा।"

"उसकी हमें चिन्ता नहीं है शिवानीजी। मेरे एक मामा हैं, मामी को पिछले साल बाघ खा गया, मामा के बच्चे थे नहीं, मैं ही जाकर उन्हें लिवा लाया, एक तो माँ उनसे डरती है, दूसरा हमारी आर्थिक विपन्नता को, उन्होंने अपने कन्धों पर लेकर, मुझे चिन्तामुक्त कर दिया है। उनका-सा कर्मकांडी पंडित, कुमाऊँ में ढूँढ़ने पर भी नहीं मिल सकता, उनके बँधे जजमान हैं, विवाह-मरण, जन्म-श्राद्ध सब सम्पन्न करा, काफी कमा लेते हैं। मुझसे कहने लगे, 'जा भानजे, जा, ईश्वर तुझे डिप्टी बनाए, घर की चिन्ता मत करना, जा नाम कमा' " और कैसा नाम कमाया था भानजे ने। दसवें दिन, महेश, सहसा अपना वही झोला लटकाए, मेरे द्वार पर खड़ा था। मेरा माथा ठनका, जुम्मा-जुम्मा आठ दिन ही तो हुए थे, यह खोटे सिक्के-सा क्यों लौट आया?

"क्या हुआ महेश?" मैंने उसके झाड़ फिरे उतरे चेहरे को देखकर चिन्तित स्वर में पूछा।

हाथ का थैला नीचे पटक वह गलीचे पर ही धम्म से बैठ गया और दोनों घुटनों में सिर डाल, फूट-फूटकर रोने लगा। "लो ठंडा पानी पियो फिर बात करना।" मैंने तो फ्रिज से पानी लाकर दिया, बेचारा लड़का, कभी पहाड़ की परिधि तो लाँघी नहीं थी, कानपुर की जानलेवा गरमी से बौरा गया था शायद। "क्यों क्या बात है महेश, परेशान क्यों हो? किसी ने कुछ कहा क्या?" उसने नहीं की मुद्रा में सिर हिलाया। "खाने-पीने का कष्ट था क्या?"

"नहीं!" इस बार उसका कंठ फूटा, राशन-बर्तन, स्टोव सब माँजी ने रखवा दिया है।

"तब?"

"शिवानीजी, आपने मुझे वहाँ क्यों भेज दिया?"

"क्यों?"

"वे चर्मकार हैं। मैं गंगा नहाने गया तो एक सज्जन ने सब बता दिया। कहते हो—ब्राह्मण हो, फिर यहाँ धर्म भ्रष्ट करने क्यों चले आए, सुना है रहते भी वहीं हो—छिः-छिः।"

मैंने उसे इस बार आड़े हाथों लिया।

"महेश ठीक है, लौट जाओ अपने गाँव कूपमंडूक बने, उसी बसियाते कुएँ में टर्राते रहो जीवन भर। मैंने तो सोचा था, तुमने वेदवेदांग निरुक्त दर्शन से कुछ सीखा होगा। जानते नहीं हमारे शास्त्रों में दो प्रकार के ब्राह्मण कहे गए हैं, जन्म ब्राह्मण और कर्म ब्राह्मण। कोई शूद्र गृह में जन्म ले और उसके कर्म ब्राह्मणोचित हैं तो वह कर्म ब्राह्मण है और यदि कोई ब्राह्मण कुल में जन्म लेकर जन्म ब्राह्मण होकर भी जघन्य कर्म करता है तो वह शूद्र से भी गया-बीता शूद्र है। तुम्हें पूर्ण सुविधा मिल रही है, खाना खुद बना रहे हो, रहने को साफ-सुथरा परिवेश है, दो हजार वेतन पा रहे हो, वह भी केवल हिन्दी सुधारनी है, "क्या खाक सुधारूँ—अपना सिर फोड़ूँ क्या?" वह झल्लाया। मैंने उसे पिता को पत्र लिखने को

कहा तो जानती हैं क्या लिखा उसने? "पूज्य पिताजी, मैं यहँ कुशल से हुँ, आपका कूशल नक चाहता हूँ।" अब जिसका ऐसा हिन्दी ज्ञान हो उसकी हिन्दी क्या सुधारूँ? फिर एक बात और है–कहूँ?"

"कहो।"

ये बड़े लोगों के सौजन्यता की नकाब में छिपे चेहरे, बहुत भयानक होते हैं। ऐसे-ऐसे लोग वहाँ आते हैं कि रोंगटे खड़े हो जाते हैं, कुटिल चेहरेवाले गुंडे, हत्यारे इन सबके छिपने का आरण्यक है वह गृह। एक अँधेरा तहखाना बना है जहाँ यमराज भी नहीं पहुँच सकते। सारी रात मीटिंग होती है, पीने-पिलाने का दौर चलता है, धीमे स्वरों में बातें करते हैं–उस निशाचरी नगरी में, मैं साँस भी नहीं ले सकूँगा। शिवानीजी, आप उनसे कह दें।"

"क्या तुम उनसे बिना कुछ कहे चले आए हो।"

"नहीं!" मैंने माँजी से कहा–"मेरी माँ की तबीयत खराब है, देख आऊँ?"

बोली, "हाँ-हाँ, चले जाओ बेटा, जल्दी आना, सर्रो की कहानी अधूरी है।" "तब तुम कानपुर लौट जाओ महेश, यह धैर्य तुम्हारे हित में होगा। उन्हें खुश रखोगे तो तुम्हें अवश्य कहीं लगा देंगे। तुम्हें कौन यहाँ जीवनभर रहना है। जाओ, जमाना बहुत बदल गया है, अपने शिखा सूत्र ही सँभालते रहे तो कहीं के नहीं रहोगे, जाओ, सर्रो की अधूरी कहानी पूरी कर आओ।"

काश सर्रो की कहानी अधूरी ही रहती। पाँच-छह महीने तक, मुझे फिर उसकी कोई कुशल नहीं मिली। एक बार फोन किया तो मंत्रीजी के पी.ए. ने बताया–बाबा साहेब अपनी बायपास सर्जरी कराने सपरिवार लन्दन गए हैं।

"और महेश?"

"पंडितजी? वे भी साथ गए हैं।" चलो विदेश की उदार जलवायु, महेश की चुटिया की गाँठ तो कुछ ढीली अवश्य करेगी। एक बात मेरी क्षुद्र बुद्धि में आज तक नहीं आई। मन्त्रीपद पाते ही, मन्त्री हृदय अपनी बायपास सर्जरी के लिए ऐसे क्यों मचलने लगता है। इससे हमारे हृदय अच्छे, जो बढ़ती वय में भी क्वार्टज घड़ी की तत्परता से, बिना चाभी के भी चलते रहते हैं–टिक टिक टिक टिक।

फिर मैं स्वयं अपनी भ्रामरी दशा में उलझी, न जाने कहाँ-कहाँ घूमती रही। पहले मॉस्को फिर साइबेरिया, ताशकंद लौटी तो इंटरनेशनल एयरपोर्ट पर सहसा महेश दिख गया। उसे पहचानने में मुझे कुछ समय ही लगा था। आपादमस्तक बदल गया महेश, किसी बहुराष्ट्रीय कम्पनी का सीनियर एक्जिक्युटिव ही अधिक लग रहा था।

"छाया," उसने कहा तो मैं जैसे आकाश से गिरी–यह वही महेश था जो, मुझे देखते ही साक्षात दंडवत की मुद्रा में, मेरे चरणों में लोट जाता था?

"कैसे हो?" मेरा स्वर अनचाहे ही व्यंग्यात्मक हो उठा।

"फाइन," वह हँसा। हँसी अब भी मृत नहीं हुई थी। वही दूधिया मिठास, पिताजी की बायपास सर्जरी ठीक से हो गई। मैं सरोज जी फिर पूरा यूरोप नाप आए। फिर हवाई चले गए।

"क्यों चुटिया कहाँ गई?" मैंने हँसकर पूछ दिया, "क्या हवाई में चढ़ा आए?"

"अब विदेश में शिखासूत्र को बचा पाना बड़ा कठिन है शिवानीजी।"

मन में तो आ रहा था पूछूँ, 'और कुछ भी बचा पाए मूर्ख?'

''माँ कैसी हैं और मामा?'' मैंने प्रसंग बदल दिया।

वर्षों से मेरे स्नेही पाठकों की मुझसे एक ही शिकायत रही है, मेरी प्रत्येक नायिका, इतनी सुन्दर क्यों होती है। आज विधाता ने मेरे सम्मुख ऐसी बीभत्स नायिका को खड़ी कर दिया था कि चाहने पर भी, मेरी लेखनी उसका एक नैन-नक्श भी सुधारने में असमर्थ है। कद, लगभग चार फुट किन्तु, मेदबहुल शरीर निकट से देखने पर भी ढाई फीट का लग रहा था, एकदम बजरबौनी चौड़ा कल्ला, डेढ़ इंची ललाट पर बड़ी-सी मखमली बिन्दी, सबसे विचित्र था उसके शरीर का गठन। उसके वक्ष का अस्वाभाविक उभार, सीधे कंठ से उभरता घुटनों तक चला आया था। लगता था पूरे शरीर में, केवल छाती ही छाती है, ऊँचे गजदन्त, चौड़े फैले नथुने, हीरे की लौंग की ज्वलन्त आभा में, दाएँ कपोल का बदसूरत मस्सा और भी विकट लग रहा था। संक्षेप में कहूँ तो साक्षात हिडिम्बा मेरे सम्मुख खड़ी थी।

''आपसे कभी मिल नहीं पाई,'' हिडिम्बा ने खींसें निपोरकर कहा।

'सौभाग्य मेरा ही था,' मैंने मन-ही-मन कहा।

''चलो महेश, पिताजी कार में बैठे हैं। उन्हें स्ट्रेन होगा।''

मैं भारी मन से चली आई। क्या मैंने ही उस अभागे का सर्वनाश किया था? दूसरी बार, वह मुझे राजभवन की पन्द्रह अगस्ती पार्टी में मिला, एक तो वैसे ही उस अटपटी बहुरंगी भीड़ में मेरा दम घुटने लगता है, तमगा लटकाए– फौजी अफसर, खद्दरधारी धोती की लाँग सँभालते लम्बे, नाटे, मोटे-खोटे नेतागण-अफसरों की पत्नियाँ अपनी वेंकटगिरी, गढ़वाल साड़ियों की पताका फहराती, आकाश की ओर उन्नत नासिका उठाती किसी को कुछ न समझनेवाली मुद्रा में तिर्यक दृष्टि से देख गर्दन फेर लेती। रसमलाई, समोसे, पेस्ट्री स्तूप पर टूटती भीड़, राजभवन का बैंड–सबकुछ मुझे महानाटकीय लगता है। मैं सदा की भाँति एक निभृत कोने में खड़ी थी कि महेश ने मुझे देख लिया, वह हँसता हुआ आ गया। इस बार, उसका व्यक्तित्व कुछ और निखर गया था। बढ़ते उदर की परिधि ही बता रही थी कि जिस महिमामय गृह में रह रहा है वहाँ का नमक असर कर रहा है। क्या अब भी कान में जनेऊ चढ़ाकर, लघुशंका से निवृत्त होने जा पाता होगा बेचारा?

वह मेरे पास आकर खड़ा हो गया। ''हाय'' उसने कहा, साथ में 'पिताजी' की पुत्री भी थी, गहरी बैंगनी साड़ी, वैसा ही लिपस्टिक, सिर से पैर तक सुवर्णमंडिता लगा, जैसे किसी ने त्रिभुवनदास जवेरी का शोकेस ही, मेरे सामने खड़ा कर दिया हो।

''क्यों, तुम्हारा कहानी लेखन कैसा चल रहा है।'' मैंने पूछा।

''जी, इनकी तीन कहानियाँ प्रतिष्ठित पत्रिकाओं में छप चुकी हैं, अब उपन्यास लिख रही हैं। उसे ही पूरा करने हम ऊटी जा रहे हैं।'' उत्तर महेश ने ही दिया, स्पष्ट था कि उपन्यास वही लिख रहा है। मैं उसे आश्चर्य से देख रही थी। वह तो सदा ही संस्कृत का मर्मज्ञ पाठक रहा है। क्या ये ही पंक्तियाँ उसे पथभ्रष्ट कर गईं?

मध्याह्ने निखरे निदाघ समये
तापोघनो वर्त्तने
शीते कुंजवटे विचित्र विटपे
भो पांथ! विश्रम्यताम्
एकाकी च भवानहं च तरुणी

शून्या प्रपा वर्त्तते
लज्जामि ब्रुवति स्वयं व चतुरो
जानासि कालोचितम।

हे पथिक, निदाघ की दोपहरी है, धर्मातप असह्य हो उठा है, इस दशा में चलना असम्भव है, अब तुम इस सुन्दर पेड़ की, एकान्त शीतच्छाया में विश्राम करो, तुम एकाकी हो और मैं तरुणी—साथ ही यह प्रपा भी निर्जन है, तरुणी हूँ इसी से कुछ कहने में लाज आती है पर तुम स्वयं चतुर हो, करणीय, अकरणीय कालोचित तुम जानते हो।

वही निर्जन प्रपा सम्भवतः उसके शतमुखी विनिपात में सहायक हुई होगी। पता नहीं उपन्यास पूरा हुआ या नहीं पर वह पर्वत पुत्र, जो गिरा तो उठ नहीं पाया। चलते-चलते वह न जाने क्या सोच मुझे अपना कार्ड थमा गया था। तब मैंने देखा भी नहीं। घर आकर देखा तो सन्न रह गई।

"मि. महेश चर्मकेयर।"

तो क्या अभागा ऊटी जाने से पूर्व ही मौत के कुएँ में छलाँग लगा बैठा था। मैं गहरे सोच में डूबी रही। वह तो दोबारा जाना ही नहीं चाह रहा था। मैंने ही तो उसे बदलते जीवन-मूल्यों का पाठ पढ़ा फिर वहीं धकेल दिया था। पिछली बार पहाड़ गई तो उसके मामा मिल गए। अल्मोड़ा अपने जिस जजमान के पुत्र का विवाह सम्पन्न कराने आए थे, वहीं अतिथि बन मैं भी गई थी। मैंने पैर छुए तो उन्होंने मुँह फेर लिया, फिर भी खड़ी ही रही।

"आपने शायद मुझे पहचाना नहीं?"

"खूब पहचाना पर एक बात पूछूँ? तुम्हारे पति की तो ननिहाल हमारे गाँव में थी। फिर भी तुमने महेश का ऐसा अनिष्ट क्यों किया? बलि का बकरा बनाने को क्या मेरा ही भानजा रह गया था?"

"मैंने तो उसका भला ही चाहा था मामाजी," उन्होंने मुझे बीच ही में टोक दिया। "क्या खाक भला चाहा था—सुना है उन्हीं की बेटी से विवाह कर, सात पुश्तों की नाक कटा गया अभागा।" "उसकी माँ अब कैसी है?" मैंने डरते-डरते पूछा, "वह अब है कहाँ! मरने से दो महीने पहले एकदम उन्माद मुक्त हो गई थी बेचारी। रातभर तो निर्वस्त्र गाँव में घूमती थी, ठंड लग गई। फिर किसी ने उसे बता दिया कि उसके बेटे ने वर्जित कुल की कन्या से विवाह कर धर्मभ्रष्ट कर लिया है। बस उसी क्षण पागलपन दूर हो गया। घर आकर मुझे पकड़कर रोने लगी। सुना तूने मैरनिया, महेश ने हमारे वंश पर झाड़ू फेर दी। खबरदार जो तूने अब उसका मनीऑर्डर थामा।"

वे चुप हो गए, फिर एक लम्बी साँस खींचकर कहने लगे, "सुना तो था कि पागलपन दूर करने के लिए बिजली के झटके दिए जाते हैं, इससे बड़ा बिजली का झटका अभागी को लग भी क्या सकता था। पहले काँवर हुआ फिर बिगड़कर झाँवर, बिस्तर की चादर तक पीली पड़ गई—एकादशी की पुण्य-तिथि में चोला छोड़ दिया। मैंने उस हरामजादे को खबर भी नहीं दी। मेरी दीदी की पवित्र देह को छूने का, अब उसे अधिकार ही कहाँ रह गया था।"

मैं खिन्न चित्त लेकर लखनऊ लौट आई। मामा की नज़रों में ही नहीं स्वयं अपनी नज़रों में भी, मैं अपने ही को दोषी पा रही थी। न मैं उसे दोबारा भेजती, न वह पन्त से महेश चर्मकेयर

बनता। मैंने नाना तर्क-वितर्कों से अपने को दिलासा देने की चेष्टा की। जो मैं उसके लिए नहीं कर पाई वह स्वयं नियति कर गई थी। उसके बच्चे होंगे तो भले ही पिता की प्रतिभा से वंचित हों, भारत के प्रख्यात पब्लिक स्कूलों के द्वार, उनके लिए 'खुल जा सिमसिम' कहते ही खुल जाएँगे। बड़े होंगे तो बड़े-से-बड़े इंजीनियरिंग कॉलेज, मेडिकल कॉलेज उन्हें महा उत्साह से गले लगाने को तत्पर रहेंगे। नौकरी उनकी बाँदी बनने को तत्पर यानी सबकुछ करतल पर! यह नहीं कि प्रतिभाशाली मेधावी सुयोग्य पात्रों की भाँति नौकरी 'ढूँढ़ते रह जाओगे!'

पर लाख दलीलें देकर मन को समझाऊँ, मन नहीं मानता। बीच-बीच में उस कर्मकांडी, सरल ब्राह्मण का संयत स्वर मुझे चाबुक मारने लगता है। 'बलि का बकरा बनाने को क्या मेरा भानजा ही रह गया था?'

उपप्रेती

साइबेरिया के सीमांत पर बसे, चारों ओर सघन वन-अरण्य से घिरे, उस अज्ञात शहर में अपने किसी देशबंधु को ऐसे अचानक देखूँगी, यह मैंने स्वप्न में भी नहीं सोचा था। वह भी ऐसे व्यक्ति को, जिसके मृत्युभोज में चालीस वर्ष पूर्व बड़ी अनिच्छा से ही सम्मिलित होना पड़ा था। पति के पीपल पानी की प्रेतमुक्ति से मुरझाई रमा, दोनों घुटनों में सिर छिपाए स्तब्ध बैठी थी। उसकी आँखों का अश्रुउत्स ही शायद सूख गया था। एक बार भी उसने मेरी ओर आँख उठाकर नहीं देखा। सब सोच रहे थे, शायद मुझे देख उसकी अस्वाभाविक स्तब्धता रुदन की सहस्र धाराओं में फूट उठेगी—इसीलिए मुझे बुलाया गया था। जब से उस मनहूस दुर्घटना की खबर मिली है, लड़की एकदम बुत बनी बैठी है, न चीखी, न सिर पटका, न रोयी—बस, फटी-फटी आँखों से न जाने क्या देख रही है। उसके नाना यह कह मुझे स्वयं साथ ले गए, "तू चल बेटी, तू ही तो उसके बचपन की एकमात्र सहेली है। शायद तुझे देख दिल का गुबार निकाल ले।"

पर उसने मेरी ओर आँख उठाकर भी नहीं देखा।

"रमा!" मैंने भर्राए कंठ से उसे पुकारा और उसका हाथ थाम लिया।

"जो होना था सो हो गया बेटी, यही तो मैं इससे कह रही हूँ—जोर-जोर से रो-रोकर दिल का गुबार निकाल डाल!" उसकी विमाता बोलती चली जा रही थी, "किसने सोचा था मुझ अभागिन को यह दुर्दिन भी देखना पड़ेगा!" फिर वह आँखों पर आँचल धर सशब्द रोने लगी। उसकी विमाता का वह नाटकीय विलाप सुन मेरी हाड़मज्जा भस्म हो उठी थी। मैं जानती थी कि उसने मातृहीना निरीह रमा पर कैसे-कैसे अत्याचार किए थे। हाईस्कूल में प्रथम आने पर भी उसकी पढ़ाई रुकवा दी गई थी, दोनों वक्त का खाना बनाना, झाड़-बुहारी, ढेर-के-ढेर कपड़े धोना। महीनों से आ रहे उसके महीन ज्वर की भी किसी को चिंता नहीं थी। जितनी बार मैं उसे देखती वह मुझे पहले से और दुबली लगती। और फिर उसकी वह नित्य लगी रहनेवाली रहस्यमय खाँसी। और उन दिनों कुमाऊँ का कौन-सा घर ऐसा था जहाँ इसी खाँसी के बहाने क्षय का तक्षक घर की बहू-बेटियों की छाती पर चोर की भाँति सरकता, कुंडली मारकर नहीं बैठ जाता था!

एक दिन मैंने ही साहस कर उसकी कैंजा (विमाता) से कहा था, "कैंजा, रमा का एक्सरे करवा दीजिए न एक बार। आप कहें तो मैं डॉ. खजान से बात करूँ, वे मेरे जीजा के मित्र हैं, फिर इसकी माँ को भी तो..."

"बाप रे बाप!" भड़क उठी थीं कैंजा, "क्या कहा, एक बार और तो कह! हाँ-हाँ, मुझे पता है क्या था उसकी माँ को। साल में छह महीने तो सैनेटोरियम में रहती थी। इसका

एक्सरे कराऊँ, ऐसी मूर्ख नहीं हूँ मैं। कहीं माँ की बीमारी निकल आई तो कोई घास भी नहीं डालेगा इसे! वैसे ही क्या इसके विवाह में कम अड़चनें लग रही हैं!''

उनकी दृष्टि में रमा का सबसे बड़ा अवगुण था उसका दबा रंग।

''अरी पहाड़ के तो कौवे भी सफेद होते हैं। यह करमजली न जाने कहाँ से मडुवे की जली रोटी का-सा रंग लेकर जन्मी है। इसके साथ की सब लड़कियाँ तो गोद में बच्चे खिला रही हैं।''

''कैंजा, मैं भी तो इसी के साथ की हूँ। कहाँ हुई मेरी शादी?'' मैंने हँसकर कहा तो वे और भड़क गईं।

''बस-बस, अपनी बात क्यों करती है? तू तो पढ़ रही है अभी!''

रमा सात ही वर्ष की थी कि उसकी माँ की मृत्यु हो गई, कुछ दिनों ननिहाल में पली, फिर साल बीतते-न-बीतते विमाता आ गई। एक तो स्वभाव से ही रमा गम्भीर थी, न पहनने-ओढ़ने का शौक, न खेलने-खाने का। उस पर विमाता के अन्याय–पिता की सतत उदासीनता ने उसे असमय ही प्रौढ़ा बना दिया था। मैं ही छुट्टियों में घर आती तो उसे खींच-खाँच कभी कोई पिक्चर दिखा लाती। उन दिनों शहर में एक ही सिनेमा हॉल था। एक बड़ी-सी पोस्टर लगी हाथगाड़ी को जोकर की टोपी लगाए दो छोकरे हाथ का

घंटा हिलाते-खींचते गुहार लगाते, ''आज शाम को, साढ़े पाँच बजे, मुरली मनोहर के पास मोहन टाकीज में अमृत मंथन–शांता आपटे, नलिनी तर्खड बी.ए.।'' साथ ही छपे पर्चे लूटने मुहल्ले-टोलों की भीड़ बेतहाशा उस मंथर गति से जा रही गाड़ी के पीछे भागती। वहीं रमा को मैंने उसके जीवन का पहला चलचित्र 'अछूत कन्या' दिखाया तो उसकी बड़ी-बड़ी आँखें, आश्चर्य से फैलती उसके पूरे चेहरे पर फैल गई थीं।

''क्यों री, क्या यह सचमुच ही इतनी सुन्दर होती होगी?''

उसका कंठ अत्यन्त सुरीला था। यद्यपि कभी किसी ने उसे गाना नहीं सिखाया पर किसी भी गीत को तत्काल सीख ज्यों-का-त्यों दोहरा देने में उसे कमाल हासिल था। उन दिनों पहाड़ी लोकगीत का एक रेकॉर्ड बेहद लोकप्रिय था :

मार झपैका सुरम्याली
कौतिका लागो मार झपैका
मार झपैका, मैं के लै जाँण
दियो ज्यूहो मार झपैका।

(सुरम्याली का मेला लगा है, हे मेरी सासूजी, मुझे भी मेले में जाने दो न।)

रमा के वंशी के-से कंठस्वर में वह गीत एकांत में मैंने न जाने कितनी बार सुना था। ''तेरी आवाज रेकॉर्ड में भरी जाती तो लोग इस रेकॉर्ड की गानेवाली को भूल जाते,'' मैंने कहा।

''चल हट!'' मुझे क्या गाना-वाना आता है। तू कैंजा को सुन कभी, कोयल-सी टहूकती है, कितने गाने आते हैं उसे!''

''भाड़ में जाए तेरी कैंजा, दिन-रात तो तुझे जूतियों की ठोकर मारती रही है। एक तू है कि उसी के गुणगान गाती है!''

उसके मुँह से मैंने कभी कैंजा की निंदा नहीं सुनी। दो ही दिन पूर्व जलती लकड़ी से उसकी सुकोमल पीठ को दाग देनेवाली उस कर्कशा को मैं देख नहीं सकती थी। दोष भी

क्या था कि दूध उबलने धर बेचारी रमा अचानक आ गई वर्षा में भीग रहे कपड़े उठाने चली गई थी, लौटी तो जरा-सा दूध उबलकर छलक गया था। फिर एक दिन सुना, रमा का विवाह तय हो गया, लड़का इंजीनियर है। रमा की रिश्ते की मौसी ने ही बताया तो मुझे आश्चर्य हुआ।

"कैसे यह सुमति आ गई उसकी कैंजा को? मैं तो सोचती थी कि अभागिनी को किसी दुहेजू के पल्ले ही बाँध देगी वह भूतनी।"

"अरी, इससे तो दुहेजू को ही ब्याही जाती," मौसी ने एक दीर्घश्वास लेकर कहा, "संबंधों की तो लुटिया ही डुबो दी जीजा ने। आज तक कभी हम ऊँची धोतीवालों की ऐसी नाक नहीं कटी। एकदम गए-बीते खानदान में दे दिया छोकरी को। लड़के का बाप तो उप्रेती है, पर माँ के वंश में दोष है।"

"सच?"

"और नहीं तो क्या!"

आज से चालीस वर्ष पूर्व तत्कालीन ऊँची-नीची धोतियों की धोबी-पछाड़ ने तब न जाने कितनी सुयोग्य सुकन्याओं के हाथ से ऐसे वर्जित कुल-गोत्र के सुपात्र दूर छिटका दिए थे। पुत्री के लिए सुपात्र ढूँढ़ने प्रवासी कुमाऊँनी आत्मीय स्वजनों को पत्र लिखते तो एक पंक्ति अवश्य रहती—"अच्छा सुपात्र देखें, भले ही दरिद्र हो, पर संबंध अच्छे हों, आप तो जानकार हैं, जानते ही हैं कि हम ऊँची धोतीवालों के लिए 'द'-'च' वर्जित हैं।"

उधर विधाता भी उन दिनों जान-बूझकर ही एक-से-एक सुपात्रों की शिलावृष्टि उन्हीं कुलगोत्रों में कर रहा था। ऊँचे सम्बन्धों से सम्बद्ध होने की उत्कट लालसा ही शायद रमा का सौभाग्य-द्वार खोल गई। रमा का रंग भले दबा हो, पितृकुल का वर्ण था नौ रत्ती बावन तोले का, फिर वह हाईस्कूल पास थी, उन दिनों किसी उच्च कुल की कन्या का हाईस्कूल पास होना पहाड़ में उसका बहुत बड़ा गुण माना जाता था।

भले ही विमाता की सम्भावित कृपणता उन्हें शंकित कर रही थी, पर लड़की की ननिहाल अनूप शहर में थी। अनूपशहरी मामाओं की भात भरने की ख्याति तब दूर-दूर तक थी। उस पर दो मामा थे, दोनों ठेकेदार। बुद्धिमान दूरदर्शी उप्रेतीजी ने मन-ही-मन द्वितीय युद्धकालीन ठेकेदारी का खरा सोना कसौटी पर कस लिया था। उनके स्वयं तीन लम्बे-चौड़े, उजले चिट्टे, कामदेव-से ऐसे बेटे थे जिन्हें देख सचमुच भूख भागती थी—उमेश, महेश और दिनेश। कुमाऊँ की धरणी पुरुषों की कद-काठी में अधिकतर कार्पण्य ही बरतती है, पर उप्रेतीजी के तीनों सपूत तनिक-से लपकने पर ही आकाश के तारे तोड़ सकते थे। गोरा रंग, चौड़ा ललाट, तीनों की एक ही फौजी अन्दाज में बिच्छू के डंक-सी उठी ऊर्ध्वमुखी मूँछें और सब समय होंठों पर लगी कृष्णपक्ष के धूमिल चन्द्रमा-सी सीमित मिंची कृपण मुस्कान। दूर से देखने पर लगता, एक ही ठप्पे के तीन राजपुत्र चले आ रहे हैं।

जब विवाह हुआ तो पूरे शहर में जैसे सहसा आग्नेय गिरि फट पड़ा था। रमा के पिता को लगभग जातिच्युत ही कर दिया गया था, न कोई बरात की अगवानी में पहुँचा, न विदा में। मुझे भी जाने की अनुमति नहीं मिली थी, "खबरदार जो गई, टाँग तोड़ दूँगी!" अम्मा ने दो दिन पूर्व ही अपनी भयानक चेतावनी दे दी थी। यहाँ तक कि रमा के पिता के मित्र नाथशाह ने भी, जिनके साथ शतरंज खेलने में उन्होंने बीस वर्षों में भयानक हिमपात, उग्रवृष्टि की भी

सदा अवहेलना की थी, मुँह फेर लिया। समाज के इस दण्ड से पांडेजी के प्राण कंठागत हो गए थे, उस पर पन्यानीजी ने उनका उठना-बैठना दूभर कर दिया था—"अभी दो-दो चिहड़ियाँ (पुत्रियाँ) हैं ब्याहने को। अब कौन ले जाएगा इन्हें? बाप जूठी पत्तल को चाट आया है, अब इन दोनों के लिए भी ढूँढ़ लो कोई ऐसा ही सुपात्र।"

रमा से विवाह के बाद मैं एक ही बार मिल पाई। खोद-खोदकर ही मैंने उससे उसके नवीन जीवन की अभिज्ञता उगलवाई थी। सास-ससुर-देवरों से भरे-पूरे परिवार में रमा की जमकर रैगिंग हुई है, यह मैं सुन चुकी थी। उसका श्यामवर्ण ही फिर उसका शत्रु बना था। "हमें छोटी बहन दिखाई गई और बड़ी को टिका दिया, नहीं तो हम क्या उल्लू थे जो जानबूझकर मक्खी निगलते?" उप्रेतीजी सबसे कहते फिर रहे थे। रमा का पति उमेश पत्नी की साँवली हथेली देखकर ही बिना मुँह देखे नौकरी पर वापस चला गया था। मैंने यह सब सुना तो अविश्वास नहीं हुआ। ऐसी ही एक अविश्वसनीय घटना तो स्वयं मेरी ननिहाल में घट चुकी थी। नानी से वह कहानी हमने न जाने कितनी बार सुनी थी। आज क्या कोई सोच सकता है कि कोई नववधू का अँगूठा ही देख, बिना चेहरा देखे उसका त्याग कर सकता है? नानी बताती थीं कि उनके भाई ने भी ऐसी ही मूर्खता की थी। कन्या-दान के 'गोठ' में पत्नी का साँवला अँगूठा पकड़ते ही भड़ककर उठ गए थे। पर नानी भी एक ही थीं, वे अधूरी बालिका वधू को अपने साथ लखनऊ ले आईं और एक ही वर्ष में यूनानी नुस्खों से उसे ऐसा सँवारा, ऐसा संदली-बादामी उबटन घिसा कि रंग निखर आया। फिर एक दिन अपने उसी भाई को बुलाकर कहा, "देख पहली बार भूल हो गई, इस बार रंग देखकर तेरे लिए एक सुन्दर लड़की ढूँढ़ी है, देखेगा?"

और उन्होंने देखा क्या कि लट्टू-से घूम गए, "अभी कर दे शादी, जिज्जी!"

काश मुझे भी वे नुस्खे आते!

बेचारी रमा को पति ने अस्वीकार कर दिया, पर ससुराल ने स्वीकार कर लिया। भला गऊ-सी सीधी, बिना वेतन की ऐसी महरी उन्हें कहाँ मिलती! थोड़े दिनों के लिए उसे मायके आने की मोहलत केवल इसलिए मिली थी कि पहाड़ में विवाह के बाद पहला काला महीना लड़की को मायके में बिताना पड़ता है। पर उस बेचारी के जीवन का तो अब हर महीना काला था। तब ही मैं उससे मिली थी।

"क्या तेरे पति ने सचमुच तेरा चेहरा नहीं देखा, रमा?" मैंने पूछा तो उसने कोई उत्तर नहीं दिया। तब लोग ठीक ही कह रहे थे कि उप्रेतीजी का बेटा अपनी पत्नी के कृष्णवर्ण से समझौता नहीं कर पाया और परित्यक्ता रमा उस सम्पन्न गृह में भी दासी की भाँति खट रही है। उसका चेहरा देखा होता तो वह ऐसी मूर्खता कभी नहीं कर पाता। नारी का सौन्दर्य भी दो प्रकार का होता है—या तो स्निग्ध और या फिर उग्र। रमा का आकर्षण उस छायादार वृक्ष का-सा था जिसके तले बैठ क्लांत पथिक भी अपनी क्लांति भूल-बिसर सकता था। तरल-स्निग्ध-काली भँवर पुतलियाँ, नुकीला चिबुक, लम्बी पलकें और ऐसा धीमा कंठस्वर कि दूर बैठी रहने पर मुझे उसकी बात सुनने सदा उसके निकट खिसकना पड़ता।

दूसरे ही वर्ष उसके देवर के विवाह का निमंत्रण मिला, मैं छुट्टियों में घर आयी हुई थी। उस बार उतना कठिन अंकुश भी नहीं था। समाज की गतिविधि भी कैसी विचित्र रहती है! मनुष्य के कठिन-से-कठिन अपराध को भी वह अन्त तक स्वीकार कर ही लेता है और अपराधी को स्वयं ही जमानत की उदार ढील दे मुक्त कर देता है। रमा के पिता के अपराध को भी

समाज पूर्ण रूप से क्षमा कर चुका था। अब वे पूर्ववत् अपने शतरंज के अड्डे पर बैठने लगे थे। रमा को देखने के लोभ से ही मैं वहाँ गई थी। उसकी सास ने बड़े आग्रह से रोक लिया, "हम तुम्हें बिना रत्याली (रतजगा) देखे नहीं जाने देंगी—कल चार बजे तो बरात आ ही जाएगी। नयी बहू को देखकर ही जाना।"

दन्या चीनाखान की दक्ष महिलाओं के नृत्यगीत अल्पना की तो ख्याति सुनी ही थी, उस दिन देख भी लिया। केवल अँगुली के नैपुण्य से चित्रांकित प्रत्येक रेखा का क्या गजब का संतुलन था और कैसी अचूक सीध! शांति-निकेतन में नन्दलाल बोस की पुत्री गौरीभंज की जादुई अँगुलियों का चमत्कार तो देखा ही था—जिसके पीछे कलागुरु पिता की शिक्षा, निष्ठा, अनुभव का दीर्घ इतिहास था। किन्तु कुमाऊँ की सरल, दस-बारह वर्ष की वयस में ही बहू बनकर आयी इन बड़ी-बूढ़ियों का कलागुरु था स्वयं विधाता।

मैं जिससे मिलने आयी थी, उसे इतनी फुरसत ही कहाँ थी कि दो घड़ी मेरे पास बैठती। कभी चाय के दर्जनों गिलास ट्रे में सजाकर बैठक में भेज रही थी। कभी मिठाइयों के थाल में चाँदी का वर्क लगा रही थी—"बहू, पान लगाकर कहाँ धरे हैं? रेजगारी की थैलियाँ कहाँ हैं? अठन्नियों की थैली निकालना जरा! नारियल कहाँ धरे हैं? वे क्या हमारे हाथ का पैसा ले सकती हैं? पैरों में नारियल धरना उनके!" एक बड़ी-सी थाली में रोली-अक्षत धर, रमा प्रत्येक ललाट को विभूषित कर अठन्नी थमाने से पहले संदिग्ध दृष्टि से देखती जा रही थी। कहीं एक बार तिलक मिटाकर दूसरी बार हाथ तो नहीं फैला रही हैं, चोट्टिन। नित्य की सकुची-सिमटी एक कोने में बैठी रहनेवाली रमा को मैं जितनी ही बार देख रही थी उतनी ही बार अवाक् हुई जा रही थी। लगता था लड़की पर किसी ने जादुई घड़ी फेर दी है। एक हाथ से कामदार लहँगे की भारी गोट सँभालती, बार-बार फिसल रहे रंगवाली दुपट्टे को सिर पर साधती वह तकुली-सा नाच रही थी। उस पर रिश्ते की ननदों, देवरानी, जिठानियों के हँसी-ठट्ठे के नहले पर दहला दागती रमा क्या वही रमा थी जो कभी विमाता की एक घुड़की से सहमी केंचुए की-सी कुंडली में सिमट जाती थी! मैं समझ गई। उसने अपने मूर्ख पति का प्रेम निश्चय ही पा लिया था। उसी प्रेम ने उसके खोये सुप्त आत्मविश्वास को झकझोरकर जगा दिया था। मेरा अनुमान ठीक था, उस भीड़ के बीच मैंने उसे मौका देख निभृत एकांत में खींच ही लिया।

"क्यूँ री बड़े लड्डू फूट रहे हैं आज! लगता है सुलह हो गई, क्यों?"

उसके साँवले कपोल अनुपम व्रीड़ा के अबीर से रँग गए। उसने अपनी बड़ी-बड़ी आँखें झुका लीं, "कह गए हैं, इस शादी के बाद अपने साथ ले चलेंगे।"

"ला इसी बात पर दो लड्डू और खिला!"

रतजगे में तो रमा का अद्भुत अभिनय देख स्त्रियाँ लोटपोट हो गई थीं। थाल-सी नथ सँभालती सास ने बार-बार आकर उसकी नज़र उतारी थी।

"लगता है तुम्हारी बहू ने नैनीताल की डिकरी पातर से नाच सीखा है, दिज्यू," उसकी चचिया सास ने कहा और मुझे लगा, शायद ठीक ही कह रही थीं वे, यद्यपि उनकी उक्ति व्यंग्य की प्रत्यंचा में तनी ही लग रही थी। किन्तु रमा जैसी सौम्या ऐसे गीत के साथ ऐसा नाच कर कैसे गई! उसका मधुर कंठ ढोलक की थपेड़ों के बीच मीठे मंजीरे-सा गूँज रहा था :

हमरे ससुर के
तीन-तीन बेटे

तीनों नक्शेबाज हैं
एक शराबी, एक जुआड़ी
एक कोठेबाज है।

हाँफती रमा मेरे ही पास आकर धम्म से बैठ घुँघरू खोलने लगी तो मैंने हँसकर उसे छेड़ दिया था, "क्या सचमुच डिकरी से नाच सीखा है री तूने?" डिकरी रमा के पिता के शतरंजी मित्र शाहजी की रक्षिता थी।

"हाँ," अपनी भुवनमोहिनी तिर्यक् दृष्टि से मुझे बींध उसने कहा, "डिकरी मौसी नानी की मुँहबोली बहन थीं। जब मैं नानी के पास रहती थी तो मैं खिड़की से छुप-छुपकर डिकरी मौसी को नंदादेवी के डोले के आगे रेशमी रूमाल लिये नाचती देखती थी। बस, देख-देखकर सीख गई।"

रात न जाने कब बीत गई, शास्त्रीय संगीत की गोष्ठी का समापन जैसे भैरवी से होता है ऐसे ही उस रतजगे का समापन हुआ था घोड़ी बन्ने से। क्लांत कंठों में अपूर्व जोश आ गया था :

बादल सा गरजता
मेहा सा बरसता
बिजली सा चमकता
आया री बन्ना
बन्ना तू मेरा हरियाला बन्ना
बन्ना तू मेरा शहजादा बन्ना।

जब सारी रात नाचती-गाती स्त्रियाँ फर्श पर कटी लाशों-सी निष्प्राण पड़ी सो रही थीं, मैं चुपचाप निकल आयी। मैं जानती थी कि जगने पर रमा मुझे बरात आने से पहले कभी नहीं जाने देगी।

अच्छा ही हुआ मैं चली आयी, क्योंकि वह भाग्यहीन बरात फिर कभी लौटकर नहीं आयी। रमा के ससुर के तीन-तीन नक्शेबाज बेटों में से एक भी फिर घर नहीं लौटा। पहाड़ में अट्ठारह वर्षों में ऐसी भीषण दुर्घटना कभी नहीं हुई थी। आज तो हर तीसरे दिन, ऐसी न जाने कितनी बरातों को लेकर, बसों के खाई-खंदक में गिरकर पूरे वंश को मटियामेट करने के समाचार हम अखबारों में पढ़ते रहते हैं। पर तब के धर्मभीरु चालक पड़ाव के हर सर्पिलमोड़ पर स्थित देवालय पर श्रद्धा से सिर झुकाते थे, और फिर कुशल अनुभवी नटों की सतर्कता से पहाड़ी सड़कों की रस्सियों पर साँस रोके गाड़ी चलाते थे–किसका नशा और कैसी शराब! मजाल है जो हर मोड़ पर चरती बकरियों के झुंड में से एक भी मिमियाती बकरी बस के नीचे आ जाए!

बरातियों सहित नौशे-नयी बहू को लेकर वह बस हजारों फीट गहरी अंधी खाई में क्या गिरी कि विधाता ने उप्रेती वंश की बेलि ही जड़ से उखाड़कर दूर पटक दी। पितरों को पानी देने के लिए भी उस वंश में दूर-दूर तक मरद का एक बच्चा भी नहीं बचा, घने अंयार वृक्षों के उस जंगल में बस गिरी थी जहाँ वृक्षों की सघन छतरी के बीच छनकर भी कभी सूर्य-किरणों ने धरती का स्पर्श नहीं किया था। शक्तिशाली क्रेन भी होता तो शायद चूर-चूर हो गई उस बस के मलबे को उठाना तो दूर, उसे ढूँढ़ भी नहीं पाता। मैं जब गई तो रमा की ससुराल

में मसानघाट का सन्नाटा था। एक ओर उसकी सास बेहोश पड़ी थी। दूसरी ओर नब्बे वर्ष की ननिया सास। एक ही रात पहले तितली-सी नाच रही डिकरी पातर की प्रतिभाशालिनी शिष्या रमा परकटी तितली-सी निष्प्राण पड़ी थी। उसके बाद, वर्षों तक मैंने उसे नहीं देखा। उसी की मौसी सात-आठ वर्ष बाद मिली और उसी ने बताया कि रमा सिर मुँडा, दीक्षा ग्रहण कर माँ आनंदमयी के आश्रम में चली गई है। जन्म से ही क्षुधातुरा मेरी सखी को छप्पन व्यंजनों का थाल मिला भी तो पहला कौर मुँह में धरते ही विधाता ने छीन लिया।

अच्छा ही किया उसने जो अपनी एक राह तो बना ली। कभी सुनती बनारस के आश्रम में है, कभी देहरादून और कभी नैमिषारण्य, जहाँ वह माँ के वाचनालय की देखभाल करती है। एक बार सीतापुर गई तो उसे ढूँढ़ती वहाँ पहुँच भी गई, किन्तु मेरे तृषार्त चित्त को ऐसा कुआँ मिला जिसका पानी कब का सूख चुका था। वह जब से आश्रम में आयी तब से ही आजन्म मौनव्रत-धारिणी बन गई थी। उस निर्विकार चेहरे पर मुझे इतने वर्षों बाद देखने पर भी आनंद की एक भी रेखा नहीं उभरी। यद्यपि मेरे आतिथ्य में उसने त्रुटि नहीं की। थोड़ी ही देर में मिट्टी के भाँड में दूध, केले के पत्तों में कुछ कटे फल लाकर एक संन्यासिनी हम दोनों के सम्मुख रख गई।

''माताजी अन्न नहीं खातीं,'' उसी ने कहा, ''आप कहें तो बाहर से कुछ मँगवा दिया जाए?''

नहीं, वे कटे फल भी तो मेरे गले के नीचे नहीं उतर रहे थे। जिसके विच्छेद ने उसे असमय ही बैरागिनी बना, सिर मुँडा हाथ में खप्पर थमा दिया था, वह दगदगाता मेरे सामने बैठा आश्चर्य से मुझे एकटक देख रहा था, जैसे कुछ-कुछ पहचान रहा हो। सामने वोदका की बोतल धरी थी और पार्श्व में थी अपूर्व सुन्दरी सहचरी—हलके नीले रंग की वेंकटगिरी साड़ी के ऊपर दामी भड़कीला रूसी शॉल, कानों में झूल रहे लंबोतरे साइबेरियन ऐंबर के लोलक झाड़फानूस की इन्द्रधनुषी आभा में लाल-पीले अंगारों-से दहक रहे थे। ओठों पर यत्नांकित गहरी लालिमा, आँखों के नीचे हरा प्रलेप—फिर भी उस लेप-प्रलेप की बखिया उधेड़ उस विस्मृत चेहरे को पहचानने में मुझे समय नहीं लगा।

यह तो नंदी है—वही जिसे ब्याहने वह बरात गई थी और फिर कभी नहीं लौटी। तब क्या किसी प्रेतशिला को दूर पटक इन दोनों की प्रेतछायाएँ ही मुझे ऐसे घूर रही थीं?

इस बार पार्श्व-संगिनी से कुछ कह वह व्यक्ति मेरी ओर चला आया, ''क्षमा कीजिएगा, पहले मैं आपको पहचान नहीं पाया—एकदम ही बदल गई हैं आप!'' वह खिसियानी हँसी हँसा।

''पर आप तो नहीं बदले, मैंने आपको देखते ही पहचान लिया, वह नंदी है न?''

उसका चेहरा फक् पड़ गया। मैंने आज तक किसी चेहरे में ऐसा आकस्मिक परिवर्तन नहीं देखा। क्षण-भर पूर्व का लाल दमकता चेहरा किसी मुर्दे के चेहरे-सा रक्तहीन पड़ गया। देखते-ही-देखते उस जानलेवा ठंड में भी उसके ललाट पर पसीना छलछला उठा, ''आप उन्हें जानती हैं क्या?''

''जानूँगी क्यों नहीं? कभी हम तीनों एक ही थे—मैं, रमा और नंदी। पर शायद नंदी ने भी आप ही की भाँति मुझे नहीं पहचाना!''

''आइए, आइए, बहुत खुश होगी आपसे मिलकर। आज बड़े भाग्य से तो स्वदेश का चेहरा देखने को मिला है।''

मैंने देखा, उसकी पुष्ट सघन रेशमी मूँछों से लेकर सतर चाल के लटके की एक भी लखौरी ईंट नहीं खिसकी थी। आदमी है या लालकिला! किसी ताबूत में बन्द था क्या अब तक?

कहीं सचमुच प्रेत ही तो नहीं था अभागा!

मैं उठकर उसके साथ की मेज तक गई, "नंदी, नहीं पहचाना मुझे?"

वह फिर भी मुझे उसी रिक्त दृष्टि से देखती रही। फिर उसने पहचान लिया, "अरे, तुम यहाँ कैसे आ गईं? सच, नहीं पहचान पायी पहले, कैसी मूर्ख हूँ मैं। पर देख न, चालीस साल भी तो बीत गए और इन चालीस सालों में हम एक बार भी तो पहाड़ नहीं जा पाए। जाती भी तो क्या मुँह लेकर?"

वह सहसा उदास हो गई।

"पूरा वंश ही तो निर्वंश हो गया इनका। विधाता ने हम दोनों को न जाने कैसे बचा लिया! बड़ी लम्बी कहानी है। सुनाने को भी जी नहीं करता, लगता है फिर वही सब देख रही हूँ। वहाँ से सीधे यहीं चले आए थे। कुछ साल मास्को में रहे, अब यहीं बस गए हैं। पूरे पैंतीस साल बीत गए हैं यहाँ। मैंने तो कई बार इनसे कहा, एक बार घर चलो। कहने लगे, अब घर है ही कहाँ? अम्मा पहले ही हार्ट की मरीज थीं, उस आघात से बची होंगी अब तक? मैं कहती हूँ, जिठानी तो हैं, आखिर तुम्हारी भाभी हैं, तुम्हारी माँ की जगह ही तो हैं अब! भगवान् ने संतान तो दी नहीं, टिपुली-टापुली-से हम ही हैं दो प्राणी, उन्हें यहाँ ले आएँगे। पर ये मानें तब न!"

मेरा सिर चकराने लगा—यह क्या कह रही थी नंदी! मैंने कनखियों से देखा, उसका सहचर वोदका की पूरी बोतल रिक्त कर चुका था। उस उग्र आसव का उत्कट नशा उसकी आँखों में उतर आया था। न जाने किस उत्तेजना से वह दोनों हाथों से रिक्त बोतल को बजा रहा था। तब क्या उसने नंदी से विवाह कर लिया था? नहीं तो वह रमा को उसकी भाभी क्यों कह रही थी? तभी मैंने देखा, मेरे साइबेरियन मेजबान मुझे इधर-उधर खोज रहे हैं। मैंने उन्हें हाथ के इशारे से आश्वस्त किया कि मैं आ रही हूँ और उठ गई।

"मैं चलूँ," मैंने कहा।

"यह क्या, आप कैसे जा सकती हैं?" वोदका का नशा उसकी लटपटी जबान पर उतर आया था, "नो-नो, यू कांट—आज तो आप हमारी अतिथि होंगी।"

"नहीं, मुझे कल एक लेखकीय गोष्ठी में जाना है और फिर रात दो बजे की फ्लाइट से मॉस्को लौटना है।"

"नो-नो" कहता उप्रेती अविवेकी अधैर्य से मेरा मार्ग अवरुद्ध कर खड़ा हो गया, जैसे मुझे बाँहों में बाँधकर रोक लेगा। मैं बुरी तरह घबड़ा गई। आसपास की मेजों पर जुटे लोग हमें कौतूहली दृष्टि से देखने लगे थे।

"मुझे क्षमा करें," कह मैं बड़े कौशल से उस चक्रव्यूह से निकल तीर-सी छिटक गई।

रात-भर फिर उस बियावान होटल के मखमली गद्दे पर मैं अनिंद्र करवटें बदलती रही। बार-बार मुंडितकेशा, गैरिकवसना रमा के विषण्ण चेहरे की स्मृति मुझे विदग्ध करती रही। उप्रेती की सचेतन निष्ठुरता को मैं क्षमा नहीं कर पा रही थी। वह विधुर होता और दुर्घटना में मृत छोटे भाई की स्पर्शकातरा, अक्षत कौमार्य सेंतती विधवा को ब्याह लाता तो मेरे हृदय में उसके लिए

श्रद्धा होती। पर यह क्या, रमा को जानबूझकर वैधव्य की मरीचिका में भरमा, उसे इस विलासपूर्ण जीवन को जीने का क्या अधिकार था? और विधाता का भी यह कैसा न्याय था कि विधवा सधवा बनी सौभाग्य का भरपूर सुख भोग रही थी, और सधवा वैधव्य का दारुण दुख झेल रही थी—एक थी मुखर, दूसरी मौन।

'संतान सुख तुम्हें मिल भी कैसे सकता था उप्रेती?' मैं मन-ही-मन कहने लगी।

नैमिषारण्य के उस अरण्य में स्थित पुस्तकालय में वेद-उपनिषदों से घिरी, सर्वस्व त्यागिनी उस गरीब की जबान भले ही न खुली हो; भले ही उसने आजन्म मौत व्रत धारण किया हो—उसकी अंतरात्मा की फरियाद तो ऊपर की अदालत तक पहुँची ही होगी। क्या तुम जानते हो उप्रेती, कि तुम्हारी तथाकथित मृत्यु के उस भ्रामक आघात के बाद उसने कभी अन्न का स्पर्श भी नहीं किया? असंख्य निर्जला एकादशियों के कठोर व्रत ने उसे अपर्णा बनाकर रख दिया है। उस कंकाल के किस अँधेरे कोटर में, कौन-सी धड़कन ने उसे अब तक जीवित रखा है? शायद अब भी अभागिनी तुम्हारे संभावित प्रत्यावर्तन का निष्कंप प्रदीप जलाए बैठी है कि तुम्हारी देह तो मिली नहीं, क्या पता तुम कभी लौट ही आओ! काश, मैं उससे यह सब कह पाती!

दिन-भर मैं इधर-उधर गोष्ठियों में भटकती रही, संध्या को होटल में लौटी। फ्लोर क्लर्क से चाबी लेकर मैंने कमरा खोला, भीतर पहुँचते ही खिड़की खोल दी। हिमशीतल हवा का झोंका सहसा विजना-सा डुला गया। तीव्र स्रोता, असीम शक्तिशालिनी नदियों का देश है साइबेरिया। इसी से वहाँ की हवा का हर झोंका पानी से भीगी खस की टट्टी की बयार-सा मधुर लग रहा था—जबकि बार-बार होटल की एक स्थूलकाया आनंदी कर्मचारिणी मुझे इशारे से चेतावनी दे जाती थी कि मैं भूलकर भी खिड़की न खोलूँ। फिर वह उसी कुशल मूकाभिनय से, स्वयं अपनी गदबदी कलाई, दोनों घुटने थामकर मुँह बनाती जैसे उसे भयानक वातजनित कष्ट हो रहा हो—अर्थात् मैंने खिड़की खोली तो बर्फीली हवा मेरी भी वही अवस्था कर देगी। पर वह जाती तो मैं चट से खिड़की खोल देती। दीर्घ ड्राइव की क्लांति पलक झपकाते ही उस बयार के स्पर्शमात्र से दूर हो जाती। शायद जानबूझकर ही उस होटल की खिड़कियाँ बड़ी-बड़ी बनायी गई थीं कि आधुनिक भ्रमणार्थी दिगंत विस्तृत, विचित्रवर्णी, बहुदूरव्यापी वह अपूर्व दृश्य देख सकें।

साइबेरिया को जितना ही देख रही थी उतना ही उसका अपनी जन्मभूमि से साम्य मुझे मुग्ध कर रहा था। वह अनजान-अनचीन्हा शहर यूरिकुष्ट क्या एकदम अल्मोड़ा का आबेहूब दूसरा रूप नहीं था? पर्यटकों को जैसे हिमालय की माया रह-रहकर बाँधती है कि बार-बार वहाँ पर्यटक बनकर आएँ, ऐसे ही वह शहर भी मुझे बार-बार आने का मौन निमंत्रण दे रहा था। वहाँ का भूतत्व, सृष्टिरहस्य, जीवजंतु, उद्भिद, जलवायु सबकुछ ही तो कुमाऊँ जैसा था। यहाँ तक कि कर्मठ स्त्रियों के गोल गाल, गुलाबी चेहरे, कमर पर दोनों हाथ धर खड़ी हो तनिक बंकिम ग्रीवा कर, नवागत को देखने का कौतूहली अंदाज, रंग-बिरंगी छींट के प्रगाढ़ रंगों के प्रति लगाव, स्वस्थ दंतपंक्ति, गोदी में गदबदे शिशु—यहाँ तक कि कहीं-कहीं हाथ में ठेठ पहाड़ी चिलम गुड़गुड़ाते वृद्ध भी मुझे एकदम स्वदेशी लगे। पुरुषों की वैसी ही अलस दिनचर्या—कहीं शतरंज, कहीं ताश; और स्त्रियों की वैसी ही कर्मठता जिसका सटीक वर्णन कुमाऊँ के गजेटियर में पढ़ने को मिलता है। वहाँ की सर्पिल पगडंडियाँ, वहाँ का प्रभात, मध्यान्ह, संध्या, ज्योतस्नाप्लावित रात्रि, प्रखर ग्रीष्म में भी तुषारावृत शीत का समावेश सबकुछ ही तो एक-सा

था। यहाँ तक कि वहाँ की विश्वविख्यात बेकाल झील की नील-हरित द्युति झलकाता जल भी मुझे ऐनमैन नैनीताल की झील का-सा ही विचित्रवर्णी लगा था। दोनों की ही अतुल जलराशि में विधाता ने मुट्ठियों-भर नीलम-पन्ना बिखेर दिए क्या!

सहसा घंटी सुनकर मैं चौंकी। मेरे पास के कमरों में चीनी संगीतकारों का एक दल टिका था। कई बार उनमें एक-न-एक अपना कमरा समझ मेरे कमरे की घंटी बजा जाता। और कौन हो सकता था इतनी रात को? मेरी फ्लाइट जाने में पूरे आठ घंटे बाकी थे। किसी कारणवश निर्धारित उड़ान उस दिन स्थगित कर दी गई थी। मुझे तड़के ही मंचूरिया से आ रही फ्लाइट से जाना होगा—मेरे मेजबान आकर मुझे स्वयं सूचित कर गए थे। तो अब कौन आ सकता था?

मैंने द्वार खोला तो सहसा सहम गई। हँसता उप्रेती बिना मेरी अनुमति की प्रतीक्षा किए बड़ी अंतरंगता से भीतर चला आया।

''क्षमा करें, आपको असमय परेशान किया, पर न आता तो फिर आपसे भेंट न हो पाती।''

''बैठिए,'' मैंने कुर्सी खींच दी, ''आप अकेले?'' मैंने पूछा।

''जी हाँ, जो कुछ कहने आया हूँ, वह अकेले ही कहना ठीक लगा।''

मन-ही-मन एक अकुलाहट मुझे अपदस्थ कर उठी—कौन-सी बात कहने आया होगा?

''देखिए, आपने पता नहीं कल क्या सोचा होगा। नंदी ने बताया कि आई कुड नॉट कैरी माई ड्रिंक्स। सोचा स्वयं जाकर आपसे क्षमा माँग लूँ। ऐसा आज तक कभी हुआ नहीं। डिंक्स कैरी करने की मेरी अद्‌भुत क्षमता का लोहा तो मेरे रूसी मित्र भी मान चुके हैं। पता नहीं क्या हुआ, शायद आकस्मिक उत्तेजना ने ही नशे को उग्र कर दिया था। मुझे क्षमा करें, मैं बेहद शर्मिंदा हूँ।''

''इतनी-सी बात के लिए आप इतनी रात को इतनी दूर चले आए उप्रेती जी! फिर आपने तो कोई ऐसा अशोभनीय आचरण नहीं किया था। मुझे रुकने के लिए ही तो कहा था।'' मैंने कहा।

''नहीं, नहीं, मुझे नंदी ने सब बताधदिया। मैंने बाँहें फैलाकर, बड़ी अशिष्ट अभद्रता से आपका रास्ता रोकने की चेष्टा की थी। आई ऐम रियली सॉरी, मैडम।''

''आप बैठें, मैं कैफेटेरिया से दो कप कॉफी ले आऊँ। बेहद ठंड है।''

मैं कॉफी लेकर लौटी तो देखा उप्रेती मोहाविष्ट-सा उसी मुद्रा में आँखें मूँदे चुपचाप बैठा है, जिसमें जाते-जाते मुड़कर मैंने उसे देखा था।

''लीजिए, कॉफी ही मिली, वह भी बिना मलक्का (दूध) के,'' मैंने हँसकर गांभीर्य के कुहासे को उड़ाने की चेष्टा की।

''सुनिए।'' वह कहने लगा, ''मैं आपसे एक अनुरोध करने आया हूँ, आपने कल जो कुछ देखा है, प्लीज भारत लौटने पर उसे अपने ही तक सीमित रखें।''

''क्या देखा है मैंने?'' अनजान बन मैंने पूछा।

''नंदी को, मुझे—वही सब,'' अचानक प्याला मेज पर धर उसने निरीह मस्तक ऐसे झुका लिया जैसे कोई जघन्य अपराध किया हो। ''रमा आपकी बालसखी रही है, वह मुझे सब बता चुकी थी। आपकी सहानुभूति निश्चय ही उसके साथ होगी। पता नहीं मुझे क्या समझ

रही होंगी आप! पर मैं आपको अपना बयान भी सुनाना चाहता हूँ। दोष मेरा था या नंदी का या नियति का—आप स्वयं फैसला करें।''

मैं सोचती हूँ—बेचारा उप्रेती! यदि वह जानता कि मैं कहानी लिखती हूँ तो शायद वह मुझे यह कथानक नहीं थमाता। कौन ऐसी मूर्ख लेखनी होती जो ऐसा दुर्लभ कथानक पटापट टेप न कर लेती? किंतु इतना संयम मैंने अवश्य बरता है—जब तक मुख्य पात्र मंच से, नेपथ्य में कभी न लौटने के लिए विलुप्त नहीं हो गए, मैंने कुछ नहीं लिखा। रमा के इसी ज्येष्ठ में देहत्याग का दुःसंवाद मुझे उसका एक शिष्य थमा गया, ''माताजी नहीं रहीं। यह आपको देने के लिए कह गई थीं।'' एक दीमक-खायी जीर्ण पीली पुस्तक 'वेदत्रयी', एकमुखी रुद्राक्ष की जपमाला और मेरे ही हाथ का बना चमड़े का बटुआ, जो कभी मैंने उसे शांतिनिकेतन से भेजा था। खोला तो उसमें दो चित्र थे—एक उसकी गुरु माँ का, दूसरा उप्रेती का पीला पड़ गया चित्र। समझ गई कि सुदीर्घ साधना के बीच भी अभागिनी के चित्त से उसके क्षणस्थायी सौभाग्य की स्मृति विलीयमान नहीं हो पाई थी।

मेरे लिए एक छोटा-सा पत्र भी था :

''अब तुम्हीं मेरी एकमात्र परिचिता बची हो। पहले, बहुत पहले दिया गया तुम्हारा उपहार तुम्हीं को लौटा रही हूँ। मन की एक अवस्था ऐसी भी होती है बहन, जिसका आविर्भाव होते ही महापुरुष का दर्शन हो जाता है। अपने जीवन में मुझे यह प्रत्यक्ष दुर्लभ अनुभव कई बार हुआ है। उसी अवलंब ने शायद अब तक जीवित भी रखा है। किंतु इस अवस्था को बार-बार ले आना तो प्रयत्नाधीन नहीं है। अब चारों ओर से उपद्रवों ने मेरा चित्त अशांत कर दिया है। एक हताशा मुझे निरंतर मृत्यु की ओर खींच रही है। स्वर्गगता जननी के राजरोग ने मुझे बुरी तरह जकड़ लिया है। कई बार रक्तवमन कर चुकी हूँ। यह मैं समझ गई हूँ कि मेरे दिन अब पूरे हो चुके हैं। इसी से किसी ऐसे निभृत निर्जन स्थान में छिपकर उस आनंदमय मुहूर्त की प्रतीक्षा करना चाहती हूँ, जहाँ मृत्यु और मेरे बीच कोई तीसरा न रहे।''

यही हुआ भी, कनखल के सतीघाट-सा निर्जन स्थान भला उसे उस दिव्य मिलन के लिए और कहाँ मिल सकता था?

''नहाने में ही माताजी का पैर रपटा और तीव्र वेग में बह गईं। बड़ी दूर जाकर लाश मिली।'' शिष्य ने बतलाया। पर 'पैर' रपटा या स्वयं रपटाया गया?

वह जीवित होती तो मैं उसके जीर्ण हृदय को आहत करने की यह धृष्टता कभी न करती। मरे साँप को मारकर मुझे मिलता भी क्या? पाठकों की प्रशंसा और पारिश्रमिक का लोभ मुझे कदापि यह सब लिखने को प्रेरित नहीं कर पाता। किंतु वही नहीं रही। रहा उप्रेती, वह क्या कभी भारत लौट पाएगा? न ही इस कहानी के पृष्ठ उतनी दूर जाकर फड़फड़ा पायेंगे। उप्रेती के शब्द अभी भी कानों में गूँज रहे हैं :

मैं उस कालसर्प के डंक से अभी भी पलपल गला जा रहा हूँ। कहते हैं धामन साँप डंक देकर तत्काल प्राण नहीं लेता, वर्षों तक अंग-अंग सड़ा-गलाकर मृत्यु-दंड देता है। वैसा ही दंड मुझे गला रहा है। मैं उस डंक को जीवन भर नहीं भूल सकता। बरातियों से भरी बस उनके उल्लसित कलकंठ से गूँज रही थी। आत्मीय स्वजन, लाल दुशाला कंधे पर डाले मेरे पिता, पीला जामा पहने नौशा बना मेरा बाँका भाई, उसकी चादर की गाँठ से बँधी लाज से सिमटी नववधू,

विशुद्ध घृत में बने पहाड़ी पकवानों की मीठी-मीठी सुगंध, काँसे के कटोरे में पीले कपड़े से बँधा नयी दुल्हन के मार्ग का नाश्ता, हमारी पारम्परिक चावल के आटे की बनी 'सै' जिसे पिता की नजर बचा हाथ डाल-डालकर मेरा छोटा भाई लगभग रिक्त कर चुका था—कुछ भी नहीं भूल पाया हूँ मैं। सब परम प्रसन्न थे। कन्यापक्ष ने अपने त्रुटिहीन आतिथ्य में दिल खोलकर रख दिया।

"अरे भाई ड्राइवर ज्यू," बाबूजी ने सहसा कहा, "जरा जल्दी हाथ चलाना हो। चार बजे तक पुष्य नक्षत्र है। घर पहुँच उसी शुभ नक्षत्र में द्वारपूजा हो जाए तो बड़ा अच्छा रहे।"

"गुरु, पहुँचा तो एक ही घंटे में दूँगा, पर ये साली मछखाली का मोड़ बड़ा ऐबी है, इसी से स्पीड तीस से ऊपर नहीं जाने देता।"

कुमाऊँ मोटर यूनियन की वह दीर्घदेही बस पूर्ववत् गजगामिनी बनी चलने लगी। सहसा, उधर से एक मिलिटरी की बस बड़ी तेजी से आयी। उसी की टक्कर बचाने हमारे सतर्क चालक ने जो तेजी से गाड़ी मोड़ी तो एक सम्मिलित आर्त्तनाद और धमाके ने मेरी चेतना छीन ली। फिर क्या हुआ, कैसे हुआ, मुझे कुछ होश नहीं।

जब चेतना लौटी तो चारों ओर घुप्प अँधेरा था। घनी झाड़ियाँ और दैत्य-से लंबे-लंबे वृक्ष, साथ में मूसलाधार वर्षा। न किसी की चीख, न कराह, सुई भी टपकती तो नगाड़े का धमाका होता। चोट जितनी गहरी हो, उसका आभास उतनी ही देर में होता है, यह अनुभव मुझे जीवन में पहली बार हुआ। मैं उठकर खड़ा हुआ तो अपने ही रक्त की विचित्र गंध पाकर सहम गया। मेरी गीली कमीज वर्षा से नहीं, मेरे ही रक्त से भीगी है, मैं उस अँधेरे में भी समझ गया। पर कहाँ लगी थी चोट? तभी कंधे पर जैसे किसी ने बरछी घुसेड़ दी। तीव्र वेदना से मैं छटपटा उठा। हथेली धरी तो ताजे खुले घाव में अँगुलियाँ धँस गईं। मैं फिर बेहोश होकर वहीं पर गिर पड़ा। न जाने कितने घंटों बाद मेरी चेतना फिर लौटी। अव्यक्त विवश वेदना मुझे विक्षिप्त कर उठी। बाबू, महेश, दिनेश—कहाँ हो तुम सब? पर वहाँ था ही कौन जो उत्तर देता? अंधे की भाँति घने अँधेरे को चीरता मैं जिधर कदम बढ़ाता वहीं किसी निष्प्राण देह से टकरा जाता। सारी रात मैं मसान में भटक रहे अवधूत-सा ही भटकता रहा। पौ फटी, बाज बुरुंश के दैत्याकार वृक्षों को चीर, धीरे-धीरे उन असहाय लाशों पर फैलती सूर्य की किरणों ने रात की उस अस्वाभाविक चुप्पी का रहस्य खोल दिया। कहीं कटी टाँगें पड़ी थीं, कहीं कबंध-से मुंडविहीन धड़। वस्त्रों से ही एक-एक को पहचानता मैं बिलखता अपने दोनों भाइयों की क्षत-विक्षत देहों से लिपट न जाने कब तक बिलखता रहा। दोनों एक-दूसरे से ऐसे लिपटे थे जैसे आसन्न मृत्यु का स्पष्ट आभास था—एकसाथ ही उसका वरण करने मौत की उस घाटी में कूद गए हों।

मैंने फिर साहस कर एक-एक निष्प्राण देह की गिनती की। क्या पता कोई अब भी बच गया हो। बार-बार गिनने पर भी मैं इकतीस निर्जीव देहों की ही पुष्टि कर पाया। बस-ड्राइवर सहित हम तैंतीस वरयात्री थे—तब वह कहाँ गई? बड़ी देर तक ढूँढ़ने पर भी जब नववधू की देह मुझे नहीं मिली तो मैं थककर बैठ गया। मेरा सिर भन्ना रहा था। आँखें स्वयं मुँदी जा रही थीं—क्या यही मृत्यु थी? कंधे का घाव शायद बहुत गहरा था, रक्त से सने मेरे वस्त्र, मेरी देह पर ही सूख चले थे। अब केवल घाव की चिलक बाकी थी।

धप-धप! वर्षा रुक गई थी। सबकुछ निःस्तब्ध था, सब अचल। सचल थी केवल मेरे हाथ की घड़ी—टिक-टिक-टिक-टिक। लगता था नयी बहू बस के भीतर ही कहीं कुचल गई थी। किन्तु बस को देखकर लगा, यदि ऐसा ही था तो उसके जीवन की आशा करना व्यर्थ

था। फिर भी मैं साहस कर बढ़ा। मेरा अनुमान ठीक था। एक क्षीण कराह का शब्द सुन मैंने टूटकर टिट्टर बन गए बस के द्वार को तोड़ा। अपने कंधे के घाव की तीव्र पीड़ा से मैं तिलमिला उठा। फिर मैंने कैसे उसे निकाला, यह बताने में मैं आज भी सिहर उठता हूँ। जब अंतिम बार शरीर की समस्त शक्ति लगाकर उसे बाहर खींचा तो मेरे कंधे के घाव से रक्त का फव्वारा-सा छूट गया। उसके रक्तरंजित निष्प्राण चेहरे को देख मैंने आँखें बंद कर लीं। वह बीच-बीच में कराह रही थी। उसके चेहरे का रक्त, उसके किसी घाव का नहीं, मेरे ही कंधे के घाव का है, यह तो बड़ी देर बाद समझ में आया। आश्चर्य था कि उस घातक दुर्घटना ने केवल बुरी तरह छिली कुहनियों के और कोई भी चिह्न नहीं छोड़ा था। उसे कंधे पर लाद उस भयानक परिवेश से मुझे दूर ले जाना होगा, क्योंकि जिस वीभत्स मुर्दाघर को देख मैं पुरुष होकर भी सहम गया था, उसे देखकर वह फिर जीवित नहीं रहेगी।

वह स्थान और भी बियावान था। बड़े-बड़े, प्रहरी-से खड़े दैत्याकार देवदार द्रुम, अखरोट, स्यूँत के विराट् छतरीदार वृक्ष, उस पर सुनहली 'पिरुल' घास पर मेरे पैर ऐसे फिसल रहे थे जैसे पैरों में स्केट्स के गतिशील पहिये बँधे हों। एक पेड़ के नीचे मैंने उसे उतारा तो उसकी देह निःस्पंद थी। तो क्या वह बत्तीसवाँ मुसाफिर भी चल दिया? अब निश्चय ही मेरी बारी थी। कुछ भय से, कुछ प्यास से, मेरी जीभ तालू से ऐसी चिपक गई थी कि चेष्टा करने पर भी मैं उसे छुड़ा नहीं पा रहा था, लग रहा था निरंतर कंठ में धँसी जा रही है। दूर-दूर तक कहीं पानी का नामोनिशान भी नहीं था। आदमी तो दूर, लगता था उस अरण्य में कभी कोई परिन्दा भी नहीं चहका होगा। मैंने उसे यत्न से नीचे धरा और पानी की खोज़ में निकल गया।

थोड़ी ही दूर जाने पर जलप्रपात का क्षीण आभास पा मैं बड़े उल्लास से बढ़ा। एक पहाड़ से वह झरना शायद मेरे लिए फूटा था। तिमिल के पत्ते का दोना बना मैंने जलधार संचित की, ठंडे जल की कृपण धारा से हाथ-मुँह धोया, फिर कंधे के घाव को उस पहाड़ी प्रपात की मृत्युंजयी धारा में लगा दिया।

मैं पानी लेकर पहुँचा तो वह पूर्ववत् बेहोश पड़ी थी। निश्चय ही चोट गंभीर थी, ऐसी गुम चोट तो कभी घातक भी हो सकती थी। मैंने उसके कमनीय चेहरे पर जमा रक्त धोया, आँखों पर छींटे मारे, पर वह जैसे गहरी नींद में सो रही थी। जितनी ही बार उसे देख रहा था, भीतर-ही-भीतर मेरा कलेजा कोई उतनी ही बार मरोड़ रहा था। महेश होता तो कैसी शिव-पार्वती की-सी जोड़ी फबती इन दोनों की। बेचारी ने शायद पति का चेहरा भी कभी नहीं देखा होगा! रक्त का एक लम्बा-सा तिलक उसके ललाट से लेकर माँग तक चला गया था। मैंने धीरे-धीरे उस सूखे रक्त की रेखा को मिटाया, तो देखा कहीं कोई घाव नहीं था, मेरे कंधे का रक्त शायद उसके चेहरे को रक्तरंजित कर गया था। मैंने उसकी नाक के नीचे हाथ रखा, अधखुले होंठों पर उलटी हथेली धरी—नहीं, कहीं भी साँस नहीं थी। अब इस मुर्दा देह की चौकीदारी कर क्या लाभ? जैसे भी हो, अब मुझे अपने प्राण बचाने होंगे—अपने लिए नहीं तो हार्ट की मरीजा अपनी रुग्ण माँ के लिए, जो अपने वंश के निर्वंश होने का आघात कभी नहीं झेल पाएगी। मैं उठा, फिर न जाने क्या सोचकर, उसी ओढ़नी से उसका चेहरा ढाँपने झुका। तभी मुझे लगा, उसकी देह सामान्य स्पंदन से हिली—ओह उसमें प्राण शेष थे। अब मैं उसे उस जंगल में अकेली छोड़कर कैसे जा सकता था।

फिर एक लम्बी कहानी है मैडम, मेरे संघर्ष की, मेरे अंतर्द्वन्द्व की। मेरे विनिपात की, मैं क्या जानता था कि दूर बैठी अदर्शी नियति ठीक मेरी छाती पर अपना अचूक निशाना

साध रही है? कभी पानी के छींटे मारता, कभी कँटीली हिसालू की झाड़ियों से हिलासू बीन उनका रस उसकी कठिनता से मिंची दाँती के बीच टपकाता। तीन दिन और तीन रात मैंने उसके सिरहाने एक ही आसन में बैठकर बिता दिए। चौथी रात को उसने आँखें खोलीं, माघ की हड्डी कँपानेवाली तीव्र बर्फीली हवा हमारी पसलियों को आरे-सा चीर रही थी। सहसा हिमपात होने लगा और आप तो जानती ही होंगी, पहाड़ी हिमपात गिरिकंदराओं को कैसी भयावह निःस्तब्धता से लील लेता है, न बिजली की चमक, न बादलों की गरज—केवल आकाश से कोई दक्ष अदृश्य धुन्ना रुई धुन-धुनकर बिखेर रहा था। शायद उसकी चेतना पूर्ण रूप से लौट आयी थी। मैं कुछ कहता, इससे पहले ही वह "मुझे डर लग रहा है। बहुत डर लग रहा है।" कहती बच्ची-सी मुझसे लिपट गई।

आपसे गायत्री की सौं खाकर कहता हूँ, सारी रात जलसर्प के जोड़े-से लिपटे रहने पर भी किसी भी विकार ने मुझे भ्रष्ट नहीं किया। यौनताहीन उस आलिंगन में उसके ठंड से काँपते शरीर को अपनी देह का उत्ताप देने की ही मेरी निःस्वार्थ भावना रही थी।

रात-भर मैं यही सोचता रहा, उससे क्या कहूँ? कैसे कहूँ। तब स्वयं उसी ने मेरा कार्य सुगम कर दिया।

"क्या कोई भी नहीं बचा?" वह उठकर बैठ गई। फिर बड़े ममत्वपूर्ण अधिकार से उसने अपना सिर मेरे कंधे पर धर दिया, "आप भी न बचते तो मैं क्या करती! मेरा सौभाग्य बच गया! अब कोई यह तो नहीं कह पाएगा कि मैं अलक्षणी हूँ!" मेरा कलेजा हिम हो गया—क्या वह बेचारी मुझे अपना पति समझ रही थी?

"सुनो, हमें अब यहाँ से बाहर निकलने की राह ढूँढ़नी होगी। यहाँ भूखे-प्यासे कितने दिन रह पायेंगे?"

मैंने कहा, "हो सकता है जंगली जानवर भी हों यहाँ—शेर-भालू।"

"नहीं, नहीं।" वह फिर थरथर काँपती मुझसे लिपट गई और उसने अपनी दोनों सुकोमल बाँहें मेरे गले में डाल दीं। उसी दिन शतमुखी विनिपात के प्रथम सोपान पर स्वयं नियति मुझे खड़ा कर गई थी।

दूसरे दिन पौ फटने से भी पहले वह चौंककर जग गई, "कोई हमें ढूँढ़ने नहीं आएगा?"

"उनके लिए हम मर-खप चुके हैं। जिस गहरी घाटी में हमारी बस गिरी है, वहाँ क्या मनुष्य की दृष्टि भी पहुँच सकती है कभी? चलो हिम्मत करो।"

पूरे पन्द्रह दिन की उस सुदीर्घ विषम यात्रा ने हमारे प्राण कंठागत कर दिए थे। मार्ग-भर कोई जंगली फलों के पेड़ दिखते तो मैं लपककर ठोने में भर लाता। पैरों में छाले पड़ गए, कपड़े फटकर चिंदी-चिंदी हो गए।

यात्रा के अंतिम पड़ाव तक वह एकदम ही निष्प्राण-सी होकर गिर पड़ी। "नहीं-नहीं, मुझे अब चलने को मत कहो, मैं नहीं चल पाऊँगी।"

मैंने उसे गोद में उठा लिया और जब आधी रात को टिमटिमाती बत्ती देखी तो पैरों में नयी शक्ति का संचार हो गया। डूबते को तिनके का सहारा मिला। निकट आने पर यायावर खूँखार तिब्बती लामाओं के भयावह अप्सू कुत्ते हमें देखते ही जोर-जोर से भौंकने लगे, सजग लामाओं को हाथ में मशाल लिये देखा तो मेरा कलेजा काँप उठा। बचपन में माँ से सुना था ये तिब्बती हूण आदमखोर होते हैं, इससे पहले कि वे मुझसे कुछ पूछते, मैं अपनी पीठ पर लदे मोहक बोझ के साथ ही वहीं गिरकर मूर्च्छित हो गया।

पूरा महीना फिर उसी खेमे में न जाने कब और कैसे बीत गया। अच्छा ही था जो ऐसी सहृदय टोली की मेजबानी मिली जो न हमारी भाषा समझती थी, न हम उनकी। भाषा के व्यवधान के बीच वे समझ गए कि हम किसी भयानक दुर्घटना के शिकार हुए हैं। कुछ उनकी मृत्युंजयी तिब्बती जड़ी-बूटियों के चमत्कार ने, कुछ उनकी उग्रतेजी जौ की शराब 'च्युंग' ने और कुछ उनके निष्कपट स्नेह ने हमारे तन और मन दोनों के घाव एकसाथ भर दिए। जिस दिन हमने उनसे विदा ली, उस दिन हम स्वयं नहीं जानते थे कि हमारी नाव किस घाट लगेगी।

"नंदी, घर चलोगी?" मैंने उसी दिन उससे पूछा था।

"नहीं," वह रोने लगी थी। "लोग यही कहेंगे मैं अपया हूँ। आने से पहले ही सबको खा गई।"

"तब?"

"वहीं चलो जहाँ तुम्हारी नौकरी है। वह नौकरी तो मिलेगी न?" उसने बड़े भोलेपन से पूछा।

मैं उससे कैसे कहता कि नौकरी तो नहीं छूटेगी नंदी, पर तुम मुझसे छूट जाओगी। एक न एक दिन घरवाले हमारा अता-पता लगा ही लेंगे, फिर पूरा दफ्तर ही तो जानता है, मैं भाई की शादी में गया हूँ। वह दिन फिर क्या नंदी के लिए बड़े सुख का होगा?

मैं विवाहित न होता तो मैं नंदी के लिए सब परम्पराएँ तोड़ सकता था। आप तो जानती हैं हम कुमाऊँ के ब्राह्मणों में ऐसे विवाह आज तक कभी नहीं हुए। मैं नंदी का देवर भी होता तो शायद समाज से जूझ सकता था। पर मैं तो जेठ था जिसकी छाया भी छोटे भाई की पत्नी के लिए वर्जित है। यह क्या कर बैठा था मैं! वैधव्य के आघात से बचाने के लिए मैंने उसे जीवन के कैसे घातक मोड़ पर खड़ी कर दिया था।

मैं अपनी नौकरी पर नहीं गया। एक अनजान शहर में नियति ने मुझे एक फैक्टरी में नौकरी दिलवा दी। था तो मैं मेकेनिकल इंजिनियर। एक दिन मैंने उससे कहा, "नंदी, तुम्हें अपने इजा-बाबू की याद नहीं आती?"

उसकी रसीली मदमस्त आँखें छलछला उठीं, "उनके लिए तो मैं मर चुकी हूँ। इतने दिनों बाद गई तो भूत समझेंगे हमें।"

"ठीक कहती हो, नंदी।" मैंने उसे खींचकर गले लगा लिया था। "हम सबके लिए मर चुके हैं अब। भूत-प्रेत बनने में ही हमारा हित है, पर कोई आकर तुमसे कहे कि मैं तुम्हारा पति नहीं हूँ, मैंने तुम्हें ठगा तो?"

मेरा कलेजा उसके उत्तर की प्रतीक्षा में धड़कता मेरे कानों में बज रहा था, "तुमने तो कभी मुझे देखा भी नहीं था, नंदी।"

चट से उसने अपनी बताशे-सी सफेद हथेली मेरे होंठों पर रख दी, "खबरदार जो ऐसी अलच्छनी बात कभी होंठों पर लाए, नहीं देखा तो क्या हुआ, मुझे तो यही लगता है कि तुम मेरे इसी जन्म के नहीं, जन्म-जन्मान्तर के पति हो।"

अब आप ही बताइए, क्या मेरी नियति ही टप से उसके जिह्वा पर बैठकर नहीं बोल रही थी? फिर दयालु भाग्य हमें यहाँ ले आया—जहाँ पूरे चालीस वर्षों में हमारे अतीत ने, एक बार भूलकर भी हमारे गिरेबान में नहीं झाँका। नंदी का निष्कलुष हृदय कभी सपने में भी नहीं सोच सकता था कि जिसे वह अपना जन्म-जन्मांतर का जीवन सहचर मानती है, वह संसार का सबसे बड़ा

प्रवंचक है, महा ठग! जिसने उसे ही नहीं छला, जिसने जन्मदायिनी सरला जननी को छला, गाय-सी सीधी उस निर्दोष पत्नी को छला, जिसे वह बार-बार अपने साथ ले जाने का आश्वासन दे आया था। आपसे यही अनुरोध करने आज आया हूँ, आपने हमें जीवित देख लिया है, यह किसी से न कहें, एकसाथ तीन-तीन जीवन नष्ट हो जाएँगे प्लीज।—कहता वह हृष्ट-पुष्ट व्यक्ति सहसा मेरे चरणों पर गिर पड़ा।

''क्या कर रहे हैं आप उप्रेतीजी, प्लीज उठिए। मैं वचन देती हूँ, किसी से कुछ नहीं कहूँगी।''

उसके आँसुओं से भीगे चेहरे की म्लान मूढ़ कांति सहसा देवदूत की-सी निष्पाप हँसी से उद्भासित हो उठी, ''नहीं कहेंगी न, रमा से भी नहीं?'' उसकी लाल डोरीदार आँखों में किसी नटखट बालक की-सी परिहासपूर्ण चपल लहर हिलोरें ले उठी।

''रमा से मिलने का प्रश्न ही नहीं उठता उप्रेतीजी। वह तो बहुत वर्ष पहले ही संन्यासिनी बनकर माँ आनंदमयी के आश्रम में चली गई। आपकी माँ का देहांत तो दुर्घटना के दूसरे ही महीने हो गया था।''

उप्रेती के उत्फुल्ल चेहरे पर एक बार उदासी का मेघखंड छा गया। उसकी अंतरात्मा शायद फिर उसका गला घोंटने लगी थी।

फिर वह तड़ाक से उठ गया, ''मैं चलूँ, बड़ी रात हो गई है, नंदी भूखी बैठी होगी।''

जी में आया पूछूँ, ''और जो वर्षों से अन्न त्याग, तुम्हारे लिए भूखी बैठी है वह?''

पर मैंने उसे निःशब्द बिदा दी।

कहते हैं पहाड़ में किसी गर्भवती गृहिणी के प्राण प्रसव-पीड़ा ने तब ही ले लिये जब शिशु भूमिगत नहीं हुआ था। जब उसे घाट ले जाया गया तो चिता में धरने से पूर्व शास्त्रानुसार गर्भ की संतान को जननी वे विलग किया गया। जिस पुत्र संतान ने जननी के प्राण लिये थे, स्वयं उसमें प्राण थे—उसी पुत्र का नाम धरा गया उप्रेती अर्थात् 'उप प्रेती', नहीं जानती वह मात्र कपोल-कल्पना ही है या सत्य घटना। किंतु यदि सत्य घटना है तो यह धारणा और पुष्ट होती है कि इतिहास सचमुच अपने को दोहराता है। मैं स्वयं चक्षुओं से ही तो उस दोहराव को देख आई हूँ। जिसे मैंने देखा, वह भी तो 'उप प्रेती' ही था!

दो सखियाँ

नि:स्वार्थ मैत्री की डोर शायद जीवन की दो ही अवस्थाओं में मनुष्य को बाँध पाती है—कैशोर्य में और वार्धक्य में, शैशव की धरणी मैत्री के अंकुर प्रस्फुटित होने के लिए बहुत कच्ची रहती है। यौवन हमें अपने ही स्वार्थ के प्रति सजग बना देता है—किससे की गई मैत्री कितनी फलप्रसू होगी? किस मित्र से हमें क्या लाभ होगा? यह सोचते-समझते जब हम प्रौढ़ होते हैं तो मैत्री की परिभाषा ही बदल जाती है। नाना अनुभूत तथ्य हमें धीरे-धीरे इतना स्वार्थप्रद बना देते हैं कि हमारा संसार केवल हमारी संतान तक ही सीमित रह जाता है। यहाँ तक कि कभी-कभी अपने उस पारिवारिक एकान्त में हम वर्षों से बिछुड़े और सहसा वर्षों बाद मिले किसी इष्ट मित्र की उपस्थिति को भी भार समझने लगते हैं। मैत्री के प्रगाढ़पन के दुहे शीतोष्ण जलरहित दूध की असली घूँट तो हमें वार्धक्य में ही मिल सकती है।

सखुबाई और आनंदी की मैत्री इसी अवस्था में परिपक्व हुई थी। दोनों के स्वभाव, व्यक्तित्व, रुचि, प्रदेश किसी में भी कहीं भी तो साम्य नहीं था। एक थी अकोला की, दूसरी उन्नाव की। एक प्रिंसिपल के पद से अवकाश ग्रहण कर स्वेच्छा से 'आश्रय' में रहने आई थी, दूसरी केवल पाँचवीं कक्षा तक पढ़ी थी, किन्तु गृहिणीय पद का अनुभव था विशद। उस महिमामय पद से समय से पूर्व अवकाश ग्रहण कर अनिच्छा से ही वहाँ आई थी। आनंदी जब 'आश्रय' में रहने आयी तो शरीर और मन दोनों से बुरी तरह टूट चुकी थी। उसकी दोनों बेटियाँ ही उसे पहुँचाने आयी थीं। सखुबाई बरामदे में बैठी चाय पी रही थी। वह मेस से अपनी चाय लाकर नित्य वहीं बैठकर पीती थी। बूढ़े-बूढ़ियों के उस कलरव में चाय पीना उसे कभी अच्छा नहीं लगा। उसने ही पहले कार से बेटियों का सहारा लेकर उतर रही आनन्दी को देखा था। 'आश्रय' के कर्मचारियों ने उसका सूटकेस उतारा, स्काई बैग और टोकरी उसकी बेटियाँ थामे थीं। दीर्घांगी गौरवर्णी युवती उसकी बेटी रुक्मिणी थी, जिसकी चाल-ढाल, चेहरे-मोहरे से अहंकार पसीने-सा टपक रहा था। छोटी बेटी राधा बड़ी बहन से अपेक्षाकृत छोटे कद की थी। उसका रंग कुछ दबा था। किंतु व्यक्तित्व बड़ी बहन से भी अधिक दबंग था। बड़ी-बड़ी चपल आँखों से वह इधर-उधर देखकर बोली, "वाह, जगह तो बड़ी सुंदर है, है न अम्माँ?"

अम्माँ मेले में खो गई किसी सहमी बालिका-सी इधर-उधर देखती, बीच-बीच में खड़ी होकर साँस लेते सुस्ता रही थी। तब ही सखुबाई ने उसके देवशिशु के-से निर्दोष चेहरे को ठीक से देखा और उसे लगा ऐसी पीड़ित करुणदृष्टि उसने पहले कभी नहीं देखी। उसका सामान, दबंग ठसकेदार पुत्रियाँ, उनकी मर्सिडीज गाड़ी को देखकर ही वह समझ गई थी कि नवीन आगंतुका किसी समृद्ध परिवार से आयी है। वैसे भी 'आश्रय' मध्यम वर्ग या निम्नमध्यम वर्ग के बुजुर्गों का आश्रय नहीं था। गृह से निर्वासित या स्वेच्छा से इस वानप्रस्थी आश्रम में आने

पर 600 रुपया प्रतिमाह देना होता था। उसी में खाना-पीना, लांड्री, दवा-दारू सबका खर्चा सम्मिलित था। 'आश्रय' का अपना डॉक्टर था, अपना गायनोकालोजिस्ट, अपना डेंटिस्ट और अपना औपथेमॉलोजिस्ट। डेंटिस्ट तो एक प्रकार से मुफ्त की तनख्वाह डकारता था। क्योंकि आश्रमवासियों में अधिकांश के मुँह पोपले थे या फिर वे डेंचर सहित ही आश्रम में आए थे। हाँ, आँखों के डॉक्टर बनर्जी बेहद व्यस्त रहते थे, क्योंकि हर पाँच में से चार बुजुर्गों की आँखों में या तो मोतियाबिंद उतर आया था या उतर रहा था। हिंदी, अंग्रेजी, मराठी, गुजराती, उर्दू पत्र-पत्रिकाएँ नियमित रूप से आती थीं। एक छोटी-सी लाइब्रेरी भी थी। प्रार्थना भवन था, जहाँ राम-लक्ष्मण-सीता के पंचायतन दरबार, शिव, हनुमान, बालाजी से लेकर गुरु गोविंद सिंह, साईंबाबा के बड़े-बड़े चित्र लगे थे। जिसकी जहाँ श्रद्धा हो वहाँ माथा टेके। एक आश्रमवासिनी वृद्धा अपनी मृत्यु से पूर्व रंगीन टी.वी. सेट भी खरीदकर अपनी बिरादरी को भेंट कर गई थी। प्रार्थना सभा से भी अधिक भीड़ अब वहाँ जुटती थी। दिन-भर की ऊबी-थकी बुजुर्ग बिरादरी कृषि कार्य के लिए नीरसतम कार्यक्रमों को उदरस्थ कर डकार लेकर ही सोने जाती थी।

एक सखुबाई ही उस भीड़ में कभी नहीं दिखती। उसे टी.वी. से एलर्जी थी। जब पूरी भीड़ 'रामायण' के राम-रावण युद्ध को देख लोटपोट हो रही होती, वह अपने कमरे में पलँग पर लेटी बर्ट्रेंड रसेल की आत्मकथा पढ़ती—जिसे पिछले चार वर्षों में वह चार बार पढ़ चुकी थी। उसे लगता था वार्धक्य को किसी ने मनसा-वाचा-कर्मणा पछाड़ा है तो रसेल ने। देखा जाए तो उसी की लिखी पंक्तियों ने उसे संतान का मोह त्याग यहाँ आने की प्रेरणा दी थी। उन्हें उसने अपनी डायरी में उतारकर रख लिया था। कभी रसेल ने मित्र लूसी को व्यथित होकर पत्र लिखा था :

प्रिय लूसी,

जीवन तब दुर्वह हो उठता है जब तुम जिन्हें बहुत प्यार करते हो, वे सहसा तुम्हारी पकड़ से बहुत दूर चले जाते हैं। तुम समझ जाते हो कि अब उनके जीवन में तुम्हारा स्थान प्रथम नहीं रहा। तुम्हारा दर्जा सहसा दोयम हो गया है। साहस से इस समस्या का सामना करो। स्वयं अपने मोह से मुक्ति पाने की चेष्टा करो। मैं जानता हूँ यह बहुत कठिन साधना है। इस प्रयास में तुम्हारे स्वभाव में, व्यवहार में अस्वाभाविक कठोरता आ जाएगी। मन भी टूटेगा, शरीर भी। तुम्हारा जीवन केवल कल्पना और स्मृतियों का संसार रह जाएगा, जहाँ कर्तव्य से वास्तविकता कभी नहीं टकरा पायेगी। तुम स्वयं एक छाया-मात्र रह जाओगी। स्वयं अपने ही लिए एक अजनबी। किंतु इसका एक लाभ भी है। तुम्हारा अतीत सदा जीवंत रहेगा। मेरा दृढ़ विश्वास है कि जब तुम अपनी संतान के जीवन में दोयम दर्जे पर आ जाते हो, तो चाहे कितना ही कठिन लगे, केवल ग्रहण करने का माध्यम बने रहो—प्योरली रिसेप्टिव एण्ड पैसिव। अपनी राय तब तक न दो जब तक माँगी न जाये। जिनके आश्रित बन गए हो, उनके मूड को देखो, परखो, याद रखो कि अब तुम्हें अपने अधिकार माँगने का भी अधिकार नहीं रहा। यही दृष्टिकोण एक समझदार, सुलझी हुई जननी को अपने विवाहित पुत्र के प्रति सदा अपनाना चाहिए। यदि अपनी आत्मा को मृत्यु से हमें बचाना है तो इसी अग्नि-परीक्षा से बेदाग निकलना होगा...

यही सखुबाई ने किया था और कर रही थी। सात वर्षों की इस कठिन साधना में वह खरी उतरी थी। किंतु आनंदी अभी भी माया-मोह से विमुक्त नहीं हो पा रही थी। राजा सुरथ की भाँति उसके प्राण अभी उसकी प्रवंचक संतान में ही टँगे थे। किंतु ज्ञानपिपासु वैश्य की

भाँति सखुबाई ने ही मुक्ति का मार्ग ढूँढ़ लिया था। टी.वी. पर 'रामायण' आने का समय होता तो आनंदी बार-बार बाहर-भीतर जाने लगती। उसका मन होता वह भी उस आतुर भीड के बीच बैठ जाये, पर दबंग सखी को अप्रसन्न करने का दुस्साहस उसे कभी नहीं हुआ। एक ही दिन बड़े साहस से उसने दबी-जुबान से डरते-डरते प्रस्ताव रखा था, "चलोगी सखु? आजकल राम-रावण युद्ध चल रहा है।"

"तुझे जाना है तो जा मर, मेरा सिर मत खा। कभी राम के तीर की फुलझड़ी बुझी और कभी रावण की...अरी, क्या घर में ऐसे तीरों की नित्य की टकराहट से मन नहीं भरा तेरा?" आनंदी बेचारी मन मारकर बैठ जाती। बार-बार वह ललचायी दृष्टि से परदे की ओट से टी.वी. को देखती, पर कभी रावण की आधी मूँछ और कभी हनुमान की दिगंतव्यापी पूँछ ही उसके पल्ले पड़ती। 'आश्रय' में आने के पहले दिन ही सखुबाई आनंदी को अपने कमरे में ले आयी थी। जब से गुरुविंदर कौर गई, उसकी पलँग खाली थी। एक कमरे में दो ही पलँगें लगायी जाती थीं, पर इधर सहसा भीड़ बढ़ने से एक-दो कमरों में तीन-तीन पलँगें डाल दी गई थीं। किंतु सखुबाई के कठोर साहचर्य की सम्भावना से ही सब सहम गईं। क्रुद्ध नागिन के फन को भला कौन हाथ में लेती? एक तो वह प्रत्येक वस्तु के लिए एक स्थान और प्रत्येक स्थान के लिए एक वस्तु की उपादेयता में विश्वास रखती थी। फर्श दर्पण-सा चमकता, बिस्तर में एक भी शिकन नहीं। जहाँ अधिकांश कमरों में अव्यवस्था गूदड़ रूप में साकार होकर पसरी रहती–सखुबाई अपने हाथों से गुसलखाना घिस-घिसकर चमकाए रखती, करीने से लगी पुस्तकें, एक सीध में रखा चश्मा, रुमाल, चप्पलें। आनंदी के भोले निरीह चेहरे को देख वह उसे अपने कमरे में ले तो आयी, पर उसे भय था कि कहीं वह उसके कमरे की शुचिता को म्लान न कर दे। किंतु आनंदी ने उसे निराश नहीं किया। वह उन्नीस थी तो आनंदी बीस। सखुबाई पैर की एड़ियों से ही किसी भी नारी का पूर्ण व्यक्तित्व भाँप लेती थी। उसका दृढ़ विश्वास था कि जो नारी अपने पैरों को स्वच्छ-सुघड़ रखती है उसके व्यक्तित्व के किसी ओने-कोने में मकड़ी का जाला नहीं लग सकता। आनंदी तड़के ही उठकर नहा-धो लेती, फिर अपने सन-से सफेद बालों का नन्हा-सा जूड़ा बना वह पहले अपने साथ तुलसी के गमले में पानी चढ़ाती, फिर सूर्य को पानी चढ़ाती और अपने लड्डू गोपाल की साजसज्जा में जुट जाती। उन्हें नहलाती, रोली, चंदन लगाती। गोटा लगा रेशमी झबला पहनाती। माथे से लगाती और फिर आँखें मूँद, आत्मविभोर हो मधुर कंठ से नित्य एक ही वंदना दोहराती :

भज गोविंदं भज गोविंदं
गोविंदं भज मूढ़ मते
पुनरपि जननं पुनरपि मरणं
पुनरपि जननी जठरे शयनं
इह संसारे खलु दुस्तारे
कृपयायारे पाहि मुरारे
भज गोविंदं भज गोविंदं

जपार्चन से कोसों दूर नास्तिक सखुबाई कभी झुँझला पड़ती, "अब बस गोविन्दं, बस गोविंदं! कब तक भजोगी अपने गोविंद को? क्या दिया है तुझे इस गोविंदं ने? बेटे-बेटियों से दूर इस काँजी हाउस में ही तो पटका है–मैं तेरी जगह होती तो दूर पटक आती इन्हें। लानत है ऐसे गोविंद पर..."

"अरे मास्टरनी, भगवान से तो डर। राम-राम! परलोक का क्या कोई डर नहीं है तुझे? देख, तू सत्तर की हो गई है। अभी तक तेरे कान-दाँत-आँख, हाथ-पैर सब सही-सलामत हैं, हाथ में पैसा है, यह सब क्या उसी ने नहीं दिया है तुझे?"

बहुत लाड़ उमड़ने पर वह सखु को मास्टरनी ही कहकर पुकारती थी और सखु उसे कहती थी डोकरी।

"डोकरी," सखुबाई हाथ की मोटी पुस्तक नीचे पटक, चश्मा उतार उसे एक बार फिर अपनी दलील से पराजित कर देती, "क्या दिया है जी उसने? हमने अपनी तंदुरुस्ती की खुद देखभाल की है, कभी शरीर पर अत्याचार नहीं किया, कुपथ्य नहीं खाया, समय को संयम से बाँधकर रखा है। इसी से सब अंग सही-सलामत हैं और पैसा? पूरे पैंतीस वर्ष नौकरी की है, वह भी ईमानदारी से। वही सेंता धन भोग रही हूँ। इसमें देनेवाला कहाँ से आ टपका?"

आनंदी एक दीर्घश्वास लेकर उठ जाती। आज तक कभी भी उसने, किसी भी वाद-विवाद में, अपनी उग्रतेजी सखी को पराजित करने का प्रयास नहीं किया था और कभी-कभी विनम्र विपक्षी का यही समर्पित पराभव सखु को बौखला देता। कैसी औरत है यह! लड़ना जानती ही नहीं!

रात के निभृत एकांत में आश्रमवासी अनिद्रा से त्रस्त हो बड़ी रात तक बेचैन करवटें बदलते रहते। किसी की बेसुरी गुनगुनाहट हवा में तैरती चली आती, कभी सिगरेट का धुआँ। किसी को विलंबित खाँसी का दौरा पड़ता। कोई खटखट कर बरामदे में टहलता। सब ही तो वार्धक्य की देहरी पर खड़े थे और इसी देहरी के भीतर तो प्रायः ही निद्रा का प्रवेश वर्जित रहता है। वे दोनों सखियाँ भी बड़ी रात तक बतियाती रहतीं। उसी निद्राविहीन अवधि में सखुबाई पार्श्व में लेटी आनंदी को नित्य अपनी क्रूर प्रश्न-शलाका से कोंचती रहती :

"डोकरी, सो गई क्या? अरी, अभी तो बारह भी नहीं बजे--रो रही है न? किसकी याद आ रही है, रुक्मन की, राधा की या अपने लाड़ले बेटे की?"

"कौन हरामजादी रो रही है!" कभी-कभार ही कोंचे जाने पर ऐसे अपशब्द उस सात्विकी जिह्वा पर फिसलते थे, "मैं क्यों रोने लगी?"

किंतु चतुरा सखुबाई अँधेरे में भी उसके मौन रुदन को हथेली पर धरी-धरी जूँ-सा ही पकड़ लेती थी, "अरी जा, तब से फन्न-फन्न नाक सुड़क रही है। अच्छा बता डोकरी, घर से तुझे किसने निकाला, बहू ने या बेटे ने?"

"निकलें मेरे दुश्मन, कौन निकालेगा मुझे? मैं खुद चली आयी!"

"क्यों नहीं, क्यों नहीं, हम सब तो यहाँ खुद ही आए हैं पिकनिक मनाने, क्यों, है न?"

"देख मास्टरनी, मैं जप कर रही हूँ और तू बार-बार मेरा जप तोड़ रही है, देख नहीं रही है, हरदयाल बाबू भी बरामदे में टहलकर सोने चले गए हैं!"

'आश्रय' के सबसे पुराने सदस्य हरदयाल लोढ़ा की जीवनगाथा भी गुरुविंदर कौर की कहानी से कुछ कम करुण नहीं थी। जूट का यह लक्षाधिपति व्यापारी देखते-ही-देखते कंगाल हो गया था--कभी कलकत्ते में उसकी चार-चार कोठियाँ थीं। दर्शनीय व्यवसाय, कुशल जवान बेटा था, बेटी थी। पहले एयरक्रैश में बेटा गया, फिर पत्नी को पुत्र-शोक ने पागल बना दिया। छत से कूदकर उसने आत्महत्या कर ली। पुत्री को लाखों का दहेज देने पर भी जामाता आए दिन रकम

उघाने उनकी छाती पर सवार रहता। लोभी समधी चाहते थे अपने जीवनकाल में ही वे अपनी चल-अचल संपत्ति अपने दामाद के नाम कर दें। देर-अबेर मिलेगी तो उसे ही। वे हार्ट के मरीज थे। कभी दौरा पड़ गया तो बीसियों अड़चनें आएँगी। आपकी देखभाल को बेटी-दामाद तो हैं ही। पर हरदयाल ने भी दुनिया देखी थी। वे समधी की चाल समझ गए। एक दिन पुत्री का पत्र आया, "पिताजी, आपने यदि संपत्ति-कोठी इनके नाम नहीं की तो ये कसाई मुझे मार डालेंगे। अब आप और देर मत कीजिए, जो ये चाहते हैं वही कर दीजिए।"

किंतु हरदयाल ने हड्डीतोड़ मेहनत से संपत्ति जोड़ी थी। वे उन उद्योगपतियों में से थे जो केवल लोटा-डोर लेकर घर से निकलते हैं और अपनी चतुर व्यवसाय बुद्धि से देखते-ही-देखते करोड़ों का वारा-न्यारा करने में सक्षम हो जाते हैं। उनकी एक ही इच्छा थी—इस अटूट संपत्ति को किसी सत्कार्य में लगा दें। उनके पुत्र के नाम का एक अस्पताल बने और एक देवालय। बेटी-दामाद को तो यथासाध्य दे ही चुके थे, पर वह जो भरी जवानी में बिना सेहरा बाँधे ही बाप से बिना कुछ माँगे चला गया था, उसका भी तो कुछ हक था उन पर! पुत्री का पत्र उन्होंने फाड़कर फेंक दिया। किसी के प्राण लेना क्या इतना आसान है? कैसे मार डालेंगे उनकी सुधा को, आखिर कानून तो है न। पर कहाँ था कानून? दूसरे ही दिन समधी का फोन आया, "आपकी बेटी चाय बना रही थी, बुरी तरह जल गई है। मुँह देखना चाहते हैं तो अभी चले आइए।" अस्पताल पहुँचे तो कोयला बन गई बेटी की निष्प्राण देह देख मूर्च्छित होकर गिर पड़े। अभागिन चार-पाँच महीनों में ही माँ बननेवाली थी। जब होश आया तो चटपट पोस्टमार्टम कर अर्थी उठायी जा रही थी।

वे जानते थे, उनकी समधी की पहुँच बहुत दूर तक है। उस पर उनका बड़ा दामाद पुलिस विभाग का सर्वोच्च अफसर था। न विशेष पूछताछ की गई, न कोई गवाह ही आगे बढ़े। प्रतिवेशी चुप थे। घर के नौकरों की जबानें पहले ही काट ली गई थीं। चाहते तो हरदयाल भी टंटा खड़ा कर सकते थे। उनके पास पुत्री का अंतिम पत्र था जिसमें उसने बार-बार लोभी ससुर का प्रस्ताव और न माने जाने पर उसके घातक परिणाम की दृढ़ संभावना का स्पष्ट संकेत किया था। किंतु उनके प्रतिशोध लेने के अपने तौर-तरीके थे। उन्होंने दो ही दिनों में अपनी संपत्ति का दानखाना बना ट्रस्टियों को सौंप दिया। अपनी आलीशान कोठी उस कन्या विद्यालय के नाम कर दी जहाँ कभी उनकी पुत्री पढ़ती थी। और फिर वर्षों पूर्व जिस लुटिया-डोर को लेकर इस महानगरी में आए थे, उसी को लेकर बिना किसी को अपना अता-पता दिए 'आश्रय' में चले आए। आते ही बैंक में वह धनराशि जमा कर दी, जो अपने साथ ले आए थे।

राजा को रंग बने अब उन्हें 'आश्रय' में पूरे सात वर्ष हो गए थे। न किसी से बोलते, न किसी से कुछ पूछते। दिन-भर कमरे में पढ़ते रहते और आधी रात तक फिर बरामदे में तब तक चहलकदमी करते, जब तक थककर चूर न हो जाते। फिर चुपचाप कमरे में जाकर सो जाते। उस मौनव्रतधारी बुजुर्ग को वहाँ सर्वोच्च सम्मान प्राप्त था। देखा जाये तो 'आश्रय' के दो ही संगमरमरी स्तंभ थे—पुरुषों में हरदयाल लोढ़ा और महिलाओं में आनंदी। रात की गहराई को रौंदती, हरदयाल की खड़ाऊँ की खटखट सुन सखुबाई उन्हें परदे की दरार से देखती तो लगता कोई संसार त्यागी पलाश दंडधारी दंडी ही मूर्तिमान हो 'आश्रय' में आविर्भूत हुआ है। यही नहीं, मेस में उन्हें भोजन करते भी वह कनखियों से देखती रहती। स्तूपाकार चावल, कटोरी पर कटोरी दाल, सब्जी, दही-चपातियाँ खाते हरदयाल के कंठ में कभी एक कौर भी स्मृति गह्वर बनकर नहीं अटकता होगा? फिर जैसे बिना दायें-बायें देखे खाने बैठे थे, वैसे ही

नतमुख खड़ाऊँ खटकाते अपने कमरे में चले जाते। खट, खट, खट। आश्रयवासी, कर्मचारी, बुजुर्ग, महिला बिरादरी उन्हें देखते ही झुककर प्रणाम करती। कैसी ही भीड़ क्यों न हो, उन्हें देखते ही मार्ग स्वयं बन जाता। उनकी उपस्थिति का आभास पाते ही प्रार्थना-सभा का कलरव स्वयं सुईटपक सन्नाटे में डूब जाता। जैसे अहिमंडली में साक्षात् गरुड़ विराजमान हो गए हों। महाकवि कालिदास ने शायद ऐसी ही विभूतियों के लिए कहा है :

भवेति साम्येपि निविष्ट चेतसां
वपुर्विशेषष्वति गौरवाः क्रियाः

रागद्वेष-रहित होने से सर्वत्र समबुद्धि-संपन्न उदारचित्त महानुभावों का ब्रह्मतेज-संपन्न पुरुष के प्रति अत्यंत गौरव-युक्त सत्कार हुआ करता है। उन्हें देखते तो किसी को भी कुछ न समझनेवाली सखुबाई का सिर भी स्वयमेव झुक जाता। कभी यह व्यक्ति कलकत्ता के शीर्षस्थ उद्योगपति थे, यह शायद कभी कोई जान नहीं पाता यदि 'आश्रय' में अपने किसी आत्मीय से मिलने आए उनके एक मित्र के मित्र उन्हें न पहचान लेते। पूर्व वैभव का एक स्मृति चिन्ह उनकी उँगली में अब भी सोलीटेयर हीरे की अँगूठी के रूप में सर्चलाइट बना चमक रहा था। उसी व्यक्ति ने उनकी कहानी आश्रयवासी अपने मित्र को सुनायी और धीरे-धीरे सब जान गए कि किस दुख ने उन्हें मौनव्रतधारी बना दिया है।

सखुबाई की प्रखर कल्पना की उड़ान ने एक दिन आधी रात को आनंदी को झकझोरकर जगा दिया। "सुनती है डोकरी, वह अँगूठी निश्चय ही उसके विवाह की अँगूठी रही होगी। संसार का मायामोह तो त्याग आया, पर अँगूठी का मोह नहीं त्याग पाया बुड्ढा!"

"सखु, तू इतनी पढ़ी-लिखी है, पर कभी-कभी ऐसी बचकानी बातें क्यों करती है? हमें क्या, अँगूठी भी उसी की है, पहननेवाला भी वही है। फिर तेरे सिर में दर्द क्यों हो रहा है?"

"अच्छा डोकरी, देख रही हूँ तेरे पोपले मुँह में भी फिर बत्तीसी उग आयी है। अच्छा, बता तो इस बार होली पर तेरी बेटियाँ गुझियाँ लाएँगी या नहीं?"

ऐसे ही वह आधी रात को आनंदी के खुले घावों को कुरेदती। ऐसा करने में शायद स्वयं उसके अपने घाव की व्यथा कुछ कम हो जाती थी। उसका घाव क्या आनंदी के घाव से कुछ कम गहरा था? अंतर इतना ही था कि आनंदी का घाव अभी ताजा था और उसका कब का भर चुका था, केवल दाग-भर रह गया था। और वह उसी सहजता से उस टपकते घाव की दुर्वह पीड़ा को भूल चुकी थी, जिस सहज स्वाभाविकता से नारी अपनी प्रथम प्रसव-पीड़ा को भूल-बिसर जाती है। सखुबाई के पति की जब बस-दुर्घटना में अकाल मृत्यु हुई तो पुत्र रोहित उसके गर्भ में था। ससुराल में कर्कशा पुत्रवंचिता सास ने जब उसका जीना दूभर कर दिया तो वह अपने मायके चली आयी। वह अपनी इच्छा से नहीं आयी थी। सास ने ही उसे अपनी जिह्वा के चाबुक से मार-मारकर भगा दिया था, "चुड़ैल, तूने ही मेरे बेटे को खाया है! लाख समझाया था मैंने, इससे विवाह मत कर, यह मंगली है, तुझे ही डस लेगी—पर उस अभागे पर तो तेरे रूप का भूत सवार था! जा, निकल जा मेरे घर से! जा अपने मास्टर बाप के पास!"

सखुबाई फिर भी अडिग चट्टान-सी अड़ी रही, पर जब एक दिन बुढ़िया ने उस पर जली लकड़ी उछालकर फेंकी तो उसी क्षण बूमरैंग की तेजी से उसी लकड़ी से बुढ़िया को धराशायी कर वह अपने पिता के घर चली आयी। पिता ने ही उसे पढ़ाया-लिखाया, उसकी माँ ने उसके बेटे को पाला और वह एक दिन अपने पैरों पर खड़ी हो गई। सास का मुँह फिर उसने पलटकर कभी नहीं देखा। अपनी योग्यता से ही जिस कॉलेज में पढ़ी थी, वहीं की प्रिंसिपल बनी।

माता-पिता जब तक जीवित रहे उन्हें भरपूर सुख दिया। बेटा पढ़ने में अच्छा निकला। डॉक्टरी में सर्वोच्च स्थान ही नहीं पाया, विदेश की छात्रवृत्ति भी हासिल की, पर वही छात्रवृत्ति उसकी शत्रु बनी। मन-ही-मन सखुबाई जान गई थी कि उसका प्रवासी पुत्र अब चिरप्रवासी बन उसके हाथों से हमेशा के लिए निकल जाएगा। कितने भारतीय डॉक्टर विदेश जाकर स्वदेश लौटते हैं? फिर भी उसे पूरी उम्मीद थी कि उसका संस्कारशील पुत्र विवाह माँ की ही पसंद से करेगा। किंतु जब एक दिन अचानक आधी रात को बेटे का फोन आया कि उसने उस अमरीकी लड़की से विवाह कर लिया है, जिसके साथ वह पिछले तीन वर्षों से रह रहा था, तो सखुबाई अर्धमृत-सी हाथ में फोन लिए बैठी ही रह गई थी। वहाँ से 'हैलो-हैलो' की व्यर्थ गुहार बड़ी देर तक गूँजती-टकराती स्वयं आले में खो गई। इस आघात के लिए सखुबाई प्रस्तुत नहीं थी। वह ऐसे खोखले विवाहों की व्यर्थता को जानती थी। उसका बेटा किसी भी प्रदेश की किसी भी जाति की बहू ले आता तो वह उसे स्वीकार कर लेती। वह पढ़ी-लिखी उदारमना जननी थी। किंतु एकदम ही विपरीत संस्कृति की, दूसरे ही परिवेश में पली विदेशिनी कभी उसके पुत्र की सच्ची सुखदुखानुगामिनी सहचरी नहीं बन सकती, ऐसा उसका दृढ़ विश्वास था। पुत्र ने बड़ा लाड़-प्यार भरा पत्र भेजा कि हनीमून से लौटते ही वह माँ के लिए टिकट भेजेगा। उसे नयी बहू का वरण करने विदेश आना ही होगा।

सखुबाई ने तत्काल पत्र फाड़कर फेंक दिया था, "जायेगी मेरी जूती!"

पर जूती भी कहाँ जा पायी, हनीमून से लौट बेटा टिकट भेजता, इससे पहले ही नवेली बहू स्वयं टिकट कटाकर अपने किसी स्वदेशी सहचर के साथ भाग गई। चार महीने बाद बेटे का फिर पत्र आया, "अम्माँ, मैं तुम्हारे लिए दूसरी बहू ले आया हूँ।"

इस बार बहू की डोली सीधी सिडनी से आयी थी। पर वह भी कुल दो ही महीने टिकी। फिर तीसरी आयी नाइजीरिया से। इस बार की बहू की काली चमड़ी का रंग एकदम पक्का निकला। पिछले सात वर्षों में वह अपने ही रंग-रूप के दो बेटों की माँ बन चुकी थी। रोहित ने अपने परिवार का चित्र भेजकर माँ को एकदम ही चित्त कर दिया था। क्या उसके राजकुँअर-से बेटे के भाग्य में यही शूर्पनखा और शुंभ-निशुंभ बदे थे? पावरोटी-से लटके ओंठ, घने-घुँघराले बालों का टोप और आबनूसी रंग! दूसरे ही दिन अपना मकान बेच-बाच सखुबाई संसार के सब बंधन स्वेच्छा से तोड़ बिना किसी को बताए 'आश्रय' में चली आयी थी। था ही कौन जिसे अपना पता-ठिकाना थमा आती? उसके रूखे स्वभाव ने, जो आत्मीय स्वजन थे, उन्हें भी बहुत पहले ही झाड़ू मारकर भगा दिया था। मित्र बनाने की मूर्खता उसने कभी की ही नहीं थी।

आनंदी के आने से पहले उसके कमरे में गुरुविंदर कौर रहती थी। लम्बी-चौड़ी वह सुदर्शना सिखनी 'आश्रय' की सबसे छोटी सदस्या थी। उसके पिता ही उसे वहाँ छोड़ गए थे। वह कौन है? इस छोटी उम्र में क्यों समय से पहले ही वानप्रस्थ ग्रहण करने आयी है? कोई पूछने की हिम्मत नहीं जुटा पाया। सत्ताईस-अट्ठाईस वर्ष की उम्र होगी, पर लगती थी बीस की, रौबदार-गंभीर चेहरे पर थानेदारी रौब था। वह दोनों हाथ पीछे बाँधे, सीना ताने चलती थी। उसकी बड़ी-बड़ी आँखों, नुकीले चिबुक और रेशमी पलकों में गजब का आकर्षण था। पर फिर एक दिन उसका कलुषित अतीत भी आश्रयवासियों के लिए खुली पुस्तक बन गया था।

इस बार भी बाहर से आए एक विभीषण ने ही उसकी पोल खोली थी। सरदार करतार सिंह 'आश्रय' का प्लंबर था। रिस रही टंकी को तो ठीक कर गया, पर गुरुविंदर के अतीत की टंकी में छेद कर गया। वह भी गुरुदासपुर का था, जहाँ की गुरुविंदर थी। "अजी, यह कैसे आ गई आप शरीफों के बीच? वहाँ कौन नहीं जानता इसे! सीधी जेल से छूटकर आई है। लम्बी उम्रकैद काटकर आयी थी गुरुदासपुर, वहाँ बिरादरी ने भगा दिया था। अपने घरवाले का खून किया है इसने!"

पूरे 'आश्रय' में तहलका मच गया। क्यों उसे किसी नारीनिकेतन में नहीं भेज दिया जाये! शरीफों के बीच इसे रखने की हिम्मत कैसे हुई इसके बाप को? निकालो इसे!

आँखों से आग के गोले बरसाती गुरुविंदर सीना तानकर सबके बीच चट्टान-सी खड़ी हो गई थी। "जिसने माँ का दूध पिया हो, आकर निकाल दे मुझे। पैसा देकर रहती हूँ, भीख माँगकर नहीं। यह रहा मेरी छुट्टी का कागज। मैं कोई सजायाफ्ता फरार कैदी नहीं हूँ, समझे! कौन-सा कानून निकाल सकता है मुझे?"

एकसाथ कई वार्धक्य जर्जरित हृदय धड़क उठे। करतार सिंह यह भी बता गया था कि गुरुविंदर के दो भाई खूँखार उग्रवादी हैं। हो सकता है कभी बहन से मिलने यहाँ भी आ धमकें और फिर क्या पता यह बेढब सिरफिरी सलवार के नेफे में ही कोई कृपाण छिपाए फिरती हो!

सहमकर उत्तेजित भीड़ स्वयं छँटकर तितर-बितर हो, अपने-अपने दरबे में घुस गई। पर कोई भी उसे अपने कमरे में रखने को राजी नहीं हुई, क्या पता कब हत्यारिन फिर सधे हाथों से किसी का गला रेत दे।

सखुबाई ही उसे अपने कमरे में ले आयी थी। एक वही थी जिसने उससे कुछ नहीं पूछा। उसके साथ बैठती, बतियाती, उसे अपने साथ घूमने ले जाती।

एक दिन घूमते ही गुरुविंदर ने स्वयं अपने जघन्य अपराध की कहानी उसे सुना दी। वह खाते-पीते समृद्ध कृषक परिवार की पुत्री थी। तीनों भाई-बहनों ने अंग्रेजी स्कूलों में शिक्षा प्राप्त की थी। पिता अवकाश-प्राप्त ऊँचे फौजी अफसर थे। अब उनका अपना बहुत बड़ा फार्म था। कई ट्रेक्टर थे। नौकर-चाकर, शिकारी कुत्ते, भैंसें—क्या कुछ नहीं था! कनाडा में उसके चाचा टिम्बर के बहुत बड़े व्यापारी थे। उन्होंने वहाँ एक समृद्ध प्रवासी सिख परिवार में जब उसका रिश्ता तय किया तो वह केवल सोलह वर्ष की थी। पहले उसके पिता ने आपत्ति भी की थी, अभी तो स्कूल से निकली है, उसे मैं खूब पढ़ाना चाहता हूँ। पर चाचा ने कहा, लड़की यहाँ भी पढ़ सकती है। वे लोग बड़े आजाद खयालात के लोग हैं और लड़का लाखों में एक है।

विवाह हुआ और वह कनाडा चली गई। तीसरे ही दिन उसने अपने लाखों में एक सहचर का परिचय पा लिया था। दिन-रात नशे में चूर वह घर लौटता तो उसके साथ उसके दुराचारी, लंपट, नारी-लोलुप मित्रों का जमघट भी रहता, वह डरी-सहमी सास के कमरे में छिपने भागती तो सास बाहर धकिया देती। वह भागकर कमरे में बन्द हो जाती और लातें-घूँसे मार वह कामार्त्त भीड़ दरवाजा तोड़ने की चेष्टा करती। एक दिन वे उसे बाहर खींच ही लाए। पति ने आज तक उसकी देह का स्पर्श भी नहीं किया था। करता भी कैसे? वह इस योग्य ही नहीं था। उसकी नामर्दी को जानबूझकर छिपा, उस बेचारी का जीवन नष्ट किया था स्वयं सगे चाचा ने। उस दिन जब क्षुधातुर कुत्तों की भाँति पति के मित्र उसे नोच-खसोट रहे थे, तो कोने में

खींसें निपोड़े अपने पति को देख उसका खून खौल गया था। "मैं आज भी नहीं जानती सखु आंटी, मुझे क्या हो गया था उस दिन। आज तक मैंने जानबूझकर कभी किसी चींटी को भी नहीं कुचला। पर मैं पागल हो गई थी। क्रोध से, विवशता से अंधी हो गई थी मैं, मैंने वहीं पर धरी शराब की भरी बोतल उठाई और पूरी ताकत से अपने पति के सिर पर दे मारी।"

भयभीत मित्रमंडली फटा सिर और खून से लथपथ मित्र को देख सिर पर पैर रखकर भाग गई, फिर दहशत, मारपीट और यंत्रणा का एक ऐसा सिलसिला चला जो शायद उसके प्राण ही ले लेता। उसका पति ससुर का इकलौता बेटा था। मृत पुत्र की हत्या का प्रतिशोध लेने में पिता ने कोई कसर नहीं छोड़ी। गुरुविंदर के पिता को किसी हितैषी ने खबर दे दी। वे वहाँ पहुँचे और उन्हीं की भागदौड़ से मुकदमा भारत में चलाए जाने की अनुमति उन्हें मिल गई। चौदह वर्षों की लम्बी सजा उसके अच्छे आचरण, कच्ची उम्र और शायद उस निर्दोष चेहरे को देख चार वर्ष कम कर दी गई थी।

लम्बी सजा काटकर वह पिता के साथ बाहर निकली तो उसे लगा– उन्मुक्त आकाश तो उसके सिर के ऊपर अभी भी है, पर पैरों तले की जमीन खिसक चुकी है। पुत्री की लज्जा उसकी माँ को ही पृथ्वी से नहीं ले गई, दोनों भाई उग्रवादी बन गए और मौत उनके सिर हर पल चील-सी मँडराने लगी। जितनी ही बार वह सौम्याकृति पिता के उदास-बुझे चेहरे को देखती, उसके जी में आता अपने दोनों हाथ काटकर दूर पटक दे, क्यों कर बैठी थी वह ऐसा! घर की दुर्दशा देख वह रात-भर रोती रही थी। खेत उजाड़ पड़े थे, ट्रैक्टर बिक चुके थे, फ्रिज, कार, वाशिंग मशीन सबकुछ बेच-बाच कर पिता किसी फकीर की-सी जिन्दगी जी रहे थे। कभी इसी फार्म हाउस की कैसी शोभा थी! पूरा घर उसके जवान भाइयों के, उनके मित्रों के कहकहों से गुलजार रहता था। लॉन में चाँदनी रात की वे बार्बेक्यू पार्टियाँ, वे मुशायरे जिसमें उसके पिता के प्राण बसते थे! कहाँ गईं वे सुनहली रातें और रुपहले दिन?

उसे दूसरा धक्का तब लगा जब वह वर्षों से बिछुड़े आत्मीयों से मिलने गई। किसी ने उसे बैठने को भी नहीं कहा। उसकी प्यारी सहेली बलविंदर कौर एक दिन बसस्टैंड पर खड़ी दिख गई तो वह बाँहें फैलाए उससे मिलने भागी। पर उसे देखते ही बलविंदर उससे भी तेजी से भागकर सहसा अलोप हो गई–जैसे उसने भूत देख लिया हो। उसकी बाँहें शून्य में ही फैली रह गईं। वह समझ गई अब वह सबकी दुलारी गुरुविंदर नहीं रह गई है। पतिहंता, सजायाफ्ता, कलंकिनी गुरुविंदर बन गई है।

पिता ने पुत्री का वेदना-क्लिष्ट चेहरा देखा और उसका दुख समझ गए। "बेटी, अब तेरा यहाँ रहना ठीक नहीं है। ऐसे तो घुट-घुटकर मर जाएगी। फिर अब यहाँ रहना खतरे से खाली नहीं है। दिन-रात तेरे भाई और उनके दोस्त यहाँ रात-आधी रात छिपने आते रहते हैं। पता नहीं तेरे भाई अब जिंदा हैं भी या नहीं, जिंदा हैं तो और भी खतरा है। पुलिस उनके पीछे पड़ी है, कभी भी छापा पड़ सकता है!"

"पर हम कहाँ जायेंगे पिताजी?"

"जहाँ वाहेगुरु ले जाएगा!" और फिर न जाने कहाँ-कहाँ भटकाकर वाहेगुरु उन्हें यहाँ ले आया था। दो ही महीनों में वह पूरे 'आश्रय' की लाड़ली बन गई थी। यहाँ कोई नहीं जानता था कि वह कौन है, कहाँ से आयी है। अपनी बिरादरी का अपमान, समाज का क्रूर पद-प्रहार–सबकुछ भूल गई थी गुरुविंदर! अपने साथ लाए सूटकेस से, वह शादी के उन जोड़ों को निकाल-निकालकर पहनने लगी, जिनकी तब तह भी नहीं खोल पाई थी, कैसे-कैसे

जोड़े सिलवाकर दिए थे बाजी ने, करीं कलफ में सधे अबरखी दुपट्टे, जिन्हें रस्सी-सा बँटकर अपूर्व चुन्नटों में स्वयं उसकी बीजी ने चुना।

उसके आते ही 'आश्रय' में बहार आ गई थी। वृद्धों की एक टोली कब निकलती और कब लौटती कोई जान भी नहीं पाता था। अब वे हँसते-हँसते खिलखिलाते रास्ते में पड़े कंकड़-पत्थरों को निरर्थक ठोकरें मारते ऐसे निकलने लगे जैसे अभी-अभी मसें फूटी हों। यही नहीं, उनमें से अधिकांश वृद्धों की गर्दनें 'आइजराइट' की मुद्रा में स्वयमेव बरामदे की ओर मुड़ जातीं, जहाँ प्रायः ही गुरुविंदर सखु आंटी के साथ बैठ सुबह की चाय पीती थी। सखुबाई हँसकर उसे ठसकाती, "देख रही है बुड्ढों को, तू क्या आयी कि सुबह-सुबह हाफपैंट पहन अपनी खोयी जवानी ढूँढ़ने निकल पड़े हैं!"

"बेचारे घूमने जा रहे हैं, आंटी।"

"अरी, घूमने तो पहले भी जाते थे, पर ऐसे चहकते थे क्या? मैं खूब पहचानती हूँ इन कमबख्त मर्दों को...कोई सुंदर लड़की देख लेंगे तो चिता से भी उठकर बैठ जायेंगे!"

"छिः आंटी! कैसी बातें कर रही हैं आप!"

"अरे हाँ, और एक बात गाँठ बाँध ले लड़की, ये मरे रँडुवे बुड्ढे तो और भी खतरनाक होते हैं।"

वैसे सखुबाई के मुँहफट कथन में कुछ सत्य तो था ही। गुरुविंदर की आगमनी ने 'आश्रय' का हुलिया ही बदल दिया था--बहुत दिनों से घिरी घनघोर घटा से म्लान बना आकाश सहसा निरभ्र हो उठा था और एकाएक निकल आयी धूप ने क्लांत प्राणों में नवीन स्फूर्ति, प्राणदायिनी ऊर्जा का संचार कर दिया था। कई गंजे सिरों में कंघियाँ फिरने लगीं। धोबी की गठरी नित्य उतारे-बदले गए कमीज-कुर्तों से गरीयसी बनने लगी। यहाँ तक कि पचहत्तर वर्ष के बाबू भाई भी अपनी बेसुरी आवाज में जोर-जोर से अपना प्रिय विस्मृत गीत गाने लगे--'मैं बन का पंछी बनकर संग संग डोलूँ रे।'

"सुन रही है गुरुविंदर, सात-सात बेटों के रहते इस पिंजरापोल में रहने आया है और बन का पंछी बनकर चहक रहा है..."

"गाने भी दो, आंटी!"

"अरे, कैसे गाने दूँ? मुआ कैसा बेसुरा सुर अलाप रहा है! ओ बाबू भाई...अब बस भी करो...बहुत अलाप लिया, थोड़ा कल के लिए भी तो छोड़ो!"

बाबू भाई बेचारे खिसियाकर चुप हो जाते। गुरुविंदर सखुबाई की-सी अशिष्टता से किसी को आहत नहीं कर सकती थी। वह सुबह जाकर हर कमरे का गुलदान बदलती, हरे लॉन की हरीतिमा को पानी से सींचती, किसी की आँख में दवा डालती, किसी की चंपी कर आती। व्हील-चेयर में वनस्पति बन गई मिसेज बाटलीवाला को फूल-सा उठा ऐसे घुमा लाती जैसे किसी बच्चे का प्रेम घुमा रही हो। पर तब ही करमजला करतार सिंह अपना ट्रांजिस्टर बम का धमाका कर पूरे 'आश्रय' की नींद हिला गया था--वह हत्यारिन है, लम्बी सजा काटकर यहाँ आयी फरार बंदिनी! पलक झपकाते ही जो मित्र थे, वे शत्रु बन गए। एक सखु आंटी ने ही उसे नहीं छोड़ा। कितनी मूर्ख थी गुरुविंदर! नारी का कलंक क्या चिता में चढ़ने तक उसे छोड़ता है?

आत्मीय स्वजनों की अवमानना सहना उतना कठिन नहीं होता जितना समाज की। सखुबाई उसे उसके गहन नैराश्य के जितना ही बाहर खींचने की चेष्टा करती, वह उतनी ही

गहराई में धँस जाती। नित्य हँसने-हँसाने वाली वह हँसमुख लड़की एकदम ही गुमसुम हो गई थी। सखुबाई ही उसे बहला-फुसलाकर खाना खिलाती, वह नहीं जायेगी तो सखु स्वयं भी कुछ नहीं खायेगी, ऐसी धमकियाँ देती। रात को भी वह पार्श्व में चुपचाप लेटी गुरुविंदर से कभी कुछ नहीं पूछती, केवल हाथ बढ़ाकर उसकी हथेली मुट्ठी में बाँध लेती, जैसे कह रही हो–घबरा मत गुरुविंदर, मैं तेरे साथ हूँ।

फिर अचानक एक दिन सखुबाई ने देखा–जो गुरुविंदर उसके लाख उठाने पर भी नहीं उठती थी और धूप निकल आने पर भी छत को शून्य दृष्टि से देखती रहती थी, वह उस दिन उससे भी पहले उठ, नहा-धोकर उसके लिए चाय ले आयी थी।

"अरे वाह, आज तो तू बड़ी प्यारी लग रही है, नया सूट है क्या?" गहरे नीले रंग के झीने पारदर्शी कपड़े की तंबू-सी फैली पटियाला सलवार, सलमा-सितारे की कारचोबी जड़ा कुर्त्ता और नीले शिफान की गोटा लगी चुन्नी। "आज जरूर हमारी बिरादरी के किसी बुड्ढे को दिल का दौरा पड़ेगा री, गुरुविंदर," सखुबाई ने हँसकर कहा।

"अब बुड्ढे मुझे देखते ही कहाँ हैं आंटी!" वह हँसी। सखु उसे एकटक देखे जा रही थी–सधे हाथों का मेकअप, ओठों पर प्रगाढ़ लालिमा, आँखों में सुरमे की सुरेखा और फ्रेंच परफ्यूम की मदिर सुगंध। "यह मेरी सगाई का जोड़ा है, आंटी। आज दूसरी बार ही पहन रही हूँ। ऊब गई हूँ कमरे में लेटे-लेटे, सोचा नहा-धोकर थोड़ी देर घूम आऊँ। आप तो चलेंगी नहीं। अभी भी लँगड़ा रही हैं।"

दो दिन पहले सखुबाई के पैर में मोच आ गई थी।

"पर तू अकेली जायेगी?"

"क्यों, कोई खा लेगा मुझे?"

वह हँसी और दाड़िम के दानों की-सी वह दशनपंक्ति सखु के लिए वही अंतिम झलक थी।

बड़ी देर तक वह नहीं लौटी तो सखुबाई का माथा ठनका। कर्मचारी दूर-दूर तक ढूँढ़ आए पर वह कहीं नहीं मिली। इतनी ही देर में अविचार-ग्रस्त अफवाहों के फाये उड़ने लगे–और क्या उम्मीद थी उससे? सजधजकर निकली थी, भाग गई होगी किसी के साथ!

–और क्या, जो अपने पति की हत्या कर सकती है, वह कुछ भी कर सकती है। तब ही हमने कहा था। हम शरीफों के बीच उसे रखना ही नहीं था। सखुबाई का जी कर रहा था उनका मुँह नोंच ले, क्या इन्हीं शरीफों को गुरुविंदर को देखकर लार टपकाते नहीं देख चुकी थी वह?

इतने ही में किसी ने आकर खबर दी–गुरुविंदर की लाश समुद्र तट पर पड़ी है। उदार, आत्माभिमानी उदधि क्या कभी कुछ लेता है? उसका दुख ले लिया और देह लौटा दी।

गुरुविंदर की मौत के बाद सखुबाई के लिए समय कछुए की चाल से रेंगने लगा। न पढ़ने में जी लगता, न घूमने में। आनंदी आकर उसका हाथ न थाम लेती तो शायद वह 'आश्रय' छोड़कर कहीं भाग जाती। दोनों जैसे युगयुगांतर से एक-दूसरी को जानती थीं। एकसाथ उठना-बैठना, खाना-पीना, घूमना। आनंदी अपनी पूजा में बैठती तो सखुबाई अखबार पढ़ती

रहती। कभी-कभी झुँझला भी उठती। रोज-रोज एक-सी खबरें–हत्या, मारकाट, सोने-चरस की धरपकड़! "अरी, सुन रही है, डोकरी? किस धरातल में जा रहा है हमारा देश? बस रोज वही पंजाब और पंजाब या फिर बोफोर्स–कोई खबर नहीं रही क्या?"

आनंदी निरुत्तर माला जपती रहती।

"मूर्ख जाहिल है तू, डोकरी। अब बंद कर अपना ढोंग!"

पर आनंदी तो चिकना घड़ा थी। सखुबाई कितनी ही गरजे-बरसे, उसके पाठ की प्राचीर भंग नहीं कर सकती थी।

दोनों घूमने जातीं तो आनंदी कसकर सखु की उँगली थामे रहती। "डोकरी, तू यह बच्ची-सी मेरी उँगली क्यों थामे रहती है? मैं क्या भाग रही हूँ?"

"मुझे डर लगता है, मास्टरनी।"

"और किसी दिन मेरी उँगली हमेशा के लिए छूट गई तब? हममें से एक को तो पहले जाना ही होगा न!"

आनंदी हँसकर ठिठक गई थी, "मैं ही पहले जाऊँगी, मास्टरनी।"

सखुबाई सहम गई, कैसे दृढ़ विश्वास से कह रही थी डोकरी। शांत परमहंसी दिव्य चेहरे को जैसे किसी पवित्र घेरे ने घेर लिया था।

दोनों सखियों के प्रातःभ्रमण की एक नियत सीमा थी। समुद्र-तट की चमकती सिकता पर धँसी जा रही चप्पलों को साधतीं, दोनों एक-दूसरी का हाथ थामे एक ही चट्टान पर जाकर बैठ जातीं। कभी उग्र और कभी शांत फेनिल तरंगें आ-आकर दोनों को कभी घुटनों तक भिगो जातीं, कभी एड़ियाँ भिगोकर ही लौट जातीं। जो सखुबाई कमरे में बकर-बकर करती आनंदी को प्रतिपल छेड़ती रहती थी, वह चट्टान पर बैठते ही गूँगी बन जाती। दोनों ध्यान-मग्न समाधिस्थ ऋषि-मुनियों के-से अडिग स्थैर्य से बड़ी देर तक चुपचाप बैठी रहतीं। दोनों के हृदयों के गहनतम कक्ष की एक ही-सी वेदना अपने ही मौन संभाषण में शायद सबकुछ कह-सुन लेती थी। वाणी के लिए फिर कोई स्थान ही नहीं रह जाता। जिस आनंदी को वह बार-बार कुरेदकर भी कुछ नहीं जान पायी थी, चट्टान पर बैठते ही कुछ न कहे जाने पर भी सब जान लेती। सखु जानती थी कि नारी भी दो तरह की होती है। एक जो सामान्य-से स्नेह का प्रश्रय पाते ही अपने हृदय के कपाट खोलकर रख देती है। दूसरी–जो प्राण रहते मन की व्यथा कभी जिह्वाग्र पर नहीं आने देती।

सखु नारी के पहले कोठे में आती थी, आनंदी दूसरे में।

आनंदी के एक ही पुत्र था, दो पुत्रियाँ। पुत्र के लिए उसने स्वयं लड़की ढूँढ़ी थी, पर जिस घड़े को वह ठोक-पीटकर लायी थी, जल भरे जाने पर जब वही टपटप कर रिसने लगा तो उसने उसे अपना ही भाग्य-दोष मान लिया। पुत्र का ओहदा ऊँचा था। वह विदेश सेवारत ऊँचा अफसर था। किंतु उसके ससुर का पद उससे भी ऊँचा था। फिर उसकी बहू उनकी सिरचढ़ी इकलौती बेटी थी। विवाह होते ही बहू की माँ हर महीने बेटी की गृहस्थी सम्हालने आने लगी। उन दिनों आनंदी के पुत्र की नियुक्ति कुछ महीनों के लिए भारत में हो गई थी। बहू संतान-संभवा हुई तो उसकी माँ फिर बेटी की देखरेख के लिए आ गई और धीरे-धीरे आनंदी को दीवार की ओर ठेलती गई। अपने ही बेटे के घर में आनंदी मेहमान बन गई और उसकी समधिन मेजबान। फिर भी आनंदी विलक्षण विवेकसम्पन्न सहिष्णु जननी थी। दोनों विवाहिता

पुत्रियाँ मायके आतीं तो बहू का मुँह फूल जाता–जब देखो तब चली आती हैं और अम्माँ पोटलियाँ बाँध-बाँधकर थमाती रहती हैं।

एक दिन बहू अपनी माँ से कह रही थी तो बड़ी बेटी ने सुन लिया। छोटी सुनती तो शायद चुप भी रहती, पर रुक्मन तो हवा से लड़ती थी। खूब किचकिच हुई। दोनों बेटियाँ रूठकर उसी दिन चली गईं। उस गृह-कलह ने बेटे को भी माँ के लिए पराया बना दिया। चलते-चलते रुक्मन उसकी सास के सामने ही उससे कुछ ऐसे अपशब्द कह गई, जिन्हें वह क्षमा नहीं कर सका। दूसरे ही महीने वह परिवार सहित विदेश चला गया। आनंदी समझ गई कि जिस बेरुखी से माँ का दामन झटककर वह भागा है, उससे वह सुखी ही हुआ है, दुखी नहीं। एक वर्ष तक फिर कोई पत्र नहीं आया। फिर एक चिरकुट आया था–मीना फिर संतान-संभवा है। आप चिंता न करें। उसकी देखभाल के लिए उसकी माँ आ रही है।

आनंदी के जी में आया लिखकर पूछे–बेटा, क्या तुम्हारी माँ नहीं आ सकती थी?

पर क्या लाभ? फिर वह बीमार पड़ गई थी। पीलिया ने लगभग प्राण ही ले लिये थे। हालत ऐसी थी कि अब जाये, तब जाये। दोनों बेटियाँ ही बारी-बारी से आकर देख गईं। फिर जब कुछ ठीक हुई तो रुक्मन उसे लगभग घसीटकर ही अपने साथ ले गई थी। वह लाख समझाने पर भी अपना घर छोड़ने को तैयार नहीं हुई तो रुक्मन ने तुरुप का पत्ता फेंका था, "यह कौन तुम्हारा अपना घर है, अम्माँ? किराया देकर रहती हो। श्याम चिट्ठी तक तो भेजते नहीं, किराया भेजेंगे? बिजली, पानी, महरी सबका खर्चा तो हम दोनों बहनें ही उठा रही हैं। हमारी भी तो सोचो, अम्माँ, हम भी आखिर दो-दो खर्चे कब तक उठा सकती हैं। वहाँ रहोगी तो देखभाल भी होती रहेगी और तुम्हारा मन भी बच्चों में लगा रहेगा। तुम्हें 500 ही तो पेंशन मिलती है, उससे चला पाओगी यह खर्चा?"

आनंदी कह भी क्या सकती थी? जबान तो विधाता ने उसी दिन काटकर उसके हाथ पर धर दी थी, जिस दिन उसका सुहाग उतरा था। फिर आनंदी की पचास-साठ वर्षों की जोड़ी गई थाती का कुछ ही घंटों में त्वरित सफाया कर दिया गया था। देवी-देवताओं की दर्जनों तसवीरें, सिलबट्टे, चूड़ियाँ, इमामदस्ता, मूसल, निवाड़ के चक्के, पलँगों के पाये, भारी बर्तन–सब मिट्टी के मोल बिक गए।

"ओफ! कैसा कबाड़ जमा कर रखा है अम्माँ ने!" रुक्मन अपनी बहन से कह रही थी, "यह देख, इस शीशी में श्याम के पहली बार उतरे बाल भी धरे हैं!"

आनंदी की आँखें छलछला उठीं, श्याम की उन पहली बार कटी घुँघराली लटों को उसने कभी सहेजकर रख लिया था। कैसी रेशमी लच्छे थे उसके बाल!

आनंदी को बड़ी बेटी के पास छोड़कर छोटी दूसरे दिन ही अपने घर चली गई थी। वह भी बड़ी की भाँति नौकरी करती थी। बड़े दामाद अतुल की फैक्टरी थी। भगवान् ने सबकुछ दिया था रुक्मन को, एक बेटा ही नहीं दिया। तीन बेटियाँ थीं। बीसियों नौकर थे। दो-दो गाड़ियाँ, अपनी डेरी–लक्ष्मी तो जैसे चौपर मारकर ही उसके घर में बैठी थी। फिर भी वह अट्टालिका श्रीहीन क्यों लगती थी उसे? एक वर्ष में ही आनंदी छटपटाने लगी थी। पहले तीन-चार महीने तो वह पान के पत्ते-सी ही फेरी गई, कभी रुक्मन आकर उसके पास बैठ जाती, कभी उसकी बेटियाँ–"नानी क्या चाहिए आपको? चलिए आपको कहीं घुमा लायें...अजी कोई अच्छा-सा धार्मिक कैसेट ले आओ नानी के लिए!"

पर फिर वह स्नेह, वह अनुराग न जाने कहाँ उड़कर विलीन हो गया। दामाद अतुल बेहद रूखा, क्रोधी, अधीर व्यक्ति था। एक तो वह घर पर रहता ही कम था; जब कभी आता तो पूरे घर को सन्नाटा लील लेता। गरजता-बरसता वह मेघ टलता तो पूरा घर चैन की साँस लेता। आए दिन रुक्मन की बेटियों की मित्रमंडली उनके कमरे में जुटती तो कमरे में ऊबी आनंदी भी उठकर वहाँ चली आती—उनकी खिलखिलाहट ही उसे वहाँ खींच ले जाती थी। वात्सल्यपूर्ण दृष्टि से वह उन्हें देखती रहती। कैसा स्वच्छन्द जीवन है इन बच्चियों का। न माँ के काम में हाथ बँटाने के आदेश, न जोर से हँसने-बोलने, आने-जाने पर कोई बंदिश। इस उम्र में तो उसका गौना हो गया था।

"हाय नानी!" दर्जन-भर लड़कियाँ उसे देखते ही चिल्लातीं। न प्रणाम न अभिवादन! क्या आज के माँ-बाप इन्हें सामान्य शिष्टाचार भी नहीं सिखाते?

फिर भी स्वभाववश उसके मुँह से निकल जाता, "जीती रहो बेटी।"

जोर-जोर से बज रहे उस विचित्र कानफोड़ अंग्रेजी संगीत के साथ कभी वे लड़कियाँ ताल देतीं, कभी अपने झबरे कटे बाल पूरे चेहरे पर फैला उसी के सामने नाचने लगतीं—नाच भी कैसा—जैसे उन पर साक्षात् भवानी उतर आती हो! आनंदी अवाक् होकर देखती रहती। इतनी जोर से बज रहा यह भूतप्रेतों का संगीत क्या अब उनके कानों में नहीं लगता? जब वह टी.वी. देखने बैठती तो बेटी की ये उद्धत बेटियाँ ही आकर आवाज कम कर जाती थीं, "प्लीज नानी, इतनी जोर से टी.वी. मत लगाइए।"

एक दिन आनंदी के जीर्ण हृदय को दूसरा झटका लगा। रुक्मन की बड़ी बेटी सुरेखा ही सबसे मुँहफट थी। आनंदी अपने कमरे में बैठी दोपहर की चाय पी रही थी कि सुरेखा आँधी-सी घुस आयी, "नानी, जब हमारी दोस्त आती हैं तो प्लीज आप वहाँ मत आइए। हमें बड़ा अजीब लगता है।" आनंदी फिर चाय नहीं पी पायी। ठीक ही तो कह रही थी वह। वहाँ सींग कटाकर बछड़ा बनने गई ही क्यों थी? उसी रात को अतुल शायद कुछ ज्यादा ही चढ़ाकर बहक गया था, यद्यपि आनंदी का कमरा गृह के सीमांत पर था। फिर भी उसने सबकुछ सुन लिया था, "कब तक रहनेवाली हैं तुम्हारी अम्माँ? क्या राधा को कोई मतलब नहीं रहा माँ से? एक तुम्हीं ने ठेका लिया है!"

आनंदी सन्न रह गई, उसने कितनी भारी भूल की थी!—'आनंदी उठ-उठ, भाग जा कहीं, अब तेरा दाना-पानी यहाँ से उठ गया है। समय रहते चेत आनंदी, नहीं भागती तो एक दिन भगा दी जायेगी!' उसका अंतःकरण उसे रात-भर झकझोरता रहा था।

दूसरे दिन ऑफिस जाने से पहले रुक्मन ने स्वयं ही उसकी समस्या का समाधान कर दिया था, "अम्माँ, इधर मुझे दफ्तर में बहुत काम है। देर से लौटूँगी। लड़कियों के भी इम्तिहान आ रहे हैं। सोच रही हूँ तुम्हें थोड़े दिन राधा के पास भेज दूँ।"

और इतवार को वह स्वयं माँ को छोटी बहन के पास छोड़ आयी थी।

राधा की गृहस्थी बड़ी बहन की गृहस्थी से भी अधिक ठसकेदार थी। एक ही बेटा था वह भी बचपन से हॉस्टल में रहकर पढ़ रहा था। माँ को देखते ही राधा बच्ची-सी लिपट गई थी—"अब तुम मेरे ही पास रहोगी अम्माँ। तुम्हें कहीं नहीं जाने दूँगी। खूब मन लगेगा तुम्हारा!"

और कैसा मन लगा था उसका! इस छोटी बेटी ने पाँच वर्ष तक दूध पिया था उसका।

पंद्रह वर्ष तक उसी के साथ लिपटकर सोती थी। सब सुख तो करतल पर धरे दिख रहे थे। फिर भी भीतर-ही-भीतर कौन घुन चाट रहा था उसे? चहकती मैना सोने के पिंजरे में बंद होकर चहकना भूल गई थी क्या? या उसके गले में वह काँटा उग आया था जो एक दिन मैना के प्राण ले लेता है? फिर धीरे-धीरे बिना कुछ पूछे ही वह सबकुछ जान गई। उसका यह दामाद भी बेहद पीता था। एक बार उसका भयावह रूप से बढ़ा रक्तचाप उसे लकवे का छोटा-मोटा झटका भी दे चुका था, पर पीना नहीं छूटा।

उस पर राधा का बेटा छुट्टियों में घर आया तो आनंदी रही-सही बात भी समझ गई। कभी उसकी अनुपम कांति देखकर ही आनंदी ने उसका नाम धरा था कार्त्तिकेय। आज अठारह वर्ष की उम्र में ही उस कमनीयता को जघन्य नशे ने स्याह कर दिया था। जब देखो तब माँ से लड़-झगड़कर पैसे उघाता, बाप उसे फूटी आँखों नहीं देख सकता था। राधा ने उसे कुछ नहीं बताया, पर नौकरों की खुसर-फुसर से ही वह जान गई कि बाबा अब पढ़ने नहीं जाएगा। कॉलेज से निकाल दिया गया है। कुछ पति के नशे ने राधा को बेहद चिड़चिड़ी बना दिया था। वह एक बार सुबह और एक बार रात को माँ के कमरे में आती अवश्य थी, पर उससे कभी आँखें नहीं मिला पाती थी। अपनी इस लाड़ली ओछन-पोछन बिटिया को गले लगाने को आनंदी का हृदय व्याकुल हो उठता, पर बढ़ती वयस भी कभी-कभी संतान और जननी के बीच संकोच की कैसी अभेद्य दीवार बनकर खड़ी हो जाती है!

फिर एक दिन अपदार्थ पुत्र को लेकर ही बेटी-दामाद में भयंकर गृह-कलह हुआ, फूलदान फेंके गए, कुरसी-सोफा उलटे, मेजें गिरीं, प्लेटें पटकी गईं। राधा सिसक रही थी। दोनों घुटनों में मुँह छिपाए कालीन पर बैठी राधा की वह करुण छवि आनंदी ने छिपकर परदे की ओट से देखी तो उसका कलेजा किसी ने मरोड़ दिया। बाप की बेहद मुँहलगी उस छोटी को तो उसने कभी फूल की छड़ी से भी नहीं मारा था। दामाद जैसे बौरा गया था, "यह सब तुम्हारा कसूर है!" वह चीख-चीखकर कह रहा था, "बेटे के लिए कभी वक्त मिला था? तुम्हीं ने जिद कर उसे हॉस्टल में भेजा--नौकरी का भूत जो सवार था तुम पर! अब जी भरकर नौकरी करो और भरो उसकी जेबें, जिससे वह दिन-रात नशे में डूब सके। देखा नहीं क्या लिखा है उसने अपने कमरे की दीवारों पर--डोंट वाक ऑन ग्रास, स्मोक इट! कसर पूरी करने अपनी माँ को भी ले आयी हो हमारा सुख दिखाने। मेरी माँ महीने-भर को आती है तो तुम्हारा मुँह लटक जाता है। और वह खूसट बुढ़िया..."

आगे कुछ नहीं सुनना चाहती थी आनंदी। दोनों कानों में उँगलियाँ डाल वह कटे पेड़-सी अपनी पलँग पर ढह गई थी।

उस रात को उसके अंतःकरण ने फिर उसके कानों में कहा था--भाग, भाग, आनन्दी यहाँ से भी तेरा दाना-पानी उठ गया है--नहीं भागी तो भगा दी जायेगी।

रात को सूजे चेहरे और सूजी आँखें लिए राधा उसके कमरे में आयी तो उसके कुछ कहने से पहले ही आनंदी ने बढ़कर उसका माथा चूम लिया, "मैंने सब सुन लिया है छोटी। तू चिंता मत कर। मुझे मेरे घर पहुँचा दे। भगवान् ने अभी मेरे हाथ-पैर, आँख-कान नहीं छीने। मैं अपनी देखभाल खूब अच्छी तरह कर सकती हूँ!"

"घर? कौन-सा घर अम्माँ?"

राधा के प्रश्न ने आनंदी की छाती में जैसे घूँसा मार दिया था। ठीक ही तो कह रही

थी, उसका घर अब था ही कहाँ। किराये का घर खाली कराकर ही तो दोनों बहनें उसे अपने साथ लायी थीं।

"अम्माँ, मैंने और जीजी ने तुम्हारे लिए एक और घर देखा है, जहाँ तुम्हें साथ भी मिल जाएगा और तुम्हारी देखभाल भी होती रहेगी। अभी जीजी ने फोन पर बताया। एक ऐसा 'आश्रय' है जहाँ 600 रुपया देने पर बुजुर्गों को घर का सा ही आराम दिया जाता है। तुम्हारी पेंशन तो है ही, सौ-सौ रुपया हम दोनों बहनें भेज दिया करेंगी। बीच-बीच में तुम्हें देखने भी आती रहेंगी।"

और फिर एक दिन दोनों उसे 'आश्रय' में पहुँचा गई थीं। पहले जब कभी उनकी माँ उनसे मिलने आती और कुछ ही दिन रहकर वापस जाने को अकुलाने लगती तो कितने निश्छल स्नेह से उनके पति उसे बार-बार रोक लेते थे। "बेटा, अब मुझे जाने दो। तुम लोगों पर कहीं भार न बन जाऊँ!" "कैसी बातें करती हैं, अम्माँ?" उनके पति कहते, "भैंस को क्या कभी उसके सींग भारी होते हैं!" किंतु उसकी संतान को तो सींग दुर्वह ही हो उठे थे!

सखुबाई को लगता, उसके पुत्र से भी अधिक जघन्य अपराध आनंदी की संतान ने किया था। ऐसी संत निरीह जननी को कैसे यहाँ एकदम अनजान परिवेश में ढकेल दिया! चार वर्षों में कुल दो बार उसकी बेटियाँ उससे मिलने आयी थीं—अलबत्ता चिट्ठियाँ और नववर्ष के कार्ड आ जाते। होली के दिन पत्ता भी हिलता तो आनंदी चौकन्नी हो जाती। उस दिन 'आश्रय' के कई भाग्यशाली बुजुर्गों के आत्मीय स्वजन उन्हें अबीर-गुलाल का टीका लगाने आते। आनंदी की बेटियाँ पिछली तीन होलियों से माँ से मिलने नहीं आयी थीं। फिर भी कहीं-न-कहीं आशा की टिमटिमाती ज्योति को आनंदी हथेली की ओट से बचाए सेंत रही थी।

"डोकरी, चल घूमने, इतनी सुबह तो तेरी बेटियाँ आने से रहीं!"

उस दिन फागुनी बयार ने मौसम में सुबह से ही गुलाबी मिठास घोल कर रख दी थी। नित्य की भाँति दोनों सखियाँ उँगली थामे अपनी प्रिय चट्टान पर जाकर बैठ गईं। सखुबाई नें स्वभाववश आनंदी को फिर छेड़ दिया, "क्यों री! क्यों मुँह लटकाए बैठी है? बेटे-बहू याद आ रहे हैं या बेटियाँ?"

आनंदी चुप रही। उसके निरर्थक प्रश्नों का वह कभी उत्तर नहीं देती थी।

"अरी कुछ तो बोल, आज होली का दिन है। आज के दिन तो लोग कुत्ते-बिल्लियों को भी रँग देते हैं।"

"हमें अब कौन रँगेगा, मास्टरनी?"

"क्यों? मैं क्या मर गई हूँ?"

और फिर सखुबाई ने न जाने कहाँ से छिपाई गई अबीर-गुलाल की पुड़िया निकाली और आनंदी के गोरे चेहरे को लाल बना दिया। गालों पर, ललाट पर, सफेद बालों पर रंग पोतती वह हँस-हँसकर चीखने लगी, "होली है! होली है!"

आनंदी इस रंगीन हमले के लिए प्रस्तुत नहीं थी। अचकचाकर वह पानी में लगभग गिरने ही को थी कि सखु ने थाम लिया।

"क्या करती है मास्टरनी!" आँचल से गाल पोंछती आनंदी ने सँभलते ही इस बार सखुबाई के हाथ की पुड़िया छीन, मुट्ठी-भर रंग पोत सखुबाई को लंगूर बना दिया, "ले, तू क्या समझती

है, मैं रंग खेलना नहीं जानती? जरा अपनी सूरत तो देख!" पोपले मुँह की हँसी ने आनंदी का चेहरा उद्भासित कर दिया।

"और अपनी? अपनी शक्ल देखी है तूने? हाँ-हाँ, कैसी लग रही है तू?" सखुबाई जोर-जोर से हँसने लगी। बड़ी देर तक दोनों एक-दूसरी को रँगती, मजाक उड़ातीं, हँसती-हँसती दोहरी हो गईं।

उनका चौथापन सहसा समुद्र बहा ले गया और एक-दूसरी को रंग से, गीली रेत से भिगोती दो अल्हड़ किशोरियाँ ही एक-दूसरे से जूझ रही थीं।

"चल, हाथ-मुँह धो ले! 'आश्रय' वाले देखेंगे तो क्या कहेंगे।"

आनंदी ने खिसियाए स्वर में कहा, "जानती है, मास्टरनी, मैंने उनके जाने के बाद कभी होली नहीं खेली..."

"तब क्या पहले खेली थी...बता न डोकरी!"

क्या गौने के बाद की उस पहली होली को वह कभी भूल सकती थी? चौदहवाँ लगते ही तो गौना हुआ था उसका। पर गौना होने पर भी तो महीनों तक पति की झलक भी उसे देखने को नहीं मिली थी। सास कहती थी, बहू अभी लरकौनी है, मेरे पास सोएगी। रातें सास के साथ बीततीं और दिन में कई जोड़ी तइया, चचिया सास, ननद, देवरों के बीच। वह पति से दोटूक बात भी नहीं कर सकती थी। फिर होली आयी और वह तड़के ही कुएँ पर पानी भरने गई तो वे जंगली बिल्ले-से ताक लगाए बैठे थे—"मुझे देखते ही झपटे और रंग की पूरी बाल्टी उड़ेल दी!"

"और फिर क्या री, डोकरी? बड़ी छिपी रुस्तम निकली तू!"

"चल परे हट!" आनंदी के गोरे चेहरे की जिन झुर्रियों की दरारें सखु के अबीर से अछूती रह गई थीं, वे भी सहसा अदृश्य अबीर से अबीरी हो उठीं—पूरे छप्पन वर्ष बीत गए थे उस होली को, पर सत्तर वर्ष की होने पर भी आनंदी आज भी वह दिन नहीं भूली थी।

स्वयं सखुबाई की स्मृतियाँ उसका कलेजा मरोड़ रही थीं, "चल, अब चलें...शायद तेरी बेटियाँ आई हों..."

पर कोई नहीं आया।

उसी रात को आनंदी सहसा उठकर बैठ गई।

"क्या हुआ, डोकरी? सपने में क्यों गोंगिया रही थी...सपना देख रही थी क्या?"

"हाँ मास्टरनी, अजीब सपना था..."

"क्या देखा?"

"अभी नहीं, सुबह सुनाऊँगी—सूरज उगने से पहले किसी ब्राह्मण को शुभ सपना सुनाओ तो सच होता है...।"

"मार गोली ब्राह्मण को। इस जमाने में ब्राह्मण को सुनाए गए सपने सच नहीं होते...शूद्र को सुनाए गए सपने ही फलते हैं।"

"नहीं, कल सुनाऊँगी।"

सुबह नहा-धोकर आनंदी उसके पास खड़ी हो गई थी, "कल मैंने देखा—मैं जमीन पर लेटी हूँ। मेरे सिरहाने तुलसी का गमला है, उस पर मेरे लड्डू गोपाल बैठे हैं। मेरे मुँह में तू तुलसीदल डालकर मेरे कानों में कह रही है, ओं नमो वासुदेवाय, ओं नमो वासुदेवाय, अचानक

मेरी देह ऊपर उठने लगी है और मैं जमीन पर पड़ी अपनी देह को भी देख पा रही हूँ। तभी आकाश से एक सोने का रथ उतरा मास्टरनी–ठीक जैसा टी.वी. की रामायण में उतरता है।''

''यह सब तेरे टी.वी. का ही प्रताप है। वही भूत तेरे सिर पर चढ़ गया है।'' सखुबाई ने उसे भुनभुनाकर बीच में ही टोक दिया।

''नहीं मास्टरनी, मेरे गले में अजगर-सी मोटी वैसी ही पुष्पमाला है जैसे कभी प्रधानमंत्री के गले में रहती है–और फिर मुझे कोई विमान में ठेलकर चढ़ा देता है। मैं तुम सबको हाथ हिला-हिलाकर विदा ले रही हूँ।''

''ठीक जैसे प्रधानमंत्री हाथ हिलाते हैं, क्यों?''

''नहीं मास्टरनी, यह सपना सच होगा। मेरे सपने कभी झूठ नहीं होते–कब से तो मौत को बुला रही थी!''

''अरी जाहिल औरत, बुढ़ापे में दो ही चीजें तो बुलाने से नहीं आतीं–मौत और नींद। आया कुछ समझ में?''

छः महीने बीत गए, बेचारी आनंदी कहाँ बैठ पायी विमान में! पर सखुबाई ने उसका उठना-बैठना दूभर कर दिया।

''क्यों डोकरी, कब आ रहा है विमान, आज या कल?''

आनंदी रुआँसी हो जाती।

''अच्छा जा कल तेरी सीट बुक करवा देते हैं।'' तब सखु को क्या पता था कि साक्षात् काल ही उसकी जीभ पर बैठा बोल रहा है।

''घूमने नहीं चलेगी?''

''नहीं मास्टरनी, तू चली जा। मेरा सिर भारी लग रहा है।''

सखु निकल ही रही थी कि आनंदी ने पुकारा, ''मेरा एक काम करेगी मास्टरनी?''

''अब कौन-सा काम अटक गया? लाख बार समझाया कि चलते वक्त मुझे मत टोका कर!''

सखुबाई को चलते-चलते किसी का भी टोकना अच्छा नहीं लगता था। जब-जब टोकी गई तब-तब कुछ-न-कुछ अनिष्ट अवश्य होता था।

आनंदी ने तकिये के नीचे से एक मखमली थैला सखु को थमा दिया।

''यह क्या है? तेरा एयर टिकट?''

आनंदी ने थैली की डोरी सरकायी और सोने के दो भारी गोखरू और एक पन्ना की हीरे-जड़ी अँगूठी उसके हाथ पर रख दिए।

''यह क्या, ऐसे भारी गहने तू सिरहाने रखकर सोती है! अरी, कोई चुरा लेता तो!''

''नहीं, इन्हें चुराये ऐसा चोर अभी पैदा नहीं हुआ। मेरी उस नानी के हैं जिसने गंगा में पैर डुबोकर स्वेच्छा से प्राण त्याग दिए थे। इच्छा-मृत्यु ही हुई थी नानी की। मुझे कभी कुछ हो जाये तो इनमें एक-एक गोखरू राधा-रुकमन को दे देना। उन्होंने तो ये कभी देखे भी नहीं हैं। नहीं तो क्या आज तक बच पाते।''

''अपने ही पास रख डोकरी, मैं क्या कोई लॉकर हूँ जो तेरी यह अमानत धरूँ?

''नहीं मास्टरनी, तुझे मेरा कहना मानना ही होगा।''

''और इस अँगूठी का क्या करना है? तेरी बहू को देनी है न? उसकी काली उँगलियों में यह पन्ना खूब फबेगा!''

"नहीं, यह तू पहनेगी," बड़े प्यार से उसने फिर वह अँगूठी सखु की उँगली में पहना दी थी।

"मैं इतनी दामी अँगूठी नहीं ले सकती। फिर मैं कब यह सब पहनती हूँ?"

"इसे पहनेगी तू। जब मैं नहीं रहूँगी और यह अँगूठी तेरी उँगली में रहेगी तो मुझे हमेशा यही लगेगा–मैं तेरी उँगली थामे तेरे साथ-साथ चल रही हूँ मास्टरनी।"

उस दिन सखुबाई का मन घूमने में भी नहीं लगा। दस कदम चलकर वह बड़ी देर तक 'आश्रय' की ही बेंच पर बैठी रही। फिर उठकर मेस से दो प्याले चाय के लिए कमरे में गई, आनंदी जैसे घोड़ा बेचकर सो रही थी–चलो सोती रहे कुछ देर, सिर भी भारी है बेचारी का।

उसने अखबार उठा लिया। चाय पी। एक-एक खबर पढ़ी। आनंदी अभी उसी गहरी नींद में सो रही थी–दोनों हाथ छाती पर धरे। यही उसकी प्रिय मुद्रा थी।

"अरे डोकरी उठ। रामायण के कुंभकरण की छूत लग गई है क्या? बजाऊँ नगाड़े, चला दूँ हाथी?"

पर आनंदी न हिली, न डुली। हाथ का प्याला धर, चिंतातुरा सखु उस पर झुकी। हाथ थामा तो कटी डाल-सा फत्त पलँग पर ही गिर गया।

वह भागकर सबको बुला लाई–"आह, कैसी मौत पायी भाग्यवान ने!" सब झुक-झुक उन निष्प्राण गौर चरणों पर माथा टेक रहे थे। पर सखु एकदम बुत बनी उस शांत भव्य चेहरे को एकटक देख रही थी। कैसी अशुभ वाणी निकली थी उसके मुँह से। उसकी प्राणप्रिया सखी ने क्या कभी उसका कोई आदेश टाला था?

जहाँ समवेत सिसकियाँ कमरे में सन्नाटे को चीर अगरबत्ती के धुएँ के साथ मँडरा रही थीं, वहीं सखु की निष्प्रभ आँखों की पलकों का एक पक्ष्म भी गीला नहीं हुआ। वह पत्थर बन गई थी। "तू रोना नहीं, मास्टरनी," उसने एक दिन कहा था, "मुझे बड़ा दुःख होगा।"

वह नहीं रोई, पर सपने की एक-एक बात उसने पूरी की। सिरहाने तुलसी का गमला, गमले पर लड्डू गोपाल, मुख में तुलसीदल और फिर कानों के पास मुँह सटाकर स्थिर निष्कम्प कंठ से उसने कहा, 'ओं नमो वासुदेवाय, ओं नमो वासुदेवाय।' चौकीदार को शहर भेज उसने वैसा मोटा पुष्पहार मँगाकर आनंदी के गले में डाल दिया।

अर्थी उठी तब भी वह बड़ी देर तक वहीं बैठी रही। फिर अपने कमरे में चली गई। कर्मचारी आकर कमरा धो गए। पलँग हटा दी गई। न जाने कौन संस्कारी बुजुर्ग देहरी पर एक दीया भी जलाकर धर गया, जिससे आनंदी का प्रेत अपने नवीन मार्ग में न भटके! एक गुजराती आश्रयवासिनी ने आकर उसके कंधे पर हाथ धरा, "कहो तो बेन, मैं आज तुम्हारे कमरे में सो जाऊँ?"

"नहीं," कुछ रूखे स्वर में उसने कहा था। अब जीवन भर कोई उसके कमरे में नहीं सोयेगी। रात-भर वह खाली कमरा उसे हड़के कुत्ते-सा काट खाने को दौड़ता रहा। लगता था अभी आकर पुकारेगी, 'मास्टरनी, सो गई क्या?'

धीरे-धीरे तीन महीने बीत गए। आनंदी की पुत्रियों को खबर दे दी गई। पर वे दोनों परिवार सहित बैंकाक घूमने गई थीं–"हमारी माँ का बक्सा सँभालकर रख दें–हम लौटने पर ले लेंगी।"

एक सखुबाई ही जानती थी उस सूटकेस में क्या है—चार सूती इकलाई धोतियाँ, तीन पेटीकोट, चार कुर्तियाँ, दो चादर, एक टूटा चश्मा, वर्षों से बंद पड़ी एक अलार्म घड़ी और बैंक की पासबुक, जिसमें कुल जमा थे सत्ताईस रुपये बावन पैसे!

यह उस बेटे की माँ की विरासत थी जिसे महीने में बीस हजार का वेतन मिलता था, जिसका अपना अपार्टमेंट था, स्विमिंग पूल था, तीन-तीन गाड़ियाँ थीं। उन दामादों की सास की विरासत थी जिनके घरों में कुबेर का छत्र बड़ी गहराई तक धँसा था।

बेटियाँ आईं। सखुबाई बरामदे में बैठी चाय पी रही थी। दोनों ने उसे देखकर भी अनदेखा कर दिया, जैसे पहचानती ही न हों—जबकि दोनों जानती थीं कि वही उनकी निर्वासिता अम्माँ की एकमात्र अंतरंग सखी है!

एक बार भी उन्होंने आकर उससे माँ की अंतिम यात्रा का वृत्तांत पूछा होता तो शायद वह तत्क्षण उनकी माँ की धरोहर उन्हें थमा देती। पर उनकी अवज्ञा से उसका खून खौल गया। ले जाओ सूटकेस और पहनो चार साड़ियाँ, तीन पेटीकोट! वह मन-ही-मन ठहाके लगा रही थी।

संध्या को वह घूमने गई तो उसकी मुट्ठी में आनंदी की मखमली थैली बन्द थी। काँटेदार चूहादंती गोखरू थैली में बन्द होने पर उसकी मुट्ठी में गड़ रहे थे। वह जाकर अपनी उसी चट्टान पर बैठी। थोड़ी देर तक आँखें बन्द किये बैठी ही रही। फिर उसने एक बड़ा-सा पत्थर उठाकर दोनों गोखरुओं के साथ मूँद दिया। पत्थर रहेगा तो थैली नहीं लौटेगी नहीं तो गुरुविंदर की लाश की भाँति समुद्र फिर तट पर पटक जाएगा! पूरी शक्ति से उसने थैली को जोर से समुद्र में उछाल दिया। एक क्षण को वह लाल थैली लहरों में उठी-गिरी अगाध जलराशि के अतल तल में विलीन हो गई। सखुबाई देर तक खड़ी देखती रही। थैली नहीं लौटी।

बड़ी श्रद्धा से उसने अपने दोनों सींक-से पतले हाथ आकाश की ओर उठाकर अपनी दिवंगता सखी को प्रणाम किया, 'माफ करना डोकरी, तेरी अमानत तुझे ही लौटा रही हूँ। जिन हाथों ने तुझे ऐसी बेरहमी से अपने घरों से बाहर ढकेला, उन हाथों में मैं ये गोखरू नहीं पहना सकती। अँगूठी मेरी उँगली में है। पर यह तो तेरी उँगली है न, कैसे इसे छुड़ा दूँ। माफ करना डोकरी!'

फिर जो लौह-स्तंभ-सी मास्टरनी अपनी सखी की अर्थी उठने पर भी नहीं रोयी थी, सहसा टूट गई उसका चेहरा रुदन की असंख्य झुर्रियों में सिकुड़ा, ओंठ काँपे और फिर झर-झर कर बहते आँसू उसके काँपते चिबुक से ढलकते उसकी सपाट छाती को भिगो गए—जैसे किसी कठिन शिलाखंड को भेद सहसा किसी पहाड़ी झरने का स्रोत फूट गया था!

चाँचरी

वह अपलक दृष्टि से उसे देख रही थी। इतने वर्षों बाद भी उसे देखकर वह नहीं चौंकी। महामाया का साक्षात् पार्थिव विग्रह ही क्या सहसा अवतरित हो उसे सम्मोहित कर रहा था! वह अडिग भव्य मुद्रा में पूर्ववत् खड़ी थी—शान्त, निश्चल, अस्खलित किसी अदृश्य प्रलयाग्नि की दीप्त प्रभा से उसकी मनोरम कान्ति रह-रहकर दमक रही थी। श्रीनाथ को एक क्षण को लगा, वह गिर पड़ेगा। उसका दृढ़ संकल्प विषम परिस्थिति से टकराकर चूर-चूर हो गया। कोई दैवी शक्ति उसे जैसे हवा में उड़ाए जा रही थी। खुले केश जटाओं में उलझकर स्वयं एक वेणी में निबद्ध हो आगे लटके थे। 'कुमारसंभव' में कालिदास ने तपोनिरता पार्वती का ऐसा ही चित्र तो खींचा है :

"यथा प्रसन्नैर्मधुरं शिरोरुहैर्जटाभिरप्येवमभूत दानम्"

तपस्यारता पार्वती के सुन्दर केश लटिया गए थे फिर भी उनका मुख उतना ही मधुर दिखता था जितना सँवारे केशों के साथ। केवल आँखें बदल गई थीं। उस विकृत दृष्टि में अब न जिज्ञासा थी न कौतूहल।

मनुष्य के जीवन में कभी-कभी ऐसे क्षण भी आते हैं जब हृदय विवेचनाशून्य हो, वाणी को भी मूक बना देता है। श्रीनाथ के जीवन में भी आज शायद यही कठिन क्षण आ गया था जब पैरों तले की जमीन उसे प्रति पल धरा में धँसा रही थी। घास-फूस की उस पर्णकुटी में कैसी अद्भुत शान्ति थी, कैसी निःस्सीम शून्यता! फूस को हटाकर बनाई गई चौकोर खिड़की से आ रही ठण्डी हवा के तीव्र झोंके ने बिन्दी के भगवा आँचल को क्या जान-बूझकर ही विचलित कर दिया कि देख श्रीनाथ, आँखें खोलकर देख, तूने कैसी मूर्खता कर, इस रत्न को पल-भर में गँवा दिया! इस आलमगीर इमारत की क्या एक भी ईंट खिसकी है पगले! प्रौढ़ा होने पर भी वह आज से तीस वर्ष पूर्व की वही कमनीय मूर्ति है। किसी भी पार्थिव सम्पर्क ने उसे आबद्ध नहीं किया है। वह तो जन्म से ही तपस्विनी थी मूर्ख, संसार में रहकर भी संसार से दूर।

श्रीनाथ, एक बार फिर गूँगा बना खड़ा रह गया। सचमुच ही जन्म-तपस्विनी थी वह! उसका काम के प्रति यही शीतल मनोभाव तो श्रीनाथ को कभी पागल बना गया था।

इस यौवनाकान्त किशोरी को उसने पहली बार मँझली भाभी के मायके में देखा था, वह भी ऐसे ही महालक्ष्मी पूजन के दिन। भाभी के मामा केशव पण्डित ही पूजा करा रहे थे :

"महालक्ष्मी नमस्तुभ्यं

संसारार्णव तारिणी
हरिप्रिये नमस्तुभ्यं
नमस्तुभ्यं सुरेश्वरी

पहले उसने पूजा कर रहे पिता के पीछे खड़ी बिन्दी को नहीं देखा। पूरे कमरे में हवन का धुआँ फैला था, सुगन्धित पकवानों की थाल सजा रही मँझली भाभी, उसे देखते ही खिल गई थी, "अरे तुम कब आए श्री...छुट्टियाँ हो गईं क्या?"

"छुट्टियाँ तो नहीं हुईं, हड़ताल चल रही है। इसी से सोचा क्यों न घर ही चला जाऊँ।"

"बैठो, बैठो, बिन्दी, चाय बना ला तो जल्दी..." और तब ही उसकी दृष्टि बिन्दी पर पड़ी। कैसा आश्चर्य था कि इतनी बार वह मँझली भाभी के मायके आया है, इससे पहले कभी नहीं देखा—हाँ, सुना अवश्य था कि केशव पण्डित की एक अपूर्व सुन्दरी पुत्री है जिसे गाँव के लोग 'चाँचरी' कहकर पुकारते हैं। सचमुच चाँचरी (परी) ही थी वह। उन दिनों पहाड़ में कुआँरी लड़कियाँ, घेरदार सुत्तन और लम्बा कुरता पहना करती थीं, काली सुत्तन और लाल नेपाली छींट के लम्बे कुर्ते में उसका गौर वर्ण और भी निखर आया था। वह उसे बार-बार देख रहा था। मँझली भाभी ने चुटकी भी ली। कान के पास मुँह ले जाकर कहा, "क्यों हो लालज्यू (देवर), हमारी चाँचरी को देखकर रीझ गए क्या? कहो तो बात चलाऊँ!" रँगे हाथों पकड़े जाने पर चोर की जो दशा होती है वही दशा, उस दिन उसकी भी हुई थी। उस दिन तो वह भाभी की चुटकी का उत्तर दिए बिना ही चला आया, पर गरमी की छुट्टियों में घर आया तो उसने साहस कर, स्वयं अपना दुःसाहसी प्रस्ताव भाभी के सामने रख ही दिया। दुःसाहसी इसलिए कि तब तक पहाड़ में किस पुत्र को ऐसा साहस हो सकता था कि स्वयं अपने मुँह से अपने रिश्ते की बात कहे।

"बड़ी देर कर दी श्री," भाभी ने एक लम्बी साँस खींचकर कहा, "मामा ने तो उसका रिश्ता पक्का कर दिया है, लड़का ओवरसियर है और पिता पटवारी—दूध, दही, शहद की नदियाँ छलकती रहती हैं घर में। फिर न सास है न ननद—राज करेगी हमारी चाँचरी।" श्रीनाथ सारी रात सो नहीं पाया था—साला ओवरसियर क्या खाकर उस हीरे को हथियाएगा...देख लेंगे हम!

और सचमुच ही देख लिया था उसने। घर-भर से बैर मोल ले, वह हीरे को हथिया तो लाया पर उसकी चकाचौंध सह नहीं पाया। दो ही दिनों में उसे लगा कि बिन्दी के रहस्यमय व्यक्तित्व में ऐसा कुछ अवश्य है जो सामान्य नारी से भिन्न है। एक तो वह बहुत कम बोलती है, चार महीने बीतने पर भी वह कभी अपने वाचाल सहचर के सम्मुख, अपना हृदय खोलकर नहीं रख पाई थी।

"क्या बात है बिन्दी, अपने घर की बहुत याद आ रही है क्या?"

उत्तर में वह अपनी बड़ी-बड़ी आँखों से उसे देखकर दृष्टि झुका लेती।

"तुम क्या मुझसे विवाह नहीं करना चाहती थीं?" फिर वही निर्लिप्त दृष्टि का व्यर्थ उत्तर। कभी-कभी वह बौखला जाता।

क्या सचमुच ही किसी अदृश्य लोक से अवतरित चाँचरी ही थी वह! यद्यपि उसकी सेवा में, कहीं कोई त्रुटि नहीं थी किन्तु वर्षों की अनुभवी गृहिणी की-सी उस दक्षता में, कहीं आवेग नहीं था। क्या अधीर प्रणयी पति के उग्र प्रणय-निवेदन ने ही उसे ऐसा सहमा दिया था, या वह पत्थर की ही तराशी गई निष्प्राण मूर्ति थी? उसकी इसी चुप्पी ने श्रीनाथ के प्रेम को और

उत्कट बना दिया, अब वह उसे कभी-कभी ऐसे व्यंग्यबाणों से बींधने लगा कि वह तिलमिला उठती।

"क्यों जी राजकन्या, ओवरसियर साहब बहुत याद आ रहे हैं या पटवारी की राजमहल की हुड़क सता रही है?" शान्त दृष्टि से उसे देखकर, वह बिना कुछ उत्तर दिए बाहर चली जाती। उसकी वही सहिष्णुता श्रीनाथ को और असहिष्णु बनाती गई। बड़ी जिठानी-जेठ विवाह निपटाते ही अपनी नौकरी पर मध्य प्रदेश चले गए थे। मँझली के पति बड़ौदा रहते थे। वह भी चली गई। घर में सास-ससुर और वे ही दोनों रह गए थे। एक तो श्रीनाथ घर-भर के विरोध को ताक पर रख, अपने मनपसन्द की बहू ले आया था, जिसके लिए उसकी माँ ने उसे कभी क्षमा नहीं किया था। संसार की कौन-सी जननी भला पुत्र की अपनी मनपसन्द बहू ले आने पर क्षमा कर पाती है! उस पर उसकी माँ कमला अपने कर्कश स्वभाव के लिए पूरी बिरादरी में यथेष्ट कुख्याति अर्जित कर चुकी थी। कोई नहीं मिलता तो हवा से ही लड़ती रहती। पिता ने भी उस विवाह का अन्त तक विरोध किया था, "एक तो अभी तेरी पढ़ाई भी पूरी नहीं हुई, उस पर कर्मकांडी ब्राह्मण की पुत्री ला रहा है। सोच-समझकर ही ऐसा फैसला किया जाता है। बाप ने न जाने कितने घरों में प्रेतशय्याएँ बटोरी होंगी, श्राद्ध-तर्पण करवाया होगा, नाक ही कटवाने पर तुला है तो कटवा ले—हमसे क्यों पूछता है!"

पर श्रीनाथ भी टस से मस नहीं हुआ। उसकी एक ही बहन थी प्रेमा, वह भी उसके विवाह में नहीं आई। न ही उसकी ससुराल से ही कोई आया। इसी से श्रीनाथ इतने घोर विरोध से ब्याहकर लाई उस अहंकारी, बित्ते-भर की लड़की के व्यवहार से क्षुब्ध हो उठा। किसी से मुँह खोलकर कुछ कह भी तो नहीं सकता था। रात को भी वह छुईमुई बनी जा रही बिन्दी को जोर से भुरा-भला नहीं कह पाता था। बगल का कमरा अम्मा-बाबू का था। सुन लिया तो कहेंगे—जा ठीक हुआ, मर, भोग अपना किया...और ला पुरोहित की बेटी!

वह रात-भर पिंजरे में बन्द खूँखार शेर-सा ही कमरे में चक्कर लगाते-लगाते देखता—दोनों हाथ छाती पर धरे उसकी प्राणप्रिया, दन्तहीन भोले शिशु की-सी गहन निद्रा में निमग्न है। न चाह, न चिन्ता—मनुआ बेपरवाह!

क्या वह छोकरी नहीं जानती, घर-भर की कैसी आतप दृष्टि झेलकर, वह उसे अपने गृह की देहरी लँघा पाया है? किस मिट्टी की बनी थी वह? उसके पिता तो ऐसे नहीं थे। विदा के पूर्व वह दीन ब्राह्मण जामाता के पैरों पर ही गिर पड़ा था, "तुम निश्चय ही देवता हो बेटा, नहीं तो क्या इस दरिद्र ब्राह्मण को ऐसे उबार लेते? कहाँ राजा भोज तुम और कहाँ मैं गंगू तेली! सिवाय कुश कन्या के मेरे पास है ही क्या?" किन्तु पिता की कृतज्ञ विनम्रता का शतांश भी वह अब तक उनकी अहंकारी पुत्री में नहीं खोज पाया था! कभी-कभी तो अपनी विवशता पर उसे ऐसा क्रोध आता कि मन करता, उठाकर उसे खिड़की से नीचे फेंक दे—टूट जाएँ दोनों टाँगें और उसका अहंकार पल-भर में चूर-चूर हो जाए। उसके सोने के बाद ही वह कमरे में आती और उसके उठने से पहले ही गायब हो जाती। नहा-धोकर घण्टों ध्यानमग्ना पद्मासन में बैठी न जाने किन-किन शतसहस्र मन्त्रों का पाठ बुदबुदाती रहती। दिन-प्रतिदिन माँ की बड़बड़ाहट कड़वी होती जा रही थी, "अरे श्री, तेरी मीराबाई की पूजा, ध्यान-मनन पर्व पूरा हुआ कि नहीं? कह दे, तेरी चाय ले जाएँ—कहाँ बहू चाय बनाकर हमें देती, कहाँ मैं साहब, मेम साहब को चाय बनाकर भेज रही हूँ।" वह फिर बिना कुछ कहे चौके से चाय का प्याला लाकर श्रीनाथ को थमा देती। ऐसे ही क्षणों में कभी श्रीनाथ उसकी उदासीनता की प्राचीर

को चीरता, हाथ पकड़ उसे अपने बिस्तर पर खींचने की चेष्टा करता तो वह झटके से हाथ छुड़ाकर फिर चौके में अदृश्य हो जाती। श्रीनाथ के जी में आता, चौके से ही उसे खींचकर बिस्तर पर पटक दे और अपने पुष्ट बाहुपाश में खींच, उसका समस्त अहंकार चूर-चूर कर दे। पर उसे ऐसा करने का अधिकार ही अब कहाँ रह गया था! जान-बूझकर ही तो उसने अपने पैरों पर कुल्हाड़ी मारी थी। कुछ तो होगा लड़की में जो गाँववाले उसे चाँचरी कहते थे! आखिर क्या कमी थी उसमें? तीनों भाइयों में वही सबसे व्यक्तित्व सम्पन्न था, अगले वर्ष वह इंजीनियर बन जाएगा, कैसी-कैसी वेगवती धाराओं पर बाँध-निर्माण की कुशलता प्राप्त कर चुका था वह। (ऊँची-ऊँची इमारतों का अंगविन्यास उसके बाएँ हाथ का खेल था, अचल मशीनों के बिगड़े कलपुर्जों को ठीक कर उन्हें सचल बनाने की क्षमता, बिना किसी के सिखाए ही उसने बचपन में प्राप्त कर ली थी। भाइयों की बिगड़ गई कार हो या घर का सहसा निष्प्राण बन गया फ्रिज, घर का उड़ गया फ्यूज तो वह दस ही वर्ष की उम्र में बना लेता था, किन्तु एक सामान्य शिक्षित अहंकारी जिद्दी लड़की के दिमागी कलपुर्जों को ठीक करने में कितना असहाय बन गया था, कितना बिबस!

उसके दोनों भाई उच्च पदों पर थे। दोनों भाभियाँ सुसंस्कृत सम्पन्न गृहों से आई थीं। पिता सार्वजनिक निर्माण विभाग के अवकाश-प्राप्त चीफ इंजीनियर थे। प्रासादोपम कोठी थी। दोनों भाई छुट्टियों में, अपनी-अपनी कारों में आते, भतीजे-भतीजियाँ अंग्रेजी स्कूलों में पढ़नेवाले सलीकेदार सभ्य शिष्ट बच्चे थे। अम्मा के सनातनी चौके में भी अब उनके लिए अण्डे उबलने लगे थे। वे आते तो बिना किसी आपत्ति के, दस बजे तक चिरपुरातन पहाड़ी लंच टाइम की घड़ी की सुई, स्वयमेव द्विप्रहर के एक बजे की ओर घूम जाती। तब क्या यही परिवर्तित संस्कृति का आघात, उस बेचारी को ऐसे सहमा रहा था या इस घर की उच्च नागरिकता उसे हीनभावना से गुमसुम बनाती जा रही थी? इधर श्रीनाथ की छुट्टियाँ शेष होने को थीं। अपने प्रस्थान का प्रसंग उसने कई बार सुनाया, उसने बड़ी ललक से पत्नी के कमनीय चेहरे की ओर देखा—शायद सम्भावित वियोग का अवसाद उस रहस्यमय चेहरे को विवर्ण कर दे! पर नहीं, वह सुनी की अनसुनी कर फिर अपनी उसी आनन्दमूर्छा में खो गई। मातृहीना विंध्यवासिनी पिता की इकलौती सन्तान थी। सोलह वर्ष की आयु में जब उसने हाईस्कूल परीक्षा प्रथम श्रेणी में उत्तीर्ण की और आगे पढ़ने की जिद की तो पिता ने कहा था, "बहुत पढ़ाई हो गई। अब तेरे लिए रिश्ता ढूँढ़ रहा हूँ। तुझे क्या नौकरी करनी है?" इसी बीच श्रीनाथ का रिश्ता सहसा उनका जीर्ण छप्पर फाड़कर टपक पड़ा तो कौन मूर्ख पिता भला ना कर सकता था! उस पर स्वयं उनकी भानजी ने जोरदार सिफारिश की थी, "आँखें बन्द कर 'हाँ' कर दो मामा! हमारे घर के पुरुष शराब तो दूर सिगरेट, पान, तम्बाकू भी नहीं छूते। वह तो हमारी बिन्दी का भाग्य ही ऐसा था जो श्रीनाथ ने इसे स्वयं ही पसन्द कर लिया।"

फिर एक प्रकार से चट मँगनी पट ब्याह ही हुआ था उसका! पुरोहित पिता ने यथासाध्य दहेज भी दिया था, वैसे तब पहाड़ की शादियों में दिया ही क्या जाता था! दामाद को जरीदार लाल दुशाला, रेशमी शॉल, बहुत हुआ तो एक घड़ी और एक अँगूठी! केशव पण्डित ने पहली बार पहाड़ के नियमों को तोड़ वर के पिता के लिए भी एक दामी पश्मीना रख दिया। उसके समृद्ध यजमानों ने, उन्हें विवाह, जन्मोत्सव, उपनयन आदि अनुष्ठानों में बहुत कुछ दिया था, जिसे उन्होंने जन्मकृपण की निष्ठा से आज तक दाँतों तले दबा, इसी पुत्री के विवाह के लिए सेंतकर धरा था। तब पहाड़ के सम्पन्न गृहों में बाल-विधवाओं का अभाव नहीं था, पूजापाठ,

व्रत-अनुष्ठानों में ही उनका अभिशप्त जीवन व्यतीत होता था। ऐसे अनुष्ठानों में वे मुक्तहस्त से दान-पुण्य किया करती थीं और केशव पण्डित ही थे उनमें सर्वाधिक लोकप्रिय पुरोहित। उनका भव्य व्यक्तित्व, तेजोमय चेहरा, सुस्पष्ट संस्कृत का उच्चारण, निर्लोभी स्वभाव उन्हें एक-एक लक्षवर्तिका में ही प्रचुर सुवर्णदान से मण्डित कर जाता। पुत्री के विवाह में केशव पण्डित ने अपना यही संचित सुवर्ण कोष लुटाकर रख दिया था। किन्तु फिर भी समधियाने में अपनी विजयपताका नहीं फहरा पाए। भाड़ में जाए समधी, दामाद तो लाखों में एक मिला था। किन्तु वह जो एक दिन स्वयं उनके द्वार पर उनकी पुत्री का हाथ माँगने दीनहीन याचक बना गिड़गिड़ा उठा था, वह भी अचानक ऐसे पैंतरा बदल लेगा, इसका उन्हें स्वप्न में भी आभास नहीं था। विवाह को पाँच महीने बीत गए और बेटी एक बार भी मायके नहीं आई। पर नहीं आई इसका अर्थ ही था वह अपने नए घर में सुखी है और अपने नए सुख में पिता को भूल-बिसर गई है। इससे बड़ा सुख और किसी पिता के लिए हो ही क्या सकता था!

पर फिर एक दिन अचानक बिन्दी सूखा-विवर्ण चेहरा और रूखे बाल फैलाए उनके द्वार पर खड़ी हो गई। न साथ में कोई आत्मीय था, न नौकर। सरल ब्राह्मण मन-ही-मन काँप उठा। शनिवार के दिन वह भी पितृविसर्जनी अमावस्या, भला ऐसे मनहूस दिन, ससुरालवालों ने उसे बिना कुछ कहे भेज कैसे दिया? न साथ में सामान था न तन पर गहने। निश्चय ही लड़की ससुराल से भागकर चली आई थी। "क्या हुआ बेटी, तू कैसे आ गई?" उन्होंने सशंकित दृष्टि से, उसे सिर से पैर तक देखा। दोनों आँखों के पपोटे सूखे थे जैसे रात-भर रोई हो। सूखे ओठों पर पपड़ियाँ जमी थीं।

"बिन्दी, चल भीतर। कोई देख लेगा तो दस बातें होंगी।" इधर-उधर देख वे उसे एक प्रकार से हाथ पकड़ ही भीतर खींच लाए और कुंडी चढ़ा दी।

"तू बैठ, मैं चाय बना लाऊँ। गला तर कर फिर बात करेंगे।" हाथ की पूजा की पुस्तकों को पलँग पर पटक वे चाय बनाने चले। लड़की को चाय का गिलास थमा वे फिर पाण्डेजी के पितरों को विदा करने चले गए थे। कुछ सोचकर उन्होंने फिर पलटकर दरवाजे पर ताला लगा दिया था। कहीं उन्हें आने में विलम्ब होते देख स्वयं यजमान उन्हें बुलाने न टपक पड़ें। लौटकर आए तो देखा पुत्री चित्रांकित मुद्रा में वैसे ही बैठी है, जैसी उसे छोड़ गए थे। चाय का गिलास बिना पिए ही उसने दूर खिसका दिया था।

केशव पण्डित का गला बिना कुछ पूछे ही, बुरी आशंका से अवरुद्ध हो गया। निश्चय ही लड़की ने कहीं गहरी चोट खाई थी। पुत्री का गहन वेदनासिक्त चेहरा देख, उनका कलेजा जैसे किसी ने मरोड़ दिया। काश, आज उसकी माँ होती!

"बिन्दू, बिन्दी...क्या बात है बेटी, अपने बाप को नहीं बताएगी? क्या समधीजी को हमारे लेन-देन से कोई असंतोष है?" इस बार अपनी निर्भीक दृष्टि उसने पिता के विवर्ण चेहरे पर निबद्ध कर दी, "बाबू, मैं अब वहाँ कभी नहीं जाऊँगी, कोशी में कूदकर प्राण दे दूँगी, पर वहाँ नहीं जाऊँगी।" उसकी दृढ़ता निरीह पिता को कँपा गई। पुत्री के मुँह से निकला प्रत्येक वाक्य ब्रह्मवाक्य होता है, यह वे जानते थे।

"आप जानते हैं मैं ऐसे क्यों चली आई?" केशव पण्डित निरुत्तर बैठे ही रहे।

"उन्होंने मुझ पर चोरी का लांछन लगाया बाबू। मुझे कुछ कह लेते पर सबके सामने तुम्हें बुरा-भला कहा।"

"मुझे? पर मैंने क्या किया?"

"कहने लगे कि तुमने अपनी भानजी से साँठ-गाँठ कर, तन्त्र-मन्त्र के पुरश्चरण से उनके बेटे को फाँस लिया। तुमने श्राद्ध-तर्पण कर, जीवनभर मरघट का माल बटोरा है, इसी से चोर बाप की चोर बेटी ने हमारी ही बेटी के गहनों में सेंध लगा दी।"

"चोरी और तू?" सरल धर्मभीरु ब्राह्मण की ईमानदार सफेद मूँछें अविश्वास से काँप उठीं। उनकी इस गाय-सी निरीह बेटी को चोर बनाया उन्होंने! जिसने बाप की अनुमति के बिना, भूखी रहने पर भी कभी कटोरदान से रोटी तक निकालकर नहीं खाई, वह चोर! "हाँ बाबू, पिछले हफ्ते मेरी ननद प्रेमा बम्बई से आई, पता नहीं क्यों आने के दिन से ही मुझसे फूली रही, बात भी नहीं की। आते ही अपने भाई पर बरस पड़ी, 'और कोई नहीं मिली जो भिखारी ब्राह्मण बेटी को ब्याह लाया? मेरे ससुर कह रहे थे, जब उनके बड़े बेटे की अकाल मृत्यु हुई तो इन्हीं को खर्चा भेजकर बम्बई बुलाया था, ये ही तो हैं हमारे पुरोहित! कश्मीरी शॉल, कपड़े, सोना और कितना कुछ बटोरकर तो ले गए थे। अब क्या हम बराती बन उन्हीं के दरवाजे, रोली का तिलक लगवा, शगुन के लिए हाथ फैला सकते हैं? मुझे तो लगता है श्री, बाबू को जो पश्मीना दिया है उन्होंने वह भी हमारे ही घर की प्रेतशय्या का दान होगा।'

"मैं सब सुनती रही बाबू, कुछ भी नहीं बोली। गुस्सा तो तब आया, जब ये सिर झुकाए सब सुनते रहे जैसे सचमुच ही इन्होंने अपराध किया हो। फिर दूसरे ही दिन, प्रेमा ने रो-धोकर सारा घर सिर पर उठा लिया कि उसकी सतलड़ी, झुमके और पायजेब की पोटली किसी ने उसके सूटकेस से निकाल ली है। घर में और था ही कौन? सास-ससुर, प्रेमा, ये और मैं। नौकर छुट्टी पर चला गया था। वह भी प्रेमा के आने से दो दिन पहले। पूरे घर की तलाशी ली गई और मेरे खुले बक्से से, मेरे कपड़ों के बीच से अपनी पोटली लटकाकर प्रेमा ने अपने भाई के पैरों पर पटक दी, 'ले, दे आ अपने ससुर को। अरे इतना ही रीझी थी मेरे गहनों पर तो मुँह खोलकर मुझसे माँग लेती। मेरे पास क्या गहनों की कमी थी? छिः, थू पड़े ऐसी नीयत पर। बाबूजी, मेरा टिकट खरीद लाइए। मैं अब एक पल भी यहाँ नहीं रहूँगी।' मैं उस धूर्त लड़की की हाथ की सफाई देखकर दंग थी। गूँगी बन गई थी बाबू।" उसका गला रुँध गया, "अभी-अभी तो मैं कमरे से गई थी। कब जाकर वह पोटली छिपा आई? मैं चुराती तो क्या बक्सा खुला ही छोड़ आती?

"ये कहने लगे, 'अब बोलती क्यों नहीं? चुप क्यों हो, सच हो तो कह दो तुमने पोटली नहीं छिपाई।'

"मैं क्या कहती बाबू, ऐसे व्यर्थ लांछन का क्या उत्तर देती! मैं एक शब्द भी नहीं बोली। इन्होंने सबके सामने मुझे बाहर धकेल दिया और कहा, 'जा अपने भिखारी बाप के पास। खबरदार जो कभी इस घर की देहरी लाँघी। यह शरीफों का घर है।' 'रुक जा यह शॉल भी लेती जा', मेरे ससुर ने तुम्हारा दिया पश्मीना मेरे मुँह पर पटक दिया, 'अपने बाप से कहना, रख ले, घाट जाने के काम आएगा। ऐसे अशौच का दान वे लेते होंगे, हम नहीं लेते...' मैंने फिर पीछे मुड़कर नहीं देखा। तीन मील पैदल चलकर भी बस नहीं पकड़ पाई, एक लकड़ी से लदा ट्रक पिथौरागढ़ जा रहा था, उसी दयालु सरदार ड्राइवर ने यहाँ तक पहुँचा दिया।"

केशव पण्डित ने पुत्री के अश्रुसिक्त चेहरे को दोनों हाथों में भरकर शान्त स्वर में कहा, "अभी तेरा बाप जिन्दा है बिन्दी, तुझे पाल सकता हूँ मैं, तुझे पढ़ा-लिखाकर तेरे पैरों पर खड़े करने की हिम्मत है मुझमें।"

"पर अब मैं यहाँ नहीं रहूँगी बाबू, दो-चार ही दिन में उनका उगला जहर यहाँ भी फैल जाएगा, न आप मुँह दिखाने लायक रह जाएँगे न मैं। हमारा विश्वास ही कौन करेगा, वे समर्थ हैं, बड़े आदमी हैं, उनकी सब सुनेंगे हमारी कौन सुनेगा!"

"सुनेगा बिन्दी, अवश्य सुनेगा, वह सुनेगा जिसकी मैंने जीवन-भर सेवा की है, वह सुनेगा जिसकी अदालत में झूठी गवाही नहीं चलती।"

बिन्दी की आशंका व्यर्थ नहीं थी, तीसरे दिन ही इष्ट मित्रों के कौतूहली दृष्टि के अंकुश, बाप-बेटी को बींधने लगे। कुछ ने विश्वास किया, कुछ ने नहीं, पर केशव पण्डित ने स्वयं ही अपनी चुप्पी में अपने को समेट लिया। फिर एक दिन बिन बताए पिता-पुत्री, घर में ताला डालकर कहीं चले गए। बहुत दिनों बाद, मँझली को मामा का पत्र मिला था। बिन्दी को वह आगे पढ़ाना चाहते थे, पर वह किसी भी शर्त पर पढ़ने को राजी नहीं हुई। हारकर वे हरिद्वार चले आए। वहाँ अब भी उनके कई समृद्ध गुजराती यजमान थे, उन्हीं ने कुशावर्त घाट के पास एक धर्मशाला में बाप-बेटी के रहने का प्रबन्ध कर दिया है, जीवन के बचे-खुचे दिन, अब पुण्यसलिला भागीरथी के तट पर ही काट लेंगे–"पर मेरे बाद इस अभागिन का क्या होगा, बेटी, वही चिन्ता मुझे खाए जा रही है।"

तीसरे वर्ष फिर मँझली को बिन्दी ने ही पिता की मृत्यु का समाचार दिया था, "मैं भी अब बहुत दूर जा रही हूँ दीदी, मुझे ढूँढ़ने की कभी कोई चेष्टा मत करना।"

मँझली का चित्त खिन्न हो गया था। देखा जाए तो एक प्रकार से वही जिद कर उसे देवरानी बनाकर लाई थी। पर वह अब कर ही क्या सकती थी। सास, ससुर, श्रीनाथ यहाँ तक कि स्वयं उसके पति भी बिन्दी का नाम भी नहीं सुनना चाहते थे–"अपराध न किया होता तो क्या बाप-बेटी ऐसे चोरों की तरह मुँह छिपाकर भागते?" उसके पति ने ही तो कहा था।

बरसों बीत गए। श्रीनाथ के माता-पिता जब तक जीवित रहे, उससे दूसरा विवाह करने के लिए बार-बार कहते रहे। बहन प्रेमा ने तो एक बार अपने एक कन्वेंट शिक्षित सहेली की चचेरी बहन से रिश्ता भी लगभग पक्का कर दिया था। पर श्रीनाथ ने विवाह नहीं किया। कहीं-न-कहीं उसके शंकित चित्त में छिपा संशय भुजंग बीच-बीच में उसे डसता रहता। क्या वह सीधी-भोली लड़की उसकी बहन का गहना चुरा सकती थी? अपनी बहन को क्या वह नहीं जानता था! झूठी चुगली खाने की तो उसे बचपन से ही आदत थी, कभी नौकरों के विरुद्ध झूठी-सच्ची लगाकर माँ के कान भरती, कभी भाभियों के पीछे हाथ धोकर पड़ जाती। अन्त तक श्रीनाथ को यही उम्मीद थी कि एक-न-एक दिन बिन्दी स्वयं लौट आएगी। अपने पौरुष, पिता के वैभव और अपनी योग्यता पर उसे शायद आवश्यकता से कुछ अधिक ही भरोसा था। पढ़ाई समाप्त करते ही, एक प्रख्यात कम्पनी ने, वहीं उसका स्वयंवरी चयन कर लिया और फिर तो आज तक पीछे मुड़कर नहीं देखा। भारत की समृद्धि से जी ऊबने लगा तो वह अमरीका चला गया, सात वर्ष के प्रवास ने उसे ऐश्वर्यमंडित ही नहीं किया, अनुभव-समृद्ध भी कर दिया। इसी बीच एक करोड़पति पतिपरित्यक्ता प्रौढ़ा से उसका परिचय हुआ और देखते-ही-देखते वह परिचय प्रगाढ़ साहचर्य की डोर में बाँध, उसे उसके विशाल कासल में खींच ले गया। जितना वेतन वह पाता था उतना तो वह अपने सेक्रेटरी को देती थी, "तुम भी मेरे सेक्रेटरी बन सकते हो, एक सेक्रेटरी से मेरा काम अब नहीं सँभलता।" वयस में उसकी नवीन स्वामिनी उससे दूनी थी, किन्तु नाना बैसाखियों से टिके, उस गतयौवना के अस्ताचलगामी प्रखर रौद्र सौन्दर्य की मरीचिका

में बेचारा भटककर रह गया था। निकट से देखने पर भी, उसकी सँवारी देहयष्टि, अनुभवी पारखी आँखों को छलने में पूर्ण रूप से समर्थ थी। धीरे-धीरे वह मायाविनी उसे एक से एक दामी उपहारों से लादती प्रेम की ऐसी-ऐसी मनोहारी अली-गलियों में खींच ले गई कि वह उसका दासानुदास बन गया। बीस कमरों का कासल, जंगी जहाज-सा विलास की आधुनिकतम सज्जा में सँवरा बजरा, जयपुर से मँगवाए गए संगमरमर का पटा स्वीमिंग पूल, दीर्घांगी कारें, हिनहिनाते असंख्य चेतकों से भरा स्टेवल और बहुमूल्य दुर्लभ डिनर सेट, जिसकी रूपाभ आभा को वह अपने हाथों से चमकाती थी। धीरे-धीरे रिमोट कंट्रोल से गृह के द्वार ही नहीं, स्वयं गृहस्वामी भी संचालित होने लगा। भले ही विवाह न हुआ हो, गृहस्वामी तो वह बन ही चुका था।

पर फिर कहते हैं ना कि एक-न-एक दिन सुखद से सुखद परिस्थिति का भी अवसान अवश्यंभावी होता है, ऐसी ही एक रात को उसके दुष्ट ग्रहों ने अपना कुचक्र आरम्भ कर दिया। आधी रात को वह बिना प्रेयसी को सूचित किए लौटा, तो देखा साज-सज्जविहीना विवसना उसकी प्रिया पलँग पर ही औंधी पड़ी है। शायद देर तक कोई पार्टी चली थी, बत्ती जलाने पर भी वह नहीं जगी। उसके ध्रुपदी खर्राटे सुन वह झल्ला उठा। जाहिर था कि मदालसा ने जी भरकर चढ़ाई है। विरक्ति से श्रीनाथ का रोम-रोम सिहर उठा। आज पहली बार उसे 'डेंचर विहीना' देख रहा था। उस पोपले मुँह का खुला गह्वर उसे किसी दानव का गुहाद्वार-सा लगा। बचपन में माँ से सुनी वह कहानी याद हो आई, जब कायाकल्प कर कोई बीभत्स चुड़ैल, पल-भर में सुन्दरी बन, किसी राजा को रिझा उसकी पटरानी बन बैठती है और फिर एक दिन आधी रात को राजा अचानक देखता है, वह असावधानीवश उसकी अनुपस्थिति में पुनः अपने कदर्थ कलेवर में लौट आई है।

श्रीनाथ फिर एक पल भी वहाँ नहीं रुका। उसके लिए समस्त उपहार वहीं छोड़ केवल अपना वही सूटकेस लेकर तीर-सा निकल गया था जिसे लेकर तीन वर्ष पूर्व यहाँ आया था। यद्यपि कायर की भाँति, वह ऐसे भागना नहीं चाहता था, वह होश में होती तो शायद वह उसे कहकर ही जाता। पर अब, उसे न उसकी चिन्ता थी न पश्चात्ताप। उस समृद्ध सिंहिका के लिए, कभी भी गबरू जवानों का अभाव नहीं हो सकता था। मुँह खोलते ही तो एक से एक सजीला प्रणयी, स्वेच्छा से उस दंतहीन गह्वर में टपक पड़ेगा। चिन्ता तो उसे उसकी थी, जिसे उसने अकारण ही दण्डित कर, एक ही झूठे साक्षी की गवाही सुन तीस वर्ष का वनवास दे दिया था, पश्चात्ताप की अदृश्य आग्नेय लपटें तो उसे अब उसके लिए पल-पल झुलसा रही थीं, जिसकी करुण असहाय दृष्टि ने, एक बार भी दया की गुहार नहीं लगाई। नौकरी की उसे चिन्ता नहीं थी, भारत जाते ही ऊँची से ऊँची मल्टीनेशनल कम्पनी भी उसे हाथों ही हाथों में उछाल लेगी। विदेश का अनुभव, स्वयं उसके व्यक्तित्व का ठसका क्या कुछ कम था? जन्मजात एक्जिक्यूटिव ही तो था वह। सीधे पहुँचा मँझले दद्दा के पास बम्बई। मँझली ही उसे उसका पता दे सकती थी, जिसके चरणों में पछाड़ खाकर, क्षमा माँगने वह कुबेर का छत्र त्याग, इतनी दूर चला आया था।

"बड़ी देर कर दी श्रीनाथ," मँझली ने एक लम्बी साँस खींचकर कहा तो वह काँप उठा, "अब वह तुम्हारी पहुँच से बहुत दूर चली गई है।"

"तब क्या वह नहीं रही?" श्रीनाथ का हृत्पिंड घड़ी के पेंडुलम-सा हिल उठा, मुँह खोलकर कुछ पूछने का भी साहस नहीं हुआ उसे।

फिर मँझली ही कहने लगी, ‘‘हाँ श्री, अब वह हमारे लिए नहीं रही। संसार में है भी और नहीं भी।’’

‘‘क्या पहेली बुझा रही हो भाभी, साफ-साफ क्यों नहीं कहतीं?’’

‘‘तब सुनो, तुमने उसे ढूँढ़ भी लिया तो वह तुमसे बात नहीं कर सकती। अब वह बिन्दी नहीं रही, सिद्धि माई है। मौनव्रतधारिणी साक्षात् योगमाया किसी से नहीं मिलती। संध्या को एक बार भक्तों को दर्शन देने बाहर निकलती है। मैं भी वहीं मिली थी।’’

‘‘तुम्हें पहचाना?’’

‘‘पहचानती कैसे नहीं!’’

‘‘कुछ कहा?’’

‘‘कहती कैसे? कहा ना मैंने, वर्षों पूर्व उसने मौनव्रत ले लिया, मामाजी के मरने के बाद वर्षों तक मैं उसका पता नहीं लगा पाई। कभी सुनती मायावती आश्रम में चली गई है, कभी आनन्दमयी के आश्रम में। फिर ऋषिकेश की किसी पर्वतगुहा में गहन साधना में लीन रही। फिर उसके एक भक्त ने ही उसका पता दिया था और तुम्हारे भाई से लड़-झगड़कर मैं अकेली ही उसे खोजने चली गई थी।’’

‘‘तुम्हें देखकर कुछ भी नहीं बोली?’’

‘‘फिर वही! बोलती कैसे? हाँ, हँसी जरूर थी श्री, पर कैसी हँसी थी! बाप रे बाप, लगा उस हँसी ने मुझे बर्फ की सिल्ली से दबाकर रख दिया है, सिर से पैर तक एक-एक शिरा झनझना उठी थी।’’ भाभी से पता लेकर, वह दूसरे ही दिन वर्षों से रूठी इष्टमूर्ति को मनाने चल पड़ा था। इस बार दुर्धर्ष उग्र देवी को पराजित करने, उसने अपने एक-एक आयुध को सान में धरकर परख लिया था। सौ फीसदी खाँटी एक्जिक्यूटिव ने अपने जिरह-बख्तर का एक-एक कलपुर्जा बड़े यत्न से सँवारा था। जिस ईर्ष्यणीय श्रेणी से वह अंतर्भुक्त था उसके मान की रक्षा करना अब तक उसका स्वभाव बन चुका था। उसके इस पद के लाइफ स्टाइल का एक व्यापक विशिष्ट जनग्राह्य रूप है, यह वह जान गया था। मिडनाइट ब्लू विदेशी सूट के नीचे, उसकी मार्क एण्ड स्पेंसर की हल्के नीले पिनस्ट्राइप की कमीज, सुनिपुण हाथों से बँधी बूटीदार टाई, जो उसके पास पूर्व प्रेयसी का एकमात्र स्मृतिचिह्न रह गई थी, हाथ की ओमेगा घड़ी, जो उसकी पुष्ट कलाई पर बँधी, उसके लाख टके के व्यक्तित्व के साथ कदम-से-कदम मिलाकर चल रही थी। लाल रंग का विशिष्ट ब्रीफकेस, जिसकी नम्बरों की प्रहेलिका केवल स्वामी ही सुलझाकर उसे खोल सकता था और ओंठों से लगी उसके प्रिय सिगरेट, रोस्टेड टोबैको का मदिर कड़ुवा धुआँ छोड़ती मार्लबरो। नवजात शिशु के दूधिया नितम्बों-से कोमल कपोलों को उसने सुगन्धित ‘आफ्टर शेव’ की पिचकारी से सिक्त किया तो दोनों गाल, उस विदेशी अगरु-चन्दन की शीतल फुहार से सनसना उठे। फिर उसने ओ डी कॉलोन की कई शीशियाँ निकालकर मेज़ पर बिखेर दीं।

कौन-सा लगाएँ आज?

इंग्लैण्ड के प्राचीन घराने की समस्त विश्व को सुरभित करने में समर्थ ‘वुड्स ऑफ विंडसर’ या फ्रांस की प्रसिद्ध ‘रोजेगाले’? या फिर पश्चिमी जर्मनी की प्रसिद्ध ‘4711’? उसने कुछ सोचकर ‘वुड्स ऑफ विंडसर’ ही उठा ली। इस सुगन्ध में ही तो उसे सदा पहाड़ के देवदार, चीड़, बाँज, अंयार की बयार का आभास होता था, ठीक जैसे कौसानी के वन-अरण्य में पहुँच गया हो। नहीं, क्रिस्तीन दियोर की जूल की मादक सुगन्ध ही आज पंचशर को समर्थ बनाएगी।

पूरे कमरे में मधुर सुगन्ध ओना-कोना महकाती मँडराने लगी। वह स्वयं अपनी ही देह गन्ध से विभोर हो, मृगमद से मस्त मृग-सा ही झूम उठा। ओंठों पर एक विचित्र स्मित तिर उठा। उसे लगा वह एक बार फिर नौशा बना बैठा है। और दोनों भाभियाँ पिसे 'विस्वार' (चावल का आटा) से उसके ललाट पर बुँदकियाँ धर रही हैं, साथ में चल रही चुहल उसे नए जोश, नई उमंग, अधीर प्रणय कामना से कैसे उल्लसित कर रही थी! हल्दी पोतती बड़ी भाभी ने कहा था, "अरी मँझली, इसके साँवले चेहरे पर जमकर हल्दी पोत देना आज, नहीं तो कन्या पक्ष के गाने इसका भुरता बना देंगे—बाबा हम गोरी वर साँवरो।"

तीनों भाइयों में से एक वही साँवला था, पर उसी साँवले रंग पर तो वह विदेशिनी रीझी थी। कहती थी, 'कोबरा की पीठ-सी चमकती है तुम्हारी नंगी पीठ डार्लिंग।'

आज भी उसका पौरुष उतना ही दर्शनीय, उतना ही सम्मोहक था, कठोर-से-कठोर नारी उसकी अवमानना नहीं कर पाएगी, फिर भी, दर्पण में बार-बार अपना प्रतिबिम्ब देखकर भी उसे न जाने कैसा भय हो रहा था, वह हराने जा रहा था या हारने?

दुर्बल हृदय को थोड़ा सहारा देना ही होगा। संध्या को वह अमूमन स्कॉच ही लिया करता था, पर क्या ऐसी पवित्र स्थली में ऐसा तामसी पेय घुटककर जाना ठीक होगा? पर इस भीरु हृदय कपोत को तो साधना ही होगा, नहीं तो वह सब कैसे कह पाएगा, जिसे कहने सात समुद्र पार कर यहाँ आया है। एक ही घूँट में गिलास खाली कर वह होटल के कमरे में ताला डालकर बाहर निकल आया। बार-बार सूट की धूल झाड़ता, कंघी से बाल सँवारता, वह अता-पता ढूँढ़ता पहुँच ही गया था। धर्मशाला से ही संलग्न वह छोटा-सा आश्रम सघन वृक्षों से घिरा था। भगवा साड़ी का आँचल गर्दन से लपेटे एक मर्दानी वैष्णवी उसे देखते ही बढ़ आई, "क्या है? संध्या से पहले यहाँ पुरुषों का प्रवेश वर्जित है, नहीं जानते क्या?"

"मुझे विंध्यवासिनी देवी से मिलना है।" उसने रोबीले स्वर में कहा।

"तो यहाँ क्यों आए हो, मिर्जापुर जाओ। जानते नहीं, वहीं तो विंध्यवासिनी का मन्दिर है।" वह फिर बड़ी अवज्ञा से हँसकर जाने को उद्यत हुई।

"सुनिए, मुझे उनसे जरूरी काम है।"

"किससे?"

"विंध्यवासिनी देवी से..."

"अरे बाबा, माथाय दोष ना की रे तोर?" (पागल है क्या रे तू?) वह बंगाली थी, किन्तु देखने में जाटनी लग रही थी। हृष्ट-पुष्ट, ताड़-सी लम्बी!

"हम बोला ना बाबा, यहाँ कोई विंध्यवासिनी नहीं रहता। यह सिद्धि माँ का आश्रम है।"

"हाँ-हाँ, उन्हीं से मिलना है।" वह बड़ी ललक से दो कदम बढ़ा ही था कि वैष्णवी ने डपट दिया, "ओहे खैपा—दूरे थाक आमी एक्खूनी स्नान कोरेछी।" (अरे पगले, दूर हट, मैं अभी नहायी हूँ।)

"यकीन मानिए, मैं बड़ी दूर से आया हूँ, उनसे कुछ बात करनी है..."

"बात?" वह सिर पीछे कर जोर से हँसी और उसके खुले मुँह में कतार की कतार में सोने से बँधे दाँत, विद्युत् वह्नि-से चमक उठे।

"उनसे मिलने आया है और इतना भी नहीं जानता कि माँ किसी से बात नहीं करती! दस साल से मौन व्रत लिया है उन्होंने..."

हारकर वह सजा-सँवरा एक्जिक्यूटिव फिर घण्टों संध्या की प्रतीक्षा में, यूक्लिप्टस के लम्बे वृक्ष से पीठ साधे बैठा रहा था। संध्या को, भक्तों को दर्शन देने नित्य बाहर निकलती हैं यही कहा था भाभी ने। देखते-ही-देखते संध्या घनीभूत हुई और भक्तों की भीड़ ने आश्रम का प्रांगण घेर लिया। वह भीड़ को ठेलता, सबसे आगे की पंक्ति में बैठ गया।

वही स्वर्णदन्ती मर्दानी वैष्णवी फिर मिट्‌टी की बनी वेदी पर एक कुशासन बिछा गई। भक्तों की भीड़ में सहसा आवेग का आलोड़न हुआ, ठीक जैसे किसी प्लेटफॉर्म पर बहुप्रतीक्षित ट्रेन की सम्भावित आगमनी पर होता है।

स्वर्णदन्ती वैष्णवी एक बार फिर मंच पर आकर खड़ी हो गई, "आप सब लोग शान्त होकर बैठिए, माँ पधार रही हैं।" क्षण-भर पूर्व की चिड़ियों-सी चहकती भीड़ में सन्नाटा छा गया। ऐसा सन्नाटा कि सूई तो सूई, तिनका भी टपकता तो शायद घन बनकर गरजता।

वह आई और बिना दाएँ-बाएँ देखे, आँखें बन्द कर पद्मासन में वेदी पर बैठ गई। मोटी भगवा साड़ी ही उसका एकमात्र परिधान थी। खुले केश, शान्त, दमकते सूर्य-से उज्ज्वल चेहरे पर न भावप्रवणता, न आवेग, न उद्वेग। सहसा उसने आँखें खोलीं। श्रीनाथ को लगा कि वह बिन्दी नहीं, हाई पावर का विद्युत् स्पंदित कोई नंगा तार ही उसके सामने झूल रहा है। छू भी गया तो प्राण हर लेगा।

कभी इन्हीं तेजोद्दीप्त कोमल कपोलों पर उसके दंतक्षत उभरे थे, कभी इसी जटा बन गई वेणी को उसने हाथ में ले-लेकर सहलाया था, इस शुभ्र ललाट पर, जहाँ अब भस्म का टीका लगा है, उसी ने अपने हाथ से सिन्दूर का टीका लगाया था। आज यह खूनी माँग, जो वन-अरण्य की पगडण्डी-सी मानव पदचिह्न विरहित सूनी पड़ी है उसमें सिन्दूर की प्रथम प्रगाढ़ रेखा उसी ने तो आँजी थी और ये किसी क्षत्राणी के-से सुडौल स्कन्धद्वय, उन्हें भी तो उसी के जल्लाद हाथों ने पकड़कर अपनी देहरी से बाहर किया था।

फिर आज घाट-घाट का पानी पीकर, वह किस दुःसाहस से यहाँ चला आया!

अब छूकर देख तो ले इन कपोलों को, सहला तो ले उसकी उलझी लटों को। मूर्ख श्रीनाथ, तेरे हस्ताक्षर, इस ललाट और इस माँग से तू स्वयं अपने ही हाथों से मिटा चुका है। अब क्या लेने यहाँ आया है, खाक!

उसका अन्तःकरण, उसे चाबुक पर चाबुक मारे जा रहा था। सहसा स्वर्णदन्ती वैष्णवी, जो सम्भवतः आश्रम की हेड सन्तनी थी, ने मधुर स्वर में लक्ष्मी वन्दना आरम्भ की–"महालक्ष्मी नमस्तुभ्यं, संसारार्णव तारिणी..."

वर्षों पूर्व की स्मृति श्रीनाथ को पागल बना गई। पिता के पीछे खड़ी किशोरी बिन्दी और आज सिर से पैर तक बदल गई सिद्धि माँ! पूजा शेष हुई। फिर हँसती हुई माँ एक-एक कर भक्तों की ओर प्रसाद के फल उछालने लगी। एक सेब मन्त्रमुग्ध-शंखचूड़ भुजंग बने श्रीनाथ की गोद में भी गिरा। एक पल को दाता और भिक्षुक की आँखें चार हुईं। वह हँसी।

ठीक कहा था भाभी ने। "मुझे लगा उसकी हँसी ने मुझे बर्फ की सिल्ली में दाब दिया।" श्रीनाथ का अहं फिर उद्धत हुआ। शंखचूड़ भुजंग ने फन उठाया, "देख, देख मेरा ऐश्वर्य, मेरी सज्जा, मेरा दर्शनीय व्यक्तित्व, देख बिन्दी, देख, तूने क्या गँवा दिया है..." इस बार वह जैसे हृदय की भाषा पढ़कर आँखों-ही-आँखों में उत्तर दे रही थी। पर यह तो उत्तर नहीं, जैसे अमोघ विलम्बित विष था, जो देखते-ही-देखते उसके पूरे शरीर में फैल, उसके अहं के औद्धत्य, आत्मविश्वास, ऊँचे पद को डसकर अवश बना रहा था।

"अब आप लोग स्वगृहों को प्रस्थान करें, माँ की पूजा का समय हो रहा है।" स्वर्णदन्ती ने हाथ जोड़कर कहा और देखते-ही-देखते आज्ञाकारी भक्तों की भीड़ छँट गई। माँ उठकर भीतर चली गई।

नहीं गया श्रीनाथ! उसी यूक्लिप्टस के तने से पीठ सटाकर वह बैठ गया। दूर-दूर तक प्रदीपों की कतार-की-कतार जगमगाने लगी थी, कुछ दीये टिमटिमाए, कुछ बुझे, कुछ जलते रहे। पर वह नहीं उठा। अचानक स्वर्णदन्ती वैष्णवी थाली-भर जलते दीये बरामदे में रखने आई और उसे देखते ही भुनभुना उठी, "यह क्या, तुम यहाँ क्यों बैठे हो! प्रसाद नहीं मिला क्या?"

"मिल गया।"

"तब? जानते नहीं आश्रम में दर्शन के बाद कोई नहीं रुक सकता।"

"मुझे उनसे मिलना है।"

"मिलना है।" उसी के स्वर की नकल कर वह कठोर स्वर में कहने लगी, "कितनी बार हम समझाया रे बाबा, माँ किसी से नहीं मिलती।"

"मुझसे मिलेगी," उसका दृढ़ आत्मविश्वासी उत्तर सुनकर वह मर्दानी वैष्णवी भी अवाक् खड़ी रह गई।

"जाओ, जाकर कहो श्रीनाथ आए हैं। नहीं कहा तो यह समझ लो कि जब उन्हें पता चलेगा, तुमने मुझे उनसे मिलने नहीं दिया तो तुम्हारी शामत आएगी।"

इस बार वह निर्भीक वैष्णवी भी सहम गई। कौन हो सकता था यह? माँ का कोई विशेष प्रिय भक्त या निकट का कोई आत्मीय?

वह बड़बड़ाती भीतर गई और उल्टे पैर लौट आई, "चलो, बुला रही हैं।" उसका व्यंगात्मक कण्ठ-स्वर क्रमशः प्रगाढ़ हो रहे अन्धकार में विष-बुझे तीर-सा सनसनाया। वह उस छोटे-से कमरे में अकेली खड़ी थी। जिसकी वाणी की प्रगल्भता, अभिजात अनुभव, उन कैसे-कैसे दिग्गज विदेशी शूरवीरों की विदग्ध गोष्ठियों में सदा अजेय बना देते थे, वह सहसा गूँगा बन गया।

वह उसे उसी शान्त, स्निग्ध, निरुद्वेग दृष्टि से देखती जा रही थी। और वह प्रति पल जलती नन्ही मोमबत्ती-सा विगलित होता जा रहा था।

उसकी पहली अस्फुट याचना शायद वह सुन नहीं पाई।

वह खड़ी ही रही। अचानक स्वर्णदन्ती एक कुशासन बिछाकर, उसे एक स्लेट थमा गई, "बैठिए और ज़ो पूछना हो चटपट स्लेट पर लिखकर पूछ लीजिए, माँ की पूजा का समय हो रहा है।"

पर वह नहीं बैठा, बैठता कैसे? वह तो खड़ी ही थी।

जो कुछ उसे पूछना था, वह क्या इस नन्ही स्लेट में समा पाएगा?

उसने स्लेट पर कुछ नहीं लिखा। दृढ़ स्वर में कहा, "मैं तुम्हें लेने आया हूँ बिन्दी! जो कुछ हुआ उसे भूलकर, मुझे क्षमा कर दो। मैं तुम्हारा पति हूँ बिन्दी, यह अधिकार मैंने अभी भी नहीं खोया है।"

फिर वह अपनी दुर्बल दलील से स्वयं ही कुण्ठित हो, खिसियायी हँसी हँसा। एक पल को वह उसे उसी मर्मभेदी दृष्टि से देखती रही, जैसे उसकी एक-एक पसली का एक्स-रे ले रही हो। फिर उसने उसके हाथ से स्लेट उठा ली। एक पल को श्रीनाथ का हाथ उसके हाथ

से छू गया। एक-एक शिरा झनझनाकर उसे संज्ञाशून्य-सा कर उठी, जैसे बिजली का जोरदार झटका लगा हो।

अपनी बात कितने कम समय में कितनी सहजता से वह स्लेट पर लिख गई थी। ''मैंने आज तक जीवन में पराई वस्तु का कभी स्पर्श भी नहीं किया है, मैं निर्दोष थी, अब मैं जहाँ हूँ वहाँ से लौटना असम्भव है। अब न मेरा कोई अतीत है, न वर्तमान, न भविष्य, तुम चले जाओ। और फिर कभी यहाँ न आना। एक बात तो सुनते जाओ—वह पश्मीना किसी प्रेतशय्या का दान नहीं था। बाबू ने कश्मीरी फेरीवाले से पूरे दो हजार रुपए देकर खरीदा था।''

उसके पढ़ते ही, स्लेट उसके हाथों से लेकर उसने अपनी लिपि, अपने ही भगवा आँचल से मिटा दी और पलक झपकाते ही अपनी पर्णकुटी की किसी अंधी गली में खो गई।

ठीक ही तो किया था उसने। तीस वर्ष पूर्व उसने भी तो उसे ऐसी ही सजा दी थी—'खबरदार तो कभी इस घर की देहरी लाँघी!' आज किस सहजता से वह अपना प्रतिशोध ले गई थी।

''अब जाइए महाराज।'' स्वर्णदन्ती सहसा क्या किसी छत से टपक पड़ी थी?

''चलिए बाहर।'' उसने ऐसे अशिष्ट स्वर में कहा जैसे कह रही हो—''नहीं गए तो धक्का देकर बाहर कर दूँगी!''

वह चुपचाप चला गया।

कुशावर्त घाट की सीढ़ियों पर वह फिर न जाने कब तक बैठा रहा।

गंगा की उग्र तरंगें बार-बार सीढ़ियों पर पछाड़ खाती, उसके पैरों को भिगो रही थीं। जूते उतार, उसने उसी शीतल धारा में देर तक नंगे पैर डुबो दिए थे, चमकते जूतों से लेकर दमकता विदेशी सूट, प्रेयसी प्रदत्त टाई, ओमेगा घड़ी, सिगरेट का रोस्टेड टोबैको, जाँ मारी फ्रांसिस घराने के फ्रेंच 'रोजेगाले', उसकी कम्पनी के बहुमूल्य 'पर्क्स' जिन्होंने उसके आँगन में ही कुबेर का छत्र गाड़कर रख दिया था, सहसा बहते-बहते उसी पावन जलधार में सदा के लिए विलीन हो गए। देश-विदेश में अपनी योग्यता की विजयपताका फहरानेवाला मल्टीनेशनल कम्पनी का वह वीर सेनानी, सहसा अपदार्थ नगण्य चिर दरिद्र बना, उस निर्जन घाट पर आज भिक्षुक बना खड़ा था। उसके आधुनिकतम परमाणु स्पंदित आयुध भी उसे विजय दिलाने में अक्षम रहे।

गंगा की लहरों में लहराता एक आटे का जलता प्रदीप उसी की ओर चला आ रहा था। आश्चर्य था कि उन तीव्र तरंगों और तेज हवा की चपेटों में भी वह निष्कंप प्रदीप तैरता चला आ रहा था। सहसा, वह एकदम उसके पास तिरता चला आया। उसने हाथ बढ़ाया कि उसे छूकर क्षण-भर को रोक ले, किन्तु उसका हाथ प्रलम्बित ही रहा। उसके प्रयास को व्यर्थ कर वह निष्कंप प्रदीप, वेगवती धारा में बहता, टिमटिमाता उसकी पकड़ से बहुत दूर चला गया। उसे लगा, पकड़ से दूर बहे जा रहे उस निष्कंप प्रदीप के साथ-साथ हिमगिरि शिखरों से उतरी उसकी चाँचरी भी पर फैलाए लौ को बचाती, उसकी पकड़ से दूर चली गई है—बहुत दूर!

पाथेय

पुराणों में जो, तिलोत्तमा की कथा है कि समस्त अप्सराओं के सर्वोत्तम अंगों का सौन्दर्य तिल-तिल कर, अपूर्व सुन्दरी तिलोत्तमा की सृष्टि हुई, शायद उसी की पुनरावृत्ति, इतिहासविधाता ने एक बार साकार कर दी थी। किन्तु, आज दुर्भाग्य से हमारे सौन्दर्य की परिभाषा ही बदल गई है। शायद इसीलिए भी कि अब वैसे ऐतिहासिक सौन्दर्यमण्डित चेहरे, ढूँढ़ने पर भी नहीं दिखते। कुछ तो नारी-सौन्दर्य की सृष्टि में, विधाता ही कृपण हो चला है, दूसरी, इस युग की नारी, थोड़े-बहुत लावण्य की स्वामिनी होती भी है, तो स्वयं अपने हाथों नैन-नक्श सँवार, विधाता के नम्बर काटने लगी है। इसीलिए ऐसी सौन्दर्य-वर्णना अविश्वसनीय ही लगती है, उस पर जिस डॉ. तिलोत्तमा ठाकुर की विचित्र कहानी आज लिखने बैठी हूँ, वह और भी अविश्वसनीय लगेगी, यह मैं जानती हूँ, फिर भी क्यों लिख रहीं हूँ, यह मैं स्वयं नहीं जानती। गुरुदेव रवीन्द्रनाथ की एक प्रसिद्ध कविता, आज बार-बार झकझोर रही है—लिख डाल, मुक्ति पा ले : अपनी व्याकुलता से उस कविता में, आदिकवि को छंद मिलने और व्यक्त न कर पाने की व्याकुलता का जो जीवंत वर्णन कवि ने किया है, वह मुझे आज तक अन्यत्र नहीं मिला।

क्रौंच मिथुन में से एक को निहत देख, वाल्मीकि के मुख से अचानक नए छन्द का आविर्भाव हुआ, छन्द तो मिल गया पर विषय नहीं। पागल की तरह, अव्यक्त छन्द की प्रसव-वेदना से छटपटाते वाल्मीकि, वन में घूम रहे थे—कि छन्द को कैसे व्यक्त करें, यह व्यथा सामान्य व्यथा नहीं होती, छन्द छटपटाकर बाहर आने को व्याकुल लेकिन लिखें कैसे? तब ही, देवर्षि नारद मिल गए—आदिकवि ने कहा—अब तक देवता के छन्द ने देवता को मनुष्य बनाया है—मैं मनुष्य को देवता बनाना चाहता हूँ—कोई चरित्र बताइए— नारद ने अयोध्या के राजा राम का नाम सुझाया।

कवि बोले—यह नाम तो मैंने भी सुना है किन्तु मैं उनके पूरे चरित्र को तो नहीं जानता—कहीं सत्यभ्रष्ट न हो जाऊँ। नारद ने हँसकर कहा :

नारद कहिलो हाँसी
सेई सत्य जा रचिबे तुमि
घटे जा, सब सत्य नहे।
कवि तव मनोभूमि
रामेर जन्मस्थाने अयोध्यार चेये सत्य जेनो

मनुष्य को देवता बनाना ही छन्द-साधना का चरम लक्ष्य है—ऐसा विषय खोजो जिसमें मनुष्य देवता बने, लोभ-मोह-स्वार्थभार से ऊपर। स्मरण रखो, जो कुछ घटता है, वह सत्य ही

नहीं होता, जो तुम कहोगे वही सत्य होगा। अपनी मनोभूमि को, रामजन्म-भूमि अयोध्या की अपेक्षा कहीं अधिक सत्य मानो—आज अपनी उसी मनोभूमि को सत्य मानकर लिख रही हूँ—

तिलोत्तमा ठाकुर से मेरा परिचय, वर्षों पूर्व कलकत्ते में विद्यासागर कालेज में हुआ था, उसकी ममेरी बहन छन्दा, आश्रम के कलाभवन की छात्रा थी, उसी ने हमें, उसके लिए एक सिफारिशी पत्र भी दिया था—''तुम लोगों का परीक्षा केन्द्र भी वही है, तिला का भी। परीक्षा के बाद तुम्हें कलकत्ता घुमा देगी—''

पहले ही दिन वह हॉल में आई तो सैकड़ों परीक्षार्थियों की आँखें स्वयमेव उसी ओर उठ गईं। मैं वर्षों बंगाल में रही हूँ, किन्तु ऐसा दूधिया रंग मैंने इतिपूर्व बंगालियों में कभी नहीं देखा। लगता था कहीं-न-कहीं उसके वंश में आंग्ल आभिजात्य का छींटा अवश्य पड़ा होगा—तीखी नाक, पृथुल अधर, तेजस्वी मुख-मुद्रा और अधमुँदी आँखें, जैसे हर वक्त अधूरी नींद पलकें ढलका रही हो।

''ऐसी आँखों की स्वामिनी स्वभाव से ही कृपण होती है और पुतलियों का रंग देखा? एकदम हरा—'बेड़ालेर चोख' (बिल्ली की आँखें) कमला तर्वे का ईर्ष्याकातर स्वर मेरे कानों में फुसफुसा उठा था। क्या अद्भुत परिपाटी से जूड़ा बाँधा गया था। बन्दगोभी से अँटे ठसे जूड़े में चाँदी के घुँघरूदार सन्थाली काँटे लगे थे, जो उसकी गर्वीली ग्रीवा के इधर-उधर होते ही बज उठते—छन्न-छन्न। कानों में सोने की चेन में लटके, लाल चेरीगुच्छ-से पुंजीभूत माणिक और कण्ठ में वैसी ही सोने की चेन। चौड़े जरीदार पाड़ की सफेद शांतिपुरी साड़ी की कड़ी कलफ देख, नित्य श्रीनिकेतनी घर की धुली साड़ी पहननेवाली हम वन-कन्याओं के, साड़ी-लोलुप हृदयों की लार टपकने लगी थी। किसी को कुछ न समझनेवाली अवज्ञापूर्ण दृष्टि से एक बार हमें देख, वह फिर दाएँ-बाएँ देख टप्प से अपनी कुर्सी पर बैठ, प्रश्न-पत्र की प्रतीक्षा करने लगी थी—''देखा, कैसी घमंडी है, अब कौन देगा इसे छन्दा की चिट्ठी? कोई फायदा नहीं—यह क्या खाक घुमाएगी हमें। ठाकुर बाड़ीर मेये हे''— (ठाकुरबाड़ी की लड़की है जी)—कमला हमेशा ऐसी ही मनहूस भविष्यवाणी किया करती थी—

''तुझे कैसे पता था?''

''मूर्ख, एडमिशन कार्ड देख लिया है उसका, तिलोत्तमा टैगोर—''

किन्तु, टैगोर परिवार से उसका दूर का भी कोई रिश्ता नहीं था। राजा की पदवी उसके प्रपितामह को कभी प्रसन्न होकर, कम्पनी बहादुर ने दी थी और ठाकुर को टैगोर उन्होंने स्वयं बना लिया था। कभी वे बहुत बड़े जमींदार थे, किन्तु अब सबकुछ ही बिक गया है, अच्छा है एक ही बेटी है तिला, मेरे पिता को ही उसका विवाह करना पड़ेगा—छन्दा ने आने से पहले जिस भाषा में सबकुछ बताया, उससे लगा, अपनी बुआ से उनके गृहसम्बन्ध बहुत सुविधाजनक नहीं हैं।

तिला को देखते ही हमारी समझ में आ गया, छन्दा क्यों उससे अप्रसन्न है—''पत्र तो मैं लिख देती हूँ पर वह बेहद घमंडी है, हो सकता है तुम्हें घास भी न डाले।''

किन्तु, पत्र पढ़ते ही तिला का चेहरा दमक उठा—''मैं तुम्हें खूब घुमा दूँगी—पहले अपने गाँव ले चलूँगी सुवर्णपुर—यहाँ से तीस ही मील तो है।'' फिर तो वह हमसे ऐसे घुलमिल गई जैसे वर्षों से हमें जानती हो, विशेषकर मुझसे उसकी बहुत बनती थी—परीक्षा समाप्त होते ही उसने हमें जी भरकर घुमाया और जाने से एक दिन पहले अपनी जमींदारी दिखाने, खाने को न्यौत दिया।

घर क्या था, अच्छा-खासा महल था—यद्यपि स्थान-स्थान पर पलस्तर खिसका पड़ा था, लगता था वर्षों से मरम्मत नहीं हुई, चक्की के पाट-सी सीढ़ियों पर यत्रतत्र घास के गुच्छे उग आए थे—जामुन, कटहल, आम, शिरीष, कदम्ब के वृक्षों के झुरमुट के बीच, नीलाभ जल से छलकता पोखर, दिन-भर हम अक्लांत मछलियों-सी तैरती रही थीं, फिर भी मन नहीं भरा। बरसाती में खड़ी जराजीर्ण ब्यूक गाड़ी, छत से झूल रहे मकड़ियों के जाले, धूल-गर्द के अम्बार से ढके झाड़फानूस, धूसरवर्णी रेशमी पर्दे, जिनकी तुरपन खुलकर तोरण-सी लटक आई थी, सबमें पीढ़ियों के आभिजात्य की छाप थी, किन्तु विवश दारिद्र्य यत्न से छिपाए जाने पर भी पल-पल स्वयं उघड़ा जा रहा था। तिला ने अपने पिता से हमारा परिचय कराया। सद्यः इस्त्री करी ट्राउजर, रेशमी शर्ट, चौड़ी नेकटाई, जेब से झाँकता दामी रूमाल, मुँह में चुरुट, पैरों में चमचमाते आक्सफर्ड शू, हमारी ही दावत के लिए वे बाजार कर लौटे थे। पीछे था पगड़ीधारी बिहारी दरबान, सिर पर धरी टोकरी में इलिश माछ (हिलसा मछली) दर्जनों अण्डे, बकरे की रान, दार्जिलिंग के पुष्ट सन्तरे, नवीन मयरा के स्वादिष्ट शंखाकार सन्देश जिन्हें खाना और बनाना दोनों ही शायद आज बंगाल भूल गया है।

तिला की माँ पुत्री से भी अधिक सुन्दरी थी। वैसा ही रंग, चौड़े ललाट के दोनों ओर यत्न से काटी गई पत्तियाँ, जो शायद वर्षों की अभ्यस्त परिपाटी में सधी, स्वयं गोलाकार बनती कर्ण शिखरों पर चिपककर रह गई थीं—लम्बी अँगुलियों में चमकती माणिक और पन्ना की अँगूठियाँ, कानों में रुपये के आकार के सुवर्ण कर्णपाशा, कण्ठ में फूलहार, पान दोख्ते से टुकटुक करते रसीले अधरपुट। कौन कह सकता था, वह एक किशोरी पुत्री की जननी है। माँ-बेटी में कौन अधिक सुन्दरी है, यह कह पाना हमें कठिन लग रहा था। बड़ी देर तक हम अपनी उस नवीना सखी के साथ मौजमस्ती मनाकर लौटने लगे तो उसकी माँ ने कहा—तोरा आबार आशिश-बैशाखे जे खुकूर बिये (तुम लोग फिर आना, वैशाख में इसका विवाह है।)

कहती क्या है, इस बच्ची का विवाह, अभी तो हाईस्कूल की परीक्षा दी है—हम लौटे तो छन्दा ने बताया—"वह परीक्षा देने हमारे यहाँ ही रुकी थी, उसके भावी ससुर माधव बाबू मेरे पिता के बहुत पुराने मित्र हैं। उन्होंने वहीं तिला को देखकर पसन्द कर लिया—कहने लगे—हम तुम्हारी भानजी से ही अपने प्रतुल का विवाह करेंगे—जो उसके कान में तुम लोगों ने माणिक के झुमके और गले की चेन देखी थी, उसे ही पहनाकर तो आशीर्वाद कर गए। बोले—हमें दान-दहेज कुछ नहीं चाहिए बस यह सुन्दरी कन्या चाहिए—रंगपुर के बहुत बड़े जमींदार हैं—अच्छा ही हुआ, बुआ की तो पुश्तैनी हवेली भी गिरवी पड़ी है—पन्द्रह की भी पूरी नहीं हुई थी कि तिला का विवाह हो गया, वह कहाँ है, कैसी है, उसका पति कैसा है—फिर हमें कुछ पता नहीं लगा।"

सहसा वह दूसरी बार मुझे जहाँ मिली वहाँ उसे देख मैं अवाक् रह गई— यह इस बदनाम मनहूस मकान में रहने कैसे आ गई—बदरंग खिड़की पर बैठी वह अपने गीले बालों को, तौलिये से झटक-झटककर सुलझा रही थी कि सहसा हम दोनों की दृष्टि एकसाथ उठी—'ओ माँ तुई?' (अरे तू)—कह वह पलभर में, टेढ़ी-मेढ़ी सीढ़ियाँ फाँदती आकर मुझसे लिपट गई—विवाह ने उसे और भी सुन्दर बना दिया था—कटि से भी नीचे झूलते उसके घने बालों से टपकती पानी की बूँदें मुझे भी भिगो गईं—हाथों में मोटे सुवर्ण वलय, माँग में सिन्दूर की प्रगाढ़ रेखा धुलकर भी धुँधली नहीं हुई थी।

"मेरे पति बीमार हैं, उन्हीं को लेकर यहाँ आए हैं, चल ना ऊपर–"

मैं झिझकी, तब हम नित्य प्रातःभ्रमण को जाते थे, साथ में रहते कठोर प्रहरी बने लोहनीजी। एक तो हमारा रानीधारा आना वर्जित था और वहीं घूमना हमें पसन्द था–"रानीधारा की ओर मत जाना," हमें माँ की हिदायत मिलती, "अभागे टी.बी. रोगियों ने पूरा सैनेटोरियम ही बना दिया है वहाँ।"

उस पर कुख्यात कल्याण हाउस। जिन्होंने सन् चालीस का अल्मोड़ा देखा है–उन्होंने रानीधारा के सीमान्त पर स्थित वह विचित्र भुतहा बंगला अवश्य देखा होगा। उस सुरम्य वनस्थली में जहाँ स्कंधस्पर्शी देवदारी हवा, मनप्राण में नई पुलक भर देती थी, वहीं वह पीसा की मीनार-सा बंकिम मुद्रा में खड़ा बदरंग बंगला देखते ही मेरुदंड झनझना उठता–जब भी हम वहाँ से गुजरते, लोहनीजी कहते–"नाक ढक लो रूमाल से–" क्षयरोग तब कुष्ठरोग-सा ही महारोग माना जाता था और कल्याण हाउस की खिड़की पर हमें एक न एक खाँसता-खँखारता नया क्षयरोगी अवश्य दिख जाता। वह बंगला कभी खाली नहीं रहता। नित्य नवीन क्षयरोगियों को, जैसे स्वयं मृत्यु खींच लाती थी। सुना यही था कि जो भी वहाँ आया, फिर चार कन्धों पर ही गया। फिर भी उसकी माँग निरन्तर बनी रहती, शायद इसलिए भी कि चारों ओर थे घने देवदारुद्रुम, सामने प्राणदायिनी त्रिशूल, नन्दादेवी की हिमाच्छादित धवल पर्वत श्रेणियाँ एक ओर सीधे पहाड़ से निकली, नल में कौशल से बाँधी गई रानीधारा की मृत्युंजयी जलधारा, उस पर किराया भी बहुत कम। हमें उस ओर जाने के लिए एक और आकर्षण भी खींचता था। हम उस मोड़ पर देर तक खड़े होकर ढलान पर उतरते राहगीरों को देखते, न जाने कैसी बनावट थी उस मोड़ की कि, उस पर मुड़ते ही फिर राहगीरों की छाया भी नहीं दिखती, लगता गहन वन अरण्य ने उन्हें लील लिया है! आज उसी कल्याण हाउस में ले चलने को तिला मेरा हाथ खींच रही थी–

"नहीं-नहीं, आज नहीं"–लोहनीजी ने मुझे हाथ पकड़कर खींच लिया।

"बड़ी देर हो गई है, फिर कभी आएगी–" बड़ी अनिच्छा से ही उसने मेरा हाथ तत्काल छोड़ दिया, शायद वह समझ गई थी।

"तू फिर आएगी ना?"

उसने ऐसे विवश स्वर में पूछा जैसे वह जान गई थी कि उस छुतहे रोग के रोगी को देखने, मैं कभी नहीं आ पाऊँगी।

हुआ भी यही, दूसरे ही दिन हमें बंगलोर जाना था–प्राणों से प्रिय जन्मभूमि एक बार फिर मुट्ठी से खिसक गई। कभी-कभी जी में अदम्य कौतूहल होता, वह वहाँ कैसे आ गई? क्या उस भुतहे कल्याण हाउस में यम को अन्त तक पराजित कर अपने सत्यवान को लौटा पाई? पर किसे पूछती–कल्याण हाउस के पते पर एक पत्र भी लिखा पर कोई उत्तर नहीं आया।

और इतने वर्षों पश्चात् जब हम दोनों कल्याण हाउस की-सी ही रहस्यमयी ढलान में उतर, पारलौकिक वन अरण्य में विलीन होने को तत्पर हैं, तब ही वह अचानक उस लम्बी उड़ान में सहयात्रिणी बन, एक बार फिर मुझसे टकरा गई। पहले हम दोनों ने ही एक-दूसरे को नहीं पहचाना। उसका व्यक्तित्व अभी उतना ही ठसकेदार था, यद्यपि सौन्दर्य को पीछे ढकेल, शालीनता ही अब प्रखर हो उठी थी–गाढ़े नीले रंग की नारायणपेटी साड़ी में उसका रंग और भी उज्ज्वल लग रहा था, जिस एड़ीचुम्बी पृथुल वेणी को देख कभी उसकी जलनखोर ममेरी बहन छन्दा ने कहा था–"मेरी माँ कहती है–इन बालों में ही तिला का दुर्भाग्य छिपा बैठा है, देख लेना

कभी यही नागिन-सी चोटी भुँईलोट इसे डस लेगी—लम्बे बालवाली लड़की कभी सुखी नहीं होती—आज वही सघन केशराशि न जाने कहाँ विलीन हो गई थी—किन्तु बढ़ती वयस भी उसकी तन्वी देह को मेदबहुल बनाने में सहम गई थी शायद! पीछे से देखने पर वह युवती ही लग रही थी, किन्तु चेहरा देखने पर लगता था, क्रूरकाल ने उस पर जमकर हस्ताक्षर किये हैं, ललाट से लेकर चिबुक तक। कनपटी के बाल सफेद हो चले थे, जिन अधमुँदी आँखों को देख कमला तर्वे ने उसके कृपण होने का स्पष्ट संकेत दिया था, वे सुनहली कमानी के चश्मे के मोटे लैंस से ढकी, और भी मुँदी लग रही थीं, जैसे सो रही हों किन्तु बैठने की अडिग भव्य मुद्रा अब भी उतनी ही अहंकार दीप्त थी। सच पूछिए तो चेहरे से नहीं, उसके बैठने की मुद्रा से ही मैंने उसे पहचान लिया था। बेल्ट बाँधती वह फिर सीधे नासिकाग्र पर अविचलित दृष्टि साधे, मूर्तिवत् बैठी और मैंने पहचान लिया फिर बायें कपोल पर उसके चुगलखोर तिल ने मेरे अनुमान की पुष्टि की।

कुछ डरते-डरते ही मैंने कहा—'तिला, तुम तिलोत्तमा ठाकुर हो ना?'

वह चौंकी, मुड़कर उसने मुझे अविश्वास से देखा, फिर लिपट गई। जब वर्षों बाद दो बाल्य-सखियाँ मिलती हैं तो वर्तमान उन्हें नहीं खींचता, खींचता है अतीत जहाँ बढ़ती वयस, बीते वर्ष सब एकसाथ मिटकर बह जाते हैं। उसी अतीत के पृष्ठ, उसने मेरे सामने खोलकर रख दिए, उन्हें आज सँजोकर लिखने बैठी हूँ तो कविगुरु की वही पंक्ति मेरी लेखनी पकड़ साथ-साथ चल रही है—

सेई सत्य जा रचिबे तुमि
रामेर जन्मस्थाने अयोध्यार चेये सत्य जेनो

कानों की रुई निकाल मैं स्तब्ध-अवाक् चित्रांकित बनी सुन रही थी—"तू जिस दिन मुझसे मिली, उसी के एक महीने बाद, मेरे पति का देहान्त हो गया—यह नहीं सोचा था कि इतनी जल्दी सबकुछ घट जाएगा—डॉक्टरों ने मुझे भी सावधान कर दिया था, फिर भी एक आशा रह गई थी, शायद पहाड़ की हवाबदली रोग को दबा दे—बुरी तरह ठगे गए थे, सगे मामा ने ही मेरा सर्वनाश किया, उन्हें सबकुछ पता था। मेरे ससुर की कुख्याति, मेरे पति का असाध्य रोग, सास का राँची के पागलखाने का प्रवास सबकुछ हमसे छिपा गए। डॉक्टरों ने मेरे ससुर से बार-बार कहा था—उनके पुत्र के दोनों फेफड़े छलनी हो गए और फिर तब क्षयरोग क्या आज के कैंसर से कुछ कम घातक था! किन्तु प्रतुल मेरे ससुर का इकलौता पुत्र था, उन्हें धुन थी, वंशधर चाहिए—उत्तराधिकारी नहीं हुआ तो कौन भोगेगा उनकी अटूट सम्पत्ति!

"पुत्र के जीवन की बलि ही क्यों न देनी पड़े—उत्तराधिकारी चाहिए अवश्य—जिस दिन मैंने ससुराल की देहरी पर पहला कदम रखा तो देखा, दो नौकर मेरे पति को पकड़कर अन्दर ले जा रहे हैं। ससुर की विशाल अट्टालिका, आत्मीय स्वजनों से भरी थी। स्त्रियाँ मेरा घूँघट उठा-उठाकर मुँह देखतीं और आपस में फुसफुसाने लगतीं—रत्नाभूषणों से लदी मैं, भारी लाल बनारसी साड़ी में, थरथर काँप रही थी—क्यों मुझे देखकर ऐसे फुसफुसा रही हैं? क्या उनकी दृष्टि में, मैं सुन्दर नहीं हूँ या दान-दहेज नहीं लाई हूँ, इसलिए? मेरे ससुर ने ही तो कहा था, उन्हें केवल कन्या चाहिए, दहेज नहीं—इतने ही में सबकुछ स्वयं स्पष्ट हो गया—काली भुजंगिनी-सी बड़े-बड़े दाँतोंवाली महिला, एकान्त पाकर मेरा हाथ पकड़ विषाक्त हँसी हँसकर कहने लगी—'की रे अप्सरा, तोर बाप आर—वर खुंजे पेलो ना?' (क्यों री अप्सरा, तेरे बाप को और कोई वर नहीं जुटा?)

"इससे तो तेरे गले में पत्थर बाँध किसी ताल-पोखर में डुबो दिया होता—सास पन्द्रह वर्षों से राँची के पागलखाने में पड़ी है, लड़के को भयंकर क्षयरोग है और बापेर जा कीर्ति (बाप की जो कीर्ति है) अब खुद ही देख लोगी।"

ठीक ही कहा था उसने, मुझे सबकुछ देखने-समझने में फिर समय नहीं लगा था। गृह की एकछत्र स्वामिनी थीं मेरे पति की विधवा मौसी सोना मासी। मेरी सास के पागलखाने जाने के बाद, उन्हीं ने प्रतुल की देखभाल की, मेरे ससुर को देखा और गृह प्रबन्ध भी अपने हाथों में ले लिया। मेरे ससुराल का वैभव था अनन्त, अनाचार और उससे भी दुगुना भण्डार में, बड़े-बड़े भाँडों में मिष्ठान्नों के असीम उदधि से जिसका जी चाहे, वही निकाल-निकालकर खाता रहता, न खाने का कोई समय था, न सोने का—गृह में मुझे मिलाकर कुल चार प्राणी थे, दास-दासियों की संख्या थी बीस। एक से एक अमानुषी भयावह चेहरेवाले, खनीस से भृत्य, कोई अस्तबल देख रहा है, कोई गोशाला, कोई चंडीमंडप और कोई नाट्यशाला। और दासियाँ, जहाँ अधेड़ हुईं निकाल दी जातीं—सब पूर्णयौवना-छैल-छबीली, अकारण ही हँसती-खिलखिलाती एक-दूसरी पर गिरी पड़ती थीं। धूप निकलते ही संगमरमरी प्रांगण में बड़ी-सी चौकी डाल दी जाती और मेरे ससुर के विराट् वपु पर, नवोदित सूर्य की अरुण रश्मियों को सरसों के तेल में मिला, उनकी दो मुँहलगी दासियाँ—मालिश कर रगड़-रगड़ चमकातीं, साथ-साथ अश्लील हँसी-टट्टा, कभी इधर-उधर देख, मेरे ससुर, कटोरी से तेल उठा दोनों के कपोलों पर अबीर-गुलाल-सी मल देते—और वे नाज-नखरों में दुहरी होकर कहतीं— 'आहा, की जे करेन कर्ता!' (आहा क्या करते हैं मालिक!)

मेरे लिए यह सबकुछ अनजाना था, अपने घर की नौकरानी को, बाबा की उपस्थिति में, मैंने कभी घूँघट उठाकर बात करते भी नहीं देखा था। फिर एक दिन मैंने अपने ससुर का जो बीभत्स रूप देखा, जी में आया, खिड़की से कूदकर, उसी क्षण माँ के पास भाग जाऊँ। मेरे पति प्रतुल को विवाह के दिन से तेज बुखार चढ़ा था। मैं सोना मासी के कमरे में उन्हीं की पलँग पर सोती थी। तब तक मैंने प्रतुल का चेहरा भी नहीं देखा था। शुभ दृष्टि के समय, मैंने जोर से आँखें बन्द कर ली थीं और वह भी शायद ज्वर-तप्त आँखें खोल मुझे नहीं देख पाया होगा। मैं दिनभर सजी-धजी, सोना मासी के कमरे में बैठी रहती, दिनभर मुझे देखने आई आँखों की भीड़ मुझे घेरे रहती, नौ ग्रामों की जमींदारी थी हमारी, रात को मेरे कमरे में ही खाना पहुँचाकर सोना मासी कहतीं—"ले खा लेना और कपड़े बदलकर चुपचाप सो जाना, मुझे काम निबटाकर आने में देर लगेगी।"

वह नित्य कौन-सा काम निबटाने जाती हैं, यह एक दिन स्वचक्षुओं से देख लिया। उस दिन भी मैं कपड़े बदलकर उस जहाज-से छपरखट में लेट गई। इससे पहले माँ को छोड़ और किसी के साथ नहीं सोई थी, माँ की देहपरिमल, नित्य विदेशी सेंट-सी ही मेरी आँखें मुँदा देती और सोना मासी, लगता था सौ गँधाती मछलियाँ ही पोखर से निकल, मेरे बगल में पसर गई हैं, कैसी दुर्गंध थी उनके पसीने में। और फिर लेटते ही खर्राटे लेने लगती, खर्राटे भी ऐसे कि कान के पर्दे फट जाते थे, मैं रात भर नहीं सो पाती। उस दिन, उनकी विलम्बित आगमनी से पहले ही मेरी आँखें लग गईं, सहसा सड़क के कुत्ते एकसाथ भौंकने लगे—मेरी नींद टूट गई, प्यास से गला सूख रहा था। हरिबाला नित्य, चाँदी की सुराही में पानी भर, मेरे सिरहाने रख जाती थी, उस दिन शायद भूल गई थी या नियति ने ही उसे भुला दिया था, जिससे मेरी अनजान

आँखें समय पर ही मेरे ससुराल के परिवेश की चिलमन उठाकर झाँक लें। मैं पानी लेने उठी, मेरे कमरे के सामने ही मेरे ससुर का शयनकक्ष था, उसी से लगा प्रतुल का कमरा था, जिसके कपाट दिन-रात बन्द रहते थे, उसके साथ सोते थे मैनेजर राखाल बाबू, उसी से संलग्न था रसोई का कमरा। सोचा था दबे पैर जाकर प्यास बुझा आऊँगी—जब तक रंगपुर में बिजली नहीं आई थी, किन्तु चतुर्दशी की धवल चंद्रिका; पूरी गैलरी में ऐसे पसर गई थी, जैसे बीसियों पेट्रोमैक्स जले हों। मेरे ससुर के कमरे के मखमली पर्दे, शायद बेहद उसम के कारण कुछ खिसका दिए गए थे—उसी दरार के औदार्य से जो दृश्य मैंने देखा, उसने मेरा सर्वांग घृणा से कंटकित कर दिया। दीन-दुनिया से बेखबर, पुत्र की आसन्न मृत्यु से निर्लिप्त, मेरे साठ वर्ष के ससुर सोना मासी को बाँहों में भरे, गहरी नींद में डूबे थे। मैं उल्टे पाँव प्यासी ही लौट आई और उस अभिशप्त छपरखट पर औंधी पड़ी सिसकने लगी—बाबा-बाबा, कहाँ डुबो दिया तुमने मुझे?

न जाने कब आकर, सोना मासी मेरे सिरहाने खड़ी हो गई थीं।

"ओरे बाबा, की कन्ना रे, जतो सब नैकामी, कचि खुकि जेन। बापेर नाम करे कांदछेन, ऐमन बापेर मुखे झाँटा—" (अरे बाप रे, क्या नखरे हैं, बाप का नाम लेकर रो रही हैं, दूध-पीती बच्ची हो जैसे! ऐसे बाप के मुँह में झाड़।)

फिर वे देर तक बड़बड़ाती रहीं—'एक बार भी पूछताछ नहीं की, खुद आकर क्यों नहीं देख गए दामाद को, हमने क्या ताले में बन्द कर रखा था उसे?' आठवें दिन सुना, प्रतुल का ज्वर उतर गया है, उसे पथ्य भी दे दिया गया है, अब कलकत्ते के बड़े डॉक्टर उसे देखने आ रहे हैं। डॉक्टर आए और उन्होंने घण्टों आला लगाकर प्रतुल की जाँच की, फिर मेरी पुकार हुई।

"मुझे क्यों बुला रहे हैं, मैं क्या बीमार हूँ?" मैंने कुछ अशिष्ट स्वर में ही मासी से पूछा।

"अरी दुरन्त लड़की, तू तो बीमार नहीं है—पर खोका को तो बीमार कर सकती है—अब अपने मुँह से तो हम तुझसे कुछ नहीं कह सकते, इसी से डॉक्टर बाबू से कहा—वे ही समझा दें—" मैं सिर झुकाए दीवानखाने में खड़ी हो गई। कमरे में कोई नहीं था, केवल दीवाल पर लगी विदेशी घड़ी से सिर निकाल एक नन्ही-सी चिरैया कोयल-सी टहुक उठी—कुहु-कुहु—घण्टे बजाने वाली ऐसी विचित्र घड़ी मैंने जीवन में पहली बार देखी थी, और मैं जोर से हँस पड़ी।

मैं हँस ही रही थी कि डॉक्टर बाबू को लेकर, मेरे ससुर आ गए—"बोकार मतो हासछों केनो?" (मूर्ख की तरह हँस क्यों रही हो—) मेरे ससुर का कठोर स्वर मुझे कँपा गया।

"बैठो बेटी" जितना ही कठोर स्वर मुझे पल-भर पूर्व कँपा गया था उतना की मधुर आदेश का दूसरा स्वर सुन, मैंने आँखें उठाईं—मेरे सामने विदेशी वेशभूषा में वह शांत, सौम्य वृद्ध डॉक्टर खड़े थे—"तुम इसे समझा देना निखिल, अभी यह कुछ भी नहीं समझती, जरा जिद्दी भी है—" मेरे ससुर हम दोनों को अकेला छोड़ चले गए।

मेरी कुछ भी समझ में नहीं आ रहा था, क्या समझाएँगे मुझे? क्या मैंने कोई भूल कर दी थी, पर मैंने तो प्रतुल को देखा भी नहीं था—"तुम तो एकदम बच्ची हो, कितने साल की हो माँ?"

यह सम्बोधन सुनते ही मेरे कण्ठ में गह्वर अटक गया, इसी सम्बोधन से तो मुझे बाबा बुलाते थे, यहाँ तो सोना मासी मुझे 'छूँड़ी' (छोकरी) कहकर ही पुकारती थीं—वह भी ऐसे जैसे थप्पड़ मार रही हों।

"सोलह," मैंने कहा।

एक दीर्घश्वास लेकर वे बोले–"यह तो बड़ा अन्याय किया है माधव ने–जान-बूझकर तुम्हारे साथ यह अन्याय कैसे कर गया–क्या तुम्हारे पिता को कुछ भी नहीं बताया उन्होंने–" मैंने चकित दृष्टि उठाई और उस सौम्याकृति वृद्ध की आँखों में मेरे प्रति करुणा की स्नेह-सिक्त तरल तरंगें देख मैं त्रस्त हो गई।

"क्या नहीं बताया मेरे पिता को?"

"आश्चर्य, सचमुच आश्चर्य हो रहा है मुझे–माधव मेरा पुराना मित्र है–उसे तो मैं सबकुछ बता चुका था–देखो बेटी, तुम्हारे पति के दोनों फेफड़े नष्ट हो चुके हैं, यह विवाह किसी तरह भी नहीं होना चाहिए था। प्रतुल है ही कितना बड़ा, अभी तो बी.ए. किया है, उम्र होगी यही कोई बीस साल--पर अब जो होना था सो हो गया, सोचा तुम्हें सावधान कर दूँ–" तब ही मैं भयभीत होकर रोने लगी थी।

"नहीं माँ, ऐसे मन छोटा नहीं करते–तुम्हें साहस और धैर्य से काम लेना होगा–" वे मेरे पास आकर मेरे झुके सिर पर स्नेह से हाथ फेरकर बोले, "यह रोग छुतहा रोग है, मैं यह नहीं कहता कि तुम प्रतुल को छोड़कर मायके चली जाओ–किन्तु, तुम्हें परहेज बरतना होगा–" फिर वे अपदस्थ होकर स्वगत बड़बड़ाने लगे–'यह तो बड़ी ज्यादती है माधव की, यह समझाना क्या किसी पुरुष को शोभा देता है, अंतर्महल की ही कोई बुजुर्ग स्त्री को समझाना चाहिए था–' फिर जैसे उन्होंने स्वयं ही उस कठिन कर्त्तव्य को सहज बना लिया, "समझ लो माँ, मैं तुम्हारा पिता हूँ–"

पिता के नाम से ही मेरी सिसकियाँ और तीव्र हो गईं।

उन्होंने बड़े दुलार-भरे स्वर में कहा, "इस रोग में, संयमी मनुष्य भी विवेक खो बैठता है, फिर तुम दोनों की तो अभी कच्ची वयस है। नारी से शारीरिक संपर्क, इस रोग के लिए घातक है। तुम्हें स्वयं भी बचना होगा और उसे भी बचाना होगा क्योंकि ऐसा सम्पर्क, तुम्हें भी इस रोग की छूत अनायास ही दे सकता है और उसके लिए तो यह भूल, निर्घात मृत्यु ही सिद्ध होगी–"

उसी दिन मेरी पलँग प्रतुल के कमरे में फिर क्यों लगा दी गई, यह बहुत बाद में समझ में आया। शायद मृत्युपथ के पथिक से भी, मेरे कसाई ससुर वंशधर की आशा लगाए बैठे थे।

पहली बार मैंने अपने पति को देखा तो उनकी कन्दर्प कांति देखती ही रह गई थी। छाती पर दोनों हाथ धरे, वह गहरी नींद में सो रहा था, नवदूर्वादलतुल्य देहकान्ति, बचकाने चेहरे पर मूँछों की क्षीण रेखा, लड़कियों की-सी रेशमी लम्बी पलकें और रोगजीर्ण निमग्न कपोलों पर, उस राजरोग की रक्तिम आभा की मरीचिका, वह तो बहुत बाद में कहीं पढ़ा था कि इसे ही ट्यूबरक्युलर फ्लैश कहते हैं। मैं बड़ी देर तक खड़ी रही–वह तो सो रहा था, मुझे बैठने को कहता ही कौन। मुझे कमरे तक मासी ही पहुँचा गई थीं–'दैख छूँड़ी, खोका घुमाच्छे, ओके विरक्त करीशना।" (देख छोकरी, खोका सो रहा है, उसे परेशान मत करना)

यही हृदयहीन सीख मुझे मेरी विलंबित फूल-शय्या के दिन मिली थी।

सहसा वह स्वयं ही जग गया और हड़बड़ाकर बैठ गया, फिर मधुर स्वप्नाविष्ट अलस हँसी के साथ उसने मेरा हाथ पकड़कर, अपने पास बिठा लिया। कितने दुबले हाथ थे उसके और कैसा क्लांत-श्रांत चेहरा। विदेश से, नित्य ही तो औषधियों के पार्सल मँगवाए जा रहे थे, कैसी-कैसी सूइयाँ किन्तु, दोनों फेफड़ों का एकछत्र सम्राट बना क्षयरोग, ठेल-ठेलकर औषधियों को निरन्तर पराजित कर रहा था।

"कितनी सुन्दर हो तुम तिला, जानती हो न, मैंने शुभदृष्टि में भी नहीं देखा। आँखें बन्द कर ली थीं।"

"मैंने भी तो नहीं देखा, मैंने भी आँखें बन्द कर ली थीं।"

और हम दोनों एकसाथ किसी शैतानी में पकड़े गए निर्दोष बालकों-से ही ठठाकर हँस पड़े थे।

फिर रात-भर कितने अन्तहीन प्रश्न पूछे गए, कितने सरस उत्तर। लग रहा था जन्म-जन्मांतर से अटूट मैत्री में बँधी, वर्षों से बिछुड़ी दो अतृप्त आत्माएँ, सहसा फिर युग्म हो गई हैं। दूसरे दिन उठकर जाने लगी तो प्रतुल ने हाथ पकड़कर खींच लिया–"नहीं, तुम कहीं नहीं जाओगी, यहीं रहोगी दिन-रात मेरे पास–"

'छिः, क्या कर रहे हो, सोना मासी क्या कहेंगी?"

"कहने दो उन्हें, पहले वे अपना चेहरा तो दर्पण में देख लें।"

मेरा कलेजा धक रह गया–तब क्या वह भी वही दृश्य देख चुका था, जो मैंने देखा था! फिर वह बच्चे-सा मचल उठा–

"अच्छा एक शर्त पर जाने दूँगा–पहले अपना जूड़ा खोलकर दिखाओ, हरिबाला कह रही थी तुम्हारे बाल अजगर से भी लम्बे हैं।"

स्वयं ही फिर उसने मुझे पास खींच, अनाड़ी हाथों से मेरा जूड़ा खोल दिया। छहराई घनघटा-से मेरे जूड़े से उन्मुक्त बाल, उसकी गोद में बिखर, पलँग से नीचे झूल गए।

उसकी आँखें फटी की फटी ही रह गईं।

"अरे बाप रे, बाल हैं या नाएग्रा फॉल्स? ऐसे ही बैठी रहना तिला, मैं अपना कैमरा निकाल लाऊँ?"

फिर वह अपने सूटकेस को उथल-पुथल कर अपना कैमरा निकाल लाया, महाउत्साह से उसने मेरी एकसाथ कितनी ही तस्वीरें खींच डालीं, कौन कहेगा वह बीमार था। उसके बाद उसके स्वास्थ्य में आश्चर्यजनक परिवर्तन स्पष्ट हो उठा। पिचके गाल भरने लगे, आँखों में अनोखी चमक आ गई और जो अनिच्छा से थाली दूर खिसका देता था, वही अब नित्य नवीन खाने की फरमाइशें करने लगा। कभी कहता, नीम-बेगुन घटवाले बाटा बनाओ, कभी लाऊर डांठा दिए मटोर डाल (लौकी के डंठल पड़ी मटर की दाल), कभी घर के घी सने भात पर ढेर सारा मौरला माछ का झोल, कभी नतुन गुड़ की पायस और कभी मुगलई पराँठा। लोग कहने लगे–
"बहू का पैर बड़ा शुभ पड़ा है माधव बाबू, अब झटपट एक खासी दावत दे डालिए–"

"अरे रुको भाई, एकसाथ ही दावत दूँगा वह भी ऐसी कि जिन्दगी-भर याद करोगे–वंशधर को तो आने दो पहले–"

पर वंशधर आएगा नहीं, वंशधर जाएगा–यह कटु सत्य अन्त तक वे ग्राह्य नहीं कर पाए–मुझे द्विरागमन के लिए लेने ममेरा भाई आया तो उसे यह कहकर लौटा दिया गया कि हम सब पहाड़ जा रहे हैं, बहू अभी नहीं जा सकती। प्रतुल क्या मुझे एक पल भी छोड़ सकता था? अब तो वह मेरा खाना भी अपने ही कमरे में मँगवा लेता और फिर दिनभर हम द्वार बन्द कर, कभी ताश खेलते, कभी वह मुझे बाँहों में भर, एक के बाद एक कितने ही गाने सुनाता चला जाता। अत्यन्त मधुर कण्ठ था उसका, एके बारे मेयेला गला (एकदम लड़कियों का-सा कण्ठ स्वर) एक गाना मैं उससे बार-बार सुनती–

तोर मनेर मानुष ऐलो द्वारे
मन जखन जागली नारे

(तेरे मन का मानुष तेरे द्वार पर आया था, पर अरे मन, तो जागा ही नहीं–)

बीच-बीच में सोना मासी, अधैर्य से द्वार भड़भड़ा जातीं–"लज्जा नेई छूँड़ीर? शेषे गिले फेलवी खोकाके? दिन दुपूरे जत सब नाटक छिछि! शेषे गिले फेलवी खोकाके? दिन न दुपूरे जत सब नाटक छिछि!" (लज्जा नहीं है छोकरी? अन्त तक खोका को निगल ही जाएगी क्या? भरी दुपहरी में यह सब नाटक, छिछि) और मासी को चिढ़ाने, बन्द द्वार से ही प्रतुल बेहयायी से हाँक लगाता–"अरी ओ मासी, एक-दूसरों को निगल ही तो रहे हैं हम, तुम्हें कोई आपत्ति है क्या?" और गुस्से में पैर पटकती, धम-धम कर मासी अपने कमरे में चली जातीं।

पूरा महीना ही आनन्द-उल्लास में न जाने कब बीत गया, इस बीच प्रतुल को एक दिन भी बुखार नहीं आया। उसकी बीमारी, हमारे लिए एक विस्मृत दुस्वप्न बन गई थी। ठीक जैसे फाँसी से पूर्व कैदी की एक-एक इच्छा पूरी कर दी जाती है वैसे ही शायद नियति हमारी एक-एक फरमाइश पूरी कर रही थी। तब ही विधाता ने पहला थप्पड़ मारा। प्रतुल को एक रात, अचानक खाँसी का विकट दौरा पड़ा, साथ ही रक्त का एक थक्का तकिया पर गिरा–उसने निढाल होकर आँखें मूँद लीं, तत्काल डॉक्टर बुलाए गए। सूई लगी, दवा दी गई, उसने उठकर एक प्याला चाय भी पी किन्तु बुखार नहीं उतरा।

"जितनी जल्दी हो सके, पहाड़ ले जाइए," डॉक्टरों ने राय दी।

तब भुवाली सैनेटोरियम ही ऐसे रोगियों की मक्का-मदीना थी–किन्तु प्रतुल ने साफ मना कर दिया–वह अन्य रोगियों के साथ नहीं रहेगा–हारकर राखाल बाबू अल्मोड़ा के उस बंगले को बुक कर आए। रातोंरात फर्स्टक्लास के चार टिकट खरीद लिए गए–मैं, प्रतुल, सोना मासी और मेरे ससुर। साथ में थे दो नौकर-नौकरानियाँ, गर्म कपड़ों से भरे सूटकेस, दर्जन-भर थर्मस, दवाओं से भरी टोकरियाँ और लिहाफ कम्बल।

प्रतुल को एक ही रक्तवमन निस्तेज कर गया था। एक दिन उसने मेरा हाथ पकड़कर छाती पर धर लिया, फिर दीवार की ओर मुँह फेर, एक दीर्घश्वास लेकर कहने लगा–"तिला, आज से तुम सोना मासी के कमरे में सोना–" उसका क्षीण स्वर अश्रुसिक्त है, यह मैं समझ गई, पागल की तरह मैंने दोनों हाथों से उसका चेहरा अपनी ओर किया और उसकी छाती पर सिर रखकर जोर से रो पड़ी–"क्यों कहा तुमने ऐसा, क्यों? क्या मैं तुम्हें अब अच्छी नहीं लगती?"

"पगली, तू मुझे कितनी अच्छी लगती है, यह भी क्या मुझे बताना होगा? अच्छी लगती है तिला, बहुत अच्छी तब ही तो कह रहा हूँ।"

"नहीं, मैं यहीं सोऊँगी, खबरदार जो कभी ऐसी बात जबान पर लाए"– पूरी ट्रेन यात्रा में वह मेरा हाथ थामे–चुपचाप भयत्रस्त दृष्टि से कम्पार्टमेन्ट की छत को निहारता रहा। जैसे उसे भय हो रहा था, कहीं मेरा हाथ छूटा तो, मृत्यु उसे मेरी सौत बनकर खींच ले जाएगी–'कल्याण हाउस' पहुँचे तो किसी अज्ञात अमंगल की आशंका मुझे त्रस्त कर गई–कैसा भुतहा बँगला था, हिले दरवाजों की दरार से आती साँय-साँय करती हवा, जनशून्य अरण्य और एक अजीब दमघोंटू उदासी, लगता था दीवारों में भी दवाओं की दुर्गंध ईंट-गारे-चूने के साथ रिस-बस गई है। उन दिनों वहाँ क्षयरोग विशेषज्ञ एक प्रख्यात डॉक्टर रहते थे, डॉ. खजानचन्द्र, उन्हीं का नाम सुनकर मेरे ससुर प्रतुल को उतनी दूर लाये थे, सुना था कि वे मुर्दे में भी जान डाल

देते हैं। उन्होंने आते ही प्रतुल के अंजरपंजर खटकाए, ऐक्स-रे देखे, कुछ दवाएँ लिखीं और जब मेरे ससुर उन्हें पहुँचाने सीढ़ियाँ उतर रहे थे तो छिपकर मैंने भी उनकी बातें सुन लीं।

"आपने अपने बेटे का विवाह कर दिया है?"

"जी हाँ, वहीं पर तो मेरी बहू खड़ी थी।"

"कब किया विवाह?"

"दो महीने पहले।"–मेरे ससुर का अपराधी स्वर मैंने ठीक ही सुना। "यू आर ए फूल," कह डॉक्टर तेजी से सीढ़ियाँ उतर गए।

मैं समझ गई–फरमान तो यहाँ भी फाँसी का ही मिला, हाँ शायद उनकी मृत्युंजयी औषधि और पहाड़ों की हवा फाँसी की तारीख कुछ और बढ़ा सकती थी।

वही हुआ–पहली सूई लगते ही प्रतुल की आनन्दचटुलता फिर लौट आई, वह एक बार फिर कैमरा निकाल मेरी तस्वीरें लेने लगा। कभी मासी को जलाने उन्हीं की उपस्थिति में, मुझे बाँहों में भर, अधीर प्रणयी बन, उन्मत्त हो चूमने लगता, कभी उनके ना-ना कहने पर भी दिन डूबे घुमाने खींच ले जाता। उसकी बेतुकी फरमाइशें मुझे कभी धैर्यच्युत कर देतीं।

"वह साड़ी पहनो, उसके साथ माँ का अनन्त, वह झुमके, वह हार–" कभी कहता– "नहीं, वह लाल पाड़ की गरद पहन बड़ा-सा सिन्दूर का टीका लगाकर ऐसे खड़ी रहो, नहीं-नहीं ऐसे–"

लगता था, वह मुझे बहुरूपिया बना अपने एक-एक अरमान पूरे करना चाहता था।

सच कहती हूँ, वह कल्याण हाउस जो मुझे पहली दृष्टि में बेहद मनहूस लगा था, वही सहसा मेरे लिए ताजमहल बन उठा। मैं जानती थी कि स्वर्णघट में छलकते अमृत की वह घूँट, मेरे लिए क्षणस्थायी ही रहेगी, किन्तु जब तक अमृत है, क्यों न छककर अघा लूँ। आश्चर्य होता है कि हम दोनों के निर्दोष हृदयों में शैशव की निर्दोष अकपट प्रेम की कैसी स्निग्धता थी, कभी किसी क्षण भी हमारे बालसुलभ हृदय वासनादग्ध नहीं हुए–पता नहीं विधाता ने ही हमें इस संयम का अपूर्व दान देने का आग्रह किया था या स्वयं हम दोनों का विवेक ही हमें कवच-सा सेंत रहा था। पर फिर जैसे-जैसे समय बीतता गया, प्रतुल में एक विचित्र परिवर्तन मुझे सहमाने लगा–कभी-कभी वह मुझे ऐसे देखने लगता, जैसे मुझमें कुछ नयापन देख लिया हो, बाँहों में लेता तो लगता भींचकर कीमा बना देगा–एक दिन, रात्रि के सन्नाटे में उसने सहसा मुझे अपनी पलँग पर खींच लिया–वह बुरी तरह हाँफने लगा–जैसे बड़ी दूर से दौड़कर आया हो।

"क्या हुआ प्रतुल, तबीयत तो ठीक है ना?" मैंने घबड़ाकर उसके सशक्त बाहुपाश से अपने को छुड़ाने की चेष्टा की। उस दुर्बल देह में कहाँ से आ गई थी वह शक्ति?

"आर पारछिना तिला, आर जे पारछिना।"

(अब नहीं सहा जाता तिला–नहीं सहा जाता।)

समझ गई मेरे कपोलों का दाह स्वयं मुझे ही तपा गया–पर फिर उस तृषाक्त क्लान्त पथिक के अधरों तक शीतल जल से लबलबाता जलपात्र ले जाकर भी मैंने बड़े छलबल से खींच लिया।

मैं जब दस साल की थी, मेरा ऐपेंडिक्स निकाला गया था। जब मैं पानी-पानी की रट लगा चीखने लगती तब माँ मुझे गोद में लेकर सांत्वना देती–"ना आभार सोना जल दिते

नेई, डॉक्टर बारन करछेन"–(नहीं मेरी लाड़ो, पानी नहीं देना है, डॉक्टर ने मना किया है।) ठीक उसी वात्सल्य से मैंने उसे छाती से लगाकर समझाया–"नहीं प्रतुल, नहीं–" मैं नहीं चाहती थी कि हमारा यह असंयम, हमें सदा के लिए एक-दूसरे से विलग कर दे–आज्ञाकारी विनम्र बालक-सा ही वह फिर मेरी छाती में मुँह छिपाकर सो गया, यद्यपि मैं जान गई थी कि वह सो नहीं रो रहा है।

एक दिन हम सोना मासी को बिना बताए ही चुपचाप घूमने निकल गए, उनसे कहते तो या तो स्वयं हमारे साथ हो लेतीं या एक-दो लाठीधारी नौकरों को साथ भेज देतीं। कल्याण हाउस से एक सर्पिल पगडंडी, सीधी उस ऐतिहासिक वृक्ष तक जाकर विलीन हो जाती जिस पर कभी मृत्युदंड पाये कैदियों को फाँसी दी जाती थी। उसी से कुछ दूरी पर थी लौह-शृंखलाओं से घिरी, वीरगति को प्राप्त हुए, दो विदेशी सैनिक अफसरों की कब्र 'कर्क ऐंड टैप्ले'।

हमारे भाग्य से ही मेल खाता, ऐसा दुर्लभ एकांत हमें और कहाँ जुटता? देवदार के सघन झुरमुट में वर्षों से चिरनिद्रा में सुप्त अपने स्वदेश से बहुत दूर वे दो विदेशी और असंख्य फाँसियों का मूक साक्षी वह अपराधी वृक्ष। हम थककर बड़ी देर तक वहीं बैठे रहे, प्रतुल मेरी गोद में सिर धरकर लेट गया था–"आहा, कैसी शान्ति है यहाँ, कैसा सुख! बेटा यम भी मुझे अब यहाँ नहीं ढूँढ़ पायेगा।"

"चुप, जब देखो तब ऐसी अशुभ बातें।"

"क्यों इसमें अशुभ कौन-सी बात कह दी मैंने? ठीक ही तो कह रहा हूँ, न सोना मासी की बड़बड़ाहट न बाबा का गर्जन, तर्जन, न सुई, न दवा न चौबीसों घण्टे मुँह में ठुँसा जा रहा थर्मामीटर–बस हम दोनों–जानती हो तिला..." वह फिर एकाएक चुप हो गया।

"चुप क्यों हो गए–कहो ना..."

"तू डाँटेगी–"

"लो और सुनो–कब डाँटा है जी मैंने–कह डालो–मैं कसम खाती हूँ कुछ नहीं कहूँगी।"

'मुझे लगता है–इन्हीं विदेशियों की तरह मुझे भी अपनी जन्मभूमि की धरणी कभी नहीं जुटेगी–यहीं सो जाना होगा मुझे–"

मैंने उसे कसकर पकड़ लिया।

"नहीं-नहीं," मैं ऐसे तिलमिलाकर चीख उठी जैसे यम उसे सचमुच ही खींचे लिए जा रहा हो।

"ओरे बाप रे–अँधेरा हो गया, आज खैर नहीं, उड़नचंडी सोना मासी, झाडू लेकर बैठी होगी–चल-चल–अँधेरा हो गया है–"

हम भूल ही गए थे कि घर से निकले हमें घण्टों बीत गए हैं। उधर पूरा घर न जाने कब से लालटेन लेकर हमें कहाँ-कहाँ ढूँढ़ आया था–बरामदे में पैर रखा ही था कि सोना मासी ने लपककर मेरा जूड़ा पकड़ लिया। "राक्खूसी मेरे फैलवी खोका के," (राक्षसी मार डालेगी खोका को) और फिर, मेरे ससुर, नौकर-नौकरानियों के सामने ही उन्होंने मुझे धक्का मारकर दीवार से सटा दिया और मेरा सिर दो-तीन बार उस पथरीली दीवार पर टकराकर बोलीं–"लज्जा नेई तोर छूँड़ी?" (तुझे शर्म नहीं आती छोकरी?)

तब तक मुझे किसी ने फूल की छड़ी से भी नहीं छुआ था–जीवन में पहली बार किसी ने मुझ पर हाथ उठाया था। मैं सम्हलती इससे पहले ही उन्होंने अपनी मर्दानी मुट्ठी से मेरी पीठ पर दनादन कई धौल जमा दिए–"कहाँ ले गई थी इसे, बोल-बोल" तब ही प्रतुल ने मासी

को धक्का देकर दूर ढकेल दिया और मेरे सामने ढाल बना खड़ा हो गया–"खबरदार जो इसे कुछ कहा। वह मुझे नहीं ले गई मैं ही उसे ले गया था–शर्म तो तुम्हें आनी चाहिए मासी, मेरे ही घर में मेरी पत्नी पर हाथ उठाने की हिम्मत कैसे हुई तुम्हें?"

मैं अपने शान्त-सौम्य, किसी से कभी कुछ न कहनेवाले पति का यह रौद्र रूप पहली बार देख रही थी।

मेरे ससुर चुपचाप बैठे थे, जैसे साँप सूँघ गया हो, नौकरों की भीड़ सहमकर स्वयं छँट गई–सोना मासी पहले तो कुछ क्षण हतप्रभ-सी खड़ी रहीं फिर आँचल में आँखें ढाँप जोर-जोर से रोने लगीं–"देख छो छेलेर कांड–नतुन बउएर जन्य की माया! ये मागी मानूष कर लो, ले जाक चुलोय–" (देख रहे हो लड़के का काण्ड? नई बहू के लिए कैसी माया और जिस हरामजादी ने पाला-पोसा, वह जाये चूल्हे में)।

उस रात फिर लाख मान-मनुहार करने पर भी प्रतुल ने खाना नहीं खाया, मैं भी भूखी ही सो गई। कुछ घण्टों पूर्व जो सहसा निरोग होकर आनन्द की फुलझड़ियाँ बिखेर, मुझे हँसा रहा था, वह एकाएक गुमसुम होकर पड़ा था।

"क्यों परेशान हो रहे हैं प्रतुल, सोना मासी का तो स्वभाव ही ऐसा है, मुझे तो अब आदत पड़ गई है, मुझे बुरा नहीं लगता।" मैंने कहा तो वह अब तक दबाए गए क्रोध को दबा नहीं पाया–"तुम्हें बुरा नहीं लगता होगा, मुझे लगा है–तीन कौड़ी की औरत, हमारे ही टुकड़ों पर पल रही है और तुम पर हाथ उठाया उसने?" उसका उत्तेजित स्वर सहसा ऊँचा हो उठा। मैंने घबड़ाकर उसका मुँह ढाँप दिया। सोना मासी को मैं जानती थी–बन्द दरवाजों से कान सटाए, छिपकर सुनना उनकी आदत थी, कहीं सुन लिया तो आधी रात को फिर उसी भद्दे नाटक की पुनरावृत्ति होगी–"चुप करो प्रतुल, धीरे बोलो–सोना मासी सुन लेंगी तो फिर आधी रात को रोना-धोना छेड़ देंगी।"

"छेड़ने दो, मुझे किसी का डर नहीं है अब, तुमसे सबकुछ कहना चाह रहा हूँ–जानती हो माँ पागलखाने कैसे गई? इसी कुलटा के कारण–विधवा होने पर बाबा इन्हें यहाँ ले आए–हरिबाला ने मुझे सबकुछ बताया है–"

हरिबाला माँ के साथ ही उनके मायके से आई थी, गृह-भर में एक वही थी जिसे हम दोनों से सच्चा लगाव था–"चौबीस वर्ष की थी यह चुड़ैल–माँ से कुल सवा बरस छोटी–पहले भी माँ को फिट पड़ते थे–घण्टों तक बेहोश रहती थी पर वह पागल नहीं थी–इन दोनों ने ही मिलकर उसे पागल बनाया।"

"बस चुप भी करो प्रतुल, तुम्हें बहुत उत्तेजित होना मना है ना?"

"क्या-क्या मना नहीं है मुझे?"–वह हाँफता-हाँफता बैठ गया।

"घूमना मना, गाना मना, सबकुछ मना। पत्नी मेरे लिए सदा ऐसी गुड़िया रहेगी जिसे बड़े यत्न से सहेजकर रखना होगा जीवन-भर। क्यों आईं तुम मेरे जीवन में–क्यों सबकुछ जानकर भी प्राण रहते ही सती बनने का शौक चर्राया तुम्हें? क्या तुम्हारी जबान नहीं थी, मना नहीं कर सकीं तुम? बोलो, बोलो, जवाब दो।"

वह ऐसा कभी नहीं करता था, मुझे जोर-जोर से झकझोरने लगा था वह।

"क्या जवाब दूँ प्रतुल," मेरा शांत स्वर मुझे स्वयं ही अनचीन्हा लग रहा था–"हमें कुछ भी पता नहीं था, न माँ को न बाबा को न स्वयं मुझे।"

"तुम्हें पता होता तो क्या तुम मना कर देगीं?" उसका अधीर स्वर कितना करुण था, कितना नैराश्यसिक्त, जैसे मेरे उत्तर पर ही उसके प्राण अटके हों।

"नहीं"—मेरा दृढ़ स्वर, मेरी गहनतम सच्ची भावना से पगा, स्वयं मेरे मुँह से निकल गया था।

वह मेरा चिबुक थाम, आश्चर्य से मुझे देखने लगा, जैसे मेरी आँखों की पुतलियों में मेरे उत्तर की पुष्टि चाह रहा हो—फिर बिना कुछ कहे उसने अपने तप्त अधर मेरे ललाट पर धर दिये।

दो दिन तक फिर हम दोनों कमरे से बाहर नहीं निकले—बाबा और सोना मासी शायद जान गए थे कि उन्होंने बेटे को बेहद नाराज कर दिया है।

तीसरे दिन ही मेरी कालरात्रि मेरा जीवन उलट-पुलट देगी, यह मैंने स्वप्न में भी नहीं सोचा था। दिन-भर प्रतुल ठीक रहा, बुखार भी सामान्य था, खाँसी भी नहीं, उस पर, मूड अचानक ही पूर्ववत् हो गया था—बड़ी देर तक हम दोनों ताश खेलते रहे फिर वह कहने लगा, "तिला, आज शाम फिर वहीं घूमने चलेंगे।"

"क्यों, मेरा सिर फुड़वाकर मन नहीं भरा क्या?"

उसकी आँखों में चुलबुली तरंगें मुझे सहसा भय से सहमा गईं—अब इसने अपना यही संकल्प दुहराया तो मैं क्या रोक पाऊँगी उसे? यौवन के उद्दाम वेग में तो हम दोनों ही तिनके-से बहे जा रहे थे—किन्तु, नारायण के मन तो कुछ और ही था, दिन डूबते ही उसने कहा—"तिला, गरम चादर ओढ़ा दो मुझे, ठण्ड लग रही है।"

वही ठण्ड फिर न गरम चादर से शान्त हुई, न मोटे-मोटे लिहाफ-कम्बलों से। रात हुई कि वह तेज बुखार में अंडबंड बकने लगा।

"कर्क एंड टैप्ले एंड प्रतुल भट्टाचार्य तीनों एकसाथ सोये हैं यहाँ—मेरा गर्म कोट तो निकाल दो तिला—तुम भी शॉल ओढ़ लो, टार्च ले लेना, हमें लौटने में देर होगी—

"माँ-माँ, कहाँ हो तुम? आओगी नहीं कभी?" मेले में खो गए किसी व्याकुल अबोध शिशु-सा वह करुण स्वर में अपनी विस्मृता जननी को पुकारने लगा तो मेरी आँखों से झरझर आँसू बहने लगे—

"मैं जा रहा हूँ माँ, आओगी नहीं?" उसका यही प्रलाप मुझे भय से कँपा गया, मैं अपने ससुर और सोना मासी को बुला लाई—नौकर-नौकरानियाँ सबने भीड़ लगाकर छटपटाते प्रतुल की पलँग घेर ली—सुबह होने के कुछ पहले उसे फिर उसी खाँसी का विकट दौरा पड़ा—टी. बी. रोगी की खाँसी सुनी है कभी? ठक-ठक-ठक-ठक, जैसे कोई गर्म लोहा पीट रहा हो—उसे फिर अचानक होश आ गया—यक्ष्मा रोगी को अंत तक चेतना बनी रहती है, यह कहीं सुना था—उस दिन देख भी लिया—

"तिला, तिला, कहाँ हो तुम?"

"मैं यहाँ हूँ प्रतुल"—मैंने बढ़कर उसका हाथ थाम लिया—

"नहीं, मुझे कुछ भी नहीं दिख रहा है"—मैं काँप उठी, बाबा कहते थे, जब आँखों में प्रकाश नहीं दिखता तो समझना चाहिए मृत्यु निकट है—"घोषं न शृणुयात् कर्णो, ज्योति नेत्रे न पश्यति।"

"तिला, बोलती क्यों नहीं, आती क्यों नहीं मेरे पास—आओ, एक बार तुम्हें छाती से लगा लूँ," उसने शून्य में अपनी सींक-सी दुबली बाँहें फैला दीं।

मैं बोल रही थी—"यहाँ हूँ मैं प्रतुल।" वह सुन नहीं पा रहा था, मैं हाथ थामे खड़ी थी—वह मुझे देख नहीं पा रहा था, ससुर, मासी, नौकर-नौकरानियों की उपस्थिति में कैसे उसकी बाँहों में सिमट सकती थी मैं—फिर खाँसी का वेग बढ़ा और फक्क से काले जमे रक्त का थक्का तकिया पर बिखर गया— उसी क्षण पलटी पुतलियाँ और भिंचे दाँतों को देख सोना मासी पछाड़ खाकर उसकी निष्प्राण देह पर गिर पड़ीं—"खोका, खोका रे—कोथाय गेली रे"—मेरे ससुर निश्चेष्ट-हतबुद्धि खड़े थे—पलक मारते ही उनका वंशधर उन्हें अँगूठा दिखाकर चला गया।

मासी के एक-एक विलाप में, मुझ पर अजस्र गालियाँ बरस रही थीं— "राक्षसी खा गई हमारे वंश को, इसी ने चूस लिया उसका रक्त, कलेजा निकालकर चबा गई चुड़ैल, अपया, राक्खूसी।" मैं पत्थर बन गई थी—वहाँ होकर भी मैं बहुत दूर चली गई थी, बहुत दूर—सुबह होते ही अनजान प्रतिवेशी, सगे बिरादर बने खड़े हो गए। उन्हीं ने प्रतुल की महायात्रा का साज-सरंजाम जुटा दिया—रामनाम सत्य के बीच हमारे दोनों नौकरों का उच्च स्वर मेरे कानों में आ रहा था—'बोलो हरि-हरिबोल' उस परदेश में भी बेचारे बंगाल को खींचकर लाने का व्यर्थ प्रयत्न कर रहे थे।

मैं अपने कमरे में, जमीन पर पड़ी थी, मेरी चिंता थी ही किसे, ससुराल की नौकरानी हरिबाला ही मेरे सिरहाने बैठी, मेरी पींठ सहलाती रही—फिर उसे भी सोना मासी ने बुला लिया—धीरे-धीरे चार दिन बीत गए—सहसा चौथे दिन, सोना मासी देहरी पर आकर खड़ी हो गईं—"ऐ छूँड़ी, तेरे ससुर ने कहा है, हम कल गया जाएँगे—अशान्त आत्मा गई है उसकी, वहीं की प्रेतशिला में पिण्ड देना होगा, तब ही उसे मुक्ति मिलेगी—अपना सामान रख लेना—कल सुबह ही बस चल देगी—" चार दिन से अन्न का दाना भी मेरे मुँह में नहीं गया था, हरिबाला ही जबरदस्ती चाय पिला गई थी—उठने लगी तो पैर काँपने लगे, मैं फिर जमीन पर ही पसर गई।

आधी रात को मैंने पहली बार प्रतुल को सपने में देखा—एकदम रोगमुक्त उज्ज्वल चेहरा, वैसी ही बालसुलभ निर्दोष हँसी, "तिला, भाग जा दूर, कहीं" फिर वह धैर्य से मुझ पर झुका—

"प्रतुल, प्रतुल तुम आ गए हो ना? मैं जानती थी तुम अवश्य आओगे—" फिर अपनी ही बड़बड़ाहट से मेरी चेतना लौटी—पर यह कैसा भार था मेरी छाती पर, 'कौन था यह? प्रतुल, प्रतुल कहाँ से आ सकता था अब?'

मैंने डरकर उठने की चेष्टा की, शायद चीखने ही जा रही थी कि किसी के बलिष्ठ पंजे ने मेरा मुँह दाब दिया—अपनी दुर्बल देह की पूरी शक्ति लगाकर मैंने उस क्रमशः गुरुतर हो रहे भार को धक्का दिया और अपने ओंठों पर धरे पंजे पर जोर से दाँत गढ़ा दिए।

एक दबी चीख के साथ कोई सम्हलकर उठा—मैंने सिरहाने धरी लम्बी टार्च निकालकर जला दी—और एक पल को लगा, मैं गिर पड़ूँगी।

मेरे सामने मेरे ससुर खड़े हाँफ रहे थे—उनकी दोनों मदमत्त कामातुर आँखों से निकलती वासना की लपटें मुझे लीलने को बढ़ी आ रही थीं।

इतना नीच, इतना जघन्य, ऐसा पशु हो सकता है मानव? अभी इकलौते बेटे की चिता ठण्डी भी नहीं हुई और यह पशु, इस नीचता पर उतर आया—अपनी पूरी ताकत से मैंने वह भारी टार्च, उनके सिर पर दे मारी, वह एक दबी चीख के साथ, दोनों हाथों से सिर थामे जमीन

पर बैठ गए और मैंने खिड़की से छलाँग लगा दी—लगता है, दयालु विधाता ने ही मुझे उस दिन गोद में उठा लिया होगा—क्योंकि उस ऊँचाई से कूदने पर भी मेरा न हाथ टूटा, न पैर—फिर मैं बदहवास भागने लगी—सड़क पर घटाटोप अंधकार था, नन्ही-नन्ही बूँदें भी पड़ने लगी थीं—कड़ाके से बिजली बीच-बीच में चमक-चमककर मुझे पथनिर्देश दे रही थी, न मेरे पैरों में चप्पल थी, न साड़ी ही ठीक से बँधी थी—सहसा मुझे लगा, मैं किसी पेड़ से टकरा गई हूँ—फिर चेतना लौटी तो देखा, वह पेड़ नहीं, ओवरकोट पहने एक लम्बा व्यक्ति है।

"क्या बात है बेटी—क्यों भाग रही हो ऐसे, अभी तो पौ भी नहीं फटी..."

"मुझे बचा लीजिए, प्लीज मुझे बचा लीजिए..."

मैं रोती-बिलखती उस अनजान व्यक्ति से लिपट गई।

"आओ मेरे साथ, मेरा घर अगले ही मोड़ पर है," अँधेरे में मुझे कुछ नहीं सूझ रहा था, मैं उसका चेहरा भी नहीं देख पा रही थी—वही फिर मेरा हाथ थाम, मुझे ले गया।

अब कभी सोचती हूँ, वह यदि कोई गुण्डा होता तब तो मैं खाई से निकल खंदक में ही गिरी होती, किन्तु विधाता तो एकसाथ सब द्वार बन्द नहीं करता—अगले ही मोड़ पर उसका बंगला था, "बड़ी जल्दी लौट आए जॉन, आज क्या पूरा राउण्ड घूमने नहीं गए?" किसी स्त्री के स्वर में पूछे गए प्रश्न का उत्तर दिये बिना ही, उसने मृदु स्वर में कहा—"बैठो, मैं मारिया से कह आऊँ—गर्म चाय पिलायें तुम्हें—" मैंने उसके जाते ही, कुर्सी पर गर्दन डाल आँखें मूँद लीं—भयभीत कपोती-सी, मैं अभी भी काँप रही थी, कुछ ही घण्टों में विधाता ने जैसे मेरा जीवन ही उलट दिया था।

बहुत छोटी थी, तब ही से बाबा पूजा करने बैठते तो मैं लपककर उनकी गोद में बैठ जाती कि कब उनका जपार्चन पूरा हो और कब बताशे मिलें— उनके साथ-साथ मैं भी उनके मंत्रपाठ में स्वर मिलाती—आज उस घोर विपत्ति के क्षणों में, इतने दिनों की वे ही विस्मृत पंक्तियाँ स्वयं मेरे ओंठों पर फिसल गईं—गँवार देहाती की भाँति, दोनों पैर कुर्सी पर उठा मैं आँखें बन्द किये ओंठों ही ओंठों में बुदबुदाने लगी थी—

न तातो न माता
न बंधुर्न दाता
न पुत्रो न पुत्री
न भर्त्यो न भर्त्ता
न जाया न विद्या
न वृत्तिममेव
गतिस्त्वं गतिस्त्वम्
त्वमेको भवानी—

पर्दा खोलकर वे दम्पती मुझे आश्चर्य से मुँह खोल देख रहे हैं, इसका मुझे ध्यान ही नहीं था। पागलों की तरह सड़क पर नंगे पैर, अधखुली साड़ी लपेटे बदहवास भागती और अकेली बैठी आँखें बन्द किए स्वगत बड़बड़ाती मैं उन्हें निश्चय ही किसी पागलखाने से भागी पगली लगी हूँगी।

फिर उनमें से किसी ने धीमे स्वर में पूछा—"हेलो, हाउ आर यू फीलिंग— बैटर...?"

मैंने हड़बड़ाकर दोनों पैर नीचे कर लिए और उस व्यक्ति का, जो मुझे साथ लाया था, पहली बार मैंने चेहरा ठीक से देखा। एकदम स्याह रंग, चौड़ा माथा, घुँघराले बाल और

संत की-सी मधुर हँसी—"लो चाय पियो, मेरा नाम जॉन है—तुम मुझे अंकल जॉन कह सकती हो और यह है मेरी पत्नी मारिया—" दोनों मेरे पास धरी कुर्सियों पर बैठ गए। "मैं यहाँ के मिशन स्कूल का हेडमास्टर हूँ—तुम डरो नहीं बेटी, यहाँ तुम्हारा कोई अनिष्ट नहीं होगा—"

उस सर्वथा अनजान परिवेश में, दिलासे के वे शब्द, मुझे फिर दुर्बल बना गए—मैंने सिर झुका लिया और मैं निःशब्द रोने लगी।

"पुअर डियर"—मारिया ने बढ़कर मेरा माथा थपथपाया—"तुम चाय पीकर थोड़ा आराम कर लो, जॉन को परीक्षा लेने आज रानीखेत जाना है, शाम तक लौट आएगा—तब तक तुम्हें कोई परेशान नहीं करेगा—मैं खाना बनाकर तुम्हारे कमरे में रख जाऊँगी—जब भूख लगे, खा लेना।"

फिर दोनों मुझे एक छोटे-से स्वच्छ कमरे में पहुँचा, द्वार बन्द कर चले गए—कमरे से संलग्न बाँस की खपच्चियों से बना एक काठ का बरामदा था—जाफरी को प्रिमरोज की घनी बेल ने ऐसे ढाँप दिया था कि मुखर सड़क का कोलाहल ही सुनाई देता, राहगीर नहीं दिखते थे। मैं हाथ-मुँह धोकर उस छोटी-सी कैंपको पर लेटी तो मेरा अंग-अंग टूट रहा था, पिछले चौबीस घंटों में जो तूफान मेरे ऊपर होकर गुजर गया था, उसने मेरे सोचने-समझने की पूरी शक्ति ही छीन ली थी—क्या करूँगी—अब कहाँ जाऊँगी मैं? और कैसे? बड़ी देर तक छटपटाती मैं न जाने कब गहरी नींद में ऐसी सोई कि आँखें खुलीं तो रात हो आई थी। एक क्षण को लगा, मैं अभी कल्याण हाउस में ही सो रही हूँ—वैसी ही गुलबनप्सी मदिर सुगन्ध और सिरहाने की मेज पर धरा, एकदम वैसा ही कैरोसीन का लैंप, जैसा हरिबाला हमारे सिरहाने धर जाया करती थी। लैंप की लौ शायद जानबूझकर ही कम कर दी गई थी कि कहीं तेज रोशनी मेरी नींद में व्याघात न डाले। दयालु गृहस्वामिनी प्लेट में ढककर खाना भी रख गई थीं। नये परिवेश को मेरी अर्धसुप्त चेतना स्वीकार ही कहाँ कर पाई थी? मुझे लग रहा था, अभी-अभी सोना मासी द्वार भड़भड़ाकर चिल्लाएँगी—"लज्जा नेंई छूँडी, दिन दुपूरे दरजा बंद करे जत सब नेकामी—छी छी—" ("शर्म नहीं आती छोकरी? भरी दुपहरी में द्वार बन्द कर—यह सब ढोंग—छि-छि!")

मैं हड़बड़ाकर बैठ गई। क्रमशः चैतन्य हो रही आँखों ने, फिर उन दोनों को द्वार पर खड़े देखा।

एक नीली छींट के फूलदार गाउन पर झकझक करते सफेद ऐप्रन से हाथ पोंछती मारिया मेरी पलँग पर बैठ गई, "कैसा जी है अब? जॉन, चाय बनाकर पैंट्री में रख आई हूँ, ले आओ तो डार्लिंग—" फिर उन्होंने कम्बल ओढ़ा मुझे जबरदस्ती लिटा दिया—"अब बताओ बेटी, कहाँ से झगड़कर भागी हो—मायके से या ससुराल से?"

चाय की ट्रे लेकर अंकल जॉन ने पत्नी को डपट दिया—"चाय तो पी लेने दो उसे—क्यों परेशान कर रही हो—?"

कैसा आश्चर्य था कि मुझे एक ही साँस में उन्हें अपनी पूरी कहानी सुनाने में जरा भी संकोच नहीं हुआ—यहाँ तक कि अपने नरपिशाच ससुर की कामांधता की यवनिका भी मैंने निर्भीक, निःसंशय होकर उठा दी थी। एक पल को दोनों स्तब्ध रह गए फिर अंकल जॉन ने ही गंभीर-संयत स्वर में कहा— "तुम अपने पिता का पता दे दो, मैं अभी तार कर उन्हें यहाँ बुला लेता हूँ।"

"नहीं, नहीं," मैंने अविवेकी उद्विग्नता से अंकल जॉन के दोनों हाथ पकड़ लिए—"प्लीज आप ही मुझे उनके पास ले चलिए, माँ-बाबा दोनों हार्ट के मरीज हैं—तार में क्या आप उन्हें पूरी बात बता पाएँगे? बौरा जाएँगे दोनों।"

"ठीक ही तो कह रही है जॉन?" मारिया ने कहा—"तुम खुद जाकर उसे पहुँचा आओ—"

एक क्षण को अंकल जॉन गहरे सोच में डूब गए—"मेरा जाना क्या ठीक होगा मारिया?" अल्मोड़ा छोटा-सा शहर है, किसी ने देख लिया तो लोग बीसियों बातें पूछेंगे, कौन है यह? कहाँ से, कब से जानता हूँ, कहीं से भगाकर तो नहीं लाया? तुम तो जानती हो यहाँ आजकल कैसी-कैसी अफवाहें फैल रही हैं कि हम मिशनरी हिन्दू बच्चों को चुरा, अपने घरों में बंदी बना उन्हें ईसाई बना रहे हैं—" किन्तु मारिया को इसका कोई भय नहीं था—ऐसा नहीं था—"ऐसा ही है तो मैं चलूँगी साथ में, किसी ने पूछा भी तो कह देंगे—हमारे मिशनरी बंगाली मित्र की पुत्री है, हमसे मिलने आई थी, उसे ही पहुँचाने जा रहे हैं—देखो बेटी, तुम्हें यह माँग का सिन्दूर रगड़ रगड़कर मिटाना होगा— कहीं से भी हिन्दू न लगो, समझीं?" उस दुःख की घड़ी में भी मेरे ओंठों पर हँसी आ गई—सिन्दूर तो स्वयं विधाता ही मिटा चुका था—मैं क्या मिटाऊँ! तीन दिन बाद तड़के ही हम चल दिए थे, मारिया आंटी अन्त तक नहीं गईं, "हम दोनों अचानक ऐसे घर बन्द कर चले जाएँगे तो पड़ोसियों को और सन्देह होगा—" तीन दिन के उस अनजान गृह के स्नेहपूर्ण आतिथ्य ने मेरे ताजा खुले घाव पर जैसे शीतल पट्टी रख दी थी। कितनी लम्बी लगी थी वह यात्रा, प्रतुल के साथ वही यात्रा कितनी छोटी लगी थी, मेरा हाथ यात्रा-भर कसकर पकड़े रहना, शून्य दृष्टि से कम्पार्टमेन्ट की छत को एकटक देखना— एक-एक स्मृति का गह्वर मेरे कण्ठ में अटक रहा था।

बस-अड्डे से थोड़ी ही दूर पर मेरा पितृगृह था—वेणुवन की एक प्राकृतिक सुरम्य गैलरी को पार करते ही हमारी बरसाती थी—मेरे पैर सहसा काँपने लगे—कैसे देखूँगी माँ, बाबा को—अभी तीन ही महीने पहले तो शहनाई की करुण गूँज के साथ यहाँ से विदा हुई थी। कैसी शोभा थी तब इस गृह की, रंगीन बंदनवार, लोगों की भीड़ और आज उसी गृह को मेरा वैधव्य, क्या मुझसे भी पहले पहुँच ऐसा श्रीहीन बना गया था? सूर्य ढल चुका था, प्रौढ़ संध्या के रक्तिम-आलोक में पितृगृह की अट्टालिका की पहली झलक ही मुझे जड़ बना गई—प्रहरी-से कदम्ब-शिरीष-कटहल के वृक्ष पूर्ववत् खड़े थे, कामिनी, टगर, गोलोक, चम्पा, स्थल पदम, पारिजात की मदमस्त खुशबू ने सहसा मेरी स्मृति के नथुने फड़का दिए—मेरे लिए कभी यह धरणी भूतल का भूस्वर्ग थी, आज प्रकृति की यही निभृत गोद मुझे मसान-सी मनहूस लग रही थी।

अंकल जॉन ने शायद मेरे उद्वेलित चित्त की व्यथा भाँप ली थी, मेरी उत्साही चाल सहसा मंथर पड़ गई थी—उन्होंने मुझे गुदगुदाने की चेष्टा की—"अब समझ में आया, तुम क्यों बार-बार यहाँ आने की जल्दी कर रही थीं—मेरी उस झोंपड़ी में तुम दो दिन साँस भी ले सकीं, यही आश्चर्य हो रहा है मुझे—तुम्हारा घर तो महल है बेटी—"

'नहीं अंकल जॉन, आपके यहाँ मुझे जो मिला वह किसी भी महल में नहीं मिल सकता था।' मैं कहना चाह रही थी पर कहाँ कह पाई? नियति ने तो मुझे गूँगी बना दिया था।

बरामदे में खड़ी हुई तो अस्वाभाविक सन्नाटा देख मेरा माथा ठनका—कहीं माँ, बाबा पाण्डिचेरी तो नहीं चले गए? तेरा ब्याह निबटा हम महर्षि के दर्शन करने जाएँगे—यही तो

कहा था बाबा ने और फिर वे दोनों तो वहाँ प्रायः ही जाते रहते थे किन्तु निकट आने पर देखा, केवल द्वार बन्द था, ताला नहीं था। मैंने ही कुण्डी खटखटाई–

"कौन?"

"बाबा, मैं हूँ तिला–"

और फिर द्वार खोलते ही बाबा ने अविश्वास से मुझे देखा, फिर छाती से लगा लिया। "सोना रे माँ आमार, की होये गैलो रे–" (मेरी लाड़ो–यह क्या हो गया–)

तो मेरा अनुमान ठीक ही था। उन्हें मेरे वैधव्य का दुःसंवाद देने में मेरे ससुरालवालों ने विलम्ब नहीं किया था। "के गो? के कांदछे?" कौन है जी, कौन रो रहा है? फिर कोई उत्तर न पाकर माँ भागकर आई और मुझे देखते ही उसने मुझे छाती से लगा लिया और विह्वल हो, ऐसे चूमने लगी जैसे अपनी बिछुड़ी बछिया को गाय चूम-चाट रही हो।

अपने उस मिलन में, हम अक्षम्य स्वार्थपरता से, उस देवतुल्य व्यक्ति को भी भूल-बिसर गए, जिसने हमारे उस मिलन को ऐसे सहज बना दिया था। हम तटस्थ हुए तो वह किसी देवदूत-सा ही अपना कर्तव्य पूरा कर तिरोहित हो गया था। हम उसे कभी धन्यवाद भी नहीं दे पाए–पत्र भी लिखते तो किस पते पर? अल्मोड़ा की ईसाई बिरादरी में क्या वह एक ही जॉन होगा? माँ-बाबा ने मेरी कहानी सुनी तो स्तब्ध रह गए–

"यह तो तेरी विदा के तुरंत बाद ही हमें पता चल गया था कि हमारे साथ भयानक प्रवंचना की गई है–लड़का बी.ए. भी नहीं कर पाया था कि हॉस्टल ही में उसे यह बीमारी लग गई थी, उस पर वृद्ध उन्मादिनी तेरी सास, वर्षों से राँची के पागलखाने में है, यही नहीं, पागलपन उनके पूरे खानदान में है, लड़के के दोनों मामा भी पागल हैं–यह सब हमें बाद में पता लगा–तेरे मामा ने ही हमारा सर्वनाश किया बेटी–कहता था, आँखें बन्द कर निबटा दो कन्यादान, लड़की राजरानी बनकर रहेगी, गहनों से लाद देंगे माधव बाबू–और गहनों से कैसा लादा तुझे! गर्दन ही तोड़कर रख दी–" माँ फिर मुझे पकड़कर विलाप करने लगी–"यह कैसा दण्ड दिया ठाकुर–कैसा द्विरागमन किया था अभागिनी का।"

"तुम यह रोना-धोना बन्द करो तो," बाबा ने उस बेचारी को डपट दिया था–

"एक तो खुद ही अधमरी हो रही है वह बेचारी, उस पर तुम और घबड़ा रही हो उसे।"

माँ सहमकर चुप हो गई।

"तू चिंता मत कर खुकू, अभी तेरा बाप जिन्दा है–पढ़ा-लिखाकर तुझे स्वावलम्बी बना दूँगा।"

किन्तु, धीरे-धीरे मुझे लगने लगा कि बाबा का साहस भी चुक रहा है। घर गिरवी पड़ा था, माँ के गहने मेरे विवाह में ही बिक चुके थे–चाँदी के बर्तन, हाथी की अम्बारी, दुर्लभ बन्दूकें सब ही तो बिक गई थीं–आमदनी छल्ले-भर की नहीं थी उस पर हर पल, सर्वशक्तिमान शत्रुपक्ष का भय–पत्ता भी खड़कता तो बाबा चौकन्ने हो जाते–कहीं ससुराल का कोई पेशेदार तो मुझे लिवाने नहीं आ गया! मेरे ससुर कभी भी कानूनी मदद से मुझे अपने साथ खींचकर ले जा सकते थे–इसी से शायद उन्होंने रहे-सहे–आयुध भी डाल दिए।

"खुकू, सोचता हूँ, तुझे तेरी बुआ के पास भेज दूँ, वह पहले भी कई बार तुझे माँग चुकी है–एक वही तुझे पढ़ा-लिखाकर योग्य बना सकती है और माधव बाबू की वहाँ दाल कभी नहीं गल सकती, बड़ी दबंग है वह–तुझे वहाँ भेज मैं और तेरी माँ पांडिचेरी चले जाएँगे–वैसे भी अगले वर्ष की अन्तिम अवधि तक मैं यह बन्धक पड़ी हवेली नहीं छुटा पाऊँगा।" मैं रोने लगी थी।

"रो मत खुकू"—मेरे सिर पर हाथ फेरकर बाबा कहने लगे थे—"तेरे ससुर की नीचता का कोई अन्त नहीं है, वह कभी भी नंगेपन पर उतर सकता है। तुम वहाँ से जब जी चाहे मिलने आ सकती हो—"

किन्तु, मैं फिर कहाँ जा पाई? वहाँ जाने के तीसरे ही महीने बाबा के दिमाग की नसें फट गईं, वे नसें पहले क्यों नहीं फट गईं, यही आश्चर्य था— उनके जाने के छः महीने बीतते, माँ भी चली गई। मेरे स्वर्णपुर की स्वर्णनगरी दो ही झटकों में, ऐसी भस्मीभूत हुई कि मैं राख भी नहीं छू पाई। अपनी निःसंतान बुआ से मुझे जो दुर्लभ दान मिला, उसी ने मुझे आज वह बना दिया जो तू देख रही है। मैंने एम.ए. किया, लन्दन युनिवर्सिटी से डाक्टरेट ली, वहीं ओरियंटल स्टडीज स्कूल में लेक्चरर रही और फिर बीमार अकेली बुआ की देखभाल करने भारत लौट आई। आज युनिवर्सिटी के इस उच्चतम पद पर हूँ—बुआ की बहुत इच्छा थी, मैं फिर विवाह कर लूँ—"तेरा रूप और यह कच्ची उम्र, कैसे काटेगी तू? मैं क्या अमरबूटी खाकर आई हूँ? मेरे बाद तेरा क्या होगा?"

"नहीं," मैंने दृढ़ता से कहा था—"एक बार ही भर पाई, मैं अब कभी विवाह नहीं कर सकती—"

"पर तेरे पति ने तो तेरा स्पर्श भी नहीं किया," बुआ मुझसे सबकुछ सुन चुकी थीं।

"नहीं बुआ, मैं कभी विवाह नहीं करूँगी—" कैसे कर सकती थी मैं? तीन महीनों की स्मृतियों की जो अमूल्य सुवर्ण मुहरों की गागर छाती से लगाए घूम रही थी—कैसे भूल सकती थी मैं उस शून्य में फैली बाँहों का व्यर्थ आह्वान?

"तिला-तिला, एक बार तुझे छाती से लगा लूँ—"

यही मेरी कहानी का पूर्वार्ध है, क्यों उत्तरार्ध सुनने का धैर्य है अब?

धैर्य भले ही हो तुझे, विश्वास कभी नहीं होगा, पर मैं सच कहती हूँ, जो कुछ तुझे सुनाने जा रही हूँ—उसमें केवल सच है, कल्पना या अतिशयोक्ति का स्पर्श भी नहीं है—"बुआ की मृत्यु के बाद मैं उन्हीं की कोठी में उनकी पुरानी गूँगी-बहरी—नौकरानी आनन्दी बाई के साथ अकेली रह रही थी—अपनी पूरी सम्पत्ति बुआ मेरे नाम कर गई थीं—नौकरी नहीं करती तो हाथ पर हाथ धरे, जीवन-भर किसी महारानी की ही भाँति मैं रह सकती थी—पर दौलत के सहारे ही तो जिन्दगी नहीं कटती! कभी-कभी हँसी भी आती थी, कि जब पूर्ण यौवना थी तब किसी ने मेरा हाथ नहीं माँगा, अब विरासत हाथ लगने का समाचार लोगों ने सुना, तो एक-से-एक रंगीन नौशों ने मुझे घेर लिया, कोई बत्तीस वर्ष का बिजनेस इक्जीक्यूटिव था, कोई चालीस वर्ष का सुदर्शन विधुर, कोई विदेश प्रवासी उद्योगपति और कोई विश्वविद्यालय का रजिस्ट्रार। पर मैंने भी दुनिया देखी थी, मैं अपने निश्चय पर अडिग, अटल जमी रही।

"एक दिन, बड़ी रात को घण्टी बजी। द्वार हमेशा मैं ही खोलती थी, क्योंकि मेरी बहरी-गूँगी नौकरानी न सुन ही सकती थी, न बोल ही पाती थी।

"द्वार पर एक दुबले-पतले, सन-से सफेद बालों पर काली टोपी लगाए, एक सौम्याकृति वृद्ध खड़े थे। हे भगवान, मैंने मन-ही-मन सोचा, क्या यह चिता में चढ़ने को तत्पर वृद्ध भी अब मेरा हाथ माँगेगा!

" 'क्षमा कीजिएगा, पर क्या आप ही डॉ. तिलोत्तमा ठाकुर हैं?'

" 'जी हाँ—कहिए—'

" 'आपसे एक जरूरी काम है, क्या मैं अन्दर आ सकता हूँ?'

"और कोई होता तो मैं भगा देती, यह कोई वक्त था आने का? उस पर मैं कुछ ही घण्टे पहले, हैदराबाद की एक सेमिनार से लौटी थी, बेहद थक गई थी–किन्तु उस शान्त सौम्य चेहरे की विनम्रता में कुछ ऐसी बात थी कि मैंने द्वार पूरा खोलकर कहा–आइए–

"आनन्दी बाई, कौतूहली दृष्टि से आगंतुक को देख रही थी, क्योंकि एक तो मुझसे कोई पुरुष कभी मिलने आता ही नहीं था, उस पर इतनी रात को!

"मैंने देखा, वृद्ध के हाथ में एक स्काई बैग था जिसे वह बैठने पर भी छाती से सटाए था, जैसे उसमें कोई दामी वस्तु धरी हो और नीचे रखने में भी वह शंकित हो रहा हो।

" 'देखिए, इतनी दूर से एक अनुरोध करने आया हूँ–आपको मेरे साथ चलना ही होगा–मैं ये दो एयर टिकट भी ले आया हूँ–कल सुबह पाँच बजे की फ्लाइट है।' बैग खोल उसने दो एयर टिकट मेज पर धर दिए।

"मैं आश्चर्य से उसे देख रही थी–पागल था क्या या किसी यूनिवर्सिटी के अचानक आयोजित किसी जलसे की मुख्य अतिथि बनने का पैगाम लेकर आया था–'कहिए।'

" 'देखिए, मेरे पास समय बहुत कम है'–वह घबड़ाकर फिर ऐसी अप्रत्याशित हरकत कर बैठा कि मैं विचलित होकर खड़ी हो गई।

" 'आप क्या कर रहे हैं यह!' मेरा स्वर शायद झुँझलाहट में कुछ तीखा ही हो गया था–

"वह वृद्ध बुरी तरह सिसकता मेरे पैर पकड़ धम्म से जमीन पर बैठ गया था–'मेरा बेटा मृत्युशैया पर है, एक ही बेटा है मेरा–आप एक बार चलकर उसे देख लीजिए बस।'

" 'पर देखिए, आप शायद गलत घर में चले आए हैं–मैं चिकित्सक नहीं हूँ, पी.एच.डी. की डॉक्टर हूँ–युनिवर्सिटी में पढ़ाती हूँ–आप शायद

डॉ. तिलोत्तमा गोखले का घर ढूँढ़ रहे हैं, वह उस चौथी गली में रहती हैं–'

" 'नहीं–मैं आप ही को लेने आया हूँ। आप ही की रट लगाए है वह–उसे शान्ति से जाने दीजिए डॉक्टर–'

"तब, क्या अभ्रागा कोई मेरा पुराना छात्र था?

" 'क्या नाम है आपके पुत्र का?'

" 'प्रतुल, प्रतुल मुंडककुर, कोंणी हैं हम–'

" 'प्रतुल?' मेरा हृत्पिंड सहसा पेंडुलम-सा डोलने लगा–प्रतुल, प्रतुल– इस नाम के प्रति अभी भी मेरी आशक्ति गई नहीं थी।

" 'पहले आप मेरी पूरी बात सुन लीजिए–कैसा मूर्ख हूँ मैं–बिना भूमिका के आप समझेंगी ही कैसे?

" 'मैं अवकाश-प्राप्त चीफ इंजीनियर हूँ–शिवशंकर नाम है मेरा–बेंगलूर में बहुत बड़ा फार्म हाउस बनाकर, इसी बेटे के साथ रहता हूँ–मेरी पत्नी की मृत्यु, इसके जन्मते ही हो गई थी, इसी बेटे को छाती से लगाकर पाला है मैंने, माँ और बाप बनकर। इसी भय से दूसरा विवाह नहीं किया–सौतेली माँ इसे कष्ट देगी–मैं तब 26 वर्ष का ही था–बेहद मेधावी था यह बालक, मैंने विनायक नाम रखा था–पाँच वर्ष का हुआ तो बोला, अप्पा आप मुझे विनायक क्यों कहते हैं? मेरा नाम तो प्रतुल है–रंगपुर में मेरे पिता की बहुत बड़ी कोठी है,

आपसे भी बड़ी–ले चलोगे ना मुझे रंगपुर? पहले मैंने अपने इस वाचाल बेटे की बात को गम्भीरता से नहीं लिया–एक नम्बर का गप्पी तो था ही–दिन-रात नई कहानी गढ़कर मुझे सुनाता रहता था पर फिर वह दिन-रात एक ही रट लगाने लगा–

" 'मुझे ले चलो ना अप्पा, वहाँ मेरी तिला है तिलोत्तमा–'

" 'कौन तिला?' मैंने धड़कते हृदय से पूछा।

" 'क्यों तिला को भूल गए? मेरी पत्नी, तुम्हारी बहू–दूध-सा उजला रंग है उसका और अजगर से भी मोटी चोटी–ठीक ऐसी ही लगती है।' " कह उसने दीवार पर लगे मेनका विश्वामित्र की, रवि वर्मा की बनाई तस्वीर की ओर अँगुली उठा दी–

" 'तब मेरा माथा ठनका–मायसोर में, मेरे गुरु थे जिन्होंने मुझे दीक्षा दी थी–मैं अपने पुत्र को लेकर, उन्हीं के पास भागा–महाराज, कैसी-कैसी बातें करता है यह–मेरा तो एक यही है–कहीं यह भी रंगपुर भाग गया तो मेरी तो दुनिया ही उजड़ जाएगी गुरुदेव।' स्वामीजी का शांत चेहरा उद्वेगरहित रहा।

" 'आप कुछ करिए महाराज, इसे अतीत की स्मृतियों से स्मृतिभ्रष्ट कर दीजिए–जिससे इसे कुछ भी याद न रहे–'

" 'चिन्ता मत करो शिवशंकर, जैसे-जैसे बड़ा होगा, इसकी पूर्वजन्म की स्मृतियाँ स्वयमेव विलुप्त हो जाएँगी।'

" 'न जाने उन्हीं की कृपा थी या बढ़ती वयस का प्रभाव, धीरे-धीरे प्रतुल ने फिर विनायक नाम स्वीकार कर लिया और कभी भूलकर भी रंगपुर का नाम नहीं लिया–मैं उसे एक पल को भी अपने से विलग नहीं होने देता, दौरे पर भी जाता तो वह मेरे साथ रहता पर कब तक? वह बड़ा हुआ, पहले स्कूल गया फिर कालेज–वह मेधावी तो था ही, कण्ठ भी था उतना ही मधुर–वादविवाद में उसे कोई कभी पराजित नहीं कर पाया, उस पर गणित में तो उसका लोहा, उसके अध्यापक भी मान गए थे, सरस्वती जैसे स्वयं प्रसन्न हो सदैव उसके जिह्वाग्र पर बैठी रहती । उसके अध्यापक कहते–'दूसरे रामानुजम ने तुम्हारे घर में जन्म लिया है मुंडुकुर, बड़ी चेष्टा से इसका लालन-पालन करना–' मैं मन-ही-मन डरता भी रहता था, सुना तो यही था कि अत्यंत मेधावी बालक अल्प आयु ही होता है। फिर वह आई.आई.टी. इंजीनियर बनते ही बिना कुछ प्रयास किए ही ऊँची फर्म की नौकरी पा गया। मुझे लगा मैं अब पिता का कर्तव्य पूरा कर चुका हूँ, अब एक ही कर्तव्य बाकी है, उसका विवाह कर वंशधर का मुँह देख लूँ–

" 'मैं उसके लिए सुकन्या संधान में जुटा हूँ, यह खबर उसे मेरे मित्र राघवन ने दी तो वह उसी रात आकर मेरे बगल में लेट गया। अभी भी वह अपने बचपन के अभ्यास से मुक्त नहीं हो पाया था। रात को एक बार अवश्य वह मेरे पास लेट, अपनी बाँहें मेरे गले में डाल देता था–

" 'अप्पा, सुना आप मेरे लिए लड़की ढूँढ़ रहे हैं?'

" 'हाँ बेटा, चौबीस वर्ष के हो गए हो, अच्छी नौकरी पा गए हो–अब मैंने तुम्हारी बहुत देखभाल कर दी–इस उम्र के बाद, पुत्र की देखभाल पिता को शोभा नहीं देती।'

" 'पर मेरा विवाह तो हो चुका है अप्पा!'

" 'क्या? मेरी छाती में जैसे किसी ने कसकर मुक्का मार दिया–कहीं किसी विजातीय लड़की से प्रेम-विवाह तो नहीं कर लिया! उसके दो मित्र तो ऐसा कर ही चुके थे–

“ ‘मुझे क्यों नहीं बताया बेटा, मैं क्या तुझे मना करता? कौन है वह? हिन्दू है ना?’

“ ‘हिन्दू नहीं हुई तो क्या उसे निकाल दोगे अप्पा?’ वह शैतानी से हँसा–

“ ‘मैं और भी भयभीत हो गया, निश्चय ही कोई विजातीय लड़की होगी–

“ ‘चुप क्यों हो गए अप्पा?’ फिर वह उसी खिलवाड़ में उचककर बैठ गया और मेरे हाथ थाम हँसने लगा–‘बेहद डर गए ना अप्पा–हाँ हिन्दू ही है–ब्राह्मण–’ मेरी संस्कारशील छाती से जैसे पत्थर की शिला हट गई।

“ ‘फिर चुपचाप क्यों शादी कर आया, मैं धूमधाम से तेरी शादी करता–अपने दिल के सारे अरमान निकालता विनायक–’

“ ‘विनायक नहीं प्रतुल कहो अप्पा।’

“ ‘मेरे हाथ-पैर ठण्डे पड़ गए, इतने वर्षों बाद क्या मेरा विनायक फिर मुझे छोड़ने की धमकी दे रहा था–आज तो गुरुदेव भी नहीं रहे जो उनके पास भागूँ–’

“ ‘तिला तिलोत्तमा है मेरी पत्नी।’

“ ‘पागल मत बनो विनायक, तुम पढ़े-लिखे वैज्ञानिक हो–फिर भी ऐसी मूर्ख बातें कर रहे हो–ऐसा होता है कभी?’

“ ‘होता है, अप्पा, मेरे साथ हुआ है–इसी से कह रहा हूँ, आप मेरे विवाह की चिन्ता छोड़ दें।’

“ ‘वह फिर भोले शिशु की-सी निर्दोष निद्रा में डूब गया–मैं ही अभागा रातभर बेचैनी से छटपटाता रहा–पर वह दूसरे दिन एक बार फिर अपनी स्वाभाविकता पर लौट आया–दूसरे ही दिन उसे नौकरी पर जाना था। मुझे लेकर दूर तक ड्राइव कर ले गया, बाजार से ढेर सारा मक्खन, ब्रेड, चीज, अण्डे लेकर फ्रिज को भर गया–’

“ ‘मैं जानता हूँ, मेरे जाने के बाद तुम अपनी परवाह नहीं करते हो अप्पा। थोड़े दिन की बात है, फ्लैट मिलते ही मैं तुम्हें अपने साथ ले जाऊँगा! अकेले नहीं रहने दूँगा–”

“ ‘जाने से पहले, वह पिता को जीवितावस्था में ही एक-एक पिण्ड देकर पितृऋण से मुक्त होना चाहता था शायद–

“ ‘छह महीने बीत गए, उसके नियमित पत्र आते रहते, वह अपनी नई नौकरी से बहुत प्रसन्न है, फ्लैट मिलने ही वाला है, वह देख ही नहीं आया, मापकर पर्दे भी बनवा लिए हैं–अब जल्दी ही आकर मुझे ले जाएगा–यही लिखा था उसने अपने अन्तिम पत्र में–

“ ‘पर वह मुझे लेने नहीं आया–

“ ‘मैं ही उसे लेने गया था–

“ ‘पहले कई दिनों तक हँसमुख पत्रों की मरीचिका में वह मुझे छलता रहा–फिर अचानक उसके एक सहकर्मी मित्र का फोन आया–वह दो महीने से बीमार है और मुझे खबर देने को उसी ने मना कर दिया था–मेरे पिता का दिल बहुत कमजोर है–घबड़ा जाएँगे फिर टायफाइड ही तो है–किन्तु जिसे सन्निपात ज्वर समझा गया, वह था घातक कर्कट का पंजा–पहले डॉक्टर भी नहीं समझ पाए–जब निदान हुआ तो शत्रु झण्डा गाड़ चुका था–‘आप फौरन चले आइए–ल्युकोमिया है, जल्दी ही किमोथैरेपी होगी–आपका उस समय यहाँ होना जरूरी है–’

“ ‘मैं हवा के वेग से भागकर पहुँच गया–उसे देखा तो अपने ही बेटे को नहीं पहचान पाया–कुछ महीने पहले तो हँसता-हँसता गया था–और आज? चेहरा रक्तहीन, आँखों के नीचे कालिमा, शरीर केवल अस्थिपिंजर किन्तु चेहरे पर लगी वही चिरआनन्दी हँसी–हल्लो अप्पा–

“ ‘किसी अदृश्य पाश ने मेरा गला घोंट दिया पर मैं तो घर से दृढ़ निश्चय कर चला था कि उसके सामने मैं टूटूँगा नहीं–’

“ ‘देखा अप्पा, आपने कितने यत्न से चौबीस सालों तक मेरे खून को सींचा और साला भगवान्, उसी खून में दिन-रात बेईमान ग्वाला बना, पानी मिला रहा है।’ वह हँसा।

“ ‘नहीं बेटा, भगवान् के लिए ऐसे अपशब्द मुँह से मत निकालो–’

“ ‘मैंने उसके सफेद ललाट को छुआ तो लगा फ्रिज से निकली बर्फ की ट्रे छू ली है–एकदम ठण्डा, हिमशीतल–

“ ‘किमोथैरेपी के दो दिन तो वह चहकता ही रहा–डॉक्टर प्रसन्न थे– ही इज रिस्पांडिंग वेरी वैल–किन्तु तीसरे दिन से ही वह असह्य यंत्रणा में छटपटाने लगा–सारा दिन वमन कर वह निष्प्राण पड़ा था।’

“ ‘अप्पा, इनसे कहो, मुझे अब और न छेड़ें–घर ले चलो मुझे–’

“ ‘पर एक बार डाक्टरों के चंगुल में फँसकर क्या अपनी इच्छा-अनिच्छा कुछ रह जाती है? पन्द्रह दिन की जानलेवा कवायद के बाद ही डॉक्टरों ने मुक्त किया।’

“ ‘अब आप चाहें तो घर ले जा सकते हैं, पर तीन महीने बाद फिर दिखाना होगा–’

“ ‘किन्तु स्वयं डॉक्टर और मैं दोनों उसी क्षण समझ गए थे कि वे तीन महीने, उसके जीवन में कभी नहीं आएँगे।

“ ‘मैं उसे घर ले आया–दिन-रात उसकी एक ही रट है अब–‘उसे ले आओ अप्पा–’

“ ‘किसे?’

“ ‘अपनी बहू को, तिला को–जाने से पहले एक बार मिलना चाहता हूँ उससे। उसकी अवस्था अब ऐसी है कि वह बिना सहारे के उठ-बैठ नहीं सकता–कैसे छोड़ता उसे और कहाँ ढूँढ़ता उसकी तिला को...

“ ‘फिर उसी ने कहा–अपने मित्र राघवन शास्त्री को छोड़ जाइए मेरे पास–पहले रंगपुर जाइएगा फिर वहाँ पता न लगे तो स्वर्णपुर जाइएगा, वहीं मेरी ससुराल है–सारा नक्शा बनाकर उसने मुझे थमा दिया था–कहाँ ट्रेन बदलनी होगी, कहाँ से बस मिलेगी, एकदम ठीक बताया था, कहीं कोई चूक नहीं।

“ ‘फिर मैंने वही किया–पहले रंगपुर गया तो पता लगा, वहाँ अब कोई नहीं रहता, लोग मुझे ऐसे देखने लगे जैसे मैं परलोक का कोई यात्री भटककर आ गया हूँ–‘वर्षों पहले एक माधव बाबू रहते अवश्य थे।’ एक बुजुर्ग ने कहा–‘अपनी साली के साथ वे अपने इकलौते बेटे की मौत के बाद यहीं रहते थे, पर साली की मृत्यु के बाद दिमाग फिर गया था उनका, एक दिन इसी हवेली में चूहामार विष खाकर आत्महत्या कर ली तब से यह बन्द पड़ी है, कहते हैं अभी भी नित्य आधी रात को उनका प्रेत यहाँ आकर महफिल जमाता है, खूब नाच-गाना होता है मौशाई, जान-जान देखे आशून (जाइए-जाइए देख आइए–)।’

“ ‘स्वर्णपुर गया तो पता चला, तुम्हारे माता-पिता दोनों पाण्डिचेरी चले गए थे। वहीं उनकी मृत्यु हो गई–तुम्हारे घर में अब लड़कियों का स्कूल है, वहीं तुम्हारे एक पड़ोसी वृद्ध मिल गए हरिदास पाल, उनसे शायद तुम्हारा कभी पत्र-व्यवहार होता था–उन्हीं से यह पता लिया–आज दस दिन से छोड़ा है उसे, पता नहीं कैसा है पर इतना जानता हूँ–तुमसे मिले

बिना वह जा नहीं सकता—चलोगी ना बेटी, तुम नहीं गईं तो मैं भूखा-प्यासा तुम्हारे ही द्वार पर प्राण त्याग दूँगा।' ''

अब तू ही बता, मैं कैसे न आती?

बैंगलोर में, उनका फार्म हाउस एयरपोर्ट से चालीस मील दूर था। टैक्सी लेकर पहुँचते-पहुँचते रात हो गई थी।

लुंगीधारी एक गंजे वृद्ध अधैर्य से बाहर चहलकदमी कर रहे थे, हमें देखते ही लपककर बढ़ आए—

''आ गए तुम? मैं घबड़ा ही गया था—कैसा है विनायक?''

''जैसा तुम छोड़ गए थे, पत्ता भी खड़कता है तो मुझे बाहर ठेल देता है—देखिए तो जाकर, कहीं आ तो नहीं गए?''

''आओ बेटी,'' मैं डरती-डरती भीतर गई।

''विनायक बेटा, आँखें खोलो, देखो कौन आया है...''

मेरा कलेजा बुरी तरह धड़क रहा था, कैसा पागलपन कर बैठी थी मैं, क्यों आ गई थी यहाँ मरने?

एक विराट पर्यंक पर, बित्तेभर की अस्थि-पंजर-सी देह, रक्तहीन चेहरे के गहन गर्त में धँसी आँखें—अविचलित गांभीर्य से भिंचे सफेद पपड़ी पड़े ओंठ—कौन कहेगा कि यह इंजीनियरी पास कर नौकरी भी कर चुका है— पन्द्रह-सोलह वर्ष का कोई शापभ्रष्ट गंधर्व किन्नर ही था क्या वह? मेरे प्रतुल के चेहरे से उस श्यामवर्णी चेहरे का कोई भी साम्य नहीं था, सहसा उसने आँखें खोलीं, उन रेशमी पलकों की चिलमन से झाँकती उन प्रेमोज्ज्वल पुतलियों को मैंने पहचान लिया—एकदम वही निर्दोष झलक और वैसी ही बालसुलभ हँसी—

''मैं जानता था तुम आओगी, थैंक्यू अप्पा।''

अप्रस्तुत होकर, मेरे पीछे खड़े दोनों मित्र बहाना बनाकर खिसक गए—''हम चाय बना लाएँ तुम बहुत थकी होगी—''

मैं सिरहाने धरी कुर्सी पर बैठ गई।

''तुमने बड़ी देर कर दी''—उसका थका-टूटा स्वर जैसे मीलों दूर से आ रहा था—मैंने कहा था ना तिला उन अभागे विदेशियों की भाँति मुझे भी अपनी धरणी में दो गज जमीन नहीं जुटेगी—मैं रंगपुर कभी नहीं लौट पाऊँगा, वही हुआ—कर्क एण्ड टैप्ले एंड प्रतुल भट्टाचार्य—

मैं काँप गई—कैसे जान गया था वह!

''तुम्हें याद है तिला, मेरा एक गाना तुम बार-बार सुनती थीं—''

तोर मनेर मानुष एलो द्वारे
मन जखन जागली नारे

—मैं तो कब से तुम्हारा दरवाजा खटखटा रहा था पर तुम तो सोती रहीं—अब आई भी हो तो बहुत देर हो चुकी है।

मेरी आँखों से झर-झर आँसू बह रहे हैं, यह मुझे स्वयं पता नहीं लगा— उसी ने अपना दुर्बल हाथ, मेरे आँसू पोंछने ऊपर किया तो कलाई पर बँधी, उसकी घड़ी सर्र से कुहनी तक खिसक गई—फिर, हमारे संक्षिप्त सुखद साहचर्य की वह एक-एक घटना आश्चर्यजनक तत्परता से सुनाता चला गया—मैंने उसके जाने के दिन, कौन-सी साड़ी पहनी थी, कैसे रंग का शॉल,

सबकुछ बताया, वह सहसा हँसने लगा—"और यह तिल" उसने मेरे कपोल के तिल को चट से अपनी दुबली हथेली से ढाँप दिया, ठीक उसी तरह ओंठ टेढ़े कर वह कहने लगा—"ईश्वर ने तुम्हें यह दिठौना दिया है तिला कि किसी की नजर न लगे—"

ठीक ऐसे ही तो प्रतुल भी कहकर मुझे छेड़ता था—फिर तो वह एक-एक घटना सुनाता मुझे स्तब्ध कर गया। आज तक जिस स्मृति मंजूषा की चाबी केवल मेरे पास थी, मैंने कभी मुँह खोलकर किसी से कोई बात नहीं की थी, उसी को बड़ी दक्षता से खोल उसने मेरी सारी निधि मेरे सामने बिखेर दी—मुझे पाकर वह अपनी मृत्युतुल्य यंत्रणा को भी भूल गया था—दो वृद्धों की आश्चर्यचकित दृष्टि, हमें पर्दे की दरार से देख रही हैं—उसका भी हमें ध्यान नहीं था—कभी किसी स्मृति का उल्लेख उसे गुदगुदाता और कभी मुझे, कभी हम दोनों एकसाथ ठठाकर हँस पड़ते—बड़ी देर बाद खाँसते-खँकारते दोनों मित्र, एकसाथ कमरे में आए, जैसे अकेले आने का साहस न हो रहा हो—

"बड़ी रात हो गई है बेटी—अब तुम आराम करो, बगल के कमरे में हमने तुम्हारे सोने का प्रबन्ध कर दिया है—अब हम दोनों इसे देखेंगे—"

"नहीं," उग्र स्वर में उनके बेटे ने उन्हें डपट दिया—"कोई नहीं सोएगा यहाँ—तिला ही मेरे पास सोएगी—क्यों है ना तिला?"

सहसा दोनों वृद्धों की उपस्थिति मुझे यथार्थ के धरातल पर खींच लाई—मैं शर्म से कट गई—क्या सोचते होंगे दोनों।

"आप दोनों सो जाएँ," फिर मैंने ही स्थिति सम्हाल ली थी—"मैं बैठी रहूँगी, मुझे रात जगने की आदत है। मुझे जगने में कोई कष्ट नहीं होगा।" दोनों सिर झुकाकर चले गए।

बड़ी देर तक फिर वह थककर चुपचाप पड़ा रहा, किन्तु उसने मेरा हाथ, एक पल को भी नहीं छोड़ा, कभी मेरे दोनों हाथ छाती पर धर लेता कभी अधरों पर—

"तिला," उसने पुकारा—इस बार मुझे उसकी बात सुनने, उसके ओंठों से कान सटाने पड़े।

"कुछ रिश्ते जन्म-जन्मांतर के होते हैं, जानती हो ना?"

"जानती नहीं थी पर आज जान गई हूँ।"

"विश्वास करती हो ना अब?"

"हाँ।"

"तब आओ मेरे पास सो जाओ तिला," उसने अपनी दुर्बल सींक-सी बाँहें एक बार फिर उसी तरह शून्य में फैला दीं।

"यहाँ आओ तिला, मेरे पास, मुझे कुछ नहीं दिख रहा है—तुम्हें एक बार छाती से लगा लूँ—"

इस बार मैंने एक पल का भी विलम्ब नहीं किया—लज्जा, संकोच, भय— मेरी सब भावनाएँ एकसाथ मर गईं—मैं उसके पार्श्व में लेट गई।

द्वार खुला था, दोनों वृद्ध कभी भी उसे देखने आ सकते थे—पर चिन्ता ही किसे थी?

पचास वर्ष की डॉ. तिलोत्तमा ठाकुर, जिसके अहंदीप्त सात्विकी व्यक्तित्व से दाढ़ी-मूँछवाले शोधछात्र भी थरथर काँपते थे, वह बेहया बनी, एक अनजान मृत्युपथ के यात्री को छाती से चिपटाए पड़ी थी—मेरा स्वयं कोई पुत्र होता तो शायद उसी की उम्र का होता—मेरे निकट

आकर उसने अपना माथा, मेरे स्कंधकोटर में छिपा लिया जैसे बड़ी देर से माँ से अबोध शिशु अधैर्य से लिपटा जा रहा हो–

"तुम मुझे छोड़कर जाओगी तो नहीं तिला?"

"नहीं..." फिर वह मेरा उत्तर सुन, आश्वस्त होकर टुप्प से सो गया।

प्रकृति एकदम शान्त थी, बीच-बीच में झींगुर, ध्वनि झंकृत हो रही थी, जैसे कोई सिद्ध सितारवादक, सितार के तारों पर मिजराब फेर रहा हो–

मैं साँस रोके चुपचाप पड़ी थी–न हिली, न डुली–इस भय से कि कहीं वह जग न जाए–फिर वह तड़पकर चीखा–अप्पा अप्पा–

जाने में उसे तब भी देर नहीं लगी थी, आज भी नहीं लगी–पलक झपकाते ही वह मेरी छाती पर माथा टिकाए अपनी यन्त्रणा से मुक्ति पा गया–क्या करूँ? उसके पिता को बुलाऊँ, नहीं, पिता-पुत्र का बिछोह देखने की न मुझमें शक्ति थी न साहस! मैंने एक बार उस हिमशीतल ललाट को चूमा, फिर उसी की चादर से उसका मुँह ढाँप, अपना बैग लिए, चोर की भाँति निकल गई।

घर पहुँची तो मेरा चेहरा देख आनन्दी बौरा गई–क्या हो गया था मुझे, कहाँ गई थी मैं? वह इशारों से पूछती ही रही–मैं ऐसी बुत बन गई जैसे कुछ समझ ही नहीं रही हूँ। उस दिन लगा गूँगी-बहरी संगिनी जुटाकर, विधाता ने मेरा कितना बड़ा उपकार किया था! कई रातों तक मैं फिर सो नहीं पाई। कायर की भाँति क्यों भाग आई थी मैं? उस शोकविह्वल पिता के प्रति, क्या मेरा कोई कर्त्तव्य नहीं था? पूरे दस दिनों तक, मैं अपनी देहरी पर दीया जलाकर रख आती थी–बहुत पहले मेरी विधवा ताई हमारे साथ रहती थीं, जब उनकी मृत्यु हुई तो बाबा दस दिनों तक, रोज दीया जलाकर रखते थे–"ऐसा क्यों करते हो बाबा?" मैंने पूछा था।

"इसे पाथेय श्राद्ध कहते हैं बेटा–यह प्रदीप मरनेवाले को यमद्वार तक प्रकाश देता है–"

किन्तु पाथेय प्रदीप जलाकर भी मेरा अपराधी चित्त शान्त नहीं हुआ और फिर मैं एक दिन जाकर, विनायक के पिता को अपने साथ ले ही आई।

"तुम तो मेरी कोई भी नहीं हो बेटी–क्यों ले जाना चाहती हो मुझे?"

"आपकी बहू हूँ मैं, अब आपको मेरे साथ चलना ही होगा–मन ऊबेगा तो चले आइएगा–आपका फार्म हाउस तो है ही–"

किन्तु, वे वहाँ कभी लौट नहीं पाए–मैं जहाँ भी जाती, उन्हें अपने साथ खींच ले जाती, उनका परिचय देती–"यह मेरे ससुर हैं।"

अच्छा ही हुआ जो उन्हें ले आई, बड़ा दुखद अन्त हुआ था उनका, वहाँ होते तो कौन देखता उन्हें? मधुमेह के रोगी थे, पैर की एक सामान्य ठोकर, ग्रैंग्रीन में परिणत हो गई, पूरी टाँग काटनी पड़ी, मैंने उनकी प्राणमन से सेवा की पर जहर पूरे शरीर में फैल गया था–जाने से पहले वाणी चली गई थी पर मेरे दोनों हाथ पकड़, आँखों में जो आशीर्वाद मुझे दे गए, वही मुझे कृत-कृत्य कर गया।

मृत्यु से पहले, एक दिन जिद कर कचहरी जाकर अपना 'विल' बना गए थे, अपनी पूरी सम्पत्ति, अपना फार्म हाउस, पत्नी के गहने–सबकुछ मेरे नाम कर गए थे। इतने बड़े ऋण का

बोझ मैं वहन नहीं कर सकती थी, पर उनसे कुछ कहती तो उन्हें दुख होता। इसी से अभी जाकर, उनके फार्म हाउस की चाबी, उनके विपत्ति के सखा राघवन शास्त्री को सौंप आई हूँ– अब आप ही रहेंगे यहाँ। मैंने यह फार्म हाउस आपके नाम ट्रांसफर कर दिया है।

उनके शेयर, बैंक की सम्पत्ति, यूनिट सबका ट्रस्ट बना, उसी हॉस्पिटल को दे दिया जिस कुटिल रोग ने उनके इकलौते पुत्र के प्राण लिए, शायद उनका वैभव, किसी ऐसे ही अभागे रोगी की यंत्रणा कुछ कम कर सके। उसी ट्रस्ट की कुछ औपचारिकताएँ पूरी करने आई हूँ, कल लौट जाऊँगी–

तब ही ऐयर होस्टेस का तीखा स्वर हमें तटस्थ कर गया–

"हमारा विमान कुछ ही पलों में बम्बई उतरनेवाला है–कृपया अपनी कुर्सी की पेटी बाँध लें और धूम्रपान न करें।" हम दोनों एकसाथ ही खड़ी हुई–एकसाथ ही उतरीं। मैं अपना बैगेज लेने मुड़ी–यही सोचती रही कि वह तो पीछे-पीछे आ ही रही है, किन्तु मैं तो भूल ही गई थी कि वह सर्वस्व त्यागिनी तो फालतू बैगेज से मुक्ति पाने ही यहाँ उतरी है, कन्धे पर एक बैग लटकाए आई थी, वैसे ही चली गई–यह भी कैसी विडम्बना थी कि न वह पूछ पाई मैं बम्बई में कहाँ रहती हूँ, न मैंने ही पूछा कि किस शहर के, किस फ्लैट की देहरी पर तूने पाथेय प्रदीप जलाया तिला–

किन्तु इतना जानती हूँ कि किसी भी शहर की, किसी भी द्वार की देहरी पर उसने वह दीया जलाया हो–उसकी निष्कम्प लौ, पिता-पुत्र दोनों के मृत्युपथ को अनन्तकाल तक आलोकित करती रहेगी।

बन्द घड़ी

माया ने छाया जीजी को हरे पर्दे खिसकाकर देखा, दूर-दूर तक कोहरा फैल गया था। अँधेरे में चमकती-छिपती रोशनियाँ, जुगनू-सी दप-दप दमक रही थीं। गरजते मेघों का तर्जन सुनकर लगता था कि पानी बड़े वेग से बरसेगा। "अभी तक जीजी हॉस्पिटल के राउंड से नहीं लौटीं। क्या पता किसी कमबख्त को दर्द उठ आया हो? बच्चे कब के स्कूल से लौट आए होंगे।" झुंझलाकर माया ने छाता उठा लिया और जीजी के खानसामे से बोली, "जीजी से कहना, मैं आई थी। मैं बड़ी देर रुकी रही। कल फिर आऊँगी।" कोहरा चीरकर वह घर की ओर चल दी, "कितनी अच्छी पिक्चर आई थी : 'लव इन दी आफ्टरनून' और जीजी ने सब चौपट कर दिया—कल का दिन बीच में है, परसों फिर उसके पैरों में बेड़ियाँ पड़ जाएँगी। बुध को लौटेगा गिरीश। खैर, कल सही—कल जीजी को फिर कोई निगोड़ी मरीज न बाँध बैठे।"

घर पहुँची तो गोल कमरे की बत्ती जल रही थी। रानीखेत की हिमशीतल बयार और हृदय के आतंक ने उसे कँपा दिया—तो क्या लौट आए हैं? वह भीतर गई ही थी कि सोनिया भागती हुई उससे लिपट गई "मम्मी", वह फुसफुसाकर बोली, "पापा दौरे से लौट आए हैं, मूड बहुत खराब है। इत्ता खराब।" वह अपनी नन्हीं-सी बाँहों को शून्य में फैलाकर पिता के भयंकर मूड का घनत्व बतलाने लगी। "बाई गॉड ममी, ड्राइवर से बोले, सूअर का बच्चा और..."

"अच्छा-अच्छा, बस कर।" माया ने झुँझलाकर उसे अपने से अलग कर कहा।

इसी बीच गुसलखाने का द्वार खुला, द्वार क्या खुला कि सर्कस के शेर का पिंजड़ा खुल गया, "अच्छा कहिए, घूम आईं। जानलेवा घाटियों पर जीप दौड़ाकर इंसान घर आता है तो एक प्याली चाय का ठिकाना नहीं—जाइए न, और घूम आइए।" गिरीश ने उसे क्रूर दृष्टि से चीरकर रख दिया।

अपनी शान्त दृष्टि से पति का व्यंग्य और क्रोध झेलकर माया बोली, "घूमने नहीं, छाया जीजी के यहाँ गई थी।"

"बड़ी कृपा की।" गिरीश ने स्वर का बाण मारा और अखबार उठाकर पढ़ने लगा।

डबडबाई आँखें पोंछकर माया चौके में जाने लगी तो 'ममी-ममी' कहता दो वर्ष का अतुल पैरों से लिपट गया। उसके पीछे कूदता-फाँदता ऐल्सेशियन रौस्ट्री आ गया। उसकी कूदाफाँदी से पीतल का फूलदान झन-झनकर गिरा। अखबार हटाकर गिरीश ने एक लात रौस्ट्री को जड़ दी और गरजकर बोला, "भाग जा हरामजादे, दो मिनट तो कहीं शान्ति से बैठने को मिले।"

सहमकर क्षणभर में पूरा परिवार बिखर गया। माया आकर अतुल बाबा को ले गई, 'बाप रे बाप! साहब हैं या बम का गोला।' वह मन-ही-मन बुदबुदाई। माया ने चट गुसलखाने में जाकर द्वार बन्द कर लिए। सहमी सोना अपनी होमवर्क की रफ कॉपी में भयंकर दैत्याकृतियाँ

बनाकर लिखने लगी, 'पापा इज ए डेविल।' 'पापा भूत हैं।' 'पापा इज ए बिग फैट डेविल'। प्रतुल अपने मित्र के यहाँ अंग्रेजी गाने के रेकार्ड सुनने गया था, तंग मुहरे की पैंट की जेब में हाथ डालकर मस्तानी चाल से गुनगुनाता भीतर घुस आया, 'लिपस्टिक ऑन योर कालर' गिरी मेज और बिखरे फूलदान को बिना देखे ही कंठस्वर तीव्रतर करता वह बढ़ता गया। सहसा कोने की कुर्सी पर पापा को देखा तो साँप सूँघ गया।

"अक्खाह, आइए प्रिन्स ऑव वेल्स।" व्यंग्य के तीखे स्वर में पापा बोले, "कहिए, कितनी पिक्चर देखीं? यह लिपस्टिकवाला वाहियात गाना भी उसी पिक्चर का है क्या?"

"न पापा, यह तो बिनाका 'टॉप हिट' है।" रुँआसा-सा होकर प्रतुल बोला।

"क्यों नहीं, क्यों नहीं! बाप साला हड्डियाँ तोड़कर पैसा कमाता है कि लाड़ले यही हिट सुनें। चल, ये जनानी चूड़ीदार-सी पैंट बदलकर आ। बेशरम जमाना बोल रहा है, बाप के सामने बेहूदे गाने गाए जाते हैं। चल, हिसाब की कॉपी लेकर बैठ। इनकी उमर में हमें चक्रवर्ती की अंकगणित जीभ की नोक पर थी, पर इनसे पूछिए सोलह का पहाड़ा, तो साफ। हरामी स्कूल के मास्टर और दो अंगुल बढ़कर ये छोकरे।" सहमकर प्रतुल पैंट बदलने चला गया।

गिरीशचन्द्र शर्मा अपने विभाग का सबसे सम्मानित एवं ख्यातिप्राप्त इंजीनियर था, दुर्गम पहाड़ों के वक्ष चीरकर नई-नई मोटर रोड बनाने का भार इसी से उसे सौंपा गया था किन्तु लोहे का पुल और बड़े-बड़े पहाड़ डायनामाइट से उड़ाकर चौड़ी सुगम सड़क बनाने की प्रणाली वह अपने व्यक्तिगत जीवन में भी खींचकर लाना चाहता था। कठोर अनुशासन ममता और वात्सल्य की डोर को चतुर चूहे की भाँति भीतर-ही-भीतर कुतरे जा रहा था, इसका उसे ध्यान ही नहीं था। इसी से वह दौरे पर जाता तो घर में शहनाइयाँ बजने लगतीं, अत्ती को आया को सौंप माया जीजी के यहाँ चली जाती। घंटों दोनों बहनें गप लड़ातीं और दिन डूबे माया घर लौट आती तो सोचती, 'हाय छाया जीजी, कितनी सुखी हैं! न बच्चों की चें-पें, न पति की झिड़कियाँ। काश, मैं छाया जीजी होती!' और छाया सोचती, 'हाय, माया कितनी सुखी है, फूल-से बच्चे और कार्तिकेय का-सा सुन्दर पति। काश, मैं माया होती!' छाया थी साँवली, देखने में अति सामान्य किन्तु पढ़ने में प्रखर बुद्धि। इसी से वह बन गई डॉक्टर और माया थी सुन्दरी, भावुक, शरीर और मन दोनों से दुर्बल। सिविल सर्जन पिता की लड़ैती पुत्रियाँ बड़े दुलार में पलकर बड़ी हुई थीं। माया नाज़ुक और छोटी होने के कारण पिता के बहुत मुँह लगी थी इसी से बड़े यत्न से उसके लिए वर-चयन किया गया था।

गिरीश रुड़की इंजीनियरिंग कॉलेज का मेधावी छात्र था। लाखों में एक जानकर ही उसके सम्पन्न श्वसुर ने उसे चुना है, यह वह जानता था। किन्तु उनका धन-वैभव उसके व्यक्तित्व को मोलतोल की डोर में कभी नहीं बाँध सकेगा, यह उसने एक प्रकार से स्पष्ट कर दिया। दोनों का व्यक्तित्व नहले पर दहला था, झड़प होती तो माया और गिरीश साँप और नेवले की भाँति आमने-सामने खड़े हो जाते। जय-पराजय का लेखा कब किसके पल्ले रहा, कोई जान भी न पाता। माया थी भावुक, गिरीश को भावुकता से चिढ़ थी। माया को शोख रंग की साड़ियाँ पसन्द थीं, कभी-कभी लिपस्टिक भी लगा लेती, तो गिरीश कहता, "चूहा मारकर खून लगा लो न ओठों पर, और अच्छी लगेगी।" माया जल-भुनकर रह जाती। माया को रोस्ट चिकन चिंचोड़ने में स्वर्गीय आनन्द आता और गिरीश को गोश्त देखकर उबकाइयाँ आती थीं।

छाया जीजी कभी बड़ी चेष्टा और चातुर्य से छोटी बहन से बातें उगलवा लेतीं, "हद है यह गिरीश! अजब कसाई है, गोया बाप नहीं हौआ हो गया! कल ही कहूँगी मैं।" वह कहतीं, पर मन-ही-मन वह स्वयं उस मान-मनौवल के लिए तरसकर रह जातीं। कैसे अमूल्य होते होंगे वे मान-अभिमान के मधुर क्षण! वह रूठना, वह मनाना उसके जीवन में आकाश-कुसुम-चयन-सम रहेंगे।

उधर गिरीश उससे मन-ही-मन चिढ़ उठा। जब से छाया की बदली रानीखेत हो गई, माया एकदम ही पराई-सी हो गई थी। पति-पत्नी में बोलचाल 'हाँ-हूँ' तक ही सीमित थी। निरंकुश स्वेच्छाचारी सम्राट् की भाँति गिरीश ने शासन की बागडोर, अव्यवस्था के भय से और कड़ी कर दी। खाने की मेज पर सब किलकते, पर गिरीश के आते ही अनुशासन का कठोर मेघ-सा छा जाता। यन्त्रवत् कौर निगलकर सब चुपचाप उठ जाते। मेज पर लगे कहकहे, चुहलबाजियाँ जैसे सब भूल गए। ममी और पापा के सामान्य से झगड़े ने भीषण रूप धारण कर लिया। नन्हें मासूम भोले चेहरे बेरौनक हो गए, जैसे दुकान पर सजे बहुत पुराने खिलौने हों। घर की झुँझलाहट बाहर निकलने लगी। मेमसाहब महरी और आया से बेमतलब उलझने लगीं। उधर दफ्तर के हेडक्लर्क और चपरासियों पर साहब जरा-जरा-सी बात पर बरसने लगे। एक तो मार्च का महीना, बिलों और फाइलों का अम्बार, उधर पत्नी और बच्चे मोर्चा बाँधकर अलग हो गए। ममी और पापा के झगड़े में बच्चों की सहानुभूति ममी के साथ देख गिरीश जलभुन बैठा। उसने अत्याचारों की झड़ी लगा दी, पराँठे बनते तो फुलके माँगता। पहले मूँग की दाल से कोसों दूर भागता, अब दिन-रात मूँग की दाल की फरमाइश होती। खाकर झनाक से थाली पटक देता, कभी झनक से गिलास! उधर क्रोध और झुँझलाहट से भरी माया चौके से ही चिमटे और सँड़सी का जलतरंग बजाकर प्रत्युत्तर देती। ऐसी बाढ़ आ गई, जिसका कूल-किनारा नजर नहीं आता था। लगता था, क्रोध की नदी हरी-भरी गृहस्थी को निगलकर ही मानेगी।

एक दिन माया हल्दी की पुड़िया खोलकर सँभाल रही थी कि पुड़िया के कागज पर दृष्टि दौड़ गई। फटे अखबार का पृष्ठ था : "बीस वर्षीया स्त्री की दुःखद मृत्यु। घर के झगड़े से ऊबकर बीस वर्षीया मिसेज खेर ने कल मिट्टी-तेल डालकर आत्महत्या कर ली।" डूबते को तिनका मिला, क्षणभर की यातना और वह सदा के लिए मुक्त हो जाएगी। आज ही वह यह संकल्प पूरा करेगी। माया की आँखें चमक उठीं। खूब सबक मिलेगा बच्चू को! अकल ठिकाने आ जाएगी। जरा रख तो लें धोबी और दूध का हिसाब! चला तो लें घर-खर्चा, जान लेंगे बच्चू कि कै बीसी सैकड़ा होते हैं! एक रात अतुल बीमार पड़ जाए तो छठी का दूध याद आ जाएगा! पर सहसा मातृहीन अतुल की काल्पनिक बीमारी की आशंका ने पति के प्रति प्रतिहिंसा की ज्वाला पर ठंडा पानी गिरा दिया। माँ के गले का हार पकड़े बिना अतुल दूध की बोतल मुँह में नहीं लेता। एक दिन उसे छाया के यहाँ से लौटने में देर हो गई थी, तो 'ममी ममी' चीखकर उसे बुखार हो आया था। सोनिया को स्कूल जाने से पूर्व, माँ से लिपटकर नित्य दो आने वसूल करने की कुटेव है। एक आने का वह आम का पापड़ लेती है और एक आने की खट्टी-मीठी गोली! और उसके सौ-सौ लाड़ों का लड़ाया प्रतुल! महीने में दस अंग्रेजी कॉमिक पढ़े बिना उसे पेचिश हो जाती है, घर के डेफिसिट बजट को खींच-खींचकर उसके पेचिश की दवा भी माया को ही जुटानी होती है। स्वयं गिरीश! कितना ही गरजे और तरजे, पर माया के बिना मणिहारा सर्प-सा व्याकुल हो उठता है सो?

हुँ, जाएँ भाड़ में सब! मान-अभिमान से माया की छाती फूल उठी। अपनी काल्पनिक मृत्यु पर स्वयं ही उसकी रुलाई फूट पड़ी। सोनिया लौटेगी तो देखेगी नित्य की भाँति ममी चाय की मेज पर नाश्ता सजाए खड़ी नहीं है! बड़ी-सी चादर से उसकी लाश ढँक दी गई है। अपराधी गिरीश विषाद से काला चेहरा लिये कुरसी पर स्तब्ध बैठा है। अतुल आकर माँ की लाश से चिपटकर कहता, 'ममी उतो' तभी अपने को रोक नहीं सकता गिरीश! फुक्का फाड़कर रो उठता है, "माया इतनी बड़ी सजा क्यों दे गई?"

परम सन्तोष से माया ने मिट्टी-तेल की बोतल पकड़ ली। सहसा माया को याद आई, छाया जीजी ने उसे नई आलिव ग्रीन साड़ी लेकर दी। एक दिन भी तो नहीं पहनी उसने! क्यों न आज अन्तिम बार पहन ले? माया ने मुँह धोया, नई साड़ी पहनी, जूड़ा बनाया, सफेद माथे पर बड़ी जतन से बिन्दी धरी और अन्तिम बार शहीद की करुण दृष्टि से अपना मोहक प्रतिबिम्ब आईने में देखा। एक बार, केवल एक बार अतुल को देखने की इच्छा बलवती हो उठी। धीरे-धीरे वह दबे पैरों से गोल कमरे तक गई। अकेला बैठा अत्ती बूटपालिश की डिबिया को फर्श पर लुढ़का रहा था और भाग-भागकर मुँह में दबाकर रौस्ट्री उसे फिर-फिर नन्हें मालिक के चरणों पर रख रहा था। दोनों हाथों से तालियाँ बजाकर, किलकारियाँ मारता अतुल फिर उसे पहिए की भाँति लुढ़का दे रहा था। पुत्र की क्रीड़ारत छवि को डबडबाई आँखों में भरकर माया देहरी से ही लौट आई! घड़ी में दो बजे थे, तीन बजे बच्चे लौट आएँगे। इससे पहले ही मन पक्का कर मुक्ति पा लेनी होगी उसे। मिट्टी-तेल की बोतल और दियासलाई लेकर वह गुसलखाने में घुसने को ही थी कि सहसा स्मरण हो आया, प्रतुल सुबह कह गया था, "ममी, मेरी सफेद कमीज में बटन टाँक देना, मुझे डिबेट में जाना है।" झुंझलाकर बाहर निकली और कमीज निकालकर बटन टाँकने बैठ गई। कभी याद करेगा, ममी के हाथ का टँका आखिरी बटन। बेसमझ आँखें फिर बरसने लगीं। अतुल की किलकारियाँ और नन्हीं-सी हथेली की तालियाँ उसके हृदय पर घन की-सी चोटें कर रही थीं। पर अब नहीं रुकेगी वह, बाथरूम में घुसकर कुंडी चढ़ाएगी, और...

पर क्या इतनी सुन्दर आलिवग्रीन कांजीवरम पर मिट्टी-तेल छिड़कना बुद्धिमानी होगी? क्यों न कोई फटी-सी इकलाई पहन ले। "इसे कभी सोनिया पहनेगी।" एक लम्बी साँस खींचकर उसने सोचा। वह सोच ही रही थी कि गिरीश का स्वर आया, "अरे दुष्ट, यह क्या लंगूर-सी शकल बना ली है? ओ हो हो हो!" और पति का वही चिरपरिचित उन्मुक्त हास्य जिसे वह प्रायः भूल ही गई थी। स्नेहमयी वात्सल्यपूर्ण झिड़की ही थी, क्रोध का लेश भी न था उसमें, "हत् तेरी नानी की दुम! क्या चेहरा बना लिया है रे भूत!"

"क्या किया पापा?" सोनिया और प्रतुल का स्वर था, साथ ही पिता और बालकों का सम्मिलित राशिभूत अट्टहास! चट् मिट्टी-तेल की बोतल कोने में पटक वह बाहर निकल आई! घड़ी में अब भी दो ही बजे थे। सर्वनाश! तो क्या घड़ी बन्द थी? कान के पास घड़ी ले जाकर देखा तो सचमुच घड़ी बन्द थी। चाय का पानी भी तो नहीं चढ़ाया था उसने! इतने में ही अतुल को कन्धे पर बिठाकर गिरीश आ गया, उसके पीछे प्रतुल, सोनिया और सबके पीछे दुम हिला-हिलाकर नन्हें मालिक के अनुपम कला-चातुर्य की दाद देता रौस्ट्री!

बादलों को चीरकर जैसे सहसा तरुण चन्द्र की धौत चन्द्रिका म्लान वनवनान्त को रँग जाती है, ऐसे ही पुत्र को देख मधुर हास्य से माया का वेदना-विकीर्ण म्लान-मुखमंडल उज्ज्वल हो उठा। पति के कन्धे पर बन्दर का-सा चेहरा बनाए श्री अतुलचन्द्र शर्मा विराजमान थे—

बूटपालिश की काली डिबिया से उसने अपने चन्द्रमुख को नाना आकार के त्रिपुंड़ों से शोभित कर लिया था और अपने दो दाँतों की अनुपम छटा बिखेरते फक-से मुस्करा रहे थे। पति की ओर देखकर माया ने आँखों ही आँखों में सन्धिपत्र पर हस्ताक्षर कर दिए। माया को देखकर अतुल उसकी गोद में आने को मचलने लगा। बाँहें फैलाकर माया उसे लेने लगी तो पति के कन्धे से उसका हाथ छू गया। बच्चों की दृष्टि बचाकर गिरीश ने उसकी बाँह में चिमटी काट दी। 'उफ' माया ने स्नेहपूर्ण कटाक्ष से गिरीश की ओर देखकर अतुल को गोद में ले लिया और मन-ही-मन सोचने लगी, 'कैसी नासमझ हैं छाया जीजी! कहती थीं तेरा पति कसाई है— कसाई भला ऐसी स्नेहभीनी हरकतें कर सकता है!'

"देख तो सोनी, घड़ी में क्या बजा है, सवा चार बजे मुझे एक मीटिंग में जाना है।" गिरीश ने कहा।

भागकर सोनिया घड़ी देख आई, "हाय पापा, कैसी कनस्तर घड़ी है, जब देखो तब बन्द! उसमें तो दो ही बजा है। यह देखिए।" सच घड़ी में अब भी दो ही बजे थे।

माया ने कृतज्ञता-कातर दृष्टि से बन्द घड़ी को देखा। उसे लगा जैसे उस बन्द निर्जीव घड़ी से सुन्दर अन्य कोई वस्तु संसार में हो ही नहीं सकती!

तोप

तोप से मेरा परिचय आज का नहीं, उस ऐतिहासिक युग का है, जब वह सचमुच बारूद और आग के गोले उगलती तोप थी।

हमारी खिड़की के लोहे के जंगलों से हाथ डालकर ही उसके दुमंजिले मकान की छत छुई जा सकती थी। एक कागजी फूल की वन्यलता ने जंग लगी छत को पूरा घेर लिया था। जर्जर टीन के टुकड़ों की पत्तियाँ ठोक-ठोककर बरामदे की सुरक्षा का यथाशक्ति प्रयत्न करने पर भी एक दीवार आधी टूट गई थी। जर्जर मकान को गिरा देने का नोटिस जब तोप को मिला, वह सीना तानकर अपनी छत पर खड़ी हो गई थी और नगरपालिका के हिन्दू चेयरमैन पर उसने ऐसी भयानक गोलाबारी की थी कि उसके मकान गिराने के दुःसाहसी प्रस्ताव को फिर कभी नहीं दुहराया गया।

द्वितीय महायुद्ध से स्तब्ध अल्मोड़ा शहर की छावनी में बाहर से आस्ट्रेलियन सिपाहियों की एक बहुत बड़ी फौजी टुकड़ी आ गई थी। शहर की बहू-बेटियों ने मन्दिरों के दर्शन के लिए भी जाना छोड़ दिया था। सूप-सी तिरछी खाकी टोपियाँ लगाए, मर्कटमुखी फौजी टुकड़ी के लम्ब-तड़ंग खबीस अपने लोहे की कील जड़े बूटों से डामर लगी सड़क का कलेजा दहलाते परेड करने निकलते, तो पटापट खिड़कियाँ बन्द होने लगतीं, पर तोप की खिड़की के पट सदा खुले रहते। यही नहीं, पल्टनी बूटों की पदचाप सुनते ही वह अपना आधा धड़ खिड़की से नीचे लटका देती, साथ ही 'हे हनी...', 'हैलो, स्वीट हार्ट' के स्वरों के पत्र-पुष्प, सीटियों से सँवारकर तोप को अर्पित होने लगते, उधर तोप भी बार-बार अपनी अँगुलियाँ चूम, अदृश्य चुम्बनों का गुच्छे का गुच्छा हवा में फूँककर सड़क पर बिखेर देती। मैं उस निडर नारी का दुःसाहस देखकर दंग रह जाती। जिन गोरों को देखकर पहाड़ के पुरुषों के छक्के छूट जाते थे, उन्हीं से तोप की मैत्री के रहस्य को मैं समझ ही नहीं पाती थी, फिर शायद समझने की मेरी उम्र भी नहीं थी। संध्या होते ही तोप का दरबार जुट जाता। नंगी छातियों पर 'आई लव यू' का गोदना गुदाए, आस्ट्रेलियन लम्बे भूत-से गोरे, तोप को गोद में उठाकर ऊँचे स्वर में गाने लगते। कभी उसे चूम-चूमकर हवा में गेंद की भाँति उछाल देते, बड़ी रात तक उनका हा-हा, ही-ही चलती, सुबह रंग-उड़ी तोप अपनी खिड़की के सामने खड़ी हो जाती तो अम्मा बौखला जातीं—"एक तेरा बाप था टॉमस मास्टर...जब तक इस हिन्दुओं के मुहल्ले में रहा, एकदम हिन्दू बना रहा। दीवालियों में दीये जलाता था और होलियों में उड़ाता था अबीर-गुलाल; एक तू है, जो नंगेपन पर उतर आई है!"

"तो वह बेचारी भी तो अबीर-गुलाल ही उड़ा रही है! अम्माजी, क्यों बेकार कोस रही हैं!" छोटी भाभी खिड़की पर तोप को सुना-सुनाकर कहतीं और तीनों भाभियाँ ठहाका लगाकर

हँस पड़तीं। तोप भी निर्लज्जता से हँसने लगती। मैं अचरज से कभी भाभियों को देखती, कभी उसे। कहाँ होली खेली थी तोप ने! रंग से उसे बेहद चिढ़ थी। पिछली होली में हमने उसे रंग से भिगो दिया, तो उसने आफ़त ही कर दी थी। पर अब समझ में आया, ईश्वर के यहाँ से प्राणों में अबीर-गुलाल भरकर लाई थी वह अद्‌भुत नारी। दोनों हाथों से उलीचने पर भी उसकी रंगीन धरोहर की मंजूषा कभी रिक्त नहीं हुई।

तोप का नाम तोप नहीं था। नाम था क्रिश्चियाना वैरोनिका टॉमस। कंठ के पुरुष-स्वर, छः फुटे मर्दाना शरीर और कृष्णवर्ण को देखकर किसी कलामर्मज्ञ ने तोप नाम धर दिया था। कंठ की गर्जना से उसका स्वभाव अछूता रह गया था। प्रत्येक मोटी औरत की भाँति वह सरल और निष्कपट थी। स्त्रियों में उठना-बैठना उसे पसन्द नहीं था। उसके पिता पिथौरागढ़ के किसी स्कूल में अध्यापक थे। वहीं भोटिया लड़कों के साथ उसने प्रारम्भिक शिक्षा प्राप्त की। फिर तोप को एक मिशनरी मेम मद्रास उठा ले गई थी। मद्रास की जलवायु ने तोप के रंग को और भी काला कर दिया था। "तोप, तुम इतनी काली कैसे हो गईं? पहाड़ पर तो डोमनियाँ भी इतनी काली नहीं होतीं!" हमारी सुन्दरी, रूपगर्विता छोटी भाभी कभी बड़ा क्रूर मजाक कर देतीं, पर तोप कड़े से कड़े व्यंग्य को भी चुटकियों में उड़ा देती, "मद्रास में जो रही हूँ—बोज्यू! वहाँ के तो मुए कौवे भी काले होते हैं!" वह हँस देती। मिशनरी मेम की मृत्यु के पश्चात् तोप फिर पहाड़ पर चली आई थी। ऊँचे साहबी रहन-सहन से उसका काला चेहरा बुद्धिप्रदीप्त हो उठा था। तेज लाल रंग की साड़ियाँ पहनकर वह घूमने निकलती, तो छोटी भाभी फिर तुरुप लगातीं—"हाय-हाय, कोयले की कोठरी में फिर आग लग गई!"

तोप हँसती और उन्हें चिढ़ाने के लिए बालों में पीला फूल लगा लेती—"क्या करें बोज्यू, दिन-रात साली खाकी वर्दी पहनते-पहनते तबीयत ऊब गई है, इसी से आज यह साड़ी निकाल ली।"

तोप फौज में वैकाई बन गई थी। एक दिन अपनी खाकी वर्दी में वह हमसे मिलने आई, तो तीनों भाभियाँ हँसती-हँसती दुहरी हो गईं—"क्यों जी तोप, क्या काम करना होता है फौज में तुम्हें?"

छोटी भाभी ने उसके कान में न जाने क्या कहा और तोप लाल पड़ गई, "हमको यह सब सस्ता मज़ाक पसन्द नहीं है, यार!" कहकर वह भरभराकर चली गई थी। फिर वह हमारे यहाँ सचमुच नहीं आई।

तीसरे दिन उसकी छुट्टियाँ खत्म हो गईं। उसे सिकन्दराबाद जाना था। मैं स्कूल जा रही थी तो देखा, खाकी वर्दी में दोय्याल के सिर पर सामान लादे तोप चली जा रही थी। वर्षों तक तोप का कोई पता नहीं लगा। इस बीच बड़ी भाभी के पैर में कील चुभी। गैंग्रीन ने उनके प्राण ले लिए। मँझली भाभी के खानदान का तीन पीढ़ियों का पागलपन उन्हें भी बरेली के पागलखाने में खींच ले गया। छोटी भाभी को काले साँप ने काट खाया। प्राण तो नहीं गए, पर साल में छः महीने उनकी टाँग मुद्‌गर-सी सूजी रहती और वह यन्त्रणा से चीख-चीखकर छटपटा उठतीं। लोहे के जंगले पकड़कर खिड़की से मैं तोप के टूटे मकान को देखती। मेरी आँखें भर आतीं। न हँसने-हँसानेवाली तीन भाभियाँ ही रह गई थीं, न बारूद के गोले उगलनेवाली तोप! मायके की देहरी से ऐसी वितृष्णा शायद ही किसी लड़की को हुई हो!

मेरे पति की नौकरी दौरे की थी। प्रायः ही वह लम्बे दौरे पर गर्भ्या और मुनश्यारी की बीहड़ घाटियों में उतर जाते और मैं अकेली रह जाती। बच्चे बोर्डिंग में थे, इसी से मैं भी

इधर-उधर घूम आती। मुक्तेश्वर मुझे बेहद पसन्द है। साफ-सुथरे बंगले, पहाड़ के वक्ष को चीरती-फाड़ती, नक्शे में बनी नदियों की क्षीण रेखा-सी पतली मोटर की सड़कें, पहाड़ी लोकगीतों की मिठास से मीठी बयार में मधु घोलनेवाले, सड़क साफ करते पहाड़ी गैंग कुलियों का कंठस्वर, छोटी-छोटी दुकानों में काठ के काले ठेकों में छलकता पीला रायता और पीली में तप्त कांचनवर्णी हल्दी से पीताभ बने जम्बू छौंके आलू। मैं प्रायः ही बहन से मिलने मुक्तेश्वर चली जाती। उस दिन भी मैं मुक्तेश्वर ही जा रही थी। श्रावण का महीना था। लहँगा-दुपट्टा पहने, थाल-से चन्द्रबिम्ब को नथ से सँवार, सुन्दरी शाहनियों का झुंड का झुंड जल चढ़ाने महादेव की गुफा की ओर जा रहा था। कहीं से पार्थिवपूजन के रुद्रों के श्लोकों की मधुर आवृत्ति का स्वर हवा में तैरता आया, तो मेरे पास ही बैठे एक बुजुर्ग शायद उस नये जोड़े को, जो अपने निर्लज्ज प्रेम-प्रदर्शन से उनकी बूढ़ी मज्जा जलाए जा रहा था, सुना-सुनाकर कहने लगे—“कुछ भी कहो भाई, मर्यादा तो अपने कुमायूँ में है; बस, और कहीं नहीं! श्रावण का पहला सोमवार और अहाहा, भोले, तेरी महिमा कि हर पहाड़ से रुद्री के श्लोक गूँज रहे हैं! पहाड़ की सड़कों पर देखो, कहीं गन्दे विज्ञापन नहीं। लिखा भी है, तो 'चाय छोड़ो', 'शराब छोड़ो'। अब बाहर देश में चले जाओ। मेरे यार, तो कहीं दीवारों पर लिखा है क्या? गन्दी बीमारियों का इलाज! छिः! थू!” बड़ी घृणा से उन्होंने बाहर थूका। दिशा-ज्ञान ठीक नहीं बैठा और उनके उड़ते थूक के पवित्र छीटों ने नये जोड़े के दोनों चेहरों को रँग दिया। फिर तो वह रंग जमा कि बस! जोड़ा पंजाबी था, बुरी तरह पंडितजी के पीछे पड़ गया।

उधर, बाहर गरज के साथ छींटे पड़ने लगे थे। पिछली तीन रातों से पानी बरस रहा था। बस के भीतर चल रहे गृहयुद्ध के नाटक की यवनिका को प्रकृति ने अचानक गिरा दिया। एक पहाड़ का वाम अंग भरभराकर गिर गया। ड्राइवर ने हथियार डाल दिए। अब वह न आगे जा सकता था, न पीछे। यात्रियों के सम्मुख उसी ने प्रस्ताव रखा—“मेरे भरोसे सामान छोड़ सकें, तो आप लोग आराम से भुवाली जाकर रात बिता लीजिए। कल तक शायद कोई इन्तज़ाम हो जाए।”

सब यात्री एक-एक कर हाथ में झोला लिए उतर पड़े। पहाड़ी ड्राइवर के ईमान को प्रहरी बनाकर सामान छोड़ने में किसी को आपत्ति नहीं थी। मैं भी अपना बैग लेकर उतर गई। पानी बरस रहा था, पर मैंने साथ में बरसाती रख ली थी, उसी को ओढ़कर मैं तेजी से भुवाली की एक परिचित पगडंडी की ओर मुड़ गई। मेरी एक विधवा भतीजी भुवाली के स्कूल की प्रधानाध्यापिका थी। सोचा, वहीं एक-दो दिन बिताकर नैनीताल लौट जाऊँगी।

सैनेटोरियम का गेट दिखते ही पैर ठिठक गए। कितनी ही पुरातन स्मृतियों का कलश छलक उठा। गेट से लगे रेस्ट-हाउस की कुर्सी पर बैठी बालसखी कुसुमी का पीला चेहरा, फिर बड़े ताऊजी उसी कुर्सी पर बैठे डाँडी कुलियों की प्रतीक्षा में टुकर-टुकर कभी मुझे देखते हैं, कभी दद्दा को। कनछोपी ऊन की टोपी में उनका गोरा चेहरा किसी गोरे अंग्रेज सिपाही का-सा लग रहा है। आँखें बार-बार भरी आ रही हैं। जानते हैं, एक बार सैनेटोरियम की उस ऊँची चढ़ाई को चढ़कर बिरले ही रोगी उसका उतार उतरते हैं। कुसुमी भी नहीं उतरी। बड़े ताऊजी को तो गैलपिंग टी.बी. था—तीसरे ही दिन वह जीवन का सबसे सुखद उतार उतर गया।

आज भी वह छोटा-सा हवादार कमरा, मोटर की सड़क से लगा वैसे ही खड़ा है। मृत्यु-पथ के न जाने कितने यात्रियों ने इसी कुरसी पर क्षण-भर को विश्राम किया है। सामने जंगलात

का एक छोटा-सा नया प्रतीक्षालय बन गया है। सैनेटोरियम को जानेवाला पथ अब मरीजों के लिए मैत्री का आह्वान लिए प्रशस्त बाँहें फैलाए खड़ा है। पहली सँकरी-सी पगडंडी कहीं खो गई है। उसी प्रशस्त पथ से सरसराती एक जीप तेजी से फिसलती मेरे पास आकर अचानक रुक गई। सिर पर बैंजनी चटक स्कार्फ बाँधे, लाल कसी जीन और काले कार्डिगन में दो हाथों में फलों और अंडों से लदी-फदी एक महिला उतरकर ड्राइवर को कुछ आदेश देने लगी—"साहब को हमारा सलाम बोलना...बहुत-बहुत। कहना, तीनों मरीजों का स्प्यूटम हम कल भेजेंगे।" जीप दनदनाती वापस चली गई।

महिला ने शायद अब तक मुझे नहीं देखा था। हाथ में बैग लिए मुझे पेड़ के नीचे खड़ी देखा, तो लपक आई—''किसी का बंगला ढूँढ़ रही हैं क्या? कैन आई हेल्प यू?" वह मुस्कराई और फिर हाँफने लगी। साँसों के उतार-चढ़ाव के साथ-साथ कभी उसकी दाहिनी छाती तराजू के पलड़ों की भाँति ऊपर उठ रही थी, कभी बाईं।

स्पष्ट था कि उसने मुझे नहीं पहचाना। पहचानती भी कैसे? सन् 43 में फ्रॉक पहननेवाली जिस लड़की को तोप ने देखा था, अब उसकी लड़कियों ने भी फ्रॉक पहनना छोड़ दिया था; पर तोप जरा भी नहीं बदली थी। वही गोल-गोल मांसल ठुड्डियाँ विभिन्न सरिताओं की जलधारा की भाँति उसके असीम वक्षोदधि में मिलकर एकाकार हो गई थीं। सजने का शौक, शायद बढ़ती उम्र के साथ-साथ और बढ़ गया था। गले में नकली मोतियों की माला थी। होंठों पर गहरी लिपस्टिक थी। छाती अब भी तोप से तीन कदम पहले चल रही थी। सेंट की तीव्र सुगंध क्षण-भर में बीहड़ पंथ को महका उठी। तभी तो छोटी भाभी कहती थीं—'यह तोप तो अंग्रेजी साबुन की बट्टी-सी महकती है!"

"किस बंगले को ढूँढ़ रही हो, हनी?" उसने दोनों टोकरियाँ नीचे रख दीं और नन्हें रूमाल से पसीना पोंछते-पोंछते फिर पूछा।

मैं जोर से हँस पड़ी—"पहचाना नहीं, तोप? देखो, मैं कौन हूँ?"

बस, फिर तो तोप बमगोले बरसाने लगी—"ओह माई गॉड, तू यहाँ! इतनी बड़ी-सी! शादी भी हो गई! क्या कहती है, लड़कियाँ एम.ए. में हैं? हे मेरी माँ मरियम, क्या जमाना इतना गुजर गया?...कहाँ हैं?...के कितने बच्चे हैं? क्या कहती है, बड़ी के लड़के सुरिया के दो बच्चे हैं? लो, सब ही ने घोंसले बना लिए, एक मैं ही हरामजादी तोप की तोप रह गई! इतना कमाती हूँ बच्ची, पर कहते हैं ना कि हिजड़े की कमाई मूँछ मुँड़ाने में जाती है, एक पैसा भी क्या बच पाया है! चल-चल, अब भतीजी-फतीजी के यहाँ नहीं जाने दूँगी मैं! मेरे बंगले में चलना होगा।"

वह अपने अनर्गल प्रश्नों की गोलाबारी से मुझे छेदती अपने बंगले में खींच ले गई।

सात लम्बे-लम्बे बाँज के वृक्षों से घिरा उसका बंगला 'सेवन ओक्स' चारों ओर से सेब के पेड़ों की आड़ से भी घिरा था। नीले, ऊदे, पीले पहाड़ी फूलों की लम्बी कतार की कतार गोलाई से पूरे बंगले की परिक्रमा-सी कर रही थी। द्वार पर दो बड़े-बड़े लाल-काले रंगे पीपों में टाइगर लिली झूम रही थी।

फौज से छुट्टी पाकर तोप वहीं बस गई थी। "यही रेस्ट-हाउस है मेरा।" उसने अपने सुन्दर बंगले को गर्व से देखकर कहा, "जिन मरीजों को सैनेटोरियम से छुट्टी मिल जाती है, वे ही यहाँ आते हैं। कभी-कभी बीमार मरीज भी निगोड़े गिड़गिड़ाने लगते हैं, तो उन्हें भी ले लेती हूँ। हर मरीज से पूरे सीजन की फीस है मेरी एक हजार। खाना-पीना, फल, दूध, अंडा,

धोबी, सब उसी में। इतना सस्ता है, इसी से भेड़-बकरियों का-सा एक झुंड जुट जाता है। पर मेरे यहाँ दो सख्त पाबन्दियाँ हैं। एक...” उसने अपनी मोटी अँगुली दूसरी फैली हथेली पर चट से मारी—“औरत मरीज़, एकदम नो। नम्बर दो, किराया पेशगी। कहीं मरीज बीच में ही चल बसा, तो खतम मामला! पर एक-आध मरीज को चैरिटी से भी लेती हूँ मैं। आजकल एक है बेचारा,

एम.एस-सी. में फर्स्ट क्लास फर्स्ट, रिसर्च कर रहा था कि यह रोग लग गया। सैनेटोरियम के लिए पैसा नहीं था, तो हम बोला—‘कोई बात नहीं बाबा, इधर चला आओ’। सैनेटोरियम के पास दिल नहीं, तोप के पास बहुत बड़ा दिल है।”

ठीक ही कहा था तोप ने, दिल उसका बहुत बड़ा था; पर केवल पुरुषों के लिए। मुझसे उसने अपने चारों मरीजों का परिचय कराया, तो मैं दंग रह गई। कौन कहेगा, ये बीमार हैं। लाल सुर्ख चेहरे, भरे-भरे हाथ-पैर और मस्तानी चाल!

‘‘इनको तुमने पिछले साल देखा होता तो...अब क्या कहूँ! बेटा, हरदीप, अपना ग्रुप फोटो तो ले आओ जरा!”

तोप बड़े उत्साह से दीवान पर बैठ गई और मुझे भी खींचकर बिठा दिया।

तिकोने चेहरे, तिकोनी आँखों और तिकोने जूड़ेवाला सरदार हरदीप सिंह, जो लम्बी दौड़ों में संसार-भर के रिकॉर्ड तोड़ने के चक्कर में यह सांघातिक रोग पाल बैठा था, मिनटों में अपनी लम्बी टाँगें चलाता, एक रंग उड़ी-सी तसवीर ले आया। चार डाँडियों में सचमुच ही चारों के चेहरे ऐसे लग रहे थे, जैसे अर्थी में बँधे मुर्दे हों। “देखा न!” हो-हो कर तोप हँसी। “डॉक्टर खजान ने इन्हें दुनिया में सिर्फ चार महीने रहने की इजाजत दी थी, पर तोप ने इन्हें पूरी ज़िन्दगी इनाम में दी है। दवा जानती हो, क्या? बकरी का दूध और सेब का रस, ट्रा ला ला ला ट्रा ला ला!” तोप अपनी मोटी कमर को दोनों हाथों से पकड़ ढोलक-सा बजाने लगी। चारों मरीजों के चेहरों और शरीर पर कहीं रोग का चिन्हमात्र भी नहीं था।

लम्बी टाँगोंवाला हरदीप, सांस्कृतिक दल में रूसवासियों को अपने मनोहारी कत्थक से मोहनेवाला; पतली कमर, छरहरे शरीर का धनी मगनदास छगनदास पटेल; चौरस काठी का राधेश्याम माहेश्वरी, जिसे तोप ‘मिजेट’ कहकर पुकार रही थी। जिसने मेरा ध्यान विशेष रूप से आकर्षित किया था, वह था राजेन्द्रसिंह। चारों मरीजों में वही सबसे चुपचाप था और उसके शालीन व्यवहार को देखकर मैं मन ही मन समझ गई कि वही तोप की चैरिटी का दीन याचक था। तीनों मरीज मेंढक की भाँति फुदकते तोप की टोकरी में खुदुर-बुदुर करते कभी सेब निकालकर भकोस रहे थे, कभी स्ट्राबेरी के लिए तीनों छीनाझपटी कर रहे थे।

“ममी, तुम आज फिर ठगी गईं! निहायत खट्टा सेब है!” तोप का मिजेट दो बड़े-बड़े सेब ले, उचककर खिड़की पर चढ़कर खाने लगा था। “क्या भाव लाई हो, ममी?”

“नो, मिजेट, तुमको भाव से क्या? चुपचाप खाओ!” तोप ने उसे झिड़क दिया, तो वह खिलौने के क्यूपिड की मुद्रा में दोनों हाथ गाल पर धरकर रुआँसा हो गया।

“बनिया है ना, ममी, कल बकरी से भी उसके दूध का भाव पूछ रहा था।”

सरदार की रसिकता पर तोप हँसती-हँसती पूरा दीवान हिला उठी। “ओ सरदारा, तू किसी दिन हँसाते-हँसाते मेरी जान ले लेगा!” तोप मुझसे कहने लगी—“हमारे सरदार से कभी सरदारों के चुटकुले सुनो। जो मजा सरदार से सरदार के चुटकुले सुनने में आता है, वह और कहीं नहीं...क्यों, है ना राजेन्द्र?”

"हूँ।" कहकर राजेन्द्र अपना मोटा चश्मा निकालकर पोंछने लगा।

तोप का प्रतिभाशाली वैज्ञानिक वास्तव में सुदर्शन था। चश्मे को उतारते ही वह नितान्त भोला किशोर लग रहा था। सेब के रस और बकरी के दूध की महिमा से उसका चेहरा भी रँगा था, पर लड़का स्वभाव से ही कुछ उदासीन प्रकृति का लग रहा था।

"बड़ा शर्मीला है हमारा राजेन्द्र!" तोप कहने लगी—"भगवान ने चाहा, तो किसी दिन फिजिक्स का नोबल प्राइज लेगा..."

मैं दो दिन तोप के साथ रही और उसके सर्वथा मौलिक सैनेटोरियम के सरल वातावरण को देखकर मुग्ध हो गई। अपने मरीजों पर वह प्राण देती थी। बंगला ऐसा साफ-सुथरा रखती थी कि फर्श में चेहरा देख लो। एक आया थी, दो बैरे। खाने के कमरे की सजावट और बैरों की बुर्राक वर्दी देखकर समय के पूर्व ही भूख लग आती थी। सन्तुलित भोजन को घड़ी के काँटे के साथ वह स्वयं अपने हाथों से परोसती। "हरदीप, अंडा क्यों छोड़ दिया? मिजेट, माहेश्वरी, तुमको चुकन्दर खाना ही होगा। एंड यू, पटेल, तुम फिर प्लेट पर काँटे-चम्मच से जलतरंग बजाने लगा।"

संगीत-प्रेमी पटेल बीच-बीच में सांस्कृतिक दल के अपने प्रवासकालीन जीवन की स्मृतियों में बुरी तरह उलझ जाता। खाना छोड़ वह सचमुच काँटे-चम्मच से जलतरंग बजाने लगा था।

"ओह, सॉरी मम्मी, वेरी सॉरी!" वह घपर-घपर पूरा मुर्गा चिंचोड़ने लगता।

"एंड यू, माई एंजिल, तुमको क्या अपनी यूनिवर्सिटी याद आ रही है? इसको तो अपने हाथ से खिलाना पड़ता है।" तोप अपने लाड़ले वैज्ञानिक की कुरसी के पास जाकर जम जाती।

मैं चलने लगी तो तोप के चारों मरीज़ मुझे छोड़ने बस-स्टैंड तक आए। उन सबको साथ लेकर नैनीताल आने का निमन्त्रण भी मैंने दिया, पर तोप नहीं आई।

उसी वर्ष मेरे पति की बदली आगरा हो गई। सात-आठ महीने बाद एक बड़ा प्यारा-सा क्रिसमस कार्ड आया, तो मैंने आश्चर्य से खोला। बड़े दिन के अवसर पर मुझे याद करनेवाली तो एक ही थी। कार्ड तोप ही का था। बर्फ में फिसलती बर्फ-गाड़ी को खींचते हिरनों का एक प्यारा-सा जोड़ा था, नीचे लिखा था—'शुभ कामनाओंसहित, तोप और राजेन्द्र।'

मेरा माथा ठनका, राजेन्द्र ही क्यों? हरदीप, मिजेट और पटेल कहाँ गए।

हो सकता है, तीनों रोग-मुक्त होकर अपने-अपने घर चले गए हों और राजेन्द्र अभी स्वास्थ्य-सुधार के लिए रुक गया हो! पर आठवें दिन एक तार आया—'आगरा का ताज देखने हम आ रहे हैं।' फिर वही तोप और राजेन्द्र!

बात कुछ बनी नहीं। पूर्णिमा के दिन ताज देखने राजेन्द्र के साथ तोप! पर हो सकता है, मन बहलाने ले आई हो। दिसम्बर में क्या भुवाली मनुष्य के रहने लायक रह जाती है? फिर तोप अपने मरीजों का कितना ध्यान रखती थी! यह ठीक था कि न उन्हें दवा पिलाई जाती थी, न बुखार नापा जाता था, पर उनकी प्रत्येक सुविधा-असुविधा को वह डायरी में नोट कर रखती थी। यही नहीं, प्रत्येक रविवार को वह अपने कुछ मनचले मरीजों के लिए गर्लफ्रेंड भी बटोर लाती थी। उसकी भतीजी पद्मावती रॉबर्ट वहीं अध्यापिका थी। इतवार के दिन वह अपनी एक-दो सहेलियों को ले आती थी। 'एंड माई बॉयज़ हैव ए गुड टाइम,'—वह कहती।

जो अपने मरीजों का इतना ध्यान रखती थी, वह उनमें से एक-आध को ताज दिखाने ले भी आए तो क्या दोष था! फिर तोप मेरी बचपन की स्मृतियों का स्मारक-स्तम्भ थी। मैं स्वयं ही कार लेकर स्टेशन पहुँच गई।

ट्रेन से तोप राजेन्द्र के साथ उतरी और मेरे गले के नीचे एक कड़वी घूँट उतर गई। यह तो चार मरीजों को जीवन-सुधा पिलानेवाली तोप नहीं थी। यह वही पुरानी तोप थी जिसके नाम का गोदना गुदाए अभी न जाने कितने गोरे सिपाही विदेश की कब्रों में बेचैन करवटें ले रहे होंगे। होंठों पर तेज लिपस्टिक थी, गले में नकली मोतियों की माला, कानों में झलमलाते बुन्दे और चटख शोख रंग की लाल साड़ी। साथ में राजेन्द्र था—वही स्वास्थ्य से दीप्त कैशोर्य की मरीचिका, निकट से देखने पर उदास पीला चेहरा और निष्प्रभ आँखें। रोग ने शरीर को छोड़, फेफड़ों का कक्ष रिक्त कर उन उदास आँखों में शायद डेरा डाल दिया था।

तोप ने अपने स्वभावानुसार मेरे दोनों गालों को अपने ईसाई-प्रेम का प्रदर्शन कर, चटाख-चटाख शब्दों से चूमा और बोली, "अपने शाहजहाँ को आगरा का ताज दिखाकर हनीमून इनऑगरेट करेगा, है ना डार्लिंग?" वह राजेन्द्र का हाथ पकड़कर बोली।

मुझे काटो तो खून नहीं।

कहाँ पचास वर्ष की अधेड़ तोप, कहाँ अपने यौवन के हीरे-सा देखनेवालों की आँखें चौंधियाता वह सुदर्शन युवक! क्षण-भर को मुझे अपने मर्यादाशील परिवार का ध्यान आ गया। ईश्वर की दया से पति किसी काम से दिल्ली गये थे। पर बच्चे? सयानी लड़कियाँ थीं, क्या कहेंगी, ममी की दोस्त भी कैसी हैं! हुआ भी ऐसा ही। घर पहुँचते ही मेरी लड़कियाँ मुझे एकान्त में खींच ले गईं—"छिः-छिः ममी, सब नौकर भी हँस रहे हैं! कितना हैंडसम है, एकदम रॉक हडसनू! और वह खूसट बुढ़िया, समझ क्या रही है अपने को!"

मैं उन्हें कैसे समझाती, पचीस वर्ष पूर्व तोप अपने को जिंजर रोजर्स समझती थी और आज भी वह अपने को लिज़ टेलर से कम नहीं समझ रही होगी!

ठीक कहती थीं छोटी भाभी, होली का अदृश्य अबीर-गुलाल वह प्राणों में भरकर लाई थी। कभी लाल, कभी पीली और कभी हरी साड़ियों में गिरगिट का-सा रंग बदलती वह नये पति के साथ दिन-रात घूमती रही। मैंने भी उनके आतिथ्य में त्रुटि नहीं रहने दी, पर राजेन्द्र खाने की मेज पर अभी भी सहमा रहता। समोसा उठाता, तो तोप दगने लगती, "नो डार्लिंग, नो समोसा! तली-भुनी चीजों का परहेज करना होगा। अभी पेचिश से उठे हो, चाय लोगे? मस्ट यू? न हो तो एक प्याला दूध पी लो, चाय तुम्हें ऐग्री नहीं करती।"

तोप के युवा वैज्ञानिक पति की स्वाभाविक भूख की अस्वाभाविक मृत्यु पर मुझे बेहद अफसोस होता, पर मैं चुप रह जाती। तीन दिन का फलाहार करा, बेला-कुबेला ताज दिखा, तोप ने अपने शाहजहाँ को अधमरा कर दिया। चौथे दिन वह विचित्र जोड़ी चली गई।

धन्यवाद का एक पत्र लिखकर तोप ने फिर सोंठ खींच ली। एक वर्ष तक मुझे उसका कोई समाचार नहीं मिला।

दूसरे वर्ष मैं बहन की लड़की की शादी से लौट रही थी। लखनऊ के रिटायरिंग रूम में एक रात काटनी थी। स्टेशनमास्टर ने कहा, "यहाँ तो बड़ी हैवी बुकिंग रहती है, वैसे एक कमरे में एक पलँग खाली है। यदि आपको कोई आपत्ति न हो, तो रह सकती हैं।"

मैं इतनी थकी कि कमरे के दूसरे पलँग पर कौन है, स्त्री या पुरुष, मेरे ध्यान में नहीं ही आया।

कमरे में पहुँची, तो धीमी रोशनी जल रही थी, कमरा बहुत बड़ा और हवादार था। आसपास दो पलँग थे। एक पर सिर से पैर तक चादर ओढ़े कोई खर्राटे ले रहा था। शरीर के आकार से वह निःसन्देह पुरुष ही था। पोस्टमार्टम के लिए आई लाश की भाँति उसका पेट रामढोल-सा बीच में बेहद फूला-फूला लग रहा था। एक अपरिचित पुरुष के साथ एक ही कमरे में अगल-बगल सोने में मेरा सनातनी हिन्दू संस्कारी चित्त बुरी तरह झिझक उठा। क्या करूँ, पैसे भी तो भर दिए थे! पर छिः, इस कमरे में तो मुझसे नहीं सोया जाएगा। इससे तो वेटिंग रूम का आराम केदारा ही भला। मैं जाने ही को थी कि एक इंजन गरज उठा।

पास के पलँग पर अपरिचित पुरुष हड़बड़ाकर उठ बैठा।

मैंने देखा, वह अपरिचित पुरुष नहीं, चिरपरिचित तोप थी।

"ओ माई! हाय मेरे मसी, तेरा सितारा बुलन्द हो! जिसे जहाँ चाहा, मिला दिया। किसने सोचा था कि ऐसे मिलेंगे!"

"तुम क्या बीमार थीं, तोप? कितना बदल गई हो!" मैंने पूछा।

बिना मेकअप के तोप फीकी-फीकी ही नहीं, बेहद झटकी लग रही थी।

"तोप और बीमार!" वह हँसी—"वह तो थोड़ा स्ट्रेन पड़ा है डार्लिंग! हरिद्वार से लौटी हूँ ना, हरिद्वार से!"

मैं चौंकी। नित्य इतवार को गिरजा जानेवाली, दिन में अस्सी बार चटाख-चटाख बाइबल को चूमनेवाली तोप हरिद्वार कैसे गई?

"राजेन्द्र के फूल चढ़ाने गई थी हम!" वह एक लम्बी साँस लेकर बोली, "तुमको क्या लिखती, इधर बहुत जिद्दी हो गया था। परहेज जरा भी नहीं करता था। न बकरी का दूध, न सेब का रस। बस, दिन-भर चाट और हिन्दी सिनेमा! हमने कितना समझाया, देखना है तो अंग्रेजी पिक्चर देखो; पर नहीं, वही सस्ता इक्साइटमेन्ट उसे ले गया। एक-एक दिन का तीन-तीन शो!"

तोप के अनुशासन की लगामों से कसा घोड़ा आखिर बिदक ही गया!

"दो दिन बीमार रहा, बस। अब देखो, हरदीप, मिजेट और पटेल, तीनों के फेफड़ों में भूसा भरा था, वह हमारा ऑर्डर माना, तो ठीक होकर अपना-अपना घर गया। यह जिद्दी मरने से पहले बोला, 'हमारा फूल लेकर हरिद्वार में बहाना!' एक बार सोचा, अपने ग्रेवयार्ड में खूबसूरत-सी संगमरमर की कब्र बनवा देंगे, पर उसकी मर्जी के खिलाफ उसकी आत्मा को रोकती भी तो कब्र से निकलकर वह हरिद्वार ही भागती।"

उसका गला भर आया। वह चश्मा उतारकर आँख पोंछने लगी। डेंचर उतारकर उसने मेज पर धर दिया था। धीमी रोशनी में बहुत बूढ़ी लग रही थी।

मुझे तरस आ गया—"चलो तोप, तुम मेरे साथ चलो। बच्चों में जी बहल जाएगा।" मैंने कहा।

"थैंक्यू डार्लिंग, पर मैं अकेली कहाँ हूँ! खुदा बाप क्या मुझे अकेली रहने देता? एक गरीब मरीज उसने फिर भेज दिया है...फिर चैरिटी! टी.बी. नहीं है, प्लूरिसी थी। अब बिलकुल ठीक है। बड़ा होनहार लड़का है सैम्युअल, मेडिकल कॉलेज में आखिरी साल है। इस साल आराम करेगा। अगले साल जाएगा। ईसू ने चाहा तो कभी सर्जरी में नोबल प्राइज लेगा। उसी को घर सौंप आई हूँ। फिर मिलेंगे हनी!" वह सुबह सामान बटोरकर चली गई।

जब तक आगरा रही, हर तार को डर-डरकर खोलती। क्या पता तोप फिर ताज देखने

आ जाए; पर तोप नहीं आई। अचानक फिर क्रिसमस के दिन एक प्यारा-सा कार्ड आया। अब के तार के खम्भे पर चोंच से चोंच मिलाए कबूतरों का एक जोड़ा था। 'शुभकामनाओं के साथ–तोप और सैम्युअल'– अवश्य यह वही अधूरा डॉक्टर होगा। पिछली बार देश का दुर्भाग्य था कि एक होनहार वैज्ञानिक नहीं रहा और अब यह डॉक्टर! पर इस बार यदि तोप के नये जीवनसाथी ने उससे पहले संसार छोड़ने की धृष्टता की, तो पहले वैज्ञानिक की भाँति वह तोप को छल नहीं पाएगा। संगमरमर की फूलों से ढकी कब्र के नीचे दबी उसकी जिद्दी आत्मा को तोप हरिद्वार की ओर भागने नहीं देगी। कहीं भाग भी गई, तो उसका प्यारा खुदा बाप क्या उसे कभी अकेली रहने देगा!

मधुयामिनी

पूरे शहर में विवाह-लग्नों की बाढ़-सी आ गई थी। इस वर्ष भाद्रमास में देवगुरु सिंहस्थ हो जाने से दो जून का विवाह-लग्न ही अन्तिम लग्न है, ऐसी ही कुछ घोषणा कर कूर्मांचल के गण्यमान्य पंडितों ने कन्यादायग्रस्त पिताओं की नींद हराम कर दी थी।

परम्परा से कूर्मांचल में सिंहस्थ गुरु लग्नादि के लिए वर्जित रहा है, फिर 'पुत्र भ्रातृ कलत्राणि हन्याच्छीघ्रं न संशयः' सुनकर अधिकांश धर्मपरायण सरल कुमायूँवासियों को जैसे साँप सूँघ गया था। एक तो वैसे ही महँगाई ने सबका जीना दूभर कर दिया था, उस पर विवाह की इस महामारी ने तो देखते ही देखते एक से एक समृद्ध परिवार को मिट्टी में मिला दिया। लग रहा था कि सन् अठारहवाली इंफ्लुएंजा महामारी फिर से फैल गई है, जिसने कभी नैनीताल की आधी जनसंख्या को चुटकियों में साफ कर धुन दिया था। गेहूँ के गगनचुम्बी भाव का यह हाल था कि एक क्विंटल गेहूँ गृह तक पहुँचाने के पश्चात् हृष्ट-पुष्ट गृहस्वामी की वयस के भी चार वर्ष अनायास ही घटकर रह जा रहे थे। अनाज, विवाह के मुकुट, बन्ना-घोड़ी, गानेवाली पेशेवर गवनारियों की फीस, सबमें आश्चर्यजनक रूप की तेजी का मूल कारण पंडितों द्वारा उद्‌घोषित यह नवीन विवाह-बजट ही था, इसमें कोई सन्देह नहीं। बैंडवालों का तो पूछना ही क्या था, फटे-से रामढोल की एक थाप ही औसत अठन्नी में पड़ रही थी। वह तो भगवान ही की कृपा थी कि दाम-दमामे और तूरी-नगाड़े का चलन पहाड़ के शादी-ब्याह से स्वयं ही बड़ी समझदारी से उठ गया था, फिर भी हलवाई का एक-एक कड़ाह किसी प्रसिद्ध वेश्या के मुजरे से भी महँगा पड़ने लगा था। जितने में पहले सोहनहलवे की एक बट्टी आती थी उतने में तो निगोड़ा एक बताशा तुल रहा था। यहाँ तक कि एक सड़ियल-सी पचन्नी की फूलमाला भी सवा रुपये में बिकने लगी थी। शहर के कई मध्यवर्गीय मुर्दे बिना फूलमालाओं के ही सूनी गरदन लिए बड़ी विवशता से महा-प्रथान के पथ पर चले जा रहे थे। बेचारे करते भी क्या, यहाँ नौशों ही की गरदन के लिए माला अप्राप्य हो उठी थी, उन्हें कौन पूछता! फिर भी कितनी ही महँगाई हो और कितना ही अभावग्रस्त जीवन; जन्म, विवाह, मरण भला कभी रोके रुकते हैं।

लगता था, पूरा शहर ही विषम विवाह-ज्वर से ग्रस्त हो गया है। दायें-बायें, जहाँ से देखो, वहीं से टेढ़ा-बाँका, मोटा-ठिंगना, काला-गोरा, एक न एक नौशा सेहरा बाँधे मस्ती से झूमता चला आ रहा था। स्वयं परमपुरुष ही शायद भरतार बन पूरे शहर को इस विवाह-महोत्सव में आकंठ डुबो रहा था कि अचानक पूरे शहर में खलबली मच गई। खलबली मचने जैसी बात भी थी—एक तो वैसे ही दुकानदार परिस्थितियों का लाभ उठाकर उपभोक्ता-वर्ग को पीसे दे रहा था, उस पर एक सर्वथा अपरिचित ऐसे प्रवासी परिवार ने उस कोठी को मुँहमाँगे दाम पर अपनी कन्या के विवाह के लिए ले लिया, जिसकी शहर से दूरी, पानी का अभाव, सर्वोपरि

ऊँचा किराया देख आज तक किसी को उसे लेने की हिम्मत नहीं पड़ी थी। एक बार एक विदेशी दूतावास के कुछ उच्चपदस्थ अधिकारी आकर कुछ दिनों तक कोठी गुलजार कर गए थे, तब से वह खाली ही पड़ी थी। वैसे तो सीजन आने पर नैनीताल में यदि चार बाँसों की टटरी पर भी छप्पर डाल दिया जाए, तो वह भी बड़ी आसानी से अच्छे किराये पर उठ सकती है, पर इस कोठी की तो शान ही निराली थी। उस पर समृद्ध मकान-मालिक की अन्य चार पहाड़ों पर बिखरी दस कोठियाँ थीं, जो उनके लिए सरकारी दफ्तरों का आवास बनीं दिन-रात सोना उगलती थीं। शायद इसी से उन्हें इसकी कोई चिन्ता भी नहीं थी, किराये पर उठे या न उठे। मैंने एक बार उनसे कहा भी था, "थोड़ा किराया कम कर छोटी-सी पानी की टंकी लगवा दीजिए, फिर देखते ही देखते किराये पर लग जाएगी। अब बड़ी-बड़ी कोठियों का मार्केट नहीं रहा। अब तो लोग फ्लैटनुमा चीज ही पसन्द करते हैं, जिसको न तो सजाना कठिन होता है, न साफ रखना..."

"हाथी का भी तो अब मार्केट नहीं रहा, पर क्या वह अब भी खच्चर के भाव बिक सकता है?" कहकर वह अपनी बर्मी सिगार फूँकने लगे थे। मैंने फिर कुछ नहीं कहा। इतना मैं जानती थी कि न चतुर शाहजी किराया कम करेंगे, न कोई इस हाथी को खरीदेगा; पर मेरी धारणा निर्मूल निकली।

एक दिन सुबह उठी, तो देखा, तीन-चार नौकर एकसाथ सूखी क्यारियों को तर कर रहे हैं, कहीं झाड़फानूसों की धूल झाड़ी जा रही है और कहीं मोटे धूल-भरे गलीचे-कालीनों को निर्ममता से पीटा जा रहा है।

"तुम कितना किराया कम करने को कह रही थीं," शाहजी ने बड़े गर्व से घोषणा की— "हमने कुछ और बढ़ा दिया, फिर भी पूरे सीजन का किराया भर, केवल आठ दिन रह यह प्रवासी परिवार कन्यादान करते ही फूलपुर से उड़ जाएगा।"

मेरे बंगले से इस कोठी का फासला कठिनता से तीन गज का था और अपने बरामदे में पन्द्रह मिनट तक खड़ी होने के साथ ही मैंने इस प्रवासी परिवार की आर्थिक स्थिति को भाँप लिया। परिवार सीमित था और गृह-सदस्यों से अधिक संख्या अभारतीय दास-दासियों की थी। किसी भी गृह का भेदी विभीषण या तो गृह का भृत्य होता है, या बालक। पर बालक तो इस परिवार में थे ही नहीं, और नौकरों की भाषा तो दूर, निर्विकार चेहरों की एक-एक रेखा किसी दुरूह पहेली से कम नहीं थी। उन चीनी-मंगोल चेहरों पर विलासी जीवन की अमिट छाप ही बस पल्ले पड़ती थी। छोटे-मोटे दुम्बे-से ठिगने कद के बातिक की छपी लुंगी पहने कई नौकर भोर होते ही जलपान के आयोजन की भूमिका रचने में जुट जाते। कहीं बड़े-से हंडे में अंडे उबाले जा रहे हैं। एक विचित्र आकार की विराट् शिला पर मसाले पीसे जा रहे हैं। दो-तीन मोटी-मोटी दासियाँ लुढ़कती-पुढ़कती, पर फड़फड़ाती पलायनशीला 'टर्की' का पीछा करती खेतों की सीढ़ियाँ फाँद रही हैं। उधर मादक मसालों की खुशबू; जिबह होते बकरे की मिमियाहट, टर्की का करुण विलाप मुझे वर्षों पूर्व के उन रियासती अटालों के प्रांगण में खींच ले जाता, जहाँ ऐसी ही मादक खुशबू थी। टर्की के पीछे लुढ़कती ऐसी ही मोटी-मोटी कुटिल मुस्कान बिखेरती दासियाँ थीं और टर्की का ऐसा ही सुपरिचित हृदयभेदी क्रंदन था, जिसने मेरे शैशव की अबूझ चटोरी जिव्हा पर भी सदा के लिए संयम का ताला डाल दिया था। चेष्टा करने पर भी आज तक टर्की का बहुचर्चित स्वादिष्ट गोश्त जीभ पर नहीं धर सकी। आज भी मुझे यही लगने लगा कि जैसे महाराज ओरछा का गोवानीज खानसामा ही अपनी विचित्र

भाषा में बुदबुदाता टर्की की गर्दन पर छुरी फेर रहा है, और वह करुण स्वर में विलाप कर रही है। पर इस परिवार के गृहस्वामी को इस विलाप की कोई चिन्ता नहीं थी। वह शायद नित्य सुबह के नाश्ते में समूची टर्की खाते थे। बाहर ही खुबानी का एक बड़ा-सा छायादार पेड़ था। उसी के नीचे मखमली लाल गद्दीदार कुर्सी पर वह आकर बैठते तो शरीर की पूरी चर्बी बड़े-बड़े थक्कों में नीचे लटक जाती। मैंने कई मोटे व्यक्ति देखे हैं—किसी का चेहरा मोटा होता है, किसी की गरदन, किसी के पूरे शरीर का मांस उदरार्णव में ही समाकर लहराता रहता है, किसी के हाथ-पाँव ही देखनेवाले को अप्रतिभ कर देते हैं, पर यह तो विचित्र मुटापा था! लगता था, शरीर के किसी भी भाग पर छुरी घुमाते ही खून का फव्वारा किसी टूटे नल की-सी फुहारें छोड़ता रक्तकुंड की सृष्टि कर देगा। पर तिवारी जी का कंठस्वर उनके चौकोर शरीर से एकदम ही बेमेल था। नन्हा-सा क्षीण कंठस्वर ऐसा था, जैसे कोई किशोर बालक कच्चे मीठे गले से टिहुक रहा हो। मेज पर नाश्ता लगते ही बड़े अधैर्य से भूखे बाघ की भाँति टूट पड़ते और पल-भर में ही टर्की का अवशेष दुम हिलाते ग्रेहाउण्ड के सामने बिखेर देते।

खा चुकने के बाद एक ताड़-सी लम्बी दासी आकर नित्य उनका मुँह धुलाती, स्वच्छ नैपकिन बढ़ाती, फिर चाँदी की तश्तरी में धरी टूथपिक की हाथीदाँत की डिबिया खोल, एक-एक कर उन्हें तीलियाँ थमाती जाती। घंटों तक तिवारीजी दाँत के एक-एक छिद्र से खोद-खोदकर टर्की के रेशे निकालते रहते। बीच-बीच में बर्मी दासी से रसिकता भी चलती रहती। दासी का चेहरा भी अनोखे नमूने का षट्कोण के आकार का था। शायद लकवे का क्रूर आघात या किसी आकस्मिक दुर्घटना का ही कुप्रभाव उसे एक करारा तमाचा मार सदा के लिए बाईं ओर घुमा गया था। पहली बार जब उसे मैंने देखा, तो लगा था, उसे शायद छींक आ रही है, पर आज भी उसे वैसी ही छींक आ रही थी। लगता था, एक लम्बी छींक नासिका-रन्ध्र के किसी बंकिम कोण में अटककर रह गई और जीवन-भर ऐसे ही अटकी रहेगी। पर एक बात थी, चेहरा बदसूरत होने पर भी उस दासी के छरहरे शरीर की गठन अनुपम थी। बीच-बीच में वह इधर-उधर देखती, अपने टारटार-से पीले दाँतों पर ठुकी सोने की कील की सर्चलाइट चमकाती हँस उठती। उन दोनों की हलकी ठिठोली की भाषा न समझने पर भी मैं उसके कटाक्ष, लास्यपूर्ण अंग-विन्यास और भ्रू-विभ्रम की भाषा खूब समझ लेती। स्पष्ट था कि दोनों का सम्बन्ध रहस्यात्मक ढंग से गहरा है और दोनों के मिलन के लिए खुबानी के उस छायादार वृक्ष की घनी छतरी अनिवार्य रूप से आवश्यक है। पर मेरे बरामदे की स्थिति और ऊँचाई का जादू कुछ बचपन में पढ़े उन बाल-उपन्यासों में वर्णित जादुई चश्मे के जादू का-सा था, जिसे लगाते ही पहननेवाले को कोई नहीं देख सकता था, पर वह सबको देख सकता था। कहना व्यर्थ है कि तीसरे-चौथे ही दिन मुझे तिवारीजी के रसपूर्ण जीवन की कुछ ऐसी निर्लज्ज झाँकियाँ दिख गईं कि मैंने बरामदे में टहलना भी बन्द कर दिया। एक बार तो जी में आया, शाहजी से कह ही दूँ, यह भी भला क्या बेहूदगी है! बड़े आदमी हैं तिवारीजी, तो अपने घर बैठे रहें। कुलीन गृहस्थों के पड़ोस में चाहे आठ दिन रहें, चाहे अठारह, रहना उन्हें कुलीन गृहस्थ की ही मर्यादा में होगा। एक विदेशी दूतावास का फर्स्ट सेक्रेटरी भी तो आकर इसी कोठी में दो महीने रहकर गया था, मजाल कभी आँख उठाकर भी देखा हो बेचारे ने! एक रात को काकटेल पार्टी भी की, तो पहले हमसे नम्र अनुमति लेकर गया था, "आज जरा देर तक जगे रहेंगे हम लोग, आपको कोई आपत्ति तो नहीं होगी?" और एक यह हैं तिवारीजी, कौन कहेगा पहाड़ी हैं! खाद्य-अखाद्य तामसी भोजन करके इस लम्बी-तड़ंगी चुड़ैल के साथ दिन-दोपहरी नाक कटवाए फिर रहे हैं! आखिर तिवारिन

क्या अफीम खाए पड़ी रहती हैं? कई बार खुफिया पुलिस की अनुसंधानी दृष्टि से मैंने तिवारिन का एक्स-रे लेने की चेष्टा की, पर वह बाहर ही नहीं निकलती थीं! न वह निकलतीं, न उनकी विवाहाकांक्षिणी कन्या! मेरी ही भाँति मेरे आसपास के बंगलों का सम्मिलित कुतूहल और विवश आक्रोश पूरे शहर में फैल गया। कोई समाज उस ओछे, दम्भी व्यक्ति को कभी क्षमा नहीं कर सकता, जो समाज में रहकर भी अपना अस्तित्व समाज से अछूता रखना चाहता है। उसकी अहं-भावना उसे एक दिन ठीक वैसे ही निगल लेती है, जैसे सर्पिणी स्वयं ही अपने जन्मे अंडे को। एक तो तिवारीजी ने अपने वैभव का चुग्गा डालकर शहर के पूरे व्यापारी-वर्ग को फाँस लिया था। सीजन आते ही नैनीताल में दूध-दही समृद्ध गृहों के बालकों और रोगियों को भी कोरेमीन के अनुपात में लगने लगता था, उस पर दो रुपये किलो के दही को चार रुपये की मुँहमाँगी बोली पर उठाकर तिवारीजी ने पूरे शहर का रेट बिगाड़ दिया था। पुलिस बैंड ही नहीं, रानीखेत के कुमाऊँ हाईलैंडर की भी एक-एक गर्दन पर इनका रिजर्वेशन स्लिप झूलने लगा था। एक तो हलवाई वैसे ही मन्त्रियों की अदा दिखाने लगे थे, उस पर तिवारीजी ने सात-सात प्रमुख हलवाइयों को बयाने की गहरी रकम खिला-पिलाकर पालतू जानवर-सा बाँधकर रख लिया था। बेला के एक सौ सत्ताईस गजरों का एकसाथ ऑर्डर हो गया था। फ्लैट के ओर-छोर सन्ध्या होते ही जो बेला-मोतिया की गमक से सुवासित हो उठते थे, अब फीके थे। कहीं एक बेला की कली भी सूँघने को नहीं मिल रही थी। जिस लग्न में तिवारीजी की तथाकथित कन्या का विवाह था, उसी लग्न में शहर की और भी बीस-पच्चीस शादियाँ थीं—एक तो वही अन्तिम लग्न था। पता नहीं, बृहस्पति भगवान को भी क्या सनक सवार हुई कि आव देखा न ताव, टप से जाकर सिंह राशि में बैठ गए! और फिर तिवारीजी भी तो अचानक आकर नैनीताल की प्रत्येक विवाहयोग्य कन्या की राशि पर क्रूर ग्रह की भाँति जम गए थे। इसी बीच अनेक कर्णप्रिय समाचार का पूरा थैला कन्धे पर लटका, शहर का कुख्यात प्रेस-रिपोर्टर नब्बू मास्टर मोहल्ले में आ धमका। दस मिनट के लिए प्रवासी तिवारीजी की हजामत बनाने गया और उन्हें मूँडकर ले आया।

बैंकाक से आए हैं। लखपती ही नहीं, खगपती हैं। वर्षों पहले इनके पूर्वज पिथौरागढ़ से जाकर थाईलैंड में बस गए थे। वहीं किसी प्रसिद्ध हिन्दू मठ के मठाधीश हैं। लाखों का तो चढ़ावा ही चढ़ता है। पाँच बेटियाँ वहीं ब्याह दीं, अब सबसे दुलारी आखिरी बिटिया का कन्यादान करने स्वदेश पधारे हैं। बारात भी क्या ऐसी-वैसी जगह से आ रही थी! "ठेठ लन्दन से आ रही हैं, बीबी! जनवासे की पूरी हजामत का भार हमें ही सौंपा है तिवारी साहब ने। अभी उन्हीं की हजामत बनाकर तो आ रहे हैं हम।" नब्बू मास्टर ने ऐसे लहजे में कहा, जैसे उसका उस्तरा जो स्वयं देवराज इन्द्र के गाल का स्पर्श कर चुका था, अब नैनीताल के अन्य किसी मानवीय गाल का स्पर्श कर तुच्छता को प्राप्त नहीं होगा। शहर के महिलावृन्द का कुतूहल छलाँगें लेने लगा। कई तो अत्यन्त उत्साह से स्वयं ही काम पूछने भी चली गई थीं, पर गृहस्वामिनी ने न तो विवाह का निमन्त्रण ही दिया न विशेष अभ्यर्थना ही की, एक कोरा प्याला चाय का पिलाकर ही टरका दिया! जो भी हो, तिवारिन को उन्होंने देख लिया, एक मैं ही रह गई थी। खैर, जिस दिन बारात आएगी, उस दिन तो बाहर निकलेंगी ही। जामाता को खीलें उड़द परखने का पहाड़ी रिवाज तो जानती ही होंगी तिवारिन। पर इसी बीच अचानक एक दिन मैंने माँ-बेटी दोनों को एकसाथ खिड़की पर खड़ी देख लिया।

बाप रे बाप, तिवारिन थीं कि पूरी इमारत! कहाँ पर कमर की परिधि और उदर के क्षितिज

का आदि-अन्त है, कुछ समझ में ही नहीं आया! ठिगना कद, चमकता माथा और गोरा रंग। चेहरे की सुर्खी देखकर तो मैं दंग रह गई। यहाँ तो दो ही बेटियाँ ब्याहने में चेहरे पर हवाइयाँ उड़ने लगी थीं और दिन में ही तारे नजर आ रहे थे, और एक ये थीं, पाँच बेटियाँ दनादन ब्याह कर छठी का कन्यादान सिर पर नाच रहा था, फिर भी किसी शानदार हवेली-सी बुलन्द खड़ी जगमगा रही थीं। साथ खड़ी बिटिया तो गुलाब की ताजा खुशनुमा कली-सी झूम रही थी।

एकदम सीप का-सा रंग, खूब कसकर बाँधी गई कुछ-कुछ ऊँची चोटी और प्रत्यंचा-सी भवें। उतनी दूर से मैं ठीक से देख नहीं पाई कि उन भवों की कलात्मक सज्जा में विधाता का चातुर्य था, या स्वयं किशोरी-स्वामिनी की चतुर अँगुलियों का; पर जिसकी भी हस्तकला थी, वह निःसन्देह सर्वोच्च कोटि की थी। वह कठिनता से पन्द्रह-सोलह वर्ष की होगी और शायद उसी कैशोर्य की अल्हड़ लुनाई ने उसके सौम्य चेहरे के सौन्दर्य को द्विगुणित कर दिया था। वह रात के कपड़ों में ही खड़ी थी। तंग मुहरी का लेस लगा पाजामा और ढीली बाँहों के कुरते में वह मुझे किसी तेरह-चौदह वर्ष के चीनी-बालक-सी ही लगी। उसके चेहरे पर भी पीलिया रोग का-सा पीलापन था। शायद जन्म से ही मंगोलदेशी वास ने चेहरे को इस अस्वाभाविक रंग में रँग दिया था। चेहरे का मुख्य आकर्षण था उसका गाम्भीर्य और उसकी तरल दृष्टि। कुछ ही क्षणों के लिए मैंने उसे देखा, पर फिर भी मुझे लगा, जैसे यह लड़की अपनी इन्हीं आँखों के माध्यम से हँसती है, बोलती है, परिचय लेती है और देती है। निश्चय ही ये चिड़िया के-से अधर-पुट नितान्त आवश्यकीय बातें कहने को ही खुलते होंगे। उसकी माँ ने शायद कुछ कहा और वह हँस पड़ी। उसकी भुवनमोहिनी हँसी देखकर मैं मुग्ध हो गई। क्षणिक हँसी में उसका नन्हा-सा बकटूथ चमका और उसी दिन समझ में आया कि क्यों ऐसे तनिक ऊँचे-से गजदन्त को सौन्दर्य का एक अंग माना जाता है।

वास्तव में लन्दन की बारात के योग्य ही दुल्हन थी वह। इस सुन्दरी पुत्री को देखने के बाद सड़ियल दम्भी तिवारी के सौ खून भी माफ किए जा सकते थे। माँ-बेटी थोड़ी देर भी खिड़की पर खड़ी रहतीं तो मैं शायद वार्तालाप का सूत्र स्वयं ही उन्हें पकड़ा देती, पर तिवारीजी ने अपने कच्चे गले की पुकार से दोनों को भीतर खींच लिया।

विवाह के केवल तीन दिन रह गए थे और इसी बीच तिवारी महोदय के निर्लज्ज, असभ्य आचरण से पूरा पर्वतीय समाज क्षुब्ध हो उठा था।

क्या खाक पहाड़ी है यह बोदा व्यक्ति, जब स्वदेश में आकर अपने ही देशबन्धुओं को नहीं न्यौत सका! माना कि वह यहाँ के रीति-रिवाजों से एकदम ही अनभिज्ञ है और किसी को भी नहीं जानता; पर अपने समाज में जब रहने आया है तो उसे शिष्टाचार का महत्त्व तो समझना ही होगा। फिर शिष्टाचार का अस्तित्व तो प्रत्येक समाज में अनिवार्य रूप से रहता है, चाहे वह स्वदेशी हो या विदेशी। जब वह अकड़ से जेब में दोनों हाथ छिपाए घूमते रहेंगे, तो उनसे हाथ मिलाएगा भी कौन? अब सात हलवाइयों की बनी थालों-भरी मिठाइयाँ क्या बाँधकर थाईलैंड ले जाएँगे?

तिवारीजी तक समाज का आक्रोश न पहुँचा हो, ऐसा हो ही नहीं सकता था; क्योंकि उनके मुँहलगे नापित नब्बू को खूब जली-कटी बातें सुना दी गई थीं, पर तिवारीजी के कान पर जूँ भी नहीं रेंगी। लन्दन की बारात आ भी गई और निमन्त्रण-पत्र कहीं नहीं बँटे। शहर के एक नामी होटल में केवल सात जनों की बारात ठहराने का प्रबन्ध पहले ही हो चुका था।

वर के पिता भी कन्या के पिता की भाँति पीढ़ियों पूर्व लन्दन में बस गए थे, इसी से वर को छोड़कर अन्य सबके ललमुँहे चेहरे, सुनहले गाल और नीली-भूरी आँखों में विदेशी लटका ही अधिक था।

"क्यों रे नब्बू!" हमारी प्रतिवेशिनी मुखरा गोदी दी ने हँसकर पूछा, "हल्ला तो बहुत सुन रहे थे लन्दन की बारात का, आए हैं कुल सात..."

"किराया भी तो इतना है गोदी बीबी," नब्बू अपने नये प्रभु से इतना प्रभावित था कि उन पर किए गए प्रत्येक वार को झेलने अपने वाक्‌चातुर्य की ढाल को चट खींच लेता है। "अब हवाई जहाज का एक आदमी का किराया ही इतना है कि हम जैसे तो इतने में दस बेटियाँ ब्याह लें!" पर नित्य आँख-नाक से चुलबुली हँसी की रस-फुहारें छोड़ती, अपने बाल-वैधव्य की व्यथा को धो-पोंछकर बहानेवाली गोदी भी क्या कभी हार मान सकती थी? "जो भी कह रे नब्बू, वर का बाप तो मुझे फिल्मी बाप लगै है! न बेटे से सूरत-शक्ल ही मिले है, न रंग! गोरे सिपाहियों की पलटन ही लगै है मुझे तो! जरा पता तो लगाना, बाप असली है या नकली?"

नब्बू तुनककर चला गया और फिर नहीं आया। तिवारीजी लाख निमन्त्रण न भेजें, हम सबकी आँखों पर पट्टियाँ तो बाँध नहीं सकते थे।

बारात आई और एक-एक खिड़की पर एकसाथ बीस-बीस मुंड जुड़-भिड़ गए।

बारात की सज्जा एवं स्वागत-आयोजन में तिलमात्र भी त्रुटि नहीं थी।

रंगीन कागजी झंडियों की बंदनवार से वर की डाँडी वैसे ही सधे हाथों से सजाई गई थी, जैसे हर पहाड़ी दूल्हे की डाँडी सजाई जाती है और प्रत्येक अभागे पहाड़ी दूल्हे की भाँति इस सुदर्शन व्यक्ति को भी पूरा कार्टून बना दिया गया था। पीली चपकन, लाल सिन्दूरी रेशमी धोती, कमर में पट्टा, सेहरे का ऐसा बुर्का जिससे लाख ताक-झाँक करने पर भी कभी एक-चौथाई मूँछ पल्ले पड़ती, कभी एक तिहाई नाक! ललाट कितना चौड़ा है, यह देखने की भी कोई गुंजाइश नहीं। पिसे चावलों की असंख्य बुँदकियों से पूरा माथा ऐसे रँग दिया था, जैसे जोधपुरी चुनरी की छपाई हो। सिर पर कसकर बँधा मुकुट, जिसमें अंकित गणेशजी की त्रुटिपूर्ण टेढ़ी सूँड़ कसकर बाँधे जाने से और भी टेढ़ी लग रही थी। मुकुट के पीछे चिपके किसी गर्भ-निरोधक अखबारी विज्ञापन को जोर से पढ़ गोदी दी ने हमें हँसा-हँसाकर मार ही दिया था। विधाता भी न जाने उनके लिए कहाँ से ऐसी विनोदपूर्ण सामग्री जुटाकर रख देता था।

स्वयं तिवारीजी की सज्जा देखकर भूख भागती थी। नित्य विदेशी पैन्ट की धार-सी क्रीज चमकानेवाला यह अकड़ू व्यक्ति आज सिर से पैर तक पूरा पहाड़ी पिता बना था।

लाँग लगाकर पहना गया पीताम्बर, कन्धे पर जरी का दुशाला और लहरिया साफा चमकाते वह अपनी सारी शान-शौकत ताक पर धरकर दामाद के पैर धोने झुके, तो गोदी दी की भी बोलती बन्द हो गई।

कैसा उजला झकझक दामाद मिला था तिवारीजी को! चाहते तो जामाता के चरणयुगल धो ही नहीं, चरणामृत पान भी कर सकते थे।

हमारा पूरा मोहल्ला साँस खींचे, अपनी खिड़की से गोधूलि में सम्पादित यह अनुपम धुल्यर्ध की छवि आँखों ही आँखों में पी रहा था कि कलमुँहा नब्बू न जाने कहाँ से आकर हम सबके सीने में एक गोली दागकर चित कर गया। "कैसा बढ़िया दूल्हा है, नब्बू!" गोदी दी ने कहा, "तुझे तो खूब नेग मिला होगा रे आज? शेली तो तू ही कर रहा था..."

"हाँ बीबी, नेग में तो पूरी अमरीकी सोने की मुहर मिली, पर दूल्हा देखने ही देखने का है—मोम का पुतला!"

"क्या?" सत्ताईस कंठों ने एकसाथ चौंककर पूछा।

"सुबह ही हजामत बनाने गया बीबी, तब ही समझ गया था कि दाल में कुछ काला है। एक आँख काँच की है बीबी।"

"चल हट!" अविश्वास से हम सबने उसे झिड़क दिया। मुआ हमेशा ऐसी ही मनहूस खबरें लाकर रंग में भंग कर देता था।

"कसम कुरान की, बीबी, एक आँख झपकती है, हिलती है, डुलती है, दूसरी एकदम पत्थर!" इतना कहकर वह स्वयं पत्थर बनकर खड़ा हो गया।

शायद ठीक ही कह रहा था नब्बू। इतनी ऊँची दुकान का पकवान फीका निकल भी जाए, तो कौन-सी आश्चर्य की बात थी! पर हाय! कैसी फूल-सी लड़की को काने के पल्ले बाँध दिया!

क्या लन्दन की बारात ही देखकर रीझ गए तिवारीजी? एक से एक सुन्दर, गुणी वर तो उन्हें यहीं जुट जाते!

रात-भर मुझे उस बड़ी-बड़ी आँखोंवाली सुन्दरी, अपरिचिता किशोरी के अन्धकारमय भविष्य की नाना कल्पनाएँ जगाती रहीं।

एक न एक दिन वह अपने पति की काँच की आँख को प्याले में डालकर साफ किए जाते देख शायद वैसे ही सहम उठेगी, जैसे बचपन में एक बार मैं अपने एक बंगाली अध्यापक की काँच की आँख को देखकर सहमी थी। चट से उन्होंने आँख को दबाकर काँच की गोली-सी ऐसे निकाल ली थी, जैसे पकी खुबानी की गुठली हो। जितनी देर प्याले में उनकी आँख धुलती रही, अचानक सिकुड़कर बिना दाँत के पोपले मुँह-सी उनकी पोपली आँख को देखकर मैं सिहर उठी थी। बेचारी लड़की! इतना रूप देकर क्या विधाता ने उसे काने की बहू बनाने ही पृथ्वी पर भेजा था?

दूसरे दिन तड़के ही बारात कब विदा हुई और कब कन्या की विदा के साथ ही साथ लक्जरी बस में भरकर तिवारी-परिवार रुद्रपुर से उड़ने चला गया, हम जान भी नहीं पाए। चाबी मेरे पास ही रहती थी, इसी से जब माली कोठी बन्द कर मुझे चाबी देने आया, तो मैं आश्चर्यचकित रह गई। बड़े फुर्तीले निकले तिवारीजी! कन्या की विदा के पश्चात तो विधाता यहाँ कन्या के माता-पिता को क्लोरोफार्म सुँघाकर दिन-भर बेहोशी में डुबा जाता है और तिवारीजी का तो फुर्तीला परिवार कन्या के साथ ही साथ स्वयं विदा हो गया!

"क्यों माली!" मैंने माली को खूब आड़े हाथों लिया। इतने दिनों तक उसने मुड़कर भी हमारी ओर नहीं देखा था, "लगता है, तुम्हारे नये मालिक ने खूब खिला-पिलाकर बाँध लिया था तुम्हें! क्यों, है ना?"

"क्या करता बीबीजी!" खिसियाए स्वर में वह बोला, "नौकर आदमी ठहरे हम! साहब ने कहा था, 'जब तक हम यहाँ रहें, दिन-रात तुम्हें यहीं रहना होगा। एक भी चीज खोई तो तुम्हें ही पकड़ेंगे।' मैं क्या करता, दिन-रात सामान की चौकीदारी करता था।"

"हमारी तो बोली ही नहीं समझती थी," मैंने कहा, "नहीं तो मैं जरूर बतला देती, ऐसी सुन्दर बिटिया काने के पल्ले से बाँध दी!"

"खूब समझती थीं बीबी," घाघ माली ने हँसकर कहा, "आप-हम सबसे भी अच्छी पहाड़ी बोलती थीं; पर कहती थीं, जान-बूझकर ही हम किसी को नहीं बुला रहे हैं माली! पलड़ा उनका भी बहुत भारी नहीं था, बीबी!"

और फिर जो कुछ माली ने बताया, उसी के सहारे मैंने अपनी अपूर्ण कहानी के चार खम्भों की नींव पर छप्पर डाल दिया।

लन्दन की बारात लन्दन पहुँच गई थी। अपनी सुन्दरी बालिका वधू की निर्दोष आँखों में आँखें डालकर तरुण प्रवासी पति अनर्गल प्रलाप-सा कर रहा था, "कोई और तुमसे कहे, इसके पहले मैं ही तुमसे कह दूँ, मेरी एक आँख सचमुच काँच की है। मुझे पहले पता होता कि तुम इतनी सुन्दर हो, इतनी कमसिन हो तो मैं तुम्हें कभी इस छलपूर्ण मरीचिका से नहीं छलता...तुम्हें सबकुछ पहले ही बता देता। क्या अब तुम मुझे कभी क्षमा कर सकोगी?"

सुन्दरी किशोरी ने लजाकर पति की शिला-सी छाती में मुँह छिपा लिया। आज उसके जीवन का सबसे बड़ा अभिशाप उसके लिए वरदान बन गया था। पति के लम्बे प्रलाप का एक शब्द भी अब तक उसके पल्ले नहीं पड़ा था और यदि वह पति की जघन्य कैफियत का एक शब्द सुन भी सकती, तो क्या अपने जीवन के कमज़ोर मुकदमे के पक्ष में एक भी पुष्ट दलील दे पाती?

वह तो जन्म से ही गूँगी और बहरी थी!

कल शायद वह धीरे-धीरे स्वयं ही समझ जाएगी, विधाता ने कानों की श्रवण-शक्ति, जिव्हा का वाक्‌चातुर्य, सबकुछ एकसाथ उन बड़ी-बड़ी तरल आँखों में ऐसे भरकर रख दिया है कि एक बार आँख उठाकर देखने पर ही वह विलक्षण बुद्धिमती सबकुछ समझ लेती है। पर आज तो वह एक सलज्ज चावनीमात्र से अपने सजीले दूल्हे को देख-भर सकी है। कितनी चौड़ी छाती है उसकी और कितना लम्बा कद!

पुरुष के पसीने की पहली खुशबू क्या ईथर से कुछ कम होती है? पर कल इस ईथर का नशा उतरने पर वह सब समझ जाएगी। प्रणय का यह मादक उल्लास उसके नवीन प्रेमी की एक ही आँख में छलकेगा, दूसरी में नहीं। एक आँख झपकेगी, हिलेगी-डुलेगी, दूसरी एकदम पत्थर बनी रहेगी और एक दिन शायद विराट शिला बनकर उसकी नन्ही छाती को भी दबा देगी।

कल शायद वह भी जान लेगा, उसकी मुट्ठी-भर की लाजवन्ती गुड़िया-सी नववधू के बार-बार उसकी छाती में लज्जा से छुईमुई बन छिप जाने के पीछे क्या रहस्य है। वह लज्जा है, या पलायन?

आज उसका मौन प्रणय-निवेदन, जो इतना मीठा और इतना स्वाभाविक लग रहा है, वह क्या कल भी इतना ही सुन्दर लगेगा? विदेशी सेन्ट से महकती, रँगे होंठ और तीखे नाखूनोंवाली, परिष्कृत रुचि की मेम-सी सास और ननदें क्या कल भी नई बहू को ऐसे ही बाँहों में भर सकेंगे, जैसे आज 'हाउ स्वीट!'—कहती उससे लिपट गई थीं?

शायद नहीं...

न सही।

आज तो हनीसकल की मदमस्त खुशबू में लिपटी इस परितृप्त युगल प्रेमियों की अनोखी जोड़ी को कोई नहीं छेड़ पाएगा। आज उनकी मधुयामिनी में कोई विष नहीं घोल सकेगा...क़ोई नहीं!

प्रतिशोध

सौदामिनी में वे सब गुण थे, जिनका एक ऊँचे अफसर की पत्नी में होना अनिवार्य होता है। वह अपनी तीखी-उन्नत नासिका हवा में उठाकर चलती थी। उसकी गर्वीली ग्रीवा की तनी ऐंठन, उठने-बैठने में एक निराली अकड़ और सर्वोपरि उसकी अनुकरणीय तटस्थता वास्तव में दर्शनीय थी। पुत्री से, पति से वह अंग्रेजी में ही बातें करती और अंग्रेजी में भी विशुद्ध कन्वेंटी लटका। अर्दली उससे थरथर काँपते, उसकी यत्न से नुची भृकुटि ही नौकरों का पटु संचालन करने में समर्थ थी। आटा, दाल, चावल, मसाले, यहाँ तक कि वह चाय भी चम्मच से नाप-तौलकर नौकरों को देती। भंडार की चाबी एक क्षण भी उसके कमर से लटके चाँदी के गुच्छे से विलग नहीं होती। वह उन लापरवाह गृहिणियों में से नहीं थी, जिन्हें पति के ऊँचे ओहदे की समृद्धि गृहस्थी के प्रति उदासीन बना देती है। धोबी उसका एक रूमाल भी खो देता तो वह पैसे काट लेती। साड़ी की जरीदार कन्नी में जरा-सी भी सिकुड़न रह जाती, तो नौकर दुबारा इस्तरी करवाने भागता। नौकरों को ही नहीं, पति के अधीनस्थ अफसरों को भी वह तर्जनी पर नचाती रहती। किसी को सरकारी गाड़ी घर भिजवाने के लिए टेलीफोन करती, किसी को सरकारी माली को अपने बंगले पर बेगार लगाने का आदेश देती और किसी को अपनी भव्य मुस्कान से मोहकर कहती—"अरे, आप देहरादून जा रहे हैं? एक कट्टा बासमती लेते आइएगा!" "कोई इटावा जानेवाला हो तो बताइएगा, थोड़ा घी मँगवाना है।" प्रदेश के कौन-कौन-से जिले से किस वस्तु की चौथ समेटी जा सकती है, वह खूब जानती थी। इसी से अचार के लिए कभी कट्टे-भर नींबू चले आते, कभी साहब की मेम साहब के रिक्त बोयामों के भीम कलेवर भरने, दशहरी कच्चे आमों का असमय ही अक्षत कौमार्य भंग कर, स्वयं तहसीलदार साहब बोरे का बोरा अपने फर्शी सलाम के साथ बंगले में पहुँच जाते। शहर में कोई भी नृत्य-संगीत गोष्ठी होती या कोई बहुचर्चित फिल्म का प्रीमियर होता, तो मुँहमाँगे मनचाहे पास सौदामिनी की मुट्ठी में स्वयं ही सरसराने लगते। ऐसी रौबदार पत्नियों का व्यक्तित्व प्रतिभासम्पन्न पति के व्यक्तित्व को दबाकर जैसे कुंठित कर देता है, वैसे ही शंकर का व्यक्तित्व भी दबकर सिकुड़ गया था। वह किस-किससे मिलेगा, किनके साथ उठेगा-बैठेगा, क्या खाएगा, क्या पहनेगा—यह सब निर्णय सौदामिनी ही लेती थी। शहर में ही शंकर के बाल्यकाल का एक प्रिय सहपाठी था। कभी-कभी पत्नी की नजर बचा, शंकर चुपचाप कार निकाल उससे मिलने चल देता। अपने कैशोर्य के अतीत को एकसाथ बैठकर दोहराने में दोनों मित्र आनन्द-विभोर हो उठते। वैसे शंकर बड़ा दूरदर्शी था। अपने उस मित्र के घर वह हमेशा कृष्णपक्ष की अँधियारी ही में जाया करता था, जिससे रात्रि के अन्धकार में देखनेवाले उसके मित्र के द्वार पर खड़ी काली गाड़ी को और उसे न देखें; किन्तु एक दिन

दुर्भाग्य से शंकालु सौदामिनी वहीं से घूमने निकली और उसके बाद शंकर ने उस मित्र का द्वार खटखटाना भी छोड़ दिया।

सौदामिनी को अपनी अनुशासित गृहस्थी पर बड़ा गर्व था। ईश्वर ने उसे सीमित परिवार दिया था—पुत्री थी, उसे भी उसने नैनीताल के बोर्डिंग स्कूल में डाल दिया था। जब कभी छुट्टियों में घर आती, तब वह अपने परिवार को साथ ले स्वयं कार ड्राइव कर घुमाने ले जाती। स्वयं उसका चेहरा अनोखी गर्वदीप्ति से चमकता; किन्तु पति और पुत्री के चेहरों पर लम्बी कैद की सजा सुन कठघरे में खड़े बन्दियों की-सी निरीह दयनीयता रहती। पुत्री मिनी को ईश्वर ने रूप नहीं दिया था; किन्तु जीवन के सीमित सोलह वसन्तों को सजाना वह खूब जानती थी। हाट पैंट्स की ह्रस्व मोहकता से और भी मोहक बन गई उसकी चिकनी, साँवली त्वचा दर्पण-सी चमकती। पुत्री के प्रत्येक ब्लाउज या टाप का गला किस सीमान्त तक दुःसाहस से उतरने पर उसके नवतारुण्य को और आकर्षक बना सकता है, यह ध्यान में रखकर ही सौदामिनी दर्जी की कैंची को जान-बूझकर और नीचे उतार देती। प्रतिवेशी अफसरी बिरादरी के ज्येष्ठ पुत्र के आई.ए.एस. में बैठते ही उसने पुत्री को नैनीताल के कन्वेंट से हटाकर अपने पास बुला लिया और वहीं के स्थानीय कन्वेंट में डाल दिया। जान-बूझकर ही वह दोनों को मिलने-जुलने, खेलने-घूमने का सुअवसर देने लगी। सांसारिक ज्ञान-शून्य मूर्ख पति ने पुत्री के इस स्कूली स्थानान्तरण का विरोध भी किया था—"पूरे साल की फीस भी मैंने भर दी है। मेरी समझ में नहीं आया कि क्या तुक है उसे मिडसेशन में यहाँ बुलाने में!"

उत्तर में सौदामिनी ने दाँत पीस लिए थे, "ओह, ऐस," वह पति को इसी संक्षिप्त अक्षर से सम्बोधित करती थी, "तुम्हें क्या कभी बुद्धि नहीं आएगी? देख रहे हो, ब्राह्मण परिवार का होनहार दामाद ईश्वर ने घर बैठे छप्पर फाड़कर दे दिया है। पिता इतने बड़े अफसर हैं। उस पर हमारी जाति के शायलौकों को तुम नहीं जानते? अपनी बिरादरी का आई.ए.एस. तो दूर, इंजीनियर, डॉक्टर दामाद जुटाने में ही तुम्हारा सारा फंड निकल जाएगा। उस पर हमारे मकान पर अभी छत भी नहीं पड़ी। इस युग के प्रत्येक बुद्धिमान माता-पिता का कर्तव्य है कि वे अपनी सन्तान को ऐसे प्रेम-विवाह के लिए उत्साहित करें। दोनों प्रेम के चक्कर में पड़कर विवाह करने का निश्चय ले लेंगे, तो हम पल्ले झाड़कर बड़े मजे से दूर खड़े रहकर क्रोध का अभिनय कर सकेंगे।"

जनखों के-से चेहरे और लम्बी अयालवाला वह पड़ोसी अफसर का छोकरा शंकर को फूटी आँखों नहीं सुहाता था। 'अंकल, आन्टी' लगाए वह दिन-रात उन्हीं के यहाँ लिजलिजाता रहता और शंकर मन ही मन भुनभुनाता रहता। एक तो उसे अंकल का वह सम्बोधन वैसे ही कार-बंकल-सा भयानक लगता था, उस पर छोकरे की आँखें चौबीसों घंटे गुड़हल के फूल-सी लाल खिंची रहतीं। बहुत पहले उसके गाँव के एक गँजेड़ी पोस्टमैन की आँखें भी ऐसी ही चढ़ी रहती थीं, पर सौदामिनी उसकी सौ-सौ बलैयाँ लेती थी। कभी पुत्री के साथ दो पास मँगवा उसे सिनेमा देखने भेज देती, कभी रात के खाने पर बुला अकारण ही देर तक घेरे रहती, कभी किसी मुफ्त की सरकारी गाड़ी में उसे बड़े लाड़ से घुमाने नैनीताल ले चलती। मन-ही-मन अपनी दूरदर्शिता की सफलता पर उसका हृदय बल्लियों उछलने लगता। भावी सास-ससुर की उपस्थिति में नकली पलकें झपकाती पुत्री का अभिनय उसे निहाल कर देता; किन्तु दूसरे पक्ष का असन्तोष उन दो जोड़ी आँखों में स्पष्ट हो उठता। उन्हें पुत्र की इस परिवार से अस्वाभाविक घनिष्ठता जरा भी अच्छी नहीं लग पा रही थी पर मुँह खोलकर कुछ कह भी नहीं पाते थे। एक तो शंकर

उन्हीं के साथ का एक वरिष्ठ अफसर था, उस पर सौदामिनी की युद्धनीति बहुत ऊँचे दरजे की थी। समधिन के रूप में सौदामिनी को पाकर संसार के किसी भी सद्गृहस्थ की बाँछें खिल सकती थीं। एक तो शंकर का अफसरी अतीत भी दुग्ध-धवल नहीं था, उस पर एक न्यायप्रिय मुख्यमन्त्री के शासन में उसे अनेक आरोपों की गधा-टोप पहना, एक सुदीर्घ अवधि तक वर्जित कोने में खड़ा किया गया था। मन्त्रिमंडल ने केंचुली बदली तो शंकर एक बार फिर 'सी-सौ' के तखते पर नीचे गिरे शिशु-सा ही ऊपर उठकर गर्व से मुस्कराने लगा था। उसके जो-जो अपराध विगत मुख्यमन्त्री के शासनकाल में उसके विरुद्ध खड़े निर्लज्ज गवाह बन गये, वे ही इस बार हाथों में पुष्पहार लिए उसके स्वागत को खड़े हो गए। वैसे यह ठीक ही था कि पहली बार प्रदेश में एक मुख्यमन्त्री ने अपने शासनकाल में अपने भ्रष्ट अफसरों के निर्भीक हृदय में भी ईश्वर के भय का बीजारोपण कर दिया था। देखते-देखते अफसरी आचारसंहिता स्वयं बदल गई थी। अर्दलियों के स्वास्थ्य में आश्चर्यजनक परिवर्तन होने लगा था। उधर अफसर विशेषकर उनकी पत्नियाँ सूखने लगी थीं। रात ही रात बंगले की सरकारी समृद्धि ट्रकों में भर-भरकर अपने-अपने मुकाम पर पहुँचाने लगी।

सरकारी दरियाँ, इंस्पेक्शन-हाउस के फोम के गुदगुदे गद्दे; जिन पर आज तक अफसर-पत्नियाँ गैंडे-सी करवटें बदलती थीं; रंगीन छतरियाँ, जिन्हें लॉन नें गाड़ जाड़े की गुलाबी धूप का आनन्द लिया जाता था; सरकारी गाड़ियाँ जिनकी सामान्य-सी चौथ चुका मनमाने ढंग से धूँसा जाता था, सब किसी शून्य में विलीन हो गईं। इसमें कोई सन्देह नहीं कि ईश्वर का भय ही बुद्धि का आरम्भ है। पहली बार शंकर का नास्तिक हो उठा मन भी पूजापाठ की ओर झुकने लगा था। वैसे भी उसका सबसे बड़ा गुण था—उसका संयम। पत्नी को छोड़ आज तक उसे कभी किसी कामिनी के आकर्षण ने नहीं डिगाया था; किन्तु कंचन से उसे परहेज नहीं था। वस्तुतः, इस दौर्बल्य के लिए भी दोषी सौदामिनी ही थी। पति को भ्रष्टाचार की भट्ठी में प्रायः पत्नी ही झोंकती है। सौदामिनी ही हाथ पकड़कर उसे इस कुपथ्य पर खींच ले गई थी। अब तो उसकी यह दुर्बलता प्रायः ही खुले आम चर्चित होती रहती थी। लोग तो यहाँ तक कहते थे कि अपेक्षित उत्कोच की मात्रा यदि कम रहती तो वह प्रतिकूल एंट्री की एक ही पंक्ति से अपने अधीनस्थ अफसरों के उजले चेहरों पर भी कालिख पोतकर रख देता था। मिट्टी के मोल में सोने के टुकड़े-सा प्लॉट खरीदकर सौदामिनी ने देखते-देखते गगनचुम्बी महल खड़ा कर दिया था। ठेकेदार-मजदूरों के बीच चिलचिलाती धूप में वह एक-एक ईंट का लेखा-जोखा रख, हाथ में नक्शा लिए खड़ी रहती। गृह-प्रवेश होने से पूर्व ही वह फर्टिलाइजर्स की किसी प्रख्यात कम्पनी के दफ्तर के किराये का बयाना ले चुकी थी।

"क्यों, क्या हमारे रहने के लिए दो कमरे भी नहीं रखोगी? तीन-चार साल में तो हम भी रिटायर हो जाएँगे।" शंकर ने एक रात डरते-डरते पूछ लिया तो सौदामिनी ने उसकी खाल ही खींच ली थी, "क्यों जी, समझ में नहीं आता किस काठ के उल्लू ने तुम्हें इस अफसरी के लिए छाँट लिया? तुम क्या सोचते हो, यह मकान हमने अपने रहने के लिए बनाया है? लोन का पैसा कौन देगा, मेरा बाप? किसी भी अफसर को तुमने आज तक अपनी बनवाई कोठी में रहते देखा है? मिसेज शुक्ला को देख लो, मिसेज भार्गव, मिसेज सूद किसी के पति ने सचिव के पद से अवकाश ग्रहण किया तो कोई चीफ इंजीनियर रहा। तीन आई.सी.एसों. के नाम तो मैं भी गिनाऊँ जो अब स्वयं आलमगीर कोठियाँ खड़ी कर ऐसे-ऐसे खचड़ों में रह रहे हैं, जिनमें शायद कभी उनके चपरासी-बटलर भी रहने में शरमाते। हर अफसर की कोठी उसके अवकाश

ग्रहण करने पर भी उसके लिए वहीं आई.सी.एस. की तनख्वाह उगल रही है। हमारी बिरादरी का प्रत्येक बुद्धिमान मकानमालिक प्राइवेट कम्पनियों को या सरकारी अनुष्ठानों को ही किरायेदार बनाकर प्रतिष्ठित करता है। हम तुम जैसे सरकारी मुलाजिम क्या ऐसा किराया उगल सकते हैं? ऊपर की मंजिल के लिए मैंने टाइप की मशीनवालों से बात कर ली है। नीचे की मंजिल को फर्टिलाइजर्सवाले ले रहे हैं। कटहल, आम, नींबू के पेड़ तो मैंने बुद्धिमानी कर प्लॉट लेते ही हॉर्टिकल्चरवालों से लगवा दिए थे। भगवान ने चाहा तो अगले साल ही फल देने लगेंगे। देखा नहीं कैसे गैंडे-से कटहल लटके हैं पेड़ों पर! सब मैंने ठेके पर दे दिए हैं।"

किन्तु एक ही क्षेत्र में सौदामिनी ने पति से मुँह की खाई थी। शंकर का व्यक्तित्व किसी भी अंश में सुन्दरी पत्नी से कम नहीं था। वह स्वयं एक ऐसे अभावग्रस्त संस्कारी परिवार का पुत्र था, जहाँ उसने मूँछें उगने तक बड़े भाइयों के कपड़े छोटे करवाकर पहने थे। सौदामिनी अत्यन्त प्रगतिशील आधुनिक परिवार की पुत्री थी। उसके पिता ने केवल जामाता की प्रतिभा एवं भविष्य की सम्भावनाओं को ही कन्या सौंपी थी। अपनी बारात में वरपक्ष के शिव के गणों से देहाती लठ बारातियों को देख सौदामिनी फूट-फूटकर रोई थी। ससुराल पहुँची तो सास-ससुर, जेठ-जिठानी को देखते ही उसे साँप सूँघ गया। द्वारों पर चीकट से हैण्डलूम के पर्दे थे; बिस्तरे पर जीर्ण मलिन चादरें बिछी थीं, जिन्होंने शायद कभी धोबीघाट की शिला का स्पर्श भी नहीं किया था। गोरखपुरी हरे तकिया-गिलाफों पर बने सफेद, टेढ़े अशोक-स्तम्भ भी विवर्ण होकर उसी हरीतिमा में अपना अस्तित्व विलीन कर चुके थे। सास दिन-भर अपनी चौड़ी हथेली पर दोहरे का चूना मलती, महरी-महाराजिन से कुँजड़िन-सी लड़ती रहती। एक जिठानी का मियादी बुखार के बाद दिमाग फिर गया था, उसे दिन-रात कमरे में बन्द रखा जाता। वहीं से उनकी दिल दहला देनेवाली चीख ने सौदामिनी की पहली ही मधुयामिनी में विष घोलकर रख दिया था। उन्मादिनी जेठानी के पति लफंगों की भाँति बुभूक्षित दृष्टि से घूरते रहते। ननद को मिरगी का दौरा पड़ता था, दूसरी जिठानी गाजीपुर के किसी समृद्ध ताल्लुकेदार की पुत्री थीं, उसके पति वकालत करते थे। यह जिठानी भी पढ़ी-लिखी नहीं थीं। उनके पिता ने पूरे पच्चीस हजार देकर जामाता खरीदा था। इसी से चेचक के दागों से भरे उनके स्याह और ईर्ष्यालु उग्र स्वभाव को भी क्षमायाचना मिल गई थी। सुन्दरी शिक्षिता देवरानी को देखकर उन्होंने भी पहले ही दिन आँखों ही आँखों तलवार खींच ली थी; किन्तु सौदामिनी ने बड़े धैर्य से पति को लेकर किनारा खींच लिया था। बड़ी सूझबूझ से उसने हड्डी से ऐसे मांस छुड़ा लिया कि हड्डी उसी मनहूस कस्बे में पड़ी रह गई और पूरी बोटी उसके मुँह में आ गई। पुत्री के जन्म पर एक ही बार उसके सास-ससुर आए और सौदामिनी के हृदयहीन व्यवहार ने उन्हें तीसरे ही दिन लाठी लेकर ऐसा खदेड़ा कि जब तक जीवित रहे, बेचारों ने कभी उधर झाँकने का भी दुस्साहस नहीं किया। बीच-बीच में शंकर को ही किसी लम्बी कैद में बन्द कैदी की भाँति उसके सुआचरण के बूते पर सौदामिनी पैरोल की छुट्टी दे माँ-बाप से मिलने घर भेज देती; किन्तु एक नियत अवधि के भीतर वापस लौटना उसके लिए अनिवार्य रहता। अब शंकर को देखकर कोई नहीं कह सकता था कि वह उस परिवार का पुत्र है। सिर से पैर तक सौदामिनी ने पति के एक-एक अंग की सज्जा में अनुपम निखार ला दिया था; किन्तु उसके सुन्दर व्यक्तित्व में लगा अतीत का एक मलिन स्मृतिचिन्ह अब भी सौदामिनी को पागल बना देता था।

जहाँ उसकी कनपटी पर एक-आध धवल तार चमकने लगे थे, वहीं पर शंकर का अभी एक भी बाल सफेद नहीं हुआ था। उसके घने, काले, चिकने बालों की पाटी अनायास ही किसी

भी प्रसिद्ध केश-तेल कम्पनी का विज्ञापन बनाई जा सकती थी। अपने उस केश-प्रसाधन में वह किसी शृंगारप्रिया किशोरी का-सा ही परिश्रम भी करती थी। घंटों स्वयं चम्पी करता, फिर उन्हें पानी में भिगोता, फिर ब्रश के धारावाहिक प्रहारों से उन्हें बिठा, बीच की माँग निकाल, किसी दराबी की-सी चपटी सज्जा में ऐसे बिठा देता कि आँधी भी चले तो मजाल है कि एक बाल उड़कर बिखर तो जाए! सौदामिनी को पति के इन काले केशों पर बड़ा गर्व था; किन्तु पृष्ठभूमि में प्रश्न के चिह्न-सी उठी शिखा उसे सौत से भी अधिक दुखदायी लगती थी।

बीस वर्षों के दाम्पत्य-जीवन में उस चाणक्य की-सी शिखा का अस्तित्व न जाने कितनी बार विष घोल चुका था। जब चार वर्ष पूर्व शंकर को एक सेमिनार में विदेश जाने का सुअवसर प्राप्त हुआ तो एक बार फिर सौदामिनी पति से उलझ पड़ी थी।

"देखो जी, यह चुटिया लेकर मैं तुम्हें हर्गिज उन विद्वानों की गोष्ठी में नहीं जाने दूँगी। क्या कहेंगे सब? हर वक्त तो गुस्सैल साँड़ की पूँछ-सी खड़ी रहती है निगोड़ी।"

प्रत्येक वाद-विवाद में रौबदार पत्नी का स्पर्श पाते ही छुईमुई-से सिकुड़ जानेवाले शंकर ने शिखा का नाम आते ही उस दिन गुस्सैल जंगली बिल्ले-सा ही अपना क्रुद्ध कूबड़ा उठा लिया था। "तब तुम भी सुन लो जी, तुम्हें छोड़ सकता हूँ, पर इस चुटिया को नहीं, समझीं? इस अकड़ में मत रहना कि जैसे मेरे माँ-बाप छुड़वा दिए, ऐसे ही इसे छुड़वा दोगी!"

पति के उस प्रहार से सौदामिनी तिलमिला गई थी। शंकर के साथ फिर चुटिया जिस शान से विदेश गई, उसी शान से तिरंगे-सी फहराती लौट भी आई। झक्की पति क्रोध आने पर कभी- कभी दिशाज्ञान भूलभाल उसे अतिथियों के सामने भी अपदस्थ कर सकता है, यह वह जानती थी। एक बार पितृपक्ष में अपने विदेशी अतिथियों के लिए सौदामिनी ने गोश्त बनाने का प्रस्ताव रखा तो शंकर ने साफ कह दिया था, "देखो जी, आज मेरे बाबूजी का श्राद्ध है, चाहे गवर्नर आए, चाहे राजदूत, मेरे घर में गोश्त बिल्कुल नहीं बनेगा।"

"ठीक है, नहीं बनेगा," कह चतुरा सौदामिनी ने चुपचाप अर्दली को बाजार भेज जीमखाना के प्रसिद्ध कबाब, मुर्ग और बिरयानी मँगा, मेज पर सजा दिये थे। अपने विदेशी अतिथियों के लिए उसने विशुद्ध भारतीय परिवेश का चँदोवा तानकर रख दिया था। रूमाली रोटी थी, अपने आकर्षक अवयवों को पसार दिवंगत हुआ मुर्ग था, गोलाकार रासमंडली के-से वृत्ताकार घेरे में सजे कबाब थे और थी दोरंगी हरिताभ आभा से उड़ रही केवड़े की मन्द, मदिर सुगन्ध अतिथियों के विदेशी नथुने फड़का रही थी।

"ओह, मिसेज चन्द्रा, ह्वाट ए ट्रीट!" कह छः फुटी जर्मनी मिसेज ऐरनसन अनभ्यस्त अँगुली से रूमाली रोटी का स्कर्ट का-सा घेरा फहरा ही रही थीं कि निरीह मुर्ग की आकाश को पसरी टाँगों पर दृष्टि पड़ते ही मेजबान लाल रंग को देख भड़क गए साँड-सा ही चौंका और नथुनों के क्रुद्ध झाग का धुआँ बिखेरता, गुर्राता बाहर निकल गया। न जाने कितनी मिथ्या दलीलें देकर सौदामिनी ने अभद्र पति के अशिष्ट व्यवहार को ढाँकने की चेष्टा की थी।

"एकाएक उन्हें चक्कर आ गया, कमरे में ले जाकर सुला आई हूँ। असल में उच्च रक्तचाप के मरीज़ हैं।" आदि-आदि। उस दिन से वह पति से आमने-सामने की टक्कर में भिड़ने की मूर्खता कभी नहीं करती थी। इसी बीच बेचारी नियति के कठोर आघात से चेतना ही खो बैठी। अपनी जिस सौम्य आज्ञाकारिणी पुत्री पर उसे बड़ा गर्व था, उसी ने अकस्मात् एक दिन माँ की लुटिया डुबो दी। उस अपने समाज-सेविकाओं के दल का नेतृत्व करने जापान गई थी कि बेबी रकाबगंज के किसी लड़की के मुसलमानी व्यापारी के अकर्मण्य छोकरे के

साथ भाग, चौक की किसी मस्जिद में निकाह पढ़ आई। पूरे शहर में तहलका मच गया। पति का 'केबल' पाकर वह तत्काल लौटी तो शहर की दीवारों पर उसी की पुत्री के विजातीय विवाह के पोस्टर लगे थे। लड़की अभी नाबालिग थी, चाहती तो उसे कानून की सनसी से पकड़ फिर अपने बंगले की चहारदीवारी में बन्द कर सकती थी; किन्तु कोर्ट-कचहरी का द्वार खटखटाने में अब स्वयं उसी की रही-सही नाक भी नुच सकती थी। अपनी जिस सौम्य पुत्री का उसने समाज में नित्य बढ़ा-चढ़ाकर बखान किया था, उसकी कलंकगाथा की चर्चा अब वह जबान पर ला भी कैसे सकती थी! इसी से उसने स्वयं ही अपने सामाजिक जीवन से रिश्ता तोड़ दिया। दिन-भर अपने नये बन रहे मकान के पास ही तम्बू तानकर पड़ी रहती। पुत्री के निर्लज्ज पलायन की व्यथा को उसने नवीन गृह के बन रहे कोष्ठ-प्रकोष्ठों के गारे-चूने में घोल अपना दुख भुला दिया था। महीनों से उसने सिवा ठेकेदार, मजदूर, मजदूरिनों के चेहरे के कोई भी सुसंस्कृत चेहरा देखा ही नहीं था। बेहया बेबी के पलायन को वह उसकी अकाल-मृत्यु के रूप में स्वीकार कर चुकी थी। थकी-माँदी घर लौटती तो पति का असहानुभूतिपूर्ण व्यवहार उसे क्षुब्ध कर देता। उसकी दृष्टि में पुत्री के अमर्यादाशील व्यवहार के लिए दोषी वही थी।

"यह सब तुम्हारी ही शिक्षा का परिणाम है। लड़की कहाँ जाती है, कब लौटती है, किसके साथ घूमती है, क्या कभी देखा था तुमने? फिर तुम्हारी महत्त्वाकांक्षा भी तो यही थी कि पुत्री किसी से प्रेम-विवाह करे! सो पूरी हो गई, अब तो कलेजा ठंडा हो गया होगा तुम्हारा!"

सौदामिनी बौखला जाती। दिन-रात की गृह-कलह की अशान्ति ने शंकर का समग्र ध्यान धनार्जन पर ही केन्द्रित कर दिया था। कैसे अधिक से अधिक धन संचित किया जाए, यही सब उसके कुण्ठित, अशान्त जीवन का एकमात्र ध्येय रह गया था। निर्लज्ज कर्ज देनेवाले पेशेवर पठान की भाँति वह लाठी ठकठकाता ठीक उन्हीं द्वारों पर खड़ा हो जाता, जहाँ से मनचाही ब्याज की रकम वसूली जा सकती थी, किसका बिल पास कराने पर कितनी बँधी परसेन्टेज मिल सकती है, या किस सरकारी अनुदान पर दस्तखत करते ही पानेवाला सोना उगल सकता है वह खूब जान गया था। अब बिना बुलाए ही लक्ष्मी नित्य सोने के घूँघरू छमछमाती उसकी जेब में आकर स्वयं बैठने लगी थी। एक दिन एक ऐसे ही कर्जदार के मधुर आवाहन ने उसके नारी-बुभुक्षित प्राणों के सम्मुख एक सर्वथा नवीन प्रकार के उत्कोच के छप्पन व्यंजनों के थाल सजाकर धर दिए। सौदामिनी यौवनकाल में भी प्रणय के आदान-प्रदान में सदा कृपण ही रही थी, यौवन और धन दोनों को वह सूम के धन-सा ही सेंतती आई थी। प्रौढ़ा होने पर उसकी यही कृपणता वयस के साथ-साथ बढ़ती कृपण की कृपणता की ही भाँति अस्वाभाविक रूप से उग्र हो उठी थी। एक तो नये बन रहे मकान की एक-एक ईंट ने उसकी समस्त शक्ति को सोख लिया था, उस पर रही-सही कसर बेबी ने पूरी कर दी थी।

रात को शंकर कभी संलग्न शय्या से हाथ बढ़ा उसे अपनी ओर खींचने की चेष्टा भी करता तो वह झल्लाकर उसकी प्रसाहिरत बाहु दूर पटक, करवट बदल सो जाती।

"यह सब करते शर्म नहीं आती अब तुम्हें? दो वर्ष में पूरे पचास के हो जाओगे।" बेचारा शंकर चुपचाप पड़ा करवटें बदलता रहता। अपनी उस मूर्खा पत्नी को वह क्या कभी समझा सकता था कि पचास के होने पर भी पुरुष के बुभुक्षाकातर प्राण कभी भूखे शिशु की ही भाँति समय-असमय कुछ नहीं देखते। इसी से जब उस कुटिल उद्योगपति ने अपने मोहक प्रस्ताव का चुग्गा फेंका, तब वह पहले ही आवाहन में खिंचा चला गया।

"सर, अपनी यही एक हॉबी है", खींसें निपोरकर उसने कहा था, "एक छोटा-सा सुन्दर फ्लैट ले लिया है, सारे दरवाजे-खिड़कियाँ साउंड-प्रूफ हैं। वहीं सामान्य पत्र-पुष्प से आप जैसे देवताओं की पूजा करता है यह सेवक! पत्र-पुष्प भी सब संभ्रान्त गृहों की वाटिका के लाता हूँ सर! स्कूल, यूनिवर्सिटी, मेडिकल कॉलेज की संभ्रान्त गृहों की लड़कियों के शरीर और सौन्दर्य की परख में थोड़ा हाई ब्राउ हूँ सर, इसी से एकदम एयर होस्टेसवाला मापदंड रखता हूँ। जहाँ बाईस वर्ष से ऊपर वयस हुई, वहीं एकदम अनफिट। आपकी ऊँची पसन्द खूब पहचानता हूँ। इसी से एकदम आपकी पसन्द का प्रबन्ध कर, तब बुलाने आया हूँ। मैं क्या इतना भी नहीं समझता कि जो इम्पोर्टेड सिगरेट को छोड़ और कोई सिगरेट होंठों से नहीं लगाता, शिवाज रीगल को पानी की जगह पीता है, वह कैसी क्षीण कटि की कामना करता है? केवल एक बार मेरे फ्लैट में पदधूलि देनी होगी।"

शंकर की आपत्तिजनक गुनगुनाहट को भाँप फिर उस घाघ ने तत्काल खींसें निपोरकर कहा था, "अरे-अरे, आप एकदम निश्चिन्त रहें! ऐसा कोई खतरा हो ही नहीं सकता। अब आपसे क्या छिपाऊँ, एक से एक ऊँचे तबके के अतिथि मेरे यहाँ आते रहते हैं, फिर मैं क्या इतना भी नहीं समझता कि आप लोगों की अफसरी किस देशी उस्तरे की धार पर टिकी रहती है? विश्वास न हो, तो एक दिन मेरे कमरे में लगी मैजिक आई से स्वयं नजारा देख लें, कैसे कान में जनेऊ डालकर दिशा-जंगल जानेवाले ख्यातिप्राप्त नेता, कलाकार, यूनिवर्सिटी के प्रोफेसर, आपकी बिरादरी के महानुभाव नित्य मेरे उस फ्लैट में नकाब डाले निगरगंड सीना ताने चले आते हैं और वैसे ही सन्तुष्ट-निर्भीक कदमों से लौट जाते हैं। यह कोयले की कोठरी वैसी नहीं है, जो कालिख का सामान्य-सा धब्बा लगा दे। फिर किसकी छाती में इतने बाल हैं, जो इस छाती से भिड़े?"

उसने अपने खुले बटनों से दिख रहे लोमश सीने पर स्वयं मुक्का मार अपने अहंकारी कथन की पुष्टि की थी।

किन्तु शंकर ने भी कच्ची गोलियाँ नहीं खेली थीं। उस मैजिक आई से उसने वह दिव्य झाँकी देखी तो पहले उसे अपनी आँखों पर विश्वास ही न हुआ।

ये सब? ये सब भी आते हैं यहाँ?

प्रत्येक अतुलनीय अभ्यागत आता और भीतर पैर रखते ही निःसंशय हो चेहरे की नकाब ऐसे खूँटी पर टाँग देता, जैसा सफल आपरेशन कर बाहर निकला सर्जन अपनी नकाब उतारकर टाँग देता है। साथ में एक न एक ताजी कुन्दकली-सी किशोरी रहती। विभिन्न कमरों से देखते-देखते हँसी की फुलझड़ियाँ छूटने लगतीं। स्वच्छ बुर्राक बैरे ट्रे में नाना प्रकार के चिखौने सजा-सजाकर कमरों में पहुँचाते, और धीरे-धीरे मुर्दा फूँककर उदास आत्मीयों की ही भाँति कनखियों से इधर-उधर देखते अपनी-अपनी नकाब लगा सीढ़ियाँ उतर जाते। चतुर प्रबन्धक प्रत्येक अतिथि के जाने से पूर्व स्वयं बाहर जाकर 'लाइन क्लियर' की हरी झंडी दिखा जाता था, कहीं ऐसा न हो कि एक संभ्रान्त निशाचर किसी दूसरे संभ्रान्त निशाचर से टकरा जाए!

चौथे दिन आश्वस्त होकर ही शंकर ने पहली बार नकाब डाली और एक विचित्र परिचित-सी मादक सुगन्ध से उसके नथुने फड़क उठे, निश्चय ही प्रबन्धक की रुचि उच्चकोटि की रुचि थी। ऐसी ही सुगन्ध सौदामिनी के ब्लाउज से भी आती थी। एक क्षण के लिए उस सुगन्ध का स्पर्श उसे विचलित कर गया। उसे लगा, नाक पर लगी वह नकाब नकाब नहीं, सौदामिनी का ब्लाउज है, जिसके पीठ के बदन लगाने में यौवनकाल के प्रथम रससिक्त क्षणों

में वह झुक-झुककर उसके नग्न स्कन्ध चूम-चूम लेता था और वह पलटकर उसके गले में बाँहें डाल देती थी। पर फिर उसी मोहक बन्धन ने तो उसके माता-पिता के मोह की बेड़ियाँ भी उसी निर्ममता से काट दी थीं। यहाँ आने में वह उसी निर्मम पत्नी से अपना प्रतिशोध ले रहा था। उसी क्षण कठोर बन वह अपने आवंटित कमरे की ओर बढ़ रहा था। कमरे की स्वच्छ सज्जा अनुपम थी। नीले पर्दों और दूधिया नीले मद्धिम बल्ब के प्रकाश से पूरे कमरे में डिनर की-सी कैण्डिल लाइट मदिर आभा बिखरी थी। एक तखतनुमा पलँग पर डनलप के गद्दे को सुन्दर, मुलायम पलँगपोश से ढक दिया गया था। दीवार पर लगा नग्न यक्ष-यक्षिणी के मिथुन जोड़े के चित्र का ऐश्वर्य किसी भी अंश में खजुराहो के देवालय की दीवारों पर खुदी मूर्तियों से कम नहीं था। एक मेज पर ल्येब्यॉय पत्रिकाएँ बिखरी थीं, उन्हीं में खोई उस लड़की की पीठ उसकी ओर थी। उसकी पदचाप का संकेत पाते ही वह बड़ी शिष्टता से खड़ी हो गई।

"गुड ईवनिंग सर!"

"ईवनिंग," शंकर ने हँसकर प्रत्युत्तर दिया; किन्तु उसी क्षण वह सहस्र बार पूर्वाभ्यास की गई उसकी खिसियायी हँसी विलुप्त हो गई। लड़की भी उसे चकोर की-सी चकित दृष्टि दे देख रही थी। शायद दोनों ही एक-दूसरे के उस अप्रत्याशित व्यक्तित्व के लिए प्रस्तुत नहीं थे। बुर्राक ढीले पाजामे और चिकन के कुर्ते में वह आकर्षक रोबदार गम्भीर अतिथि आने से पूर्व शायद अपने भीरु चित्त को भयविरहित करने हजरतगंज के बजरंगबली के सिन्दूर के लम्बे तिलक से अपने गौर ललाट को चर्चित कर आया था। उधर दूधिया मुस्कान बिखेरती स्कर्ट-ब्लाउज में एकदम ही मासूम लग रही वह भोली-सी लड़की एकदम स्कूली किशोरी लग रही थी। एक क्षण के लिए दोनों गूँगे बन गए। फिर सिगरेट-केस से सिगरेट निकाल, लाइटर से उसे सुलगा, शंकर ने ही बर्फ की सिल्ली तोड़ी थी अपनी मोहक हँसी से—"क्या नाम है तुम्हारा?"

"कोयल।"

"वाह, नाम तो बड़ा सुन्दर है—एकदम तुम्हारी आवाज़ से मेल खाता! कब से इस आम्रकुंज में कुहुक रही हो?"

"जी, मैं समझी नहीं?" उसने बड़े ही भोलेपन से अपनी मोतिया बत्तीसी बिखेर दी—"असल में मेरी एलिमिंट्री हिन्दी है, उसमें भी हमेशा फेल ही होती आई हूँ।"

'ओह' शंकर के बैठे गले की खुरदरी हँसी ऊँची पर्वत-श्रेणियों में दब-दबकर घुट रही मेघगर्जना-सी मधुर होकर गूँज गई, "पर एक विषय में तो असाधारण प्रतिभा रही होगी तुम्हारी, जो इतनी छोटी उम्र से ही यहाँ पहुँच गईं!"

उसने आँखें झुका लीं। सलोना चेहरा एकाएक उदास हो गया। शंकर के क्षुधाकातर प्राण फड़फड़ाकर होंठों पर आ गए। बरबस उसकी आँखों की संयत दृष्टि उस सलोनी देह पर फिसलने लगी। कैसी आकर्षक भंगिमा थी बैठने की! कन्धे की उठी हड्डियाँ, नुकीले अहंकारी तेवर, सुचिक्कन कपोल, गोल चिबुक और प्रत्यंचा-सी भवें। चेहरा साँवला था; किन्तु देह की गढ़न लाखों में एक थी। निश्चय ही प्रबन्धक ने उसकी रुचि को पहचान लिया था। यदि देह का सामान्य-सा उन्नत उभार आँखों को न अटकाता तो उस दुबली काया का पूरा नक्शा किसी तेरह-चौदह वर्ष के किशोरी का था। पतली-सी कलाई में ढीली बँधी घड़ी बाजूबन्द-सी लटक गई थी। यह भी उसके किसी अतिथि का उपहार थी, या लड़की अपने बाप की घड़ी बाँधकर आ गई थी? इसी बीच बैरा ट्रे में दो गिलास, सोडा और उसका प्रिय पेय लाकर रख गया।

क्रमशः दुर्बल पड़ रहे चित्त की धड़कनों को संयमित करते शंकर ने गिलास भरे और एक संगिनी की ओर बढ़ा, हँसकर कहा, "चियर्स!"

वह इस बार हँस दी। चेहरे की उदासी देखते ही देखते न जाने कहाँ उड़ गई।

"अभी पढ़ रही हो क्या?" पहले ही घूँट ने शंकर की जिव्हा को निर्भीक बना दिया।

"जी, इस वर्ष सीनियर केम्ब्रिज दे रही हूँ।"

शंकर के कलेजे में जैसे किसी ने घूँसा मार दिया। उस मुसल्ले के साथ बेबी न भागी होती तो वह भी इस साल बी.एस-सी. में होती!

क्या पता यह उसी की सहपाठिनी हो! कुछ देर तक वह फिर कुछ कह नहीं पाया। लड़की बार-बार हाथ की घड़ी देख रही थी। अपने अधैर्य से वह जैसे बिना कुछ कहे ही उससे कह रही थी—मेरा समय सीमित है, समय से ही मुझे घर लौटना होगा, नहीं तो डाँट पड़ेगी।

उधर अतीत के न जाने कितने स्मृतिदंश बार-बार शंकर का कलेजा निचोड़ रहे थे। बेबी भी तो दिन डूबे घर लौटती थी, सौदामिनी को तो कभी चिन्ता हुई नहीं, वही कभी-कभी बुरी तरह झल्ला पड़ता था, "कहाँ घूमती रही थी इतनी देर?"

"पापा, मेरा एक्स्ट्रा क्लास था, मदर ने सब लड़कियों को रोक लिया तो मैं कैसे चली आती?"

तब क्या यह छोकरी भी अपने किसी अभागे पापा को एक्स्ट्रा क्लास का चकमा पढ़ाकर इस बदनाम गुप्त अड्डे में भटक गयी थी?

"तुम्हारे पिता क्या करते हैं?" मन की शंका ही सहसा उसकी जिव्हा पर फिसल गई और उस अचानक पूछे गए प्रश्न ने उस लड़की को चौंका दिया।

एक पल में उसके भोले चेहरे की एक-एक निर्दोष रेखा विलुप्त हो गई। नई-नई पकड़ी गई क्रुद्ध नागिन की-सी फूत्कार में उसने अपना नन्हा सीना तान लिया, "आपको मतलब?"

स्पष्ट था कि संभ्रान्त पिता का कुल-गोत्र उगलने वह यहाँ नहीं आई है।

"नाराज क्यों हो गईं, मैंने तो ऐसे ही पूछा था—आओ," हँसकर शंकर ने अपनी दोनों लम्बी बाँहें फैला दीं। उसी आवाहन की भाषा को वह पहचानती थी।

इसके बाद कोयल शंकर के नीरस जीवन का एक सरल अभिन्न अंग बन गई। दफ्तर की फाइलों के स्तूपाकार अम्बार को बिजली की गति से चीरता वह अब समय से पूर्व ही उस गुप्त अड्डे की सीढ़ियाँ चढ़ने लगता। नित्य नवीन वेश-भूषा में कोयल अपने नये प्रेमी को पूर्ण रूप से मोह चुकी थी। शतदल की कोमल पंखुड़ियों में बन्द मधुकर अब चाहने पर भी उस मधुकर बन्धन को व्यर्थ नहीं कर सकता था, अपनी नवीन प्रेमिका की बचकानी फरमाइशें पूरी करने में शंकर को एक अनोखा आनन्द आने लगा था—कभी चाकलेट, कभी नटीज, कभी हल्के-फुल्के उपन्यास। एक दिन तो वह अमानवीय दुःसाहस से बिना नकाब डाले ही उसे हैम बर्गर और सौफ्टी भी खिला लाया। फिर एक दिन तो उसके दुःसाहस ने मर्यादा की चरम सीमा का भी उल्लंघन कर दिया। सौदामिनी से किसी काल्पनिक कैबिनेट-मीटिंग का बहाना बना कोयल को लेकर कुकरैल के बीहड़ अरण्य में बाँहों के घेरे में बाँध दिन-भर घूमता रहा। यह उसके यौवन का अन्त नहीं, जैसे यौवन का आरम्भ था। दुर्भाग्य से सुकुमारी कोयल भी अपने उस व्यक्तित्वसम्पन्न प्रेमी के प्रेम में आकण्ठ डूब चुकी थी। इसी तरह न जाने कितने महीने बीत गए! एक तो प्रेम वैसे ही अन्धा होता है; किन्तु प्रौढ़ावस्था के प्रेम की चक्षुहीनता प्रायः

असाध्य होती है। इधर सौदामिनी अपनी नई बन रही कोठी के व्यावसायिक रूप को सँवारने में लगी थी। जब वह बेचारी फ्लश की जंजीर और वाश-बेसिन के अरसिक संचालन में डूबी थी, शंकर जीवन की रस-तरंगों में डूब-उतरा रहा था। कभी-कभी सौदामिनी पति के खिले चेहरे को ईर्ष्यादग्ध दृष्टि से देखकर कहती, "लगता है, तुम पर अब जवानी चढ़ रही है! गोल्फ खेलना सचमुच ही तुम्हें माफिक आ रहा है!" पति कैसा गोल्फ खेल रहा है, वह बेचारी क्या जानती थी!

तब ही रस से लबालब छलकता शंकर के जीवन का वह मधुमात्र एक दिन स्वयं फूट गया।

"शंकर..." कोयल उस दिन उसके आते ही उसके गले में बाँहें डालकर सिसकने लगी।

"मुझे जिस बात का डर था, वही हुआ। आज मैं एक लेडी डॉक्टर के पास गई थी, शी सेज फिफ्टीन वीक्स, डैडी मुझे गोली से उड़ा देंगे। यू डौंट नो माय डैडी!"

एक क्षण के लिए शंकर का चेहरा सफेद पड़ गया। फिर पलक झपकते ही भविष्य की प्रत्येक अवांछनीय सम्भावना उसे चौकन्ना बना गई। शायद वह समझ गया था कि जरा भी पिघला तो अनर्थ हो जाएगा। एक ही झटके से कन्धे पर पड़ी पानी की बूँदें झटककर दूर फेंकनी होंगी।

"तो?" उसने बड़ी उदासीन हृदयहीन मुद्रा से पूछा।

"यू मस्ट डू समथिंग!" कोयल ने आँखें पोंछकर कहा।

"क्यों? मैं क्यों करूँगा? हाउ एम आई कनसर्न्ड? क्या मैं ही तुम्हारा एकमात्र ग्राहक हूँ?"

कोयल फटी-फटी आँखों से उसे देखती रह गई।

"क्यों मजाक कर रहे हो शंकर! मैं कसम खाती हूँ। जब से तुमसे मिली हूँ, मैंने किसी भी पुरुष का स्पर्श नहीं किया। मेरे डैडी..."

"भाड़ में जाएँ तुम्हारे डैडी! लड़की से पेशा करवाने से पहले नहीं सोचा तुम्हारे डैडी ने?"

और सिसकती कोयल को एक प्रकार से धकेलकर ही वह तेजी से बाहर निकल आया। सारी रात वह सो नहीं पाया।

बार-बार वे अश्रुसिक्त कपोल और भयभीत हिरणी की-सी वह विस्फारित दृष्टि उसे बींधती रही।

दूसरे ही दिन दिल्ली से किसी मीटिंग का बुलावा आ गया। बड़ी निश्चिन्तता से वह फिर उसी दिन पहली फ्लाइट से निकल आया। तीसरे दिन लौटा तो नित्य की भाँति अर्दली नये-पुराने अखबारों की मिश्रित गड्डी चाय के साथ मेज पर लगा गया। अचानक उसकी दृष्टि पहले पृष्ठ के कोने में छपी पंक्ति पर पड़ी :

—गोमती में वरिष्ठ अधिकारी की किशोरी पुत्री की लाश मिली। लगता है, मृत्यु का कारण आत्महत्या है। लाश पोस्टमार्टम के लिए भेज दी गई है।

शंकर का अपराधी, शंकित भीरु चित्त उसी क्षण हथकड़ियों में स्वयं जकड़ उसी के सम्मुख आत्मसमर्पण कर गया।

वह सिसकती छवि उसे बाहर-भीतर जाते क्रूर वधिकों की भाँति उसका पीछा करने लगी, "शंकर, मेरे डैडी मुझे गोली से उड़ा देंगे! यू डोण्ट नो हिम!" पानी में तैरती लाश के साथ ही

जिस डैडी के नाम को वह सात तालों में बन्द कर छिपाती रहती थी, वह ऊपर तिर आया था। शंकर ने कभी स्वप्न में भी नहीं सोचा था कि उसकी ही अफसर बिरादरी के किसी संभ्रान्त सदस्य की पुत्री की मृत्यु का कारण वह स्वयं बनेगा। तभी एक और शंका उसे विचलित कर गई थी। कहीं कोई चिट्ठी-विट्ठी छोड़कर तो नहीं मरी थी अभागी? स्वयं तो डूब ही गई थी, कहीं ऐसा न हो कि उसकी ऊँची नौकरी को भी ले डूबे! उसकी आशंका व्यर्थ नहीं गई। पहले दिन समाचारपत्रों के प्रथम पृष्ठों के कोने में छपे उस आत्महत्या के संक्षिप्त समाचार ने देखते ही देखते विराट रूप ले लिया था। अन्तर्राष्ट्रीय महत्त्व के समाचार, प्रदेश की उलझी राजनीति के दाँवपेंच, सबकुछ उसी वरिष्ठ अफसरों की चरित्रहत्या के प्रसंगों के सम्मुख प्रत्येक महत्त्वपूर्ण समाचार फीका पड़कर रह गया। अखबार आता, तो लोग चील की तरह झपटते। किसी धारावाहिक उपन्यास की रोचक किस्त के प्रतीक्षारत पाठकों के-से ही अधैर्य से सबसे पहले वे उसी समाचार की चरन-चटनी को बड़ा रस ले-लेकर चाटते। फिर अनेक सर्वशक्तिसम्पन्न व्यक्तियों के नाम लपेट में आते देख, सतर्क प्रेस ने भी अपना पैंतरा बदल मानस का महान सत्य हृदयंगम कर लिया—'समरथ को नहिं दोष गुसाईं!' उस अस्पष्ट गुनगुनाहट में जो नाम सबसे प्रखर होकर उभरा, उसे सुनते ही व्यवहारकुशल सौदामिनी सतर्क हो गयी थी। बड़ी सूझबूझ से उसने ही डूबते पति को उस गहरी जलधारा से बाहर खींच किनारे पटका था। पटक तो दिया, किन्तु उस खींचतान ने पति-पत्नी के बीच सदा-सदा के लिए एक अभेद्य दीवार खड़ी कर दी थी।

यौवन का क्षमाशील चित्त ऐसी प्रवंचना से समझौता कर भी लेता है; किन्तु जब वर्षों का प्रौढ़ साहचर्य छला जाता है, तब उस छलना को क्षमा देना न पति के लिए सम्भव होता है, न पत्नी के लिए। दोनों के बीच बोलचाल भी लगभग बन्द हो चुकी थी। लोकलज्जा ही दोनों को निर्जीव यन्त्रचालित पुतलों की भाँति एकसाथ खाने की मेज पर आमने-सामने बिठाती, शयनकक्ष के एकान्त में मूँदती और फिर दिन-भर दोनों अपनी-अपनी राह पर निकल जाते। सन्ध्या को दोनों लौटकर मिलते तो घर में फिर मरघट का-सा सन्नाटा खिंच जाता। एक दिन शंकर दफ्तर से लौटा तो सौदामिनी नहीं थी। उसने नौकर को बुलाकर पूछा, "मेम साहिब नई कोठी से नहीं लौटीं क्या?"

"आज मेम साहिबा वहाँ नहीं गई थीं साहब! सुबह दस बजे ही कहीं चली गई थी..."

शंकर का डरा-सहमा मन अब केवल बुरी सम्भावनाओं के ही काल्पनिक जाल बुनने लगा था। कहीं मानसिक तनाव के कारण वह भी कुछ कर न बैठे, पर पत्नी के तन-मन की मजबूत काठी को वह खूब पहचानता था। भावुकता के क्षणिक आवेश में अभागिनी कोयल की-सी मूर्खता वह कभी नहीं कर सकती थी। बड़ी रात को सौदामिनी लौटी तो उसके सूखे चेहरे की तनी मुद्रा देख शंकर को पहले पत्नी पर तरस आया। पर इसी अहंकारी, स्वार्थी, धनलोलुप नारी ने तो उसकी यह दुर्दशा की थी। दोनों ने नित्य की भाँति एकसाथ निःशब्द खाना खाया, एकसाथ अगल-बगल लेटे, फिर नित्य की भाँति बत्ती बुझा सौदामिनी ने अपना पलँग पति के पलँग से दूर खिसका लिया। वह लेट गया था, किन्तु तनी पत्नी बिस्तर पर ही बैठी थी। सहमे स्वर में शंकर ने पूछा, "क्यों, तबीयत ठीक नहीं है आज?"

उसके प्रश्न के साथ ही वह भूखी शेरनी-सी उस पर टूट पड़ी, "बेहया, बेशर्म, नाक झड़ नहीं जाती यह पूछते! मेरी तबीयत अब क्या ठीक होगी! यह लो, पढ़ो इसे! जानते हो, इस

चिरकुट को वसूलने में मुझे मायके से मिला अपने पूरे हीरों का जड़ाऊ सेट बेचना पड़ा। मेरे सारे सेविंग सर्टिफिकेट, सारे युनिट, सब चले गए—पूरे बीस हजार लिए उस राक्षस ने।"

"किसने? कैसा चिरकुट?" इस बार भयग्रस्त शंकर उठकर बैठ गया।

"जिसने तुम्हें मधुबन के कुंज में पहुँचाया था। लो, पढ़ो इसे!" बटुए से तुड़ी-मुड़ी चिट्ठी निकाल उसने शंकर के मुँह पर दे मारी। बत्ती जलाते ही संक्षिप्त पत्र की गोलमोल कन्वेन्टी लिखावट पहचानने में उसे विलम्ब नहीं हुआ।

'शंकर!

'कहते हैं कि मरनेवाला कभी झूठ नहीं बोलता। जिस अजन्मी सन्तान को तुमने स्वीकार नहीं किया, उसे फिर और कौन स्वीकार करता? इसी से उसे साथ लेकर जा रही हूँ। वह सन्तान तुम्हारी ही थी शंकर! तुमसे परिचय होने के बाद मैंने किसी पुरुष का स्पर्श नहीं किया...।

कोयल,'

फिर पति के हाथों से वह चिट्ठी छीन, क्रोध से काँपती सौदामिनी ने चीथड़े-चीथड़े कर फेंक दी।

बड़ी रात तक उसकी सिसकियों से काँपती देह शंकर देखता रहा, फिर वह उठकर बाहर चला गया। दुर्दिन के ऐसे ही अवसाद के क्षणों की मार सहने के लिए उसने अपनी कैबिनेट में एक बोतल छिपाकर रखी थी। न जाने कब तक वह उस अकेले अँधेरे कमरे में बैठा, उसे घुटकता रहा। जब बड़ी देर बाद कमरे में लौटा तब नशे में अनिश्चित कदम डगमगा रहे थे। किसी तरह पलँग तक पहुँच वह लेट गया। बड़ी देर बाद सिर पर किसी का स्पर्श पा वह अचकचाकर जग गया। उसे लगा, उसके सिरहाने कोई खड़ा है। चतुर्दशी की धौत चन्द्रिका के स्पष्ट आलोक में पास खड़ी पतली नाइटी में पत्नी की छरहरी काया पहचानने में उसकी नशे की खुमारी में डूबी आँखों ने भी भूल नहीं की।

सुखद आश्चर्य से वह मुस्कराया। तब क्या जीवन की लज्जा, कलंक उन दोनों को एक बार फिर पास खींच लाए थे? दोनों बाँहें फैलाकर उसने मदालय स्मित बिखेरकर कहा, "आओ, आओ सौदामिनी! मैं तुम्हें विश्वास दिलाता हूँ, मैं निर्दोष हूँ...आओ!"

"खबरदार जो मुझे छुआ!" वह छिटककर दूर खड़ी हो गई।

"शराबी कहीं के! कहते हो मैं निर्दोष हूँ, हत्यारा!" शायद वही सम्बोधन सुन शंकर का नशा हिरन हो गया।

'पाखंडी, देखो मैंने आज तुम्हारा आखिरी मुखौटा भी उतार दिया है, इतने सालों में आज मैं अपना बदला ले पाई हूँ!' साक्षात उग्र चण्डिका की-सी मुद्रा में उसने फिर अपनी दोनों बाँहें ऊपर उठा लीं। उसके एक हाथ में कैंची थी, दूसरे हाथ में थी पंखे की हवा में फहराती पति की निष्प्राण शिखा।

मरण सागर पारे

आज जब उनके संस्मरण लिपिबद्ध करने बैठी, तो न जाने कौन-सी प्रेरणा मुझे बहन के पूजागृह में टँगे उनके बड़े-से चित्र की ओर खींच ले गई। शायद यह लेखनी के ही अंतर्मन की प्रेरणा थी, मेरी नहीं। हो सकता है, वह गतिशील होने से पूर्व उस सरल चेहरे की एक-एक रेखा को कंठस्थ कराना चाह रही थी। एकदम वही चिरपरिचित स्निग्ध हँसी, उदार आँखों में अकपट वात्सल्य और अनुभव की झुर्रियों में न जाने कितने अनाथ हृदयों के कृतज्ञ हस्ताक्षर! कैसा बोलता, जीता-जागता चित्र था!

वैसे भी मेरी यह धारणा है कि जिसने जैसा जीवन जिया है, उसकी एक-एक रेखा उसके चित्र में उभर आती है, चाहे कुशल चितेरे का कैमरा या तूलिका अनचाही रेखाओं को कितनी ही मिटाना चाहे। जिसका हृदय निष्कपट है, उसका चित्र भी अवश्य ही उतना ही निष्कपट उतरता है, उतना ही स्वाभाविक—अर्थात अन्तरंग और बहिरंग समान रूप से उज्ज्वल। ऐसे चित्र और उनके मॉडल प्रायः ही दुर्लभ होते हैं। कैमरामैनों को फोटो खींचने से पूर्व उन्हें फोटोग्राफरों का बहुप्रचलित अंग्रेजी आदेश 'चीज' (cheese) से सम्बद्ध नहीं होना पड़ता। यही कारण है कि संसार के सर्वश्रेष्ठ बहुचर्चित चित्र वे माने गए हैं, जिनमें मॉडल ही सहज निर्दोष स्वाभाविकतापूर्ण निश्छलता से उभरकर मुखरित हुई है। चित्र को दुबारा देखती हूँ, तो चेहरे की साधारण बनावट को उस अनोखे व्यक्तित्व की गरिमा जैसे किसी अदृश्य रबर से मिटाकर दूर फेंक देती है।

सौभाग्य से मेरे जीवन में परिचित का क्षेत्र अत्यन्त विस्तृत रहा। पिता की रियासती दीवानी ने शैशव से ही जीवन को अनेक व्यक्तित्वसम्पन्ना महिलाओं का सान्निध्य निरन्तर प्रदान किया। रानी-महारानियाँ, बेगमें, राजकन्याएँ, राजमहलों के आमोद-उत्सवों में अतिथि बनकर आनेवाली प्रसिद्ध नृत्यांगनाएँ, गायिकाएँ, राजकुमारियों के पीछे-पीछे 'खम्भा-खम्भा' करती छाया-सी डोलनेवाली छत्र-चमरधारिणी सौराष्ट्री खवासिनें, पेशेदारिनें, उच्च आंग्ल समाज के रेजिडेंट-कमिश्नरों की पत्नियाँ, जिनकी चार-चार गिरही फिरंगी जूतियों की ऊँची एड़ियों की खटखट अभी भी कभी भूले-बिसरे दिवास्वप्नों के बीच सहसा चौंका देती है। कभी बुन्देलखंडी ड्योढ़ियों के संगमरमरी फर्श में बजते पैजनों की झंकार, खड्ग-सी तीखी राजपूती नासिका पर चमकती सोने की बुन्देलखंडी 'पुगनिया', ककरेजी कछौटे से झाँकती सुडौल गेहूँगोरी पिंडलियाँ लेखनी को सँवार जाती हैं, और कभी रामपुर के खास बाग के अन्दर महल में छापरखस-से चौड़े तख्तों पर अलसाई बिल्लियों-सी बदन तोड़ती, पेचदार गुड़गुड़ी में अम्बरी तम्बाकू के सुवासित छल्ले उड़ाती रोहिल्ला पठानियों के सतरंगी अबरकी दुपट्टे की स्मृति मुझे विह्वल कर जाती है। नारी के कितने रूप देखने का सुअवसर दिया ईश्वर ने, किन्तु सतरंगी रामधुन

की छटा के बीच जो सरल-साधारण चेहरा सबसे अधिक प्रखरता से उभरता है, वह है बसन्ती दीदी का।

इसी साधारण चेहरे की असाधारण स्वामिनी ने मुझे जीवन का सबसे महत्त्वपूर्ण पाठ पढ़ाया—ऐसा पाठ, जो कंठस्थ करने में समय नहीं लेता; किन्तु जिसे साधकर, सही उत्तर लिखने में स्याही सदा फैल ही जाती है। एक बार जब उनके अनेक आश्रितों में से एक पढ़-लिख, योग्य बन विदेश हो आया और बैरिस्टर बन गया, तो बहुत वर्षों बाद मैंने किसी से उसके अतीत की कहानी सुनकर बसन्ती दीदी से कहा, "क्यों, बसन्ती दी, एक नौकर को तुमने पढ़ा-लिखाकर इतना योग्य बनाया, उसने तुम्हें कभी कुछ भेजा?"

"अरी चल हट, मैंने क्या उसे इसलिए पढ़ाया था कि वह मुझे कुछ भेजे! पर जब कभी भी आया, कुर्सी देने पर भी नहीं बैठा, खड़ा ही रहा।" उनका चेहरा कृतज्ञ भृत्य की नम्रता की स्मृति से स्निग्ध हो उठा।

"मैं उसकी जगह होती, तो तुम्हें सोने से मढ़ देती।'' मैंने कहा।

"अरी, सोने से तो मैं तब ही मढ़ गई, जब सुना कि वह 'बेरिसेटर' बन गया। देख, एक बात मेरी गाँठ बाँध ले—किसी का भला करती है, तो कभी मुँह मत खोल, और न कभी यह आशा रख कि तुझे वह सोने से मढ़ेगा।" नेकी कर दरिया में डालने का पाठ तो उन्होंने पढ़ा दिया; किन्तु उस पाठ का शतांश भी मैं कभी जीवन में उतार न पाई।

बसन्ती दीदी से मेरे दो रिश्ते थे। दूसरा रिश्ता प्रथम परिचय के बहुत बाद बना, जब छोटी बहन उनकी पुत्रवधू बनी। उससे पूर्व वे मेरी एकमात्र ननद की जिठानी थी। मेरी ननद अल्प अवधि तक ही विवाह-सुख भोग सकी थीं; किन्तु उस अवधि में ही जिठानी ने मातृहीना देवरानी को जिस अपनत्व से अपनाया, यक्ष्मा की रोगिणी होने का सन्देह होने पर भी जिस स्नेह से उनकी दिन-रात सेवा की, उसके लिए हमारा कृतज्ञ परिवार वर्षों से ही उन्हें दिवंगता पुत्री की ही मान्यता देता चला आ रहा था। कुमाऊँ के ऐसे प्रत्येक पर्व पर, जिसमें पुत्री के लिए मायके के विशेष सौगात के साथ घृत-पकवान भेजे जाते हैं, उसी निष्ठा से वे भेजे जाते रहे, जैसे सगी पुत्री के लिए भेजे जाते हैं, इसी से जब मेरा विवाह हुआ, तो मेरे श्वसुर सबसे पहले मुझे अपनी इन्हीं दत्तक पुत्री के पास लाए थे। "बहू, इनके पैर छू! यह तेरी सगी नानज्यू (बड़ी ननद) हैं।"

आज भी उनकी वह प्रथम छवि किसी जराजीर्ण अलबम में लगे धूसर गोधूलवर्णी चित्र-सी आँखों में तिर उठती है। पृथुल चेहरा वैसा ही पृथुल शरीर, बीसियों सलवटें पड़ी म्लान साड़ी, किन्तु अम्लान चेहरे पर दिव्य हँसी, जो पहली ही झलक में किसी अपरिचित को भी परिचित के घेरे में बाँधकर अपना बना लेती थी। पास ही एक डलिया में उनका दुधमुँहा शिशु अँगूठा चूस रहा था। मुझे आश्चर्य हुआ था, क्योंकि उनका सद्यःमातृत्व उनके प्रौढ़ व्यक्तित्व से एकदम ही मेल नहीं खा रहा था। शायद मेरा आश्चर्य उन्होंने भाँप लिया। "देखो अंबिदा", उन्होंने मेरे श्वसुर से हँसकर कहा, "तुम्हारी बहू सोच रही है कि यह इस बुढ़िया का बेटा है या नाती! अरी, यह मेरी उन्नीसवीं सन्तान है!" और वे जोर से हँसीं। 'हे भगवान!' मैं आश्चर्य से अभिभूत हो गई, 'क्या सचमुच ही यह उनकी उन्नीसवीं सन्तान है!' किन्तु उन उन्नीस सन्तानों में अधिकांश ऐसी हैं, जिन्हें उन्होंने गर्भ में धारण न करने पर भी जननी के अकपट वात्सल्य से अपनाया है, यह मुझे घर लौटने पर पता लगा। उनके व्यक्तित्व के उस पहलू से जब मैं परिचित हुई तो उस अपढ़ वात्सल्यमयी के विराट परिवार-संचालन की अद्भुत महिमा मुझे दंग कर गई।

न जाने कितने अनाथ भानजे-भतीजियों, आत्मीय-अनात्मीयों के कल-कंठ से पूरा घर गूँज उठता। एक-एक कर न जाने किधर-किधर से बच्चे आ टपकने लगते! मिट्टी-लिपे चौके में कोयले की लक्ष्मण-रेखा खींच, एकवस्त्रा बनी बसन्ती दीदी अपने उस विचित्र अटाले का संचालन स्वयं कर, स्कूली भीड़ को जिमातीं। बड़ी-सी कड़ाहियाँ, उनसे भी बड़े पतीले और दीर्घ कलछुल! न जाने कितनी थालियों में चावल-दाल परोसते-परोसते बसन्ती दीदी कठोर अभिभाविका के आदेश देतीं, "अबके फेल हुआ छोकरे, तो पोलीटेकनीक में डाल दूँगी, समझा?...खबरदार जो एक रोटी का टुकड़ा भी बरबाद किया!" साक्षात अन्नपूर्णा के धैर्य से ही एक पंगत को जिमा, दूसरी को बैठाने का आदेश देतीं। उस वृहत् आयोजन के बीच भी उनकी पाककला-निपुण उँगलियाँ पहाड़ी व्यंजनों में न जाने कैसा अद्भुत रस टपकाती रहतीं! उनके हाथ के-से स्वादिष्ट 'सिंगल' और कुरकुरे 'खजूर' खाने का सौभाग्य मुझे फिर कभी नहीं मिला।

विवाह होकर ससुराल आई, तो वयस थी कुल ग्यारह वर्ष। भरा-पूरा संस्कारग्रस्त परिवार था। पति की उन दिनों की कप्तानी किसी भी अंश में आज की कमिश्नरी से कम नहीं थी। बालिका वधू ने कैशोर्य में कदम भी नहीं रखा था कि मृत्यु ने किसी अवांछित दुःसाहसी अतिथि की भाँति मरुत की गति से पूरे परिवार को प्रकंपित कर झकझोर दिया। जेठ-जिठानी की लगभग एकसाथ ही मृत्यु हुई और जिठानी अपनी क्षीण काया पुत्री दुर्गा को उन्हीं की गोद में डाल गईं। उस मातृहीन भतीजी पर उनका लाड़-प्यार स्वयं अपने में एक मिसाल था। इतने वर्षों बाद भी जब कभी वे मुझे उसके विवाह, पुत्रजन्म और मृत्यु की बातें सुनाने लगतीं तो आँखें छलछला आतीं। "अरी बड़ी 'मोहिली' (स्नेही) थी दुश्मन! जाने से पहले बस इतना ही कह सकी, 'इजा, इस अभागी को भी तू ऐसे ही छाती से लगा लेना, जैसे तूने मुझे लगाया था'।"

पर उस विराट छाती में क्या वही एक अभागा लगा था। उधर भाई-भाभी भी एकसाथ प्लेग की चपेट में आ गए। दुधमुँहा पुत्र मृत जननी के स्तन से लगा था। "मेरा खोटा भाग्य ही ऐसा रहा," वे ऐसी अपूर्व हँसी से चेहरा उद्भासित कर कहतीं, जैसे कोई चुटकुला सुना रही हों, "जो भी गया, जोड़ों में ही गया और मेरे लिए एक तोहफा छोड़ गया।" किन्तु उनका यही दुर्भाग्य तो उन अनाथ तोहफों का सौभाग्य बन गया। जिस अनाथ भतीजी को पाल-पोसकर कन्यादान किया वह भी चल बसी। उधर अपना परिवार भी विस्तृत हो चला था। अथर्ववेद में स्त्री का जो गृह-सम्राज्ञी-रूप उद्घोषित है, वही अब बसंती दी में पूर्ण रूप से मुखरित हो चुका था :

यथा सिन्धुर्नदीनां साम्राज्य सुषेवे वृषा।
एवा त्वं साम्राज्योधि पत्युरस्तं परेत्य च।।

उस वटवृक्ष की शीतल उदार छाया में अनेक नन्हे अनाथ पथिक आ-आकर सुस्ताने लगे थे। पितृकुल के ध्वंसावशेष से वे तीन भाइयों को भी अपनी ससुराल में बटोर लाईं। उस अद्भुत विश्रामगृह के संचालन में भी उनकी मौलिकता सजीव हो उठती थी। "बड़ी-सी कड़ाही में दूध खौला लेती थी", वे कहतीं, "और कतार में अपने-अपने गिलास लेकर सब बैठ जाते।" वह नन्हा नौकर भी, जिसे उसका क्रोधी पिता कई बार खींचकर घर ले जा चुका था और जो उतनी ही बार खोटे सिक्के-सा, मीलों की दुर्गम चढ़ाई पार करके उन्हीं के पास लौट आया था। "एक-एक कलछुल हर गिलास में डालती जातीं। बराबर न देतीं तो अभागे

शंभु-निशंभु-से जूझ मरते। फिर कह देती, 'मरो, पियो अब।" किन्तु उस 'मरो' में जो 'जियो' का मौन सन्देश रहता, उसे वे नन्हें हृदय खूब समझते थे।

तीनों भाइयों को योग्य बना, वे उनकी गृहस्थी बसा चुकी थीं; किन्तु मृत्यु जैसे कमर बाँधकर उनका प्रत्येक विजयी दाँव विफल करने पर तुली थी। जहाँ किसी ललिता-पालिता कन्या के कन्यादान से मुक्ति पातीं कि मृत्यु तुरुप लगा उनके पत्ते अपनी ओर बटोर लेती। एक पुत्री को किडनी की असाध्य व्याधि खींच ले गई; दूसरी को कैन्सर; भतीजी को यक्ष्मा; भाई-भाभियों को यक्ष्मा, प्लेग की धूसर गोधूलि में ज्येष्ठा पुत्री का वैधव्य और अन्त में स्वयं के वैधव्य का असह्य दुख। किन्तु उस अद्भुत अक्लान्त महिला के चेहरे की एक भी रेखा को मैंने कभी म्लान होते नहीं देखा। अपने परिहास-रहित चित्त को उन्होंने विपत्ति के कठिन क्षणों में भी कभी नहीं खोया। "अरी, वह कविता पढ़ी है तूने? वह मेरे ही लिए लिखी गई थी।"

संध्या होते ही जब कभी वे अपने बहुरंगी जीवन के अतीत का बहीखाता खोलकर बैठतीं, तो पूरा घर जुट जाता। कुछ उनके किस्से सुनाने का अनोखा ढंग, कुछ स्वयं किस्सों का बोल, सहज कथानक हमें बाँध लेता। उनके वे अनूठे संस्मरण प्रायः लैंसडाउन के ही रहते, जहाँ सम्भवतः उनके जीवन के सबसे सुखद क्षण बीते। कैसे एक बार जब वे भैंसों के नीचे से गोबर बटोर रही थीं कि सहसा उनके पति के किसी अफसर की लम्ब-तड़ंगी मेम बटुआ झुलाती, अपना रेशमी 'गौन' सरसराती उनके सामने खड़ी हो गई। "अरी, मुझे तो साँप सूँघ गया। हो न हो, यह वही मेम है, जो कई बार 'भुवन के बाबू' से कह चुकी थी कि हमें अपनी मेम से मिलाओ।" "तुम्हारा मेमसाहब किडर है?" उस मेम ने पूछा और तत्काल बंसती दी ने घूँघट खींच, उन्हें जो समझा गयी थी, उसी के अपूर्व अभिनय से दबंग फिरंगिन मैम को पलक झपकाते ही उसी दिशा में प्रत्यावर्तित कर दिया, जहाँ से वह आई थी। "हुजूर, हमारा मेमसाहब, साब के साथ घूमने गया।"...ठीक ही तो था, बेचारी मुझे आया न समझती तो क्या रानी-महारानी समझती? दोनों हाथ गोबर से सने थे। साड़ी घुटनों तक समेटे थी। उस पर सुबह से चोटी-कंघी करने की फुरसत ही कहाँ मिली थी!

और फिर उसका एक बेजोड़ संस्मरण, जो कई बार उनसे सुनने पर भी सर्वथा नवीन लगता था। "अरी, लैंस डौन की मेरी एक पड़ोसन थी ललाइन। उसके लाला थे जीभ के चटोरे। सुबह हुई नहीं कि मरी जप में विघ्न डाल देती थी, किसका मन लगता था फिर जप में! कभी असली घी में बन रहे पराँठों की सुगन्ध, तो कभी सूजी की सोंधी लपट। कभी हींग-मेथी की बघार का धुआँ, तो कभी उड़द के बड़ों की छन्न-छन्न। इधर मैं 'विष्णु-विष्णु!' कर आचमन लेती, उधर ललाइन गर्म घी में दुश्मन-सा मालपुआ छोड़ देती।

"ललाइन अत्यन्त पतिपरायणा, धर्मभीरु स्त्री थी। पति का हाजमा बहुत सुविधा का न होने पर भी वह पति की प्रत्येक गरिष्ठ फरमाइश का तत्काल पालन करती। उसका लगभग सारा दिन ही चौके में बीतता। फिर अचानक एक दिन उस चौके से विभिन्न व्यंजनों की सुगन्ध-भरी धूम्ररेखा स्वयं विलीन हो गई। न लाला बाहर निकलते, न ललाइन। बीच-बीच में लाला की क्षीण कराह का स्वर सुनकर बसन्ती दी व्याकुल हो उठतीं, मैं सोचती, क्या हो गया लाला को? यह तो ठीक ऐसे कराह रहे हैं, जैसे मरे को 'पीड़' (प्रसव-वेदना) उठ रही हो।" लाला की उपस्थिति में वे अपनी सहेली के घर नहीं जाती थीं। नौकर ने ही बताया कि लालाजी के पेट में दर्द उठा है। तीन-चार दिन तक लाला का उदरशूल-पर्व चला, फिर पाँचवें

दिन अचानक ललाइन के हाथ के बने क्रोशिया के मेज-पोश से ढँके बड़े-बड़े चाँदी के थालों में ढाल-से बताशे और बमगोले-से मोतीचूर के लड्डू पड़ोस में बाँटने नौकर निकला। बसन्ती दीदी ललाइन की अन्तरंग सखी थीं, इस प्रोटोकोल के अनुसार पहला थाल उन्हीं के यहाँ आया।

"अरी मेरा तो कलेजा धक् हो गया।" अपने चेहरे को किसी पेशेवर दरबारी विदूषक के परिहास से उद्भासित कर बसन्ती दीदी कहतीं, "अरी, कलजुग तो है ही, मरे को दरद भी उठ रहे थे, हो न हो बेटा जना है लाला ने। क्या हुआ है रे? बताता क्यों नहीं, कैसी मिठाई बाँट रही है तेरी मालकिन?'' मैंने उस बजरबट्टू-से नौकर से पूछा; पर वह हरामी मुसकियाने लगा। मुझे तो अब भारी अकुलाहट हो आई। दौड़कर छज्जे से झाँका, खाँसा-खखारा, ताली बजाई, पर ललाइन नहीं निकली। आखिर मैंने उसकी छत पर अपना लोटा लुढ़का दिया। ललाइन पल-भर को बदली से छिटकी पहाड़ी धूप-सी बाहर निकली। 'अरी, क्या हुआ, क्यों मिठाई बाँट रही है? शरमा क्यों रही है इतना?' अब तो मुझे पक्का विश्वास हो गया कि लाला सौर में है। कैसी लाल पड़ रही थी बेचारी! 'क्यों, बता न?' मेरा धड़कता कलेजा सलूके से धड़फड़ाकर बाहर निकला जा रहा था। लग रहा था, अब कहेगी–लाला ने बेटा जना है, पर वह हरामज़ादी भी अपने उसी नौकर की तरह मुसकियाई, फिर आँचल से मुँह सटाकर धीरे-धीरे बोली, 'लालाजी की हवा खुल गई।' "

और फिर बसन्ती दीदी की मुँह में आँचल रख 'लालाजी की हवा खुल गई' कहने की अद्भुत मिमिकरी से हमारे राशिभूत अट्टहास फानूस में जल रहे दीपक की लौ को भी प्रकम्पित कर जाता।

तीन वर्ष पूर्व विपत्ति के कठिन क्षणों में इस पंक्ति की सार्थकता सहसा स्पष्ट हो उठी थी–स्त्रीणां विपत्प्रतीकारे स्त्रियं एवावलबनम्। सचमुच स्त्री ही स्त्री का विपत्ति से उद्धार करती है, पुरुष नहीं। नारी का नारी पर यही अटूट विश्वास मुझे उसी वटवृक्ष की उदार छाया में सुस्ताने खींच ले गया था। मैं अस्वस्थ पति को लेकर उन्हीं की शरण में गई थी। चार-पाँच महीने की सुदीर्घ अवधि तक मुझे उनके पास रहना पड़ा। छोटी बहन की ससुराल में रहने का संकोच मुझे प्रतिपल धरातल में धँसा रहा था। और एक दिन जब वही विवशता अश्रुधारा के साथ उनके सम्मुख बिखर गई, तो वे बरस पड़ीं, "शर्म नहीं आती तुझे? यह क्या तेरी बहन की ही ससुराल है? अरी, तेरी बहन के इस घर में आने के पैंतीस साल पहले जो तेरा पति इस घर में मुझे सगी बहन मान बीसियों बार बग्वाली (भाई दूज) का टीका करा गया है, वह क्या भूल गई है तू? खबरदार, जो अब ऐसी बात जबान पर लाई!"

और फ़िर, पति के स्वस्थ होने पर भी घर लौटने के मेरे दुराग्रह को वे अपने दुलार-भरे आग्रह से पराजित कर देतीं। "कल अमावस है।" "अब नवरात्रि छोड़कर कैसे जाओगी?" या "भद्रा के दिन बीमार पति को लेकर कैसे जा सकती है तू?" पर अन्त में एक दिन उससे विदा लेनी ही पड़ी। जाने के तीन दिन पूर्व उन्होंने मुझे अपनी दिव्यदृष्टि का जो अद्भुत परिचय दिया, उसका रहस्य आज तक नहीं समझ पाई।

"अरी सुन, जब जा रही है तो एक बात कहूँ!"

"कहिए।" मेरे सशंकित चित्त की प्रत्येक धड़कन कानों में बज रही थी।

उनके विपण्ण चेहरे की एक-एक झुर्री को उनके उदार हृदय की समस्त सहानुभूति अपने दग्ध पिघले लावे से एक पल को स्याह बना गई। "सब कह तो रहे हैं, यह ठीक हो गया है, पर मुझे ठीक ही नहीं लग रहा है। कैसे चन्दन-सा रंग था इसका, और देखती नहीं, एकदम

काला पड़कर रह गया है! जब ऐसे गोरे रंग पर ऐसी स्याही फुँकती है, तो समझ लो...” उन्होंने फिर वाक्य अधूरा ही छोड़ मेरा हाथ थाम लिया।

मैं काँप गई। मृत्यु से जिसका परिचय इतना घनिष्ठ था, उस छलनामयी की पदचाप को जिसने एक नहीं, अनेक बार सुना था, क्या वह कभी उसे पहचानने में भूल कर सकती थी? जो उनके विराट् साम्राज्य के अनेक सदस्यों को बाज की भाँति झपट्टा मारकर उन्हीं की आँखों के सामने दबोच ले गई थी, उसे मेरे जीवनाकाश की निरभ्रता के बीच मँडराते शायद उन्होंने उसी क्षण देख लिया था।

कुछ ही दिनों बाद मैं एक विवाह में सम्मिलित होने गई। शरीर और मन दोनों में इतनी शक्ति नहीं रह गई थी कि नैनीताल जाकर हम दोनों बसन्ती दीदी से मिल आएँ। फिर शायद उन्हीं की स्नेहडोर हमें खींच ले गई। मुझे देखते ही उन्होंने बाँहों में भर लिया, “अरी, जानती थी, जानती थी, तू बिना मुझसे मिले कभी लौट नहीं पाएगी।” उस एक ही रात्रि में उन्होंने न जाने कितनी बार मेरे म्लान मन को गुदगुदाया, हँसाया।

चलने लगी तो मैंने पैर छुए। उनकी अश्रुपूरित मूक दृष्टि जैसे फिर उसी चेतावनी से मुझे कँपा गई, ‘अरी, सब कहते तो हैं, यह ठीक हो गया पर...’ तीखा उतार उतरते-उतरते मैंने फिर एक बार मुड़कर देखा। अपनी खिड़की से चिबुक टिकाए वे एकटक हमें देख रही थीं, जैसे जान गई थीं कि मेरे साथ उतरनेवाला अब फिर कभी वह चढ़ाई चढ़ने नहीं लौट पाएगा।

चलते-चलते उन्होंने अपनी गुदगुदी हथेली से मेरा हाथ दाबा-भर था। आज उस स्पर्श की स्मृति ही शेष है। अपनी असंख्य सन्तानों में से अन्तिम अनाथ भतीजी का कन्यादान कर उन्होंने अपने इन शब्दों का पालन किया– “इसे ब्याहकर गंगा नहा लूँ, फिर चैन से आँखें मूँद लूँगी।”

पर कैसे भाग्यवती जननी ने आँखें मूँदी थीं, जिसकी मृत्यु ने केवल उसी के पुत्र-पुत्रियों को अनाथ नहीं किया, अनाथ किया उन उन्नीस सन्तानों को, जिन्होंने अपनी जननी खोकर उस वात्सल्यमयी उदार नारी की गोद में खोई माँ का वात्सल्य पाया था। शायद ऐसे ही अमर प्राणों के लिए रवीन्द्रनाथ ने यह पंक्ति लिखी थी :

‘मरण सागर पारे
तोमार अमर तोमादेर स्मरि।’

—मरण-सागर के पार भी तुम अमर हो; हम तुम्हारा स्मरण करते हैं।

गजदन्त

लक्ष्मी के कटाक्ष की महिमा आज इतने वर्षों बाद समझ पाई हूँ। चाहने पर, निश्चय ही श्रीपतिप्रिया, कामदेव के कठिन बाणों को व्यर्थ सिद्ध कर सकती है। ऐसा नहीं होता, तो क्या उस विकट प्रणय-ज्वर का रोगी गिरीन्द्र, घातक स्मरगरल पान कर भी, लक्ष्मी का वरदहस्त थामते ही ऐसे लहलहा उठता!

उस वर्ष, शायद नियति की तर्जनी का आदेश ही उसे मेरे पास, उसकी नई नौकरी का पहला अवकाश बिताने खींच लाया था। एक तो गर्मियों में, नैनीताल का प्रत्येक गृह अतिथियों से भरा रहता है, उस पर मेरा बंगला तो उनके लिए विशेष आकर्षण का केन्द्रबिन्दु था। अंयारपाटा के प्राकृतिक कुहासे से घिरे अपने उस आवास की स्मृति अब भी बीच-बीच में मुझे विह्वल कर उठती है। एक ओर चायनापीक की उत्तुंग चोटी, दूसरी ओर जगमगाती बत्तियों के साथ किसी अज्ञात बन्दरगाह पर लंगर डाले जहाज-सा खड़ा बिड़ला विद्यामन्दिर, सुदूर नैनादेवी के मन्दिर की ठुनकती घंटियाँ, और अंयार की वह अनोखी बयार, मेरे आत्मीय स्वजनों को, प्रतिवर्ष खींच लाती। उस बार भी मेरे यहाँ पूर्ण कुम्भ जुटा था, इसी से मैंने निम्मी को, अपना हाथ बँटाने बुला लिया था। मैं जब भी उसे बुलाती, उसकी माँ उसे सहर्ष भेज देती—'तुम्हारे पास दस-बीस दिन रह लेती है तो लड़की का चेहरा निखर आता है, घर पर तो दो जून खाना भी नहीं जुटता अभागी को...!'

निम्मी की माँ तारा, मेरे दूर के सम्पर्क की ममेरी बहन थी। कभी सात-आठ थान गाय-भैंस, मकान-दुकान सबकुछ था, किन्तु धीरे-धीरे उसके पति का विलासी स्वभाव उसे पथ की भिखारिणी बना गया था। जब पिता ने पुत्र की गतिविधि देखी, तो उसे बाँधने सुन्दरी तारा से फेरे फिरवा, चाय की दुकान खोल दी। किन्तु दुकान पर भी रसप्रिया ग्राहिकाओं की ही भीड़ जुटने लगी। बिना पैसों के ही, ग्राम की तरुणी विधवाओं और अनब्याही किशोरियों के कंठ सिक्त होने लगे, और एक दिन तारा के वृद्ध श्वसुर के पीड़ित हृदय के साथ-साथ, पति की दुकान भी बैठ गई। फिर उसके मनचले पति ने, डेली पैसेंजरी का सर्वथा मौलिक धन्धा अपनाया। नित्य अलमोड़ा जाता गुड़, चाय, साबुन, मिश्री थैलों में लाता और घर पहुँचाता। पर कुछ ही महीनों में फिर नारी की नित्य नवीन फरमाइशों ने, पुरुष के दुर्बल चित्त को पराजित कर दिया। टिकुली, रंगीन फुंदे और सुवासित केश तैल पुनः महाऔदार्य से निःशुल्क वितरित होने लगा। दो पुत्रियों का पिता बन जाने पर भी, उसके निरंकुश स्वेच्छाचारी जीवन में कोई परिवर्तन नहीं हुआ। किन्तु जितने ही अकर्मण्य मेरे बहनोई थे, उतनी ही कर्मठ थी मेरी बहन तारा। उसी ने अमानवीय धैर्य से, बन्धक धरे खेत छुड़ाए, बैलों की जोड़ी ली और रिक्त खूँटे से एक अधेड़-सी गाय भी पाल ली। उसी की बड़ी पुत्री निम्मी अब सत्रह वर्ष की हो चुकी

थी। देखने में, ढोलक लेकर सोहर-बन्ने गाने में, चौक पूर अल्पना देने में, वह बेजोड़ थी, किन्तु स्वास्थ्य की पूँजी थी अत्यन्त सीमित। 'तुमने बड़े पुण्य किए हैं, तारा,' मैं कहती–'लड़की की यही गढ़न रही हो, सात-आठ साल तक, तुम इसके विवाह की चिन्ता से, दूर रह सकती हो।' 'ठीक ही कह रही हो दीदी' वह एक लम्बी साँस खींचकर कहती–'पर हमारे समाज को तो तुम जानती ही हो। पराई अनब्याही बेटियों की उम्र तो उनके जिह्वाग्र पर रहती है।'

जितने दिन भी निम्मी मेरे पास रहती, मैं गृहकार्य से जीवनमुक्ति-सी पा लेती। मेरे उठने से भी पहले, वह न जाने कब उठ, नहा-धो चाय का पानी चढ़ा देती। कौन अतिथि, कलई का गर्म गिलास थामता है, किसे ट्रे का आडम्बर पसन्द है, सब उसे कंठस्थ रहता। इधर सबकी बेड-टी निबटती, उधर वह टोस्ट सेंक, अंडे उबाल, नाश्ते का आयोजन कर डालती। उस पर्व को भी कुशलता से निबटा, स्वयं ही सब्जी काट-छौंक, दाल चढ़ा, चावल बीनने बैठ जाती। जब हम खाना खा लॉन में पहाड़ की क्षण स्थायी धूप का आनन्द लेने बैठते, वह अपना कोई अधबुना स्वेटर या मोजा लेकर सींकें खटखटाने लगती। लगता था, विधाता ने उस परिश्रमी किशोरी का एक-एक पल पूर्वनियोजित कर, उसे सिखा-पढ़ा दिया है। उसी वर्ष उसने हाईस्कूल की परीक्षा दी थी, इसी से परीक्षा के परिश्रम ने कमनीय चेहरे की कान्ति को मलिन कर दिया था। फिर भी, उजड़ जाने पर भी दिल्ली, दिल्ली ही थी। उस साल ठंड बेहद थी और उसके पास पहाड़ी ऊन का एक खुरदुरा-सा कार्डिगन ही था, इसी से मैंने उसे अपना एक काला शॉल निकालकर दे दिया। उसे ही ढाँप-ढूँप वह चूल्हे के पास रोटी सेंकने बैठी तो मैं उसे देखती ही रह गई।। शॉल का जीर्ण कलेवर भी, जैसे उसकी लावण्य-द्युति से नवीन हो उठा था। इधर मैं जान-बूझकर ही, उसे जनेऊ, शादी, मुंडन में निमन्त्रणों में साथ ले जाती थी। उसकी माँ ने मुझसे बार-बार कहा था, कि कहीं भी कोई सुपात्र दिखे तो उसे सूचित करूँ। उसका रूप निश्चय ही देखनेवालियों का कुतूहल जाग्रत कर देगा। होता भी ऐसा ही। महिलाओं के नाना प्रश्न मुझे बींध देते। 'कौन है जी यह? किसकी बिटिया है?'

और जहाँ मैं उसके अभागे जनक का नाम बताती, एक साथ ही कुतूहल में उठी बीसियों भृकुटियाँ नीचे झुक जातीं। कौन नहीं जानता था उस रूपपिपासु आदमखोर को! कॉर्बेटवाले क्रूर नरभक्षी से क्या वह किसी अंश में कुछ कम था? एक बार तो सुना, बाड़ेखोला की डोमनियाँ उसकी तीखी नाक ही काटने जा रही थीं। किसी दयालु पुरोहित ने, बीचबचाव कर उसे छुड़ा लिया था। उस निरीह किशोरी का विवाहाकाश गहन मेघखंडों से आच्छन्न था, पर तब ही उस धूमकेतु के क्षणिक प्रकाशपुंज ने उस दुर्भेद्य अन्धकार को चीर मुझे चौंधिया दिया था। उसका सौभाग्य कहूँ या दुर्भाग्य, बेचारी को एक दिन नजले ने पकड़ लिया, फिर हो गया निमोनिया। गिरीन्द्र ने उसी वर्ष अपनी हाउस-सर्जनी का कार्य सँभाला था। नया-नया मुल्ला था इसी से शायद नमाज में दुहरा होता चला गया। कभी उसे सुई लगाता, कभी टेम्परेचर लेता, कभी अकारण ही पसलियाँ खटखटाता और कभी बाँहों का सहारा दे उसे ग्लूकोज़ पिलाता। 'मामी, ये बेहद ऐनिमिक हैं, लखनऊ जाते ही मैं इनके लिए विटैमिन की गोलियाँ भेजूँगा।' वह कहता और मैं मुँह छिपाकर हँस लेती। जी में आता कह दूँ–'अब तुझे लखनऊ पहुँचकर गोलियाँ नहीं भेजनी होंगी, गिरीन्द्र, देखता ही नहीं, तेरा स्पर्श पाते ही तो अदृश्य विटैमिनों का अबीर उसके सुचिक्कन कपोलों को रँग जाता है। इससे बढ़कर भला संसार का और कौन-सा विटैमिन हो सकता है?' सातवें दिन बुखार उतर गया, और फिर एक दिन वह बड़े उत्साह से कहने लगा–'मामीजी, कहें तो इन्हें थोड़ा घुमा लाऊँ, टहलने से थोड़ा बदलाव भी

हो जाएगा।' मेरे अधरों पर, यत्न से छिपाए जाने पर भी, छलक आए स्मित को देख, वह सहसा खिसिया गया। 'हाँ-हाँ,' मैंने कहा–'घूम आ निम्मी, शॉल ओढ़कर जाना, समझी?' और जब वह मेरे ही घातक आदेश का पालन करती काले शॉल में अपना सफेद चेहरा ढाँप गिरीन्द्र के साथ पगडंडी उतरने लगी, तब स्वयं मेरी अन्तरात्मा ही मुझे धिक्कार उठी। छिः-छिः, यह कैसा बचपना था मेरा! सबकुछ जान-बूझकर भी, मैं अभागिनी को, सब्ज-बाग क्यों दिखा रही थी? क्या मैं अपनी महत्त्वाकांक्षिणी ननद को नहीं पहचानती थी? अपने इस इकलौते सुदर्शन पुत्र को लेकर, वह तो इसके जन्म से ही उसके और अपने भविष्य का सुनहला जाल बुन रही थी। प्रतिष्ठा, सत्ता, वैभव और कीर्ति के छलनामय आकर्षण का मोतियाबिन्द, अब पूर्ण रूप से उसकी आँखों की ज्योति छीन चुका था। जो अपनी एक मध्यमवर्गीय क्लर्क से ब्याहे जाने की व्यथा को, अपने तेजस्वी सौन्दर्य की पराजय की मर्मान्तक वेदना को, किसी समृद्ध परिवार की राजकन्या को बहू बनाकर भूलना चाहती थी, उसे क्या मेरी दरिद्र भतीजी का सौन्दर्य बाँध पाएगा? फिर, क्या जीवन के लम्बे अनुभव ने मुझे यह नहीं सिखा दिया था कि कर्त्तव्य और प्रेम के कठिन संघर्ष में कोई विरला ही प्रेम का कंटकाकीर्ण पथ चुन पाता है फिर भी जान-बूझकर मैं उस कानकौवेबाज दुस्साहसी बालक की भाँति उन्हें ढील देती रही, जो यह जानकर भी कि उसकी डोर बहुत छोटी है, और उसे शीघ्र ही पतंग नीचे खींचनी होगी, ढील पर ढील दिए चला जाता है, हुआ वही जो ऐसी अवस्था में होता है, डोरसहित पतंग भी मेरे हाथ से निकल गई। दोनों नित्य एक ही जनशून्य पगडंडी का सूत्र पकड़कर उतरते और दिन डूबे लौटते। एक दिन मैं खिड़की पर खड़ी थी। कुहरे और साँझ के धुँधलके में, वे दोनों शायद मुझे देख नहीं पाए। निम्मी का हाथ पकड़, गिरीन्द्र उसे ऊँची-ऊँची पगडंडी फँदा रहा था। अचानक उसने न जाने क्या कहा, और वह खिल-खिलाकर हँस पड़ी। मैंने उसकी ऐसी उन्मुक्त खिलखिलाहट पहले कभी नहीं सुनी थी। मुझे अनायास ही उन पंक्तियों का स्मरण हो आया–

किसलयसुकुमारं, पाणिमालम्ब्य देव्याः
विविधरतिस खीभिः संकथाभिर्दिनान्ते।

जब श्रीराम, सीता का किसलय-सुकुमार हाथ पकड़े गोदावरी तट पर टहलते थे और 'स्तुत पयसि तटिन्याः सैकते चङ्क्रमस्य' उनकी पदचाप रेत पर गहरी रेखाएँ छोड़ जाती थीं। क्या पता आज भी उस जनशून्य पगडंडी पर दोनों की अमिट पदचाप अंकित हो! इधर गिरीन्द्र की छुट्टियाँ खत्म हो चली थीं और जाने के पहले दिन तो दोनों ने जैसे नाक ही काटकर जेब में डाल ली थी। रात के आठ बजे लौटे तो मेरा चेहरा क्रोध से तमतमाया देख निम्मी चुपचाप चौके में घुस गई। मैं कुछ भी नहीं बोली, किन्तु मैंने मन-ही-मन निश्चय कर लिया था, जैसे भी हो, जाने से पहले, छोकरे से ठीकठाक पूछ, ललिता को चिट्ठी लिखनी ही होगी। किन्तु मेरे उससे कुछ कहने का प्रश्न ही नहीं उठा। रात को वह स्वयं ही मेरे कमरे में आ, ड्रेसिंग टेबल के सामने खड़ा हो, कभी टेढ़ी और कभी सीधी माँगें निकाल-निकाल उनका अस्तित्व मिटाने लगा। स्पष्ट था कि इस व्यर्थ केश-सज्जा के माध्यम से ही मुझसे कुछ कहना चाह रहा है, पर कह नहीं पा रहा है।

'क्या बात है गिरीन्द्र,' मैंने कहा–'क्यों, तुम्हारी माँ को लिख दूँ?'

'मतलब? क्या लिख दूँ कह रही हो?' उसके अनजान बनने की चेष्टा, उसके आनन्दी स्मित के साथ ही उसकी नुकीली मूँछों को आर्द्र कर गई।

'बनो मत भानजे,' मैंने कहा–'कल जब निम्मी तुम्हें कोट थमा रही थी, लज्जा, समर्पण और असहायता की त्रिवेणी का संगम न देख पाती, ऐसी मूर्ख नहीं हूँ मैं, समझे? आख़िर बीस साल से अपने उपन्यास-कहानियों में तुम जैसे सैकड़ों जोड़ों को अपनी लेखनी से हाँककर चरा चुकी हूँ पर सुनो गिरीन्द्र, तुम्हारी माँ को मैं जानती हूँ। वह कभी इस रिश्ते के लिए राजी नहीं होगी।'

'क्यों?' उसका दयनीय चेहरा देख मुझे तरस आ गया। 'इसलिए कि तुम्हारे दुर्भाग्य से निम्मी के पिता के वैभव का ही नहीं, चरित्र का पलड़ा भी झुका ही हुआ है।'

'तुम क्या सोचती हो, मैं पैसे के लिए विवाह करूँगा!' वह तुनक गया।

'मैं क्यों सोचूँगी गिरीन्द्र, पर तुम्हारी माँ ने तुम्हारे जन्म से पहले ही ऐसा सोच लिया है।'

'तुम्हें कैसे पता?'

'क्योंकि उन्होंने एक नहीं अनेक बार मुझसे कहा है कि जब भी बहू लाएँगी, ठोक-पीटकर ऐसे गृह की कन्या लाएँगी जहाँ लक्ष्मी स्थिर आसन लगाकर विराजमान हों।'

'तुम अम्मा को सब समझाकर लिख दो ना, मामी।'

'क्या समझाकर?' मैंने जान-बूझकर ही उसे छेड़ दिया।

'यही सब...' और वह फिर लड़कियों की भाँति लजाता लाल पड़ गया।

मेरा पत्र और गिरीन्द्र शायद एक ही डाकगाड़ी से निकले होंगे।

उत्तर भी मुझे समय से ही मिला था, किन्तु पत्र की कटु भाषा में यदि जलाने की शक्ति होती तो मैं निश्चय ही झुलस जाती। पत्र क्या था जिसे शायद जान-बूझकर ही मुझे अपने दुस्साहसी प्रस्ताव सहित भस्म करने भेजा गया था।

'छिः-छिः, तुमसे मुझे ऐसी आशा नहीं थी, भाभी! और कोई नहीं मिला तुम्हें? वह नकट्टे रमेश की बिटिया रह गई थी मेरे लिए! तुम्हें तो पता है, अभागे ने शादी से पहले मुझे कैसी-कैसी नंगी चिट्ठियाँ लिख मारी थीं। तुम कहती हो, गिरीन्द्र को लड़की बेहद पसन्द है, अपने ये प्रणय-प्रसंग अपने कथानकों तक ही सीमित रखो, समझी?' मैंने गुस्से में भुनभुनाकर चिट्ठी फाड़ दी। तीन महीने तक मुझे फिर उनकी कोई खबर नहीं मिली। चौथे महीने वह तार मिला–'फौरन चली आओ!'... मेरे ननदोई रक्तचाप के पुराने मरीज़ थे, कहीं कुछ स्ट्रोक तो नहीं पड़ गया! मैं भागती-भागती गई।

'मैं जानती थी तुम अवश्य आओगी!' ललिता ने मुझे बाँहों में भर लिया–'बड़ी ऊँची जगह से गिरीन्द्र का रिश्ता आया है। कलकत्ता के पास रहते हैं वर्षों से। प्रवासी पहाड़ी परिवार है, लाखों का कारोबार है, सम्बद्ध समृद्धि सब एकदम ऊँची, उस पर इकलौती पुत्री है। सोचा, मैं लड़के को लेकर गई तो सहज रूप से खुल नहीं पाएगा। तुम्हें मानता भी बहुत है।' एक ही साँस में सबकुछ उगल ललिता बुरी तरह हाँफने लगी थी। न चाहने पर भी व्यंग्य से मेरे अधर तिलमिला उठे–'मानता तो बहुत है, मानता तो ऐसी बेरुखी से मेरी दरिद्र भतीजी का रिश्ता फेर देता?'

'ओह, लगता है, तुम अभी भी उस सड़बिल्लेर युवा की बिटिया की बात भूली नहीं हो! फिर वह कौन तुम्हारी सगी भतीजी है जी!' क्षणभर पूर्व की स्नेह-सौजन्यमयी मेरी ननद सहसा कलहप्रिया रणचण्डी बन गई–

'सोचा था, तुम बंगाल में बहुत रही हो, उनके अदब-कायदे जानती हो, फिर एक बात और भी थी...'

इस बार उसके प्रस्ताव के दुर्बल पक्ष ने सहसा उसकी वाणी को निस्तेज बना दिया।

'क्या?'

'लड़की देखने में साधारण है, कुछ अंग-दोष भी है शायद...' वह फुसफुसाई।

'क्यों, लँगड़ी है या कानी?' न चाहने पर भी दो दिन पूर्व बस-स्टेशन पर मुझे छोड़ने आई भीतीजी के म्लान अवसन्न चेहरे की स्मृति मुझे कर्कशा बना रही थी।

'तुम क्या सोचती हो जी! मैं क्या गिरीन्द्र की सौतेली माँ हूँ, जो उसके लिए कानी-लूली लड़की लाऊँगी? वह तो सुना है कि जरा दाँत ऊँचे हैं, इसी से तुम्हें बुलाया था। कहानियाँ लिखती हो और नायिका का ऐसा सुन्दर वर्णन करती हो, निश्चय ही...'

मैंने इस बार भुनभुनाकर उसे बीच ही में रोक दिया—'वाह, खूब कही, कहानियाँ लिखती हूँ तो क्या अपनी लेखनी से तुम्हारी भावी पुत्रवधू के ऊँचे दाँत भी भीतर ठूँस सकती हूँ? मेरी लेखनी केवल काल्पनिक नायिका का ही सौन्दर्य सँवारती है। ललिता, यथार्थ को सँवारने की शक्ति विधाता ने मुझे नहीं दी।'

'मेरा मतलब तुम समझी नहीं,' उसका गला सचमुच ही रुँध गया—'मैं चाहती हूँ, उसी अपनी भाषा में उसे समझा-बुझाकर यह कह दो कि लड़की बहुत अच्छी है। सूरत-शकल कितने दिन टिकती है! अब अपनी किशोरी मौसी को ही ले लो ना, जवानी में कैसा नूर था चेहरे पर, पर जब अधेड़ हुईं तो मक्खियाँ भिनकने लगीं।'

'हटो जी, मुझे तो अभी अपनी मौसी उतनी ही सुन्दर लगती हैं।' मैंने कहा।

पर अन्त तक नाना तर्क-वितर्कों के भँवरजाल में डगमगाती, भानजे की भाग्यतरणी की कर्णधार बनी मैं ही उसे ठाकुरग्राम ले गई थी। कलकत्ता से सौ मील की दूरी पर बसा ठाकुरग्राम नाम से ही ग्राम था, वैभव में किसी भी शहर के वैभव को फीका कर सकता था। सियालदह में जोशीजी अपनी इम्पाला गाड़ी लेकर स्वयं हमारी अगवानी करने को उपस्थित थे। उनकी वेशभूषा, उनका आंग्ल उच्चारण एकदम त्रुटिहीन था, पग-पग पर हमें अपने आभिजात्य, वैभव, पद-प्रतिष्ठा से अवगत कराते, वह जब अपनी कोठी के अहाते में पहुँचे तो दिन डूब चुका था।

झाड़फानूसों की झनकती घंटियों के साथ, लौह-शृंखलाओं में जकड़े उनके खूँखार ऐल्सेशियन की भौं-भौं, चमकती वर्दी में, काले चेहरों पर पालिश-सी किए, सतर खड़े उनके संथाल बैरे-बटलर देख, हम दोनों बुरी तरह प्रभावित हो चुके थे। 'इस कमरे में मैंने आपके रहने की व्यवस्था की है,' कह उन्होंने जिस जादुई कमरे का चमकता द्वार खोला, उसका वैभव हमें फिर चौंधिया गया। कमरा क्या था, किसी फाइव-स्टार होटल का सजा-सँवरा कक्ष था।

इसमें कोई सन्देह नहीं कि अपने आतिथ्य में, उसने सामान्य-सी भी त्रुटि नहीं रहने दी थी। अभी तक हम गृहस्वामिनी से नहीं मिले थे, पर जब गृहस्वामी की ही ऐसी परिमार्जित रुचि थी, तो स्वामिनी भी निश्चय ही ठसकेदार होंगी। कैसी ही सम्पन्न रुचि क्यों न हो, जहाँ तक व्यक्तित्व का प्रश्न था, गिरीन्द्र किसी भी कसौटी में खरा उतर सकता था, उसकी मुझे कोई चिन्ता नहीं थी। किन्तु कन्या यदि अपने पिता पर पड़ी होगी तो निम्मी के कमनीय चेहरे की स्मृति बड़ी सुगमता से स्वयं उसका भविष्य सँवार लेगी।

मैं मन-ही-मन प्रसन्न ही हुई थी। जोशीजी के चमकते जूतों से लेकर, डिनर जैकेट, वायल्ड शर्ट का स्टिफ कालर, सबकुछ बेजोड़ था। किन्तु उसके बौने कद और चेहरे ने, जैसे उनके वैभव और वेशभूषा पर झाड़ू फेरकर रख दी थी। एकदम ही बौना कद, तंग पेशानी,

इतनी बारीकी से तराशी गई दाढ़ी कि ठुड्डी एकदम ही नंगी लगती, चेहरे को अश्लील बना गई थी। माथा संकुचित तो था ही, उस पर कुटिल आँखों के सान्निध्य ने, उसे और छोटा बना दिया था। मोटे अधर, ऊपर से पतली होने पर भी नीचे से सहसा फैल गई नासिका के कुछ-कुछ फूले नथुने देखनेवाले को सहमा देते थे। कुल मिलाकर चेहरा, एक विलासी, कामुक, क्रूर व्यक्ति का ही लगता था। उस प्रौढ़ संसारी व्यक्ति का लौह पंजा किसी भी कलाई को एक बार पकड़, सहज में छोड़नेवाला पंजा नहीं था। उनकी सौसेज-सी पृथुल अँगुलियों की अदृश्य पकड़ में, अपनी निरीह दुर्बलचित्त भानजे की कलाई को थरथराते मेरी अनुभवी दृष्टि ने देख लिया था।

जोशीजी, हमें बड़े ही स्नेहपूर्ण सौजन्य से, अपने खाने के कमरे में ले गए और घुमा-घुमाकर अपना अपूर्व संकलन दिखाने लगे। सुन्दरवन में मारी गई नीलगाय का सिर, दीवार पर टँगा कालाढूँगी के गुलदार का द्वीपिचर्म, बुन्देलखंड के गहन वन में उनके अचूक निशाने का शिकार चीतल और सौराष्ट्र के किसी अरण्य से लादकर लाया गया अरना भैंसा! 'और यह मेरा सेलर है,' एक अर्द्ध-चन्द्राकार शीशम के, अधर में त्रिशंकु से लटके टुकड़े पर, सधी अदा से बाँह टिका वह काँच की आलमारी में बन्द बोतलों की ओर गर्व से देखकर मुस्कुराने लगे, फिर एक-एक कर, उन्होंने इनसे हमारा विधिवत् परिचय भी करा दिया—'यह बोतल मेरे एक राजनीतिज्ञ मित्र मेरे लिए लाए थे। गत वर्ष एम.पी. दल का नेतृत्व करने रूस गए थे। ये क्रीमडी मिंथ तो हमने अपनी समधिन के लिए सेंतकर रखी है, और ये कौनेक (Cognac) तो मैंने बेटी के पहले जन्मदिन की पार्टी से छिपाकर रख ली थी...आइए, पहले मिसेज़ जोशी से तो मिला दूँ...अरे भई कहाँ हो? जिनकी कहानियों की तुम उपासिका हो, वह आज तुम्हारे सौभाग्य से, सशरीर यहाँ उपस्थित हैं।'

एक लेसदार झाड़न से हाथ पोंछती मिसेज़ जोशी, नम्रता से अभिनन्दन की मुद्रा में दुहरी होती, हमारी ओर बढ़ीं, तो उनकी असंख्य ठुड्डियों के बीच से उनका चेहरा ढूँढने में मुझे कुछ समय ही लगा था। कटिहीन भीमोदर, उनकी हर पदचाप के साथ यत्न से जमाई गई जेली ही की भाँति हिल रहा था। यह महिला कैसे उठ-बैठ पाती होगी, मैं यही सोच रही थी कि सहसा उनकी किसी दूधपीती बच्ची की-सी आवाज़ ने मुझे दूसरा धक्का दिया। उस विशाल शरीर के अनुपात में, किसी पिद्दी की-सी चींचीं के स्वर ने हम दोनों को एकसाथ चौंका दिया। जैसे किसी उत्तुंग देवालय की छत से लटकी कोई नन्हीं-सी घंटी खनकी—'आइए...आइए, पहले खाना खा लें, एकदम ठंडा हो जाएगा, एई जो गोनू, आलोटा निबिये दे तो रे।' उन्होंने अपने एक भुजंग-से काले, मुछन्दर बैरे को आदेश दिया और खट से बत्ती बुझ गई। मेज़ पर लगी मोमबत्तियों के प्रकाश में, जोशी दम्पति ने, फिर हमें अपने अपूर्व व्यंजनों की सुगन्ध से बेहोश-सा कर दिया।

मेरा बचपन कैशोर्य रियासतों में बीता है, उस दिन उन्हीं विस्मृत दरबारी भोजों की स्मृति मुझे विह्वल कर उठी थी। हमारे पीछे खड़े दक्ष बैरे, जैसे चतुर्भुज की-सी चार-चार बाँहों से हमें परिवेशन करते जा रहे थे। 'बेबी!' सहसा बड़े ही नाटकीय ढंग से, किसी पूर्वाभ्यास किए सूत्रधार की ही भाँति जोशीजी ने पुकारा। एकसाथ ही हम दोनों पर्दे की ओर उठीं। मुझे तो आज भी यही लगता है कि कमरे की बत्ती भी उस दिन पुत्री के व्यक्तित्व के दुर्बल पक्ष को रहस्यमय ढंग से छिपाने के लिए ही बुझाई गई थी और उस कैंडल-लाइट डिनर के आयोजन में, जोशीजी का चतुर मस्तिष्क बहुत पहले ही अभिमन्यु का चक्रव्यूह रच चुका था।

'ही' कर अपनी विलम्बित विदेशी मींड से हमें घायल करती बेबी, माता और पिता के बीच बैठ गई। उसे आने और कुर्सी पर बैठने में मुश्किल से दो सेकेंड लगे होंगे, किन्तु उस संक्षिप्त अवधि में भी हमने उस विचित्र शरीर की ज्यामिति बाँच ली थी। लड़की ने माँ का स्वास्थ्य और पिता का कदर्य चेहरा तो पाया ही था, किन्तु उन अधरों को चीरते-फाड़ते जो दो लम्बे दाँत, सीधे आकर हम दोनों के कलेजे में धँस गए थे, वह निःसन्देह विधाता का सर्वथा मौलिक प्रयोग था।

मैंने एक-से-एक मोटी लड़कियाँ देखी हैं, किन्तु वह मोटापा स्वयं अपने में एक अनोखी मिसाल था। कसे गए ह्रस्व ब्लाउज़ में माँस की अनावश्यक परतें कंठ के नीचे गलग्रह बनी लटक रही थीं। उधर बैल की-सी भावशून्य आँखें, पिता के-से ही सेम के बीज के-से नथुने और भयावह गजदन्त। मैं चेष्टा करने पर भी दुबारा उसकी ओर आँखें नहीं उठा पाई। उसके आते ही, पूरे कमरे को एक मनहूस चुप्पी ने घेर लिया। दीवार पर टँगा, रविवर्मा अंकित दक्षिणी सुन्दरी का भव्य तैलचित्र, सौराष्ट्र का अरना भैंसा, कालाढूँगी का गुलदार, सबकुछ निस्तेज हो उठे। मेज़ पर सँवरे, एक-एक व्यंजन में जैसे मक्खियाँ तैरने लगीं। मुझसे एक कौर भी नहीं निगला गया, मैंने कनखियों से काक-दृष्टि से देखा, मेरा भानजा भी, रूमाली रोटी का रोल-सा बना, आलूदम के आलू से बिलियर्ड-सा खेल रहा था। मेरा मन अकारण ही मत्त मयूर-सा नाच उठा। अब निश्चय ही, मेरी निम्मी का मैदान साफ़ था। पर आश्चर्य भी हुआ था कि इस युग में, जहाँ बदसूरत कपोल-ठुड्डी, यहाँ तक कि कुरूप नासिका को भी, प्लास्टिक सर्जरी से सँवारा जा सकता है, जहाँ विज्ञान ने दिल की नहीं, दिमाग के आरोपण की भी सम्भावना से त्रस्त मानव को आश्वस्त कर दिया है, वहाँ जोशीजी, पुत्री को इन मनहूस गजदन्तों से मुक्ति कैसे नहीं दिला पाए। थोड़ी ही देर में, बेबी खाने से खेलकर, उठ भीतर चली गई।

मैंने देखा कि उस बुलन्द इमारत का आगा और पीछा, समान रूप से अनाकर्षक था। उधर चाणक्य भी अपनी शिखा की बँधी गाँठ खोलने लगा था।

'आओ बेटा,' गिरीन्द्र को उन्होंने अपनी तर्जनी के आदेश से उठा लिया– 'तुम्हें हम अपना क्लब दिखा लाएँ। ज़रा देख तो लो कि चाहने पर मनुष्य कैसे-कैसे जंगल में भी मंगल रचा सकता है।'

कमरे की मनहूस चुप्पी में, गुदगुदे कालीन को, व्यर्थ ही अपने पैर के अँगूठे से कुरेदती, मैं कन्या की जन्मदायिनी के साथ अकेली रह गई। 'बहन, आज अच्छा दिन है, तुम अपनी स्वीकृति दे दो तो हम भी रोली-तिलक ले आएँ।' मैं सँभलती कि इससे पूर्व ही उस व्यवहारकुशल महिला की गुदगुदी माँसल हथेली में मेरा हाथ डरे-सहमे कबूतर-सा फड़फड़ा रहा था।

'इसके दाँत,' वह एक पल को कुछ सकुचाकर फिर दबंग बन गईं और निस्संकोच धाराप्रवाह वाणी में, उन विलक्षण दाँतों का परिचय देने लगीं–'कुछ ऊँचे हैं, पर लड़की मेरी गाय-सी सीधी है बहन, कोई दस जूती भी मार दे तो चूँ न करे। वैसे इसके पिता इसे सबसे प्रसिद्ध डेंटल क्लिनिक में भी दिखा चुके हैं, पर दुर्भाग्य से कोई भी इन्हें तोड़ने को राजी नहीं हुआ। कहते हैं, इन अभागे दुश्मन दाँतों की जड़ें, इसके दिमाग से जुड़ी हैं। हो सकता है, तोड़ने पर मानसिक सन्तुलन ही खो बैठे!'

'वह तो बिना दाँत तोड़े भी शायद खो बैठी है,' मैं कहने को ललक उठी। सचमुच ही, उसका मंगोल चेहरा किसी वज्रमूर्खा का ही था।

'देखिए,' मैंने गम्भीर स्वर में कहा–'यह बात तो गिरीन्द्र ही बता सकता है। उसी से पूछ लें। हो सकता है, मेरे सामने संकोचवश कुछ कह नहीं पाए! आप क्लब ही जाकर उससे पूछ आइए ना!' मैंने बड़े कौशल से, फिर अपने गले का फंदा काटकर दूर फेंक दिया। 'ओह धन्यवाद, कैसी विलक्षण सूझ है आपकी! तब ही तो आपकी कहानियाँ इतनी दिलचस्प लगती हैं मुझे! मैं अभी जाती हूँ। क्यों बहनजी, बेबी को भी ले जाऊँ?' एकदम कठपुतली-सी ठुमकती, वह मेरे उत्तर की प्रतीक्षा में खड़ी हो गई।

'हाँ-हाँ, ले जाइए ना, शायद खाने की मेज़ पर ठीक से देख न पाया हो!' मेरा तीखा व्यंग्य, तेल से सने पात्र पर जल की निरीह बूँद-सा ही ढलक गया। थोड़ी ही देर में, माँ-बेटी की, बौने सर्कसी जोकरों की-सी जोड़ी को विदा होते देख, मैंने निश्चिन्तता की साँस ली। पर मैं क्या जानती थी कि उसे माँ के साथ भेजने में मेरा कुटिल अभिप्राय, जान लेने को छोड़ी गई मूठ की ही भाँति, स्वयं प्रेरक को भी निष्प्राण कर देगा! बड़ी देर बाद, जब उत्फुल्ल परिवार क्लब से लौटा, तब वराहदन्ती बेबी का निर्विकार भावशून्य चेहरा भी प्रसन्नता से दमक रहा था। जोशाइन ने उसे मेरे पैरों पर लगभग ढकेल ही दिया था–'पैर छू इनके, आज से ये तेरी ममिया सास हैं।'

मैं एक क्षण को स्तब्ध रह गई। तब क्या अभागा, जान-बूझकर ही आँखें बन्द कर, अन्धे कुएँ में कूद पड़ा था? रात्रि के एकान्त में, अगल-बगल सोने पर भी, मैं फिर उससे एक शब्द नहीं बोल पाई थी। कौन कहता है कि देवता भी स्त्री-चरित्र को नहीं बाँच सकते। पग-पग पर गिरगिटी रंग बदलनेवाले पुरुषों पर हमारे रससिद्ध कवि, गुणी, नीतिज्ञ, ऐसी कोई उक्ति क्यों नहीं लिख गए?

दूसरे दिन ही हमें जाना था, इसी से बड़े तड़के ही से जोशी-दम्पति ने हम पर उपहारों की चाँदमारी-सी कर दी। हीरे की अँगूठी, मखमली थैली में सोने की मुहरें, घर-भर के लिए बंगाल की प्रणामी प्रथानुसार भारी-भरकम साड़ियाँ, बागबाज़ारी रसगुल्ले और भीमनागी सन्देश। स्वयं अपनी ही भारी औरगेंजा की असली ज़री को सहलाती, मैं अपने क्षत-विक्षत चित्त की वेदना भी एक क्षण के लिए भूल-बिसर गई थी। विवाह की तिथि भी उन्होंने उसी दिन निश्चित कर तीसरे ही महीने विवाह निबटा दिया था। गिरीन्द्र मेरी इकलौती ननद का इकलौता पुत्र था, इसी से, यह कैसे हो सकता था कि मैं न जाती! मैं गई, पर उस आनन्द और महोल्लास के बीच, काले शॉल में लिपटे डबडबाए सफेद चेहरे की स्मृति मुझे रह-रहकर व्याकुल कर उठती थी। मुख में कलकत्ते का स्पंजी रसगुल्ला दबा रहने पर भी, स्वाद बीच-बीच में स्वयं ही कड़वा हो उठता था! जी में आता था, थूक दूँ। जैसे कोई कड़वी कैप्सूल, कंठ ही में अटक, अपनी कड़वाहट का ज़हर, मेरी पूरी श्वासनली में घोल गई थी!

बहू आई और साथ में आया, समुद्र-मन्थन से निकला रत्नों का स्पूताकार अम्बार।

टेलीविजन, गाड़ी, स्टीरियो, इम्पोर्टेड फ्रिज़, डिनर सेट, चाँदी की कटलरी और सोने का डिकैंटर! उन सबकी चकाचौंध के बीच, अधरों से बाहर लटके गजदन्तों को देखने की न किसी को लालसा थी, न अवकाश! कोई साड़ियों की ज़री तौल रही थी, कोई कंठहार के हीरों पर न्योछावर हो रही थी, कोई अनोखे फ्रिज़ का चिकना कपाट खोल, ऐसी ललक से भीतर झाँक रही थी जैसे नई बहू का घूँघट उठा, सलोना चेहरा पहली बार देख रही हो।

ललिता को तो दम मारने की फुर्सत नहीं थी, इधर-इधर भागती, मिठाई के डिब्बे सँभालती वह पुराने दमे के मरीज़ की भाँति हाँफती जा रही थी।

'अरी ललतो!' उनकी जिठानी ने दूर से अपने भारी कंठ की बन्दूक दागी–'बूँदी के लड्डू तो डबल सैज के हैंगे री, जरा सँभल के तोड़ियो, कहीं उनमें भी मुहरें न भरी हों तेरे समधी ने!'

साथ ही रतजगे की रतनारी उनींदी बीसियों आँखें चमकीं और बन्ना-घोड़ी गाए गए। अधबैठे कंठों के समवेत कहकहे से, कोहबर गूँज उठा।

बेहया गिरीन्द्र नई बहू के सोने के गुच्छे में फ्रिज़ की चाभी पिरो रहा था। एक बार भी उसने सिर उठाकर मेरी ओर नहीं देखा। मैंने भी कुछ नहीं कहा। मैं समझ गई कि बेचारा स्वयं ही अन्तररात्मा के चाबुक की सड़ासड़ मार से तड़प रहा है। मैंने सामान कार में रखवाया। चलने लगी तो ललिता ने हाथ पकड़ लिया–'हाय, एक दिन तो रुक जातीं, बहू का पूरा सामान भी तो नहीं दिखा पाई तुम्हें!' उनके स्वर में स्नेह का लवलेश भी नहीं था। उस कंठ का अहंकार ही एक बार फिर मेरे कटे घाव पर नमक बुरक गया।

'जो देखने लायक चीज़ थी उसे तो देख लिया, ललिता, अब सामान देखकर क्या करूँगी...' काले शॉलवाला चेहरा मेरे जिह्वाग्र पर बैठ, जैसे स्वयं मुखरा बना प्रतिशोध ले रहा था।

'अरे हाँ, तुम्हें तो बताना ही भूल गई,' दर्पदीप्त स्वर अब उसने शायद जान-बूझकर ही आस-पास खड़ी महिलाओं को सुनाने के लिए और ऊँचा कर दिया था–'द्वारचार में बहू के नाम का सवा लाख के बीमे का कागज़ भी रख दिया था समधी ने!'

'अच्छा?' चलते-चलते फिर मैंने भी अपनी दरिद्र भतीजी के अपमान का पूरा-पूरा बदला ले ही लिया–'यह कहावत तो आज तक सुनी ही थी ललिता, कि मरा हाथी भी सवा लाख का होता है, आज़ उसे चरितार्थ होते भी देख लिया!' मैंने कहा और देशी उस्तरे की धार-सी अपनी ही व्यंग्यात्मक घातक हँसी से ननद को घायल कर तेज़ी से सीढ़ियाँ उतर गई।

मित्र

पूरे घर की कायापलट हो गई थी। बड़ी लड़की रम्भा काँचों को स्पिरिट से साफ़ कर रही थी। मँझली सरोज ने गोल कमरा चमका लिया। दोनों लड़कियाँ बार-बार अकर्मण्य छोटे भाई बब्बू की धज्जियाँ उड़ा रही थीं–'बब्बूजी, आपसे तो कुछ होने का नहीं, जब देखो तब लाटसाहब चुग रहे हैं। ग्यारह बजे कालका मेल आता है, साढ़े दस बज गए और आपका पाजामा ही खिसका जा रहा है। जाइए, कपड़े बदलिए।'

दस वर्ष के परमहंस बब्बू बहनों की घुड़कियों से बिना सहमे, चौके में बासी रोटी की प्लेट बनाए, माँ के सम्मुख याचक बने खड़े थे–'हाय, ममी, थोड़े-से भुने आलू दे दीजिए, फिर नहीं माँगूँगा।'

राधा झुँझला उठी–'मर अभागे, तेरी हड़बड़ी में हाथ जलकर रह गया। चखते-चखते सब ही कुछ तो खा डाला। अरे, देख तो बेटी, लगता है, आ गए।'

पूरे घर को जैसे बिजली का तार छू गया। रिक्शा सचमुच ही आ गया था। रम्भा ने सफाई का तामझाम बटोर पलँग के नीचे कर दिया, सरोज बिजली की गति से गुसलखाने में घुस गई। बब्बू खिसकता पाजामा और हाथ की बासी रोटी सँभाले, बगल के कमरे में अदृश्य हो गया। हाथ में करछुल और सब्जी का ढकना लिए राधा बेचारी सोचती रही कि कहाँ छिपे।

उसके पति का मित्र मुस्कुराता द्वार पर खड़ा था।

'ओह, यह हैं हमारी भाभीजी! नमस्कार!' उसने झुककर हाथ जोड़े और विनम्रता से दोहरा हो गया।

राधा काँप गई। कैसा कदर्य, कुत्सित और भयावना था पति का मित्र! एक तो यह प्रकृति का कुछ विचित्र नियम है कि पति के आत्मीय या मित्र कितने ही सुदर्शन क्यों न हों, उनकी पत्नियों को आमतौर पर कम ही पसन्द आते हैं, पर इस मित्र को देखकर तो वह सचमुच ही स्तब्ध हो गई। कामेश्वर की रुचि का ही तो वह आज तक लोहा मानती आई थी, जो खाने में, पहनने में, बोलने में, अभ्यस्त और स्वयं अपने व्यक्तित्व में अनमोल था। उसने ऐसे मित्र को क्या देखकर चुना? पति ने तो उसे पहले ही आगाह कर दिया–'देखो राधा, राघव देखने में तो आबनूस का चक्का है, पर दिल का हीरा है, समझी? फिर इतना श्रीमन्त मित्र अपने विपुल वैभव के बीच भी मेरा स्मरण कर सका, यही मेरा सौभाग्य है। चाहता तो बड़े होटल में टिक सकता था। पर लिखा है, तेरे ही साथ ठहरूँगा।'

राधा के दुर्भाग्य से, पति का मित्र महीने की सत्ताईस तारीख को पहुँचा था, फिर भी उसने आतिथ्य में त्रुटि नहीं रहने दी। कामेश्वर ने बहुत दिनों से एक भत्ते का बिल छिपाकर रखा था। अस्सी रुपये का सामान्य-सा बिल था। सोचा था, पैंट बनवा लेगा। आफिस की कुर्सी

में बैठता तो ऐसे सँभलकर जैसे किसी गहरी नदी की टूटी सीढ़ियाँ उतर रहा हो। हर पैंट की सीट बुरी तरह जर्जरित होकर झीनी पड़ गई है, पर जब कभी बिल भुनवाकर पैंट बनवाने की सोचता, दोनों लड़कियाँ फीस माँग बैठतीं, लड़के का जूता मुँह फाड़कर अट्टहास कर उठता और पत्नी फटी साड़ियों की प्रदर्शनी-सी लगा देती। कहीं इन अभावों के बीच अपना तन ढाँपने का दुःसाहसी संकल्प पूर्ण कर बैठता तो गृहस्थी का संयुक्त मोर्चा उसके विरुद्ध हो जाता। इस बार उसी बिल को भुनाना पड़ा। खिड़कियों के द्वारों के पर्दों की फरमाइश लड़कियाँ कब से कर रही थीं। ज़माना सचमुच ऐसा आ गया था कि तन की लाज ढँकने से अधिक चिन्ता मनुष्य को गृहद्वार और खिड़कियों की लज्जा ढँकने की हो गई थी।

'सबके यहाँ हैंडलूम के पर्दे हैं, पापा!' रम्भा ने मुँह फुलाकर कहा, 'एक आप ही लोग हैं कि अभी तक दरवाज़ों पर हमने एक साल पड़े पर्दे लटकाए हैं। साथ की लड़कियाँ आती हैं तो हम शरम से मर जाती हैं; फिर आपके समृद्ध मित्र आ रहे हैं, पर्दे बनवाने ही होंगे।'

सरोज और रम्भा ने द्वार और खिड़कियों को नापा, बढ़ई को बुलाकर नए चमकदार शीशम के डंडे बनवाए, बढ़िया मोहनजोदड़ो के वृषभ-अंकित कपड़े का थान आया और बारह बजे तक बैठकर राधा ने पर्दे सिले। पर्दे लग गए तो घर मुस्कुराने लगा, पर अभी भी मुस्कुराहट पूर्ण नहीं थी, नंगी औरत कपड़े पहनकर मुस्कुरा भले ही ले, निराभरण क्या अच्छी लगती है।

मित्र आते ही चाय माँगेंगे...और टी-सेट!

'हाय राम, यह कोई टी-सेट है, पापा! क्या कहेंगे आपके मित्र!' रम्भा और सरोज रंग-बिरंगे बहुरूपिया कप-तश्तरियों को एक कतार में धर, चम्मच से जलतरंग बजाने लगीं।

'छिः-छिः, हमसे तो नहीं पिलाई जाएगी इन प्यालों में चाय। एक सेट तो लाना होगा। बारह सौ पाते हैं आपके मित्र, फिर आपकी नौकरी भी तो ऐसी गई-बीती नहीं, पापा! सात सौ तो आपको भी मिलते हैं।'

'बेटी, उसके बारह सौ अकेले उसी के हैं, और मेरे सात सौ में तुम तीन, तुम्हारी ममी, फिर इनकम टैक्स, बीमा...'

सरोज बाप की मुँहलगी बेटी थी--'बोर मत करिए, पापा! फिर वही बजट-पुराण ले बैठे आप! निकालिए तो चट से चालीस रुपए, एक कामचलाऊ टी-सेट ही ले आएँगी!'

'चालीस में कामचलाऊ!' कामेश्वर की आँखें बाहर निकल आईं--'मैं जब होटल में था तब पाँच रुपए का वो फाइन सेट लाया था कि बस...'

अब रम्भा झुँझलाई--'आप लोगों को तो कुछ आदत ही पड़ गई है शायद। हमारे ज़माने में ये था, वो था। हमारे बच्चे होंगे तो हम भी कहेंगे--सौ रुपए में मामूली टी-सेट! अरे हमारे ज़माने में तो चालीस का वो बढ़िया आता था कि बस...'

दोनों पुत्रियों की बहस ने कामेश्वर को पराजित कर दिया। द्वार-खिड़कियों पर पर्दे टँग गए। नए सेट में ब्रुकबांड की चाय बनी, कुरकुरे मोनाको स्नैक्स का चमचमाता टिन खुला और मित्र को घेरकर पूरा परिवार बैठ गया।

काले भुजंग-से मित्र को घेरे कामेश्वर के तीनों बच्चे देवदूत-से लग रहे थे। मित्र ने बड़ी आत्मीयता से छोटे लड़के बब्बू को गोद में उठा लिया था। वह बारी-बारी तीनों से प्रश्न पूछ रहा था। कभी सामान्य ज्ञान की परीक्षा चल रही थी, कभी बड़ी पुत्री का अंग्रेज़ी-साहित्य का वायवा लिया जा रहा था। शेक्सपियर के विभिन्न पात्रों की भूमिका में अवतरित होकर मित्र

अपनी पांडित्यपूर्ण आवृत्तियों से मित्र के परिवार को प्रभावित करने की चेष्टा कर रहा था। बच्चों को राघव का गर्जन-तर्जन बड़ा अच्छा लग रहा था। उसकी भौंडी नाक के चपटे नथुने उत्तेजना से फड़फड़ाने लगते, अधमुँदी आँखें शेक्सपियर की आवृत्ति करते-करते पूरी बन्द हो जातीं, तो बब्बू दोनों बहनों को चिकोटी काटकर बुरी तरह गुदगुदा देता—'देखो, नाक के नथुने कितने बड़े हैं, पूरा चूहा घुस सकता है।'

रात के ग्यारह बजे सबने खाना खाया। राधा थककर चूर हो गई थी। इतनी रात तक जागकर काम करने का उसे अभ्यास नहीं था, पति के मित्र का ज़ोर-ज़ोर से बोलना, ठठाकर हँसना, कभी उसे काकदृष्टि से छिप-छिपकर देखना और कभी उसकी सुन्दर पुत्रियों को, उसे ज़रा भी अच्छा नहीं लग रहा था। पर पति का मन रखने को वह अतिथि देवता को प्रत्येक सुविधा देने की चेष्टा कर रही थी। लाख बुरा हो, था तो पति का मित्र। बेचारे के प्रौढ़, रिक्त जीवन में कभी नारी की सुशीतल छाया नहीं पड़ी थी; इसी से बार-बार मित्रपरिवार के सौभाग्यमदिरा से छलछलाते जीवनपात्र को देखकर शायद मुँह में पानी भर आया था। फिर दो ही दिन की तो बात थी, तीसरे दिन तो चला ही जाएगा। कौन रोज़-रोज़ आ रहा है, चलो इसी बहाने घर की एक-आध चीज़ें तो जुट गईं।

राघव चाचा को दूसरे ही दिन सुबह मीटिंग में जाना था। सुबह की चाय चटपट पीकर वह मीटिंग में चले गए। लंच भी वहीं था, कह गए, शाम को लौटेंगे। उनके जाते ही पहले नाश्ते की मेज़ पर डाका पड़ा। तीनों बच्चों ने द्रुतगामी रफ़्तार से बिस्कुट साफ किए, पाँच केलों को तीन विषम भोगों में विभक्त किया, बासी पत्तियों में उबलता पानी डालकर दुबारा चाय बनी, ज़ोर-ज़ोर से राघव चाचा के गुण-दोषों की विवेचना सम्पन्न हुई, फिर आरम्भ हुई उनके विलासी सामान की चीरफाड़।

'हाय ममी, देखो कैसा हलका सूटकेस है, एकदम कागज़ी फूल!' विदेशी रंग-बिरंगे लेबल चिपके सूटकेस को एक हाथ में झुलाकर, रम्भा ने राघव चाचा के विदेशी धूप के चश्मे में अपने गौर मुखमंडल को दीप्त किया और मुस्कुराती बंकिम मुद्रा में खड़ी होकर बोली, 'इनसे मिलिए, ये हैं कुमारी रम्भा, एयर होस्टेस, एयर इंडिया इंटरनेशनल।'

'वाह, वाह, एयर होस्टेसजी, कल शायद अपने इकलौते फटे पेटीकोट की मृत्यु पर आप ही बिलख रही थीं!' सरोज ने लपककर बड़ी बहन से चश्मा छीन लिया—'लाइए, हम भी लगाएँगे, भई। मान गए, राघव चाचा हैं रईस आदमी। ममी देखो, जूते के लिए भी जिप लगा चमड़े का केस है।'

'तकिया देखिए, दीदी, चिड़िया के पर भरे हैं।' बब्बू राघव चाचा का तकिया लगाए ठाठ से लेट गया था।

राघव चाचा सन्ध्या को लौटे तो फिर महफिल जमी। उस दिन रात का खाना ग्यारह बजे लगा। घर की महरी बड़बड़ाती चली गई, बेचारी राधा कई बार खाना लगाने उठी, पर राघव चाचा को देर में खाने का अभ्यास था। प्रत्येक गृहस्थ की एक निश्चित मर्यादा होती है, अपनी कुछ सीमाएँ होती हैं— यह उस मस्तमौला अतिथि को ज्ञात नहीं था। तीसरे दिन की सुबह की मेल से उसके जाने की बात थी, पर कामेश्वर ने बड़े आग्रह से रोक लिया। राधा मन-ही-मन झुँझलाई भी थी, दो दिनों में तीस रुपये तो घी, मिठाई और फलों में ही टूट गए थे। बच्चों को भी अब राघव चाचा की गरिष्ठ विवेचना के पकवानों से अपच हो उठा था। देश-विदेश के मन्त्रिमंडल का लेखा-जोखा देते-देते लड़कियाँ ऊब गई थीं। नए टी-सेट को राधा अपने

हाथ से पोंछती थी, एक बार धोकर रखती तो दूसरे राउंड चाय का आर्डर आ जाता। फिर नित्य की दो सब्ज़ियों के स्थान पर तीन-तीन, चार-चार सब्ज़ियाँ बनाते-बनाते उसकी कमर टूट गई। पहले दिन का पाहुना अब कुछ घिनावना लगने लगा था।

तीसरे दिन राघव चाचा का सामान बँधने लगा तो राधा विदा होते अतिथि के प्रति सहसा सदय हो उठी। इतना लम्बा सफर है, क्यों न बेचारे के लिए चार पूड़ियाँ ही झटपट उतार दे। रास्ते में नाश्ता कर कम-से-कम याद तो कर लेगा कि किसके साथ रहा था!

वह पूड़ियाँ उतार रही थी कि कामेश्वर आ गया, 'सुनती हो, तुम्हारे पास कुछ रुपए होंगे?'

'रुपए? कैसे रुपए?' राधा चौंक गई। जलते घी में पूड़ी सफेद से गुलाबी और गुलाबी से क्रमशः लाल पड़ने लगी।

'तुम्हारे पास हमेशा कुछ रुपए रखे रहते हैं, राधा, अचानक चलते समय राघव को ध्यान आया कि उसके रुपये कुछ कम पड़ गए हैं, जाते ही भेज देगा, कुछ हो तो निकाल दो, प्लीज...देर मत करो।'

'हद करते हैं! 'आप माँगते ब्राह्मण द्वार खड़े जजमान' इसी को तो कहते हैं। सवा तीन रुपये बचे हैं। कहिए तो निकाल दूँ।' राधा का स्वर बड़ा ही रूखा था और वह पति की ओर दृष्टिपात किए बिना बड़ी बेरुखी से पूड़ियों का पेट दबा-दबाकर उन्हें फुलाती ही जा रही थी। मन-ही-मन वह सोच रही थी कि 'चलते समय वह अनोखा मित्र रुपये भी माँगेगा' अगर जानती तो रास्ते का नाश्ता कभी नहीं बनाती।

'नहीं राधा, झूठ मत बोलो, तुम्हारे काले बक्स में लक्ष्मी पूजा के सौ रुपये धरे हैं। देखो, आज मेरी इज्जत रख लो! क्या कहेगा, इतना बड़ा आदमी है, आधा ही घंटा ट्रेन छूटने में है, नहीं तो मैं कहीं और से इन्तज़ाम कर लेता।'

एक बार तो राधा के जी में आया कि कह दे, कर लीजिए इन्तज़ाम, पर फिर झुँझलाकर उसने कड़ाही उतार ली। पति और कुछ देखे-न-देखे, पत्नी के छलबल से छिपाए रुपयों को वह पुलिस के सिखाए कुत्तों की भाँति अपने दिव्य चक्षुओं से बड़ी तत्परता से देख लेता है। लाल पोटली को निकालना ही पड़ा। एक सौ पच्चीस रुपये और मित्र-परिवार की मीठी स्मृतियों को बटोर मित्र सुबह की मेल से विदा हो गया।

मित्र के जाते ही बड़ी धूमधाम से गृहस्थी का गणतन्त्र-दिवस मनाया गया। दीवारों पर फिर रोल नम्बर और दूध का हिसाब लिखा जाने लगा। राधा ने फटी साड़ियाँ लीं, कामेश्वर ने कच्छे का कौपीन धारण कर फिर गृहस्थी से वैराग्य लिया। नया टी-सेट ताले में बन्द हो गया, रंग-बिरंगे टूटे प्यालों में चाय की अमृतवर्षा करने सूर्पणखाँ की नाक की-सी टोंटीधारिणी पुरानी केतली एक बार फिर आ गई। घर की बनावटी आडम्बर की केतली को उतारकर एक खूँटी पर लटका दिया गया। कभी-कभी राघव चाचा की बातें होतीं तो राधा अपने दिए गए रुपयों का उल्लेख अवश्य कर देती।

चार महीने तक जब राघव ने पत्र ही नहीं लिखा तो राधा का माथा ठनका।

'क्योंजी, कैसे हैं आपके मित्र! रुपये तो दूर, एक चिट्ठी भी नहीं डाली!' उसने एक दिन पति से कहा।

'ऊँह, आ जाएँगे। कौन-सी बड़ी रकम है, अब की तनख़्वाह से तुम अपने रुपये ले लेना।'

'तनख़्वाह है ना कद्दू!' राधा भुनभुनाकर उठ गई थी—'सौ रुपये मैं काट लूँ तो रोते नज़र आओगे। कहना आसान है, वह तो मैं ही हूँ जो तुम्हारी गृहस्थी की गाड़ी ठेले जा रही हूँ। चौदह आने सेर आलू बिक रहा है, सौ रुपए क्या कम होते हैं?' इधर बिगड़ती खाद्यान्न-स्थिति ने अधिकांश गृहिणियों की भाँति उसका भी रक्तचाप बढ़ा दिया था। हर तीसरे दिन वह पति के मित्र को कोसने बैठ जाती।

कामेश्वर को इतनी चिन्ता नहीं थी। एक तो उसे विश्वास था कि रुपये नहीं डूबेंगे। दूसरे, लेन-देन के मामले में पुरुष स्त्री की अपेक्षा अधिक उदारता से काम लेता है। स्त्री किसी से लिया गया रुपया चाहे भूल जाए, अपने द्वारा दिया गया धेला भी नहीं भूल सकती।

पाँच महीने बीत गए। गेहूँ सोने के भाव बिक रहा था। धोबी, जमादार, महरी, सबने अपना महँगाई-भत्ता सुविधानुसार बढ़ा लिया था, बेचारी राधा के ही पैर उसकी गृहस्थी की चादर से बाहर झाँकने लगे थे। नाना अभावों के बीच उसे सौ की स्मृति कभी-कभी रुला देती। एक तो पूजा के रुपए थे, लक्ष्मीजी ने सचमुच ही रूठकर मुँह फेर लिया था।

वह रुपयों की आशा एक प्रकार से छोड़ ही बैठी थी कि एक दिन उसके नाम का लिफाफा आ गया। राघव का ही पत्र था, रेलवे रसीद भेजी थी, दिल्ली से कन्धारी अनार और बेदाना अंगूर चले आ रहे थे भाभीजी के लिए।

राधा पहले तो झल्लाई—'यहाँ गेहूँ को तरस रहे हैं, भेज दिए कन्धारी अनार और बेदाना अंगूर। इससे तो सीधा-सादा मनीआर्डर भेज दिया होता।' पहले वह पति के सहयोगी अस्थाना की नई फिएट गाड़ी को ललचाई दृष्टि से देखती थी, पर उस दिन एक मोटी-सी ललाइन को रिक्शा पर ढाई मन का गेहूँ का बोरा दोनों हाथों से सँभाले देखा तो फिएट-आरूढ़ा अस्थानागृहिणी भी फीकी पड़ गई। काश, वह भी ऐसे ही एक भीम बोरे से बाल-डांस करती, उसे अपने घर तक ला सकती।

फलों का पार्सल आया तो बच्चे टूट पड़े। 'वाह-वाह, क्या रसीला अनार है! और क्या बढ़िया अंगूर!'

राधा ने पड़ोस में बाँटने का प्रस्ताव रखा तो पूरा घर भड़क गया—'वाह जी वाह, हम एक दाना भी किसी को नहीं देंगे!'

रम्भा और सरोज को माँ के औदार्य और छोटे भाई की नीयत पर सन्देह हुआ तो चट टोकरी ताले में बन्द कर दी गई।

राधा की आँखें भर आईं। ये वे ही बच्चे थे जो तिल का दाना भी बाँटकर खाते थे। परिस्थितियों ने उन्हें कितना स्वार्थी बना दिया था!

कई दिनों तक अनार और अंगूर नाश्ते की जगह खाए और पानी के बदले पीए गए। राधा ने अब रुपयों का प्रसंग छेड़ना ही बन्द कर दिया। कम-से-कम चालीस के तो फल होंगे ही। लिखा है, अगले महीने कुछ फिर भेजेंगे। वह कुछ खिसियाए स्वर में, पति के सम्मुख झुँझलाहट में कहे गए मित्र के प्रति अपशब्दों के लिए मूक क्षमायाचना-सी कर उठती।

दूसरे महीने गढ़वाल के दौरे पर गए मित्र ने सचमुच ही एक पार्सल कागज़ी अखरोटों का भेज दिया तो राधा पिघल गई—'आपके मित्र हैं समझदार, कितना खिला दिया हमें!' उसने पति से कहा तो चट से मुँहजोर छोटी बेटी ने टोक दिया—'वाह ममी, उस दिन तो तुम राघव चाचा को चोट्टा कह रही थीं!'

'चल मुँहझौंसी, कब कहा था मैंने?' राधा खिसियाये स्वर में बोली।

'वाह, कहा नहीं था कि चोट्टे भस्मासुर ने चालीस के फल मत्थे मढ़कर पूरे सौ डकार लिए।' ही-ही कर दोनों बहनें पिता के सम्मुख माँ को अपदस्थ कर देने की महिमा से हँसती-हँसती दुहरी हो गईं।

सचमुच ही एक दिन खीझकर राधा ऐसा ही कुछ कह बैठी थी। सौ की व्यथा को वह बीच-बीच में फलाहार करने पर भी नहीं भुला पा रही थी।

उधर राघव को काम से एक बार फिर मित्र के पास आना था। पहली बार मित्र-परिवार के साथ बिताए आमोदी दिनों की मिठास वह भूला नहीं था। कितनी स्नेही लड़कियाँ थीं और कैसी सुशीला पत्नी! उसके साधारण मसालों में बने भोजन का रस उसके छत्तीस व्यंजनों में भी नहीं था।

अब के वह बिना किसी पूर्वसूचना के पहुँच रहा था। बच्चों के लिए क्या उपहार ले जाए? और भाभी के लिए? तीनों के लिए खूब दामी साड़ियाँ ले जाएगा वह! कुँआरा होने पर भी वह इतना जानने लगा था कि स्त्रियों को अच्छा पहनना-ओढ़ना स्वभाव से ही रुचता है।

शहर में एक पंजाबी कपड़ेवाले ने अपनी दुकान नए ही ढंग से सजाई थी। एक ओर आदमकद मेमों की मोम-मूर्तियों की कतार साड़ी पहने इठलाती थी, दूसरी ओर दो आकर्षक ऐंग्लो-इंडियन युवतियाँ ग्राहकों पर विनम्रता के डोरे डालकर उन्हें खींचती थीं। उन्होंने तीन साड़ियाँ उसे थमाईं तो दुकान के कोने में पड़ी एक औंधी तख्ती पर उसकी दृष्टि पड़ी, जिसे शायद दुकान की आधुनिक सज्जा से मेल खाता न देखकर कोने में फेंक दिया गया था। काँच के आईने में काले अक्षरों के बेलबूटों से लिखी पंक्ति ने उसकी विस्मृति को कोंचा मारकर जगा दिया। उस पर लिखा—'उधार मित्रता की कैंची है।'

वह भी तो सौ रुपए लाया था मित्र से, बल्कि एक सौ पच्चीस थे। कैसा भुलक्कड़ था वह! राम-राम!

तो क्या सौ रुपयों ने उसकी डोर पर कैंची चला दी होगी? ऐसा नहीं है उसका मित्र?

अब मनीआर्डर क्यों भेजे, खुद ही ले जाएगा। एक दिन पहले या बाद में मित्र के घर पहुँचता तो ठीक था। वह ऐसे मनहूस दिन पहुँचा जिस दिन मित्र की गृहस्थी का आकाश मनोमालिन्य के घने कृषण मेघखंड से पूरा ढँक चुका था। दो दिनों से पति-पत्नी में बुरी तरह खटक रही थी। झगड़े का सूत्रपात अर्थाभाव से हुआ था।

पूरी तनख़्वाह महीने की दस तारीख को खतम हो चुकी थी। कामेश्वर ने बड़े रूखे स्वर में कह दिया था कि उसे महीने में एक ही बार वेतन मिलता है, दो बार नहीं। उधर राधा पति की फिजूलखर्चियों का उल्लेख कर उसे बुरी तरह पछाड़ रही थी। उसका स्वर क्रमशः ऊँचा होता जा रहा था। चेहरा तमतमा गया था। क्रोध के वाष्प से नारी के शील और सौम्यता का ढँकना बार-बार उलटा जा रहा था।

'एक आपके मित्र हैं, दस-बीस के फल और मुफ़्त की सलामी में मिले अखरोट भेजकर पूरे सौ रुपए डकार गए। चालीस का तो टी-सेट आया हज़रत के लिए, पचास के परदे, फल और सब्जियाँ अलग। तन का ही नहीं, मन का भी काला था आपका मित्र।'

मित्र को बिना किसी सूचना दिए आश्चर्य और आनन्द से अभिभूत कर देने के संकल्प से पिछवाड़े के पपीते के पीछे छिपा तन और मन का काला व्यक्ति काँप उठा था।

पति और पत्नी ऐसे तने आमने-सामने खड़े थे जैसे एक-दूसरे के खून के प्यासे हों। मित्र भय और आशंका से काँप उठा। व्यर्थ ही काँप रहा था बेचारा। उसका कुँआरा जीवन ऐसे

तनाव के क्षणों से अनभिज्ञ था। वह नहीं जानता था कि जिसके विवाहित जीवनाकाश में ऐसी घनघोर घटा नहीं घिरती वहाँ रसवृष्टि की आशा करना भी व्यर्थ है। वह नहीं जानता था कि आज एक-दूसरे के खून के प्यासे कल फिर एक प्राण हो उठेंगे। वह और खड़ा नहीं रह सका। क्या पता, पति क्रोध में आकर पत्नी का गला ही घोंट दे। मित्र-पत्नी की हत्या वह नहीं देख पाएगा। उसका काला चेहरा और भी काला पड़ गया, मोटे होंठ पश्चात्ताप से थरथराने लगे। क्या सचमुच ही वह तन और मन का काला था?

डबडबाई आँखों से उसने एक बार सिर झुकाए मित्र को देखा। क्या भीतर जाकर उपहार सहित सौ रुपए दे आए? नहीं, नहीं, अब वह भीतर जा नहीं पाएगा। तार से रुपए भेज देगा। कुछ देर ठिठका, फिर हाथ में सूटकेस लटकाए, मित्र के द्वार से मित्र बाहर चला गया।

दादी

दादी के आने के साथ ही उनका जाना भी सदा जुड़ा रहता था और इसी अशुभ आशंका से नन्हीं रंजना का चित्त एक बार फिर काँप उठा था।

मम्मी और दादी के असन्तोषजनक सम्बन्ध को वह छोटी होने पर भी खूब समझती थी। दादी के आते ही मम्मी का मूड बिगड़ जाता था। फिर आज तक दादी बहुत दिनों तक रही ही कब थीं भला?

जब भी दादी आतीं, मम्मी-डैडी बड़ी रात तक अंग्रेज़ी में लड़ते रहते और फिर स्कूल से लौटकर दोनों भाई-बहन देखते, दादी कहीं भी नहीं हैं।

'क्यों मम्मी, दादी चली गईं क्या?' दोनों तुनककर एक ही प्रश्न पूछते।

'हाँ, चली गईं!' मम्मी ऐसे स्वरों में उत्तर देती कि दोनों सहमकर चुप रह जाते।

इसी से आज रंजना विशेषरूप से दादी से लिपटकर अभयदान की याचना करने लगी— 'प्रॉमिस दादी, तुम इस बार भागोगी नहीं?'

दादी की कोटरग्रस्त आँखें स्नेहाश्रुओं से छलक उठीं। ठीक ही तो कहते हैं गुणीजन, हँसिया अपनी ही ओर काटता है। हज़ार हो, हैं तो दोनों उसी के रक्त-मज्जा-मांस के टुकड़े।

'हाय मेरी लाडो, तुम्हें छोड़कर कहाँ जाऊँगी भला?'

आश्वस्त होकर, हाथ का बस्ता हिलाते दोनों सीढ़ियाँ उतर गए।

स्टेशन जाने से पहले बड़ी बहू जो डंक दे गई, उसकी पीड़ा की साल पौत्री के स्नेह ने सींचकर रख दी।

बड़ी बहू के परिवार को लेकर वह पिछले शनिवार को छोटी के पास पहुँची थीं। करतीं भी क्या! जोधपुर में मरे पाकिस्तानी बम ओले-से बरसने लगे थे। पुत्र ने ही ज़िद कर दोनों सास-बहू और तीन बच्चों को छोटे भाई के परिवार के साथ रहने भेज दिया था। छोटी बहू के साथ रहना जान-बूझकर ही मक्खी निगलना है, यह सास भी जानती थीं और बड़ी बहू भी। बहू की चिन्ता का समाधान उसने स्वयं ही कर लिया था—दूसरे-तीसरे ही दिन वह मायके चली जाएगी। बड़े पुत्र की नौकरी साधारण थी, बहू साधारण थी और बच्चे भी साधारण, इसी से जिठानी का आक्रोश देवरानी पर ही उतरता। एक तो यह रक्त-सम्बन्ध ही कुछ ऐसा कठिन है चाहे दो सगी बहनें ही जिठानी-देवरानी क्यों न बनें, उनकी मैत्री का क्रम जीवन-भर 'हिन्दी-चीनी भाई-भाई' का निरर्थक नारा लगाता दम तोड़ ही देता है फिर बड़ी बहू का पक्ष सबल भी था। सास को वही रखती थी। छोटी की गृहस्थी बैरा-बटलर की थी। पति फौजी उच्चपदस्थ अफसर था। बच्चे अंडा खाकर स्कूल जाते थे। उनके जन्म-दिनों को तिल-दुग्ध

की धार देकर नहीं, केक पर मोमबत्तियाँ जलाकर मनाया जाता था। अम्माजी के चौके में सर्वदा 144 धारा लगू रहती थी। कोयले की लक्ष्मण-रेखा खींचकर सास अपनी सीमा स्वयं निर्धारित कर लेती थीं। पर निर्लज्ज बर्बर शत्रु की भाँति छोटी बार-बार उस सीमा का उल्लंघन जान-बूझकर ही करती खीस निपोर देती—'हाय अम्माजी, अब क्या होगा, चौका तो मुझसे छू गया!'

होता क्या, दूध-दही में गुँधे आटे के नरम-नरम पराँठे से ममता तोड़ बेचारी सास के लिए आधे दर्जन केले या पाव-भर सेब मँगा दिए जाते। बड़ी बहू के चौके में ऐसी सीमा-उल्लंघन की घटनाएँ बहुत कम होती थीं, इसी से सास वहीं चली गई थीं, पर देश की आकस्मिक स्थिति ने उन्हें फिर छोटी के द्वार पर ला पटका। इस बार स्थिति कुछ और डाँवाडोल थी—एक तो गृहस्वामी ख़ास मोर्चे पर था; दूसरे, गृह का भृत्य भी फौज में भरती होने चला गया था। सन्ध्या के साथ ही अन्धकार का तम्बू तन जाता, उस पर कलेजा दहलानेवाला भोंपू डकराने लगता।

कमरे के एक कोने पर शरणार्थी-रूप में आए अपने ठाकुरजी के भरे-पूरे परिवार को रख अम्माजी छोटी बहू से गंगाजल सहेजने के लिए बोतल माँगकर लौटी ही थीं कि बड़ी बहू ने अग्निबाण ताककर मार दिया था। खूब चढ़ानेवाले ठेकेदार पिता की पुत्री थी, इसी से चौड़े मुख की व्हिस्की की सुन्दरी बोतल को पहचान गई।

'क्या धरेंगी इसमें, अम्माजी?' भेंड़ी पुत्रवधू ने अपनी पौने दो आँखों के कोण को सास के चेहरे पर टिका दिया था।

'गंगाजल।' अम्माजी ने सरल उत्तर दिया था।

'ठीक ही तो है, देवरजी की ही गंगाजल की शीशी दी है छोटी ने!' खु-खुकर वह पास खड़ी छोटी की ओर देख मुँह में आँचल ठूँसती बिस्तर-बन्द बाँधने लगी थीं।

चाहती तो छोटी वहीं पर जिठानी के गंगाजल-सेवी पितामह का विधिवत् पिंडदान कर सकती थी, पर आज जा रही थी डेढ़ अक्खीं! मरे साँप को क्यों कोंचें? अकेली अम्माजी रह जाएँगी। उनके आने से इधर सुविधा ही हो गई थी। क्लब जाना होता नहीं था। सन्ध्या को सास सब्ज़ियाँ बना देती थीं। दोनों बच्चे भी कभी-कभी दादी के साथ ही खा लेते। उसको रात का खाना वैसे ही कहाँ पचता था। किसी दिन मन करता, तो गैस के चूल्हे पर चार फुलके सेंक लेती। पर इधर पति का जन्मदिन था। प्रतिवर्ष दोनों इस जन्मदिन को महोत्सव रूप में मनाते चले आए थे। फौजी क्लब में ठाठदार डिनर देते थे लेफ्टिनेंट कर्नल शर्मा। चीज़, मक्रोनी, मुर्ग, नान और टर्की जैसी अलभ्य खाद्य-सामग्रियों से मेज़ भर देती थी छोटी। आज वही पति मोर्चे पर बर्बर शत्रु का सामना कर रहा है। 'न भूख, न प्यास, न रात की नींद, न सपने। डार्लिंग, शत्रु को खदेड़ने के संकल्प में तुम्हारा सुन्दर चेहरा भी भूलता जा रहा हूँ'—उसने मोर्चे से लिखा था।

पर नहीं, जन्मदिन अवश्य मनाएगी। सन्ध्या को उसने अपनी फौजी बिरादरी की कुछ सखियों को बुलाया था। मिसेज़ दामले—कर्नल दामले की पत्नी, ब्रिगेडियर नन्दा की तीसरे पक्ष की अल्हड़ नवविवाहिता, लेफ्टिनेंट कर्नल कपूर की दम्भी अर्धांगिनी, सबको फोन कर चुकी थी।

'साधारण खाना होगा, भाई! इस मनहूसी में क्या आडम्बर शोभा देगा!' उसने हँस-हँसकर सबको थोड़ा-बहुत आगाह भी कर दिया था।

एक तो नौकर नहीं था, उस पर बत्ती का अंकुश। अम्माजी गज़ब का रायता और नौरतन की चटनी बनाती थीं। पर कहें किस मुँह से! उनका प्रदोष का व्रत था, उस पर मुँहजली रंजना के लिए गुड़िया बना रही थीं। जितना समय चीथड़ों की गुड़िया में बरबाद कर रही थीं, उतनी देर में कितनी सब्ज़ियाँ, रायता, चटनी बना सकती थीं! पर ऐबी रंजना के पेट में भी तो बीसियों उत्पातों के जोंक कुलबुलाते रहते हैं। एक बड़ी-सी चलने-फिरनेवाली गुड़िया तो अभी-अभी उसके पिता ने उसे वियतनाम से ला दी थी। सुनहले बाल हिला-हिलाकर वह 'मम्मी' भी पुकारती थी। पर यही तो वह नहीं समझती थी। रंजना को यह गुड़िया पहले खूब अच्छी लगती थी। उसने उसे चूम-चूमकर इतना गीला कर दिया था कि मम्मी ने उठाकर ताक पर रख दी थी। ऐसी भी क्या गुड़िया, जिससे खेल भी नहीं सको। उसकी आया की बिटिया रहीमन अपनी महाकदर्य नकटी गुड़िया की नुची नाक में पीतल की बाली पहना तीन बार ब्याह कर चुकी थी। ऐसी ही नम्र आज्ञाकारिणी गुड़िया चाहती थी रंजना। पिछले तीन घंटों से उसकी दादी उसकी गुड़िया की प्रसव-वेदना से छटपटा रही थीं। सफेद लट्ठे के कलेवर में कठपुतली-सी दो विस्फारित कर्णचुम्बी नयनों की सृष्टि हो चुकी थी। नाक को सफेद डोरे की घनी परतों से पुष्ट कर दिया गया था। होंठों के लिए मम्मी से लाल डोरा माँगने गई, तो वह सब्ज़ी छौंकने में हाथ जला चुकी थी। पुत्री की माँग सुनकर बौखला गई—'मर जा छोकरी, न जाने कहाँ से आ जाती है! हाथ जला दिया!'

रंजना सहमकर लौट गई। मम्मी का हाथ उसके जाने से पहले ही जल चुका था और वह उसे फूँक रही थी, पर क्या कहती?

चटपट उसने अपने नए बैंजनी फ्रॉक की तुरपन का रेशमी तागा निकाल दिया और भागकर दादी के पास खड़ी हो गई।

'लो दादी, बैंजनी होंठ बना दो। मम्मी भी तो कभी-कभी बैंजनी लिपस्टिक लगाती है। है ना रे, संजय?'

उसका जुड़वाँ भाई बहन के किसी भी मत का खंडन करने का कभी दुःसाहस नहीं करता था, उसने हंडा-सा सिर हिला दिया।

चश्मा लगाए दादी नवजात गुड़िया के भावी विवाह का आयोजन बनाती, पौत्र-पौत्री के लिए कल्पना के स्वर्गीय कक्ष का द्वार खोलती जा रही थीं—'चार गज़ किनारी गोटा, आधा गज़ पीला और आधा गज़ लाल रेशम, गुब्बारेवाले पट्ठे पर चिपकाए राँग के गहनों की पट्टी बेचता हैगा दस-दस पैसे में, छोटी-छोटी पूड़ियाँ मैं उतार दूँगी...'

दोनों बच्चों की आँखें दादी को निगलती जा रही थीं—दादी, पर ब्याह किससे करेंगे दादी?'

इस ओर तो किसी का ध्यान ही नहीं गया था। यही तो मुख्य समस्या थी। आसपास के समृद्ध गृहों के बच्चे कान्वेंट में पढ़ते थे। वहाँ पीतल की नथ लटकाए, राँग के आभूषणों से लदी इस सर्वथा भारतीय परिवेश में पली गुड़िया के लिए वर कहाँ जुटेगा?

अन्त में यही स्थिर हुआ कि दादी ही गुड्डे की सृष्टि कर पड़ोस में भिजवा दें।

उधर अनाड़ी गृहलक्ष्मी चौके के मोर्चे पर सँडासी और चिमटे से जूझ रही थीं। आज तक जब भी इस गृह में दावतें हुईं, गृहिणी सर्वथा आँच से खिंची-खिंची रही, इसी से आज आँच ने भी प्रतिशोध ले लिया। बिना किसी पूर्वसूचना के ही फरफराकर गैस की लौ ने दम तोड़ दिया। टेलीफोन बिगड़ा धरा था। पत्थर की अँगीठी उसके बाप-दादों ने भी नहीं सुलगाई थी। कुछ भी तो नहीं बना था।

इतने ही में न जाने कहाँ से स्वयं बृहस्पति देवता उसके सम्मुख हँसते खड़े हो गए–'बीबीजी, नौकर रखेंगी सरकार?'

छोटी ऐसी चौंकी कि छुरी हाथ से गिर पड़ी। उससे आँखें मिलते ही उस अपरिचित व्यक्ति ने अपना प्रश्न फिर से दुहराया और नम्रता से हाथ बाँधे दुहरा हो गया।

कैसा सुदर्शन चेहरा था! एकदम बड़े घर का कोई लाड़ला जैसे रूठकर चला आया हो।

'खाना बनाना जानते हो?' छोटी ने तटस्थ होकर अपने पहले प्रश्न का तमंचा दागा।

'ग्रैंड का हेडचेफ रह चुका हूँ, सरकार!'

'साइकिल चला सकते हो? बच्चों को स्कूल पहुँचाना होगा।'

'मोटर भी चला सकता हूँ, मेम साहब! मैकेनिक भी रह चुका हूँ।' वह हँसा और उसके स्वस्थ दाँतों की उजली मुस्कान ने छोटी को जीत लिया।

'जात क्या है जी तुम्हारी? और नाम?' छोटी ने जान-बूझकर ही यह प्रश्न पूछा, क्योंकि सास न जाने कब उसके पीछे आकर खड़ी हो गई थी।

उस सुदर्शन युवक ने हँसकर अपने झोले से कागज़ों का एक मुड़ा पुलिन्दा निकाल उसकी ओर बढ़ा दिया।

विभिन्न सर्टिफिकेटों में स्पष्ट टाइप के अक्षरों में भोलानाथ त्रिवेदी के कार्यपटु होने की मुक्त कंठ से प्रशंसा की गई थी। कान्यकुब्ज ब्राह्मण, साथ ही ऐसा हँसमुख। अपने कुल के ब्रह्मास्त्र से भोला ने अम्माजी को भी धराशायी कर दिया। चटपट भोला को नियुक्ति-पत्र मिल गया। ऐसे हीरे के टुकड़े को हाथ से जाने दे, ऐसी मूर्खा नहीं थी छोटी। आस-पास कई प्रतिवेशिनियों के भृत्यहीन जीवन के दारुण संघर्ष से वह अनभिज्ञ नहीं थी। मुँहमाँगी तनख़्वाह पर उनमें से कोई भी भोला को रख लेगी। बीस रुपए खुराकी पर भोला ने पिछवाड़े के सागर-पेशे में अपना डेरा डाल दिया।

दोनों बच्चे भोला को देखते ही लट्टू हो गए थे। कैसा अंग्रेज़-सा गोरा था। मूँछों के बाल कैसे थे–एकदम सोने के-से तार! हँसी को गले ही में ऐसे घुटककर हँसता था कि दोनों कंजी आँखें मुँद जाती थीं। उस पर बढ़िया गोश्त बनाता था।

आठ ही दिन में भोला ने घर की गृहिणी और बच्चों को मोह लिया, एक अम्माजी पर उसका जादू नहीं चल पाया।

'मरा कंजा है, बहू! कैसी बिल्ले-सी आँखें हैं!' वह कहतीं, तो छोटी टोक देती–'आप भी कैसी बातें करती हैं, अम्माजी! आँखों से हमें क्या लेना-देना! हाथों में तो गज़ब की फुरती है। हरदम हँसता रहता है। एक बिशनसिंह था, मुआ! एक-दो ही मेहमान आ गए तो मुँह फुलाकर कुप्पा! यहाँ आजकल घर दिन-रात होटल बना रहता है!'

अम्माजी ने बहू का प्रच्छन्न व्यंग्य समझ लिया। इधर लगातार उसके भानजे-भतीजे उनकी कुशल-मंगल पूछने चले आ रहे थे, इसी से गृह को होटल के विशेषण से विभूषित किया गया था।

'इतनी सीख हमारी गाँठ बाँध लो बहू, नौकर हो या महरी, अगर काम में तेज़ है, तो मालकिन को चूना लगाने में भी तेज़ होंगे! नौकर तो मूर्ख ही रखना चाहिए बेटी!'

पर छोटी बहू के नक्कारखाने में अम्माजी की तूती का स्वर शून्य में विलीन होकर रह गया।

संजय तो भोला का अनन्य भक्त था, 'ही इज़ ए टेरिफिक शॉट, मम्मी! हवा में नया

पैसा उछालकर मेरी एयर गन से छेद देता है! गज़ब का निशाना है!' संजय की आँखें प्रशंसा से चमकने लगतीं।

रेडियो से खबरें आतीं, तो भोला खरगोश-सा चौकन्ना हो जाता।

'हमारी फौज पाकिस्तानियों को पटापट पटक रही है। लाहौर का हवाई अड्डा भी हमने ले लिया...' नन्हा संजय जोश में आकर हवा में मुट्ठियाँ चलाने लगता।

भोला की चिन्तातुर मुद्रा देखकर छोटी का हृदय गर्व से भर उठता। कैसा जागरूक नागरिक है, हर बुलेटिन को सुनने तवे की रोटी छोड़ भाग आता है!

रात को नित्य भोला घूमने निकल जाता था। इसी बात को लेकर अम्माजी ने छोटी को एक दिन झाड़ दिया–'क्यों री बहू, यह निगोड़ा रात को जाता कहाँ है? जब तू तनख़्वाह पूरी देती है, तो कुछ कहा कर। गृहस्थ का घर है। न जाने कब कौन-सी ज़रूरत आ पड़े।'

पर छोटी ने कुछ नहीं कहा। असल में वह दूध की जली थी। इसी से मट्ठा भी फूँक-फूँककर पीती थी।

पिछले नौकर बिशनसिंह से एक बार रात को सिनेमा न जाने को कहने पर उसने त्यागपत्र दे दिया था। कहीं भोला भी न चल दे!

'मेरा काम तो कर जाता है, अम्माजी! चाहे जहाँ जाए, मेरा क्या?'

कहने को तो वह कह गई, पर मन-ही-मन उसे चिन्ता का घुन लग गया था।

एक-दो दिन से भोला उसके लिए उलझे ऊन के गोले की भाँति नित्य अधिक-से-अधिक उलझता जा रहा था। रात का खाना निबटाकर वह बड़ी हड़बड़ी में एक झोला ले निकल गया था।

आधी रात को वह गुसलखाने जा रही थी तो देखा, चोर की भाँति भोला दबे पैरों अपने सागरपेशे की ओर जा रहा था, साथ में बड़ी-बड़ी मूँछोंवाला फिल्मी खलनायक-सा एक महाकुत्सित व्यक्ति भी था। अब क्या करे?

क्या अम्माजी को बता दे? और कहीं पूछने पर भोला का कोई निरीह आत्मीय निकला, तो?

अच्छा-भला नौकर भी हाथ से चला जाएगा।

दूसरे दिन हँसता-मुस्कुराता भोला चाय लेकर आया, तो वह कुछ नहीं पूछ सकी।

'कल एक दोस्त के साथ पिक्चर देखने चला गया था मेम साहब, इसी से उठने में देर हो गई।' उसने अपनी दन्तमंजन के विज्ञापन की-सी उजली मुस्कान का दर्पण चमकाया।

ऐसी नम्रता की बाढ़ में भला किसका क्रोध न बह जाता!

'ठीक है भोला, तुम चटपट अम्माजी को कलई के गिलास में चाय दे आओ, आज उनकी एकादशी है।'

'अभी लीजिए सरकार!' भोला हवा के खुशनुमा झोंके की भाँति आकर चला गया।

पहले अम्माजी किसी भी तरह उस नए नौकर के हाथ की चाय पीने को राज़ी नहीं हुई थीं, पर बहू ने बार-बार उसके कान्यकुब्ज ब्राह्मण कोने की पुष्टि की, तो उन्हें मानना ही पड़ा।

पर उसी एकादशी को उस नवीन ब्राह्मण का ब्रह्मतेज स्वयं ही फीका पड़ गया। शेर की खाल के नीचे गीदड़ का सिर बुरी तरह झाँकने लगा।

'मम्मी...मम्मी, भोला नमाज़ पड़ता है...नमाज़!' दोनों बच्चे गिरते-पड़ते उससे लिपट गए।

'क्या?' छोटी जैसे आकाश से गिर पड़ी।

'हाँ; ममी, सच! आज हम दोनों ने सोचा, छिपकर देखेंगे कि यह रोज़ कमरा बन्द कर क्या करता है। हमने देखा नमाज़ पढ़ रहा है। मम्मी, जल्दी चलिए, पूरे कमरे में नक्शे फैले हैं। एक मूँछोंवाला आदमी भी है।' बच्चे उसे खींच ले गए।

खिड़की की दराज़ से उसने झाँका। दोनों नमाज़ पढ़ चुके थे और ज़मीन पर फैले एक नक्शे को बड़े गौर से देख, फुसफुसा रहे थे।

छोटी ने पलक झपकाते ही स्थिति भाँप ली। चट से साँकल चढ़ाकर ज़ोर से चीखी–

'चोर...चोर! पकड़ लो इन्हें! भागने न पाएँ।'

देखते-ही-देखते अड़ोस-पड़ोस की भीड़ जुट गई। कोई कहता–'कर्नल साहब के बंगले में दो बुर्केवालियाँ पकड़ी गई हैं।'

कोई कहता–'बीस हैं, बीस!'

द्वार खुलते ही भीड़ उन दोनों के बायरलेस और नक्शे देखकर बौखला गई।

कई सम्मिलित लात-घूँसों ने कान्यकुब्ज ब्राह्मण और उसके मुछन्दर साथी से असली जात उगलवाकर धर दी। हमीद और लतीफ थे दोनों। पिछले कई दिनों से पुलों के नक्शे उतार रहे थे। छतरियों से उतरे थे।

'मेरे यारो, अब उतार लो ससुरों के नक्शे और लटका दो उल्टा इन्हीं छतरियों पर!' एक मोटे-से सरदार ने अपने रसिक प्रस्ताव के साथ ही लाठी घुमाई और बड़े तनाव में आगे बढ़ आया।

भीड़ सहमकर पीछे हट गई।

लस्सी की दुकानवाले सरदार को सब जानते थे। कुछ ही दिन पहले उसका इकलौता जवान बेटा अमृतसर की निर्मम बमबारी में मारा गया था।

'घर बैठे ही वाहे गुरु ने परसाद भेज दिया! आज इन्हीं की कलेजी से रोटियाँ खाऊँगा।' वह वीभत्स हँसी हँसा और हवा में लाठी घुमाने लगा।

'ना बेटा ना!' न जाने कहाँ से भीड़ चीरकर बूढ़ी दादी ने सरदार की क्रोध से थरथराती बाँहों को थाम लिया–'इन्हें मारकर क्या तेरा बेटा लौट आएगा?'

'ना लौटे, मेरा कलेजा तो ठंडा होगा!'

सरदार की आँखें आग उगल रही थीं 'छोड़ दे मुझे अम्मा, आज इन सालों का भेजा तोड़कर रहूँगा।'

पर दादी हमीद और लतीफ के बीच अडिग भव्य देवी की मूर्ति-सी होकर रह गईं।

कहीं से खबर पाकर पुलिस की गाड़ी भी आ गई थी और आते ही पुलिस ने घेरा डाल दिया था।

भीड़ में आलोचना का स्वर बुलन्द होता जा रहा था–

'न जाने कहाँ से आ गई बुढ़िया, नहीं तो यार, आज मज़ा आ जाता!'

'और क्या, पटापट खोपड़ियाँ खोलकर रख देता सरकार!'

'हम ऐसे पाकिस्तान में उतरते, पकड़े जाते, तो क्या वहाँ की भीड़ हमें छोड़ देती?'

'अजी, हमारी बोटियाँ कुत्तों को खिला दी जातीं–कुत्तों को।'

'यही तो हमारी कमज़ोरी है! मरना जानते हैं, पर मारना नहीं!'

पुलिस दोनों को पकड़ ले गई तो धीरे-धीरे भीड़ स्वयं ही छँट गई।

सास और बच्चों के साथ छोटी भी अपने बंगले में लौट आई। उत्तेजना से उसकी देह अभी भी काँप रही थी।

'इतने दिन साँप को मैंने आस्तीन में रखा अम्माजी, कहीं डँस लेता तो?' उसकी सहमी आँखों में आँसू भर गए।

दादी के हृदय ने उस साँप को क्षमा कर दिया था, पर संस्कारों ने अभी भी घुटने नहीं टेके थे।

एक लम्बी साँस खींचकर वह सोफे पर लुढ़क पड़ीं–'मुझे तो डँस ही गया बहू! पितृपक्ष की एकादशी के दिन मुआ गिलास-भर चाय पिला तार गया मेरे पुरखों को! अब आज ही रात की गाड़ी से काशी चल दूँगी!' झर-झर कर उनकी आँखें बरस पड़ीं।

'नहीं दादी, नहीं, मेरी गुड़िया के लिए गुड्डा कौन बनाएगा?'

रंजना दादी से लिपट गई, पर नन्हीं पौत्री के दुलार-भरे बेड़ी के बन्धन भी उन्हें नहीं रोक पाए–'नहीं, लाडो, मुझे आज ही काशी जाकर प्रायश्चित करना होगा!'

और रात की गाड़ी से दादी रंजना की गुड़िया को चिर स्वयंवरा छोड़ पुण्यसलिला भागीरथी में तिलपात्र और गोदान के साथ एक सौ बीस डुबकियाँ लगाने का पावन संकल्प कर काशी चली गई।

भीलनी

विलासिनी दर को मैंने जब पहली बार देखा, तब उसके उजले ललाट पर मद्रासी कत्थई कुमकुम की अनिंद्य द्युति ने ही मुझे सर्वाधिक मोहा था। किसी भी ललाट पर बिन्दी की ऐसी अनुपम छटा मैंने फिर कभी देखी हो ऐसा मुझे स्मरण नहीं पड़ता। वह कश्मीरी थी, इसी से उसके गौर वर्ण में वह स्निग्ध सफेदी थी, जो कश्मीरी त्वचा में, रक्तमज्जा के साथ, रसी-बसी रहती है। फिर जब मैंने उसे पहले-पहल देखा, वह सम्भवतः उसी ऐतिहासिक नव तारुण्य की वयःसन्धि पर खड़ी थी, जहाँ पैर रखते ही गर्दभी के अप्सरा बन जाने का उल्लेख हमारी एक भारतीय कहावत ने कुछ-कुछ अशालीन लगनेवाले शब्दों में किया है। एक तो वह मोहक कच्ची वयस, दूसरे, स्वयं उस अपूर्व सौन्दर्य का जादू, नारी होने पर भी मुझे मोह गया था। सीधे-सपाट काले बालों को वह 'एलिस इन वंडरलैंड' वाले अन्दाज़ में ही एक फीते से कसकर बाँधे रहती; कुछ-कुछ कंजी आँखों में सुरमे की प्रगाढ़ रेखा ऐसे कौशल से खिंची रहती कि सामान्यतया छोटी आँखों की परिभाषा में बाँधी जानेवाली आँखें भी बहुत बड़ी-बड़ी लगने लगतीं।

"अरे, आप इसी बस में आ गईं? दिद्दा ने तो लिखा था, आप शाम तक पहुँचेंगी। हमारा बंगला ढूँढ़ने में मुश्किल तो नहीं आई?" आसाम के चीफ जस्टिस का बंगला ढूँढ़ने में मुझे भला मुश्किल कैसे आ सकती थी!

संकोच अवश्य मुझे प्रतिपल धरातल में धँसा रहा था—'जान न पहचान, मैं तेरा मेहमान' बनकर ही तो मैं वहाँ चली आई थी। अचानक ही मुझे तार से सूचना मिली थी कि मेरे बी. ए. की परीक्षा का सेंटर शिलौंग के सेंट एंड्रज कॉलेज में पड़ा है। वहाँ जाते ही कहाँ रहूँगी, इस समस्या का समाधान तत्काल किया था विलास की ममेरी बहन मालिनी कौल ने। मालिनी मेरी सहपाठिनी थी—"चिन्ता क्यों करती हो, मेरे फूफाजी की शिलौंग में बहुत बड़ी कोठी है, उन्हें आज ही तार कर दूँगी, तुम वहीं रहकर परीक्षा दे सकती हो!"

उन दिनों शान्तिनिकेतन कलकत्ता विश्वविद्यालय से सम्बद्ध था, परीक्षा देने हमें कलकत्ता जाना पड़ता था या फिर शिलौंग। कलकत्ता में उन दिनों द्वितीय विश्वयुद्ध की नाना अफवाहें उड़ रही थीं कि जापानियों ने एक बम गिरा दिया है, दूसरा शीघ्र ही गिरानेवाले हैं आदि। मेरे पिता ने ही आश्रम-सचिव को पत्र लिख मेरी परीक्षा का सेंटर शिलौंग में रखने का अनुरोध किया था। मुझे एक प्रकार से अनिच्छा से ही परीक्षा देने वहाँ जाना पड़ा था; किन्तु वहाँ पहुँचते ही उस अपरिचित परिवार ने मुझे जिस स्नेहपूर्ण आत्मीयता से अपने आतिथ्य की डोर में बाँधा, उसने मुझे उनसे ऐसे घुला-मिला दिया, जैसे मेरा उनसे वर्षों का परिचय हो!

जस्टिस दर की केवल दो पुत्रियाँ थीं—सुहासिनी और विलासिनी। सुहासिनी छोटी बहन विलासिनी की तुलना में रूप-रंग, डील-डौल में अत्यन्त अनाकर्षक थी। उसके अस्वाभाविक रूप से लम्बे कद ने उसके चौड़े कन्धों को क्षमा माँगने के-से अनाकर्षक झुकाव में झुका दिया था। आवश्यकता से अधिक लम्बी नाक, आवश्यकता से अधिक चौड़ा कल्ला और आवश्यकता से अधिक सपाट छाती ने उसके विचित्र व्यक्तित्व को किसी बृहन्नला की-सी छवि में ढाल दिया था। उसका प्रत्येक अवयव लाइफ-साइज़ से कुछ बड़ा ही लगता। एक बार गलती से मेरे पैर उसकी चप्पलों में चले गए तो लगा, तैरने लगी हूँ। सुहास दिद्दा हँसती भी तो पुरुषोचित ठहाके लगाकर। यही नहीं, होंठों के ऊपर मूँछों की हल्की स्याह रेखा भी उभर आई थी, रही-सही कसर लोमश कपोल पर उभरे भूरे मस्से ने पूरी कर दी थी। आश्चर्य होता था कि एक ही माता-पिता की सुदर्शन जोड़ी ने दो विरोधाभासों की साकार परिभाषा-सी इन दो बहनों की सृष्टि कैसे की होगी! मिसेज़ दर, बूटे से कद की, अत्यन्त आकर्षक महिला थीं। सफेद कानों को फाड़कर झूलते दोनों अटेरू, वह जूड़े में अटकाकर डोरी से ऐसे लटका देती कि कान के जगमगाते हीरों के पीछे झूलते वे कश्मीरी सोहागचिह्न उस व्यक्तित्व-सम्पन्न महिला को और भी तेजस्वी बना देते, जैसे किसी भव्य संगमरमरी इमारत पर लटक रहे जगमगाते कन्दील हों! किन्तु मुझे कश्मीरी सौन्दर्य में प्रायः आँखों को चौंधियानेवाला तेज़ ही अधिक दिखता है, शीतल करनेवाला स्निग्ध प्रकाश नहीं। श्रीमती दर का सौन्दर्य भी देखनेवाले को सहमाता ही अधिक था, मोहता कम। उनके आतिथ्य में कभी-कभी उनके दम्भी स्वभाव का अहंदीप्त कश्मीरी तेज़ स्पष्ट हो उठता और मैं संकोच से सिमट उठती। किन्तु विलास न जाने कैसे अपनी तेजस्वी माँ की उपस्थिति में मेरा संकुचित होना भाँप लेती—"ममी, आप जाइए, आपको आज गवर्नमेंट हाउस की मीटिंग में जाना है ना! हम नाश्ता कर लेंगे..."

उन दिनों उच्चपदस्थ अफसरों की पत्नियाँ राजभवन में द्वितीय युद्ध की भूमिका बाँधने का महत्त्वपूर्ण कार्य कर रही थीं। "राजभवन में एक नियत समय पर सब एकत्र होतीं, ढेरों खाकी ऊन की ढेरियाँ बना प्रत्येक को सौंप दी जातीं। युद्ध-क्षेत्र में युद्धरत सैनिकों के लिए न जाने कितने जोड़ी दस्ताने, होज, स्वेटर, ममी बुन-बुनकर भेज चुकी हैं। मुझे और दिद्दा को भी उनकी मदद करनी पड़ती है। छिः, अब तो खाकी रंग देखकर ही मुझे उबकाई आने लगी है! ऐसी समाज-सेवा ममी को कभी नहीं उबाती—देखने में ममी जितनी रूखी लगती हैं, उतनी असल में हैं नहीं।" वह कुछ-कुछ खिसियाए स्वर में कुछ ही क्षण पूर्व ममी के मुझसे पूछे गए दम्भी प्रश्न के लिए मूक क्षमायाचना कर रही थी। जाते-जाते उसकी दम्भी ममी ने अपने सुन्दर चेहरे को अपने ओछे दम्भी प्रश्न की मनहूसियत से स्वयं विकृत कर लिया था, "क्या करते हैं तुम्हारे फादर?"

"मैं ममी को भी दोष नहीं देती," विलास कहने लगी, "यह हमारी कश्मीरी कौम की मज्जागत दुर्बलता है कि अपनी गोरी चमड़ी के अहं से हम कभी मुक्त नहीं हो पाते—ममी की बातों का बुरा न मानना... ।"

परीक्षा समाप्त हुई और मैं दूसरे ही दिन वापस लौटने का प्रोग्राम बनाने लगी तो विलास ने मुझे बड़े आग्रह-भरे दुलार से रोक लिया—"इत्ती गर्मी में कलकत्ता जाकर क्या करोगी? अभी तुमने शिलौंग ठीक से देखा भी नहीं है। धानखेती, मुल्की—सब घुमाएँगे तुम्हें। हमारी ब्रह्मपुत्र नदी का पाट, तुम्हारे बंगाल-बिहार की नदियों के पाट से कितना चौड़ा है, कितना आकर्षक, यह तो देखती जाओ। स्टीमर पर हबीबगंज भी घुमा लाएँगे तुम्हें। स्टीमर पर ही एक मछलीवाला

ताज़ी बाग्दी चिंग्ड़ी पकड़कर वहीं फ्राई कर खिलाता है, ऐसी स्वादिष्ट मछली तुमने कभी नहीं खाई होगी।"

जैसा ही विचित्र टेढ़ा-मेढ़ा शहर था हबीबगंज, वैसा ही त्रिभंगी था वह मछली बेचनेवाला। हथ-अँगीठी में ही कड़ाही-भर तेल छोड़ देता, फिर पेशेवर सधे अन्दाज़ से जाल नदी में छोड़ एक झटके से ऊपर खींचता और फड़फड़ाती नन्हीं बाग्दी चिंग्ड़ी मछलियाँ सीधे ब्रह्मपुत्र से निकलकर गर्म तेल में गिरतीं। मैं आँखों के ही सम्मुख तड़फड़ाकर गर्म तेल में पंचतत्त्व प्राप्त उन फ्राई मछलियों को चाहने पर भी नहीं चख पाई किन्तु विलास उन्हें चर्र-मर्र कर ऐसे चटखारे लेकर चाब गई, जैसे करारे पापड़ के टुकड़े हों! "देख, वह रहा हबीबगंज, ऐसे अष्टावक्र मोहक छवि देखी है पहले कभी किसी शहर की?" उसने हँसकर मुझे स्टीमर के हिलते-डुलते डेक पर खड़ा कर दिया—सचमुच ही कैसी विचित्र छटा थी! प्रत्येक मकान गिरने को तत्पर, पर जैसे गिरते-गिरते किसी ने जादुई छड़ी घुमाकर उन्हें धराशायी होने से पहले ही बचा लिया हो!

"यहाँ दिन-रात भूकम्प के झटके आते रहते हैं, इसी से काठ के इन घरौंदों की कमर कभी दाएँ झुकती है, कभी बाएँ...'देयर वाज़ ए क्रूकेड मैन' वाली कविता पढ़ी है ना तुमने?" उसने हँसकर कहा और मुझे सचमुच ही बचपन में पढ़ी उस नर्सरी राइम के टेढ़े बूढ़े की टेढ़ी छड़ी, टेढ़े पेड़, टेढ़े घर की छवि याद हो आई। उस एक ही सप्ताह की अवधि में हम दोनों गहन मैत्री की डोर में बँध गईं। दूसरे वर्ष मैंने बड़े आग्रह से उसे आश्रम के सातवीं पौष के मेले में आने का निमन्त्रण दिया, तो उसका उत्तर आया—'अजी नहीं, मैं नहीं आ रही हूँ, आ रही हो तुम। सुहास दिद्दा का विवाह कलकत्ता से ही हो रहा है, मैंने मालिनी दिद्दा को लिख दिया है, अपने साथ तुम्हें भी लेती आएँगी...।'

बड़ी कठिनाई से ही मुझे कलकत्ता जाने की अनुमति प्राप्त हुई थी। पहली बार मुझे विलास का उत्फुल्ल चेहरा कुम्हलाया-सा दिखा। क्या बड़ी बहन भीलनी के सम्भावित वियोग से ही उसका चेहरा उतर गया था? मैंने पूछा तो वह हँसकर टाल गई। उधर सुहास दिद्दा के उत्साह का उत्स पूरे वेग से उमड़ रहा था, कभी प्रसिद्ध आभूषण विक्रेता एम.बी. सरकार का गहनों का कैटलोग खोलकर घंटों नये-नये आभूषणों का नक्शा उतारतीं, कभी साड़ियों के मैचिंग ब्लाउज़ ढूँढ़ने इधर-उधर भागतीं, किन्तु नित्य इधर-उधर भागनेवाली विलास जैसे एकदम ही गुमसुम हो गई थी। बड़ी बहन के आसन्न विवाह तिथि ने उसे और भी गम्भीर बना दिया था। धीरे-धीरे मैंने एक दिन उसके म्लान चेहरे का रहस्य स्वयं उसी से स्पष्ट करवा दिया। सुहास दिद्दा के इस सम्बन्ध से पूर्व कई बार उनका सम्बन्ध स्थिर होते-होते टूट गया था। प्रायः ही दो बहनों की जोड़ी में बड़ी के अनाकर्षक और छोटी के आकर्षक होने पर जैसा वैषम्य सगी बहनों को भी चीरकर दूर पटक देता है, वैसी ही पटकन प्रत्येक बार उन दोनों बहनों को क्षणिक बिलगाव में विलग करती, फिर दोनों सबकुछ भूलकर एक हो जातीं। प्रत्येक बार ही विलास बड़ी बहन का सौभाग्य-द्वार अवरुद्ध कर खड़ी हुई थी। जो भी पात्र बड़ी बहन को देखने आता, वह छोटी को पसन्द कर लौटता, इसी से इस बार विलास को बड़े यत्न से सात कपाटों में मूँदकर रखा गया था। लड़का बड़ी दूर से आया था, बस्तरप्रवासी कश्मीरी परिवार के उस सुदर्शन तरुण ने जनम से ही अर्धनग्न काली भुजंग भील रमणियों के सौन्दर्य को देखा था, इसी से उसे उस दिन अस्वाभाविक रूप से लम्बे कद की गोरी, उजली, मर्दानी सुहास दिद्दा भी आकर्षक लगी थीं। फिर विलास के एक मामा वर्षों तक कलकत्ता की न्यू थियेटर्स फिल्म कम्पनी में कैमरामैन रह चुके थे, उन्होंने भानजी के लम्बोतरे चेहरे पर विद्युत प्रकाश का ऐसा सन्तुलित सधा फोकस

बाँधा कि बेचारा आदिवासियों के साहचर्य का अभ्यस्त, कश्मीरी तरुण उस धूपछाँह की मरीचिका में भटककर रह गया। उधर सुन्दरी चुलबुली विलास सातों द्वारों का व्यवधान चीर बन्द सप्तम द्वार की दरार से नवीन अतिथि को एकटक घूरे जा रही थी। जैसा ही आकर्षक कद था, वैसा ही रंग। प्रत्येक बार दिद्दा के व्यर्थ यौवन की पराजय और अपने सार्थक सौन्दर्य की विजय का अभ्यस्त उसका अविवेकी चित्त उस यौवन-दीप्त दर्पित युवक को अपने रूप की मूठ चला घायल करने को ललक उठा। अतिथि के जाने पर ही जब उसके द्वार खुले, तब उसका सारा गुस्सा निरीह दिद्दा पर ही उतरा था—"हद है बदतमीज़ी की! घंटों हमें आप ही के लिए ऐसे बन्द कर दिया गया, इससे तो हमारे चेहरे पर कोलतार पोत हमें वहीं बिठा लेतीं, वह भी हमें मंजूर था—तबीयत घबरा ही नहीं गई, बेहोशी आने लगी थी हमें। अब के इन हज़रत ने भी आपको पसन्द नहीं किया, तो समझिए कि हमें बेकार ही बन्द किया गया!"

सिरचढ़ी छोटी बहन की बकवास की अभ्यस्त धरती-सी सहिष्णु सुहास दिद्दा ने हँसी में बात टाल दी थी।

"तब सुन विलास, इस बार हम पसन्द नहीं किए गए, तो हम ख़ुद ही यह सर्कस बन्द कर देंगे। तू क्या सोचती है, मुझे ये बार-बार मनहूस चेहरे पर रंगीन बुँदकियाँ रख जोकर बनना अच्छा लगता है? नहीं पसन्द किया, तो हम डाक्टरी पढ़ेंगे—अँगूठा दिखा देंगे इन मुए मरदों को, समझीं?"

लेकिन हुआ उलटा। सुहास दिद्दा पसन्द कर ली गईं, और मरदों को अँगूठा दिखाने डॉक्टरनी बनी बेचारी विलास! सुहास दिद्दा की पसन्दी के समाचार को महोत्सव के रूप में ही ऐसी धूम से मनाया गया था, जैसे किसी समृद्ध गृह का कुपुत्र वर्षों तक हाई स्कूल में फेल हो, सहसा प्रथम श्रेणी में पास हो गया हो! विलास के म्लान चेहरे का रहस्य, उसने इसी मोड़ पर आकर स्वयं उगल दिया था—"जिस दिन हमने पहली बार उसे द्वार की दरार से देखा, उसी दिन हमने मूर्ख प्रण कर लिया था कि विवाह करेंगे तो इसी से, नहीं तो आजन्म कौमार्य सेंतेंगे! ये हज़रत सुहास दिद्दा को कभी पसन्द नहीं करेंगे और जहाँ अस्वीकृति का तार आएगा, वहीं हम बेहया बन डैडी से कह स्वयं अपना स्वयंवर रचा लेंगे!" पर बन्द द्वार की दरार से झाँकती उन आम की फाँक-सी आँख को देखा ही किसने था? विवाह के दिन जब उसने पहली बार विलास को देखा, तब गौतम तक के चेहरे की हताश शून्यता केवल मैंने ही देखी थी। शायद जान-बूझकर ही विलास ने उस दिन वैसा घातक शृंगार किया था। कानों में तब बंगाल में अत्यन्त लोकप्रिय रुपए के आकार के डायमंडकटी कानपाशा, जूड़े में बेले का गज़रा, ललाट पर वही दक्षिणी कत्थई कुमकुम की बिन्दी, बारातियों को पहनाने आए बेले के एक हार को छीनकर उसने स्वयं अपने गले में डाल लिया था। लाल बनारसी साड़ी में स्वयं नववधू लग रही विलास, कंठ में पड़े और जूड़े में पगे बेला हार के पराग सौरभ का

नवोल्लास हास-सुवास बिखेरती, फिर नौशे के सम्मुख हाथ जोड़कर हँसती हुई खड़ी हो गई थी—"स्वागत करो जीजाजी, मैं आपकी इकलौती साली हूँ विलासिनी...।"

एक पल को जैसे केवल नौशा ही नहीं, एक-एक बाराती, एकटक उस रूपसी साली को देखते ही रह गए। कालिदास ने सुधालिप्त प्रासादों पर जिन कुंचित केशवाली युवतियों का समीप आए अर्द्धकान्तियुक्त अष्टमी के चन्द्रमा को पकड़ अपने केशमध्य गुँथी केवड़े की कोंपल से पूर्ण करने का वर्णन किया है, उन्हीं में से एक वन विलास ने उसी क्षण उस नवागत चन्द्र को पकड़ अपने केश में बेले के गज़रे से बाँध लिया। मैं उस दिन के उस नौशे चेहरे की अवाक्

मुद्रा को आज तक नहीं भूल पाई हूँ। उसकी आहत दृष्टि सम्मुख खड़ी स्वागत में दुहरी विलास को प्रतिपल उपालम्भ के अदृश्य बाणों से बींध रही थी—कहाँ छिपी बैठी थीं तुम उस दिन? तुम्हें छिपाकर ही क्या मुझे धोखा देने तुम्हारी बड़ी बहन को दिखाया गया था?

विवाह के तीसरे ही दिन मैं वहीं से घर चली गई थी। कभी-कभी भूले-बिसरे हम दोनों पत्रों के माध्यम से एक-दूसरे का कुशल-क्षेम पूछती रहीं, फिर वह सिलसिला भी टूट गया। विलासिनी के अन्तिम पत्र ने मुझे उसकी इंटर्नशिप का समाचार दिया था, वह डॉक्टरनी बन चुकी थी, फिर पता नहीं किस अन्तरिक्ष में वह विलीन होकर खो गई। इतने वर्षों पश्चात वह अचानक फिर ऐसे मिल जाएगी, इसकी कभी कल्पना भी नहीं की थी। इसी से जब उसे देखा, तब मैं उसे बिना पहचाने ही अपनी व्याधि का परिचय देने लगी थी। "करीब एक महीने से कलेजे में निचली ओर बेहद दर्द रहता है डॉक्टर, कभी-कभी वेदना असह्य हो उठती है..."

"जानती हूँ, जानती हूँ—यह वेदना उम्र के साथ-साथ कभी ऐसी ही असह्य हो उठती है। उसे कहते हैं—स्मृति-वेदना; किन्तु हमारी डॉक्टरी इसका उपचार करने में आज तक असमर्थ ही रही है।" स्वर प्रच्छन्न परिहास की चिरपरिचित खनक पहचानते ही मैंने चौंककर देखा—फिर दूसरे क्षण रोगिणी चिकित्सका से लिपट गई थी! "कैसी मूर्ख हूँ मैं, तुम्हें नहीं पहचान पाई, जबकि तुम ज़रा भी नहीं बदलीं; पर तुम्हारा यह मनहूस चश्मा और सफेद चोगा न होता तो मैं ठीक ही पहचानती।" मैंने कहा तो वह हँसने लगी।

"कैसी बातें करती हो—एकदम बुढ़ा गई हूँ और तुम कहती हो, नहीं बदली! चलो, अच्छा हुआ—बड़ी इच्छा थी तुम्हें एक बार देखने की। भला हो तुम्हारे मर्ज़ का, जिसने ऐसे अकस्मात् मिला दिया! आठ दिन बाद आतीं तो मैं नहीं मिलती..."

"क्यों, बदली हो गई क्या?"

"हाँ; यही समझो। खिलवाड़ ही में, काबुल की एक विज्ञप्ति पढ़, अर्जी डाल दी थी। कल तार आ गया है—फौरन चली आओ। अगले हफ्ते जा रही हूँ..." चश्मा उतारकर उसने नीचे रख दिया और तब ही मैंने देखा कि शरीर भले ही न बदला हो, उसकी आँखें निश्चय ही बदल गई थीं। उदास निमग्न आँखों में यौवनदीप्त चटुल विभा रह भी सकती थी! किन्तु आँखें ही देखकर मैं जान गई थी कि अवसाद के कठिन क्षणों को वह शायद मुझसे भी अधिक झेल चुकी है। किसी नारी की ऐसी अकथ वेदना का इतिहास केवल नारी ही उसकी आँखों की गहरी झील के प्रतिबिम्ब में देख सकती है, पुरुष नहीं।

"चलो, मेरे बंगले पर ही तुम्हारा मर्ज़ पकड़ेंगे।" उसने हँसकर मेज़ पर धरा आला उठा लिया।

फिर अपनी कार में ही मुझे अपने बंगले में खींच ले गई। लाल ईंटों का बना उसका वह बंगला वैसा ही था, जैसा एक कर्मठ, कार्य-व्यस्त डॉक्टरनी का हुआ करता है। डनलप के मोटे गद्दे से ढँका दीवान, विराट सोफा, जिसे देखकर ही लगता था कि वह अब तक मानव-नितम्बों के स्पर्श से वंचित ही रहा है, न कहीं एक शिकन, न स्थानच्युत कुशन, उदासीनता से पसरी कुर्सियाँ, धूल-भरी पीतल की विभिन्न आकार की ऐश-ट्रे, दवाओं के विज्ञापन, खुली आँत और गर्भाशय के चित्रों से विकृत कैलेंडर, उड़ते पर्दे की भाँज से दिख रहा इग्जैमिनेशन काउच। लगता था, विलास घर पर भी मरीज देखा करती थी। विभिन्न आकार के तिकोने, गोल उन्नत-उदरों पर हाथ टिकाए कई महिलाएँ बरामदे में उसकी प्रतीक्षा कर रही थीं। "तुम थोड़ा सुस्ता लो, मैं इन्हें निबटा लूँ...।

वह भीतर चली गई, थोड़ी देर में एक नौकरानी मुझे शर्बत का गिलास थमा गई। शर्बत की पहली घूँट के साथ ही मेरी नज़र सामने मेज पर धरे स्टील के फ्रेम में मढ़े चित्र पर पड़ी। लगता था, विवाह के बाद ही सुहास दिद्दा ने वह तस्वीर खिंचवाई थी; पर कौन कहेगा, यह सुहास दिद्दा हैं! या तो उनके अनाकर्षक नैन-नक्श को चतुर-चितेरे की कलम ने उस दक्षता से सँवारा था, या फिर सुदर्शन पति के साहचर्य ने उस चेहरे को ऐसी माधुर्य-दीप्ति से मंडित कर दिया था। कान फाड़कर झूल रहे अटेरू उनके ससुराल से चढ़ावे में आया था। निश्चय ही वह चित्र विलास के कैमरामैन फिल्मी मामा ने उतारा होगा, क्योंकि सुहास दिद्दा के होंठों पर वही सगाईवाले चित्र की मीठी, मोहक मुसकान थी। मैंने ध्यान से फिर जीजाजी के चेहरे को देखा, कैसी अद्‌भुत कोटि काम लजावनहारी छवि थी! किन्तु उस चेहरे पर पौरुष दीप्ति से अधिक प्रखर नारी-सुलभ लालित्य की दीप्ति थी। मैंने तो एक दिन विलास से कहा था– 'तेरे जीजा को अगर साड़ी पहना दी जाए तो एकदम एल्फ्रेड थियेटर कम्पनीवाली 'शैव्या' लगेंगे।'

मैं चित्र को ही देख रही थी कि सहसा, न जाने किस द्वार से आकर विलास धम्म से सोफे में धँस गई, "हाँ; अब बताओ, कहाँ दर्द और कब से?" वह हँसी–'कैसा ही पुराना छुपा मर्ज़ क्यों न हो डाक्टर विलासिनी दर चुटकियों में पकड़ सकती है, समझीं?" परिहास में मजीरे-सी बजती चुटकी के साथ-साथ उसकी अँगुली में पड़ी हीरे की अँगूठी दमकी, और मैंने वर्षों पूर्व देखी सुहास दिद्दा की उस अँगूठी को पहचान लिया–यही नहीं, देखते ही मैं अपना मूर्ख प्रश्न भी पूछ बैठी–"सुहास दिद्दा कहाँ हैं विलास? कितने बच्चे हैं उनके?"

एकाएक विनोदिनी विलास का चेहरा गम्भीर हो गया–'सुहास दिद्दा नहीं रहीं–एक ही लड़का था, उसे लेकर ममी-डैडी विदेश ही में बस गए हैं।"

"और जीजा?"

"वह भी नहीं रहे।" नतमुखी विलास ने क्या अनजाने ही अँगूठी का मुँह घुमाकर नीचे कर दिया था? उसके कहने के ढंग से मुझे लगा, उसके अतीत की यह खोंचखाँच उसे अच्छी नहीं लग रही है। उसके चेहरे का भरा-भरा सूनापन पूरे कमरे में पसर गया–तभी 'ममी-ममी' करती एक फूल-सी कोमल नंगी बालिका उससे आकर लिपट गई। उस गोरी गदबदी बच्ची को दूर से देखकर भी पहचाना जा सकता था कि वह विलास की बेटी है। वैसा ही गोरा भभूका रंग, कंजी आँखें, पतली नाक; किन्तु कुंचित केश के काले छल्ले देखते ही मेरी आँखों में वर्षों पूर्व, कोहबर में नवीन साली को देख, मन्त्रमुग्ध खड़े नौशे की अभिनव छवि तैर गई। फूलों के सेहरे को उठाकर उसने अपने ऐसे ही घुँघराले बालों पर डाल लिया था और फूलों की मोहक सफेद चिलमन से झाँकते वे काले सघन केशगुच्छ और भी काले लगते बरबस दृष्टि को बन्दी बना ले रहे थे।

"ओह, तो तुम विवाह कर अन्ततोगत्वा हमारी ही बिरादरी में आ गईं– क्यों?" मैंने हँसकर कहा, "मुझे बड़ी खुशी है कि तुमने अपने बेतुके प्रण का पालन नहीं किया। याद है ना, कैसा मूर्ख प्रण किया था तुमने एक बार?"

"प्रण तो अभी भी वैसा ही है!"

"मतलब?"

"मतलब, मेरी नेम-प्लेट नहीं देखी क्या? डाक्टर कुमारी विलासिनी दर। अपने कौमार्य की इससे मुखर घोषणा और कर ही कैसे सकती हूँ...!"

मैंने बिना मुँह से कहे ही अपनी दृष्टि के माध्यम से ही उससे अपना मूक प्रश्न पूछ लिया—"तब यह बच्ची किसकी है? इसने तो अभी तुम्हें ममी कहकर पुकारा था!"

"मयूरी, जाओ बेटा, नहाकर आओ। आया...आया...कैसे भेज दिया बेबी को?" हाथ में तौलिया लिए आया भागती-भागती आ गई—"का करी मेमसाहब, आँखी का काजर निकारे लेत हैं ये बिटिया, हम पाउडर निकालन लगी, मुला चट से नंगी भाग आईन--चलो भीतर..." उसके नंगे बदन को तौलिये में लपेटकर वह उसे चील-सी उठा ले गई।

"तुम क्या समझीं, वह मेरी बच्ची है?" उसने हँसकर कहा, "मेरी नई-नई पोस्टिंग तब बरेली में हुई थी, एक सत्रह-अठारह वर्ष की कुँआरी माँ मेरे लिए अपने कौमार्य का यह अवांछित तोहफा छोड़ गई थी। पहले मैंने सोचा, मिशन को दे दूँ, पर फिर सोचा, अकेली रह गई हूँ, क्यों न मैं ही इसे पाल लूँ! बेचारी यह समझती है कि मैं ही इसकी माँ हूँ।"

मैंने उसे अविश्वास से देखा, तब क्या यह केवल विचित्र संयोगमात्र था? किन्तु ऐसा संयोग भी क्या सम्भव हो सकता था? फिर वह स्वयं ही किसी सम्मोहित माध्यम-सी बोलने लगी—"सुहास दिद्दा का विवाह हुआ तो मैं अपनी अधूरी डाक्टरी पूरी करने चली गई। एक बार छुट्टियों में दिद्दा आकर मुझे अपने साथ लिवा ले गईं। जीजा के साथ हम दोनों बहनें कितना घूमीं—कितनी पिकनिक कीं, चाँदनी रात में बजरे की सैर की, घुड़सवारी सीखी, तैरना सीखा। अब सोचती हूँ, शायद तैराकी का वही प्रशिक्षण मुझे निरन्तर घातक गहराई में खींचता चला गया था। तैरते-तैरते मैं अनाड़ी तैराकी के बीच बुरी तरह पानी में डूबने-उतराने लगती तो जीजा सर्र से तैरते-तैरते अपनी दोनों हथेलियों पर मेरी डूबती-उतराती देह को थाम लेते। मेरा कलेजा इस बुरी तरह धड़कने लगता कि मुझे लगता, अब मुँह से निकल उनके चरणों में गिर पड़ेगा। संयम के समग्र बन्धन तोड़ मैं दिद्दा ही के सम्मुख उन्हें अपनी बेहया बाँहों में कसने को व्याकुल हो उठती। जैसा उनका बाह्य रूप था उससे भी अधिक कमनीय था उनका आन्तरिक रूप। एक दिन सब्जी काटने में मेरी अँगुली कट गई तो उनकी आँखें छलछला उठीं। अपने अविवेकी चित्त की दिन-प्रतिदिन गम्भीर रूप से बढ़ रही दुर्बल गतिविधि को देख मैं स्वयं अर्द्धविक्षिप्त-सी हो गई। भोली दिद्दा अकपट सौजन्य से बार-बार मुझसे पूछती—'क्या बात है विलास, तेरा यहाँ मन नहीं लग रहा है ना...? इस जंगल में है भी क्या, जो तेरा मन लगेगा!' पर सच कहती हूँ विलास, न जाने उस जन्म में कितने पुण्य किए थे, जो गौतम-सा पति मुझे मिला। पहले-पहले मैं भी यहाँ आई तो इस एकान्त ने मुझे भी तेरी ही तरह उबा दिया था। रात-रात भर मायके की रौनक के लिए तरसती थी, पर जब गौतम को देखती, सबकुछ भूल जाती। मुझे यही जंगल अब स्वर्ग लगता है। विलास, भगवान से यही मनाती हूँ कि तुझे गौतम-सा ही वर मिले।' बेचारी दिद्दा की वही मनौती स्वयं उन्हीं के लिए प्राणघाती मूठ बन उन्हें धराशायी कर गई, मेरे प्रति दिद्दा के लाड़-प्यार का अन्त नहीं था। धीरे-धीरे मेरे समस्त कलुष की क्षुद्रता स्वयं उनके स्नेह-आतप में क्षीण होती-होती विलीन हो गई। मैं जब लौटी, तब अपने क्षणिक विकास से लगभग मुक्त हो चुकी थी। एक वर्ष तक फिर मैं दिद्दा के स्नेही निमन्त्रणों को जान-बूझकर ही निरन्तर ठुकराती रही। फिर एक दिन छुट्टियों में घर जाने की तैयारी कर रही थी कि डैडी का पत्र मिला—'सुहास पूरे दिनों से है। तुम्हारी ममी का ब्लड प्रेशर अचानक बहुत बढ़ गया है, वह इस अवस्था में कहीं नहीं जा सकतीं—तुम्हें ही जाना होगा।' अब कभी-कभी सोचती हूँ, बिना कुछ सोचे-समझे ऐसे न चली गई होती, तो शायद हम दोनों बहनों का इतना बड़ा सर्वनाश भी नहीं होता।

''सुहास दिद्दा के सम्भावित मातृत्व ने उनके शरीर को बड़े भद्दे ढंग से विराट बना दिया था। बेचारी गर्भ-भार से हिलडुल भी नहीं पा रही थीं—इसी से, घर का सारा काम मुझे ही करना पड़ता था। जीजाजी को बेड-टी देने से लेकर सोने से पहले रात को उनके कमरे में दूध का गिलास पहुँचाना, उधर दिद्दा की देखभाल करना, उन्हें समय पर आयरन कैल्शियम खिलाना, अतिथि-अभ्यागतों की आवभगत के विविध कार्यभार से मेरे अनभ्यस्त कन्धे झुक गए। दिद्दा ने पूर्ण विश्वास से मुझे अपनी गृहस्थी सौंप दी थी। बेचारी तब क्या जानती थीं कि जिसे इतने विश्वास से अपनी बहुमूल्य सौभाग्य-कोष की चाबी सौंप रही हैं, वही प्रवंचिका एक दिन उनका ताला तोड़कर उनका सर्वस्व हरण कर लेगी। एक दिन आधी रात को अपने कन्धे पर किसी का स्पर्श पाकर मैं हड़बड़ाकर जग गई। 'विलास, विलास, उठो, तुम्हारी दिद्दा को शायद दर्द उठने लगे हैं।' मैं हड़बड़ाकर नाइटी के ऊपर बिना कुछ डाले ही उनके पीछे-पीछे चल दी। दिद्दा की कद्दावर देह रह-रहकर प्रसव-वेदना की तड़प में ऐंठ रही थी। जीजा ने व्याकुल दृष्टि से मेरी ओर ऐसे देखा, जैसे दर्द स्वयं उन्हें उठ रहे हों। 'क्यों, दर्द ही है ना विलास?' उन्होंने घबराकर पूछा, तो मुझे हँसी आ गई। पहली बार पिता बन रहे उन जैसे नवीन पिताओं की अनाड़ी बौखलाहट पहचानना मैं खूब सीख गई थी। मैंने हँसकर कहा—'अभी बहुत देर है।'

''दूसरे दिन, सन्ध्या पाँच बजे दिद्दा ने साढ़े आठ पाउंड के एक स्वस्थ, सुन्दर शिशु पुत्र को जन्म दिया। मैं ही बाहर व्याकुलता से चहलकदमी कर रहे जीजाजी को उनके नवजात पुत्र की पहली झलक दिखाने ले गई थी। मेरे नहीं-नहीं करने पर भी वह ज़बर्दस्ती दिद्दा के कमरे में घुस आए—'सुहास, सुहास तुम ठीक हो ना?' उन्होंने प्रसव-शिथिला दिद्दा के दोनों हाथ पकड़ लिए।

'' 'लाइए जनाब, पहले साली का नेग तो निकालिए!' मैंने उन्हें बाँह पकड़कर पीछे खींच लिया। अलस, निढाल पड़ी दिद्दा के मुर्झाए चेहरे पर भी पल-भर को हँसी थिरक गई।

'' 'बोलो, बोलो, क्या लोगी?' जीजा ने बड़े उत्साह से जेब का बटुआ निकाल लिया।

'' 'उँह!' मैं भी बच्ची की-सी जिद में अड़ गई, 'रुपया नहीं लेंगे जी...'

'' 'तब?'

'' 'तब क्या, दिद्दा की-सी अँगूठी दिलवाइए हमें, समझे?'

''ठीक है, ठीक है, उतार दो सुहास, हम तुम्हें कल ही जयपुर से इससे भी बढ़िया दूसरी अँगूठी मँगवा देंगे। दे दो इस मंगती को अपने हाथ की उतरन—तुम्हारे रोग-शोक सब इसके सिर।'

''सचमुच ही दिद्दा ने अँगूठी उतारकर मेरी ओर बढ़ा दी तो मैं खिसिया गई। मैं जानती थी कि वह अँगूठी दिद्दा को जीजा का प्रथम प्रणयोपहार थी; पर मेरे नहीं-नहीं करने पर भी दोनों ने बड़ी ज़िद से मुझे अँगूठी पहना दी। इसी तरह नाना आमोद-प्रमोद के उत्सवों में पूरा महीना बीत गया। जब जाने का दिन आया, तब ही मुझे लगा कि प्रणय का विषम शल्य जिस गहराई से मेरे हृदय में धँस गया है, उसे चाहने पर भी मैं अब नहीं खींच सकती। मेरी दुर्बलता का आभास अब तक भोली दिद्दा को रंचमात्र भी नहीं था; किन्तु मेरे नयनों की भाषा को पढ़नेवाले ने ठीक ही पढ़ लिया था। दूध के गिलास के साथ-साथ मेरी काँपती अँगुलियाँ थामकर दबा देना, खाने की मेज़ पर आमने-सामने बैठते ही अपने पैरों के बलिष्ठ पंजों में मेरे दोनों पैरों को बन्दी बना लेना, पर्दे की आड़ का बहाना बना, जान-बूझकर मुझसे टकरा, 'सॉरी-सॉरी' कह, मेरी ओर देख सहसा एक आँख मूँद लेना जैसे नित्य एक-एक रसीले पाठ पढ़ा, मेरा विनोदी

प्रणयी मुझे प्रेम की सँकरी अली-गली के घेरे में, आँखों में पट्टी बाँधकर घुमाता चला जा रहा था। किन्तु प्रेम को भी, सूर्य की प्रखर किरणों की भाँति, करपुट में मूँदा नहीं जा सकता—प्रेमालोक भी एक-न-एक दिन सूर्यालोक की भाँति दूर-दूर तक छिटक ही पड़ता है। रविवार को मुझे जाना था—दिद्दा के बेटे को गोद में खूब खिलाकर मैं उसे उन्हीं के पार्श्व में सुलाकर अपने कमरे में आई। उस दिन मूसलाधार पानी बरस रहा था। रह-रहकर बिजली की चमक से पूरा कमरा चमक रहा था। मैंने लपककर खिड़की बन्द कर दी। मेरे कमरे में काँसे का बड़ा-सा फूलदान धरा था। ममी कहा करती थीं, 'काँसे के बर्तन पर ही तो बिजली गिरती है,' किन्तु काँसे का वह फूलदान न होता, तब भी मेरे भाग्य में लिखा वह वज्रपात क्या टल सकता था? सहसा कहीं दूर बिजली गिरी और पूरे बंगले की बिजली चली गई। 'विलास, तेरे कमरे में टार्च है तो मुझे दे जा, नन्हा बिस्तर गीला कर देगा तो अँधेरे में नैपी कैसे बदलूँगी?' दिद्दा ने अपने कमरे से मुझे पुकारकर कहा। मैंने टटोलकर टार्च निकाली और उन्हें देने गई तो वह चिन्तातुर स्वर में कहने लगीं, 'तेरे जीजा अभी तक नहीं आए, पता नहीं कब तक लौटेंगे! कभी-कभी इस जंगली भीलों की बस्ती में बुरी तरह जी घबराने लगता है विलास--न जाने ससुरे कब भड़क उठें और अपने ज़हर-बुझे तीर निकाल लें तरकस से! इनसे पहले अफसर को भी तो अभागों ने ऐसे ही खत्म कर दिया था।'

"बेचारी दिद्दा तब क्या कभी स्वप्न में सोच सकती थीं कि कुछ ही घंटों में स्वयं विधाता उन्हीं के तूणीर से ज़हर-बुझा तीर निकाल, उन्हें थमाने जा रहा है? मैं बड़ी देर तक उन्हें दिलासा देती रही, फिर अपने कमरे में आकर लेट गई। न जाने कब मेरी आँखें लग गईं। सहसा मुझे लगा, कोई आकर मुझसे सटकर सो गया है। शायद मैं भय से चीख पड़ती, पर तब ही परिचित देह-परिमल ने मुझे बेसुध कर दिया। बलिष्ठ बाँहों के घेरे में मैं न जाने कब तक वैसी ही बेसुध पड़ी रही। हम दोनों के धड़कते हृदय एकसाथ संलग्न होकर, घड़ी के पेंडुलम की-सी सधी धड़कन में धड़क रहे थे, और तब ही...तब ही...।"

सन्ध्या की प्रगाढ़ यवनिका में डूबी विलास के काँपते नासिकाग्र को मैं उस अस्पष्ट आलोक में भी स्पष्ट देख पा रही थी।

"सहसा कमरे की बिजली लौट आई।" वह कहने लगी, "पहले तो अन्धकार से अचानक प्रकाश के घेरे में लौटी अपनी आँखें पूरी मैं ठीक से खोल नहीं पाई; पर जब आँखें पूरी खुलीं तो देखा, दोनों पर्दों की भाँजों के बीच दिद्दा बुत बनी खड़ी हैं। उसी क्षण मैंने उनकी आँखों में खून उतरते देख लिया था। मैं भूल गई कि जिन नग्न बाँहों के बन्धन में बँधी मैं उस अधिकार से सो रही हूँ—उसकी वास्तविक अधिकारिणी मेरे सम्मुख खड़ी है। मैं अचकचाकर उठ बैठी। मेरा सहचर तब भी बेखबर सो रहा था। उसकी मदालस श्वास-प्रश्वास की अस्थिर गति मुझे उसके अधर स्पर्श के साथ ही बता गई थी कि वह खूब तबीयत से चढ़ाकर आया है। उठते ही मुझे अपनी नग्न देह का आभास हुआ, मैं लपककर कुर्सी पर टँगी नाइटी लेने लपकी और दिद्दा तीर-सी छिटक गईं। मैं नाइटी पहन, बेखबर साथी के घुँघराले छल्लों को सहलाकर जगाने लगी तो प्रथम मिलन की समग्र ममता मेरे कंठ में गह्वर बनकर अटक गई। मैं उसे पुकार भी नहीं सकी। मेरा हाथ उसी महत्त्वपूर्ण अधिकार से उन घुँघराले बालों को सहला रहा था कि दिद्दा एक बार फिर पर्दों की यवनिका चीरकर खड़ी हो गईं। उनका अस्वाभाविक रूप से खूँखार बन उठा चेहरा देख मैं सहम गई, फिर सहसा मेरी सहमी दृष्टि उनके हाथ के रिवाल्वर पर पड़ी। जंगली आदिवासियों के बीच बसने जा रही पुत्री को यह रिवाल्वर मेरे डैडी की भेंट थी।

विद्रोही भीलों के ज़हर-बुझे तीरों से जिस सुहाग को बचाने डैडी ने उन्हें वह रिवाल्वर भेंट की थी उसी ने उनका सोहाग छीन लिया। निशाना ताका था कुल्टा, चरित्रहीना सौत बन गई सगी बहन की नंगी छाती की ओर, और गोली लगी दूसरी नंगी छाती पर। नशे की ढुलढुल लाल-लाल आँखें निमिषमात्र को ही खुली थीं—आहत दृष्टि पहले मेरे चेहरे पर सरसराई, फिर द्वार पर बुत खड़ी दिद्दा पर! 'दिद्दा, ये तुमने क्या कर दिया!' मैं चीखकर जीजा की निश्चेष्ट देह पर झुकी। खून की फुहार से मेरे दोनों हाथ भर गए। मुझे लगा मैं गिर रही हूँ; किन्तु आँखों के आगे छा रहे अँधेरे को तब ही दूसरे धमाके ने दूर खदेड़ दिया। मैं हड़बड़ाकर उठी। एक ताज़ा रक्त की धार छोड़, मैं खजूर के लम्बे पेड़-सी ढह गई दिद्दा की देह उठाने बढ़ी—ओफ, कैसे तड़फ रही थीं वह! मुझे देखते ही चीखकर बोलीं—'भाग जा, मत छू मुझे...भाग...भाग...' उस चेहरे पर क्रोध से अधिक घृणा का भाव था। मैं घबरा गई। निश्चय ही अब उन दो-दो रक्तसनी देहों के बीच खड़ी, एकाकिनी साक्षिणी डॉक्टर विलासिनी दर को ही पुलिस पकड़ेगी। पिता की प्रतिष्ठा, माँ का संस्कारशील अतीत, स्वयं अपनी लज्जा, कलुष मुझे धरती में धँसाने लगे। फिर मैं तीर की तरह भागी—पहला फोन किया पुलिस कमिश्नर दामले को, सौभाग्य से वह डैडी के पुराने मित्र थे; दूसरा फोन किया डैडी को। सहसा मुझे अपने विवस्त्रावस्था का ध्यान आया, दूसरे कमरे में दिद्दा का नन्हा बेटा अपने नन्हें फेफड़े फाड़-फाड़कर रोने लगा था। मैंने भागकर रक्तरंजित हाथ धोए, साड़ी लपेटी, फिर दिद्दा के चीखते पुत्र को छाती से लगाया ही था कि पूरे पुलिस दस्ते के साथ कमिश्नर दामले आ गए।

"कैसे हो गया यह सब? सुहास, सुहास, बंटी, आँखें खोलो!" दामले अंकल का स्वर सुन दिद्दा की बुझी जा रही आँखें पल-भर को खुलीं। 'कुछ कहो बेटी, तुम कुछ नहीं कहोगी तो बेचारी विलास फँस जाएगी...'

"मैंने दिद्दा के हिलते होंठों को देखते ही आँखें बन्द करके उनके नन्हें बेटे को छाती से सटा लिया। मेरा सर्वांग मृत्युकम्प में थर-थर काँप रहा था। आँखें बन्द किए ही मैं जैसे कठघरे में खड़ी अपना मृत्यु-दंड सुनने की प्रतीक्षा कर रही थी।

" 'पुत्रजन्म के बाद मैं अलग कमरे में सोने लगी थी', दिद्दा रुक-रुककर कह रही थीं। अंकल दामले तेज़ी से उनका अन्तिम बयान लिखते चले जा रहे थे—'बड़ी रात तक गौतम नहीं लौटे। सुबह तीन बजे मैं एक बार उनके कमरे में देखने गई कि लौटे हैं या नहीं...मैंने देखा...मैंने देखा...' कहते-कहते वह फिर रुक गईं।

"मैंने फिर कुछ नहीं सुना। अब दिद्दा क्या कहेंगी, उसी लज्जा का आतंक मुझे उनके नन्हें के साथ शायद उन्हीं की रक्तसनी देह पर गिरा देता, तब ही मुझे किसी ने थाम लिया। मैंने ज़ोर से दाँत भींचकर अपने को संयत किया।

" 'क्या देखा सुहास...कोशिश करो बेटी—तुम्हारा यही बयान अब तुम्हारी निर्दोष बहन की पैरवी करेगा।' अंकल दामले कहने लगे।

" 'अंकल दामले, अंकल दामले, मैं निर्दोष नहीं हूँ, मैं चरित्रहीना, कुलटा अपनी सगी बहन-बहनोई की हत्यारिन हूँ—' मैं चीख-चीखकर कहना चाह रही थी, किन्तु मेरी देह से सटे दिद्दा के नन्हें अबोध पुत्र ने तभी मेरी छाती से अपने कोमल अधर सटा दिए। उस स्पर्श की अद्भुत सिहरन मुझे सिर से पैर तक कँपा गई।

" 'मैंने देखा', दिद्दा अब स्पष्ट स्वर में कह रही थीं, 'मेरे पति की बाँहों में एक अर्द्धनग्न काली-कलूटी भीलनी पड़ी सो रही है। मैं क्रोध से एक क्षण को विवेक खो बैठी। भागकर

भरी रिवाल्वर निकाली—मारना चाहा था भीलनी सौत को, पर निशाना चूक गया अंकल, I was always a poor shot, मैं पक्की निशानेबाज कभी नहीं रही!' दिद्दा के उस मृत्युविकृत व्यंग्य की तिर्यक् हँसी का चाबुक सीधे मेरे चेहरे पर पड़ा। एक पल को हम दोनों बहनों की आँखें चार हुईं और मैंने छलछलाई आँखें फेर लीं।

" 'वह भीलनी! क्या नाम था उसका? कहाँ गई वह?' अंकल व्यग्र होकर पूछने लगे।

" 'नाम? नाम तो मैं नहीं जानती, खिड़की से कूदकर भाग गई। मैंने अपने को खुद गोली मार दी, पुलिस किसी को परेशान न करने पाए अंकल!'

"इस बयान के बाद आध घंटे तक दिद्दा और तड़पी थीं, फिर लुढ़ककर अंकल की गोदी में ही गिर पड़ीं। अपूर्व शान्ति उनके मुख पर दमक उठी थी। बचपन में भी दिद्दा ने मुझे न जाने कितनी बार मेरे सारे अपराध स्वयं ओढ़, ऐसे ही बचाया था। दुर्धर्ष विपत्तियों के व्यूह में स्वयं घुस, मुझे कितनी बार बाहर धकेला था दिद्दा ने। उस दिन मुझे अपने चरणों में सिर रख, अन्तिम बार क्षमा माँगने के अधिकार से भी वंचित कर गईं दिद्दा। मेरी आँखों से अश्रुधारा बाँध तोड़कर बहने लगी, फिर अपनी छाती से लगे उस शाखामृगी के-से छौने को कसकर चिपटा, मैं अपने कमरे में भाग गई। उसके नन्हें कानों से मुँह सटा मैं पागलों की तरह बड़बड़ाने लगी, 'मुझे माफ कर नन्हे, मैंने ही तुझे अनाथ बनाया है!' न जाने कब तक मैं उसे चिपकाए वहीं बैठी रही। मुझे लगा, उस आत्मविगलित अश्रुधार के साथ-साथ मेरे सारे कलुष प्रक्षालित हो गए हैं। अंकल दामले ने मुझे फिर उस बंगले में नहीं रहने दिया। दूसरे ही दिन डैडी-मम्मी भी आ गए। ममी ने मुझे न जाने कितनी बार झकझोरकर पूछा, 'कौन थी वह हरामज़ादी भीलनी? कोई आया थी या किसी चपरासी की बीवी? आख़िर तूने भी तो देखा होगा उसे—मैं खून पी जाऊँगी उस बदज़ात का, भले ही फाँसी पर क्यों न चढ़ना पड़े!'

"मैं क्या ममी से कह सकती थी, 'ममी, बताने पर भी क्या तुम उस भीलनी का खून पी सकोगी?' मनुष्य की स्मृति भी कितनी क्षणस्थायी होती है! इतने वर्षों में सगी बहन का चेहरा भी अब लगभग भूलने लगी हूँ। डैडी-मम्मी ने चिरौरी की, समझाया, डाँटा-डपटा, पर मैं उनके साथ नहीं गई। जिस नन्हें प्राणी का सर्वस्व हरण कर मैंने जिसे अनाथ बनाया था, उसको दिन-रात न देखने पर क्या मैं जी पाती? मैं यहीं रह गई। डैडी की चिट्ठियाँ आती रहती हैं, नन्हें ने बाप की सूरत और दिद्दा का कद पाया है फिर मुझे भी यह बच्ची मिल गई—अनायास लब्ध मातृत्व के इस बन्धन ने मुझे भी बाँध लिया। इसी के स्नेह ने मेरे कलुषित अतीत को स्वयं मिटा दिया।"

"ममी, सर्कस देखने कब ले चलोगी?" विलास की नन्ही मयूरी न जाने किस द्वार से एक बार आँधी के झोंके-सी कमरे में घुस आई।

कैसी प्यारी बच्ची थी! शोभा और कान्ति की प्रतिमूर्ति! किन्तु कोई मूर्ख, अनाड़ी, अनजान अतिथि भी विलास के ड्राइंग रूम में धरे सुहास और उसके पति के चित्र को देखते-देखते ही नन्ही बच्ची के जनक को पकड़ सकता था। मैंने एक बार फिर ध्यान से मयूरी को देखा। मेरी उस सन्धानी दृष्टि को फिर चित्र पर फिसलते शायद चतुरा विलास ने भी देख लिया था। सकपकाकर वह अकारण ही बच्ची को झिड़कने लगी—"जाओ, खेलो बाहर, हम अभी मौसी को पहुँचाकर आते हैं।"

कार निकालकर उसने मेरे लिए द्वार खोला, मार्ग-भर हम दोनों एक शब्द भी नहीं बोलीं। अपनी सखी की अतीत की परिहासरसिकता मैं अभी भी नहीं भूली थी, इसी से

एक बार जी में आया, उसे हँसकर छेड़ दूँ, ''क्यों विलास, मयूरी उसी भीलनी की बेटी है ना?''

पर फिर कनखियों से देखा, तो उस उन्मथित चेहरे की कातरता स्वयं मेरा कलेजा निचोड़ गई। मरे मुर्दे से भला मज़ाक किया जाता है! घर आया और मैं बिना कुछ कहे ही उतरने लगी, तो उसने न जाने क्या सोचकर मेरा हाथ थाम लिया :

''हमेशा के लिए भारत छोड़कर जा रही हूँ, शायद तुम्हें अब कभी देख भी नहीं पाऊँ। मैं जानती हूँ, तुम क्या सोच रही हो—इसी से तो आज तक डैडी-ममी से मिलने नहीं गई। इसे लेकर उनके सामने खड़ी हुई तो भोले डैडी भले ही न समझें, ममी एकदम समझ जाएँगी कि वह बदज़ात भीलनी कौन थी। दिद्दा मुझे माफ कर गईं, पर उस बड़ी अदालत ने मुझे माफ नहीं किया। दिया है आजन्म कारावास—आत्मीय स्वजनों के चेहरे देखने को भी तरसने का कठोर दंड। इसी से शायद वह उदार न्यायाधीश मुझे काबुल भेज रहा है, जैसे पहले कभी हत्या के अपराधी को कालापानी भेज दिया जाता था, है ना?''

वह हँसकर, हाथ हिलाकर चली गई; पर मैं न हाथ ही हिला पाई, न उस विचित्र भीलनी के उदास स्मित का प्रत्युत्तर ही दे सकी।

चलोगी चन्द्रिका?

अपने एकान्त कूपे में चन्द्रवल्लभ ने सातवीं बार दर्पण में अपना चेहरा देखा। एक पल के लिए वह अपने आहत स्मित को स्वयं ही नहीं पहचान पाया। दिन-प्रतिदिन मोटे होते जा रहे चश्मे के मोटे लैंस के भीतर क्लान्त आँखों में न जाने कैसी विवर्ण-श्वेत आभा छाने लगी थी, न चाहने पर भी नीचे झुके जा रहे होंठों में विवश नैराश्य की स्पष्ट छाप आ गई थी। कनपटी के दोनों ओर झाँक रही रुपहली डोरियों ने चेहरा सचमुच ही कितना बदल दिया था! ओह, वह क्या उसी का चेहरा था? इस बदले चेहरे को इतने वर्षों के व्यवधान के बाद क्या चन्द्रिका पहचान पाएगी? हृदय में लगे 'पेसमेकर' की तीव्र गति को साधने के लिए ही शायद फिर चन्द्रवल्लभ ने तकिया पर सिर रख चुपचाप आँखें मूँद लीं। काश, आँखों के साथ-साथ वह अपने क्षत-विक्षत हृदय के पट भी मूँद सकता! कितनी बड़ी मूर्खता कर बैठा था वह! जिस जन्मभूमि की धरणी पर प्राण रहते कभी पाँव न रखने की उसने असंख्य प्रतिज्ञाएँ की थीं, उसी की धुँधली पर्वत श्रेणियाँ क्रमशः स्पष्ट होती उसके अंग-प्रत्यंग को अवश बना रही थीं। तब, क्या करे, लौट जाए? बैरा चाय ले आएगा, तब शायद हाथ-मुँह धो चाय पीकर वह स्वयं ही अपनी इस मूर्ख हौलदिली से छुट्टी पा लेगा। 'चन्द्रिका, चन्द्रिका!' ट्रेन की प्रत्येक टाप, जैसे उसी नाम का झपताल का-सा ठेला बजा रही थी। बचपन में इसी ट्रेन की टाप को वह 'धर दे पैसा, चल कलकत्ता! धर दे पैसा, चल कलकत्ता;' की ध्वनि से मिला, ट्रेन की अविकल गति का ध्वनि-संगीत प्रस्तुत कर सहपाठियों का मनोरंजन किया करता था, आज वही ध्वनि 'चन्द्रिका', 'चन्द्रिका' करती उसे और भी अधीर बना रही थी। क्या चन्द्रिका भी बदल गई होगी? शायद नहीं!

कहते हैं कि पुरुष की अपेक्षा प्रौढ़ावस्था में ही वार्द्धक्य का वरण कर बैठती है; किन्तु चन्द्रिका के तो पल-पल का हिसाब रखता रहा था उसका महाक्रोधी, शक्की, सनकी पति सदानन्द। अभी भी कुछ नहीं बिगड़ा। नहीं-नहीं, अब वह ऐसा विश्वासघात नहीं कर सकता! लाल कुआँ में नन्द बंध्या चन्द्रिका की सूनी कोख को कभी क्षमा नहीं कर पाया, बार-बार निरीह पत्नी को दूसरे विवाह की धमकी से भयत्रस्त कर अभागे ने तीसरे ही वर्ष उसे मायके भगा दिया था। चन्द्रवल्लभ के बड़े भाई के पास ही रह उसने

बी.ए. किया, फिर इलाहाबाद जाकर एल.टी. किया। अध्यापिका बनते ही सदानन्द का देहान्त हो गया और वह प्रधानाध्यापिका बन स्वतन्त्र-स्वच्छन्द जीवन व्यतीत कर रही है, यह उसे उसकी भाभी चिट्ठी में लिखती रहती थी। उसकी बंध्या कोख ने, सहचरहीन जीवन ने निश्चय ही उसके यौवन को अक्षुण्ण रखा होगा। उसे याद है, उसकी माँ की सहेली विधवा गोदा मास्टरनी माँ से चार वर्ष बड़ी होने पर भी कितनी छोटी लगती थी! माँ प्रायः कहा करती

थी–"अरी, बाँझित का मुँह चिकना लड़कौरी का आँचल, एक बाल भी तो सफेद नहीं हुआ तेरा गोदा!" इधर दो वर्षों से उसके घर न आने पर भाभी ने रूठकर चिट्ठी लिखना बन्द कर दिया था, इसी से चन्द्रवल्लभ को चन्द्रिका का कोई समाचार नहीं मिला और फिर इन्हीं दो वर्षों में राजनीति ने उसे समृद्धि, वैभव, यश, कीर्ति से लादकर ऐसे दुहरा कर दिया कि चाहने पर भी वह चन्द्रिका को देखने न अपनी गर्दन दाएँ मोड़ सकता था, न बाएँ, न पीछे। उसकी महत्त्वाकांक्षिणी दृष्टि का घेरा बँधता था केवल सम्मुख के उस प्रशस्त राजमार्ग को, जिस पर नियति उसे धावक बनाकर अपनी मैरेथन-रेस में भगा रही थी। कितने पुष्पहार, कितनी तालियाँ और कितने करमर्दन! कभी-कभी अपनी महानाटकीयता उसे स्वयं काट खाने को दौड़ती। जान-बूझकर ही वह किसी जलसे, विवाह उत्सव या सहभोज से हड़बड़ाकर ऐसे उठ भागता, जैसे वह नहीं उठा तो पूरा आकाश ही नीचे गिर पड़ेगा। उसके पीछे-पीछे दरबारियों का विशाल जुलूस भी चल पड़ता और पूरे समारोह में खलबली मच जाती। यही तो वह चाहता था कि जनता-जनार्दन जान ले, इस अद्भुत व्यक्ति का एक-एक क्षण कितना अमूल्य है! समाचार-पत्रों के मुखपृष्ठों पर अपने दर्शनीय चेहरे के नित्यनवीन मोहक अभिनव संस्करण देखता तो उसका हृदय उल्लसित हो झूले की-सी पेंग लेने लगता–निश्चय ही हेड मास्टरनी चन्द्रिका भी अख़बार पढ़ती होगी। पश्चात्ताप की ज्वाला उसे कैसे झुलसाती होगी। उसकी कल्पना फिर एक मोह तृप्त स्मित बन, उसकी भरी मूँछों पर बिखर जाती। कितनी मेनकाओं ने उसकी तपस्या भ्रष्ट करने की चेष्टा की थी–बड़े-बड़े अफसरों की ऊबी पत्नियाँ, समाज-सेविकाएँ, खुर्राट अध्यापिकाएँ। किन्तु अपने चरित्र को कसकर मुट्ठी में ही आज तक बाँधता चला आया था पट्ठा! मज़ाल था कि कोई उसके चरित्र पर तर्जनी तो उठा दे! क्रोधी, दबंग, कुत्सित पत्नी के सुदीर्घ साहचर्य से ऊँचा उसका चित्त, यदि कभी मन की मौज़ आने पर इधर-उधर मुँह मार भी लेता, तो शायद विधाता भी क्षमा कर देता, नित्य सूखी घास चरने पर निरीह गाय भी कभी-कभी हरे-भरे खेतों में मुँह मार देती है। स्वभाव में तो वह गाय-सा ही निरीह था; किन्तु उसके जीवन में प्रेम केवल एक ही बार आया था, जो मूर्ति तब हृदय में स्थापित हुई थी, वह अब भी वैसी ही अडिग खड़ी थी।

पर तब का चन्द्रवल्लभ क्या ऐसा ही था? दोनों हाथ सिर के नीचे डाल, वह अचानक ही अपने उस रूप का स्मरण कर मुस्कराने लगा–कोट की फटी बाँहों से नाक पोंछनेवाला चन्द्रवल्लभ! और कोट भी कैसा! पिता के कैशोर्य का कोट, जिसे पहनकर वह स्कूल जाता तो जोशी मास्टर व्यंग्य से कहता– "अरे चनरुआ, दो भाई दो कोट पहन के क्यों आते हो? एक ही में तो दोनों समा जाओगे! कल से दोनों भाई एक ही कोट पहनकर आना, समझे?" और पूरी हृदयहीन कक्षा जोशी मास्टर के अद्भुत व्यंग्य से उल्लसित हो निर्लज्ज 'ही-ही' से दोनों भाइयों का कलेजा निचोड़ देती। कन्धे में बँधी डोरी से लटकी काली काठ की चमकती पाटी पर, कमेट से लिखी सुन्दर सुलेख की मुक्तावली में उसके अक्षर 'विद्या ददाति विनियं', आज एक-एक बाल्यकालीन स्मृति उसके कंठ में गोला बनकर अटक रही थी। तब क्या वह ऐसे पौरिज और अंडा खाता था ब्रेकफास्ट में? रोटी में घर का घी चुपड़, चीनी बुरक, ठेठ पहाड़ी रोल बनाकर नानी थमा देती, उसी 'रोल' को खाता वह तेज़ी से स्कूल की चार मील लम्बी पगडंडी उतरता चला जाता। सिर पर तेल से चिकनी टोपी का क्या आज की इस टोपी से ज़रा भी साम्य था? कहाँ यह बगुले के पंख-सी उजली धप्प तिरछी टोपी, जिसकी तीखी नोक भी किसी की अँगुली से छू जाए तो खून छलछला उठे और कहाँ वह कड़वे तेल से बसाती

निष्प्रभ विवर्ण मलेशिया की निरीह टोपी, जिसे उसकी नानी गाँव के गुसाईं ढोली से बीस अखरोट और दस दाड़िम के दाने देकर सिला लाई थी। फिर उस निरीह टोपी का एकमात्र कर्त्तव्य क्या उसका नन्हा सिर ढँकना ही था? प्यास लगने पर, पहाड़ी झरने की जलधार पर सम्पुट साध, वह गिलास बन उसकी प्यास बुझाती। चैत के महीने की काफल-लदी डालियों पर साध, काफल बटोरती और कभी-कभी जोशी मास्टर का आदेश प्राप्त होते ही चट सिर से उतार, डस्टर के रूप में भी व्यवहृत होने उन्हें थमाई जाती! एक दिन नानी ने कहा, "इसे आज घर पर ही छोड़ जाना रे चनरिया, रीठे से धोकर सुखा दूँगी।"

"नंगे सिर जाऊँगा तो जोशी मास्टर मारेगा आमा," चन्द्रवल्लभ के एक धृष्ट सहपाठी ने बिना टोपी के ही स्कूल जाने की धृष्टता की और मोटे रूलर की तड़ातड़ मार से अभागे की पीठ ही तोड़कर रख दी थी जोशी मास्टर ने, "साले! नंगचुलिया (नंगा सिर) तेरी हिम्मत कैसे हुई मेरे क्लास में बिना टोपी के आने की?"

"नंगे सिर क्यों जाएगा रे? तेरे बाप की पाग जो धरी है पिटार में, चल, मैं बाँध दूँ!" और फिर आमा ने बड़े स्नेह से उसके नन्हे सिर पर उसके मृत पिता की सतगज़ी पगड़ी लपेट दी थी। बेचारे चन्द्रवल्लभ की वह पगड़ी बँधी अनुपम छवि देखते ही पूरे क्लास ने दाँत भींचकर हँसी रोकी थी। क्रोधी जोशी मास्टर की क्लास में भला हँसने का दुःसाहस कौन कर सकता था! वह सिर झुकाए चुपचाप बैठा लिख ही रहा था कि पीछे बैठे दुर्दांत मौनीटर गोपाल ने पेंसिल की नोक से, मास्टर की नज़र बचा, अभागे की पगड़ी पट से नीचे गिरा दी थी; बस, फिर तो जोशी मास्टर भी अपनी हँसी नहीं रोक पाया था। आज भी, भरी कक्षा में, उस दुष्ट दुःशासन के खोले गए अपने चीर की व्यथा को वह नहीं भूल पाया था। जब कभी दामी पब्लिक स्कूल में पढ़ रहे पुत्र के चमकते मोनोग्रामवाले ब्लेजर को वह देखता, स्वयं अपनी दरिद्र छात्रावस्था का स्मरण उसकी आँखें गीली कर देता। जिस वर्ष वह विशेष छात्रवृत्ति पाकर पढ़ने इलाहाबाद गया, उसी वर्ष उसकी नानी ने आँखें मूँदी थीं। कई वर्षों तक वह फिर गाँव नहीं आया। बड़े भाई नेत्रवल्लभ ने घर की खेती सँभाल ली थी। थुल्मे, गलीचे, दनों का व्यापार भी साथ-साथ कर रहा था। देखने में ऊँचा-अगला गबरू जवान था ही, पत्नी भी सुन्दर जुट गई। उसी के विवाह में सम्मिलित होने वह पहाड़ गया और उसी विवाह में उसने पहली बार भाभी की बहन चन्द्रिका को देखा। पहली दृष्टि में उसे वह बेहद अहंकारी लगी थी। पुष्ट स्फुरित अधरों से झाँकती श्वेत दन्तपंक्ति, लम्बोतरा चेहरा, छरहरे शरीर से विदा लेने में जैसे कैशोर्य भी स्तम्भित होकर ठिठक गया था। सन्ध्याकालीन रक्तिम आभा से उद्‌भासित उस निमीलित दृष्टि के आकर्षण ने ही चन्द्रवल्लभ को अनमना कर दिया था। उसके भाई के श्वसुर अवकाश-प्राप्त इंजीनियर थे, प्रचुर धन बटोरा था, उनके उत्कोच-ग्रहण की पहाड़ में नाना दन्तकथाएँ प्रचलित थीं। पुल बनाने में उन्होंने विशेष ख्याति अर्जित की थी और उस ख्याति के पुष्ट प्रमाण के रूप में पुलों के लाल इंगूरी लौह-अवयव, उनकी सुरम्य पुष्पवाटिका के जंगले बने, दूर से ही दर्शकों को आकृष्ट करते थे। उनके दो लड़कियाँ थीं—बड़ी सरस्वती उसकी भाभी बन रही थी, छोटी चन्द्रिका मौसी के पास रह अल्मोड़ा के मिशन स्कूल में पढ़ रही थी। शायद उसी मिशन स्कूल की शिक्षा ने छोकरी को अहंकारदीप्त कर दिया था। इसके बाद कभी घर न आनेवाले चन्द्रवल्लभ का हर छुट्टियों में घर आना बढ़ता ही गया था। अवसर पाते ही वह भाभी के मायके पहुँचता रहता, कभी उसे लाने और कभी पहुँचाने।

एक बार नई भाभी ने उसे लताड़ भी दिया था—"सुनो जी चन्द्रलला, तुम्हारी नीयत

तो हमें ठीक नहीं लग रही है; पर पहाड़ में दो सगी बहनों का विवाह दो सगे भाइयों में नहीं होता, जानते हो ना?"

"जानता हूँ; उसने हँसकर कहा था।

"तब यह भी जान लो देवर, कि हमारे बाबूजी बड़े कट्टर हैं। कभी इस गृह के दूसरे बेटे को अपनी दूसरी बेटी का हाथ नहीं थमाएँगे।"

"और अगर बेटी खुद थाम ले तब?"

भाभी से किए गए उस सरल हास-परिहास की स्मृतियाँ अब भी कलेजे में नासूर-सी टीसने लगती थीं; पर भाभी के मायके में उसे चन्द्रिका को देखने का प्रलोभन नहीं खींचता था, वह तो प्रायः अल्मोड़ा ही रहती थी। उसके बूढ़े बाप का ही हृदय विजित करने वहाँ जाता था, कभी सिगार के चौकोर डिब्बे लेकर और कभी अगाथा क्रिस्टी के गड्डी के गड्डी उपन्यास बटोरकर। बूढ़े के प्राण ही इन दोनों में बसे हैं यह वह जान गया था; किन्तु घाघ बूढ़े ने न जाने कितने डिब्बे फूँक डाले और एक-एक कर क्रिस्टी के सारे उपन्यास चाट डाले, तब कहीं जाकर एक दिन तोप का अचूक गोला दाग, चन्द्रवल्लभ को धराशायी कर दिया।

"बेटा चन्द्रवल्लभ, अब हमें तुम्हारा ही भरोसा है, इष्टमित्र हो तो तुम्हारे जैसे!"

चन्द्रवल्लभ का कलेजा छत की बल्लियों से टकराने लगा था। निश्चय ही उसका स्तुति-जपार्जन अब सफल होने जा रहा था। वह समझ गया कि अवकाश-प्राप्त इंजीनियर का मस्तिष्क, जिसने प्रदेश की न जाने कितनी उद्दाम सरित-धाराओं को अपनी अद्‌भुत सेतु निर्माण-कला से बाँध दिया था, एक बार फिर दो तरंगित हृदयों की उद्धत जलधाराओं को अपनी नवीन योजना से बाँधने जा रहा था।

"जी, आप जब कभी मेरे योग्य कोई सेवा उचित समझें, मैं हाथ बाँध तैयार रहूँगा।"

"जानता हूँ, जानता हूँ पुत्र, मुझे तुमसे यही आशा थी।" उन्होंने अपने रहस्यमय वार्तालाप से उसका ऐसा मतिभ्रम कर दिया कि वह अकारण ही ऐसे हाँफने लगा था, जैसे तीखी चढ़ाई चढ़ रहा हो।

"तुम तो जानते ही हो बेटा, मेरे बेटे-बेटी जो भी हैं, बस ये ही दो चहेड़ियाँ हैं। एक को तो तुम्हारे देवतुल्य दाज्यू को सौंप हमने गंगा नहा ली, अब दूसरी चन्द्रिका को तो तुमने देखा ही है।" कह वह घाघ बूढ़ा किसी चतुर मदारी का-सा ही डमरू बजा, क्षण-भर के लिए चुप हो गया। उधर चन्द्रवल्लभ को जैसे कोई गोद में लेकर तेज़ी से गोल-गोल घुमाने लगा था।

ऐसे अद्‌भुत, सरल-सुखद प्रस्ताव की तो उसने स्वप्न में भी कल्पना नहीं की थी। यह ठीक था कि वह बेकार था, किन्तु उसका कुल, उसकी विद्या, योग्यता, सर्वोपरि उसके सवा लाख का व्यक्तित्व किसी में भी क्या रंचमात्र भी किसी कलंक की कुत्सित छाया थी?

"जी, मैं-मैं," कह हकलाता वह अपने भीरु चित्त के निर्लज्ज निवेदन को बरबस अवश जिह्वा पर ठेल ही रहा था कि इंजीनियर साहब सतर होकर बैठ गए, जैसे उफनती वेगवती नदी की धारा को आँखों-ही-आँखों में तौल रहे हों।

"सोच रहा हूँ, चन्द्रिका के विवाह से भी इसी जेठ में निबट लूँ, फिर ये मकान, अल्लम-गल्लम दोनों छोकरियों के नाम कर हरिद्वार की ओर निकल जाऊँगा। वहाँ कनखल के एक आश्रम में हम जैसे पुत्रहीन वानप्रस्थी गृहस्थों के लिए मरणोपरान्त भी विशेष सुविधा प्राप्त होती है। सब श्राद्ध, पिंडदान विधिवत् सम्पन्न कर देते हैं आश्रमवासी। चन्द्रिका के लिए

लड़का मैंने देख लिया है चन्द्रवल्लभ!'' एक बार उसे अपने रहस्यमय तिर्यक् स्मित से सम्मोहित कर बुढ़ऊ ने फिर कच्छप की-सी मूँडी छिपा ली।

''जी!'' इस बार चन्द्रवल्लभ की लड़कियों की-सी रेशमी पलकों से हृदय का समस्त निष्कपट निवेदन निर्लज्जता से नंगा होकर उसके कपोलों को आरक्त कर गया।

''आपकी कृपा है, आपका स्नेह है। मैं आपका यह अनुग्रह जीवन-भर नहीं भूलूँगा।'' वह स्वयं ही बड़बड़ाने लगा। तभी बूढ़ा एक बार फिर सतर होकर बैठ गया–''सदानन्द, सदानन्द पांडे, परमानन्द ओवरसियर का बेटा सदानन्द, उसे ही छाँटा है मैंने चन्द्रिका के लिए...'' बूढ़े ने एक बार भी अपने चिकने चेहरे पर आश्चर्य की सामान्य रेखा को नहीं फटकने दिया। कम-से-कम पूछ लेता कि चन्द्रवल्लभ उसके किस अनुग्रह के जीवन-भर न भूलने की बात कर रहा था। उत्तेजित चन्द्रवल्लभ की दोनों मुट्ठियाँ स्वयं बँध गई थीं–''क्या कह रहे हैं आप! सदानन्द तो यहाँ एक ही है...''

''हाँ बेटा, उसी एक सदानन्द की बात कर रहा हूँ मैं। मुझे बेहद पसन्द है वह लड़का! देखना, एक दिन पूरे कुमाऊँ का नाम उज्ज्वल करेगा।''

''जी हाँ,'' चन्द्रवल्लभ का व्यंग्य से तीखा स्वर औद्धत्य से प्रखर हो उठा था, ''पिछले दो सालों से कुमाऊँ का नाम ही तो उज्ज्वल कर रहा है। पूरे दो साल सस्पेंडेड रहा।''

''तो क्या हुआ, दस दुश्मनों ने फँसा दिया बेचारे को! पर साँच को क्या कभी आँच झुलसाती है चन्द्रवल्लभ! विभागीय जाँच में एकदम खरा निकल आया। लाखों में एक लड़का है। चन्द्रिका के ब्याह में तुम ही दोनों भाइयों को सब काम सम्हालना होगा, समझे?''

चन्द्रवल्लभ बिना कुछ कहे बड़ी अशिष्टता से तीर-सा बाहर निकल गया था। मूर्ख, मूर्ख चन्द्रिका, तब क्या वह भी पिता की भाँति सदानन्द की उपासिका बन गई थी? वैसे एक व्यक्तित्व को छोड़ और क्या नहीं था सदानन्द के पास! बहुत बड़ा मकान, सेबों का बगीचा, तराई का फार्म, सरकारी नौकरी, मृत जननी के ढेरों स्वर्ण आभूषण, मृत पिता की जोड़ी गई अटूट सम्पत्ति और भोगने को केवल सदानन्द। न भाई, न बहन! किन्तु चरित्र? कौन नहीं जानता था उसे? लोग तो यहाँ तक कहते थे कि वह परमानन्द पांडे की लक्ष्मीस्वरूपा पत्नी का गर्भजात पुत्र नहीं था; बाल्टे की, एक मिट्टी बेचनेवाली हरिजन युवती ही आधी रात को प्रेमी के द्वार पर उसका यह प्रणयोपहार एक फटी धोती में लपेटकर डाल गई थी। इधर परमानन्द की पतिव्रता पत्नी महीनों से अपने अभिशप्त, सन्तानहीन उदर पर बड़े कौशल से कपड़े बाँध-बाँध आसन्न प्रसवावस्था की भूमिका बाँध, ग्रामवासियों को छल रही थी, किन्तु उसकी वही निर्लज्ज सौत, जिसके कलंक को उसने अपने गर्भस्थ शिशु के रूप में स्वीकार दोनों जघन्य अपराधियों को बचाया था, एक दिन पूरे गाँव में आकर ढिंढोरा पीट गई–''अरे दस गज ऊँची नाक लेकर इधर-उधर घूमनेवाले बामणों, परमानन्द पांडे की 'बराँण ज्यू' (घरवाली) तो ठाठ से माँ बन गई, पर दरद झेले हैं मैंने। पानेज्यू ही मेरे सदिया के बाप हैं। देख लो पंचो, ये सबूत, अभी भी मेरी छुड़कती छातियों से दूध बह रहा है, अब पनाहन को बुलाकर देख लो, कैसे दूध पिलाती है उसे!''

बेहया, सचमुच ही बीच चौराहे में अपनी फटी कुर्ती ऊपर कर खड़ी हो गई थी। टपटप कर उसके कुंठित मातृत्व का पुष्ट प्रमाण मिट्टी को अभिसिंचित कर गया। जब तक जीती रही, वह दर्पित सिर उठाए बराबर हर महीने आकर परमानन्द पांडे से अपनी चौथ वसूलती रही। फिर सहसा उसका आना बन्द हो गया। लोग दबे स्वरों में कहते सुने गए थे कि पापी

परमानन्द ने उसे कटवाकर तराई के घने जंगल में गड़वा दिया है। उस संदिग्ध अतीत को जानकर भी उस अकर्मण्य जुआरी को जमाता बनाने का कैसा दुराग्रह था, इंजीनियर साहब का? गाँव से अल्मोड़ा जानेवाली एकमात्र 'कुमाऊँ मोटर यूनियन' की बस छूट चुकी थी, फिर भी पैदल ही पूरे बीस मील की दूरी पार कर, वह अल्मोड़ा पहुँचा तो अन्धकार घनीभूत होने लगा था। तब अल्मोड़े को विद्युत-छटा ने आलोकित नहीं किया था। समृद्ध गृहों में गैस जलते थे; किन्तु अधिकांश मध्यवर्गीय गृहों में लालटेन या लैम्प का ही क्षीण प्रकाशपुंज टिमटिमाता। उस दिन, सौभाग्य से, चन्द्रिका की विधवा मौसी कहीं भागवत् सुनने गई थी। चन्द्रिका बरामदे में बैठी लालटेन की चिमनी साफ कर रही थी। काँच की लम्बी चिमनी का एक सिरा हाथ से बन्द कर, दूसरे सिरे से वह अपनी श्वास-प्रश्वास का धुआँ भर रही थी। आज इतने वर्षों में भी उस किशोरी की वह अपूर्व छवि चन्द्रवल्लभ भूल नहीं पाया—दोनों फूले कपोल, धरा पर लोट रहा आँचल, तीव्र श्वास-प्रश्वास की धौंकनी में उठते-गिरते नन्हे वक्षस्थल का मोहक उत्थान-पतन! मुग्ध दृष्टि से देखता चन्द्रवल्लभ वहीं ठिठककर खड़ा रह गया। हाय-हाय, यह हीरा क्या उस अनाड़ी, शराबी, जुआरी सदानन्द की चादर की गाँठ से बँधेगा? पागलों की तरह आगे बढ़ उसने चिमनी सहित चन्द्रिका को अपनी उन्मत्त भुजाओं में बाँध लिया। एक पल के लिए उसे मौसी की उपस्थिति की सम्भावना भी नहीं सहमा पाई थी। चन्द्रिका को अधीर प्रेमी के उन्मत्त आलिंगन ने चौंकाया ही नहीं, ललाट पर, अधरों पर, चिबुक पर उन तप्त अधरों का अंगारे का-सा स्पर्श उसे अवश भी बना गया।

एक पल के लिए वह चेतना खो बैठी। हाथ से चिमनी गिरकर चूर-चूर हो गई, तो दोनों विलग हुए। एकाएक अपने अधैर्य पर चन्द्रवल्लभ को स्वयं खीझ उठी। न जाने कितनी पुस्तकें, रसमर्मज्ञ कवियों के श्लोक कंठस्थ कर वह इतनी दूर इस प्रेम-निवेदन के लिए आया; किन्तु सुअवसर जुटा तो भूखे भिक्षुक-सा भोजन पर टूट पड़ा। छिः-छिः, कितनी बार पढ़ी थीं उसने वे पंक्तियाँ :

प्राग चुम्बदलिके ह्रि नतां तां
क्रमाद्दरनतां कपोलयोः
तेन विश्वसितमान सां झटित्यानन स परिचुम्ब्य सिष्मियं

(राजा नल ने लज्जा से नीचे मुख किए हुए दमयन्ती का पहले ललाट में, फिर कुछ विश्वास उत्पन्न हो जाने पर नम्रमुखी दमयन्ती के कपोलों में और फिर विश्वस्त चित्तवाली उसको तुरन्त मुख से चुम्बन कर मुस्करा दिया।)

यहाँ तो वह मूर्ख स्वयं सिर झुकाए ऐसे अपराधी बना खड़ा था, जैसे दिन-दहाड़े किसी की हत्या कर दी हो! किन्तु चन्द्रिका पलक झपकते ही उसके सम्मुख ऐसे तटस्थ होकर खड़ी हो गई, जैसे कुछ हुआ ही न हो।

"आप अचानक यहाँ इस असमय में कैसे आ गए? दीदी की तबियत तो ठीक है ना?" उसकी दीदी पूरे दिनों से है, यह जानकर ही शायद उसने वह प्रश्न पूछा था।

उत्तर देने से पहले ही वह मूर्ख फिर अपनी कैफियत देने लगा था।

"मुझे माफ कर दो चन्द्रिका, मैं तुम्हें देखकर अचानक पागल हो गया था।" उसकी फिर घिग्घी बँध गई थी।

"दीदी ठीक है ना?" बिना कुछ उत्तर दिए उसने फिर अपना प्रश्न दोहराया।

"हाँ; भाभी ठीक हैं, पर जानती हो चन्द्रिका, तुम्हारे बाबूजी ने तुम्हारा विवाह पक्का

कर दिया है! मैं तुम्हें वही चेतावनी देने बीस मील पैदल चलकर आया हूँ।'' वह एक बार फिर उसका परमहितैषी बना, उसकी ओर झुका।

''तो क्या हो गया?'' उसके अनारदाने-से रक्तिम अधरपुट बड़ी अवज्ञा से फड़के—''विवाह तो एक दिन सबका ही होता है।'' वह अहंकारी सुन्दर छोकरी क्या जान-बूझकर ही उसे छेड़ रही थी!

''पूछती हो, क्या हो गया!'' वह बड़ी ज़ोर से झल्लाया—''सदानन्द शराबी की चादर की गाँठ से बँधने को हो तैयार? वही सदिया, जिसकी माँ...''

''देखिए, मेरा विवाह किसी से भी हो, आपके पेट में दर्द क्यों हो रहा है? सदानन्द कैसे भी हों, दीदी के विवाह में उन्होंने ही बाबूजी को सहारा दिया था, हमारे घर में कौन मर्द बैठा था? अम्मा की बीमारी में गेठिया सैनेटोरियम में भी वही रहे थे, यह जानकर भी कि टी.बी. की छूत उन्हें भी लग सकती है।''

''ओह, तो अब तुम्हें देकर उसी कर्ज़े से मुक्ति पा रहे हैं तुम्हारे बाबूजी, क्यों?''

फिर, जो मुँह में आया, वही बक-झक कर, अपने विदग्ध हृदय की पूरी भड़ास निकालकर, वह तेजी से बाहर निकल ही रहा था कि द्वार पर उसकी मौसी से टकरा गया।

''अरे आओ-आओ बेटा चन्द्रवल्लभ, कैसे आए? हमारी सरुली तो ठीक है ना? चल आ भीतर।'' वह फिर उसे बड़े स्नेहपूर्ण आग्रह से भीतर खींच ले गई थीं।

इस बीच चन्द्रिका दूसरी चिमनी निकाल, लालटेन जला चुकी थी। लालटेन के पिंगलवर्णी प्रकाश में उसके गौर ललाट पर, क्षणभर पूर्व साफ की गई चिमनी की कालिख, शायद अनजाने में पसीना पोंछते समय, डिठौना-सी अंकित भरपूर चमक उठी—''अरी, ये कपाल में 'मोसा' (कालिख) कहाँ से लगा लाई?'' मौसी हँसकर अपने आँचल से उसे पोंछने बढ़ीं तो व्यवहारकुशल चन्द्रवल्लभ ने अपना रूमाल उन्हें थमा दिया था।

''क्यों अपनी धुली-धुलाई साड़ी खराब कर रही हो मौसी! ये लो...''

अपने रूमाल के उस स्फटिक-से उज्ज्वल ललाट का स्पर्श करते-करते ही वह अपने आहत हृदय की समस्त व्यथा भूल गया था। रूमाल से कालिख पोंछकर भी उस विचित्र लड़की ने उसका रूमाल उसे क्यों नहीं लौटाया और फिर कैसी विवेक भीरुकर्षिता दृष्टि से उसे आपादमस्तक रससिक्त कर पल-भर निहार, आँखें झुका लीं, यह देख वह पल-पल प्रणय-अंधकूप में गहरा धँसता चला गया था। फिर तो पूरे पन्द्रह दिनों तक अकारण ही अल्मोड़ा में डेरा डाल, उसने मौसी के घर के न जाने कितने चक्कर लगा डाले थे। यही नहीं, कभी मिशन स्कूल के पिछवाड़े की जनशून्य पगडंडी में, कभी सैनेटोरियम के अरण्य में, जहाँ प्रत्येक मंगलवार को चन्द्रिका अपनी मौसी के बीमार जेठ को फल पहुँचाने जाती थी, वह जान-बूझकर ही रहस्यमयी को घेर, उसके अन्तरतम हृदय पट के मुँदे द्वार खटखटाने की चेष्टा करता रहता, किन्तु वह बित्ते-भर की छोकरी उसे अपनी तर्जनी पर ही नचाती रही थी।

''चन्द्रिका, तुम मुझे एक वर्ष का समय दो, फिर मैं तुम्हारे बाबूजी का पूरा कर्ज़ा चुका दूँगा। मैं इतना अकर्मण्य नहीं हूँ चन्द्रिका! तुम नहीं जानतीं, सदानन्द कैसा जघन्य व्यक्ति है।''

पर वह निःशब्द बैठी मुस्कराती रहती। उसका वही मौन स्मित कभी-कभी उसे फिर पागल बना देता, और वह उसे बाँहों में बाँधकर मसल देता। ओफ़, किस अमानवीय संयम से उसने एक दिन अपने को रोका था!

"ओह, छोड़ो-छोड़ो! कोई देख लेगा, तब?"

"यही तो मैं चाहता हूँ, चन्द्रिका, दुनिया तुम्हें मेरी बाँहों में देखे, खास कर तुम्हारा सदानन्द। मैं भी फिर देख लूँगा, कैसे मेरी जूठी पत्तल चाटता है भिक्षुक!"

हँसती-हँसती चन्द्रिका गोली-सी दूर छिटक जाती–"बहुत बहादुर मत बनो 'नानभिज्यू' (छोटे जीजा)!" वह न जाने क्यों उसे इस विचित्र सम्बोधन से पुकारती थी–"सदानन्द तुम्हें कभी पिस्सू-सा मसलकर रख देगा, समझे?"

एक ओर सदानन्द के लिए ऐसी भक्ति, श्रद्धा और दूसरी ओर जब भी उसका वह दूसरा प्रणयी उसे किसी अरण्य में मिलन-आह्वान से खींचता, वह मन्त्रपूत डोर में बँधी खिंची चली आती! तब क्या यह कौतुकप्रिय किशोरी एकसाथ दो-दो प्रणयोन्मत्त हृदयों को अपनी दो तर्जनियों पर नचा रही थी?

फिर बड़े भाई के पुत्र-जन्मोत्सव पर उसने इस अलौकिक नटिनी का एक सर्वथा नवीन रूप देखा था। भाई की पूरी गृहस्थी का भार अपने सुकुमार स्कन्धों पर ढोती, वह अपनी दीदी से भी अधिक कुशल गृहिणी बन उठी थी। उन दिनों का स्मृतिरत्न ही चन्द्रवल्लभ के स्मृतिकोष का अब सबसे जगमगाता वैदूर्य मणि था। आँचल कमर में खोंस वह कभी भागकर अपनी दीदी को पँजीरी खिलाती, कभी अनुभवी जननी की भाँति नवजात शिशु को छाती से लगा दुलराती, लोरियाँ गाती और कभी निमन्त्रित नारी समुदाय को अपने मधुर कंठ से सोहर की स्वर-लहरी से झुमा देती :

जच्चा किसकी हो तुम कुलवधू
जच्चा कवन सजन की धीय
महर-महर हरे वाकरे?

फिर सहसा पैरों में घुँघरू बाँध, वह अपनी क्षीण कटि लचकाती, द्वार की दरार से झाँक रहे बड़े और कुँआरे छोटे जीजा के दो जोड़ी मुग्ध नयनों को समान रूप से बाँधती, जान-बूझकर एक ही पंक्ति को बार-बार दुहराती :

सास मोरी ढूँढे
ननद मोरी ढूँढे
सैंया ढूँढे री गले में बैंया डाल-डाल।

उस सुराहीदार शंखग्रीवा में सचमुच ही बैंया डाल, बरेली के बाज़ार में झुमका ढूँढने उसका उद्ग्रीव प्रणयी, मुँदे कपाट की दरार से सटकर खड़ा है, वह जानती थी, इसी से बार-बार द्वार तक जा वह नृत्य-भंगिमा में ही हँसती-हँसती पीछे खिसक जाती।

उस छठी भोज के निमन्त्रित अतिथियों में उस दिन उसके दोनों प्रणयी एकसाथ उपस्थित थे।

"हैलो ब्रादर!" यह कह पच-पच पान का पीक थूकते सदानन्द ने चन्द्रवल्लभ के कन्धे पर हाथ रखा तो वह ऐसे भड़क उठा था, जैसे किसी कोढ़ी ने अपने हाथ का ठूँठ उसके कन्धे पर रख दिया हो।

जान-बूझकर ही चन्द्रिका ने कितने लज्जासिक्त आग्रह से सदानन्द की अभ्यर्थना की थी–"ये आलू के गुटके खाइए ना, मैंने बनाए हैं और ये दही-दाड़िम आपको बहुत पसन्द है ना?" जल-भुनकर एकदम कोयला हो गया था चन्द्रवल्लभ। क्या-क्या उसे पसन्द है, यह भी याद रखती है छोकरी! तब उसका रूमाल क्यों कमर में खोंसे फिरती है? उस दिन नाचते-नाचते

कैसी लास्यमयी मुद्रा में उसने कमर का वही रूमाल निकाल, नन्दादेवी के नर्तकों के रेशमी रूमाल की भाँति, अपने कंठ में ग्रैवेयक-सा गूँथ लिया था!

चन्द्रिका, चन्द्रिका, क्या तुम जीवन-भर शुम्भ-निशुम्भ की भाँति हमें दबा, दोनों की छाती पर पैर रखकर नाचती रहोगी? वह कभी ज़ोर-ज़ोर से अपने एकान्त कमरे में बड़बड़ाने लगता।

किन्तु, अन्त में विजय सदानन्द की ही हुई थी। लक्ष्मी ने ही सरस्वती को अँगूठा दिखा दिया। सौम्य दर्शन चन्द्रवल्लभ की विद्या, योग्यता, कुल प्रतिष्ठा, सब ताक पर धरी रह गईं। जब वह अपनी प्रशासकीय सेवा की परीक्षा के कठोर अध्ययन में आकंठ डूबा था, तभी उसकी अनुपस्थिति में चतुर गिद्ध झपट्टा मारकर उसके मुँह का ग्रास छीनकर ले गया!

विवाह का निमन्त्रण-पत्र भी शायद जान-बूझकर ही दूरदर्शी कन्या के जनक ने विवाह के पूरे आठ दिन बाद भेजा—निष्प्राण-सा। चन्द्रवल्लभ फिर कितने ही दिनों तक बिना खाए-पिए, अपने उदार मेज़बान के यहाँ चुपचाप पड़ा रहा। पिता के जिस समृद्ध मित्र के यहाँ वह रहकर परीक्षा दे रहा था, उन्हीं की पत्नी फिर उसे ज़बर्दस्ती खींचकर खाने की मेज़ पर ले गई थीं।

''क्यों, पर्चा ठीक नहीं हुआ बेटा? बिगड़ने दो, चिन्ता क्यों करते हो, अभी तुम्हारी उम्र ही क्या है! ईश्वर ने चाहा तो अगले साल बाज़ी मार लोगे।''

पर बेचारी ताई, उन्हें क्या पता था कि जो बाज़ी वह हार चुका है, एक बार हारने पर संसार का कोई भी पुरुष उसे फिर आज तक नहीं जीत सका है। धीरे-धीरे पराजित पौरुष की गहन व्यथा ने ही उसे सांघातिक रूप से दुःसाहसी बना दिया था। जो हृदय-सिंहासन कभी केवल चन्द्रिका के लिए आरक्षित था, वहाँ उसने राजनीति को ही प्रेयसी-रूप में स्थापित कर दिया। वही अटूट प्रेम, निष्ठा, वही निष्कपट निवेदन का नित्य-नवीन अर्घ्य उस नवीना प्रेयसी के चरणों में अर्पित कर, उसने पुरस्कार भी पा लिया। अतीत में झेली गई लाठियाँ अब देवताओं द्वारा की गई सुमनवृष्टि की ही भाँति उसे आपादमस्तक आच्छादित कर उठीं। न जाने कितनी बार उसने मन्त्रिमंडलों को धन्य किया, देश-विदेश की यात्राएँ कीं! नित्यप्रति का पूर्वाभ्यास किया गया स्मित बड़ी स्वाभाविकता से उसके अधरों पर पान की लालिमा की ही भाँति रस-बस गया।

इस बीच, जिस मेज़बान के यहाँ कभी दरिद्र आश्रित अतिथि बन परीक्षा देने टिका था, उसी के गृहस्वामी ने उसे जामाता-रूप में स्वीकार कर, प्रतिष्ठित कुल की मान्यता भी अनायास ही उपलब्ध करा दी। रूप-रंग के नाम पर पत्नी क्षीण मूलधन लेकर ही आई थी। एक बार रीढ़ की हड्डी में चोट आने से बेचारी कुछ कुबड़ी होकर ही चलती थी; किन्तु कुल मिलाकर माधवी उसके लिए भाग्यवती ही सिद्ध हुई थी। कभी-कभी उसका उग्र स्वभाव चन्द्रवल्लभ के लिए बहुत बड़ा सिरदर्द बन उठता था, किन्तु ऐसे अवसरों पर वह लम्बे हवाई दौरों पर निकल जाता। जब लौटता, तब ज्वार-भाटे की तरंगों की भाँति पत्नी का क्रोध स्वयं ही शान्त हो जाता। फिर, वह स्वयं भी आश्चर्यजनक रूप से सहिष्णु, उदार सहचर था। माधवी जब चाहे, जहाँ चाहे, घूम-फिर सकती थी, मनमानी साड़ियाँ खरीदने की उसे पूरी स्वतन्त्रता थी। क्लब में ताश का रतजगा हो या रेसकोर्स के अश्वों का सुदीर्घ प्रदर्शन—वह अपने पुरुष मित्रों के साथ मनमानी उड़ान भर सकती थी। कभी-कभी चन्द्रवल्लभ को अपनी सहिष्णुता पर आश्चर्य भी होता था। उसकी पत्नी को पुरुषों का साहचर्य भी मोहता था और उतने ही गोपों की अपनी उस एकमात्र राधिका के ऐसे उन्मुक्त विचरण ने उसे कभी ईर्ष्या-दग्ध नहीं किया, जबकि चन्द्रिका के मुँह से सदानन्द का नामोच्चार ही उसे जलाकर राख कर देता था।

'चन्द्रिका! चन्द्रिका! तुम्हें क्यों नहीं भूल पाता हूँ, क्यों...?' किन्तु इस क्यों का उसके पास कोई उत्तर नहीं था। अन्तिम बार की भेंट को वह एकान्त में उसी सूक्ष्मता से अपने अन्तर-पट पर बार-बार अंकित करता, जैसे किसी प्रियजन की मृत्यु-शय्या पर उसकी अन्तिम झलक को कोई बार-बार स्मरण कर, स्मृतिपटल पर खींच लाता है! उस दिन वह अपनी मौसी के लिए पथरौंटे में ज्यूणिया की दुकान से कूँडे की दही ला रही थी। मार्ग में दही चाटने का लोभ शायद बेचारी संवरण नहीं कर पाई थी, इसी से मलाई की एक चुगलखोर परत उन लुभावने अधरों पर ही जम गई थी।

"क्यों, खूब मलाई खाकर मौसी की एकादशी भ्रष्ट कर रही हो ना छोटी साली...?"

मौज-मस्ती में आने पर वह उसे इसी नाम से छेड़ा करता था।

"चल हट, कहाँ, कहाँ!" वह कह आँचल से होंठ पोंछने लगी थी।

"हठ मूर्ख, साड़ी से कहीं ऐसी स्वादिष्ट मलाई पोंछी जाती है! ला, मैं पोंछ दूँ।" कह बड़ी धृष्टता से उसने उसे बाँहों में बाँध लिया था।

उस अँधेरी सँकरी गली में दिन-दहाड़े ही मरघट का-सा सन्नाटा छा जाता था, फिर उस दिन तो साँझ ढल गई थी।

"चलोगी चन्द्रिका?" उसने उसके कानों के पास होंठ सटा लिए।

"कहाँ?"

"कल इलाहाबाद जा रहा हूँ। छुट्टियों का तो अब झमेला ही नहीं है। ईद, दशहरा, दीवाली, सब मिलकर मेरे सौभाग्य से ये सुअवसर एकसाथ जुटा गई हैं। चलो, इसी बहाने में तुम्हें कहीं दूर भगा ले चलूँ! किसी के बाप को भी पता नहीं चलेगा। नेपाल में मेरा एक रईस मित्र है, वहीं शरण लेंगे। चटपट अपनी मौसी को दही खिलाकर सुला आओ। मैं यहीं रुका रहूँगा। आज ही रात को भाग चलेंगे। चलोगी चन्द्रिका?"

अचानक ही यह भयंकर दुःसाहसी प्रस्ताव उसके दिमाग में आ गया था और प्रस्तावित करने में उसके दृढ़ स्वर में कहीं भी हास-परिहास का पुट नहीं था। शायद इसी से भयत्रस्त होकर सहमी उसकी प्रेमिका, पथरौंटे सहित, हिरनी-सी भागकर पल-भर में गली के मोड़ से अदृश्य हो गई थी। इसके बाद उसने फिर चन्द्रिका को कभी नहीं देखा।

महीने-भर बाद उसके विवाह का निमन्त्रण-पत्र मिला था। आज इतने वर्षों पश्चात् किसने उसे अमृत संजीवनी बूटी सुँघा, फिर उसके सम्मुख खड़ा कर दिया! शायद माधवी की मृत्यु ने या प्रवंचक विदेश-प्रवासी पुत्र के जर्मन मेम से विवाह ने, या स्वयं वैधव्यदग्ध चन्द्रिका के अस्तित्व ने!

इतने वर्षों पश्चात्, दोनों एक बार फिर स्वतन्त्र थे। क्रूर राजनीति ने चन्द्रवल्लभ को सिंहासनच्युत कर धरा पर पटक दिया था। राह के किसी राहगीर-सा ही तो था वह अब—एक साधारण मानव! अतीत के वैभव की एक टोपी ही तो स्मृति चिह्न के रूप में बची थी, उसे चन्द्रिका से मिलने से पूर्व किसी स्टेशन पर छोड़ जाएगा।

अपने आने की सूचना उसने केवल चन्द्रिका को ही दी थी। 'इतने वर्षों बाद मैं एक बार फिर तुमसे अपना वही प्रश्न पूछने आ रहा हूँ—चलोगी चन्द्रिका? शायद तुम सुन ही चुकी होगी, मैं अब विपत्नीक हूँ। मेरे इकलौते पुत्र ने स्वदेश की महिमा त्याग विदेश को ही जन्मभूमि मान लिया है। तुम भी एकान्त जीवन व्यतीत कर रही हो, यह मैं भी सुन चुका हूँ। कभी हम, सैनेटोरियम के पिछवाड़े, जिस सुदीर्घ दैत्याकार देवदार के नीचे मिला करते थे, वहीं तुम्हारी

प्रतीक्षा करूँगा। बुधवार, ठीक पाँच बजे; किन्तु इस बार एक शर्त भी है। यदि तुम मेरा प्रस्ताव स्वीकार करती हो, तब ही आना, अन्यथा नहीं। मैं तुम्हारी अनुपस्थिति को अपना दुर्भाग्य ही स्वीकार कर लूँगा।

—चन्द्रवल्लभ'

बुधवार के दिन पाँच के बदले चार ही बजे पहुँच गया था वह अधीर-क्लान्त पथिक। न जाने कितनी उलझनें, कितनी शंकाएँ उसे विह्वल कर उठीं!

क्या पता, उसे चिट्ठी ही न मिली हो! क्या पता, वह न आए! और फिर एकाएक उसके कौतुकप्रिय चित्त को उसकी एक नवीन योजना आल्हादित कर गई। लपककर वह एक घनी झाड़ी में दुबककर छिप गया। चन्द्रिका आएगी, निराश दृष्टि से इधर-उधर देखेगी, फिर वह हताश होकर लौटने लगेगी, तभी वह उसे बाँहों में बाँध, उस परिचित अरण्य को अपनी उल्लसित चीख से गुँजा देगा—'चलोगी चन्द्रिका?'

ठीक जैसे काफल के पेड़ पर पहाड़ी चिड़िया जूँहो टहूकती है, 'जूँहो-जूँहो' और दूसरी चिड़िया ठीक स्वर से स्वर मिलाकर उत्तर देती हैं—'भोल, भोल, भोल,' क्रमशः निकट आती पदचाप सुनते ही उसका हृदय ज़ोर-ज़ोर से धड़का—'मूर्ख, मूर्ख चन्द्रवल्लभ,' वह मन-ही-मन स्वयं अपनी खिल्ली उड़ाने लगा—'तू क्या अब तीस वर्ष पहले का वह विवेकहीन तरुण रह गया है?'

पत्तियाँ चरमराईं, पिरुल खिसका और वह आई। इधर-उधर देख वह बड़ी देर तक खड़ी रही, फिर हाथ का सूटकेस नीचे धर, सूखी घास पर धम्म से बैठ गई। घनी झाड़ी के भीतर छिपा चन्द्रवल्लभ अविश्वास से आपादमस्तक बदल गई अपनी प्रेयसी को एकटक देख रहा था।

विराट शरीर, भग्न दन्त-पंक्ति, बूँदी के लड्डू की ही भाँति ठँस-ठाँसकर बाँधा गया सूक्ष्म जूड़ा, अधखिचड़ी बालों को विभक्त करती टेढ़ी-मेढ़ी अयन्न से सँवारी गई माँग, पैरों में फटर-फटर करती क्रेपसोल के मर्दाने जूते और बुर्के की भाँति लपेटा गया खुरदरा काला शॉल। आँखों पर लगे चश्मे को उसी खुरदरे शॉल से पोंछ, उसने एक बार फिर आँखों पर लगा, इधर-उधर बड़े ध्यान से देखा। छह बजे। सात बजे। और जब दूर गिरजे की घड़ी ने टन-टन कर आठ भी बजा दिए, तब सूटकेस उठाकर खड़ी हो गई। अन्तिम बार, शून्य दृष्टि से, उस अरण्य को निहार, चन्द्रिका अपने मोटे मर्दाने जूते की घोड़े की-सी टाप से, सूखी पिरुल घास रौंदती, धीरे-धीरे उतार उतर गई।

उसके जाने के बड़ी देर बाद ही झाड़ी से बाहर निकल, चन्द्रवल्लभ उसी सूखी घास पर किसी मातृहारा शिशु की ही भाँति लोट-लोटकर रोता रहा था। ओफ, कैसा करुण क्रन्दन था वह! कैसी हृदयद्रावक सिसकियाँ! लग रहा था, वह अपने को रोक ही नहीं पा रहा है। आज तक जो दिव्यमूर्ति, प्रेयसी-रूप में किसी ताबूत में सुरक्षित शव की भाँति, उसके हृदय में ज्यों-की-त्यों धरी थी, वह किन्हीं अज्ञात विकार के कीटाणुओं के संसर्ग से सहसा क्षयग्रस्त हो, वीभत्स बन गई थी।

आज उसे पहली बार लग रहा था कि उसने चन्द्रिका को हमेशा-हमेशा के लिए खो दिया है!

अब वह कभी नहीं कह पाएगा—'चलोगी चन्द्रिका?'

गान्धारी

दोनों सखियाँ आमने-सामने बैठी थीं। रमा माथुर छरहरे शरीर की लम्बी लावण्यमयी युवती लगती थी, निकट से देखने पर ही देखनेवाला अपनी भूल पकड़ पाता था। यौवन उससे बहुत पहले विदा ले चुका था किन्तु उसके चेहरे पर अभी भी पूर्व लावण्य के ऐसे हस्ताक्षर थे, जिन्हें कालचक्र भी कठिनता से मिटा सकता है। उसकी आँखों पर मोटे फ्रेम का चश्मा था, चेहरे की झुर्रियों ने विदेशी बहुमूल्य प्रसाधनों से पराजित हो अपने हथियार डाल दिए थे, कटे बालों की वही लोकप्रिय आधुनिक सज्जा थी, जिससे मंडित भारतीय अभिशप्त विधवाओं का दल-का-दल आज से दस वर्ष पूर्व, भारत के किसी भी तीर्थ-स्थल या संगम पर देखा जा सकता था। काले केशों का आवश्यकता से अधिक काला रंग प्रायः रमा के साथ की अध्यापिकाओं को संशय में डाल देता था। क्या यह विधाता का औदार्य था या स्वयं रमा के हाथ की सफाई? जो भी था, अपनी उम्र को रमा ने कसकर मुट्ठी में दबा लिया था, भले ही यौवन उसे छोड़ दे, वह यौवन को छोड़ने के पक्ष में नहीं थी। शरीर के गठन में अभी भी युवती का लास्य था, कटाक्षों में ऐसी कलई का मुलम्मा था, जो चतुर-से-चतुर पुरुष को भी चरणों का दास बना सकती थी। उसकी बीस वर्ष की लम्बी नौकरी ही आज उसकी सबसे बड़ी शत्रु बन गई थी, चाहने पर भी वह अपनी उम्र को अब अधिक नहीं घटा सकती थी। आखिर वह एम.ए.एल.टी. थी, यौवन का एक सुनहरा प्रभात तो उन लम्बी-लम्बी डिग्रियों से विभूषित होने में बीता ही होगा, फिर विवाह का प्रकरण, जो उसके दुर्भाग्य से अधूरा ही रह गया था। पहले उसके पिता को उसके योग्य पात्र ही नहीं जुटे। कोई स्वयं छोटे कद का छोटा था, तो किसी की नौकरी का कद छोटा था और किसी का सम्मिलित परिवार आवश्यकता से अधिक बड़ा था। रमा के पिता सेशन जज थे, अदालतों की दूषित हवा उनके फेफड़ों में इस बुरी तरह घुसी हुई थी कि प्रत्येक भावी जामाता उन्हें कठघरे में खड़ा अभियुक्त ही लगता। कई सुयोग्य पात्रों को उन्होंने अपनी ही मूर्खता से गँवा दिया। 'पीता तो नहीं है? सिनेमा देखता है, क्या कहा नाटकों में भाग लेता है, कविता लिखता है?' आदि-आदि निरर्थक प्रश्न पूछकर वह सबको सहमा देते, फिर ईश्वर-कृपा से भारत में कन्यादायग्रस्त पिताओं की एक लम्बी कतार, विवाह मार्केट में सर्वदा उपलब्ध रहती है। जहाँ जज साहब एक पात्र को छोड़ता, दूसरा लपककर उस अच्छी-भली पतंग की डोर को थाम अपनी ओर खींच लेता। धीरे-धीरे समय बीतता गया। जज साहब की सहसा हृदयगति बन्द हो जाने से मृत्यु हो गई और बेचारी रमा अनब्याही ही रह गई।

रमा ने नौकरी कर ली, विलम्बित कौमार्य के कृष्ण मेघ ने उसके सुकुमार चेहरे को पूर्णतया घेर लिया था किन्तु उसने अपने बचे-खुचे सौन्दर्य मूलधन को, जन्मजात कृष्ण की भाँति ही

सेंतकर रखा था। वह विदेश से सैकड़ों रुपया खर्च कर भाँति-भाँति के सौन्दर्य-प्रसाधन, लेप-प्रलेप मँगाती रहती थी। उसके पिता बहुत रुपया छोड़ गए थे, और कोई था नहीं, करती भी क्या? एकाध दूर के रिश्ते की बुआ और ताइयों ने उसके साथ काशीवास कर, मृत्यु समय तारक-मन्त्र श्रवण करने की इच्छा भी प्रकट कर दी थी, किन्तु रमा ने अपने छल-बल के झाड़ से उन स्वार्थी आत्मीय स्वजनों को झाड़-झूड़कर झटक दिया था। वह अकेली ही भली थी, फिर अब अकेली भी तो नहीं थी। पिछले तीन वर्षों से उसकी सहपाठिनी रीना राना का स्थानान्तरण भी उसी के विद्यालय में हो गया था। न जाने किस अँधेरी-सी गली में, एक बंगाली परिवार के साथ 'पेइंग गेस्ट' बन बेचारी रहती थी, खींच-खाँचकर रमा उसे अपने बंगले में ले आई थी। बंगला भी तो उसका लाखों में एक था। तब से दोनों सखियाँ एक साथ ही रहने लगी थीं। सह-अध्यापिकाओं ने, ईर्ष्यावश रीना राना को व्यंग्य-वाणों से बींध भी दिया था किन्तु वह हँसमुख युवती तो जैसे चिकना घड़ा थी। इधर उसका झुकाव सन्त-समागम की ओर निरन्तर बढ़ता जा रहा था। सोने के लाकेट के बीच वह अपने उन स्थूलकाय गुरुजी की फोटो लगाए रखती थी जिन्होंने उसे गुरुमन्त्र दिया था और हाथ में पहनती थी 'ओम्' लिखी, मीनाकारी की एक भद्दी-सी अँगूठी। कभी-कभी वह भारत के तीर्थ-दर्शन की लम्बी यात्रा पर भी अपनी गुरु-बहनों के साथ निकल जाती और उसकी सखी रमा, बुरी तरह चिड़चिड़ाने लगती—"यह सब तुम्हारा फ्रस्ट्रेशन है, रीना, क्या ढोंग करती हो यह! सच बताना, क्या तुम्हें यह सब अच्छा लगता है?" ठीक ही तो कह रही थी रमा, उसे सचमुच ही कभी अपनी सजी-सँवरी नियम-आदेशों से बँधी जिन्दगी डंक मारने लगती। समय से उठना, नहाना-धोना, गिनकर 108 बार मन्त्र-जाप, फिर कलफ में सधी साड़ी पहन विद्यालय जाना, वहाँ कुंठाग्रस्त परिवेश के पोखरे में दिनभर डुबकियाँ लगाना और सन्ध्या को अपने और अपनी सखी के सजे बंगले में लौटकर लड़कियों की कॉपियाँ जाँचना। कैसा नीरस जीवन था उसका और रमा का! प्रत्येक वस्तु नियत स्थान पर सजी—न कहीं धूल और न धब्बा। 'यह भी कैसा क्रूर फौजी अनुशासन है!' वह मन-ही-मन सोचती, क्यों कोई बच्चों की चंचल टोली आकर, उनकी बैठक की रंगीन सज्जा को अपनी धमाचौकड़ी के झंझावात से झकझोर नहीं देती? क्यों कोई गृहस्थी स्त्रियों की मंडली उन्हें घेरकर, गृहस्थी के रंगीन कथानकों का जाल नहीं बिखेर देती? इधर-उधर की बातें—किस बहू को अपने से दुर्व्यवहार किया, किस सास ने अपनी बहू को अपने पुत्र का शत्रु बना दिया...हाय, कैसी प्यारी-प्यारी बातें किया करती थीं उसकी माँ और भाभियाँ, चाची और ताइयाँ। हाथ हिला-हिला, नथ के जुगनू झमका, आँखें चमका, पुतलियाँ फिरका, घंटों वे मुहल्ले-टोले की स्त्रियाँ हँसती-हँसातीं, लड़ती-झगड़तीं, रोती-रुलातीं, वही कार्यक्रम नित्य समय-असमय दोहराती रहतीं, जिन्हें संसार भर की स्त्रियाँ प्रायः एक ही ढर्रे से युग-युगान्तर से दोहराती आई हैं।

किन्तु क्या हो गया था उन दोनों सखियों को? न अब वे लड़ती थीं और न हँसती थीं। एकसाथ बैठे-बैठे कभी घंटों बीत जाते—खाने बैठतीं तो चुगकर उठ जातीं। सिनेमा देखने का प्रस्ताव तो दूर, कभी बाहर टहलने का प्रसंग भी भूल से नहीं छेड़ा जाता। स्त्री-सुलभ कुतूहल, हास-परिहास, नोंक-झोंक—सब दीयों की ज्योति बुझ गई थी, जल रही थी केवल एक पुष्प, घृत, ज्योति, ईर्ष्या और द्वेष की।

बीस वर्ष की मैत्री की नाड़ी, सहसा ल्युकेमिया के मरणासन्न रोगी की नाड़ी की भाँति चेतना खो रही थी। मृत्यु आसन्न थी—दोनों कभी लुक-छिपकर एक-दूसरे को कनखियों से देखतीं और पकड़े जाने पर ऐसे सहमकर आँखें फेर लेतीं, जैसे कोई पाप

कर रही हों। शत्रुता का घातक कीटाणु घुसा था एक सामान्य-से छिद्र से।

एक दिन उठते ही दोनों ने देखा, सामने खड़ी सेठ रामरतन की ऊँची हवेली की खिड़की खुली है। वर्षों से बन्द यह हवेली क्या सचमुच आबाद हो गई थी? उन दोनों के कुतूहल का अन्त नहीं था—पता नहीं कौन था गृहस्थ या उन्हीं की बिरादरी का कोई वैरागी? लेकिन यह स्थिति अधिक समय नहीं चली—पहले दिन ही टेलीफोन माँगने के बहाने नए किराएदार ने आकर स्वयं अपना परिचय दे दिया। यह जयपुर विश्वविद्यालय में प्राध्यापक था, विदेश से लौटने के पश्चात् भारत के विभिन्न विश्वविद्यालयों को अपने चंचल चरणों की पावन धूलि से पवित्र करता हुआ, वह कुछ दिनों से जयपुर में था। 'यहाँ विश्वविद्यालय की मौखिक परीक्षा लेने आया हूँ। गृहस्थी मेरी है नहीं। स्वच्छन्द पक्षी की उड़ान है। मिस माथुर, क्षमा कीजिएगा, आपका नाम मैंने नेम-प्लेट पर पढ़ लिया था।' वह निर्लज्जता से हँसा तो रमा के जी में आया, उसकी बत्तीसी भीतर कर दे। पुरुष उसे स्वभाव से ही प्रिय थे, किन्तु उस कदर्य व्यक्ति की कैंची-सी चलती जिह्वा उसे नहीं रुची। यदि बिना बोले, केवल टेलीफोन कर, क्षमा माँग वह दबे पाँव चला जाता, तब वह उसे सिर-आँखों पर बिठाती, पर वह तो बिना बुलाए ही मेहमान बना घुस आया, इसी से रमा बिदक गई।

'देखा रीना, गोबर लगे जूतों को मुआ पोंछ लेता तो क्या बिगड़ जाता, मिरजापुरी कार्पेट का सत्यानाश कर गया!' वह बड़बड़ाई, पर रीना बड़ी प्रसन्न थी। उसे उस मोटे-मोटे होंठवाले, काले नाटे व्यक्ति की केवल यही बात पसन्द आई थी। कैसी बेतकल्लुफी से, वह अपने गोबर-सने खुरों की छाप छोड़ गया था, जैसे मस्ती से झूमता अरना भैंसा हरी-भरी फसल चरमराता किसी खेत के बीच से गुजर गया हो। दूसरे दिन से मस्त भैंसे ने उसकी सुरुचि-सम्पन्ना सखी को और भी भड़काना शुरू कर दिया। कभी वह बरामदे में ही केवल एक तौलिए की लुंगी लगाए, हठयोगी साधु की भाँति प्राणायाम खींच, घंटों पद्मासन लगाए बैठा रहता। खिलवाड़ में रमा को रीना छेड़ भी देती—'हाय, बेचारा योग की पुस्तकें पढ़ रहा है, अवश्य ही कोई योगभ्रष्ट साधक है, रमा!'

'झाड़ मारूँ इस ढोंगी साधक की खल्वाट खोपड़ी पर! रुक, मैं अपनी दूरबीन ले आती हूँ। देखूँ, क्या पढ़ रहा है?'

वह भागती हुई दूरबीन ले आती और फिर देखते ही, अपनी सखी को भीतर खींच हँसते-हँसते लोटपोट हो जाती—'कहा था ना मैंने, पतंजलि के योग-दर्शन के नीचे, फिल्मी पत्रिका छिपा, हजरत आँखों-आँखों में सायरा बानो को पी रहे हैं।'

'ये अधेड़ कुँआरे तो मुए रँडुओं से भी गए-बीते होते हैं, रीना। खबरदार, गज भर की दूरी बरतनी होगी इससे।'

गज भर की दूरी बरतने की नौबत ही नहीं आई, योग-दर्शन के अत्यधिक सेवन से बेचारे प्राध्यापक को स्वयं ही अपच हो गया। एक दिन दोनों सखियाँ उठीं तो सेठजी की हवेली के द्वार पर वही पुराना जंग लगा ताला लटक रहा था।

काश, वह ताला लटका ही रहता पर उसे तो अब दोनों सखियों की बीस वर्ष पुरानी मैत्री के द्वार पर लटकना था, लिहाजा वह फिर खुल गया।

बरामदे में फिर कुर्सी डल गई।

'रीना, रीना! भागकर आ, लगता है साधक जी फिर आ गए, देखती नहीं उसी की कुर्सी है।' रमा बच्ची-सी किलक उठी।

सहसा दोनों की बोलती एकसाथ बन्द हो गई।

एक सौम्य आकृति का लम्बा-चौड़ा युवक, उनकी ओर पीठ कर बैठ गया और अपने नाखून काटने लगा।

रीना ने अपने गुरुदेव की फोटो का लाकेट दाँतों में दबा लिया, उत्तेजित होने पर वह प्रायः ही ऐसा किया करती थी।

रमा सखी का कन्धा पकड़कर झुक गई–'हाय, कितना हैंडसम है!'

'कैसे लहरदार चिकने बाल हैं!'

'ठुड्डी में डिम्पल देखा?'

सचमुच ही उस सुदर्शन युवक का गौरवर्ण किसी विदेशी आइरिश की-सी लालिमा से रंजित था। वह एक के बाद एक सिगरेट फूँकता, बिना उन दो सखियों की ओर देखे, धूप का प्रचुर सेवन कर रहा था।

शायद वह नारी-हृदय का मँजा जौहरी था और यह भली-भाँति जानता था कि एक बार भी मुड़कर देख लेने पर, वह अपना समस्त आकर्षण गँवा बैठेगा। नारी को पुरुष की उदासीनता ही अधिक बाँधती है। फिर तो दोनों सखियाँ लुक-छिपकर उसे ही देखने लगीं।

तीन ही दिन में दोनों प्रौढ़ा सखियों की आयु के दस-दस वर्ष, स्वयं उनकी काल्पनिक गणना ने घटकर, पुराना योगफल मिटा दिया। जीवन की काली स्लेट पर फिर यौवन के जादुई अंक लिखे जाने लगे। पहले दोनों, बिना एक-दूसरे की राय लिए कपड़ा भी नहीं पहनती थीं, अब चुपके-चुपके दोनों नई-नई शोलापुरी साड़ियाँ खरीद लाईं। एक ने जूड़ा खोलकर दो चुटियाँ लटका लीं, दूसरी ने 'ओम्' लिखी अँगूठी उतार दी। एक ने चोटी में गुलाब लगाकर, आँखों-ही-आँखों में पैंतरा बदल लिया तो दूसरी ने अकारण ही बरामदे के सारे काल्पनिक मकड़ी के जाले झाड़कर रख दिए। एक-आध बार शायद जान-बूझकर ही दो-तीन निर्दोष गमले भी गिराए गए, फिर अचानक दोनों सखियों से नहीं रहा गया, एक ही नदी की, बिछुड़ी बँट गई दो धाराओं की भाँति, दोनों फिर मिलकर एक हो गईं। क्यों न मिल-जुलकर ही मोर्चा बाँधा जाए!

'हाय रीना, तूने बेकार ही गमला तोड़कर रख दिया!' रमा ने हँसकर कहा–'हट, मैंने कहाँ तोड़ा!' कह रीना ने षोडषी कुमारी की भाँति हँसी की फुलझड़ी छोड़ी।

'कर क्या रहा है यह उजबक?' रमा सखी के कान के पास मुँह ले जाकर फुसफुसाई।

'राम जाने। जा, अपनी दूरबीन ले आ!' तीन गमले फोड़कर भी रीना हथियार डालने को तैयार नहीं थी।

'देख रीना, क्या बढ़िया स्वेटर पहने है।'

'क्या पता बीवी ने बुना हो', रीना ने हँसकर कहा। मन-ही-मन उसे इस तीन दिन के सामान्य-से परिचित सुदर्शन युवक के प्रति अपनी सखी का आकर्षित होना कुछ अच्छा नहीं लग रहा था। यह भी ठीक था कि वह स्वयं बेबस-सी उसी आकर्षण की डोर से खिंची चली जा रही थी।

'बीवी?' रमा ने अविश्वास से हाथ की दूरबीन मेज पर पटक दी–'हाँ री हाँ, तू क्या सोचती है, वह अभी तक उस मूर्ख योगी की भाँति हमारे लिए कुँवारा बैठा होगा? कम-से-कम तीस का तो होगा ही–गौर से देखती क्यों नहीं, धूप का चश्मा लगाए है, नहीं तो मैं पुरुष की आँखें देख, चट उनकी उम्र पकड़ लेती हूँ। पर क्या गजब की पर्सनैलिटी है रमा, देखकर

भूख भागती है, अवश्य ही यह पुलिस या फौज में होगा—हमारे विभाग में तो ईश्वर ने छाँट-छाँटकर कामदेव बिठाए हैं', रीना ने अपने निर्णय के मौखिक समर्थन के लिए सहेली को उकसाया।

रमा के दिल में रीना के द्वेष की छुरी घप से बहुत भीतर तक धँस गई थी। हाय-हाय, वह तो मन-ही-मन अपना स्वयंवर रचा, इस अदृश्य मूर्ति के गले में माला डाल, संयुक्ता बनी, उसके काल्पनिक अश्व पर आरूढ़ा हवा में सरपट उड़ी जा रही थी कि रीना ने अचानक लगाम खींचकर भूमि पर लुढ़का दिया।

'चल रमा, भीतर चलें, हम दोनों अपने इस बरामदे से नीचे भी कूदेंगी तब भी शायद यह हजरत टस-से-मस नहीं होंगे।'

'नहीं रीना, आज चाय भी यहीं पी लें, देखें कब तक नहीं देखता', रमा ने आँचल कमर में खोंस, ताली बजा, विदेशी मेमों के-से आरोह-अवरोह युक्त स्वर में नौकर को पुकारा—'मंगू, मंगू...'

फिर प्रखरा मुखरा सखी द्वय ने, आवश्यकता से कुछ अधिक ऊँचे स्वर में, चाय के साथ खाने के सामान का आदेश दिया—'देखो मंगू, चार फ्राई, पौरिज, टोस्ट और मक्खन की दो बट्टियाँ।' 'बेबी लोग यहीं चाय पिएँगी?' मंगू ने मूर्खतापूर्ण प्रश्न पूछा तो चालीस वर्ष की दोनों बेबियाँ झल्ला उठीं— 'अरे, हाँ रे हाँ, कह तो दिया', फिर चाय आई, रंगीन प्याले खनके, अंडे की मनभावनी पिलौंदी, सुनहरे टोस्ट की मक्खन लगी तह पर, बड़े अन्दाज से बिछा, रंगीन नाखूनों से थामे गए काँटों द्वारा रंजित अधरों तक पहुँचाई गईं, कई बार चम्मचें गिरीं, फिर काँटे। अपनी धूर्त चाल और सूझ-बूझ पर दोनों खिलखिलाकर हँसीं पर पाँच गज की दूरी पर बैठा, अपने व्यक्तित्व की एक ही गोली से एकसाथ दो चिड़िया गिरानेवाला वह अद्‌भुत निशानेबाज कानों में शायद रुई के पूरे दो बंडल खौंसे बैठा था। अचानक वह हिला, दोनों सखियों की हृदयगति एकसाथ बन्द होने लगी।

'अब देखेगा शायद', न चाहने पर भी रीना के मुँह से निकल गया। वह गुरुदेव सहित पूरा लॉकेट, सुपारी की भाँति कुतर रही थी।

'कभी नहीं,' रमा ने पसीना पोंछकर कहा।

'अगर देख लिया तो?' रीना ने पूछा।

'तो जा, तुझे ही दे दूँगी तेरा, समझी नहीं तो मेरा।'

'रंजू, रंजू!' उसने पुकारा तो दोनों काँप गईं, पूरे मकान की छत गुँजाता स्वर गूँजा—'रंजू, रंजना...'

रमा ने कसकर रीना का हाथ पकड़ लिया, मांसल कंठ की जैसी गुरु-गम्भीर गर्जना थी। उसने एक बार फिर अपने कंठ के नगाड़े पर स्वर का हथौड़ा पीटा और एक ताड़-सी लम्बी साँवली युवती गोद में एक गोलमटोल बच्चा लेकर आई।

'लो, थामो इस दुष्ट को, मैं सूटकेस बन्द कर लूँ। ले, जा पापा के पास।' उसने बड़े लाड़ से बच्चे को चूमा और उस व्यक्ति की गोद में डाल दिया। फिर वह एक सूटकेस खींचकर वहीं ले आई, कपड़ों से अटे मुँह बाए सूटकेस पर वह बड़ी निर्ममता से उकड़ूँ होकर बैठ गई और अपने भार से सूटकेस का खुला मुँह बन्द कर उसने ताला ठोंक दिया।

'आप इसे लिये रहिए, मैं सामान उतार दूँ, रिक्शा आ गया है—तीन बज गए हैं, साढ़े तीन बजे तो हमारी गाड़ी छूटती है।' वह सूटकेस लटकाकर चली गई। चंचल बालक रबर

की चूसनी चूस रहा था। अचानक पिता का चश्मा देख, उसने किलककर खींचने को हाथ बढ़ाया तो चूसनी नीचे गिर पड़ी—वह चीख-चीखकर रोने लगा।

अब तक दोनों सखियाँ जैसे किसी मनोरंजक चलचित्र का सबसे सनसनीखेज दृश्य देख रही थीं, दोनों की विलुप्त वाणी एकसाथ लौट आई।

'कितनी बदसूरत पत्नी है पर कितना सुन्दर बालक!' रीना ने एक लम्बी साँस खींचकर कहा—'अपने बाप पर गया है एकदम, कितना रो रहा है? पैरों के पास ही तो चूसनी पड़ी है, क्या टटोल रहा है उसका पापा।' इतने ही में बच्चे का रोना सुन माँ आ गई—'क्या हो गया? अरे, ले'—कह उसने चूसनी आँचल से रगड़ बच्चे के मुँह में लगा दी और पति की बाँह थामकर बोली—'चलिए, आपको रिक्शा में बिठा दूँ, अभी घर भी तो बन्द करना है।'

'हाय राम, यह तो अन्धा है!' रमा, रीना का हाथ छोड़, कुर्सी पर बैठ गई।

वह युवती पति को रिक्शा पर बिठाकर बरामदे का द्वार बन्द करने आई तो सहसा उसकी आँखें सामने खड़ी दोनों सखियों से चार हो गईं—'नमस्कार', उसने हँसकर कहा—'देखिए न, ऐसी हड़बड़ी में रहे कि आपसे मिल भी नहीं पाए, सिनहा मामाजी तो आप दोनों की इतनी प्रशंसा करते थे, पिछली बार जयपुर से आए थे न?'

'डॉ. सिनहा आपके मामा हैं क्या?' रीना ने पूछा।

'जी नहीं, मेरे पति के मामा हैं, उन्होंने यह हवेली अभी-अभी खरीदी है, मैं अपनी ननद के लड़के के मुंडन पर आई थी, देहात गई थी, कल ही आई।'

'आपके पति की आँखों में क्या कुछ तकलीफ हो गई है?' रीना बिना जड़ खोदे मानेगी थोड़ी ही, रमा के जी में आ रहा था उसे चाँटा कस दे।

'इनकी तकलीफ तो बहुत पुरानी है,' वह हँसी और उसकी अम्लान हँसी रमा को बड़ी प्यारी लगी।

'तो क्या आपके विवाह से पूर्व ही?' रीना ने अपने निर्लज्ज अधूरे प्रश्न में भी अपनी जिज्ञासा स्पष्ट कर दी।

चतुर युवती ने उसके कुतूहल को समझ लिया। वह उदासी से हँसी—'हाँ, मेरी सगाई होते ही एक वायरस इनफैक्शन में इनकी दोनों आँखें जाती रहीं। अच्छा, अब चलूँ, देर हो रही है।' उसने नमस्कार की मुद्रा में अपनी हथेलियाँ जोड़ी भी नहीं थीं कि कुतूहलप्रिया रीना ने अपने क्रूर प्रश्न की अन्तिम गोली दागी—'क्या आपका परिचय इनसे विवाह से पूर्व का था?'

प्रश्न स्पष्ट था, अर्थात् 'ऐसे सुदर्शन व्यक्ति को विवाह के पूर्व हृदय सौंपकर क्या आप समय रहते वापस नहीं ले पाईं?'

'नहीं', सरल, स्वच्छ स्मित-से उसका साँवला चेहरा दीप्त हो गया—'हमारे समाज में तो पति से परिचय, विवाह से पहले नहीं, बाद ही में होता है। फिर मैंने तो इनका कभी नाम भी नहीं सुना था, पर जब सगाई हो ही गई थी तब तोड़ने से लाभ ही क्या था? मेरे पिताजी की भी इच्छा नहीं थी कि विवाह हो, मैंने ही जिद की। अच्छा, अब चलूँ।'

वह द्वार बन्द कर चटपट सीढ़ियाँ उतर गई। रमा को लगा वह ताड़-सी लम्बी साँवली युवती बदसूरत नहीं, संसार की सर्वश्रेष्ठ सुन्दरी है।

अन्धे विवश पति का हाथ थामने के लिए उस त्यागमयी गांधारी ने स्वेच्छा से ही अपनी आँखों पर पट्टी बाँधी थी। दोनों सखियाँ सोच रही थीं—वे दोनों कितनी तुच्छ थीं, कितनी तुच्छ!

तोमार जे दोक्खिन मुख

गम्भीर रात्रि की गहन शून्यता में तमिलनाडु एक्सप्रेस तेजी से वन-अरण्यों को चीरती जा रही थी। उस सुदीर्घ यात्रा में अपने डिब्बे का एकान्त सहसा मुझे भयावह लगने लगा। एक बार कंडक्टर आकर, बड़ी नम्रता से पूछ गया था, ''मैडम, यदि आपको अकेले में सफर करने में आपत्ति हो तो बगल के डिब्बे में ऊपर की एक बर्थ खाली है..."

"नहीं, मैं यहीं ठीक हूँ।" कह, मैंने उसका विनम्र प्रस्ताव फेर दिया था। अटपटे अनचीन्हे यात्रियों के साहचर्य से मुझे एकान्त ही अच्छा लगता है। किन्तु अँधेरा होते ही वह एकान्त मुझे सहमा गया। बत्ती जलाकर मैंने एक बार पढ़ी पत्रिकाओं को फिर उलटा-पलटा। चिटखनी ठीक से लगी है या नहीं, यह देखा। सिरहाने की खिड़की के दोनों शटर चढ़ा लिये। फिर भी न जाने कैसा भय लग रहा था। इससे पूर्व भी कई बार अकेले कूपे में यात्रा कर चुकी थी। किन्तु ऐसे अस्तित्वबोध ने कभी नहीं सहमाया। मन ही मन मनाती जा रही थी कि किसी सद्गृहस्थ का परिवार सहयात्री बन जाए, क्योंकि कंडक्टर कह गया था, नागपुर से प्रायः ही भीड़ बढ़ती है। नागपुर में कोई परिवार तो नहीं आया, किन्तु एक के बाद एक दो सहयात्रियों ने मेरे सशंकित चित्त को शान्त कर दिया। एक महाराष्ट्रीय महिला केवल एक टोकरी और एक बटुआ लेकर ठीक सामने की बर्थ पर आकर बैठ गई तो मेरा चित विषण्ण हो गया। मैं समझ गई थी कि उसकी यात्रा निश्चय ही ह्रस्व होगी। शायद तीन-चार स्टेशन बाद ही उतर जाएगी क्योंकि संसार की कोई भी नारी दीर्घ यात्रा बिना सामान के सम्पन्न नहीं कर सकती। मेरा अनुमान ठीक ही था।

"मुझे वर्धा तक कुछ काम था। गांधी-साहित्य पर रिसर्च कर रही हूँ। नागपुर बहन के पास आई थी। अब दूसरी बहन के पास जा रही हूँ। चौथा स्टेशन पड़ेगा।" मेरी वह प्रगल्भ सहयात्रिणी उस संक्षिप्त अवधि में भी, निरन्तर मैना-सी चहकती, अपना पूरा परिचय दे गई थी। उसका नाम अनसूया पटवर्धन है। विवाह नहीं किया। लड़कियों के किसी कॉलेज की वाइस-प्रिंसीपल है। यूनिवर्सिटी में पढ़ाने की महत्वाकांक्षा ने ही उसे पी-एच.डी. के लिए प्रेरित किया है। वृद्धा माँ साथ रहती हैं। इसी से विवाह नहीं किया। उसने लजाकर कहा, "मैं विवाह कर लेती तो माँ को कौन देखता? फिर एक भाई भी है। एकदम आवारा! गत सात वर्षों से लगातार हाईस्कूल में फेल हो रहा है। उसके भरोसे माँ को छोड़ नहीं सकती। इसी से कल ही लौट जाऊँगी।"

वह यदि नहीं भी बतलाती, तब भी मैं जान जाती कि वह कुँआरी है। बत्तीस वर्षों का संचित कौमार्य उसकी प्रत्येक विचित्र गतिविधि में स्पष्ट होकर उभर रहा था। कभी चश्मा खोल आँखों में किसी दवा की बूँदें छोड़ती, कभी सरदर्द की गोली बटुए से निकाल मुँह में धर लेती,

कभी नाड़ी पकड़ उसी का स्पन्दन सुनने लगती, और फिर सहसा बटुए से अपने किसी गुरु का विवर्ण चित्र निकाल ललाट में लगा, होंठों ही होंठों में न जाने कौन-सा मन्त्र बुदबुदाने लगती। मैंने उससे, उसके उन गुरु के चित्र के विषय में कुछ नहीं पूछा। इससे शायद उसे निराशा भी हुई। फिर वह स्वयं ही कहने लगी, "पिछले वर्ष काशी में इनके दर्शन हुए। वहीं दीक्षा-मन्त्र लिया। दो सौ पच्चीस वर्ष के हैं। मुझसे बोले, 'बेटी, दुखी क्यों है?'

"मैंने कहा, 'महाराज, इस अनित्य संसार और जगत के कष्ट की ज्वाला से दग्ध हूँ।' बोले, 'तुम्हारा कष्ट देखकर ही मैंने तुम्हें यहाँ बुलाया है। एक शब्द दूँगा, उसे ग्रहण करो। उसके प्रभाव से तुम्हारे समस्त कष्टों की परम निवृत्ति हो जाएगी।' उन्होंने मुझे दीक्षा-मन्त्र दिया और मेरी आँखों के सम्मुख, अकस्मात, अन्तर्हित हो गए। सुना है, ऐसे दिव्य पुरुष, महानिशा में भी संचरण करने में समर्थ होते हैं। अहा-हा! कैसा ज्योतिर्मय रूप, और भव्य मुखमंडल पर कैसी अपार करुणा!" भावावेश में अनसूया पटवर्धन दोनों आँखें बन्द कर झूम ही रही थी कि द्वार पर दस्तक हुई। चित्र को बटुए में डाल, वह किसी षोडशी की-सी फुर्ती से उछली और चट द्वार खोल फिर अपनी बर्थ पर बैठ गई। द्वार पर एक भुजंग-सा काला व्यक्ति खड़ा हो गया। पीछे- पीछे कंडक्टर था, "क्षमा कीजिएगा, आपको यदि आपत्ति न हो तो मैं क्या ऊपर का बर्थ लेने की धृष्टता कर सकता हूँ?"

"ये लेडीज कूपे है, इसमें आप कैसे आ सकते हैं?" मेरा स्वर शायद आवश्यकता से कुछ अधिक ही रूखा हो उठा था। इस बार उस यात्री की कैफियत देने उसके पीछे खड़ा बौना कंडक्टर आगे बढ़ आया, "आई नो, आई नो, मैडम! पर कहीं भी कोई बर्थ खाली नहीं है, और यह बेचारे बीमार हैं। मृत्यु-शैया पर पड़ी बहन को देखने जा रहे हैं। हें-हें-हें! यदि आप लोग दया करें, तो शायद बहन का मुँह देख लें।" खीसें निपोरता वह ऐसे विनम्र होकर दुहरा हो गया, जैसे वह स्वयं अपनी पैरवी कर रहा हो। मैं समझ गई कि उसकी मुट्ठी पर्याप्त मात्रा में गरम की गई है।

"आप किसी अन्य महिला को हमारे डिब्बे में भेज, उनकी बर्थ इन्हें क्यों नहीं दे देते?" मैंने भुनभुनाकर कहा।

''जानता हूँ, मैडम, जानता हूँ। वही किया था। पर सब अपने परिवार के साथ हैं, लम्बी यात्रा में सब एक साथ रहना चाहते हैं।"

"कोई बात नहीं, आ जाइए, ब्रदर, कम इन!" अनसूया पटवर्धन ने स्नेह-विगलित स्वर में उस अनजान यात्री को अपना अविवेकी आमन्त्रण दिया तो मेरे जी में आया, तत्क्षण उसे चीरकर धर दूँ! उसका भला क्या बिगड़ेगा, चौथे स्टेशन पर पल्ला झाड़कर चल देगी, मुझे ही तो उस भयावह व्यक्तित्व का सान्निध्य रात-भर सहना पड़ेगा! शायद मेरे हृदय की भुनभुनाहट मेरे चेहरे पर स्पष्ट होकर उभर आई थी। अनसूया पटवर्धन मेरे दोनों हाथ पकड़कर हँसकर कहने लगी, "नाराज हो गईं बहन? बर्थ देने, न देने वाले हम-तुम नहीं हैं। प्रयोज्य कर्ता हैं स्वयं परमात्मा

'त्वचा हृषीकेश हरिस्थितेन
यथा नियुक्तोस्मि तथा करोमि।'

वास्तविक प्रेरक वही है, मैं या तुम नहीं, समत्व ही योग है। बेचारा यदि एक बर्थ पाकर अपनी बहन का अन्तिम दर्शन कर लेता है, तो हमें कैसी आपत्ति?"

"थैंक यू, थैंक यू, मैडम!" वह व्यक्ति कृतज्ञता से दुहरा होता, बर्थ के ही एक कोने पर

बैठ गया। अब तक मैंने उसका चेहरा ठीक से नहीं देखा था। सहसा मुझे झटका लगा। कसे पहचाना-पहचाना-सा चेहरा लग रहा था? मैं द्रुतगति से अचल स्मृति की अतल गहराई से, पूर्वपरिचित चेहरे खींच-खींचकर उससे मिलाने लगी। किन्तु स्मृति मेरी प्राणांतक चेष्टा के बावजूद अचल बनी जा रही थी।

जी में आ रहा था, पूछूँ, 'कौन हो तुम? कहाँ परिचय हुआ है पहले?'

भयावह रूप से काला चेहरा, सफेद-सफेद दाँतों की खिसियाई-सी हँसी और धृष्ट आँखों की तीखी मुखर दृष्टि, जो बार-बार मेरे चेहरे पर निबद्ध हो रही थी। तब क्या वह भी मुझे पहचानने की चेष्टा कर रहा था? पहचानकर भी न पहचान पाने की अकुलाहट मुझे और भी सहमा रही थी।

"अच्छा तो आप भी मद्रास जा रहे हैं?" अनसूया पटवर्धन उस यात्री से ऐसी अंतरंगता से बतियाती चली जा रही थी, जैसे वह उसका कोई बहुत दिनों बाद मिला आत्मीय हो।

"चलिए, इनका साथ हो जाएगा, नहीं तो बेचारी अकेली ही जातीं। मैं तो बीच ही में उतर जाऊँगी।"

"ओह, तो आप भी मद्रास ही जा रही हैं?" उसने हँसकर पूछा और एक क्षण के उस गतिहीन, शब्दहीन दृष्टि-विनिमय ने मेरे संदिग्ध चित्त को सचेत कर दिया। कैसी मूर्ख थी यह अनसूया पटवर्धन! यह कहने की क्या आवश्यकता थी कि वह बीच में ही उतर जाएगी और मैं मद्रास जाऊँगी? फिर, मद्रास तक की यात्रा के लिए इस विचित्र यात्री ने एक सामान्य-सा थैला भी तो नहीं लिया था। एक क्षण को दो दिन पूर्व पढ़ी गई अखबारी कतरन की स्मृति मुझे भयत्रस्त कर गई : 'फर्स्ट क्लास के डिब्बे में लेडी डाक्टर की निर्मम हत्या! हत्यारा फरार!'

अनसूया का अनर्गल प्रलाप बड़ी देर तक चालू रहा। वह यात्री किसी लंगूर की लपक से लपकता कब का अपनी बर्थ पर चढ़कर सो गया था।

जैसे-जैसे अनसूया का गन्तव्य स्टेशन निकट आ रहा था, मेरा शंकालु चित्त काल्पनिक दुर्घटनाओं का जाल बुनता, सहमा जा रहा था। फिर, मैं उसी उलझन में अपना भावी निश्चय ले चुकी थी। अनसूया के उतरते ही मैं स्वयं गार्ड से जाकर कह दूँगी कि या तो मेरे डिब्बे में किसी महिला यात्री को भेजने की व्यवस्था करें, या इस समाजविहीन, रहस्यपुरुष यात्री को अन्यत्र भेजें। कोई भी महिला यात्री, अकेले डिब्बे में पुरुष यात्री की उपस्थिति पर आपत्ति प्रकट कर उसका स्थानान्तरण करा सकती है, यह रेल नियम मैं जानती थी। फिर मेरा पक्ष तो और भी सबल था, लेडीज़ कूपे में वह आ कैसे गया? किन्तु अनसूया पटवर्धन मुझसे भावभीनी विदा लेकर उतरी, तो वह धृष्ट व्यक्ति स्वयं ही छिपकली-सा नीचे की बर्थ पर सरक आया। मैं उठकर बाहर जाने के लिए चप्पल पहन रही थी, और जैसा कि प्रायः होता है, ठीक ऐसे अवसरों पर चप्पलों का जोड़ा विधुर बना, दूसरी चप्पल ढूँढ़ने भारी-भरकम बक्सों के पीछे भगाने लगता है। मुझे भी अपनी एक चप्पल नहीं मिल पा रही थी।

"यह रही, मैडम!" वह मेरी एक चप्पल हाथ में लिये अपनी वही खिसियाई हँसी हँस रहा था। मैं चौंककर मुड़ी।

"शायद, सरककर, मेरी सीट के नीचे आ गई थी।" फिर एक लम्बी साँस खींचकर वह किसी दार्शनिक की भंगिमा में बड़े गम्भीर स्वर में कहने लगा, "समय ही बलिहारी, कभी ऐसे ही तुमने मुझे चप्पल दिखाकर थर-थर कँपा दिया था।"

मेरा कलेजा भय से हिम हो गया था, 'कौन था यह, कौन?'

"शायद तुमने पहचाना। क्यों? अभी याद नहीं आया? यह दाँत देखो। अब शायद पहचान लोगी? आज से पैंतीस वर्ष पूर्व तुम्हारे भाई के उस घातक मुक्के ने इसको स्मृति-चिह्न बनाकर छोड़ दिया था। भद्दा लगता था, इसी से विशालाक्षी ने एक दिन जिद कर यह सोने की कैप लगवा दी। अब याद आया?"

हे भगवान, तब क्या यह अभागा आज पैंतीस वर्ष बाद मेरे भाई के मुक्के का प्रतिशोध लेने मुझे ढूँढ़ता यहाँ आया था? पहचान लिया था। कैसी मूर्खा थी मैं, जो अब तक नहीं पहचान सकी! उसे भला भूल सकती थी? उस दानव की विचित्र गतिविधि...? जिसने कभी मेरा जीना दूभर कर दिया था। जिसके लिखे सत्रह-सत्रह पृष्ठों के सुदीर्घ प्रेम-पत्र, आदिवासी शत्रुओं के विषबुझे तीरों की भाँति, होस्टल छोड़ने पर भी मेरा पीछा करते रहे थे। जिसको देखते ही मेरा सर्वांग घृणा और भय से सिहर उठता था। जिसकी धृष्ट हँसी मेरे भाई के सशक्त मुक्के से भी म्लान नहीं हो पाई थी। जो निरन्तर छाया की भाँति मेरा पीछा करता, मेरा छायाग्रास निगलता, मेरे छात्र-जीवन में पूरे पाँच वर्षों तक विष घोलता रहा था। उसे भला भूल सकती थी? फिर एक बार सहसा साहस कर मैंने भरी कक्षा में ही उसे बुरी तरह फटकार दिया था।

'आज अन्तिम बार तुम्हें चेतावनी देती हूँ, राघवन! ऐसे मेरा पीछा किया तो फिर मेरे इस ब्रह्मास्त्र को देख लो।' कह मैंने अपनी चप्पल दिखा दी थी। सार्वजनिक सभा में दी गई मेरी वह मुँहफट फटकार पाकर उसी दिन से उसने मेरा पीछा करना छोड़ दिया था, और मुझे यों उस घिनौने व्यक्ति से मुक्ति मिल गई। इतने वर्षों में वह फिर मुझे आज तक कभी नहीं दिखा, जबकि प्रायः ही इधर-उधर जाने पर, मेरे सहपाठी मिलते रहते और आज पूरे पैंतीस वर्षों के पश्चात वह अचानक फिर मुझसे टकरा गया। मेरे लिए टकराहट निश्चय ही सुखद नहीं थी क्योंकि बार-बार वह अपने सोने के दाँत की भग्न प्राचीर चमकाता, मेरे भाई के मुक्के का उल्लेख जो करता रहा था। एक प्रकार से मैं ही उसके उस दन्त के खंडित वैभव के लिए उत्तरदायी थी। उस बार मैं जब पौषोत्सव के मेले से लौट रही थी, तो वह न जाने कहाँ से सहसा प्रकट हो, मेरे पीछे लग गया।

तब तक उसे चप्पल की चेतावनी नहीं मिली थी। जितनी ही तेजी से मैं अपनी चाल बढ़ाती, दुगुनी तेज़ी से वह अपनी लम्बी-लम्बी डगें भरता, छाया बन मेरा अनुसरण कर गुनगुनाने लगता। तब ही उसने अचानक अपने निर्लज्ज आचरण से मेरा खून खौला दिया। एकदम बढ़, मेरे स्कन्ध पर हाथ धर जैसे ही उसने 'ट्वेल्थ नाइट' के प्रणयी की प्रेमोन्मत्त पंक्तियाँ दोहराईं, मैंने पलटकर उसे एक करारा तमाचा जड़ा और तेजी से भागी।

वह शायद अँधेरे में, अपने मित्रों के साथ आगे-आगे जा रहे मेरे भाई को नहीं देख पाया था। वह आगे बढ़ा। उधर मेरा भाई मेरी फरियाद सुन उतनी ही उग्रता से पीछे पलटा। साथ में था उसके साथियों का पूरा झुंड। यह तब की बात है, जब मित्रों की बहन स्वयं अपनी भी बहन हुआ करती थी। शेक्सपीयर की भाव-भीनी पंक्तियों की आवृत्ति का पुरस्कार राघवन को तत्काल मिल गया। आज उसी घटना का उल्लेख कर वह शायद मुझे इतने वर्षों बाद एकान्त में फिर सहमाना चाह रहा था।

"तुम्हारे भाई के मुक्के ने मेरा दाँत तोड़ा था।" उसने कहा, तो मैं चुप नहीं रह सकी। भुनभुनाकर मैंने कहा, "ठीक किया था! तुम्हारी बहन को कोई एकान्त में ऐसे घेरता तो क्या तुम उसका दाँत नहीं तोड़ते?"

"नहीं, मैडम!" वह फिर अपनी वही निर्लज्ज हँसी हँस कर कहने लगा, "मेरी बहन को कोई कभी नहीं घेर सकता। जानती हैं, क्यों? उसकी आँख काँच की है और रंग एकदम मेरा पाया है। उस पर सारे चेहरे पर चेचक के दाग, और अब तो..." वह फिर खुक-खुक कर हँसने लगा।

"तिरुपति में बाल कटवाकर और भी भयानक लगने लगी है। एकदम हमारी बिरादरी में फिट बैठती है! साठ साल की हो गई है। अभी-अभी मिलकर आ रहा हूँ। मैं गया तो चटाई बिछाकर चित लेटी थी। लगता था, चार कन्धों पर 'गोपालमय' कहे जाने को तैयार होकर ही लेटी है। जैसे ही मैंने कहा, 'क्यों री, मुरगम्मा, कैसी है? बस चीखकर फटाक से बेहोश हो गई। तब से अचेत पड़ी है। इसी से फिर उसे देखने जा रहा हूँ। वैसे मैं तुम्हारी भी बराबर खबर रखता था। बड़ी खुशी होती थी सुनकर, तुम्हें जीवन में भरपूर सुख मिला--पति-सुख, सन्तान-सुख, वैभव-ख्याति--और मुझे..."

वह फिर अपनी वीभत्स हँसी हँसा, "केवल दुर्नाम, कुख्याति और अशान्ति। पहले बैंक में नौकरी की। कुछ साल सुख से कटे। विवाह किया। पत्नी के चेहरे की लुनाई देखकर ही रीझा था। अन्तर का चेहरा कितना कुत्सित है, मैं देख नहीं पाया। उसकी नित्य-नवीन फरमाइशें पूरी करने में कब मेरी निष्ठा का आसन डिग गया, मैं जान भी नहीं पाया। इधर बैंक की राशि की तिल-तिल की खिसकन मेरी विलासिनी जीवन-सहचरी की समृद्धि का भंडार भर रही थी, उधर मुझे पीने की बुरी लत पड़ चुकी थी। निर्जला आसव का घूँट मेरा विवेक एकदम भ्रष्ट कर चुका था। एक-न-एक दिन मेरे हाथ की सफाई ही मेरा काल बन, मेरे काले मुँह को और काला कर देगी, यह मैं जानता था, फिर भी उस मायाविनी का सौंदर्य मुझे विवेकहीन बनाता चला गया। तुम्हारे बाद मैंने केवल उसी से प्रेम किया था।"

ट्रेन अचानक उन गहन सुरंगों में सरकने लगी थी, जहाँ का अन्धकार साहसी से साहसी यात्री-चित्त को भी अपने अस्वाभाविक अन्धकार से कँपकँपा देता है। वह सहसा चुप हो गया था। अँधेरे में उसकी वाणी भी एक पल को शायद स्तब्ध हो गई थी। फिर वह उसी छन्दमयी गति से चालू हो गया।

"तुमसे मुझे सदा तिरस्कार ही मिला, केवल लाँछन, अपमान! पर उससे अनंत प्रेम, अकपट सेवा और कार्पण्य-रहित अनुराग, साहचर्य। मैं बीमार पड़ता तो वह रात-दिन मेरे सिरहाने बैठी रहती। चिड़चिड़ाने लगता तो वह धरती-सी सहिष्णु बनी मेरे पैरों में लोटने लगती। मैं क्या जानता था कि वह अभिनयशील नटिनी एक भद्दे नाटक का मंचन-मात्र कर रही है। ठीक भी तो था, अभिनय तो उसने जीवन-घुट्टी में पिया था। वेश्या जननी के स्तनपान में छलना का विष न मिलता तो क्या अमृत का घूँट मिलता? जब होश आया तब तक मैं पूर्ण रूप से छला जा चुका था। एक दिन अचानक नियति स्वयं मुझे नाटक का अन्तिम यवनिकापात कराने अधूरे दौरे से ही घर लौटा लाई। मंच के प्रसाधनहीन, सज्जाहीन नटी-नट के असली चेहरे मैंने देख लिये। प्रवंचक था मेरा अभिन्न मित्र अखिलन! जिस अवस्था में मैंने दोनों को देखा, उसे देख शायद कोई क्लीव पति ही चुप रह सकता था! मेरा मदालस, उन्मत्त चित्त उसी क्षण प्रतिशोध लेने को अधीर हो उठा। मेज पर धरी बोतल से ही मैंने दोनों की एकसाथ कपाल-क्रिया कर दी। मेरा निशाना बचपन से ही अचूक रहा है..."

ट्रेन एक के बाद एक, पाँचवीं सुरंग पार कर, छठी से गुजर रही थी। टोकरी में धरी अपनी पानी की काँच की बोतल का ध्यान आते ही एक अनजान आशंका ने सहसा मेरा

कलेजा जकड़ लिया। क्या इतने वर्षों बाद यह दानव मुझसे अपने विफल प्रेम और टूटे दाँत का प्रतिशोध नहीं ले सकता?

पर, फिर उसने अपनी क्षणिक चुप्पी भंग कर कहा, "कहते हैं, विपत्ति कभी अकेले नहीं आती। मेरे साथ भी ऐसा ही हुआ।" मुँह में दबी सिगरेट की ऊर्ध्वमुखी फूँक को धूम्ररेखा से बिखरा वह हँसा और अँधेरे में उसका सोने का दाँत कृष्ण मेघखंड में चमकी बिजली की क्षीण रेखा-सा चमकने लगा।

"नशा उतरा तो मुझे सहसा अपने भयंकर अपराध का बोध हुआ। मेरे पिता वारंगल के प्रसिद्ध महाजन थे। दिन-रात लाखों का लेन-देन होता था। उनका वैभव मुझे कानून के घेरे से निश्चित ही छुड़ा सकता था। फिर मेरा पक्ष भी इतना दुर्बल नहीं था। दुराचारिणी पत्नी को मैंने रँगे हाथों उसके प्रेमी के साथ पकड़ा था। अपराधी मैं नहीं था, अपराधी था पति का आहत पौरुष और उसे अदालत निश्चय ही क्षमा कर सकती थी। किन्तु एक तो बचपन से ही मैं विधाता की आँखों का काँटा था, उस पर विशालाक्षी वेश्या की दत्तक पुत्री थी, उससे विवाह कर मैंने बहुत पहले ही पिता को शत्रु बना लिया था। उधर जब जघन्य हत्या का मुकदमा मुझ पर चल रहा था, तब ही बैंक की खयानत ने भी मुझे पकड़ लिया। एक बात और भी मेरे अपराध को जघन्य बना गई थी। विशालाक्षी के पोस्टमार्टम ने एक सत्य को और उद्घाटित कर दिया था। वह गर्भवती थी। यद्यपि मुझे पूर्ण विश्वास है उस अजन्मा सन्तान का जनक मैं नहीं, अखिलन ही था, फिर भी भावी जननी की हत्या साधारण हत्या के दायरे में नहीं आती। उस पर अखिलन की गर्भवती पत्नी ने भी पति की हत्या का समाचार सुनते ही आत्महत्या कर ली। एकसाथ तीन हत्याओं के हत्यारे को भला कौन अदालत क्षमा करती? सजा मिली, जानती हो? फाँसी..." उसकी करुण आँखें दूसरी बार मुझसे टकराईं। जीवन में पहली बार मुझे उस अभागे पर तरस आया।

"चिन्ता एक ही थी।" वह कहने लगा, "सुना था, ऐसी मौत मरने वाला उस लोक में भी बड़ी अशान्ति में भटकता है। गया की प्रेतशिला का पिंडदान भी उसकी आत्मा को शान्ति नहीं दे पाता..." एक लम्बी साँस खींचकर वह फिर चुप हो गया। मैं अब तक एक शब्द भी नहीं बोली थी। मैंने देखा, उसकी आँखों से पश्चात्ताप के आँसू बड़ी-बड़ी वर्षा की सी बूँदों में टपकते उसके पिचके कपोलों को भिगो रहे थे। एकाएक मेरी सहानुभूतिपूर्ण दृष्टि का आभास पाते ही वह किसी बेंत खा रहे बच्चे-सा ही सुबकने लगा। मैंने किसी वयस्क पुरुष को ऐसे रोते पहले कभी नहीं देखा था।

"राघवन, दुखी मत हो।" बिना किसी हिचक के मैंने उसके सिसकियों से काँपते स्कन्धों को थपथपाकर कहा, तो स्वयं आश्चर्य हुआ। जिसे देखकर ही मैं कभी घृणा से सिहर उठती थी, उसका स्पर्श मैं बिना किसी हिचक के उस दिन कैसे सहन कर सकी, मुझे आज भी कभी-कभी सोचकर आश्चर्य होता है। बढ़ती वयस मनुष्य को शायद उत्तरोतर सहिष्णु बनाती चली जाती है। "सुनो राघवन, तुम्हें याद है ना, हमारी बुधवार की प्रार्थना सभा में आचार्य क्षितिमोहन सेन हमें चार पंक्तियाँ अवश्य सुनाते थे :

'तमसो मा ज्योतिर्गमय
असतोमासतगमय, मृतोर्माअमृतं गमय—
अन्धकार थेके आमादेर आलोते निमे जाओ
असत्ये थेके सत्ये नये जाओ।'

...तोमार जे दोक्खिन मुख! उसी नाम का स्मरण कर, राघवन! तुम्हें फिर परलोक का भय नहीं सताएगा।"

अपने उस उपदेश की व्यर्थता का आभास तो मुझे बहुत बाद में मिला। उस अभागे को क्या अब परलोक का भय रह गया था? मेरी बात आधी ही सुन वह एकाएक किसी नींद में चलने के अभ्यस्त अर्ध-जागृत यात्री-सा उठा और बिना कुछ कहे, बिना मेरी ओर देखे, बिना गाड़ी रुकने की प्रतीक्षा किए उठकर चला गया।

एक बार जी में आया, लपककर चटखनी चढ़ा दूँ। ऐसा सुअवसर फिर नहीं जुटेगा। पर फिर सिसकियों से काँपते उन दुर्बल कन्धों और काले, पिचके, कपोलों पर बहती आँसुओं की बड़ी-बड़ी बूँदों की स्मृति मुझे दुर्बल बना गई।

मेरा वह क्लान्त, दुखी सहपाठी भले ही खाल से गले, दुरदुराए, श्वान-सा दयनीय अतिथि क्यों न हो, यदि मेरी सहानुभूति की छाया में कुछ क्षण सुस्ता भी ले तो मेरा क्या बिगाड़ लेगा?

पर वह नहीं आया। मद्रास से हैदराबाद गई और अनेक पुराने सहपाठी-सहपाठिनियों का अता-पता ढूँढ़, फोन कर उन्हें अपने होटल में एकत्रित किया, तो अवाक् रह गई। क्रूर कालचक्र क्या किसी को नहीं छोड़ता? कितने बदल गए थे सब! किन्तु स्नेह वही था। कितने पुष्पगुच्छ और कितने पुष्पहार! कितनी सुखद स्मृतियों के गड़े मुर्दे खोद-खोदकर निकाले गए। कितनी पिकनिकों, कितने उत्सवों की स्मृति फिर सजीव हो उठी! तब ही अचानक मुझे सिसकियों से काँपते राघवन के कन्धे याद आ गए।

"तुम लोग जानते हो, मुझे ट्रेन में इस बार कौन मिला?"

"कौन?" सबने एकसाथ पूछा।

"राघवन! बड़ा तरस आया बेचारे पर।"

"कौन मिला? क्या कहा तुमने?" शंकर ने पूछा।

"राघवन!" मैंने कहा।

"भीमरति छरेछे नाकी (पागल हुई हो क्या)? उसे तो फाँसी हुए ही पन्द्रह साल हो गए। मैं ही उसकी डैड बॉडी लेने गया था। उसके पिता मेरे रिश्ते के चाचा लगते थे। उन्होंने जाने से साफ इनकार कर दिया। इसी से अपने बड़े भाई के साथ मैं ही बॉडी क्लेम करने गया था, और हम दोनों भाइयों ने ही गोदावरी तट पर उसका अन्तिम संस्कार किया था।"

"कहीं किसी और की बॉडी क्लेम कर चिता पर तो नहीं धर आए?" मैंने बड़ी चेष्टा से हँसकर पूछा। उधर मेरा हृतपिंड बड़ी दुराशा से घड़ी के पेंडुलम-सा धड़ फाड़े डाल रहा था कि शंकर कह दे 'हाँ, भाई, मुँह नहीं देखा। सील्ड बॉडी थी।'

'नहीं जी, राघवन के चेहरे को पहचानने में भला कोई भूल कर सकता है? एकदम वैसा ही था। केवल गाल कुछ पिचक गए थे, और जिस दाँत को तुम्हारे भाई ने तोड़ा था, उस पर सोना मढ़ा लिया था बेचारे ने। शायद तुम्हारे ही स्मृतिचिह्न को गौरव प्रदान करने!" शंकर ने सामान्य रसिकता करने की चेष्टा की। पर उसका परिहास मुझे नहीं गुदगुदा पाया।

मुझे तो लगा, मेरी ट्रेन एक बार फिर उन सात अन्धी सुंरगों से गुजर रही है, और मैं राघवन के सिसकियों से काँपते कन्धों को थपथपाती हूँ :

"तोमार जे दोक्खिन मुख
तोमार जे दोक्खिन मुख!..."

ज्यूडिथ से जयन्ती

बीच से तनिक चिरे उस कार्ड को देखकर ही मैं सहम गई थी। पहाड़ में, ऐसे मनहूस पोस्टकार्ड पर, यदि भूले से भी सौर्टर की दृष्टि पड़ जाती है तो वह उसे बड़ी तत्परता से, बीचोबीच हल्का-सा चीर देता है, यह मैं जानती थी। मेरी आशंका निर्मूल नहीं थी। 'रामस्मरण' के नीचे वैसी ही औपचारिक संक्षिप्त पंक्तियाँ थीं, जैसी ऐसे दुःसंवाद देने के लिए व्यवहृत होती हैं।

'कल प्रातःकाल हृदयगति अचानक बन्द हो जाने से, मंझल'दी का देहावसान हो गया। ईश्वरेच्छा बलवती–'

–'नवीन'

बड़ी देर तक मैं उस कार्ड को हाथ में लिये बैठी ही रह गई थी, फिर मेरे मुँह से एक लम्बी साँस निकल गई। भूल से लिख गया था बेचारा नवीन! उसकी मंझल'दी की हृदयगति अचानक बन्द नहीं हुई। ईमानदारी से देखा जाए तो वह धड़कन, एक वर्ष पूर्व ही बन्द हो चुकी थी। जो देह अब तक विवशता से पैर घसीटती चल-फिर रही थी, वह थी रमा दी की निष्प्राण-मुर्दा देह!

उस विलक्षण व्यक्तित्व का कैशोर्य, यौवन सब कुछ जिस तीव्र गति से, समय से पूर्व ही आकर उन्हें निगलता रहा था, ठीक उसी गति से मृत्यु ने भी उन्हें असमय ही दबोच लिया। नहीं तो बयालीस वर्ष की उम्र क्या मरने की उम्र होती है? विदेश में तो इस उम्र में भी नारी युवती रूप में ही अपना परिचय देती है। और बेचारी रमा'दी! जिनका अभी एक बाल भी सफेद नहीं हुआ था, जिनकी सफेद झकझकाती दन्तपंक्ति देख अनायास ही किसी दक्ष दन्त-विशेषज्ञ के बने नकली डेंचर का भ्रम होता था, जिनकी गठी-कसी देह की सुदृढ़ मनोहारी गठन, अब भी ऐतिहासिक लालकिले-सी मोहक लगती थी, आज वही रमा दी बिना किसी से कुछ कहे, अचानक हृदयगति बन्द कर चुपचाप चिता पर जाकर लेट गईं।

रमा'दी मेरे दूर के रिश्ते के ताऊ की सबसे छोटी पुत्री थीं। 'रुक्मिणी, क्षमा और रमा, ये तीनों मेरी खष्टी देवियाँ हैं,' ताऊ कहते, 'और यह रमा है मेरी लक्ष्मी, इसी से तो पीठ पीछे केसा राजकुँअर-सा भाई लाई है।'

सुनते थे कि भाई होने पर, बड़े उत्सव से जब पहाड़ी प्रथानुसार, रमा'दी की नाजुक पीठ पर गुड़ की भेली फोड़ी गई, तब उनके बन्द मुँह से एक नन्ही-सी चीख भी नहीं निकली थी। बचपन से ही वह शायद समझ गई थीं कि जीवन-भर ऐसी अनेक भेलियाँ उनकी पीठ पर निरन्तर घन की चोट पर फोड़ी जाती रहेंगी। हमारे ताऊ के कुटिल दन्द-फन्दों की, उन दिनों नाना दन्तकथाएँ प्रचलित थीं। ताई की मृत्यु से पूर्व ही उनकी पुत्रियों का विवाह हो चुका था।

ताई दिवंगत हुईं, तो नवीन पाँच वर्ष का था, अबोध मातृहीन भाई को, गोदी में लेते ही रमा दी ने, जिस गाम्भीर्य से माँ का रिक्त आसन ग्रहण कर लिया, उसे देखकर सब दंग रह गए। भंडार, चौका, तिजोरी, लेन-देन में उस बालिका ने फिर कभी भूल से भी ठोकर नहीं खाई, पर फिर भी ताऊ अपनी सुसंचालित गृहस्थी से ऊबने लगे! प्रायः ही वह अपनी गृहस्थी अपनी उस दुधमुँही बच्ची को सौंप, अपने किसी स्वर्गगत मित्र की उजड़ी गृहस्थी सम्हालते खिसक जाते, और महीना बिताकर लौटते। धीरे-धीरे, पुराने नौकर, रसोइयों में कानाफूसी होने लगी, पांडेजी का कोई मित्र-वित्र नहीं है, मित्रनी है, उसी दिवगंत सेठ मित्र की सेठानी जिसका विराट शरीर और उससे भी विराट वैभव सम्हालते, पांडेजी की यात्रा की पुनरावृत्ति, उनके लिए एक प्रकार से अनिवार्य हो उठी है।

एक बार तो रमा दी के मनचले रसोइया ने, बीच ही में सेठानी की चिट्ठी भी तिड़ी कर ली थी, फिर तो जानने को कुछ भी बाकी नहीं रहा। अपने उस नंगे पत्र में, सेठानी ने अपने सुदर्शन विजातीय प्रौढ़ प्रेमी के प्रति, जिस भाषा में हृदय के उद्‌गार व्यक्त किए थे, वह थी नौकरों के ही स्तर की 'किस्सा तोता-मैना' और 'रानी सारंगा' की भाषा, इसी से उसे समझने में, उन्हें विलम्ब नहीं हुआ। पहले उस पत्र के चटखारे, सागरपेशे तक ही सीमित रहे, फिर एक दिन वह रहस्य, पूरे शहर में, सूर्य के प्रखर आलोक की भाँति फैल गया। ताऊ ख्यातिप्राप्त, क्रिमिनल लायर थे, इसी से धन का उन्हें कभी अभाव नहीं रहा, पर ताई की मृत्यु के बाद, वकालत छोड़ देने पर भी समृद्धि जैसे उनके घर का छप्पर फाड़कर टपकने लगी थी। एक से एक बढ़िया झाड़-फानूस, चाँदी के जग-गिलास, थाली-कटोरियाँ, उनकी अँगुलियों में चमकती नित्य नवीन असली विद्रुममाणिक्यादि की अँगूठियाँ, उनके वृषभस्कन्धों से लटकते, पाँच-पाँच सौ के पश्मीने देख, जहाँ उनके कटु आलोचकों के मुँह खुलते, वहीं चट से उन्हें एक आला दावत देकर, हमारे व्यवहार-कुशल ताऊ उनका वह खुला मुँह बन्द कर देते।

नवीन को, उन्होंने अब नैनीताल के अंग्रेजी स्कूल में डाल दिया था और रमा 'दी का नाम, हमारे स्कूल में लिखवा दिया गया। रमा 'दी के हमारे स्कूल में आते ही, अध्यापिकाओं से लेकर छात्राओं तक में, गम्भीर-शान्त बालिका से आत्मीयता-स्थापना करने की होड़-सी लग गई थी। कैसे-कैसे कपड़े पहनकर आती थी लड़की! एक से एक बढ़िया, चौड़े कन्ने की साड़ियाँ, चमड़े की अटैची में बस्ता, तीन-तीन इंची रेशमी फीते में बँधी चोटियाँ और पीछे-पीछे चल रहीं दो-दो नौकरानियाँ! पर एक रमा 'दी थीं कि न आवश्यकता से अधिक एक इंच इधर मुँह खोलतीं न उधर। कभी किसी ने बहुत खोद-खाद की तो अपनी शान्त-निविड़ दृष्टि का हल्का-सा चाबुक मार देतीं और सब सहमकर इधर-उधर खिसक जातीं। अन्त तक, एक मैं ही उनके पास रह गई थी। मैं उनसे न कुछ पूछती, न अधिक बोलती, फिर भी खाने की छुट्टी का घंटा बजता और बूढ़े भट्टजी, अपनी भारी-भारी बेंहगी के भार से दुहरे होकर हाँक लगाते, 'आओ री लड़कियों, चटपटे आलू' तो रमा 'दी क्षण-भर को अपने अस्वाभाविक गाम्भीर्य की केंचुली दूर फेंक मुझे हाथ पकड़कर घसीट ले जातीं। बिना कुछ कहे ही, वह नित्य एक दोना मुझे थमा, दूसरा स्वयं थाम लेतीं। यही हमारी मैत्री का विचित्र आरम्भ था।

हमारे ताऊ, एक व्यक्तित्व-सम्पन्न रौबीले सुपुरुष थे। गृह की सज्जा, नौकरों का चयन, स्वयं अपनी वेशभूषा में, सर्वत्र उनकी मौलिक रुचि की सुस्पष्ट छाप रहती। रमा'दी की बैठक की खिड़कियों के रंगीन काँच पर लगे फ्रेंचलेस के पर्दे, कमरे में बिछे धारचूला के एक्सपोर्ट क्वालिटी के कालीन, जिनके गहरे रंगों का कौशलपूर्ण सम्मिश्रण कदम रखने में भी अतिथियों

को सहमा देता; दीवार पर लगा किसी विदेशी चित्रकार द्वारा अंकित वर्षास्नात पर्वतश्रेणियों का ऐसा जीवन्त चित्र कि मन करता हाथ बढ़ाकर देवदारु की भीगी टहनियों को हिला फ़र्श पर बूँदें टपका दें। दूसरी ओर, स्वयं ताऊ का कचहरी की पोशाक में खींचा गया अनुपम चित्र टँगा रहता। एक कोने में, चाँदी के धतल तारों में गुँथी हुक्के की टेढ़ी-मेढ़ी नली, दीवार पर लगी एक कील के सहारे टँगी रहती। उस खुशबूदार अंबरी तम्बाकू की दमदार सुगन्ध सात-सात कमरे पार कर भी, हमें विभोर कर जाती। किन्तु, विभिन्न स्तर के धूम्रपान के साथ, ताऊ की वेशभूषा भी भिन्न रहती। कभी प्लसफोर और गौल्फ की तिरछी कैप लगाकर ताऊ गोल्फ खेलने, रानीखेत जाते, तो हाथ में रहता बालिश्त-भर का चुरुट, कचहरी की पोशाक के साथ चलती सिगरेट! और जब ताऊ की होली की बैठक जमती, तब हाथ में रहती गुड़गुड़ी की पेंचदार नली! तब उनकी वेशभूषा रहती ठेठ पहाड़ी—राख के रंग का चूड़ीदारनुमा पाजामा, जिसका कामदार रेशमी नाड़ा शायद जान-बूझकर ही देखनेवालों की आँखें विस्फारित करने नीचे लटका दिया जाता, नाना फीतों से इधर-उधर तितलियों में सा बँधा अंगरखा, और ललाट तक झुक आई गरम कश्मीरी टोपी। कन्धों पर शाल लपेट, ताऊ कभी रंग में आकर हारमोनियम अपनी ओर खींच, एक से एक अनूठी होली गाने लगते। फागुन की कुमाऊँगी बयार हिमस्पर्श से स्वयं ही सिहरी रहती, उस पर ताऊ के गुरु-गम्भीर मांसल कंठ की जादूगरी तड़प—

अपनो वीरन मोहे दे री ननदी।
मैं होली खेलने जाऊँ वृन्दावन।

मुझे तो आज भी यही लगता है कि पहाड़ी होली की मिठास को, कभी कोई और होली पा ही नहीं सकती, एक-एक आरोह, एक-एक अवरोह, मीठी मुरकियाँ, तोड़-मरोड़, सुनने वाले को अदृश्य अबीर-गुलाल से रँग कर रसमत्त कर उठती हैं। उस पर कुछ ताऊ का उस्तादी गला, कुछ उनका अपूर्व आत्मविश्वास श्रोताओं को मुग्ध कर देता।

कभी-कभी तो, रात-रात भर होली की वह बैठक चलती रहती। उस दिन रमा’दी मुझे जबर्दस्ती वहीं रोक लेतीं। वैसे हमें बैठक में जाने की सख़्त मनाही थी, पर फिर भी द्वार की दरारों, चिलमन-पर्दों की आड़ से आँखें सटाने से भला हमें कौन रोक सकता था! पर कहते हैं कि पाप की कमाई कभी टिकती नहीं, चलनी में धरी जलराशि की ही भाँति देखते-देखते बह जाती है। ऐसा ही अन्त एक दिन ताऊ की समृद्धि का भी हुआ। बड़े दिन की दावत में कटी टर्कियों के नुचे हुए पंख भी अभी रमा’दी के पिछवाड़े बिखरे ही थे कि हाथ की पेंचदार गुड़गुड़ी हाथ ही में थामे, ताऊ की निष्प्राण गर्दन नीचे लटक गई थी। ब्लडप्रेशर के पुराने मरीज़ थे, उस पर शरीर पर किए गए अत्याचार क्या एक-आध थे? शरीर से कुछ भी करें, अन्तःकरण के चाबुक तो बराबर उनकी चमड़ी उधेड़ते रहे होंगे! साध्वी पत्नी का शान्त चेहरा, साल में दस महीने, स्वयं अपनी सुविधा के लिए दूर ठेल दिया गया पुत्र, असमय ही गृहभार से दुहरी हुई जा रही पुत्री का अमानवीय गाम्भीर्य और सर्वोपरि मृत मित्र की पत्नी की मेदबहुल थुलथुली बाँहों के प्रगाढ़ आलिंगन की स्मृति, क्या कभी-कभी अजगर की कुंडली की भाँति उनका दम नहीं घोट देती होगी?

ताऊ की मृत्यु के साथ ही, उनके कर्ज़दारों ने, देखते ही देखते उनकी सजी-धजी हवेली नोंच-नोंचकर रख दी। भानजे को, रमा’दी के मामा अल्मोड़ा ले आए और वहीं के टाउन स्कूल में वह अब देहाती लड़कों की टाट बिछी कक्षा में बैठकर पढ़ने लगा। स्कूल ब्लेजर और तिरछी बैर का स्थान, अब ललाट तक झुकी टोपी ने ले लिया। जिस नन्हें दुरन्त बालक को, झब्बेदार

आयरिश पादरी बड़े मनोयोग से, डिकेन्स और किपलिंग की रोचक कहानियाँ सुनाकर बाँध रहे थे, उसे अब पहाड़ की गालियाँ बाँधने लगीं। साथियों की सोहबत में, हथेली पर पटापट चरस मलकर गोलियाँ बनाने, और बल्ढौटी के फील्ड में फुटबाल की गगनचुम्बी हिट मारने में उसे अपूर्व आनन्द आने लगा। न यहाँ उन विदेशी शिक्षकों का कठोर अनुशासन था, न एक सौ आठ आईन-कानून! अब वह अपने इस पितृहीन नन्हें संसार का निरंकुश सम्राट था। भय था केवल क्रूर मामी और रमा 'दी का! जैसे-तैसे इंटर पास कर रमा दी का विवाह कर दिया गया। दोनों बहनें आकर खूब रोई-धोईं भी, पर विवाह न रुका।

"हाय कैसे लाड़-प्यार की पली बहन थी हमारी! हाथ लगने से मैली होती थी! और कोई नहीं मिला मामा, जो इस दुहेजू को ब्याह रहे हो?"

पर निरीह मामा, मामी के हाथ में घूमते काठ के लट्टू-मात्र हैं, यह तीनों भानजियाँ खूब समझती थीं।

"क्यों, क्या बुराई है जी लड़के में, जरा मैं भी सुनूँ!" मामी ने गरजकर कहा, "जोशियों का बेटा है, तीस भी कोई उम्र होती है क्या? न बाल, न बच्चे! उस पर पहली पत्नी का बहुत-सा ज़ेवर धरा है, खूब पहनेगी और राज करेगी!"

पर जैसा राज किया था रमा'दी ने!—मुझसे क्या उन्होंने कभी कुछ छिपाया था? जिस व्यक्ति से उनका विवाह हुआ, उसने विवशता से ही उनसे विवाह किया है, यह वह पहले ही दिन जान गईं। परिचय की जिस प्रथम रात्रि के उन्होंने कभी मीठे सपने देखे थे, वह देखते ही देखते पति की सिसकियों में कट गई। रात-भर, वह अपनी पहली पत्नी के प्रति किए गए, अपने विश्वासघात के पश्चात्ताप में ही सिसकता रहा।

"हाय उसने बीमारी में कितना दुख सहा! और में अभागा उसकी स्मृति को भुला आठवें ही महीने, फिर मौर बाँधकर दूल्हा बन गया! अगर उसकी जगह मैं मर गया होता, तो क्या वह कभी ऐसा कर सकती थी? मैं कभी भी यह विवाह नहीं करता, जानती हो क्यों किया?" फिर वह अपनी उन्मत्त लाल प्रेमविधुर आँखों से घूरता, बरेली के कामदार कपड़ों में गठरी बनी रमा'दी की ओर मुड़ गया था, "क्योंकि मरने से पहले उसने मुझसे यही एक अनुरोध तो किया था—अपनी बड़ी-बड़ी आँखें, मेरी आँखों में डालकर उसने कहा था—अच्छी-सी लड़की देखकर तुम फिर शादी कर लेना...तुम हाँ नहीं कहोगे तो मैं शान्ति से नहीं मर पाऊँगी।"

और वह फिर घुटनों में सिर डाल, किसी मेले में खो गए बच्चे की ही भाँति सुबकने लगा था।

मुझे तो लगता है, रमा'दी की हृदयगति की स्वाभाविक धड़कन, उसी रात को धीमी पड़ गई थी। फिर वर्षों तक वह हृदय, बड़ी विवशता से, अस्वाभाविक धड़कनों में ही धड़कता रहा। 'क्यों जी रमा'दी, अब क्या हाल हैं हमारे जीजाजी के?' मैं हँसकर उन्हें छेड़ती तो एक पल को उनकी आँखों में भी चुहल के परिन्दे चहकने लगते। 'चंचरीक जिमि चम्पक बागा' वह हँसकर कहतीं—पर उस हँसी में भी छिपे आँसुओं की खनक को मैं स्पष्ट सुन लेती। दुर्भाग्य से, सौत के बक्से में धरी, रेशमी फीते में बँधी, उसके प्रेम-पत्रों की एक पोटली भी उन्हें मिल गई थी। न चाहने पर भी रमा'दी, छिप-छिपकर, दीमक बनी चाट गई थीं। ओफ़, सौत तो उनकी सामान्य पढ़ी-लिखी थी, तब क्या दोनों का अटल प्रेम ही उस भाषा को ऐसे सँवार गया था? विवाह के बाद, पहली बार मायके की संक्षिप्त यात्रा के विरहजनित पत्र, पति की ट्रेनिंग में, लम्बे विछोह की व्यथा व्यक्त करने के लिए लिखे गए पत्र और अन्त में, असाध्य

बीमारी के बीच, आसन्न मृत्यु की ज्वाला से त्रस्त होकर लिखे गए पत्र। रमा'दी जान गई थीं कि प्रणयी का प्रेम पाने की उनकी व्यर्थाशा कभी पनप नहीं सकती। पति का साहचर्य ही उन्हें मिल सकता है, प्रेम नहीं। आश्चर्य होता है कि फिर भी रमा'दी अपने उस पाषाणहृदय पति पर जान छिड़कती थीं। उठते-बैठते, सोते-जागते, वह निरन्तर एक आदर्श पत्नी बनी छाया-सी पति के पीछे-पीछे घूमतीं। ऐसा चिड़चिड़ा, क्रोधी और नीरस व्यक्ति मैंने अपने जीवन में कोई नहीं देखा। एक से एक सुन्दरी सरहज, सालियों की उपस्थिति भी, उस काठ के पुतले को, कभी गुदगुदा नहीं पाई। वैसे तो रमा'दी, नाम में ही नहीं, गुणों में साक्षात रमा थीं। कपड़े सिलने में, बुनाई में, लूम लगाकर गलीचे, थुल्मे बनाने में, उनकी पेशेवर दक्षता देखकर, मैं कभी-कभी दंग रह जाती थी, पर पाचिका के पीढ़े पर बैठकर तो, सचमुच ही साक्षात अन्नपूर्णा आकर, उनके कराग्र में बैठ जातीं और उनकी लम्बी-लम्बी अँगुलियों से रस टपकाने लगतीं। इमरती, बालूशाही जैसी दुरूह मिठाइयाँ बनाने में भी, वह किसी भी सुख्यात हलवाई को अँगूठा दिखा सकती थीं, पर मज़ाल है जो हमारे अरसिक जीजाजी ने कभी 'वाह' भी कहा हो! खा-पी पल्ला झाड़ते उठते, और एक न एक नाम धर ही देते।

'इमरती थोड़ी नरम कम है' या 'जलेबी में रस नहीं गया भीतर'।

मेरे जी में आता, अपने उस शुष्क काष्ठ-से जीजा को झकझोरकर कह दूँ—'रस इनके भीतर तो खूब गया है जीजाजी, नहीं गया है तुम्हारी इस भावनाहीन ठठरी के बीच!'

रमा'दी पूड़ी बनातीं तो साँचे में ढली, न एक छोटी न बड़ी! पर जीजा वहाँ भी तुरुप लगा देते—"उँह, मोमन कम है, और यह कद्दू क्यों छौंक दिया जी सौंफ से?"

मैं बाद में कहती, "रमा'दी ऐसा स्वादिष्ट कद्दू का शौक तो मैंने आज तक नहीं खाया, मैं तुम्हारी जगह होती तो पूरा कद्दू ही उठाकर मार देती उनके सर पर।"

पर रमा'दी के शान्त चेहरे पर सामान्य-सी शिकन भी नहीं उभरती। लगता किसी प्राचीन देवालय में प्रतिष्ठित देवमूर्ति से निःसृत अथाह शान्ति देखने वाले के मन-प्राण को सींच रही है, उनके उस मौन स्मित का स्पर्श-ग्राह्य परिमल मेरी समस्त जिज्ञासा, समस्त कौतूहल स्वयं ही शान्त कर देता। फिर भी, मुझे हमेशा यही लगता कि रमा'दी के साथ विधाता ने जन्म से मृत्यु तक, केवल अन्याय ही किया है। कहने को तो कहते हैं कि बारह साल में घूरे के भी दिन फिरते हैं, पर कहाँ फिरे उनके दिन?

यह सच है कि मायावी सृष्टिकर्ता की लीला जितनी ही अगम्य है, उतनी ही दुरुह भी, पर मुझे यह सत्य आज और भी असह्य होकर सालने लगा है कि दैवी प्रशासन रमा'दी के लिए आरम्भ से अन्त तक जटिल ही बना रहा। भरी जवानी में उन्हें वैधव्य ने श्रीहीन ही नहीं किया, दीन-हीन भी बना दिया। अबोध पुत्र को लेकर वह कहाँ जा सकती थीं? न सास, न ससुर, न कोई आत्मीय, जो थे उन्होंने औपचारिक सान्त्वना के अतिरिक्त उन्हें किसी भी प्रकार के संरक्षण के लिए आश्वस्त नहीं किया। इसी से वह कर्मठ नारी, एक बार फिर दैवी प्रशासन के सम्मुख, उसी समर्पण-भावना से झुक गई। इधर-उधर भाग-दौड़कर, उन्हें एक स्कूल में नौकरी जुट गई। वहीं से प्राइवेट बी. ए., एम. ए. कर उन्होंने ट्रेनिंग भी कर ली और मुझे पहली बार उनके क्रमशः उज्ज्वल हो रहे भविष्य की क्षणिक झाँकी ने आश्वस्त किया। पुत्र सयाना हो गया था, नौकरी ने अर्दली, दाई भी जुटा दी थी। जब कभी मिलतीं, अपने मेधावी पुत्र की प्रगति का समाचार देना नहीं भूलतीं। किन्तु, मुझे पुत्र की शिक्षा में की जा रही उनकी कटौती बेहद खलती और मैं उन्हें निस्संकोच टोक भी देती।

"एक ही तो लड़का है तुम्हारा, इन फंड के रुपयों का क्या अचार डालोगी? बेहूदे-से स्कूल में उसे पढ़ा रही हो, क्यों किसी अंग्रेजी पब्लिक स्कूल में नहीं डाल देतीं?"

"मेरा लड़का खरा सोना है बहन," वह कहतीं, "प्रतिभाशाली छात्र किसी पब्लिक स्कूल की बैसाखियाँ नहीं माँगता, उसकी प्रतिभा के सोने में कोई मिलावट नहीं है, यह मैं खूब परख चुकी हूँ।"

"खरा सोना भी किसी फूहड़ अनाड़ी सुनार के हाथ में पड़कर चौपट हो जाता है रमा'दी," मैं कहती, "अब ज़माना खरे सोने के बने गहनों का नहीं है, समझीं! जो ज़रा पहना तो इधर लत से पिचका, उधर पत्त से! अच्छे गहने गढ़ने के लिए, दो ही चीज़ें समान रूप से आवश्यक हैं। चतुर सुघड़ सुनार और ताँबे की उचित मात्रा में मिलाई गई बनावट का सन्तुलन! तुम्हारे ये देशी स्कूल अब क्या हमारे-तुम्हारे देशी स्कूल रह गए हैं?"

पर रमा'दी चुपचाप हँसती रहतीं। समय कितनी जल्दी बीत जाता है इसका आभास मुझे तब हुआ जब एक दिन रमा'दी ने मुझे अशोक के सम्मानसहित सम्पूर्ण रूप से इंजीनियर बनने की सूचना दी। सच कहती हूँ, उतनी प्रसन्नता मुझे शायद अपने पुत्र की सफलता से भी नहीं हुई थी। लगता था रमा'दी ने सचमुच ही अब अपने जीवन के औबस्टैकल रेस का अन्तिम हर्डल लाँघ लिया है। फिर एक दिन अशोक, माँ के साथ ही मुझसे मिलने आया, तो मैं उसे पहचान ही नहीं सकी।

"हाय राम, रमा'दी यह तो तुम्हारा भाई लगता है जी, कौन कहेगा तुम इस जवान, लम्बे-चौड़े इंजीनियर की माँ हो!"

गर्व से दमकती, उस तेजस्वी जननी की दीप्त-तृप्त हँसी को, यदि कोई चतुर चितेरा उस दिन आँक पाता, तो निश्चय ही वह दैवी स्मित एक दिन मोनालिसा के स्मित को भी मलिन कर सकता था।

"अरी, अब चटपट मेरी कहानी लिख डाल, दुनिया-भर की कहानियाँ तो लिख डालीं तूने। कुमाऊँ की सब ही लिखने लायक प्रेमकथाएँ तो लिख चुकी है तू! एक मैं ही बची हूँ।" पहली बार, गम्भीर रमा'दी को पुत्र की सफलता ने मुखर बना दिया था।

"लिखूँगी, लिखूँगी, जल्दी क्या है!" मैंने कहा था। बेचारी रमा'दी, उनकी प्रेम-कथा लिखती भी तो कौन पढ़ता उसे? पाठक क्या हमारे पास मूँग की खिचड़ी का पथ्य खाने आता है? कभी-कभी, उसे जान-बूझकर भी कुपथ्य दे, उसकी रसलोलुप जिह्वा को तृप्त करना होता है। उनकी कहानी में था ही क्या? एक ऐसी त्यागमयी, सरला सुन्दरी का अस्वाभाविक जीवन-चरित्र, जिसके कैशोर्य से पहले ही आ गया यौवन, और यौवन से बहुत पहले ही आ गया प्रौढ़त्व! मैं लाख सँवारने पर भी रोचक नहीं बना सकती थी! आज की नारी ही, उसे शायद अरुचि से दूर खिसका देती, किन्तु चलते-चलते स्वयं रमा'दी ही अपने उस नीरस सपाट कथानक हो इतना सरस बनाकर मुझे थमा जाएँगी, यह मैंने कभी स्वप्न में भी नहीं सोचा था।

एक दिन, ट्रंक-काल पर ही रमा'दी ने मुझे बतलाया कि अशोक विशेष छात्रवृत्ति लेकर दो वर्ष के लिए विदेश जा रहा है।

"मूर्ख, मूर्ख रमा'दी," मैंने उन्हें फोन पर ही फटकारा, 'ऐसे सोने के पुतले कुँआरे को विदेश तुम किस दुस्साहस से भेज रही हो? जानती नहीं, वहाँ हमारे इन सुदर्शन कुँआरे का छायाग्रास ग्रहण करने, कैसी-कैसी सिंहनियाँ मुँह बाए बैठी रहती हैं!"

"मेरे अशोक को तूने बचपन से ही देखा है," उन्होंने कहा था, "घर आने पर जो कभी

जनेऊ कान पर चढ़ाने पर भी, मुझसे बिना पूछे दिशा-जंगल नहीं गया, वह क्या कभी किसी सिंहनी का ग्रास बन सकता है?"

घर के भीतर और घर के बाहर की परिधि के अन्तर को, संस्कारी परिवेश में पली, आज से बीस वर्ष पूर्व की मान्यताओं को बन्दरिया के मरे बच्चे की भाँति छाती से चिपकाए जी रही भोली रमा'दी भला समझ भी कैसे सकती थीं? जिसने, स्वयं अपना पेट काट, पुत्र को आज इस योग्य बनाया था, उसने तो अपना मूल्य बड़ी ईमानदारी से ही आँककर मुझे उत्तर दिया था। किन्तु आज तक इस संसार में किस मनुष्य को, उसके जीवनकाल में ही, उसके गुणों का समुचित मूल्य मिल पाया है? स्वयं न्यायप्रिय विधाता भी तो कुटिल बगुले को ही उजले पंखों की महिमा से मंडित करता है—गुणी कोकिला को नहीं!

फिर जब कभी पहाड़ जाती, रमा'दी अपनी भावी पुत्रवधू के लिए संकलित सोहाग-पिटारी की नाना प्रकार की सामग्रियाँ मुझे दिखलातीं, स्वयं वर्षों पूर्व की नवेली बन जातीं, "यह कंगन मैंने बरेली वाली चाची से बनवाए हैं, और यह नथ, अपनी वाली नथ तुड़वाकर गढ़वाई है।"

"कैसी मूर्ख हो जी तुम? तुड़वाई क्यों! वैसी नथ अब कहीं बन सकती है? उसे ही क्यों नहीं रख दिया?" पर फिर उसी क्षण, मेरा मूर्ख प्रस्ताव उलटकर मुझे वहीं चाँटा-सा मार गया। रमा'दी को मैं क्या नहीं जानती थी? कहीं जाने लगतीं, और कोई छींक भी देता तो पट से वह उल्टे पाँव लौट आती थीं। ऐसे शगुन-अशगुन मानने वाली रमा'दी, क्या कभी अपने क्षत सौभाग्य का स्मृतिचिह्न नई बहू को दे सकती थीं?

"कैसे रख देती पगली, वह क्या किसी सुहागिन की नथ थी?" वैधव्य की स्मृति ने उन्हें सहसा खिन्न कर दिया और मैंने खिसियाकर उन्हें गुदगुदाया—"सुनो जी, रमा'दी, खूब अच्छी-तीखी गोरी नाक देखकर ही लड़की छाँटना..."

"ठीक ही कह रही है तू, घूँघट उठाते ही साँवली चपटी नाक पर लटकती यह नथ क्या खाक अच्छी लगेगी...देख क्या होता है..." उन्होंने मुझे ऐसी दृष्टि से देखा, जैसे उनकी आँखों में किसी ऐसी ही लड़की का चेहरा तैर रहा हो!

"क्यों जी रमा'दी, बड़ी गहरी हो तुम, कहीं कोई लड़की मन ही मन पसन्द तो नहीं कर ली?" मैंने गम्भीर होकर पूछा।

रमा'दी ने लपककर मेरा हाथ पकड़ लिया, "हाँ, पसन्द कर ली है, बताऊँ? बुरा तो नहीं मानोगी?"

"हाय राम, मैं बुरा क्यों मानने लगी भला! कैसी बहकी-बहकी बातें कर रही हो आज? कौन है आखिर?"

"तेरी लड़की," उन्होंने फिर मेरा फक पड़ गया चेहरा देखते ही मेरा हाथ छोड़ दिया। खिन्न हँसी हँसकर कहने लगी, "बुरा मान गई ना? मैं तो मज़ाक कर रही थी। मैं हूँ एक गरीब मास्टरनी, न रहने का ठिकाना, न गाँठ में एक छदम्मी! कहाँ तेरी बेटी का रिश्ता माँग सकती हूँ पगली..."

"रमा'दी, लगता है समय से पहले ही सठिया रही हो तुम," मैंने हँसकर बात बनाने की चेष्टा की, पर मेरी बनावटी हँसी मेरे होंठों पर ही सूख गई, फिसलती ज़मीन पर मेरे पाँव टिक नहीं पाए।

"तुम मेरे ताऊ की लड़की हो, शादी हो ही कैसे सकती है?"

"खूब हो सकती है।" उनके संयत स्वर की दृढ़ता ने मेरे व्यर्थ तर्क-वितर्क को झाड़-बुहारकर दूर फेंक दिया, "मेरे पिता और तेरे पिता का रिश्ता मैत्री का अधिक था, खून का कम। न जाने किस लगड़ते-फगड़ते रिश्ते से दोनों भाई थे, वह भी ममेरे, यानी गोत्र भी एक नहीं। बीच मैं थीं पाँच पुश्तें! आजकल तो हमारे पहाड़ में तीन-तीन पुश्तों को भी कोई नहीं पूछता। न जाने कितनी सगोत्री शादियाँ हो चुकी हैं! पर हटा भी, मैं तो मज़ाक कर रही थी।"

पर मैं समझ गई कि रमा'दी मज़ाक नहीं कर रही थीं। पल-भर के लिए उनकी करुण आँखों की याचना, एकदम नंगी होकर ही तो मेरी आँखों में उतर गई थी! पर मुझे क्या हो गया था उस दिन! मैं मुँह खोलकर उन्हें उस दिन क्यों नहीं बता पाई कि रमा'दी, मैं तो अपनी पुत्री का रिश्ता लगभग तय कर बैठी हूँ!

पर अब सोचती हूँ, अच्छा ही हुआ मैंने उनका देवतुल्य हृदय नहीं दुखाया—"अभी तो तुम्हारा बेटा विदेश गया है रमा'दी और मेरी बेटी भी पढ़ रही है, फिर देखी जाएगी।" मैंने कहा।

रमा'दी की आँखें चमक उठीं। उन्होंने बिना कुछ कहे ही, कृतज्ञतापूर्वक मेरा हाथ दबाकर छोड़ दिया।

फिर मेरे कुछ कहने की नौबत ही नहीं आई। उनकी योजना भ्रष्ट की स्वयं उनके प्रवासी पुत्र ने।

मैं जब गर्मियों में पहाड़ गई, तो खबर पाते ही वह भागकर मुझसे मिलने आ गई। मैंने देखा तो अवाक् रह गई। सूखा-काला चेहरा, एकदम सिकुड़ गई देह, लगता था लम्बी बीमारी से उठी हैं।

"यह क्या रमा'दी, एकदम ही मास्टरनी लग रही हो आज! लगता है भावी पुत्रवधू के गहने गढ़वाने में एक ही जून खा रही हो, क्यों?" मैंने हँसकर उनके हाथ थाम लिये।

"गहने अब नहीं गढ़वाऊँगी री, जो गढ़वाए थे, सोच रही हूँ उन्हें भी बेच दूँ!"

"क्यों?" मैंने पूछा तो कौतूहल मेरे कंठ को कँपा गया।

"गहने पहनने वाली बहू अब नहीं आ रही है," उनका स्वर मुझसे भी अधिक काँप रहा था क्या? मैं कुछ-कुछ समझकर भी एकदम अनजान बनी जा रही थी।

"अशोक का 'केबल' आया है, उसके साथ वह कल आ रहा है। लम्बी चिट्ठी पहले ही आ गई थी। वहीं, वह अपनी किसी साथ की अमेरिकन लड़की से शादी करना चाहता है।"

उनकी आँखें नीचे झुकी थीं, जैसे मुझसे आँखें मिलाकर बातें करने में भी उन्हें प्राणान्तक यन्त्रणा हो रही थी।

वह यन्त्रवत् बुदबुदा रही थीं, "लिखा है—एक ही हफ्ते की छुटटी है। विवाह करके फिर वहीं लौट जाएगा।"

मैं कुछ भी नहीं कह पाई। कहती भी क्या? जिस रमा'दी को मैं नींव पर एक-एक ईंट सँजो, अपनी भव्य दर्शनीय अट्टालिका का निर्माण करती देखती आई थी, आज उसी अट्टालिका का निर्माण-कार्य सम्पन्न होते ही, उनके दुर्भाग्य के उस भूकम्पी धक्के से भूमिसात होते देख, मैं गूँगी बनी बैठी रहने के अतिरिक्त और कर भी क्या सकती थी!

"अच्छा हुआ तू मौके से आ गई, अब तेरे सहारे सब कुछ कर लूँगी।"

अब तक मैं ऐसे खोखले विवाहों की अनेक नौटंकियाँ देख चुकी हूँ और उतनी ही बार निर्वीर्य क्रोध मेरी रीढ़ की हड्डी झुनझुना देता है! क्या हो गया है हमारी इस घुन लगी युवा-पीढ़ी

को? क्या यही उनकी क्रान्ति है? अपने देश की, अपने समाज की, एक से एक गुणी, सुन्दरी कन्याओं को चिरस्वयंवरा रहने का अभिशाप दे, आज वह किस खोखली संस्कृति की मरीचिका में भटके जा रहे हैं? पर न चाहने पर भी मैं उस दिन उस बेमेल नौटंकी के दर्शकों की पंक्ति में बैठ गई थी।

रूढ़िग्रस्त कट्टर पंडितजी, विवाह कराने को एक ही शर्त पर राजी हुए थे। पहले विजातीय कन्या को स्वजातीय बनाकर, हिन्दू धर्म की दीक्षा देनी होगी।

"विवाह कोई हँसी-खेल नहीं है जजमान!" उन्होंने अशोक से कहा था, "गर्ग-गोत्री ब्राह्मण हो, इस पावन अग्नि के फेरे लगाने हैं तो कायदे से आना होगा, कन्या चाहे फ्रांस की हो, चाहे अमेरिका की।"

विदेश में एक ही वर्ष बिताकर, अशोक का हुलिया ही बदल गया था। कन्धे तक झूलते बाल, चिबुक तक उतर आए काकपक्ष और एक सर्वथा नए ही ठप्पे की बनावटी हँसी, "ठीक है, ठीक है पंडितजी!" उसने दोनों कन्धे उचकाकर, हवा में हाथ फैला दिए!

कितना उदार है हमारा हिन्दू धर्म! कुल पन्द्रह मिनटों में ही, कुछ श्लोकों ने फिर ज्यूडिथ को जयन्ती बना दिया! बनारसी लाल साड़ी में, रमा'दी की साढ़े छह फुटी पुत्रवधु को घेरकर पहाड़ी स्त्रियों की भीड़ फुसफुसा रही थी। अकेली रमा'दी ही, डरी-सहमी चुहिया-सी कोने में दुबकी थीं। एक-दो आधुनिक कन्याओं ने, जयन्ती के सुनहले बालों का ऊँचा जूड़ा बना दिया था। नाक वैसी ही तीखी थी, जिसकी कभी रमा'दी को कामना थी, आँखें नीली और रंग गोरा भभूका था, फिर भी चेहरे में न जाने क्या कमी रह गई थी कि माधुर्य का लवलेश भी नहीं था।

अपने रँगे तीक्ष्ण नाखूनों से, वह बार-बार अपना सुनहला आँचल, उलट-पुलटकर देख रही थी, जैसे नई-नई पकड़ी गई बन्दरिया को, किसी मदारी ने पहली बार रंगीन छींट का लाल लहँगा पहनाया हो और वह आश्चर्य से, उस विचित्र परिधान को उलट-पुलटकर परख रही हो!

फिर उस चेहरे से मेरी आँखों की पुतलियाँ स्वयं ही नीचे फिसलतीं, सहसा स्तब्ध होकर स्थिर हो गईं! अब स्त्रियों की फुसफुसाहट तीव्र हो गई थी—"सुनती है छुटकी," मुँहफट हरुल'दी ने मुझे कुहनी मारी, "आज तो बहू का 'नामकन्द' (नाम-कर्म) देखा, पर लगता है हमारी श्मुली बहू को चार-पाँच महीने में ही दूसरा 'नामकन्द' भी कराना होगा।"

ठीक ही कह रही थी, मेरी अनुभवकुशला जिठानी! बिना किसी डाक्टरी डिग्री के ही वह शहर की ख्यातिप्राप्त 'गाइनोकोलाजिस्ट' थीं। उल्टी बच्चेदानी सीधा करना, खिसकी स्थानच्युत नाभि को अपनी पुष्ट हथेलियों से खींचकर ठीक बिठाना, कमर की हुक को अपने प्रद-प्रहार से चुटकियों में दूर करना उनके बाएँ हाथ का खेल था। उनके कथनानुसार, इस अद्भुत शक्ति पर, केवल उसी का कॉपीराइट रह सकता है जिसने अस्वाभाविक रूप से पैरों के बल जन्म लिया हो।

"मैं तो उल्टी जन्मी थी री, इसी से तो करमजले, सुबह-सुबह ही मेरी लात खाने चले आते हैं," वह कहतीं।

सचमुच ही उनके द्वार पर, कमर पकड़े मरीज़ों की नित्य भीड़ लगी रहती। काँखते-कराहते उन मरीज़ों को, लात खाते ही हँसते-हँसते विदा लेते मैं स्वयं देख चुकी हूँ। कभी-कभी सोचती हूँ, विचित्र रहस्यमय है हमारा यह देश। द्विजेन्द्रलाल राय की ये पंक्तियाँ कैसी खरी उतरती हैं--

'एमन देश टी कोथाय खूँजे
पावे ना को तूमी।'

(ऐसा देश, तुम्हें कहीं खोजने पर भी कभी नहीं मिल सकता।)

सच, एकदम ठीक ही लिखा था उन्होंने! यहाँ आज भी कितने ही ऐसे रहस्य धरे रह गए हैं, जिनकी व्याख्या करने में विज्ञान अपनी गर्दन विवशता से झुका, चुप रह जाता है। जलते-दहकते अंगारों का कौर, मीठे बताशों की भाँति मुँह में रख निगलते कुमाऊँ के 'जागरी जगरिया' जिनकी शत-प्रतिशत सही निकलने वाली भविष्यवाणियाँ सुन, पहाड़ के एक से एक पढ़े-लिखे व्यक्तियों को सम्पूर्ण सम्मान-सहित उनकी पूजार्चना में दुहरे होते मैं स्वयं देख चुकी हूँ।

आज भी पत्थर के बने ये ग्रामदेवता क्यों हमारी रीढ़ की हड्डी में भय की सिरहन दौड़ा देते हैं? चितई के न्यायप्रिय ग्वालदेव, जिनकी मूर्ति के पार्श्व में टँगी सुप्रीम कोर्ट की असंख्य अपीलें इहलौकिक कचहरियों के अन्याय से असन्तुष्ट हो आज भी किस दैवी-न्याय की असीम आस्था में फहराती रहती हैं? कुछ ही समय पूर्व, विजिलैंस की कुटिल डोर में फँसा एक निर्दोष उच्च अधिकारी, जब उन्हीं देवता के सम्मुख घुटने टेककर बैठ गया, तो किस दैवी शक्ति ने, दूध का दूध, पानी का पानी कर, स्वयं विलिजैंस अधिकारी की ही स्थिति दयनीय बना दी थी? विज्ञान के पास इसका कोई उत्तर नहीं है। हरुल'दी की भी इस देवप्रदत्त शक्ति की मैं आज स्पष्ट व्याख्या नहीं कर पा रही हूँ, पर इसमें कोई सन्देह नहीं कि सम्मुख बैठी किसी नारी की इकहरी सपाट देह की चर्म-मज्जा चीरती उनकी तीक्ष्णा दृष्टि, पल-भर में उसका एक्सरे लेकर, बता देती थी कि वह गर्भवती है। फिर ज्यूडिथ का स्पष्ट उभार तो कोई अनाड़ी दाई भी पकड़ सकती थी।

मैंने देखा, रमा'दी अपना चिबुक, दोनों घुटनों पर साधे, स्थिर, अपलक दृष्टि से हवन की सुगन्धित धूम्ररेखा को देख रही थीं, जैसे पूछ रही हों, इस पावन अग्नि का, यह कैसा परिहास कर रहे हो प्रभो!

हरुल'दी ने, अब बाबा आदम के युग में हाईस्कूल पास किया था, इसी से उनका अंग्रेजी-ज्ञान पर्याप्त था। पूजा समाप्त होते ही, वह ज्यूडिथ से बनी जयन्ती की ओर खिसक गईं। एक तो विधाता ने उसका चेहरा ही विदूषिका का बनाया था। लगता, हर वक्त मर्जांक करने चली आ रही है। उसी चेहरे पर, परिहास की सुनहली किरणें बिखेर, उन्होंने अपनी गुदगुदी हथेली धीरे से ज्यूडिथ के उदर के उभार पर रखकर पूछा, "फैमली वे?" कुछ उनके पूछने के मुदित स्वर, और उसी से मेल खाती, शेक्सपीरियन कोर्ट जेस्टर की सी मुद्रा, कुछ 'फैमली वे' के 'फ' को अपने दोनों मोटे होंठों में भींच, ठेठ पहाड़ी फेंका वाली 'फ' का उच्चारण, उस अल्हड़ विदेशिनी को गुदगुदा गया। अपनी मरालग्रीवा, स्वीकृति-सूचक संकेत में हिलाती, वह हरुल'दी का हाथ पकड़ ज़ोर-ज़ोर से हँसने लगी।

रमा'दी पास ही थीं, इसी से शायद उन्होंने भी जिठानी का निर्लज्ज प्रश्न और अपनी नई बहू का उससे भी निर्लज्ज उत्तर सुन लिया था। उनका गोरा चेहरा स्याह पड़ गया। बताशे की पुड़िया लेकर मैं फिर चुपचाप वहाँ से खिसक आई थी, उस घर की अजीब मनहूस हवा मेरा दम घोंटने लगी थी। कौन कह सकता था कि वहाँ क्षण-भर पूर्व, विवाह जैसा मांगलिक कार्य सम्पन्न हुआ है! लगता था कि नई बहू को नहीं, गोबर-लिपी धरती पर घर के जवान बेटे की लाश को ही घेरे, मुहल्ले-टोले की स्त्रियाँ बैठी हैं!

फिर चौथे ही दिन अशोक अपनी ज्यूडिथ से बनी जयन्ती को लेकर विदेश उड़ गया था। हरुल'दी की भविष्यवाणी खरी ही उतरी थी। चौथे ही महीने रमा'दी को पौत्रलाभ हुआ, किन्तु उस लाभ की सूचना, उन्होंने केवल मुझे ही दी और अपने ही तक सीमित रखने का अनुरोध भी किया था। अन्य स्त्रियों को तो बड़े कौशल से ठीक नवें ही महीने सूचना दी गई थी।

न जाने फिर क्या सोचकर, अशोक ने परिवार-सहित, अपने भारत आने की सूचना दी थी। शायद रूठी माँ को वह अपने चाँद के से टुकड़े का मुँह दिखाकर मनाना चाह रहा था। मैं किसी ग़मी में शरीक होने पहाड़ गई, तो टुकड़ों-टुकड़ों में, मुझे रमा'दी के गृह में घटी दुर्घटना का समाचार मिल चुका था। उनकी मेम बहू जयन्ती नवजात पुत्र को लेकर आई तो सब देखती रह गई थीं। हाय राम, वह क्या नवजात लगता था? पर रमा'दी ने ही चटपट कैफियत भी दे दी थी, "वहाँ के बच्चे क्या हमारे-तुम्हारे-से बच्चे होते हैं बहन! जन्मते ही तो मरों को चिकन-सूप पिलाया जाता है और चूसनी की जगह मुँह में दी जाती है—बड़ी-सी हड्डी! इसी से गर्भ में से दाढ़ी-मूँछ उगाकर जनमते हैं..."

फिर सबको न्यौत, रमा'दी ने सोहर गवाए, बताशे-लड्डू बाँटे, गोद के बच्चों तक को चाँदी का चमकता पूरा रुपया 'पिठ्या' (तिलक) लगाया! और हरुल'दी ने तो सोहर गाने में सबको हँसा-हँसाकर मार ही दिया था। परिहास-रसिका हरुल'दी ने कैसे-कैसे नए शब्द जोड़ दिए थे, पुराने सोहर गीतों में—

जच्चा महर-महर हरेवा करे
जच्चा किन की को तुम कुलवधू
कवन जनक की धीय
महर-महर हरेवा करे
राजा दशरथ की हम
कुलवधू
राजा निक्सन की धीय
महर-महर हरेवा करे।

पर फिर सहसा वज्रपात हुआ। सास से लड़-झगड़, उनकी जयन्ती फिर ज्यूडिथ बनकर पति, पुत्र सहित विदेश उड़ गई। जाते-जाते कह गई—अब वह भूलकर भी भारत का मुँह नहीं देखेगी। रमा'दी से कह गई, 'विच, चुड़ैल, जादूगरनी!'

रमा'दी जैसी सन्तनी से वह ऐसा कह गई? क्रोध से उबलती, अविश्वास से काँपती, मैं रमा'दी के यहाँ पहुँची तो वह आँखें बन्द किए, अपनी सन्ध्याकालीन जपार्चना में डूबी थीं। इशारे से ही उन्होंने मुझे बैठने को कहा और आसन खींच दिया। फिर आँखों ही आँखों में अपना प्रश्न पूछा, 'कब आई?'

"क्षमा करना रमा'दी," मैंने कहा, "मैं जिस ग़मी से आई थी, उसके बाद पहाड़ में किसी गृहस्थ के यहाँ नहीं जाया जाता, यह मैं जानती हूँ। फिर तुम तो यह सब बहुत मानती हो, पर जब सुना कि कुछ दिन पहले तुम्हारे यहाँ भी एक ग़मी हो गई है, तो सोचा अब जाने में क्या दोष है!"

फिर मैं व्यंग्य से हँसी। असल में एक गाल पर करारा चाँटा खाकर भी, दूसरा गाल बढ़ा देने वाली अपनी उस सहनशीला रमा'दी पर मुझे बेहद गुस्सा आ रहा था। एक क्षण के लिए

उनका चेहरा इतना दयनीय बन गया कि मेरे जी में आया, मैं जबान झटककर दूर फेंक दूँ। पर फिर, रमा'दी स्वयं ही बिना मेरे प्रश्न के, पूरी घटना मुझे सुना गईं। आज अविकल उन्हीं के शब्दों में, मैं उस मार्मिक दुर्घटना को बिना घटाए-बढ़ाए उद्धृत कर रही हूँ–

"अशोक अरविन्द और जयन्ती को लेकर आ रहा था, पर फिर भी न जाने क्यों एक अजीब दशहत से मेरा कलेजा रह-रहकर काँप रहा था। भगवान ने मुझे यह शक्ति न जाने क्यों दे दी है! जब भी कुछ अनिष्ट होने वाला होता है, मैं मन ही मन स्वयं चौकन्नी हो जाती हूँ, चित्तचोर की तरह स्वयं आशंकित हो मुझे व्याकुल कर उठता है। रात को नींद उचट जाती है और जब पल-भर के लिए आँखें लगती भी हैं तब भयावह सपने देख, मैं उठ बैठती हूँ। ऐसा ही तेरे जीजा की आकस्मिक मृत्यु से पहले भी हुआ था। अशोक ने जब लिखा कि उसने अपने बेटे का नाम अरविन्द हेनरी जोशी रखा है, तब मैं काँप गई। हे भगवान, क्या गर्ग-गोत्री जोशियों का ऐसा ही अन्त हुआ! ईसाई बन गया मेरा बेटा! वही अशोक, जिसके लिए मैंने आज तक एक भी एकादशी, प्रदोष व्रत को रखने में चूक नहीं की। मैंने लिखकर पूछ भी लिया तो उसने मुझे दिलासा दिया--नहीं माँ, तू मत घबरा, मैं अब भी तेरा वही अशोक हूँ। नित्य सन्ध्या, गायत्री जपने वाला तेरा पक्का ब्राह्मण बेटा! वह तो ज्यूडिथ के पिता का नाम हेनरी है, इसके यहाँ ऐसा ही होता है। नाना का नाम भी उसे याद रहे, इसी से ऐसा किया है, तुम इसे देखोगी तो निश्चय ही मेरे सात खून माफ कर दोगी, इतना सुन्दर है तुम्हारा नाती!

"और सच कहती हूँ, जब उसने अरविन्द को मेरी गोद में धरा, तब मैं उसके समस्त अपराध, उसकी सारी अकृतज्ञता भूलकर रह गई। अब तम्हें कैसे बताऊँ वह रंग, और वह नीले आकाश-सी आँखें! एकदम तेरे जीजा की सी होंठ टेढ़ा कर हँसने की मुद्रा!

"भगवान की भी कैसी विचित्र लीला है बहन, अपनी सृष्टि को वह अपने पास खींच लेने पर भी, उनके आत्मीय स्वजनों को तड़पाने, कभी-कभी उसका एक न एक स्मृतिचिह्न पृथ्वी पर छोड़ ही जाता है। जहाँ अशोक एकदम अपने मामा पर पड़ा था, वहाँ यह शिशु कैसे उसके पिता की हँसी लेकर फिर मेरी गोद में आ गया। हँसी ही नहीं, उसकी वह नीली आँखों की गम्भीर सयानी चावनी भी ठीक उन्हीं की थी!

"मुझे तो लगता है, वे ही जन्म लेकर एक बार फिर मुझे रुलाकर अपना प्रतिशोध ले गए।'

"कैसा प्रतिशोध रमा'दी?" मैंने पूछ लिया।

"उन्होंने विवशता से ही तो मुझसे विवाह किया था! यदि मैं ही उनके जीवन में न आती तो क्या अपनी प्रथम पत्नी के प्रति विश्वासघात करते?" रमा'दी कितनी भोली थीं!

"तब क्या दोष तुम्हारा था? तुम गई थीं क्या उनके पाँव पकड़ने?" मुझे अब फिर क्रोध आ गया।

"मेरे मामा तो गए थे बहन! खैर हटा भी, हो सकता है मेरे ही मन का भ्रम हो, पर ऐसी साम्यता मैंने कम देखी है। गोद में आते ही वह किलकने लगता। पर पास-पड़ोस की छोकरियाँ क्या उसे पाँच मिनट भी मेरी गोद में रहने देतीं? कभी कोई लेकर भाग जाती, कभी कोई! ज्यूडिथ को यह सब अच्छा नहीं लग रहा है, मैं समझ गई थी। कभी वह यह कहकर उनसे ले आती कि उसके 'फीड' का समय हो गया है, कभी सूप और कभी फैरेक्स का! मैंने एक बार कहा भी कि जयन्ती, हमारे यहाँ तो अन्नप्राशन होने पर ही बच्चे को अन्न खिलाते हैं...! और तब उसने मेरी बात हँसकर ही उड़ा दी थी। कहा था–इसी से आपके भारत के बच्चे ऐसे रिकैटी होते हैं ममी!"

रमा'दी ने मेरी ओर देखा, बोली, "एक बार तो मैं पूछने को ही थी कि क्यों जी, मेरा यह भीम-सा बेटा भी क्या रिकैटी है?... पर मैं जानती थी, उससे तर्क करना व्यर्थ था! अशोक बेचारा बार-बार आकर मेरे पास बैठ जाता, यहाँ तक कि रात को भी वह थोड़ी देर मेरे पास आकर लेट जाता और मेरे पेट में हाथ डाल वैसे ही सो रहता जैसे कभी बारह वर्षों तक सोता रहता था। मैं उसके बालों पर चुपचाप हाथ फेरती रहती, मुँह खोलकर भी कभी यह नहीं कह पाई कि 'तू घबरा मत बेटा, मैं तुझसे जरा भी नाराज़ नहीं हूँ। तेरा ही सुख तो मेरा सुख है अशोक! मेरी चिन्ता मत करना।'... पर तू तो जानती ही है, ईश्वर ने मुँह में ज़बान देकर भी मुझे गूँगी बनाकर इस पृथ्वी पर भेजा है। उसके पिता के लिए भी तो मेरे सारे उपालम्भ कंठ तक आकर ही लौट गए थे।

"तीसरे दिन दोनों नैनीताल घूमने जाने लगे तो मैंने देखा बच्चे को भी जयन्ती तैयार कर रही है। मेरे जी में आया, कहूँ कि इसे मेरे पास छोड़ जाओ न, शाम को तो लौट ही आओगे! बोतल से दूध तो मैं पिला ही सकती हूँ! फिर वह क्या किसी को परेशान करता है! दिन-भर तो किलकता रहता है! पर फिर जयन्ती की आँखें देखकर मैं कुछ कह नहीं पाई। जिसने उसके पति को नौ माह गर्भ में रखा था, वह उसके शिशु को नौ घंटे भी रख पाएगी, ऐसा विश्वास उसे कभी नहीं हो सकता था। नैनीताल आने-जाने में आठ-नौ घंटे तो लग ही जाते!

" 'अभी तो पन्द्रह दिन यहाँ रहेंगे, कितनी ही बार मेरा यह गुलगोथना नाती मेरी गोद में आएगा'—सोच-सोचकर मैंने अपने अधीर चित्त को दिलासा दिया। दोनों लौटे तो रात हो गई थी। मैंने दिन-भर चूल्हा जलाकर न जाने कितने घृत-पकवान बनाए, पर मेरी बहू को जैसे कुछ भी अच्छा नहीं लग रहा था। अपने ही साथ लाए गए तीन-चार टिन खोलकर उसने किसी विचित्र मांस के लाल-लाल टुकड़े निकाले और डबल रोटी में दबा-दबाकर भकोस गई। बाद में मैंने टिन में नाम पढ़ा तो उबकाई आ गई। सूअर का मांस! छिः-छिः, जिस पुत्र को मैंने काशी के पंडितों से गायत्री का जाप दिलवाया था, उसी की बहू सूअर का मांस खा गई, वह भी मेरी छत के नीचे! तू तो जानती है, उनके मरने के बाद मेरे घर में कभी प्याज़ का छिलका भी नहीं आया। विधवा के लिए वर्जित सब कुछ, बेहद पसन्द होने पर भी, मैंने त्याग दिया था, बैंगन, टमाटर, मसूर की दाल और वह ज्यूडिथ से जयन्ती बनकर भी, पति-कुल की मर्यादा के लिए दो दिन को भी अपनी चटोरी-तामसी जिह्वा पर अंकुश नहीं लगा पाई! कभी-कभी लगता है, मेरे घर में बहू ने यह अनाचार किया था ठीक एकादशी के दिन, शायद इसी से प्रभु ने मुझे इतना बड़ा दंड दिया! पुत्र होकर भी मैं आज वंध्या हूँ!

"रात को सोए नाती के सुनहले बालों पर हाथ फेरकर ही मैं लौट आई। उसे छाती से लगा, चूम-चूमकर गुदगुदाने को मेरी बोटी-बोटी फड़क रही थी, पर पहले जब एकाध बार उसे चूमने लगी थी तो मेरी विदेशिनी मुँहफट बहू ने मेरा हाथ थामकर बीच में ही रोक दिया, 'ओ ममी, प्लीज़ डोंट,' फिर वह हँस-हँसकर मुझे ऐसे बहलाने लगी जैसे मेरी दादी हो! "बच्चों को चूमना ठीक नहीं है ममी! न जाने कब आपका यह चुम्बन अपने साथ कितने ही अदृश्य कीटाणु इस नन्ही जान तक पहुँचा देगा...' मूर्ख लड़की, तेरे पति को आज अतीत के उन लक्ष-लक्ष कीटाणुओं की ममता ही तो इतनी दूर खींच लाई है, आज वह शैशव के उन्हीं चुम्बनों का मूल्य चुकाने तो मुझ तक आ पाया है!

"पर मैंने कुछ कहा नहीं! चुपचाप लेट गई! सहसा आधी रात को मेरी नींद अरु की नन्ही चीखों से टूट गई।

"अपने नन्हे फेफड़े फाड़-फाड़कर अरविन्द ही तो रोए चला जा रहा था, पर न एक शब्द दुलार का ही मैं सुन पाई, न चुमकार का। मैं हड़बड़ाकर उठी। निश्चय ही उसे नज़र लग गई थी। नहलाते समय जमादारनी उसके गोल-मटोल गोरे अंगों को कैसी नज़र से देख रही थी! पर चाहने पर भी मैं क्या नोन-मिर्च परखकर उसकी नज़र उतार सकती थी? न जाने क्या सोचेगी वह वहमी लड़की! बच्चा लगातार चीखे जा रहा था, पर न माँ ने ही चुमकारा, न बाप ने। मैं उठी। पहले धड़ाम से द्वार खोले, बेटे-बहू के कमरे में जाने में मुझे संकोच हुआ, फिर मैंने पुकारा, 'अशोक, बच्चा क्यों रो रहा है?'

"पर कोई उत्तर नहीं मिला। 'जयन्ती! जयन्ती...ज्यूडिथ'...मैंने फिर बहू को पुकारा, लेकिन फिर भी कोई उत्तर नहीं। मैंने खीझकर द्वार खोल दिया। नन्हे कम्बल को पैरों से ठेल अरविन्द फुक्का फाड़कर ऐसे रोए चला जा रहा था जैसे कलेजा निकालकर अभी बाहर फेंक देगा। अगल-बगल में न बाप था, न माँ। कहाँ गए दोनों?

"ओह, लगता था चाँदनी रात में दोनों सोते बच्चे को छोड़ घूमने निकल गए थे। मैंने उसे गोद में उठाया और अपने कमरे तक ले आई। पहली बार सुयोग से जुटे एकान्त में मैंने उसे छाती से चिमटा चूम-चूमकर अपने सारे अरमान निकाल लिए थे बहन–

"मेरी छाती से लगते ही वह स्वयं चुप हो भीगी पलकों से मुझे ऐसे टुकुर-टुकुर देखने लगा कि मैं पागल ही हो गई थी री। फिर मैंने कुर्ती के बटन खोल अपना स्तन उसके मुख में दे दिया तो वह एकदम ही सयानी आँखों से देखता मुझे और भी आश्चर्य से घूरने लगा जैसे पूछ रहा हो–यह क्या है दादी, क्या है यह?

"ठीक ही तो था? उस बेचारे ने क्या कभी माँ का स्तन मुँह में लिया होगा? फिर मैंने थपकियाँ देकर वही लोरी गाई जिसे नानी कभी गा-गाकर हमें सुलाती थीं। उससे पहले उनकी नानी और उससे भी पहले शायद उनकी नानी! कुमाऊँ की वह अद्वितीय लोरी, जिसकी मीठी लय की थपेड़ें जिद्दी बच्चे की भी पलकें मूँदकर रख देती हैं–

"निनी छै निनुरी छै
निनुरी को भोगी छै
बालो छै विरालु छै
ऐजा निना
निना आ–

(निनुरी री आ जा, मेरे लाल, मेरे छौने। मेरे बिलौटे। तू सो जा–)

"और वह सो गया–दो बूँदें अभी भी उसके गुलाबी गालों पर मोती-सी चमक रही थीं। नींद ही नींद में वह हँसा और मैं बौरा गई। क्या पता मेरी ही मुग्ध दृष्टि की काली नज़र मेरे इस छौने को कहीं फिर न लग जाए! उसे बड़े यत्न से अपने बिस्तर पर लिटा मैं वर्षों से बन्द सन्दूकची से चाँदी का वही पुराना कजरौटा ढूँढ़ लाई, जिसमें अम्मा ने कभी असली मोती भस्म कर अशोक के लिए काजल सेंतकर धरा था। उसमें से ही बड़ी कृपणता से अँगुली बोर मैंने अशोक के बचपन में उसकी आँखें आँजी थीं। डिठौना लगाया था कि कभी अशोक के बेटा हुआ तो उसकी आँखें आँजूँगी। डिबिया खोल ठंड से जमे काजल को मैंने अपनी गर्म सासों का भभकारा देकर पिघलाया, फिर अपने सोते नाती को एक बन्द आँख हाथ से आयत का काजल लगाया, डिठौना आँका और जैसे ही दूसरी आँख खोलकर काजल लगाने झुकी तो वह जगकर चीखने लगा।

"मेरी बहू कब चुपचाप आकर पीछे खड़ी हो गई है, मैं जान भी नहीं पाई। जैसे ही वह रोया, वह चील-सी झपटी और बच्चे को छाती से चिपकाकर, मेरे सामने खड़ी हुई और सच कहती हूँ, सास होकर भी अपनी उस तेजस्वी बहू के सामने मैं थर-थर काँपने लगी। तभी वह चीखी।

"ओह यू विच, हवट हैव यू डन! हाय इसने मेरे बच्चे की आँखें ही फोड़ दीं। मैं जानती थी कि यह मुझे देख नहीं सकती। मैंने इसके लड़के को छीना, इसी से आज इसने मेरे बच्चे को छीन लिया।"

"उसकी आँखों से आग की लपटें निकल रही थीं। माँ की चीख और सिसकियों के बीच, घबराकर बच्चा और भी ज़ोर-ज़ोर से चीखने लगा। मैं एक शब्द भी नहीं कह सकी। शोर सुनकर अशोक भी आ गया।"

"क्या हुआ अम्मा?" उसने घबराकर पूछा।

"कुछ नहीं बेटा," मैंने हँसकर कहा, 'मैं तो इसे काजल का डिठोना लगा रही थी और यह समझती है मैं जादूगरनी हूँ, जादू-टोना कर रही हूँ! मैंने इसकी आँखों में ज़हर डाल दिया है! इसे बता रे बेटा, यही ज़हर मैंने तेरी आँखों में भी तो डाला है...'

"मुझे फिर हँसी आ गई और मेरी हँसी देखकर वह बौखला गई, 'तुम हँसती हो? ओह, यू शेमलेस विच!'

"इस बार उसका वह सम्बोधन अशोक को भी बौखला गया। उसे बाँह पकड़कर झकझोरता वह डपटने लगा, 'मूर्ख मत बनो ज्यूडी, बात समझने की कोशिश करो। यह एक प्रकार की दवा है—काजल!'

"ओह, डैम यूअर केजेल!' वह रोते-रोते अपने बेटे की आँख रूमाल से पोंछती अपने कमरे में चली गई और पीछे-पीछे सिर झुकाए चला गया मेरा बेटा।

"बड़ी देर तक उनके कमरे से ऊँची-ऊँची आवाज़ें, सिसकियाँ तैरती आती रहीं। फिर सब कुछ शान्त हो गया। मैंने सोचा, अशोक ने सचमुच ही उसे समझा-बुझाकर शान्त कर दिया है, किन्तु मेरा अनुमान गलत था। दूसरे सूर्योदय से भी पहले किसी ने मेरे द्वार पर दस्तक दी। मैंने उठकर खोला तो हाथ-पैर ठंडे पड़ गए। अपना हल्का-फुल्का सामान हाथों में लटकाए, वह क्या एक बार फिर विदेश उड़ जाने को पर फड़फड़ा रहा था?

"अम्मा, मुझे क्षमा कर दो। ज्यूडिथ को समझा-समझाकर मैं हार गया हूँ, वह कुछ भी समझना नहीं चाहती। कहती है, वह एक पल भी यहाँ नहीं रह सकती...' एक ही रात में उतर गया पुत्र का खिसियाया चेहरा देख भी मैं उसे सामान्य-सी सान्त्वना भी नहीं दे पाई। उधर मेरे अन्तःकरण की वह विचित्र चेतावनी बार-बार मुझे झकझोरे दे रही थी—देख ले रमा, जी भरके अपने प्राणों से प्रिय इस चेहरे को एक बार देख ले! अब तू इसे फिर कभी नहीं देखेगी। वह झुका, उसने मेरे चरणों की धूल ली और मैं पत्थर बनी उसे फटी-फटी आँखों से देखती ही रही। बिना रोली-अक्षत का तिलक लगाए, वह किसी बैरी-सा ही, मेरी देहरी से जा रहा था। उसने क्षण-भर को नीचे धरे सूटकेस फिर उठा लिये और दिन-दहाड़े हत्या करने में रँगे हाथों पकड़े गए किसी जघन्य अपराधी की ही भाँति चेहरा छिपाता चुपचाप निकल गया। ज्यूडिथ, शायद मुझे क्षमा नहीं कर पाई थी, मुझसे मिलने नहीं आई। बेटे को मेरी जादूगरी दृष्टि से बचाती, न जाने कब पहले ही निकल गई! पिछले हफ्ते अशोक की एक चिट्ठी आई थी..."

"क्या लिखा था?" मैं अपना कौतूहल नहीं रोक पाई और न चाहने पर भी मैंने उसके रिसते घाव को छू दिया।

"पता नहीं क्या लिखा था, मैंने चिट्ठी बिना पढ़े ही आग में डाल दी थी।"

रमा'दी का निर्विकार चेहरा, क्षण-भर के लिए करुण स्मित से दयनीय बन गया। फिर वह उठ गईं। "एक काम तुझे सौंपती हूँ," सिरहाने से उन्होने एक गोल चाँदी की डिबिया निकालकर मेरे हाथ पर धर दी। ओह तो यही था वह–सर्वनाशी कजरौटा!

"तू कल जा रही है ना? ट्रेन चलेगी तो इस मनहूस डिबिया को खिड़की से दूर भनका देना बहन।" उन्होंने कहा।

"ऐसी सुन्दर डिबिया मैं नहीं फेंक पाऊँगी रमा'दी! तुम्हीं यहीं कहीं फेंक देना!" मेरा कंठ अवरुद्ध हो गया। कैसे फेंक सकती थी मैं! वही तो अब उनके मातृत्व का स्मृति-चिन्ह था।

"अरी मेरी चीज़ें क्या सहज में खोती हैं? जब भी कुछ खोया लोग ढूँढ़-ढाँढ़कर फिर मुझे थमा गए। यह भी ज़रूर ढूँढ़-ढाँढ़कर ले आएँगे। तू चलती ट्रेन से फेंक देना बहन, इसे देखते ही मैं..." और फिर वह, अपना वाक्य पूरा किए बिना ही शायद आँसुओं के कठिन गह्वर को रोकने, चाय का पानी रखने के बहाने भीतर चली गईं। चार महीने पूर्व, मेरी उनसे यही अन्तिम भेंट थी। आने की हड़बड़ी में रमा'दी की अवसाद-जनित क्लान्ति ने मुझे तोड़कर रख दिया। ट्रेन चली तो मैं तो कजरौटे को फेंकने का रमा'दी का अनुरोध भूल-बिसारकर, न जाने कब सो गई! जब जागी तो लखनऊ आ गया था। डिबिया मेरे पर्स में ही धरी रह गई!

यह भी कैसा विचित्र संयोग है कि आज ही यह कार्ड आया और आज ही मैं प्रयाग जा रही हूँ। रमा'दी के अन्तिम आदेश में, मुझे अब कुछ फेर-बदल करना होगा।

इस बार चलती ट्रेन से नहीं, प्रयाग पहुँच त्रिवेणी की श्यामोज्ज्वल संगम-धारा में ही इस डिबिया का विसर्जन करूँगी। सुना है, लोग यहाँ दूर-दूर से प्रियजनों का अस्थिप्रवाह करने आते हैं, मातृत्व के इस अस्थि-कलश को प्रवाहित करने के लिए, मुझे इससे अधिक पावन जलधारा और जुट भी कहाँ सकती है?

भिक्षुणी

वह दूसरी ओर पीठ किए खड़ी थी। हमारी टैक्सी एकदम उसके पास ही आकर रुकी। वह हड़बड़ाकर मुड़ी और मेरा कलेजा मुँह को आ गया। उसके चारों ओर छोटी-मोटी भगवा पोटलियाँ बिखरी थीं, पीठ पर मोटे रस्से में दो-तीन भारी कम्बल लदे थे। अपने खुरदरे, तिब्बती लबादे को सम्हालती, वह एक कोने में सिमट गई।

हमारा ड्राइवर अपनी टैक्सी के यात्रियों को सम्बोधित कर बोला--"आप लोग यहाँ चाय पीना चाहें तो पी लें, जी। गाड़ी फिर सोलन तक कहीं नहीं रुकेगी।"

एक-एक कर तीनों सहयात्री उतर गए। अकेली मैं ही हाथ पर हाथ धरे, उस अधखुली काँच-सी उसकी पीठ को एकटक देख रही थी। निश्चय ही वह किकी थी। एक बार जी में आया, दौड़कर उससे लिपटकर पूछूँ--'किकी! किकी! नहीं पहचान रही है क्या?'

किन्तु, फिर उस प्रस्तरमूर्ति-सी अडिग खड़ी भिक्षुणी की भव्य मुड़ी पीठ को अपनी ओर मोड़ने का मेरा साहस स्वयं चुक गया। कैसी मूर्खा थी मैं! जिस किकी की चिताभस्म की विकृत दुर्गंध के साक्षी स्वयं उसके भाई थे, अपनी उसी दिवंगत ननद की पीठ को आज अपनी ओर मोड़ने का प्रयास मेरी मूर्खता नहीं तो और क्या था? वह अब भी मेरी ओर पीठ किए खड़ी थी। सन्देह का कंटक एक बार फिर मेरी छाती में गड़ता, मुझे विचलित कर उठा। टैक्सी एकदम उसके पास आकर रुकी। हड़बड़ाकर हटने से पूर्व उसने मुझे देखा भी। फिर भी उसे क्या इतनी भी उत्सुकता नहीं हुई कि इतना तो देखे कि अन्य यात्रियों के साथ मैं भी उतर गई हूँ या नहीं! पर वह तो भिक्षुणी थी--सामान्य नारी से भिन्न, एक संसार-त्यागिनी भिक्षुणी। उसके हाथ में बड़े-बड़े मनकों की एक सुमिरनी थी, जिसके दानों पर तेज़ी से अँगुलियाँ चलाती वह होठों ही होंठों में न जाने क्या बड़बड़ा रही थी। कलाई पर सींग की बनी बड़ी-बड़ी चूड़ियाँ थीं, सद्यः घुटे सिर पर छोटे-छोटे बाल नन्हे दूर्वांकुरों-से निकल आए थे। छिः-छिः, यह कभी किकी हो सकती थी! वह किकी, जिसकी पृथुल वेणी की गरिमा को, मैं कभी जूड़े में बाँधने में, दो-दो दर्जन काँटों से भी नहीं सम्हाल पाती थी, जिसकी साड़ी की भाँज, रवि वर्मा द्वारा अंकित मेनका की साड़ी की चित्रांकित भाँज की ही भाँति, उस बिल्वस्तनी की मोहक अंग-भंगिमा को और भी भव्य बना उठती थी।

'कमाल है किकी', मैं कहती, 'दिन-भर तू इसी साड़ी को पहने उठती, बैठती, सोती, काम करती रहती है, फिर भी लगता है तूने अभी-अभी तह खोलकर नई साड़ी पहनी है। एक हम हैं, मिनट-भर में ही साड़ी की गत बन जाती है!'

वह हँसकर कहती, 'तुम नहीं समझ पाओगी, भाभी, तुम्हारे ननदोई कहते हैं, पद्मिनी के सब गुण ही विधाता-प्रदत्त होते हैं; न उसके वस्त्र मलिन होते हैं, न देह-परिमल! कहते

हैं, यही तो पहचान है तुम्हारी, दो मील दूर भी खड़ी रहोगी, तब भी नथुने मींचते ही तुम्हें पकड़ लूँगा।'

काश, आज मेरे साथ मेरे ननदोई होते! क्या पता, उस अरण्य में खड़ी जिस पद्‌मिनी को मैं पहचानने में हिचक रही थी, उसे वे नथुने मींचते ही पकड़ लेते।

विस्मृत अतीत की मधुर स्मृतियाँ, किसी मज़ार पर जल रही लोबान की मदिर धूम्ररेखा-सी, मुझसे लिपटती चली गईं। हम दोनों की ससुराल ही नहीं, मायका भी एक ही शहर में था। एकसाथ, हम दोनों ने, शैशव और कैशोर्य की देहरियाँ पार की थीं। विवाह भी लगभग साथ-साथ ही हुआ। प्रथम प्रसव की पीड़ाएँ एकसाथ झेलने से पूर्व, शरीर में बन्दी बने अपने नवागत शिशुओं की धड़कनें भी हमने बारी-बारी से कान लगाकर एकसाथ सुनी थीं। किकी की बड़ी-बड़ी मुखर आँखों की उस विस्फारित दृष्टि को मैं आज भी नहीं भूल पाई हूँ—'अरी, देख-देख, हाथ ला इधर। देखा, कैसी नट की सी छलाँगें लगा रहा है!'

उसका हँसमुख चेहरा, कुछ-कुछ तोतली चपल वाणी और उसकी अनुपम परिहास-रसिकता, मुझे उसके सर्वथा अनूठे व्यक्तित्व की नित्य नवीन झाँकियाँ दिखाती रहती। यह ठीक था कि हमारे सरल समाज के नीति-निपुण नारी-समुदाय में जितनी ही उसकी निन्दा होती, उतनी ही लोकप्रियता उसने पुरुष वर्ग में प्राप्त की थी। होलियाँ आतीं तो अबीर-गुलाल से लाल कपोलों की रक्तिम आभा में, शहर-भर के देवरों को आकंठ डुबाकर रख देती। रंग से भीगी साड़ी का चुनाव भी शायद वह अपनी सबसे महीन साड़ियों से ही उस दिन करती थी और फिर, 'भर पिचकारी गोरे सन्मुख मारी' गाने में वह किसी भी पेशेवर गायिका को धूल चटा सकती थी। उसके रिश्ते की देवरानी-जेठानियाँ, संयुक्त मोर्चा बाँधे, हाथ मटका-मटकाकर उसके विरुद्ध विष उगलतीं—'बेहया, मरदों के साथ कैसी गुझियाँ दनदनाती चली जा रही है! ऐसी ही चटोरी है बहन, उधर, सास बेचारी बरत के दिन भी अपने हाथ से फराल बनाती है।'

एक दिन, मैंने किसी से कह दिया तो वह मुझी पर बरस पड़ी, 'तू भी आ गई उनकी बातों में? भाड़ में जाएँ सास। मैंने क्या उनसे कहा है कि भूखी रहो? जब देखो तब बरत, आज एकादशी, तो कल प्रदोष—ये तो हमसे होता नहीं कि बारह बजे खाना खाकर दो बजे फिर से कोटू की पूड़ियाँ बनाओ और साबूदाने का हलुआ घोंटो। मैं तो यह भी कर देती थी, पर कमर पर हाथ धरे, मेरे सिर पर सवार हो, एक-एक बर्तन उठाकर देखती थीं—बहू हाथ-पैर धो लिये थे? कहीं जूठन तो नहीं लगी है बर्तनों में?—सच कहती हूँ, तन-बदन में आग लग जाती थी, एक दिन मैंने साफ-साफ कह दिया—अम्माजी, आप आज से अपनी फराल खुद बना लिया करें...'

कभी-कभी उसका ऐसा ही दुःसाहस मुझे अपदस्थ कर देता। किकी मेरे पति की चचेरी बहन थी, कभी उसके ससुराल वालों की खरी-खोटी मुझे भी सुननी पड़ती। स्वयं उसका पति, पाँच बहनों का इकलौता भाई था, इसी से बहनों का रौब उस पर कुछ अधिक ही था। किकी के सौभाग्य से उसकी चारों ननदें बड़ी दूर-दूर ब्याही थीं, उनका मायका आना कभी-कभार ही हो पाता, किन्तु उसकी छोटी ननद अविवाहित थी। वह पास ही के शहर में डॉक्टरनी थी और प्रायः ही संक्षिप्त अवधि का अवकाश पाते ही बिना किसी पूर्व सूचना के छप्पर फाड़कर टपक पड़ती। किकी उसे फूटी आँखों नहीं सुहाती थी। विवाह से पूर्व वह अपने भाई की लाड़ली दुलारी बहन थी, उसने उसी भाई के सलोनी पत्नी का घूँघट उठाते ही बड़ी बेरुखी से आत्मीय स्वजनों की ओर पीठ कर ली थी। आज तक उसे अपनी शिक्षा, रुचि और चेहरे पर बड़ा गर्व

था, किन्तु भाभी के आकर्षक व्यक्तित्व के सम्मुख एकदम फीकी पड़कर रह गई थी। एक तो इस आकस्मिक पराजय के आघात को वह सहन नहीं कर पा रही थी, उधर उसके दिन-प्रतिदिन विलम्बित हो रहे कौमार्य ने उसे बेहद रूखी बना दिया था। वह नहला लगाती तो किकी दहला मार देती। मैंने कई बार मध्यस्थता करने की चेष्टा भी की, पर वह बाज़ नहीं आई। धीरे-धीरे, एक दिन उसी ननद को लेकर, महाभारत छिड़ गया। उसी वर्ष मेरे पति का तबादला हो गया और वहीं मुझे किकी की चिट्ठी मिली थी।

'विवाह के आठ वर्ष बाद अब हनीमून मना रही हूँ। अम्माजी उसी कलमुँही के साथ रहने चली गई हैं। खूब नाटक हुआ, जाते-जाते अपने बेटे से कह गईं—भगवान करे, मेरी अरथी को तेरा कन्धा नसीब न हो। इस अभागी ने तुझे कुछ खिला दिया है, यह मैं खूब समझती हूँ। ठीक है, निखट्टू बने इसी के आँचल से बँधे रहो बेटा। देखना, एक दिन तुझे यही आँचल घसीटेगा!'

उस पत्र के बाद मैं एक ही बार उससे मिल पाई थी। उसका पति अब ऊँचे ओहदे पर पहुँच गया था। उसकी सुव्यवस्थित गृहस्थी, सुरुचि से सँवरा सुन्दर बँगला, चपरासी, मोटर और मखमली लॉन में खेलते उसके स्वस्थ बेटे-बेटी की जोड़ी देख मैं कितना प्रसन्न हुई थी! गृहस्थी के सुख-सन्तोष में जैसे उसके रंग में और भी निखार आ गया था। शरीर पहले ही भरा-भरा था। अब मातृत्व की गरिमा ने यौवन के चापल्य को अंग-प्रत्यंग से धो-पोंछकर बहा दिया था। सबसे आश्चर्य हुआ था उसके पति को देखकर। बलराम को तो मैं बचपन से ही देखती आई थी। ढीलम-ढाल गाबदू-से उस सरल व्यक्ति का व्यक्तित्व वैसा ही था, जैसा समृद्ध गृह के इकलौते लाड़ले बेटे का हुआ करता है। बचपन से ही गरिष्ठ मठरियाँ और घी से तर बेसन के लड्डू खाने का अभ्यस्त यकृत, समय से पूर्व ही थककर सिकुड़ गया था। इसी से उदर की परिधि विराट बनती चली गई थी। उसके कोट के बटन, कभी भी क्रम से नहीं लगे रहते और कभी-कभी तो पैंट की खतरनाक खुली मुहानी के प्रति उसकी उदासीनता देखने वालों को बुरी तरह अपदस्थ कर देती। अंग्रेज़ी के पब्लिक स्कूल की शिक्षा भी उसे सामान्य शिष्टाचार नहीं सिखा सकती थी। कभी वह किसी सहभोज में आनन्दपूर्वक भोजन कर, एक के बाद एक दर्जनों डकारों के नगाड़े बजाता, सोफे पर ही जांगलूस की भाँति दोनों टाँगें उठाकर बैठ जाता, और कभी ऐसे सड़े-सड़े चुटकुले सुनाने लगता कि सुनने वालों को हँसी की जगह उबकाई आने लगती। किन्तु अपनी स्वतन्त्र गृहस्थी में किसी ने बलराम पर जैसे कोई जादुई छड़ी फेर दी थी। चुस्त पैंट पर किकी का बुना ऐरगार्हल का रंग-बिरंगा स्वेटर, यत्न से चिपकाए गए सँवरे केश और यार्डले लैवेंडर की मस्त खुशबू।

"आइए-आइए, किकी कल से आपके आने की तैयारी में जुटी है।" वह अपना वाक्य भी पूरा नहीं कर पाया था कि किकी आकर मुझसे लिपट गई। जेठ की उस भरी दुपहरी में, गर्म लू की लपटों के बीच से उठती, सहसा हम दोनों जैसे फिर स्मृतियों के रेशमी पैराशूट में बँधी, अपने मायके-ससुराल की गिरि-शृंखलाओं के बीच सरसराती उतरने लगीं। दोनों बच्चों को उसने आया के साथ घूमने दूर भेज दिया और बातों ही बातों में दिन न जाने कब निकल गया। मुझे फिर चार बजे की ट्रेन पकड़नी थी। मार्ग-भर मैं उसी की बातें सोचती आई थी। उस चेहरे की स्निग्धता में कहीं भी अभिनय का पुट नहीं था। मुझे मन ही मन गहरे सन्तोष की अनुभूति हुई थी। इसका एक कारण और भी था। अपनी इस दुःसाहसिनी ननद के कैशोर्य के एक प्रणय-प्रंसग से मैं कई बार उसके भविष्य के लिए शंकित हो उठती थी। तब उसके

पिता किसी पूर्वी जिले में पुलिस के बड़े अफसर थे। उनकी मातृहीना लाड़ली पुत्री, एक प्रकार से थानेदारों की ही गोद में खेल-कूदकर बड़ी हुई थी। जब सयानी हुई तो पिता का एक सुदर्शन मुँहलगा मातहत बड़े अधिकार से उससे राखी बँधवाने पहुँच, उसे एक से एक दामी उपहारों से लाद दिया करता। हो सकता है कि मैं स्वभाव से ही शंकालु रही हूँ, किन्तु मुझे इन बिना रिश्ते के राखीबन्द भाइयों पर कभी भी श्रद्धा नहीं रही। राखी बाँधने वाली के हस्तस्पर्श के साथ ही, वे प्रायः जिस अधिकार से उसका पहुँचा भी पकड़ लेते हैं, वह सब मुझे नहीं जँचता। पता नहीं पुलिस के पेशे में रहकर भी किकी के पिता ऐसी मूर्खता क्यों कर बैठे! यह ठीक था कि उसका वह मातहत विवाहित ही नहीं, दो बच्चों का बाप भी था, किन्तु फिर भी चपला पुत्री को जिस विश्वास से उन्होंने उस व्यक्ति के संरक्षण में दे दिया, वह किसी अनुभवी, बुद्धिमान पिता को शोभा नहीं देता था। कभी सुनती, किकी रिपुदमन के साथ अलीगढ़ की नुमाइश देखने गई है और कभी गढ़मुक्तेश्वर के मेले में। उसे उसके राखीबन्द भाई को सौंप उसके पिता अपनी ड्यूटी पर निकल जाते। हुआ वही जो ऐसी परिस्थितियों में हुआ करता है। मातृहीना किकी अविवेकी कैशोर्य की तरंगों में असहाय तिनके-सी ही बही जा रही थी कि उसकी एक चतुरा घाघ मौसी चील का-सा झपट्टा मार उसे चोंच में लेकर दूर उड़ गई। किसी को कानोंकान ख़बर भी न लग पाई, और किकी के फेरे फिर गए। उसकी उदास-रिक्त दृष्टि और निरन्तर सूजी आँखों का रहस्य हम तीनों तक ही सीमित था—मैं, उसके पिता और उसकी मौसी।

फिर शायद सरल परमहंस पति की दुधमुँही हँसी ने ही, स्मृति के श्यामपट्ट से उसके बेमेल नादान प्रेम-प्रसंग को बड़ी स्वाभाविकता से मिटाकर अपने स्पष्ट हस्ताक्षर कर दिए।

किकी की सुखी गृहस्थी देख मैं कितनी आश्वस्त होकर लौटी थी! तब मैं क्या जानती थी कि उसकी क्षणिक समृद्धि का प्रासाद केवल सिकता पर टिका है। दुर्भाग्य से उसकी ननद का तबादला एक बार फिर उसी के जिले में हो गया और उसकी सास पूर्वशत्रुता को स्वेच्छा से ही भुलाकर फिर उसके साथ रहने लगी। कभी-कभी उसके पत्र आते तो सास-ननद के साथ चल रही उसकी खटपट का ही उल्लेख रहता।

फिर, एक दिन अचानक उसकी मौसी का तार आया, 'ज़रूरी काम है, मिलने आ रही हूँ।' मेरा माथा ठनका। मुझसे भला उनका क्या काम हो सकता था? निश्चय ही अभागी किकी ही कुछ कर बैठी होगी। आते ही वे मुझे एकान्त में खींच ले गईं। "अरी सर्वनाश होने जा रहा है अभागी का। अब तू ही उसे बचा सकती है।"

"क्या बात हो गई मौसी? अभी-अभी तो मैं उससे मिलकर आई, कितनी खुश थी..."

"अरी, खाक खुश है। वे दोनों चुड़ैलें फिर पहुँच गई हैं उसकी छाती पर मूँग दलने। उधर वह अभागा भी पुलिस कप्तान बना वहीं पहुँच गया है..."

"कौन मौसी?" मैं सब समझकर भी अनजान बन रही थी।

"अरी और कौन, वही रिपुदमनिया! सुना, एक दिन मेवे-मिष्टान्न लेकर राखी बँधवाने भी पहुँच गया। एक बार राखी बँधवाकर तो वो गुल खिलाए नासपीटे ने। एक दिन ननद ने रोक दिया। बस, फिर क्या था! किकी को तू जानती है, जहाँ किसी ने धौंस जमाई तो छोकरी पर शैतान सवार हो जाता है। अब सुना, खुले ख़ज़ाने अपने उस भैया से आधी-आधी रात तक ताश खेलती है।"

"बलराम? वह कुछ नहीं टोकता क्या?" मैंने कहा तो मौसी झुँझला गईं, "अरी वह मिट्टी का माधो भला कभी टोक सकता है। उसे तो किकी दस जूते मारे तब भी ना बोले।"

"अब? अब क्या होगा मौसी?"

"अब और क्या होगा। तू चली जा मेरी लाड़ो, एक बार। मेरी बात दूसरी है, समधियाने मैं कैसे जा सकती हूँ? तू जाकर छोकरी को समझा-बुझा दे, बेटी। अरी, अब लड़कौनी है क्या? लड़की सयानी हो रही है। एक तो जीजाजी के वैसे ही बीसियों दुश्मन हैं—न जाने कब कौन दुश्मन थानेदार आकर समधियानेवालों के कच्चे कान भर दे—अरी बेमौत मरेगी छोकरी!"

मैं नहीं गई। किकी को मैं जानती थी। ज़िद चढ़ने पर, वह अपने पैरों पर कुल्हाड़ी मारने में क्या हिचकिचा सकती थी? मुझे तो आज भी यही लगता है कि यदि उसकी वह कुंठाग्रस्त रूखी ननद उसके साथ रहने न आती, तो बीसियों रिपुदमन भी उसका अनिष्ट नहीं कर सकते थे। ननद के अविश्वास और ईर्ष्या ने ही उसे अविवेक की उस अन्धी घाटी में ढकेल दिया होगा।

फिर, एक दिन अचानक सुना, अपनी समृद्ध गृहस्थी को स्वयं लात मारकर किकी अपने कैशोर्य के प्रेमी के साथ मुँह काला कर भाग गई है। हमारे कट्टर समाज के लिए, यह एक ऐसा आघात था जिसने उसकी वाणी ही नहीं, कार्यक्षमता भी हर ली। उसका वह दुःसाहस और निर्लज्ज आचरण मुझे भी स्तब्ध कर गया। क्या अभागी को पुत्री के भविष्य के लिए भी ममता नहीं हुई होगी? सयानी होगी तो लोग अँगुली उठा-उठाकर कहेंगे—इसी की माँ अपने प्रेमी के साथ भाग गई थी।

और फिर, वह बालक-सा निष्कपट पति, जिसने कभी उसके प्रति अपनी अपूर्व निष्ठा का जीवन्त प्रमाण दिया था—जन्मदायिनी जननी का त्याग कर! ठीक ही कहा था अम्मा ने—"देख लेना, एक न एक दिन यह तुझे आँचल से घसीटकर रख देगी।" कलंकिनी ने पति को ही नहीं, अपने पितृ-कुल और श्वसुर-कुल को भी कीचड़ में घसीटकर रख दिया था।

कई वर्षों तक, न फिर मुझे उसका कोई समाचार ही मिला, न मिलने की उत्सुकता ही शेष रही।

एक बार जब कुछ साल बाद, एक विवाह में सम्मिलित होने आई, तो उसकी नवीनतम दुष्कीर्ति का समाचार मुझे फिर स्तब्ध कर गया। अपनी जिस प्रेमिका की जीवित देह लेकर रिपुदमन, कभी सुदूर क्षितिज में विलीन हो गया था, उसी की कफन में लिपटी मृतदेह लेकर, वह आधी रात को, उसी के पिता का द्वार खटखटाकर फिर खड़ा हो गया। इससे पहले कि वह तटस्थ हो पाते, वह यह कहकर प्रेमछाया की भाँति अमावस्या के अन्धकार में विलीन हो गया—"न मैं इसे लेकर गया, न यह आज मुझसे कुछ कहकर गई। ऐसी ही अँधेरी रात में एक दिन मुझे कुछ कहने और सोचने का अवसर दिए बिना, यह मेरे पास भाग आई थी, और आज बिना कुछ कहे, यह मिट्टी का तेल छिड़क, धूपकाठी-सी सुलग गई। मैं अब वहीं जाकर इससे कैफियत माँगूँगा। आपकी पुत्री थी, इसी से यहाँ छोड़ गया। ठाकुर हूँ सर, ब्राह्मण की मिट्टी ठिकाने लगा अब अपना परलोक नहीं बिगाड़ूँगा। गुडनाइट सर...।"

ये सब बातें मुझे किकी की मौसी ने ही बतलाई थीं। किकी के पिता को, अपने निर्मम पेशे में, ऐसी बीसियों मिट्टियों की फाइलें दाखिल-दफ्तर करने का अनुभव हो चुका था। पौ फटने से पहले ही उन्होंने कफ़न में लिपटी कलंकिनी पुत्री का मुँह देखे बिना ही उसे मुखाग्नि

दे दी थी। जब ख़बर पाकर उसका बदहवास पति श्मशान घाट पहुँचा, तो किकी की चर्महीन हड्डियाँ चिटख रही थीं। शून्य दृष्टि से उसी धुएँ की विलीन होती रेखा को वह घंटों खड़ा देखता रहा था, फिर हाथ पकड़ किकी के मौसा ही उसे घर ले आए थे।

"आपने उसका मुँह भी नहीं देखा चाचाजी?" मैंने बहुत दिनों बाद एक दिन किकी के पिता से पूछा तो उनकी ऐंठी मूँछें क्रुद्ध सेही के काँटों-सी ही सतर हो गई थीं—"नहीं।"

काश, उसका चेहरा, चाचा ने कफ़न उठाकर देखा होता! किन्तु जिस कफ़न की यवनिका को चाचा ने नहीं उलटा, उसे आज स्वयं नियति उलट रही थी। पन्द्रह मिनट रुकनेवाली हमारी टैक्सी, अचानक किसी भद्रा नक्षत्र से बँधी घंटों घुरनियाँ खाती रही। पहले एक सहयात्री के पैर में काँच गड़ गया, फिर ड्राइवर की नक्सीर फूटी, एक दूसरे सहयात्री की जेब काट, होटल के एक पहाड़ी छोकरे ने उसका बटुआ गायब कर दिया। उतनी देर तक भगवा लबादे में लिपटी वह प्रस्तर मूर्ति-सी भिक्षुणी, मेरी ओर पीठ किए खड़ी ही रही। दूर गिरि-शृंखलाओं पर असंख्य बत्तियाँ जगमगाने लगी थीं। प्रतिपल, प्रतिक्षण मेरा सन्देह नाग की भाँति फन उठाता, मुझे ही डसने बढ़ा चला आ रहा था। मैंने देखा, मेरे सहयात्रियों को बटोर, हमारा ड्राइवर, रूमाल से मुँह पोंछता तेजी से चला आ रहा था। उधर नाना बिस्तरबन्द सेब की पेटियों और पोटलियों के बीच खड़ी वह भिक्षुणी भी हिली, शायद अपनी साथी भिक्षु-भिक्षणियों के कलरव को सुन वह अब चौंकी और मुड़ी।

मुझे कोई झकझोरने लगा—कुछ ही क्षणों में हमारा एकान्त, एकान्त नहीं रह जाएगा। क्यों न निकट जाकर, उसका चेहरा एक बार देख ही लूँ। फिर, मैंने एक पल का भी विलम्ब नहीं किया। गाड़ी का द्वार खुला ही छोड़ मैं उसके सम्मुख जा खड़ी हुई। मेरे कलेजे की धड़कन, मेरे हाथ के बटुए को भी हिला रही थी। एक पल को मैं उसका समस्त कलुष-कलंक भूलकर रह गई।

"किकी, मैंने तुझे देखते ही पहचान लिया था—किकी...!" मेरा गला भर आया।

पर फिर उसी क्षण मेरा उत्साह, कौतूहल, प्रसन्नता का वेग, दूध के झाग-सा ही बैठ गया। उसकी मुर्दा बड़ी-बड़ी आँखों में केवल उदासीनता थी—उस भावहीन दृष्टि में, मैत्री की एक भी भूली-बिसरी तरंग ने, मुझे आश्वस्त नहीं किया।

"किकी! किकी!" मैंने उसके दोनों हाथ पकड़, बड़े चातुर्य से उसकी दाईं हथेली उलटने की चेष्टा की।

उस चौड़ी-चिकनी हथेली में कभी मेहँदी की कितनी बेलें रचाई थीं! कितने गमले! और उसी हथेली के बीचोंबीच जो सुचिक्कन गोल-गोल तिल था, उसे क्या सर मुड़ाने पर भी वह मिटा पाई होगी?

किन्तु झटककर उसने हाथ छुड़ा लिया और तब ही उसकी रूखी, खूँखार चेहरे वाली कई साथिनों ने उसे आकर घेर लिया।

"ऐ! तुम तंग क्यों करता उसको? वह हिन्दी नहीं जानता? क्या पूछेगा, हमसे पूछो।" वराहदन्ती एक खबीस-सी मर्दानी भिक्षुणी अपनी विकराल हूणों की-सी आँखों से मुझे दागने लगी।

"किकी!" मैंने उसकी बात अनसुनी कर फिर किकी का दायाँ हाथ पकड़ लिया, और अपना अन्तिम दाँव फेंका, "तेरी बेटी की शादी में मैं गई थी किकी। बड़ा प्यारा दामाद है तेरा—और तेरा बेटा भी इसी साल इंजीनियर बन जाएगा।"

एक पल को, उन मरी-बुझी आँखों में वात्सल्य की शत-सहस्र फुलझड़ियाँ दगदगा उठीं। अवसर पाते ही मैंने हथेली पलट दी।

वह किकी ही थी।

"मेम साहब चलिए।" ड्राइवर ने अधैर्य से हॉर्न बजाकर मुझे पुकारा।

मैंने एक बार विवश दृष्टि से उसे देखा—वह फिर अपने मन्त्रजाप में डूबी तेज़ी से मनके सहलाती बिस्तरबन्द पर बैठ गई थी।

मैं आकर अपनी सीट पर बैठ गई और एक धक्के के साथ टैक्सी ने बस स्टैंड छोड़ दिया।

"सब दलाईलामा के मठ की तिब्बती भक्तिनें हैं जी, धरमशाला जा रही हैं।" ड्राइवर, मेरे किसी सहयात्री को उनका परिचय दे रहा था। मैंने मुड़कर देखा, उन दर्जनों छोटी-छोटी आँखों का कौतूहल, एक्यूपंक्चर की ही सुइयों की भाँति मेरे शरीर को बींधता मेरी चेतना हर रहा था। छोटी-छोटी आँखों और उन मंगोल चेहरों के बीच, अनमेल लग रहे उस शान्त-स्निग्ध चेहरे पर जड़ी उन दो बड़ी-बड़ी आँखों की प्रलम्ब पलकें नीचे ही झुकी रहीं। काश, एक बार, केवल एक बार, उसी झुकी चिलमन को उठाकर मैं देख पाती! क्या स्मृतियों की वह आकस्मिक बौछार उन्हें भी गीला कर गई होगी?

मामाजी

कौन कह सकता था कि यह वही मरघिन्नी-सी रोहिणी है जो अपने ताऊ की लड़की की मँगनी की साड़ी पहन, हर शादी-मुंडन पर बन्ने सोहर गाती, नटनी-सी नाचती थी! आज वह किसी बड़े अफसर की पत्नी को हर क्षेत्र में मात दे सकती थी। गरमी की छुट्टियों में जब वह पहाड़ आती, तो काठगोदाम स्टेशन पर उसका असबाब, एक आँख की कानी मद्रासी आया और बेंत से मढ़ा बच्चे का कमोड पूरे स्टेशन पर उसके व्यक्तित्व की मुहर लगा देते। कभी वह बुकस्टॉल पर खड़ी होकर विदेशी पत्रिकाओं के पन्ने उलटती, कभी अपने गोरे चेहरे पर लगे धूप के चश्मे को उतारकर अंग्रेज़ी में अपने दोनों बच्चों को डाँटती और कभी अपनी कलाई पर बँधी घड़ी में बार-बार समय देखती। उसका व्यक्तित्व भी पति की अफसरी के साथ-साथ निखर आया था। बड़े अफसर की पत्नी बनना भी काँटों का ताज पहनना है, यह रोहिणी भली-भाँति समझ गई थी; पर कुशल पत्नी की भाँति वह बिना मीन-मेख निकाले, जान-बूझकर भी मक्खी निगल लेती थी। हर सेर में दो छटाँक का कमीशन उसके अर्दली का जन्मसिद्ध अधिकार था। आया की तनखा, दोनों बच्चों के अंग्रेज़ी स्कूल की महँगी फीस, ये सब खर्चे तो थे ही, उस पर उसका रहा-सहा खून सुखाने को उसके पति राजेन्द्र ने हिसार की एक भैंस भी खरीद ली थी। चरी-भूसा, अल्लम-गल्लम से रोहिणी के चपरासी का भत्ता बड़े मज़े में घर बैठे निकलने लगा, पर भैंस के साथ-साथ अर्दली की ही चमड़ी चिकनी होने लगी, घर के साहब और मेम साहब सूखने लगे।

"इससे तो आपने हाथी पाल लिया होता, तो वह भी सस्ता पड़ता; यह मुई तो हर महीने अस्सी रुपये डकार रही है!" वह भुनभुनाकर पति से कहती, पर राजेन्द्र सुनी की अनसुनी कर देता। रोहिणी को कभी सन्तोष नहीं हुआ। एक जिले से दूसरे को तबादला नहीं होता तो वह पति को अकर्मण्य होने के ताने देती। तबादला होकर वह तरक्की पर जाता, तो वह उसके पिछले पद के लिए बिसूरती—"इससे तो आपकी डिप्टी कलक्टरी अच्छी थी! कलक्टर न हुए तहसीलदार हो गए! जब देखो तब एक न एक मिनिस्टर, डिप्टी मिनिस्टर कन्धे पर सवार है! सेक्रेटेरियट में ज़रा-सी कोशिश से पहुँच जाइएगा। रुक्की जीजी को देखिए न, जीजाजी डिप्टी सेक्रेटरी क्या हुए, रानी बन गई हैं।"

राजेन्द्र ने भी उसे एक दिन रानी बना दिया, पर उसका बड़बड़ाना बन्द नहीं हुआ। अब वह भैंस, चपरासी और सेकेंड हैंड खरीदी गई फियेट पर बुरी तरह बरसने लगी। दुहेजू पत्नी की भाँति दुहेजू मोटर भी दिन-रात नखरे दिखाती है, इसमें कोई सन्देह नहीं। उस पर राजेन्द्र गाड़ी चलाने में बेहद घबरा जाता था। इसी से साहब की चुटिया दिन-रात ड्राइवर की मुट्ठी में रहती। जब चाहे उनसे पानी भरवा ले। कभी इंजन में खराबी बता देता, कभी न जाने किस

अदृश्य छिद्र से पूरी गाड़ी का पेट्रोल ही सोख लेता। पर साहब भी नहले पर दहला थे। भैंस पालते ही अहीर के जन्मजात गुण-दोष उन्होंने स्वयं ही ग्रहण कर लिये। अहीर जिस निर्लज्जता से ग्राहकों के दूध में पानी मिलाता है, उसी बेहयाई से वह अपनी अफसरी में पानी मिलाने लगे। कभी दौरे पर जाते, तो तगड़ा टी. ए. बिल बनाकर अपने विभाग को मूँड़कर धर देते। जब जी में आता, तब दफ़्तर जाते। लंच के लिए लौटते, तो घंटों खर्राटे लेते। फाइलों का अनाथ अम्बार मेज़ पर पड़ा रहता। बाहर घंटी पर बैठा चपरासी ऊँघता और भीतर साहब!

रोहिणी अपने नए फ्लैट में आकर भी खुश नहीं हो पाई। एक तो लखनऊ उत्तर प्रदेश की राजधानी, उस पर राजेन्द्र एक उच्चपदस्थ अफसर। दिन-रात के मेहमानों ने उसकी नाक में दम कर दिया था। कभी कोई आत्मीय होल्डाल लटकाए, टोकरी लिये इंटरव्यू के लिए चला आ रहा है, कभी कोई अपनी बदली रुकवाने। टोकरी में लाएँगे भी बस पहाड़ी सस्ते तोहफे या पाव-भर की एक-एक पहाड़ी मिर्चें या फिर दस सेर का विशाल बमगोले-सा भीम कद्दू। रोहिणी के जी में कभी-कभी तो आता कि वही कद्दू खींचकर मारे अतिथि देवता के सिर पर! पर भारतीय नारी क्या कभी ऐसा दुस्साहस कर सकती है? खूब हँस-हँसकर वह अतिथि की अभ्यर्थना करती। जाड़े में जीजी, ताई या चाची को साथ लेकर आने का अनुरोध करती और अतिथि देवता के जाते ही पति पर बरस पड़ती।

उस दिन भी ऐसा ही हुआ। पिछली रात की पहाड़ की गाड़ी से उसके पति के देहाती उजड्ड मामाजी विदा हुए, तो उसने पति को खूब जली-कटी सुनाई थी। अपना पेट दिखाने ही ममिया ससुर कालीकुमाऊँ से चले आए थे। उनका कथन था कि उनके पेट में भयानक फोड़ा है। मेडिकल कॉलेज के चरक उनके मत से सहमत नहीं थे। उन्हें केवल वहम की बीमारी थी। ऐसा स्वस्थ पेट उन्होंने कभी नहीं देखा था। रोहिणी के कथनानुसार बुड्ढे के पेट में कोई भयानक ड्रैगन-सी जोंक थी। एक बार में बीस रोटियाँ खाकर बुड्ढा उसका पटरा बैठा गया था। उस पर रोहिणी का कहना था कि मामाजी को खिड़की से पेशाब करते उसने स्वयं देखा और राजेन्द्र कहता था कि ऐसा जघन्य कार्य उसके मामा कभी नहीं कर सकते। इसी बात को लेकर दोनों में सुबह खूब चेंचें-पेंपें हुई और आधा पेट खाकर ही राजेन्द्र उठ गया था। इसी से जब दोपहर में राजेन्द्र का फोन आया तो रोहिणी का माथा ठनका। नाराज़ होकर गए थे, फिर फोन कैसे आ गया!

"क्या है?" कुछ झल्लाकर ही उसने पूछा।

"सुनो, तुम्हारे देबूदा आ रहे हैं। अभी-अभी तार आया है। बड़े काम के आदमी हैं। रोहिणी, खूब बढ़िया खाना पकाना।"

रोहिणी का चेहरा क्रोध से तमतमा उठा। काम के आदमी हैं न खाक-पत्थर!

"भई देखो, पकवान-टाइप खाना बनवाना। आखिर पुरोहित कुल है, संस्कार थोड़े ही मिटते हैं! हमारे मामा तो हैं नहीं जो खिड़की से..."

झल्लाकर रिसीवर पटक दिया था रोहिणी ने। मायके के कुल को लक्ष्य कर फेंका गया पति का तीखा भाला उसकी छाती में घुप गया। उसके पिता पुरोहित थे, इसे बार-बार स्मरण दिलाने की कौन-सी आवश्यकता थी! चाहती तो वह भी पति को कैसे-कैसे तानों से बींध सकती थी। श्वसुर-कुल की कीर्ति क्या उससे छिपी थी! उसकी सुन्दरी विधवा ताइया सास का उसके श्वसुर से जो रसीला-मधुर सम्बन्ध था, उसे कौन नहीं जानता? अब चाहे गंगा में कितनी ही डुबकियाँ लगाकर अपने गौर ललाट को चन्दन-चर्चित कर लें, राजेन्द्र की ताई ललाट का खिला

कलुष क्या मिटा सकेंगी? आज देबूदा के आने का समाचार सुन उसकी आँखों में नन्दन का चेहरा तैर गया। भाईदूज के दिन अभागे भाई की स्मृति में उसकी आँखें छलछला उठीं। दीन पुरोहित का हतभागा पुत्र नन्दन अपनी दीदी की ससुराल में आश्रय की भीख माँगकर ही आया था। रोहिणी के पुरोहित पिता की मृत्यु हो गई थी। दरिद्र अनाथा रूपवती बालिका को केवल उसके सौन्दर्य पर ही रीझकर उसके श्वसुर बहू बना लाए थे। रोहिणी की विधवा माता साधारण ब्राह्मण-वृत्ति करने वाले परमानन्द पांडे की पत्नी थीं। पति को विवाह-यज्ञोपवीत से मिले एक-दो दुशाले और रेशमी पीताम्बर देकर ही उसके कन्यादान से मुक्ति पा ली थी। बड़े कष्ट से पुत्री को इंटर तक पढ़ा पाई थी। समधी आग्रह कर स्वयं ही नन्दन को भी लेते गए थे। फिर एक बात और थी, नन्दन रोहिणी का जुड़वाँ भाई था। नाक, आँखें, होंठ, सब एक ही ठप्पे का—वैसी ही बड़ी-बड़ी भोली आँखें, घनी पलकों का एक ही कटाव, यहाँ तक कि दोनों के कच्चे गले की हँसी भी एक ही सी थी। समधी को उसे देखकर लगा जैसे भाई-बहन की उस अनुपम जोड़ी में से एक ही को लेने पर एक सुन्दर जोड़ा नष्ट होकर रह जाएगा। क्यों न भाई-बहन साथ-साथ रहें? विधाता ने उन्हें सब कुछ दिया था। लड़का आराम से पढ़ेगा-लिखेगा। माँ क्या खिलाकर पढ़ाएगी! बेचारी स्वयं लोगों के यहाँ फटक-बीनकर पेट पालती थी। लड़की और लड़के को दयावान समधी को सौंपकर वह बदरीनाथ की यात्रा को गई और फिर नहीं लौटी। तीर्थयात्रियों को लेकर एक बस उलट गई थी, उसी में रोहिणी की माँ भी गई थी। पहले-पहले नन्दन को हाथों ही हाथों में नचाया गया, पर धीरे-धीरे वह बासी पड़ने लगा। रोहिणी की जिठानी कालिन्दी दरिद्र कुल से लाई गई अपनी देवरानी के पीछे हाथ धोकर पड़ी रहती। उसके पति बर्मा में इंजीनियर थे, इसी से विशालांगी कालिन्दी पति के वैभव-मद में चूर रहती। एक दिन नन्दन से बोली—"कहो हो छोटे पंडित, पिता से कुछ पूजा-पाठ भी सीखे हो या निरी कोरी हँड़िया हो? कुछ संकल्प कराना जानते, तो तुम्हें बर्मा ले चलती। वहाँ तो पितृपक्ष में जिमाने को कोई ब्राह्मण भी नहीं जुटता! पहाड़ी घरों में भला बिना पुरोहित-पंडों के निभती है? अब पिछली रक्षा-बन्धन में रक्षा बाँधने वाला भी कोई नहीं मिला...!"

"रक्षा बाँधना तो मुझे आता है न दीदी?" समर्थन के लिए मूर्ख नन्दन ने सिर झुकाकर बैठी रोहिणी को उकसाया और ज़ोर-ज़ोर से सबको सुनाकर हिल-हिलकर पढ़ने लगा—"येन बद्धो बली राजा..."

"जा, भाग बाहर!" चीखकर रोहिणी ने उसे भगा दिया। कालिन्दी और उनकी ननदें जोर से हँस पड़ीं। रोहिणी की आँखें छलछला आईं। अपने उस मूर्ख जुड़वाँ सहोदर को लेकर उसे नित्य घर-भर के ताने सुनने पड़ते। स्कूल से भागकर वह दिन-भर सड़क के आवारा छोकरों के साथ गुल्ली-डंडा खेलता, कभी घर-भर की औरतों के पेटीकोट और ब्लाउज़ सुखाने छत पर चढ़ जाता, कभी एक-एक आने के पान के लिए तीन मील दूर बाज़ार भगाया जाता। नन्दन में आत्म-सम्मान नाम की कोई वस्तु नहीं थी और इसी बात का रोहिणी को सबसे अधिक दुख था।

श्वसुर की मृत्यु हुई, तो सम्मिलित परिवार का दुर्ग स्वयं ढह गया। रोहिणी अपने दोनों बच्चों और भाई को लेकर पति के साथ रहने लगी। अब वह स्वतन्त्र थी। न ताइया सास का अनुशासन था, न ससुर की ताड़ना। कालिन्दी बर्मा चली गई थी। दोनों ननदों का विवाह हो गया था। रोहिणी भाई की ओर से उदासीन रही, ऐसा भी नहीं था। उसने नन्दन के लिए दो-दो मास्टर भी लगवा दिए थे, पर वह हाईस्कूल में लगातार पाँच वर्ष फेल होकर पंचवर्षीय

योजना पूर्ण कर चुका था। छोटी भानजी से खेलना उसे बहुत पसन्द था। कभी रोहिणी की नज़र बचाकर वह नन्ही नीलू के हाथों से बिस्कुट छीनकर खा लेता, कभी उसके मुँह से दूध की बोतल खींचकर खूब बड़ी-बड़ी घूँटें ले लेता। बच्ची ज़ोर से रोती, पर मामा के चेहरे से अपनी माँ का आश्चर्यजनक साम्य देखकर स्वयं ही चुपचाप हो जाती। मामा का चेहरा भी उसकी अबोध आँखों में माँ ही का था। नन्दन कभी भानजी को गोद में लिये नौकरों के सागर-पेशे में चला जाता और खूब बीड़ियाँ फूँकता। गाजीपुर को राजेन्द्र का तबादला हुआ, तो नन्दन बड़ा प्रसन्न हो गया। जीजा जिले के बादशाह थे। उनकी सल्तनत में साले की खूब मौज थी। खूब बड़ी कोठी थी। उसके विराट अहाते में इमली, बेर और आम के दरख़्तों का पूरा जंगल था। एक ओर गन्ना खड़ा था, दूसरी ओर अरहर। नन्दन जब जी में आता, उस बियाबान में जाकर खो जाता। दीदी के असंख्य अर्दलियों को भी इस घर के भेदी विभीषण के आने से बड़ी सुविधा हो गई। वह साहब का अकर्मण्य साला था, इसी से उसे लट्टू-सा घुमाया जाने लगा। साइकिल टूटती, तो मूर्ख नन्दन को फँसाया जाता। नन्दन किसी भी अपराध की जयमाला ग्रहण करने को सर्वदा तत्पर रहता। जीजा के अर्दली अली मर्दान से उसकी प्रगाढ़ मैत्री थी। उसी ने उसे अफीम की कुटेव डाल दी। पहले-पहले अली अपने किशोर मित्र का शौक स्वयं पूरा करता रहा, फिर उसने नन्दन को घर की छोटी-मोटी चीज़ें पार करना सिखा उसे उसके पैरों पर खड़ा कर दिया। जिस दीदी की थाली में नन्दन खा रहा था, अब वह उसी में छेद करने लगा। एक दिन राजेन्द्र की हाथ की घड़ी खो गई। रात को खोलकर सिरहाने की मेज़ पर रखी थी। सुबह उठा, तो नहीं थी। थोड़ी ही देर में पूरे बँगले में तहलका मच गया। तीखी मूँछों वाले खुर्राट दारोगा ने घर के नौकरों की चमड़ी उधेड़ दी।

"गरीब-परवर," अली मर्दान का एक-एक शब्द रोहिणी को अभी भी याद था—"घड़ी मेमसाहब के भाई साहब ने चुराई है...साहब!" उसने दारोगा के पैर पकड़ लिये।

"क्या कहता है, कमबख़्त!" दारोगा ने उसे ठोकर से दूर पटक दिया। पर घाघ दारोगा घाट-घाट का पानी पिए था, उसकी आँखों ने चोर पकड़ लिया। नन्दन ज़मीन पर नज़र गड़ाए चुप खड़ा था।

"कसम कुरान की, सरकार, कल भैयाजी को कबाड़ी से मोल-भाव करते मैंने खुद देखा। पच्चीस रुपये माँग रहे थे...!"

राजेन्द्र का खून खौल उठा। सिर झुकाए नन्दन काँप रहा था। उसकी साढ़े तीन सौ की घड़ी पच्चीस में। "अहमक...बेहया!"—कहकर राजेन्द्र क्रोध में अन्धा बन उसे जूतों से ठोकरें मारता बरामदे के एक कोने से दूसरे कोने तक फुटबाल-सा उछालने लगा। क्रोध आने पर राजेन्द्र आपे से बाहर हो जाता था। इधर जिलाधीश बनने के पश्चात उसे हाई-ब्लडप्रेशर हो गया था। वह मारते-मारते शायद उसकी जान ही ले लेता, पर रोहिणी उसे खींचकर भीतर ले गई थी—"अपने ओहदे का तो ख्याल कीजिए...! सब नौकर-चाकर देख रहे हैं, क्या कहेंगे! यह अभागा होते ही क्यों नहीं मर गया, आज यह अपमान तो नहीं होता!" वह रोने लगी थी। किन्तु अँधेरा होते ही जिस भाई की वह मृत्यु-कामना कर रही थी, उसी के लिए जी न जाने कैसा-कैसा होने लगा। पिछवाड़े जाकर उसने देखा, आया खड़ी थी। "मेम साहब, भैयाजी तो लँगड़ाते-लँगड़ाते बँगले से बाहर चले गए थे...!" वह बोली।

"मरने दो अभागे को!"—कहकर रोहिणी ने द्वार बन्द कर दिया था।

उसका वह द्वार तब से भाई के लिए सदा बन्द ही रह गया।

खोये भाई को ढूँढ़ने का न उसने कोई प्रयत्न किया, न राजेन्द्र ने। धीरे-धीरे नन्दन की स्मृति की छाया स्वयं ही मिट गई। आज देबूदा के आने के समाचार से जब बच्चे 'मामाजी...मामाजी' कहकर उत्साह से कमरा ठीक करने लगे और वह पकवान बनाने में जुट गई, तो उसकी अन्तरात्मा उसे न जाने क्यों धिक्कारने लगी। सगे मूर्ख मामा के अस्तित्व से भी अबोध बच्चे अनभिज्ञ थे और देबूदा-से ओछे व्यक्ति के लिए वह कैसी तैयारियों में जुट गई थी! वही देबूदा, जिसके पिता उसके सगे ताऊ होकर भी उसके दरिद्र परिवार के कभी हितैषी नहीं रहे। गरमी की छुट्टियों में घर आते, तो देबूदा और उनकी बहन लक्ष्मी गन्धर्व-किन्नरी की-सी सज-धज से ऐंठे फिरते। वह डरती-डरती लक्ष्मी दीदी के पास जाकर कहती— "लच्छी दी, एक साड़ी देंगी मुझे आज? पन्तजी के नाती का जन्मदिन है, मुझे नाचना है!"

"बाप रे बाप, तेरा नाच हो गया न तूफान! जब देखो तब सुनती हूँ, साड़ी चाहिए; तेरा नाच है! देती हूँ, पर खबरदार जो एक खरोंच भी लगी! अम्मा मुझे मार डालेंगी। मेरी कोई भी साड़ी तीस से कम की नहीं है,

ले..." कह एक रंग उतरी सस्ती रेशमी साड़ी उसकी गोद में पटक देती और इतना सब कुछ सुनकर भी वह मँगनी की साड़ी उठाए ऐसी भागती जैसे दुनिया की सारी दौलत उसके हाथों में आ गई हो। आज वह देबूदा से सब बातों का बदला लेगी। पहले बिठाएगी अपने दीवानखाने में, फिर बेडरूम, किचनरेंज दिखाकर अपने स्वादिष्ट घृत-पकवानों से उसे अभिभूत कर देगी। वह देबूदा के ओछे स्वभाव को जानती थी। सुना, बहुत बड़े आदमी हो गए हैं। एक-दो वर्ष में मुख्यमन्त्री बनने की भी सम्भावना है। लाखों रुपया बना लिया है। लच्छी दी ने किसी मुसलमान से अन्तर्जातीय विवाह कर लिया था और पाकिस्तान चली गई थीं। यदि देबूदा ने नन्दन की कुशल पूछी, तो वह भी तुरुप मार देगी लच्छी दी की कुशल पूछकर।

देबूदा आए तो वह दंग रह गई। कद उनका पहले ही बूटा था, अब एकदम गोल बन गए थे। खद्दर का धोती-कुरता और टोपी पहन देबूदा बड़े रोबदार लग रहे थे। हाथ के दो-तीन कुम्हलाए पुष्प-हार उसकी पुत्री को थमाकर देबूदा हँसते-हँसते स्टील के निहत्थे सोफे पर धँस गए—"बाप रे बाप, कैसी भाग्यवान है तू रोहिणी, अपने पति को रोज़ देख तो लेती है! यहाँ तो चार महीने का आकाश-विहारी बना फिर रहा हूँ। यह ज़िन्दगी ही ऐसी है!" उन्होंने बड़ी अदा से सिगार की राख गिराई! "किसकी पत्नी और किसका पति!" वह रोहिणी के निमन्त्रित भड़कीले अतिथियों को देखकर कहते जा रहे थे, "अभी एम. पी. दल का नेतृत्व करके लौटा हूँ। आज रात ही फिर दिल्ली पहुँच कर पंडितजी से मिलना है।" उन्होंने ऐसे लहजे में कहा जैसे उसके साहचर्य के बिना पंडितजी के गले के नीचे गस्सा भी नहीं उतरता। "सोचा, भाईदूज है, तुझे भी मिलता चलूँ।"

"बड़ा अच्छा किया, देबूदा, आपको मेरी याद तो आई!"

"क्या करूँ, बहन, याद क्यों नहीं आती, पर आज जेनेवा कॉन्फरेन्स है, तो कल सऊदी अरेबिया जाना है। अब तू ही बता, ऐसी ज़िन्दगी में दम मारने की भी फुरसत किसे रहती है!" उन्होंने अपनी किश्ती-सी खद्दर की टोपी को उतारकर गोदी में धर लिया और आराम से टाँगें पसारकर सिगार फूँकने लगे।

रोहिणी ने उस दिन पहाड़ी पकवानों से मेज़ भर दी थी। मोमन डली फूली पूरियाँ थीं। पहाड़ी ककड़ी का पीला रायता था। भाँग के बीज भूनकर बनाई गई दाड़िम की चटनी थी और घी में तले गए कुरकुरे लाल सिंगल थे, जिनकी खुशबू से देबूदा के नथुने फड़कने लगे।

एक क्षण को वह सऊदी अरेबिया, जेनेवा कॉन्फरेन्स और पंडितजी को भी भूलकर खाने की सामग्री पर टूट पड़े। रोहिणी के दोनों बच्चे अपने हिस्से की पूरियाँ और पकवान टोकरी में भरकर लॉन में पिकनिक मनाने चले गए थे। हरी-हरी घास पर चटाई बिछा, महिम भागकर पड़ोस के भाटिया साहब के बच्चों को पिकनिक का निमन्त्रण दे आया था। दोनों बच्चे कैक्टस के बड़े पीपे के पास खड़े होकर मित्र-मंडली की प्रतीक्षा कर रहे थे। भीतर की पार्टी के अतिथियों की हँसी का स्वर अंग्रेज़ी रिकार्ड के संगीत के साथ तैरता आ रहा था। 'हाउस ऑव बैम्बू' और उसी लोकप्रिय धुन के साथ सीटी बजाकर महिम एक पैर से ताल दे रहा था कि सहसा उसकी सीटी का स्वर गले में ही सूख गया। "दीदी, देख..." और वह कुछ नहीं कह सका। भय से आठ वर्ष के महिम की घिग्घी बँध गई। लॉन के लता-द्वार पर एक नंगधड़ंग छह फुटा पगला खड़ा था। उसकी दोनों आँखें लाल अंगारे-सी दहक रही थीं। गन्दी दाढ़ी के छितरे बालों पर उसकी लार टपक रही थी। वह धीरे-धीरे बच्चों की ओर बिना देखे टोकरी की ओर लोलुप दृष्टि से देखता बढ़ा आ रहा था। उसके हाथ में एक सूखी टहनी थी और दूसरा हाथ कटा था। कुहनी के नीचे कुछ था ही नहीं।

नीलू भाई का हाथ खींचकर भीतर भाग गई। रोहिणी फ्रिज से मिठाई निकालने आ रही थी, अँधेरे में वह दोनों बच्चों से टकरा गई।

"अरे, यहाँ क्या कर रहे हो? हो गई तुम्हारी पिकनिक?"

"ममी, देखो..." माँ को पाकर नीलू का साहस लौट आया—"देखो, ममी, वह नंगा पगला हमारी टोकरी से पूरी निकालकर खा रहा है!"

खिड़की के काँच से सड़क के लैम्पपोस्ट की धुँधली रोशनी में पगला भयानक लग रहा था। दोनों घुटने टेककर वह टोकरी से पूरियाँ निकाल, नोच-नोचकर भूखे कुत्ते की तरह खा रहा था।

"यह हरामखोर दरबान मुफ्त ही तनखा लेता है! लॉन के भीतर पागल आ कैसे गया?" बड़बड़ाती रोहिणी ने बाहर की बत्ती जलाई और डपटकर कहा—"भाग जा! कौन है तू?"

पगला उसे देखकर परमहंस योगी की भाँति हँस पड़ा। पूरी के गस्से से उसके दोनों गाल फूल गए थे। वह फिर हँसा, पर रोहिणी नहीं हँस सकी। घबराकर उसने बत्ती बुझा दी। उसकी डपट सुनकर दरबान लाठी ठकठका बढ़ आया। उसकी आहट पाते ही पगले ने नट की-सी फुर्ती से अपने कटे हाथ के बावजूद एक ही हाथ से चील की भाँति झपट्टा मारकर टोकरी उठा ली और दीवार को लाँघकर हवा हो गया। अभागा आया भी ठीक भाईदूज के दिन! पर हाथ कैसे कटा? रोहिणी के जी में आया कि दरबान से कहे, भागकर पगले को पकड़ ले, वह पगला उसका सगा जुड़वाँ भाई है! पर उसका आदेश उसके कंठ में ही विगलित होकर रह गया। पगले ने निस्सन्देह उसे पहचान लिया था। कैसे उसकी आँखें क्षण-भर को चमक उठी थीं! पहचान कर ही तो वह अपनी चिरपरिचित भोली हँसी हँसने लगा था। पहचानकर भी वह भाग क्यों गया? नहीं, पहचाना नहीं होगा। रोहिणी अपने व्यर्थ तर्क से अपने चित्त को स्वयं शान्त करने लगी।

"अरे भई, कहाँ हो?" भीतर से राजेन्द्र ने हाँक लगाई—"अच्छी मिठाई लेने गईं! रोली-अक्षत भी लेती आना। तुम्हारे देबूदा का एक-एक क्षण अमूल्य है।"

रोहिणी हड़बड़ाकर पूजागृह की ओर चली गई। निभृत निसंग पूजनगृह में पहुँचकर थाली में रोली-अक्षत सजाती वह अपने को रोक नहीं सकी—सिर झुकाए बुरी तरह सिसक उठी।

"जल्दी करो, मम्मी! पापा कह रहे हैं, मामाजी को अभी जाना है।" नीलू भागती-भागती आई।

रोहिणी ने मुँह फेरकर आँखें पोंछ लीं। उसके धनान्ध, विवेकशून्य चित्त ने उसे फिर समझाया—क्या वह पति के उच्चवर्गीय अतिथियों के सम्मुख अपने पगले नंगधड़ंग भाई को लाकर खड़ा कर सकती थी? विभिन्न विभागों के सचिव, अनुसचिव, उनकी ओछी-दम्भी पत्नियाँ, जिनमें से किसी का भाई ब्रिगेडियर था, किसी का मेजर...और उन सबके बीच सोफे पर लेटे बर्मी सिगार का विलासी धुआँ छोड़ते उसके देबूदा। किस दुस्साहस से वह छितरी दाढ़ी पर लार टपकाते अपने पगले भाई का परिचय दे पाती?

"ममी, मामाजी को मैं भी टीका करूँगी!" उछलती-कूदती नीलू बड़े उत्साह से रोली का थाल छीनकर भीतर भाग गई।

अनाथ

सोचती हूँ, क्या इसे अपनी मौलिक कहानी कह सकती हूँ? पूरा कथानक ही तो विधाता का है; किन्तु कहने में क्या दोष है! अब तो कहानी के नायक ने कालचक्र की यवनिका के अन्तराल में अपने जीवन के रंगमंच पर किसी कुशल अभिनेता की कार्यपटुता से दूसरा ही अभिनय आरम्भ कर दिया है और नायिका एक रहस्यमयी कन्दरा में सदा के लिए खो गई है। फिर भी कैसा विचित्र संयोग है कि मैं एक ही माह की छोटी-सी अवधि में तीनों पात्रों से एक-एक कर फिर टकराती चली गई हूँ!

"एई जे, कैमोन आछेन बऊदी?"

मैं पूछने वाले के कुछ परिचित और अपरिचित-से लगते चेहरे की ओर देखती रह गई।

"क्षमा कीजिएगा, मैंने पहचाना नहीं।" मैंने एक बार फिर अपने स्मृति-द्वार की जंग-लगी कुंडी खटखटाई।

"हो-हो-हो!" कहता वह लम्बा-चौड़ा सुपुरुष एक प्रकार से मेरा मार्ग अवरुद्ध कर खड़ा हो गया।

अचानक उस हँसी के कोमल स्वरों को मैंने पहचान लिया—"अरे बनर्जी, तुम! कितना बदल गए हो तुम! सुना, विदेश भी घूम आए हो। वहीं से यह अनुपम स्वास्थ्य की पोटली बाँध लाए क्या?"

"ताई होबे एखौन चलूत देखी।" वह मुझे हाथ पकड़कर ले चला।

"अरे भई, कहाँ चलना होगा?" मैंने हँसकर पूछा।

"पहले चलिए, कार खड़ी है। आज हमारी गिन्नी से मिलना होगा, खोका से पुतुल से। फिर बात होगा।"

गिन्नी सुनकर मैं चौंक पड़ी। तो क्या इस प्रिय नाम का सर्वाधिकार अब सुरक्षित नहीं रहा? रहेगा कैसे! मैं सुन तो चुकी थी, बनर्जी विलायत घूम आया है, दिल्ली में बहुत बड़ी कोठी बनवा ली है, किसी ज़मींदार की पुत्री से विवाह किया है, अब रूस जा रहा है। तमाल तरु-सी श्यामल कान्ति का वह बंगाली तरुण कभी मेरे पति का परम मित्र था। मुक्तेश्वर के ऊँचे पहाड़ की ढलान पर लाल छत के दो एक-से बँगले थे, उन्हीं आसपास सटे बँगलों में से एक में हम रहते थे और एक में रहता था कुँआरा बनर्जी। उस आनन्दी स्वभाव के सरल युवक को मेरी सास भी बहुत चाहती थीं और उसके विचित्र विवाह की साँझ को उन्होंने बन्ने और घोड़ियाँ गा-गाकर धन्य किया था। पूरा मुक्तेश्वर बनर्जी के विवाह का विरोध कर उठा था—कुमाऊँ की कन्या को किस दुस्साहस से वह ब्याह ले जाएगा, वे देख लेंगे। किन्तु संयुक्ता की भाँति तेज घोड़े की पीठ पर बैठाकर ऐनी को बनर्जी नैनीताल भगा ले गया तो

लोग हाथ पर हाथ धरे बैठे रहे। फिर ऐनी क्या कुमाऊँ की थी? उसकी माँ थी नेपाल की, पिता थे आइरिश मेजर। ऐनी की माँ के घोर कृष्ण वर्ण पर ही रीझकर उसने विवाह किया था। ऐनी दो वर्ष की थी तो मेजर की मृत्यु हो गई। सेब का छोटा-मोटा बगीचा और एक बँगला पत्नी के नाम पर मेजर छोड़ गया, किन्तु ऐनी की माँ उसका उपभोग नहीं कर पाई। धीरे-धीरे उसके आत्मीय स्वजन उससे मिलने आने लगे। लाख छिपाने पर भी उसके महारोग का रहस्य खुल गया। ऐनी की माँ के पूरे खानदान को वही रोग था। उसका बँगला छीनकर ग्रामवासियों ने उसे पुत्री-सहित खदेड़ दिया। वह कहाँ गई, कब लड़की इतनी सुन्दर बन गई, सब लोग भूल गए। उसके यौवन और सौन्दर्य के सम्मुख क्रूर समाज ने भी घुटने टेक दिए। सुन्दरी ऐनी फिर मेजर के बँगले में रहने लगी। कभी सुनहरे बालों पर रेशमी रूमाल बाँधकर 'हेय होय हो हो' कहती, कनस्तर बजाती सेब के पेड़ों पर बैठे तोते भगाती, कभी अपने मृत पिता के विलायती सूटों के अम्बार को धूप दिखाती और कभी भागकर हमारे बँगले में आ जाती। लड़की वास्तव में पूरी अंग्रेज़ लगती थी। कहीं भी उसकी चाल-ढाल में शील-सौजन्य की मुहर नहीं थी। चलती तो लगता, पानी में फिसलती चिकनी मछली तैर रही है। हँसती तो दीवारें ढहा देती। ईसाई बिरादरी ने उसको गिरजे में जाने की अनुमति नहीं दी तो उसने मुक्तेश्वर महादेव के मन्दिर पर धरना दिया। वहाँ के पुजारी ने खदेड़ा तो शूद्रों की पूजा का प्रसाद लेने पहुँची। वहाँ भी चाण्डालिका का प्रवेश निषिद्ध था। लोग फुसफुसाने लगे—"हिरुली कोढ़िन की बेटी है। बाप फिरंगी था, इसी से गाल देखो जैसे रामगढ़ के सुर्ख सेब हैं।" पर ऐनी अकेली ही समाज से मोर्चा लिये खड़ी रही। एक-आध दुःसाहसी मनचलों ने आधी रात को उसका द्वार खटखटाया, तो वह रणचंडी-सी उनके बीच कुल्हाड़ी लेकर कूद पड़ी। उसकी इसी बहुमुखी प्रतिभा पर बनर्जी मर मिटा था। लड़की सुन्दर, साहसी और खरा सोना थी। पढ़ी-लिखी नहीं थी तो न सही, माँ कुष्ठ रोगी थी तो क्या हुआ, वह उसी से विवाह करेगा। मेरे पति ने उसे समझाया भी था। "ऐसा न हो कि बाद में पछताना पड़े। सोच लो, बनर्जी"—उन्होंने कहा था।

"सोचेगा आबार क्या!" बनर्जी की भावुक आँखें चमक उठी थीं—"हम सब सोच लिया। एनी हमारा गिन्नी बनेगा। कितना लम्बा, कितना सुन्दर, की मानाबे! इसी पूर्णिमा को तुम उसका सजाएगा, बऊदी, बूझले!"

उसने मेरी ओर समर्थन के लिए दृष्टि फेरी थी। मैंने ही ऐनी को सजाया था। शरणार्थी कपड़े की दुकान के सरदारजी से लाई गई लाल आलपाके की फूहड़ साड़ी में भी वह अप्सरा लग रही थी। नीली आँखों को काजल से आयत कर काला करने की हमारी चेष्टा व्यर्थ गई थी। माथे का आँचल हवा से फरफराकर उड़ गया था। मेरे पति ने कैमरा साधा तो साँवले पति की तरुण छाया में खड़ी लम्बी ऐनी के हवा में उड़ते बाल देखकर मुझे सचमुच टेनीसन की कविता का स्मरण हो आया था। दोनों का वह अलभ्य चित्र अभी तक मेरे पास है। उन दोनों की मौजमस्ती-भरा हनीमून मुक्तेश्वर की छोटी-सी घाटी की संकीर्ण बस्ती को दग्ध कर उठा। कभी जंगल में भटक गए भोले बच्चों की भाँति दोनों हाथ में हाथ डाले दिन डूबे लौटते। ऐनी के बालों में चिपकी होती सूखी पिरुल की सुनहरी पत्तियाँ। उसके कन्धे पर होता पति का कोट। और बनर्जी के माथे पर बँधा होता ऐनी का स्कार्फ। कभी वह हमराह चलते पथिकों के सामने ही नई पत्नी को चूम लेता तो वह लाल पड़ जाती। कभी उसे खींचता पहाड़ी झरने के नीचे खड़ी कर स्वयं तालियाँ बजाता भाग जाता।

किन्तु सहसा चारों ओर भयानक भूधरों से घिरी मुक्तेश्वर की घाटी के काले विषधर ने करवट ली। लीलाधर पंडित अपनी विषबुझी जिह्वा के लिए प्रसिद्ध था। ऐनी को पाने में उसके प्रौढ़ चित्त ने बुरी तरह मात खाई थी, उसी ने बनर्जी के पिता को पत्र लिख दिया। परशुराम-सा क्रोधी बूढ़ा बनर्जी को चील की भाँति बंगाल भगा ले गया। हम आए तो बगल की बंगलिया खाली थी। कुछ ही दिनों में बनर्जी का त्यागपत्र आ गया। सुना, उसके पिता ने उसे विदेश भेज दिया था। अभागी ऐनी अचानक एक दिन शाम को मेरे द्वार पर खड़ी थी। बनर्जी से उसे कोई शिकायत नहीं थी, किन्तु उसकी सन्तान की वह माँ बनेगी तो कौन उसे देखेगा! मैं पसीज गई। पर मेरी सास ने कहा था—"ना बाबा, न! गस्सा दे दे पर बस्सा मत देना। कुछ धेला-पैसा थमा दे, पर खबरदार, यह इल्लत मत पालना!"

मैंने कहा और वह सिर झुकाकर चली गई थी। आज बनर्जी को देखकर मैं अवाक् रह गई। विशाल बँगले की बारादरी में कार रोककर वह उतर गया। लॉन में कुरसी डाले बैठी, मोटे-मोटे लैंस का चश्मा लगाए अध्यापिका-सी लगती एक लम्बी-चौड़ी युवती अभ्यर्थना के लिए बढ़ आई। पिता की कार का शब्द सुनकर साँवली-सी दुबली-पतली लड़की सकुचाकर मेरे पास खड़ी हो गई और कीमती बाबा गाड़ी में एक हृष्ट-पुष्ट बच्चे को घुमाती, स्वच्छ साड़ी पहने आया हाथ जोड़कर बड़े अदब से खड़ी हो गई। शरबत लाओ, ये लाओ, वो लाओ कर बनर्जी ने दिशाएँ गुँजा दीं और उनके विलासी आतिथ्य ने मेरा गला-सा घोंट दिया। अपनी बड़ी-बड़ी गाय की-सी निरीह आँखों से बनर्जी की गिन्नी मुझे विचित्र सन्देह की दृष्टि से देख रही थी। मुक्तेश्वर में हमारा परिचय हुआ था। कहीं मैं ही तो उसके पति की प्रथम प्रेयसी नहीं थी! बनर्जी का फ्लैट वास्तव में भव्य था। एक-एक हाथ की दूरी पर मन्त्रियों से हाथ मिलाते-मुस्कराते बनर्जी-दम्पति के अभिनव चित्र सजे थे। कमरे की सजावट में रुचि का प्रदर्शन उतना नहीं था जितना वैभव का। मैं मन ही मन बनर्जी गिन्नी के बिजली के किरण छोड़ते कर्णफूलों का दाम आँक रही थी—कम से कम पाँच हज़ार के तो होंगे ही। हीरों से दमकती उस विचित्र युवती की मोनालिसा की-सी रहस्यमयी मुस्कान से मुझे सहसा असह्य सिरदर्द होने लगा—"अब चलूँ, बनर्जी, फिर उन्हें लेकर जाऊँगी।"

मैं विदा लेकर भारी मन से लौट आई। ठीक पन्द्रह दिन बाद नैनीताल लौटी। फरवरी का अन्त और मार्च का आरम्भ नैनी का सबसे सुखद संगम है। कहीं-कहीं बर्फ गलाकर पेड़ नहा-धोकर बदन झाड़ रहे थे। कहीं बर्फ के मोटे ऐवेलैंस सर्र-सर्र का फिसलते आ रहे थे। मुझे अपने एक आत्मीय के लिए सर्पगन्धा के पौधे ढूँढ़कर भेजने थे, अकेले ही घूमती-घामती चीना पीक की ओर चल दी। बहुत-से पौधों के बलखाते फनों को हाथ में भरकर लौट रही थी। निर्जल बीहड़ मार्ग मुझे किसी स्नेही आत्मीय की भाँति गलबहियाँ देकर खींचता लिये जा रहा था।

"सलाम, मेम साहब!"

मुझे सहसा साँप-सा सूँघ गया। ऐनी ही तो थी!

"अरे, तुम यहाँ इस जंगल में?" मेरे क्रेपसोल के जूतों के भीतर भी ठंड से अँगुलियाँ ऐंठी जा रही थीं। वह सुनहरे बालों पर फटा स्कार्फ बाँधे नंगे पाँव एक पत्थर पर खड़ी—वैसी ही लम्बी, गोरी, कनकछड़ी-सी ऐनी।

"तुम क्या यहीं कहीं रहती हो?" मैंने बढ़कर उसके दोनों हाथ पकड़ लिये पर वह अचकचाकर दो कदम पीछे सरक गई।

"हाँ, उस गुफा में हमारा पूरा बिरादरी है।"

गुफा की बिरादरी मेरा कंठस्वर सुनकर बाहर निकल आई और सकुचाकर ऐनी अपने नाखून दाँतों से कुतरने लगी। भयभीत होने पर वह सदा ऐसा ही करती थी। बिरादरी के शिव की बारात के-से रंग-बिरंगे गण एक-एक कर निकलते आ रहे थे। मेरा अंग-अंग घृणा से सिहर उठा। किसी की नाक नहीं थी, किसी का सूजा निचला ओठ डबल रोटी के कड़े टुकड़े की भाँति नीचे लटक रहा था।

"तो क्या तुम्हें भी यह बीमारी...?"—कहकर मैंने अपना प्रश्न कंठ ही में खींच लिया। छिः-छिः, क्या हो गया था मुझे। कोई बात थी पूछने की भला!

"नहीं, मेम साब!" अपने कथन की पुष्टि के लिए ऐनी ने अपनी लम्बी-लम्बी अँगुलियाँ मेरे सामने फैला दीं—"हम सोचा, जब बाहर की बिरादरी हमारा छूत मानता तो हम यहीं रहेगा।"

उसने अपनी विषाद से भीगी नीली आँखें मेरी ओर उठाईं तो मैं उससे अपनी दृष्टि न मिला सकी—मैं भी तो हृदयहीन समाज की एक सदस्या थी!

''यहाँ सब हमारा अपना लोग, वह हमारा नाना है, मौसी है। माँ का हालत बोत खराब है, मेम साब। हाथ-पैर कुछ नहीं, लड़की का गाड़ी में हम घुमाता"—उसने सिर झुकाकर कहा।

"और ऐनी, तुम्हारा बच्चा?"—डरते-डरते मैंने पूछा। क्या पता, अभागिनी के दुर्भाग्य से वह भी न रहा हो!

"हमारा लड़का हुआ था। मिशन माँगा, बिरादरी माँगा, पर हम नहीं दिया। उसका बाप हिन्दू था, इसी से हम हिन्दू अनाथालय को दे दिया।"

पुत्र की स्मृति के गह्वर से उसका कंठ क्षण-भर को अवरुद्ध हो गया।

"तो क्या तुम्हें यह पता नहीं, वह कहाँ है?" सहसा उसकी अल्प बुद्धि पर मुझे क्रोध आया।

"क्या करेगा पता करके! उसके लिए भी ठीक, हमारा लिए भी। लोग जानेगा तो कहेगा, इसका नाना कोढ़ी, नानी कोढ़ी!" उसका गला फिर भर आया, पर वह रोनेवाली लड़की नहीं थी। अपना विनोदी स्वभाव वह अभी तक बचा सकी थी, इसी से शायद अब तक जी रही थी।

"बनर्जी से कभी मिला, मेम साहब? वह तो तुम्हारे सबका बहुत फ्रेंड था।"

जिस विषय को मैं न छेड़ने का प्रयत्न कर रही थी, उसे उसने स्वयं ही छेड़ दिया। मैं हिचकिचाई। सत्यकथा प्रस्तुत करनी होगी या मिथ्या का पुट देकर इस घायल के घाव को चूमना होगा!

"हाँ, मैं मिली थी, ऐनी, बहुत दुबला हो गया है बेचारा!" मैंने बड़े प्रयत्न से दुख-भरी साँस खींची और आँखों में बनर्जी का पुष्ट चेहरा तैरने लगा।

"उसने फिर शादी बनाया, मेम साब?" ऐनी अपना पीला रुग्ण-सा चेहरा मेरे पास ले आई। मैंने चारों ओर देखा। बियाबान जंगल के बीचोबीच बनी पहाड़ी चट्टान की प्राकृतिक ठोस गुफा, जिसके द्वार पर एक विशाल पत्थर लगाकर गुफावासी अपने अनोखे आलम में डूब जाएँगे, एक बड़ा पत्थर तराशकर प्रकाश और हवा के लिए एक खुदरी खिड़की बनी थी, उसी से फक्-फक् कर साल की जलती डालियों का कडुआ धुआँ मेरी नाक में घुस आया।

"ऐनी, जल्दी करो, बाबा बुलाता!"—एक पतली-पलती टाँगों वाला लड़का उसे पुकारने लगा।

"...ओ आता!" अधैर्य और झुँझलाहट की रेखाओं से ऐनी का लम्बोतरा चेहरा लटक गया।

"जल्दी करो!"–लड़का फिर चीखा।

"ओह गॉड, हम आता, अब्बी!"

ऐनी फिर मेरे निकट खिसक आई। सहसा उसका नाना हाथ में एक मशाल लेकर आ गया। उसकी दोनों आँखें शायद रोग के आधिक्य से लाल अँगारे-सी दहक रही थीं। हरे कुरते का चीथड़ा आधा तन ढँके था, एक फटा भाग हवा में फड़फड़ाकर गार्ड की हरी झंडी-सा लग रहा था। मुझे लगा, किसी बियाबान जंगल के बीच किसी छोटे-से स्टेशन पर मेरी ट्रेन रुक गई है और अनजान यात्रियों के बीच मैं एकदम अकेली हूँ। न जाने कैसा भय हुआ।

"जा छोरी, भीतर!" चिड़चिड़ा बूढ़ा नेपाली भाषा में बुदबुदाकर कुछ कहने लगा।

"जान्छू...जान्छू बाबा!" कहती ऐनी मेरे कानों के पास फुसफुसाई– "बनर्जी शादी बनाया, मेम साब?"

"नहीं ऐनी, अब वह कभी शादी नहीं बनाएगा।"

"हम जानता था, मेमसाब, हम जानता था!" प्रसन्नता से उसने मेरे हाथों को झकझोरकर चुम्बनों से भर दिया। चुम्बन यदि चौखट में मढ़ाने योग्य वस्तु होती, तो मैं उन पवित्र चुम्बनों को अपने पूजा-गृह में सहेजकर नित्य पूजती। जिस दुर्बलहृदय, निर्वीर्य पुरुष ने उसे निर्ममता से फेंक दिया था, उस पर उसका विश्वास कितना अगाध था..., कितना महान! ऐसे मधुर, पवित्र क्षणों को विदा के शब्दों से मलिन किस दुस्साहस से करती?

आगे-आगे मशाल दिखाकर पथ-प्रदर्शन कर उसका बाबा चल पड़ा तो सिर झुकाए चुपचाप मैं भी चल दी। एक बार मुड़कर देखा था, ऐनी उसी पत्थर पर खड़ी, सिर पर का स्कार्फ खोल, उसे हिला-हिला मुझे विदा दे रही थी। हवा में उड़ते सुनहरे बालों का घेरा उसके शान्त चेहरे को एक पवित्र आभा प्रदान कर रहा था। थोड़ी देर में वह अपनी बिरादरी में खो जाएगी। आज रात उसे उसके अभिशप्त जीवन के सबसे रंगीन सपने दिखेंगे, यही मुझे सन्तोष था। उसका बनर्जी शादी नहीं बनाया और कभी बनाएगा भी नहीं! पुरुष के हृदय पर नारी निरंकुश साम्राज्ञी बनकर ही राज करना चाहती है। ऐनी का साम्राज्य मैंने उसे सदा के लिए सौंप दिया था। किन्तु कैसा विचित्र साम्राज्य! न पहनने को ताज, न बैठने को सिंहासन!

कहानी का अन्त वास्तव में यहीं हो जाता, यदि लेखिका मैं होती तब न! किन्तु पाठकों की आँखों से सस्ते आँसू अत्याधुनिक लेखकों की भाँति विधाता भी नहीं चाहता। कथानक की नवीनता में उस महान शिल्पी ने हम सबको हरा दिया।

मैं आँगन में बैठी ऊन का गोला बना रही थी कि बेसुरे बैंड का स्वर सुनकर झल्ला उठी।

"माताजी, अनाथाश्रम...!"

हद है! जब देखो तब निगोड़े चन्दा उगाहने चले आ रहे हैं! अच्छा धन्धा है, ज़रा-ज़रा से बच्चों से भीख मँगवाना!

खूब कसकर डपटने का इरादा कर बाहर गई।

दस-बारह साल के लम्बे, गोरे लड़के ने चन्दे की मुड़ी-तुड़ी मैली नोटबुक मेरी ओर बढ़ा दी। नीली आँखों में करुणा-भरी याचना थी। सूखे चेहरे को हँसी से सँवारकर वह फिर बोला– "माताजी, चन्दा!"

मैं डाँट नहीं सकी। उसके हाथ की खँजड़ी के घुँघरू बीच-बीच में हवा से शायद खनक उठे।

वह आश्चर्य से मुझे देख रहा था। मैं जैसे गूँगी हो गई। सब्जी मँगाने के लिए पाँच का नोट थामे थी, वही चुपचाप उसकी ओर बढ़ाकर मैं फिर उसे देखने लगी—ओह, वही था! निश्चय वह वही था!

नोट पाकर वह अविश्वास से मुझे देखने लगा—पाँच का नोट तो क्या, एक का नोट भी उसे शायद आज तक कभी चन्दे में नहीं मिला था। दस गालियों के साथ मिलती थी कभी एक दुवन्नी या चवन्नी। आँखें तिरछी कर वह ठीक अपनी माँ की भाँति मुस्कराया।

कितने सारे प्रश्नों की तरंगें मेरे कंठ के प्राचीर से टकरा-टकराकर टूट गईं।

मेरे कुछ पूछने से पहले ही वह तीर-सा छिटककर अपने दल में नोट दिखाने भाग गया। शायद उसे डर था, मैं कहीं रेज़गारी वापस न माँग लूँ।

"तुम किस अनाथालय के हो, बच्चे?"—मैंने चीखकर पूछा। पर प्रश्न के साथ ही साथ लोहे की छड़ों-भरी तीन-चार मिलिटरी ट्रकें निकलीं, फिर घंटे टनटनाती फायर ब्रिगेड की पूरी बारात और अन्त में 'रामनाम सत्य' के गाम्भीर्य की गर्जना के साथ-साथ सजी अरथी का लम्बा जुलूस। इस सबके गुज़रने के बाद सड़क साफ हुई तो अनाथालय का वह दल खो गया था। उसके बाद कई अनाथाश्रम वाले आ-आकर चन्दा ले गए हैं, पर जिस गोरे, लम्बे, तिरछी आँखों वाले कमनीय किशोर चेहरे को मैं ढूँढ़ती हूँ, वह नहीं दिखता।

एक अनाथालय के दल के एक चतुर-से लड़के से पूछा तो वह बोला— "अनाथालय क्या एक-दो हैं, माँजी? अनाथ भी कई तरह के होते हैं—सरकारी, बेसरकारी, पिराइवेट।" वह सन्दर्भ-सहित उनकी व्याख्या करके अपना ज्ञान बघारने लगा।

वह अनाथ न सरकारी की श्रेणी में आता था, न बेसरकारी की।

"उसके माँ-बाप दोनों ज़िन्दा हैं, भाई!"—मेरे मुँह से झल्लाहट के साथ निकल पड़ा।

"तब फिर वह अनाथ कहाँ है?" मेरे अज्ञान पर वह हँसकर, चन्दा बटोरकर चला गया।

पर मैं उसे कैसे समझाती कि माँ-बाप के जीवित रहने पर भी उस अभागे से बड़ा अनाथ इस विराट विश्व में और कोई नहीं है!

भूल

कलकत्ता की भड़कीली सड़कों को चीरती, गिरीश की कार 'तिवारी मैंशन' के द्वार पर खड़ी हुई और वह सहम गया। स्टेट्स के 'स्काई-स्क्रेपर्स' देखने की अभ्यस्त, तरुण इंजीनियर की आँखें भी क्षण-भर को चौंधिया गईं। संगमरमर के दो विशाल हाथी, अपनी भव्य सूँड़ों में गृहस्वामी के नाम से अंकित पाटी को थामे थे, चौकोर टुकड़े पर खुदा था—'श्री कृष्णचन्द्र तिवारी'। अचानक गिरीश को अपनी अल्पज्ञता का भास हुआ, क्यों वह अपने पिता के कहने में बहक गया? किसी होटल में भी तो रहने की व्यवस्था हो सकती थी। उसके ताऊ के लड़के राजेन्द्र ने उसे आगाह भी कर दिया था, 'बच के रहना यार, बड़े घाघ हैं तिवारीजी। मेरा साला विलायत से लौटा और हिन्दुस्तान मोटर में ही नौकरी लगी। ऐसा जाल फैलाया कि तीसरे ही महीने अपनी लँगड़ी बदसूरत बेटी उसके पल्ले बाँध दी। पर गिरीश था एक ही सूँस, कैनेडा, मौन्टरील, फ्रांस में एक से एक सुन्दरियों के कटाक्षों को उसने आसानी से काँटों की तरह निकालकर फेंक दिया था। फिर चितरंजन से उसे तीन ही माह की तो ट्रेनिंग लेनी थी। तिवारीजी उसके पिता के बाल्यकाल के सखा थे। कई वर्ष पूर्व वे अपनी जन्मभूमि की ममता त्यागकर कलकत्ता में ही बस गए थे। केवल हाईस्कूल पास होने पर भी आज वे कलकत्ता के यशस्वी व्यावसायियों में से एक थे। उनकी कुशाग्र व्यवसायी बुद्धि ने भाग्यलक्ष्मी को मुग्ध कर लिया था। वे अब भूल चुके थे कि उनके पिता कभी फटी धोती का कछौटा कस, कान पर जनेऊ चढ़ा, हाथ में पिचकी लुटिया लेकर दिशा-जंगल जाया करते थे। अब उनके स्नानागारों का दर्पण-सा चमकता फर्श, दूध से धुला लगता था। बड़े-बड़े संगमरमर के चौबच्चों में गुलाब की पंखुड़ियाँ मसलकर उनकी दस-दस महिमामयी राजकन्याएँ नहाती थीं। 'डौज', 'फियेट' और 'ब्यूक' के अलावा उनके द्वार पर चार घोड़ों जुती एक चमकती विक्टोरिया भी खड़ी रहती थी। उस पर नीली लेस लगे जालीदार पर्दे लटकाकर, तिवारी-गृहिणी राजमहिषी का-सा शृंगार कर, संध्या को नित्य सैर करने जाती थीं, क्योंकि पेट्रोल के धुएँ से उन्हें सख़्त नफरत थी। लक्षाधिपति तिवारीजी के हृदय में एक शल्य नियति ने चुभो ही दिया, कुमाऊँ के बिड़ला नाम से विख्यात, लक्ष्मी के दुलारे पुत्र के सुख के कोष का एक भाग एकदम ही रिक्त था। उनके कोई पुत्र नहीं था। प्रत्येक वर्ष बिटियाओं का एक जोड़ा, कबूतरियों-सा उनके मोतीपुरे चौक में गुटुरगूँ करने लगता। असंख्य मनौतियाँ मनाकर भी पाँचवें वर्ष एक जोड़ी पुत्रियाँ और हुईं और इस प्रकार वे पूरी दस पुत्रियों के पिता बन गए। किन्तु अपने अपार वैभव का चुग्गा फेंकते ही, उन्होंने एक से एक बड़े ओहदों पर नियुक्त दामादों को जकड़ लिया था। आठों पुत्रियों के घोर कृष्ण वर्ण, मोटी फैली नाक, यहाँ तक कि आठवीं कृष्णा और कावेरी के ग्रहण के पैरों पर भी उनके आई. ए. एस. और इंजीनियर जामाताओं को आपत्ति नहीं रही थी। दहेज

के भार से वे जामाताओं की गर्दन ही दबाकर रख देते थे। सिर उठाकर नई पत्नी के दोष और गुणों को परखने का फिर उन्हें समय ही नहीं रहता। किन्तु गिरीश को उनकी दो पुत्रियों के नयन-नक्श से कुछ लेना-देना नहीं था। वह नया-नया इंजीनियर बनकर विदेश-यात्रा से लौटा था। किसी को भी उसकी-सी सरल आदतों के संयमशील मेहमान को अपने यहाँ रखने में विशेष कष्ट नहीं होगा, यही सोचकर वह अपने को मार्ग-भर सांत्वना देता आया था। विदेश से ताज़े लौटे प्रत्येक भारतीय की भाँति वह केवल कच्चा सलाद और उबला भोजन खाता था। अपनी नॉयलान की, इस्तिरी के बवाल से परे, कमीज़ों को स्वयं पाँच मिनट में धोकर सुखा लेता था। न उसे सिगरेट का चस्का था, न शराब से लगाव। अपने साथ वह एक बिजली की केतली भी रखता था, जिससे सुबह-सुबह उसे चाय के लिए किसी को कष्ट देना ही न पड़े। उसे जब कलकत्ता जाने का आदेश मिला, तो उसके पिता ने कहा था–

“अरे, अपने किशनिया के रहते तुम्हें कहीं रहने की क्या चिन्ता! हजार हो, है तो अपने ही गाँव का। फिर मैंने ही हिसाब के पर्चे से नकल करवा के उसे हाईस्कूल पास करवा दिया था। इस अहसास को वह कभी नहीं भूलता। तुम्हें बड़े प्रेम से रखेगा।”

सचमुच ही उनका अत्यन्त आग्रहपूर्ण पत्र आ गया और गिरीश कलकत्ता आ गया। स्टेशन पर चमचमाती वर्दी पहने उनका ड्राइवर उसे कार में लिवाने आया था। अपने विदेश से लाए ग्लास-फाइबर के नीले सूटकेस की चमक से, उसने छोटे-से अल्मोड़ा की सरल आत्मीय स्वजनों की भीड़ को चौंधिया दिया था, पर आज बड़ी झिझक से ही उसने उस सूटकेस को ड्राइवर को थमाया। ड्राइवर के कोट पर तिवारीजी का सुनहरा ‘मोनोग्राम’ चमक रहा था। बड़ी हेय दृष्टि से उसने सूटकेस के साथ की पोटली को उठाया। गिरीश बेचारा कटकर रह गया। सूटकेस साढ़े तीन सौ का था और बड़े से बड़ा कलापारखी भी उसमें कोई दोष नहीं निकाल सकता था। किन्तु ठीक चलते समय उसके पिता ने एक पोटली में पहाड़ी दालें और तीव्र सुगंध का पहाड़ी मसाला ‘जम्बू’ अपने बाल्यसखा के लिए बाँध दिया था। सुदामा की स्नेहपगी पोटली को बेचारा गिरीश फेंक भी नहीं सका, पर उससे सूटकेस का पूरा व्यक्तित्व मिट्टी में मिल गया। बढ़िया ट्वीड का कोट पहनाकर जैसे किसी ने उसके सिर पर लाल गमछा बाँध दिया हो। तिवारीजी के प्रवेशद्वार से होकर वह भीतर गया, एक माली मेहँदी की बाड़ को पानी से तर कर रहा था और भीगी मेहँदी की खुशबू से पूरी कोठी सुवासित हो रही थी। लम्बी गैलरी से लेकर दीवानखाने के कमरे तक दीवारों की शोभा देखते ही बनती थी। लगता था किसी आधुनिक कला-प्रदर्शनी का एक सजा-सजाया कक्ष हो। कहीं-कहीं पर सिर कटी नारी की आधुनिक क्यूबिज्म में ढली मूर्ति खड़ी थी। कहीं पिकासो के वृद्ध चित्र थे और कहीं नागफनी के कँटीले पौधों को ग्वालियर के गमलों में सजाकर बिखेर दिया गया था। बड़ी लम्बी दूरी पार कर उसे एक गोल कमरे में बिठाकर ड्राइवर बोला, “आप बैठिए, मैं रानीजी को बुला लाता हूँ।”

ओह, रानीजी! बेचारा गिरीश बुरी तरह सहम गया। सुदामा पोटली को सूटकेस की आड़ में छिपाकर उसने इधर-इधर देखा। कालीनों के सोफियाने रंग से मेल खाते भारी-भारी पर्दे थे। वायलिन के आकार के सोफे थे। और हर रंग की रेशमी गद्दियों के रंगों की भीड़ में देखने वाला डूबकर रह जाता था।

“आओ, बेटा! अरे, अरे, पैर क्यों छूते हो! अब कौन यह सब मानता है! तुम्हारे चाचा आज चेम्बर ऑफ कॉमर्स की मीटिंग में गए हैं। आते ही होंगे।”

शहद की चाशनी में डूबे स्वर की मिठास ने गिरीश को बाँध लिया।

"आओ बेटा, तुम्हारे लिए मैंने चाय तुम्हारे ही कमरे में मँगवा ली है, वहीं चलें।"

कई कमरों को पार कर वे उसे एक गोल कमरे में ले गईं। स्वच्छ कमरे में एक पलंग बिछा था और छोटी मेज़ पर ट्रे धरी थी। "बैठो बेटा, मैं चाय बनाती हूँ।" कहकर वे अपने गोल-गोल हाथों से चाय बनाने लगीं।

"आह, कितनी खुशी होती है, अपने देश का कोई पंछी भी दिख जाए तो! तीस साल से इस मरी कलकतिया में ऐसे फँसे कि पहाड़ों को देखने को आँखें तरस गईं। क्यों बेटा, अब तो बदल गया है पहाड़?"

"जी हाँ।" गिरीश ने कहा, "थोड़ा-बहुत बदला ही है।"

"हाँ, सो तो है ही। हम कितना भी बदलें, कहलाएँगे तो पहाड़ी ही। क्या करूँ, बेटा हमें तो तब भी अपनी भाषा आवे है, पर इन छोरियों को न आवे है पहाड़ी मुलुक के रीति-रिवाज! मरी एकदम बंगालनें बन गई हैं। इसी से जब पहाड़ में ब्याह होता है, तो मरियों की देह चार ही महीने में सूख के सोंठ बनी जावे है। सब तो पार लग गईं, अब तिप्पी-दिप्पी ही का आखिरी जोड़ा बचा है।"

तिवारीजी की पत्नी ने ऐसे लहजे में कहा, जैसे जूते की किसी नामी दुकान का चतुर सेल्समैन अपनी दामी जूतियों की अन्तिम जोड़ी दिखाकर कह रहा हो कि खरीद लो नहीं तो यह भी बिक जाएगी।

"यह मेरी चौथी जोड़ी लड़कियों की स्टडी थी, बेटा।" एक लम्बी साँस खींचकर उन्होंने गिरीश के कमरे को देखकर कहा—"यह कृष्णा की बनाई 'कश्मीर की उर्वशी' का पेंटिंग देख रहे हो न? तरुण कलाकार संघ के दल को लेकर रूस भी गई थी मेरी किसना। और यह रहा कावेरी का तानपूरा! कैसे शौक से गाना सिखाया था, सब मिट्टी हो गया। एक का ब्याह हुआ अल्मोड़ा, दूसरी का रानीखेत! निगोड़े कुमय्यों के बीच बड़ी-मुंगोरी तोड़ने ही में पक्की पहाड़नें बन गईं। लो, तुम्हारे चाचाजी भी आ गए।"

कार रुकी और गिरीश के तटस्थ होने से पूर्व ही तिवारीजी स्वयं उसके कमरे में घुस आए—"आ गए बेटा, मैं तुम्हें लाखों की भीड़ में भी पहचान लेता, हूबहू अपने पिता का नक्शा है।"

कहकर उन्होंने गिरीश को बाँहों में भर लिया। "चलो, पहले खाना खा लें, एक बज गया है।" कहकर वे उसे खाने के कमरे की ओर ऐसी आत्मीयता से गलबहियाँ देकर ले चले, जैसे पुराने हमउम्र साथी हों। मेज़ पर बड़े-बड़े चाँदी के थालों में फूली-फूली पूड़ी-कचौरियों के बीच चमकती कटोरियों से व्यंजनों की मदमस्त सुगन्ध उठ रही है। तिवारीजी की पत्नी की रसीली बातों का क्रम चलता जा रहा था—"यह अचार लो बेटा, मेरी किसना ने डाला था। वह पापड़ मारवाड़ी रिलीफ सोसाइटी से बनवाए हैं। अरे, रायता नहीं लोगे? वाह भाई, कैसे पहाड़ी हो! हाय, मैं मर गई! दो ही पूड़ियों में अघा गए! बहादुर, साहब को बर्फ डला पानी दो। रामसिंह, गरम कचौड़ी लाना इकठो। श्यामसिंह, गिलौरियाँ 'फ्रिज' में रख दो।"

तिवारी-दम्पति के स्नेह और स्वादिष्ट व्यंजनों की बाढ़ में गिरीश डुबकियाँ खाने लगा। तिवारीजी का आतिथ्य नहीं, बाबर की कुशल तुलगमा रणनीति थी। चारों ओर से निरीह इंजीनियर को घेरकर उन्होंने अन्तिम बारूद का गोला फेंका—"आओ तिप्पी-दिप्पी, ये हैं मेरी सबसे छोटी पुत्रियाँ और यह है मेरे एक बहुत प्यारे दोस्त का बहुत प्यारा-सा बेटा।" हाथ

का ग्रास छोड़कर गिरीश विनयपूर्वक अभ्यर्थना के लिए उठने लगा, तो तिवारीजी ने हाथ खींचकर बिठा दिया।

"डोण्ट बी फॉरमल। घर में कैसा तकल्लुफ! तिप्पी, दिप्पी, यहीं बैठ जाओ, बेटी।" कहकर उन्होंने गिरीश के सामने ही दोनों को बिठा दिया। एक बार ही देखा गिरीश ने, ऐसा सुघड़ नयन-नक्श पहाड़ में कम ही दीखता है। गौरवर्ण तो कुमाऊँवासियों का जन्मसिद्ध अधिकार है, किन्तु बड़ी-बड़ी कटावदार आँखें, पतली-सुघड़ नासिका के नीचे फड़कते अधर, प्रत्यंचा-सी भँवों में कामदेव का धनु ही साकार हो उठा था। सबसे अधिक आश्चर्य कि दोनों की हँसी की छटा भी एक ही सी थी। एक ही रंग की गुलाबी साड़ी में दोनों उसे ऐसी लगीं, जैसे खिलते गुलाब की दो एक-सी पंखुड़ियाँ हों। नाम था तृप्ति और दीप्ति। ठीक कहा था उनकी माँ ने, नाम हीं नहीं, उनके तरल दृगंचल, एलोकेशी जूड़े और ताँत की साड़ियों की बँधी भाँज तक में बंगभूमि की स्पष्ट छाप थी।

इन्हें इनके माता-पिता भी कैसे पहचानते होंगे! वह सोच रहा था– धीरे-धीरे स्वयं उसकी समझ में आ गया। तिप्पी-दिप्पी के अभिन्न व्यक्तित्व में भी विधाता ने हल्की-सी पहचान बना दी थी। दोनों की पलकें रेशमी और नुकीली थीं। दोनों के प्रशस्त ललाट की गठन एक थी। गोल ठुड्डी की बनावट में भी आश्चर्यजनक साम्य था, किन्तु एक की ठुड्डी पर एक हल्का-सा काला तिल था और वही थी तिप्पी। एक पहचान और थी, दिप्पी एक मिनट भी स्थिर होकर नहीं बैठ सकती थी। कभी वह लपककर फिर से फूलदान ही लगाने बैठ जाती, कभी सुपारी की तश्तरी से झपट्टा मारकर मुट्ठी-भर सौंफ ही फाँक लेती। तिप्पी थी चुपचाप, उसका अलस सौन्दर्य एक सुनहरे चौखट में मढ़े सुन्दर चित्र की भाँति निर्जीव था। उसकी लम्बी-लम्बी अँगुलियाँ प्रायः उसकी लटों से खेलतीं और किसी दार्शनिक-सी रहस्यमयी डूबी निगाहों से वह कभी खिड़की से देखती रहती, कभी अलसाई पालतू बिल्ली-सी सोफे पर पड़ी पुस्तकें ही पढ़ती रहती।

गिरीश को आए एक माह बीत चुका था, पर कभी वह दोनों जुड़वाँ बहनों के एक-से व्यक्तित्व की भूलभुलैया में भटककर रह जाता, कभी घबराकर तिप्पी कह देता और वह लज्जा से लाल पड़ जाती। इसी लाली से वह उसे पहचान लेता। मुखरा दिप्पी अकारण ही कभी उसे कॉफी देने के बहाने, कभी अखबार लेने उसके कमरे में आ जाती, किन्तु तिप्पी आँचल बचाकर, उससे ऐसे बच-बचकर छिटक जाती, जैसे उनके गृह में आया वह पाहुना, विष का बुझा तीर हो। उसका यही लाजभीना सौन्दर्य न जाने कब गिरीश को बाँध गया।

एक दिन न जाने कैसे, उससे सदा कन्नी काट जाने वाली तिप्पी ही कॉफी की प्याला लेकर उसके कमरे में आ खड़ी हुई। फागुन का महीना था, हवा के हर झोंके में अबीर और गुलाल की रंगीनी थी। गिरीश ने देखा, तिप्पी की सलज्ज दृष्टि में प्रेम का दिव्य प्रकाश था, जैसे कह रही हो–'मैं सदा से तुम्हारी ही हूँ। तुम्हारी ही रहूँगी।' प्याला थामकर गिरीश ने उसकी मृणाल बाहुओं को घेर लिया। पत्ते-सी काँपती वह क्षण-भर उसकी बाँहों में सिमटकर खो गई, फिर एक झटके से हाथ छुड़ाकर तीर-सी छिटक गई। उसके सुवासित जूड़े का स्पर्श कमरे को घेरकर रह गया। रात को खाने की मेज़ पर उसे देखते ही तिप्पी का चेहरा बीरबहूटी बन गया और सबकी दृष्टि बचाकर उसने गिरीश को सलज्ज दृष्टि से देखकर फिर सिर झुका लिया।

एक दिन उठते ही चाची ने कहा–"निगोड़ी दोनों को खसरा निकल आया है, इनका बचपन से ही यही हाल रहा। एक बीमार पड़ी तो दूसरी ने भी खाट पकड़ी।"

पन्द्रह दिन बाद, दोनों को खाने की मेज़ पर देखकर गिरीश अवाक् रह गया। किसी के चेहरे पर भी तिल नहीं था।

''देखो तो माया भगवान की बेटा, ठुड्डी का तिल भी खसरे ने साफ कर दिया, अब मरियों का कन्यादान भी देख-भालकर करना होगा। अब तू ही पहचान तो कौन है तिप्पी और कौन है दिप्पी?''

गिरीश ने आँखें उठाईं और एक चेहरा लाल पड़कर रह गया।

''ये तो हैं तिप्पी।'' लाल चेहरे की ओर देखकर वह बोला।

''वाह बेटा, खूब पहचाना। यह तो दिप्पी है।''

वे हँसकर बोलीं पर गिरीश सोच में पड़ गया। उसे देखकर तो तिप्पी ही लाल पड़ती थी।

और एक दिन वह इससे भी बड़ी भूल कर बैठा। तिवारी-परिवार के रसीले आत्मीय वातावरण में सुदीर्घ तीन माह दिन की तेज़ी से बीत गए। बड़े अनमने चित्त से वह सामान बाँध रहा था। शाम की गाड़ी से उसे दुर्गापुर की नई नियुक्ति पर जाना था।

''ओहो, सामान बँध भी गया।''

बड़ी आत्यीमता से तिवारीजी ने उसके कन्धे पर हाथ रखा।

''देखो बेटा, तुमसे कुछ कहने आया हूँ। तुम्हारे पिता का मेरे पास एक पत्र आया है। अब तुमसे क्या छिपाऊँ, मैंने ही उन्हें एक पत्र लिखा था कि उन्हें यदि आपत्ति न हो तो उनके इस अनमोल हीरे को मैं चुराकर गाँठ में बाँध लूँ।''

फिर अपनी रसिकता से वे स्वयं ही हो-हो कर हँस उठे—तरुण इंजीनियर का हृदय धक-धक करने लगा।

''मेरी दो पुत्रियाँ हैं, तृप्ति और दीप्ति। तुम आज जा रहे हो, तुम्हारी चाची ने आज कुछ लोगों को चाय पर बुला लिया है। उसी घरेलू चाय-पानी के बीच आज शुभ उत्सव का श्रीगणेश कर लेंगे। यह अँगूठी भी तुम्हारे पिता ने भेज दी है जिसे चाहो, आज अँगूठी तुम्हें पहनानी ही होगी। अच्छा, तैयार तो हो गए हो, चलो ड्राइंगरूम में ही बैठें।''

प्रायः घसीटकर ही तिवारीजी उसे ले गए, फिर पलक मारते ही सब कुछ हो गया। श्री और श्रीमती फुरशेदजी टाटा थे, विशाल देह को चमकती शेरवानी की परिधि में घेरे गोयनका थे, और भी ना जाने कितने लोग बड़ी उत्सुकता से उसे देख रहे थे। दोनों बहनें सिर झुकाए एक ही सोफे पर बैठी थीं। बीच में साँस रोके चाची थीं, जैसे उन्हें भय हो रहा था कि कहीं उनके बोलने से भी उनकी पुत्रियों के आधुनिक स्वयंवर की मौलिकता नष्ट न हो जाए।

एक बार विवश दृष्टि से गिरीश ने देखा, दमयन्ती के स्वयंवर में खड़े देवताओं की छलना से भी अधिक दुरूह, यह कैसी भयंकर छलना थी! कितना पागल था वह, तिवारीजी से समय भी माँग सकता था, चाची से कह तो सकता था कि वह तिप्पी को स्वयं ही अँगूठी पहना दें; किन्तु कहते हैं कि मनुष्य के जन्म से पूर्व ही उसके जन्म-मरण और विवाह का लेखा बन जाता है। दुर्भाग्य से गिरीश के जीवन के लेखे में भूल से दिप्पी का ही नाम लिख गया था। न जाने कब उसने एक अँगूठी पहना दी।

''कहती थी न मैं आपसे!'' इतनी देर तक चाची की वाणी का बँधा संयम टूट गया। ''ब्याह मेरी दिप्पी का ही होगा, तिप्पी तो मेरी विलायत जाएगी पढ़ने।''

गिरीश स्तब्ध होकर बैठा ही रहा। सदा उसे देखते ही गुलाबी पड़ जाने वाला चेहरा एकदम सफेद था। लोग उसे बधाइयाँ दे रहे थे, फ्लैश के कैमरे फटाफट तसवीरें खींच रहे थे, किन्तु

उसे उस साँझ की याद आ रही थी, जब सहसा यौवन की आनन्दमयी तरंगों से उसका तरुण हृदय क्षण-भर को आन्दोलित हो उठा और कमरे के अस्पष्ट आलोक में भी उसने एक सलोने चेहरे के तिल को पहचान लिया था—आज विधाता ने वही पहचान छीनकर उससे यह कैसा परिहास कर डाला!

तीसरे ही महीने, बड़ी धूमधाम से उसका विवाह हुआ। बंगाल की शहनाई की करुण गूँज और विदा के गीतों के उदास थपेड़ों के तले 'तिवारी-मैंशन' सिसकियाँ ले रहा था। नई दुल्हन अपने आठों जीजा और जीजियों की जोड़ियों से विदा ले चुकी थी।

"हाय, मेरी तिप्पी कहाँ गई, चार दिन से बिना खाए-पिए पड़ी है।"

तिवारीजी की पत्नी का स्वर आया—"जन्म से भी तो बहनें कभी नहीं बिछुड़ीं।"

गिरीश का समस्त उल्लास कपूर-सा उड़ गया। उसकी आँखें द्वार पर ही लगी रहीं। अचानक पैरों की आहट से उसने चौंककर देखा। सूजी आँखें और उलझी-बिखेरी लटें बिखरे, तिप्पी न जाने कब बहन के पास आकर खड़ी हो गई थी।

"अरे, यह माथे पर घाव कैसे हो गया?" गिरीश ने देखते ही कहा।

सचमुच भव्य ललाट की निर्दोष गढ़न में, एक तिरछे घाव का निशान था।

"पिछले महीने रिक्शा से गिर गई थी मरी, तिल गया तो भगवान ने दूसरी पहचान बना दी। अब इस पहचान का क्या होगा, एक तो जा रही है।"

कहकर तिवारीजी की पत्नी विदा होती कन्या को देखकर फिर सिसकने लगीं। सब सिसक रहे थे। केवल तिप्पी ही प्रस्तर मूर्ति-सी अचल खड़ी थी। काश यह घाव पहले बना होता, सोच रहा था गिरीश! अलौकिक तेज और सौन्दर्य की कान्ति से दीप्त, तिप्पी ने एक बार भी दृष्टि नहीं उठाई, बोझिल, रेशमी पलकों की चिलमन उठाकर गिरीश देख नहीं सका—न जाने उन बड़ी-बड़ी आँखों में उपालम्भ था या क्षमा!

सती

गाड़ी ठसाठस भरी थी, स्टेशन पर तीर्थयात्रियों का उफान-सा उमड़ रहा था। एक तो माघ की पुण्यतिथि में अर्थ-कुम्भी का मेला, उस पर प्रयाग का स्टेशन। मैंने रिज़र्वेशन स्लिप में अपना नाम ढूँढ़ा और बड़ी तसल्ली से अन्य तीन नामों की सूची देखी। चलिए तीनों महिलाएँ ही थीं, पुरुष सहयात्रियों के नासिका-गर्जन से तो छुट्टी मिली। दो महिलाएँ आ चुकी थीं, एक जैसाकि मैंने नाम से ही अनुमान लगा लिया था, महाराष्ट्री थीं और दूसरी पंजाबी। तीसरी मैं थी और चौथी अभी आई नहीं थीं। मैं एक ही दिन के लिए बाहर जा रही थी, इसी से एक छोटा बटुआ ही साथ में था। आसपास बिखरे, दोनों महिलाओं के भारी-भरकम सूटकेस, स्टील के बक्स और मेरुपर्वत-से ऊँचे ठसे-कसे होल्डाल देखकर मैंने अपने को बहुत हल्का-फुल्का अनुभव किया। वैसे भी मैं सोचती हूँ, बक्स-होल्डालहीन यात्रा में जो सुख है, वह अन्य किसी में नहीं। चटपट चढ़े और खटपट उतर गए। न कुलियों की हथेली पर धरे द्रव्य को अवज्ञापूर्ण दृष्टि से देखकर 'ये क्या दे रही हैं साहब' सुनने का भय, न सहयात्रियों के उपालम्भ की चिन्ता! मेरे साथ की महाराष्ट्री महिला ने अपने बृहदाकार स्टील के बक्स एक के ऊपर एक चुनकर पिरामिड-से सजा दिए थे, लगता था वे प्रत्येक वस्तु के लिए स्थान और प्रत्येक स्थान के लिए वस्तु की उपादेयता में विश्वास रखती थीं। वे स्वयं, बड़ी तल्लीन थीं। दूसरी पंजाबी महिला के पास एक सूटकेस, टोकरी और बिस्तरा ही था, पर तीनों बेतरतीबी से बिखड़े पड़े थे। उनका एक सुराहीदान, जिसकी एक टाँग, अधिकांश सुराहीदानों की भाँति कुछ छोटी थी, बार-बार लुढ़ककर उनको परेशान किए जा रहा था। वे बेचारी चश्मा उतारकर रखतीं, हाथ की जासूसी अंग्रेज़ी पुस्तक, जिसे पढ़ने में उन्हें पर्याप्त रस आ रहा था, औंधी कर बर्थ पर टिकातीं, झुंझलाकर सुराहीदान ठिकाने से लगाकर जैसे ही हाथ की पुस्तक में रस की डुबकी लगातीं कि सुराहीदान फिर लुढ़क जाता। मुझे उनकी उलझन देखकर बड़ी हँसी आ रही थी। वैसे मैं उनकी परेशानी काफी हद तक दूर कर सकती थी, क्योंकि सुराहीदान मेरे पास ही धरा था। मैं उसकी लँगड़ी टाँग को अपनी बर्थ से टिकाकर लुढ़कने से रोक सकती थी। पर सुराही को ऐसी बेतुकी काठ की सवारी में साथ लेकर चलनेवालों से मुझे कभी सहानुभूति नहीं रहती। पंजाबी महिला सम्भवतः किसी मीटिंग में भाग लेने जा रही थीं, क्योंकि उनके साथ एक मोटी-सी फाइल भी चल रही थी, जिसे खोल वे बीच-बीच में हिल-हिलकर कुछ आँकड़ों को पहाड़ों की भाँति रटने लगतीं, और फिर बन्द कर उपन्यास पढ़ने लगतीं। उनकी सलवार, कमीज, दुपट्टा, यहाँ तक कि रूमाल भी खद्दर का था और शायद उसी के संघर्ष से उनकी लाल नाक का सिरा और भी अबीरी लग रहा था। उनके चेहरे पर रौब था, किन्तु लावण्य नहीं। रंग गोरा था, किन्तु खाल में हाथ की बुनी खादी का-सा ही खुरदरापन था। ठुड्डी पर एक बड़े-से तिल पर दो-तीन

लम्बे बाल लटक रहे थे, जिन्हें वे अँगुली में लपेटती छल्ले-सा घुमा रही थीं। या वे प्रौढ़ा कुमारी थीं, या फिर विधवा, क्योंकि चेहरे पर एक अजीब रीतापन था, जीवन के उल्लास की एक-आध रेखा मुझे ढूँढ़ने से भी नहीं मिली। जासूसी पुस्तक को थामने वाले उनके हाथों की बनावट मर्दानी और पकड़ मज़बूत थी। ये वे हाथ नहीं हो सकते, मैं मन में सोच रही थी, जो बच्चों को मीठी लोरी की थपकनें देकर सुलाते हैं, पति की कमीज़ में बटन टाँकते हैं या चिमटा-सँड़सी पकड़ते हैं। ये वे हाथ नहीं हैं जिनकी हस्तरेखाओं को उनकी कमरेखाएँ धूल-कालिख की दरारों से मलिन कर देती हैं।

मेरा अनुमान ठीक था, स्वयं ही उन्होंने अपना परिचय दे दिया। वे पंजाब के एक विस्थापित स्त्रियों के लिए बनाए गए आश्रम की संचालिका थीं। हाल ही में विदेश से लौटी थीं और लखनऊ की किसी समाज-कल्याण गोष्ठी में भाग लेने जा रही थीं। समाज-सेविकाओं में उनका नाम अग्रणी था।

महाराष्ट्री महिला के परिचय का कोई प्रश्न ही नहीं उठता था। उस स्वल्पभाषिणी सुन्दरी प्रौढ़ा ने हममें से किसी को भी, मैत्री का हाथ बढ़ाकर प्रोत्साहित नहीं किया। हाथ की मराठी पत्रिका को पढ़ती वे कभी स्वयं ही मुस्कराती जा रही थीं और कभी गहरी उदासी से गर्दन मोड़ ले रही थीं। स्पष्ट था कि किसी कुशल मराठी कथा-लेखक की सिद्ध कलम का जादू उन्हें कठपुतली-सा नचा रहा था। वे हमारे डिब्बे में होकर भी नहीं थीं। उनके गोरे रंग पर उनकी लाल शोलापुरी साड़ी लपटें-सी मार रही थी। गोल परिपाटी से बाँधा गया जूड़ा, एड़ी-चुम्बी केशराशि के मूलधन का परिचय दे रहा था। कानों में सात मोतियों के वर्तुलाकर कर्णफूल थे और गले में था दुहरी लड़ का मंगलसूत्र, जिसे वे अभ्यासवश बार-बार दाँतों में दबा ले रही थीं। उनके सामान पर, सम्भवतः उनके पति के नाम का लेबल लगा था—मेजर जनरल वनोलकर, और वे वास्तव में थीं भी मेजर जनरल की ही पत्नी होने के योग्य। पूरे चेहरे में, दोनों आँखें ही सबसे ज्वलन्त आभूषण थीं। वे कुछ भी नहीं बोल रही थीं, पर वे बड़ी-बड़ी आँखें निरन्तर हँसती-मुस्कराती, परिचय देतीं, मज़ाक उड़ाती जा रही थीं। कभी वे मुझे देखतीं, कभी उस पंजाबी महिला को, पर आँखें चार होते ही बड़ी अवज्ञा से दृष्टि फेर, मंगलसूत्र दाँतों में दबा पत्रिका पढ़ने लगतीं।

गाड़ी ने सीटी दी और ठीक इसी समय, हमारे साथ की चौथी महिला ने डिब्बे में प्रवेश किया। गाड़ी मानो उन्हीं के लिए रुकी थी, डाँट-डपट की फुफकारें छोड़ती गाड़ी चली और उसी धक्के के साथ वे महिला, फद्द से सीट पर लुढ़क पड़ीं। उनके हाथ में बेंत की बनी एक छोटी-सी टोकरी थी और काँख में चौकोर बटुआ दबा था। "ओफ़! लगता था गाड़ी छूट ही जाएगी। बाप रे बाप, कैसी दौड़ लगानी पड़ी!" मैं उन्हें देखती ही रह गई, समाज-सेविका ने जासूसी उपन्यास बन्द कर दिया, मराठी मोनालिसा ने चश्मा उतारकर हाथ में लिया और बैठ गई।

हम तीनों की ही दृष्टि उस चौथी पर आबद्ध हो गई। दोष हमारा नहीं था, वह चीज़ ही देखने लायक थी।

हमारा घूरना उन्होंने भाँप लिया था, "केम बेन, बहुत लम्बी हूँ न मैं।" वह हँसी, "छह फीट साढ़े दस इंच टु बी एक्ज़ैक्ट, शायद भारत की सबसे लम्बी नारी! चलिए, यह अच्छा है कि इस डब्बे में आज हम चारों महिलाएँ ही हैं, नहीं तो मुए पुरुष भी मुझे घूरते।" फिर वे दनादन हमारा इंटरव्यू लेने लगीं। पहला प्रहार मुझ पर ही हुआ। समाज-सेविका ने ठक-ठक कर दो-तीन रूखे उत्तरों के चाँटे धर दिए।

महाराष्ट्री महिला ने 'हिन्दी नहीं जानता' कह पीठ फेर ली, तो उस महिला ने त्रुटिहीन अंग्रेज़ी का धाराप्रवाह भाषण झाड़ दिया, "मुझे मदालसा कहते हैं, मदालसा सिंघाड़िया। कल ही प्रिटोरिया से आई हूँ, अपने पति की मृत देह लेने।" मैं चौंक गई। समाज-सेविका ने अपने रूखे व्यवहार पर लज्जित होकर, चट आगे बढ़ उसके दोनों हाथ थाम लिये, "अरे राम-राम कोई दुर्घटना हो गई थी क्या?" उन्होंने बड़े दर्द से पूछा।

मदालसा की वेशभूषा में सद्यःवैधव्य का कहीं कोई चिह्न नहीं था। वे लम्बी होने पर भी पठानिन-से गठे-कसे शरीर की लावण्यमयी गतयौवना थीं। उनके बाल किसी दामी सैलून में कटे-सँवरे लग रहे थे। अपनी धानी रेशमी साड़ी को वे हाफ-पैंट की भाँति ऊपर चढ़ा, दोनों पैरों की पालथी मार, आराम से जम गईं।

"असल में पिछले वर्ष, एक पर्वतारोही दल के साथ मेरे पति भारत आए थे, वहीं एक एवलैंश (तूफान) के नीचे दबकर उनकी मृत्यु हो गई।"

"च्च च्च च्च, तो क्या मृत देह अब मिली?" मैंने पूछा।

"हाँ, भारत सरकार ने मुझे सूचित किया, तो भागती आई। बर्फ में दबी देह, सुना ज्यों की ज्यों मिली है। मेरे बुने स्वेटर का, जिसे उन्होंने पहना था, एक फन्दा भी नहीं टूटा।"

मृत पति की स्मृति ने उन्हें भाव-विभोर कर दिया। बटुए से मर्दाना रूमाल निकाल, वे कभी आँखें पोंछने लगीं, कभी अपनी सूर्पनखा-सी लम्बी नाक। बेचारी करती भी क्या! कोई भी ज़नाना रूमाल उस नाक का अस्तित्व नहीं सँभाल सकता था।

अचानक हम तीनों को, बेचारी मदालसा का एक वर्ष पुराना वैधव्य, एकदम ताज़ा लगने लगा।

"तो क्या अब आप अपने 'हसबेंड' का 'डैड बॉडी' लेकर प्रिटोरिया 'फ्लाई' करेगा? महाराष्ट्री ने पूछा।

"नहीं, बेन!" मदालसा सीट पर लेट गईं, तो लगा एक लम्बे खजूर का कटा पेड़ ढह गया।

एक लम्बी साँस खींचकर उन्होंने, कहा, "मैं असल में सती होने भारत आई हूँ!" हम तीनों को एकसाथ अपने इस उत्तर का क्लोरोफार्म सुँघा, सती ने एकदम आँखें मूँद लीं, जैसे वह चाह रही थीं कि अब हम उन्हें शान्ति से पड़ी रहने दें।

ऐसा भी भला किसी ने सुना था इस युग में! सुस्पष्ट उच्चारण में अंग्रेज़ी बोलने वाली, छह फीट साढ़े दस इंच की यह काया, कल बर्फ में दबी पति की एक साल बासी लाश को छाती से लगा, जल-भुनकर राख हो जाएगी।

"नहीं, आपको ऐसी मूर्खता करने का कोई अधिकार नहीं है। यह एक अपराध है, क्या आप यह नहीं जानतीं?" खादीधारी महिला उठकर मदालसा के सिरहाने बैठीं, ऐसे गम्भीर भाषण की गोलाबारी झाड़ने लगीं, जैसे चिता सचमुच प्रज्वलित हो चुकी है और सती लपटों में कूदने को तत्पर है। "भावावेश के दुर्बल क्षणों में नारी कभी बड़ा बचपना कर बैठती है, इसका मुझे व्यापक अनुभव है। अभी हाल में ही मेरे आश्रम की दो युवतियाँ ऐसी मूर्खता कर बैठीं। मुझे ही देखिए, भारत-विभाजन के समय मेरे पति की हत्या कर दी गई, पर मैं क्या सती हो गई? सिली सेंटिमेंट! यदि मैं भी उस दिन आपकी भाँति सती हो जाती तो आज यह देह दीन-दुखियों के काम आ सकती थी? पहले मॉडल जेल की अध्यक्षा रही और अब गिरी बहनों के आश्रम की देख-रेख करती हूँ।"

"ना, बेन, ना।" मदालसा ने करवट बदली, "मैं तो सती होने ही भारत आई हूँ। हाय मेरा नीलरतन, नीलू डार्लिंग!" कह वह फिर मर्दाने रूमाल में मुँह छिपाकर सिसकने लगीं।

"आप चाहें तो मैं आपके साथ चल सकती हूँ, आपके पति के अन्तिम संस्कार में सहायता कर आपको अपने आश्रम में ले चलूँगी।" समाज-सेविका ने अपने उदार प्रस्ताव का चुग्गा डालकर मदालसा को रिझाने की चेष्टा की।

मदालसा बड़ी उदासी से हँसीं, "धन्यवाद बेन, पर ब्रह्म भी अब मुझे अपने निश्चय से नहीं डिगा सकते। यह रोग हमारे खानदान में चला आया है। मेरी परनानी तो राजा राममोहन राय और सर विलियम बेंटिक को भी घिस्सा देकर सती हो गई थीं। और नानीजी के लिए तो लोग कहते हैं कि नानाजी की मृत देह गोद में लेकर चिता में बैठते ही, स्वयं चिता धू-धू कर जल उठी थी। फिर मेरी माँ और अब मैं।...

"खैर, हटाइए भी, पता नहीं किस धुन में आकर आप लोगों से कह गई। 'आई शुड नाट हैव टोल्ड यू' (मुझे आपसे नहीं कहना चाहिए था)। चलिए, हाथ-मुँह धोकर खाना खा लिया जाए। क्यों, क्या खयाल है?" उन्होंने अपनी कदली स्तम्भ-सी जंघाओं पर दोनों हाथों से त्रिताल का टुकड़ा-सा बजाया।

हम तीनों को एक बार फिर आश्चर्य-उदधि में गोता लगाने को छोड़, वे टोकरी से एक स्वच्छ तौलिया, साबुन निकाल गुसलखाने में घुस गईं।

उनके जाते ही हम तीनों परम मैत्री की एक डोर में गुँथ गए।

"अजीब औरत है! क्या आप सोचती हैं यह सचमुच सती होने जा रही है?" मैंने मराठी महिला से पूछा।

"देखिए, मरनेवाला कभी ढिंढोरा पीटकर नहीं मरता।" वह हँसकर बोलीं, "हमको तो इसका स्क्रू ढीला लगता है," उन्होंने अपने माथे की ओर अँगुली घुमाई, "इस जमाने में ऐसे सती-फती कोई नहीं होती।"

"क्षमा कीजिएगा," खादीधारी महिला बड़ी गम्भीरता से बोलीं, "मुझे औरतों का अनुभव आप दोनों से अधिक है। मैं ऐसी भावुक प्रकृति की भोली औरतों को चेहरा देखते ही पहचान लेती हूँ। आँखें नहीं देखीं आपने? कितनी निष्पाप, पवित्र और उदार हैं। मुझे पक्का विश्वास है कि पति की मृत देह देखते ही यह वही मूर्खता कर बैठेगी जिसका यह खुलेआम ऐलान कर रही है। लगता है अपना प्रोग्राम कैंसिल कर, इसके साथ जाकर पुलिस को खबर देनी होगी। तभी इसे बचाया जा सकता है।"

इतने ही में मदालसा, हाथ-मुँह धोकर ताज़ा चेहरा लिए आ गईं। मेलगाड़ी वन, ग्राम, नदी, नाले, पुल कूदती-फाँदती सर्राटे से भागी जा रही थी। मदालसा ने अपनी टोकरी खोलकर नाश्ता निकाल लिया। जैसे खरबूजे को देखकर खरबूजा रंग पकड़ता है, ऐसे ही एक यात्री को खाते देख दूसरे सहयात्री को भी भूख लग आती है। क्षण-भर में सतीप्रथा पर चल रही बहस, कपूर के धुँए की भाँति उड़ गई और चटाचट नाश्तेदान खुलने लगे।

"आइए न, एक साथ बैठकर खाया जाए।" मदालसा ने कहा और बड़े यत्न से, स्वच्छ नैपकिन बिछा, छोटे-छोटे स्टील के कटोरदान सजाने लगीं।

"धन्यवाद!" मैंने कहा, "पर हमारे साथ भी तो खाना है, इसे कौन खाएगा?"

"वाह जी वाह, उसे हम खाएँगी, ईश्वर ने यह छह फीट साढ़े दस इंच दुर्ग आखिर बनाया किसलिए है?" उनकी भुवनमोहिनी हँसी ने हमें पराजित कर दिया। वैसे भी हम तीनों ने,

एक-दूसरी को, काक-दृष्टि से, सती के घृत-पकवान्न को, आँखों में घूरते-चखते पकड़ भी लिया था। सुनहरी मोमनदार कचौड़ियाँ थीं, मसालों की गहरी पर्त में डूबी सब्जियाँ थीं, रायता था, चटनी थी—और थे ठाँस-ठाँसकर बाँधे गए, मेवा-जड़े बूँदी के लड्डू! "यह तो सफर का खाना नहीं, अच्छा-खासा विवाह-भोज है," समाज-सेविका की आँखों से लार टपक रही थी, "बड़ा हैवी खाना लेकर चली हैं आप!" उन्होंने कहा और कचौड़ियों पर टूट पड़ीं।

हम तीनों के पास, भारतीय रेल-यात्रियों के साथ युग-युगान्तर से चली आ रही वही पूरी-तरकारी और आम के अचार की फाँकें थीं। अपना खाना खाया ही किसने! मदालसा के स्वादिष्ट भोजन को चटखारे ले-लेकर हम तीनों से साफ कर दिया, उधर वे अकेली ही हम तीनों के नाश्तेदानों को जीभ से चाट गई थीं। विधाता ने सचमुच ही उनके शरीर के दुर्ग में असीम गोलाबारूद भरने के लिए, अनेक कोष्ठ-प्रकोष्ठों की रचना की थी। महातृप्ति के कई तार और मन्द्र सप्तक के डकार लेकर, हाथ-मुँह धो, मदालसा ने टोकरी में से एक मस्जिद के गुम्बद की आकार का पानदान निकाला।

"यह मेरे नीलू ने मुझे बगदाद से लाकर भेंट किया था। उसे पान बेहद पसन्द थे, इसी से एक ढोली मघई पान और यह पानदान लेकर कल चिता में उतरूँगी।" एक शहीदाना अदा से, हम तीनों को घायल कर उन्होंने केवड़ा, इलायची और मैनपुरी सुपारी से ठसा बीड़ा थमाया।

सती-प्रथा पर फिर ज़ोरदार बहस छिड़ गई—"हाय, मेरे अन्तिम सफर की प्यारी साथिनों, तुम अब हमें नहीं रोक सकतीं," मदालसा लेट गईं और बड़ी सधी आवाज़ में गाने लगीं, 'न जांण्यूँ जानकी नाथे, सवारे शूँ थवानूँ छे' समझीं इसका अर्थ? उन्होंने हँसकर मुझसे पूछा, "जानकीनाथ भी यह नहीं जान सकते थे कि सुबह क्या होगा।"

अब मुझे लगता है, उस गुजराती पद की व्याख्या उन्होंने सम्भवतः हमारे ही हित में की थी! "चलो जी, अब सो जाओ सब, आज इस पृथ्वी पर मेरी यह अन्तिम निन्द्रा है बेन, बहस व्यर्थ है। चलो गुडनाइट और बहुत प्यारे-प्यारे सपने दिखें तुम तीनों को।" सचमुच ही उसकी शुभकामनाओं ने जादू का असर किया। ऐसी नींद तो पहले कभी आई ही नहीं थी। और सपने?

कभी लगता—जगमगाते आभूषणों के ढेर में गोते खा रही हूँ, हीरे के हारों से गर्दन टूटी जा रही है, बाजूबन्द-अँगूठियों के भार से हड्डियाँ खिसकी जा रही हैं। और साड़ियाँ? क्या-क्या रंग है, कैसा चिकना रेशम! साड़ियों के विशाल उदधि में रंगीन कीमती साड़ियों की तरंगें रह-रहकर उठ रही हैं। इससे प्यारे सपने और क्या दीख सकते थे? पर सपनों का अन्त भी समुद्र के ज्वार-भाटे की ही भाँति हुआ—वास्तविकता की अन्तिम तरंग ने पटाक से हम तीनों को धोबी-पछाड़ दी, आँखें खोलीं तो सती गायब थी।

"हाय, मेरा स्टील का बक्स!" मिसेज़ वनोलकर बर्थ से उतरते ही लड़खड़ा गईं, "उसमें तो मेरे विवाह का जड़ाऊ सेट था। लगता है वह सती की बच्ची हमें कुछ विष खिला गई। सिर फटा जा रहा है।" उनका गला भर्रा गया। हाँ, ठीक ही तो कह रही थीं, मुझे कोई जैसे सावन की झूले की ऊँची-ऊँची पेंगें दे रहा था, पूरा डिब्बा गोल-गोल घूम रहा था। पंखे के चारों ओर बल्ब, बल्ब के चारों ओर छत और छत के इर्द-गिर्द कई रेशमी साड़ियाँ और भारी-भारी आभूषण पहने स्वयं मैं लट्टू-सी घूम रही थी। कभी जी में आ रहा था ज़ोर-ज़ोर से हँसूँ, कभी दहाड़ें मारकर रोने को तड़प रही थी। बहुत पहले एक बार भाभी ने भंग खिलाकर ऐसी ही अवस्था कर दी थी।

सुना गया है कुकुरमुत्तों को पीसकर बनाया गया विष भी ऐसे ही मीठे सपने दिखाता है। उनको खाते ही गहरी नींद आ जाती है, जो कभी-कभी दिनों तक नहीं टूटती।

मीठे सपने दिखा, सजग मनुष्य को अर्द्धविक्षिप्त-सा कर देने वाला अवश्य वही विष होगा। समाज-सेविका दोनों हाथों से सिर थामे बिलख रही थीं, "हाय, मैं तो लुट गई! मेरे सूटकेस में आश्रम का दस हज़ार रुपया था।"

और मैं? सहसा गोल-गोल घूमते रेल के डिब्बों में गोल घूमते मेरे दिमाग ने मुझे सूचित किया, "तुम्हारा बटुआ ले गई है, बटुआ!"

और ले भी क्या जाती! सामान तो कुछ था नहीं, पचपन रुपये और एक फर्स्ट क्लास का वापसी टिकट! सती की चिता में, मैं यही सामान्य-सी घृताहुति दे पाई। चेन खींचकर गाड़ी रोकी गई, सचमुच ही समाज-सेविका को पुलिस को खबर देनी पड़ी, पर सती को बचाने नहीं, पकड़वाने के लिए। वह मिल जाती तो शायद हम तीनों स्वयं उसकी चिता चुनकर उसे झोंक देतीं। पर कहना व्यर्थ है, आज तक पुलिस उस सती मैया के फूल नहीं चुन पाई!

मौसी

लालकुआँ के स्टेशन से, धूमिल पर्वत-श्रेणियों का बिखरा वैभव देखकर मिसेज़ बेदी की आँखें सहसा भर आईं। कितनी प्यारी लग रही थीं वे पहाड़ों की ऊँची-ऊँची चोटियाँ! इन्हीं को देखने वे पूरे पन्द्रह वर्षों से तड़प रही थीं। फक-फक धुआँ छोड़ती दो-दो इंजन जुड़ी रेल उन्हें नैनीताल के जितना ही निकट ला रही थी, उतने ही वेग से उनका कलेजा धक-धक किए जा रहा था। क्या पता, कक्का उसी दिन की तरह चोटी पकड़कर कमरे में पटक दें। पर अब बेचारी चोटी ही कहाँ थी? अपने फर्स्ट-क्लास के कूपे में अकेली ही थीं वे, इसी से ज़ोर से हँस पड़ीं। चटपट उन्होंने कलाई में बँधी घड़ी में समय देखा। ओफ, हलद्वानी आता ही होगा—आईना निकालकर अपने चेहरे पर स्वयं ही तरस आ गया। रास्ते की थकान से पीला-सा चेहरा ज़रा-सा निकल आया था। फेदरकट कटे बालों की रूखी अलकें हवा में उड़कर इधर-उधर बिखर गई थीं। उन्होंने बालों को ब्रुश से सँवारा, सूखे होंठों पर लिपस्टिक फेरा और बिस्तर लपेटने लगीं। असाधारण व्यक्तित्व था मिसेज़ मनमोहन बेदी का। आर्मी क्लब के मेजर जनरल दामले ने उनको नाम दिया था—सोफिया लौरीन। उनका रंग गेहुँआ था किन्तु आँखें थीं गहरी नीली, जिनके लम्बे घने पक्ष्म झुक-झुककर स्वयं ही ऊपर को उठ गए थे। उनके सदा हल्के-से खुले रहने वाले अधरपुटों से झाँकती उनकी अनारदाने-सी दन्तपंक्ति, उनके पतले से चेहरे के पीलेपन को और भी उभार देती। इधर उनकी अवस्था ने उनके सौन्दर्य को और भी अलस बना दिया था। लेडी डॉक्टर ने उन्हें चलते समय बुरी तरह सहमाया था, "हद है मिसेज़ बेदी, इस हालत में इतनी दूर का सफर! कभी भी आपको दर्द उठ सकते हैं। कहाँ फीरोज़पुर और कहाँ नैनीताल!" पर मिसेज़ बेदी सिगरेट का कश खींचती, मुस्कराती रहीं और उसी शाम अपने भारी-भारी दो सूटकेसों में कपड़े ठूँसकर पहाड़ के लिए चल दी थीं।

चलते समय वे न सास से मिल पाईं, न ससुर से। मिलकर करतीं भी क्या! सास ब्रिज खेलने क्लब गई थीं और ससुर कहीं कॉकटेल पार्टी में थे। उनके ससुराल की हवेली एक बहुत बड़ी सराय ही तो थी, कब कौन आया और कब कौन गया, किसी को पता नहीं रहता। इसी से मिसेज़ बेदी ऐसी अवस्था में भी भागकर निकल आई थीं, जिससे उनकी चौथी सन्तान पर उनके श्वसुर-कुल के पाप की छाया न पड़ पाए। गर्व से मस्तक उठाए हिमालय का साया, उनके अजन्मे शिशु को चूम ले, देवदार और मन्दार के घनद्रुमों की छाया उनके दग्ध हृदय को शन्ति दे। काठगोदाम से वे नैनीताल की बस में बैठीं तो उन्होंने क्लान्त आँखें मूँद लीं। जी में आने लगा कि ताली बजा-बजाकर बच्चों की तरह गाने लगें। बस टूरिस्ट पारसी और बंगालियों से भरी थी, सब पहाड़ देखने एक दूसरे पर गिरे पड़ रहे थे; किन्तु मिसेज़ बेदी दोनों हाथ गोदी में धरे मुग्ध दृष्टि से एक-एक गिरि-शिखर की सुषमा को आँखों ही आँखों में पी रही थीं।

एक-एक मोड़ और घुरनी उनकी स्मृति की तहें खोले जा रही थी, नैनीताल आया तो वे चौंक गईं। अस्पताल पहुँचकर उन्होंने सामान लगाया और बरामदे में कुर्सी लगाकर बैठ गईं।

मई का महीना था, नैनीताल अपने पूर्ण यौवन पर था। संध्या होते ही असंख्य डोंगियाँ ताल के शुभ्र नीलाभ जल में तैरने लगीं और जूही-बेला के गजरों की गमक से नैनीताल के ओर-छोर सुवासित हो उठे। मिसेज़ वेदी को लगा कि ताल की ठंडी हवा ने उनके समग्र रोग-शोक क्षण-भर में ही हर लिये थे। एक बार भी उन्हें खाँसी का दौरा नहीं पड़ा—वही खाँसी, जिसे सैनेटोरियम की हवा और दवा भी ठीक नहीं कर पाई थी। ठीक भी कैसे होती, मन का चैन उन्हें था ही कहाँ! मर्द मरीज़ों का पूरा झुंड ही उनके पीछे हाथ धोकर पड़ गया था, यहाँ तक कि स्वयं तरुण डाक्टरों का दल भी बटन होल में पैंजी लगाकर उनके इर्द-गिर्द भौंरों सा मँडराने लगा था। दोष उन बेचारों का नहीं, उनके अनोखे व्यक्तित्व का था। उनके जिस सत्यानाशी आकर्षण ने उनका घर-द्वार छुड़ा दिया था, उसी ने सैनेटोरियम भी छुड़वा दिया। घर लौटीं तो बिग्रेडियर बेदी छुट्टियों में घर आए थे। मिसेज़ बेदी उसके आलिंगन के बन्धन के जाल में फँसी मृगी-सी छटपटा उठी थीं, गलित कुष्ठ से सड़ा कोढ़ी भी उन्हें अपने बाहुपाश में बाँध लेता तो शायद इतना नहीं सिहरतीं। ब्रिगेडियर बेदी साढ़े छः फुटा सरदार था। उसका चेहरा अजब चतुष्कोण के आकार का था, उसके खाकी साफे की पटियाला कलगी की एक-एक भाँज पत्थर की मूर्ति पर तराशी-सी उभरी रहती। काली दाढ़ी और मूँछों पर वह न जाने क्या-क्या प्रसाधन लगाकर वार्निश-सी चमक दिए रहता। दाढ़ी के एक-एक बाल को काले रेशमी तागे से बाँधकर वह अपनी फौजी टुकड़ी के सिपाहियों की तरह ही अनुशासन में रखता, मजाल है कि एक भी बाल इधर से उधर हो जाए! तुर्रम मूँछें ऊपर को उठाकर पतली होते-होते सिगरेट के धुएँ-सी गालों के सीमान्त तक पहुँचकर खो जातीं। दोनों कदमों को एक-दूसरे से सटाकर वह सदा एक आला फौजी अफसर की दर्शनीय चाल चलता। ब्रिगेडियर के चेहरे की एक-एक रेखा निर्मम और क्रूर थी। पिछले दो वर्षों से सरकार ने उसे नागा विद्रोहियों के दमन के लिए कहीं सीमान्त पर भेज दिया था। उसके पहले दो ब्रिगेडियरों के नरमुंडों की माला नागा सरदार पहन चुका था। "अब मेरी बारी है।" ब्रिगेडियर मिसेज़ बेदी से कहता और उनका हृदय तनिक भी आतंकित नहीं होता। ब्रिगेडियर उनके दो-दो बेटों का बाप था, पर फिर भी पति को देखकर घृणा से उनका अंग-प्रत्यंग सिहर उठता। कभी इसी व्यक्ति के पीछे दीवानी होकर भूख, प्यास, मार, लाँछना सब भूल गई थी। आज कपूर की लौ की ही भाँति उसके प्रेम की लपट उड़ गई थी। वेदी सात दिन घर रहा था पर उनके कमरे में सोया केवल एक दिन, बाकी छः दिन उसने छः विभिन्न नारियों के संसर्ग में हँस-खेलकर गुज़ार दिए थे, जिनमें से एक उसकी अठारह वर्ष की नौकरानी भी थी। बेहया, बेशर्म!—वे क्रोध से दाँत पीसती रही थीं। यही बेदी था, जिसकी चिकनी-चुपड़ी बातों में उसने विवेक के दर्पण को चूर-चूर कर दिया था। कक्का ने चोटी पकड़कर कमरे में बन्द कर दिया था, सिसकती चाची ने आधी रात को चुपचाप ताला खोलकर उसे कितना समझाया था—"बेटी, शादी-ब्याह अपने ही समाज का ठीक होता है, खबरदार जो अपनी पसन्द की शादी की बात ज़बान पर लाई!" उसे समझा-बुझाकर काखी अपने कमरे में गई, तारो सो गई और वह रात के दो बजे किस दुःसाहस से निकल भागी! बेदी उसके लिए ग्रांड होटल में रुका था। विवेक भ्रष्ट होने में समय ही कितना लगता है! उसे लेकर वह फिरोज़पुर पहुँचा और तीसरे ही दिन बड़ी धूमधाम से विवाह भी हो गया। दो साल में उसके दो बेटे हो गए, दलजिन्दर और गजेन्दरसिंह बेदी! ससुराल के रंग-ढंग उसे विवाह के आठवें ही दिन नज़र आने लगे। सास

और ससुर दोनों पीकर धुत्त पड़े रहते, छोटी देवरानी घर के मुसलमान खानसामे के साथ पाकिस्तान भाग गई थी। आलीशान हवेली असंख्य नौकर और दासियों से भरी थी किन्तु उन पर कोई नियन्त्रण नहीं था। बेचारी मिसेज़ बेदी ओखली में सिर रख चुकी थीं। अब मूसल से डरकर कर भी क्या लेतीं! उन्हें अपने घर की याद आती, जहाँ नींद टूटती थी, काखी के शंख-घोष की पवित्र ध्वनि से। संध्या को स्पष्ट स्वरों में गायत्री जाप करते उनके कक्का रुद्रदत्त पन्त। और यहाँ नित्य सुबह होते ही बकरी के करुण क्रन्दन से उनके ससुराल की हवेली गूँज उठती। उनके ससुर सरदार दलजीत सिंह नित्य उठकर बकरे की ताजी कलेजी खाकर चाय पीते थे।

मिसेज़ बेदी का नाम था तिला, सुचिक्कन ठोड़ी पर विधाता ने एक काला-सा तिल धर दिया था, उसी से काखी ने तिला ही नाम धर दिया था। तिला के पिता काठमांडू में लकड़ी का व्यापार करते थे। लकड़ी के ठेकों ने उन्हें दो ही वर्षों में सम्पन्न बना दिया। एक ही पुत्री हुई थी। पत्नी को कुमाऊँ का राजरोग लग गया। मरते समय वह तीन माह की पुत्री को देवरानी की गोद में डाल गई। काखी की तारो उससे एक माह बड़ी थी। बड़े दुलार से काखी दोनों को पालने लगी। तिला के पिता ने किसी नेपालिन से विवाह कर लिया पर प्रत्येक माह वह पुत्री के नाम दो सौ रुपये भेजता। काखी सब रुपये बैंक में जमा करने लगी और जब तिला बड़ी हुई तो उन्होंने अंग्रेज़ी स्कूल में डाल दिया। तिला के कक्का जंगलात में हेड क्लर्क थे, इसी से तारो मिडिल पास कर घर का काम सीखने लगी, पर काखी की लाड़ली तिला नीले अंग्रेज़ी लिबास में जर्मन 'नन्स' के स्कूल में पढ़ने जाती। सोलह वर्ष में सीनियर कैम्ब्रिज पास कर तिला निकली तो काखी को उसके विवाह की चिन्ता हुई। कई रिश्ते आते, पर काखी को कोई पसन्द नहीं आता—"अरे जोशीजी का लड़का प्रमोद? वह भला क्या खाकर मेरी तिला को पालेगा? आखिर है तो स्कूली मास्टर ही, मेरी तिला को आई. सी. एस. मिलेगा।" पर कुमाऊँ में आई. सी. एस. तब हथिनी की सन्तान की भाँति ही दुर्लभ थे, एक-आध निकलते भी तो सनातनी कक्का के उच्च गोत्र-प्रवर की परीक्षा में चित हो जाते। तारो के विवाह का प्रसंग उठा और जो भी उसे देखने आता, तिला ही उसे बाँध लेती। तारो का रंग गोरा था, आँखें बड़ी-बड़ी और हँसी भुवनमोहिनी थी, पर तिला का सौन्दर्य साधारण होकर भी असाधारण था। वह राजहंसिनी-सी अपनी मरालग्रीवा को अनोखी अदा से उठाकर चलती और तारो को काखी ने केवल झुकना ही सिखाया था। तारो का विवाह हो गया, उसके पति एक्साइज़ इंस्पेक्टर थे। उनका कद छोटा और मूँछें छितरी-सी थीं, फिर भी चिकने-से चेहरे पर ऐसा सौजन्य था कि काखी ने एकदम छाँट लिया, वैसे आबकारी के इंस्पेक्टर ने बार-बार तृषित दृष्टि से तिला को देखा था, पर वह जानता था कि उस ऊँची सजी दूकान पर पहुँचने के लिए वह एक छोटा-सा बौना है। तारो ससुराल चली गई और तिला लखनऊ आई.टी. कालेज में पढ़ने लगी। काश, तारो की ही भाँति काखी ने उसे भी दुपट्टे से ढाँप-ढूँपकर ब्याह दिया होता! आई. टी. में ही उसे गुरुचरन कौर मिली और चन्दन के वृक्ष से सर्पिणी लिपट गई। गुरुचरण भी सीनियर करके आई थी। वह एक बहुत बड़े बाप की बेटी थी, उपहारों से तिला को लाद दिया और वहीं उसके भाई मनमोहन बेदी से उसका परिचय हुआ। कब परिचय ने प्रेम और प्रेम ने विवाह का रूप लिया, वह स्वयं ही नहीं जान पाई। इस प्रकार तिला धीरे-धीरे मिटकर मिसेज़ बेदी बन गई। वह भी बित्ते-भर के ब्लाउज़ पहन, छोटी-छोटी जीन्स से शरीर के उभार का नग्न प्रदर्शन करती पति के समाज में न जाने कब उतर गई। दोनों बेटे जन्मते ही आया को सौंप दिए गए, एक पठानिन आकर उन्हें दूध पिला जाती। तिला ने विरोध किया तो सास बिगड़ गई, "ऐ लो बहू,

हमारे खानदान की किस बहू ने बच्चे को दूध पिलाकर अपना जिस्म तबाह किया, जो तू करेगी! मुझे देख, मजाल है कोई तीस से ऊपर की बता दे!" और सिरहाने किसी बुलन्द-ठोस इमारत-सी खड़ी अपनी सास को देखकर वह सहम जाती। उनका मातृत्व उसकी छातियों में ही सिमटकर रह गया। गजेन्दर और दलजिन्दर, पठानिन का दूध पीकर, पूरे पठान बन गए। आठ वर्ष ही में उनकी धूर्तता का ओर-छोर नहीं मिलता। अलमस्त बछड़े-से वे जिधर चाहते, सींग मार देते। कभी गुलेल से सड़क की बत्ती का बल्ब चकनाचूर कर दिया, कभी राह चलते किसी राहगीर को लँगड़ी देकर गिरा दिया और कभी दादा के हाथ से सिगरेट छीनकर कश लगा लिये और दादा की मूँछें ऐंठ-ऐंठकर कहते, "ओय, शाबा, मेरे पुत्तर! ओय शाबा, मेरे बादशा!" न उन्हें माँ से लगाव था, न माँ को उनसे।

नैनीताल पहुँचकर मिसेज़ बेदी की पिछली ज़िन्दगी पर पर्दा-सा पड़ गया। ताल में एक सधी पंक्ति में तिरती बतखों को देखकर उनकी पिछली यादें ताज़ी हो गईं। तारो के साथ वे ताल की रेलिंग पकड़कर खड़ी हो जाती थीं और कैसे दोनों कंकड़ मारकर उन बतखों में भगदड़ मचा दिया करती थीं। वही ताल है और वही बतखें, वही तारो भी होती! अकेली ही मर गई। बेचारी तिला, जिसके नादान यौवन की क्षणिक भूल ने उसका एकदम ही गला घोंटकर रख दिया। अचानक तारो और काखी को देखने की तीव्र लालसा ने उसमें अदम्य साहस भर दिया। उसकी काखी की पावन गोद क्या किसी तीर्थ से कम थी? वहाँ पहुँचकर उसके सब पाप धुल जाएँगे। क्या पता उसकी अजन्मी सन्तान उसके प्राण ही ले ले और वह कभी काखी और तारो को देख ही न पाए! किन्तु कक्का, दुर्वासा के साक्षात अवतार। अपने कक्का के काल्पनिक क्रोध की लपटों में वह क्षण-भर को झुलस-सी उठी, पर फिर उसने अपना लम्बा कोट लिया और रिक्शा में बैठ गई। रिक्शा ने मल्ली ताल उतार दिया और वह थमककर खड़ी रह गई, फिर धीरे-धीरे चल दी। बड़े डाकखाने की छत, आवागढ़ की कोठी, सब किसी जादू की छड़ी के तले बोलने वाली सजीव इमारतें-सी हो गईं—कोई पूछ रही थी, 'याद है हमारी इसी ढाल किनारियों पर तू तारो के साथ घुसघुसी खेलती थी?' कोई कहती, 'कहाँ थी इतने दिन? देखती नहीं यह खूबानी का पेड़, इस पर चढ़कर तूने कितनी खूबानियाँ खाई थीं!' पथरीली सड़क के हर कंकड़ पर उसे ऐसी ममता उमड़ आई कि जी में आया उठा-उठाकर चूम ले। कहीं से पहाड़ी मसाले, जंबू में छौंके आलू के गुटकों की परिचित सुगन्ध आ रही थी। एक नल के पास चार-पाँच गोल-गोल पहाड़ी बच्चे, पानी की बौछारों से एक-दूसरे को भिगो रहे थे। एक ओर पतली छड़ी पर अपनी ऊँची एड़ियों को साधे, एंग्लो-इंडियन मिसेज़ वीट उतर रही थीं, तारो और तिला बहरी मिसेज़ वीट को 'चिड़िया की बीट' कहकर चिढ़ाती थीं। और बुढ़िया कुछ नहीं सुन पाती, फिर भी हँसकर कहती, 'हेलो स्वीटी!' मिसेज़ वीट ने देखा पर पहचाना नहीं—तो क्या वह इतना बदल गई थी? अचानक घूमती-घामती पगडंडी ने उसे खींच लिया। यह पगडंडी ठीक कक्का के घर के आँगन में उतरती थी। फिर घर भी आ गया। लाल छत का रंग फीका पड़ कर उतर गया था, बाहर ऊँची-ऊँची रस्सी पर काखी का पेटीकोट सूख रहा था, ठीक वैसे ही जैसे उस चाँदनी रात में ओस में भीगा लटक रहा था, जिस दिन वह भागी थी। कितने प्यार से वह चुपचाप उठाकर बरामदे में रख आई थी, जैसे वह निर्जीव पेटीकोट नहीं स्वयं उसकी प्यारी काखी ही ओस में खड़ी भीग रही थी।

दाड़िम का पेड़ लाल-लाल फूलों से लदा था, इन्हीं को तोड़कर कितनी गुड़िया की खटियाँ बनाई थीं, सींकों से जोड़-जोड़कर! बाहर कोई भी नहीं था। मिसेज़ बेदी धुएँ की कालिख

से काली, काठ की सीढ़ियाँ चढ़ने लगीं। उन्हें अभी भी याद था कि सीढ़ियाँ साढ़े सत्ताईस थीं। आखिरी सीढ़ी एक बार अँगीठी धरने पर आधी जल गई थी और अब तक आधी ही थी। उनका हृदय इतनी जोर से धड़कने लगा कि उन्हें दोनों हाथों में कलेजा थामना पड़ा। घर की नई मनहूसी से वे स्वयं ही चौंक उठीं—कहीं काखी को तो कुछ नहीं हो गया! वे डाइबिटीज़ की पुरानी मरीज़ थीं और डाक्टर ने कभी कहा था कि उनका बेशुमार मुटापा ही कभी उनका शत्रु होगा। पर सहसा काखी की तिब्बती घंटी का स्वर आया और उनकी पूजा का एकमात्र मन्त्र 'जय राम रमा रमनं शमनं'। "काखी!" कहकर मिसेज़ बेदी उनसे लिपट गईं। हाथ की घंटी नीचे गिर पड़ी। अपनी छाती पर अचानक आ गिरी तिला को देखकर वे चीख पड़ीं और फिर पागलों की तरह चूमने लगीं। मिसेज़ बेदी ने आँखें खोलीं, "काखी, तुझे यह क्या हो गया?" सफेद मर्दानी धोती और नंगी कलाइयाँ देखकर वह रोने लगीं, "क्या हुआ कक्का को?"

"तेरे जाने के बाद ही उन्हें घुन-सा लग गया। कहाँ-कहाँ पता लगवाया, किसी ने कह दिया तू किसी मुसलमान के साथ पाकिस्तान भाग गई है, बस उसी दिन से खाट पकड़ ली। हमारे ही खानदान का राजरोग ले गया उन्हें भी।"

"काखी, तारो?" उन्होंने डरकर पूछा।

"यहीं है अभागी, लगभग एक महीना होने को आया है, चार छोकरियाँ जन्म कर जाती रहीं, इसी से अब के ससुराल वाले यहाँ पहुँचा गए कि शायद मायके में सन्तान जी आए। उसके कुल में तो इष्ट का श्राप है कि एक भी सन्तान नहीं जीएगी। मन्दिर गई है। ले, आ भी गई।" काखी ने कहा और सच तारो द्वार पर खड़ी थी। उसकी सुन्दर मूर्खतापूर्ण आँखें फटी ही रह गईं और दौड़कर लिपट गई। काखी ने झट से साँकल चढ़ा दी, "चौबाइन देख लेगी तो भेद लेने अभी आ धमकेगी।" कहकर उन्होंने मिसेज़ बेदी को अपनी विशाल डनलोपिलो की सी गोदी में खींच लिया और बड़े प्यार से कटे बालों पर हाथ फेरने लगीं, "हाय राम, यह क्या गत बना ली है बालों की! हरद्वार की जोगनी के से बाल कटा लिए तेने छोरी। सुहागिन के बालों में भी कहीं कैंची चलती है भला! सच री! कहीं तूने मुसलमान से तो शादी नहीं कर ली!" अचानक उन्होंने मिसेज़ बेदी का सिर अपनी गोद से खिसका दिया।

"नहीं काखी!" खिलखिलाकर मिसेज़ बेदी फिर मचलकर गोद में लेट गईं, "मेरे ससुर ने चार-चार गुरुद्वारे बना दिए हैं।"

"हाय, मैं मर गई! तो क्या सरदार है तेरा पति?" काखी उनके चेहरे पर झुक गईं।

"और क्या, देखती नहीं कैसे सरदारनी बन गई हूँ मैं।"

तारो मुँह में आँचल ठूँसकर हँसने लगी। उसी दिन काखी ने उनका सामान मँगवा लिया और मिसेज़ बेदी के उजड़े चमन की बहार लौट आई। तारो के साथ वह दही-नींबू सानकर चटखारे लेतीं। कभी बासी रोटियों में पालक का साग धरकर दोनों उचककर बच्चियों-सी खिड़की पर बैठ जातीं और राह चलती भीड़ पर हँसी के छींटे मारतीं।

"हाय, हाय, देख प्रमोद तिवारी! हाय, यह तो बूढ़ा हो गया री, तारो।" सच बेचारा प्रमोद एकदम ही झटक गया था।

"बूढ़ा नहीं होगा तो क्या, आठ बच्चे हो गए हैं, नवाँ होने को है।" तारो कहती। मिसेज़ बेदी इतनी जोर से हँस पड़तीं कि बेचारा प्रमोद मुड़कर ऊपर को देखता, दोनों डुबकी-सी मारकर छिप जातीं।

"अरी देख, देख तेरी पुरानी सास।" प्रमोद के जाते ही तारो मिसेज़ बेदी को फिर ऊपर खींच लेती।

"साथ में बहू भी है, देख। रंग तो देख बहू का, लगता है मड़बे की जली रोटी है। दुनिया-भर की लड़कियों में मीन-मेख निकालती थी बुढ़िया, आखिर मिली ये सब्ज-परी!"

शोख हरी साड़ी पहने घोर कृष्णवर्णा बहू को लिए पन्ताइनजी ढाल पर स्टीमरोलर-सी लुढ़क रही थीं। इन्हीं के आई. सी. एस. पुत्र सुरेश पन्त से कभी तिला के विवाह का प्रसंग भी जुड़ गया था। तरुण सुरेश की

सजीली चाल को तारो के साथ तिला इसी खिड़की से मुग्ध होकर देखती थी, पर इसी बुढ़िया ने प्रस्ताव खोटे सिक्के-सा फेर दिया था, "मेरा सुरिया तो आई.सी.एस. है, समधियाना भी देखना पड़ेगा!" इसी से तो समधियाना ही मिला, बुढ़िया को रूप-रंग नहीं। नहीं तो क्या आज तिला मिसेज़ बेदी बनती!

"हाय री, बुढ़िया तो और भी मुटा गई है।" उन्होंने तारो से कहा, "कहीं एक और आई. सी. एस. तो नहीं है पेट में!" तारो हँसते-हँसते खिड़की से नीचे धम् से गिर पड़ीं। हँसी का शब्द सुनकर काखी आ गईं और धमक लगाकर बोलीं, "ले उमर हो गई पर अकल नहीं आई। ऐसी हालत और यहाँ मिलिटरी के जवानों की-सी कूदा-फाँदी हो रही है! अरी छोरियो, तुम्हें कुछ हो गया तो तुम्हारी ससुराल में क्या मुँह दिखाऊँगी!"

"हाय, काखी!" बड़े प्यार से मिसेज़ बेदी ने उनके गले में हाथ डालकर कहा, "मैं मर गई तो मेरी सास को तार ज़रूर कर देना। बुढ़िया पाँच-सात मनचले बुड्ढों को बुलाकर एक दावत दे ही डालेगी।"

तारो फिर खी-खी कर दुहरी हो गई।

"हट मरी, जब देखो तब हँसी, सब पड़ोस में तेरे आने की खबर फैल गई है। आज तो मंगल है, कोई नहीं आएगा, कल देख लेना नैनीताल उलट पड़ेगा।" काखी बोलीं।

"हाय राम, भगवान करे, तारो, हम दोनों को कल दिन-भर दर्द उठते रहें।" हुआ भी यही, दोनों पूरे दिन दर्द से तड़पती रहीं। काखी का बुरा हाल था। कभी एक के सिरहाने सतिया धराती कभी दूसरी के। आधी रात को एक ही रोहिणी नक्षत्र में एक ही छत के तले दोनों ने एक-एक कन्या को जन्म दिया। दाई ने बीच में एक चादर टाँगकर व्यवधान रच दिया था। दर्दों के बीच भी मिसेज़ बेदी का परिहासरसिक चित्त मुखर हो उठता, "हाय तारो, मेरी सास को तार करना मत भूलना, बहन कि बहू भगवान को प्यारी हो गई।" वह हँसतीं और फिर दर्द से कराहने लगतीं।

"चुप कलमुँही! भगवान का नाम ले।" काखी धमक लगातीं, और इसी धमक-हँसी के बीच दस मिनट के अनन्तर दोनों कन्याएँ जन्मीं। सौरगृह के दीये के मन्द प्रकाश में दोनों जच्चाएँ सो रही थीं। तारो के पास बड़ी-सी डलिया में सोई थी उसकी नवजात कन्या और तिला के पास धरी डलिया में सो रही थी उसकी कन्या। डलियाँ वही थीं, जिनमें कभी तारो और तिला सोई थीं—तारो सो रही थी, पर तिला की आँखों में नींद नहीं थी। पास ही टॉमस पादरी की मुर्गियाँ फड़फड़ा रही थीं—बीच की चादर दाई हटा गई थी। तिला ने देखा तारो की खाट उसके कितने पास थी। तारो की बिटिया जो कभी अपने वंश के श्राप को झेलती चल देगी और उसकी बिटिया जो अपने पिता के वंश के श्राप को झेलती जीती रहेगी।

सहसा उनके दिमाग में बिजली का-सा झटका लगा। उन्होंने अपनी बेटी को डलिया से उठाया, चूमा और लड़खड़ाते कदमों से तारो के पलंग की ओर चल दीं। अपनी बेटी को तारो की बगल में लिटाकर बिजली की गति से उसकी बिटिया को गोद में उठा लिया—दोनों बच्चियाँ रोने लगीं और तारो हड़बड़ाकर जग उठी। अपने सिरहाने तिला को देखकर वह चौंक गई, "तू यहाँ कैसे आ गई?" उसने पूछा।

"आती नहीं तो क्या करती!" सधे संयत स्वर में मिसेज़ बेदी बोलीं, "तू बेखबर घोड़े बेच सो रही थी, वहाँ बच्ची डलिया में चीखे जा रही थी। ले उठ, दूध पिला। इधर मेरी भी जग गई।"

तीसरे ही दिन मिसेज़ बेदी ने देखा, उनकी छाती से लगी नवजात कन्या एकाएक ठंडी पड़ गई। तारो के पति-वंश का श्राप क्या कभी मिथ्या हो सकता था? कितना अच्छा हुआ, तारो कभी जान भी नहीं पाएगी। महीने-भर बाद जब वे घर जाने का सामान बाँधने लगीं तो काखी ने बहुत रोका, पर चाहने पर भी वे अब नहीं रुक सकती थीं। कितने ही दिन छिप-छिपकर वे गुसलखाने में आधी चिलमची खून उगलकर बहा आई थीं। लगता था, मौत ने उनके बहुत पास आकर उनके कन्धे पर हाथ रख दिया था। चलने लगी तो उनके प्रशस्त ललाट पर रोली का तिलक खींचकर काखी ने अक्षत धर दिए। आँचल आँखों पर धरकर वे बिखर पड़ीं। मन ही मन वे जान गई थीं कि सदा हँसने-हँसाने वाली उनकी सदाबहार बिटिया अब कभी लौटकर नहीं आएगी। मिसेज़ बेदी दिल की पत्थर थीं। बचपन में भी कड़ी से कड़ी चोट लगने पर भी वे सदा होंठ काठकर रुलाई रोक लेती थीं। आज भी उनकी आँखें गीली नहीं हुईं। तारो बुरी तरह सिसके जा रही थी। उसकी गोरी नाक रोने से लाल हो गई थी। गोद की बिटिया कुनमुनाने लगी। सिसकियों के बीच ही उसका स्वर आया, "तू अब कब आएगी, तिला?" मिसेज़ बेदी लौटीं—उनकी उदास निष्प्रभ आँखों में विषाद घनीभूत हो उठा। मुड़कर उन्होंने तारो के कन्धों पर दोनों हाथ धर दिए, "तारो, मैं नहीं आ सकी तो अपनी इस बिटिया से कहना इसकी एक मौसी थी, जो..." वाष्प-स्तम्भित कंठ अवरुद्ध हो गया। आगे कुछ भी नहीं कह सकीं, झुककर बेटी को चूमा और बिना मुड़े लम्बी-लम्बी डगें भरती पगडंडी उतर गईं।

प्रतीक्षा

मेज़ पर दस तस्वीरें बिखरी थीं। चल-चित्र की तारिकाओं के-से गोल, तिकोने, अंडाकार, चपटे चेहरों पर खिड़की के काँच से आती सूर्य की किरणें कोण-त्रिकोण प्रस्तुत कर रही थीं।

ज्योतिष और हस्तरेखा का सुविज्ञ पंडित विमल, उन चेहरों की ज्यामिति के असाध्य साध्यों में तीन दिन से उलझा पड़ा था। आज तक किसी भी चेहरे के विभिन्न अवयवों की कुंजी से, वह चेहरे के स्वामी अथवा स्वामिनी के जटिल से जटिल ताले को भी खोल देने की अद्‌भुत क्षमता रखता था। पतले होठों का कितनी डिग्री का कोण मनुष्य को क्रूर बनाता है? किस प्रकार की अधमुँदी आँखें व्यक्ति के कृपण-स्वभाव की द्योतक होती हैं? कन्धे उचका-उचकाकर बातें करने वाले व्यक्ति की क्या परिभाषा होती है—सबका उत्तर विमल की नीर-क्षीर-विवेचना क्षण-भर में दे देती थी। लजाकर पलकें झपकाने वाली कन्या का लज्जा-घृत असली है या वनस्पति-जाति का—वह पलक झपकाते ही सूँघ लेता। मानव-स्वभाव की उलझी से उलझी ऊन की गुत्थियों को वह राह चलते सुलझाता रहता। उसे इस विद्या में आनन्द ही नहीं, अपने विलक्षण चातुर्य और पटुता पर गर्व भी होता था, किन्तु आज उसका दर्प चूर्ण हो गया था

दस तस्वीरें उसके सामने पड़ी उसकी खिल्ली उड़ा रही थीं—लो, पहचानो हमें, पहचाना न ठेंगा!

पहली तस्वीर थी किसी मीता नागर की। दुबला, इस्त्री किया-सा चेहरा, आँखें न उदार, न कृपण। ललाट प्रशस्त, वह भी ऐसा कि सौभाग्य या वैधव्य, किसका द्योतक है—कहना कठिन था। होंठों पर रहस्यमयी मुस्कान, यदि मुस्कान असली थी, तो महादुरूह और यदि नकली थी, तो लड़की की असाधारण प्रतिभा उसको जीवन-भर दास बना देगी।

नम्बर दो, अनीता बनर्जी : किसी दिवंगत स्वास्थ्य मन्त्री की कन्यारत्न थी। पिता के ओहदे का अस्तित्व अभी भी पुत्री के चेहरे पर विद्यमान था। बिना बाँहों के अत्याधुनिक पट्टी के ब्लाउज पहनने से बाँहों की मछलियाँ और भी सुस्पष्ट लग रही थीं। इसी प्रकार नम्बर तीन, चार से लेकर दस तक, एक भी ऐसी सूरत नहीं थी, जिस पर वह दो पल आँखें टिकाकर शीतल कर सकता। दस के दस चेहरे उसे पेड़ ही पर आवश्यकता से अधिक गदराए फलों से दिखने लगे। ऊबकर उसने दसों तस्वीरें, लम्बी चिट्ठियों के पतरे और स्वयं अपने विज्ञापन की कतरन दराज में धर दी।

अब क्या करे? क्या बाबूजी और अम्मा की ही पसन्द की गई, ढोल-से चेहरे और मजीरे-से कानवाली लड़की विमला से ही विवाह करने की स्वीकृति दे दे? वही विमला, जिसने बीच से

माँग निकाल अपने चपटे चेहरे को और भी चपटा बना लिया था। कभी नहीं! इससे वह कुँआरा ही भला! उसके साथी दो-दो बच्चों के बाप बन गए थे और वह अभी भी लँडूरा ही बना फिर रहा था, किन्तु अपनी परिमार्जित रुचि का गला वह घोंट कैसे सकता था! लड़कियाँ भी उसके समाज की नहले पर दहला थीं। कोई ही-ही कर मूर्खा-सी हँसती रहेगी, कोई हँसेगी ही नहीं, कोई आवश्यकता से अधिक दुबली होगी, तो कोई बेहद मोटी।

राधा उसे कुछ जँची थी, पर तीन बार विमल ने उसे देखा और तीनों ही बार उसे नजले ने बेहद परेशान कर रखा था। हर बार अपनी सुन्दर नाक सुड़कती, वह अपनी बुआ को बुलाने उठ गई थी। नाक कितनी ही सुन्दर क्यों न हो, बार-बार सुड़काए जाने पर उसका सौन्दर्य कुछ न कुछ घट ही जाता है। दिन-रात की घोटमघोट ने बेचारी के लम्बे चेहरे को सुखा डाला था। राजनीति, हिन्दी और अर्थशास्त्र में एम. ए. कर अब वह संस्कृत में एम. ए. की तैयारी कर रही थी। उस बेचारी पर तो विमल को सचमुच तरस आने लगा था। उसे लगता था, यदि किसी ने राधा से विवाह नहीं किया, तो वह पाली, अरबी, चीनी सब विषयों में एम. ए. कर डालेगी, किन्तु उसे बचाने की इच्छा होने पर भी, वह इतना बड़ा त्याग नहीं कर सकता था।

विमल ने विवाह न करने का ही संकल्प कर लिया था, किन्तु इधर नौकरों की लूट-खसोट ने उसका जीना दूभर कर दिया था। सोने के बटन, दाढ़ी बनाने का ब्लेड, नहाने का साबुन, टैल्कम पाउडर पल-भर में हवा में उड़कर विलीन होने लगे। धोबी का घर नवों निधियों से जगमगाने लगा। गृह के स्वामी की चादरें, कमीज़ और पैंट, धोबीघाट के विशाल उदधि में सदा के लिए विलीन होने लगीं। एक तो विमल की नियुक्ति झाड़-झंखाड़ से भरे एक पिछड़े इलाके में हुई थी जहाँ आदिवासी अर्धनग्न स्त्रियों के भावहीन चेहरों और फटी-फटी आँखों को देखता-देखता वह बुरी तरह ऊबने लगा था। एक दिन, खेल ही खेल में उसने अखबार में वह विज्ञापन दे डाला था—चलो, कुछ मनबहलाव ही सही। 'आवश्यकता है' उसने लिखा था, 'एक उच्चकुल के उच्चपदस्थ भारद्वाज गोत्रोत्पन्न ब्राह्मण नवयुवक के लिए सुन्दरी कॉन्वेन्ट-शिक्षिता ब्राह्मण-कन्या की। अन्तर्जातीय विवाह मान्य होगा।'

फिर क्या था! नागर, नम्बूदरी, बनर्जी, मुकर्जी दुहिताओं की गर्जन-तर्जन के साथ शिलावृष्टि होने लगी। एक कुमाऊँ चुप था।

मन ही मन विमल ने दाँत पीस लिये। उन्हीं की तो वह परीक्षा ले रहा था। शिखासूत्र को मुट्ठी में दबाए बैठे रहेंगे, चाहे ताड़-सी कन्या छाती पर बैठकर मूँग दलती रहे, टस से मस नहीं होंगे हिमालय के बेटे। यदि कहीं भी उसने अपनी जन्मभूमि का उल्लेख किया होता, तो अब तक उसे विजेता हॉकी-टीम के कप्तान की भाँति वे हाथों ही हाथों में उछालते नजर आते। खैर, कोई बात नहीं, देख लेगा वह!

पर देख कहाँ पा रहा था, रिसेप्शनिस्ट, रेडियो आर्टिस्ट, नृत्यकुशला टेलीविजन-तारिका—किसी में भी तो वह अपने मन की राधिका को अब तक नहीं ढूँढ़ पा रहा था।

अचानक डाकिया एक पत्र डाल गया। होगा किसी कन्याग्रस्त पिता का। उसका अनुमान ठीक ही निकला, किन्तु जहाँ आज तक आए पत्रों की बनावटी भाषा और आडम्बरपूर्ण शब्द-चयन उसे आधा ही पत्र पढ़कर ऊबा देता था, वहाँ उस छोटे-से सरस पत्र की सजीव भाषा ने उसके अन्तर को छू लिया। 'महोदय' के 'म' को देखते ही उसने लिखनेवाले व्यक्ति के व्यक्तित्व को बैठे-बैठे ही सूँघ लिया। कैसी सुस्पष्ट बनावट थी 'म' की। चीनी स्याही से लिखे गए हिन्दी अक्षर, किन्हीं प्राचीन ग्रंथों के भोजपत्र पर लिखे गए मुक्ताक्षरों से होड़-सी

ले रहे थे। पत्र क्या था–किसी संग्रहालय से उड़कर आ गया, सुलिखित, सुरक्षित किसी पूर्वकालीन ग्रंथ का फड़फड़ाता पन्ना था।

'महोदय' से आरम्भ किए गए पत्र में, प्रत्येक अक्षर की दूरी जैसे इंचीटेप से नापी गई थी।

आपका उदार विज्ञापन देखकर चित्त प्रसन्न हो गया, कल रविवार है और हमारे सौभाग्य से आप नैनीताल आए हुए हैं, हमारे साथ जलपान ग्रहण करने का कष्ट अवश्य करें।

विनीत

शिवेन्द्रमोहन पन्त

विमल उछल गया। न कहीं विवाह योग्य कन्या का उल्लेख, न निरर्थक दीनता।

हो सकता है, एक भी दुहिता न हो, केवल उत्सुकतावश ही न्यौता दिया हो, और हो सकता है दर्जन पर विवाह-योग्य कन्याओं के पिता हों।

वाह, वाह एकदम एगाथा क्रिस्टी के उपन्यास के तीसरे पृष्ठ का-सा आनन्द आने लगा था। नाम भी कितना भ्रामक था। पहाड़ी नाम आमतौर पर ऐसे नहीं हुआ करते। क्या पता महाराष्ट्री हो? कुमाऊँ का गजेटियर विमल को कण्ठस्थ था। पिता ने कुछ आपत्ति की, तो वे कोंकण से आकर कुमाऊँ में बस गए। गौतम पन्त का नाम गजेटियर खोलकर दिखा देगा। क्या अन्तर्जातीय विवाहों को तब मान्यता नहीं मिली थी? बँगले का नाम भी बड़ा रोचक था : 'रोडोडेनड्रोन लॉज'। अपरचीना स्थित उस बँगले के विकट मार्ग का गाइड घोड़ेवाले को बताकर, वह ढूढ़ता-ढूँढ़ता पहुँच ही गया। बँगला वास्तव में रोडोडेनड्रोन लॉज कहलाने की योग्यता रखता था। चारों ओर से बुरुंश के लाल पुष्पगुच्छ, जापानी क्रेप पेपर की कन्दीलों की भाँति झूल रहे थे। बँगले के अहाते में सूखी पत्ती तो दूर, एक-एक तिनका भी जैसे जीभ की नोक से उठाकर फेंक दिया गया था। काँच की खिड़कियों में हरे, नीले, पीले पुष्पों की आभा स्पष्ट प्रतिबिम्बित हो रही थी।

सफेद कड़ी कलफ में सधे पर्दे मनोहारी चुन्नटों में एक कतार में खड़े थे। विमल साहबी रुचि का अफसर था। बहुत पहले नैनीताल के ही एक जर्मन डॉक्टर का ऐसा चमचमाता बँगला देखा था उसने। अब तो बड़े से बड़े अफसर के लान में भी कपड़े सूखते हैं। आज तक तीन लड़कियों को उसने इसी सामान्य बात पर नापसन्द किया था। जब वह उन्हें देखने गया, तो आठ-आठ सौ पाने वाले हर पिता की पुत्री के आँगन में कतार की कतार, घर के धुले कपड़े सूख रहे थे। हर कतार में एक पेटीकोट और हर पेटीकोट में धोती की किनारी का फूहड़ नाड़ा। जिस घर की माँ-बेटी अपने पेटीकोट में कायदे का नाड़ा नहीं डाल सकती, वह क्या खाक मेमसाहब बनेगी?

किन्तु शिवेन्द्रमोहन पन्त के बँगले की झकाझक सफाई देखकर उसके जी में आया कि वह उस गृहस्थी के सुयोग्य शासक की उँगलियाँ चूम ले।

"अरे आप! मि. जोशी, आई प्रज्यूम? मेरा सौभाग्य है अरे, लिली, आओ-आओ कहाँ हो मि. जोशी आ गए हैं!"

शिवेन्द्रमोहन दोनों हाथों से उसका हाथ झँझोड़ते उसे भीतर खींच ले गए।

कमरा दर्शनीय था। निस्सन्देह यह व्यक्ति रुचि और स्वभाव में विमल को बुरी तरह मात दे सकता था! कितना नम्र, साथ ही कितना रोबीला! देखने मे शिवेन्द्रमोहन सुदर्शन तो नहीं थे, किन्तु वाणी का सौजन्य उनके चेहरे की बदसूरती को बहुत पीछे ढकेल देता था।

एक काफी लम्बा टेबुल गुदगुदे, विदेशी कालीन में धँसा-फँसा पड़ा था। उसके चारों ओर तीन-चार कुर्सियाँ बिखरी थीं। विमल को अपने साथ की कुर्सी पर बिठा, हाथ से सिगार की राख झाड़, उन्होंने फिर पुकारा, ''लिली, लिली डार्लिंग, मि. जोशी आ गए हैं।''

मि. जोशी का पहाड़ी कलेजा बुरी तरह धड़कने लगा। लग रहा था शिवेन्द्रमोहन पन्त नहीं, पब्लिक सर्विस कमीशन के चेयरमेन ही उसका इण्टरव्यू लेने लगे हैं।

ऐसी हीन भावना ने उसे पहले कभी त्रस्त नहीं किया था, जिधर देखता, उधर ही शिवेन्द्रमोहन की वैभव पताका फहराकर उसे चुनौती दे रही थी। एक साधारण घर के बने डबलनिट रैगलन में वह पूरा कार्टून लग रहा होगा, क्या हो गया था उसकी बुद्धि को? यह ठीक था कि शिवेन्द्रमोहन के व्यक्तित्व की तुलना में उसके निजी व्यक्तित्व का पलड़ा बहुत भारी था, पर एक नूर का व्यक्ति शिवेन्द्र अपने सौ नूर के कपड़ों में पूरा सम्राट जँच रहा था। उनकी पिन स्ट्राइप की विदेशी कमीज को कौन नहीं पहचानेगा, पैंट की क्रीज़ क्या थी, उस्तरे की धार! गले पर फेर दें तो सिर और धड़ अलग-अलग। मूँछों पर हल्की सफेदी छाने लगी थी, किन्तु टेढ़ी माँग में सँवरे बालों के गुच्छे घने-काले थे।

''लिली माई स्वीट, हरी अप,'' पाइप को होंठों मे दबाए बातें करना भी एक कला है, यह विमल को उसी दिन लगा।

पर्दे की खसखस के साथ ही विमल ने कान खड़े कर लिये।

''माफ कीजिएगा, मैं नहा रही थी।''

लिली नाम की सार्थकता को व्यर्थ करती भारी-भरकम शरीर की वह गतयौवना महिला धम्म से सोफे पर बैठ गई। साथ ही सोफे का एक बहुत बड़ा अंग पृथ्वी के गर्भ में धँस गया।

''ओह कैसी ठंड है, कैसी ठंड!'' दोनों चौड़ी हथेलियाँ एक-दूसरे से घिसती, कभी फूँकती वह होंठों से "हू हू हू" कर कँपकँपी का शब्द प्रस्तुत करती पति के कान में कुछ कहने लगी। साथ ही शिवेन्द्रमोहन 'हो-हो' कर हँसने लगे।

"जानते हैं, मेरी पत्नी क्या कह रही है? कहती है, उसे आज जीवन में पहली बार एक सुन्दर भारतीय देखने को मिला है।"

विमल का चेहरा लज्जा से लाल हो गया है। यही उसके गौरवर्ण का सबसे बड़ा अवगुण था। कोई भी कुछ कहता, तो न चाहने पर भी उसका चेहरा लड़कियों की भाँति लाल पड़ जाता।

शिवेन्द्रमोहन की स्थूलांगी पत्नी लिली विदेशिनी थी। फिरंगी मेम की दुहिता का ढोल गले से लटकाकर वह क्या सुखी रह सकेगा?

वर्ष भर असंख्य व्रत-अनुष्ठानों के व्यूह में चक्र-सी घूमती उसकी अम्मा, कठोर अनुशासन-प्रेमी उसके बाबूजी, उन सब की ओर से क्या वह आँखें मूँद पाएगा?

लिली चाय बनाने उठ गई है। ऐसा विराट शरीर विमल पहली बार देख रहा था। आज तक वह दुबली सोंठ-सी सूखी प्रौढ़ स्त्रियों को फूटी आँखों भी नहीं देख सकता था। प्रौढ़त्व के साथ सामान्य मोटापा भी उनकी परिमार्जित रुचि के अनुसार, प्रत्येक गरिमामयी माँ, चाची या ताई के लिए अनिवार्य था, पर यहाँ तो एक ठुड्डी के नीचे बीसियों ठुड्डियाँ लटक रही हैं, चेहरे का सौन्दर्य मोटापे की पतों में बँटता-बँटता शून्य में विलीन हो गया है।

विमल का मन भागने को छटपटाने लगा। कहाँ आकर फँस गया था अभागा! ऐसे ठिगने-ठुस्के पिता और हिडिम्बा-सी माता की दुहिता क्या कभी तन्वी हो सकती थी?

सहसा उसकी विचारधारा को चाबुक-सा लगा। हाथ में ट्रे लिये स्वयंवरा मुस्कराती खड़ी थी।

लिली ने बढ़कर ट्रे उसके हाथ से ली ली। "मेरी पुत्री मिनी है, मि. जोशी," शिवेन्द्रमोहन ने उसका हँसकर परिचय दिया तो विमल सकपका गया। लड़की सिर से पैर तक पूरी अंग्रेज़ थी। नीली आँखें, सुनहरे बाल और निसंकोच हँसी। सूरत में न वह अपने भारतीय ठिगने पिता से मिलती थी, न भीमकाय विदेशी जननी से।

"हनी, मि. जोशी यहीं के निवासी हैं, तुम्हें नैनीताल खूब घुमा देंगे," विदेशी दुहिता के भारतीय जनक, मोटी मछली फँसाने के लिए दनादन आटे की गोलियाँ फेंकने लगे, "पहले चाय पी लो–मिनी, फिर मि. जोशी को बाग दिखा लाना।"

विमल केक के टुकड़े से खेल-सा रहा था। उस स्वयंवरा के साथ बाग देखने में उसे भय-सा हो रहा था। जिस स्वतन्त्रता से वह मुग्ध होकर उसे घूरे जा रही थी, लग रहा था, सुअवसर पाते ही, अपनी गोरी बाँहें उसके गले में डालकर झूल पड़ेगी। मन की प्रशंसा को तो ये लड़कियाँ मन में हमारी लड़कियों की भाँति दबाकर नहीं रखतीं, चट से दिखा ही देती हैं।

लड़की सुनहरी थी, इसमें कोई सन्देह नहीं, किन्तु वह सौन्दर्य विदेशी ट्यूलिप और डैफोडिल का सौन्दर्य था, जिनके दामी पौधे विदेश से मँगवाकर लाटसाहब के उद्यान सजाए जाते हैं, गृहस्थी की साधारण पुष्प-वाटिका नहीं। कैसी मूर्खता कर बैठा था, विज्ञापन देखकर खरीदारी करने वाला कौन ग्राहक, आज तक नहीं पछताया?

"चलिए, अब आपको अपना बरामदा दिखलाऊँ, पूरे नैनी का बर्ड्स आई व्यू है, ब्रुकहिल, चीना पीक, शेर का डाँडा, सब हथेली पर धरा है," बड़ी आत्मीयता से उसे गलबहियाँ देकर, शिवेन्द्रमोहन एकान्त में खींच ले गए। बरामदे से ही लगा उनका शयनकक्ष था। विमल को लगा, उसे जान-बूझकर ही उस कमरे के वैभव से परिचित कराने वहाँ ले जाया गया है। दो बड़े-बड़े नक्काशीदार पलंगों पर डनलप के गद्दे, कैंडलविक पलंगपोशों से ढके थे। शीशम की चमचमाती मैंटल पीस पर परिवार का एक चित्र था। चाँदी के मोमबत्तीदान में एक लम्बी मोमबत्ती जल रही थी। खिड़कियों के भारी पर्दों के बीच, नैनीताल का कोहरा, चक्र बनाता, जलती अगरबत्ती के धुएँ की भाँति चीना पीक की ओर उठता स्पष्ट दीख रहा था।

"ड्रिंक्स?" शिवेन्द्रमोहन ने विमल की ओर झुककर धीमे स्वर में पूछा।

"जी नहीं, धन्यवाद, मैं नहीं पीता।"

"गुड," शिवेन्द्रमोहन उस सौम्य सुदर्शन युवक को आँखों ही आँखों में पी रहे थे।

"चलिए, बैठा जाए," उन्होंने विमल को खींचकर अपने सामने की कुर्सी पर बिठा दिया, "सच पूछिए तो पत्नी और पुत्री के सामने आप से बातें नहीं कर पा रहा था। यह मेरी इकलौती पुत्री है मि. जोशी। देखने में कैसी है, यह तो आपने देख ही लिया। वैसे तो अपनी पुत्री और दूसरे की पत्नी सबको ही अच्छी लगती हैं।" वे तिरछी दृष्टि से विमल की ओर देखकर मुस्कराने लगे।

"आप जैसा रत्न उसे मिल जाए, तो मुझसे बड़ा भाग्यवान कोई नहीं होगा।''

''तीस वर्ष विदेश में ही बीत गए, मि. जोशी,'' शिवेन्द्रमोहन स्वयं कहे जा रहे थे, ''कैम्ब्रिज से टाइपौज लेकर लौटने लगा, तो लिली से परिचय हो गया, वहीं घर बसा लिया। एक बात और भी थी, जोशी,'' शिवेन्द्रमोहन गम्भीर होकर उसकी ओर झुक गए, ''सोचा, टाइपौज लेकर लौटने के बाद क्या अपने समाज में अपनी टक्कर का जोड़ा पा सकूँगा?''

"पहाड़ तो आपने देखा ही है, विदेश में लोग चन्द्रलोक की ज़मीन के मुरब्बों का मोल-भाव करने लगे हैं, पर हमारा कुमाऊँ अभी भी वंश गोत्र की बारहखड़ी रटे जा रहा है। डिसगस्टिंग! अब लिली को देखिए, सात भाषाएँ जानती है। आजकल कठोपनिषद् का फ्रेंच अनुवाद कर रही है। मिलती कोई ऐसी मुझे अपने समाज में?"

"सच कहिए, यदि अब भी हमारे समाज में सुयोग्य कन्याओं का अभाव नहीं होता, तो क्या आप विज्ञापन की शरण लेते?"

शिवेन्द्रमोहन आवेश में दोनों घुटनों के मजीरे-से बजाते, घूमनेवाली कुर्सी को कभी दाएँ, कभी बाएँ घुमा रहे थे।

"एक बात और भी है जोशी," अब वे विमल का कन्धा पकड़कर कान के पास सट गए, "इसमें कोई सन्देह नहीं कि ऐसे विवाह की सन्तान भी जीनियस होती है, मेरी मिनी..."

उनकी बात बीच ही में एक चीख से दब गई।

"आंटी, आंटी, हाय मैं मर गई...!"

दोनों ने फौजी टुकड़ी की तत्परता से एक साथ गर्दन मोड़ी।

"सब दूध उबल गया आंटी, सब...!" किसी के कच्चे गले की हँसी का स्वर आते ही शिवेन्द्रमोहन बोले, "क्षमा कीजिएगा मि. जोशी, मेरी भानजी है। गाँव से आई है, बेहद भोली है, दूध क्या गिरा, जैसे आसमान गिर गया। पगली कहीं की!"

"माधवी! माधवी!" उन्होंने पुकारा।

"हाँ, मामा," सिर झुकाए, पर्दे को खोलकर माधवी आ खड़ी हो गई। लाल पर्दे की रक्तिम आभा ने गोरे चेहरे को और भी रक्तिम कर दिया था। विमल मुग्ध होकर उसे देखता रहा। ऐसा रंग और तीखा नैन-नक्श तो कुमाऊँ की ठसकेदार शाहनियों में ही देखा जाता है।

"माधवी बेटी, दो प्याले चाय बना लाओ," शिवेन्द्रमोहन ने दोनों पैर फैलाकर गर्दन के पीछे गद्दी ठीक से लगा ली।

"मुझे आज्ञा दें, चाय नहीं पिऊँगा," विमल उठ गया, "फिर कभी दर्शन करूँगा...।"

"फिर कभी क्यों जोशी, कल हमारे साथ लंच लोगे तुम। हमारी माधवी एकदम पहाड़ी खाना खिलाएगी आपको, है न माधवी?"

मुस्कराती माधवी पर्दा मरोड़ती रही।

विमल ने देखा, लड़की की पलकें आश्चर्यनजक रूप से लम्बी थीं और मुस्कराने पर दोनों गालों में गहरे गड्ढे पड़ जाते थे। सुदर्शना नारी के गालों के गड्ढे भी कभी तराई के खौफ़नाक दलदल के गड्ढों की भाँति ही सांघातिक होते हैं।

विमल उसी दलदल में धँस गया। लंच का प्रस्ताव न टाल सका।

वह दूसरे दिन आया, पर खाने की मेज़ पर माधवी नहीं आई। मामा ने ही कैफ़ियत भी दी। जनम से ही अल्मोड़ा के सरल नगरवासियों में रही है, कहती है, मेज़ पर बैठकर छुरी-काँटे से नहीं खा पाती। चौके में ही खा रही है।

"सिली," आंटी ने फिर तुरुप मारी, "मैडोबी, मैडोबी!" उन्होंने अपने मांसल कंठ के घंटे-घड़ियाल सब बजा डाले, पर माधवी नहीं आई।

खाना खाकर विमल पगडंडी से उतर रहा था, तो एक चट्टान पर गठरी-सी बनी माधवी को देखकर ठिठक गया।

बँगले से इतनी दूर, अकेली, गुमसुम माधवी ही तो थी।

"अरे, आप! अकेली यहाँ क्या कर रही हैं?" वह चट्टान के पास ही बैठ गया।

उसे अचानक अपने सम्मुख खड़ा देखकर, ध्यानमग्न माधवी हड़बड़ाकर उठ गई।

"मैं रोज़ इस चट्टान पर बैठकर, कालाढुगी की नई सड़क को देखती हूँ, देखिए न कितनी सुन्दर लगती है, एकदम प्रश्न का चिह्न!"

वह हँसी, और उसकी निर्दोष हँसी आँखों से छलकती उसके पूरे चेहरे को भिगो गई।

"खाना खा लिया?" उसने पूछा।

"नहीं," विमल ने सामान्य रसिकता करने की चेष्टा की, "आप तो आईं नहीं, खाता कैसे?"

माधवी, पहले बड़ी-बड़ी आँखें पूरे चेहरे पर फैलाकर, अबोध शिशु की भाँति उसे देखती रही, फिर रसिकता का सूत्र हाथ में आते ही ठठाकर हँस पड़ी, "देखिए न, मैं बार-बार भूल जाती हूँ कि काँटा किस हाथ में पकड़ा जाता है, इसी से नहीं आई। चलूँ, आंटी मैडोबी-मैडोबी कर रही हैं," वह फिर हँसने लगी।

विमल आश्चर्यचकित होकर उन लाल प्रवाल-से अधरों की प्राकृतिक लालिमा देख रहा था। अपने जिले की कितनी ही अप्सराओं को वह नित्यप्रति देखता रहता था, लिपस्टिक के जितने ही विचित्र शेड उतनी ही बहुरंगी मुस्कानें। किसी के रँगे अधर देखकर लगता, श्वेतकुंठ हो गया है या जलकर पूरी चमड़ी ही बदरंग हो गई है। क्या आधुनिक शृंगारिकाओं की रुचि का स्तर इतना गिर गया था।

सौन्दर्य यह है, जिसे देखते ही पैर थरथराने लगते हैं, कंठ वाष्प-स्तम्भित हो जाता है। कैसी कटावदार आँखें हैं और क्या रंग पाया है लड़की ने। वह जिलाधीश की पत्नी ही नहीं, किसी भी कमिश्नरी की नूरजहाँ बनाई जा सकती है।

जैसे भी हो इस रत्न को राजकोष में लाना ही होगा—सोचकर वह जी-जान से जुट गया।

जिस चट्टान पर बैठकर माधवी नई सड़क देखती थी, उसे लुढ़काकर, पास के ही एक गहन वन में स्थापित कर दिया गया। ऊपर अखरोट के वृक्ष की घनी छतरी ऐसे तनी थी कि दूर से तो क्या पास से झाँकने पर भी कोई उस लतागुल्माच्छादित चट्टान का ओर-छोर नहीं देख सकता था।

माधवी को बचपन से ही ऊँचे पेड़ों पर चढ़ने की दक्षता प्राप्त थी। अखरोट के ऊँचे पेड़ पर चढ़, वह दुष्टता से अपनी दोनों सुडोल टाँगें शून्य में लटकाकर, दूसरी डाल से ऐसे झूलने लगती, जैसे सरकस के 'ट्रैंपीज' का प्रदर्शन कर रही हो। पन्द्रह ही दिनों में वह बित्ते भर की लड़की उसके कितने निकट आ गई थी। किस दक्षता से उसने अपने नवीन प्रेमी के हृदय-साम्राज्य का शासन-भार ग्रहण कर लिया था। एक डाल से दूसरी पर चिड़िया-सी चहकती वह विमल को छेड़ने लगती, "अच्छा, बताइए तो मिनी से आपकी शादी हो गई, तो आपके बच्चों की आँखें मिनी जैसी होंगी, नीली, या आप जैसी—देखूँ, कैसी आँखें हैं आपकी?" वह डालें चरमराती, विमल की आँखों का रंग देखने धम्म से नीचे कूद पड़ती, किन्तु रंग देखने के पहले ही विमल, उसे बाँहों में पीसकर उसकी सुचेष्टा व्यर्थ कर देता।

"मैडोबी, देखो आंटी तुम्हें पुकार रही हैं, लगता है आज फिर दूध गिरा आई हो।" किन्तु आंटी की चीख-पुकार का अब कोई महत्व नहीं था। विमल को कभी-कभी भोली माधवी के छलना-चातुर्य को देखकर दाँतों तले अँगुली दबानी पड़ती। नित्य वह मामी और मामा को

घिस्सा देकर उपस्थित हो ही जाती, किन्तु विदेश से टाइपौज लेकर लौटे शिवेन्द्रमोहन ने दाल में काला देख लिया था।

कई बार मिनी को विमल के साथ अकेली छोड़ चुके थे, पर प्रस्ताव तो दूर, छोकरा चेष्टा भी नहीं कर रहा था। उधर माधवी का नाम सुनते ही उसकी आँखें चमकने लगती थीं। भोली माधवी भी जादू की छड़ी का-सा स्पर्श पाकर, सन्ध्या होते ही कहीं विलीन हो जाती थी। कभी कहती, "हमारे कॉलेज की प्रिंसिपल मिल गई थीं, वही खींच ले गईं।" कभी कहती, "घूमने गई थी।"

इधर छोकरी के चेहरे को एक अनोखी लालिमा ने रँग दिया था, विमल अपनी छुट्टियाँ अकारण ही बढ़ाता जा रहा था। क्या सचमुच ही उनकी सरल मातृहीना भानजी ने उनकी पुत्री को पछाड़ दिया था?

उनका अनुमान ठीक ही निकला।

जाने के कुछ दिन पूर्व विमल ने उनके सम्मुख अपना दुःसाहसी प्रस्ताव रख दिया—वह माधवी से ही विवाह करेगा।

"जोशी, तुम जानते हो, तुम क्या कह रहे हो?" शिवेन्द्रमोहन बौखलाकर, पूरे कमरे में चहलकदमी करने लगे, "मेरी ही मूर्खता है, तुम्हें पहले आगाह कर देना था, यह विवाह तुम नहीं कर सकते!"

"क्यों?" विमल का स्वर अधैर्य से झुँझला उठा, उसे अचानक वह ठिगना व्यक्ति महाकुत्सित लगने लगा।

"मेरी भानजी, पिछले वर्ष चार महीने पागलखाने में बिता चुकी है। पिछली बार परीक्षा देने के बाद ही इसका दिमाग़ फिर गया था। मैं ही इसे बिजली के झटके दिलवाने बरेली ले गया था। कभी भी मानसिक उत्तेजना बिजली से दबाए गए इसके रोग को उभार सकती है तब क्या करोगे?"

इस आकस्मिक 'तर्क' के लिए विमल के पास कोई उत्तर नहीं था।

क्या उसकी सुकुमार प्रेमिका को सचमुच किसी निर्दयी ने बिजली के झटके से कँपाया होगा या पुत्री का सौभाग्य-द्वार बन्द होते देख, ईर्ष्यावश बुड्ढा झूठ बोल रहा था?

विमल को, अखरोट की डाल से लटककर, नटिनी के-से छल-बल का प्रदर्शन करनेवाली अपनी कौतुकप्रिया में भी उन्मादिनी का ही रूप दिखने लगा। कभी-कभी वह प्रेम की तरंगों में बहती, उसके गले को बाँहों में कसकर झूल पड़ती। "छोड़ पगली, छोड़," कह वह हँसते-हँसते अपने को छुड़ा लेता था, तब क्या पता था कि कभी इसी सम्बोधन का विषधर उसे सचमुच डसने दौड़ पड़ेगा।

"मेरी भानजी मुझे मिनी के समान ही प्यारी है, जोशी, पर थिंक ओवर इट यंग मैन," वे विमल का कन्धा थपथपाकर बोले, "जीवन-भर का सवाल है।"

बिना कुछ कहे, विमल सीटियाँ बजाता पगडंडी फाँदने लगा। अचानक नित्य के अभ्यास से झाड़ी में छिपी दो दुबली बाँहों ने भीतर खींच लिया। जंगली बिल्ली की भाँति, माधवी उससे लिपट गई, "क्या कहा मामा ने?"

विमल क्या कहता?

चुपचाप उसे अविश्वासपूर्ण दृष्टि से देखता रहा। कैसा विरोधाभास था– माधवी और पागलपन! हँसी की फुलझड़ियाँ छोड़ती, हँसने और हँसानेवाली गुलजार माधवी!

उन बड़ी-बड़ी कटोरे-सी आँखों में क्या कभी उन्माद का विष छलक सकता था?

"मामा नाराज़ हैं माधवी!" उसने झुककर अपनी प्रेमिका का माथा चूमा, फिर दोनों हाथों में उसका चेहरा भरकर बड़ी देर तक ऐसे देखता रहा जैसे दर्पण देख रहा हो, "बकने दो माधवी उन्हें, विवाह अवश्य होगा," कहकर वह चीते की-सी छलाँग लगाकर चट्टान पर बैठ गया।

विवाह सचमुच ही सम्पन्न हो गया। अनेक तर्क-वितर्कों के व्यूह से वह जीता-जागता निकल ही आया। शिवेन्द्रमोहन के बँगले से ही माधवी का कन्यादान हुआ। कन्या के पिता, दरिद्र देहाती हेडमास्टर थे, किन्तु आंटी ने यथासाध्य दहेज भी दिया। बारातियों में विमल के तीन-चार मित्र ही जुट पाए। श्वसुर को भावी पुत्रवधू के रोग का पूर्व-इतिहास ज्ञात हो चुका था, उन्होंने घोर आपत्ति भी की थी किन्तु विमल के प्रेम का ज़िरहबख्तर, उनके क्रोध के बमगोले को साहस से झेलता गया।

मन-ही-मन शिवेन्द्रमोहन उस दुःसाहसी युवक की आन पर सौ-सौ बार निछावर हो रहे थे। माधवी को श्वसुरकुल का एक भी आभूषण नहीं मिला था। आंटी ने ही अपना एक मोटा-सा विदेशी कंकण उसकी कलाई में डाल दिया था, फिर भी माधवी देवांगना-सी दमक रही थी। नई बहू को लेकर विमल सन्ध्या की बस पकड़, दूसरे ही दिन अपने जिले में पहुँच गया था। उसी दिन, उसकी अफसरी बिरादरी के अलाँ-फलाँ साहब-मेमसाहिबाओं का मेला-सा जुट गया। "जोशी, नई गुड़िया-सी दुल्हन लाया है!"

"हाऊ क्यूट!"

"हाऊ स्वीट!"

"ह्वाट ए चाइल्ड!" आदि के गुलदस्तों से बेचारी माधवी का दम घुट गया। हिन्दी तो कोई बोलती ही नहीं थी! इंटर पास करने पर भी माधवी अंग्रेज़ी का एक शब्द भी नहीं बोल पाती थी।

विवाह के चार महीने युगल-दम्पति ने पलक झपकते बिता लिए। माधवी की पतली कलाइयाँ भरने लगीं। पीले गालों पर सुर्खी आ गई, गालों के गड्ढे दिन पर दिन गहरे दिखने लगे। अली-कली से बिंधा प्रेमी आए दिन दफ्तर से छुट्टी लेने लगा। एक दिन वह छुट्टी लेकर, घर पर ही डाक देख रहा था कि एक बादामी लिफाफा खोलते ही उछल पड़ा। पास ही खड़ी माधवी को उसने अपनी सशक्त बाँहों में पकड़कर ऊँचा उठा लिया। "थ्री चियर्स फार मैडोबी," वह बच्चों की भाँति किलक उठा। "छिः छिः, क्या करते हैं, चपरासी आता होगा, छोड़िए। क्या बिल्कुल शरम नहीं है आपको?" माधवी उतरने को छटपटाने लगी।

"आने दो चपरासी को, तुम्हारे श्रीचरणों की जय हो, मिसेज़ जोशी, हमारी बदली हो गई...।" उसने बड़े लाड़ से पत्नी को नीचे उतारकर मेज़ पर बिठा दिया।

"कहाँ की हुई बदली?" माधवी ने उत्सुकता से लिफाफा लेने को हाथ बढ़ाया।

"नहीं, पहले बताओ, क्या दोगी," दोनों हाथों से लिफाफा पीठ पीछे छिपाकर विमल ने याचक की दीनता से गिड़गिड़ाकर पूछा।

"छिः छिः जब देखो तब वही," माधवी ने पास खिसकते पति को दूर ढकेल दिया।

"देखूँ, कहाँ की हुई बदली," लिफाफा छीनकर उसने देखा, बदली बरेली की हुई थी।

"हम तो ऊब गए डार्लिंग, इस उरई से," वह कहने लगा, "सिवाय पाँच सेर के एक-एक गुलाबजामुन के और कुछ मिलता है यहाँ? जाओ, बढ़िया चाय बना लाओ तो इसी बात पर।"

माधवी चाय बनाकर ले आई। विमल ने नित्य की भाँति बिस्कुट का टुकड़ा जूठा कर उसे खिलाना चाहा, तो उसने आँसू-भरी आँखें फेर लीं।

सन्ध्या को विमल ने कार में हवाखोरी का प्रस्ताव रखा, तो सिरदर्द का बहाना बनाकर लेट गई।

क्या हो गया था माधवी को?

रात को उसने सन्धि के एक-से-एक मधुर प्रस्ताव रखे, पर वह काठ-सी सतर देह लिये पड़ी रही। नित्य वह दिन चढ़ जाने पर भी पति के गले में हाथ डाले सोती रहती थी। "माधवी, उठो सुबह हो गई," वह उसे गुदगुदाकर जगाता, तब वह कई करवटें बदलने के बाद उठ पाती थी। पर अब वह न जाने कब उठकर चली जाती।

पत्नी में आश्चर्यजनक परिवर्तन से विमल मन-ही-मन आशंकित हो उठा। रात को भी कभी उसकी नींद टूट जाती, तो देखता माधवी कभी खिड़की के पास खड़ी शून्य दृष्टि से बाहर देख रही है, कभी पूरे कमरे में चहलकदमी करती होंठों-ही-होंठों में कुछ बड़बड़ा रही है।

"क्या तबीयत ठीक नहीं है, माधवी?" उसने एक दिन बड़े प्यार से उसके बालों पर हाथ फेरकर पूछा।

"नींद नहीं आती," वह पति से चिपटकर अकारण ही सिसकने लगी।

विमल दूसरे ही दिन सिविल सर्जन को बुला लाया, सिविल सर्जन ने अनुभवी दृष्टि से माधवी को सिर से पैर तक देखा, रक्तचाप लिया और फिर विमल को एकान्त में खींच ले गया। क्या कभी पहले भी इस अनिद्रा का आभास मिला था विमल को?

विवश होकर विमल ने रोग का पूर्व-इतिहास बता दिया। जिस दिन से उसने बरेली की बदली का समाचार सुना उसी दिन से वह बदल गई थी।

"देखिए, मि. जोशी," मुसलमान सिविल सर्जन का सौम्य चेहरा अनुभव की झुर्रियों से भर गया। ऐसे कितने ही केस देख चुके थे वे। "बरेली के साथ बेचारी की पिछली ज़िन्दगी का पर्दा उठ गया है। एक बार वहाँ से लौटे मरीज़ों को यही 'एसायलम फोबिया' हो जाता है। हमदर्दी से ही फुसलाकर वहाँ ले चलना होगा। एक बार बिजली के झटकों ने मर्ज़ को दबाया है, मुमकिन है फिर दबा दे, फिर अभी 'वायलेन्स' नहीं है, आप किसी ऐसी जगह का, जो इन्हें बेहद पसन्द है, नाम लेकर, फुसलाकर ले जाइए, मुझे उम्मीद है कि दो-तीन ही झटके बीमारी को झटक देंगे।"

उसी दिन विमल ने माधवी के विकट रोग को पराजित करने का दृढ़ संकल्प कर लिया। रात को माधवी शान्त बच्ची-सी उसकी छाती से लगी पड़ी रही। न जाने कब विमल को नींद आ गई। आधी रात को खटखट का शब्द सुन, वह चौंककर उठ बैठा। देखा, माधवी पार्श्व से उठकर खिड़की की लोहे की छड़ों को मोड़ती-मरोड़ती, विवशता से हाँफ रही है।

विमल का कलेजा धड़कने लगा। "माधवी," वह एक छलाँग लगाकर उसके पास खड़ा हो गया, "क्या कर रही हो?"

अचानक कितनी बदल गई वह।

फटी-फटी, भयत्रस्त आँखों से उसे देखती वह हँसने लगी, "इन छड़ों में क़ैद कर तुम मुझे वहीं भेजना चाहते हो न?"

"कहाँ भेजना चाहता हूँ, माधवी?"

"बरेली, पर मैं नहीं जाऊँगी, नहीं—नहीं, सौ बार नहीं!" उस 'नहीं, नहीं' की रटन के साथ-साथ उसके माथे की नसें तन गईं। मुट्ठियाँ बन्द कर वह कभी चीखती, कभी विवश करुण स्वर में 'नहीं-नहीं' कहती, विमल के पैर पकड़कर गिड़गिड़ाने लगती।

"बरेली कौन जा रहा है, माधवी?" विमल ने खिड़की की छड़ों से उसके हाथ छुड़ाकर बड़े दुलार से अपने कन्धे पर धर लिये। हँसकर उसने पत्नी को खींचकर छाती से लगाकर पूछा, "नैनीताल चलोगी माधवी, उस चट्टान पर बैठकर तस्वीर खिंचवाने का प्रोग्राम अभी कहाँ पूरा हुआ?"

माधवी की आँखों का विद्रोह न जाने कहाँ उड़ गया। "सच कहते हो? ले चलोगे मुझे नैनीताल!"

"हाँ, माधवी, तुम आज ही सामान रख लो, कल सुबह ही कार से चल देंगे।" बड़े उत्साह से गरम कपड़े सँजोती, नाश्ता बनाती, बच्ची-सी मचलती माधवी एक बार फिर पुरानी माधवी बन गई।

कार चली तो उसने पति के कन्धे पर सिर रखकर आँखें मूँद लीं।

पागलखाने को पहले ही सूचना भेज दी गई थी, विमल का एक मित्र द्वार पर ही एक मोटी मर्दानी औरत को लिये उनकी प्रतीक्षा कर रहा था। वह महिला सम्भवतः पागलखाने की परिचारिका थी, शायद उसके रूखे चेहरे को अमानवीय सहवास ने और भी डरावना बना दिया था। निर्विकार मुद्रा में वह कठोर निर्दय थानेदार की भाँति माधवी को कार से उतारने बढ़ आई।

माधवी संशय से चौकन्नी हो गई।

"यह कौन है?" उसने बच्ची के भोलेपन से अपनी तर्जनी का तमंचा उस कद्दावर औरत के सपाट सीने पर तान दिया।

"श्श..." विमल ने फुसफुसाकर कहा, "मेरे मित्र और उसकी माँ हैं, ये भी नैनीताल इसी गाड़ी से जाएँगे, तुम इनके साथ बैठो, कार खराब हो गई है, ट्रेन से चलेंगे, मैं सामान उतरवानेवाला कुली ले आता हूँ।"

आज्ञाकारिणी बालिका की भाँति माधवी उतर गई। "जल्दी आना," उसने पति से हँसकर कहा और चुचाप उस महिला के पीछे-पीछे चलने लगी। "कुली, कुली," की हाँक लगाता विमल, गले के गह्वर को बरबस घुटकता, काल्पनिक कुली-सन्धान में तेजी से बाहर चला आया।

बड़ी देर तक वह बाहर टहलता रहा, थोड़ी देर में मित्र उसे अधिकारी डॉक्टर के पास बुला ले गया। बड़े साहस से भीतर जाकर उसने लिखा-पढ़ी पूरी की, डॉक्टर उसी की उम्र का हँसमुख नौजवान था।

"क्या मैं अपनी पत्नी से एक बार मिल सकता हूँ?" लाख चेष्टा करने पर भी वह अपने काँपते कंठ-स्वर को संयत नहीं कर पाया।

डॉक्टर ने सदय दृष्टि से उसे देखा, "मेरी समझ में अभी न छेड़ें तो ठीक रहेगा। इट वोंट हेल्प मच!"

"क्या कर रही है माधवी?" विमल प्रश्न पूछते ही स्वयं लजा गया।

"वही जो अक्सर ये लोग पहले दिन किया करते हैं। लोहे की छड़ पकड़े खड़ी है। (मैंने कहा, बैठ जाइए मिसेज जोशी, कब तक खड़ी रहेंगी) बोलीं, 'जब तक मेरे पति कुली लेकर

न आ जाएँ।' आप चिन्तित न हों मि. जोशी, इन लोगों की अपनी अनोखी ही दुनिया है वह सुनिए...।'' डॉक्टर चुप हो गया। तीन-चार पागल मिलकर महाआनन्द से रामधुन गा रहे थे। बेसुरे तान-आलाप के साथ कव्वाली की-सी तालियाँ बज रही थीं।

''अब बताइए भला,'' डॉक्टर ने हँसकर बोला, ''कौन कहेगा इन्हें कोई चिन्ता है! पैर थकने पर मिसेज़ जोशी स्वयं बैठ जाएँगी।''

पर माधवी को विमल जानता है, वह रात-भर छड़ पकड़े उसकी प्रतीक्षा में खड़ी रहेगी।

उस विचित्र प्रतीक्षालय में कुली लेकर विमल कब पहुँच पाएगा–कब?

लाटी

लम्बे देवदारों का झुरमुट झुक-झुककर गेठिया सैनेटोरियम की बलैया-सी ले रहा था। काँच की खिड़कियों पर सूरज की आड़ी-तिरछी किरणें मरीज़ों के क्लान्त चेहरों पर पड़कर उन्हें उठा देती थीं। मौत की नगरी के मुसाफिरों के रोग-जीर्ण पीले चेहरे सुबह की मीठी धूप में क्षण-भर को खिल उठते। आज टी.बी. सिरदर्द और जुकाम-खाँसी की तरह आसानी से जीती जानेवाली बीमारी है, पर आज से कोई बीस साल पहले टी.बी. मृत्यु का जीवन्त आह्वान थी। भुवाली से भी अधिक माँग तब गेठिया सैनेटोरियम की थी। काठगोदाम से कुछ ही मील दूर एक ऊँचे पहाड़ पर गेठिया सैनेटोरियम के लाल-लाल-छतों के बँगले छोटे-छोटे गुलदस्ते से सजे थे।

तीन नम्बर के बँगले का दुगुना किराया देकर कप्तान जोशी स्वयं अपनी रोगिणी पत्नी के साथ रहता था। बँगले के बरामदे में पत्नी के पलँग के पास वह दिन-भर आराम-कुर्सी डाले बैठा रहता, कभी अपने हाथों से टेम्परेचर चार्ट भरता और कभी समय देख-देखकर दवाइयाँ देता। पास के बँगले के मरीज़ बड़ी तृष्णा और चाव से उनकी कबूतर-सी जोड़ी को देखते। ऐसी घातक बीमारी में कितने यत्न और स्नेह से सेवा करता था कप्तान जोशी! कभी उसके आनन्दित चेहरे पर झुँझलाहट या खीझ की अस्पष्ट रेखा भी नहीं उभरती। कभी वह घुँघराले बालों को ब्रुश से सँवारता, बड़े ही मीठे स्वर में पहाड़ी झोड़े गाता, जिनकी मिठास में तिब्बती बकरियों के गले में बँधी, बजती-रुनकती घंटियों की-सी छुनक रहती। पहाड़ी मरीज़ बिस्तरों से पुकार कर कहते, "वाह कप्तान साहब, एक और!" कप्तान अपने पलंग से घुली-मिली सुन्दरी 'बानो' की ओर देख बड़े लाड़ से मुस्करा देता। बानो का गोरा चेहरा बीमारी से एकदम पीला पड़ गया था और उसकी बड़ी-बड़ी आँखें और बड़ी-बड़ी हो गई थीं। शान्त तरल दृष्टि से वह कप्तान को दिन-रात टुकुर-टुकुर देखती रहती। विवाह के दो वर्ष पश्चात् यही उनका वास्तविक हनीमून था, जहाँ न अम्मा, चाची और ताई की शासन की लगाम थी, न नई बहू के घूँघट की बन्दिश। पिंजड़े की चिड़िया आज़ाद कर दी गई थी किन्तु अब उसके कमज़ोर डैनों में उड़ने की ताकत नहीं थी। कप्तान उसकी दुर्बल तप्त हथेली को अपनी कसरती मुट्ठी में बड़े प्यार से दबाकर सहलाने लगता तो उसकी सींक-सी कलाई की सोने की चूड़ी सर-सर कर कोहनी तक सरक जाती।

उन दिनों गेठिया का डॉक्टर एक अधेड़ स्विस था। एक दिन उसने कप्तान को अकेले में बुलाकर कहा, "कप्तान, तुम अभी जवान हो, यह बीमारी जवानी की भूखी है। मैं देख रहा हूँ, तुम ज़रा भी परहेज़ नहीं बरतते। मरीज़ की भूख को दवा से जीतना होगा, मुहब्बत से नहीं।"

क्षण-भर को सब समझकर कप्तान लाल पड़ गया। उसके बूढ़े पिता के भी कई पत्र आ चुके थे और माँ ने रो-रोकर चिट्ठियाँ डाल दी थीं, "मेरे दस-बीस पूत नहीं हैं बेटा, यह बीमारी सत्यानाशी है"—पर कप्तान पहले की तरह अलमस्त डोलता, कभी बानो के चिकने केशों को चूमता, कभी उसकी रेशमी पलकों को, कभी पास के प्राइवेट वार्ड की, गुमानसिंह मालदार की गोल-मटोल पत्नी से मज़ाक करता।

सैनेटोरियम की मनहूस ज़िन्दगी के काले आकाश में रोबदार ठकुरानी ही एक मात्र द्युतिमान तारिका थी। भरे-भरे हाथ-पैर की, चिकने चेहरे पर सदा मुस्कान बिखेरती वह पूरे सैनेटोरियम की भाभी थी। उसके स्वास्थ्य के दुर्गम दुर्ग में भी न जाने बीमारी का घुन किस अरक्षित छिद्र से प्रवेश पा गया था। टी.बी. लगने की पीड़ा से कराहती वह अपनी कदर्य गालियों का अक्षय भंडार खोल देती। कभी लक्षपति श्वसुर को लक्ष्य बनाती, 'हैं हमारे 'बुडज्यू' आधी कुमाऊँ के छत्रपति, पर बहू तिथांण (श्मशान) को जा रही है तो उनकी बला से! दुम उठाकर जिसे देखा, वही बदज़ात नर से मादा निकला।" "ए शाब्बाश, क्या पंच के स्टैंडर्ड का सेंस ऑफ ह्यूमर है! भाभी, तबीयत बाग-बाग कर दी।" कप्तान कहता। "एक मेरा खसम है साला। पी के धुत होगा किसी गोरी मेम को लेकर। दो महीने से हरामी झाँकने भी नहीं आया। दाढ़ीजारे की ठठरी उठेगी तो मज़ाल मैं भी सुहाग उतारूँ।" वह फिर कहती। "क्यों भाभी, क्यों कोस रही हो?" कप्तान हँसकर कहता।

प्रौढ़ा नेपाली भाभी की सदाबहार हँसी से खिलखिलाती आँखें छलक उठतीं, "शाबास है, कप्तान बेटा, तुझे देखकर मेरी छातियों में दूध उतर आता है। कैसी सेवा कर रहा है तू, और एक हमारे हैं कुतिया के जने! मिले तो मूँछें उखाड़कर हरामी के मुँह में ठूँस दूँ।"

कप्तान हँसते-हँसते दुहरा हो जाता, मूँछें उखाड़कर मुँह में ठूँसने की बात कुछ ऐसी जम जाती कि वह भागकर बानो को सुना आता।

नेपाली भाभी के पति की असंख्य मोटरें अल्मोड़ा-नैनीताल को घेरे रहतीं, चाय के बगीचों का अन्त नहीं था; किन्तु उनके वैभव ने पत्नी के प्रति प्रेम और मोह की बेड़ियाँ काट दी थीं। एक वर्ष से वे एक बार भी उसे देखने नहीं आए।

एक दिन कप्तान ने देखा, नेपाली भाभी की खाँसी बहुत ही बढ़ गई है, खाँसी का दौरा-सा पड़ा और कप्तान भागकर देखने गया तो देखा, रक्त के कुंड के बीच नेपाली भाभी की विराट गेहुँआ देह निष्प्राण पड़ी थी। पति की मूँछों को उसके मुँह में ठूँसने का स्वप्न अधूरा ही छोड़कर भाभी चली गई थी।

कुछ दिन तक कप्तान उदास हो गया। बानो की बड़ी-बड़ी आँखों में भी उदासी के डोरे पड़ गए। जब ऐसी हँसती-खेलती लाल-लाल भाभी को मौत खींच ले गई तो हड्डियों का ढाँचा मात्र बानो तो हवा में उड़ती रुई का फाहा थी। भाभी की मौत आकर जैसे उन दोनों के कान में कह गई थी कि ज़िन्दगी कुछ ही पलों की है। उन अमूल्य पलों के अमृतस्वरूपी रस की अन्तिम बूँद भी उन दोनों को छोड़ना मंजूर न था। नित्य निकट आती मौत ने बानो को चिड़चिड़ा बना दिया, पर जैसे इकलौते ज़िद्दी दुर्बल बालक की हर ज़िद को स्नेहमयी माता हँस-खेलकर झेल लेती है, वैसे ही कप्तान हठीली बानो की हर ज़िद पूरी करता। कभी वह खिली चाँदनी में बाहर जाने को मचलती तो वह अपने खाकी ओवरकोट में उसे लपेटकर अपनी देह से सटाए लम्बे चीड़ की छाया में बैठा रहता।

बानो को विवाह के ठीक तीसरे ही दिन छोड़कर उसे बसरा जाना पड़ा था। उन तीन

दिनों में, खाकी वर्दी में कसे छह-फुटे शरीर और भूरी-भूरी मूँछों को देखकर, बानो उससे जितना ही कटी-कटी छिपी फिरती, वह उसे पाने को उतना ही उन्मत्त हो उठता। उसे देखते ही वह अपनी मेहँदी लगी नाजुक हथेलियों से लाज से गुलाबी चेहरा ढाँक लेती। दूसरे दिन बड़ी कठिनता से कप्तान उसके मुँह से धीमी फुसफुसाहट में उसका नाम कहलवा पाया था, बहुत धीमे स्वर में ही प्रणय-निवेदन की भूमिका बाँधनी पड़ी थी; क्योंकि पास के कमरे में ही ताऊजी लेटते थे।

"क्या नाम है तुम्हारा?" उसकी तीखी ठुड्डी उठाकर कप्तान ने पूछा था।

"बानो।" उसके पतले होंठ हिलकर रह गए।

"राम-राम, मुसलमानी नाम।" कप्तान ने हँसकर छेड़ दिया।

"सब यही कहते हैं, मैं क्या करूँ?" बानो की आँखें छलक उठीं।

"मैं तो तुम्हें छेड़ रहा था, कितना प्यारा नाम है! पहाड़ी नाम भी कोई नाम होते हैं भला, सरुली, परुली, रमा, खष्टी।" वह बोला, "कितने साल की हो तुम, बानो?"

"इस आषाढ़ में मुझे सोलहवाँ लगेगा।" बानो ऐसे उत्साह से बोली जैसे उसने आधी ज़िन्दगी पार कर ली हो। कप्तान का दिल भर आया, अपनी खिलौने-सी बहू को उसने खींचकर हृदय से लगा लिया। पहले वह अपने ताऊ और पिता से सख़्त नाराज़ हो गया था, कहाँ वह ठसकेदार बाँका कप्तान और कहाँ हाईस्कूल पास छोकरी को पल्ले बाँधकर रख दिया! पर बालिका बानो की सरल आँखों का जादू उस पर चल गया। तीसरे दिन ही उसे बसरा जाना था। कप्तान बानो से विदा लेने गया तो वह कोने में बैठी छालियाँ कतर रही थी, उसकी पलकें भीगी थीं और पति की आहट पाकर उसने घुटनों में सिर डाल दिया। झट से झुककर कप्तान ने उसका माथा चूम लिया। उसका गला भर आया।

तीन-दिन की ताजा सुन्दरी नववधू को इस तरह छोड़कर जाना कप्तान को दुश्मन की गोलाबारी से भयंकर लगा। इसके बाद दो वर्षों तक कप्तान युद्ध की विभीषिका में भटक गया। बर्मा और बसरा के जंगलों में भटक-भटककर उसके साथी बहशी बन गए थे। गन्दे अश्लील मज़ाक करते। फौजी अफसरों में कप्तान ही सबसे छोटी उम्र का था। बर्मा की युद्ध से स्तब्ध सड़कों पर चपल बर्मी रमणियों के कुटिल कटाक्षों का अभाव नहीं था, फिर भी कप्तान अपनी जवानी को दाँतों के बीच जीभ-सी बचाता सेंत गया।

दो साल बाद घर पहुँचा तो दुनिया बदल चुकी थी। उन दो वर्षों में बानो ने सात-सात ननदों के ताने सुने, भतीजों के कपड़े धोए, ससुर के होज बिने, पहाड़ की नुकीली छतों पर पाँच-पाँच सेर उड़द पीस कर बड़ियाँ तोड़ीं। कभी सुनती उसके पति को जापानियों ने कैद कर लिया है, अब वह कभी नहीं लौटेगा। सास और चचिया सास के व्यंग्य-बाण उसे छेद देते, वह घुलती गई और एक दिन क्षय का तक्षक कुंडली मारकर उसकी नन्ही-सी छाती पर बैठ गया। उसे सैनेटोरियम भेज दिया गया था। दूसरे ही दिन कप्तान बानो को देखने चल दिया तो घरवालों के चेहरे लटक गए।

गेठिया पहुँचा और एक प्राइवेट वार्ड के बरामदे में लेटी बानो को देखकर उसका कलेजा उछलकर मुँह को आ गया। दो वर्षों में बानो घिसकर और भी बच्ची बन गई थी। कप्तान को देखकर उसकी तरल आँखें खुली ही रह गईं, फिर आँसू टकपने लगे। कहने और कैफियत देने की कोई गुंजाइश नहीं रही। बानो के बहते आँसुओं की धारा ने दो साल के सारे उलाहने सुना दिए। दोनों ने समझ लिया कि मिलन के वे क्षण मुट्ठी-भर ही रह गए थे।

उन दिनों सैनेटोरियम में एक अत्यन्त क्रूर नियम था। रोगियों को उनकी अन्तिम अवस्था जानकर उन्हें घर भेज दिया जाता। सैनेटोरियम में मृत्यु का प्रवेश सर्वथा निषिद्ध था। नेपाली भाभी की मृत्यु के बाद कप्तान और बानो मातम में डूब गए, पर चौथे दिन वे फिर हनीमून मनाने लगे। अपनी साड़ियों का बक्स निकलवाकर बानो ने कई साड़ियों पर इस्त्री करवाई। बड़ी देर तक दोनों ने पेशेन्स खेला, पर शाम हाते ही बानो मुरझाने लगी। दिन-भर उसे दस्त आ रहे थे और टी.बी. के मरीज़ को दस्त आना खतरे से खाली नहीं होता। डॉक्टर दलाल आया, उसने कप्तान को बाहर ले जाकर कमरा खाली करवाने का नोटिस दे दिया, "कल ही ले जाना होगा, आई गिव हर टू टु-थ्री डेज़। इससे ज़्यादा नहीं बचेगी।"

कप्तान का चेहरा सफेद पड़ गया। घर जाने का प्रश्न नहीं उठता था, तीन रस-भरे महीनों की मीठी धरोहर को वह घर की कड़वाहट से अछूता ही रखना चाहता था। भुवाली के पास ही एक चाय की दुकान के नीचे साफ-सुथरा कमरा, मृत्यु का पासपोर्ट पाए बानो-जैसे अभागे मरीज़ों के लिए सदा बाँह फैलाए खुला रहता था।

"सैनेटोरियम छोड़कर हम कल दूसरी जगह चलेंगे, बानो। यहाँ साली तबीयत बोर हो गई है।" बड़े उत्साह और आनन्द से कप्तान ने भूमिका बाँधी, पर बानो का चेहरा फक पड़ गया। वह समझ गई कि आज उसे भी नोटिस दे दिया गया है।

बड़ी रात तक कप्तान उसके गालों के पास अपना चेहरा ले जाकर गुनगुनाता रहा, "बानो, मेरी बन्नी, बन्नू!" और फिर जब बानो को नींद आ गई तो वह भी अपने पलंग पर जाकर सो गया।

सुबह उठा तो बानो पलंग पर नहीं थी। सोचा, घिसटती बाथरूम तक चली गई होगी। जोश आने पर वह काफी दूर तक चल लेती थी। बड़ी देर तक नहीं लौटी तो वह घबराकर उठा। बानो कहीं नहीं थी। भागकर वह मरीज़ों के पास गया, डॉक्टर आया, नर्सें आईं, चौकीदार आया, पर बानो कहीं नहीं थी। सैनेटोरियम में आज पहली बार ऐसी अनहोनी घटना घटी थी।

दूसरे दिन बड़ी दूर रथी घाट पर बानो की साड़ी मिली थी। मृत्यु के आने से पूर्व वह अभागी स्वयं ही भागकर मृत्यु से मिलने चली गई थी।

इसमें कोई सन्देह नहीं रहा कि बानो ने डूबकर आत्महत्या कर ली थी। शोक से पागल होकर कप्तान उसकी साड़ी को छाती से चिपटाए फिरता रहा; किन्तु मर्द की जवानी जाड़े की भयंकर लम्बी रात के समान है, जो काटे नहीं कटती। एक ही साल में उसका फिर विवाह हुआ, अब के ताऊ और पिता ने खूब ठोंक-पीट कर बहू छाँटी। ऊँची-अगली, गोरी और एम.ए. पास। कप्तान की नई पत्नी के पिता थे मेजर जनरल। चालीस तमगे लगाकर उन्होंने कन्यादान किया तो कप्तान बेचारा सहमकर रह गया। प्रभा इकलौती लड़की थी, फिर दुजू की बीवी थी, जो बादशाह की घोड़ी से कम नहीं होती। उसके सौ-सौ नखरे उठाता कप्तान हँसना, खिलखिलाना और मौज़-मस्तियाँ सब भूलकर रह गया।

चार साल में कप्तान को दो बेटे और एक बेटी देकर प्रभा ने धन-संचय की ओर ध्यान लगाया। सोलह सालों में कप्तान के बैंक बैलेंस में रुपयों और नोटों की मोटी तह जमाकर दोनों नैनीताल घूमने आए। कप्तान की थोड़ी-सी तोंद निकल आई थी, चेहरा अभी भी मस्ताना था, पर मूँछों में अब वह ऐंठ नहीं रह गई थी, कनपटी के आस-पास बाल सफेद हो चले थे। दो जवान लड़कों को कमीशन मिल गया था, बेटी मिरांडा हाउस में पढ़ रही थी।

नैनीताल आकर कप्तान के दिल में एक टीस-सी उठी। काठगोदाम से चलकर गेठिया दिखा और वह गुमसुम-सा हो गया।

नैनीताल के ग्रांड होटल में दोनों टिके। प्रभा बोली, "चलो डार्लिंग, पहाड़ का इंटीरियर घूमा जाए। भुवाली चलें।" चिकन, सैंडविच, रोस्ट मुर्ग पैक करवाकर उसने अपनी फियट गाड़ी भुवाली की ओर छोड़ी। बगल में दामी चंदेरी साड़ी और बिना बाँहों के ब्लाउज़ से अपने मांसल शरीर की गोरी दमक बिखेरती प्रभा बैठी। भुवाली की एक छोटी-सी दुकान देखकर प्रभा ने गाड़ी रुकवा दी, "इसी दुकान में आज एकदम पहाड़ी स्टाइल से कलई के गिलास में चाय पिएँगे हनी।" वह बोली।

कप्तान अब मेज़र था, "मेज़र की डिग्निटी कहाँ जाएगी?" वह बोला।

"भाड़ में!" कहकर प्रभा अपनी पेंसिल हील की जूतियाँ चटकाती दुकान में घुस गई।

काठ की एक बेंच धुएँ और कालिख से काली पड़ गई थी, उसी को झाड़कर दोनों बैठ गए। पहले कुछ देर को पहाड़ी दुकानदार भौंचक-सा रह गया। लकड़ी के धुएँ से एकदम काली केटली में चाय उबल रही थी।

"खूब गर्म दो गिलास चाय लाओ, प्रधान।" मेज़र ने पहाड़ी में कहा और दुकानदार का मुँह खुला ही रह गया। ऐसी अंग्रेज़ी में बोलनेवाला अनोखा जोड़ा पहाड़ी कैसे हो गया, वह सोचने लगा।

वह चाय बना ही रहा था कि अलख-अलख करते वैष्णवियों के दल ने भीतर घुसकर दुकान घेर ली, "ओ हो गुरु, भल द्दा भल द्दा।" कहकर हेड वैष्णवी ने बड़े प्रभुत्वपूर्ण स्वर में सोलह गिलास चाय का आर्डर दे दिया। हेड वैष्णवी बड़ी ही मुखर और मर्दानी थी, इसी से शायद मर्दाने स्वर में बोल भी रही थी, "सोचा, बामण ज्यू की ही दुकान की चाय छोरियों को पिलाऊँगी, आज एकादशी है।"

"क्यों नहीं! क्यों नहीं!" दुकानदार बोला, "अरे लाटी भी आई है?"

"अरे कहाँ जाएगी अभागी!" वैष्णवी ने कहा। प्रभा और मेज़र की दृष्टि एक साथ ही लाटी पर पड़ी।

कुत्सित बूढ़ी अधेड़ वैष्णवियों के बीच देवांगना-सी सुन्दरी लाटी अपनी दाड़िम-सी दन्तपंक्ति दिखाकर हँस दी। मेज़र का शरीर सुन्न पड़ गया, स्वस्थ होकर जैसे साक्षात् बानो ही बैठी थी। गालों पर स्वास्थ्य की लालिमा थी, कान तक फैली आँखों में वही तरल स्निग्धता थी और गूँगी जिह्वा पर गूँगापन चेहरे पर फैलकर उसे और भी भोला बना रहा था।

"हाय, क्या यह गूँगी है? माई गॉड, ह्वाट ब्यूटी।" प्रभा बोली।

"हाँ सरकार, यह लाटी है। दुकानदार ने कहा और मेज़र के दिल पर आ गिरी भारी पत्थर की चट्टान उठ गई।

"क्या नाम है जी इसका?" प्रभा मुग्ध होकर लाटी को ही देख रही थी।

"नाम जो होगा, वह तो बह गया मीमशाब, अब तो लाटी ही इसका नाम है।" हेड वैष्णवी ने कहा, "हमारे गुरु महाराज को इसकी देह नदी में तैरती मिली। जीभड़ी इसकी कटकर कहीं गिर गई थी। राम जाने कौन था वह! गले में चरयो (मंगल-सूत्र) था, ब्याह हो गया होगा। फिर हमारा गुरु महाराज इसको गुरुमन्तर दिया। भयंकर 'छे रोग' था। एक-एक सेर खून उगलता था, पर गुरु का शरण में आया तो सब रोग-सोग ठीक हो गया इसका। लाटी, जीभ दिखा।

धुँ-धुँ कर लाटी ने भुवनमोहिनी हँसी हँस दी, जीभ नहीं दिखाई।

"कुछ नहीं समझती साली। बस खाती है ढाई सेर, सब भूल गया, हमारा आर्डर भी नहीं मानती।" असन्तुष्ट स्वर में मर्दानी वैष्णवी बोली।

"ओह, माई गॉड! अपने आदमी को भी भूल गई क्या?" प्रभा बोली।

"जो था सो था, इसको कुछ याद नहीं। खाली 'फिक-फिक' कर हँसती है हरामी। अब परभू इसका मालिक और परभू इसका सहारा है। हाँ, गुरु कितना पैसा हुआ?"

हेड वैष्णवी ने पैसे चुकाए और उसका दल अलख बजाता उठ खड़ा हुआ। लाटी बैठी ही रही, मेज़र एकटक उसे देख रहा था। यह वही बानो थी, जिसे डॉक्टर दलाल और कक्कड़ जैसे प्रसिद्ध विशेषज्ञों की मृत्युंजय औषधियाँ भी स्वस्थ नहीं कर सकी थीं।

"उठ साली लाटी!" हेड वैष्णवी ने हलकी-सी ठोकर से लाटी को उठाया। एक बार फिर अपनी मधुर हँसी से मेज़र का हृदय बींधकर लाटी उठी और दल के पीछे-पीछे चल दी। काश, उसके भोले चेहरे से गाल सटाकर मेज़र कह सकता, 'मेरी बानो, बन्नी, बन्नू!' शायद उसकी गूँगी ज़बान के नीचे दबी उसकी गूँगी पिछली ज़िन्दगी बोल उठती।

पर मेज़र, ज़िन्दगी की दौड़ में बहुत आगे निकल आया था, पीछे लौटकर बिछुड़े को लाना सबसे बड़ी मूर्खता होती। दो जवान बेटे और बेटी, राष्ट्रपति के सहभोजों में चमकती उसकी शानदार दूसरी बीवी, गरीब, गूँगी लाटी का आना कैसे सह सकते?

"उठो डार्लिंग, लंच गर्म पानी में करेंगे।" प्रभा ने कहा और मेज़र उठ खड़ा हुआ। कुछ ही पलों में वह बूढ़ा और खोखला हो गया था।

बानो मर गई थी। अब तो वह लाटी थी। परभू अब उसका मालिक और परभू ही उसका सहारा था।

❑❑❑